7급 PSAT

언어논리

필수기출 500제

+ 최신기출

SD에듀
(주)시대고시기획

머리말

합격자 출신 연구진의 Talk! Talk!
이미 시행되고 있는 PSAT의 기출문제를 통해 7급 PSAT의 핵심 Key 찾기

2004년 외무고등고시에 처음 도입된 공직적격성평가(이하 PSAT)는 이후 2005년 행정고등고시와 입법고등고시, 그리고 2011년 민간경력자 시험에도 도입되면서 그 중요성이 점차 강조되어 왔습니다. 이제 PSAT는 적용범위를 더 확대하여 7급 공무원 채용시험에도 도입되는 등 그야말로 공무원 시험의 핵심요소로 자리 잡았습니다.

PSAT는 언어논리, 자료해석, 상황판단 등 크게 세 가지 영역으로 분류되는데, 각 영역 내에서도 여러 세부 유형들로 다시 나뉩니다. 수험생마다 언어논리, 자료해석, 상황판단 중 자신이 더 잘하는 영역이 존재하고, 각 영역 내에서도 조금 더 수월하게 해결하는 세부 유형이 존재합니다. PSAT의 기출문제가 축적되고 이를 준비하는 수험생들의 실력이 증가하면서 1~2문제를 더 맞히느냐 못 맞히느냐의 차이로도 당락이 결정되는 상황에서 자신이 약한 유형을 포기하고 강한 부분만 집중적으로 준비할 수 없는 시험이 되었습니다. 이에 따라 수험생들은 스스로 자신이 강한 유형과 약한 유형을 파악하고, 강한 유형보다는 약한 유형을 보완하는 방식으로 준비하셔야 합니다.

이에 본서는 언어논리, 자료해석, 상황판단이라는 큰 분류 내에서 수험생들이 가장 어려워하고 까다롭다고 느끼는 세부 유형을 분석하여 해당 유형을 철저하게 대비할 수 있는 교재를 출간했습니다. 본서가 다루고 있는 세부 유형은 대부분의 수험생들이 어려움을 느끼는 유형이므로 해당 유형을 집중적으로 공부한다면 다른 수험생들이 많이 틀리는 문제를 맞힘으로써 경쟁력을 확보할 수 있을 것입니다.

PSAT의 효율적인 대비를 위해서는 기출문제를 무작정 풀어보는 것이 아니라 과목별 기출유형을 꼼꼼히 파악하고 정리해 두는 습관이 필요합니다. 또한 이를 통해 자신이 약한 세부 유형을 파악하고 이를 집중적으로 대비하여 자신만의 풀이 방법을 찾는 과정이 필요합니다.

본서는 이러한 점에 주안점을 두고 해당 세부 유형에 대한 가장 효과적인 접근법과 남들보다 10점을 더 맞출 수 있는 포인트를 제시하고자 노력했습니다. 자신이 생각하고 있는 접근법과 해설에 기재되어 있는 접근법이 일치하는지를 확인하고, 만약 일치하지 않는다면 어떤 방법이 더 신속하고 본인에게 맞는 방법인지를 정리하는 학습을 하시기를 바랍니다.

SD에듀는 수험생 여러분의 지치지 않는 노력을 응원하며 합격에 도달하는 가장 빠르고 정확한 길을 제시하고자 힘쓰고 있습니다. 수험생 여러분이 합격의 결승선에 도달하는 그날까지 언제나 함께 응원하겠습니다.

SD PSAT연구소

공직적격성평가 PSAT

도입 배경

21세기 지식기반사회가 필요로 하는 공직자는 정치 · 경제 · 사회 · 문화 등 각 분야에서 일어나는 급속한 변화에 신속히 적응하고 새롭게 발생하는 문제들에 대처할 수 있어야 합니다. 이러한 시대적 요구에 부응하기 위해 단순히 암기된 지식이 아닌 잠재적 학습능력과 문제해결능력을 측정하기 위한 PSAT 시험을 도입, 공직자로서 갖추어야 할 소양과 자질을 평가하고 있습니다.

평가 영역

공직적격성평가(Public Service Aptitude Test)는 공직자에게 필요한 소양과 자질을 측정하는 시험으로, 논리적 · 비판적 사고능력, 자료의 분석 및 추론능력, 판단 및 의사 결정능력 등 종합적 사고력을 평가합니다.

❶ PSAT의 평가영역은 언어논리 · 자료해석 · 상황판단 세 영역으로 구성됩니다.

언어논리	글의 이해, 표현, 추론, 비판과 논리적 사고 등의 능력을 평가
자료해석	수치 자료의 정리와 이해, 처리와 응용계산, 분석과 정보 추출 등의 능력을 평가
상황판단	상황의 이해, 추론 및 분석, 문제 해결, 판단과 의사 결정 등의 능력을 평가

❷ PSAT는 특정한 지식의 정도를 측정하는 것이 아니라 능력을 측정하는 시험이기 때문에 대학입시 수학능력시험과 유사한 측면이 있습니다. 그러나 수학능력시험은 학습능력을 측정하고 있는 데 반해, PSAT는 새로운 상황에서 적응하는 능력과 문제해결, 판단능력을 주로 측정하고 있기 때문에 학습능력보다는 공직자로서 당면하게 될 업무와 문제들에 대한 해결능력과 종합적이고 심도 있는 사고력을 요하는 문제가 중점적으로 출제됩니다.

PSAT 실시 시험 개관

구분	시행 형태		
	1차시험	2차시험	3차시험
5급 공개경쟁채용시험	PSAT · 헌법	직렬별 필수/선택과목 (논문형)	면접
입법고시			
외교관후보자 선발시험		전공평가/통합논술 (논문형)	
지역인재 7급 수습직원 선발시험		서류전형	
7급 공개경쟁채용시험	PSAT	전문과목(선택형)	
5 · 7급 민간경력자 선발시험		서류전형	

7급 공무원 공개채용 개편과 PSAT 도입

PSAT 도입

2021년 국가직 7급 공무원 공채시험부터 개편이 실시되었습니다. 기존의 영어 과목은 토익, 지텔프 등의 검정시험으로, 국어 과목은 PSAT로 대체되었습니다. 지방직 7급 공무원의 경우 확실한 발표가 나타나진 않았으나, 국가직과 동일하게 인사혁신처가 출제기관을 담당한다는 점, 국가직과 동떨어진 시험을 치를 가능성이 적다는 점을 고려할 때, 국가직 개편 이후 가까운 시일 내에 도입될 가능성이 높습니다. 7급 PSAT는 누적 시험 횟수가 많지 않은 만큼 적절한 난도로 선별된 민간경력자, 5급 행시 등을 공부한다면 고득점에 유리할 것으로 예상됩니다.

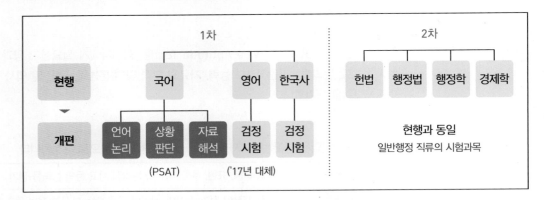

1차 시험 과목은 국어, 영어, 한국사로, 이 중 국어 과목은 PSAT로, 영어 과목은 토익, 지텔프, 텝스 등으로 대체되며, 한국사 과목은 한국사능력검정시험으로 대체됩니다.

시험 단계

구분	1차	2차	3차
현행	필기시험 (1.5배수 선발)		면접 (최종 선발)
개편	PSAT (10배수 선발)	전문과목 (1.5배수 선발)	면접 (최종 선발)

기존 시험은 1·2차 시험을 연계해 필기시험으로 진행했으나, 개편 이후 1·2차 시험이 구분되어 진행됩니다.

1차 시험

영역	문항수	시간
언어논리	영역별 25문항 (총 75문항)	언어논리 · 상황판단 과목별 시간 구분없이 120분, 자료해석 60분
상황판단		
자료해석		

시험경향분석 2022년 7급 PSAT

언어논리 총평

전체적으로 무난한 문제들이 출제되었습니다. 때문에 언어논리에서 시간을 어느 정도 벌어놓았다면 크게 어렵지 않았던 상황판단에서도 고득점이 가능했을 것이라고 생각됩니다.

구체적으로 일치부합형 문제들은 전체적으로 낮은 난도로 출제되었으며 공공재 문제는 사전지식의 도움을 받는다면 아주 빠르게 풀이가 가능하기도 했습니다. 논지찾기형 · 빈칸 채우기형 · 내용 수정형은 기존에 출제되던 틀을 벗어나지 않았으며 논리적인 내용과 결합되지 않아 체감 난도를 더 떨어뜨렸습니다.

추론형 문제들은 제시문의 길이가 길지 않았고 다소 복잡할 수 있었던 내용이 표로 정리되어 어렵지 않게 풀이가 가능했으나, ISBN 문제는 함정들이 숨어 있었기에 주의가 필요했습니다. 일반적으로 체감난도를 높이는 주범인 강화–약화형과 논증 분석형 문제들은 기본적인 삼단논법과 제시문의 이해만으로도 풀이가 가능했습니다. 다만, 증거와 가설에 대한 문제는 내용 자체는 어렵지 않았으나 제시문이 논리학적인 내용을 담고 있어 이에 대한 심리적 허들을 넘을 수 있었는지가 관건이었습니다.

논리퀴즈형은 주어진 전제에서 나타나지 않은 제3의 존재를 찾아내는 것이 중요했습니다. 주어진 조건 안에서 풀이하는 것에 익숙했던 수험생이라면 다소 고전했을 것으로 판단됩니다. 심리적으로 가장 까다롭게 느껴지는 과학 지문 문제들은 제시문에 등장하는 항목이 많았고, 또 그 항목 간의 관계들을 잘 설정할 수 있었는지가 관건이었기에 후반부에 복병으로 작용했을 것으로 생각됩니다. 마지막으로 공직실무에 관한 문제들은 대화체, 빈칸 채우기, 법조문형 문제 등으로 골고루 출제되었는데 특히, 보조금 문제는 신청절차를 순서대로 작성할 수 있었는지를 묻는 유형이었으며 이 유형은 추후에도 출제가 가능할 것으로 판단됩니다.

구성과 특징

2022~2021년 시행 기출문제 & 2020년 시행 모의평가

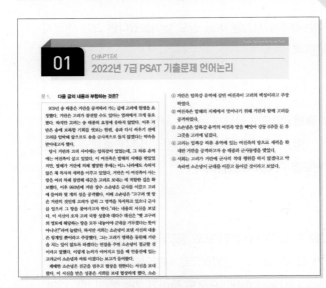

7급 PSAT 기출문제&모의평가 문제와 해설 수록

2022년 7월 23일과 2021년 7월 10일 시행된 7급 PSAT 시험의 기출문제와 해설, 그리고 2020년 11월에 시행된 모의평가의 문제와 해설을 수록했습니다. 누적 시험 횟수가 많지 않은 만큼 앞으로의 시험 향방도 점쳐볼 수 있습니다.

Check! PSAT 기본 이론

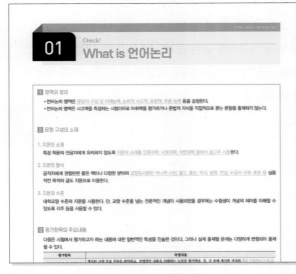

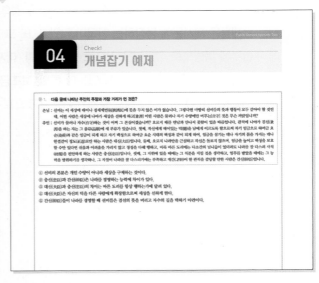

What is 언어논리 & 정부 예시문제 파헤치기   필수 스킬 Top 10 & 개념잡기 예제

언어논리 영역에 대한 설명을 정리하여 소개하였으며, 예시문제와 합격자 출신 연구진이 집필한 해설을 수록하였습니다. 또한, 주로 출제되는 유형과 그에 맞는 예제를 분석하여 실전에서 활용 가능한 접근법과 함께 수록하였으며, 기출에 앞서 확실하게 실력을 다지고 갈 수 있는 개념잡기 예제를 구성하였습니다. 필수 이론으로 문제에 대한 접근법과 출제 유형을 익혀 보세요.

문제편

기출문제 및 기출동형모의고사

7급 PSAT 대비를 위해 최근 13년간의 5급 공채, 민간경력자 PSAT 기출문제를 유형별·난도별로 선별하여 수록하였습니다. 합격자 출신 연구진이 정부 예시문제를 분석하여 구성한 기출문제와 기출동형모의고사를 경험해 보세요.

해설편

상세한 해설

정답에 그치지 않고 출제자의 출제의도까지 파악하여 해설을 구성하였습니다. 합격자 출신 연구진의 노하우가 담긴 깔끔한 해설을 통해 PSAT 풀이 실력을 향상시켜 보세요.

목차

7급 PSAT 기출문제 및 모의평가편

CHAPTER
01
2022년 7급 PSAT 기출문제 언어논리

문 1. **다음 글의 내용과 부합하는 것은?**

979년 송 태종은 거란을 공격하러 가는 길에 고려에 원병을 요청했다. 거란은 고려가 참전할 수도 있다는 염려에서 크게 동요했다. 하지만 고려는 송 태종의 요청에 응하지 않았다. 이후 거란은 송에 보복할 기회를 엿보는 한편, 송과 다시 싸우기 전에 고려를 압박해 앞으로도 송을 군사적으로 돕지 않겠다는 약속을 받아내고자 했다.

당시 거란과 고려 사이에는 압록강이 있었는데, 그 하류 유역에는 여진족이 살고 있었다. 이 여진족은 발해의 지배를 받았었지만, 발해가 거란에 의해 멸망한 후에는 어느 나라에도 속하지 않은 채 독자적 세력을 이루고 있었다. 거란은 이 여진족이 사는 땅을 여러 차례 침범해 대군을 고려로 보내는 데 적합한 길을 확보했다. 이후 993년에 거란 장수 소손녕은 군사를 이끌고 고려에 들어와 몇 개의 성을 공격했다. 이때 소손녕은 "고구려 옛 땅은 거란의 것인데 고려가 감히 그 영역을 차지하고 있으니 군사를 일으켜 그 땅을 찾아가고자 한다."라는 내용의 서신을 보냈다. 이 서신이 오자 고려 국왕 성종과 대다수 대신은 "옛 고구려의 영토에 해당하는 땅을 모두 내놓아야 군대를 거두겠다는 뜻이 아니냐?"라며 놀랐다. 하지만 서희는 소손녕이 보낸 서신의 내용은 핑계일 뿐이라고 주장했다. 그는 고려가 병력을 동원해 거란을 치는 일이 없도록 하겠다는 언질을 주면 소손녕이 철군할 것이라고 말했다. 이렇게 논의가 이어지고 있을 때 안융진에 있는 고려군이 소손녕과 싸워 이겼다는 보고가 들어왔다.

패배한 소손녕은 진군을 멈추고 협상을 원한다는 서신을 보내왔다. 이 서신을 받은 성종은 서희를 보내 협상하게 했다. 소손녕은 서희가 오자 "실은 고려가 송과 친하고 우리와는 소원하게 지내고 있어 침입하게 되었다."라고 했다. 이에 서희는 압록강 하류의 여진족 땅을 고려가 지배할 수 있게 묵인해 준다면, 거란과 국교를 맺을 뿐 아니라 거란과 송이 싸울 때 송을 군사적으로 돕지 않겠다는 뜻을 내비쳤다. 이 말을 들은 소손녕은 서희의 요구를 수용하기로 하고 퇴각했다. 이후 고려는 북쪽 국경 너머로 병력을 보내 압록강 하류의 여진족 땅까지 밀고 들어가 영토를 넓혔으며, 그 지역에 강동 6주를 두었다.

① 거란은 압록강 유역에 살던 여진족이 고려의 백성이라고 주장하였다.

② 여진족은 발해의 지배에서 벗어나기 위해 거란과 함께 고려를 공격하였다.

③ 소손녕은 압록강 유역의 여진족 땅을 빼앗아 강동 6주를 둔 후 그곳을 고려에 넘겼다.

④ 고려는 압록강 하류 유역에 있는 여진족의 땅으로 세력을 확대한 거란을 공격하고자 송 태종과 군사동맹을 맺었다.

⑤ 서희는 고려가 거란에 군사적 적대 행위를 하지 않겠다고 약속하면 소손녕이 군대를 이끌고 돌아갈 것이라고 보았다.

문 2. 다음 글에서 알 수 있는 것은?

　세종이 즉위한 이듬해 5월에 대마도의 왜구가 충청도 해안에 와서 노략질하는 일이 벌어졌다. 이 왜구는 황해도 해주 앞바다에도 나타나 조선군과 교전을 벌인 후 명의 땅인 요동반도 방향으로 북상했다. 세종에게 왕위를 물려주고 상왕으로 있던 태종은 이종무에게 "북상한 왜구가 본거지로 되돌아가기 전에 대마도를 정벌하라!"라고 명했다. 이에 따라 이종무는 군사를 모아 대마도 정벌에 나섰다.

　남북으로 긴 대마도에는 섬을 남과 북의 두 부분으로 나누는 중간에 아소만이라는 곳이 있는데, 이 만의 초입에 두지포라는 요충지가 있었다. 이종무는 이곳을 공격한 후 귀순을 요구하면 대마도주가 응할 것이라 보았다. 그는 6월 20일 두지포에 상륙해 왜인 마을을 불사른 후 계획대로 대마도주에게 서신을 보내 귀순을 요구했다. 하지만 대마도주는 이에 반응을 보이지 않았다. 분노한 이종무는 대마도주를 사로잡아 항복을 받아내기로 하고, 니로라는 곳에 병력을 상륙시켰다. 하지만 그곳에서 조선군은 매복한 적의 공격으로 크게 패했다. 이에 이종무는 군사를 거두어 거제도 견내량으로 돌아왔다.

　이종무가 견내량으로 돌아온 다음 날, 태종은 요동반도로 북상했던 대마도의 왜구가 그곳으로부터 남하하던 도중 충청도에서 조운선을 공격했다는 보고를 받았다. 이 사건이 일어난 지 며칠 지나지 않음을 알게 된 태종은 왜구가 대마도에 당도하기 전에 바다에서 격파해야 한다고 생각하고, 이종무에게 그들을 공격하라고 명했다. 그런데 이 명이 내려진 후에 새로운 보고가 들어왔다. 대마도의 왜구가 요동반도에 상륙했다가 크게 패배하는 바람에 살아남은 자가 겨우 300여 명에 불과하다는 것이었다. 이 보고를 접한 태종은 대마도주가 거느린 병사가 많이 죽어 그 세력이 꺾였으니 그에게 다시금 귀순을 요구하면 응할 것으로 판단했다. 이에 그는 이종무에게 내린 출진 명령을 취소하고, 측근 중 적임자를 골라 대마도주에게 귀순을 요구하는 사신으로 보냈다. 이 사신을 만난 대마도주는 고심 끝에 조선에 귀순하기로 했다.

① 해주 앞바다에 나타나 조선군과 싸운 대마도의 왜구가 요동반도를 향해 북상한 뒤 이종무의 군대가 대마도로 건너갔다.

② 조선이 왜구의 본거지인 대마도를 공격하기로 하자 명의 군대도 대마도까지 가서 정벌에 참여하였다.

③ 이종무는 세종이 대마도에 보내는 사절단에 포함되어 대마도를 여러 차례 방문하였다.

④ 태종은 대마도 정벌을 준비하였지만, 세종의 반대로 뜻을 이루지 못하였다.

⑤ 조선군이 대마도주를 사로잡기 위해 상륙하였다가 패배한 곳은 견내량이다.

문 3. 다음 글에서 알 수 없는 것은?

　인간에 대한 혐오의 감정을 긍정적으로 바라보는 인식을 바탕으로, 이를 사회 안정의 도구로 활용해야 한다거나 법적 판단의 근거로 삼아야 한다는 주장은 영미법의 오래된 역사에서 그리 낯설지 않다. 그러나 혐오의 감정이 특정 개인과 집단을 배척하기 위한 강력한 무기로 이용되었다는 사실을 고려하면 이러한 주장이 얼마나 그릇된 것인지 이해할 수 있다.

　일반적으로 우리는 분비물이나 배설물, 악취 등에 대해 그리고 시체와 같이 부패하고 퇴화하는 것들에 대해 혐오의 감정을 갖는다. 인간은 타자를 공격하는 데 이러한 오염물의 이미지를 사용한다. 이때 혐오는 특정 집단을 오염물인 것처럼 취급하고 자신은 오염되지 않은 쪽에 속함으로써 얻게 되는 심리적인 우월감 및 만족감과 연결되어 있다. 역사적으로 볼 때 이런 과정을 거쳐 오염물로 취급된 집단 중 하나가 유대인이다.

　중세 이후 반유대주의 세력이 유대인에게 부여한 부정적 이미지는 점액성, 악취, 부패, 불결함과 같은 혐오스러운 것들과 결부되어 있다. 히틀러는 유대인을 깨끗하고 건강한 독일 민족의 몸속에 숨겨진, 썩어 가는 시체 속의 구더기라고 표현했다. 혐오스러운 적대자를 설정함으로써 자신의 야욕을 달성하려 했던 것이다. 불행하게도 대다수의 독일인은 이러한 야만적인 정치적 선동에 동의를 표했다. 심지어 유대인을 암세포, 종양, 세균 등으로 묘사하면서 이들을 비인간적 존재로 전락시키는 의학적 담론이 유행하기도 했다. 비인간적으로 묘사되는 유대인의 이미지는 나치가 만든 허상이었음에도 불구하고, 유대인과 연관된 혐오의 이미지는 아이들이 보는 당대의 동화 속에 담겨 있을 정도로 널리 퍼져 있었다.

① 혐오는 정치적 선동의 도구로 이용되지 않았다.

② 개인뿐만 아니라 집단도 혐오의 대상이 될 수 있다.

③ 혐오의 대상이 되는 집단은 비인간적으로 묘사되기도 한다.

④ 혐오의 감정을 법적 판단의 근거로 삼아야 한다는 입장이 있었다.

⑤ 인간에 대한 혐오의 감정은 타자를 혐오함으로써 주체가 얻을 수 있는 심리적인 만족감과 연관되어 있다.

문 4. 다음 글에서 알 수 없는 것은?

'계획적 진부화'는 의도적으로 수명이 짧은 제품이나 서비스를 생산함으로써 소비자들이 새로운 제품을 구매하도록 유도하는 마케팅 전략 중 하나이다. 여기에는 단순히 부품만 교체하는 것이 가능함에도 불구하고 새로운 제품을 구매하도록 유도하는 것도 포함된다.

계획적 진부화의 이유는 무엇일까? 첫째, 기업이 기존 제품의 가격을 인상하기 곤란한 경우, 신제품을 출시한 뒤 여기에 인상된 가격을 매길 수 있기 때문이다. 특히 제품의 기능은 거의 변함없이 디자인만 약간 개선한 신제품을 내놓고 가격을 인상하는 경우도 쉽게 볼 수 있다. 둘째, 중고품 시장에서 거래되는 기존 제품과의 경쟁을 피할 수 있기 때문이다. 자동차처럼 사용 기간이 긴 제품의 경우, 기업은 동일 유형의 제품을 팔고 있는 중고품 판매 업체와 경쟁해야만 한다. 그러나 기업이 새로운 제품을 출시하면, 중고품 시장에서 판매되는 기존 제품은 진부화되고 그 경쟁력도 하락한다. 셋째, 소비자들의 취향이 급속히 변화하는 상황에서 계획적 진부화로 소비자들의 만족도를 높일 수 있기 때문이다. 전통적으로 제품의 사용 기간을 결정짓는 요인은 기능적 특성이나 노후화·손상 등 물리적 특성이 주를 이루었지만, 최근에는 심리적 특성에도 많은 영향을 받고 있다. 이처럼 소비자들의 요구가 다양해지고 그 변화 속도도 빨라지고 있어, 기업들은 이에 대응하기 위해 계획적 진부화를 수행하기도 한다.

기업들은 계획적 진부화를 통해 매출을 확대하고 이익을 늘릴 수 있다. 기존 제품이 사용 가능한 상황에서도 신제품에 대한 소비자들의 수요를 자극하면 구매 의사가 커지기 때문이다. 반면, 기존 제품을 사용하는 소비자 입장에서는 크게 다를 것 없는 신제품 구입으로 불필요한 지출과 실질적인 손실이 발생할 수 있다는 점에서 계획적 진부화는 부정적으로 인식된다. 또한 환경이나 생태를 고려하는 거시적 관점에서도, 계획적 진부화는 소비자들에게 제공하는 가치에 비해 에너지나 자원의 낭비가 심하다는 비판을 받고 있다.

① 계획적 진부화로 소비자들은 불필요한 지출을 할 수 있다.
② 계획적 진부화는 기존 제품과 동일한 중고품의 경쟁력을 높인다.
③ 계획적 진부화는 소비자들의 요구에 대응하기 위하여 수행되기도 한다.
④ 계획적 진부화를 통해 기업은 기존 제품보다 비싼 신제품을 출시할 수 있다.
⑤ 계획적 진부화로 인하여 제품의 실제 사용 기간은 물리적으로 사용 가능한 수명보다 짧아질 수 있다.

문 5. 다음 글에서 알 수 없는 것은?

재화나 용역 중에는 비경합적이고 비배제적인 방식으로 소비되는 것들이 있다. 먼저 재화나 용역이 비경합적으로 소비된다는 말은, 그것에 대한 누군가의 소비가 다른 사람의 소비 가능성을 줄어들게 하지 않는다는 것을 뜻한다. 예컨대 10개의 사탕이 있는데 내가 8개를 먹어 버리면 다른 사람이 그 사탕을 소비할 가능성은 그만큼 줄어들게 된다. 반면에 라디오 방송 서비스 같은 경우는 내가 그것을 이용한다고 해서 다른 사람의 소비 가능성이 줄어들게 되지 않는다는 점에서 비경합적이다.

재화나 용역이 비배제적으로 소비된다는 말은, 그것이 공급되었을 때 누군가 그 대가를 지불하지 않았다고 해서 그 사람이 그 재화나 용역을 소비하지 못하도록 배제할 수 없다는 것을 뜻한다. 이러한 의미에서 국방 서비스는 비배제적으로 소비된다. 정부가 국방 서비스를 제공받는 모든 국민에게 그 비용을 지불하도록 하는 정책을 채택했다고 하자. 이때 어떤 국민이 이런 정책에 불만을 표하며 비용 지불을 거부한다고 해도 정부는 그를 국방 서비스의 수혜에서 배제하기 어렵다. 설령 그를 구속하여 감옥에 가두더라도 그는 국방 서비스의 수혜자 범위에서 제외되지 않는다.

비경합적이고 비배제적인 방식으로 소비되는 재화와 용역의 생산과 배분이 시장에서 제대로 이루어질 수 있을까? 국방의 예를 이어나가 보자. 대부분의 국민은 자신의 생명과 재산을 보호받고자 하는 욕구가 있고 국방 서비스에 대한 수요도 있기 마련이다. 그러나 만약 국방 서비스를 시장에서 생산하여 판매한다면, 경제적으로 합리적인 국민은 국방 서비스를 구매하지 않을 것이다. 왜냐하면 다른 이가 구매하는 국방 서비스에 자신도 무임승차할 수 있기 때문이다. 결과적으로 국방 서비스는 과소 생산되는 문제가 발생하고, 그 피해는 모든 국민에게 돌아가게 될 것이다. 따라서 이와 같은 유형의 재화나 용역을 사회적으로 필요한 만큼 생산하기 위해서는 국가가 개입해야 하기에 이런 재화나 용역에는 공공재라는 이름을 붙이는 것이다.

① 유료 공연에서 일정한 돈을 지불하지 않은 사람의 공연장 입장을 차단한다면, 그 공연은 배제적으로 소비될 수 있다.
② 국방 서비스를 소비하는 모든 국민에게 그 비용을 지불하도록 한다면, 그 서비스는 비경합적으로 소비될 수 없다.
③ 이용할 수 있는 수가 한정된 여객기 좌석은 경합적으로 소비될 수 있다.
④ 무임승차를 쉽게 방지할 수 없는 재화나 용역은 과소 생산될 수 있다.
⑤ 라디오 방송 서비스는 여러 사람이 비경합적으로 소비할 수 있다.

문 6. 다음 글의 핵심 논지로 가장 적절한 것은?

독일 통일을 지칭하는 '흡수 통일'이라는 용어는 동독이 일방적으로 서독에 흡수되었다는 인상을 준다. 그러나 통일 과정에서 동독 주민들이 보여준 행동을 고려하면 흡수 통일은 오해의 여지를 주는 용어일 수 있다.

1989년에 동독에서는 지방선거 부정 의혹을 둘러싼 내부 혼란이 발생했다. 그 과정에서 체제에 환멸을 느낀 많은 동독 주민들이 서독으로 탈출했고, 동독 곳곳에서 개혁과 개방을 주장하는 시위의 물결이 일어나기 시작했다. 초기 시위에서 동독 주민들은 여행·신앙·언론의 자유를 중심에 둔 내부 개혁을 주장했지만 이후 "우리는 하나의 민족이다!"라는 구호와 함께 동독과 서독의 통일을 요구하기 시작했다. 그렇게 변화하는 사회적 분위기 속에서 1990년 3월 18일에 동독 최초이자 최후의 자유총선거가 실시되었다.

동독 자유총선거를 위한 선거운동 과정에서 서독과 협력하는 동독 정당들이 생겨났고, 이들 정당의 선거운동에 서독 정당과 정치인들이 적극적으로 유세 지원을 하기도 했다. 초반에는 서독 사민당의 지원을 받으며 점진적 통일을 주장하던 동독 사민당이 우세했지만, 실제 선거에서는 서독 기민당의 지원을 받으며 급속한 통일을 주장하던 독일동맹이 승리하게 되었다. 동독 주민들이 자유총선거에서 독일동맹을 선택한 것은 그들 스스로 급속한 통일을 지지한 것이라고 할 수 있다. 이후 동독은 서독과 1990년 5월 18일에 「통화·경제·사회보장동맹의 창설에 관한 조약」을, 1990년 8월 31일에 「통일조약」을 체결했고, 마침내 1990년 10월 3일에 동서독 통일을 이루게 되었다.

이처럼 독일 통일의 과정에서 동독 주민들의 주체적인 참여를 확인할 수 있다. 독일 통일을 단순히 흡수 통일이라고 부른다면, 통일 과정에서 중요한 역할을 담당했던 동독 주민들을 배제한다는 오해를 불러일으킬 수 있다. 독일 통일의 과정을 온전히 이해하기 위해서는 동독 주민들의 활동에도 주목할 필요가 있다.

① 자유총선거에서 동독 주민들은 점진적 통일보다 급속한 통일을 지지하는 모습을 보여주었다.
② 독일 통일은 동독이 일방적으로 서독에 흡수되었다는 점에서 흔히 흡수 통일이라고 부른다.
③ 독일 통일은 분단국가가 합의된 절차를 거쳐 통일을 이루었다는 점에서 의의가 있다.
④ 독일 통일 전부터 서독의 정당은 물론 개인도 동독의 선거에 개입할 수 있었다.
⑤ 독일 통일의 과정에서 동독 주민들의 주체적 참여가 큰 역할을 하였다.

문 7. 다음 글의 (가)와 (나)에 들어갈 말을 적절하게 나열한 것은?

서양 사람들은 옛날부터 신이 자연 속에 진리를 감추어 놓았다고 믿고 그 진리를 찾기 위해 노력했다. 그들은 숨겨진 진리가 바로 수학이며 자연물 속에 비례의 형태로 숨어 있다고 생각했다. 또한 신이 자연물에 숨겨 놓은 수많은 진리 중에서도 인체 비례야말로 가장 아름다운 진리의 정수로 여겼다. 그래서 서양 사람들은 예로부터 이러한 신의 진리를 드러내기 위해서 완벽한 인체를 구현하는 데 몰두했다. 레오나르도 다빈치의 「인체 비례도」를 보면, 원과 정사각형을 배치하여 사람의 몸을 표현하고 있다. 가장 기본적인 기하 도형이 인체 비례와 관련 있다는 점에 착안하였던 것이다. 르네상스 시대 건축가들은 이러한 기본 기하 도형으로 건축물을 디자인하면 [(가)] 위대한 건물을 지을 수 있다고 생각했다.

건축에서 미적 표준으로 인체 비례를 활용하는 조형적 안목은 서양뿐 아니라 동양에서도 찾을 수 있다. 고대부터 중국이나 우리나라에서도 인체 비례를 건축물 축조에 활용하였다. 불국사의 청운교와 백운교는 3 : 4 : 5 비례의 직각삼각형으로 이루어져 있다. 이와 같은 비례로 건축하는 것을 '구고현(勾股弦)법'이라 한다. 뒤꿈치를 바닥에 대고 무릎을 직각으로 구부린 채 누우면 바닥과 다리 사이에 삼각형이 이루어지는데, 이것이 구고현법의 삼각형이다. 짧은 변인 구(勾)는 넓적다리에, 긴 변인 고(股)는 장딴지에 대응하고, 빗변인 현(弦)은 바닥의 선에 대응한다. 이 삼각형은 고대 서양에서 신성불가침의 삼각형이라 불렀던 것과 동일한 비례를 가지고 있다. 동일한 비례를 아름다움의 기준으로 삼았다는 점에서 [(나)]는 것을 알 수 있다.

① (가): 인체 비례에 숨겨진 신의 진리를 구현한
　 (나): 조형미에 대한 동서양의 안목이 유사하였다
② (가): 신의 진리를 넘어서는 인간의 진리를 구현한
　 (나): 인체 실측에 대한 동서양의 계산법이 동일하였다
③ (가): 인체 비례에 숨겨진 신의 진리를 구현한
　 (나): 건축물에 대한 동서양의 공간 활용법이 유사하였다
④ (가): 신의 진리를 넘어서는 인간의 진리를 구현한
　 (나): 조형미에 대한 동서양의 안목이 유사하였다
⑤ (가): 인체 비례에 숨겨진 신의 진리를 구현한
　 (나): 인체 실측에 대한 동서양의 계산법이 동일하였다

문 8. 다음 글의 ㉠~㉤에서 문맥에 맞지 않는 곳을 찾아 적절하게 수정한 것은?

반세기 동안 지속되던 냉전 체제가 1991년을 기점으로 붕괴되면서 동유럽 체제가 재편되었다. 동유럽에서는 연방에서 벗어나 많은 국가들이 독립하였다. 이 국가들은 자연스럽게 자본주의 시장경제를 받아들였는데, 이후 몇 년 동안 공통적으로 극심한 경제 위기를 경험하게 되었다. 급기야 IMF(국제통화기금)의 자금 지원을 받게 되는데, 이는 ㉠ <u>갑작스럽게 외부로부터 도입한 자본주의 시스템에 적응하는 일이 결코 쉽지 않다는 점을 보여준다.</u>

이 과정에서 해당 국가 국민의 평균 수명이 급격하게 줄어들었는데, 이는 같은 시기 미국, 서유럽 국가들의 평균 수명이 꾸준히 늘었다는 것과 대조적이다. 이러한 현상에 대해 ㉡ <u>자본주의 시스템 도입을 적극적으로 지지했던</u> 일부 경제학자들은 오래전부터 이어진 ㉢ <u>동유럽 지역 남성들의 과도한 음주와 흡연, 폭력과 살인 같은 비경제적 요소</u>를 주된 원인으로 꼽았다. 즉 경제 체제의 변화와는 관련이 없다는 것이다.

이러한 주장에 의문을 품은 영국의 한 연구자는 해당 국가들의 건강 지표가 IMF의 자금 지원 전후로 어떻게 달라졌는지를 살펴보았다. 여러 사회적 상황을 고려하여 통계 모형을 만들고, ㉣ <u>IMF의 자금 지원을 받은 국가와 다른 기관에서 자금 지원을 받은 국가를 비교</u>하였다. 같은 시기 독립한 동유럽 국가 중 슬로베니아만 유일하게 IMF가 아닌 다른 기관에서 돈을 빌렸다. 이때 두 곳의 차이는, IMF는 자금을 지원받은 국가에게 경제와 관련된 구조조정 프로그램을 실시하게 한 반면, 슬로베니아를 지원한 곳은 그렇게 하지 않았다는 점이다. IMF 구조조정 프로그램을 실시한 국가들은 ㉤ <u>실시 이전부터 결핵 발생률이 크게 증가했던 것</u>으로 나타났다. 그러나 슬로베니아는 같은 기간에 오히려 결핵 사망률이 감소했다. IMF 구조조정 프로그램의 실시 여부는 국가별 결핵 사망률과 일정한 상관관계가 있었던 것이다.

① ㉠을 "자본주의 시스템을 갖추지 않고 지원을 받는 일"로 수정한다.

② ㉡을 "자본주의 시스템 도입을 적극적으로 반대했던"으로 수정한다.

③ ㉢을 "수출입과 같은 국제 경제적 요소"로 수정한다.

④ ㉣을 "IMF의 자금 지원 직후 경제 성장률이 상승한 국가와 하락한 국가"로 수정한다.

⑤ ㉤을 "실시 이후부터 결핵 사망률이 크게 증가했던 것"으로 수정한다.

문 9. 다음 글에서 추론할 수 없는 것은?

감염병 우려로 인해 △△시험 관리본부가 마련한 대책은 다음과 같다. 먼저 모든 수험생을 확진, 자가격리, 일반 수험생의 세 유형으로 구분한다. 그리고 수험생 유형별로 시험 장소를 안내하고 마스크 착용 규정을 준수하도록 한다.

〈표〉 수험생 유형과 증상에 따른 시험장의 구분

수험생	시험장	증상	세부 시험장
확진 수험생	생활치료센터	유·무 모두	센터장이 지정한 센터 내 장소
자가격리 수험생	특별 방역 시험장	유	외부 차단 1인용 부스
		무	회의실
일반 수험생	최초 공지한 시험장	유	소형 강의실
		무	중대형 강의실

모든 시험장에 공통적으로 적용되는 마스크 착용 규정은 다음과 같다. 첫째, 모든 수험생은 입실부터 퇴실 시점까지 의무적으로 마스크를 착용해야 한다. 둘째, 마스크는 KF99, KF94, KF80의 3개 등급만 허용한다. 마스크 등급을 표시하는 숫자가 클수록 방역 효과가 크다. 셋째, 마스크 착용 규정에서 특정 등급의 마스크 의무 착용을 명시한 경우, 해당 등급보다 높은 등급의 마스크 착용은 가능하지만 낮은 등급의 마스크 착용은 허용되지 않는다.

시험장에 따라 달리 적용되는 마스크 착용 규정은 다음과 같다. 첫째, 생활치료센터에서는 각 센터장이 내린 지침을 의무적으로 따라야 한다. 둘째, 특별 방역 시험장에서는 KF99 마스크를 의무적으로 착용해야 한다. 셋째, 소형 강의실과 중대형 강의실에서는 각각 KF99와 KF94 마스크 착용을 권장하지만 의무 사항은 아니다.

① 일반 수험생 중 유증상자는 KF80 마스크를 착용하고 시험을 치를 수 없다.

② 일반 수험생 중 무증상자는 KF80 마스크를 착용하고 시험을 치를 수 있다.

③ 자가격리 수험생 중 유증상자는 KF99 마스크를 착용하고 시험을 치를 수 있다.

④ 자가격리 수험생 중 무증상자는 KF94 마스크를 착용하고 시험을 치를 수 없다.

⑤ 확진 수험생은 생활치료센터장이 허용하는 경우 KF80 마스크를 착용하고 시험을 치를 수 있다.

문 10. 다음 글의 〈표〉를 수정한 것으로 적절한 것만을 〈보기〉에서 모두 고르면?

○○부는 철새로 인한 국내 야생 조류 및 가금류 조류인플루엔자(Avian Influenza, AI) 바이러스 감염 확산 여부를 추적 조사하고 있다. AI 바이러스는 병원성 정도에 따라 고병원성과 저병원성 AI 바이러스로 구분한다. 발표 자료에 따르면, 2020년 10월 25일 충남 천안시에서는 야생 조류 분변에서 고병원성 AI 바이러스가 검출되었으며 이는 2018년 2월 1일 충남 아산시에서 검출된 이래 2년 8개월 만의 검출 사례였다.

최근 야생 조류 고병원성 AI 바이러스 검출 사례는 2020년 10월 25일부터 11월 21일까지 경기도에서 3건, 충남에서 2건이 발표되었고, 가금류 고병원성 AI 바이러스 검출 사례는 전국에서 총 3건이 발표되었다. 같은 기간에 야생 조류 저병원성 AI 바이러스 검출 후 발표된 사례는 전국에 총 8건이다. 또한 채집된 의심 야생 조류의 분변 검사 결과, 고병원성·저병원성 AI 바이러스 모두에 해당하지 않아 바이러스 미분리로 분류된 사례는 총 7건이다. 야생 조류 AI 바이러스 검출 현황은 고병원성 AI, 저병원성 AI, 검사 중으로 분류하고 바이러스 미분리는 야생 조류 AI 바이러스 검출 현황에 포함하지 않는다. 야생 조류 AI 바이러스가 검출되고 나서 고병원성 여부를 확인하기 위해 정밀 검사를 하는 데 상당한 기간이 소요되므로, 아직 검사 중인 것이 9건이다. 그중 하나인 제주도 하도리의 경우 11월 22일 고병원성 AI 바이러스 검출 여부를 발표할 예정이다.

○○부 주무관 갑은 2020년 10월 25일부터 11월 21일까지 발표된 야생 조류 AI 바이러스 검출 현황을 아래와 같이 〈표〉로 작성하였으나 검출 현황을 적절히 반영하지 않아 수정이 필요하다.

〈표〉 야생 조류 AI 바이러스 검출 현황
(기간: 2020년 10월 25일~2020년 11월 21일)

고병원성 AI	저병원성 AI	검사 중	바이러스 미분리
8건	8건	9건	7건

─── 〈보 기〉 ───
ㄱ. 고병원성 AI 항목의 "8건"을 "5건"으로 수정한다.
ㄴ. 검사 중 항목의 "9건"을 "8건"으로 수정한다.
ㄷ. "바이러스 미분리" 항목을 삭제한다.

① ㄱ
② ㄴ
③ ㄱ, ㄷ
④ ㄴ, ㄷ
⑤ ㄱ, ㄴ, ㄷ

문 11. 다음 글의 A~C에 대한 평가로 적절한 것만을 〈보기〉에서 모두 고르면?

인간 존엄성은 모든 인간이 단지 인간이기 때문에 갖는 것으로서, 인간의 숭고한 도덕적 지위나 인간에 대한 윤리적 대우의 근거로 여겨진다. 다음은 인간 존엄성 개념에 대한 A~C의 비판이다.

A: 인간 존엄성은 그 의미가 무엇인지에 대해 사람마다 생각이 달라서 불명료할 뿐 아니라 무용한 개념이다. 가령 존엄성은 존엄사를 옹호하거나 반대하는 논증 모두에서 각각의 주장을 정당화하는 데 사용된다. 어떤 이는 존엄성이란 말을 '자율성의 존중'이라는 뜻으로, 어떤 이는 '생명의 신성함'이라는 뜻으로 사용한다. 결국 쟁점은 존엄성이 아니라 자율성의 존중이나 생명의 가치에 관한 문제이며, 존엄성이란 개념 자체는 그 논의에서 실질적으로 중요한 기여를 하지 않는다.

B: 인간의 권리에 대한 문서에서 존엄성이 광범위하게 사용되는 것은 기독교 신학과 같이 인간 존엄성을 언급하는 많은 종교적 문헌의 영향으로 보인다. 이러한 종교적 뿌리는 어떤 이에게는 가치 있는 것이지만, 다른 이에겐 그런 존엄성 개념을 의심할 근거가 되기도 한다. 특히 존엄성을 신이 인간에게 부여한 독특한 지위로 생각함으로써 인간이 스스로를 지나치게 높게 보도록 했다는 점은 비판을 받아 마땅하다. 이는 인간으로 하여금 인간이 아닌 종과 환경에 대해 인간 자신들이 원하는 것을 마음대로 해도 된다는 오만을 낳았다.

C: 인간 존엄성은 인간이 이성적 존재임을 들어 동물이나 세계에 대해 인간 중심적인 견해를 옹호해 온 근대 휴머니즘의 유산이다. 존엄성은 인간종이 그 자체로 다른 종이나 심지어 환경 자체보다 더 큰 가치가 있다고 생각하는 종족주의의 한 표현에 불과하다. 인간 존엄성은 우리가 서로를 가치 있게 여기도록 만들기도 하지만, 인간 외의 다른 존재에 대해서는 그 대상이 인간이라면 결코 용납하지 않았을 폭력적 처사를 정당화하는 근거로 활용된다.

─── 〈보 기〉 ───
ㄱ. 많은 논란에도 불구하고 존엄사를 인정한 연명의료결정법의 시행은 A의 주장을 약화시키는 사례이다.
ㄴ. C의 주장은 화장품의 안전성 검사를 위한 동물실험의 금지를 촉구하는 캠페인의 근거로 활용될 수 있다.
ㄷ. B와 C는 인간에게 특권적 지위를 부여하는 인간 중심적인 생각을 비판한다는 점에서 공통적이다.

① ㄱ
② ㄷ
③ ㄱ, ㄴ
④ ㄴ, ㄷ
⑤ ㄱ, ㄴ, ㄷ

문 12. 다음 글의 〈논증〉에 대한 분석으로 적절한 것만을 〈보기〉에서 모두 고르면?

우리는 죽음이 나쁜 것이라고 믿는다. 죽고 나면 우리가 존재하지 않기 때문이다. 루크레티우스는 우리가 존재하지 않기 때문에 죽음이 나쁜 것이라면 우리가 태어나기 이전의 비존재도 나쁘다고 말해야 한다고 생각했다. 그러나 우리는 태어나기 이전에 우리가 존재하지 않았다는 사실에 대해서 애석해 하지 않는다. 따라서 루크레티우스는 죽음 이후의 비존재에 대해서도 애석해 할 필요가 없다고 주장했다. 다음은 이러한 루크레티우스의 주장을 반박하는 논증이다.

〈논 증〉

우리는 죽음의 시기가 뒤로 미루어짐으로써 더 오래 사는 상황을 상상해 볼 수 있다. 예를 들어, 50살에 교통사고로 세상을 떠난 누군가를 생각해 보자. 그 사고가 아니었다면 그는 70살이나 80살까지 더 살 수도 있었을 것이다. 그렇다면 50살에 그가 죽은 것은 그의 인생에 일어날 수 있는 여러 가능성 중에 하나였다. 그런데 ⊙ 내가 더 일찍 태어나는 것은 상상할 수 없다. 물론, 조산이나 제왕절개로 내가 조금 더 일찍 세상에 태어날 수도 있었을 것이다. 하지만 여기서 고려해야 할 것은 나의 존재의 시작이다. 나를 있게 하는 것은 특정한 정자와 난자의 결합이다. 누군가는 내 부모님이 10년 앞서 임신할 수 있었다고 주장할 수도 있다. 그러나 그랬다면 내가 아니라 나의 형제가 태어났을 것이다. 그렇기 때문에 '더 일찍 태어났더라면'이라고 말해도 그것이 실제로 내가 더 일찍 태어났을 가능성을 상상한 것은 아니다. 나의 존재는 내가 수정된 바로 그 특정 정자와 난자의 결합에 기초한다. 그러므로 ⓒ 내가 더 일찍 태어나는 일은 불가능하다. 나의 사망 시점은 달라질 수 있지만, 나의 출생 시점은 그렇지 않다. 그런 의미에서 출생은 내 인생 전체를 놓고 볼 때 하나의 필연적인 사건이다. 결국 죽음의 시기를 뒤로 미뤄 더 오래 사는 것은 가능하지만, 출생의 시기를 앞당겨 더 오래 사는 것은 불가능하다. 따라서 내가 더 일찍 태어나지 않은 것은 나쁜 일이 될 수 없다. 즉 죽음 이후와는 달리 ⓒ 태어나기 이전의 비존재는 나쁘다고 말할 수 없다.

〈보 기〉

ㄱ. 냉동 보관된 정자와 난자가 수정되어 태어난 사람의 경우를 고려하면, ⊙은 거짓이다.

ㄴ. ⊙에 "어떤 사건이 가능하면, 그것의 발생을 상상할 수 있다."라는 전제를 추가하면, ⓒ을 이끌어 낼 수 있다.

ㄷ. ⓒ에 "태어나기 이전의 비존재가 나쁘다면, 내가 더 일찍 태어나는 것이 가능하다."라는 전제를 추가하면, ⓒ의 부정을 이끌어 낼 수 있다.

① ㄱ

② ㄷ

③ ㄱ, ㄴ

④ ㄴ, ㄷ

⑤ ㄱ, ㄴ, ㄷ

※ 다음 글을 읽고 물음에 답하시오. [13~14]

인간은 지구상의 생명이 대량 멸종하는 사태를 맞이하고 있지만, 다른 한편으로는 실험실에서 인공적으로 새로운 생명체를 창조하고 있다. 이런 상황에서, 자연적으로 존재하는 종을 멸종으로부터 보존해야 한다는 생물 다양성의 보존 문제를 어떤 시각으로 바라보아야 할까? A는 생물 다양성을 보존해야 한다고 주장한다. 이를 위해 A는 다음과 같은 도구적 정당화를 제시한다. 우리는 의학적, 농업적, 경제적, 과학적 측면에서 이익을 얻기를 원한다. '생물 다양성 보존'은 이를 위한 하나의 수단으로 간주될 수 있다. 바로 그 수단이 우리가 원하는 이익을 얻는 최선의 수단이라는 것이 A의 첫 번째 전제이다. 그리고 [(가)]는 것이 A의 두 번째 전제이다. 이 전제들로부터 우리에게는 생물 다양성을 보존할 의무와 필요성이 있다는 결론이 나온다.

이에 대해 B는 생물 다양성 보존이 우리가 원하는 이익을 얻는 최선의 수단이 아님을 지적한다. 특히 합성 생물학은 자연에 존재하는 DNA, 유전자, 세포 등을 인공적으로 합성하고 재구성해 새로운 생명체를 창조하는 것을 목표로 한다. B는 우리가 원하는 이익을 얻고자 한다면, 자연적으로 존재하는 생명체들을 대상으로 보존에 애쓰는 것보다는 합성 생물학을 통해 원하는 목표를 더 합리적이고 체계적으로 성취할 수 있을 것이라고 주장한다. 인공적인 생명체의 창조가 우리가 원하는 이익을 얻는 더 좋은 수단이므로, 생물 다양성 보존을 지지하는 도구적 정당화는 설득력을 잃는다는 것이다. 그래서 B는 A가 제시하는 도구적 정당화에 근거하여 생물 다양성을 보존하자고 주장하는 것은 옹호될 수 없다고 말한다.

한편 C는 모든 종은 보존되어야 한다고 주장하면서 생물 다양성 보존을 옹호한다. C는 대상의 가치를 평가할 때 그 대상이 갖는 도구적 가치와 내재적 가치를 구별한다. 대상의 도구적 가치란 그것이 특정 목적을 달성하는 데 얼마나 쓸모가 있느냐에 따라 인정되는 가치이며, 대상의 내재적 가치란 그 대상이 그 자체로 본래부터 갖고 있다고 인정되는 고유한 가치를 말한다. C에 따르면 생명체는 단지 도구적 가치만을 갖는 것이 아니다. 생명체를 오로지 도구적 가치로만 평가하는 것은 생명체를 그저 인간의 목적을 위해 이용되는 수단으로 보는 인간 중심적 태도이지만, C는 그런 태도는 받아들일 수 없다고 본다. 생명체의 내재적 가치 또한 인정해야 한다는 것이다. 그 생명체들이 속한 종 또한 그 쓸모에 따라서만 가치가 있는 것이 아니다. 그리고 내재적 가치를 지니는 것은 모두 보존되어야 한다. 이로부터 모든 종은 보존되어야 한다는 결론에 다다른다. 왜냐하면 [(나)] 때문이다.

문 13. 위 글의 (가)와 (나)에 들어갈 내용을 적절하게 나열한 것은?

① (가): 어떤 것이 우리가 원하는 이익을 얻는 최선의 수단이라면 우리에게는 그것을 실행할 의무와 필요성이 있다

(나): 생명체의 내재적 가치는 종의 다양성으로부터 비롯되기

② (가): 어떤 것이 우리가 원하는 이익을 얻는 최선의 수단이 아니라면 우리에게는 그것을 실행할 의무와 필요성이 없다

(나): 생명체의 내재적 가치는 종의 다양성으로부터 비롯되기

③ (가): 어떤 것이 우리가 원하는 이익을 얻는 최선의 수단이라면 우리에게는 그것을 실행할 의무와 필요성이 있다

(나): 모든 종은 그 자체가 본래부터 고유의 가치를 지니기

④ (가): 어떤 것이 우리가 원하는 이익을 얻는 최선의 수단이 아니라면 우리에게는 그것을 실행할 의무와 필요성이 없다

(나): 모든 종은 그 자체가 본래부터 고유의 가치를 지니기

⑤ (가): 우리에게 이익을 제공하는 수단 가운데 생물 다양성의 보존보다 더 나은 수단은 없다

(나): 모든 종은 그 자체가 본래부터 고유의 가치를 지니기

문 14. 위 글에 대한 분석으로 적절한 것만을 〈보기〉에서 모두 고르면?

〈보 기〉

ㄱ. A는 생물 다양성을 보존해야 한다고 주장하지만, B는 보존하지 않아도 된다고 주장한다.

ㄴ. B는 A의 두 전제가 참이더라도 A의 결론이 반드시 참이 되지는 않는다고 비판한다.

ㄷ. 자연적으로 존재하는 생명체가 도구적 가치를 가지느냐에 대한 A와 C의 평가는 양립할 수 있다.

① ㄱ

② ㄷ

③ ㄱ, ㄴ

④ ㄴ, ㄷ

⑤ ㄱ, ㄴ, ㄷ

문 15. 다음 논쟁에 대한 분석으로 적절한 것만을 〈보기〉에서 모두 고르면?

갑: 입증은 증거와 가설 사이의 관계에 대한 것이다. 내가 받아들이는 입증에 대한 입장은 다음과 같다. 증거 발견 후 가설의 확률 증가분이 있다면, 증거가 가설을 입증한다. 즉 증거 발견 후 가설이 참일 확률에서 증거 발견 전 가설이 참일 확률을 뺀 값이 0보다 크다면, 증거가 가설을 입증한다. 예를 들어보자. 사건 현장에서 용의자 X의 것과 유사한 발자국이 발견되었다. 그럼 발자국이 발견되기 전보다 X가 해당 사건의 범인일 확률은 높아질 것이다. 그렇다면 발자국 증거는 X가 범인이라는 가설을 입증한다. 그리고 증거 발견 후 가설의 확률 증가분이 클수록, 증거가 가설을 입증하는 정도가 더 커진다.

을: 증거가 가설이 참일 확률을 높인다고 하더라도, 그 증거가 해당 가설을 입증하지 못할 수 있다. 가령, X에게 강력한 알리바이가 있다고 해보자. 사건이 일어난 시간에 사건 현장과 멀리 떨어져 있는 X의 모습이 CCTV에 포착된 것이다. 그러면 발자국 증거가 X가 범인일 확률을 높인다고 하더라도, 그가 범인일 확률은 여전히 높지 않을 것이다. 그럼에도 불구하고 갑의 입장은 이러한 상황에서 발자국 증거가 X가 범인이라는 가설을 입증한다고 보게 만드는 문제가 있다. 이 문제는 내가 받아들이는 입증에 대한 다음 입장을 통해 해결될 수 있다. 증거 발견 후 가설의 확률 증가분이 있고 증거 발견 후 가설이 참일 확률이 1/2보다 크다면, 그리고 그런 경우에만 증거가 가설을 입증한다. 가령, 발자국 증거가 X가 범인일 확률을 높이더라도 증거 획득 후 확률이 1/2보다 작다면 발자국 증거는 X가 범인이라는 가설을 입증하지 못한다.

〈보 기〉

ㄱ. 갑의 입장에서, 증거 발견 후 가설의 확률 증가분이 없다면 그 증거가 해당 가설을 입증하지 못한다.

ㄴ. 을의 입장에서, 어떤 증거가 주어진 가설을 입증할 경우 그 증거 획득 이전 해당 가설이 참일 확률은 1/2보다 크다.

ㄷ. 갑의 입장에서 어떤 증거가 주어진 가설을 입증하는 정도가 작더라도, 을의 입장에서 그 증거가 해당 가설을 입증할 수 있다.

① ㄴ

② ㄷ

③ ㄱ, ㄴ

④ ㄱ, ㄷ

⑤ ㄱ, ㄴ, ㄷ

문 16. 다음 글에서 추론할 수 있는 것은?

국제표준도서번호(ISBN)는 전세계에서 출판되는 각종 도서에 부여하는 고유한 식별 번호이다. 2007년부터는 13자리의 숫자로 구성된 ISBN인 ISBN-13이 부여되고 있지만, 2006년까지 출판된 도서에는 10자리의 숫자로 구성된 ISBN인 ISBN-10이 부여되었다.

ISBN-10은 네 부분으로 되어 있다. 첫 번째 부분은 책이 출판된 국가 또는 언어 권역을 나타내며 1~5자리를 가질 수 있다. 예를 들면, 대한민국은 89, 영어권은 0, 프랑스어권은 2, 중국은 7 그리고 부탄은 99936을 쓴다. 두 번째 부분은 국가별 ISBN 기관에서 그 국가에 있는 각 출판사에 할당한 번호를 나타낸다. 세 번째 부분은 출판사에서 그 책에 임의로 붙인 번호를 나타낸다. 마지막 네 번째 부분은 확인 숫자이다. 이 숫자는 0에서 10까지의 숫자 중 하나가 되는데, 10을 써야 할 때는 로마 숫자인 X를 사용한다. 부여된 ISBN-10이 유효한 것이라면 이 ISBN-10의 열 개 숫자에 각각 순서대로 10, 9, …, 2, 1의 가중치를 곱해서 각 곱셈의 값을 모두 더한 값이 반드시 11로 나누어 떨어져야 한다. 예를 들어, 어떤 책에 부여된 ISBN-10인 '89 – 89422 – 42 – 6'이 유효한 것인지 검사해 보자. $(8 \times 10) + (9 \times 9) + (8 \times 8) + (9 \times 7) + (4 \times 6) + (2 \times 5) + (2 \times 4) + (4 \times 3) + (2 \times 2) + (6 \times 1) = 352$ 이고, 이 값은 11로 나누어 떨어지기 때문에 이 ISBN-10은 유효한 번호이다. 만약 어떤 ISBN-10의 숫자 중 어느 하나를 잘못 입력했다면 서점에 있는 컴퓨터는 즉시 오류 메시지를 화면에 보여줄 것이다.

① ISBN-10의 첫 번째 부분에 있는 숫자가 같으면 같은 나라에서 출판된 책이다.
② 임의의 책의 ISBN-10에 숫자 3자리를 추가하면 그 책의 ISBN-13을 얻는다.
③ ISBN-10이 '0 – 285 – 00424 – 7'인 책은 해당 출판사에서 424번째로 출판한 책이다.
④ ISBN-10의 두 번째 부분에 있는 숫자가 같은 서로 다른 두 권의 책은 동일한 출판사에서 출판된 책이다.
⑤ 확인 숫자 앞의 아홉 개의 숫자에 정해진 가중치를 곱하여 합한 값이 11의 배수인 ISBN-10이 유효하다면 그 확인 숫자는 반드시 0이어야 한다.

문 17. 다음 글의 내용이 참일 때, 갑이 반드시 수강해야 할 과목은?

갑은 A~E 과목에 대해 수강신청을 준비하고 있다. 갑이 수강하기 위해 충족해야 하는 조건은 다음과 같다.
• A를 수강하면 B를 수강하지 않고, B를 수강하지 않으면 C를 수강하지 않는다.
• D를 수강하지 않으면 C를 수강하고, A를 수강하지 않으면 E를 수강하지 않는다.
• E를 수강하지 않으면 C를 수강하지 않는다.

① A
② B
③ C
④ D
⑤ E

문 18. 다음 글의 내용이 참일 때, 반드시 참인 것만을 〈보기〉에서 모두 고르면?

△△처에서는 채용 후보자들을 대상으로 A, B, C, D 네 종류의 자격증 소지 여부를 조사하였다. 그 결과 다음과 같은 사실이 밝혀졌다.
• A와 D를 둘 다 가진 후보자가 있다.
• B와 D를 둘 다 가진 후보자는 없다.
• A나 B를 가진 후보자는 모두 C는 가지고 있지 않다.
• A를 가진 후보자는 모두 B는 가지고 있지 않다는 것은 사실이 아니다.

〈보 기〉
ㄱ. 네 종류 중 세 종류의 자격증을 가지고 있는 후보자는 없다.
ㄴ. 어떤 후보자는 B를 가지고 있지 않고, 또 다른 후보자는 D를 가지고 있지 않다.
ㄷ. D를 가지고 있지 않은 후보자는 누구나 C를 가지고 있지 않다면, 네 종류 중 한 종류의 자격증만 가지고 있는 후보자가 있다.

① ㄱ
② ㄷ
③ ㄱ, ㄴ
④ ㄴ, ㄷ
⑤ ㄱ, ㄴ, ㄷ

문 19. 다음 글의 내용이 참일 때, 반드시 참인 것만을 〈보기〉에서 모두 고르면?

신입사원을 대상으로 민원, 홍보, 인사, 기획 업무에 대한 선호를 조사하였다. 조사 결과 민원 업무를 선호하는 신입사원은 모두 홍보 업무를 선호하였지만, 그 역은 성립하지 않았다. 모든 업무 중 인사 업무만을 선호하는 신입사원은 있었지만, 민원 업무와 인사 업무를 모두 선호하는 신입사원은 없었다. 그리고 넷 중 세 개 이상의 업무를 선호하는 신입사원도 없었다. 신입사원 갑이 선호하는 업무에는 기획 업무가 포함되어 있었으며, 신입사원 을이 선호하는 업무에는 민원 업무가 포함되어 있었다.

〈보 기〉

ㄱ. 어떤 업무는 갑도 을도 선호하지 않는다.
ㄴ. 적어도 두 명 이상의 신입사원이 홍보 업무를 선호한다.
ㄷ. 조사 대상이 된 업무 중에, 어떤 신입사원도 선호하지 않는 업무는 없다.

① ㄱ
② ㄷ
③ ㄱ, ㄴ
④ ㄴ, ㄷ
⑤ ㄱ, ㄴ, ㄷ

문 20. 다음 글에서 추론할 수 있는 것만을 〈보기〉에서 모두 고르면?

식물의 잎에 있는 기공은 대기로부터 광합성에 필요한 이산화탄소를 흡수하는 통로이다. 기공은 잎에 있는 세포 중 하나인 공변세포의 부피가 커지면 열리고 부피가 작아지면 닫힌다.

그렇다면 무엇이 공변세포의 부피에 변화를 일으킬까? 햇빛이 있는 낮에, 햇빛 속에 있는 청색광이 공변세포에 있는 양성자 펌프를 작동시킨다. 양성자 펌프의 작동은 공변세포 밖에 있는 칼륨이온과 염소이온이 공변세포 안으로 들어오게 한다. 공변세포 안에 이 이온들의 양이 많아짐에 따라 물이 공변세포 안으로 들어오고, 그 결과로 공변세포의 부피가 커져서 기공이 열린다. 햇빛이 없는 밤이 되면, 공변세포에 있는 양성자 펌프가 작동하지 않고 공변세포 안에 있던 칼륨이온과 염소이온은 밖으로 빠져나간다. 이에 따라 공변세포 안에 있던 물이 밖으로 나가면서 세포의 부피가 작아져서 기공이 닫힌다.

공변세포의 부피는 식물이 겪는 수분스트레스 반응에 의해 조절될 수도 있다. 식물 안의 수분량이 줄어듦으로써 식물이 수분스트레스를 받는다. 수분스트레스를 받은 식물은 호르몬 A를 분비한다. 호르몬 A는 공변세포에 있는 수용체에 결합하여 공변세포 안에 있던 칼륨이온과 염소이온이 밖으로 빠져나가게 한다. 이에 따라 공변세포 안에 있던 물이 밖으로 나가면서 세포의 부피가 작아진다. 결국 식물이 수분스트레스를 받으면 햇빛이 있더라도 기공이 열리지 않는다.

또한 기공의 여닫힘은 미생물에 의해 조절되기도 한다. 예를 들면, 식물을 감염시킨 병원균 는 공변세포의 양성자 펌프를 작동시키는 독소 B를 만든다. 이 독소 B는 공변세포의 부피를 늘려 기공이 닫혀 있어야 하는 때에도 열리게 하고, 결국 식물은 물을 잃어 시들게 된다.

〈보 기〉

ㄱ. 한 식물의 동일한 공변세포 안에 있는 칼륨이온의 양은, 햇빛이 있는 낮에 햇빛의 청색광만 차단하는 필름으로 식물을 덮은 경우가 덮지 않은 경우보다 적다.
ㄴ. 수분스트레스를 받은 식물에 양성자 펌프의 작동을 못하게 하면 햇빛이 있는 낮에 기공이 열린다.
ㄷ. 호르몬 A를 분비하는 식물이 햇빛이 있는 낮에 보이는 기공 개폐 상태와 병원균 에 감염된 식물이 햇빛이 없는 밤에 보이는 기공 개폐 상태는 다르다.

① ㄱ
② ㄴ
③ ㄱ, ㄷ
④ ㄴ, ㄷ
⑤ ㄱ, ㄴ, ㄷ

문 21. 다음 글의 ㉠과 ㉡에 대한 평가로 적절한 것만을 〈보기〉에서 모두 고르면?

진화론에 따르면 개체는 배우자 선택에 있어서 생존과 번식에 유리한 개체를 선호할 것으로 예측된다. 그런데 생존과 번식에 유리한 능력은 한 가지가 아니므로 합리적 선택은 단순하지 않다. 예를 들어 배우자 후보 α와 β가 있는데, 사냥 능력은 α가 우수한 반면, 위험 회피 능력은 가 우수하다고 하자. 이 경우 개체는 더 중요하다고 판단하는 능력에 기초하여 배우자를 선택하는 것이 합리적이다. 이를테면 사냥 능력에 가중치를 둔다면 α를 선택하는 것이 합리적이라는 것이다. 그런데 α와 β보다 사냥 능력은 떨어지나 위험 회피 능력은 β와 α의 중간쯤 되는 새로운 배우자 후보 γ가 나타난 경우를 생각해 보자. 이때 개체는 애초의 판단 기준을 유지할 수도 있고 변경할 수도 있다. 즉 애초의 판단 기준에 따르면 선택이 바뀔 이유가 없음에도 불구하고, 새로운 후보의 출현에 의해 판단 기준이 바뀌어 위험 회피 능력이 우수한 를 선택할 수 있다.

한 과학자는 동물의 배우자 선택에 있어 새로운 배우자 후보가 출현하는 경우, ㉠ 애초의 판단 기준을 유지한다는 가설과 ㉡ 판단 기준에 변화가 발생한다는 가설을 검증하기 위해 다음과 같은 실험을 수행하였다.

〈실 험〉

X 개구리의 경우, 암컷은 두 가지 기준으로 수컷을 고르는데, 수컷의 울음소리 톤이 일정할수록 선호하고 울음소리 빈도가 높을수록 선호한다. 세 마리의 수컷 A~C는 각각 다른 소리를 내는데, 울음소리 톤은 C가 가장 일정하고 B가 가장 일정하지 않다. 울음소리 빈도는 A가 가장 높고 C가 가장 낮다. 과학자는 A~C의 울음소리를 발정기의 암컷으로부터 동일한 거리에 있는 서로 다른 위치에서 들려주었다. 상황 1에서는 수컷 두 마리의 울음소리만을 들려주었으며, 상황 2에서는 수컷 세 마리의 울음소리를 모두 들려주고 각 상황에서 암컷이 어느 쪽으로 이동하는지 비교하였다. 암컷은 들려준 울음소리 중 가장 선호하는 쪽으로 이동한다.

〈보 기〉

ㄱ. 상황 1에서 암컷에게 들려준 소리가 A, B인 경우 암컷이 A로, 상황 2에서는 C로 이동했다면, ㉠은 강화되지 않지만 ㉡은 강화된다.

ㄴ. 상황 1에서 암컷에게 들려준 소리가 B, C인 경우 암컷이 B로, 상황 2에서는 A로 이동했다면, ㉠은 강화되지만 ㉡은 강화되지 않는다.

ㄷ. 상황 1에서 암컷에게 들려준 소리가 A, C인 경우 암컷이 C로, 상황 2에서는 A로 이동했다면, ㉠은 강화되지 않지만 ㉡은 강화된다.

① ㄱ
② ㄷ
③ ㄱ, ㄴ
④ ㄴ, ㄷ
⑤ ㄱ, ㄴ, ㄷ

문 22. 다음 글의 ㉠과 ㉡에 대한 평가로 적절한 것만을 〈보기〉에서 모두 고르면?

18세기에는 빛의 본성에 관한 두 이론이 경쟁하고 있었다. ㉠ 입자이론은 빛이 빠르게 운동하고 있는 아주 작은 입자들의 흐름으로 구성되어 있다고 설명한다. 이에 따르면, 물속에서 빛이 굴절하는 것은 물이 빛을 끌어당기기 때문이며, 공기 중에서는 이런 현상이 발생하지 않기 때문에 결과적으로 물속에서의 빛의 속도가 공기 중에서보다 더 빠르다. 한편 ㉡ 파동이론은 빛이 매질을 통하여 파동처럼 퍼져 나간다는 가설에 기초한다. 이에 따르면, 물속에서 빛이 굴절하는 것은 파동이 전파되는 매질의 밀도가 달라지기 때문이며, 밀도가 높아질수록 파동의 속도는 느려지므로 결과적으로 물속에서의 빛의 속도가 공기 중에서보다 더 느리다.

또한 파동이론에 따르면 빛의 색깔은 파장에 따라 달라진다. 공기 중에서는 파장에 따라 파동의 속도가 달라지지 않지만, 물속에서는 파장에 따라 파동의 속도가 달라진다. 반면 입자이론에 따르면 공기 중에서건 물속에서건 빛의 속도는 색깔에 따라 달라지지 않는다.

두 이론을 검증하기 위해 다음과 같은 실험이 고안되었다. 두 빛이 같은 시점에 발진하여 경로 1 또는 경로 2를 통과한 뒤 빠른 속도로 회전하는 평면거울에 도달한다. 두 개의 경로에서 빛이 진행하는 거리는 같으나, 경로 1에서는 물속을 통과하고, 경로 2에서는 공기만을 통과한다. 평면거울에서 반사된 빛은 반사된 빛이 향하는 방향에 설치된 스크린에 맺힌다. 평면거울에 도달한 빛 중 속도가 빠른 빛은 먼저 도달하고 속도가 느린 빛은 나중에 도달하게 되는데, 평면거울이 빠르게 회전하고 있으므로 먼저 도달한 빛과 늦게 도달한 빛은 반사 각도에 차이가 생기게 된다. 따라서 두 빛이 서로 다른 속도를 가진다면 반사된 두 빛이 도착하는 지점이 서로 달라지며, 더 빨리 평면거울에 도달한 빛일수록 스크린의 오른쪽에, 더 늦게 도달한 빛일수록 스크린의 왼쪽에 맺히게 된다.

〈보 기〉

ㄱ. 색깔이 같은 두 빛이 각각 경로 1과 2를 통과했을 때, 경로 1을 통과한 빛이 경로 2를 통과한 빛보다 스크린의 오른쪽에 맺힌다면 ㉠은 강화되고 ㉡은 약화된다.

ㄴ. 색깔이 다른 두 빛 중 하나는 경로 1을, 다른 하나는 경로 2를 통과했을 때, 경로 1을 통과한 빛이 경로 2를 통과한 빛보다 스크린의 왼쪽에 맺힌다면 ㉠은 약화되고 ㉡은 강화된다.

ㄷ. 색깔이 다른 두 빛이 모두 경로 1을 통과했을 때, 두 빛이 스크린에 맺힌 위치가 다르다면 ㉠은 약화되고 ㉡은 강화된다.

① ㄱ
② ㄴ
③ ㄱ, ㄷ
④ ㄴ, ㄷ
⑤ ㄱ, ㄴ, ㄷ

문 23. 다음 대화의 빈칸에 들어갈 내용으로 가장 적절한 것은?

> 갑: 2022년에 A 보조금이 B 보조금으로 개편되었다고 들었습니다. 2021년에 A 보조금을 수령한 민원인이 B 보조금의 신청과 관련하여 문의하였습니다. 민원인이 중앙부처로 바로 연락하였다는데 B 보조금 신청 자격을 알 수 있을까요?
>
> 을: B 보조금 신청 자격은 A 보조금과 같습니다. 해당 지자체에 농업경영정보를 등록한 농업인이어야 하고 지급 대상 토지도 해당 지자체에 등록된 농지 또는 초지여야 합니다.
>
> 갑: 네. 민원인의 자격 요건에 변동 사항은 없다는 것을 확인했습니다. 그 외에 다른 제한 사항은 없을까요?
>
> 을: 대상자 및 토지 요건을 모두 충족하더라도 전년도에 A 보조금을 부정한 방법으로 수령했다고 판정된 경우에는 B 보조금을 신청할 수가 없어요. 다만 부정한 방법으로 수령했다고 해당 지자체에서 판정하더라도 수령인은 일정 기간 동안 중앙부처에 이의를 제기할 수 있습니다. 이의 제기 심의 기간에는 수령인이 부정한 방법으로 수령하지 않은 것으로 봅니다.
>
> 갑: 우리 중앙부처의 2021년 A 보조금 부정 수령 판정 현황이 어떻게 되죠?
>
> 을: 2021년 A 보조금 부정 수령 판정 이의 제기 신청 기간은 만료되었습니다. 부정 수령 판정이 총 15건이 있었는데, 그중 11건에 대한 이의 제기 신청이 들어왔고 1건은 심의 후 이의 제기가 받아들여져 인용되었습니다. 9건은 이의 제기가 받아들여지지 않아 기각되었고 나머지 1건은 아직 이의 제기 심의 절차가 진행 중입니다.
>
> 갑: 그렇다면 제가 추가로 [＿＿＿＿]만 확인하고 나면 다른 사유를 확인하지 않고서도 민원인이 현재 B 보조금 신청 자격이 되는지를 바로 알 수 있겠네요.

① 민원인의 부정 수령 판정 여부, 민원인의 이의 제기 여부, 이의 제기 심의 절차 진행 중인 건이 민원인이 제기한 건인지 여부

② 민원인의 부정 수령 판정 여부, 민원인의 이의 제기 여부, 이의 제기 기각 건에 민원인이 제기한 건이 포함되었는지 여부

③ 민원인의 농업인 및 농지 등록 여부, 민원인의 이의 제기 여부, 이의 제기 심의 절차 진행 중인 건의 심의 완료 여부

④ 민원인의 부정 수령 판정 여부, 민원인의 이의 제기 여부, 이의 제기 인용 건이 민원인이 제기한 건인지 여부

⑤ 민원인의 농업인 및 농지 등록 여부, 민원인의 부정 수령 판정 여부, 민원인의 이의 제기 여부

문 24. 다음 대화의 빈칸에 들어갈 내용으로 가장 적절한 것은?

> 갑: 안녕하십니까? 저는 공립학교인 A 고등학교 교감입니다. 우리 학교의 교육 방침을 명확히 밝히는 조항을 학교 규칙(이하 '학칙')에 새로 추가하려고 합니다. 이때 준수해야 할 것이 무엇입니까?
>
> 을: 네. 학교에서 학칙을 제정하고자 할 때에는 「초·중등교육법」(이하 '교육법')에 어긋나지 않는 범위에서 제정이 이루어져야 합니다.
>
> 갑: 그렇군요. 그래서 교육법 제8조제1항의 학교의 장은 '법령'의 범위에서 학칙을 제정할 수 있다는 규정에 근거해서 학칙을 만들고 있습니다. 그런데 최근 우리 도(道) 의회에서 제정한 「학생인권조례」의 내용을 보니, 우리 학교에서 만들고 있는 학칙과 어긋나는 것이 있습니다. 이러한 경우에 법적 판단은 어떻게 됩니까?
>
> 을: [＿＿＿＿＿＿＿＿＿＿＿＿＿＿＿＿＿＿＿＿]
>
> 갑: 교육법 제8조제1항에서는 '법령'이라는 용어를 사용하고, 제10조제2항에서는 '조례'라는 용어를 사용하고 있으니 교육법에서는 법령과 조례를 구분하는 것으로 보입니다.
>
> 을: 그것은 다른 문제입니다. 교육법 제10조제2항의 조례는 법령의 위임을 받아 제정되는 위임 입법입니다. 제8조제1항에서의 법령에는 조례가 포함된다고 해석하고 있으며, 이 경우에 제10조제2항의 조례와는 그 성격이 다르다고 할 수 있습니다.
>
> 갑: 교육법 제8조제1항은 초·중등학교 운영의 자율과 책임을 위한 것인데 이러한 조례로 인해서 오히려 학교 교육과 운영이 침해당하는 것 아닙니까?
>
> 을: 교육법 제8조제1항의 목적은 학교의 자율과 책임을 당연히 존중하는 것입니다. 다만 학칙을 제정할 때에도 국가나 지자체에서 반드시 지킬 것을 요구하는 최소한의 한계를 법령의 범위라는 말로 표현한 것입니다. 더욱이 학생들의 학습권, 개성을 실현할 권리 등은 헌법에서 보장된 기본권에서 나오고 교육법 제18조의4에서도 학생의 인권을 보장하도록 규정하고 있습니다. 최근 「학생인권조례」도 이러한 취지에서 제정되었습니다.

① 학칙의 제정을 통하여 학교 운영의 자율과 책임뿐 아니라 학생들의 학습권과 개성을 실현할 권리가 제한될 수 있습니다

② 법령에 조례가 포함된다고 해석할 여지는 없지만 교육법의 체계상 「학생인권조례」를 따라야 합니다

③ 교육법 제10조제2항에 따라 조례는 입법 목적이나 취지와 관계없이 법령에 포함됩니다

④ 「학생인권조례」에는 교육법에 어긋나는 규정이 있지만 학칙은 이 조례를 따라야 합니다

⑤ 법령의 범위에 있는 「학생인권조례」의 내용에 반하는 학칙은 교육법에 저촉됩니다

문 25. 다음 글의 〈논쟁〉에 대한 분석으로 적절한 것만을 〈보기〉에서 모두 고르면?

갑과 을은 △△국「주거법」제ㅇㅇ조의 해석에 대해 논쟁하고 있다. 그 조문은 다음과 같다.

제ㅇㅇ조(비거주자의 구분) ① 다음 각 호에 해당하는 △△국 국민은 비거주자로 본다.
  1. 외국에서 영업활동에 종사하고 있는 사람
  2. 2년 이상 외국에 체재하고 있는 사람. 이 경우 일시 귀국하여 3개월 이내의 기간 동안 체재한 경우 그 기간은 외국에 체재한 기간에 포함되는 것으로 본다.
  3. 외국인과 혼인하여 배우자의 국적국에 6개월 이상 체재하는 사람
② 국내에서 영업활동에 종사하였거나 6개월 이상 체재하였던 외국인으로서 출국하여 외국에서 3개월 이상 체재 중인 사람의 경우에도 비거주자로 본다.

〈논 쟁〉

쟁점 1: △△국 국민인 A는 일본에서 2년 1개월째 학교에 다니고 있다. A는 매년 여름방학과 겨울방학 기간에 일시 귀국하여 2개월씩 체재하였다. 이에 대해, 갑은 A가 △△국 비거주자로 구분된다고 주장하는 반면, 을은 그렇지 않다고 주장한다.

쟁점 2: △△국과 미국 국적을 모두 보유한 복수 국적자 B는 △△국 C 법인에서 임원으로 근무하였다. B는 올해 C 법인의 미국 사무소로 발령받아 1개월째 영업활동에 종사 중이다. 이에 대해, 갑은 B가 △△국 비거주자로 구분된다고 주장하는 반면, 을은 그렇지 않다고 주장한다.

쟁점 3: △△국 국민인 D는 독일 국적의 E와 결혼하여 독일에서 체재 시작 직후부터 5개월째 길거리 음악 연주를 하고 있다. 이에 대해, 갑은 D가 △△국 비거주자로 구분된다고 주장하는 반면, 을은 그렇지 않다고 주장한다.

〈보 기〉

ㄱ. 쟁점 1과 관련하여, 일시 귀국하여 체재한 '3개월 이내의 기간'이 귀국할 때마다 체재한 기간의 합으로 확정된다면, 갑의 주장은 옳고 을의 주장은 그르다.

ㄴ. 쟁점 2와 관련하여, 갑은 B를 △△국 국민이라고 생각하지만 을은 외국인이라고 생각하기 때문이라고 하면, 갑과 을 사이의 주장 불일치를 설명할 수 있다.

ㄷ. 쟁점 3과 관련하여, D의 길거리 음악 연주가 영업활동이 아닌 것으로 확정된다면, 갑의 주장은 그르고 을의 주장은 옳다.

① ㄱ

② ㄷ

③ ㄱ, ㄴ

④ ㄴ, ㄷ

⑤ ㄱ, ㄴ, ㄷ

CHAPTER
02 2021년 7급 PSAT 기출문제 언어논리

문 1.　다음 글에서 알 수 있는 것은?

우리나라 국기인 태극기에는 태극 문양과 4괘가 그려져 있는데, 중앙에 있는 태극 문양은 만물이 음양 조화로 생장한다는 것을 상징한다. 또 태극 문양의 좌측 하단에 있는 이괘는 불, 우측 상단에 있는 감괘는 물, 좌측 상단에 있는 건괘는 하늘, 우측 하단에 있는 곤괘는 땅을 각각 상징한다. 4괘가 상징하는 바는 그것이 처음 만들어질 때부터 오늘날까지 변함이 없다.

태극 문양을 그린 기는 개항 이전에도 조선 수군이 사용한 깃발 등 여러 개가 있는데, 태극 문양과 4괘만 사용한 기는 개항 후에 처음 나타났다. 1882년 5월 조미수호조규 체결을 위한 전권대신으로 임명된 이응준은 회담 장소에 내걸 국기가 없어 곤란해하다가 회담 직전 태극 문양을 활용해 기를 만들고 그것을 회담장에 걸어두었다. 그 기에 어떤 문양이 담겼는지는 오랫동안 알려지지 않았다. 그런데 2004년 1월 미국 어느 고서점에서 미국 해군부가 조미수호조규 체결 한 달 후에 만든 『해상 국가들의 깃발들』이라는 책이 발견되었다. 이 책에는 이응준이 그린 것으로 짐작되는 '조선의 기'라는 이름의 기가 실려 있다. 그 기의 중앙에는 태극 문양이 있으며 네 모서리에 괘가 하나씩 있는데, 좌측 상단에 감괘, 우측 상단에 건괘, 좌측 하단에 곤괘, 우측 하단에 이괘가 있다.

조선이 국기를 공식적으로 처음 정한 것은 1883년의 일이다. 1882년 9월에 고종은 박영효를 수신사로 삼아 일본에 보내면서, 그에게 조선을 상징하는 기를 만들어 사용해본 다음 귀국하는 즉시 제출하게 했다. 이에 박영효는 태극 문양이 가운데 있고 4개의 모서리에 각각 하나씩 괘가 있는 기를 만들어 사용한 후 그것을 고종에게 바쳤다. 고종은 이를 조선 국기로 채택하고 통리교섭사무아문으로 하여금 각국 공사관에 배포하게 했다. 이 기는 일본에 의해 강제 병합되기까지 국기로 사용되었는데, 언뜻 보기에 『해상 국가들의 깃발들』에 실린 '조선의 기'와 비슷하다. 하지만 자세히 보면 두 기는 서로 다르다. 조선 국기 좌측 상단에 있는 괘가 '조선의 기'에는 우측 상단에 있고, '조선의 기'의 좌측 상단에 있는 괘는 조선 국기의 우측 상단에 있다. 또 조선 국기의 좌측 하단에 있는 괘는 '조선의 기'의 우측 하단에 있고, '조선의 기'의 좌측 하단에 있는 괘는 조선 국기의 우측 하단에 있다.

① 미국 해군부는 통리교섭사무아문이 각국 공사관에 배포한 국기를 『해상 국가들의 깃발들』에 수록하였다.

② 조미수호조규 체결을 위한 회담 장소에서 사용하고자 이응준이 만든 기는 태극 문양이 담긴 최초의 기다.

③ 통리교섭사무아문이 배포한 기의 우측 상단에 있는 괘와 '조선의 기'의 좌측 하단에 있는 괘가 상징하는 것은 같다.

④ 오늘날 태극기의 우측 하단에 있는 괘와 고종이 조선 국기로 채택한 기의 우측 하단에 있는 괘는 모두 땅을 상징한다.

⑤ 박영효가 그린 기의 좌측 상단에 있는 괘는 물을 상징하고 이응준이 그린 기의 좌측 상단에 있는 괘는 불을 상징한다.

문 2. 다음 대화의 빈칸에 들어갈 내용으로 가장 적절한 것은?

> 갑 : 국회에서 법률들을 제정하거나 개정할 때, 법률에서 조례를 제정하여 시행하도록 위임하는 경우가 있습니다. 그리고 이런 위임에 따라 지방자치단체에서는 조례를 새로 제정하게 됩니다. 각 지방자치단체가 법률의 위임에 따라 몇 개의 조례를 제정했는지 집계하여 '조례 제정 비율'을 계산하는데, 이 지표는 작년에 이어 올해도 지방자치단체의 업무 평가 기준에 포함되었습니다.
>
> 을 : 그렇군요. 그 평가 방식이 구체적으로 어떻게 되고, A 시의 작년 평가 결과는 어땠는지 말씀해 주세요.
>
> 갑 : 먼저 그 해 1월 1일부터 12월 31일까지 법률에서 조례를 제정하도록 위임한 사항이 몇 건인지 확인한 뒤, 그 중 12월 31일까지 몇 건이나 조례로 제정되었는지로 평가합니다. 작년에는 법률에서 조례를 제정하도록 위임한 사항이 15건이었는데, 그 중 A 시에서 제정한 조례는 9건으로 그 비율은 60%였습니다.
>
> 을 : 그러면 올해는 조례 제정 상황이 어떻습니까?
>
> 갑 : 1월 1일부터 7월 10일 현재까지 법률에서 조례를 제정하도록 위임한 사항은 10건인데, A 시는 이 중 7건을 조례로 제정하였으며 조례로 제정하기 위하여 입법 예고 중인 것은 2건입니다. 현재 시의회에서 조례로 제정되기를 기다리며 계류 중인 것은 없습니다.
>
> 을 : 모든 조례는 입법 예고를 거친 뒤 시의회에서 제정되므로, 현재 입법 예고 중인 2건은 입법 예고 기간이 끝나야만 제정될 수 있겠네요. 이 2건의 제정 가능성은 예상할 수 있나요?
>
> 갑 : 어떤 조례는 신속히 제정되기도 합니다. 그러나 때로는 시의회가 계속 파행하기도 하고 의원들의 입장에 차이가 커 공전될 수도 있기 때문에 현재 시점에서 조례 제정 가능성을 단정하기는 어렵습니다.
>
> 을 : 그러면 A 시의 조례 제정 비율과 관련하여 알 수 있는 것은 무엇이 있을까요?
>
> 갑 : A 시는 [   ]

① 현재 조례로 제정하기 위하여 입법 예고가 필요한 것이 1건입니다.

② 올 한 해의 조례 제정 비율이 작년보다 높아집니다.

③ 올 한 해 총 9건의 조례를 제정하게 됩니다.

④ 현재 시점을 기준으로 평가를 받으면 조례 제정 비율이 90%입니다.

⑤ 올 한 해 법률에서 조례를 제정하도록 위임 받은 사항이 작년보다 줄어듭니다.

문 3. 다음 글의 A~C에 대한 판단으로 가장 적절한 것은?

> 정책 네트워크는 다원주의 사회에서 정책 영역에 따라 실질적인 정책 결정권을 공유하고 있는 집합체이다. 정책 네트워크는 구성원 간의 상호 의존성, 외부로부터 다른 사회 구성원들의 참여 가능성, 의사결정의 합의 효율성, 지속성의 특징을 고려할 때 다음 세 가지 모형으로 분류될 수 있다.

특징 모형	상호 의존성	외부 참여 가능성	합의 효율성	지속성
A	높음	낮음	높음	높음
B	보통	보통	보통	보통
C	낮음	높음	낮음	낮음

> A는 의회의 상임위원회, 행정 부처, 이익집단이 형성하는 정책 네트워크로서 안정성이 높아 마치 소정부와 같다. 행정부 수반의 영향력이 작은 정책 분야에서 집중적으로 나타나는 형태이다. A에서는 참여자 간의 결속과 폐쇄적 경계를 강조하며, 배타성이 매우 강해 다른 이익집단의 참여를 철저하게 배제하는 것이 특징이다.
>
> B는 특정 정책과 관련해 이해관계를 같이하는 참여자들로 구성된다. B가 특정 이슈에 대해 유기적인 연계 속에서 기능하면, 전통적인 관료제나 A의 방식보다 더 효과적으로 정책 목표를 달성할 수 있다. B의 주요 참여자는 정치인, 관료, 조직화된 이익집단, 전문가 집단이며, 정책 결정은 주요 참여자 간의 합의와 협력에 의해 일어난다.
>
> C는 특정 이슈를 중심으로 이해관계나 전문성을 가진 이익집단, 개인, 조직으로 구성되고, 참여자는 매우 자율적이고 주도적인 행위자이며 수시로 변경된다. 배타성이 강한 A만으로 정책을 모색하면 정책 결정에 영향을 미칠 수 있는 C와 같은 개방적 참여자들의 네트워크를 놓치기 쉽다. C는 관료제의 영향력이 작고 통제가 약한 분야에서 주로 작동하는데, 참여자가 많아 합의가 어려워 결국 정부가 위원회나 청문회를 활용하여 의견을 조정하려는 경우가 종종 발생한다.

① 외부 참여 가능성이 높은 모형은 관료제의 영향력이 작고 통제가 약한 분야에서 나타나기 쉽다.

② 상호 의존성이 보통인 모형에서는 배타성이 강해 다른 이익집단의 참여를 철저하게 배제한다.

③ 합의 효율성이 높은 모형이 가장 효과적으로 정책 목표를 달성할 수 있다.

④ A에 참여하는 이익집단의 정책 결정 영향력이 B에 참여하는 이익집단의 정책 결정 영향력보다 크다.

⑤ C에서는 참여자의 수가 많아질수록 네트워크의 지속성이 높아진다.

문 4.　다음 글에서 추론할 수 있는 것만을 〈보기〉에서 모두 고르면?

두 입자만으로 이루어지고 이들이 세 가지의 양자 상태 1, 2, 3 중 하나에만 있을 수 있는 계(system)가 있다고 하자. 여기서 양자 상태란 입자가 있을 수 있는 구별 가능한 어떤 상태를 지시하며, 입자는 세 가지 양자 상태 중 하나에 반드시 있어야 한다. 이때 그 계에서 입자들이 어떻게 분포할 수 있는지 경우의 수를 세는 문제는, 각 양자 상태에 대응하는 세 개의 상자 1 2 3 에 두 입자가 있는 경우의 수를 세는 것과 같다. 경우의 수는 입자들끼리 서로 구별 가능한지와 여러 개의 입자가 하나의 양자 상태에 동시에 있을 수 있는지에 따라 달라진다.

두 입자가 구별 가능하고, 하나의 양자 상태에 여러 개의 입자가 있을 수 있다고 가정하자. 이것을 'MB 방식'이라고 부르며, 두 입자는 각각 a, b로 표시할 수 있다. a가 1의 양자 상태에 있는 경우는 ab│ │ , │ a │ b │ , │ a │ │ b │의 세 가지이고, a가 2의 양자 상태에 있는 경우와 a가 3의 양자 상태에 있는 경우도 각각 세 가지이다. 그러므로 MB 방식에서 경우의 수는 9이다.

두 입자가 구별되지 않고, 하나의 양자 상태에 여러 개의 입자가 있을 수 있다고 가정하자. 이것을 'BE 방식'이라고 부른다. 이때에는 두 입자 모두 a로 표시하게 되므로 aa│ │ , │ aa │ , │ │ aa , │ a │ a │ , │ a │ │ a │ , │ │ a │ a │가 가능하다. 그러므로 BE 방식에서 경우의 수는 6이다.

두 입자가 구별되지 않고, 하나의 양자 상태에 하나의 입자만 있을 수 있다고 가정하자. 이것을 'FD 방식'이라고 부른다. 여기에서는 BE 방식과 달리 하나의 양자 상태에 두 개의 입자가 동시에 있는 경우는 허용되지 않으므로 │ a │ a │ │ , │ a │ │ a │ , │ │ a │ a │만 가능하다. 그러므로 FD 방식에서 경우의 수는 3이다.

양자 상태의 가짓수가 다를 때에도 MB, BE, FD 방식 모두 위에서 설명한 대로 입자들이 놓이게 되고, 이때 경우의 수는 달라질 수 있다.

〈보 기〉

ㄱ. 두 개의 입자에 대해, 양자 상태가 두 가지이면 BE 방식에서 경우의 수는 2이다.

ㄴ. 두 개의 입자에 대해, 양자 상태의 가짓수가 많아지면 FD 방식에서 두 입자가 서로 다른 양자 상태에 각각 있는 경우의 수는 커진다.

ㄷ. 두 개의 입자에 대해, 양자 상태가 두 가지 이상이면 경우의 수는 BE 방식에서보다 MB 방식에서 언제나 크다.

① ㄱ
② ㄷ
③ ㄱ, ㄴ
④ ㄴ, ㄷ
⑤ ㄱ, ㄴ, ㄷ

문 5.　다음 글에서 추론할 수 있는 것은?

생쥐가 새로운 소리 자극을 받으면 이 자극 신호는 뇌의 시상에 있는 청각시상으로 전달된다. 청각시상으로 전달된 자극 신호는 뇌의 편도에 있는 측핵으로 전달된다. 측핵에 전달된 신호는 편도의 중핵으로 전달되고, 중핵은 신체의 여러 기관에 전달할 신호를 만들어서 반응이 일어나게 한다.

연구자 K는 '공포' 또는 '안정'을 학습시켰을 때 나타나는 신경생물학적 특징을 탐구하기 위해 두 개의 실험을 수행했다.

첫 번째 실험에서 공포를 학습시켰다. 이를 위해 K는 생쥐에게 소리 자극을 준 뒤에 언제나 공포를 일으킬 만한 충격을 가하여, 생쥐에게 이 소리가 충격을 예고한다는 것을 학습시켰다. 이렇게 학습된 생쥐는 해당 소리 자극을 받으면 방어적인 행동을 취했다. 이 생쥐의 경우, 청각시상으로 전달된 소리 자극 신호는 학습을 수행하기 전 상태에서 전달되는 것보다 훨씬 센 강도의 신호로 증폭되어 측핵으로 전달된다. 이 증폭된 강도의 신호는 중핵을 거쳐 신체의 여러 기관에 전달되고 이는 학습된 공포 반응을 일으킨다.

두 번째 실험에서는 안정을 학습시켰다. 이를 위해 K는 다른 생쥐에게 소리 자극을 준 뒤에 항상 어떤 충격도 주지 않아서, 생쥐에게 이 소리가 안정을 예고한다는 것을 학습시켰다. 이렇게 학습된 생쥐는 이 소리를 들어도 방어적인 행동을 전혀 취하지 않았다. 이 경우 소리 자극 신호를 받은 청각시상에서 만들어진 신호가 측핵으로 전달되는 것이 억제되기 때문에 측핵에 전달된 신호는 매우 미약해진다. 대신 청각시상은 뇌의 선조체에서 반응을 일으킬 수 있는 자극 신호를 만들어서 선조체에 전달한다. 선조체는 안정 상태와 같은 긍정적이고 좋은 느낌을 느낄 수 있게 하는 것에 관여하는 뇌 영역인데, 선조체에서 반응이 세게 나타나면 안정감을 느끼게 되어 학습된 안정 반응을 일으킨다.

① 중핵에서 만들어진 신호의 세기가 강한 경우에는 학습된 안정 반응이 나타난다.

② 학습된 공포 반응을 일으키지 않는 소리 자극은 선조체에서 약한 반응이 일어나게 한다.

③ 학습된 공포 반응을 일으키는 소리 자극은 청각시상에서 선조체로 전달되는 자극 신호를 억제한다.

④ 학습된 안정 반응을 일으키는 청각시상에서 받는 소리 자극 신호는 학습된 공포 반응을 일으키는 청각시상에서 받는 소리 자극 신호보다 약하다.

⑤ 학습된 안정 반응을 일으키는 경우와 학습된 공포 반응을 일으키는 경우 모두, 청각시상에서 측핵으로 전달되는 신호의 세기가 학습하기 전과 달라진다.

문 6. 다음 글의 빈칸에 들어갈 내용으로 가장 적절한 것은?

민간 문화 교류 증진을 목적으로 열리는 국제 예술 공연의 개최가 확정되었다. 이번 공연이 민간 문화 교류 증진을 목적으로 열린다면, 공연 예술단의 수석대표는 정부 관료가 맡아서는 안 된다. 만일 공연이 민간 문화 교류 증진을 목적으로 열리고 공연 예술단의 수석대표는 정부 관료가 맡아서는 안 된다면, 공연 예술단의 수석대표는 고전음악 지휘자나 대중음악 제작자가 맡아야 한다. 현재 정부 관료 가운데 고전음악 지휘자나 대중음악 제작자는 없다. 예술단에 수석대표는 반드시 있어야 하며 두 사람 이상이 공동으로 맡을 수도 있다. 전체 세대를 아우를 수 있는 사람이 아니라면 수석대표를 맡아서는 안 된다. 전체 세대를 아우를 수 있는 사람이 극히 드물기에, 위에 나열된 조건을 다 갖춘 사람은 모두 수석대표를 맡는다.

누가 공연 예술단의 수석대표를 맡을 것인가와 더불어, 참가하는 예술인이 누구인가도 많은 관심의 대상이다. 그런데 아이돌 그룹 A가 공연 예술단에 참가하는 것은 분명하다. 왜냐하면 만일 갑이나 을이 수석대표를 맡는다면 A가 공연 예술단에 참가하는데, [   ] 때문이다.

① 갑은 고전음악 지휘자이며 전체 세대를 아우를 수 있기

② 갑이나 을은 대중음악 제작자 또는 고전음악 지휘자이기

③ 갑과 을은 둘 다 정부 관료가 아니며 전체 세대를 아우를 수 있기

④ 을이 대중음악 제작자가 아니라면 전체 세대를 아우를 수 없을 것이기

⑤ 대중음악 제작자나 고전음악 지휘자라면 누구나 전체 세대를 아우를 수 있기

문 7. 다음 글의 내용이 참일 때, 반드시 참인 것만을 〈보기〉에서 모두 고르면?

A기술원 해수자원화기술 연구센터는 2014년 세계 최초로 해수전지 원천 기술을 개발한 바 있다. 연구센터는 해수전지 상용화를 위한 학술대회를 열었는데 학술대회로 연구원들이 자리를 비운 사이 누군가 해수전지 상용화를 위한 핵심 기술이 들어 있는 기밀 자료를 훔쳐 갔다. 경찰은 수사 끝에 바다, 다은, 은경, 경아를 용의자로 지목해 학술대회 당일의 상황을 물으며 이들을 심문했는데 이들의 답변은 아래와 같았다.

바다 : 학술대회에서 발표된 상용화 아이디어 중 적어도 하나는 학술대회에 참석한 모든 사람들의 관심을 받았어요. 다은은 범인이 아니에요.

다은 : 학술대회에 참석한 사람들은 누구나 학술대회에서 발표된 하나 이상의 상용화 아이디어에 관심을 가졌어요. 범인은 은경이거나 경아예요.

은경 : 학술대회에 참석한 몇몇 사람은 학술대회에서 발표된 상용화 아이디어 중 적어도 하나에 관심이 있었어요. 경아는 범인이 아니에요.

경아 : 학술대회에 참석한 모든 사람들이 어떤 상용화 아이디어에도 관심이 없었어요. 범인은 바다예요.

수사 결과 이들은 각각 참만을 말하거나 거짓만을 말한 것으로 드러났다. 그리고 네 명 중 한 명만 범인이었다는 것이 밝혀졌다.

〈보 기〉

ㄱ. 바다와 은경의 말이 모두 참일 수 있다.

ㄴ. 다은과 은경의 말이 모두 참인 것은 가능하지 않다.

ㄷ. 용의자 중 거짓말한 사람이 단 한 명이면, 은경이 범인이다.

① ㄱ

② ㄴ

③ ㄱ, ㄷ

④ ㄴ, ㄷ

⑤ ㄱ, ㄴ, ㄷ

문 8.   다음 글의 내용이 참일 때, 반드시 참인 것만을 〈보기〉에서 모두 고르면?

최근 두 주 동안 직원들은 다음 주에 있을 연례 정책 브리핑을 준비해 왔다. 브리핑의 내용과 진행에 관해 알려진 바는 다음과 같다. 개인건강정보 관리 방식 변경에 관한 가안이 정책제안에 포함된다면, 보건정보의 공적 관리에 관한 가안도 정책제안에 포함될 것이다. 그리고 정책제안을 위해 구성되었던 국민건강 2025팀이 재편된다면, 앞에서 언급한 두 개의 가안이 모두 정책제안에 포함될 것이다. 개인건강정보 관리 방식 변경에 관한 가안이 정책제안에 포함되고 국민건강 2025팀 리더인 최팀장이 다음 주 정책 브리핑을 총괄한다면, 프레젠테이션은 국민건강 2025팀의 팀원인 손공정씨가 맡게 될 것이다. 그런데 보건정보의 공적 관리에 관한 가안이 정책제안에 포함될 경우, 국민건강 2025팀이 재편되거나 다음 주 정책 브리핑을 위해 준비한 보도자료가 대폭 수정될 것이다. 한편, 직원들 사이에서는, 최팀장이 다음 주 정책 브리핑을 총괄하면 팀원 손공정씨가 프레젠테이션을 담당한다는 말이 돌았는데 그 말은 틀린 것으로 밝혀졌다.

─── 〈보 기〉 ───

ㄱ. 개인건강정보 관리 방식 변경에 관한 가안과 보건정보의 공적 관리에 관한 가안 중 어느 것도 정책제안에 포함되지 않는다.
ㄴ. 국민건강 2025팀은 재편되지 않고, 이 팀의 최팀장이 다음 주 정책 브리핑을 총괄한다.
ㄷ. 보건정보의 공적 관리에 관한 가안이 정책제안에 포함된다면, 다음 주 정책 브리핑을 위해 준비한 보도자료가 대폭 수정될 것이다.

① ㄱ
② ㄴ
③ ㄱ, ㄷ
④ ㄴ, ㄷ
⑤ ㄱ, ㄴ, ㄷ

문 9.   다음 글의 내용이 참일 때, 반드시 참인 것은?

A, B, C, D를 포함해 총 8명이 학회에 참석했다. 이들에 관해서 알려진 정보는 다음과 같다.

• 아인슈타인 해석, 많은 세계 해석, 코펜하겐 해석, 보른 해석 말고도 다른 해석들이 있고, 학회에 참석한 이들은 각각 하나의 해석만을 받아들인다.
• 상태 오그라듦 가설을 받아들이는 이들은 모두 5명이고, 나머지는 이 가설을 받아들이지 않는다.
• 상태 오그라듦 가설을 받아들이는 이들은 코펜하겐 해석이나 보른 해석을 받아들인다.
• 코펜하겐 해석이나 보른 해석을 받아들이는 이들은 상태 오그라듦 가설을 받아들인다.
• B는 코펜하겐 해석을 받아들이고, C는 보른 해석을 받아들인다.
• A와 D는 상태 오그라듦 가설을 받아들인다.
• 아인슈타인 해석을 받아들이는 이가 있다.

① 적어도 한 명은 많은 세계 해석을 받아들인다.
② 만일 보른 해석을 받아들이는 이가 두 명이면, A와 D가 받아들이는 해석은 다르다.
③ 만일 A와 D가 받아들이는 해석이 다르다면, 적어도 두 명은 코펜하겐 해석을 받아들인다.
④ 만일 오직 한 명만이 많은 세계 해석을 받아들인다면, 아인슈타인 해석을 받아들이는 이는 두 명이다.
⑤ 만일 코펜하겐 해석을 받아들이는 이가 세 명이면, A와 D 가운데 적어도 한 명은 보른 해석을 받아들인다.

문 10. 다음 글의 〈실험 결과〉에서 추론할 수 있는 것은?

연구자 K는 동물의 뇌 구조 변화가 일어나는 방식을 규명하기 위해 다음의 실험을 수행했다. 실험용 쥐를 총 세 개의 실험군으로 나누었다. 실험군1의 쥐에게는 운동은 최소화하면서 학습을 시키는 '학습 위주 경험'을 하도록 훈련시켰다. 실험군2의 쥐에게는 특별한 기술을 학습할 필요 없이 수행할 수 있는 쳇바퀴 돌리기를 통해 '운동 위주 경험'을 하도록 훈련시켰다. 실험군3의 쥐에게는 어떠한 학습이나 운동도 시키지 않았다.

〈실험 결과〉
- 뇌 신경세포 한 개당 시냅스의 수는 실험군1의 쥐에서 크게 증가했고 실험군2와 3의 쥐에서는 거의 변하지 않았다.
- 뇌 신경세포 한 개당 모세혈관의 수는 실험군 2의 쥐에서 크게 증가했고 실험군1과 3의 쥐에서는 거의 변하지 않았다.
- 실험군1의 쥐에서는 대뇌 피질의 지각 영역에서 구조 변화가 나타났고, 실험군2의 쥐에서는 대뇌 피질의 운동 영역과 더불어 운동 활동을 조절하는 소뇌에서 구조 변화가 나타났다. 실험군3의 쥐에서는 뇌 구조 변화가 거의 나타나지 않았다.

① 대뇌 피질의 구조 변화는 학습 위주 경험보다 운동 위주 경험에 더 큰 영향을 받는다.
② 학습 위주 경험은 뇌의 신경세포당 시냅스의 수에, 운동 위주 경험은 뇌의 신경세포당 모세혈관의 수에 영향을 미친다.
③ 학습 위주 경험과 운동 위주 경험은 뇌의 특정 부위에 있는 신경세포의 수를 늘려 그 부위의 뇌 구조를 변하게 한다.
④ 특정 형태의 경험으로 인해 뇌의 특정 영역에 발생한 구조 변화가 뇌의 신경세포당 모세혈관 또는 시냅스의 수를 변화시킨다.
⑤ 뇌가 영역별로 특별한 구조를 갖는 것이 그 영역에서 신경세포당 모세혈관 또는 시냅스의 수를 변화시켜 특정 형태의 경험을 더 잘 수행할 수 있게 한다.

문 11. 다음 글의 〈실험 결과〉에 대한 판단으로 적절한 것만을 〈보기〉에서 모두 고르면?

박쥐 X가 잡아먹을 수컷 개구리의 위치를 찾기 위해 사용하는 방법에는 두 가지가 있다. 하나는 수컷 개구리의 울음소리를 듣고 위치를 찾아내는 '음탐지' 방법이다. 다른 하나는 X가 초음파를 사용하여, 울음소리를 낼 때 커졌다 작아졌다 하는 울음주머니의 움직임을 포착하여 위치를 찾아내는 '초음파탐지' 방법이다. 울음주머니의 움직임이 없으면 이 방법으로 수컷 개구리의 위치를 찾을 수 없다.

〈실 험〉
한 과학자가 수컷 개구리를 모방한 두 종류의 로봇개구리를 제작했다. 로봇개구리 A는 수컷 개구리의 울음소리를 내고, 커졌다 작아졌다 하는 울음주머니도 가지고 있다. 로봇개구리 B는 수컷 개구리의 울음소리만 내고, 커졌다 작아졌다 하는 울음주머니는 없다. 같은 수의 A 또는 B를 크기는 같지만 서로 다른 환경의 세 방 안에 같은 위치에 두었다. 세 방의 환경은 다음과 같다.
- 방1 : 로봇개구리 소리만 들리는 환경
- 방2 : 로봇개구리 소리뿐만 아니라, 로봇개구리가 있는 곳과 다른 위치에서 로봇개구리 소리와 같은 소리가 추가로 들리는 환경
- 방3 : 로봇개구리 소리뿐만 아니라, 로봇개구리가 있는 곳과 다른 위치에서 로봇개구리 소리와 전혀 다른 소리가 추가로 들리는 환경

각 방에 같은 수의 X를 넣고 실제로 로봇개구리를 잡아먹기 위해 공격하는 데 걸리는 평균 시간을 측정했다. X가 로봇개구리의 위치를 빨리 알아낼수록 공격하는 데 걸리는 시간은 짧다.

〈실험 결과〉
- 방1 : A를 넣은 경우는 3.4초였고 B를 넣은 경우는 3.3초로 둘 사이에 유의미한 차이는 없었다.
- 방2 : A를 넣은 경우는 8.2초였고 B를 넣은 경우는 공격하지 않았다.
- 방3 : A를 넣은 경우는 3.4초였고 B를 넣은 경우는 3.3초로 둘 사이에 유의미한 차이는 없었다.

〈보 기〉
ㄱ. 방1과 2의 〈실험 결과〉는, X가 음탐지 방법이 방해를 받는 환경에서는 초음파탐지 방법을 사용한다는 가설을 강화한다.
ㄴ. 방2와 3의 〈실험 결과〉는, X가 소리의 종류를 구별할 수 있다는 가설을 강화한다.
ㄷ. 방1과 3의 〈실험 결과〉는, 수컷 개구리의 울음소리와 전혀 다른 소리가 들리는 환경에서는 X가 초음파탐지 방법을 사용한다는 가설을 강화한다.

① ㄱ
② ㄷ
③ ㄱ, ㄴ
④ ㄴ, ㄷ
⑤ ㄱ, ㄴ, ㄷ

문 12. 다음 글에 대한 분석으로 적절한 것만을 〈보기〉에서 모두 고르면?

'자연화'란 자연과학의 방법론에 따라 자연과학이 수용하는 존재론을 토대 삼아 연구를 수행한다는 의미이다. 심리학을 자연과학의 하나라고 생각하는 철학자 A는, 인식론의 자연화를 주장하기 위해 다음의 〈논증〉을 제시하였다.

〈논 증〉

(1) 전통적 인식론은 적어도 다음의 두 가지 목표를 가진다. 첫째, 세계에 관한 믿음을 정당화하는 것이고, 둘째, 세계에 관한 믿음을 나타내는 문장을 감각 경험을 나타내는 문장으로 번역하는 것이다.

(2) 전통적 인식론은 첫째 목표도 달성할 수 없고 둘째 목표도 달성할 수 없다.

(3) 만약 전통적 인식론이 이 두 가지 목표 중 어느 하나라도 달성할 수가 없다면, 전통적 인식론은 폐기되어야 한다.

(4) 전통적 인식론은 폐기되어야 한다.

(5) 만약 전통적 인식론이 폐기되어야 한다면, 인식론자는 전통적 인식론 대신 심리학을 연구해야 한다.

(6) 인식론자는 전통적 인식론 대신 심리학을 연구해야 한다.

〈보 기〉

ㄱ. 전통적 인식론의 목표에 (1)의 '두 가지 목표' 외에 "세계에 관한 믿음이 형성되는 과정을 규명하는 것"이 추가된다면, 위 논증에서 (6)은 도출되지 않는다.

ㄴ. (2)를 "전통적 인식론은 첫째 목표를 달성할 수 없거나 둘째 목표를 달성할 수 없다."로 바꾸어도 위 논증에서 (6)이 도출된다.

ㄷ. (4)는 논증 안의 어떤 진술들로부터 나오는 결론일 뿐만 아니라 논증 안의 다른 진술의 전제이기도 하다.

① ㄱ
② ㄷ
③ ㄱ, ㄴ
④ ㄴ, ㄷ
⑤ ㄱ, ㄴ, ㄷ

문 13. 다음 글에 대한 분석으로 적절한 것만을 〈보기〉에서 모두 고르면?

어떤 사람이 당신에게 다음과 같이 제안했다고 하자. 당신은 호화 여행을 즐기게 된다. 다만 먼저 10만 원을 내야 한다. 여기에 하나의 추가 조건이 있다. 그것은 제안자의 말인 아래의 (1)이 참이면 그는 10만 원을 돌려주지 않고 약속대로 호화 여행은 제공하는 반면, (1)이 거짓이면 그는 10만 원을 돌려주고 약속대로 호화 여행도 제공한다는 것이다.

(1) 나는 당신에게 10만 원을 돌려주거나 ⓐ 당신은 나에게 10억 원을 지불한다.

당신은 이 제안을 받아들였고 10만 원을 그에게 주었다.

이때 어떤 결과가 따를지 검토해 보자. (1)은 참이거나 거짓일 것이다. (1)이 거짓이라고 가정해 보자. 그러면 추가 조건에 따라 그는 당신에게 10만 원을 돌려준다. 또한 가정상 (1)이 거짓이므로, ㉠ 그는 당신에게 10만 원을 돌려주지 않는다. 결국 (1)이 거짓이라고 가정하면 그는 당신에게 10만 원을 돌려준다는 것과 돌려주지 않는다는 것이 모두 성립한다. 이는 가능하지 않다. 따라서 ㉡ (1)은 참일 수밖에 없다. 그런데 (1)이 참이라면 추가 조건에 따라 그는 당신에게 10만 원을 돌려주지 않는다. 따라서 ⓐ가 반드시 참이어야 한다. 즉, ㉢ 당신은 그에게 10억 원을 지불한다.

〈보 기〉

ㄱ. ㉠을 추론하는 데는 'A이거나 B'의 형식을 가진 문장이 거짓이면 A도 B도 모두 반드시 거짓이라는 원리가 사용되었다.

ㄴ. ㉡을 추론하는 데는 어떤 가정 하에서 같은 문장의 긍정과 부정이 모두 성립하는 경우 그 가정의 부정은 반드시 참이라는 원리가 사용되었다.

ㄷ. ㉢을 추론하는 데는 'A이거나 B'라는 형식의 참인 문장에서 A가 거짓인 경우 B는 반드시 참이라는 원리가 사용되었다.

① ㄱ
② ㄷ
③ ㄱ, ㄴ
④ ㄴ, ㄷ
⑤ ㄱ, ㄴ, ㄷ

문 14. 다음 글의 ㉠과 ㉡에 대한 평가로 적절한 것만을 〈보기〉에서 모두 고르면?

　연역과 귀납, 이 두 종류의 방법은 지적 작업에서 사용될 수 있는 모든 추론을 포괄한다. 철학과 과학을 비롯한 모든 지적 작업에 연역적 방법이 필수적이라는 것을 부정하는 사람은 아무도 없다. 귀납적 방법의 경우 사정은 크게 다르다. 귀납적 방법이 철학적 작업에 들어설 여지가 없다고 믿는 사람이 있는가 하면, 한 걸음 더 나아가 어떠한 지적 작업에도 귀납적 방법이 불필요하다고 주장하는 사람들도 있다.

　㉠ 귀납적 방법이 철학이라는 지적 작업에서 불필요하다는 견해는 독단적인 철학관에 근거한다. 이런 견해에 따르면 철학적 주장의 정당성은 선험적인 것으로, 경험적 지식을 확장하기 위해 사용되는 귀납적 방법에 의존할 수 없다. 그러나 이런 견해는 철학적 주장이 경험적 가설에 의존해서는 안 된다는 부당하게 편협한 철학관과 '귀납적 방법'의 모호성을 딛고 서 있다. 실제로 철학사에 나타나는 목적론적 신 존재 증명이나 외부 세계의 존재에 관한 형이상학적 논증 가운데는 귀납적 방법인 유비 논증과 귀추법을 교묘히 적용하고 있는 것도 있다.

　㉡ 모든 지적 작업에서 귀납적 방법의 필요성을 부정하는 견해는 중요한 철학적 성과를 낳기도 하였다. 포퍼의 철학이 그런 사례 가운데 하나이다. 포퍼는 귀납적 방법의 정당화 가능성에 관한 회의적 결론을 받아들이고, 과학의 탐구가 귀납적 방법으로 진행된다는 견해는 근거가 없음을 보인다. 그에 따르면, 과학의 탐구 과정은 연역 논리 법칙에 따라 전개되는 추측과 반박의 작업으로 이루어진다. 이런 포퍼의 이론은 귀납적 방법의 필요성에 대한 전면적인 부정이 낳을 수 있는 흥미로운 결과 가운데 하나라고 할 수 있다.

――――――― 〈보 기〉 ―――――――
ㄱ. 과학의 탐구가 귀납적 방법에 의해 진행된다는 주장은 ㉠을 반박한다.
ㄴ. 철학의 일부 논증에서 귀추법의 사용이 불가피하다는 주장은 ㉡을 반박한다.
ㄷ. 연역 논리와 경험적 가설 모두에 의존하는 지적 작업이 있다는 주장은 ㉠과 ㉡을 모두 반박한다.

① ㄱ
② ㄴ
③ ㄱ, ㄷ
④ ㄴ, ㄷ
⑤ ㄱ, ㄴ, ㄷ

문 15. 다음 글의 갑~병에 대한 판단으로 적절한 것만을 〈보기〉에서 모두 고르면?

　다음 두 삼단논법을 보자.
(1) 모든 춘천시민은 강원도민이다. 모든 강원도민은 한국인이다. 따라서 모든 춘천시민은 한국인이다.
(2) 모든 수학 고득점자는 우등생이다. 모든 과학 고득점자는 우등생이다. 따라서 모든 수학 고득점자는 과학 고득점자이다.

　(1)은 타당한 삼단논법이지만 (2)는 부당한 삼단논법이다. 하지만 어떤 사람들은 (2)도 타당한 논증이라고 잘못 판단한다. 왜 이런 오류가 발생하는지 설명하기 위해 세 가지 입장이 제시되었다.

갑 : 사람들은 '모든 A는 B이다'를 '모든 B는 A이다'로 잘못 바꾸는 경향이 있다. '어떤 A도 B가 아니다'나 '어떤 A는 B이다'라는 형태에서는 A와 B의 자리를 바꾸더라도 아무런 문제가 없다. 하지만 '모든 A는 B이다'라는 형태에서는 A와 B의 자리를 바꾸면 논리적 오류가 생겨난다.

을 : 사람들은 '모든 A는 B이다'를 약한 의미로 이해해야 하는데도 강한 의미로 이해하는 잘못을 저지르는 경향이 있다. 여기서 약한 의미란 그것을 'A는 B에 포함된다'로 이해하는 것이고, 강한 의미란 그것을 'A는 B에 포함되고 또한 B는 A에 포함된다'는 뜻에서 'A와 B가 동일하다'로 이해하는 것이다.

병 : 사람들은 전제가 모두 '모든 A는 B이다'라는 형태의 명제로 이루어진 것일 경우에는 결론도 그런 형태이기만 하면 타당하다고 생각하고, 전제 가운데 하나가 '어떤 A는 B이다'라는 형태의 명제로 이루어진 것일 경우에는 결론도 그런 형태이기만 하면 타당하다고 생각하는 경향이 있다.

――――――― 〈보 기〉 ―――――――
ㄱ. 대다수의 사람이 "어떤 과학자는 운동선수이다. 어떤 철학자도 과학자가 아니다."라는 전제로부터 "어떤 철학자도 운동선수가 아니다."를 타당하게 도출할 수 있는 결론이라고 응답했다는 심리 실험 결과는 갑에 의해 설명된다.
ㄴ. 대다수의 사람이 "모든 적색 블록은 구멍이 난 블록이다. 모든 적색 블록은 삼각 블록이다."라는 전제로부터 "모든 구멍이 난 블록은 삼각 블록이다."를 타당하게 도출할 수 있는 결론이라고 응답했다는 심리 실험 결과는 을에 의해 설명된다.
ㄷ. 대다수의 사람이 "모든 물리학자는 과학자이다. 어떤 컴퓨터 프로그래머는 과학자이다."라는 전제로부터 "어떤 컴퓨터 프로그래머는 물리학자이다."를 타당하게 도출할 수 있는 결론이라고 응답했다는 심리 실험 결과는 병에 의해 설명된다.

① ㄱ
② ㄷ
③ ㄱ, ㄴ
④ ㄴ, ㄷ
⑤ ㄱ, ㄴ, ㄷ

문 16. 다음 대화의 ㉠에 따라 〈계획안〉을 수정한 것으로 적절하지 않은 것은?

갑 : 나눠드린 'A 시 공공 건축 교육 과정' 계획안을 다 보셨죠? 이제 계획안을 어떻게 수정하면 좋을지 각자의 의견을 자유롭게 말씀해 주십시오.

을 : 코로나19 상황을 고려해 대면 교육보다 온라인 교육이 좋겠습니다. 그리고 방역 활동에 모범을 보이는 차원에서 온라인 강의로 진행한다는 점을 강조하는 것이 좋겠습니다. 온라인 강의는 편안한 시간에 접속하여 수강하게 하고, 수강 가능한 기간을 명시해야 합니다. 게다가 온라인으로 진행하면 교육 대상을 A시 시민만이 아닌 모든 희망자로 확대하는 장점이 있습니다.

병 : 좋은 의견입니다. 여기에 덧붙여 교육 대상을 공공 건축 업무 관련 공무원과 일반 시민으로 구분하는 것이 좋겠습니다. 관련 공무원과 일반 시민은 기반 지식에서 차이가 커 같은 내용으로 교육하기에 적합하지 않습니다. 업무와 관련된 직무 교육 과정과 일반 시민 수준의 교양 교육 과정으로 따로 운영하는 것이 좋겠습니다.

을 : 교육 과정 분리는 좋습니다만, 공무원의 직무 교육은 참고할 자료가 많아 온라인 교육이 비효율적입니다. 직무 교육 과정은 다음에 논의하고, 이번에는 시민 대상 교양 과정으로만 진행하는 것이 좋겠습니다. 그리고 A시의 유명 공공 건축물을 활용해서 A시를 홍보하고 관심을 끌 수 있는 주제의 강의가 있으면 좋겠습니다.

병 : 그게 좋겠네요. 마지막으로 덧붙이면 신청 방법이 너무 예전 방식입니다. 시 홈페이지에서 신청 게시판을 찾아가는 방법을 안내할 필요는 있지만, 요즘 같은 모바일 시대에 이것만으로는 부족합니다. A시 공식 어플리케이션에서 바로 신청서를 작성하고 제출할 수 있도록 하면 좋겠습니다.

갑 : ㉠ 오늘 회의에서 나온 의견을 반영하여 계획안을 수정하도록 하겠습니다. 감사합니다.

─── 〈계획안〉 ───

A 시 공공 건축 교육 과정

• 강의 주제 : 공공 건축의 미래 / A시의 조경
• 일시 : 7. 12.(월) 19:00~21:00 / 7. 14.(수) 19:00~21:00
• 장소 : A시 청사 본관 5층 대회의실
• 대상 : A시 공공 건축에 관심 있는 A 시 시민 누구나
• 신청 방법 : A시 홈페이지 → '시민참여' → '교육' → '공공 건축 교육 신청 게시판'에서 신청서 작성

① 강의 주제에 "건축가협회 선정 A시의 유명 공공 건축물 TOP3"를 추가한다.
② 일시 항목을 "• 기간: 7. 12.(월) 06:00~7. 16.(금) 24:00"으로 바꾼다.
③ 장소 항목을 "• 교육방식 : 코로나19 확산 방지를 위해 온라인 교육으로 진행"으로 바꾼다.
④ 대상을 "A시 공공 건축에 관심 있는 사람 누구나"로 바꾼다.

⑤ 신청 방법을 "A시 공식 어플리케이션을 통한 A시 공공 건축 교육 과정 간편 신청"으로 바꾼다.

문 17. 다음 글의 ㉠~㉨에 들어갈 내용에 대한 설명으로 가장 적절한 것은?

○○도는 2022년부터 '공공 기관 통합 채용' 시스템을 운영하여 공공 기관의 채용에 대한 체계적 관리와 비리 발생 예방을 도모할 계획이다. 기존에는 ○○도 산하 공공 기관들이 채용 전(全) 과정을 각기 주관하여 시행하였으나, 2022년부터는 ○○도가 채용 과정에 참여하기로 하였다. ○○도와 산하 공공 기관들이 '따로, 또 같이'하는 통합 채용을 통해 채용 과정의 투명성을 확보하고 기관별 특성에 맞는 인재 선발을 용이하게 하려는 것이다.

○○도는 채용 공고와 원서 접수를 하고 필기시험을 주관한다. 나머지 절차는 ○○도 산하 공공 기관이 주관하여 서류 심사 후 면접시험을 거쳐 합격자를 발표한다. 기존 채용 절차에서 서류 심사에 이어 필기시험을 치던 순서를 맞바꾸었는데, 이는 지원자에게 응시 기회를 확대 제공하기 위해서이다. 절차 변화에 대한 지원자의 혼란을 줄이기 위해 기존의 나머지 채용 절차는 그대로 유지하였다. 또 ○○도는 기존의 필기시험 과목인 영어·한국사·일반상식을 국가직무능력표준 기반 평가로 바꾸어 기존과 달리 실무 능력을 평가해서 인재를 선발할 수 있도록 제도를 보완하였다. ○○도는 이런 통합 채용 절차를 알기 쉽게 기존 채용 절차와 개선 채용 절차를 비교해서 도표로 나타내었다.

〈기 존〉

주관 기관	㉠				
채용 절차	채용 공고 → 원서 접수 → ㉡ → ㉢ → ㉣ → 합격자 발표				

〈개 선〉

주관 기관	㉤		㉥	
채용 절차	채용 공고 → 원서 접수 → ㉦ → ㉧ → ㉨ → 합격자 발표			

① 개선 이후 ㉠에 해당하는 기관이 주관하는 채용 업무의 양은 이전과 동일할 것이다.
② ㉠과 같은 주관 기관이 들어가는 것은 ㉥이 아니라 ㉤이다.
③ ㉡과 ㉧에는 같은 채용 절차가 들어간다.
④ ㉢과 ㉦에서 지원자들이 평가받는 능력은 같다.
⑤ ㉣을 주관하는 기관과 ㉨을 주관하는 기관은 다르다.

문 18. 다음 글의 〈표〉에 대한 판단으로 적절한 것만을 〈보기〉에서 모두 고르면?

법제처 주무관 갑은 지방자치단체를 대상으로 조례 입안을 지원하고 있다. 갑은 지방자치단체가 조례 입안 지원 신청을 하는 경우, 두 가지 기준에 따라 나누어 신청 안들을 정리하고 있다. 해당 조례안의 입법 예고를 완료하였는지 여부를 기준으로 '완료'와 '미완료'로 나누고, 과거에 입안을 지원하였던 조례안 중에 최근에 접수된 조례안과 내용이 유사한 사례가 있는지를 판단하여 유사 사례 '있음'과 '없음'으로 나눈다. 유사 사례가 존재하지 않는 경우에만 갑은 팀장인 을에게 그 접수된 조례안의 주요 내용을 보고해야 한다.

최근 접수된 조례안 (가)는 지난 분기에 지원하였던 조례안과 많은 부분 유사한 내용을 담고 있다. 입법 예고는 현재 진행 중이다. 조례안 (나)의 경우는 입법 예고가 완료된 후에 접수되었고, 그 주요 내용이 지난해에 지원한 조례안의 주요 내용과 유사하다. 조례안 (다)는 주요 내용이 기존에 지원하였던 조례안과 유사성이 전혀 없는 새로운 내용을 규정하고 있으며, 입법 예고가 진행되지 않았다.

이상의 내용을 다음과 같은 형식으로 나타낼 수 있다.

〈표〉 입안 지원 신청 조례안별 분류

기준＼조례안	(가)	(나)	(다)
A	㉠	㉡	㉢
B	㉣	㉤	㉥

〈보 기〉

ㄱ. A에 유사 사례의 유무를 따지는 기준이 들어가면, ㉣과 ㉥이 같다.

ㄴ. B에 따라 을에 대한 갑의 보고 여부가 결정된다면, ㉠과 ㉢은 같다.

ㄷ. ㉣과 ㉤이 같으면, ㉠과 ㉡이 같다.

① ㄱ
② ㄷ
③ ㄱ, ㄴ
④ ㄴ, ㄷ
⑤ ㄱ, ㄴ, ㄷ

문 19. 다음 대화의 ㉠으로 적절한 것만을 〈보기〉에서 모두 고르면?

갑 : 우리 지역 장애인의 체육 활동을 지원하기 위한 '장애인 스포츠강좌 지원사업'의 집행 실적이 저조하다고 합니다. 지원 바우처를 제대로 사용하지 못하고 있다는 의미인데요. 비장애인을 대상으로 하는 '일반 스포츠강좌 지원사업'은 인기가 많아 예산이 금방 소진된다고 합니다. 과연 어디에 문제점이 있는 것일까요?

을 : 바우처를 수월하게 사용하려면 사용 가능한 가맹 시설이 많이 있어야 합니다. 우리 지역의 '장애인 스포츠강좌 지원사업' 가맹 시설은 10개소이며 '일반 스포츠강좌 지원사업' 가맹 시설은 300개소입니다. 그런데 장애인들은 비장애인들에 비해 바우처를 사용하기 훨씬 어렵습니다. 혹시 장애인의 수에 비해 장애인 대상 가맹 시설의 수가 비장애인의 경우보다 턱없이 적어서 그런 것 아닐까요?

병 : 글쎄요, 제 생각은 조금 다릅니다. 바우처 지원액이 너무 적은 것은 아닐까요? 장애인을 대상으로 하는 스포츠강좌는 보조인력 비용 등 추가 비용으로 인해, 비장애인 대상 강좌보다 수강료가 높을 수 있습니다. 바우처를 사용한다 해도 자기 부담금이 여전히 크다면 장애인들은 스포츠강좌를 이용하기 어려울 것입니다.

정 : 하지만 제가 보기엔 장애인들의 주요 연령대가 사업에서 제외된 것 같습니다. 현재 본 사업의 대상 연령은 만 12세에서 만 49세까지인데, 장애인 인구의 고령자 인구 비율이 비장애인 인구에 비해 높다는 사실을 고려하면, 대상 연령의 상한을 적어도 만 64세까지 높여야 한다고 생각합니다.

갑 : 모두들 좋은 의견 감사합니다. 오늘 회의에서 논의된 내용을 확인하기 위해 ㉠ 필요한 자료를 조사해 주세요.

〈보 기〉

ㄱ. 장애인 및 비장애인 각각의 인구 대비 '스포츠강좌 지원사업' 가맹 시설 수

ㄴ. 장애인과 비장애인 각각 '스포츠강좌 지원사업'에 참여하기 위해 본인이 부담해야 하는 금액

ㄷ. 만 50세에서 만 64세까지의 장애인 중 스포츠강좌 수강을 희망하는 인구와 만 50세에서 만 64세까지의 비장애인 중 스포츠강좌 수강을 희망하는 인구

① ㄴ
② ㄷ
③ ㄱ, ㄴ
④ ㄱ, ㄷ
⑤ ㄱ, ㄴ, ㄷ

문 20. 다음 글에서 추론할 수 있는 것만을 〈보기〉에서 모두 고르면?

갑 : 조(粗)출생률은 인구 1천 명당 출생아 수를 의미합니다. 조출생률은 인구 규모가 상이한 지역이나 시점 간의 출산 수준을 간편하게 비교할 때 유용한 지표입니다. 예를 들어, 2016년에 세종시보다 인구 규모가 훨씬 큰 경기도의 출생아 수는 10만 5천 명으로 세종시의 3천 명보다 많지만, 조출생률은 경기도가 8.4명이고 세종시는 14.6명입니다. 출산 수준은 세종시가 더 높다는 의미입니다.

을 : 그렇군요. 그럼 합계 출산율은 무엇인가요?

갑 : 합계 출산율은 여성 한 명이 평생 동안 낳을 것으로 예상되는 출생아 수를 의미합니다. 여성이 실제 평생 동안 낳은 아이 수를 측정하는 것은 가임 기간 35년이 지나야 산출할 수 있다는 문제가 있습니다. 이에 비해 합계 출산율은 여성 1명이 출산 가능한 시기를 15세부터 49세까지로 가정하고 그 사이의 각 연령대 출산율을 모두 합해서 얻습니다. 15~19세 연령대 출산율은 한 해 동안 15~19세 여성에게서 태어난 출생아 수를 15~19세 여성의 수로 나눈 수치인데, 15~19세부터 45~49세까지 7개 구간 각각의 연령대 출산율을 모두 합한 것이 합계 출산율입니다. 합계 출산율은 한 여성이 가임 기간 내내 특정 시기의 연령대 출산율 패턴을 그대로 따른다는 가정을 전제로 산출하므로 실제 출산 현실과 차이가 있을 수 있습니다.

을 : 그렇다면 조출생률과 합계 출산율을 구별하는 이유가 뭐죠?

갑 : 조출생률과 달리 합계 출산율은 성비 및 연령 구조에 따른 출산 수준의 차이를 표준화할 수 있는 장점이 있습니다. 예를 들어, 이스라엘의 합계 출산율은 3.0인 반면 남아프리카공화국은 2.5 가량입니다. 하지만 조출생률은 거의 비슷하지요. 이것은 남아프리카공화국의 경우 전체 인구 대비 젊은 여성의 비율이 이스라엘보다 높기 때문입니다.

〈보 기〉

ㄱ. 조출생률을 계산할 때는 전체 인구 대비 여성의 비율은 고려하지 않는다.

ㄴ. 두 나라가 인구수와 조출생률에 차이가 없다면 각 나라의 합계 출산율에는 차이가 없다.

ㄷ. 합계 출산율은 한 명의 여성이 일생 동안 출산한 출생아의 수를 집계한 자료를 바탕으로 산출한다.

---

① ㄱ

② ㄴ

③ ㄱ, ㄷ

④ ㄴ, ㄷ

⑤ ㄱ, ㄴ, ㄷ

※ 다음 글을 읽고 물음에 답하시오. [21~22]

미국의 일부 주에서 판사는 형량을 결정하거나 가석방을 허가하는 판단의 보조 자료로 양형 보조 프로그램 X를 활용한다. X는 유죄가 선고된 범죄자를 대상으로 그 사람의 재범 확률을 추정하여 그 결과를 최저 위험군을 뜻하는 1에서 최고 위험군을 뜻하는 10까지의 위험 지수로 평가한다.

2016년 A는 X를 활용하는 플로리다 주 법정에서 선고받았던 7천여 명의 초범들을 대상으로 X의 예측 결과와 석방 후 2년간의 실제 재범 여부를 조사했다. 이 조사 결과를 토대로 한 ㉠ A의 주장은 X가 흑인과 백인을 차별한다는 것이다. 첫째 근거는 백인의 경우 위험 지수 1로 평가된 사람이 가장 많고 10까지 그 비율이 차츰 감소한 데 비하여 흑인의 위험 지수는 1부터 10까지 고르게 분포되었다는 관찰 결과이다. 즉 고위험군으로 분류된 사람의 비율이 백인보다 흑인이 더 크다는 것이었다. 둘째 근거는 예측의 오류와 관련된 것이다. 2년 이내 재범을 [(가)] 사람 중에서 [(나)]으로 잘못 분류되었던 사람의 비율은 흑인의 경우 45%인 반면 백인은 23%에 불과했고, 2년 이내 재범을 [(다)] 사람 중에서 [(라)]으로 잘못 분류되었던 사람의 비율은 흑인의 경우 28 %인 반면 백인은 48%로 훨씬 컸다. 종합하자면, 재범을 저지른 사람이든 그렇지 않은 사람이든, 흑인은 편파적으로 고위험군으로 분류된 반면 백인은 편파적으로 저위험군으로 분류된 것이다.

X를 개발한 B는 A의 주장을 반박하는 논문을 발표하였다. B는 X의 목적이 재범 가능성에 대한 예측의 정확성을 높이는 것이며, 그 정확성에는 인종 간에 차이가 나타나지 않는다고 주장했다. B에 따르면, 예측의 정확성을 판단하는 데 있어 중요한 것은 고위험군으로 분류된 사람 중 2년 이내 재범을 저지른 사람의 비율과 저위험군으로 분류된 사람 중 2년 이내 재범을 저지르지 않은 사람의 비율이다. B는 전자의 비율이 백인 59%, 흑인 63%, 후자의 비율이 백인 71%, 흑인 65%라고 분석하고, 이 비율들은 인종 간에 유의미한 차이를 드러내지 않는다고 주장한다. 또 B는 X에 의해서 고위험군 혹은 저위험군으로 분류되기 이전의 흑인과 백인의 재범률, 즉 흑인의 기저재범률과 백인의 기저재범률 간에는 이미 상당한 차이가 있었으며, 이런 애초의 차이가 A가 언급한 예측의 오류 차이를 만들어 냈다고 설명한다. 결국 ㉡ B의 주장은 X가 편파적으로 흑인과 백인의 위험 지수를 평가하지 않는다는 것이다.

하지만 기저재범률의 차이로 인종 간 위험 지수의 차이를 설명하여, X가 인종차별적이라는 주장을 반박하는 것은 잘못이다. 기저재범률에는 미국 사회의 오래된 인종차별적 특징, 즉 흑인이 백인보다 범죄자가 되기 쉬운 사회 환경이 반영되어 있기 때문이다. 처음 범죄를 저질러서 재판을 받아야 하는 흑인을 생각해 보자. 그의 위험 지수를 판정할 때 사용되는 기저재범률은 그와 전혀 상관없는 다른 흑인들이 만들어 낸 것이다. 그런 기저재범률이 전혀 상관없는 사람의 형량이나 가석방 여부에 영향을 주는 것은 잘못이다. 더 나아가 이런 식으로 위험 지수를 평가받아 형량이 정해진 흑인들은 더 오랜 기간 교도소에 있게 될 것이며,

향후 재판받을 흑인들의 위험 지수를 더욱 높이는 결과를 가져오게 될 것이다. 따라서 ⓒ X의 지속적인 사용은 미국 사회의 인종 차별을 고착화한다.

문 21. 위 글의 (가)~(라)에 들어갈 말을 적절하게 나열한 것은?

	(가)	(나)	(다)	(라)
①	저지르지 않은	고위험군	저지른	저위험군
②	저지르지 않은	고위험군	저지른	고위험군
③	저지르지 않은	저위험군	저지른	저위험군
④	저지른	고위험군	저지르지 않은	저위험군
⑤	저지른	저위험군	저지르지 않은	고위험군

문 22. 위 글의 ⓐ~ⓒ에 대한 평가로 적절한 것만을 〈보기〉에서 모두 고르면?

─── 〈보 기〉 ───

ㄱ. 강력 범죄자 중 위험지수가 10으로 평가된 사람의 비율이 흑인과 백인 사이에 차이가 없다면, ⓐ은 강화된다.

ㄴ. 흑인의 기저재범률이 높을수록 흑인에 대한 X의 재범 가능성 예측이 더 정확해진다면, ⓑ은 약화된다.

ㄷ. X가 특정 범죄자의 재범률을 평가할 때 사용하는 기저재범률이 동종 범죄를 저지른 사람들로부터 얻은 것이라면, ⓒ은 강화되지 않는다.

① ㄱ

② ㄷ

③ ㄱ, ㄴ

④ ㄴ, ㄷ

⑤ ㄱ, ㄴ, ㄷ

문 23. 다음 글의 빈칸에 들어갈 내용으로 가장 적절한 것은?

갑 : 안녕하십니까. 저는 시청 토목정책과에 근무합니다. 부정 청탁을 받은 때는 신고해야 한다고 들었습니다.

을 : 예. 「부정청탁 및 금품등 수수의 금지에 관한 법률」(이하 '청탁금지법')에서는, 공직자가 부정 청탁을 받았을 때는 명확히 거절 의사를 표현해야 하고, 그랬는데도 상대방이 이후에 다시 동일한 부정 청탁을 해 온다면 소속 기관의 장에게 신고해야 한다고 규정합니다.

갑 : '금품등'에는 접대와 같은 향응도 포함되지요?

을: 물론이지요. 청탁금지법에 따르면, 공직자는 동일인으로부터 명목에 상관없이 1회 100만 원 혹은 매 회계연도에 300만 원을 초과하는 금품이나 접대를 받을 수 없습니다. 직무 관련성이 있는 경우에는 100만 원 이하라도 대가성 여부와 관계없이 처벌을 받습니다.

갑 : '동일인'이라 하셨는데, 여러 사람이 청탁을 하는 경우는 어떻게 되나요?

을 : 받는 사람을 기준으로 하여 따지게 됩니다. 한 공직자에게 여러 사람이 동일한 부정 청탁을 하며 금품을 제공하려 하였을 때에도 이들의 출처가 같다고 볼 수 있다면 '동일인'으로 해석됩니다. 또한 여러 행위가 계속성 또는 시간적·공간적 근접성이 있다고 판단되면, 합쳐서 1회로 간주될 수 있습니다.

갑 : 실은, 연초에 있었던 지역 축제 때 저를 포함한 우리 시청 직원 90명은 행사에 참여한다는 차원으로 장터에 들러 1인당 8천 원씩을 지불하고 식사를 했는데, 이후에 그 식사는 X 회사 사장인 A의 축제 후원금이 1인당 1만 2천 원씩 들어간 것이라는 사실을 알게 되었습니다. 이에 대하여는 결국 대가성 있는 접대도 아니고 직무 관련성도 없는 것으로 확정되었으며, 추가된 식사비도 축제 주최 측에 돌려주었습니다. 그리고 이달 초에는 Y 회사의 임원인 B가 관급 공사 입찰을 도와달라고 청탁하면서 100만 원을 건네려 하길래 거절한 적이 있습니다. 그런데 어제는 고교 동창인 C가 찾아와 X 회사 공장 부지의 용도 변경에 힘써 달라며 200만 원을 주려고 해서 단호히 거절하였습니다.

을 : 그러셨군요. 말씀하신 것을 바탕으로 설명드리겠습니다.

[   ]

① X 회사로부터 받은 접대는 시간적·공간적 근접성으로 보아 청탁금지법을 위반한 향응을 받은 것이 됩니다.

② Y 회사로부터 받은 제안의 내용은 청탁금지법상의 금품이라고는 할 수 없지만 향응에는 포함될 수 있습니다.

③ 청탁금지법상 A와 C는 동일인으로서 부정 청탁을 한 것이 됩니다.

④ 직무 관련성이 없다면 B와 C가 제시한 금액은 청탁금지법상의 허용 한도를 벗어나지 않습니다.

⑤ 현재는 청탁금지법상 C의 청탁을 신고할 의무가 생기지 않지만, C가 같은 청탁을 다시 한다면 신고해야 합니다.

문 24. 다음 글의 ⊙에 해당하는 내용으로 가장 적절한 것은?

A 시에 거주하면서 1세, 2세, 4세의 세 자녀를 기르는 갑은 육아를 위해 집에서 15 km 떨어진 키즈 카페인 B 카페에 자주 방문한다. B 카페는 지역 유일의 키즈 카페라서 언제나 50여 구획의 주차장이 꽉 찰 정도로 성업 중이다. 최근 자동차를 교체하게 된 갑은 친환경 추세에 부응하여 전기차로 구매하였는데, B 카페는 전기차 충전 시설이 없었다. 세 자녀를 돌보느라 거주지에서의 자동차 충전 시기를 놓치는 때가 많은 갑은 이러한 불편함을 호소하며 B 카페에 전기차 충전 시설 설치를 요청하였다. 하지만 B 카페는, 충전 시설을 설치하고 싶지만 비용이 문제라서 A 시의 「환경 친화적 자동차의 보급 및 이용 활성화를 위한 조례」(이하 '조례')에 따른 지원금이라도 받아야 간신히 설치할 수 있는 상황인데, 아래의 조문에서 보듯이 B 카페는 그에 해당하지 않는다고 설명하였다.

> 「환경 친화적 자동차의 보급 및 이용 활성화를 위한 조례」
> 제9조(충전시설 설치대상) ① 주차단위구획 100개 이상을 갖춘 다음 각호의 시설은 전기자동차 충전시설을 설치하여야 한다.
> 1. 판매 · 운수 · 숙박 · 운동 · 위락 · 관광 · 휴게 · 문화시설
> 2. 500세대 이상의 아파트, 근린생활시설, 기숙사
> ② 시장은 제1항의 설치대상에 대하여는 설치비용의 반액을 지원하여야 한다.
> ③ 시장은 제1항의 설치대상에 해당하지 않는 사업장에 대하여도 전기자동차 충전시설의 설치를 권고할 수 있다.

갑은 영유아와 같이 보호가 필요한 이들이 많이 이용하는 키즈 카페 등과 같은 사업장에도 전기차 충전 시설의 설치를 지원해 줄 수 있는 근거를 조례에 마련해 달라는 민원을 제기하였다. 갑의 민원을 검토한 A 시 의회는 관련 규정의 보완이 필요하다고 인정하여, ⊙ 조례 제9조를 개정하였고, B 카페는 이에 근거한 지원금을 받아 전기차 충전 시설을 설치하게 되었다.

① 제1항 제3호로 "다중이용시설(극장, 음식점, 카페, 주점 등 불특정다수인이 이용하는 시설을 말한다)"을 신설
② 제1항 제3호로 "교통약자(장애인 · 고령자 · 임산부 · 영유아를 동반한 사람, 어린이 등 일상생활에서 이동에 불편을 느끼는 사람을 말한다)를 위한 시설"을 신설
③ 제4항으로 "시장은 제2항에 따른 지원을 할 때 교통약자(장애인 · 고령자 · 임산부 · 영유아를 동반한 사람, 어린이 등 일상생활에서 이동에 불편을 느끼는 사람을 말한다)를 위한 시설을 우선적으로 지원하여야 한다."를 신설
④ 제4항으로 "시장은 제3항의 권고를 받아들이는 사업장에 대하여는 설치비용의 60퍼센트를 지원하여야 한다."를 신설
⑤ 제4항으로 "시장은 전기자동차 충전시설의 의무 설치대상으로서 조기 설치를 희망하는 사업장에는 설치 비용의 전액을 지원할 수 있다."를 신설

문 25. 다음 글의 〈논쟁〉에 대한 분석으로 적절한 것만을 〈보기〉에서 모두 고르면?

갑과 을은 「위원회의 운영에 관한 규정」 제8조에 대한 해석을 놓고 논쟁하고 있다. 그 조문은 다음과 같다.

> 제8조(위원장 및 위원) ① 위원장은 위촉된 위원들 중에서 투표로 선출한다.
> ② 위원장과 위원은 한 차례만 연임할 수 있다.
> ③ 위원장의 사임 등으로 보선된 위원장의 임기는 전임 위원장 임기의 남은 기간으로 한다.

〈논 쟁〉

쟁점 1 : A는 위원을 한 차례 연임하던 중 그 임기의 마지막 해에 위원장으로 선출되어, 2년에 걸쳐 위원장으로 활동하고 있다. 이에 대해, 갑은 A가 규정을 어기고 있다고 주장하지만, 을은 그렇지 않다고 주장한다.

쟁점 2 : B가 위원장을 한 차례 연임하여 활동하던 중에 연임될 때의 투표 절차가 적법하지 않다는 이유로 위원장의 직위가 해제되었는데, 이후의 보선에 B가 출마하였다. 이에 대해, 갑은 B가 선출되면 규정을 어기게 된다고 주장하지만, 을은 그렇지 않다고 주장한다.

쟁점 3 : C는 위원장을 한 차례 연임하였고, 다음 위원장으로 선출된 D는 임기 만료 직전에 사퇴하였는데, 이후의 보선에 C가 출마하였다. 이에 대해, 갑은 C가 선출되면 규정을 어기게 된다고 주장하지만, 을은 그렇지 않다고 주장한다.

〈보 기〉

ㄱ. 쟁점 1과 관련하여, 갑은 위원으로서의 임기가 종료되면 위원장으로서의 자격도 없는 것으로 생각하지만, 을은 위원장이 되는 경우에는 그 임기나 연임 제한이 새롭게 산정된다고 생각하기 때문이라고 하면, 갑과 을 사이의 주장 불일치를 설명할 수 있다.

ㄴ. 쟁점 2와 관련하여, 갑은 위원장이 부적법한 절차로 당선되었더라도 그것이 연임 횟수에 포함된다고 생각하지만, 을은 그렇지 않다고 생각하기 때문이라고 하면, 갑과 을 사이의 주장 불일치를 설명할 수 있다.

ㄷ. 쟁점 3과 관련하여, 위원장 연임 제한의 의미가 '단절되는 일 없이 세 차례 연속하여 위원장이 되는 것만을 막는다'는 것으로 확정된다면, 갑의 주장은 옳고, 을의 주장은 그르다.

① ㄱ
② ㄷ
③ ㄱ, ㄴ
④ ㄴ, ㄷ
⑤ ㄱ, ㄴ, ㄷ

CHAPTER 03
2020년 7급 PSAT 모의평가 언어논리

문 1. 다음 글에서 알 수 있는 것은?

3·1운동 직후 상하이에 모여든 독립운동가들은 임시정부를 만들기 위한 첫걸음으로 조소앙이 기초한 대한민국임시헌장을 채택했다. 대한민국임시헌장을 기초할 때 조소앙은 국호를 '대한민국'으로 하고 정부 명칭도 '대한민국 임시정부'로 하자고 했다. 그 제안이 받아들여졌기 때문에 대한민국임시헌장 제1조에 "대한민국은 민주공화제로 함."이라는 문구가 담기게 된 것이다.

'대한민국'이란 한국인들이 만든 '민국'이라는 뜻이다. 여기서 '민국'이란 국민이 주인인 나라라는 의미가 담긴 용어다. 조소앙은 3·1운동이 일어나기 전, 대한제국 황제가 국민의 동의 없이 마음대로 국권을 일제에 넘겼다고 말하면서 국민은 국권을 포기한 적이 없다고 밝힌 대동단결선언을 발표한 적이 있다. 이 선언에는 "구한국 마지막 날은 신한국 최초의 날"이라는 문구가 담겨 있다. '신한국'이란 말 그대로 '새로운 한국'을 의미한다. 조소앙은 대한제국을 대신할 '새로운 한국'이란 다름 아닌 한국 국민이 주인인 나라라고 말했다.

조소앙의 주장은 대한민국 임시정부에 참여한 독립 운동가들로부터 열렬한 지지를 받았다. 독립운동가들은 황제나 일본 제국주의자들이 지배하는 나라가 아니라 국민이 주권을 가진 나라를 만들어야 한다는 데 뜻을 모았다. 1941년에 대한민국 임시정부는 이러한 의지를 보다 선명하게 드러낸 건국강령을 발표하기도 했다. 1948년에 소집된 제헌국회도 대한민국임시헌장에 담긴 정신을 계승했다. 잘 알려진 것처럼 제헌국회는 제헌헌법을 만들었는데, 이 헌법에 우리나라의 명칭을 '대한민국'이라고 한 내용이 있다.

① 대한민국 임시정부는 건국강령을 통해 대한민국임시헌장을 공포했다.
② 조소앙은 대한민국 임시정부의 요청을 받아들여 대동단결선언을 만들었다.
③ 대한민국임시헌장이 공포되기 전에는 '한국'이라는 명칭을 사용한 독립운동가가 없었다.
④ 제헌국회는 대한제국의 정치 제도를 계승하기 위해 '대한민국'이라는 국호를 사용했다.
⑤ 대한민국 임시정부를 만드는 데 참여한 독립운동가들은 민주공화제를 받아들이는 데 합의했다.

문 2. 다음 글에서 알 수 있는 것은?

인조가 남한산성에서 청군에 포위되어 있을 때, 신하들은 척화론과 주화론으로 나뉘어 서로 대립했다. 척화론을 주장한 김상헌은 청에 항복하는 것은 있을 수 없는 일이라며 끝까지 저항하자고 했다. 그는 중화인 명을 버리고 오랑캐와 화의를 맺는 일은 군신의 의리를 버리는 것이라고 말했다. 그와 달리 주화론을 주장한 최명길은 "나아가 싸워 이길 수도 없고 물러나 지킬 수도 없으면 타협하는 수밖에 없다."라고 했다. 그는 명을 섬겨야 한다는 김상헌의 주장에는 동의하지만, 그보다 나라를 보존하는 것이 우선이라고 말했다. 나라가 없어지면 명을 섬기는 것도 불가능하므로 일단 항복한 후 후일을 기약하자는 것이었다.

주화론과 척화론 사이에서 고심하던 인조는 결국 최명길의 입장을 받아들여 청에 항복하는 길을 선택했다. 청군이 물러난 후에 척화론자들은 국왕이 항복의 수모를 당한 것이 모두 주화론자들 탓이라며 비난했다. 그들은 주화론자들을 배신자라고 공격하는 한편 김상헌을 절개 있는 인물이라고 추켜세웠다.

인조 때에는 척화론을 주장했던 사람들이 정국을 주도하지 못했기 때문에 주화론을 내세웠던 사람들이 정계에서 쫓겨나가는 일은 벌어지지 않았다. 그러나 인조의 뒤를 이은 효종이 청에 복수하겠다는 북벌론을 내세우고, 예전에 척화론을 주장했던 자들을 중용하면서 최명길의 편에 섰던 사람들의 입지가 좁아졌다. 효종에 의해 등용되어 정계에 진출할 수 있었던 송시열은 인조가 남한산성에 피신해 있을 때 주화론을 주장했던 사람들과 그 후손들을 정계에서 배제해야 한다고 했다. 송시열 사후에 나타난 노론 세력은 최명길의 주장에 동조했던 사람들의 후손이 요직에 오르지 못하게 막았다. 이는 송시열의 뜻에 따른 것이었다. 이로써 김상헌의 가문인 안동 김씨들은 정계의 요직을 차지할 수 있었다.

① 최명길은 중화 중심의 세계관에서 벗어나야 한다는 생각에서 주화론을 주장했다.
② 효종은 송시열의 주장에 따라 청군의 항복 요구를 받아들이지 않기로 결정했다.
③ 김상헌은 명에 대한 군신의 의리를 지켜야 한다고 주장하면서 주화론에 맞섰다.
④ 인조는 청에 항복한 후 척화론을 받아들여 주화론자들을 정계에서 내쫓았다.
⑤ 노론 세력은 주화론을 받아들여야 한다고 인조를 설득했으나 뜻을 이루지 못했다.

문 3. 다음 글의 논지로 가장 적절한 것은?

사람들은 보통 질병이라고 하면 병균이나 바이러스를 떠올리고, 병에 걸리는 것은 개인적 요인 때문이라고 생각하곤 한다. 어떤 사람이 바이러스에 노출되었다면 그 사람이 평소에 위생 관리를 철저히 하지 않았기 때문이라고 여기는 것이다. 이는 발병 책임을 전적으로 질병에 걸린 사람에게 묻는 생각이다. 꾸준히 건강을 관리하지 않은 사람이나 비만, 허약 체질인 사람이 더 쉽게 병균에 노출된다고 생각하는 경향도 강하다. 그러나 발병한 사람들 전체를 고려하면, 성별, 계층, 직업 등의 사회적 요인에 따라 건강 상태나 질병 종류 및 그 심각성 등이 다르게 나타난다. 따라서 어떤 질병의 성격을 파악할 때 질병의 발생이 개인적 요인뿐만 아니라 계층이나 직업 등의 요인과도 관련될 수 있음을 고려해야 한다.

질병에 대처할 때도 사회적 요인을 고려해야 한다. 물론 어떤 사람들에게는 질병으로 인한 고통과 치료에 대한 부담이 가장 심각한 문제일 수 있다. 그러나 또 다른 사람들에게는 질병에 대한 사회적 편견과 낙인이 오히려 더 심각한 문제일 수 있다. 그들에게는 그러한 편견과 낙인이 더 큰 고통을 안겨 주기 때문이다. 질병이 나타나는 몸은 개인적 영역이면서 동시에 가족이나 직장과도 연결된 사회적인 것이다. 질병의 치료 역시 개인의 문제만으로 그치지 않고 가족과 사회의 문제로 확대되곤 한다. 나의 질병은 내 삶의 위기이자 가족의 근심거리가 되며 나아가 회사와 지역사회에도 긴장을 조성하기 때문이다. 요컨대 질병의 치료가 개인적 영역을 넘어서서 사회적 영역과 관련될 수밖에 없다는 것은 질병의 대처 과정에서 사회적 요인을 반드시 고려해야 한다는 점을 잘 보여준다.

① 병균이나 바이러스로 인한 신체적 이상 증상은 가정이나 지역사회에 위기를 야기할 수 있기에 중요한 사회적 문제이다.
② 한 사람의 몸은 개인적 영역인 동시에 사회적 영역이기에 발병의 책임을 질병에 걸린 사람에게만 묻는 것은 옳지 않다.
③ 질병으로 인한 신체적 고통보다 질병에 대한 사회적 편견으로 인한 고통이 더 크므로 이에 대한 사회적 대책이 필요하다.
④ 질병의 성격을 파악하고 질병에 대처하기 위해서는 사회적인 측면을 고려해야 한다.
⑤ 질병의 치료를 위해서는 개인적 차원보다 사회적 차원의 노력이 더 중요하다.

문 4. 다음 글의 빈칸에 들어갈 내용으로 가장 적절한 것은?

어떤 사람이 오존층을 파괴하는 냉각제를 사용하는 경우를 고려해보자. 오존층 파괴로 인해 무수히 많은 사람이 해악을 입었다고 하더라도, 이 한 사람의 행위가 어떤 특정 개인에게 미친 해악은 매우 미미하다고 말할 수 있을 것이다. 이때 그 사람은 그다지 죄책감을 느끼지 않을 수 있고, 따라서 자신에게 도덕적 책임이 있다는 것을 쉽게 인정하지 않을 수 있다. 이는 다음과 같은 사례를 통해 잘 설명된다.

〈사 례〉

가난한 마을에 갑훈을 포함한 산적 100명이 들이닥쳐 약탈을 저질렀다. 을훈을 포함한 주민 100명에게는 각각 콩 100알씩이 있었는데 산적들은 각자 주민 한 명을 맡아 그 사람의 콩을 몽땅 빼앗았다. 그 결과 모든 주민이 굶주리게 되었다. 이때 갑훈이 콩을 빼앗은 상대가 을훈이었다. 각자가 특정 개인에게 큰 해악을 입혔다는 사실에 죄책감을 느낀 산적들은 두 번째 약탈에서는 방법을 바꾸기로 하였다. 갑훈을 포함한 산적 100명은 이번에는 각자가 을훈을 포함한 모든 주민 100명에게서 각각 콩 한 알씩만 빼앗기로 했다. 콩 한 알의 손실은 미미한 해악에 지나지 않으므로 이번에는 어떤 산적도 특정 주민에게 큰 고통을 준 것은 아니었다. 결과적으로 모든 주민은 이번에도 굶주리게 되었지만, 산적들은 별로 죄책감을 느끼지 않았다.

하지만 이른바 '공범 원리'를 받아들이는 사람들은, 타인의 악행에 가담한 경우 결과에 얼마나 영향을 주었는지와 무관하게 도덕적 책임이 있다고 주장한다. 냉각제의 집단적 사용에서 한 사람의 가담 여부가 특정 개인에게 단지 미미한 해악만을 보탠 것이라서 별로 죄책감이 느껴지지 않는다고 하더라도, 그 사람은 단지 그 해악의 공범이라는 이유만으로 그에 따른 도덕적 책임을 져야 한다는 것이다. 그러므로 '공범 원리'에 따른다면, [   ]

① 갑훈은 두 번째 저지른 약탈 행위에 대해서 더 큰 죄책감을 느껴야 한다.
② 전체 해악의 크기가 커질수록 해악에 가담한 사람들의 도덕적 책임도 커진다.
③ 첫 번째 약탈과 두 번째 약탈에서 갑훈이 을훈에게 입힌 해악에는 차이가 없다.
④ 갑훈에게 도덕적 책임이 있다는 점에서 첫 번째 약탈과 두 번째 약탈은 차이가 없다.
⑤ 두 차례 약탈에서 갑훈이 빼앗은 전체 콩알의 수가 같기 때문에 갑훈이 져야 할 도덕적 책임에는 차이가 없다.

문 5. 다음 글에서 알 수 있는 것은?

갑 : 사전연명의료의향서를 제출하여 연명의료 거부 의사를 표명한 사람에 대해서 병원이 연명의료를 실행하지 않는다는 제도가 2018년 2월부터 도입되었습니다. 이 제도 도입 후에 실제로 사전연명의료의향서를 내는 사람이 날로 늘어나고, 민원을 제기하는 사람도 많아지는 것 같습니다. 어떤 민원들이 들어오고 있습니까?

을 : 자신이 사는 곳에 사전연명의료의향서를 접수하는 곳이 없어 불편하다는 민원이 많았습니다. 연명의료 전문 상담사의 수가 적어 접수 현장에서 너무 오래 기다렸다고 불만을 표시하는 사람도 많습니다. 이러한 민원에 대응해 2020년 1월 1일부터 전화로 상담을 예약할 수 있는 시스템을 도입해 지금까지 원활하게 운영하고 있으며, 2020년 4월 1일부터 전국 모든 보건소에서 사전연명의료의향서를 받도록 조치했습니다. 더 말씀드리자면, 어떤 사람은 연명의료 전문 상담사로부터 상담을 받지 않아도 사전연명의료의향서를 낼 수 있게 해달라고 요청했습니다.

갑 : 연명의료를 거부하는 것은 중대한 사안이니 신중히 사전연명의료의향서를 작성하게 해야 합니다. 지금까지 한 것처럼 연명의료 전문 상담사의 상담을 받게 하는 조치를 유지해 주시기 바랍니다. 한 가지 더 확인하고자 합니다. 전국 모든 보건소에서 사전연명의료의향서를 받기로 했지만, 연명의료 전문 상담사를 모든 보건소에 배치할 수 있는 것은 아니라고 합니다. 혹시 그에 대한 대책을 마련했습니까?

을 : 연명의료 전문 상담사 배치가 어려운 보건소의 직원들을 대상으로 연명의료 관련 기본 필수교육을 실시하고, 그 교육을 이수한 직원이 민원인에게 연명의료에 대해 간단히 설명하게 할 방침입니다. 민원인들이 보건소 직원으로부터 설명을 들은 후 그 자리에서 전화로 연명의료 전문 상담사로부터 구체적인 내용을 상담 받을 수 있도록 하겠습니다.

① 2018년 2월부터 전국 모든 보건소에서 연명의료 전문 상담사가 사전연명의료의향서를 접수하기 시작했다.

② 2020년 4월부터 연명의료를 실행하지 않고자 하는 병원은 보건소에 사전연명의료의향서를 제출해야 한다.

③ 연명의료를 받고자 하는 사람은 주소지 관할 보건소가 지정한 연명의료 전문 상담사로부터 기본 필수교육을 받아야 한다.

④ 사전연명의료의향서 접수기관이 있는 곳의 거주자 중 연명의료 전문 상담사의 상담을 받으려는 사람은 전화예약 시스템을 이용해야 한다.

⑤ 연명의료 거부 의사가 있는 사람이 연명의료 전문 상담사의 상담을 받지 않은 상태에서 작성한 사전연명의료의향서는 받아들여지지 않는다.

문 6. 다음 대화의 빈칸에 들어갈 내용으로 가장 적절한 것은?

갑 : 아시는 바와 같이 코로나 19로 인한 위기 상황 속에서 어려움을 겪는 국민의 생계를 지원하기 위해 정부가 지난 5월에 전 국민을 대상으로 긴급재난지원금을 지급했습니다. 그런데 정부는 코로나 19로 영업이 어려워진 소상공인 및 자영업자, 생계가 어려운 가구 등을 대상으로 지원금을 다시금 지급하기로 8월에 결정했습니다. 이 소식을 듣고 지원금 수령 가능 여부를 문의하는 민원인들이 많습니다. 문구점을 운영하는 A씨는 소상공인 및 자영업자에게 주는 지원금을 신청할 수 있는지 문의했습니다.

을 : 이번에는 소상공인 및 자영업자의 일부, 생계 위기 가구 등에 지원금을 주게 되어 있습니다. 사회적 거리두기 2단계의 실시로 출입이 금지된 집합금지 및 집합제한 업종의 자영업자는 특별한 증빙서류 없이 소상공인 및 자영업자 대상 지원금을 받을 수 있습니다. 또 사회적 거리두기 2.5단계부터 운영이 제한된 수도권의 카페나 음식점 등도 집합제한업종에 해당하여 지원금을 받을 수 있습니다. 집합금지 및 집합제한업종에 속하지 않더라도 연 매출 4억 원 이하라는 사실을 증명할 수 있는 자료와 함께 코로나 19 확산으로 매출이 감소했음을 증빙하는 자료를 제출하면 지원금을 받을 수도 있습니다. A씨가 운영하는 가게가 집합금지 및 집합제한업종에 해당하는지 확인하셨습니까?

갑 : 네, A씨가 운영하는 문구점은 집합금지 및 집합제한업종에 해당하지 않는 것으로 확인되었습니다.

을 : 그렇다면 제가 말씀드린 내용을 바탕으로 A씨에게 적절한 답변을 해주시기 바랍니다.

갑 : 잘 알겠습니다. 민원인 A씨에게 [   ]고 말씀 드리겠습니다.

① 문구점은 일반 업종에 해당하지 않으므로 긴급재난지원금을 신청할 수 없다

② 지난 5월에 긴급재난지원금을 받았다는 사실을 증명하는 서류를 제출해야 한다

③ 문구점은 집합금지 및 집합제한업종에 해당하지 않는 것으로 확인되었기 때문에 지원금을 받을 수 없다

④ 사회적 거리두기 2.5단계부터 운영이 제한되거나 금지된 업종이 아니면 긴급재난지원금을 받을 수 없다

⑤ 연 매출 4억 원에 미치지 못하고 코로나 19로 매출이 감소한 자영업자라면 증빙서류를 갖추어 신청할 수 있다

문 7. 다음 대화의 ㉠에 따라 〈계획안〉을 수정한 것으로 적절하지 않은 것은?

갑 : 지금부터 회의를 시작하겠습니다. 이 자리는 '보고서 작성법 특강'의 개최계획 검토를 위한 자리입니다. 특강을 성공적으로 개최하기 위해서 어떻게 해야 하는지 각자의 의견을 자유롭게 말씀해주시기 바랍니다.

을 : 특강 참석 대상을 명확하게 정하고 그에 따라 개최 일시가 조정되었으면 좋겠습니다. 주중에 계속 근무하는 현직 공무원인 경우, 아무래도 주말에는 특강 참석률이 저조합니다. 특강을 평일에 개최하되 참석 시간을 근무시간으로 인정해 준다면 참석률이 높아질 것 같습니다.

병 : 공무원이 되기 위해 준비하고 있는 예비공무원들에게는 서울이 더 낫겠지만, 중앙부처 소속 공무원에게는 세종시가 접근성이 더 좋습니다. 특강 참석 대상이 누구인가에 따라 장소를 조정할 필요가 있습니다.

정 : 주제가 너무 막연하게 표현되어 있습니다. 보고서의 형식이나 내용은 누구에게 보고하느냐에 따라 크게 달라집니다. 보고 대상이 명시적으로 드러날 수 있도록 주제를 더 구체적으로 표현하면 좋겠습니다.

무 : 특강과 관련된 정보가 부족합니다. 강의에 관심이 있는 사람이라면 별도 비용이 있는지, 있다면 구체적으로 금액은 어떠한지 등이 궁금할 겁니다.

갑 : 얼마 전에 비슷한 특강이 서울에서 개최되었으니 이번 특강은 현직 중앙부처 소속 공무원을 대상으로 진행하도록 하겠습니다. 참고로 특강 수강비용은 무료입니다. ㉠ 오늘 회의에서 논의된 내용을 반영하여 특강 계획을 수정하도록 하겠습니다. 감사합니다.

─── 〈계획안〉 ───

보고서 작성법 특강
• 주제 : 보고서 작성 기법
• 일시 : 2021.11.6.(토) 10:00~12:00
• 장소 : 정부서울청사 본관 5층 대회의실
• 대상 : 현직 공무원 및 공무원을 꿈꾸는 누구나

① 주제를 '효율적 정보 제시를 위한 보고서 작성 기법'으로 변경한다.

② 일시를 '2021.11.10.(수) 10:00~12:00(특강 참여 시 근무 시간으로 인정)'으로 변경한다.

③ 장소를 '정부세종청사 6동 대회의실'로 변경한다.

④ 대상을 '보고서 작성 능력을 키우고 싶은 현직 중앙부처공무원'으로 변경한다.

⑤ 특강을 듣기 위한 별도 부담 비용이 없다고 안내하는 항목을 추가한다.

문 8. 다음 글의 〈표〉에 대한 판단으로 옳은 것만을 〈보기〉에서 모두 고르면?

우리 몸에는 세 종류의 중요한 근육이 있는데 이것들은 서로 다른 두 기준에 따라 각각 두 종류로 분류될 수 있다. 두 기준은 근육을 구성하는 근섬유에 줄무늬가 있는지의 여부와 근육의 움직임을 우리가 의식적으로 통제할 수 있는지의 여부이다.

세 종류의 중요한 근육 중 뼈대근육은 우리가 의식적으로 통제하여 사용할 수 있기 때문에 수의근이라고 하며 뼈에 부착되어 있다. 이 근육에 있는 근섬유에는 줄무늬가 있어서 줄무늬근으로 분류된다. 뼈대근육은 달리기, 들어올리기와 같은 신체적 동작을 일으킨다. 우리가 신체적 운동을 통해 발달시키고자 하는 근육이 바로 뼈대근육이다.

뼈대근육과 다른 종류로서 내장근육이 있는데, 이 근육은 소화기관, 혈관, 기도에 있는 근육으로서 의식적인 통제 하에 있는 것이 아니다. 내장근육에 있는 근섬유에는 줄무늬가 없어서 민무늬근으로 분류된다. 위나 다른 소화기관에 있는 근육은 꿈틀운동을 일으킨다. 혈관에 있는 근육은 혈관의 직경을 변화시켜서 피의 흐름을 촉진시킨다. 기도에 있는 근육은 기도의 직경을 변화시켜서 공기의 움직임을 촉진시킨다.

심장근육은 심장에서만 발견되는데 심장근육에 있는 근섬유에는 줄무늬가 있다. 심장근육은 심장벽을 구성하고 있고 심장을 수축시키는 역할을 하는데, 이 근육은 우리가 의식적으로 통제할 수 있는 것이 아니기 때문에 불수의근으로 분류된다.

지금까지 기술한 내용을 정리하면 다음과 같다.

〈표〉 근육의 종류와 특징

기준 \ 종류	뼈대근육	내장근육	심장근육
A	㉠	㉡	㉢
B	㉣	㉤	㉥

─── 〈보 기〉 ───

ㄱ. ㉡과 ㉢이 같은 특징이라면, A에는 근섬유에 줄무늬가 있는지를 따지는 기준이 들어간다.

ㄴ. ㉣과 ㉥이 다른 특징이라면, B에는 근육의 움직임을 의식적으로 통제할 수 있는지를 따지는 기준이 들어간다.

ㄷ. ㉠에 '수의근'이 들어간다면, ㉤에는 '민무늬근'이 들어가야 한다.

① ㄱ

② ㄷ

③ ㄱ, ㄴ

④ ㄴ, ㄷ

⑤ ㄱ, ㄴ, ㄷ

문 9. 다음 글의 ㉠~㉤에 대한 설명으로 가장 적절한 것은?

세균은 산소에 대한 요구성과 내성에 따라 구분된다. '절대 호기성 세균'은 산소에 대한 내성이 있고 대사 과정에서 산소 호흡을 하기 때문에 산소의 농도가 높은 곳에서 잘 자랄 수 있다. 반면에 '미세 호기성 세균'은 산소 호흡을 하지만 산소에 대한 내성이 '절대 호기성 세균'보다 낮아서 '절대 호기성 세균'이 살아가는 환경의 산소 농도보다 낮은 농도의 산소에서만 살 수 있다. 두 종류의 세균은 모두 산소를 이용하는 호흡이 필수적이므로 산소가 없거나 너무 낮은 농도에서는 살 수 없다. '통성 세균'은 산소에 대한 내성이 있고, 산소가 있는 곳에서는 산소 호흡을 하고 산소가 없거나 너무 낮은 농도에서는 산소 호흡 대신 발효 과정을 통해 에너지를 만들어낼 수 있기 때문에 산소가 있는 환경과 없는 환경 모두에서 자랄 수 있다. 그러나 산소 호흡이 발효 과정보다 많은 에너지를 만들어내기 때문에 산소 농도가 높은 환경에서 더 잘 자란다. '혐기성 세균'은 산소 호흡을 할 수 없는 세균으로 발효 과정만을 통해 에너지를 만들어낸다. '혐기성 세균'은 산소에 대한 내성을 가지고 있어 산소가 있어도 자랄 수 있는 '내기 혐기성 세균'과 산소에 대한 내성이 없어 일정 농도 이상의 산소에 노출되면 사멸하는 '절대 혐기성 세균'으로 나뉜다. '내기 혐기성 세균'의 생장은 산소 농도와는 무관하다.

티오글리콜레이트 배양액을 담고 있는 시험관에서 배양액의 위쪽은 공기와 접하고 있어 산소가 충분하다. 시험관 배양액의 산소 농도는 시험관 아래쪽으로 갈수록 감소하며, 시험관의 맨 아래쪽에는 산소가 거의 없다. 아래 그림은 티오글리콜레이트 배양액을 담고 있는 5개의 시험관(㉠~㉤)에 '절대 호기성 세균', '미세 호기성 세균', '통성 세균', '내기 혐기성 세균', '절대 혐기성 세균' 중 하나를 배양한 결과를 나타내며, 각 시험관에는 서로 다른 세균이 배양되었다. 그림에서 검은색 점 각각은 살아있는 하나의 세균을 나타낸다.

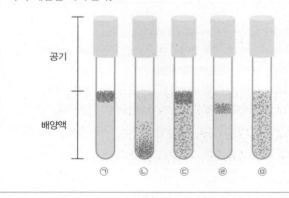

① ㉠은 '통성 세균'이 자란 시험관이다.
② ㉡에서 자란 세균은 발효 과정으로 에너지를 만들어 낸다.
③ ㉢에서 자란 세균은 산소에 대한 내성이 없다.
④ ㉣에서 자란 세균은 산소 호흡을 할 수 없다.
⑤ ㉣과 ㉤은 모두 '혐기성 세균'이 자란 시험관이다.

문 10. 다음 글의 ㉠과 ㉡에 들어갈 진술로 가장 적절한 것은?

A학파의 가장 큰 특징은 토지 문제를 토지 시장에 국한시키지 않고 경제 전체의 흐름과 밀접하게 연결해서 파악한다는 점이다. A학파의 주장에 따르면, 토지 문제는 이용의 효율에만 관련되는 단순한 문제가 아니라 경제 성장, 실업, 물가 등의 거시경제적 변수를 함께 고려해야만 하는 복잡한 문제이다. 그런 점에서 A학파는 토지 문제가 경기 변동과 직결될 뿐만 아니라 사회 정의와도 관련되는 것이라고 주장한다.

이와 달리 B학파는 다른 모든 종류의 상품과 마찬가지로 토지 문제 역시 수요·공급의 법칙에 따라 시장이 자율적으로 조정하도록 맡겨 두면 된다고 주장한다. B학파의 관점에 따르면, ㉠ 토지는 귀금속, 주식, 채권, 은행 예금만큼이나 좋은 투자 대상이다. 부동산의 자본 이득이 충분히 클 경우, 좋은 투자 대상이 되어 막대한 자금이 금융권으로부터 부동산 시장으로 흘러 들어간다. 반대로 자본 이득이 떨어지면 부동산에 투입되었던 자금이 금융권을 통해 회수되어 다른 시장으로 흘러 들어간다. 이와 같이 부동산의 자본 이득은 부동산 시장과 금융권 사이의 연결고리 역할을 한다.

A학파는 B학파와 달리 상품 투자와 토지 투자를 엄격히 구분한다. 상품 투자는 해당 상품의 가격을 상승시켜 상품 공급을 증가시킨다. 공급 증가는 다시 상품 투자의 억제 요인으로 작용하기 때문에 상품 투자에는 내재적 한계가 있기 마련이다. 그러나 ㉡ 그러므로 토지 투자의 경우에는 지가 상승이 투자를 조장하고 투자는 지가 상승을 더욱 부채질하는 악순환이 반복된다. A학파는 이런 악순환의 결과로 토지를 포함한 부동산 가격에 거품이 잔뜩 끼게 된다고 주장한다.

① ㉠ : 토지에 대한 투자는 상품 투자의 일종으로 이해된다.
  ㉡ : 토지 공급은 한정되어 있으므로 토지 투자는 상품 투자의 경우와는 달리 제어장치가 없다.
② ㉠ : 토지에 대한 투자는 상품 투자의 일종으로 이해된다.
  ㉡ : 토지 투자는 다른 상품의 생산 비용을 상승시켜 상품의 가격 상승으로 이어진다.
③ ㉠ : 토지에 대한 투자는 상품 생산의 수단으로 활용된다.
  ㉡ : 토지 공급은 한정되어 있으므로 토지 투자는 상품 투자의 경우와는 달리 제어장치가 없다.
④ ㉠ : 토지 투자와 상품 투자는 거시경제적인 관점에서 상호보완적 역할을 수행한다.
  ㉡ : 토지 투자는 다른 상품의 생산 비용을 상승시켜 상품의 가격 상승으로 이어진다.
⑤ ㉠ : 토지 투자와 상품 투자는 거시경제적인 관점에서 상호보완적 역할을 수행한다.
  ㉡ : 토지 공급은 한정되어 있으므로 토지 투자는 상품 투자의 경우와는 달리 제어장치가 없다.

사람의 혈액은 적혈구, 백혈구, 혈소판처럼 혈액 내에 존재하는 세포인 혈구 성분과 이러한 혈구 성분을 제외한 나머지 액상 성분인 혈장으로 나뉜다. 사람의 혈액을 구별하는 대표적인 방법은 혈액의 성분을 기준으로 삼는 ABO형 방법이다. 이에 따르면, 혈액은 적혈구의 표면에 붙어 있는 응집원과 혈장에 들어 있는 응집소의 유무 또는 종류를 기준으로 다음 표와 같이 구분할 수 있다.

혈액형	응집원	응집소
A	A형 응집원	응집소 β
B	B형 응집원	응집소 α
AB	A형 응집원 및 B형 응집원	없음
O	없음	응집소 α 및 응집소 β

이때, A형 응집원이 응집소 α와 결합하거나 B형 응집원이 응집소 β와 결합하면, 응집 반응이 일어난다. 이 반응은 혈액의 응고를 일으키는데, 혈액이 응고되면 혈액의 정상적인 흐름이 방해되어 심각한 문제가 발생할 수 있다. 혈액의 이러한 특성을 활용하면 수혈도를 작성할 수 있다.

① A형 응집원만을 선택적으로 제거한 A형 적혈구를 B형인 사람에게 수혈해도 응집 반응이 일어나지 않는다.

② B형 응집원만을 선택적으로 제거한 AB형 적혈구를 A형인 사람에게 수혈하면 응집 반응이 일어난다.

③ 응집소 β를 선택적으로 제거한 O형 혈장을 A형인 사람에게 수혈해도 응집 반응이 일어나지 않는다.

④ AB형인 사람은 어떤 혈액을 수혈 받아도 응집 반응이 일어나지 않는다.

⑤ O형인 사람은 어떤 적혈구를 수혈 받아도 응집 반응이 일어나지 않는다.

A국에서는 교육 제도 개선을 추진하고 있다. 이와 관련하여 현재 거론되고 있는 방안 중 다음 네 조건을 모두 충족시키는 방안이 있다면, 정부는 그 방안을 추진해야 한다. 첫째, 공한 기회 균등과 교육의 수월성을 함께 이룩할 수 있는 방안이어야 한다. 둘째, 신뢰할 수 있는 설문 조사에서 가장 많은 국민이 선호하는 방안으로 선택한 것이어야 한다. 셋째, 정부의 기존 교육 재정만으로 실행될 수 있는 방안이어야 한다. 넷째, 가계의 교육 부담을 줄일 수 있는 방안이어야 한다.

현재 거론되고 있는 방안들 중 선호하는 것에 대하여 국민 2,000명을 대상으로 한 설문 조사 결과, 300명이 대학교 평준화 도입을 꼽았고, 400명이 고등학교 자체 평가 확대를 꼽았으며, 600명이 대입 정시 확대와 수시 축소를 꼽았고, 700명이 고교 평준화 강화를 꼽았다. 이 설문 조사는 표본을 치우치지 않게 잡아 신뢰할 수 있다.

현재 거론된 방안들 가운데 정부의 기존 교육 재정만으로 실행될 수 없는 것은 대학교 평준화 도입 방안뿐이다. 대입 정시 확대와 수시 축소 방안은 가계의 교육 부담을 감소시키지 못하지만 다른 방안들은 그렇지 않다. 고교 평준화 강화 방안은 공정한 기회 균등을 이룰 수 있는 방안임이 분명하다. 따라서 ㉠ 정부는 고교 평준화 강화 방안을 추진해야 한다.

① 고교 평준화 강화는 가장 많은 국민이 선호하는 방안이다.

② 고교 평준화 강화는 교육의 수월성을 이룩할 수 있는 방안이다.

③ 고교 평준화 강화는 가계의 교육 부담을 줄일 수 있는 방안이다.

④ 고교 평준화 강화는 정부의 기존 교육 재정만으로도 실행될 수 있는 방안이다.

⑤ 정부가 고교 평준화 강화 방안을 추진하지 않아도 된다면, 그 방안은 공정한 기회 균등과 교육의 수월성을 함께 이룩할 수 없는 방안이다.

개정 근로기준법이 적용되면서 일명 '52시간 근무제'에 사람들이 큰 관심을 보였다. 하지만 개정 근로기준법에는 1주 최대 근로시간을 52시간으로 규정하는 조문이 명시적으로 추가된 것이 아니다. 다만, 기존 근로기준법에 '1주'란 휴일을 포함한 7일을 말한다'는 문장 하나가 추가되었을 뿐이다. 이 문장이 말하는 바는 상식처럼 보이는데, 이를 추가해서 어떻게 52시간 근무제를 확보할 수 있었을까?

월요일에서 금요일까지 1일 8시간씩 소정근로시간 동안 일하는 근로자를 생각해보자. 여기서 '소정근로시간'이란 근로자가 사용자와 합의하여 정한 근로시간을 말한다. 사실 기존 근로기준법에서도 최대 근로시간은 52시간으로 규정되어 있는 것처럼 보인다. 1일의 최대 소정근로시간이 8시간, 1주의 최대 소정근로시간이 40시간이고, 연장근로는 1주에 12시간까지만 허용되어 있으므로, 이를 단순 합산하면 총 52시간이 되기 때문이다. 그러나 기존 근로기준법에서는 최대 근로시간이 68시간이었다. 이는 휴일근로의 성격을 무엇으로 보느냐에 달려 있다. 기존 근로기준법에서 휴일근로는 소정근로도 아니고 연장근로도 아닌 것으로 간주되었다. 그래서 소정근로 40시간과 연장근로 12시간을 시키고 나서 추가로 휴일근로를 시키더라도 법 위반이 아니었다.

그런데 일요일은 휴일이지만, 토요일은 휴일이 아니라 근로의 의무가 없는 휴무일이기에 특별한 규정이 없는 한 근로를 시킬 수가 없다. 따라서 기존 근로기준법하에서 더 근로를 시키고 싶던 기업들은 단체협약 등으로 '토요일을 휴일로 한다'는 특별규정을 두는 일종의 꼼수를 쓰는 경우가 많았다. 이렇게 되면 토요일과 일요일, 2일 간 휴일근로를 추가로 시킬 수 있기에 최대 근로시간이 늘어나게 된다. 이것이 기존 판례의 입장이었다.

개정 근로기준법과 달리 왜 기존 판례는 [   ] 그 이유는 연장근로를 소정근로의 연장으로 보았고, 1주의 최대 소정근로시간을 정할 때 기준이 되는 1주를 5일에 입각하여 보았기 때문이다. 즉, 1주 중 소정근로일을 월요일부터 금요일까지의 5일로 보았기에 이 기간에 하는 근로만이 근로기준법상 소정근로시간의 한도에 포함된다고 본 것이다. 다만 이 입장에 따르더라도, 연장근로가 아닌 한 1일의 근로시간은 8시간을 초과할 수 없다고 기존 근로기준법에 규정되어 있기 때문에, 이미 52시간을 근로한 근로자에게 휴일에 1일 8시간을 넘는 근로를 시킬 수 없다. 그 결과 휴일근로로 가능한 시간은 16시간이 되어, 1주 68시간이 최대 근로시간이 된 것이다.

문 13. 위 글의 빈칸에 들어갈 내용으로 가장 적절한 것은?

① 휴일근로가 연장근로가 아니라고 보았을까?

② 토요일에 연장근로를 할 수 있다고 보았을까?

③ 1주의 최대 소정근로시간을 40시간으로 인정하였을까?

④ 1일의 최대 소정근로시간은 8시간을 초과할 수 없다고 보았을까?

⑤ 휴일에는 근로자의 합의가 없는 한 연장근로를 할 수 없다고 보았을까?

문 14. 위 글의 내용을 바르게 적용한 사람만을 〈보기〉에서 모두 고르면?

──── 〈보 기〉 ────

갑 : 개정 근로기준법에 의하면, 1주 중 3일 동안 하루 15시간씩 일한 사람의 경우, 총 근로시간이 45시간으로 52시간보다 적으니 법에 어긋나지 않아.

을 : 개정 근로기준법에 의하면, 월요일부터 목요일까지 매일 10시간씩 일한 사람의 경우, 금요일에 허용되는 최대 근로시간은 12시간이야.

병 : 기존 근로기준법에 의하면, 일요일 12시간을 일했으면 12시간 전부가 휴일근로시간이지, 연장근로시간이 아니야.

① 갑

② 을

③ 갑, 병

④ 을, 병

⑤ 갑, 을, 병

문 15. 다음 글의 내용이 참일 때, 반드시 참인 것은?

갑돌과 정순은 매일 커피를 마시는 흡연자이다. 을순과 병돌은 매년 치석을 없앤다. 그리고 치아의 색깔에 관한 다음의 사실이 알려져 있다.

- 치석을 매년 없애지 않고 매일 커피를 마시는 사람의 경우, 그의 이가 노랄 확률은 60% 이상이다.
- 치석을 매년 없애지 않는 흡연자의 경우, 그의 이가 노랄 확률은 80% 이상이다.
- 치석을 매년 없애지 않고 매일 커피를 마시는 흡연자의 경우, 그의 이가 노랄 확률은 90% 이상이다.
- 치석을 매년 없애는 사람의 경우, 그의 이가 노랄 확률은 그의 커피 섭취 및 흡연 여부와 무관하게 20% 미만이다.

① 갑돌의 이가 노랄 확률은 80% 이상이다.
② 을순의 이가 노랗지 않을 확률은 80% 미만이다.
③ 병돌이 흡연자라면, 그의 이가 노랄 확률은 20% 이상이다.
④ 병돌이 매일 커피를 마신다면, 그의 이가 노랄 확률은 20% 이상이다.
⑤ 정순이 치석을 매년 없애지 않는다면, 그의 이가 노랄 확률은 90% 이상이다.

문 16. 다음 글의 내용이 참일 때, 반드시 참인 것만을 〈보기〉에서 모두 고르면?

인접한 지방자치단체인 ○○군을 △△시에 통합하는 안건은 △△시의 5개 구인 A, B, C, D, E 중 3개 구 이상의 찬성으로 승인된다. 안건에 관한 입장은 찬성하거나 찬성하지 않거나 둘 중 하나이다. 각 구의 입장은 다음과 같다.

- A가 찬성한다면 B와 C도 찬성한다.
- C는 찬성하지 않는다.
- D가 찬성한다면 A와 E 중 한 개 이상의 구는 찬성한다.

─── 〈보 기〉 ───
ㄱ. B가 찬성하지 않는다면, 안건은 승인되지 않는다.
ㄴ. B가 찬성하는 경우 E도 찬성한다면, 안건은 승인된다.
ㄷ. E가 찬성하지 않는다면, D도 찬성하지 않는다.

① ㄱ
② ㄴ
③ ㄱ, ㄷ
④ ㄴ, ㄷ
⑤ ㄱ, ㄴ, ㄷ

문 17. 다음 글의 내용이 참일 때, 반드시 참인 것만을 〈보기〉에서 모두 고르면?

일반행정 직렬 주무관으로 새로 채용된 갑진, 을현, 병천은 행정안전부, 고용노동부, 보건복지부에 한 명씩 배치되는 것으로 정해졌다. 가인, 나운, 다은, 라연은 배치 결과를 궁금해 하며 다음과 같이 예측했는데, 이 중 한 명의 예측만 틀렸음이 밝혀졌다.

가인 : 을현은 행정안전부에, 병천은 보건복지부에 배치될 거야.
나운 : 을현이 행정안전부에 배치되면, 갑진은 고용노동부에 배치될 거야.
다은 : 을현이 행정안전부에 배치되지 않으면, 병천이 행정안전부에 배치될 거야.
라연 : 갑진은 고용노동부에, 병천은 행정안전부에 배치될 거야.

─── 〈보 기〉 ───
ㄱ. 갑진은 고용노동부에 배치된다.
ㄴ. 을현은 행정안전부에 배치된다.
ㄷ. 라연의 예측은 틀렸다.

① ㄱ
② ㄴ
③ ㄱ, ㄷ
④ ㄴ, ㄷ
⑤ ㄱ, ㄴ, ㄷ

문 18. 다음 글의 ㉠에 대한 판단으로 적절한 것만을 〈보기〉에서 모두 고르면?

어떤 회사가 소비자들을 A부터 H까지 8개의 동질적인 집단으로 나누어, 이들을 대상으로 마케팅 활동의 효과를 살펴보는 실험을 하였다. 마케팅 활동은 구매 전 활동과 구매 후 활동으로 구성되는데, 구매 전 활동에는 광고와 할인 두 가지가 있고 구매 후 활동은 사후 서비스 한 가지뿐이다. 구매 전 활동이 끝난 뒤 구매율을 평가하고, 구매 후 활동까지 모두 마친 뒤 구매 전과 구매 후의 마케팅 활동을 종합하여 마케팅 만족도를 평가하였다. 구매율과 마케팅 만족도는 모두 a, b, c, d로 평가하였는데, a가 가장 높고 d로 갈수록 낮다. 이 회사가 수행한 ㉠ 실험의 결과는 다음과 같다.

- A와 B를 대상으로는 구매 전 활동을 실시하지 않았는데 구매율은 d였다. 이 중 A에 대해서는 사후 서비스를 하였고 B에 대해서는 하지 않았는데, 마케팅 만족도는 각각 c와 d였다.
- C와 D를 대상으로 구매 전 활동 중 광고만 하였더니 구매율은 c였다. 이 중 C에 대해서는 사후 서비스를 하였고 D에 대해서는 하지 않았는데, 마케팅 만족도는 각각 b와 c였다.
- E와 F를 대상으로 구매 전 활동 중 할인 기회만 제공하였더니 구매율은 b였다. 이 중 E에 대해서는 사후 서비스를 하였고 F에 대해서는 하지 않았는데, 마케팅 만족도는 모두 b였다.
- G와 H를 대상으로 구매 전 활동으로 광고와 함께 할인기회를 제공하였더니 구매율은 b였다. 이 중 G에 대해서는 사후 서비스를 하였고 H에 대해서는 하지 않았는데, 마케팅 만족도는 각각 a와 b였다.

〈보 기〉

ㄱ. 할인 기회를 제공한 경우가 제공하지 않은 경우보다 구매율이 높다.
ㄴ. 광고를 할 때, 사후 서비스를 한 경우가 하지 않은 경우보다 마케팅 만족도가 낮지 않다.
ㄷ. 사후 서비스를 하지 않을 때, 광고를 한 경우가 하지 않은 경우보다 마케팅 만족도가 높다.

① ㄱ
② ㄷ
③ ㄱ, ㄴ
④ ㄴ, ㄷ
⑤ ㄱ, ㄴ, ㄷ

문 19. 다음 글의 갑~병의 견해에 대한 분석으로 적절한 것만을 〈보기〉에서 모두 고르면?

우리는 'A라는 성질을 가진 대상이 모두 B라는 성질을 가진다.'고 주장할 때 'A는 모두 B이다.'라는 형식의 진술 U를 사용한다. A라는 성질을 가진 대상이 존재할 때, U가 언제 참이고 언제 거짓인지에 대한 어떤 의견 차이도 없다. 즉 A라는 성질을 가진 대상이 존재할 때, 그 대상들이 모두 B라는 성질을 가진다면 U는 참이고, 그 대상들 중 B라는 성질을 가지지 않는 대상이 있다면 U는 거짓이다. 하지만 A라는 성질을 가진 대상이 존재하지 않을 때, U가 언제 참이고 언제 거짓인지를 둘러싸고 여러 견해가 있다.

- 갑 : U는 'A이면서 B가 아닌 대상은 하나도 없다.'는 주장으로 이해해야 한다. 만약 A인 대상이 존재하지 않는다면, A이면서 B가 아닌 대상은 당연히 존재하지 않는다. 따라서 A인 대상이 존재하지 않는 경우, U는 참이다.
- 을 : U에는 'A이면서 B가 아닌 대상은 하나도 없다.'는 주장과 더불어 'A인 대상이 존재한다.'는 주장까지 담겨 있다. 그러므로 A인 대상이 존재하지 않는다면, 후자의 주장이 거짓이 되므로 U 역시 거짓이다.
- 병 : A인 대상이 존재하지 않는다는 사실만 갖고 U가 참이라거나 거짓이라고 말해서는 안 된다. 오히려 A인 대상이 존재해야 한다는 것은 U를 참이나 거짓으로 판단하기 위해 먼저 성립해야 할 조건이다. 그러므로 A인 대상이 존재하지 않는다면, 이 조건을 충족하지 못한 것이므로 U는 참도 거짓도 아니다.

〈보 기〉

ㄱ. 갑과 을은 'A인 대상이 존재하지만 B인 대상이 존재하지 않는다면, U는 거짓이다.'라는 것에 동의한다.
ㄴ. 을과 병은 'U가 참이라면, A인 대상이 존재한다.'는 것에 동의한다.
ㄷ. 갑과 병은 'U가 거짓이라면, A인 대상이 존재한다.'는 것에 동의한다.

① ㄱ
② ㄷ
③ ㄱ, ㄴ
④ ㄴ, ㄷ
⑤ ㄱ, ㄴ, ㄷ

문 20.　다음 글의 내용을 적용한 것으로 가장 적절한 것은?

　　연역논증은 전제를 통해 결론이 참이라는 사실을 100% 보장하려는 논증인데, 이 가운데 결론의 참을 100% 보장하는 논증을 '타당한 논증'이라 한다. 반면 귀납논증은 전제를 통해 결론을 개연적으로 뒷받침하려는 논증이다. 귀납논증 중에는 뒷받침하는 정도가 강한 것도 있고 약한 것도 있다. 귀납논증은 형식의 측면에서도 여러 가지로 분류될 수 있는데, 이 중 우리가 자주 쓰는 귀납논증은 다음과 같은 것이다.

- 보편적 일반화 : 유형 I에 속하는 n개의 개체를 조사해보니 이들 모두에서 속성 P를 발견하였다. 따라서 유형 I에 속하는 모든 개체들은 속성 P를 가질 것이다.
- 통계적 일반화 : 유형 I에 속하는 n개의 개체를 조사해보니 이들 가운데 m개에서 속성 P를 발견하였다. 따라서 유형 I에 속하는 모든 개체 중 m/n이 속성 P를 가질 것이다. 단, m/n은 0보다 크고 1보다 작다.
- 통계적 삼단논법 : 유형 I에 속하는 개체 중 m/n에서 속성 P를 발견하였다. 개체 α는 유형 I에 속한다. 따라서 개체 α는 속성 P를 가질 것이다. 단, m/n은 0보다 크고 1보다 작다.
- 유비추론 : 유형 I에 속하는 개체 α가 속성 P1, P2, P3을 갖고, 유형 II에 속하는 개체 β도 똑같이 속성 P1, P2, P3을 갖는다. 개체 α가 속성 P4를 가진다는 사실이 발견되었다. 따라서 개체 β는 속성 P4를 가질 것이다.

① '우리나라 공무원 중 여행과 음악을 모두 좋아하는 이들의 비율은 전체의 80%를 넘지 않는다. 따라서 우리나라 공무원 중 여행을 좋아하는 이들의 비율은 전체의 80%를 넘지 않을 것이다.'는 타당한 논증으로 분류된다.

② '우리나라 전체 공무원 중 100명을 조사해 보니 이들은 업무의 70% 이상을 효과적으로 수행하고 있다. 따라서 우리나라 전체 공무원들은 업무의 70% 이상을 효과적으로 수행하고 있을 것이다.'는 보편적 일반화로 분류된다.

③ '우리나라 공무원 중 30%가 운동을 좋아한다. 따라서 우리나라 20대 공무원 중 30%는 운동을 좋아할 것이다.'는 통계적 일반화로 분류된다.

④ '해외연수를 다녀온 공무원의 95%가 정부 정책을 지지한다. 공무원 갑은 정부 정책을 지지하고 있다. 따라서 갑은 해외연수를 다녀왔을 것이다.'는 통계적 삼단논법으로 분류된다.

⑤ '임신과 출산으로 태어난 을과 그를 복제하여 만든 병은 유전자와 신경 구조가 똑같다. 따라서 을과 병은 둘 다 80세 이상 살 것이다.'는 유비추론으로 분류된다.

문 21.　다음 글의 실험 결과가 강화하는 것만을 〈보기〉에서 모두 고르면?

　　한 연구진은 자극 X가 뇌에 미치는 영향을 밝히기 위한 실험을 수행하였다. 그들은 자극 X가 있는 환경에서 성장한 동물과 자극 X가 없는 환경에서 성장한 동물을 비교했을 때 뇌에 차이가 있을 것이라고 추측했다.

　　실험을 위해 동일한 조건의 연구용 쥐 100마리를 절반씩 나누어 각각 A와 B 그룹으로 배정하였다. A 그룹의 쥐는 자극 X에 노출된 반면, B 그룹의 쥐는 자극 X에 노출되지 않았다. 자극 X를 제외한 다른 조건은 두 그룹에서 동일하였다. 일정 기간이 지나고 두 그룹 쥐의 뇌에 대해서 부위별로 무게 측정과 화학 분석이 이루어졌다. 그 결과 A 그룹의 쥐는 B 그룹의 쥐와 다른 점을 보여주었다.

　　두 그룹에서 나타난 가장 두드러진 차이점은 전체 뇌 무게에 대한 대뇌피질의 무게 비율이었다. 대뇌피질은 경험에 반응하고 운동, 기억, 학습, 감각적 입력을 관장하는 뇌의 한 부위이다. A 그룹 쥐의 대뇌피질은 B 그룹 쥐의 대뇌피질보다 더 무겁고 더 치밀했지만, 뇌의 나머지 부위의 무게에는 차이가 없었다.

　　또한 B 그룹의 쥐의 뇌보다 A 그룹의 쥐의 뇌에서는 크기가 큰 신경세포뿐만 아니라 신경교세포도 더 많이 발견되었다. 신경교세포는 뇌의 신경세포를 성장시켜 크기를 키우는 역할을 하는 세포이다. 세포의 DNA에 대한 RNA의 비율은 세포가 성장하지 않을 때보다 세포가 성장하여 크기가 커질 때 높아진다. 두 그룹의 쥐의 뇌를 분석한 결과, DNA에 대한 RNA의 비율이 높아진 뇌 신경세포가 B 그룹보다 A 그룹에 더 많이 있다는 사실이 확인되었다. A 그룹의 쥐의 뇌에서는 신경전달물질 α가 더 많이 분비되었는데, 신경전달물질의 양은 A 그룹 쥐의 뇌보다 B 그룹 쥐의 뇌에서 약 30% 이상 더 적은 것으로 확인되었다.

〈보 기〉

ㄱ. 자극 X가 있으면 없을 때보다 신경교세포의 수와 신경전달물질 α의 분비량이 많아진다.

ㄴ. 자극 X가 있으면 없을 때보다 전체 뇌 무게에 대한 대뇌피질의 무게 비율이 높아지고 대뇌피질이 촘촘해진다.

ㄷ. 자극 X가 없으면 있을 때보다 뇌 신경세포의 크기와 수가 늘어난다.

① ㄱ

② ㄷ

③ ㄱ, ㄴ

④ ㄴ, ㄷ

⑤ ㄱ, ㄴ, ㄷ

문 22. 다음 글의 ㉠을 강화하는 것만을 〈보기〉에서 모두 고르면?

1977년 캐나다의 실험에서 연구진은 인공 조미료 사카린이 인간에게 암을 일으킬 수 있는지를 밝히려고 약 200마리의 쥐를 사용해 실험했다. 실험 결과가 발표되자 그 활용의 타당성에 관해 비판이 제기되었다. 투여된 사카린의 양이 쥐가 먹는 음식의 5%로 너무 많다는 것이었다. 인간에게 그 양은 음료수 800병에 함유된 사카린 양인데, 누가 하루에 음료수를 800병이나 마시겠느냐는 비판이었다.

일리가 없는 말은 아니지만 ㉠ 이것은 합당한 비판이 아니다. 물론 인간에게 적용할 실험 결과를 얻으려면 인간이 사카린에 노출되는 상황을 그대로 재현하여 실험하는 것이 바람직하다. 그러나 일상적인 환경에서 대개의 발암물질은 유효성이 아주 낮아서 수천 명 중 한 명 정도의 비율로만 그 효과를 확인할 수 있다. 발암물질의 유효성은 몸에 해당 물질을 받아들인 개체들 가운데 암에 걸리는 개체의 비율에 의존하는데, 이 비율이 낮을수록 발암물질의 유효성이 낮아진다. 물론 발암물질의 유효성이 낮아도 그 피해는 클 수 있다. 예를 들어 유효성이 매우 낮은 경우라도, 관련 모집단이 수천만 명이라면 그로 인해 암에 걸리는 사람은 수만 명에 이를 수 있다. 이런 상황에서 발암물질의 효과를 확인하려는 동물 실험은 최소한 수만 마리의 쥐를 이용한 실험을 해야 유의미한 결과를 얻을 수 있다. 하지만 그렇게 많은 쥐를 이용해서 실험하는 것은 불가능하다.

이럴 때 택하는 전형적인 전략은 실험 대상의 수를 줄이고 발암물질의 투여량을 늘리는 것이다. 예를 들어 어떤 발암물질을 통상적인 수준에서 투여한다면 200마리의 쥐 가운데 암이 발생한 것은 거의 없을 것이다. 하지만 그 발암물질을 전체 음식의 5%로 늘리게 되면 200마리의 쥐 가운데에서도 암이 발생한 쥐의 수는 제법 늘어나게 될 것이다. 이렇게 발암물질의 투여량을 늘리면 실험 대상의 수를 줄이더라도 유의미한 실험 결과를 확보할 수 있는 것이다. 결국 사카린과 암 사이의 인과관계를 밝히려 한 1977년 실험과 그 활용의 타당성에 근본적인 잘못이 있다고 할 수 없다.

〈보 기〉

ㄱ. 인간이든 쥐든 암이 발생하는 사례의 수는 발암물질의 섭취량에 비례한다.

ㄴ. 쥐에게 다량 투입하였을 때 암을 일으킨 물질 중에는 인간에게 발암물질이 아닌 것이 있다.

ㄷ. 발암물질의 유효성이 클수록 더 많은 수의 실험 대상을 확보해야 유의미한 실험 결과를 얻을 수 있다.

① ㄱ
② ㄷ
③ ㄱ, ㄴ
④ ㄴ, ㄷ
⑤ ㄱ, ㄴ, ㄷ

문 23. 다음 논쟁을 분석한 것으로 적절한 것만을 〈보기〉에서 모두 고르면?

A : 종 차별주의란 인간 종이 다른 생물 종과 생김새가 다르다는 이유만으로 특별한 대우를 받아야 한다는 주장이다. 이런 종 차별주의가 옳지 않다는 주장은 모든 종을 동등하게 대우해야 한다는 종 평등주의가 옳다는 말과 같다. 하지만 종 평등주의는 너무나 비상식적인 견해이다.

B : 종 차별주의를 거부하는 것과 종 평등주의를 받아들이는 것은 별개다. 모든 생명체를 동등하게 대우해야 한다는 종 평등주의는 이웃 사람을 죽이는 것이 그른 만큼 양배추를 뽑아 버리는 것도 그르다는 것을 암시한다. 그러나 양배추는 신경계와 뇌가 없으므로 어떠한 경험을 할 수도 어떠한 의식을 가질 수도 없다. 그런 양배추를 뽑아 버리는 것이, 의식을 가지고 높은 수준의 경험을 누리는 이웃 사람을 죽이는 행위와 같을 수 없다. 종 차별주의에 대한 거부는 생김새가 아닌 의식에 의한 차별적 대우를 부정하지 않는다.

C : 의식에 의한 차별이 정당하다는 주장이 옳다면, 각 인간이 가진 가치도 달라야 한다. 왜냐하면 인간마다 의식적 경험의 정도가 다르기 때문이다. 그러나 모든 인간이 동일한 존엄성과 무한한 생명 가치를 가진다는 것은 거부할 수 없는 윤리의 대전제이다. 따라서 의식을 이용하여 종 사이의 차별을 정당화한다면 이런 윤리의 대전제를 부정할 수밖에 없다.

〈보 기〉

ㄱ. A는 종 차별주의와 종 평등주의가 서로 모순된다고 보지만 B는 그렇지 않다.

ㄴ. B와 C는 모든 인간이 동일한 존엄성과 무한한 생명 가치를 가진다는 견해에 동의한다.

ㄷ. C는 인간과 인간이 아닌 것 사이의 차별적 대우를 정당화하는 근거가 있다는 것에 동의하지만, A는 그렇지 않다.

① ㄱ
② ㄴ
③ ㄱ, ㄷ
④ ㄴ, ㄷ
⑤ ㄱ, ㄴ, ㄷ

문 24. 다음 글의 ⊙의 내용으로 가장 적절한 것은?

2020년 7월 2일이 출산 예정일이었던 갑은 2020년 6월 28일 아이를 출산하여, 2020년 7월 10일에 ○○구 건강관리센터 산모·신생아 건강관리 서비스를 신청하였다. 2020년 1월 1일에 ○○구에 주민등록이 된 이후 갑은 주민등록지를 변경하지 않았으며, 실제로 ○○구에 거주하였다. 갑의 신청을 검토한 ○○구는 ○○구 산모·신생아 건강관리 지원에 관한 조례(이하 "조례"라 한다)와 ○○구 건강관리센터 운영규정(이하 "운영규정"이라 한다)이 불일치한다는 문제를 발견하였다. 이에 ⊙ 운영규정과 조례 중 무엇도 위반하지 않고 갑이 30만 원 이하의 본인 부담금만으로 해당 서비스를 이용할 수 있도록 조례 또는 운영규정을 일부 개정하였다.

「○○구 산모·신생아 건강관리 지원에 관한 조례」
제8조(산모·신생아 건강관리 지원) ① 구청장은 출산 예정일 또는 출산일을 기준으로 6개월 전부터 계속하여 ○○구에 주민등록을 두고 있는 산모와 출산 예정일 또는 출산일을 기준으로 1년 전부터 계속하여 ○○구를 국내 체류지로 하여 외국인 등록을 하고 ○○구에 체류하는 외국인 산모에게 산모·신생아 건강관리 서비스를 제공할 수 있다.
② 구청장은 제1항에 따른 서비스의 본인 부담금을 이용금액 기준에 따라 30만 원 한도 내에서 서비스 수급자에게 부과할 수 있다.

「○○구 건강관리센터 운영규정」
제21조(산모·신생아 건강관리 지원) ① 다음 각 호의 어느 하나에 해당하는 사람은 산모·신생아 건강관리 서비스를 이용할 수 있다.
1. 출산일을 기준으로 6개월 전부터 계속하여 ○○구에 주민등록을 두고 실제로 ○○구에 거주하고 있는 산모
2. 출산일을 기준으로 6개월 전부터 ○○구를 국내 체류지로 하여 외국인 등록을 하고 실제로 ○○구에 체류하고 있는 외국인 산모
② 제1항에 따른 서비스를 이용하는 경우 서비스 수급자에게 본인 부담금이 부과될 수 있다. 그 산정은 「○○구 산모·신생아 건강관리 지원에 관한 조례」의 기준에 따른다.

① 운영규정 제21조 제3항과 조례 제8조 제3항으로 '신청일은 출산일 기준 10일을 경과할 수 없다.'를 신설한다.
② 운영규정 제21조 제1항의 '실제로 ○○구에 거주하고'와 '실제로 ○○구에 체류하고'를 삭제한다.
③ 운영규정 제21조 제2항의 '본인 부담금'을 '30만 원 이하의 본인 부담금'으로 개정한다.
④ 운영규정 제21조 제1항의 '출산일'을 모두 '출산 예정일 또는 출산일'로 개정한다.
⑤ 조례 제8조 제1항의 '1년'을 '6개월'로 개정한다.

문 25. 다음 글의 〈논쟁〉에 대한 분석으로 적절한 것만을 〈보기〉에서 모두 고르면?

갑과 을은 M국의 손해사정을 업으로 하는 법인 A, B의 「보험업법」 위반 여부에 대해 논쟁하고 있다. 이 논쟁은 「보험업법」의 일부 규정 속 손해사정사가 상근인지 여부, 그리고 각 법인의 손해사정사가 상근인지 여부가 불분명함에서 비롯되었다. 해당 법의 일부 조항은 다음과 같다.

「보험업법」
제00조(손해사정업의 영업기준) ① 손해사정을 업으로 하려는 법인은 2명 이상의 상근 손해사정사를 두어야 한다. 이 경우 총리령으로 정하는 손해사정사의 구분에 따라 수행할 업무의 종류별로 1명 이상의 상근 손해사정사를 두어야 한다.
② 제1항에 따른 법인이 지점 또는 사무소를 설치하려는 경우에는 각 지점 또는 사무소별로 총리령으로 정하는 손해사정사의 구분에 따라 수행할 업무의 종류별로 1명 이상의 손해사정사를 두어야 한다.

〈논쟁〉
• 쟁점 1 : 법인 A는 총리령으로 정하는 손해사정사의 구분에 따른 업무의 종류가 4개이고 각 종류마다 2명의 손해사정사를 두고 있는데, 갑은 법인 A가 「보험업법」 제00조 제1항을 어기고 있다고 주장하지만 을은 그렇지 않다고 주장한다.
• 쟁점 2 : 법인 B의 지점 및 사무소 각각은 총리령으로 정하는 손해사정사의 구분에 따른 업무의 종류가 2개씩이고 각 종류마다 1명의 손해사정사를 두고 있는데, 갑은 법인 B가 「보험업법」 제00조 제2항을 어기고 있다고 주장하지만 을은 그렇지 않다고 주장한다.

〈보 기〉
ㄱ. 쟁점 1과 관련하여, 법인 A에는 비상근 손해사정사가 2명 근무하고 있지만 이들이 수행하는 업무의 종류가 다르다는 사실이 밝혀진다면 갑의 주장은 옳지만 을의 주장은 옳지 않다.
ㄴ. 쟁점 2와 관련하여, 법인 B의 지점에 근무하는 손해사정사가 비상근일 경우에, 갑은 제00조 제2항의 '손해사정사'가 반드시 상근이어야 한다고 생각하지만 을은 비상근이어도 무방하다고 생각한다는 사실은 법인 B에 대한 갑과 을 사이의 주장 불일치를 설명할 수 있다.
ㄷ. 법인 A 및 그 지점 또는 사무소에 근무하는 손해사정사와 법인 B 및 그 지점 또는 사무소에 근무하는 손해사정사가 모두 상근이라면, 을의 주장은 쟁점 1과 쟁점 2 모두에서 옳지 않다.

① ㄱ
② ㄴ
③ ㄱ, ㄷ
④ ㄴ, ㄷ
⑤ ㄱ, ㄴ, ㄷ

04

CHAPTER

2022년 7급 PSAT 기출문제 언어논리_정답 및 해설

01	02	03	04	05	06	07	08	09	10
⑤	①	①	②	②	⑤	①	⑤	①	③
11	12	13	14	15	16	17	18	19	20
④	⑤	③	②	②	⑤	④	③	④	③
21	22	23	24	25					
④	⑤	②	⑤	④					

01

정답 ⑤

난도 하

정답해설

⑤ 서희는 고려가 병력을 동원해 거란을 치지 않겠다고 한다면 소손녕이 철군할 것이라고 말했으므로 옳은 내용이다.

오답해설

① 거란이 여진족이 사는 땅을 침범했다고 했을 뿐, 거란이 여진족이 고려의 백성이라고 주장했다는 내용은 찾을 수 없다.

② 여진족은 발해가 거란에 의해 멸망한 후에는 독자적 세력을 이루고 있었다고 했을 뿐, 여진족이 거란과 함께 고려를 공격했다는 내용은 찾을 수 없다.

③ 강동 6주는 고려가 압록강 하류의 여진족 땅까지 밀고 들어가 설치한 것이다.

④ 고려는 송 태종의 원병 요청을 거부하였으므로 옳지 않은 내용이다.

02

정답 ①

난도 하

정답해설

① 해주 앞바다에 나타난 왜구가 조선군과 교전을 벌인 후 요동반도 방향으로 북상하자 태종의 명령으로 이종무가 대마도 정벌에 나섰다고 하였으므로 옳은 내용이다.

오답해설

② 명의 군대가 대마도 정벌에 나섰다는 내용은 찾을 수 없다.

③ 세종은 이종무에게 내린 출진 명령을 취소하고, 측근 중 적임자를 골라 대마도주에게 귀순을 요구하는 사신으로 보냈다고 하였으므로 옳지 않은 내용이다.

④ 태종은 이종무를 통해 실제 대마도 정벌을 실행하였으며, 더 나아가 세종이 이를 반대하였다는 내용은 본문에서 찾을 수 없다.

⑤ 대마도주를 사로잡아 항복을 받아내기로 했던 곳은 니로이며, 여기서 패배한 군사들이 돌아온 곳이 견내량이다.

03

정답 ①

난도 하

정답해설

① 히틀러가 유대인을 혐오스러운 적대자로 설정했던 사례는 혐오가 정치적 선동의 도구로 이용된 사례이다.

오답해설

② 혐오의 감정이 특정 개인과 집단을 배척하기 위한 무기로 이용되었다고 하였다.

③ 유대인을 암세포, 종양, 세균 등으로 묘사하면서 이들을 비인간적 존재로 전락시켰다고 하였다.

④ 혐오의 감정을 사회 안정의 도구 내지는 법적 판단의 근거로 삼아야 한다는 주장이 있어왔다고 하였다.

⑤ 혐오는 특정 집단을 오염물인 것으로 취급하고 자신은 그렇지 않은 쪽에 위치시켜 얻게 되는 심리적인 우월감 및 만족감과 연결되어 있다고 하였다.

04

정답 ②

난도 하

정답해설

② 계획적 진부화를 통해 신제품을 출시하면, 중고품 시장에서 판매되는 기존 제품이 진부화되고 경쟁력도 하락한다.

오답해설

① 기존 제품을 사용하는 소비자 입장에서는 크게 다를 것 없는 신제품 구입으로 불필요한 지출을 할 수 있다.

③ 소비자들의 취향이 급속히 변화하는 상황에서 계획적 진부화를 통해 소비자들의 만족도를 높일 수 있다.

④ 기존 제품의 가격을 인상하기 곤란한 경우 신제품을 출시해 인상된 가격을 매길 수 있다.

⑤ 계획적 진부화는 기존 제품이 사용 가능한 상황에서 소비자들의 수요를 자극하는 것이므로 물리적으로 사용 가능한 수명보다 실제 사용 기간이 짧아지게 된다.

05

정답 ②

난도 하

정답해설

② 국방 서비스에 대한 비용을 지불하지 않았더라도 누군가의 소비가 다른 사람의 소비 가능성을 줄어들게 하지 않으므로 비경합적으로 소비될 수 있다.

오답해설

① 배제적이라는 것은 재화나 용역의 이용 가능여부를 대가의 지불 여부에 따라 달리하는 것이다.

③ 여객기 좌석 수가 한정되어있다면 원하는 모든 사람들이 그 여객기를 이용

할 수 없으므로 경합적으로 소비될 수 있다.

④ 국방 서비스의 사례를 통해 무임승차가 가능한 재화 또는 용역이 과소 생산
되는 문제가 발생함을 알 수 있다.

⑤ 라디오 방송 서비스는 누군가의 소비가 다른 사람의 소비 가능성을 줄어들
게 하지 않으므로 비경합적으로 소비할 수 있다.

06 정답 ⑤

난도 하

정답해설

⑤ 제시문은 독일의 통일이 단순히 서독에 의한 흡수 통일이 아닌 동독 주민들
의 주체적인 참여를 통해 이뤄진 것임을 설명하고 있다. 나머지 선택지는 이
논지를 이끌어내기 위한 근거들이다.

07 정답 ①

난도 하

정답해설

(가) 첫 번째 단락에서는 신이 자연 속에 진리를 감추어놓았고 이것이 자연물 속
에 비례의 형태로 숨어 있다고 하였다. 그리고 그 진리 중에서도 인체 비례
가 가장 아름다운 진리라고 하였으므로 빈칸에 들어갈 내용으로는 '인체 비
례에 숨겨진 신의 진리를 구현한'이 가장 적절하다.

(나) 두 번째 단락에서는 인체 비례를 통한 동양 건축의 사례를 들면서 이것이
고대 서양에서의 비례와 동일하다고 하였으므로 빈칸에 들어갈 내용으로는
'조형미에 대한 동서양의 안목이 유사하였다'가 가장 적절하다.

08 정답 ⑤

난도 하

정답해설

⑤ IMF의 자금 지원 전후로 결핵 발생률이 다르게 나타난다는 결과가 나와야 하
므로 '실시 이전'부터를 '실시 이후'로 수정해야 한다.

09 정답 ①

난도 하

정답해설

① 일반 수험생 중 유증상자는 소형 강의실에서 시험을 치르게 되며, 이곳에서
는 KF99와 KF94 마스크 착용이 권장될 뿐, 의무 사항은 아니므로 KF80 마
스크를 착용하고 시험을 치를 수 있다.

오답해설

② 일반 수험생 중 무증상자는 중대형 강의실에서 시험을 치르게 되며, 이곳에
서는 마스크 착용규정이 의무적으로 적용되지 않으므로 KF80 마스크를 착
용하고 시험을 치를 수 있다.

③ · ④ 자가격리 수험생은 모두 특별 방역 시험장에서 시험을 치르게 되며, 이
곳에서는 KF99 마스크를 의무적으로 착용해야 한다.

⑤ 확진 수험생은 생활치료센터장에서 시험을 치르게 되며, 이곳에서는 센터장
이 내린 지침을 따르면 되므로 센터장이 KF80 마스크 착용을 허용하는 경우
이를 착용하고 시험을 치를 수 있다.

10 정답 ③

난도 하

정답해설

ㄱ. 고병원성 AI 바이러스는 경기도에서 3건, 충남에서 2건이 발표되어 총 5건
이 검출되었으므로 수정해야 한다.

ㄷ. 바이러스 미분리는 야생 조류 AI 바이러스 검출 현황에 포함하지 않는다고
하였으므로 표에서 삭제해야 한다.

오답해설

ㄴ. 제시문에서 검사 중인 사례가 9건이라고 하였으므로 수정할 필요가 없다.

11 정답 ④

난도 중

정답해설

ㄴ. C는 인간 존엄성이 인간 중심적인 견해이며, 인간 외의 다른 존재에 대해서
폭력적 처사를 정당화하는 근거로 활용된다고 하였다. 따라서 C의 주장은
동물실험의 금지를 촉구하는 캠페인의 근거로 활용 가능하다.

ㄷ. B는 인간 존엄성이 신이 인간에게 부여한 독특한 지위로 보면서 이를 비판
하고 있으며 C는 위에서 설명한 바와 같다.

오답해설

ㄱ. 선택지의 내용이 A의 주장을 약화시키는 것이 되기 위해서는 A가 존엄사를
인정하지 않는다는 주장을 펼쳐야 한다. 하지만 그와는 무관한 주장을 하
고 있으므로 A의 주장을 약화시키지 않는다.

12 정답 ⑤

난도 상

정답해설

ㄱ. 나를 있게 하는 것의 핵심은 '특정한 정자와 난자의 결합'이다. ⊙과 같이 주
장하는 이유는 그 결합 시점을 인위적으로 조절할 수 없기 때문인데, 그 특
정한 정자와 난자가 냉동되어 수정 시험이 조절 가능하다면 내가 더 일찍 태
어나는 것도 가능하게 된다.

ㄴ. ⊙ : A는 상상할 수 없다.
선택지의 대우명제 : A를 상상할 수 없다면 A가 불가능하다.
결론 : 따라서 A는 불가능하다.
A에 '내가 더 일찍 태어나는 것'을 대입하면 ⓒ을 이끌어낼 수 있다.

ㄷ. ⓒ : 태어나기 이전의 비존재는 나쁘다.
선택지의 명제 : 태어나기 이전의 비존재가 나쁘다면, 내가 더 일찍 태어나
는 것이 가능하다.
결론 : 내가 더 일찍 태어나는 것이 가능하다.
결론의 명제는 ⓒ의 부정과 같다.

13

난도 하

정답해설

(가) 첫 번째 전제 : 어떤 수단이 우리가 원하는 이익을 얻는 최선의 수단이다.

두 번째 전제 : (어떤 수단이 우리가 원하는 이익을 얻는 최선의 수단이라면 우리에게는 그것을 실행할 의무와 필요성이 있다.)

결론 : 우리에게 어떤 수단(생물 다양성 보존)을 보존할 의무와 필요성이 있다.

(나) 첫 번째 전제 : 내재적 가치를 지니는 것은 모두 보존되어야 한다.

두 번째 전제 : (모든 종은 내재적 가치를 지닌다.)

결론 : 모든 종은 보존되어야 한다.

14

정답 ②

난도 상

정답해설

ㄷ. A는 생명체가 도구적 가치를 가진다고 하였고, C는 생명체가 도구적 가치에 더해 내재적 가치도 가진다고 하였다. 따라서 A, C 모두 생명체가 도구적 가치를 가진다는 점에서는 일치된 견해를 가지고 있다.

오답해설

ㄱ. A는 우리에게 생물 다양성을 보존해야 할 의무와 필요성이 있다고 하였다. 그리고 B는 생물 다양성 보존이 최선의 수단은 아니라고는 하였을 뿐 보존의 필요성 자체를 부정한 것은 아니다.

ㄴ. B는 A의 두 전제 중 첫 번째 전제가 참이 아니기 때문에 생물 다양성을 보존하는 것이 필연적이 아니라고 하였다.

15

정답 ②

난도 상

정답해설

ㄷ. 을의 입장에서는 어떤 증거가 주어진 가설을 입증하는 정도가 작더라도, 증거 발견 후 가설이 참일 확률이 1/2보다 크기만 하면 그 증거가 해당 가설을 입증할 수 있다.

오답해설

ㄱ. 갑은 '증거 발견 후 가설의 확률 증가분이 있다면, 증거가 가설을 입증한다'고 하였고, 선택지의 진술은 이명제에 해당한다. 그런데 원명제와 이명제는 서로 동치가 아니므로 ㄱ은 옳지 않다.

ㄴ. 'A인 경우에만 B 이다'는 B → A로 나타낼 수 있다. 을에 따르면 '증거가 가설을 입증한다' → '증거발견 이후 가설이 참일 확률이 1/2보다 크다'가 되므로 ㄴ은 옳지 않다.

> **합격자의 SKILL**
>
> 전공 수준의 논리학을 학습할 필요는 없지만, 역–이–대우명제 간의 관계 정도는 숙지해두는 것이 좋다. 물론 의미론적인 해석으로 풀이를 할 수도 있겠지만 그럴 경우 불필요하게 시간 소모가 많아진다.

16

정답 ⑤

난도 중

정답해설

⑤ 아홉자리까지 계산한 값이 11의 배수인 상태에서 추가로 0과 9사이의 어떤 수를 더해 여전히 11의 배수로 만들기 위해서는 확인 숫자가 0인 경우 이외에는 존재하지 않는다.

오답해설

① 첫 번째 부분은 책이 출판된 국가 뿐만 아니라 언어 권역도 나타낸다.

② ISBN–13을 어떻게 부여하는지는 제시문을 통해 알 수 없다.

③ 세 번째 부분은 출판사에서 임의로 붙인 번호일뿐 출판 순서를 나타내는 것이 아니다.

④ 첫 번째 부분이 다르다면 다른 나라 또는 다른 언어권의 출판사에서 출판한 책이 된다.

17

정답 ④

난도 하

정답해설

주어진 조건을 정리하면 다음과 같다.

ⅰ) A → ~B → ~C

ⅱ) ~D → C

ⅲ) ~A → ~E → ~C

ⅳ) ~A → ~E → ~C → D(ⅱ)의 대우와 ⅲ)의 결합)

ⅰ)과 ⅳ)에 의하면 A를 수강하든 안하든 D는 무조건 수강하게 되어있다.

18

정답 ③

난도 상

정답해설

ㄱ. 만약 세 종류의 자격증을 가진 후보자가 존재한다면 그 후보자는 A와 D를 모두 가지고 있어야 한다. 그런데 두 번째 조건에 의해 이 후보자는 B를 가지고 있지 않으므로 만약 이 후보자가 세 종류의 자격증을 가지기 위해서는 C도 가지고 있어야 한다. 그런데 세 번째 조건에 의해 이는 참이 될 수 없으므로 세 종류의 자격증을 가진 후보자는 존재할 수 없다.

ㄴ. 확정된 조건이 없으므로 가능한 경우를 따져보면 다음과 같다(갑은 ㄱ을 통해 확정할 수 있다).

	A	B	C	D
갑	○	×	×	○
을	○	○	×	×

네 번째 조건을 통해서 A와 B를 모두 가지고 있는 후보자가 존재한다는 것을 확인할 수 있으며, 두 번째 조건을 통해서 이 후보자가 D를 가지고 있지 않음을, 세 번째 조건을 통해서 C를 가지고 있지 않음을 확정할 수 있다.

이에 따르면 갑은 B를 가지고 있지 않으며, 을은 D를 가지고 있지 않다.

오답해설

ㄷ. 조건을 정리하면 ~D → ~C으로 나타낼 수 있으며, 이의 대우명제는 C → D이다. 따라서 C를 가지고 있다면 D역시 가지고 있어야 하므로 C만 가지고 있는 후보자는 존재하지 않는다. 그런데 이는 어디까지나 조건에 불과할 뿐이어서 여전히 우리가 알 수 있는 것은 ㄴ의 갑과 을이 존재한다는 것 뿐이다.

이 문제와 같이 확정된 조건이 없는 경우에는 제시된 조건에서 끌어낼 수 있는 사례들을 따져보아야 한다. 중요한 점은 여기서 끌어낸 사례들 말고도 다른 것들이 존재할 수 있다는 것이다. 단지 주어진 조건만으로는 더 이상 추론할 수 없을 뿐이다. 최근에는 이런 유형의 문제들이 자주 출제되고 있으니 주의가 필요하다.

19 　　　　　　　　　　　　　　　　　　　정답 ④

난도 상

정답해설

먼저 갑은 기획 업무를 선호하는데, 만약 민원 업무를 선호한다면 홍보 업무도 선호하게 되어 최소 세 개 이상의 업무를 선호하게 된다. 따라서 갑은 기획 업무만을 선호해야 한다. 다음으로 을은 민원 업무를 선호하므로 홍보 업무도 같이 선호함을 알 수 있는데, 세 개 이상의 업무를 선호하는 사원이 없다고 하였으므로 을은 민원 업무와 홍보 업무만을 선호해야 한다.

또한 인사 업무만을 선호하는 사원이 있다고 하였으며(편의상 병), 홍보 업무를 선호하는 사원 모두가 민원 업무를 선호하는 것은 아니라고 하였으므로 이를 통해 홍보 업무를 선호하지만 민원 업무는 선호하지 않는 사원이 존재함을 알 수 있다(편의상 정). 이제 이를 정리하면 다음과 같다.

	민원	홍보	인사	기획
갑	×	×	·	○
을	○	○	×	×
병	×	×	○	×
정	×	○		

ㄴ. 을과 정을 통해 최소 2명은 홍보 업무를 선호함을 알 수 있다.

ㄷ. 위 표에서 알 수 있듯이 모든 업무에 최소 1명 이상의 신입 사원이 할당되어 있음을 알 수 있다.

오답해설

ㄱ. 민원, 홍보, 기획 업무는 갑과 을이 한명씩은 선호하고 있으며, 인사 업무는 갑의 선호 여부를 알 수 없다.

'민원 업무를 선호하는 신입사원은 모두 홍보 업무를 선호하였지만 그 역은 성립하지 않았다'의 의미는 무엇일까? 단지 '홍보 업무를 선호하는 신입사원 모두가 민원 업무를 선호하는 것은 아니다'에서 그쳐서는 안된다. 여기서 중요한 것은 홍보 업무를 선호하는 신입사원 중 민원 업무를 선호하지 않는 경우가 존재한다는 것이다.

20 　　　　　　　　　　　　　　　　　　　정답 ③

난도 하

정답해설

ㄱ. 일반적인 햇빛이 있는 낮이라면 청색광이 양성자 펌프를 작동시켜 밖에 있는 칼륨이온이 공변세포 안으로 들어오게 되지만 청색광을 차단할 경우에는 그렇지 않아 밖에 있는 칼륨이온이 들어오지 않는다.

ㄷ. 호르몬 A를 분비할 경우 햇빛 여부와 무관하게 기공이 열리지 않으며, 병원균 α는 독소 B를 통해 기공을 열리게 한다.

오답해설

ㄴ. 식물이 수분스트레스를 겪을 경우 기공이 열리지 않으며, 양성자 펌프의 작동을 못하게 하는 경우에도 기공이 열리지 않는다. 따라서 햇빛 여부와 무관하게 기공은 늘 닫혀있게 된다.

21 　　　　　　　　　　　　　　　　　　　정답 ④

난도 상

정답해설

실험의 조건에 따라 선호도를 정리하면 다음과 같다.

톤 : C > A > B

빈도 : A > B > C

ㄴ. B, C 중 B를 선택했다면 암컷이 빈도를 기준으로 삼고 있는 것이며, A, B, C 중 A를 선택했다는 것 역시 빈도를 기준으로 삼고 있다는 것이다. 따라서 이 실험결과는 ㉠을 강화하고, ㉡은 강화하지 않는다.

ㄷ. A, C 중 C를 선택했다면 암컷이 톤을 기준으로 삼고 있는 것이며, A, B, C 중 A를 선택했다는 것은 기준을 빈도로 변경했다는 것이다. 따라서 이 실험결과는 ㉠을 강화하지 않고 ㉡을 강화한다.

오답해설

ㄱ. A, B 중 A를 선택했다면 이를 통해서는 암컷이 톤과 빈도 중 어느 기준을 가지고 있는지 알 수 없다. 그런데 A, B, C 중 C를 선택했다면 암컷은 톤을 기준으로 삼고 있음을 알 수 있다. 따라서 이 실험결과가 ㉠과 ㉡을 강화, 약화하는지 여부를 판단할 수 없다.

22 　　　　　　　　　　　　　　　　　　　정답 ⑤

난도 상

정답해설

ㄱ. 경로 1(물)을 통과한 빛이 경로 2(공기)를 통과한 빛보다 오른쪽에 맺힌다면 경로 1을 통과한 빛의 속도가 빠르게 되어 입자이론이 타당하게 되므로 ㉠을 강화하고 ㉡을 약화한다.

ㄴ. 경로 1(물)을 통과한 빛이 경로 2(공기)를 통과한 빛보다 왼쪽에 맺힌다면 경로 1을 통과한 빛의 속도가 느리다는 것이므로 파동이론이 타당하게 되므로 ㉠을 약화하고 ㉡을 강화한다. 색깔에 따른 파장의 차이는 같은 경로를 통과했을 때에 의미가 있으므로 여기서는 판단의 대상이 되지 않는다.

ㄷ. 같은 경로를 통과했을 때에 색깔(파장)이 다른 두 빛이 스크린에 맺힌 위치가 다르다면 파동이론이 타당하게 되므로 ㉠은 약화되고 ㉡은 강화된다.

23 　　　　　　　　　　　　　　　　　　　정답 ②

난도 중

정답해설

2021년과 2022년의 신청 자격이 동일하다고 하였는데, 민원인이 두 해 모두 신청을 하였으므로 농업인과 토지조건은 모두 충족시키고 있음을 확인할 수 있다. 따라서 남은 것은 부정 수령과 관련된 사항인데 이를 정리하면 다음과 같다.

ⅰ) 2021년 부정 수령 판정여부 : No(신청가능), Yes(ⅱ)

ⅱ) 이의 제기 여부 : No(신청불가), Yes(ⅲ)

ⅲ) 이의 제기 기각(신청불가), 인용 or 심의 절차 진행중(신청가능)

따라서 2021년 부정 수령 판정 여부, 이의 제기 여부, 이의 제기 기각 여부만 알면 신청 자격이 있는지 확인 가능하다.

24

[난도] 중

[정답해설]

⑤ 갑은 '법령'과 '조례'가 서로 다른 것이므로 '법령'에 위배되지 않는다면 문제가 없다는 생각이지만 을은 '조례'가 '법령'의 범위 내에 있으므로 서로 충돌되는 것이 아니라는 입장이다. 이에 따르면 '조례'에 반하는 학칙은 교육법에 저촉되는 것이 된다.

[오답해설]

① · ③ '조례'와 '학칙'간의 충돌이 있을 경우에 대한 법적 판단을 묻고 있는데 선택지는 이와는 무관한 내용이다.

② 을은 '제8조 제1항에서의 법령에는 조례가 포함된다고 해석하고 있으며'라고 말하고 있으므로 선택지는 이와 반대된다.

④ 을은 전체적으로 '법령'과 '조례'가 서로 충돌되는 것이 아니라 하나의 체계 속에서 교육에 관한 내용을 규율하고 있다고 보고 있다.

25

[난도] 중

[정답해설]

ㄴ. 복수 국적자 B를 △△국 국민으로 본다면 제1항의 적용을 받게 된다. 그런데 제1호에 따라 외국에서 영업활동에 종사하는 경우는 비거주자로 본다고 하였으므로 갑은 B를 비거주자로 주장하게 된다. 반면 B를 외국인으로 본다면 제2항의 적용을 받게 되는데 미국에서 영업활동을 한 기간이 1개월에 불과하므로 을은 B를 비거주자에 해당하지 않는다고 주장하게 된다.

ㄷ. D의 체재 기간이 5개월이므로 음악연주가 영업활동에 해당하는지에 따라 판단이 달라지게 된다. 만약 영업활동에 해당하지 않는다면 D는 제1항의 적용을 받지 않게 되어 비거주자에 해당하지 않는다.

[오답해설]

ㄱ. 매년 방학때마다 귀국하였으므로 그 기간을 모두 합치면 3개월을 넘기게 된다. 따라서 그 기간은 외국에 체재하는 기간에 포함되지 않으므로 A는 거주자로 구분된다.

CHAPTER
05 2021년 7급 PSAT 기출문제 언어논리_정답 및 해설

01	02	03	04	05	06	07	08	09	10
④	①	①	④	⑤	①	③	④	③	②
11	12	13	14	15	16	17	18	19	20
③	④	⑤	②	④	⑤	③	③	③	①
21	22	23	24	25					
①	②	⑤	④	③					

01
정답 ④

[난도] 중

[정답해설]

④ 알 수 있다. 1문단에 따르면 오늘날 태극기의 우측 하단에 위치한 괘는 땅을 상징하는 곤괘이다. 3문단에 따르면 고종이 조선 국기로 채택한 기의 우측 하단에 위치한 괘는 조선의 기의 좌측 하단에 있는 괘이며, 2문단에 따르면 조선의 기의 좌측 하단에 있는 괘는 곤괘임을 알 수 있다.

[오답해설]

① 알 수 없다. 2문단에 따르면 『해상 국가들의 깃발들』이 만들어진 시기는 1882년 6월이다. 3문단에 따르면 통리교섭사무아문이 각국 공사관에 국기를 배포한 것은 1883년 이후이다. 그러므로 미국 해군부가 『해상 국가들의 깃발들』을 만들면서 1883년 이후 배포된 국기를 수록하는 것은 가능하지 않다고 할 수 있다.

② 알 수 없다. 2문단에 따르면 태극 문양을 그린 기는 개항 이전에도 여러 개가 있었고 태극 문양과 4괘만 사용한 기는 개항 후에 처음 나타났다는 사실이 제시되어 있다. 동 문단에 따르면 이응준이 만든 기는 1882년 5월에 만들어졌고 태극문양과 4괘로 이루어져 있다고 짐작되고 있다. 그러므로 이응준이 기를 만든 시기는 개항 이후라고 짐작할 수 있고, 개항 이전이라고 하더라도 최초로 태극 무늬를 사용한 기라고 할 수는 없다.

③ 알 수 없다. 3문단에 따르면 통리교섭사무아문이 배포한 기의 우측 상단에 있는 괘는 조선의 기 좌측 상단에 있는 괘이다. 동 문단에 따르면 조선의 기 좌측 하단에 있는 괘는 조선 국기의 우측 하단에 있다. 그러므로 통리교섭사무아문이 배포한 조선 국기의 우측 상단에 있는 괘와 조선의 기 좌측 하단에 있는 괘가 상징하는 것은 같지 않다.

⑤ 알 수 없다. 2, 3문단에 따르면 박영효가 그린 기의 좌측 상단에 있는 괘는 건괘이고, 이응준이 그린 기의 좌측 상단에 있는 괘는 감괘이다. 1문단에 따르면 건괘는 하늘을 감괘는 물을 상징한다. 그러므로 박영효가 그린 기의 좌측 상단에 있는 괘는 하늘을 상징하고 이응준이 그린 기의 좌측 상단에 있는 괘는 물을 상징한다.

[합격자의 SKILL]

시기별로 상이한 태극기 3개가 주어진 한편 각각의 4괘의 배치가 장치로서 주어졌다는 점에 주목할 필요가 있다. 오답 선지는 서로 다른 태극기 간의 내용을 교차시켜 구성될 것이라는 점에 착안하여 독해 과정에서 미리 정리해두며 접근하는 한편, 각 괘의 경우 미리 정리하기보다는 글의 내용과 선지의 내용을 오가면서 확인하는 것이 더 신속한 문제해결에 도움이 된다고 할 수 있다.

02
정답 ①

[난도] 하

[정답해설]

① 적절하다. 갑의 세 번째 발언에 따르면 조례를 제정하도록 위임한 사항 10건 중 7건은 조례 제정, 2건은 입법 예고 중이라는 것을 알 수 있다. 을의 세 번째 발언에 따르면 모든 조례는 입법 예고를 거친 뒤 시의회에서 제정된다는 정보가 제시되어 있다. 그러므로 입법 예고가 필요한 사항이 1건 존재한다는 사실을 알 수 있다.

[오답해설]

② 적절하지 않다. 갑의 첫 번째 및 두 번째 발언에 따르면 조례 제정 비율이란 1월 1일부터 12월 31일까지 법률에서 조례를 제정하도록 위임한 사항 대비 12월 31일까지 조례로 제정된 사항의 비율이다. 갑의 세 번째 발언에 따르면 대화의 시점은 7월 10일이라는 것을 알 수 있다. 그러므로 12월 31일까지 법률에 의해 추가적으로 조례를 제정하도록 위임될 사항의 수를 알 수 없으므로 올 한 해의 조례 제정 비율을 알 수 없다.

③ 적절하지 않다. 갑의 세 번째 발언에 따르면 대화의 시점은 7월 10일이라는 것을 알 수 있다. 갑의 네 번째 발언에 따르면 입법 예고 중인 2건의 제정 가능성에 대해 단정하기 어렵다. 그러므로 입법 예고 중인 2건의 제정 가능성 및 올해 12월 31일까지 법률에 의해 추가적으로 조례를 제정하도록 위임될 사항의 수를 알 수 없으므로 올 한 해 총 조례 제정 건 수를 알 수 없다.

④ 적절하지 않다. 갑의 첫 번째 및 두 번째 발언에 따르면 조례 제정 비율이란 1월 1일부터 12월 31일까지 법률에서 조례를 제정하도록 위임한 사항 대비 12월 31일까지 조례로 제정된 사항의 비율이다. 갑의 세 번째 발언에 따르면 조례를 제정하도록 위임한 사항은 10건, 조례로 제정된 건은 7건이다. 그러므로 현재 시점을 기준으로 조례 제정 비율은 $70\%(=\frac{7}{10}\times100)$라고 할 수 있다.

⑤ 적절하지 않다. 갑의 세 번째 발언에 따르면 대화의 시점은 7월 10일이라는 것을 알 수 있다. 7월 10일부터 12월 31일까지 5건 미만의 사항이 추가적으로 위임 받을 것이라는 사실을 알 수 없다. 그러므로 올 한 해 법률에서 조례를 제정하도록 위임 받은 사항이 작년보다 줄어들 것이라고 할 수 없다.

[합격자의 SKILL]

각 선지의 정오판단이 쉽게끔 구성된 만큼 실수하지 않도록 핵심 조건들을 잘 확인하는 것이 중요하다. 갑의 세 번째 발언의 '7월 10일 현재까지' 및 을의 세 번째 발언의 '모든 조례는 ~' 등이 이에 해당한다고 할 수 있다.

난도 하

정답해설

① 적절하다. 표에 따르면 외부 참여 가능성이 높은 모형은 C이다. 4문단에 따르면 C는 관료제의 영향력이 작고 통제가 약한 분야에서 주로 작동한다.

오답해설

② 적절하지 않다. 표에 따르면 상호 의존성이 보통인 모형은 B이다. 2문단에 따르면 배타성이 매우 강해 다른 이익집단의 참여를 철저하게 배제하는 것이 특징인 모형은 A이다.

③ 적절하지 않다. 표에 따르면 합의 효율성이 높은 모형은 A이다. 3문단에 따르면 B는 A보다 정책 목표를 더 효과적으로 달성할 수 있다. 그러므로 A가 가장 효과적으로 정책 목표를 달성할 수 있다고 할 수 없다.

④ 적절하지 않다. 2, 3문단에 따르면 각 모형 상 이익집단의 정책 결정 영향력에 대한 모형 간 비교에 대한 정보가 제시되어 있지 않다.

⑤ 적절하지 않다. 4문단에 따르면 C에서는 참여자가 수시로 변경되며 참여자 수가 많아 정부 등에 따른 의견 조정이 나타난다는 사실이 제시되어 있다. 그러나 참여자 수와 네트워크의 지속성 간 상관관계에 대한 정보가 제시되어 있지 않다.

합격자의 SKILL

표와 문단 구성이 매우 친절하게 제시되어 있어 지문을 읽지 않고 선지를 먼저 보더라도 쉽게 해결할 수 있는 문제이다. ①, ②의 경우 모형 간 특성을 헷갈리지 않도록, ③~⑤의 경우 없는 정보를 있다고 판단하지 않도록 주의가 필요하다.

난도 하

정답해설

ㄴ. 추론할 수 있다. 4문단에 따르면 FD 방식은 입자가 구별되지 않고 하나의 양자 상태에는 하나의 입자만 있을 수 있다. 그러므로 두 개의 입자는 항상 다른 양자 상태에 있고, 그 경우의 수는 양자 상태의 수 n에 대하여 $\frac{n(n-1)}{2}$이다. 그러므로 양자 상태가 1개 이상이면 양자 상태의 가짓수가 많아짐에 따라 경우의 수는 커진다.

ㄷ. 추론할 수 있다. 2문단에 따르면 MB 방식은 입자의 구별이 가능하고 하나의 양자 상태에 여러 개의 입자가 있을 수 있다. 3문단에 따르면 BE 방식은 입자의 구별이 가능하지 않고 하나의 양자 상태에 여러 개의 입자가 있을 수 있다. 그러므로 양자 상태가 2가지 이상이면 MB 방식의 경우의 수는 n^2, BE 방식의 경우의 수는 $n(n-1)$이다.

오답해설

ㄱ. 추론할 수 없다. aa , a a , aa 이상 경우의 수는 3이다.

합격자의 SKILL

세 가지 해석 방식에 대한 비교가 이루어지고 있는데 주어진 조건들을 바탕으로 경우의 수가 MB>BE>FD 순으로 나타날 것이라고 추론할 수 있다. 이를 바탕으로 각 선지를 판단한다면 비교적 쉽게 문제를 해결할 수 있다.

난도 중

정답해설

⑤ 추론할 수 있다. 3문단에 따르면 학습된 공포 반응을 일으키는 경우 학습 전에 비해 측핵으로 전달되는 신호의 강도가 강화된다. 4문단에 따르면 학습된 안정 반응을 일으키는 경우 학습 전에 비해 측핵으로 전달되는 신호의 강도가 약화된다. 그러므로 두 경우 모두 측핵으로 전달되는 신호의 세기가 달라졌다고 할 수 있다.

오답해설

① 추론할 수 없다. 4문단에 따르면 학습된 안정 반응은 중핵이 아닌 선조체에서 반응이 세게 나타나며 일어난다.

② 추론할 수 없다. 3문단에 따르면 학습된 공포 반응은 청각시상과 측핵, 중핵 등에 의해 나타나는 반응이고 선조체와 관련된 정보는 제시되어 있지 않다. 또한 학습된 공포 반응을 일으키지 않는 소리 자극에 대한 정보는 제시되어 있지 않다.

③ 추론할 수 없다. 1, 3문단에 따르면 학습된 공포 반응은 청각시상으로 전달된 소리 자극 신호가 측핵으로 강화되어 전달되며 나타난다. 4문단에 따르면 청각시상으로부터 측핵으로의 자극 신호가 억제되는 것은 학습된 안정 반응과 관련된 내용이다.

④ 추론할 수 없다. 3, 4문단에 따르면 각 소리 신호가 학습 전과 비교하여 강화, 약화되었는지에 대한 정보만이 제시되어 있다. 그러나 K가 각 실험에서 제시한 소리 자극이 같았는지 여부와 실험 간 소리 자극 신호 강도의 비교에 관한 정보는 제시되어 있지 않다.

합격자의 SKILL

실험을 소재로 하는 문제의 경우 실험의 구조를 먼저 파악하는 것이 중요하다. 1문단과 같이 소리 자극의 반응 경로 등 제시되는 제반 내용을 바탕으로 이후 내용을 해석한다는 식의 독해 방식을 취하는 것이 문제 해결에 유리하다. 해당 문제의 경우 선지 구성이 쉽게 이루어져 그냥 읽더라도 해결이 가능해 보이나 조금 더 복잡한 실험 내용에 대비하여 미리 준비하는 것이 좋다.

난도 중

정답해설

① 적절하다. 2문단에 따라 A가 참가하는 것이 성립하기 위해서는 빈칸에는 갑이나 을이 수석대표를 맡는다는 사실을 뒷받침할 내용이 필요하다. 갑이 고전음악 지휘자이며 전체 세대를 아우를 수 있다면 1문단에 따라 갑은 수석대표를 맡는다. 따라서 갑이나 을이 수석대표를 맡는다는 것은 참이다. 그러므로 2문단 세 번째 문장에 따라 A가 공연예술단에 참가하게 된다.

오답해설

② 적절하지 않다. 2문단에 따라 A가 참가하는 것이 성립하기 위해서는 빈칸에는 갑이나 을이 수석대표를 맡는다는 사실을 뒷받침할 내용이 필요하다. 1문단에 따르면 갑이나 을이 수석대표를 맡기 위해서는 전체 세대를 아우를 수 있는 사람이어야 한다. 그러나 갑이나 을이 대중음악 제작자 또는 고전음악 지휘자라는 명제만으로는 갑이나 을이 전체 세대를 아우를 수 있는 사람인지 알 수 없다.

③ 적절하지 않다. 2문단에 따라 A가 참가하는 것이 성립하기 위해서는 빈칸에는 갑이나 을이 수석대표를 맡는다는 사실을 뒷받침할 내용이 필요하다. 1문단에 따르면 정부 관료 가운데 고전음악 지휘자나 대중음악 제작자는 없다. 그러나 이는 정부 관료가 아니라면 고전음악 지휘자이거나 대중음악 제작자라는 것을 의미하지 않고, 오직 고전음악 지휘자이거나 대중음악 제작자라면 정부 관료가 아니라는 것만을 의미한다.

④ 적절하지 않다. 2문단에 따라 A가 참가하는 것이 성립하기 위해서는 빈칸에는 갑이나 을이 수석대표를 맡는다는 사실을 뒷받침할 내용이 필요하다. 선지의 을이 수석대표를 맡기 위해서는 을이 전체 세대를 아우를 수 있다는 정보가 추가로 제시되어야 한다.

⑤ 적절하지 않다. 2문단에 따라 A가 참가하는 것이 성립하기 위해서는 빈칸에는 갑이나 을이 수석대표를 맡는다는 사실을 뒷받침할 내용이 필요하다. 선지의 내용은 갑이나 을에 대한 아무런 정보도 제시하고 있지 않다.

> **합격자의 SKILL**
>
> 2문단의 '갑이나 을이 수석대표' → 'A 참가', 'A 참가'가 타당하기 위해서는 빈칸에 '갑이나 을이 수석대표'를 도출할 수 있는 내용이 필요하다는 것을 확인한 후 선지의 내용에 접근한다면 문제해결이 신속히 이루어지지만 이를 명확하게 정리하지 못하고 선지 해결을 시도하는 경우 시간을 많이 소모하거나 틀릴 가능성이 충분한 만큼 빈칸 주변의 내용 및 주요 내용의 기호화에 유의할 필요가 있다.

07

정답 ③

`난도` 상

`정답해설`

ㄱ. 참이다. 바다와 은경의 말이 모두 참이라고 가정하자. 바다와 은경의 첫 번째 발언이 참이라면 경아의 첫 번째 발언은 거짓이다. 그러므로 경아의 말은 모두 거짓이다. 한 명만이 범인이라는 조건에 따라 은경이 범인이라고 할 수 있다. 나아가 바다의 첫 번째 발언에 따라 다은의 첫 번째 발언 역시 참이 된다. 그러므로 바다, 다은, 은경이 참인 발언만 하고 경아가 거짓인 발언만 하는 경우가 주어진 조건과 모순 없이 성립한다.

ㄷ. 참이다. 각 발언자의 첫 번째 발언에 비추어 단 한 사람이 거짓말한 경우는 경아가 거짓말만 하는 경우뿐이다. 이때 각 발언자들의 두 번째 발언에 따라 다은, 경아, 바다는 범인이 아니다. 2문단의 범인이 한 명이라는 조건에 따라 은경이 범인이다.

`오답해설`

ㄴ. 참이 아니다. 다은과 은경의 말이 모두 참이라고 가정하자. 다은와 은경의 첫 번째 발언이 참이라면 경아의 첫 번째 발언은 거짓이다. 그러므로 경아의 말은 모두 거짓이다. 한 명만 범인이라는 조건에 따라 은경이 범인이라고 할 수 있다. 이는 바다의 두 번째 발언과 양립 가능하다. 나아가 학술대회에서 발표된 상용화 아이디어가 하나라는 경우를 상정한다면 바다의 첫 번째 발언 역시 참인 경우를 상상할 수 있다. 그러므로 바다, 다은, 은경이 참인 발언만 하고 경아가 거짓인 발언만 하는 경우가 가정 하에서 주어진 조건과 모순 없이 성립한다. 따라서 다은과 은경의 말이 모두 참인 것은 가능하다.

> **합격자의 SKILL**
>
> 경아의 첫 번째 주장이 나머지 세 명의 첫 번째 주장과 양립하는 것이 불가능하다는 점에 주목할 필요가 있다. 2문단의 조건들과 결합한다면 가능한 경우의 수는 경아만 참만을 말하고 나머지가 모두 거짓만을 말하거나 경아가 거짓만을 말한 경우로 나눌 수 있는데 이때 바다와 은경의 두 번째 발언을 바탕으로 경아는 다른 사람과 관계없이 거짓만을 얘기하고 있다고 접근할 수 있다. 이를 바탕으로 선지의 내용을 판단한다면 조금 더 좁은 범위 내에서 정오 판단을 할 수 있어 유리하다고 생각한다.

08

정답 ④

`난도` 중

`정답해설`

제시문을 기호화하면 다음과 같다.

- 조건 1. 개인건강정보 → 보건정보
- 조건 2. 팀 재편 → 개인건강정보∧보건정보
- 조건 3. 개인건강정보∧최팀장이 총괄 → 손공정이 프레젠테이션
- 조건 4. 보건정보 → 팀 재편∨보도자료 수정
- 조건 5. ∼(최팀장이 총괄 → 손공정이 프레젠테이션)

ㄴ. 참이다. 조건 5에 따라 최팀장이 총괄하고 손공정이 프레젠테이션을 맡지 않는다. 조건 3에 따라 개인건강정보 관리 방식 변경에 관한 가안은 포함되지 않는다. 조건 2에 따라 국민건강 2025 팀은 재편되지 않는다.

ㄷ. 참이다. 보건정보의 공적 관리에 관한 가안이 정책제안에 포함된다면 조건 4에 따라 국민건강 2025 팀이 재편되거나 보도자료가 대폭 수정된다. 조건 2, 3, 5에 따라 국민건강 2025 팀은 재편되지 않는다. 그러므로 선언삼단논법에 따라 보도자료가 대폭 수정될 것이다.

`오답해설`

ㄱ. 참이 아니다. 조건 2, 3에 따라 개인건강정보 관리 방식 변경에 관한 가안이 정책제안에 포함되지 않는다. 그러나 보건정보의 공적 관리에 관한 가안의 포함 여부는 알 수 없다.

> **합격자의 SKILL**
>
> 조건 5에 대한 해석이 문제해결에 핵심이라고 할 수 있다. 'A이면 B이다.' 형식의 조건언이 거짓이 되는 경우는 A가 참인 동시에 B가 거짓인 경우뿐이라는 사실에 비추어, 최팀장이 정책 브리핑을 총괄하고 손공정이 프레젠테이션을 맡지 않는다는 정보를 이끌어 낸다면 문제가 쉽게 해결된다.

09

정답 ③

`난도` 중

`정답해설`

③ 참이다. 정보 1에 따라 참석한 이들은 각각 하나의 해석만을 받아들인다. 정보 2, 3, 4에 따라 상태 오그라듦 가설을 받아들이는 것과 코펜하겐 해석이나 보른 해석을 받아들이는 것은 필요충분관계에 있고 참석자 8명 중 5명이 코펜하겐 해석이나 보른 해석을 받아들인다. 정보 5, 6에 따라 A, B, C, D는 코펜하겐 해석이나 보른 해석을 받아들이고 이들을 제외한 참석자 중 한 명 또한 코펜하겐 해석이나 보른 해석을 받아들인다. A와 D가 받아들이는 해석이 다르다고 가정하자. 그러한 경우 한 명은 코펜하겐 해석을, 다른 한 명은 보른 해석을 받아들인다고 할 수 있다. 정보 5에 따라 B는 코펜하겐 해석을 받아들인다. 그러므로 A와 D 중 한 명과 B, 적어도 두 명은 코펜하겐 해석을 받아들인다고 할 수 있다.

`오답해설`

① 참이 아니다. 정보 1에 따라 아인슈타인 해석, 많은 세계 해석, 코펜하겐 해석, 보른 해석 외 다른 해석들이 존재하고 각 참석자는 각자 하나의 해석만을 받아들인다. 정보 2, 3, 4에 따라 참석자 8명 중 5명은 코펜하겐 해석이나 보른 해석을 받아들인다. 정보 8에 따라 5명에 해당하지 않는 3명의 참석자는 코펜하겐 해석이나 보른 해석을 받아들이지 않는 한편 아인슈타인 해석을 받아들이는 이가 있다. 그러나 많은 세계 해석을 받아들이는 이가 있다는 정보는 주어지지 않았다.

② 참이 아니다. 정보 1에 따라 참석한 이들은 각각 하나의 해석만을 받아들인다. 정보 2, 3, 4에 따라 상태 오그라듦 가설을 받아들이는 것과 코펜하겐 해석이나 보른 해석을 받아들이는 것은 필요충분관계에 있고 참석자 8명 중 5

명이 코펜하겐 해석이나 보른 해석을 받아들인다. 정보 5, 6에 따라 A, B, C, D는 코펜하겐 해석이나 보른 해석을 받아들이고 이들을 제외한 참석자 중 한 명 또한 코펜하겐 해석이나 보른 해석을 받아들인다. 보른 해석을 받아들이는 이가 두 명이라고 가정하자. 정보 5에 따라 두 명 중 한 명은 C이다. 정보 6에 따라 A와 D, 그리고 앞서 언급된 A~D를 제외한 참석자 중 한 명 등 총 3명 중 1명이 보른 해석을 받아들인다. 그러나 만약 A~D를 제외한 참석자 중 한 명이 보른 해석을 받아들인다면 A와 D가 받아들이는 해석은 코펜하겐 해석으로 같다. 이러한 경우는 다른 정보와 모순 없이 존재할 수 있다.

④ 참이 아니다. 정보 1에 따라 아인슈타인 해석, 많은 세계 해석, 코펜하겐 해석, 보른 해석 외 다른 해석들이 존재하고 각 참석자는 각자 하나의 해석만을 받아들인다. 정보 2, 3, 4에 따라 참석자 8명 중 5명은 코펜하겐 해석이나 보른 해석을 받아들인다. 정보 7에 따라 5명에 해당하지 않는 3명의 참석자는 코펜하겐 해석이나 보른 해석을 받아들이지 않는 한편 아인슈타인 해석을 받아들이는 이가 있다. 오직 한 명만이 많은 세계 해석을 받아들인다고 가정하자. 그렇다면 8명 중 5명은 코펜하겐 해석이나 보른 해석을, 1명은 많은 세계 해석을, 1명은 아인슈타인 해석을 받아들인다. 그러나 나머지 한 명은 아인슈타인 해석뿐만 아니라 그 외 다른 해석을 받아들이는 경우도 상상할 수 있고, 다른 정보와 모순 없이 존재할 수 있다.

⑤ 참이 아니다. 정보 1에 따라 참석한 이들은 각각 하나의 해석만을 받아들인다. 정보 2, 3, 4에 따라 상태 오그라듦 가설을 받아들이는 것과 코펜하겐 해석이나 보른 해석을 받아들이는 것은 필요충분관계에 있고 참석자 8명 중 5명이 코펜하겐 해석이나 보른 해석을 받아들인다. 정보 5, 6에 따라 A, B, C, D는 코펜하겐 해석이나 보른 해석을 받아들이고 이들은 제외한 참석자 중 한 명 또한 코펜하겐 해석이나 보른 해석을 받아들인다. 코펜하겐 해석을 받아들이는 이가 세 명이라고 가정하자. 정보 5에 따라 코펜하겐 해석을 받아들이는 B를 제외하고 2명의 참석자가 코펜하겐 해석을 받아들인다. 그러므로 A와 D 그리고 A~D를 제외한 참석자 중 한 명 등 총 3명 중 2명이 코펜하겐 해석을 받아들인다. 그러나 A와 D 모두가 코펜하겐 해석을 받아들이고 A~D를 제외한 참석자가 보른 해석을 받아들이는 경우가 다른 정보와 모순 없이 존재할 수 있다.

10

정답 ②

난도 중

정답해설

② 추론할 수 있다. 1문단에 따르면 실험군1의 쥐에게는 학습 위주 경험을 하도록 하였고, 실험군2의 쥐에게는 운동 위주 경험을 하도록 훈련시켰다. 실험군3의 쥐는 통제군이다. 실험 결과 1에 따르면 실험군1의 쥐에서 뇌의 신경세포당 시냅스의 수 증가가 관측됐다. 실험 결과 2에 따르면 실험군2의 쥐에서 뇌의 신경세포당 모세혈관의 수 증가가 관측됐다. 그러므로 학습 위주 경험은 뇌의 신경세포당 시냅스의 수를 증가시키고, 운동 위주 경험은 뇌의 신경세포당 모세혈관의 수를 증가시킨다고 할 수 있다.

오답해설

① 추론할 수 없다. 실험 결과 3에 따르면 실험군1의 쥐에서는 대뇌 피질의 지각 영역에서 구조 변화가, 실험군2의 쥐에서는 대뇌 피질의 운동 영역에서 구조 변화가 나타났다. 그러나 어느 구조 변화가 더 크게 나타난 것인지에 대한 정보는 제시되어 있지 않다.

③ 추론할 수 없다. 실험 결과 3에 따르면 실험군1과 실험군2의 쥐에서 대뇌 등의 구조 변화가 관측됐다. 그러나 신경세포의 수 증가에 대한 정보는 제시되어 있지 않다.

④ 추론할 수 없다. 실험 결과 1, 3에 따르면 실험군1의 쥐에서는 뇌의 신경세포당 시냅스의 수 변화와 대뇌 피질의 지각 영역에서 구조 변화가 관측됐다. 실험 결과 2, 3에 따르면 실험군 2의 쥐에서는 뇌의 신경세포 한 개당 모세혈관의 수 변화와 대뇌 피질의 운동 영역 및 소뇌에서 구조 변화가 관측됐다. 그러나 각 실험군별 구조 변화와 신경세포 등의 변화 간 인과관계에 대한 정보는 제시되어 있지 않다.

⑤ 추론할 수 없다. 실험 결과 1, 3에 따르면 실험군1의 쥐에서는 뇌의 신경세포당 시냅스의 수 변화와 대뇌 피질의 지각 영역에서 구조 변화가 관측됐다. 실험 결과 2, 3에 따르면 실험군 2의 쥐에서는 뇌의 신경세포 한 개당 모세혈관의 수 변화와 대뇌 피질의 운동 영역 및 소뇌에서 구조 변화가 관측됐다. 그러나 뇌의 구조 상 이유나 경험 등과 관련된 인과관계에 대한 정보는 제시되어 있지 않다.

11

정답 ③

난도 상

정답해설

ㄱ. 적절하다. 1문단에 따르면 박쥐 X는 개구리의 울음소리를 이용하는 음탐지 방법과 울음주머니의 움직임을 이용하는 초음파탐지 방법을 사용해 수컷 개구리의 위치를 찾는다. 실험에 따르면 로봇개구리 A는 울음소리와 울음주머니의 움직임이 있는 로봇, B는 울음소리만 있는 로봇이며, 방1은 방해 요인이 없는 환경, 방2는 음탐지 방해가 있는 환경이라고 할 수 있다. 방1과 방2의 실험 결과에 따르면 방해 요인이 없는 경우 초음파탐지 가능성 여부와 무관하게 공격까지의 시간에 유의미한 차이가 없었지만 음탐지 방해요인이 있는 경우 초음파탐지가 가능한 A의 경우 공격했지만, 가능하지 않은 B의 경우 공격하지 않았다. 그러므로 음탐지 방법이 방해를 받는 환경에서 초음파탐지 방법을 사용한다고 할 수 있다.

ㄴ. 적절하다. 실험에 따르면 A는 울음소리와 울음주머니의 움직임이 있는 로봇, B는 울음소리만 있는 로봇이며, 방2는 로봇개구리 울음소리와 같은 소리의 음탐지 방해가 있는 환경, 방3은 로봇개구리 울음소리와 다른 소리의 음탐지 방해가 있는 환경이라고 할 수 있다. 방2와 방3의 실험 결과에 따르면 같은 소리의 음탐지 방해가 있는 환경에서는 공격까지 시간이 지연되거나 공격하지 않는 반면, 다른 소리의 음탐지 방해가 있는 경우 방해가 없는 환경과 유사한 공격 속도를 보였다. 그러므로 X는 소리의 종류를 구별할 수 있다고 할 수 있다.

오답해설

ㄷ. 적절하지 않다. 실험에 따르면 A는 울음소리와 울음주머니의 움직임이 있는 로봇, B는 울음소리만 있는 로봇이며, 방1은 방해 요인이 없는 환경, 방3은 울음소리와 다른 소리의 음탐지 방해가 있는 환경이라고 할 수 있다. 방1과 방3의 실험 결과에 따르면 환경 및 로봇의 종류와 상관없이 공격 시간의 유의미한 차이가 없었다. 그러므로 방1과 방3의 실험 결과로부터 유의미한 결론 내지 특정 가설에 대한 강화 또는 약화를 이끌어 낼 수 없다고 할 수 있다.

주어진 실험에서 주된 장치는 로봇과 각 방이라고 할 수 있다. 그러므로 주어진 방의 조합에 따라 어떤 변수가 통제되고 어떤 변수가 비교되고 있는지를 정확히 파악하는 게 문제해결의 핵심이라고 생각한다.

12 정답 ④

난도 중

정답해설

ㄴ. 적절하다. 주어진 논증에서 (6)은 (4)와 (5)로부터 도출되며, (4)는 (2)와 (3)으로부터 도출된다. 만약 (2)의 내용이 "전통적 인식론은 첫째 목표를 달성할 수 없거나 둘째 목표를 달성할 수 없다."로 바뀐다고 가정하자. 이에 따라 첫째와 둘째 목표 모두 달성할 수 없는 기존의 경우 외에 첫째 목표만 달성할 수 없는 경우와 둘째 목표만 달성할 수 없는 경우가 추가된다. 그러나 어떤 경우에도 "두 가지 목표 중 어느 하나라도 달성할 수가 없다면"이란 (3)의 전건은 충족된다. 그러므로 (2)의 내용이 바뀌더라도 여전히 (6)이 도출된다고 할 수 있다.

ㄷ. 적절하다. 주어진 논증에서 (6)은 (4)와 (5)로부터 도출된다. (4)는 (2)와 (3)으로부터 도출된다. 그러므로 (4)는 (2)와 (3)의 결론일 뿐만 아니라 (6)의 전제라고 할 수 있다.

오답해설

ㄱ. 적절하지 않다. 주어진 논증에서 (6)은 (4)와 (5)로부터 도출된다. (4)는 (2)와 (3)으로부터 도출된다. (1)은 (2) 등에서 나타나는 목표의 내용을 담고 있으나 논증 내 지지관계에 영향을 끼치지 않는다. 그러므로 (1)에 '두 가지 목표' 외에 "세계에 관한 믿음이 형성되는 과정을 규명하는 것"이 추가된다고 하더라도 (6)의 도출 과정에 영향을 끼치지 않는다.

논증이 순서대로 주어져 있는 만큼 정확한 지지 관계만 파악한다면 쉽게 해결할 수 있는 문제라고 생각한다. ㄴ과 같이 연언 관계인지 선언 관계인지 여부와 관계없이 결론 도출이 가능한 경우도 있지만, 가능하지 않을 수도 있으므로 유사한 유형에 있어 연언, 선언의 구별 등에 유념하는 것이 문제 해결에 중요하다고 생각한다.

13 정답 ⑤

난도 하

정답해설

ㄱ. 적절하다. 2문단에 따르면 'A이거나 B'의 형식을 가진 (1)을 거짓이라고 가정할 때 추가 조건에 따라 10만 원을 돌려주는 동시에 ㉠과 같이 'A가 거짓'인 10만 원을 돌려주지 않는다고 한다. 그러므로 ㉠의 추론 과정에서 'A이거나 B'의 형식을 가진 문장이 거짓이면 A도 B도 모두 반드시 거짓이라는 원리가 사용되었다고 할 수 있다.

ㄴ. 적절하다. 2문단에 따르면 (1)을 거짓이라고 가정할 때 추가 조건에 따라 10만 원을 돌려주는 동시에 ㉠과 같이 10만 원을 돌려주지 않는다고 한다. 동 문단에 따르면 10만 원을 돌려준다는 것과 돌려주지 않는다는 것이 모두 성립하는 것은 가능하지 않다. 그러므로 ㉡의 추론 과정에서 어떤 가정 하에서 같은 문장의 긍정과 부정이 모두 성립하는 경우 그 가정의 부정은 반드시 참이라는 원리가 사용되었다고 할 수 있다.

ㄷ. 적절하다. 2문단에 따르면 'A이거나 B'의 형식을 가진 (1)은 반드시 참이다. 1문단에 따라 (1)이 참이면 10만 원을 돌려주지 않고 호화 여행을 제공한다.

이때 (1)의 A인 10만 원을 돌려준다는 추가 조건에 위배되므로 B인 당신은 10억 원을 지불한다는 ㉢이 도출된다. 그러므로 'A이거나 B'라는 형식의 참인 문장에서 A가 거짓인 경우 B는 반드시 참이라는 원리가 사용되었다고 할 수 있다.

논리 퀴즈 등에서 자주 사용되는 주요 원리들을 선지 형태로 구성한 문제라고 할 수 있다. 구성이 단순하고 원리들도 논리 퀴즈를 풀어 본 입장이라면 친숙하다고 할 수 있는 만큼 제시문을 오독해서 틀리지 않도록 주의가 필요하다고 생각한다.

14 정답 ②

난도 중

정답해설

ㄴ. 적절하다. 1문단에 따르면 철학은 지적 작업에 포함된다. 2문단에 따르면 귀추법은 귀납적 방법의 하나이다. 3문단에 따르면 포퍼는 귀납적 방법의 정당화를 부정하는 등 지적 작업에서 귀납적 방법이 필요 없다는 주장을 취하고 있다. 그러므로 철학의 일부 논증에서 귀추법의 사용이 불가피하다는 주장은 ㉡을 반박한다고 할 수 있다.

오답해설

ㄱ. 적절하지 않다. 2문단에 따르면 ㉠은 철학이라는 지적 작업에 대한 논의라고 할 수 있다. 1, 3문단에 따르면 과학은 철학이라는 지적 작업과 구별된다고 할 수 있다. 그러므로 과학의 탐구가 귀납적 방법에 의해 진행된다는 주장은 ㉠을 반박한다고 할 수 없다.

ㄷ. 적절하지 않다. 2문단에 따르면 ㉠은 철학이라는 지적 작업에서 귀납적 방법의 필요성에 대한 부정이라고 할 수 있다. 3문단에 따르면 ㉡은 모든 지적 작업에서 귀납적 방법의 필요성에 대한 부정이라고 할 수 있다. 연역 논리와 경험적 가설 모두에 의존하는 지적 작업이 있다고 가정하자. ㉡은 가정에 의해 반박된다고 할 수 있다. 그러나 ㉠은 해당 지적 작업이 철학이 아닌 이상 반박된다고 할 수 없다. 그러므로 특정 지적 작업에 대한 주장이 ㉠과 ㉡을 모두 반박한다고 할 수 없다.

철학과 지적 작업 사이 포함 관계를 활용한 문제라고 할 수 있다. 더 큰 범주인 지적 작업에 대하여 지지하는 주장의 집합이 철학에 대한 주장을 지지하는 집합보다는 크다고 할 수 있겠지만 반대로 반박하는 주장의 집합 또는 각 주장 지지 근거의 여집합은 철학의 경우가 더 크다는 점을 유념하고 문제 풀이에 들어갈 필요가 있다.

15 정답 ④

난도 중

정답해설

ㄴ. 적절하다. 선지의 전제는 "모든 적색 블록은 구멍이 난 블록이다. 모든 적색 블록은 삼각 블록이다."이며 결론은 "모든 구멍이 난 블록은 삼각 블록이다." 이다. 결론이 타당하기 위해서는 "모든 구멍이 난 블록은 적색 블록이다."가 필요하다고 할 수 있다. 갑에 따르면 사람들은 '모든 A는 B이다'를 '모든 B는 A이다'로 바꾸는 경향이 있다. 을에 따르면 사람들은 '모든 A는 B이다'를 'A와 B가 동일하다'로 인식하는 경향이 있다. 그러므로 사람들이 첫 번째 전제를 "모든 구멍이 난 블록은 적색 블록이다"로 인식하는 경향이 있다면 선지의 결론이 설명된다고 할 수 있다.

ㄷ. 적절하다. 선지의 전제는 "모든 물리학자는 과학자이다. 어떤 컴퓨터 프로그래머는 과학자이다."이며 결론은 "어떤 컴퓨터 프로그래머는 물리학자이다."이다. 전제에 '어떤'을 사용하는 형태의 명제가 제시되어 있고, 결론 역시 '어떤'을 사용하는 형태의 명제가 제시되어 있다. 그러므로 병에 의해 설명된다고 할 수 있다.

오답해설

ㄱ. 적절하지 않다. 선지의 전제는 "어떤 과학자는 운동선수이다. 어떤 철학자도 과학자가 아니다."이며 결론은 "어떤 철학자도 운동선수가 아니다."이다. 둘째 전제는 "모든 철학자는 과학자가 아니다."와 동치이다. 갑에 의하면 사람들은 둘째 전제를 "모든 과학자는 철학자가 아니다."라고 바꾸는 경향이 있다. 그러나 그러한 경우에도 결론이 타당하게 도출되지 않는다. 그러므로 선지의 심리 실험 결과는 갑에 의해 설명된다고 할 수 없다.

합격자의 SKILL

사례를 주어진 견해를 바탕으로 포섭하는 유형은 각 견해 간 비교를 통해 구체적인 포섭 가능성을 파악하는 것이 중요하다고 생각한다. 예컨대 갑과 을의 견해는 유사해 보이고 논리적 결론이 같게 보일 수도 있지만, '모든 A는 B이다'와 '모든 B는 A이다'가 동치라고 파악하는 경향과 '모든 A는 B이다'와 'A와 B는 동일하다'가 동치라고 파악하는 경향이 단계상 차이를 보이는 점 등이 있다. 또한 다른 견해에 의해서 사례가 설명된다고 하더라도 선지에서 제시하는 견해에 의해서도 설명될 수 있는 만큼 제시된 견해를 중심으로 문제풀이에 들어가는 것이 좋다.

16 정답 ⑤

난도 중

정답해설

⑤ 적절하지 않다. 병의 두 번째 발언에 따르면 시 홈페이지를 통한 신청 방식에 대한 안내를 유지한 채 공식 어플리케이션을 활용한 신청 방법 역시 안내해야 한다. 계획안에 따르면 시 홈페이지를 통한 신청 방식이 제시되어 있다. 그러나 선지의 "A시 공식 어플리케이션을 통한 A시 공공 건축 교육 과정 간편 신청"으로 내용을 바꾸는 경우 홈페이지를 통한 신청 방법이 안내되지 않는다. 그러므로 바꾸기보다 기존 내용에 선지의 내용을 추가하는 것이 적절하다고 할 수 있다.

오답해설

① 적절하다. 병의 첫 번째 발언에 따르면 일반 시민을 대상으로 한 교육은 공무원 대상 교육과 분리하여 교양 교육 과정으로 운영한다. 을의 두 번째 발언에 따르면 교육 과정은 시민을 대상으로 한 과정만 진행하고 그 내용은 A 시의 유명 공공 건축물을 활용해서 A 시를 홍보하고 관심을 끌 수 있는 주제로 이루어진다. 그러므로 계획안의 주제인 '공공 건축의 미래 / A 시의 조경'과 더불어 선지의 "건축가협회 선정 A 시의 유명 공공 건축물 TOP3"가 추가되는 것이 적절하다고 할 수 있다.

② 적절하다. 을의 첫 번째 발언에 따르면 온라인 강의는 편안한 시간에 접속하여 수강하게 하고, 수강 가능한 기간을 명시해야 한다. 계획안에 따르면 수강 가능한 기간이 아닌 특정 일시만을 정하고 있다. 그러므로 선지의 "・기간 : 7. 12.(월) 06:00~7. 16.(금) 24:00"으로 바꾸는 것이 적절하다고 할 수 있다.

③ 적절하다. 을의 첫 번째 발언에 따르면 교육 과정은 코로나19 상황을 고려해 온라인 교육 및 온라인 강의로 진행된다. 계획안에 따르면 A 시 청사 본관 5층 대회의실이라는 장소가 제시되어 있는바 대면 교육이라고 할 수 있다. 그러므로 선지의 "・교육방식 : 코로나19 확산 방지를 위해 온라인 교육으로 진행"으로 바꾸는 것이 적절하다고 할 수 있다.

④ 적절하다. 을의 첫 번째 발언에 따르면 교육 방식을 온라인으로 전환함에 따라 A 시 시민만이 아닌 모든 희망자로 교육 대상이 확대될 수 있다. 계획안에 따르면 기존 교육안은 대상을 A 시 시민으로 한정하고 있다. 그러므로 선지의 "A 시 공공 건축에 관심 있는 사람 누구나"로 바꾸는 것이 적절하다고 할 수 있다.

합격자의 SKILL

새로운 유형 중 하나로 오답 또는 정답 선지에 활용될 장치가 아직 다 알려지지 않았다. 따라서 신중한 접근이 필요하다. 각 선지에 '바꾼다'와 '추가한다'라는 두 가지 유형이 제시되고 있는 만큼 제시문의 내용에 비추어 선지 해석에 유의해야 한다. 모의평가에서는 활용되지 않은 장치인 만큼 향후 대비과정에서 이러한 장치 활용에 유의할 필요가 있다.

17 정답 ③

난도 하

정답해설

③ 적절하다. 2문단에 따르면 개선 이후 채용 절차는 '채용 공고 → 원서 접수 → 필기시험 → 서류 심사 → 면접시험 → 합격자 발표' 순이다. 따라서 ◎에 해당하는 절차는 서류 심사이다. 동 문단에 따르면 기존 채용 절차에서 필기시험과 서류 심사의 순서가 바뀌었다. 따라서 기존 채용 절차는 '채용 공고 → 원서 접수 → 서류 심사 → 필기시험 → 면접시험 → 합격자 발표' 순이라고 할 수 있고 이때 ⓒ에 해당하는 절차는 서류 심사이다. 그러므로 ⓒ과 ◎에는 같은 채용 절차가 들어간다.

오답해설

① 적절하지 않다. 1문단에 따르면 ㉠에 해당하는 기관은 ○○도 산하 공공 기관들이다. 동 문단에 따르면 개선 이후 ○○도가 채용 과정에 참여한다. 2문단에 따르면 ○○도는 채용 공고, 원서 접수, 필기시험을 주관하고, ○○도 산하 공공 기관들은 서류 심사, 면접 시험, 합격자 발표를 주관한다. 그러나 개선 이후 ○○도 산하 공공 기관들의 업무의 양이 이전과 동일하다는 정보는 제시되어 있지 않다. 그러므로 개선 이후 ㉠에 해당하는 기관이 주관하는 채용 업무의 양은 이전과 동일할 것이라고 할 수 없다.

② 적절하지 않다. 1문단에 따르면 ㉠에 해당하는 기관은 ○○도 산하 공공 기관들이다. 동 문단에 따르면 개선 이후 ○○도가 채용 과정에 참여한다. 2문단에 따르면 ○○도는 채용 공고, 원서 접수, 필기시험을 주관하고, ○○도 산하 공공 기관들은 서류 심사, 면접시험, 합격자 발표를 주관한다. 그러므로 ㉠과 같은 주관 기관이 들어가는 것은 ⓑ이 아니라 ⓗ이다.

④ 적절하지 않다. 2문단에 따르면 ⓒ과 ⓐ에 해당하는 채용 절차는 필기시험이다. 동 문단에 따르면 ○○도는 기존의 필기시험 과목인 영어・한국사・일반 상식을 국가직무능력표준 기반 평가로 바꾸었다. 그러므로 ⓒ과 ⓐ에서 지원자들이 평가받는 능력은 같다고 할 수 없다.

⑤ 적절하지 않다. 1문단에 따르면 ㉠에 해당하는 기관은 ○○도 산하 공공 기관들이다. 동 문단에 따르면 개선 이후 ○○도가 채용 과정에 참여한다. 2문단에 따르면 ○○도는 채용 공고, 원서 접수, 필기시험을 주관하고, ○○도 산하 공공 기관들은 서류 심사, 면접시험, 합격자 발표를 주관한다. 2문단에 따르면 ⓔ과 ⓧ에 해당하는 채용 절차는 면접시험이다. 그러므로 ⓔ을 주관하는 기관과 ⓧ을 주관하는 기관은 모두 ○○도 산하 공공 기관들이므로 다르다고 할 수 없다.

합격자의 SKILL

문제에서 활용하고 있는 정보량이 많지 않은 만큼 도표와 대응하며 글의 내용을 정리하면서 독해한다면 수월하게 해결할 수 있다고 생각한다. 각 빈칸의 대입에만 매몰되서 ④와 같이 절차의 내용에 관한 장치에 낚이지 않도록 주의가 필요하다.

18

난도 중

정답해설

ㄱ. 적절하다. 2문단에 따르면 조례안 (가)의 입법 예고를 미완료됐으며, 조례안 (다)의 입법 예고도 미완료됐다. 그러므로 A가 유사 사례의 유무라면 B는 입법 예고 완료 여부인 바, ⓔ과 ⓗ은 모두 미완료로 같다고 할 수 있다.

ㄴ. 적절하다. 1문단에 따르면 보고는 유사 사례가 존재하지 않는 경우에만 이루어진다. 따라서 만약 B에 따라 을에 대한 갑의 보고 여부가 결정된다면, B는 유사 사례의 유무이며 A는 입법 예고 완료 여부이다. 2문단에 따르면 조례안 (가)의 입법 예고를 미완료됐으며, 조례안 (다)의 입법 예고도 미완료됐다. 그러므로 ⓘ과 ⓒ은 미완료로 같다고 할 수 있다.

오답해설

ㄷ. 적절하지 않다. 2문단에 따르면 조례안 (가)는 미완료에 유사성 있으며, 조례안 (나)는 완료에 유사성 있으며. 따라서 만약 ⓔ과 ⓘ이 같다면 둘은 있음이며 B는 유사 사례의 유무이고 이에 따라 A는 입법 예고 완료 여부이다. 그러나 조례안 (가)와 (나)는 입법 예고 완료 여부의 상태가 서로 다르다. 그러므로 ⓔ과 ⓘ이 같으면, ⓘ과 ⓒ이 같다고 할 수 없다.

합격자의 SKILL

이 문제는 모의평가 8번 문제와 동일한 유형으로 기준에 따라 경우의 수가 여럿이라는 게 핵심이라고 할 수 있다. 두 문제를 바탕으로 가장 손쉬운 접근방법은 각 대상별 기준에 따른 내용을 제시된 표에 적으면서 독해하는 것이다. 정답 내지 오답을 결정하는 핵심은 어떤 내용이 같고 어떤 내용이 다르냐의 구별인만큼 각 대상별 내용만 잘 정리해 둔다면 손쉽게 해결할 수 있다고 생각한다.

19

난도 하

정답해설

ㄱ. 적절하다. 을의 발언에 따르면 장애인 스포츠강좌 지원사업 가맹 시설은 10개소이며 일반 스포츠강좌 지원사업 가맹 시설은 300개소이다. 동 발언에 따르면 인구수 대비 가맹 시설 수 부족으로 인해 장애인 대상 바우처 실적이 저조할 수 있다는 지적이 제시된다. 그러므로 장애인 및 비장애인 각각의 인구 대비 스포츠강좌 지원사업 가맹 시설 수는 이러한 지적을 확인하기 위해 필요한 자료라고 할 수 있다.

ㄴ. 적절하다. 병의 발언에 따르면 낮은 장애인 대상 사업 실적의 배경으로 비장애인 대비 높은 자기 부담금이 있을 수 있다는 지적이 제시된다. 그러므로 장애인과 비장애인 각각 '스포츠강좌 지원사업'에 참여하기 위해 본인이 부담해야 하는 금액은 이러한 지적을 확인하기 위해 필요한 자료라고 할 수 있다.

오답해설

ㄷ. 적절하지 않다. 정의 발언에 따르면 장애인 인구의 고령자 인구 비율이 비장애인 인구에 비해 높다. 동 발언에 따르면 낮은 장애인 대상 실적의 배경에는 협소한 대상 연령이 있다는 지적이 제시되어 있다. 따라서 현재 대상 연령에서 대상 연령을 확대했을 때의 실적 개선 예측을 보여주는 자료가 필요하다고 할 수 있다. 그러나 장애인 인구 고령자와 비장애인 인구 고령자 사이 수요 차이에 대한 내용은 제시되어 있지 않다. 그러므로 만 50세에서 만 64세까지의 장애인 중 스포츠강좌 수강을 희망하는 인구와 만 50세에서 만 64세까지의 비장애인 중 스포츠강좌 수강을 희망하는 인구는 지적을 확인하기 위해 필요한 자료라고 할 수 없다.

합격자의 SKILL

자료해석 영역에서 흔히 볼 수 있었던 유형이 언어논리에 나타났다고 할 수 있다. 기존 자료해석 영역에서 해결하던 방식과 유사하게 자료나 제시문 자체의 내용보다는 보기 등에서 제시되고 있는 자료를 각 주장의 근거로 대입했을 때 타당한지 여부를 검토하는 것이 좀 더 빠른 풀이법이다.

20

난도 중

정답해설

ㄱ. 추론할 수 있다. 갑의 첫 번째 발언에 따르면 조출생률은 인구 1천 명당 출생아 수를 의미한다. 갑의 세 번째 발언에 따르면 조출생률은 성비 및 연령 구조에 따른 출산 수준의 차이를 표준화할 수 없다. 그러므로 조출생률을 계산할 때는 전체 인구 대비 여성의 비율을 고려하지 않는다고 할 수 있다.

오답해설

ㄴ. 추론할 수 없다. 갑의 두 번째 발언에 따르면 합계 출산율이란 여성 한 명이 평생 동안 낳을 것으로 예상되는 출생아 수를 의미하며 각 연령대별 출생아 수를 연령대 내 여성의 수로 나눈 수치인 출산율을 모두 합산하여 도출한다. 갑의 세 번째 발언에 따르면 전체 인구 대비 젊은 여성의 비율 차이에 따라 조출생율이 비슷해도 합계 출산율이 차이가 날 수 있다. 그러므로 두 나라가 인구수와 조출생률에 차이가 없다면 각 나라의 합계 출산율에는 차이가 없다고 할 수 없다.

ㄷ. 추론할 수 없다. 갑의 두 번째 발언에 따르면 합계 출산율이란 여성 한 명이 평생 동안 낳을 것으로 예상되는 출생아 수를 의미하며 각 연령대별 출생아 수를 연령대 내 여성의 수로 나눈 수치인 출산율을 모두 합산하여 도출한다. 그러므로 한 명의 여성이 일생 동안 출산한 출생아의 수를 집계한 자료를 바탕으로 산출된다고 할 수 없다.

합격자의 SKILL

제시문 상 이스라엘과 남아프리카공화국의 예시와 같이 비교가 주된 소재인 제시문에서 예시가 주어진 경우, 예시를 바탕으로 제시문 및 선지를 이해한다면 더 효과적인 문제 풀이가 가능하다고 생각한다. 많은 경우 예시가 주어진 것은 제시문의 핵심을 이해하는 데 도움이 되거나 직관적이지 않기 때문이다. 따라서 예시에 대한 이해가 이루어진다면 제시문의 핵심에 더욱 빨리 접근할 수 있다. 위 문제에서도 예시에 대한 이해가 이루어진다면 ㄱ, ㄴ은 문제 없이 해결이 가능하다고 생각한다.

21

난도 하

정답해설

① (가) : 저지르지 않은, (나) : 고위험군, (다) : 저지른, (라) : 저위험군

- 1문단에 따르면 X는 재범 확률을 추정하고 그를 바탕으로 위험도를 예측하는 프로그램이다.

- 2문단에 따르면 A는 X가 흑인과 백인을 차별한다고 주장했는데 각 빈칸과 관련 있는 논거는 예측의 오류이다.

- 따라서 각 빈칸에는 X 프로그램이 예측한 재범 확률이나 위험도 등의 예측 상 오차를 나타내도록 채워져야 하고 그 결과가 흑인에게 백인보다 불리해야 한다. 예측 상 오차 측면에서 각각 재범을 저지르지 않는 고위험군 분류자와 재범을 저지른 저위험군 분류자가 적절하다고 할 수 있다. 이때 (나) 이후에는 흑인 비율이 더 높고, (라) 이후에는 백인 비율이 더 높다. 그러므로 재범을 저

지르지 않는 고위험군 분류자에 대한 내용이 (가)와 (나)에, 재범을 저지른 저위험군 분류자에 대한 내용이 (다)와 (라)에 들어가는 것이 적절하다고 할 수 있다.

22
정답 ②

[난도] 상

[정답해설]

ㄷ. 적절하다. 4문단에 따르면 ⓒ은 인종별 기저재범률을 바탕으로 한 X는 흑인 범죄자에 대한 형량 등을 양적으로 가속화시켜 인종차별을 고착화한다는 내용이다. 그러나 범죄 유형에 따른 재범률에 대한 정보는 제시되어 있지 않다. 그러므로 X가 특정 범죄자의 재범률을 평가할 때 사용하는 기저재범률이 동종 범죄를 저지른 사람들로부터 얻은 것이라면, ⓒ은 강화되지 않는다고 할 수 있다.

[오답해설]

ㄱ. 적절하지 않다. 2문단에 따르면 ①의 근거가 된 대상 집단은 플로리다 주 법정에서 선고받았던 7천여 명의 초범들이다. 이를 바탕으로 A는 백인은 위험 지수 1부터 10까지 그 비율이 차츰 감소한 데 비하여, 흑인의 위험 지수는 1부터 10까지 고르게 분포했다며 X가 흑인과 백인을 차별한다고 주장했다. 그러나 강력 범죄자에 대한 X의 예측 또는 A의 견해에 대한 정보는 제시되어 있지 않다. 또한 A가 주장하는 근거 집단 내로 강력 범죄자를 받아들인다고 하더라도 A의 주장에 따르면 위험 지수가 10으로 평가된 사람의 비율은 흑인이 백인보다 많아야 하므로 오히려 약화하는 근거라고 할 수 있다. 그러므로 강력 범죄자 중 위험지수가 10으로 평가된 사람의 비율이 흑인과 백인 사이에 차이가 없다면, ①은 강화되지 않는다.

ㄴ. 적절하지 않다. 3문단에 따르면 ⓒ은 X의 목적은 재범 가능성에 대한 예측의 정확성을 높이는 것이며 X가 인종 간 유의미한 정확성 차이를 보이지 않는 등 정확하다는 것을 내용으로 한다. 동 문단에 따르면 흑인과 백인 간 기저재범률의 차이로 인해 X의 위험도 평가 차이가 발생한다. 만약 흑인의 기저재범률이 높을수록 흑인에 대한 X의 재범 가능성 예측이 더 정확해진다면, 흑인과 백인 간 기저재범률의 차이 등에 비추어 흑인에 대한 X 예측의 정확성이 더욱 높다고 할 수 있다. 그러므로 ⓒ이 약화된다고 할 수 없다.

23
정답 ⑤

[난도] 상

[정답해설]

⑤ 적절하다. 을의 첫 번째 발언에 따르면 공직자가 부정 청탁을 받았을 때는 명확히 거절 의사를 표현해야 하고, 그랬는데도 상대방이 이후에 다시 동일한 부정 청탁을 해 온다면 소속 기관의 장에게 신고해야 한다. 갑의 네 번째 발언에 따르면 갑은 C가 X 회사 공장 부지의 용도 변경에 힘써 달라며 200만 원을 주려고 해 거절했다. 만약 C가 같은 청탁을 다시 한다면 거절 이후 동일 상대방이 다시 동일한 부정 청탁을 한 경우라고 할 수 있다. 그러므로 갑은 현재는 「청탁금지법」상 C의 청탁을 신고할 의무가 생기지 않지만, C가 같은 청탁을 다시 한다면 신고해야 한다고 할 수 있다.

[오답해설]

① 적절하지 않다. 을의 세 번째 발언에 따르면 출처가 같거나, 행위 간 계속성 내지 시간적·공간적 근접성이 있는 경우 동일인으로부터 받은 청탁이라고 해석할 수 있다. 갑의 네 번째 발언에 따르면 X 회사 사장인 A, Y 회사 임원인 B, 고교 동창인 C로부터 청탁을 받은 사실이 있다. 동 발언에 따르면 A의 경우 대가성 및 직무 관련성이 없다는 것이 확정되었다는 정보도 제시되어 있다. 그러나 이들이 동일한 내용의 청탁을 하였거나, 자금의 출처가 같거나, 시간적·공간적 근접성을 가진다는 정보는 제시되어 있지 않다. 그러므로 갑이 X 회사로부터 받은 접대를 받았다고 할 수 없고, 「청탁금지법」 위반 여부에 대한 시간적·공간적 근접성을 판단할 수 없다고 할 수 있다.

② 적절하지 않다. 을의 두 번째 발언에 따르면 '금품등'에는 접대와 같은 향응도 포함된다. 그러나 금품과 향응 사이 구별 기준에 대한 정보는 제시되어 있지 않다. 그러므로 Y 회사로부터 받은 제안의 내용이 금품인지, 향응인지에 대해 판단할 수 있다고 할 수 없다.

③ 적절하지 않다. 을의 세 번째 발언에 따르면 여러 행위가 계속성 또는 시간적·공간적 근접성이 있다고 판단되면 합쳐서 1회의 청탁으로 간주될 수 있다. 갑의 네 번째 발언에 따르면 X와 관련하여 연초 지역 축제 당시 X 회사 사장인 A의 축제 후원금이 제공된 적이 있으며, 어제 고교 동창인 C를 통해 X 회사와 관련된 현금을 제공한 적 있다. 동 발언에 따르면 A의 경우 대가성 및 직무 관련성이 없다는 것이 확정되었다는 정보도 제시되어 있다. 그러나 두 행위가 계속성 또는 시간적·공간적 근접성이 있다고 판단된다는 정보는 제시되어 있지 않다. 그러므로 「청탁금지법」 상 A와 C는 동일인으로서 부정 청탁을 한 것이 된다고 할 수 없다.

④ 적절하지 않다. 을의 두 번째 발언에 공직자는 동일인으로부터 명목에 상관없이 1회 100만 원 혹은 매 회계연도에 300만 원을 초과하는 금품이나 접대를 받을 수 없다. 갑의 네 번째 발언에 따르면 B로부터는 100만 원을, C로부터 200만 원을 제시받았다. 그러므로 B의 100만 원은 「청탁금지법」 상 허용 한도 내라고 할 수 있지만, C의 200만 원은 1회 허용 한도인 100만 원을 초과하는 바, 「청탁금지법」상 허용 한도를 벗어난다고 할 수 있다.

난도 중

정답해설

④ 적절하다. 조례 제9조 제1항에 따르면 전기자동차 충전시설 설치 의무 시설은 각 호에 해당하는 시설 중 주차단위구획 100개 이상을 갖춘 곳이다. 동조 제2항에 따르면 지원금의 대상은 제1항의 설치대상이며, 동조 제3항에 따르면 시장은 제1항의 설치대상에 해당하지 않는 사업장에 대하여도 충전시설의 설치를 권고할 수 있으나 이 경우 지원금 규정은 두고 있지 않다. 1문단에 따르면 B 카페는 주차단위구획이 50여 개인 키즈 카페로 조례 제9조 제1항의 충전시설 설치대상이 되지 않는다. 만약 조례 제3항의 권고를 받아들이는 사업장에 대한 지원 규정을 신설한다고 가정하자. 이 경우 B 카페가 시장으로부터 충전시설 설치의 권고를 받고, 이를 받아들여 설치하게 된다면 지원금 대상이 된다. 그러므로 선지의 내용대로 신설하면 B 카페가 지원 대상이 된다고 할 수 있다.

오답해설

① 적절하지 않다. 조례 제9조 제1항에 따르면 전기자동차 충전시설 설치 의무 시설은 각 호에 해당하는 시설 중 주차단위구획 100개 이상을 갖춘 곳이다. 동조 제2항에 따르면 시장은 제1항의 설치대상에 대해 설치비용의 반액을 지원하여야 한다. 그러나 1문단에 따르면 B카페의 주차 구획은 50여 개다. 나아가 선지의 다중이용시설에 키즈 카페가 포함되는지에 대한 정보가 제시되어 있지 않다. 그러므로 제1항 제3호로 선지의 내용을 신설하더라도 B 카페의 주차단위구획 부족으로 지원금 대상이 되지 않는다고 할 수 있다.

② 적절하지 않다. 조례 제9조 제1항에 따르면 전기자동차 충전시설 설치 의무 시설은 각 호에 해당하는 시설 중 주차단위구획 100개 이상을 갖춘 곳이다. 동조 제2항에 따르면 시장은 제1항의 설치대상에 대해 설치비용의 반액을 지원하여야 한다. 그러나 1문단에 따르면 B 카페의 주차구획은 50여 개다. 그러므로 제1항 제3호로 선지의 내용을 신설하더라도 B 카페의 주차단위구획 부족으로 지원금 대상이 되지 않는다고 할 수 있다.

③ 적절하지 않다. 조례 제9조 제2항에 따르면 시장은 동조 제1항의 설치대상에 대하여는 설치비용의 반액을 지원하여야 한다. 1문단에 따르면 B 카페는 지원의 대상에 해당하지 않는다. 선지의 내용이 제4항으로 추가되더라도 지원 순위상 변화가 있을 수 있을 뿐, 지원 대상에 대한 내용은 변함이 없다고 할 수 있다. 그러므로 선지의 내용을 추가한다고 하더라도 B 카페는 여전히 제1항에 따른 충전시설 설치대상이 아닌바, 지원 대상이 된다고 할 수 없다.

⑤ 적절하지 않다. 조례 제9조 제2항에 따르면 시장은 동조 제1항의 설치대상에 대하여는 설치비용의 반액을 지원하여야 한다. 1문단에 따르면 B 카페는 지원의 대상에 해당하지 않는다. 그러므로 선지의 내용을 추가한다고 하더라도 B 카페는 여전히 제1항에 따른 충전시설 설치대상이 아닌바, 지원 대상이 된다고 할 수 없다.

합격자의 SKILL

새롭게 등장한 유형이라고 할 수 있는데, 모의평가 24번과 함께 볼 때, 개정의 배경이 되는 문제 상황을 주어진 조문에 맞추어 해석하는 것이 핵심이라고 할 수 있다. 위 문제의 경우 주차 구획 수에 따라 설치대상에 해당하지 않는 것이 문제인 것처럼 사례 – 조문 – 해결방향 3가지 측면에서 구조화시켜 접근한다면 효과적인 문제풀이가 가능하다고 할 수 있다.

난도 중

정답해설

ㄱ. 적절하다. 규정 제8조 제2항에 따르면 위원장과 위원은 한 차례만 연임할 수 있다. 논쟁 쟁점 1에 따르면 A는 위원을 한 차례 연임하던 중이라는 정보가 제시되어 있다. 따라서 제2항에 따르면 A는 위원으로서 다시 연임할 수 없다고 할 수 있다. 그러나 동 쟁점에 따르면 A는 위원장으로 선출되어 2년에 걸쳐 위원장으로 활동하고 있다는 정보가 제시되어 있다. 선지와 같이 갑과 을의 의견을 받아들인다고 가정하자. 갑의 의견에 따르면 A는 위원으로서 다시 연임할 수 없으므로 위원의 임기 밖으로 위원장으로서 자격이 없어 활동할 수 없을 것이다. 반면 을의 의견에 따르면 A는 여전히 위원장으로서 연임 등을 할 수 있는바 위원장으로서 활동하는 데 규정상 문제가 없다고 할 수 있다. 그러므로 선지의 각 의견에 따르면 갑은 A가 규정을 어기고 있다고, 을은 그렇지 않다고 주장하게 되는바, 주장 불일치를 설명할 수 있다.

ㄴ. 적절하다. 규정 제8조 제2항에 따르면 위원장과 위원은 한 차례만 연임할 수 있다. 논쟁의 쟁점 2에 따르면 B는 위원장을 한 차례 연임하여 활동하던 중이다. 따라서 제2항에 따르면 B는 위원장으로서 다시 연임할 수 없다. 그러나 동 쟁점에 따르면 위원장 직위 해제 이후 보선에 B가 출마하였는데 이때 당선되는 경우가 제2항의 연임 제한에 해당하는지가 문제 된다. 선지의 견해에 따르면 갑은 B가 최초 위원장 선출 이후 연임 과정에서 적법하지 않게 당선된 것 역시 연임인바, 제8조 제2항에 따라 연임을 한 상태라고 보고 B가 보선에서 선출된다면 연임을 2회하여 규정을 어긴다고 주장할 것이다. 을은 B가 적법하지 않게 선출된 기존 연임된 위원장 임기는 연임 횟수에 포함되지 않는바, 보선에서 B가 선출된다고 하더라도 1회 연임에 그치는 것으로 규정 위반이 없다고 주장할 것이다. 그러므로 선지의 각 주장은 갑이 B의 규정 위반, 을의 규정 위반 없음에 관한 주장 불일치를 설명할 수 있다.

오답해설

ㄷ. 적절하지 않다. 규정 제8조 제2항에 따르면 위원장과 위원은 한 차례만 연임할 수 있다. 논쟁의 쟁점 3에 따르면 C는 위원장을 한 차례 연임하였고, 위원장 직위에서 내려온 이후 위원장 보선에 참여하였다. 선지의 내용에 따라 '단절되는 일 없이 세 차례 연속하여 위원장이 되는 것만을 막는다'는 것으로 확정된다고 가정하자. 이때 C는 임기의 단절 이후 세 번째 위원장 직위를 맡게 된다. 따라서 위원장 연임 제한에 위반되지 않는다고 할 수 있다. 그러므로 논쟁의 쟁점 3의 갑의 주장은 그르고, 을의 주장은 옳게 되는 바 갑의 주장이 옳고 을의 주장이 그르다고 할 수 없다.

합격자의 SKILL

법조문의 해석과 관련하여 새롭게 등장한 유형이다. 위 문제와 모의평가 25번에 비추어 봤을 때, 제시문 상 논쟁에서는 쟁점별 구체적인 주장은 드러나지 않고 있는바, 보기 등 선지의 내용을 먼저 보고 그를 바탕으로 논쟁을 해석하는 것이 정방향의 독해보다 더 효과적일 것이라고 생각한다.

CHAPTER 06
2020년 7급 PSAT 모의평가 언어논리_정답 및 해설

01	02	03	04	05	06	07	08	09	10
⑤	③	④	④	⑤	⑤	①	④	②	①
11	12	13	14	15	16	17	18	19	20
①	②	①	④	⑤	③	①	③	⑤	②
21	22	23	24	25					
③	①	①	④	②					

01   정답 ⑤

난도 하

정답해설

⑤ 첫 문단의 '3·1운동 직후 상하이에 모여든 독립운동가들은 임시정부를 만들기 위한 첫걸음으로 조소앙이 기초한 대한민국임시헌장을 채택했다~대한민국임시헌장 제1조에 "대한민국은 민주공화제로 함."이라는 문구가 담기게 된 것이다.'를 통해 '대한민국 임시정부를 만드는 데 참여한 독립운동가들은 민주공화제를 받아들이는 데 합의했다.'는 옳은 지문임을 알 수 있다.

오답해설

① 대한민국임시헌장은 대한민국 임시정부가 건국강령을 통해 공포한 것이 아니라 3·1운동 직후 상하이에 모여든 독립운동가들이 임시정부를 만들기 위한 첫걸음으로 채택하였다.

② 첫 문단에서 대한민국 임시정부가 만들어진 것은 3·1운동 이후임을 알 수 있고 두 번째 문단에서 '조소앙은 3·1운동이 일어나기 전, 대한제국 황제가 국민의 동의 없이 마음대로 국권을 일제에 넘겼다고 말하면서 국민은 국권을 포기한 적이 없다고 밝힌 대동단결선언을 발표한 적이 있다.'고 하고 있다. 따라서 '조소앙은 대한민국 임시정부의 요청을 받아들여 대동단결선언을 만들었다.'는 지문은 틀린 지문이다.

③ 첫 문단의 '대한민국임시헌장을 기초할 때 조소앙은 국호를 '대한민국'으로 하고 정부 명칭도 '대한민국 임시정부'로 하자고 했다.'에서 틀린 지문임을 알 수 있다.

④ '제헌국회는 제헌헌법을 만들었는데, 이 헌법에 우리나라의 명칭을 '대한민국'이라고 한 내용이 있다.'에서 제헌국회는 대한제국을 계승한 것이 아님을 알 수 있다.

02   정답 ③

난도 중

정답해설

③ '척화론을 주장한 김상헌은 청에 항복하는 것은 있을 수 없는 일이라며 끝까지 저항하자고 했다. 그는 중화인 명을 버리고 오랑캐와 화의를 맺는 일은 군신의 의리를 버리는 것이라고 말했다.'에서 '김상헌은 명에 대한 군신의 의리를 지켜야 한다고 주장하면서 주화론에 맞섰다.'는 옳은 지문임을 알 수 있다.

오답해설

① '최명길은 "나아가 싸워 이길 수도 없고 물러나 지킬 수도 없으면 타협하는 수밖에 없다."라고 했다. 그는 명을 섬겨야 한다는 김상헌의 주장에는 동의하지만, 그보다 나라를 보존하는 것이 우선이라고 말했다. 나라가 없어지면 명을 섬기는 것도 불가능하므로 일단 항복한 후 후일을 기약하자는 것이었다.'에서 최명길은 중화 중심의 세계관에서 벗어나야 한다는 생각에서 주화론을 주장한 것이 아님을 알 수 있다.

② 청에 항복한 것은 인조 때의 일이다. 인조의 뒤를 이은 효종은 청에 복수하겠다는 북벌론을 내세우고, 예전에 척화론을 주장했던 자들을 중용하였다.

④ '인조 때에는 척화론을 주장했던 사람들이 정국을 주도하지 못했기 때문에 주화론을 내세웠던 사람들이 정계에서 쫓겨 나가는 일은 벌어지지 않았다.'를 통해 틀린 지문임을 알 수 있다.

⑤ '송시열 사후에 나타난 노론 세력은 최명길의 주장에 동조했던 사람들의 후손이 요직에 오르지 못하게 막았다.'에서 노론 세력은 척화론자임을 알 수 있다.

03   정답 ④

난도 중

정답해설

④ 논지를 찾는 문제는 글의 세부적, 부수적인 내용(정보)을 파악하는 것이 아니라 글 전체에서 담고 있는 저자의 주장을 찾는 것이다. 윗글은 크게 보아 '어떤 질병의 성격을 파악할 때 질병의 발생이 개인적 요인뿐만 아니라 계층이나 직업 등의 요인과도 관련될 수 있음을 고려해야 한다. → 질병에 대처할 때도 사회적 요인을 고려해야 한다. → 질병의 치료가 개인적 영역을 넘어서서 사회적 영역과 관련될 수밖에 없다는 것은 질병의 대처 과정에서 사회적 요인을 반드시 고려해야 한다.'로 요약될 수 있다. 따라서 '질병의 성격을 파악하고 질병에 대처하기 위해서는 사회적인 측면을 고려해야 한다.'가 제시문의 논지라고 할 수 있다.

04   정답 ④

난도 중

정답해설

④ 공범 원리를 받아들이는 사람들은, 타인의 악행에 가담한 경우 결과에 얼마나 영향을 주었는지와 무관하게 도덕적 책임이 있다고 주장하므로 '갑훈에게 도덕적 책임이 있다는 점에서 첫 번째 약탈과 두 번째 약탈은 차이가 없다.'는 결론이 도출된다.

오답해설

①, ② 공범 원리를 받아들이는 사람들에 따르면 결과에 미친 영향이 크던, 작던 도덕적 책임은 동일하므로 죄책감의 크기도 다르지 않다.

③ 갑훈이 을훈에게 미친 해악 차제는 두 번째가 더 작다.

⑤ 공범 원리를 받아들이는 사람들은, 결과와 무관하게 도덕적 책임은 동일하다고 여기므로 '갑훈이 빼앗은 전체 콩알의 수가 같기 때문에 갑훈이 져야 할 도덕적 책임에는 차이가 없다.'고 할 수 없다.

05

난도 중

정답해설

⑤ 갑의 두 번째 발언 중 '연명의료를 거부하는 것은 중대한 사안이니 신중히 사전연명의료의향서를 작성하게 해야 합니다. 지금까지 한 것처럼 연명의료 전문 상담사의 상담을 받게 하는 조치를 유지해 주시기 바랍니다.'로 보아 '연명의료 거부 의사가 있는 사람이 연명의료 전문 상담사의 상담을 받지 않은 상태에서 작성한 사전연명의료의향서는 받아들여지지 않는다.'는 옳은 진술임을 알 수 있다.

오답해설

① 2018년 2월부터 사전연명의료의향서를 제출하여 연명의료 거부 의사를 표명한 사람에 대해서 병원이 연명의료를 실행하지 않는다는 제도가 도입되었을 뿐 전국 모든 보건소에서 연명의료 전문 상담사가 사전연명의료의향서를 접수하기 시작한 것은 아니다.

② 2020년 4월 1일부터 전국 모든 보건소에서 사전연명의료의향서를 받도록 조치했다.

③ 연명의료 관련 기본 필수교육은 연명의료 전문 상담사 배치가 어려운 보건소의 직원들을 대상으로 실시한다.

④ 사전연명의료의향서 접수기관 중 연명의료 전문 상담사가 있는 경우는 전화 예약 시스템을 사용하지 않아도 된다.

06

난도 중

정답해설

⑤ 집합금지 및 집합제한업종에 속하지 않더라도 연 매출 4억 원 이하라는 사실을 증명할 수 있는 자료와 함께 코로나19 확산으로 매출이 감소했음을 증빙하는 자료를 제출하면 지원금을 받을 수 있다. A가 운영하는 문구점은 집합금지 및 집합제한업종에 해당하지 않는다고 했으므로 갑은 A씨에게 '연 매출 4억 원에 미치지 못하고 코로나19로 매출이 감소한 자영업자라면 증빙서류를 갖추어 신청할 수 있다.'고 설명하면 된다.

07

난도 하

정답해설

① 정의 '보고서의 형식이나 내용은 누구에게 보고하느냐에 따라 크게 달라집니다. 보고 대상이 명시적으로 드러날 수 있도록 주제를 더 구체적으로 표현하면 좋겠습니다.'를 통해 '보고대상자에 따른 보고서 작성 기법'으로 주제가 변경되어야 함을 알 수 있다.

오답해설

② 을의 '특강을 평일에 개최하되 참석 시간을 근무시간으로 인정해 준다면 참석률이 높아질 것 같습니다.'에서 알 수 있다.

③, ④ 병의 '중앙부처 소속 공무원에게는 세종시가 접근성이 더 좋습니다. 특강 참석 대상이 누구인가에 따라 장소를 조정할 필요가 있습니다.'와 갑의 '이번 특강은 현직 중앙부처 소속 공무원을 대상으로 진행하도록 하겠습니다.'를 통해 알 수 있다.

⑤ 무의 '강의에 관심이 있는 사람이라면 별도 비용이 있는지, 있다면 구체적으로 금액은 어떠한지 등이 궁금할 겁니다.'와 갑의 '참고로 특강 수강비용은 무료입니다.'를 통해 알 수 있다.

08

난도 중

정답해설

④ ㄱ. (×) ⓛ 내장근육은 (불수의근, 민무늬근)이고, ⓒ 심장근육은 (불수의근, 줄무늬근)이므로 'ⓛ, ⓒ이 같은 성질을 갖는다.'함은 불수의근이라는 점이다. 따라서 A에는 '근육의 움직임을 우리가 의식적으로 통제할 수 있는지의 여부'가 들어가야 한다.

종류 기준	뼈대근육	내장근육	심장근육
A (불수의근)	㉠ ×	㉡ ○	㉢ ○
B (수의근)	㉣ ○	㉤ ×	㉥ ×

ㄴ. (○) ㉣ 뼈대근육은 (수의근, 줄무늬근)이고 ㉥ 심장근육은 (불수의근, 줄무늬근) 이므로 수의근인지 여부가 다르다. 따라서 B에는 근육의 움직임을 의식적으로 통제할 수 있는지를 따지는 기준이 들어간다.

ㄷ. (○) 우선 ㉠에 수의근이 들어가면 대립되는 기준인 B에는 불수의근이 들어가야 한다.

종류 기준	뼈대근육	내장근육	심장근육
A (수의근)	㉠ ○	㉡ ×	㉢ ×
B (불수의근)	㉣ ×	㉤ ○	㉥ ○

이 기준에 민무늬, 줄무늬 근의 조건을 대입해 보면 (제3의 조건을 포함하여 분류한 표)

종류 기준	뼈대근육	내장근육	심장근육
A (수의근)	㉠ ○ 줄무늬근	㉡ ×	㉢ × 줄무늬근
B (불수의근)	㉣ ×	㉤ ○ 민무늬근	㉥ ○

따라서 ㉤에는 민무늬근이 들어간다.

09

난도 중

정답해설

㉠은 공기와 접하고 있는 가장 위쪽 부분에만 세균이 살고 있으므로 절대 호기성 세균이다.

㉡은 공기가 맞닿은 부분에는 세균이 전혀 없고 아래쪽으로 갈수록 세균이 많아지므로 절대 혐기성 세균이다.

㉢은 산소농도가 높은 쪽에 더 많은 세균이 있으므로 통성 세균이다.

㉣은 절대 호기성 세균이 살아가는 환경의 산소농도보다 낮은 농도의 산소에서만 살 수 있는 미세 호기성 세균이다.

㉤은 산소농도와 무관하게 생존 가능한 내기 혐기성 세균이다.

② ㉡은 절대혐기성 세균으로 산소 호흡을 할 수 없는 세균으로 발효 과정만을 통해 에너지를 만들어낸다.

오답해설

① ㉠은 절대 호기성 세균이다.

③ ㉢은 통성 세균이며 산소에 대한 내성이 있다.

④ ㉣은 미세 호기성 세균으로 산소 호흡을 할 수 있다.

⑤ ㉤만 혐기성 세균이다.

10　　　　　　　　　　　정답 ①

난도 하

정답해설

① ㉠ B학파는 다른 모든 종류의 상품과 마찬가지로 토지 문제 역시 수요·공급의 법칙에 따라 시장이 자율적으로 조정하도록 맡겨 두면 된다고 주장하므로 토지에 대한 투자는 상품 투자의 일종으로 본다고 할 수 있다.

㉡ A학파는 B학파와 달리 상품 투자와 토지 투자를 엄격히 구분하며 상품 투자는 상품 공급을 증가시키고 공급 증가는 다시 상품 투자의 억제 요인으로 작용하기 때문에 상품 투자에는 내재적 한계가 있는 반면 토지의 경우 토지 공급은 한정되어 있으므로 토지 투자는 상품 투자의 경우와는 달리 제어장치가 없다.

11　　　　　　　　　　　정답 ①

난도 하

정답해설

① A형 응집원만을 선택적으로 제거한 적혈구를 B형인 사람에게 수혈하는 경우 B형 혈장 속의 응집소 α와 반응할 A형 응집원이 없으므로 응집반응이 일어나지 않는다.

오답해설

② B형 응집원만을 선택적으로 제거한 AB형 적혈구에는 A형 응집원만 남아있으므로 이를 A형인 사람에게 수혈해도 A형 혈장에는 응집소 β만 있으므로 응집반응이 일어나지 않는다.

③ 응집소 β를 선택적으로 제거한 O형 혈장에는 응집소 α가 있으므로 이를 A형에게 수혈하면 응집반응이 일어난다.

④ AB형인 사람은 A형 응집원 및 B형 응집원이 둘 다 있으므로 A, B, O형 혈액을 수혈받는 경우는 응집반응이 일어나고 AB형 혈액을 수혈받는 경우에만 응집반응이 일어나지 않는다.

⑤ O형인 사람은 응집소 α 및 응집소 β가 있으므로 A, B, AB형 적혈구를 수혈받으면 응집반응이 일어난다.

12　　　　　　　　　　　정답 ②

난도 중

정답해설

주어진 지문을 대상으로 조건을 표로 구현해 보면 다음과 같다.

구분	대학평준화	고교 자체평가확대	대입정시확대, 수시축소	고교 평준화 강화
기회 균등/ 교육의 수월성				
가장 많은 국민이 선호	300명	400명	600명	700명
기존 교육 재정만으로	×	○	○	○
가계의 교육 부담 감소	○	○	×	○

표의 좌측 4가지 항목을 모두 만족시키는 것이 선택되므로 제시문에 나타나지 않은 기회 균등/ 교육의 수월성 항목에서 고교 평준화 강화가 선정된다면 최종 안건으로 선정 가능함을 알 수 있다.

13　　　　　　　　　　　정답 ①

난도 중

정답해설

① 빈칸 바로 전에 휴일근로를 연장근로가 아니라고 보는 이유가 나오므로 빈칸에는 '휴일근로가 연장근로가 아니라고 보았을까?'가 와야 한다. 즉 종전에는 연장근로를 소정근로의 연장으로 보았고, 1주의 최대 소정근로시간을 정할 때 기준이 되는 1주를 5일에 입각하여 보았고 1주 중 소정근로일을 월요일부터 금요일까지의 5일로 보았기에 이 기간에 하는 근로만이 「근로기준법」상 소정근로시간의 한도에 포함된다고 해석하였다.

14　　　　　　　　　　　정답 ②

난도 중

정답해설

• 을 (○) : 개정 「근로기준법」에 의하면, 월요일부터 목요일까지 매일 10시간씩 일한 사람의 경우는 하루 소정근로시간 8시간에 매일 2시간씩 연장근로를 한 경우이고 월요일~목요일까지 총 8시간을 연장근로했다. 따라서 월요일부터 목요일까지 총 40시간을 근로했고 주당 근로가능한 시간은 총 52시간이므로 남은 시간은 12시간이므로 금요일에 허용되는 최대근로시간은 12시간이다.

오답해설

• 갑 (×) : 개정 「근로기준법」에 의하면 연장근로는 1주일에 총 12시간을 넘을 수 없으므로 만일 1주 중 3일 동안 하루 15시간씩 일한 경우는 1일 소정근로시간 8시간을 제외하면 연장근로는 7시간이며 3일을 연속 연장근로 7시간씩 했으므로 총 21시간 연장근로가 되어 1주일에 12시간의 연장근로시간을 초과하게 된다.

• 병 (×) : 기존 「근로기준법」에서도 연장근로가 아닌 한 1일의 근로시간은 8시간을 초과할 수 없다고 법에 규정되어 있기 때문에, 이미 52시간을 근로한 근로자에게 휴일에 1일 8시간을 넘는 근로를 시킬 수 없다. 따라서 만일 근로자가 일요일에 12시간을 일한 경우 그 근로자의 종전 1주일 연장근로가 12시간을 넘기지 않은 경우라면 일요일 근무한 12시간 중 8시간을 초과한 4시간은 연장근로시간이 된다.

15　　　　　　　　　　　정답 ⑤

난도 중

정답해설

주어진 참 조건을 표로 정리하면 다음과 같다.

구분	갑돌	을순	병돌	정순
치석제거 (매년)	20% 미만	20% 미만	20% 미만	20% 미만
치석제거 ×	• 60% 커피 • 80% 흡연 • 90% 커피, 흡연	–	–	• 60% 커피 • 80% 흡연 • 90% 커피, 흡연
커피/ 흡연	○	무관	무관	○

⑤ 매일 커피와 흡연을 하는 갑돌, 정순이 치석을 제거하지 않는 경우 그의 이가 노랄 확률은 90% 이상이다.

① 갑돌이 매년 치석을 제거하는 경우 이가 노랄 확률은 20% 미만이다.

② 을순은 매년 치석을 제거하므로 이가 노랄 확률은 20% 미만이고 이가 노랄지 않을 확률은 반대 해석상 80% 이상이다.

③ 병돌이 흡연자라 해도 매년 치석을 제거하므로 이가 노랄 확률은 20% 미만이다.

④ 병돌이 매일 커피를 마신다 해도 매년 치석을 제거하므로 이가 노랄 확률은 20% 미만이다.

16 　　　　　　　　　　　　　　　　　정답 ③

세 진술을 순서대로 ①, ②, ③이라 하자.

> ① A가 찬성하면 B, C도 찬성한다. (A → B∩C)
> ② C는 반대한다. (∼C)
> ③ D가 찬성한다면 A와 E 중 한 개 이상은 찬성한다. (D → A∪E)

②에서 C는 반대하므로 ①에서 A도 반대임을 알 수 있다(∵'A가 찬성하면 B, C도 찬성한다.'고 했으므로).

ㄱ. (○) : A, C가 반대이므로 B, D, E 모두 찬성해야 안건이 승인된다. 따라서 'B가 찬성하지 않는다면, 안건은 승인되지 않는다.'는 옳은 지문이다.

ㄴ. (×) : C가 반대이므로 A도 반대이며 남은 B, D, E 중 〈B, E가 찬성하는 경우 D가 반대하는 경우('D가 찬성한다면 A와 E 중 한 개 이상의 구는 찬성한다.'에서 E는 찬성해도 D는 반대하는 경우를 생각할 수 있다.)도 있으므로 언제나 B, D, E가 찬성이라 할 수는 없다. 따라서 'B가 찬성하는 경우 E도 찬성한다면, 안건은 승인된다.'는 틀린 지문이다.

ㄷ. (○) : 'D가 찬성한다면 A와 E 중 한 개 이상의 구는 찬성한다.'가 참이므로 대우명제인 A가 참석하지 않고 E가 참석하지 않는 경우 D도 참석하지 않는다는 참이다.

17 　　　　　　　　　　　　　　　　　정답 ①

아래 4개의 전제 중 3개는 맞고 1개만 틀리므로

> 가인 : 을현은 행정안전부에, 병천은 보건복지부에 배치될 거야.
> 나운 : 을현이 행정안전부에 배치되면, 갑진은 고용노동부에 배치될 거야.
> 다은 : 을현이 행정안전부에 배치되지 않으면, 병천이 행정안전부에 배치될 거야.
> 라연 : 갑진은 고용노동부에, 병천은 행정안전부에 배치될 거야.

에서 가와 라는 서로 병이 보건복지부, 행정안전부에 배치된다고 하므로 모순관계에 있다. 따라서 가와 라는 동시에 참일 수 없고 둘 중 하나의 진술은 틀린 진술이다.

case ①>만일 가가 틀린 진술이라면 자동적으로 라는 옳은 진술이므로 진술을 토대로 배치도를 작성하면

갑진	고용노동부
을현	보건복지부
병천	행정안전부

case ②>만일 라가 틀린 진술이라면 자동적으로 가는 옳은 진술이므로 진술을 토대로 배치도를 작성하면

갑진	고용노동부
을현	행정안전부
병천	보건복지부

이를 근거로 판단할 때

ㄱ. (○) case ①, ②에서 '갑진은 고용노동부에 배치된다.'는 언제나 참임을 알 수 있다.

ㄴ. (×) case ①에서 '을현은 행정안전부에 배치된다.'는 거짓임을 알 수 있다.

ㄷ. (×) 가 또는 라의 예측이 틀린 경우이므로 '라연의 예측은 틀렸다.'는 거짓임을 알 수 있다.

18 　　　　　　　　　　　　　　　　　정답 ③

ㄱ. (○) : 할인기회를 제공한 경우는 [E, F]와 [G, H]의 경우이며 각각 구매율은 b로 할인기회를 제공하지 않은 경우의 구매율(c, d)보다 높다.

ㄴ. (○) : 광고를 할 때 사후서비스를 한 경우와 안 한 경우를 비교한 집단은 [C, D]와 [G, H]인데 각각 사후서비스를 한 경우는 만족도가 안 한 경우보다 높았다.

광고를 한 경우	원 구매율	사후서비스 추가	사후서비스 없음
C	c →	b	
D	c →		c

광고/할인 기회 부여 한 경우	원 구매율	사후서비스 추가	사후서비스 없음
G	b →	a	
H	b →		b

ㄷ. (×) : [C, D]의 경우 광고를 했음에도 사후서비스를 안 한 경우 만족도는 c였고 [E, F]의 경우 광고를 안 한 경우로 사후서비스도 안했을 때 만족도는 b였으므로 사후서비스를 하지 않을 때, 광고를 한 경우가 하지 않은 경우보다 마케팅 만족도가 높다고 볼 수 없다.

19 　　　　　　　　　　　　　　　　　정답 ⑤

ㄱ. (○) : A라는 성질을 가진 대상이 존재할 때, 그 대상들 중 B라는 성질을 가지지 않는 대상이 있다면 U는 거짓이 되는 것에 대해 갑과 을은 모두 이견이 없으므로 "갑과 을은 'A인 대상이 존재하지만 B인 대상이 존재하지 않는다면, U는 거짓이다.'라는 것에 동의한다."는 옳은 진술이다.

ㄴ. (○) : 을은 U에 A의 존재가 전제되었다고 보며 병은 A의 존재가 전제되어야 U의 참 또는 거짓을 판정할 수 있다고 보므로 "을과 병은 만일 'U가 참이라면, A인 대상이 존재한다.'는 것에 동의한다."는 옳은 진술이다.

ㄷ. (○) : 갑은 U를 'A이면서 B가 아닌 대상은 하나도 없다'로 이해한다. 따라서 U가 거짓이라면 'A이면서 B가 아닌 대상이 있다.'가 되며 병은 A의 존재가 전제되어야 U의 참 또는 거짓을 판정할 수 있다고 보므로 따라서 "갑과 병은 'U가 거짓이라면, A인 대상이 존재한다.'는 것에 동의한다."는 옳은 진술이다.

20 정답 ②

난도 중

정답해설

② 보편적 일반화는 '유형 I에 속하는 n개의 개체를 조사해보니 이들 모두에서 속성 P를 발견하였다. 따라서 유형 I에 속하는 모든 개체들은 속성 P를 가질 것이다.'라고 보는 것으로 유형에 속하는 일부 구성원을 조사한 후 이들에게서 발견되는 성질을 전체구성원의 보편성으로 치환하는 경우이다. 따라서 우리나라 전체공무원 중 100명을 대상으로 조사한 내용을 가지고 전체공무원의 공통된 성향으로 보는 것은 '보편적 일반화'에 해당한다.

오답해설

① 타당한 논증이란 연역논증은 가운데 결론의 참을 100% 보장하는 논증을 말한다. '우리나라 공무원 중 여행과 음악을 모두 좋아하는 이들의 비율은 전체의 80%를 넘지 않는다.'는 전제를 통해 연역적으로 '우리나라 공무원 중 여행을 좋아하는 이들의 비율은 전체의 80%를 넘지 않을 것이다.'라는 결론이 100% 참이 되는 것은 아니므로 이 논증은 타당한 논증이라 볼 수 없다.

③ 통계적 일반화는 '유형 I에 속하는 n개의 개체를 조사해 보니 이들 가운데 m개에서 속성 P를 발견하였다. 따라서 유형 I에 속하는 모든 개체 중 m/n이 속성 P를 가질 것이다.'라는 것으로 따라서 '우리나라 공무원 중 30%가 운동을 좋아한다. 따라서 우리나라 20대 공무원 중 30%는 운동을 좋아할 것이다.'는 논증에서 '20대 공무원 중 30%'라는 것은 '전체의 m/n'의 속성을 말하는 통계적 일반화의 예가 아니다.

④ 통계적 삼단논법은 '유형 I에 속하는 개체 중 m/n에서 속성 P를 발견하였다. 개체 α는 유형 I에 속한다. 따라서 개체 α는 속성 P를 가질 것이다.'라는 것으로 '해외연수를 다녀온 공무원의 95%가 정부 정책을 지지한다. 공무원 갑은 정부 정책을 지지하고 있다. 따라서 갑은 해외연수를 다녀왔을 것이다.'에서 유형 I는 '해외연수를 다녀온 공무원'이고 m/n은 95%이며 속성 P는 '정부 정책을 지지한다'로 볼 수 있다. 이 경우 통계적 삼단논법에서는 '개체 α는 유형 I에 속한다. 따라서 개체 α는 속성 P를 가질 것이다.'라고 보므로 공무원 갑이 해외연수를 다녀왔다는 것이 먼저 전제되어야 하며 그 결론으로 갑은 정부정책을 지지하고 있다고 해야 하는데 지문은 순서가 바뀌었다.

⑤ 유비추론은 '유형 I에 속하는 개체 α가 속성 P1, P2, P3를 갖고, 유형 II에 속하는 개체 β도 똑같이 속성 P1, P2, P3를 갖는다. 개체 α가 속성 P4를 가진다는 사실이 발견되었다. 따라서 개체 β는 속성 P4를 가질 것이다.'이다. '임신과 출산으로 태어난 을과 그를 복제하여 만든 병은 유전자와 신경 구조가 똑같다. 따라서 을과 병은 둘 다 80세 이상 살 것이다.'에서 유비추론이 되려면 을은 80세까지 살았다는 사실이 발견돼야 하고 이를 전제로 그러면 병도 80세까지 살 것이라는 논증이 돼야 하는데 지문은 동시에 '을과 병은 둘 다 80세 이상 살 것이다.'라고 했으므로 유비추론으로 볼 수 없다.

21 정답 ③

난도 중

정답해설

ㄱ. (○) : 'B 그룹의 쥐의 뇌보다 A 그룹의 쥐(자극 X에 노출)의 뇌에서는 크기가 큰 신경세포뿐만 아니라 신경교세포도 더 많이 발견되었다.'와 'A 그룹의 쥐의 뇌에서는 신경전달물질 α가 더 많이 분비되었는데'를 통해 '자극 X가 있으면 없을 때보다 신경교세포의 수와 신경전달물질 α의 분비량이 많아진다.'는 옳은 진술임을 알 수 있다.

ㄴ. (○) : 'A 그룹 쥐(자극 X에 노출)의 대뇌피질은 B 그룹 쥐의 대뇌피질보다 더 무겁고 더 치밀했지만, 뇌의 나머지 부위의 무게에는 차이가 없었다.'를 통해 '자극 X가 있으면 없을 때보다 전체 뇌 무게에 대한 대뇌피질의 무게 비율이 높아지고 대뇌피질이 촘촘해진다.'는 옳은 진술임을 알 수 있다.

오답해설

ㄷ. (✕) : 'B 그룹의 쥐의 뇌보다 A 그룹(자극 X에 노출)의 쥐의 뇌에서는 크기가 큰 신경세포뿐만 아니라 신경교세포도 더 많이 발견되었다.'에서 '자극 X가 없으면 있을 때보다 뇌 신경세포의 크기와 수가 늘어난다.' 틀린 진술임을 알 수 있다.

22 정답 ①

난도 중

정답해설

ㄱ. (○) : 1977년 캐나다 실험에 대한 비판은 투여된 사카린의 양이 쥐가 먹는 음식의 5%로 너무 많다는 것으로 ㉠은 이러한 비판이 옳지 않다고 하고 있다. 그 논거로 '발암물질의 효과를 확인하려는 동물 실험은 최소한 수만 마리의 쥐를 이용한 실험을 해야 유의미한 결과를 얻을 수 있다. 하지만 그렇게 많은 쥐를 이용해서 실험하는 것은 불가능하다. 이럴 때 택하는 전형적인 전략은 실험 대상의 수를 줄이고 발암물질의 투여량을 늘리는 것이다.'라고 하고 있으므로 이는 발암물질 투여량이 많을수록 적은 수의 실험대상으로도 유발암물질의 유효성을 판별할 수 있다는 것이다. 따라서 '인간이든 쥐든 암이 발생하는 사례의 수는 발암물질의 섭취량에 비례한다.'는 ㉠의 논지를 강화한다.

오답해설

ㄴ. (✕) : 사례의 논지는 '실험대상인 쥐의 숫자를 줄이고도 다량의 발암물질을 투입하는 경우에는 발암물질의 유효성을 효과적으로 알 수 있다'는 내용이므로 쥐에게 투입된 암 유발 물질도 인간에게 발암물질이 아닌 것이 있다는 것은 이러한 논지를 약화한다.

ㄷ. (✕) : '발암물질의 투여량을 늘리면 실험 대상의 수를 줄이더라도 유의미한 실험 결과를 확보할 수 있는 것이다.'고 하므로 '발암물질의 유효성이 클수록 더 많은 수의 실험 대상을 확보해야 유의미한 실험 결과를 얻을 수 있다.'는 논지를 약화한다.

23 정답 ①

난도 하

정답해설

ㄱ. (○) : A는 '종 차별주의가 옳지 않다는 주장은 모든 종을 동등하게 대우해야 한다는 종 평등주의가 옳다는 말과 같다.'고 하므로 종 차별주의를 인정하면 당연히 종 평등주의를 부정하게 되며 반대의 경우도 마찬가지이므로 양자가 동시에 인정될 수 없는 모순관계에 있다고 본다. B는 '종 차별주의를 거부하는 것과 종 평등주의를 받아들이는 것은 별개다.'라고 하므로 양자를 양립불가의 모순관계로 보지 않는다.

오답해설

ㄴ. (✕) : C는 '의식에 의한 차별이 정당하다는 주장이 옳다면, 각 인간이 가진 가치도 달라야 한다. 왜냐하면 인간마다 의식적 경험의 정도가 다르기 때문이다.'라고 하므로 모든 인간을 동일한 존엄성과 무한한 생명 가치를 가진다는 견해에 동의하지 않는다.

ㄷ. (✕) : C는 '모든 인간이 동일한 존엄성과 무한한 생명 가치를 가진다는 것은 거부할 수 없는 윤리의 대전제이다.'라고 하므로 인간과 인간이 아닌 것 사이의 차별적 대우를 정당화하는 근거가 있다는 것에 동의한다. 다만 그 차별이 '의식'일 순 없다는 것이다. A 역시 종차별주의자로 '인간 종이 다른 생물 종과 생김새가 다르다는 이유만으로 특별한 대우를 받아야 한다는 주장'을 하므로 인간과 인간이 아닌 것 사이의 차별적 대우를 정당화하는 근거가 있다는 것에 동의한다.

24

정답 ④

난도 하

정답해설

④ 「ㅇㅇ구 건강관리센터 운영규정」에 따르면 '출산일을 기준으로 6개월 전부터 계속하여 ㅇㅇ구에 주민등록을 두고 실제로 ㅇㅇ구에 거주하고 있는 산모'에 한해 산모·신생아 건강관리 서비스를 이용할 수 있다. 따라서 사례의 갑은 2020년 6월 28일 아이를 출산했으므로 6개월 전인 2019년 12월 28일 이전에 ㅇㅇ구에 주민등록이 되고 실제 거주해야 한다. 따라서 변경 전 규정에 의하면 갑은 2020년 1월 1일에 ㅇㅇ구에 주민등록이 되었으므로 산모·신생아 건강관리 서비스를 이용할 수 없다. 만약 「ㅇㅇ구 건강관리센터 운영규정」의 '출산일'을 모두 '출산 예정일 또는 출산일'로 개정한다면 갑은 출산 예정일인 2020년 7월 2일을 기준으로 6개월 전인 2020년 1월 2일 이전인 2020년 1월 1일에 ㅇㅇ구에 주민등록을 했고 실거주했으므로 해당 서비스를 이용할 수 있다.

25

정답 ②

난도 중

정답해설

ㄴ. (ㅇ) : 쟁점 2는 '법인 B의 지점 및 사무소 각각은 총리령으로 정하는 손해사정사의 구분에 따른 업무의 종류가 2개씩이고 각 종류마다 1명의 손해사정사를 두고 있다.'이고 제00조 제2항은 '제1항에 따른 법인이 지점 또는 사무소를 설치하려는 경우에는 각 지점 또는 사무소별로 총리령으로 정하는 손해사정사의 구분에 따라 수행할 업무의 종류별로 1명 이상의 손해사정사를 두어야 한다.'이다. 이 경우 '지점에 두어야 하는 손해사정사가 비상근이어도 무방하다.'고 생각하는 을에 의하면 법인 B의 지점은 제00조 제2항을 어긴 것이 아니고 반대로 '지점에 두어야 하는 손해사정사는 상근이어야 한다.'고 생각하는 갑에 의하면 법인 B의 지점은 제00조 제2항을 어긴 것이 된다. 따라서 옳은 진술이다.

오답해설

ㄱ. (×) : 쟁점 1에서 법인 A는 총리령상 구분되는 업무 종류가 4개이고 각 종류마다 2명의 손해사정사를 두었다고 하므로 총 8명의 손해사정사가 있다. 법 제00조 제1항은 '손해사정을 하는 법인은 2명 이상의 상근 손해사정사를 두어야 하고 총리령이 정하는 종별로 1명 이상의 상근 손해사정사를 두어야 한다.'고 규정하는데 ㄱ에서 비상근 손해사정사 2명이 각각 다른 종류의 업무를 담당한다면 2개 종류에서 (비상근, 상근) 손해사정사가 업무를 담당하게 되는데 이는 결과적으로 한 종류에서 한 명 이상의 상근손해사정사를 둔 경우이므로 법 제00조 제1항을 위반하는 것이 아니다. 쟁점 1에서 '갑은 법인 A가 「보험업법」 제00조 제1항을 어기고 있다고 주장하지만 을은 그렇지 않다고 주장한다.'고 하고 ㄱ은 갑의 주장이 옳고 을은 틀리다고 하고 있으나 실은 갑의 주장은 틀리고 을의 주장이 맞으므로 ㄱ은 틀린 진술이다.

ㄷ. (×) : 법인과 그 지점에서 근무하는 손해사정사가 모두 상근이라면 쟁점 1과 쟁점 2의 을의 진술은 모두 옳다.

MEMO

4 학습방법

PSAT는 종래의 과목별 평가와 달리 특정 시험과목이나 해당 학문분야가 없다. 따라서 기존의 시험처럼 효과적 수험방법을 과목별로 일목요연하게 제시하기는 힘들다. 그러나 아래의 항목별 기본 학습방법을 참작하여 준비한다면 도움이 될 것이다.

1. 문장의 구성 및 이해능력

수험생들이 글의 내용을 정확하게 파악할 수 있는 능력을 지녔는지 측정하고자 하기 때문에 수험생들은 평소에 풍부한 독서를 통해 다양한 분야의 글을 접하는 것이 좋다. 이를 위해 대학 기본 교양 과정을 충실히 이수하는 것도 문장의 구성 및 이해능력을 증진시키는 좋은 방법이다.

2. 표현력

글을 쓰는 기본 능력을 지녔는지 측정하고자 한다. 공직자로서 빼놓을 수 없는 과제 가운데 하나는 보고서 작성이다. 따라서 평소에 자신의 생각을 명료하게 드러내는 훈련을 쌓는 것이 좋으며, 다른 사람의 글을 읽고 간단히 요약하거나 자신의 입장에서 그 글을 새로이 고쳐 쓰는 훈련을 하는 것도 많은 도움이 될 것이다.

3. 추론능력

주어진 글의 내용을 바탕으로 새로운 정보를 논리적으로 이끌어 내는 능력이 있는지를 측정하고자 한다. 이를 위해 논리적으로 서술된 다양한 글(논문, 고전 및 양서, 논리적 글쓰기를 위한 일반 교양서적 등)을 접해서 글에 명시적으로 드러나 있지는 않지만 그 글이 궁극적으로 말하려는 바를 추정해 보거나 그 글에서 당연한 것으로 전제하고 있는 것 등을 추정해 보는 훈련을 쌓는 것이 추론능력을 기르는 좋은 방법이다. 필요하다면 교양 수준의 논리학 교재를 일독하는 것도 도움이 될 것이다. 그러나 '사람에 호소하는 오류', '삼단논법' 등 논리학에서 사용되는 용어 등을 묻는 문제는 출제되지 않는다는 점에 착안하여 준비하여야 한다.

4. 논리적 사고력

글의 내용을 제대로 분석하고 그 글에 나오는 논증을 적절히 평가할 능력이 있는지를 측정하고자 한다. 이를 위해서는 일상적으로 접하는 글을 꼼꼼히 분석하고 평가하는 습관을 들이는 것이 이 능력을 기르는 가장 좋은 방법이다. 글을 이루는 각 부분의 내용상 연관관계와 논리적 연관관계를 따져 보고 나름대로 비판적으로 평가하는 훈련을 하는 것이 좋다.

02

Check!

정부 예시문제 파헤치기

다음 (가)에 제시된 〈작성 원칙〉에 따라 (나)의 〈A시 보도자료〉를 수정하거나 보완하고자 할 때, 가장 적절한 것은?

(가) 〈작성 원칙〉
- 보도자료의 제목 및 부제는 전체 내용을 압축적으로 제시하는 내용을 담아야 한다.
- 첫 단락인 '리드'에서 '누가, 언제, 무엇을, 어떻게, 왜'의 핵심정보를 제시해야 한다.
- 제목과 부제에서 드러내고 있는 핵심 정보를 본문에서 빠짐없이 제시해야 한다.
- 불필요한 잉여 정보를 포함하거나 동일 정보를 필요 이상 반복해서는 안 된다.
- 정보 전개에 필요한 표, 그래프, 그림 등을 적절하게 제공해야 한다.

(나) 〈A시 보도자료〉

㉠ 봄철 불청객 '황사' 이렇게 대처하겠습니다!
– 대응 체계 강화와 시민 행동 요령 안내 등 철저한 대비로 황사 피해 최소화 –

　㉡ A시는 매년 봄철(3~5월) 불청객으로 찾아오는 황사 피해를 최소화하기 위해 적극적인 대처 방안을 마련했다. 이에 따라 A시는 황사 대응 체계를 신속하게 가동하고, 시민 행동 요령을 적극적으로 안내할 예정이다. 또 관련부서 및 유관기관과 유기적으로 협조하기로 했다.

　매년 봄철이면 반갑지 않은 손님인 황사가 찾아온다. 황사는 우리 인체에 악영향을 주기 때문에, 시민들의 건강 피해 예방을 위해 철저한 대비가 필요하다. A시의 최근 10년간 연평균 황사 관측일수는 6.1일이며, 이 중 5.1일(83%)이 봄철(3~5월)에 집중 발생하는 것으로 나타났다.

㉢

　기상청의 기상 전망에 따르면 A시의 황사 발생 일수는 4월에는 평년(1.9일)과 비슷하겠으나, 5월에는 평년(2.5일)보다 많을 것으로 전망된다. 특히 ㉣ 최근 중국 북부지역의 가뭄으로 평년보다 더 강한 황사가 발생할 가능성이 있어 철저하게 대비해야 한다.

　A시에서는 황사 발생시 관련부서 및 유관기관과 유기적으로 협조하여 기후 상황 전파, 도로변과 대규모 공사장 물 뿌리기, 진공청소차를 활용한 청소 등 체계적인 대응을 신속하게 실시하여 황사 피해를 최소화할 계획이다.

㉤

---

① ㉠을 '불청객 황사, 봄철 국민 건강을 위협하는 주범입니다'로 수정한다.
② ㉡은 아래 부분에서 반복적으로 설명되는 내용이므로 삭제한다.
③ ㉢에 최근 30년간 한국의 황사 발생 관측 일수를 도표로 제공한다.
④ ㉣에 이어 중국 북부지역 가뭄 원인과 중국 정부의 대처 방안을 추가한다.
⑤ ㉤에 시민들이 황사 피해를 최소화할 수 있는 행동 요령과 그 안내 계획을 추가한다.

정답해설

⑤ 세 번째 작성 원칙에서는 '제목과 부제에서 드러내고 있는 핵심 정보를 본문에서 빠짐없이 제시해야 한다'고 하였다. 〈보도자료〉 첫 번째 문단에서 '시민 행동 요령을 적극적으로 안내할 예정이다'라고 하였으나 제시된 〈보도자료〉에는 이 내용이 빠져 있는 상태이다. 따라서 선택지와 같은 내용이 추가되어야 적절하다.

오답해설

① 첫 번째 작성 원칙에서는 '보도자료의 제목 및 부제는 전체 내용을 압축적으로 제시하는 내용을 담아야 한다'고 하였는데 〈보도자료〉의 제목은 이를 적절히 반영하고 있다. 오히려 선택지의 제목은 전체 내용 중 '황사의 유해성'이라는 일부분만을 제시하고 있으므로 적절하지 않다.
② 두 번째 작성 원칙에서는 "첫 단락인 '리드'에서 '누가, 언제, 무엇을, 어떻게, 왜'의 핵심정보를 제시해야 한다"고 하였는데 〈보도자료〉의 문장은 이를 적절히 반영하고 있다. '리드'는 특성상 이후 제시될 내용을 요약하는 것이 될 수밖에 없는데, 단지 내용이 중첩된다고 하여 삭제하는 것은 적절하지 않다.
③ 네 번째 작성 원칙에서는 '불필요한 잉여 정보를 포함하거나 동일 정보를 필요 이상 반복해서는 안 된다'고 하였다. 그런데, 〈보도자료〉에서 문장으로 제시하고 있는 것은 '최근 10년간 연평균 황사 관측 일수'인데 반해 선택지에서는 30년간의 황사 발생 관측일수를 도표로 제공한다고 하였으므로 불필요한 잉여 정보가 포함되게 된다. 따라서 적절하지 않다.
④ 〈보도자료〉는 A시 정부의 황사 대처방안에 대한 것인데 여기에 중국 북부지역 가뭄 원인과 중국 정부의 대처 방안이라는 정보는 불필요한 잉여 정보이다. 따라서 적절하지 않다.

답 ⑤

다음 대화의 빈칸에 들어갈 내용으로 가장 적절한 것은?

> 갑 : 2019년 7월 17일 학술연구자정보망에서 학술연구자 A의 기본 정보는 조회할 수 있는데, A의 연구 업적 정보는 조회가 되지 않는다는 민원이 있었습니다. 어떻게 답변해야 할까요?
>
> 을 : 학술연구자가 학술연구자정보망에 기본 정보를 제공하는 데 동의하였으나, 연구 업적 정보 공개에 추가로 동의하지 않았을 경우, 민원인은 학술연구자의 연구 업적 정보를 조회할 수 없어요. 또한 동의했다고 하더라도 해당 학술연구자의 업적 정보의 집적이 완료되지 않았을 경우에도 그는 연구 업적 정보를 조회할 수 없습니다.
>
> 갑 : 학술연구자가 연구 업적 정보 공개에 추가로 동의하지 않았다면 조회 화면에 무슨 문구가 표시되나요?
>
> 을 : 조회 화면에 "해당 연구자가 상기 정보의 공개에 동의하지 않았습니다"라는 문구가 표시됩니다. 해당 연구자의 업적 정보의 집적이 완료되지 않은 경우에는 조회 화면에 "업적 정보 집적 중"이라는 문구가 표시되고요. 해당 민원인께서는 무슨 문구가 표시되었다고 말씀하시나요?
>
> 갑 : 문구 표시에 대한 말씀은 듣지 못했어요. 아마 문구를 읽지 못한 것 같아요. 근데 학술연구자의 업적 정보 제공 동의율과 업적 정보 집적률은 현재 얼마만큼 되나요?
>
> 을 : 2019년 7월 18일 오늘 기준으로 학술연구자의 연구 업적 정보 제공 동의율은 약 92%입니다. 동의자 대상 업적 정보 집적률은 약 88%고요. 동의한 학술연구자가 10여만 명에 이르러 자료를 집적하는 데 시간이 많이 걸려요. 하지만 2019년 8월 말까지는 정보 집적이 끝날 겁니다.
>
> 갑 : 그렇군요. 그러면 제가 민원인에게 [   ]라고 답변 드리면 되겠네요. 고맙습니다.

① 지금은 조회할 수 없지만 2019년 8월 말이 되면 학술연구자 A의 연구 업적 정보가 조회될 것이다.

② 학술연구자 A가 연구 업적 정보 공개에 동의하지 않았거나 그의 업적 정보가 현재 집적 중이기 때문에 그렇다.

③ 현재 학술연구자 A는 연구 업적 정보 공개에 동의한 상태지만 그의 업적 정보가 현재 집적 중이기 때문에 그렇다.

④ 지금은 조회할 수 없지만 만일 학술연구자 A가 연구 업적 정보 공개에 동의했다면 한 달 안에는 그의 연구 업적 정보를 조회할 수 있다.

⑤ 오늘 다시 학술연구자 A의 연구 업적 정보를 조회한다면 "해당 연구자가 상기 정보의 공개에 동의하지 않았습니다"라는 문구가 나올 것이다.

오답해설

① 선택지와 같은 경우는 학술연구자 A가 연구 업적 정보 공개에 동의한 경우에만 가능한 것이다. 따라서 옳지 않은 내용이다.

③ 제시된 대화에서는 학술연구자 A가 연구 업적 정보 공개에 동의했다는 내용이 언급되어 있지 않다. 따라서 옳지 않은 내용이다.

④ 학술연구자 A가 연구 업적 정보 공개에 동의했다고 하더라도 그 정보의 집적이 완료되기까지는 한 달이 넘는 시간이 소요(대화는 2019년 7월 18일에 이루어졌으나 2019년 8월 말에 정보 집적이 끝날 것이라고 하였음)되므로 옳지 않은 내용이다.

⑤ 해당 문구가 올바른지를 판단하기 위해서는 학술연구자 A가 정보 공개에 대해 동의했는지의 여부와 정보에 집적 과정이 완료되었는지에 대한 정보가 필요하다. 하지만 제시문을 통해서는 이 같은 내용을 확정지을 수 없으므로 옳지 않은 내용이다.

정답 ②

다음 글의 ㉠의 내용으로 적절한 것은?

○○시에 주민등록을 두고 있으며 무직인 갑은 만 3세인 손녀의 돌봄을 위해 ○○시육아종합지원센터에서 운영하는 장난감 대여 서비스를 이용하려고 하였다. 하지만 ○○시육아종합지원센터는 다음의 「○○시육아종합지원센터 운영규정」(이하 '운영규정'이라 한다)에 따라 갑이 장난감 대여 서비스를 이용할 수 없다고 안내하였다.

「○○시육아종합지원센터 운영규정」
제95조(회원) ① 본 센터의 각종 서비스를 이용하려는 자는 회원으로 등록되어 있어야 한다.
② 회원이 될 수 있는 자는 만 5세 이하 자녀를 둔 ○○시에 주민등록을 두고 있는 자와 ○○시 소재 직장 재직자이다.
③ 회원등록을 위해 제출해야 하는 구비서류는 별도로 정한다.

그러자 갑은 ○○시가 제정한 다음의 「○○시육아종합지원센터 설치 및 운영 조례」(이하 '조례'라 한다)에 근거하여 장난감 대여 서비스를 이용하게 해달라는 민원을 제기하였다.

「○○시육아종합지원센터 설치 및 운영 조례」
제5조(회원) ① 회원은 본 센터에 개인정보를 제공하여 회원등록을 한 자로서 본 센터의 모든 서비스를 이용할 수 있는 자를 말한다.
② 회원이 되려는 자는 다음 각 호의 요건을 모두 갖추어야 한다.
1. ○○시에 주민등록을 두고 있는 자 또는 ○○시 소재 직장 재직자
2. 만 5세 이하 아동의 직계존속 또는 법정보호자

갑의 민원을 검토한 ○○시는 운영규정과 조례가 불일치함을 발견하고 ㉠ 갑과 같은 조건의 사람들도 장난감 대여 서비스를 이용할 수 있도록 운영규정 또는 조례의 일부를 개정하였다.

① 운영규정 제95조 제1항의 '회원으로 등록되어 있어야 한다'를 '본 센터에 개인정보를 제공하여 회원으로 등록되어 있어야 한다'로 개정한다.
② 운영규정 제95조 제2항의 '만 5세 이하 자녀를 둔'을 '만 5세 이하 아동의 직계존속 또는 법정보호자로서'로 개정한다.
③ 조례 제5조 제1항의 '서비스를 이용할 수 있는 자'를 '서비스를 이용할 수 있는 자의 직계존속 또는 법정보호자'로 개정한다.
④ 조례 제5조 제2항 제1호를 '○○시에 주민등록을 두고 있는 자'로 개정한다.
⑤ 조례 제5조 제2항 제2호를 '만 5세 이하 아동의 부모 또는 법정보호자'로 개정한다.

[정답해설]
② 현재 문제가 되는 부분은 '운영규정'에서는 회원이 될 수 있는 자격을 '만 5세 이하 자녀를 둔 자'로 하고 있고 '운영조례'에서는 '만 5세 이하 아동의 직계존속 및 법정보호자'로 규정하고 있어 둘 사이에 차이가 발생하는 것이다. 따라서 선택지와 같이 운영규정을 개정할 경우 이 같은 불일치가 해소되므로 옳은 내용이다.

[오답해설]
① 갑이 장난감 대여 서비스를 이용할 수 없는 이유가 '센터에 개인정보를 제공하는지의 여부'가 아니므로 선택지와 같이 규정을 개정한다고 하더라도 여전히 갑은 서비스를 이용할 수 없다. 따라서 옳지 않은 내용이다.
③, ④, ⑤ 갑이 장난감 대여 서비스를 이용할 수 없는 상황을 해소하기 위해서는 '조례'와 다르게 규정되어 있는 '운영규정'을 개정해야 하는데, 선택지의 내용은 그 반대로 '조례'를 개정하고 있는 것이므로 옳지 않은 내용이다.

目 ②

다음 글의 ㉠~㉤에서 전체 흐름과 맞지 않는 한 곳을 찾아 수정할 때, 가장 적절한 것은?

'거짓말'을 어떻게 정의해야 하는가는 혼란을 일으킬 수 있는 물음입니다. 어떤 사람의 말을 '거짓말'로 만드는 것은 거짓말을 하려는 그 사람의 의도일까요? 아니면 그 말이 사실과 일치하는가의 여부일까요? ㉠ 자신이 거짓이라고 믿는 것을 의도적으로 말하는 사람을 두고 거짓말을 한다고 말하는 것은 당연합니다. 문제는, 자신이 참이라고 믿는 것을 믿는 대로 말했는데 그 말이 사실은 거짓인 경우, 이를 두고 거짓말을 한다고 할 수 있는가 하는 것입니다. 예를 들어서 이런 말을 듣곤 하지 않습니까? "거짓말을 하려고 한 게 아니라 어쩌다 보니 거짓말이 되고 말았다." 참이라고 생각하고 말했는데, 내가 참이라고 생각한 것이 사실과 달라 거짓이 되었다는 의미입니다. 이 경우에는 ㉡ 거짓말을 만드는 것은 말하는 사람의 의도라기보다는 사실과의 일치 여부가 되겠지요. 이런 의미에서 거짓말을 하는 것은 정직하지 않은 것과는 상관없는 일이 됩니다. ㉢ 사실과 일치하는 내용을 참이라고 믿고 말했지만, 결과적으로 거짓말을 하게 되는 셈이니까요. 이런 거짓말을 '결과적 거짓말'이라고 한다면, 자신이 믿는 것과는 반대로 말하는 것을 '의도적 거짓말'이라고 할 수 있을 것입니다. '거짓말'을 결과적 거짓말로 정의할 것인가, 의도적 거짓말로 정의할 것인가는 맥락에 따라서 다를 수 있지만, ㉣ 우리가 '거짓말'에 대해서 갖고 있는 개념에 더 잘 맞는 것은 의도적 거짓말이라고 생각합니다.

'단순히 거짓인 말'과 '거짓말'은 서로 구별되어야 하는 말입니다. 마찬가지로 '우연히 참이 된 말'과 '참말'도 구별되어야겠지요. 가령, 모든 것을 자신이 믿는 바와는 정반대로 말하는 사람을 생각해 봅시다. 만일 이 사람이 '서울은 대한민국의 수도가 아니다.'라고 믿는다면, '서울은 대한민국의 수도이다.'라고 말할 것입니다. 이 경우 그는 사실과의 일치 여부로 보면 참말을 한 셈이지만, 사실과 일치하는 내용을 자신의 믿음대로 말한 사람과는 다른 의미에서 참말을 했다고 해야 하지 않을까요? 다시 말해서, ㉤ 그는 우연히 진실을 말했을 뿐입니다. 이런 사람, 자신이 믿는 바대로 말하려고 했고 그 결과 진실을 말한 사람은 구별되어야 한다고 생각합니다.

① ㉠을 '자신이 참이라고 믿는 것을 의도적으로 말하는 사람을 두고 거짓말을 한다고 말하는 것은 당연합니다'로 수정한다.
② ㉡을 '거짓말을 만드는 것은 사실과의 일치 여부가 아니라 말하는 사람의 의도가 되겠지요'로 수정한다.
③ ㉢을 '사실과 일치하지 않는 내용을 참이라고 믿고 말했지만, 결과적으로 거짓말을 하게 되는 셈이니까요'로 수정한다.
④ ㉣을 '이 두 가지 거짓말이 모두 참말과 구분된다는 점에서는 동일한 거짓말이라고 생각합니다'로 수정한다.
⑤ ㉤을 '그는 의도적으로 진실을 말하고 있는 것입니다'로 수정한다.

③ ㉢의 앞부분에서는 '해당 사실이 사실과 다른 경우' 이것이 거짓말이 되는 상황을 말하고 있으므로 선택지와 같이 수정하는 것이 옳다.

① ㉠에는 말하는 사람의 의도가 '거짓말'을 하려는 것에 대한 내용이 들어가야 한다. 따라서 지문의 문장은 적절하므로 수정하는 것은 옳지 않다.
② ㉡의 앞부분에서 다루는 내용이 '거짓말을 하려는 의도는 없었으나 해당 사실이 사실과 다른 경우'에 대한 것인데 선택지의 문장은 이와 반대이므로 옳지 않은 내용이다.
④ ㉣의 앞부분에서는 '결과적 거짓말'과 '의도적 거짓말' 중 어느 것을 '거짓말'에 보다 가까운 것인지를 다루고 있으므로 둘 중 하나를 선택해야 하는 상황임을 알 수 있다. 따라서 옳지 않은 내용이다.
⑤ ㉤의 앞부분에 언급된 사례는 '모든 것을 자신이 믿는 바와는 정반대로 말하는 사람'에 대한 것이므로 그가 의도적으로 진실을 말하고 있다는 것은 이와 반대된다. 따라서 옳지 않은 내용이다.

답 ③

03 Check!
필수 스킬 TOP 10

유형 1 | 세부내용 파악 및 내용 확장

1 유형의 이해

언어논리 과목에서 가장 많이 등장하는 유형이지만 제재가 무엇인지에 따라 또 제시문의 난도에 따라 천차만별의 문제가 만들어질 수 있는 유형이다. 흔히들 이 유형은 단순히 꼼꼼하게 읽으면 누구나 맞힐 수 있다고 생각하지만 의외로 정답률이 높지 않다는 점에 유념할 필요가 있다. 또한, 단순히 내용을 이해하는 것을 넘어 제시문의 내용을 통해 제3의 내용을 이끌어내는 이른바 추론형 문제의 경우 형식논리와 결부되어 출제되기도 한다.

2 발문유형

• 다음 글에서 알 수 있는 것은?
• 다음 글에서 추론할 수 있는 것은?
• 다음 글의 내용과 부합하지 않는 것은?

3 접근법

1. 첫머리에 주목

흔히들 제시문의 첫 부분에 나오는 구체적인 내용들은 중요하지 않은 정보라고 판단하여 넘기곤 한다. 하지만 의외로 첫 부분에 등장하는 내용이 문장으로 구성되는 경우가 상당히 많은 편이다. 물론 그 선택지가 답이 되는 경우는 드물지만 첫 단락은 글 전체의 흐름을 알게 해주는 길잡이와 같은 역할도 하므로 지엽적인 정보라도 꼼꼼하게 챙기도록 하자.

2. 여러 항목이 나열되어 있는 제시문

타 직렬 PSAT에서 매년 2~4문제 정도 출제되는 유형으로 많은 수험생들이 이러한 유형의 제시문은 어떻게 밑줄 내지는 표시를 해야 하는지에 대해 고민을 하곤 한다. 예를 들어, 제시문에 '서립, 배종, 의장의 임무로 세분된다'라는 문장이 나올 때 문단 아래를 스캔해보면서 이 단어들을 각각 설명하고 있는지를 찾아보자. 만약 그렇다면 저 문장에서는 '서립, 배종, 의장'에 표시를 하지 않고 아래에 등장하는 해당 단어에 표시를 해두자. 이름표를 확실히 붙여주는 것이다. 그렇게 하면 선택지에서 다시 찾아 올라갈 때 상당히 편리하고 또한 시험지에 2중으로 표시되는 것도 막을 수 있다.

3. 기존의 지식

선택지를 읽다 보면 제시문에서는 언급되어 있지 않지만 우리가 흔히 알고 있는 지식을 이용한 것들을 종종 만나게 된다. 이는 대부분 함정이며 제시문을 벗어난 기존의 지식을 응용한 선택지는 오답이라고 봐도 무방하다. 물론, 극소수의 문제에서 기존의 지식을 활용하는 것이 도움이 되는 경우도 있다. 하지만 지식을 묻는 과목이 아닌 언어논리에서의 지식은 오히려 해가 될 가능성이 더 높다는 점에 유의하자.

4 생각해 볼 부분

하나의 문제를 분석할 때 단순히 그 문제를 맞고 틀리고만 체크할 것이 아니라 파생 가능한 선택지까지 예측해 보는 습관을 길러야 한다. 어차피 똑같은 제시문이 두 번 출제되지는 않지만 그 기본 아이디어는 반복해서 출제될 수 있기 때문이다.

다음 글에서 알 수 있는 것은?

　　조선 왕조가 개창될 당시에는 승려에게 군역을 부과하지 않는 것이 상례였는데, 이를 노리고 승려가 되어 군역을 피하는 자가 많았다. 태조 이성계는 이를 막기 위해 국왕이 되자마자 앞으로 승려가 되려는 자는 빠짐없이 일종의 승려 신분증인 도첩을 발급 받으라고 명했다. 그는 도첩을 받은 자만 승려가 될 수 있으며 도첩을 신청할 때는 반드시 면포 150필을 내야 한다는 규정을 공포했다. 그런데 평범한 사람이 면포 150필을 마련하기란 쉽지 않았다. 이 때문에 도첩을 위조해 승려 행세하는 자들이 생겨났다.

　　태종은 이 문제를 해결하고자 즉위한 지 16년째 되는 해에 담당 관청으로 하여금 도첩을 위조해 승려 행세하는 자를 색출하게 했다. 이처럼 엄한 대응책 탓에 도첩을 위조해 승려 행세하는 사람은 크게 줄어들었다. 하지만 정식으로 도첩을 받은 후 승려 명부에 이름만 올려놓고 실제로는 승려 생활을 하지 않는 부자가 많은 것이 드러났다. 이런 자들은 불교 지식도 갖추지 않은 것으로 나타났다. 태종과 태종의 뒤를 이은 세종은 태조가 세운 방침을 준수할 뿐 이 문제에 대해 특별한 대책을 내놓지 않았다.

　　세조는 이 문제를 해결하기 위해 즉위하자마자 담당 관청에 대책을 세우라고 명했다. 그는 수 년 후 담당 관청이 작성한 방안을 바탕으로 새 규정을 시행하였다. 이 방침에는 도첩을 신청한 자가 내야 할 면포 수량을 30필로 낮추되 불교 경전인 심경, 금강경, 살달타를 암송하는 자에게만 도첩을 준다는 내용이 있었다. 세조의 뒤를 이은 예종은 규정을 고쳐 도첩 신청자가 납부해야 할 면포 수량을 20필 더 늘리고, 암송할 불경에 법화경을 추가하였다. 이처럼 기준이 강화되자 도첩 신청자 수가 줄어들었다. 이에 성종 때에는 세조가 정한 규정으로 돌아가자는 주장이 나왔다. 하지만 성종은 이를 거부하고, 예종 때 만들어진 규정을 그대로 유지했다.

① 태종은 도첩을 위조해 승려가 된 자를 색출한 후 면포 30필을 내게 했다.

② 태조는 자신이 국왕이 되기 전부터 승려였던 자들에게 면포 150필을 일괄적으로 거두어들였다.

③ 세조가 즉위한 해부터 심경, 금강경, 살달타를 암송한 자에게만 도첩을 발급한다는 규정이 시행되었다.

④ 성종은 법화경을 암송할 수 있다는 사실을 인정받은 자가 면포 20필을 납부할 때에만 도첩을 내주게 했다.

⑤ 세종 때 도첩 신청자가 내도록 규정된 면포 수량은 예종 때 도첩 신청자가 내도록 규정된 면포 수량보다 많았다.

⑤ 세종 때 도첩 신청자가 내도록 규정된 면포 수량은 150필인 반면, 예종 때는 50필이었으므로 옳은 내용이다.

답 ⑤

이 유형의 발문은 크게 '① 부합하는 것은?, ② 알 수 있는 것은?, ③ 추론할 수 있는 것은?'의 세 가지 유형으로 나누어 볼 수 있는데 이들 간의 차이점을 기계적으로 딱 잘라서 나누기는 어렵다. 일단 ①과 ②는 문제의 접근방법에 큰 차이는 없다. 다만 미묘한 차이가 있다면 ②는 거의 대부분의 선택지가 제시문의 문장을 거의 그대로 활용하는 경향이 강한 반면, ①은 추론을 통해 유추해야 하는 선택지가 좀 더 많이 등장한다는 점이다. 반면 ③은 거의 대부분의 선택지가 추론과정을 통한 것들로 이루어져 있으며, 오히려 제시문에서 사용된 표현과 유사한 내용이 등장하면 오답인 경우가 많다.

제시문 접근법

이 유형의 제시문은 대부분 설명문의 형태로 주어진다. 따라서 독해 시 가장 중요한 것은 주요 핵심 키워드를 빠르게 찾는 것인데, 단순히 키워드를 찾는 것에 그치기보다는 이들 사이에 어떤 관계가 있는지를 파악해야 한다. 즉, 시간의 순서가 강조되는 것인지 아니면 어느 하나가 다른 것들을 포괄하는 관계인지 등을 파악해야 한다는 것이다. 만약 시간의 순서를 다루는 제시문이라면 정답은 중간 단계를 서술한 선택지에 있을 가능성이 높다. 반면 포괄 관계에 있는 키워드들을 다루고 있다면 그 연결을 다르게 한 선택지가 정답일 확률이 높다. 즉, A와 B, C와 D가 연관된 키워드라면 A와 D, B와 C를 연결하여 선택지를 구성하는 것이 일반적이다.

선택지 접근법

이른바 선택지 스캐닝이 반드시 필요한 유형이다. 선택지의 내용을 자세히 읽어보지 않더라도 선택지에서 반복되는 문구를 통해 제시문의 제재를 파악할 수 있기 때문이다. 통상 이 유형의 제시문은 등장하는 정보의 양이 상당히 많은 편이어서 자칫 잘못하면 지엽적인 내용에 빠져들 가능성이 있다. 따라서 선택지 스캐닝을 통해 파악한 제재를 일종의 나침반으로 삼아 읽어나가야 한다.

1 유형의 이해

어느 특정한 주제에 대해 복수의 입장이 제시되며 선택지를 통해 이들 간의 관계를 판단하는 유형이다. 민간경력자 PSAT 수준에서는 최대 4개의 견해들이 제시되는 편이며 2개의 견해가 서로 대립하는 경우도 종종 출제되고 있다. 3개의 견해가 제시되는 경우 가장 기본적인 형태는 (A, C) ↔ (B)의 형태이지만 이런 기본형이 출제되는 경우는 드물다. 대부분의 결론은 대립하는 모양새를 보일지라도 그 세부 내용에서는 서로 같은 입장을 취하는 부분이 존재하는 편이며, 이 교차점을 이용해 선택지가 구성된다.

2 발문 유형

- 다음 글의 (가)~(다)에 대한 분석으로 옳은 것만을 〈보기〉에서 모두 고르면?
- 다음 논쟁에 대한 분석으로 적절한 것만을 〈보기〉에서 모두 고르면?

3 접근법

1. A, B형 제시문

가장 전형적인 유형이다. 난도가 낮다면 A, B라는 단어가 제시문 전체에 걸쳐 등장하므로 이른바 '찾아가며 풀기' 전략이 통할 수 있으나 다른 단어로 치환하여 등장할 경우는 그것이 사실상 불가능하다. 따라서 A, B형이 존재한다는 것에 그치지 말고 각각의 주요 키워드를 하나씩 잡고 제시문을 읽는 것이 올바른 독해법이다.

2. (가), (나), (다)형 제시문

3~4개의 견해가 등장하는 경우이며 명시적으로 (가)~(다)가 주어지는 경우도 있지만 그렇지 않고 단락으로만 구분되는 경우도 있다. 이 경우는 시각적으로 각각의 견해가 구분되는 만큼 상대적으로 풀이가 용이한 편이다. 다만, 이 경우는 각각의 단락에 해당되는 견해만 서술하는 것이 아니라 다른 견해와의 차이점(예) B견해를 논하면서 'B는 A와는 달리 ~하다'라고 언급하는 부분)이 같이 녹아 있는 경우가 많다. 바로 이 부분을 잘 구분하는 것이 관건이며 실제 정답도 이 포인트에 있는 경우가 많다.

3. 통합형 제시문

위 2와 달리 전체 제시문 안에서 각각의 견해가 구분되지 않고 문단 속에 녹아들어 있는 경우이다. 수험생의 입장에서는 가장 까다로운 형태인데, 사실 이 유형은 제시문의 내용 자체는 어렵지 않은 반면 각각의 견해에 대한 내용이 제시문 여기저기에 흩어져 있다는 것이 문제가 된다. 따라서 제목과 대립되는 단어에 자신만의 표시를 해 두는 것이 중요하다. 통상 선택지에서는 대립되는 견해(예) '~주의')가 여럿 등장하지만 제시문에서는 한눈에 이것이 구분되지 않는 경우가 이에 해당한다.

4 생각해 볼 부분

대화형 제시문 유형도 종종 만나게 된다. 이 유형은 甲, 乙, 丙 혹은 복수의 철학자들의 대화가 주어지는 경우가 이에 해당하는데, 구체적인 접근법은 위 1, 2와 유사하지만 대화의 내용이 피상적인 경우가 많은데다가 상대방의 의견을 자신이 대신 말해주는 구조(예) '당신은 ~라고 생각하고 있는 것 같군요'와 같은 표현)가 많은 것이 특징이다. 서술형 제시문과 달리 눈에 띄는 단어나 어구가 없으므로 자칫 긴장을 풀고 읽을 경우 정말 아무것도 건지지 못하는 상황이 생길 수 있다. 따라서 사소한 말일지라도 이것이 함축하는 의미가 무엇인지를 잘 따져보기 바란다. 상황판단 과목이지만 2019년 민간경력자 PSAT 기출에서 '그럴 수도 있지만 확실하지는 않아'와 같은 문구가 결정적인 영향을 미치기도 했다.

다음 글의 (가)~(다)에 대한 분석으로 옳은 것만을 〈보기〉에서 모두 고르면?

바람직한 목적을 지닌 정책을 달성하기 위해 옳지 않은 수단을 사용하는 것이 정당화될 수 있는가? 공동선의 증진을 위해 일반적인 도덕률을 벗어난 행동을 할 수밖에 없을 때, 공직자들은 이러한 문제에 직면한다. 이에 대해서 다음과 같은 세 가지 주장이 제기되었다.

(가) 공직자가 공동선을 증진하기 위해 전문적 역할을 수행할 때는 일반적인 도덕률이 적용되어서는 안 된다. 공직자의 비난받을 만한 행동은 그 행동의 결과에 의해서 정당화될 수 있다. 즉 공동선을 증진하는 결과를 가져온다면 일반적인 도덕률을 벗어난 공직자의 행위도 정당화될 수 있다.

(나) 공직자의 행위를 평가함에 있어 결과의 중요성을 과장해서는 안 된다. 일반적인 도덕률을 어긴 공직자의 행위가 특정 상황에서 최선의 것이었다고 하더라도, 그가 잘못된 행위를 했다는 것은 부정할 수 없다. 공직자 역시 일반적인 도덕률을 공유하는 일반 시민 중 한 사람이며, 이에 따라 일반 시민이 가지는 도덕률에서 자유로울 수 없다.

(다) 민주사회에서 권력은 선거를 통해 일반 시민들로부터 위임받은 것이고, 이에 의해 공직자들이 시민들을 대리한다. 따라서 공직자들의 공적 업무 방식은 일반 시민들의 의지를 반영한 것일 뿐만 아니라 동의를 얻은 것이다. 그러므로 민주사회에서 공직자의 모든 공적 행위는 정당화될 수 있다.

〈보기〉

ㄱ. (가)와 (나) 모두 공직자가 공동선의 증진을 위해 일반적인 도덕률을 벗어난 행위를 하는 경우는 사실상 일어날 수 없다는 것을 전제하고 있다.

ㄴ. 어떤 공직자가 일반적인 도덕률을 어기면서 공적 업무를 수행하여 공동선을 증진했을 경우, (가)와 (다) 모두 그 행위는 정당화될 수 있다고 주장할 것이다.

ㄷ. (나)와 (다) 모두 공직자도 일반 시민이라는 것을 주요 근거로 삼고 있다.

① ㄱ
② ㄴ
③ ㄱ, ㄷ
④ ㄴ, ㄷ
⑤ ㄱ, ㄴ, ㄷ

발문 접근법

이 유형은 대부분의 경우 발문 자체에서 '논쟁'이라는 단어를 사용하여 견해들 간의 차이가 있음을 알려주는 편이다. 따라서 발문을 확인한 후에는 제시문이 어떤 식으로 구성되어 있는지(앞에서 언급한 형태 참조) 판단하고 선택지에 대한 스캐닝에 들어가야 한다. 이 유형의 발문에서는 ① 복수 견해 간의 관계를 묻는 선택지(대립, 양립가능 등), ② 특정한 사례가 주어지고 이것이 각각의 견해를 강화 혹은 약화하는지를 묻는 선택지가 주로 출제된다.

제시문 접근법

앞 페이지 10쪽의 A, B형 제시문, (가), (나), (다)형 제시문, 통합형 제시문, 대화형 제시문의 내용을 참조하기 바란다.

선택지 접근법

이 유형의 문제에서는 주로 ㄱ~ㄷ형의 선택지가 제시되는 편이며 하나의 선택지에서 두 개의 견해를 같이 다루는 경우가 많다. 즉 문제의 선택지 ㄴ과 같이 제시문에서 직접적으로 언급되지 않은 제3의 사례가 주어지고 그에 대해 복수의 당사자가 찬성하는지 반대하는지의 여부를 묻는 경우가 그것이다. 과거에는 '甲은 찬성하고 乙은 반대할 것이다'와 같이 두 견해의 차이점을 묻는 경우가 많았던 반면, 최근에는 '甲과 乙 모두 찬성할 것이다'와 같이 두 견해의 공통점을 묻는 경우가 많다. 실제 문제를 풀어 보면 공통점을 묻는 후자의 경우가 훨씬 난도가 높다.

한 가지 추가할 것은 양립 가능하다는 것의 의미는 두 논증의 내용이 서로 동일하다는 것을 의미하진 않는다는 것이다. 이는 두 논증의 교집합이 존재할 수 있는지를 묻는 것이다. 따라서 외견상으로는 서로 대립되는 내용처럼 보일지라도 절충점이 존재한다면 그것은 양립 가능하다. 또한 어느 하나가 다른 하나의 논증에 포함되는 경우에도 양립 가능하다고 판단한다.

ㄴ. (가)는 '공동선을 증진하는 결과를 가져온다면 일반적인 도덕률을 벗어난 공직자의 행위도 정당화될 수 있다'고 하였고 (다)는 '민주사회에서 공직자의 모든 공적 행위는 (공동선의 증진 여부와 무관하게) 정당화될 수 있다'고 하였다. 즉, (가), (다) 모두 일반적인 도덕률을 어겼으나 공동선을 증진한 공적 업무를 수행하였다면 이는 정당화될 수 있다고 주장할 것이다. 따라서 옳은 내용이다.

답 ②

1 유형의 이해

일반적인 논설문의 형태를 띠고 있으나 그 세부적인 문장들이 논리적인 관계를 가지는 유형으로 언어논리 전체를 통틀어 가장 어려운 난도의 유형이다. 가장 기본적인 형태로는 제시문의 여러 문장들에 밑줄이 그어져 있고 이 문장들 간의 관계를 묻는 것이며, 이것이 진화한 형태가 이른바 '추가로 필요한 전제'를 찾는 유형이다. 후자의 경우 전체적인 논증의 흐름을 꿰뚫고 있어야 풀이가 가능하며 수험생들이 어려워하는 철학지문, 과학지문을 이용해 출제되기도 한다.

2 발문 유형

- 다음 글에 대한 분석으로 적절하지 않은 것은?
- 다음 글의 결론을 이끌어내기 위해 추가해야 할 전제만을 〈보기〉에서 모두 고르면?

3 접근법

1. 꼬리에 꼬리를 무는 논증

가장 기본적인 형태로서 키워드만 잘 잡고 이를 연결하면 아무리 복잡한 논증구조를 가지고 있더라도 쉽게 정답을 찾아낼 수 있다. 이 유형에서 가장 중요한 것은 키워드를 잡는 것이다. 난도가 낮은 제시문이라면 키워드들이 모두 동일한 단어로 주어지겠지만, 이는 얼마든지 같은 의미를 지니는 단어 내지는 어구로 변환하여 출제될 수 있다. 이럴 때에는 주어진 단어들을 그대로 사용하지 말고 이를 포괄하는 간단한 단어 하나로 통일한 후 과감하게 단순화시키는 것이 중요하다. 비슷한 의미이긴 한데 조금은 다르다고 생각하여 각각을 별개의 논증으로 놓으면 그 어느 명제도 연결되지 않는 상황이 생기고 만다.

2. Ⓐ와 Ⓔ가 모두 참이면 Ⓒ는 반드시 참 or 동시에 참

PSAT 유형의 시험에서 가장 빈출되는 유형이 이와 같이 제시문의 부분만을 활용하여 논증의 타당성을 묻는 것이다. 이 유형은 난도가 매우 높은 관계로 실전에서는 선택지에서 언급된 밑줄 친 문장들을 따라가기 급급한 것이 현실이다. 그런데 실상을 따져보면 의외로 간단한 로직을 가지고 있다. 즉 선택지에서 Ⓒ로 언급된 것들은 그냥 아무 의미 없이 선정된 것이 아니라 '소주제'급의 문장들이라는 것이다. 즉 이 유형은 전체 주제와 어긋나는 문장을 찾고 이것이 개입된 선택지를 배제하라는 것과 같다고 봐도 무방하다.

3. 논리전개가 점프한 지점, 그리고 선택지의 활용

추가 전제 찾기 유형의 문제는 아무리 복잡하게 주어지더라도 주어진 논증을 정리해보면 어느 단계에서 아무런 근거 없이 논리전개가 '점프'하는 부분이 나오게 된다. 바로 그 부분을 공략한 선택지를 찾으면 되는 것이다. 그런데 이 과정에서 주의할 점은 선택지를 활용해야 한다는 것이다. 일부 수험생의 경우 이러한 문제를 풀 때 백지상태, 즉 선택지를 참고하지 않고 생략된 전제를 찾으려고 하는 경향이 있는데 매우 바람직하지 못하다. 어찌되었든 제시문에서 언급된 결론을 끌어내야 하는 것이 종착역이니만큼 선택지를 통해 이 전제를 끌어낼 수 있게 만들면 그만이다. 숨겨진 전제 찾기는 시작도 끝도 선택지이다.

4 생각해 볼 부분

제시문에서 조건문의 형식을 가진 문장이 나오면 일단 '조건식을 이용한 문제가 아닐까'하는 의문을 가져야 함은 당연하다. 하지만 그것이 지나쳐서 그러한 문제들을 모조리 조건식으로만 풀이하려는 수험생들이 있는데 이는 매우 바람직하지 못하다. 제시된 물음과 답변을 조건식으로 변환하여 선택지를 분석했을 때 딱딱 맞아떨어지는 것이 몇 개나 있었는가? 형식논리학이 모든 논리구조를 포섭하려는 시도를 하고 있지만 수험생의 입장에서 그 시도들에 반드시 합류할 필요는 없다. 형식논리학은 논증분석의 한 부분일 뿐이다.

다음 글의 ⓐ와 ⓑ에 들어가기에 적절한 것을 〈보기〉에서 골라 알맞게 짝지은 것은?

> 귀납주의란 과학적 탐구 방법의 핵심이 귀납이라는 입장이다. 즉, 과학적 이론은 귀납을 통해 만들어지고, 그 정당화 역시 귀납을 통해 이루어진다는 것이다. 그러나 실제 과학의 역사를 고려하면 귀납주의는 문제에 처하게 된다. 이러한 문제 상황은 다음과 같은 타당한 논증을 통해 제시될 수 있다.
>
> 만약 귀납이 과학의 역사에서 사용된 경우가 드물다면, 과학의 역사는 바람직한 방향으로 발전하지 않았거나 또는 귀납주의는 실제로 행해진 과학적 탐구 방법의 특징을 드러내는 데 실패했다고 보아야 한다. 과학의 역사가 바람직한 방향으로 발전하지 않았다면, 귀납주의에서는 수많은 과학적 지식을 정당화되지 않은 것으로 간주해야 한다. 그리고 귀납주의가 실제로 행해진 과학적 탐구 방법의 특징을 드러내는 데 실패했다면, 귀납주의는 과학적 탐구 방법에 대한 잘못된 이론이다. 그런데 우리는 과학의 역사가 바람직한 방향으로 발전하지 않았거나, 귀납주의가 실제로 행해진 과학적 탐구 방법의 특징을 드러내는 데 실패했다고 보아야 한다. 그 이유는 　ⓐ　는 것이다. 그리고 이로부터 우리는 다음 결론을 도출하게 된다. 　ⓑ　.

─── 보 기 ───

ㄱ. 과학의 역사에서 귀납이 사용된 경우는 드물다

ㄴ. 과학의 역사에서 귀납 외에도 다양한 방법들이 사용되었다

ㄷ. 귀납주의는 과학적 탐구 방법에 대한 잘못된 이론이고, 귀납주의에서는 수많은 과학적 지식을 정당화되지 않은 것으로 간주해야 한다

ㄹ. 귀납주의가 과학적 탐구 방법에 대한 잘못된 이론이라면, 귀납주의에서는 수많은 과학적 지식을 정당화되지 않은 것으로 간주해야 한다

ㅁ. 귀납주의가 과학적 탐구 방법에 대한 잘못된 이론이 아니라면, 귀납주의에서는 수많은 과학적 지식을 정당화되지 않은 것으로 간주해야 한다

	ⓐ	ⓑ
①	ㄱ	ㄷ
②	ㄱ	ㄹ
③	ㄱ	ㅁ
④	ㄴ	ㄹ
⑤	ㄴ	ㅁ

발문 접근법

'추가되어야 할 전제' 유형이 아닌 다른 유형의 경우 발문만으로 유의미한 접근법을 찾기는 어렵다.

제시문 접근법

이 문제에는 해당하지 않지만 가장 일반적인 형태인 ⓐ~ⓔ 밑줄형 제시문이 등장했다면 밑줄들을 스캐닝하면서 주제와 같은 뉘앙스를 보이는 것을 찾아보자(설사 그것이 실제 주제가 아니어도 괜찮다). 반드시 주제는 이 밑줄 중 하나에 있기 마련이기 때문인데, 가급적 단락별로 이러한 문장들을 하나씩 찾는 것이 좋다(이렇게 할 경우 대략 2~3개 정도를 선정할 수 있게 된다). 그리고 나서 밑줄이 없다고 생각하고 빠르게 제시문을 읽어 보자. 여기서 읽는다는 것의 의미는 세부적인 내용을 모두 파악하라는 것이 아니라 큰 뼈대를 잡기 위한 독해를 의미한다. 만약 자신이 선별한 주제가 옳다면 그대로 선택지를 판단하면 될 것이다. 즉, '주제 스캐닝 → 개괄 독해 → 선택지 판단과 함께 세부 독해'의 과정을 거치는 것이다. 만약 자신이 선별한 주제가 아니었다고 해도 문제가 되지 않는다. 밑줄의 개수는 많아야 5개이므로 자신이 선정하지 않았던 밑줄들이 주제가 될 수밖에 없다. 어차피 이런 유형의 문제라면 최소 3분 이상은 투입해야 한다. 따라서 이와 같은 풀이가 가능한 것이다.

먼저 제시문을 정리해 보면 ⓐ를 근거로 '과학의 역사가 바람직한 방향으로 발전하지 않았거나' 또는 '과학적 탐구 방법의 특징을 드러내는 데 실패했다'라는 소결론을 이끌어 냈다는 것을 알 수 있다. 이는 '귀납이 과학의 역사에서 사용된 경우가 드물다'를 근거로 할 때 도출될 수 있는 결론이므로 ⓐ에는 ㄱ이 들어가야 가장 적절하다는 것을 알 수 있다.

다음으로 이를 통한 최종결론은 '귀납주의에서는 수많은 과학적 지식이 정당화되지 않은 것으로 간주해야 하거나' 또는 '귀납주의가 과학적 탐구 방법에 대한 잘못된 이론이다'가 되어야 한다. 이 결론이 선언적 형식을 가져야 하는 이유는 위에서 언급한 것처럼 '귀납이 과학의 역사에서 사용된 경우가 드물다'를 근거로 한 소결론이 선언의 형태였기 때문이다. 따라서 '(A ∨ B)=(~A → B)'에 따라 논리적으로 이와 동치인 ㅁ이 ⓑ에 들어가기에 가장 적절한 문장이 된다. 반면 선택지 ㄷ은 두 명제를 선언이 아닌 연언의 형식으로, ㄹ은 조건문의 형식으로 진술하였기에 답이 될 수 없다.

 ③

1 유형의 이해

강화·약화 문제는 매년 1~2문제씩 꼭 출제되는 단골 유형인데 이와 같은 문제를 만나게 되면 논리식을 복잡하게 세울 것이 아니라 결론을 끌어내기 위해 어떤 방향으로 논증이 흘러가는지 정리하는 것을 최우선으로 해야 한다. 그리고 선택지를 이 흐름에 대입시켜 전개 방향이 옳게 가는 것인지 반대로 가는 것인지를 판단한 후 정오를 판단하면 된다. PSAT의 강화·약화 문제는 어떤 의미에서는 그다지 엄밀해 보이지 않는 일종의 '감'으로 풀어 나가는 것이 효율적일 수 있으며 대부분의 문제는 그 수준에서 풀이가 가능하다.

2 발문 유형

- 다음 글에 대한 평가로 적절하지 않은 것은?
- 다음 글의 논증을 약화하는 것만을 〈보기〉에서 모두 고르면?
- 다음 글의 ㉠을 지지하는 것만을 〈보기〉에서 모두 고르면?

3 접근법

1. 추론형 + 일치·부합형 = 강화·약화

사실 강화·약화 문제는 논리적으로 엄밀하게 분석한다면 끝도 없이 어려워지는 유형이다. 하지만 PSAT에서는 그러한 풀이를 요구하는 것이 아니라 전체 논증과 방향성이 일치하는지 여부를 판정하는 수준으로 출제된다. 크게 보아 강화·약화 유형은 추론형과 일치·부합형 문제를 섞어 놓은 것이다. 딱 그만큼의 수준으로 풀이하면 된다.

2. 오답 선택지의 분석은 불필요

많은 수험생들이 '강화·약화' 유형의 문제를 매우 어려워한다. 이는 정답이 아닌 선택지를 놓고 이것이 약화인지, 무관한 것인지를 따지기 때문이다. 문제의 특성상 강화·약화 문제의 경우 정답 선택지를 제외한 나머지는 어느 하나로 딱 떨어지지 않는 경우가 대부분이며 보는 시각에 따라 다른 평가를 내릴 가능성이 매우 높다. 따라서 강화·약화 문제의 경우는 만약 '강화'를 찾는 것이라면 '강화인 것'과 '강화가 아닌 것'의 범주로 나누는 것으로 충분하다. 즉, 명확하게 확인이 되는 것이면 모르겠지만 그렇지 않은 '강화가 아닌 것'을 굳이 '약화'와 '무관'으로 나누려고 하지 말라는 것이다. 실제 출제도 그렇게 이루어진다.

3. 핵심 논지 이외의 것들

입장의 강화·약화 문제는 반드시 핵심 논지와 연결되어야 하는 것은 아니며 논지를 전개해 나가는데 언급되었던 세부적인 논증들 모두가 대상이 될 수 있다. 따라서 논지와 직접 연결되지 않는다고 하여 무조건 영향을 미치지 않는다고 판단하는 실수를 범하지 말기 바란다.

4 생각해 볼 부분

강화·약화 유형이 한 단계 업그레이드된 것이 바로 '사례 연결형 문제'이다. 이는 주로 과학 실험형 제시문과 결합되어 출제되는 편이며 추상적인 진술이 아닌 구체적인 실험 내지는 관찰 결과가 제시된 논증에 어떠한 영향을 미치는지를 판단하게끔 하고 있다. 이 유형에서 가장 중요한 것은 실험 내지는 관찰 결과의 '독립변수'가 무엇인지를 찾는 것이다. 즉, 이 독립변수의 조작 여부를 다루는 선택지를 최우선으로 판단하도록 하자. 독립변수가 아닌 제3의 변수가 조작된 선택지는 곧바로 배제해도 무방하다.

다음 글에 대한 평가로 적절하지 않은 것은?

> 당신은 '행복 기계'에 들어갈 것인지 망설이고 있다. 만일 들어간다면 그 순간 당신은 기계에 들어왔다는 것을 완전히 잊게 되고, 이 기계를 만나기 전에는 맛보기 힘든 멋진 시간을 가상현실 기술을 통해 경험하게 된다. 단, 누구든 한 번 그 기계에 들어가면 삶을 마칠 때까지 거기서 나올 수 없다. 이 기계에는 고장도 오작동도 없다. 당신은 이 기계에 들어가겠는가? 우리의 삶은 고난과 좌절로 가득 차 있지만, 우리는 그것들이 실제로 사라지기를 원하지 그저 사라졌다고 믿기를 원하지 않는다. 이러한 사실은, 참인 믿음이 우리에게 아무런 이익이 되지 않거나 심지어 손해를 가져오는 경우에도 우리가 거짓인 믿음보다 참인 믿음을 가지기를 선호한다는 견해를 뒷받침한다.
>
> 돈의 가치는 숫자가 적힌 종이 자체에 있지 않다. 돈이 가치를 지니는 것은 그것이 좋은 것들을 얻는 도구로 기능하기 때문이다. 참인 믿음을 가지는 것이 유용한 경우가 많은 것은 사실이지만, 다른 것들을 얻기 위한 수단인 돈과 달리 참인 믿음은 그 자체로 가치가 있다. 그리고 행복 기계에 관한 우리의 태도는 이를 분명하게 보여준다.
>
> 다른 것에 대한 선호로는 설명될 수 없는 원초적인 선호를 '기초 선호'라고 부른다. 가령 신체의 고통을 피하려는 것은 기초 선호로 보인다. 참인 믿음은 어떤가? 만약 참인 믿음이 기초 선호의 대상이 아니라면, 참인 믿음과 거짓인 믿음이 실용적 손익에서 동등할 경우 전자를 후자보다 더 선호해야 할 이유는 없다. 여기서 확인하게 되는 결론은, 참인 믿음이 기초 선호의 대상이라는 것이다. 그렇지 않다면, 사람들이 행복 기계에 들어가 행복한 거짓 믿음 속에 사는 편을 택하지 않을 이유가 없을 것이다.

① 대부분의 사람이 행복 기계에 들어가는 편을 택할 경우, 논지는 강화된다.

② 행복 기계가 현실에 존재하지 않는다는 사실이 논지를 약화하지는 않는다.

③ 치료를 위해 신체의 고통을 기꺼이 견디는 사람들이 있다고 해도 논지는 약화되지 않는다.

④ 행복 기계에 들어가지 않는 유일한 이유가 참과 무관한 실용적 이익임이 확인될 경우, 논지는 약화된다.

⑤ 실용적 이익이 없음에도 불구하고 우리가 수학적 참인 정리를 믿는 것을 선호한다는 사실은 논지를 강화한다.

---

① 제시된 논증은 사람들은 고난과 좌절이 사라지기를 원하며, 그것들이 그저 사라졌다고 믿기를 원하지 않는 것을 전제하고 있다. 즉, 사람들은 행복 기계에 들어가 거짓 믿음 속에 사는 것을 원하지 않는다는 것인데, 만약 선택지와 같이 대부분의 사람이 행복 기계에 들어가는 것을 선호한다면 이 같은 논지를 약화시키는 결과를 가져오게 된다.

답 ①

1 유형의 이해

언어논리의 문항을 분류할 때 흔히 '표현능력'으로 나타내는 빈칸 채우기 유형은 가장 전략적인 풀이가 필요한 형태 중 하나이다. 초창기에는 앞뒤의 문장만으로도 빈칸을 채울 수 있었으나 최근에는 제시문 전체의 흐름을 이해하고 있어야 정답을 찾을 수 있게끔 출제되고 있으며 난도 역시 그만큼 높아져 있는 상태이다.

2 발문 유형

- 다음 글의 문맥상 (가)~(마)에 들어갈 내용으로 적절하지 않은 것은?
- 다음 글의 (가)와 (나)에 들어갈 말을 〈보기〉에서 골라 가장 적절하게 짝지은 것은?
- 다음 글의 빈칸에 들어갈 내용으로 가장 적절한 것은?

3 접근법

1. 부연설명과 예시에 주목

빈칸을 채우는 유형에서 가장 기본이 되는 것은 빈칸 앞뒤에 위치하고 있는 부연설명과 예시이다. 물론 일반론적인 설명이 그 전에 제시되기는 하지만 많은 경우에 그 문장만을 읽어서는 이해가 잘 안 되는 편이다. 때문에 대부분의 지문에서는 그 이후에 이를 이해하기 쉬운 단어를 사용하여 다시 설명한다든지 아니면 직접적인 사례를 들어 설명한다. 앞서 언급된 일반론적인 설명보다 오히려 이런 부분을 이용하면 보다 간결하게 빈칸을 채울 수 있다.

2. 선택지 소거법의 활용

물론 정석대로 풀이하자면 각 단락별로 핵심 내용을 파악하여 의미가 통하는 선택지를 골라야 한다. 하지만, 선택지 중 최소 1~2개는 눈에 띄는 키워드만으로도 연결이 가능하게끔 출제된다. 반드시 이를 통해 선택지를 소거한 후 좁혀진 경우의 수를 가지고 대입해야 한다. 특히 이러한 단락은 중간에 위치하는 경우가 많다. 단순히 (가)부터 (라)까지 순차적으로 풀이하는 수험생과 이렇게 전략적으로 풀이하는 수험생의 소요시간은 많게는 2분 이상 차이가 나게 되는데 2분이면 한 문제를 풀 수 있는 시간임을 명심하자.

3. 중간 단락의 빈칸을 먼저 확인

빈칸 채우기 유형은 해당 문단 하나만 봐서는 애매한 것들이 많다. 따라서 다른 빈칸들과 계속 연결지어가면서 가장 합리적인 선택지를 골라야 한다. 특히 첫 번째 빈칸은 쉬우면서도 여러 개의 선택지가 모두 가능한 것처럼 느껴지는 경우가 많은 만큼 두 번째 빈칸부터 판단해보는 것도 하나의 방법이다.

4 생각해 볼 부분

빈칸 채우기 유형은 그 쓰임새에 따라 다양한 형태의 문제에 활용될 수 있다. 특히 빈칸 채우기 유형의 문제는 단순히 내용이해의 측면에서 출제되기보다는 삼단논법과 같이 명확하게 답이 떨어질 수 있는 논리적인 추론과정을 묻는 문제로 출제되는 경우가 종종 있는 편이다. 하지만 문제를 처음 맞닥뜨렸을 때 어떠한 유형인지를 판별하는 것은 불가능하므로 제시문을 읽어나갈 때 논리적인 연결고리가 보이면 일단 체크하고 넘어가기 바란다. 다행인 것은 빈칸 채우기 유형에서는 난도가 매우 낮은 논리적 판단이 요구된다는 사실이다.

다음 글의 문맥상 (가)~(마)에 들어갈 내용으로 적절하지 않은 것은?

'방언(方言)'이라는 용어는 표준어와 대립되는 개념으로 사용될 수 있다. 이때 방언이란 '교양 있는 사람들이 두루 쓰는 현대 서울말로서의 표준어가 아닌 말, 즉 비표준어라는 뜻을 갖는다. 가령 ＿＿(가)＿＿는 생각에는 방언을 비표준어로서 낮잡아 보는 인식이 담겨 있다. 이러한 개념으로서의 방언은 '사투리'라는 용어로 바뀌어 쓰이는 수가 많다. '충청도 사투리', '평안도 사투리'라고 할 때의 사투리는 대개 이러한 개념으로 쓰이는 경우이다. 이때의 방언이나 사투리는, 말하자면 표준어인 서울말이 아닌 어느 지역의 말을 가리키거나, 더 나아가 ＿＿(나)＿＿을 일컫는다. 이러한 용법에는 방언이 표준보다 열등하다는 오해와 편견이 포함되어 있다. 여기에는 표준어보다 못하다거나 세련되지 못하고 규칙에 엄격하지 않다와 같은 부정적 평가가 담겨 있는 것이다. 그런가 하면 사투리는 한 지역의 언어 체계 전반을 뜻하기보다 그 지역의 말 가운데 표준어에는 없는, 그 지역 특유의 언어 요소만을 일컫기도 한다. ＿＿(다)＿＿고 할 때의 사투리가 그러한 경우에 해당된다.

언어학에서의 방언은 한 언어를 형성하고 있는 하위 단위로서의 언어 체계 전부를 일컫는 말로 사용된다. 가령 한국어를 예로 들면 한국어를 이루고 있는 각 지역의 말 하나하나, 즉 그 지역의 언어 체계 전부를 방언이라 한다. 서울말은 이 경우 표준어이면서 한국어의 한 방언이다. 그리고 나머지 지역의 방언들은 ＿＿(라)＿＿. 이러한 의미에서의 '충청도 방언'은, 충청도에서만 쓰이는, 표준어에도 없고 다른 도의 말에도 없는 충청도 특유의 언어 요소만을 가리키는 것이 아니다. '충청도 방언'은 충청도의 토박이들이 전래적으로 써 온 한국어 전부를 가리킨다. 이 점에서 한국어는 ＿＿(마)＿＿.

① (가) : 바른말을 써야 하는 아나운서가 방언을 써서는 안 된다
② (나) : 표준어가 아닌, 세련되지 못하고 격을 갖추지 못한 말
③ (다) : 사투리를 많이 쓰는 사람과는 의사소통이 어렵다
④ (라) : 한국어라는 한 언어의 하위 단위이기 때문에 방언이다
⑤ (마) : 표준어와 지역 방언의 공통부분을 지칭하는 개념이다

발문 접근법

① 적절한 것, ② 적절하지 않은 것, ③ 올바르게 연결한 것 등으로 주로 출제되는데 접근법에 있어서 이들 간에 특별한 차이는 없다고 봐도 무방하다. 다만 ③ 올바르게 연결한 것을 찾는 유형은 단순히 내용 이해를 통해 판단하는 문제보다는 논리적인 추론 과정을 요하는 경우가 많으며 선택지의 수가 대개 3개 내외에서 결정되는 편이다.

제시문 접근법

가장 먼저 할 일은 제시문을 전체적으로 스캐닝하면서 글이 설명문인지 논설문인지를 파악하는 것이다. 만약 설명문이라면 전통적인 풀이법인 앞뒤의 문장을 통해 빈칸을 채워나가는 방법이 여전히 유용하다. 하지만 논설문이라면 앞뒤 문장을 통해서만 판단할 경우 오답을 선택할 확률이 높으며, 제시문 전체를 관통하는 주제를 이해해야 하는 경우가 많다. 최근에는 단순히 내용이해에 그치지 않고 제시문 전반에 걸친 논증분석을 통해 빈칸을 채우게 하는 문제도 출제되고 있다. 이 경우 난도는 상승할 수밖에 없다.

선택지 접근법

원칙적으로는 빈칸이 등장하면 제시문을 통한 추론 과정이 필요하다. 즉, 머릿속으로 '이 빈칸에는 이러이러한 내용이 들어가야 맞겠다'는 판단을 한 후에 선택지에서 그와 같은 내용을 찾는 것이다. 하지만 많은 경우 자신이 생각한 내용과 맞아떨어지는 선택지는 좀처럼 찾기 어렵다. 따라서 굳이 그러한 과정을 거치기보다는 선택지의 문장을 곧바로 빈칸에 대입하여 전체 흐름에 맞는지를 판단하는 것이 효율적이다. 즉, '추론 후 선택지'가 아닌, '선택지 후 추론'의 과정을 거쳐야 하는 것이다.

또한 빈칸 채우기 유형의 문제는 난도가 매우 낮은 문제가 아닌 한 모든 선택지를 분석하게끔 출제된다. 대개 명확하게 정오가 판별되는 것이 2개, 애매하게 중간에 걸쳐 있는 것이 3개 정도로 구성되며 이 부분이 일반적인 세부내용 파악 유형의 문제와 차이를 보이는 부분이다. 따라서 선택지를 읽어나가면서 100% 확실한 느낌이 들지 않는다면 일단 제시된 선택지를 모두 판단한다는 생각을 하는 것이 좋다.

1 유형의 이해

흔히 말하는 '주제 찾기' 유형이며 PSAT에서 논지만을 묻는 문제는 매우 드물게 출제되는 편이다. 만약 이 유형의 문제가 출제되었다면 확실하게 시간을 아낄 수 있는 문제이므로 최대한 빨리 풀고 다음 문제로 넘어가야 한다. 찾은 논지를 토대로 강화·약화 유형과 결부되어 푸는 문제가 자주 출제되고 있다. 이 유형에 대해서는 앞에서 별도로 서술하였다.

2 발문유형

다음 글의 중심 내용으로 가장 적절한 것은?

3 접근법

결론 내지는 중심 내용을 찾는 제시문의 경우는 세부적인 내용을 꼼꼼히 살피는 독해보다는 뼈대를 중심으로 크게 읽어나가는 독해가 바람직하다. 만약 제시문에 '첫째, 둘째' 그리고 '첫째(둘째) 근거에 대해 이런 반론을 제기할 수 있다'와 같은 표현들이 등장한다면 이것들이 가장 큰 뼈대가 되는 것들이다. 어찌 보면 전체적인 내용을 파악하는 것보다 이 표현들을 찾는 것이 더 중요할 수 있다.

4 생각해 볼 부분

일반적인 통념에 대해 반대하는 제시문에는 이를 구분하는 장치가 들어있기 마련이다. 예를 들어 '얼핏 ~듯 보이지만'과 같은 문구가 그것인데 이런 유형의 제시문에서는 통념을 그대로 넣어 주고 마치 이것이 제시문에서 주장하고 있는 것처럼 위장하는 경우가 많다. 제시문의 난도가 높아질 경우에는 글을 이해하는데 힘을 쏟다보니 가장 기본적인 이 프레임을 놓치는 경우가 많다. 하지만 통념과 제시문의 주제를 명확하게 구분할 수만 있더라도 선택지의 절반 이상은 해결할 수 있다는 점은 꼭 기억해두어야 한다.

다음 글의 내용이 참일 때, 반드시 참인 것만을 〈보기〉에서 모두 고르면?

> 전통문화 활성화 정책의 일환으로 일부 도시를 선정하여 문화관광특구로 지정할 예정이다. 특구 지정 신청을 받아본 결과, A, B, C, D, 네 개의 도시가 신청하였다. 선정과 관련하여 다음 사실이 밝혀졌다.
>
> - A가 선정되면 B도 선정된다.
> - B와 C가 모두 선정되는 것은 아니다.
> - B와 D 중 적어도 한 도시는 선정된다.
> - C가 선정되지 않으면 B도 선정되지 않는다.

보 기

ㄱ. A와 B 가운데 적어도 한 도시는 선정되지 않는다.
ㄴ. B도 선정되지 않고 C도 선정되지 않는다.
ㄷ. D는 선정된다.

① ㄱ
② ㄴ
③ ㄱ, ㄷ
④ ㄴ, ㄷ
⑤ ㄱ, ㄴ, ㄷ

발문 접근법

대부분의 문제는 '반드시 참'을 찾는 경우를 묻는 경우이므로 논리식의 재구성을 통해 해당 선택지의 내용이 필연적으로 도출되어야 한다. 간혹 난도가 상승하여 'A의 발언 중 하나는 참이고 하나는 거짓이다.'와 같은 문제가 출제되기도 한다. 이 문제는 주로 수를 따져 모순을 가려내는 문제인데 주로 상황판단 과목에서 출제되고 있다.

제시문 접근법

이 문제와 같이 명제들이 명확하게 구분되어 제시되는 경우 조건식을 정확하게 기호화하기만 한다면 크게 문제될 것은 없다. 반면 문제가 되는 것은 외형적으로는 일반적인 제시문과 큰 차이가 없는 문장들로 제시되는 경우이다(민간경력자 2018년 가책형 10번). 당연히 이 경우는 제시문을 조건 명제들로 재가공하는 과정이 필요하므로 시간 소모가 더 많을 수밖에 없는데, 다행히 명제들 자체는 난도가 낮은 편이다.

선택지 접근법

만약 선택지에서 '존재한다'는 문구가 언급되었다면 거의 대부분 벤다이어그램으로 풀이가 가능한 문제이다. 즉, 이는 제시문의 명제들을 벤다이어그램으로 표시했을 때 해당 대상이 확실히 공집합이라고 볼 수는 없다는 것을 의미한다.

제시문의 논증을 기호화하면 다음과 같다.

ⅰ) A○ → B○
ⅱ) B와 C가 모두 선정되는 것은 아님
ⅲ) B○ ∨ D○
ⅳ) C× → B× : B○ → C○

먼저 ⅱ)와 ⅳ)를 살펴보면 B가 선정된다면 ⅳ)에 의해 C가 선정되어야 하는데 ⅱ)에서 B와 C는 동시에 선정되는 것은 아니라고 하였으므로 B는 선정되지 않는 것을 알 수 있다. 따라서 ⅰ)의 대우명제를 이용하면 A 역시 선정되지 않는다는 것을 알 수 있다.

마지막으로 ⅲ)에서 B와 D 중 적어도 한 도시는 선정된다고 하였는데 위에서 B가 선정되지 않는다고 하였으므로 D는 반드시 선정되어야 함을 알 수 있다.

따라서 이를 정리하면 A와 B는 선정되지 않으며, C는 알 수 없고, D는 선정된다.

ㄱ. A와 B 모두 선정되지 않는다고 하였으므로 옳은 내용이다.
ㄷ. D는 선정된다고 하였으므로 옳은 내용이다.

 ③

문단의 배열과 문단의 구조도

1 유형의 이해

문단의 배열 유형은 5급 공채 및 입법고시와 같은 타 직렬 PSAT 시험에서는 최소 2년에 한 문제 꼴로 출제되는 유형이며 민간경력자 시험에서는 2018년 딱 한 번 출제되었다. 7급 PSAT에서도 출제될 가능성이 있는 유형이기 때문에 대비가 필요하다.

2 발문 유형

다음 글의 내용 흐름상 가장 적절한 문단 배열의 순서는?

3 접근법

1. 첫 단어가 중요

각 문단을 시작하는 단어는 각 문단을 연결하는 고리가 되는데 특히, 접속사가 문두에 등장하는 경우라면 이를 통해 앞 문단을 유추할 수 있는 만큼 다른 문단에 비해 더 주의를 집중해야 한다. 때문에 이 유형의 문제에서는 각 문단의 첫 단어에 표시를 해 두는 것이 유용하다.

2. 첫 문단의 선택

이 유형의 문제에서는 첫 문단처럼 보이지만 실제로는 그렇지 않은 문단이 거의 예외 없이 등장한다. 흔히들 일반론적인 내용을 다룬 문단이 등장하면 그것이 첫 문단이라고 판단하는 경향이 있는데 실제 시험에서는 이를 역이용하여 함정을 파 두는 편이다. 오히려 너무 뚜렷하게 일반론을 다룬 문단이 등장한다면 그것이 첫 문단이 아닐 수도 있음에 주의해야 한다.

4 생각해 볼 부분

문단의 구조도 유형은 배열 문제보다 한 단계 업그레이드 된 유형인데 과거 타 직렬 PSAT 시험에서는 매년 출제되다시피 했지만 최근에는 그 빈도가 현저하게 낮아진 상황이다. 구조도 역시 순서배열과 그 접근법은 같다. 다만, 단순히 순서를 묻는 것이 아니라 어떠한 관계를 가지면서 그러한 순서를 가지는지를 묻는 것이다. 이 유형에서 가장 중요한 것은 의외로 '주제를 찾는 것'이다. 많은 수험생들이 이것을 가볍게 여기고 순서만을 찾는 데에 몰두하는 경향이 있는데 이는 함정에 걸려들기 딱 좋은 풀이법이다. 또한, 다른 유형의 문제에서는 중요하게 다뤄지지 않는 '부연설명'이 이 유형에서는 매우 중요하게 다뤄진다는 점도 주목해야 할 부분이다.

다음 글의 내용 흐름상 가장 적절한 문단 배열의 순서는?

> (가) 회전문의 축은 중심에 있다. 축을 중심으로 통상 네 짝의 문이 계속 돌게 되어 있다. 마치 계속 열려 있는 듯한 착각을 일으키지만, 사실은 네 짝의 문이 계속 안 또는 밖을 차단하도록 만든 것이다. 실질적으로는 열려 있는 순간 없이 계속 닫혀 있는 셈이다.
>
> (나) 문은 열림과 닫힘을 위해 존재한다. 이 본연의 기능을 하지 못한다는 점에서 계속 닫혀 있는 문이 무의미하듯이, 계속 열려 있는 문 또한 그 존재 가치와 의미가 없다. 그런데 현대 사회의 문은 대부분의 경우 닫힌 구조로 사람들을 맞고 있다. 따라서 사람들을 환대하는 것이 아니라 박대하고 있다고 할 수 있다. 그 대표적인 예가 회전문이다. 가만히 회전문의 구조와 그 기능을 머릿속에 그려보라. 그것이 어떤 식으로 열리고 닫히는지 알고는 놀랄 것이다.
>
> (다) 회전문은 인간이 만들고 실용화한 문 가운데 가장 문명적이고 가장 발전된 형태로 보일지 모르지만, 사실상 열림을 가장한 닫힘의 연속이기 때문에 오히려 가장 야만적이며 가장 미개한 형태의 문이다.
>
> (라) 또한 회전문을 이용하는 사람들은 회전문의 구조와 운동 메커니즘에 맞추어야 실수 없이 이 문을 통과해 안으로 들어가거나 밖으로 나올 수 있다. 어린아이, 허약한 사람, 또는 민첩하지 못한 노인은 쉽게 그것에 맞출 수 없다. 더구나 휠체어를 탄 사람이라면 더 말할 나위도 없다. 이들에게 회전문은 문이 아니다. 실질적으로 닫혀 있는 기능만 하는 문은 문이 아니기 때문이다.

① (가) – (나) – (라) – (다)
② (가) – (라) – (나) – (다)
③ (나) – (가) – (라) – (다)
④ (나) – (다) – (라) – (가)
⑤ (다) – (가) – (라) – (나)

---

③ 제시문의 소재는 '회전문'이며 (나)에서는 그보다 더 포괄적인 개념인 '문'에 대한 일반적인 내용을 서술하고 있으므로 가장 앞에 위치해야 함을 알 수 있다. 특히 '그 대표적인 예가 회전문이다'라고 언급하고 있는 부분을 통해서도 이를 유추해볼 수 있다. 또한 (나)의 후반부에는 '회전문의 구조와 기능'이라는 부분이 언급되어 있다. 따라서 이 문구를 통해 (나) 다음에 위치할 문단은 '구조와 기능'을 구체화시킨 (가)가 됨을 알수 있으며, 그 뒤에는 이를 구체적인 사례를 들며 비판한 (라)가 위치하는 것이 가장 적절하다. 마지막으로는 이를 종합하여 회전문을 가장 미개한 형태의 문으로 규정한 (다)가 들어가야 매끄러울 것이다.

답 ③

1 유형의 이해

빈칸 채우기와 함께 표현능력을 평가하는 또 하나의 유형이다. 실제 출제는 빈번하게 이루어지지는 않으나 공직자로서 올바른 문장을 작성할 수 있는 능력은 필수적이므로 앞으로 출제 비중이 높아질 것으로 예상되는 유형이다.

2 발문 유형

다음 글의 ㉠~㉤에서 전체 흐름과 맞지 않는 한 곳을 찾아 수정할 때, 가장 적절한 것은?

3 접근법

1. 주제 찾기

이 유형의 문제를 정확하게 풀기 위해서 가장 중요한 것은 제시문의 '주제'를 찾는 것이다. 민간경력자 시험에 출제된 문제들뿐만 아니라 여타 시험에서 출제된 문제를 살펴보면 거의 대부분 정답이 되는 부분은 전체 주제에서 어긋나게 표현된 부분을 찾는 것이었다. 이는 반드시 들어맞는 규칙은 아니지만 통상적인 제시문에서 반론을 다루는 부분은 극히 일부에 지나지 않는다는 점에서 소위 문제를 낼 수 있는 부분이 주제와 연관된 문장들에 많을 수밖에 없기 때문이다. 이는 시간이 촉박하여 선택지 전체를 모두 판단할 수 없을 때 유용하게 활용되는 방법이다.

2. 백지 상태에서의 풀이는 금물

이 유형 역시 선택지를 최대한 이용해야 한다. 즉, 제시문에서 밑줄이 그어진 문장을 아예 처음부터 선택지의 문장으로 바꿔서 읽는 것이다. 이렇게 풀이하지 않고 일단 밑줄을 읽고 나서 그것이 어색하다고 생각되어 선택지를 읽는 과정을 거친다고 생각해 보자. 아마 대부분 이렇게 푸는 것이 더 자연스러울 것이지만 이 방법은 불필요한 시간이 소모될 수밖에 없다. 물론 실제 풀이를 해 보면 이 과정이 매우 부자연스러울 것이다. 하지만 지속적인 반복을 통해 이 시간을 단축시켜야 한다. 이 유형의 접근법은 시간을 줄이는 것이 관건이다.

4 생각해 볼 부분

PSAT에는 출제된 바 없지만 유사한 다른 시험들에는 4~5개 정도의 문단이 주어지고 그중 전체 내용과 어울리지 않는 단락을 고르라는 문제가 출제된 적이 있다. 문제 풀이의 난도는 이런 유형이 더 낮을 수 있지만 전체 제시문을 문단별로 분석하며 모두 읽어야 한다는 점에서 오히려 시간소모는 더 많을 수 있는 유형이니 알아두기 바란다.

다음 글의 ㉠~㉢에서 전체 흐름과 맞지 않는 한 곳을 찾아 수정할 때, 가장 적절한 것은?

> 상업적 농업이란 전통적인 자급자족 형태의 농업과 달리 ㉠ 판매를 위해 경작하는 농업을 일컫는다. 농업이 상업화된다는 것은 산출할 수 있는 최대의 수익을 얻기 위해 경작이 이루어짐을 뜻한다. 이를 위해 쟁기질, 제초작업 등과 같은 생산 과정의 일부를 인간보다 효율이 높은 기계로 작업하게 되고, 농장에서 일하는 노동자도 다른 산업 분야처럼 경영상의 이유에 따라 쉽게 고용되고 해고된다. 이처럼 상업적 농업의 도입은 근대 사회의 상업화를 촉진한 측면이 있다.
>
> 홉스봄은 18세기 유럽에 상업적 농업이 도입되면서 일어난 몇 가지 변화에 주목했다. 중세 말기 장원의 해체로 인해 지주와 소작인 간의 인간적이었던 관계가 사라진 것처럼, ㉡ 농장주와 농장 노동자의 친밀하고 가까웠던 관계가 상업적 농업의 도입으로 인해 사라졌다. 토지는 삶의 터전이라기보다는 수익의 원천으로 여겨지게 되었고, 농장 노동자는 시세대로 고용되어 임금을 받는 존재로 변화하였다. 결국 대량 판매 시장을 위한 ㉢ 대규모 생산이 점점 더 강조되면서 기계가 인간을 대체하기 시작했다.
>
> 또한 상업적 농업의 도입은 중요한 사회적 결과를 가져왔다. 점차적으로 ㉣ 중간 계급으로의 수렴현상이 나타난 것이다. 저임금 구조의 고착화로 농장주와 농장 노동자 간의 소득 격차는 갈수록 벌어졌고, 농장 노동자의 처지는 위생과 복지의 양 측면에서 이전보다 더욱 열악해졌다.
>
> 나아가 상업화로 인해 그동안 호혜성의 원리가 적용되어왔던 대상들의 성격이 변화하였는데, 특히 돈과 관련된 것, 즉 재산권이 그러했다. 수익을 얻기 위한 토지 매매가 본격화되면서 ㉤ 재산권은 공유되기보다는 개별화되었다. 이에 따라 이전에 평등주의 가치관이 우세했던 일부 유럽 국가에서조차 자원의 불평등한 분배와 사회적 양극화가 심화되었다.

① ㉠을 "개인적인 소비를 위해 경작하는 농업"으로 고친다.
② ㉡을 "농장주와 농장 노동자의 이질적이고 사용 관계에 가까웠던 관계"로 고친다.
③ ㉢을 "기술적 전문성이 점점 더 강조되면서 인간이 기계를 대체"로 고친다.
④ ㉣을 "계급의 양극화가 나타난 것이다."로 고친다.
⑤ ㉤을 "재산권은 개별화되기보다는 사회 구성원 내에서 공유되었다."로 고친다.

발문 접근법

이 유형의 문제에는 발문 자체만으로 주목할 만한 내용은 없는 편이다. 다만, 현재까지 이 유형의 문제가 밑줄 5개의 5지선다형으로만 출제되었으나 밑줄이 그보다 적어지면서 ㄱ, ㄴ, ㄷ, ㄹ형으로 출제될 가능성도 있다. 물론 그 경우 난도는 상승할 것으로 예상된다.

제시문 접근법

통상 이 유형의 제시문은 문제의 특성상 설명문 유형이 될 가능성이 매우 높은데, 문제의 포인트가 세부 내용을 묻는 것이 아닌 만큼 제시문의 구성 자체는 매우 단순한 편이다. 즉, 서두에서 전체적인 배경 설명과 함께 주제를 어느 정도 암시하게 해 주며, 중반부에서는 이를 구체적으로 서술한 후 마지막 단락에서 이를 정리하여 결론에 이르는 구조를 벗어나지 않는다.

선택지 접근법

이 유형의 문제는 적어도 현재까지는 밑줄 친 부분 중 단 한 곳만이 잘못되어 있었다. 이는 뒤집어 생각하면 선택지의 내용 중 4개는 옳지 않은 내용이었다는 것을 의미한다. 즉, 선택지만 읽어 보면 최소한 제시문의 주제와 반대되는 내용이 무엇인지는 대략적으로 가늠할 수 있게 되어, 결국은 제시문의 주제를 추론해 낼 수 있다는 것을 의미한다. 이른바 선택지 4:1의 법칙을 이 유형에 적용한 것인데 이는 시간이 매우 촉박하여 제시문을 모두 읽을 시간이 없는 상황에서 활용할 수 있는 방법이다.

④ 바로 다음 문장의 저임금 구조의 고착화로 농장주와 농장 노동자 간의 소득 격차가 갈수록 벌어졌다는 내용을 통해 '중간 계급으로의 수렴'이 아닌 '계급의 양극화'가 들어가야 함을 알 수 있다. 따라서 선택지의 내용처럼 수정하는 것이 적절하다.

답 ④

문 1. 다음 글에 나타난 주인의 주장과 가장 거리가 먼 것은?

> 손님 : 선비는 이 세상에 태어나 경세제민(經世濟民)에 뜻을 두지 않은 이가 없습니다. 그렇다면 마땅히 선비들의 뜻과 행동이 모두 같아야 할 것인데, 어떤 사람은 세상에 나아가 세상을 선하게 하고[兼善] 어떤 사람은 물러나 자기 수양에만 머무는[自守] 것은 무슨 까닭입니까?
>
> 주인 : 선비가 물러나 자수(自守)하는 것이 어찌 그 본심이겠습니까? 오로지 때를 만남과 만나지 못함이 있을 따름입니다. 관직에 나아가 겸선(兼善)을 하는 자는 그 품류(品類)에 세 부류가 있습니다. 첫째, 자신에게 배어있는 덕(德)을 남에게 이르도록 함으로써 자기 임금으로 하여금 요순(堯舜)과 같은 임금이 되게 하고 자기 백성으로 하여금 요순 시대의 백성과 같이 되게 하여, 임금을 섬기는 데나 자기의 몸을 가지는 데나 한결같이 정도(正道)로만 하는 사람은 대신(大臣)입니다. 둘째, 오로지 나라만을 근심하고 자신은 돌보지 않으며, 임금을 높이고 백성을 보호할 수만 있다면 쉬움과 어려움을 가리지 않고 정성을 다해 행하고, 비록 바른 도리에는 다소간의 넘나듦이 있더라도 나라를 잘 다스려 사직(社稷)을 편안하게 하는 사람은 충신(忠臣)입니다. 셋째, 그 지위에 있을 때에는 그 직분을 지킬 것을 생각하고, 임무를 받았을 때에는 그 능력을 발휘하기를 생각하나, 그 자질이 나라를 잘 다스리기에는 부족하고 재간(才幹)이 한 관직을 감당할 만한 사람은 간신(幹臣)입니다.

① 선비의 본분은 개인 수양이 아니라 세상을 구제하는 것이다.
② 충신(忠臣)과 간신(幹臣)은 나라를 경영하는 능력에 차이가 있다.
③ 대신(大臣)과 충신(忠臣)의 차이는 바른 도리를 항상 행하는가에 달려 있다.
④ 대신(大臣)은 자신의 덕을 다른 사람에게 확장함으로써 세상을 선하게 한다.
⑤ 간신(幹臣)들이 나라를 경영할 때 선비들은 겸선의 뜻을 버리고 자수의 길을 택하기 마련이다.

정답해설

⑤ 주인의 주장과 거리가 멀다. 주인에 따르면 선비가 자수하는 것은 때를 만나지 못했기 때문이다. 그러나 그때가 간신들이 나라를 경영할 때인지는 지문에 나타나 있지 않다.

오답해설

① 이 글에서 주인은 '자수'가 선비의 본심이 아니라고 명시적으로 주장하고 있다. 오히려 그는 '겸선'이 선비의 본분이라고 생각하고 있다. 따라서 주인의 주장에 가깝다.
② 주인에 따르면 충신은 '나라를 잘 다스려 사직을 편안하게' 하지만, 간신은 '그 자질이 나라를 잘 다스리기에는 부족'하다. 이처럼 주인은 충신과 간신이 나라를 경영하는 능력에서 차이가 있다고 보고 있다.
③ 주인은 대신이 '한결같이 정도로만' 하지만, 충신은 '바른 도리에는 다소간의 넘나듦이 있다'고 말하고 있으므로 주인의 주장과 가깝다.
④ 대신은 '자신에게 배어있는 덕을 남에게 이르도록'한다는 주인의 말에서 정답이 아니라는 것을 알 수 있다.

답 ⑤

지금까지 보았듯이 체계라는 개념은 많은 현실주의자들에게 있어서 중요한 개념이다. 무질서 상태라는 비록 단순한 개념이건 현대의 현실주의자가 고안한 정교한 이론이건 간에 체계라는 것은 국제적인 행위체에 영향을 주기 때문에 중요시되는 것이다. 그런데 최근의 현실주의자들은 체계를 하나의 유기체로 보고 얼핏 국가의 의지나 행동으로부터 독립한 듯이 기술하고 있다. 정치가는 거의 자율성이 없으며 또 획책할 여지도 없어서, 정책결정과정에서는 인간의 의지가 별 효과가 없는 것으로 본다. 행위자로서 인간은 눈앞에 버티고 선 냉혹한 체계의 앞잡이에 불과하며 그러한 체계는 이해할 수 없는 기능을 갖는 하나의 구조이며 그러한 메커니즘에 대하여 막연하게 밖에는 인지할 수 없다. 정치가들은 무수한 제약에 직면하지만 호기는 거의 오지 않는다. 정치가들은 권력정치라고 불리는 세계규모의 게임에 열중할 뿐이며 자발적으로 규칙을 변화시키고 싶어도 그렇게 하지 못한다. 결국 비판의 초점은 현실주의적 연구의 대부분은 숙명론적이며 결정론적이거나 혹은 비관론적인 저류가 흐르고 있다고 지적한다. 그 결과 이러한 비판 중에는 행위자로서 인간과 구조는 상호간에 영향을 주고 있다는 것을 강조하면서 구조를 보다 동적으로 파악하는 사회학에 눈을 돌리는 학자도 있다.

① 이상주의자들에게 있어서 체계라는 개념은 그리 중요하지 않다.
② 무질서 상태는 국제적 행위체로서 작용하는 체계가 없는 혼란스러운 상태를 의미한다.
③ 현실주의자들은 숙명론 혹은 결정론을 신랄하게 비판한다.
④ 현실주의적 관점에서 체계 안에 존재하는 인간은 체계 자체를 이해하려고 하지 않는다.
⑤ 현실주의적 관점에서 정치인들은 체계 앞에서 무기력하다.

정답해설
글의 세부 내용을 파악하는 문제이다.
⑤ 지문은 정치가들이 '자발적으로 규칙을 변화시키고 싶어도 그렇게 하지 못한다'고 말하고 있다. 이것은 정치가들이 자기 의지를 실현시킬 힘을 가지지 못했음을 의미한다.

오답해설
① 지문에서 언급이 없었다.
② '무질서 상태'가 '체계가 없는', '혼란스러운 상태'라고 단정할 수 없다.
③ 지문에 반대되는 내용이다.
④ '인간은 체계 자체를 이해할 수 없다'고는 할 수 있지만, '체계 자체를 이해하려고 하지 않는지'는 글로부터 알 수 없다.

합격자의 SKILL

지문의 내용이 하나의 이론에 해당하기 때문에 지문의 주장에 대해 이견이 있을 수 있다. 가령 '체계'와 '유기체'를 동일시할 수 있는지, 현실정치와 체계이론이 충분한 연관성이 있는지 등에 의문을 제기할 수 있고, 이 연장선상에서 ⑤가 실제로 성립할 수 있는 주장인지를 문제 삼을 수 있다. 그러나 이 문제에서 수험생은 선택지가 지문의 내용을 통해 알 수 있는 것인지 여부만 판단하면 된다.

답 ⑤

문 3. 다음 글에서 밑줄 친 ⓒ의 사건에서 등장하는 문제를 풀 ⊙의 열쇠에 해당하는 것은?

과학자는 미래를 정확하게 내다볼 수 있는 마법의 구슬을 가지고 있을 것이라는 생각은 과학 자체만큼이나 역사가 오래되었다. 수학자 라플라스는 다음과 같이 말했다. '주어진 순간의 모든 입자들을 상세하게 기술할 수 있는 지적인 존재라면 정확하게 미래에 대한 예측을 할 수 있다. 그에게는 불확실한 것이란 있을 수 없다. 그리하여 미래는 과거와 똑같이 그의 눈앞에 펼쳐진다.'

뉴턴이 남긴 많은 미해결 문제를 해결하여 뉴턴역학의 지위를 공고히 하는 데 크게 기여하였던 라플라스는 "뉴턴은 천재이기도 하지만 운도 무척 좋은 사람이다. 우주는 하나뿐이므로."라고 말하여 뉴턴에 대한 부러움과 뉴턴이론에 대한 확신을 표시하였다. 그에게 뉴턴이론은 자연의 비밀을 열어줄 열쇠였다. 우주의 전 과정을 예측해줄 ⊙ 열쇠를 손에 쥐고 있으므로, 미래를 예측하기 위해서 그에게 필요한 것은 주어진 순간의 모든 입자들의 위치와 운동량에 대한 완벽한 기술, 즉 초기 조건에 대한 완벽한 정보뿐이었다.

분명히 현대의 천문학자들은 하늘의 운행을 예측할 수 있게 되었다. 일식과 월식, 행성의 움직임, 별과 별자리의 운행 등을 100년 후까지도 예측할 수 있다. 반면, 물리학자들은 다른 쪽 탁구대로 넘어간 탁구공이 어디로 튈지조차 예언하지 못한다.

과학자들이 정확하게 예측하기도 하면서 그렇지 못하기도 하다는 사실을 ⓒ 최근 벌어진 사건에서 알 수 있다. 지구의 그림자가 달을 가리는 시간을 천문학자들은 정확하게 예측했지만 로스앤젤레스의 그리피스 공원 천문대에 모여든 수많은 관람객들은 그 장관을 볼 수 없었다. 하필 그 순간 남쪽에서 몰려온 구름이 달을 가렸기 때문이다.

① 일식과 월식을 정확히 예측할 방법
② 기상현상을 천문학 수준으로 예측할 이론
③ 기상학 법칙은 변함없으리라는 과학자들의 믿음
④ 행성의 움직임을 통해 월식의 원인을 분석할 이론
⑤ 장기간의 관측을 통한 기후 변화의 추이에 관한 정보

[정답해설]

글이 다루고 있는 화제가 무엇인지를 묻는 문제이다. 글에 따르면 과학적 예측을 위해 필요한 것은 과학이론과 초기조건이다. 글에서는 과학이론을 '열쇠'라고 표현했다. 이 문제는 ⊙의 '열쇠'가 말하고 있는 것이 무엇인지 물음으로써 글이 다루고 있는 화제를 정확히 파악하는 능력을 평가하고 있다.

둘째 문단에 따르면 뉴턴이 손에 쥐고 있다던 '우주의 전 과정을 예측해 줄 열쇠'란 앞 문장에 언급된 '뉴턴이론'을 가리킨다. 다시 말해 글쓴이에게 뉴턴이론은 곧 우주의 변화 과정을 예측하게 해주는 열쇠이다. 한편 ⓒ의 '최근 벌어진 사건'이란 예기치 않게 구름이 몰려와 사람들이 월식을 볼 수 없게 된 일을 가리킨다. 바로 이 사건에서 과학자들은 월식은 정확히 예측했지만 구름이 달을 가릴 것이라는 점은 예측하지 못했다. 따라서 ⓒ에 등장하는 문제란 곧 과학자들이 구름의 변덕스러운 움직임을 정확하게 예측하지 못하는 한계를 뜻한다.

한편 이 문제를 해결하는 열쇠란 구름의 움직임을 예측해 주는 모종의 이론을 가리킨다. 왜냐하면 글쓴이에게 열쇠란 변화 과정을 예측하는 이론을 뜻하기 때문이다. 선택지 중에서 ⓒ의 사건에 등장하는 문제를 풀 열쇠에 해당하는 것은 '기상현상을 천문학 수준으로 예측할 이론'이다. 따라서 정답은 ②이다.

답 ②

문 4. 다음 글의 중심 내용으로 가장 적절한 것은?

> 다원주의 사회 내에서는 불가피하게 다양한 가치관들이 충돌한다. 이러한 충돌과 갈등을 어떻게 해결할 것인가? 자유주의는 상충되는 가치관으로 인해 개인들 사이에서 갈등이 빚어질 경우, 이러한 갈등을 사적 영역의 문제로 간주하고 공적 영역에서 배제함으로써 그 갈등을 해결하고자 했다.
>
> 하지만 다원주의 사회에서 발생하는 심각한 갈등들을 해소하기 위해서 모든 사람이 수용할 수 있는 합리성에 호소하는 것은 어리석은 일이다. 왜냐하면 모든 사람들이 수용할 수 있는 합리성의 범위가 너무 협소하기 때문이다. 물론 이러한 상황에서도 민주적 합의는 여전히 유효하고 필요하다. 비록 서로 처한 상황이 다르더라도 정치적으로 평등한 모든 시민들이 자유롭게 합의할 때, 비로소 그 갈등은 합법적이고 민주적으로 해결될 것이기 때문이다. 따라서 다원주의 사회의 문제는 궁극적으로 자유주의의 제도적 토대 위에서 해결되어야 한다.
>
> 가령 한 집단이 다른 집단에게 자신의 정체성을 '인정'해 달라고 요구할 때 나타나는 문화적 갈등은 그 해결이 간단하지 않다. 예컨대 각료 중 하나가 동성애자로 밝혀졌을 경우, 동성애를 혐오하는 사람들은 그의 해임을 요구할 것이다. 이 상황에서 발생하는 갈등은 평등한 시민들의 자유로운 합의, 대의원의 투표, 여론조사, 최고통치자의 정치적 결단 등의 절차적 방식으로는 잘 해결되지 않는다. 동성애자들이 요구하고 있는 것은 자신들도 사회의 떳떳한 구성원이라는 사실을 다른 구성원들이 인정해주는 것이기 때문이다.
>
> 이처럼 오늘날 자유주의가 직면한 문제는 단순히 개인과 개인의 갈등뿐 아니라 집단과 집단의 갈등을 내포한다. 사회 내 소수 집단들은 주류 집단에게 사회적 재화 중에서 자신들의 정당한 몫을 요구하고, 더 나아가 자신들도 하나의 문화공동체를 형성하고 있는 구성원이라는 사실을 인정하라고 요구한다. 그들이 저항을 통해, 심지어는 폭력을 사용해서라도 자신의 정체성을 인정하라고 요구한다는 사실은 소수 문화가 얼마나 불평등한 관계에 처해 있는지를 여실히 보여준다. 따라서 자유주의가 채택하는 개인주의나 절차주의적 방법으로는 소수자들의 불평등을 실질적으로 해결하지 못한다. 그 해결은 오직 그들의 문화적 정체성을 인정할 때에만 가능할 것이다.

① 다원주의 사회에서 다양한 가치관의 갈등은 개인 간의 합의를 통해서 해결된다.
② 진정한 다원주의는 집단 간의 공평성보다도 개인의 자유와 권리를 우선적으로 보장한다.
③ 국가는 개인과 개인 사이의 갈등을 조정·해결할 수 있는 제도적 장치를 마련하여야 한다.
④ 다원주의 사회에서 집단 간의 가치관 갈등을 해결하기 위해서는 서로 다른 문화적 정체성을 인정해야 한다.
⑤ 국가는 개인들이 추구하는 다양한 가치에 대해 어떤 특정한 입장도 옹호해서는 안 되며 중립적 입장을 취해야 한다.

정답해설

글을 요약하면 다음과 같다.
다원주의 사회에서는 다양한 가치관들이 충돌할 수밖에 없다. 가치관들이 충돌할 때 이 갈등을 해소하기 위해 합리성에 호소할 수는 없다. 그럼에도 불구하고 자유주의자들은 이 다원주의적 문제를 자유주의적 제도 위에서 해결해야 한다. 그러나 다원주의적 갈등은 시민들의 자유로운 합의, 대의원의 투표, 여론조사, 정치적 결단 등의 절차적 방법으로 해결할 수 없다. 왜냐하면 소수자 집단은 다수에 의한 절차적 결정을 거부하고, 사회의 구성원으로서 자신의 정체성을 인정해 줄 것을 격렬히 요구하기 때문이다. 따라서 자유주의의 개인주의와 절차주의적 방법으로는 다원주의적 문제를 해결할 수 없다. 이 문제를 해결하는 유일한 방법은 소수자의 문화적 정체성을 인정하는 것이다.
이를 통해 글의 중심내용을 다음과 같이 요약할 수 있다. 다원주의 사회 내에서 발생하는 집단 간의 문화적 갈등은 개인주의와 절차주의적 방법으로 해결할 수 없고, 소수 집단의 문화적 정체성을 인정함으로써만 해결할 수 있다. 따라서 정답은 ④이다.

합격자의 SKILL

지문이 다루고 있는 중심내용을 바르게 이해하고 있는지를 묻는 문제이다. 비슷한 문제 유형으로는 주제나 핵심정보를 파악하는 문제가 있다.

우리는 흔히 수학에서 말하는 '집합'을 사물들이 모여 하나의 전체를 구성하는 '모임'과 혼동하곤 한다. 하지만 사물의 모임과 집합 사이에는 중요한 차이가 있다. 첫째, 전체로서 사물의 모임은 특정한 관계들에 의해 유지되며, 그런 관계가 없으면 전체 모임도 존재하지 않는다. 그렇지만 집합의 경우 어떤 집합의 원소인 대상들이 서로 어떤 관계를 가지든 그 집합에 대해서는 아무런 차이가 없다. 둘째, 전체로서 어떤 사물의 모임이 있을 때 우리는 그 모임의 부분이 무엇인지를 미리 결정할 수 없다. 반면에 집합이 주어져 있을 때에는 원소가 무엇인지가 이미 결정되어 있다. 셋째, 전체로서 어떤 사물의 모임 B에 대해서는 B의 부분의 부분은 언제나 B 자신의 부분이라는 원리가 성립한다. 그렇지만 집합과 원소 사이에는 그런 식의 원리가 성립하지 않는다. 그러므로 우리는 모임을 집합과 혼동해서는 안 된다. 내가 앉아 있는 의자를 이루는 원자들의 집합 자체는 의자가 아니다.

① 홀수들만으로 이루어진 집합들의 집합은 홀수를 원소로 갖지 않는다.
② 대대를 하나의 모임으로 볼 때 대대의 부분으로서 중대의 부분들인 군인들은 대대의 부분이라고 할 수 없다.
③ 대학교를 하나의 모임으로 볼 때 이 모임의 부분은 단과대학일 수도 있고 단과대학에 속하는 학과일 수도 있다.
④ 집합 A가 홀수들의 집합이라면 임의의 대상들이 A의 원소냐 아니냐는 그 대상이 홀수냐 아니냐에 따라 이미 결정되어 있다.
⑤ 군인들 각각은 살아남더라도 군대라는 모임을 유지시켜 주는 군인들 사이의 관계가 사라진다면 더 이상 군대라고 할 수 없을 것이다.

정답해설

지문은 '집합'과 '모임'의 차이를 설명하고 있다.
② 지문에서 '전체로서 어떤 사물의 모임 B에 대해서는 B의 부분의 부분은 언제나 B 자신의 부분이라는 원리가 성립한다'고 했다. 따라서 대대를 하나의 모임으로 볼 때 대대의 부분으로서 중대의 부분들인 군인들은 대대의 부분이라 할 수 있다. 따라서 모임 개념과 어울리지 않는다.

오답해설

① 홀수들만으로 이루어진 집합들의 집합은 홀수들의 집합을 그 원소로 갖는다. 집합은 홀수가 아니기 때문에 홀수들만으로 이루어진 집합들의 집합은 홀수를 원소로 갖지 않는다. 따라서 ①은 집합 개념과 어울린다.
③ ②와 달리 모임 개념과 어울린다.
④ 지문에 따르면 집합이 주어져 있을 때에 원소가 무엇인지는 이미 결정되어 있다. 따라서 집합 A가 홀수들의 집합이라면 그 집합의 원소들이 무엇인지 이미 결정되어 있다. 그 모든 원소들은 홀수여야 한다. 그래서 임의의 대상들이 A의 원소냐 아니냐는 그 대상이 홀수냐 아니냐에 따라 이미 결정되어 있다. 따라서 집합개념에 부합한다.
⑤ 지문에 따르면 전체로서 사물의 모임은 특정한 관계들에 의해 유지되며, 그런 관계가 없으면 전체 모임도 존재하지 않는다. 군인들 각각은 살아남더라도 군대라는 모임을 유지시켜 주는 군인들 사이의 관계가 사라진다면 더 이상 군대라고 할 수 없다. 따라서 모임 개념과 부합한다.

합격자의 SKILL

지문이 설명하고 있는 개념이나 어휘를 바르게 이해하는 능력을 평가하는 문제이다. 개념은 명시적으로 정의되는 경우도 있지만, 많은 경우 글의 맥락을 통해 간접적으로 정의된다. 또한 개념은 여러 개념들 간의 관계를 통해 정의될 수도 있다.

답 ②

문 6. 다음 글에서 설명하고 있는 원리와 가장 관계가 먼 것은?

> 달에서 대낮에 왜 별이 안 보이는가의 문제를 생각하기 위해서 먼저 지구에서는 왜 대낮에 별이 안 보이는가를 생각해 보자. 이 문제는 '별에서 오는 신호(즉, 빛)가 지상에 있는 관측자에게 제대로 수신되는가'라는 통신 문제로 볼 수 있다. 일반적으로 통신에서 신호가 제대로 수신되지 않는 것은 신호(S) 대 잡음(N)의 비(比)인 S/N가 작아졌을 때이다. 따라서 대낮에 별이 안 보이는 원인 중의 하나는 이 S/N에서 S가 약화된 경우이고, 또 하나는 S는 약하지 않지만 N이 강한 경우이다.

① 달에는 대기층이 존재하지 않기 때문에 태양이 밝게 빛나고 있어도 하늘 전체가 깜깜해 보인다.

② 나이트클럽에서 요란하게 디스코 음악을 틀어 놓았을 때는 아무리 큰 소리로 외쳐도 대화가 잘 이루어지지 않는다.

③ 금성은 항상 태양 가까이 있으며, 지구에 가장 가깝게 접근했을 때 매우 밝아진다. 가장 밝아질 무렵에는 금성이 대낮에도 보이는 수가 있다.

④ 날이 밝아지면서 조금 전까지 보였던 별들이 보이지 않게 되는 것은 대기 속의 공기 분자에 의해 산란되는 태양광의 정도가 별의 경우보다 엄청나게 커지기 때문이다.

⑤ 금성 이외의 별로서 대낮에도 보였다는 별이 역사상 두 개가 기록되어 있는데, 이 두 별은 모두 별이 대폭발을 일으켜 중성자별이 되는 과정에서 엄청나게 밝은 빛을 냈다.

문 7. 다음 글에 대한 설명으로 가장 적절한 것은?

정보 통신 기술의 발달이 민주주의의 발달에 어떤 영향을 미칠 것인가에 대해서는 전통적으로 두 가지 입장이 있습니다. 첫째는, 정보 통신 기술의 발전이 민주적 정치 형태를 결정짓거나 아니면 촉진시킬 것이라는 견해입니다. 이것이 토플러(Toffler) 등이 취하는 입장으로서 정보 통신 기술의 발전이 반드시 직접 참여적인 민주주의를 가져오든지 아니면 최소한 민주주의의 발전을 촉진시킬 것이라고 보는 견해입니다. 이 견해는 민주주의가 인간 외적인 요소인 기술에 의해 결정된다는 논리를 전제하고 있습니다.

둘째는, 인간의 자유가 말살된 전체주의적 기술 사회가 도래할 가능성을 예고한 견해가 있습니다. 마르쿠제(Marcuse) 등의 이론가들은 기술 사회에서는 기술 발전이 자율적이 되는 반면에 인간의 자유는 상실될 날이 올 것이라고 경고하고 있습니다. 유감스럽기는 하지만, 기술 결정론의 시각에서 볼 때, 이 가능성이 논리적으로 보다 설득력이 있어 보입니다. 왜냐하면 기술 결정론은 인간의 자유가 아닌 기술이 정치 형태를 결정짓는다고 보기 때문입니다. 인간은 자율적인 내적 발전 논리를 갖는 기술 체계로서의 사회 속에서 비판적 이상을 상실하고 도구적 이성만을 사용하는 기능적 수행자, 곧 일차원적 존재로 전락한다는 경고가 기술 결정론의 논리적 구조에 훨씬 잘 부합하기 때문입니다.

제 생각으로는 기술과 사회는 전 역사를 통해 서로 영향을 주고받아 왔다고 보는 것이 타당할 듯 싶습니다. 때로 기술이 사회에 미친 영향이 사회가 기술 발전에 미친 영향보다 훨씬 더 심대하거나 또는 그 역이 성립할 때가 종종 있었겠지만, 전체적으로 볼 때 기술과 사회는 상호 작용해 왔다고 보는 게 마땅할 것입니다. 이 상호작용론의 관점에서 보면, 오늘날의 정보 통신 기술과 정치 형태의 상호 관계는 보다 동태적으로 이론화될 수 있습니다. 정보 통신 기술의 발전이 일방적으로 민주주의 혹은 전체주의를 결정지을 수 없고, 마찬가지로 현재의 정치 형태가 정보 통신 기술의 사용을 일방적으로 규정할 수도 없기 때문입니다. 중요한 문제는 정보 통신 기술이 가지고 있는 잠재력이 가능한 한 민주주의를 촉진시킬 수 있는 방향으로 설계, 분배, 활용, 통제하는 것이라고 생각합니다. 그리고 이 과제는 당연히 한 사회의 문화적 특수성, 정치 발전 수준, 경제 구조 및 국제적 상호 의존성의 정도에 관한 논의를 포괄하지 않을 수 없을 것입니다. 왜냐하면 이러한 요소들이 정보 통신 기술의 사회·정치적 활용의 방향과 목적을 상당 부분 조건 짓기 때문입니다. 그렇다 하더라도 기술은 또한 독자적으로 사회에 영향을 미칠 수 있는 잠재력을 지닐 수 있기 때문에 예측 불가능한 사회·정치적 결과를 초래할 수 있음을 무시해서는 안 될 것입니다. 정보 통신 기술의 잠재력을 아무리 철저하게 분석한다고 하더라도 그 기술은 인간의 인식이 포착할 수 없는 또 다른 잠재력을 지니고 있을 수 있기 때문입니다. 정치 본래의 역동성과 예측할 수 없는 기술의 잠재력은 상호 작용 패턴을 더욱 복잡하게 만들기 때문에 현재로서는 어떤 일반화도 어렵습니다.

① 다양한 이론을 검토하여 이해하기 쉽게 정리해 놓았다.
② 권위 있는 기존 이론을 논거로 삼아 논의의 타당성을 높였다.
③ 새로운 발상을 통해 기존의 주장과 완전히 다른 주장을 하였다.
④ 기존 논의의 문제점을 지적하여 저자의 주장을 설득력 있게 제시하였다.
⑤ 이미 검증된 일반적인 이론을 전제로 해서 구체적인 내용을 결론으로 이끌어내었다.

정답해설

주어진 글의 서술 방식을 분석하는 문제이다.
④ 글쓴이는 기존 논의의 문제점을 지적하면서 자신의 주장을 강화하고 있다.

오답해설

① '다양한 이론'은 글쓴이의 의견을 개진하기 위한 전제에 해당한다.
② 글쓴이는 자신의 주장을 강화하기 위해 '기존 이론'의 문제점을 지적하고 있다.
③ 글쓴이가 '기존 의견'을 절충하고 있기 때문에 새로운 발상에서 나온 완전히 다른 주장이라고 할 수 없다.
⑤ 기존 이론이나 글쓴이의 주장 모두 대등한 논의에 해당하기 때문에 일반적 이론의 구체화로 볼 수 없다.

답 ④

문 12. **다음의 네 명제가 모두 참일 경우 반드시 참인 것은?**

> ㄱ. 안정환이 주전으로 기용되거나 이천수가 주전으로 기용될 것이다.
> ㄴ. 만약 안정환이 주전으로 기용되면 박지성이 주전으로 기용될 것이다.
> ㄷ. 만약 박지성이 주전으로 기용되면 이천수가 주전으로 기용될 것이다.
> ㄹ. 안정환이 주전으로 기용되거나 이영표가 주전으로 기용될 것이다.

① 안정환이 주전으로 기용될 것이다.
② 이천수가 주전으로 기용될 것이다.
③ 박지성이 주전으로 기용될 것이다.
④ 박지성과 이영표가 주전으로 기용될 것이다.
⑤ 안정환이 주전으로 기용되거나 박지성이 주전으로 기용될 것이다.

먼저 ㄱ에 따르면 안정환과 이천수 둘 중에 최소한 하나는 주전으로 기용되어야 한다. 이에 대한 판단을 위해서는 ㄴ과 ㄷ을 참조하면 된다.

② ㄷ의 대우에 따르면 이천수가 주전으로 기용되지 않는다면 박지성도 주전으로 기용되지 못한다. 그런데 ㄴ의 대우에 따르면 박지성이 주전으로 기용되지 않는다면 안정환도 주전으로 기용되지 못한다. 따라서 이천수가 주전으로 기용되지 못할 경우 안정환도 주전으로 기용되지 못하는 상황이 벌어져 ㄱ은 참이 될 수가 없다. 따라서 전제가 모두 참이라면, 이천수의 주전 기용은 반드시 참이어야 한다.

안정환은 반드시 주전으로 기용될 필요가 없다. 왜냐하면 안정환이 주전으로 기용되지 않아도 이천수가 주전으로 기용되기만 한다면 ㄱ, ㄴ, ㄹ이 동시에 참이 될 수 있기 때문이다. 여기에 이영표까지 주전으로 기용되면 ㅁ도 함께 참이 될 수 있다. 물론 박지성이 반드시 주전으로 기용될 필요는 없다. 이것은 이영표의 경우도 마찬가지다. 또 안정환이 주전으로 기용되지 않을 경우, 박지성의 기용 여부와 상관없이 ㄱ, ㄴ, ㄷ, ㄹ이 동시에 참이 될 수 있다. 따라서 ①, ③, ④, ⑤는 정답에서 논리적으로 완전히 배제된다.

합격자의 SKILL

주어진 정보들로부터 필연적으로 참이 되는 주장들을 끌어내는 문제이다. 이런 유형의 문제를 풀기 위해서는 둘 이상의 정보를 조합하여 새로운 정보를 연역할 수 있어야 한다. 이 문제의 경우 주어진 네 개의 명제가 동시에 참이 되기 위해서는 누군가 주전으로 기용되지 않으면 안 되는 것처럼 보인다. 따라서 주전으로 기용되지 않으면 안 되는 사람이 누구인지를 연역해 내는 것이 풀이의 핵심이다.

답 ②

문 13. 먼 은하계에 X, 알파, 베타, 감마, 델타 다섯 행성이 있다. X 행성은 매우 호전적이어서 기회만 있으면 다른 행성을 식민지화하고자 한다. 다음 진술이 참이라고 할 때, X 행성이 침공할 행성을 모두 고르면?

> ㄱ. X 행성은 델타 행성을 침공하지 않는다.
> ㄴ. X 행성은 베타 행성을 침공하거나 델타 행성을 침공한다.
> ㄷ. X 행성이 감마 행성을 침공하지 않는다면 알파 행성을 침공한다.
> ㄹ. X 행성이 베타 행성을 침공한다면 감마 행성을 침공하지 않는다.

① 베타 행성
② 감마 행성
③ 알파와 베타 행성
④ 알파와 감마 행성
⑤ 알파와 베타와 감마 행성

정답해설

주어진 진술로부터 필연적으로 참이 되는 주장을 이끌어 내는 문제 중 하나이다. 이 문제는 주어진 네 진술을 적절히 이용하면 비교적 쉽게 풀린다.

③ 진술 ㄱ으로부터 X 행성은 델타 행성을 침공하지 않는다는 것을 알 수 있으며, 이것을 진술 ㄴ과 결합하면, X 행성은 베타 행성을 침공해야 한다. 다음으로 진술 ㄹ과 결합하면, X 행성은 감마 행성을 침공하지 않으며, 진술 ㄷ에 따르면 X 행성은 알파 행성을 침공한다. 따라서 X 행성은 알파와 베타 행성을 침공한다.

답 ③

문 14. **다음 글을 통해서 볼 때 그림을 그린 사람(들)은 누구인가?**

철수, 준영, 영희, 선영은 같은 화실에서 그림을 그린다. 이들은 특이한 버릇을 가지고 있다. 철수와 준영은 항상 그림을 그리고 나면 자신의 작품 밑에 거짓말을 쓰고, 영희와 선영은 자신의 그림에 언제나 참말을 써넣는다. 우연히 다음과 같은 글귀가 적힌 그림이 발견되었다.
'이 그림은 영희가 그린 것이 아님'

① 철수
② 선영
③ 철수, 준영
④ 영희, 선영
⑤ 철수, 준영, 선영

정답해설

각 경우를 고려해 봄으로써 논리적으로 불가능한 상황을 배제하는 방법을 사용하면 된다.
② 영희는 항상 참말을 써넣기 때문에 영희가 그렸을 가능성은 자동적으로 배제된다. 그런데 만일 영희가 아닌 철수나 준영이 이 그림을 그렸다면, 그림에 써진 글은 참말이 된다. 이것은 그들이 그림을 그리고 나서 항상 거짓말을 써넣는다는 조건에 위배되기 때문에 그들은 그림을 그린 사람이 될 수 없다. 따라서 남아 있는 유일한 가능성은 선영이가 그림을 그린 경우이며, 그림에 남겨진 글귀의 내용은 선영이가 그림 밑에 언제나 참말을 써넣는다는 조건을 만족한다.

답 ②

내가 바라는 것은 성인을 배우는 일이다. 비유하자면 다음과 같다. 달이 물에 있어도 하늘에 있는 달은 그대로 밝다. 하늘의 달이 아래로 비치면서 물 위에 그 빛을 발산할 때 용문(龍門)*의 물은 넓고도 빠르고 안탕(雁宕)*의 물은 맑고 여울지며 염계(濂溪)*의 물은 검푸르고 무이(武夷)*의 물은 소리 내어 흐른다. 양자강의 물은 차갑고 탕천(湯泉)*의 물은 따뜻하며, 강물은 담담하고 바닷물은 짜고, 경수(涇水)*는 흐리고 위수(渭水)*는 맑다. 이처럼 달은 다만 물의 각기 형태에 따라 비춰준다. 물이 흐르면 달도 함께 흐르고 물이 멎으면 달도 함께 멎으며 물이 거슬러 올라가면 달도 함께 거슬러 올라가고 물이 소용돌이치면 달도 함께 소용돌이친다. 그러나 그 물의 근원은 달의 정기(精氣)이다. 거기에서 나오는 물이 세상 사람들이라면 달이 비춰 그 상태를 나타내는 것은 사람들 각자의 얼굴이다. 나는, 달은 태극이고 그 태극이 바로 나라는 것을 알고 있다. 이것이 바로 옛 사람이 태극의 신비한 작용을 만천(萬川)의 밝은 달에 비유하여 말한 뜻이 아니겠는가? 그리고 나는 태극의 테두리를 어림잡아 보려는 것은 물 속에 비친 달을 잡으려 하는 것과 같은 헛된 짓임도 알고 있다.

※ 중국의 유명한 강과 계곡들

① 물은 물속에 비친 달빛의 지배를 받게 마련이다.
② 만천(萬川)은 백성들이요 명월(明月)은 왕을 가리킨다.
③ 사람들이 국왕의 본심을 쉽게 알 수 있다고 생각하는 것은 어리석은 일이다.
④ 국왕은 자신이 만물의 근원인 태극임을 자부하고 있다.
⑤ 달은 만물을 똑같이 비추지만, 사물에 따라 달의 모습은 각기 다르게 나타난다.

정답해설

① 물이 물속에 비친 달빛의 지배를 받게 마련이라는 점은 추론할 수 없으며, 오히려 물속에 비친 달빛이 물의 흐름에 따라 요동친다고 말하고 있다.

오답해설

② 물의 근원(달의 정기)에서 나오는 물(만천)이 세상 사람들(백성)이며, 달은 태극, 태극은 곧 나(왕, 화자 자신)라는 것을 알고 있다고 명시적으로 밝히고 있다. 따라서 명월(밝은 달)은 화자, 곧 왕 자신을 가리킨다.
③ 화자는 태극의 테두리를 어림잡아 보려는 것이 헛된 짓이라고 말하고 있다. 태극은 화자 자신이기 때문에 그 테두리가 왕의 실체(또는 본심)를 가리킨다고 보면, 화자는 태극의 테두리를 어림잡아 보려는 것을 헛된 짓(또는 어리석은 짓)으로 판단함을 추론할 수 있다.
④ 화자는 중국의 유명한 물과 달의 작용을 들고 있으며, 달이자 태극인 자신이 곧 물의 근원이라는 점을 밝히고 있다. 또 '태극의 신비한 작용' 등의 언급으로 미루어 볼 때, 화자는 자신이 만물의 근원인 태극임을 자부한다고 보는 것이 적절하다.
⑤ '이처럼 달은~형태에 따라 비춰준다' 부분과 '물이 흐르면~달도 함께 소용돌이친다' 부분을 통해 추론할 수 있다.

합격자의 SKILL

추론능력을 검사하는 문제 중 하나이다. 이것은 비록 지문 안에 등장하지는 않지만 지문의 내용으로부터 추론할 수 있는 것 또는 추론할 수 없는 것을 분별하는 문제에 해당한다. 추론하는 데 동원되는 배경 전제들이 달라지면 그에 따라 다른 내용들이 추론될 수도 있다.

目 ①

문 16. 다음 글에서 추론할 수 있는 결론으로 가장 적절한 것은?

> 과학에서 혁명적 변화는 정상적 변화와 다르다. 혁명적 변화는 그것이 일어나기 전에 사용되던 개념들로는 수용할 수 없는 새로운 발견들을 동반한다. 과학자가 새로운 발견을 하고 이를 수용하기 위해서는 어떤 영역의 자연현상들에 대해 생각하는 방식과 기술하는 방식 자체를 바꾸어야 한다. 뉴턴의 제2 운동 법칙의 발견이 이러한 변화에 해당한다. 이 법칙이 채택하고 있는 힘과 질량의 개념은 이 법칙이 도입되기 전까지 사용되던 개념들과는 다른 것이었고, 이 새로운 개념들의 정의를 위해서는 뉴턴의 법칙 자체가 필수적이었다. 좀 더 포괄적이면서도 비교적 단순한 또 하나의 사례는 프톨레마이오스 천문학에서 코페르니쿠스 천문학으로의 전이 과정에서 찾을 수 있다. 이 전이가 이루어지기 전까지 태양과 달은 행성이었고 지구는 행성이 아니었다. 전이 이후에 지구는 화성이나 목성과 마찬가지로 행성이 되었고, 태양은 항성이, 그리고 달은 새로운 종류의 천체인 위성이 되었다. 이와 같은 변화는 단지 프톨레마이오스 체계 내의 개별적인 오류를 교정한 것이 아니다. 이 변화는 뉴턴 운동 법칙으로의 전이에서와 마찬가지로 자연 법칙 자체의 변화였다. 그리고 그 변화된 자연 법칙 속의 몇몇 용어들이 자연에 적용되는 방식도 변하였다.

① 과학은 혁명을 통해 진보한다.
② 과학 용어의 의미와 지시 대상은 가변적이다.
③ 과학의 목적은 영원한 진리를 발견하는 것이다.
④ 정상적 변화 과정에서 과학자들은 반대 사례를 무시한다.
⑤ 코페르니쿠스 이론은 프톨레마이오스 이론보다 우월하다.

[정답해설]

지문에 명시적으로 나타나 있지 않지만, 지문으로부터 논리적으로 도출할 수 있는 결론을 이끌어 내는 문제이다.
② 글에 따르면 '행성'이라는 용어는 과학혁명 전후에 그 의미와 지시대상이 달라졌다. 또 글의 마지막에 '그 변화된 자연 법칙 속의 몇몇 용어들이 자연에 적용되는 방식도 변하였다'고 주장하고 있기 때문에 '동일한 과학 용어는 새로운 발견과 새로운 법칙 아래에서 그 의미와 지시 대상이 변할 수 있다'(가변성)는 결론을 주어진 글에서 도출할 수 있다.

[오답해설]

① 혁명적 변화에 대해 언급은 하나 이것이 진보라는 것을 글에서 추론할 수는 없다.
③ 과학의 목적이 영원한 진리를 발견하는 것이라는 주장은 과학의 존재 목적에 대한 주장으로서 적절할 수 있으나, 주어진 글에서 주장하는 결론으로 도출할만한 단서가 나타나지 않는다.
④ 정상적 변화 과정에서 과학자들이 반대 사례에 대해서 어떻게 반응할 것이라는 정보는 이 글에 포함되어 있지 않다.
⑤ 코페르니쿠스 이론과 프톨레마이오스 이론의 우월성을 비교할 만한 기준이 글에 나타나 있지 않다.

답 ②

문 17. 다음 글의 논증이 타당하다고 할 때 생략된 전제는?

> 학생들이 과학 탐구를 효과적으로 하기 위해서는 동료 학생들과 협동하면서 학습해야 한다는 과학 교육의 교수학습 이론이 있다. 그러나 위대한 과학자들은 그들의 학생 시절에 동료 학생들과 협동 학습을 잘하지 않았다. 따라서 이 과학 교육의 교수학습 이론은 틀림없이 거짓이다.

① 일부 과학자들은 협동 학습을 좋아한다.
② 위대한 과학자들은 협동하여 학습하는 것을 싫어한다.
③ 혼자 연구하는 것이 진정한 과학 탐구를 위해 필요하다.
④ 위대한 과학자들은 학생 시절부터 협동 학습 없이도 과학 탐구를 효과적으로 한다.
⑤ 과학 시간에 협동 학습을 잘 못하는 학생들은 위대한 과학자가 될 가능성이 있다.

A : 영국의 세균학자인 그리피스는 폐렴쌍구균의 변종인 R형 균으로 실험을 했어. R형 균은 피막을 만들지 못하기 때문에, 동물이 R형 균에 감염되어도 폐렴에 걸리지 않아. 그런데 폐렴을 일으키는 정상적 폐렴쌍구균인 S형 균을 열처리하여 죽이면, S형 균도 폐렴을 일으키지 않아. 그런데 열처리한 S형 균을, R형 균과 섞어서 쥐에게 주사하였더니 그 쥐가 폐렴에 걸린 거야.
B : 그러니까 열처리한 폐렴쌍구균은 쥐에게 폐렴을 일으키지 않고, 또 그리피스가 사용한 변종도 폐렴을 일으키지 않았다는 말이군요.
A : 그렇지. 그 차이를 설명할 수 있겠니?
B : 열처리는 단백질을 변성(變性)시킨다고 알고 있어요. 그리고 변종의 경우에는 유전자가 결핍되어 피막을 만들지 못하는 것이 아닐까요?
A : 나는 단지 피막을 만들지 못한다고 말했지만 그 이유는 네 말대로 피막을 만드는 데 필요한 유전자가 결핍되어 있기 때문이지.
B : 다른 이유로 피막을 만들지 못하는 경우도 있다는 말씀인가요?
A : 없다고 할 수는 없겠지.
B : 그런데 독립적으로 폐렴을 못 일으키는 두 가지를 섞으니까 쥐가 폐렴에 걸려 죽었어요. 따라서 열처리한 폐렴쌍구균으로부터 피막을 만드는 데 관여하는 어떤 물질이 변종에게 전달되어 피막을 만들 수 있게 되었군요.

① 독립적으로 폐렴을 일으키지 못하는 S형 균과 죽은 R형 균은 함께 폐렴을 일으킨다.
② 죽은 S형 균은 R형 균이 피막을 만들 수 있도록 해준다.
③ R형 균을 열처리하면 피막을 만들어내지 못한다.
④ S형 균에 돌연변이가 생겨서 R형 균이 되었다.
⑤ 정상적인 S형 균은 쥐에게 폐렴을 일으킨다.

정답해설

대화에 따르면 열처리된 S형 균과 변종 R형 균은 홀로 결코 폐렴을 일으킬 수 없다. R형 균이 폐렴을 일으키지 못하는 이유는 피막을 형성하지 못하기 때문이며, 피막을 형성하지 못하는 이유는 피막을 만드는 데 필요한 유전자가 결핍되어 있기 때문이다.
마지막 B의 말은 실험결과를 설명하는 가설을 위한 결정적 단서를 제시하고 있다. 그것은 열처리한 S형 폐렴쌍구균으로부터 피막을 만드는 데 관여하는 어떤 물질이 R형 균에게 전달되어 R형 균이 피막을 만들 수 있게 되었다는 정보이다.
열처리가 단백질을 변성시킨다는 정보는 B의 두 번째 말에서 알려진 사실이다. 따라서 열처리하여 죽인 S형 균의 변성된 단백질이 R형 균에게 모종의 유전자를 제공하여 피막을 만들 수 있게끔 해 준다는 가설을 도입한다면, 문제의 실험결과를 설명할 수 있다. 따라서 ②가 실험결과를 가장 잘 설명한 것으로 적절하다.

합격자의 SKILL

주어진 현상이나 실험 결과를 가장 잘 설명할 수 있는 가설을 찾는 문제이다. 주어진 실험 결과는 폐렴을 일으키는 S형 폐렴쌍구균을 열처리하여 죽인 후 폐렴을 일으키지 않는 R형 폐렴쌍구균과 섞어서 쥐에게 주사하였더니 그 쥐가 폐렴에 걸렸다는 것이다. 이 실험 결과를 가장 잘 설명할 수 있는 가설을 찾아야 한다.

답 ②

문 19. **다음 뉴스를 듣고 아래 다섯 사람이 보인 반응 중 논리적으로 잘못된 것은?**

술이 약한 사람들은 술을 잘하는 사람들과 비교해 알츠하이머병에 걸리기 쉽다는 연구결과가 나왔다. 유럽의 한 노인병 연구소는 술을 잘하는 사람에게서 움직임이 활발하게 관찰되는 효소 Y가 알츠하이머병과 관계가 깊은 유독 효소의 분해에 효과가 있다는 사실을 발표했다. 연구소 측이 40~70대 2,400명의 혈액을 조사한 결과, 효소 Y의 움직임이 약한 사람은 문제의 유독 효소를 더 많이 생성하는 것으로 파악됐다. 통상적으로 술이 약한 사람들은 효소 Y의 활동도 약하기 때문이다.

─ 보 기 ─
운사 : 술을 전혀 마시지 않는 사람은 알츠하이머에 걸릴 확률이 높다.
경이 : 술을 무리하게 마신다고 알츠하이머 예방효과가 꼭 있는 것은 아니다.
철삼 : 주량을 줄인다고 해서 알츠하이머에 걸릴 가능성이 높아지는 것은 아니다.
수일 : 술을 잘 마시는 사람은 알츠하이머에 걸릴 확률이 낮다.
종오 : 술에 쉽게 취하는 사람은 알츠하이머에 걸릴 확률이 높다.

① 운사   ② 경이
③ 철삼   ④ 수일
⑤ 종오

정답해설

① 알츠하이머는 효소 Y의 활동과 관계가 있는 데 술을 전혀 마시지 않는다고 해서 효소 Y의 활동이 꼭 약할 것이라고 단정할 수는 없다.

오답해설

② 과도한 음주가 알츠하이머를 예방한다는 어떠한 근거도 제시되어 있지 않다.
③ 효소 Y의 활동은 술을 섭취하는 양에 의존하는 것이 아니므로 알츠하이머에 걸릴 가능성이 높아지는 것은 아니다.
④ '유럽의 한 노인병 연구소는~'에서 확인할 수 있다.
⑤ 술에 쉽게 취하는 사람(술에 약한 사람)은 효소 Y의 활동도 약하므로 알츠하이머에 걸릴 확률이 높다.

답 ①

문 20. **아래 글의 논증과정에서 제기될 수 있는 주장의 가장 중요한 논리적 약점은?**

우리지역에서 물이 지속적으로 부족하게 됨에 따라, 당국은 물 사용을 엄격히 규제하고, 소비자의 물 사용요금을 인상했다. 가구당 평균 수도요금이 지난 3년간 연속해서 1년에 20만 원씩 인상됐다. 향후 3년 후에는 가구당 수도요금이 엄청나게 오를 것이다.

① 이 글이 결론을 뒷받침하는 데 불명확한 수치를 사용했다.
② 삼 년 후의 수도요금에 대한 정확한 수치를 제공하지 않았다.
③ 지난 3년의 요금인상 상황이 향후에도 계속될 것이라고 가정했다.
④ 물의 보존 방법이 향후 3년 동안에 향상될 가능성을 간과했다.
⑤ 비싼 수도요금이 물 사용을 억제할 수 있는 가능성을 무시했다.

정답해설

주어진 논증을 논리적으로 반박하는 문제에 해당한다.
③ 향후 3년 동안 당국이 지금과 같은 수도요금 정책을 펼 것이라는 가정을 하지 않는 한 지난 3년의 요금인상 상황이 향후에도 계속될 것이라는 지문의 주장은 성립될 수 없다.

오답해설

④, ⑤ 물의 보존 방법이 향상되거나, 비싼 수도요금이 물 사용을 억제하더라도 이와 별개로 당국은 수도요금을 올릴 수 있기 때문에 결정적인 논리적 약점이 되지 않는다.
①, ② 지난 3년 간 가구당 평균 수도요금 인상분(1년에 20만원씩)이 제시되었고 그러한 인상이 추후 3년간 계속될 것이라는 가정에서 지문의 주장이 성립한다. 즉 3년 후의 인상분을 예상할 수 있기 때문에 불명확한 수치를 사용했다고 볼 수 없다.

답 ③

PSAT
Public Service Aptitude Test

언어논리

PART 1

LEVEL UP!

CHAPTER
LEVEL 1, 파악

01 세부내용 파악 및 추론

문 1. 다음 글의 주장과 부합하지 <u>않는</u> 것은?

07 행시(외) 03번

우리나라 사람으로서 중국에 다녀온 자들 가운데, 다섯 가지 허망한 일이 있다. 문벌(門閥)로서 서로 뽐내는 것은 애초에 우리나라의 관습이었다. 양식이 있는 사람이라면 국내에서도 오히려 양반 이야기를 부끄럽게 생각하거든, 하물며 외국의 토성(土姓)으로서 도리어 중국의 옛 가문들을 깔보려 하니, 이것이 첫째의 허망이다.

중국에서 지금 쓰는 붉은 모자나 이상한 소매는 비단 한족(漢族)이 부끄러워할 뿐만 아니라 만주인들도 역시 부끄러워하는 바이다. 그러나 그들의 예의와 풍속이나 문물은 천하의 여러 종족이 오히려 당할 수 없는 것이 사실이다. 그들과 나란히 걸을 수 없음에도 불구하고 다만 한 줌만큼 작은 상투 하나로써 스스로 천하에 뽐내려 하니, 이것이 둘째의 허망이다.

이제 중국이 비록 변하여 오랑캐가 되었다 하더라도 그 천자의 칭호는 오히려 고쳐지지 않은 만큼, 그들 각부(閣部)의 대신들은 곧 천자의 공경(公卿)이다. 그러니 옛날이라 해서 더 높다든지 또는 지금이라고 해서 더 깎이었다든지 하는 것은 아닐 것이다. 요즘 사신들은 제대로 관장(官長)을 뵈는 예식은 그만 두고라도, 그들의 조정에서 절하고 인사하는 것을 부끄러워하여 문득 모면하기를 일삼아, 드디어 하나의 관습이 되고 말았다. 설혹 그들을 만나더라도 거만하게 대하는 것을 영예스럽게 여기고 공손한 것은 욕이라 생각하는 모양이다. 그들이 비록 이에 대하여 가혹하게 추궁하지 않는다 하더라도 어찌 우리 쪽의 무례함을 우습게 여기지 않겠는가. 이것이 셋째의 허망이다.

우리나라 사람은 문자를 안 뒤로부터 중국의 것을 빌려 읽지 않는 글이 없었으니, 중국에서 역대로 써온 문장을 본받지 않은 것이 없다. 그런데 지금은 중국에서 쓰지도 않는 공령문(功令文)의 습속을 가지고 억지로 운(韻)도 맞지 않는 시문을 쓰면서, 문득 "중국에는 문장이 없더구먼" 하고는 헐뜯으니, 이것이 넷째의 허망이다.

중국의 선비들은 청나라 강희(康熙) 황제 이전에는 모두 명(明)나라 유민이었으나, 국가의 제도와 기강이 확립된 강희 이후에는 곧 청나라의 신하와 백성이다. 그렇다면 그 정부에 충성을 다하여 법률을 존중하여야 한다. 보통 때 대화에서라도 외국 사람들에게 그 정부를 반대하는 말을 세운다면 이들은 곧 정부의 난신(亂臣)이요 적자(賊子)다. 그러나 조선 사신들은 중국의 선비를 만난 때에 그들이 한족으로서 청나라 조정의 은택을 칭송함을 보고는 문득 "『춘추(春秋)』의 절의(節義)를 어디서 찾아볼 수 있겠어?" 하면서 말마다 비분강개한 선비가 없음을 탄식하니, 이것이 다섯째의 허망이다.

① 청나라의 예의와 풍속과 문물은 타국에 비해 앞서 있다.

② 강희제 이후에는 한족도 청나라 조정에 충성을 바쳐야 한다.

③ 중국의 관리들을 만나면 무례하게 대하는 조선 사신들이 있다.

④ 조선 사신들은 청나라 조정의 지배에 분개하는 한족의 선비가 없음을 탄식한다.

⑤ 붉은 모자 등의 의복의 예에서 볼 수 있듯이, 만주인들의 풍속과 문물은 그들 자신도 부끄러워하는 것이므로 본받을 것이 못 된다.

문 2. 다음 글에서 추론할 수 있는 내용은? 09 행시(경) 12번

어떤 시점에 당신만이 느끼는 어떤 감각을 지시하여 'W'라는 용어의 의미로 삼는다고 해보자. 그 이후에 가끔 그 감각을 느끼게 되면, "'W'라고 불리는 그 감각이 나타났다."고 당신은 말할 것이다. 그렇지만 그 경우에 당신이 그 용어를 올바로 사용했는지 그렇지 않은지를 어떻게 결정할 수 있는가? 만에 하나 첫 번째 감각을 잘못 기억할 수도 있는 것이고, 혹은 실제로는 단지 희미하고 어렴풋한 유사성밖에 없는데도 첫 번째 감각과 두 번째 감각 사이에 밀접한 유사성이 있는 것으로 착각할 수도 있다. 더구나 그것이 착각인지 아닌지를 판단할 근거가 없다. 만약 'W'라는 용어의 의미가 당신만이 느끼는 그 감각에만 해당한다면, 'W'라는 용어의 올바른 사용과 잘못된 사용을 구분할 방법은 어디에도 없게 될 것이다. 올바른 적용에 관해 결정을 내릴 수 없는 용어는 아무런 의미도 갖지 않는다.

① 본인만이 느끼는 감각을 지시하는 용어는 아무 의미도 없다.

② 어떤 용어도 구체적 사례를 통해서 의미를 얻게 될 수 없다.

③ 감각을 지시하는 용어는 사용하는 사람에 따라 상대적인 의미를 갖는다.

④ 감각을 지시하는 용어의 의미는 그것이 무엇을 지시하는가와 아무 상관이 없다.

⑤ 감각을 지시하는 용어의 의미는 다른 사람들과 공유하는 의미로 확장될 수 있다.

문 3. 다음 글로부터 알 수 <u>없는</u> 것을 〈보기〉에서 모두 고른 것은?

'통(統)'은 계보의 정통성을 의미하며, 우리말로는 위로부터 전해 내려오는 큰 줄기를 뜻한다. 전통 유교 사회에서 통은 종통(宗統, 종족과 가문의 계통), 왕통(王統, 왕위를 이어 받는 계통), 가통(家統, 집안을 계승하는 혈통), 학통(學統, 학문을 내려 받는 계통), 예통(禮統, 예법이 전수되어 온 전통), 도통(道統, 도가 전수되어 온 계통) 등 다양한 의미로 사용되어 왔다.

전통 사회에서 이처럼 계통 혹은 계보가 중시되었던 이유는 인간 사회에는 자연 세계와 마찬가지로 잘 짜인 유기적 질서가 내재한다는 형이상학적 신념이 있었기 때문이며, 동시에 역사적 경험과 전통의 권위를 중시하는 유교적 진리관이 사회를 지배하고 있었기 때문이다.

'도통(道統)'이란 '유학의 참 정신이 전해 내려온 큰 흐름', 즉 유교에서 그 사상이 전해지는 정통적인 계보를 뜻한다. 『맹자(孟子)』에서는 도통을 요(堯)·순(舜)·우(禹)·탕(湯)·문왕(文王)·공자(孔子) 순으로 제시하고 있으며, 한유(韓愈)는 「원도(原道)」에서 맹자의 도통에 대하여 공자 앞에 무왕(武王)과 주공(周公)을 더하고, 공자의 도가 맹자로 이어지는 것으로 파악했다. 여기에 주희가 공자 뒤에 증자(曾子)와 자사(子思)를 추가하고, 이것이 맹자를 거쳐 자신의 스승인 정호(程顥)·정이(程頤)에게 이어진다고 하여 도통을 확립하였다.

한 학파의 종사(宗師)가 도통의 반열에 들게 되면, 문묘(文廟)에 모셔지게 되고, 그 학파에는 문화권력과 상징권력이 부여되었으므로, 도통의 반열에 오를 인물을 정하기 위해서는 반드시 유림(儒林)의 공론을 통해 합의를 도출하는 절차가 필요하였다. 이러한 과정에서 도통을 정하는 것과 관련된 논의는 권력을 둘러싼 유림 전체의 격렬한 논쟁으로 이어지는 경우도 종종 있었다.

도통론은 단순히 계보의 파악을 목적으로 하는 것이 아니라 정통론·명분론의 의미를 내포하고 있다. 예컨대 송시열은 명나라가 오랑캐인 청나라에 의해 망함으로써 공자로부터 이어진 주자의 도통이 우리나라로 계승되었으며, 그것이 이율곡을 거쳐 자신에게로 이어졌다는 주자도통론을 표방하였다. 그는 이를 통해 숭명의리(崇明義理), 반청북벌(反淸北伐)의 이념적 정당성을 확보했으며, 서인(西人)-노론(老論) 계열이 정치 운영의 주도권을 장악해 가는 발판을 마련했다.

한편 도통론의 전개에 따른 주자의 절대화, 주자성리학 이외의 여러 학문에 대한 탄압은 우리나라 사상계가 성리학 일변도의 경직성을 갖게 되는 중요한 원인이 되었다.

〈보 기〉

ㄱ. 종통, 왕통, 가통, 학통, 예통, 도통 등 다양한 통(統)의 개념은 유교사회 내에서의 문화상대주의를 보여주고 있다.

ㄴ. 만일 송시열이 숭명의리, 반청북벌을 주장하지 않았다면, 송시열 이후의 사상계가 성리학 일변도의 경직성을 갖게 되지 않았을 것이다.

ㄷ. 송시열은 명나라가 청나라에 의해 망한 당시 상황에서 조선이 유교문화의 본류라는 정통론을 내세워 중화주의를 부정하려 하였다.

ㄹ. 도통과 관련하여 전개된 담론에는 문화권력과 상징권력을 획득하려는 측면도 있었다.

ㅁ. 도통은 최초로 확정된 형태로부터 특정 인물을 추가하거나 제거하는 과정을 통해 보다 객관적이고 바람직한 형태로 발전되어 왔다.

① ㄴ, ㄹ
② ㄷ, ㅁ
③ ㄱ, ㄴ, ㄹ
④ ㄱ, ㄷ, ㅁ
⑤ ㄱ, ㄴ, ㄷ, ㅁ

문 4. 다음 글의 철학자의 주장으로부터 추론할 수 <u>없는</u> 것은?

어떤 고대 그리스 철학자는 눈, 우박, 얼음의 생성에 대해 다음과 같이 주장했다. 특정한 구름이 바람에 의해 강력하고 지속적으로 압축될 때 그 구름에 구멍이 있다면, 작은 물 입자들이 구멍을 통해서 구름 밖으로 배출된다. 그리고 배출된 물은 하강하여 더 낮은 지역에 있는 구름 내부의 극심한 추위 때문에 동결되어 눈이 된다. 또는 습기를 포함하고 있는 구름들이 옆에 나란히 놓여서 서로 압박할 때, 이를 통해 압축된 구름 속에서 물이 동결되어 배출되면서 눈이 된다. 구름은 물을 응고시켜서 우박을 만드는데, 특히 봄에 이런 현상이 빈번하게 생긴다.

얼음은 물에 있던 둥근 모양의 입자가 밀려나가고 이미 물 안에 있던 삼각형 모양의 입자들이 함께 결합하여 만들어진다. 또는 밖으로부터 들어온 삼각형 모양의 물 입자가 함께 결합하여 둥근 모양의 물 입자를 몰아내고 물을 응고시킬 수도 있다.

① 구름의 압축은 바람에 의해 발생하는 경우도 있고, 구름들의 압박에 의해 발생하는 경우도 있다.

② 날씨가 추워지면 둥근 모양의 물 입자가 삼각형 모양의 물 입자로 변화한다.

③ 물에는 둥근 모양의 입자뿐 아니라 삼각형 모양의 입자도 있다.

④ 봄에는 구름이 물을 응고시키는 경우가 자주 발생한다.

⑤ 얼음에는 삼각형 모양의 물 입자들이 결합되어 있다.

북한의 중앙–지방관계를 살펴보면, 국가 창립 이래 2005년 현재까지 중앙에 의한 지방정부의 지도 및 통제권이 법적으로 보장되고 있다. 북한 중앙정부의 수직적 통제력이 강했던 것은 다음의 다양한 요인 때문이다. 첫째, 단시일 내 추진된 생산 수단의 국유화로 물질적 자원이 중앙 정부에 집중되어 소련, 중국과 비교해 볼 때 지방정부의 물질적 기반이 약했다. 둘째, 견제 세력을 용납하지 않는 1인의 절대 권력을 강화했다. 셋째, 6·25전쟁 경험·남북대립 등 중앙집권을 요구하는 정치, 군사적 문화가 만연했다. 넷째, 중공업 위주의 산업화 정책이 집중투자와 중앙계획 강화를 요구했다.

그러나 1990년대 중반 식량난 이후 북한의 중앙–지방관계는 일정한 변화를 보이고 있다. 중앙의 통제력이 지역별로 다르게 나타나고 있는 것이다. 특히 배급제가 와해되기 시작한 시기에 따라 지역별로 중앙–지방관계의 편차가 확인된다. 예를 들어 1980년대 중반부터 식량배급제의 불안정성이 나타나기 시작한 국경지역에서는 수직적 통제력이 약화되었다. 중앙권력이 지역과 주민의 생존을 책임지지 못하면서도 정치사상적 통제를 지속함에 따라 각 단위 및 개인의 독립적인 행위와 의식이 성장한 것이다.

다음으로 북한의 당–정관계를 살펴보면, 국가 정책적으로 2005년 현재까지도 소위 '인민대중과 대중조직인 국가기관을 지도 및 통제'하는 정치조직인 조선노동당의 각급 국가기관에 대한 당적 지도와 당적 통제가 실시되고 있다. 각 지역의 운영 실태를 보면 이를 구체적으로 확인할 수 있다. 북한에서 지방의 각급 당 책임비서는 해당 지역에서 인사권·처벌권·통제권·평정권 등을 가지고 막강한 권력을 행사한다.

인사권을 보면 당 책임비서가 인사명령을 내리면 지방정부 각 부처별 대표가 그 명령을 수행한다. 그리고 주권기관인 인민회의 대의원선거도 지방 당에서 후보를 결정하면 형식적인 찬반투표로 대의원을 선출한다. 또한 각급 당 기관이 국가기관의 업무 조정 권한을 가지고 있기에 지역 내 부처들이 상급기관의 명령을 수행하는 과정에서 부처 간 갈등이 발생할 경우 당 기관이 조정자 역할을 한다. 나아가 지방 당은 지역에서 중앙국가기관 직속인 인민무력부·국가안전보위부·사회안전부·철도부·문화예술부 등을 제외한 각급 기관·단체들을 감독·통제한다.

그러므로 북한의 지방국가기관은 전체적으로 지방 당에 의해 통제되고 있다. 또한 무엇보다 북한의 당원이나 각급 당 간부들은 대부분 각급 국가기관 간부도 겸임하기에 각 지역 및 단위에서 막강한 권력을 행사한다.

① 2005년 현재 북한정권은 특정 정당의 지배체제를 고수하고 있다.
② 북한 지방정부의 재정적 기반은 인접 사회주의 국가들에 비해 약했다.
③ 2005년 현재 북한사회에서 조선노동당은 각급 정부기관에 대한 영향력을 행사하고 있다.
④ 북한의 지방정부 운영 실태를 볼 때, 당적 통제는 지속되고 있으나 중앙의 통제력은 약화되었다.
⑤ 1990년대 중반 식량난 이후 북한 중앙정부의 지방정부에 대한 법적 권한은 이전에 비해 축소되었다.

어느 때보다 엔지니어들이 많이 존재함에도 불구하고 오늘날 엔지니어들은 이전 시대보다 대중들에게 덜 드러나 있다. 기술적 진보는 당연한 것으로 인정되고, 기술적 실패는 기업의 탓으로 돌려진다. 대중의 시선은 엔지니어들이 아니라 오히려 기업의 대표자나 최고 경영자에게 향한다. 엔지니어들의 이러한 비가시성은 그들로 하여금 대중에 대한 책임감이나 대중과의 교감을 희미하게 만든다.

또한 엔지니어들이 소속된 집단은 거대화되고 조직화되어 있고, 엔지니어는 조직의 봉사자로서 조직의 지휘에 복종해야 하는 경우가 대부분이다. 엔지니어의 95% 이상이 자영이 아니라 여러 형태와 규모를 지닌 대학이나 연구소, 기업 또는 여타 조직에 고용되어 있다. 이들 엔지니어는 대부분의 경우 상사의 지시를 받는다. 문제는, 엔지니어가 보기에 상사의 지시가 공공의 안전과 복지에 해를 주는 비윤리적인 것일 때 발생한다. 이러한 상황에서 정상적인 대화로 문제가 해결되지 못할 때, 엔지니어는 어려운 상황에 빠진다. 상사의 지시를 따를 것인가, 아니면 원칙에 충실할 것인가? 엔지니어가 따르는 기술적 원칙들은 전문 영역에 속하기 때문에 상사가 이해하기 힘든 경우가 많다. 한편 엔지니어가 저지르는 기술적 오류는 막대한 사회적 피해를 가져올 수 있다. 이 때문에 엔지니어의 딜레마는 다른 전문직의 경우보다 더욱 심각하다.

의료, 법률 등의 거의 모든 전문직에는, 윤리적 주제와 연관된 교육 프로그램이 있어서 적절한 윤리적 판단을 내릴 수 있도록 도와준다. 그러나 공학 분야에서는 그러한 윤리적 주제에 관한 교육과 연구를 매우 등한시해왔다. 가장 큰 이유는, 기술은 가치중립적이고, 엔지니어는 기술을 생산하고 운용만 한다고 생각하기 때문이다. 가치와 관련된 판단은 엔지니어들의 영역 바깥에서 이루어진다는 것이다. 게다가 엔지니어들은 그러한 문제에 대한 훈련이 되어 있지 않아 윤리의 영역에 개입하기를 회피하는 까닭에 사회에서도 그들의 윤리적 판단 능력을 무시하는 경향이 있다. 그리하여 기술과 관련된 중요한 문제들이 이를 전혀 알지 못하는 정치가나 사업가들에 의해 잘못 판단되는 경우가 허다하다. 피고용인으로서 엔지니어는 전문 지식을 가졌지만 그들의 지식은 철저히 도구적인 것으로 평가된다. 그들의 중대한 사회적 역할에도 불구하고, 엔지니어들은 중요한 의사결정에서 소외되어 자신의 책임을 다하지 못한다.

① 과학기술의 발달과 대중화로 엔지니어들의 기술적 역할에 대해서는 잘 알려져 있다.
② 엔지니어가 종종 딜레마에 빠지는 이유는, 그들에게 기술 활용에 대한 책임 의식이 없기 때문이다.
③ 엔지니어들은 거대한 기업이나 연구소의 구성원으로서 상사의 지시를 받기 때문에 윤리적 문제에 부딪칠 일이 없다.
④ 오늘날 기술로 인한 문제가 종종 발생하는 이유는, 거의 모든 전문직에 윤리적 주제와 관련된 교육 프로그램이 부재하기 때문이다.
⑤ 일반적으로 사람들은, 엔지니어는 상사의 지시에 따라서 기술적 영역만 잘 담당하면 되고 나머지는 다른 영역에 종사하는 사람의 몫이라고 생각한다.

1883년 조선 정부는 만성적인 재정난을 타개하기 위해 엽전 5문에 해당하는 당오전(當五錢)을 발행했다. 그러나 당오전의 발행은 현물 가격을 폭등시켰고 당오전의 실질가치는 명목가치에 미치지 못했다. 그럼에도 정부는 이러한 당오전의 발행량을 크게 증가시킴으로써 통화 팽창을 야기했다. 세납을 통해 회수된 당오전이 인플레이션으로 통화 가치가 하락했기 때문에 정부의 재정수입은 그만큼 감소되었다. 그러자 정부는 1889년 당오전을 엽전 1문과 같은 가치로 통용시켰지만 당오전의 가치가 너무 낮아 통용상의 불편함이 커졌다. 이 때문에 정부는 1894년 신식화폐 발행장정을 도입하여 과세의 금납화(金納化)와 은본위제를 표방하는 화폐 개혁을 단행하였다. 오냥 은화를 법정화폐로 지정하고, 백동화, 적동화, 황동화를 그 보조화로 발행했다.

그러나 은화의 발행량 부족으로 정부는 1899년 엽전 25문에 해당하는 백동화를 경인지방에서 주요 유통 화폐로 사용했고, 재정난을 해결하기 위해 주조 단가가 낮은 백동화를 남발하였다. 이로 인해 다시 인플레이션이 발생했고, 더욱이 국제 동화시세가 폭등하자 구리로 만든 엽전의 지금가치*가 높아지는 반면 니켈 합금으로 만든 백동화의 실질가치는 폭락했다.

한편 일본 정부가 이미 1897년 대한제국에 제일은행을 설립하여 독자적 은행권을 발행하자 일본 제일은행권이 한국 화폐보다 더 신용을 얻게 되었다. 이는 한국의 금융 질서가 일본에 종속되는 결과를 초래했다. 설상가상으로 1902년 국제 은 가격은 폭락했고 법정화폐인 오냥 은화의 가치도 떨어지자 백동화의 가치가 지금가치에 가깝게 폭락했다. 화폐 가치의 하락은 인플레이션을 확대시켰고 화폐보유자의 자산 손실로 이어졌다. 그런데도 한국 정부는 경인지방 외부에서도 인건비와 조달비에 백동화를 사용함으로써 백동화의 유통지역을 점차 확대시키는 결과를 낳았다. 납세자들은 의도적으로 낮은 시세의 백동화로 세금을 납부하려 했으며, 심지어 백동화 유통지역이 아닌 지역의 납세자까지도 백동화로 세금을 납부하려 했다. 그러자 정부는 백동화 유통지역에서만 백동화로 세금을 납부하게 하고 엽전 유통지역에서는 엽전으로 세금을 납부하게 했다.

※ 지금가치(地金價値) : 주조비용에 해당하는 가치

① 새로운 화폐의 유통 확대를 위해 일관된 통화증대 정책을 추진했다.
② 국제 금은시세의 변동에 대처하기 위해 신식화폐발행장정을 시행했다.
③ 통화 유통 구역의 분할은 시장권의 분할을 초래하고 상업발전을 저해했다.
④ 엽전으로 세금을 납부하도록 하는 조처는 정부의 재정손실을 막기 위한 것이다.
⑤ 인플레이션에서 오는 재정손실을 줄이기 위해 세납 화폐를 통일시키고자 했다.

반 보크트는 히틀러나 스탈린 등으로부터 '확신인간'이라는 인간상을 만들어냈다. 그는 이들의 비인도적 행위에 대해 이렇게 묻는다. "이런 인간의 행동에 깔려있는 동기는 도대체 무엇인가? 자기와 생각이 다른 사람을 부정직하거나 나쁜 사람이라고 단정하는데, 그러한 단정은 도대체 어디에 근거하는가? 마음속 깊이 자기는 한 점의 잘못도 범하지 않는 신이라고 믿는 것은 아닐까?"

반 보크트는 확신인간은 이상주의자라고 지적한다. 이들은 자기만의 고립된 정신세계에 살면서 현실의 다양한 측면이 자신의 세계와 어긋나고 부딪힐 때 이를 무시하려 안간힘을 쓴다. 힘을 쥐게 되면 이들은 자신이 그리는 이상적인 세계의 틀에 맞추어 현실을 멋대로 조정하려 한다.

그러나 확신인간도 아내나 자기와 밀접한 관계에 있는 사람이 그를 버리면 한순간에 심리적 공황상태에 빠져버리는 경향이 있다. 이러한 상황에 이르면 그는 완전히 기가 꺾여 앞으로는 행실을 고치겠다고 약속한다. 하지만 그렇게 해도 상황이 원상으로 복구되지 않으면 알코올 중독에 빠지거나 마약에 손을 대며 최악의 경우 자살에 이르기도 한다. 그에게 있어 근본 문제는 자기감정을 통제하지 못한다는 것과 뿌리 깊은 열등감이다. 설혹 외형적으로 성공한다 하더라도 그러한 성공이 마음속 깊은 근원적 문제에까지 영향을 미치지는 못한다.

확신인간은 결코 타인에 의해 통제받지 않겠다는 성격적 특징을 갖는다. 인간은 누구나 현실 사회에서, 특히 타인과의 관계에서 자제심을 배울 수밖에 없다. 그러나 이들은 쉽게 자제심을 잃고 미친 사람처럼 행동한다. 심각한 문제는 그 후에도 이들은 전혀 반성하지 않고 이를 '당연하다'고 생각한다는 점이다. 확신인간에게 분노와 같은 격렬한 감정의 폭발은 그의 이러한 '당연하다'는 생각을 강화한다. 당연하다는 생각은 감정폭발에 대한 자기 통제력을 약화시켜 감정폭발을 더욱 강화한다. 이러한 경향이 폭력심리의 기본이며 범죄의 기본이다.

① 확신인간의 폭력성은 불가피한 상황에서 우발적으로 발생한다.
② 확신인간의 감정 폭발은 자신의 폭력적 행동을 더욱 심화시킨다.
③ 확신인간은 자신을 둘러 싼 주위환경의 변화에 괴로워하지 않는다.
④ 확신인간의 교정 불가능한 폭력적 성향은 생물학적 본능에 기초하고 있다.
⑤ 확신인간의 경우 부부관계가 위기에 빠지면 행동에 변화를 일으키나, 관계가 회복되면 원래의 모습으로 돌아간다.

다음은 어떤 주장을 뒷받침하는 대표적인 예이다. 그 주장으로 가장 적절한 것은? 08 행시(꿈) 13번

X-선 사진을 통해 폐질환 진단법을 배우고 있는 의과대학 학생을 생각해 보자. 그는 암실에서 환자의 가슴을 찍은 X-선 사진을 보면서, 이 사진의 특징을 설명하는 방사선 전문의의 강의를 듣고 있다. 그 학생은 가슴을 찍은 X-선 사진에서 늑골뿐만 아니라 그 밑에 있는 폐, 늑골의 음영, 그리고 그것들 사이에 있는 아주 작은 반점들을 볼 수 있다. 하지만 처음부터 그럴 수 있었던 것은 아니다. 첫 강의에서는 X-선 사진에 대한 전문의의 설명을 전혀 이해하지 못했다. 그가 가리키는 부분이 무엇인지, 희미한 반점이 과연 특정질환의 흔적인지 전혀 알 수가 없었다. 전문가가 상상력을 동원해 어떤 가상적 이야기를 꾸며 내는 것처럼 느껴졌을 뿐이다. 그러나 몇 주 동안 이론을 배우고 실습을 하면서 지금은 생각이 달라졌다. 그는 문제의 X-선 사진에서 이제는 늑골 뿐 아니라 폐도 볼 수 있게 되었다. 그가 탐구심을 갖고 좀 더 노력한다면 폐와 관련된 생리적인 변화, 흉터나 만성 질환의 병리학적 변화, 급성 질환의 증세와 같은 다양한 현상들까지도 자세하게 경험하고 알 수 있게 될 것이다. 그는 전문가로서 새로운 세계에 들어선 것이고, 그 사진의 명확한 의미를 지금은 대부분 해석할 수 있게 되었다. 이론과 실습을 통해 새로운 세계를 볼 수 있게 된 것이다.

① 관찰은 배경지식에 의존한다.
② 과학에서의 관찰은 오류가 있을 수 있다.
③ 과학 장비의 도움으로 관찰 가능한 영역은 확대된다.
④ 관찰정보는 기본적으로 시각에 맺혀지는 상에 의해 결정된다.
⑤ X-선 사진의 판독은 과학데이터 해석의 일반적인 원리를 따른다.

간도협약이 무효라는 주장을 뒷받침하기 위해 이 글이 의존하는 원칙이 아닌 것은? 08 행시(꿈) 23번

중국은 간도협약에 의거하여 현재 연변조선자치주가 된 간도 지역을 실질적으로 지배하고 있다. 그렇다면 간도협약은 어떤 효력을 가질까. 이 협약은 을사늑약을 근거로 일본이 대한제국(이하 한국)을 대신하여 체결한 조약이다. 그러나 을사늑약은 강압에 의해 체결된 조약이므로 조약으로서 효력이 없다. 따라서 이 조약에 근거하여 체결된 간도협약은 당연히 원천적으로 무효일 수밖에 없다.

설사 을사늑약이 유효하다 하더라도, 일본이 간도협약을 체결할 권리가 있는가. 을사늑약은 "일본은 금후 한국의 외국에 대한 관계 및 사무를 감리, 지휘하며"(제1조), "한국 정부는 금후 일본 정부의 중개에 의하지 않고는 국제적 성질을 가진 어떠한 조약 또는 약속을 하지 못한다"(제2조)고 규정하고 있다. 이 업무를 담당하기 위해 일본은 한국에 통감을 두도록 되어 있으나, "통감은 단지 외교에 관한 사항만을 관리한다"(제3조)고 규정되어 있다. 이러한 문맥에서 본다면, 한국은 일본 정부의 중개를 거쳐 조약을 체결해야 하며, 일본은 한국의 외교를 '감리, 지휘'하도록 되어 있다. 즉 조약 체결의 당사자는 어디까지나 한국이어야 한다. 그렇기 때문에 조약 체결의 당사자가 될 수 없는 일본이 체결한 간도협약은 무효이다. 만약에 일본의 '감리, 지휘'를 받아서 한국이 간도협약을 체결했다면 간도협약은 유효하다고 하겠다. 또 일본이 보호국으로서 외교 대리권이 있다 하더라도 그것은 '대리'에 한정되는 것이지, 한국의 주권을 본질적으로 침해하는 영토의 처분권까지 포함하는 것은 아니다.

일반적으로 보호국이 피보호국의 외교권을 대리하는 경우, 보호국은 피보호국의 이익을 보호하는 것이 바른 의무이고, 그러한 목적 하에서 외교권을 대리해야 한다. 그런데 간도협약의 경우는 일본이 자국의 이익을 위해서 만주에 대한 권익과 간도 영유권을 교환한 것이다. 간도협약은 피보호국(한국)을 희생시키고 보호국(일본)의 이익을 확보한 것이기 때문에 보호국의 권한 범위를 벗어나는 것이다.

간도협약이 유효하다고 가정하더라도, 협약의 당사자는 일본과 중국으로서 한국은 제3국에 해당된다. 조약은 당사국에게만 효력이 있을 뿐, 제3국에게는 아무런 영향을 미치지 않는다는 국제법의 일반 원칙에 의해서도 간도협약에 의한 간도 영유권의 변경은 있을 수 없다.

① 법적 효력이 없는 계약에 기초하여 체결된 계약은 무효이다.
② 계약 당사자가 아닌 제3자라 하더라도 그 계약을 무효화할 수 있다.
③ 계약 당사자들의 자유로운 의사에 의해 체결되지 않은 계약은 무효이다.
④ 계약 당사자 혹은 대리자가 자신의 정당한 의무를 버리고 체결한 계약은 무효이다.
⑤ 계약 내용이 계약 당사자 혹은 대리자의 권한을 벗어나 있을 경우 그 계약은 무효이다.

유럽연합(EU)의 기원은 1951년 독일, 프랑스, 이탈리아 및 베네룩스 3국이 창설한 유럽석탄철강공동체(ECSC)이다. ECSC는 당시 가장 중요한 자원의 하나였던 석탄과 철강이 국제 분쟁의 주요 요인이 되면서 자유로운 교류의 필요성이 대두됨에 따라 관련 국가들이 체결한 관세동맹이었다. 이 관세동맹을 통해 다른 산업분야에서도 상호의존이 심화되었으며, 그에 따라 1958년에 원자력 교류 동맹체인 유럽원자력공동체(EURATOM)와 여러 산업 부문들을 포괄하는 유럽경제공동체(EEC)가 설립되었다. 그 후 1967년에는 이 세 공동체가 통합하여 공동시장을 목표로 하는 유럽공동체(EC)로 발전하였다. 이어 1980년대에 경제위기로 인한 경색이 나타나기도 했으나, 1991년에는 거의 모든 산업 분야를 아울러 단일시장을 지향하는 유럽연합(EU) 조약이 체결되었다. 이러한 과정과 효과가 비경제적 부문으로 확산되어 1997년 암스테르담 조약과 2001년 니스 조약체결을 통해 유럽은 정치적 공동체를 지향하게 되었다. 비록 2004년 유럽헌법제정조약을 통하여 국가를 대체하게 될 새로운 단일 정치체제를 수립하려던 시도는 일부 회원국 내에서의 비준 반대로 실패로 돌아갔지만, 상당수의 전문가들은 장기적으로는 유럽지역이 하나의 연방체제를 구성하는 정치 공동체가 될 것이라고 예측하고 있다.

① 국제관계에서 국가가 하나의 행위자로서 자신의 국익을 추구하듯이 유럽지역은 개별 국가의 이익보다 유럽 자체의 이익에 중점을 두었다.

② 유럽통합은 자본주의에서 나타나는 위기를 부분적으로 해결하려는 지배계급의 시도이며, 유럽연합은 이들의 이익을 대변하는 장치인 국가의 연합체이다.

③ 국제관계는 국가를 독점적으로 대표하는 정부들의 협상에 의해 결정되며, 유럽통합과 관련해 각국 정부는 유럽체제라는 구조에 의해 결정된 국익을 기능적으로 대변한다.

④ 처음부터 유럽의 지역 경제 통합의 배경에는 자유 무역을 저해하는 보호주의 발생 방지라는 정치적 성격이 있었다는 점에서 유럽의 정치공동체화는 충분히 예견될 수 있었다.

⑤ 유럽 지역통합 과정은 산업발전의 파급효과에 따른 국가 간 상호의존도 강화가 지역 경제 통합을 이끌어 내고 이를 바탕으로 해당 지역의 정치 통합으로 이어지는 모습을 보여주고 있다.

종가에서 제사를 받드는 법은 예제(禮制)를 다룬 글에 소상히 적혀 있듯이 제사를 종가(宗家)에서만 지내고 여러 자손에게는 윤행(輪行)시키지 않도록 되어 있다. 그런데 우리나라에서는 종가의 법이 제대로 지켜지지 않은 지 오래되어 제사를 여러 자식들에게 윤행시켜 사대부 양반가의 집에서 모두 관례가 되었으니 이를 바꿀 수는 없다. 그러나 출가한 딸자식의 경우 다른 집안의 사람이 되어 남편을 따라야 하는 의리가 있으므로 성인(聖人)의 예제에서도 딸은 그 등급을 낮추었다.

세상의 사대부 양반집에서는 이를 가볍게 보고, 사위집에 제사를 윤행시키는 경우가 수없이 많다. 그러나 일찍이 사위와 외손을 보건대, 핑계를 대고 제사를 지내지 않고 거르는 경우가 많았다. 예(禮)에도 정성과 공경함이 들어가지 않으면 오히려 제사를 지내지 않음이 차라리 낫다고 했다.

우리 가문에서는 일찍이 아버님께 아뢰고 우리 형제들이 직접 합의하여 사위와 외손에게 제사를 윤행시키지 않음을 정식으로 하여 대대로 준행토록 하였다. 정리(情理)상으로 보면 비록 아들과 딸 사이에 차이가 없지만 딸은 부모가 살아있을 때에 봉양할 길이 없고 죽은 후에는 제사를 지내지 않게 되니 어찌 재산인 토지와 노비를 아들과 똑같이 줄 수 있겠는가?

딸자식에게는 아들에게 물려줄 재산의 3분의 1만 주어도 정리상 조금도 불가함이 없을 것이니, 딸자식과 외손이 어찌 감히 이를 어기고 서로 다툴 마음을 낼 것인가? 이 글을 보고 그 뜻을 헤아린다면 잘한 조처임을 알 수 있을 것이니 누가 일반 관례와 달라 안 된다고 하겠는가?

──── 〈보 기〉 ────

ㄱ. 딸과 아들의 구별 없이 재산을 분배하는 것이 관행이었다.
ㄴ. 다른 집안에서는 일반적으로 아들만 제사를 지냈다.
ㄷ. 부안 김씨 가문에서는 종가에서만 제사를 지내도록 했다.
ㄹ. 재산의 상속과 제사의 상속은 밀접한 관계가 있었다.

① ㄱ, ㄴ
② ㄱ, ㄷ
③ ㄱ, ㄹ
④ ㄴ, ㄷ
⑤ ㄴ, ㄹ

우리 사회의 경제적 불의는 더 이상 방치할 수 없는 상태에 이르렀다. 도시 빈민가와 농촌에 잔존하고 있는 빈곤은 최소한의 인간적 삶조차 원천적으로 박탈하고 있으며, 경제력을 독점하고 있는 소수 계층은 각계에 영향력을 행사하여 대다수 국민들의 의사에 반하는 결정들을 관철시키고 있다.

만연된 사치와 향락은 근면과 저축의욕을 감퇴시키고 손쉬운 투기와 불로소득은 기업들의 창의력과 투자의욕을 감소시킴으로써 경제성장의 토대가 와해되고 있다. 부익부 빈익빈의 극심한 양극화는 국민 간의 균열을 심화시킴으로써 사회 안정 기반이 동요되고 있으며 공공연한 비윤리적 축적은 공동체의 기본 규범인 윤리 전반을 문란케 하여 우리와 우리 자손들의 소중한 삶의 터전인 이 땅을 약육강식의 살벌한 세상으로 만들고 있다.

부동산 투기, 정경유착, 불로소득과 탈세를 공인하는 차명계좌의 허용, 극심한 소득 차, 불공정한 노사관계, 농촌과 중소기업의 피폐 및 이 모든 것들의 결과인 부와 소득의 불공정한 분배, 그리고 재벌로의 경제적 집중, 사치와 향락, 환경 오염 등 이 사회에 범람하고 있는 경제적 불의를 척결하고 경제정의를 실천함은 이 시대 우리 사회의 역사적 과제이다.

이의 실천이 없는 경제 성장도 산업 평화도 민주복지사회의 건설도 한갓 꿈에 불과하다. 이 중에서도 부동산 문제의 해결은 가장 시급한 우리의 당면 과제이다. 인위적으로 생산될 수 없는 귀중한 국토는 모든 국민들의 복지 증진을 위하여 생산과 생활에만 사용되어야 함에도 불구하고 소수의 재산 증식 수단으로 악용되고 있다. 토지 소유의 극심한 편중과 투기화, 그로 인한 지가의 폭등은 국민 생활의 근거인 주택의 원활한 공급을 극도로 곤란하게 하고 있을 뿐만 아니라 물가 폭등 및 노사 분규의 격화, 거대한 투기 소득의 발생 등을 초래함으로써 현재 이 사회가 당면하고 있는 대부분의 경제적 사회적 불안과 부정의의 가장 중요한 원인으로 작용하고 있다.

정부 정책에 대한 국민들의 자유로운 선택권이 보장되며 경제적으로 시장 경제의 효율성과 역동성을 살리면서 깨끗하고 유능한 정부의 적절한 개입으로 분배의 편중, 독과점 및 공해 등 시장 경제의 결함을 해결하는 민주복지사회를 실현하여야 한다. 그리고 이것이 자유와 평등, 정의와 평화의 공동체로서 우리가 지향할 목표이다.

① 이 단체는 극빈층을 포함한 사회적 취약계층의 객관적인 생활 수준은 향상되었지만 불공정한 분배, 비윤리적 부의 축적 그리고 사치와 향락 분위기 만연으로 상대적 빈곤은 심각해지고 있다고 인식한다.

② 이 단체는 정책 결정 과정이 소수의 특정 집단에 좌우되고 있다고 보고 있으므로, 정책 결정 과정에 국민 다수의 참여 보장을 주장할 가능성이 크다.

③ 이 단체는 윤리 정립과 불의 척결 등의 요소도 경제 성장에 기여할 수 있다고 본다.

④ 이 단체는 '기업의 비사업용 토지소유 제한을 완화하는 정책'에 비판적일 것이다.

⑤ 이 단체는 경제 성장의 조건으로 저축과 기업의 투자 등을 꼽고 있다.

우리는 일상적으로 몸에 익히게 된 행위의 대부분이 뇌의 구조나 생리학적인 상태에 의해 이미 정해진 방향으로 연결되어 있다는 사실을 알고 있다. 우리는 걷고, 헤엄치고, 구두끈을 매고, 단어를 쓰고, 익숙해진 도로로 차를 모는 일 등을 수행하는 동안에 거의 대부분 그런 과정을 똑똑히 의식하지 않는다.

언어 사용 행위에 대해서도 비슷한 이야기를 할 수 있다. 마이클 가자니가는 언어 활동의 핵심이 되는 왼쪽 뇌의 언어 중추에 심한 손상을 입은 의사의 예를 들고 있다. 사고 후 그 의사는 세 단어로 된 문장도 만들 수 없게 되었다. 그런데 그 의사는 실제로 아무 효과가 없는데도 매우 비싼 값이 매겨진 특허 약에 대한 이야기를 듣자, 문제의 약에 대해 무려 5분 동안이나 욕을 퍼부어댔다. 그의 욕설은 매우 조리 있고 문법적으로 완벽했다. 이로부터 그가 퍼부은 욕설은 손상을 입지 않은 오른쪽 뇌에 저장되어 있었다는 사실을 알게 되었다. 여러 차례 반복된 욕설은 더 이상 의식적인 언어 조작을 필요로 하지 않게 되었고, 따라서 오른쪽 뇌는 마치 녹음기처럼 그 욕설을 틀어 놓은 것이다.

사람의 사유 행위도 마찬가지이다. 우리는 일상적으로 어떻게 새로운 아이디어를 얻게 되는가? 우리는 엉뚱한 생각에 골몰하거나 다른 일을 하고 있는 동안 무의식중에 멋진 아이디어가 떠오르곤 하는 경우를 종종 경험한다. '영감'의 능력으로 간주할 만한 이런 일들은 시간을 보내기 위해 언어로 하는 일종의 그림 맞추기 놀이와 비슷한 것이다. 그런 놀이를 즐길 때면 우리는 의식하지 못하는 사이에 가장 적합한 조합을 찾기도 한다. 이처럼 영감이라는 것도 의식적으로 발생하는 것이 아니라 자동화된 프로그램에 의해 나타나는 것이다.

① 인간의 사고 능력은 일종의 언어 능력이다.
② 인간은 좌뇌가 손상되어도 조리 있게 말할 수 있다.
③ 인간의 우뇌에 저장된 정보와 좌뇌에 저장된 정보는 독립적이다.
④ 인간의 언어 사용에서 의식이 차지하는 비중이 크지만 영감에서는 그렇지 않다.
⑤ 일상적인 인간 행위는 대부분 의식하지 않고도 자동적으로 이루어진다.

'권위'라는 말과 '권위주의'라는 말은 자주 혼동되어 사용된다. '독재주의'라는 말로 대치될 수 있는 '권위주의'가 개념도 의미도 다른 '권위'와 단지 언어적 기호 내지 상징이 같다는 이유로 오용되고 있는 것이다.

정치력이나 경제력에 바탕을 두고 있는 권위주의와 달리 권위는 인품과 도덕성, 실질적인 능력에서 비롯된다. 그것은 어디까지나 개인적이다. 권위가 지위나 역할에 따른 것이라 할지라도 그것은 우연히 이루어진 것이 아니라, 연륜과 성실한 노력과 두뇌와 인격과 학식과 기량을 통해 얻어진 것이다. 만일 우리 사회에서 권위나 위신까지도 인정하지 않는다면, 질서나 선의의 경쟁은 깨지고 인격의 도야나 진지한 노력도 포기되고 말 것이다. 그 어떤 지위나 책임을 가진 사람이 하는 말에 귀 기울이지 않는 태도에는 사회의 약속도 규범도 인간의 도리도 인정치 않는, "내게 이익이 있고 내가 편하고 내가 원하는 일이라면 남이야 어찌 되든 상관할 바 아니다."라는 발상이 포함되어 있다. 그것은 어찌 보면 매우 편할 것 같지만, 결국 자기 자신에게도 불리한 결과를 낳게 마련이다. 왜냐하면, 사회란 결코 혼자서가 아니라 남과 더불어 어울려 살아가는 곳이기 때문이다.

과거 우리의 권력 구조나 체계의 정통성 및 정당성, 그리고 권력의 장악이나 부의 축적이 그 과정에서 합법적이고 정당한 절차와 과정을 밟지 않은 경우도 있었다. 정치권에서 주로 논의되던 권력의 정통성 시비에서 비롯된 권위주의의 청산은 권위와 권위주의의 혼동 속에서 무분별하게 확산되었고, 결국 권위마저 타파의 대상이 되었다. 이 과정에서 우리 사회에는 권위까지도 설 땅을 잃게 되었다. 그러나 지식과 학문의 사회에서 지적 · 인격적 권위가 인정되지 않는다면 교육은 존립할 수 없게 된다. 이는 산업 기술 사회에서도 그대로 적용된다. 미숙련공은 숙련공의 지식과 기술과 경험을 존중해야 한다. 거기에서 비로소 기술 전수가 있고 기능 분담이 생기게 된다. 그것이 바로 기술 사회의 권위이다.

권위가 지배와 복종의 관계를 의미하지는 않는다. 그것은 어떤 의미에서 분업과 협력의 관계이다. 권위를 지나치게 기계적이고 획일적으로 생각하는 것은 옳지 않다. 오늘날과 같은 대중 사회에서는 대중 매체를 통한 상징 조작의 문제가 가끔 지적된다. 즉 정치 · 경제 · 사회 · 종교 · 문화 등의 지도자들은 스스로의 권위와 위신을 일반 대중에게 심어주기 위해 대중매체를 통한 상징조작에 노력을 기울인다. 그러나 우리가 말하는 권위는 강요되거나 조작되는 것이 아니다.

① 오늘날 지도자들은 대중매체를 이용해 대중으로부터 권위를 획득한다.

② 권위는 개인적 성품과 역량을 통해 얻어진 것이므로 사회적 배경 속에서 나타난 권위주의와 구별하여야 한다.

③ 권위는 인품과 도덕성, 실질적인 능력에서 비롯되며 만약 사회에서 권위가 인정되지 않으면, 교육은 존립할 수 없게 될 것이다.

④ 과거 권력 획득 및 부의 축적 과정에서 비롯된 모순을 타파하고자 시도된 권위주의 청산 운동은 결과적으로 부정적인 상태를 초래하기도 하였다.

⑤ 권위와 권위주의를 동일시하는 혼동 속에서 권위 역시 위험한 상태에 놓이게 되었지만 권위주의와 달리 권위는 지켜 나가고 존중해 나가야 한다.

세상에는 혐오스러운 소리가 수없이 많다. 도자기 접시를 포크로 긁는 소리라든가 칠판에 분필이 잘못 긁히는 소리에 대해서는 대부분의 사람들이 혐오스럽다고 생각한다. 왜 이런 소리들이 혐오감을 유발할까? 최근까지 혐오감을 일으키는 원인은 소리의 고주파라고 생각해왔다. 고주파에 오래 노출될 경우 청각이 손상될 수 있어서 경계심이 발동되기 때문이다.

1986년 랜돌프 블레이크와 제임스 힐렌브랜드는 소음에서 고주파를 걸러내더라도 여전히 소리가 혐오스럽다는 점을 밝혀냈다. 사실 3~6kHz의 중간 주파수 대역까지는 낮은 주파수가 오히려 사람을 견딜 수 없게 하는 것처럼 보인다. 이들은 세 갈래로 갈라진 갈퀴가 긁히는 소리와 같은 소음이 사람에게 원초적인 경고음 또는 맹수의 소리 같은 것을 상기시키기 때문에 이러한 소리를 혐오하는 것은 선천적이라는 이론을 세웠다. 그러나 이러한 이론은 2004년 메사추세츠 공과대학에서 수행된 솜머리비단원숭이를 대상으로 한 연구에서 입증되지 못했다. 피실험자인 원숭이들은 석판에 긁히는 소리를 전혀 소음으로 느끼지 않았다. 블레이크는 오늘날까지 이 이론을 지지하지만 힐렌브랜드는 더 이상 이 이론에 동의하지 않는다. 그는 소리보다는 시각이 어떤 혐오감을 불러일으킨다고 주장한다.

심리학 전공자인 필립 호지슨이 행한 실험은 힐렌브랜드의 손을 들어준다. 호지슨은 선천적으로 귀머거리인 피실험자들에게 칠판을 손톱으로 긁는 모습을 보여주며 이것이 혐오감을 주는지 물었다. 응답자의 83%가 그렇다고 답했다.

① 솜머리비단원숭이들은 고주파보다 저주파를 더 혐오한다.

② 블레이크는 소음이 혐오감을 주는 이유를 소리의 고주파에서 찾았다.

③ 솜머리비단원숭이들에게 석판 긁는 소리는 맹수의 소리와 유사하게 들린다.

④ 선천적으로 귀머거리인 사람들을 피실험자로 사용한 이유는 그들이 가장 시각에 민감하기 때문이다.

⑤ 힐렌브랜드는 청각을 손상시킬 수 있는 위험 때문에 소음이 혐오스럽다는 생각에 동의하지 않는다.

동학(東學)의 성격을 규정하려면 동학의 성립 배경과 과정을 살펴보아야 한다. 흔히 동학은 유불선(儒佛仙) 삼교합일(三教合一)의 성격을 지녔다고 평가받는다. 이를 긍정적인 의미로 사용하는 사람도 있지만 일부에서는 유불선의 좋은 부분을 적당히 짜깁기한 조잡한 사상이라는 의미로 사용하기도 한다. 그러나 동학은 단순한 조합이나 혼합의 결과물이 아니다. 사실 동학이 유불선의 합일이라는 표현은 수운(水雲) 최제우(崔濟愚) 그 자신이 직접 사용하였다. 정확하게 말하면 그는 동학이 "유불선 삼교를 겸해서 나왔다."고 표현했다. 그러나 수운은 한편으로는 "우리 도(道)는 현재 듣지 못한 일이고 옛적에도 듣지 못하던 일이요, 지금에도 견줄 만한 것이 없고 옛 것에서도 견줄 만한 것이 없다."라고 강조하면서 동학의 독자성에 대한 자부심을 드러내기도 했다.

게다가 당시 민중사상으로서 기능했다는 점에서 동학은 유불선과 다른 우리 민족 고유의 정신을 내포하고 있다. 또 어떤 학자는 수운과 고운(孤雲) 최치원(崔致遠) 사이의 혈연적이며 사상적인 연관 관계를 언급한다. 이에 따르면 수운은 고운의 도교(道教)사상을 직·간접적으로 계승했는데, 이로써 동학에 한국 고유 사상의 연장이라는 의미가 부여된다.

반면 동학의 성립에는 서학(西學)의 영향도 적지 않다. 예를 들어 유일신 관념과 같은 사유가 그것이다. 수운의 종교체험은 모세가 시내산에서 하느님의 계시를 받은 사건과 매우 흡사하다. 물론 수운의 한울님 관념은 '시천주(侍天主 : 내 몸에 한울님을 모셨다)'라고 표현되며, 내재성을 의미하는 관념이다. 그러나 동학사상 안에서 내 몸 바깥에 초월적으로 존재하는 인격적인 유일신 관념은 여전히 남아 있다. 이는 이전의 동양 전통과는 사뭇 다른 점이다. 때문에 동학의 독자적 성격이 어떻게 형성되었는가를 제대로 알려면 동양의 전통 사상과 우리의 고유 사상, 서학과 종교체험 등을 복합적으로 살펴보아야 한다.

① 동학사상에서는 불가(佛家)와 구별되는 독자성이 발견된다.

② 동학과 최치원 사상의 연관성은 최제우의 종교체험에서 잘 드러난다.

③ 동학은 여러 사상들의 단순한 조합이 아니기 때문에 복합적으로 연구되어야 한다.

④ 동학의 한울님 관념에서 초월적으로 존재하는 인격적인 유일신 관념은 배제되지 않는다.

⑤ 동학은 민중사상이라는 측면에서 고찰될 수 있으며, 우리 민족의 고유성을 잘 보여주는 사상이다.

조선 시대의 신분제도는 기본적으로 양천제(良賤制)였다. 조선은 국역(國役)을 지는 양인을 보다 많이 확보하기 위해 양천제의 법제화를 적극 추진해 나갔다. 양천제에서 천인은 공민(公民)이 아니었으므로 벼슬할 수 있는 권리가 박탈되었다. 뿐만 아니라 양인·천인 모두가 지게 되어 있는 역(役)의 경우 천인에게 부과된 역은 징벌의 의미를 띤 신역(身役)의 성격으로 남녀 노비 모두에게 부과되었다. 그에 반해 양인이 지는 역은 봉공(奉公)의 의무라는 국역(國役)의 성격을 지닌 것으로 남자에게만 부과되었다.

한편 양인 내에는 다양한 신분계층이 존재하였다. 그 중에서도 양반과 중인, 향리, 서얼 등을 제외한 대부분의 사람들은 상민(常民)이라고 불렸다. 상민은 보통 사람이란 뜻이다. 상민은 어떤 독자적인 신분 결정 요인에 의해 구별된 범주가 아니라 양인 중에서 다른 계층을 제외한 잔여 범주라고 할 수 있다. 따라서 후대로 갈수록 양인의 계층 분화가 진행됨에 따라 상민의 성격은 더욱 분명해졌고 그 범위는 축소되었다. 그럼에도 불구하고 상민은 조선 시대 신분제 아래에서 가장 많은 인구를 포괄하는 주요 신분 범주 중 하나였다.

상민은 특히 양반과 대칭되는 개념으로 사용되기 시작하였는데 반상(班常)이란 표현은 이런 의미를 포함하고 있다. 상민을 천하게 부를 때에 '상놈[常漢]'이라고 한 것도 양반과의 대칭을 염두에 둔 표현이라고 할 수 있다. 상민은 현실적으로 피지배 신분의 위치에 있었지만 법적으로는 양인의 일원으로서 양반과 동등한 권리를 가지고 있었다. 정치적으로 상민은 양반처럼 과거에 응시하여 관직에 나아갈 수 있었고 관학에서 교육 받을 수 있는 권리를 가지고 있었다. 사회·경제적으로 거주 이전의 자유나 토지 소유 등 재산권 행사에 있어서도 상민과 양반의 차별은 없었다. 이는 상민이 양인의 일원이기 때문에 가능한 것이었다.

그러나 양천제가 시행되었다고 해서 양인 내부의 계층이동이 자유로웠다거나, 대대로 벼슬해 온 양반들의 특권이 부정된 것은 아니었다. 상민은 양인으로서 법제적 권리는 가지고 있었지만 그것을 누리지는 못하였다. 상민이 가진 양인으로서의 권리는 현실에서 구현되기 어려운 경우가 대부분이었다. 상민은 그러한 권리를 누릴 만한 경제적 여건이 되지 않았고, 이를 효과적으로 관철시킬 만한 정치적 권력이나 사회적 권위를 갖기 어려웠기 때문이다.

① '상놈'은 법제적 신분으로는 천인이 아니지만 역의 편제상으로는 천인이었다.

② 양천제에서 남성은 모두 역을 부담하였지만 여성이 모두 역을 부담하였던 것은 아니다.

③ 조선 후기의 상민은 조선 전기의 상민보다 그 범위가 축소되었지만 전기에 비해 많은 인구를 포괄하였다.

④ 양인의 권리는 양인 내 신분계층의 경제적 여건과 정치적 권력, 사회적 권위를 고려하여 법제화되었다.

⑤ 양천제를 강화하기 위한 국가적 노력에도 불구하고 양인 내의 법제적 차별과 현실적 차별은 존재하였다.

나는 이 책의 제목을 『과학기술의 허세(The Technological Bluff)』라고 정했다. 이 제목에 대해 대부분의 사람들은 가차 없이 부정적인 평가를 내릴 것이다. 과학기술은 허세가 허용되지 않는 영역이라는 생각이 일반적이기 때문이다. 과학기술에서는 모든 것이 분명하다. 할 수 있거나 할 수 없거나 둘 중 하나인 것이다. 또 지금까지 과학기술은 약속을 지켜왔다. 사람들이 달 위를 걸을 수 있을 것이란 말이 나온 후 얼마 안 되어 그대로 되었다. 인공심장을 달 수 있게 될 것이라 하더니, 결국 인공심장이 이식되어 작동하고 있다. 도대체 뭐가 허세란 말인가?

이러한 혼란은 'technology'란 말이 '기술'이란 뜻으로 쓰이기도 하지만 '기술에 대한 담론'이라는 뜻으로 쓰일 수도 있기 때문에 생기는 것이다. 내가 말하려는 것은 정확히 말해 과학기술의 허세가 아니라 과학기술담론의 허세다. 나는 과학기술이 약속한 것을 이룩하지 못한다거나 과학기술자들이 허풍쟁이라는 것을 보이려는 것이 아니다. 이 책에서 다루는 것은 과학기술담론의 허세, 즉 우리를 둘러싸고 있는 과학기술에 대한 담론들의 엄청난 허세, 과학기술에 대해서라면 무엇이든 믿게 만들고 나아가 우리의 과학기술에 대한 태도를 완전히 바꾸어 놓는 그런 허세다. 정치인들의 허세, 미디어의 허세, 과학기술 활동은 하지 않고 그것에 대해서 말만 하는 과학기술자들의 허세, 광고의 허세, 경제 모델들의 허세가 이에 해당한다.

이 허세의 핵심은 모든 것을 과학기술 발전의 차원으로 이해하고 재구성하는 것이다. 과학기술 발전은 너무나 다양한 가능성을 제시하기 때문에 다른 것을 생각할 겨를이 없다. 과학기술에 대한 담론에서의 허세는 과학기술에 대한 정당화가 아니라 그것의 엄청난 힘을 맹신하여 보편적 적용 가능성과 무오류성을 과시하는 것이다.

내가 허세라고 부르는 이유는 세 가지로 정리된다. 첫째, 비용이나 위험에 대한 고려 없이 너무나 많은 성공과 업적을 과학기술의 덕으로 돌리기 때문이다. 둘째, 집단적인 문제가 되었건 개인적인 문제가 되었건 과학기술을 모든 문제에 대한 유일한 해결책으로 여기기 때문이다. 셋째, 모든 사회에서 과학기술을 진보와 발전의 유일한 토대로 인식하기 때문이다.

① 과학기술 분야에서는 할 수 있는 것과 할 수 없는 것의 구별이 분명하지 않다.
② 대부분의 사람들은 과학기술에 허세가 개입될 여지가 많이 있다고 생각한다.
③ 'technology'란 말이 '기술'이란 뜻으로 쓰일 때에 과학기술의 허세가 나타난다.
④ 과학기술에 대한 담론에서는 과학기술의 보편적 적용 가능성을 주장하지 않는다.
⑤ 과학기술을 개인이나 집단의 문제에 대한 해결책의 하나로 보는 것은 허세가 아니다.

민주주의에 치명적인 것은 정치적 무관심뿐만 아니라 합의, 만장일치, 법치에 대한 맹신임을 우리는 인정해야 한다. 정치적 갈등의 부재는 정치적 성숙이 아니라 민주주의를 위험에 빠뜨릴 수 있는 공허함의 징후이다. 그런 공허함은 새로운 반민주적인 정치 세력의 등장을 가져온다.

민주주의적 정치투쟁이 결핍되어 있을 때 그 자리는 다른 세력들, 즉 인종적이거나 민족주의적이거나 종교적인 세력들이 차지하며, 그들의 대립 진영 역시 이런 식으로 규정된다. 그렇게 되면 그들은 서로 경쟁하는 것이 아니라 서로를 파괴하려고 애쓸 것이다. 이것은 다원주의적 민주주의가 반드시 피해야 하는 것이다. 다원주의적 민주주의는 갈등을 전제로 하는 '정치적인 것'의 존재를 부인하는 것이 아니라 '정치적인 것'의 성격을 인정함으로써만 그런 상황에 맞서 자신을 보호할 수 있다.

민주주의는 인간의 도덕적 진화의 필연적 귀결이 아니다. 오히려 민주주의는 불안정한 성격을 지니며, 현존 정치상황을 당연한 것으로 받아들여서는 절대 안 되는 것이다. 민주주의는 무너지기 쉬우므로 공고화되고 보호되어야 한다. 한순간 민주화되었다고 해서 그 민주화가 지속된다는 보장은 없다. 민주주의는 그 사회 시민들의 민주주의에 대한 신념이 불충분할 때만 위기에 처하는 것이 아니다. 민주주의는 과잉 합의가 갈등의 역동성을 가로막을 때에도 위기에 처한다. 흔히 이런 합의는 밑에서 들끓는 갈등을 은폐하고 있다. 민주주의는 또한 하층 집단 전체가 주변화 됨으로써 그들을 사실상 정치 공동체 밖으로 몰아내는 경우에도 위협 받는다.

오늘날처럼 자유민주주의의 정치적 차원이 법치에만 제한될 때, 정치과정에서 배제된 사람들은 근본주의 운동에 합류하거나 반자유주의적이고 대중 영합적 민주주의로 기울 위험이 있다. 건전한 민주주의의 과정은 각기 다른 정치적 입장 사이의 활발한 충돌과 공개적인 이익 다툼을 요구한다. 이를 간과한다면 건전한 민주주의 과정은 타협 불가능한 도덕적 가치들과 근본주의적인 세력들 사이의 대결로 매우 쉽게 바뀔 것이다.

① 합의와 법치에 대한 과도한 강조는 건전한 정치적 갈등의 형성을 어렵게 한다.
② 다원주의적 민주주의는 정치의 장에 있어 개인 혹은 집단 간 투쟁을 받아들여야 한다.
③ 합의, 만장일치, 법치가 갈등의 역동성을 가로막으므로 건전한 민주주의는 이를 피해야 한다.
④ 인종적, 민족주의적, 종교적 성격의 정치투쟁은 그 상대편을 파괴하는 방향으로 나아가기 쉽다.
⑤ '정치적인 것'이란, 다양한 입장을 가진 세력이 끊임없이 서로 경쟁하며 정치적으로 다투는 것을 전제로 한다.

　　오늘날 세계 거의 모든 나라의 사람들은 '빅맥'을 먹는다. 이는 세계화의 확산을 단적으로 나타내는 현상이다. 오늘날 세계화 시대의 양상은 두 가지로 표현될 수 있다. 그 하나는 "모든 나라의 사람들은 빅맥을 먹는다."는 것이고, 다른 하나는 "그렇다 하더라도 일부는 '김치'를 또한 먹고 있다."는 것이다.

　　세계화 시대의 지구촌을 '빅맥 국가'와 '비(非) 빅맥 국가' 간의 대립 구조로 규정하려는 경향이 있다. 그러나 이것은 매우 편협한 생각이다. 중동지역의 한 국가는 빅맥 척도에 의하면 세계화가 상당히 진행되었다. 그런데 이 나라에는 반세계화 투쟁을 재정적·이념적으로 지지해 온 세력이 존재한다. 이런 양면성은 그 나라의 '김치'를 알아야만 제대로 이해할 수 있는 사안이다.

　　오늘날 하나로 통합되어 있는 것처럼 보이는 세계시장에서도 완벽한 시장 원리의 작동은 보장되지 않는다. 한국과 같이 정치적·경제적으로 발전하고 세계화에 앞선 국가에서도 때로는 세계화가 민족 감정을 자극하여 정치적 반발을 불러일으키기도 한다. 이는 세계화에서 '김치'의 중요성을 증명해 주는 것이다. 예를 들어, 1990년대 후반에 있었던 마이크로소프트사의 한글과컴퓨터사에 대한 투자 계획은 한국인의 국민적 반대에 의해 좌절되었다. 한국의 자본시장은 일반적인 시장 원리가 적용되는 하나의 시장이지만 한국 사람들이 지키고자 했던 정체성은 이런 원리를 무력화시켰던 것이다.

　　한 국가의 세계화 과정을 "빅맥을 먹는다."라는 것으로 표현할 수 있으나 세계화 과정에서도 중요한 것은 "김치를 알아야 한다."는 것이다. 다시 말해 세계화가 진행되고 있는 환경 속에서도 특정 국가 혹은 지역 상황이 국제사회에 미치는 영향력이 점점 커지고 있는 현실을 직시하고 예측할 수 있어야 한다.

──────── 〈보 기〉 ────────

ㄱ. 지역적 정체성이 형성되지 않아야 세계화의 수용이 가능하다.

ㄴ. 세계화 시대에도 개별 국가의 특수성을 고려하는 것이 필요하다.

ㄷ. 세계화와 지역적 특수성은 대립적이라서 한 지역 내에 공존하기 어렵다.

ㄹ. 민족 감정과 지역정치적 이념을 무시한 세계화는 해당 지역의 정치적 반발을 초래하기도 한다.

① ㄱ, ㄴ

② ㄱ, ㄷ

③ ㄴ, ㄹ

④ ㄱ, ㄷ, ㄹ

⑤ ㄴ, ㄷ, ㄹ

　　주권은 타인에게 양도될 수 없고 타인을 통해 대표될 수도 없다. 그러므로 대의원은 민(民)의 대표자가 아니며 대표자가 될 수 없다. 그들은 민이 사용하는 사람에 불과하며 무슨 일이든 최종 결정권이 없다. 민이 직접 승인하지 않는 법률은 모두 무효이며 결코 법률이라 할 수 없다.

　　고대 공화제 국가뿐만 아니라 군주제 국가에서도 민은 결코 대표자를 갖지 않았고 또 사람들은 '대표자'라는 말조차 알지 못했다. 심지어 호민관을 그토록 신성시했던 로마에서도 호민관이 민의 기능을 빼앗을 수 있다고는 생각조차 할 수 없었다. 이뿐만 아니라 집회 때 수많은 민들 가운데 우뚝 서서 외치던 호민관이라 하더라도 단 한 사람의 투표권조차 자기 마음대로 좌우하겠다고는 생각하지 못했다. 물론 민의 수가 너무 많으면 때로는 어려운 문제가 일어날 수 있다는 점을 인정할 필요가 있다. 가령 그락쿠스 형제 시대에는 민의 수가 너무 많았기 때문에 일부 시민은 건물 지붕 위에서 투표하는 일까지 있었다.

　　모든 법은 보편적 선의지의 표명이기 때문에 입법권을 행사하는 데 대표자를 내세울 수 없는 것은 명백하다. 한편 민은 집행권을 행사하는 데는 대리자를 내세울 수 있다. 다만 이 집행권은 법률에 효력을 부여하기 위하여 적용되는 힘에 불과하다. 로마의 호민관들은 원래 심지어 집행권조차 갖고 있지 않았다. 그들은 자기들에게 위임된 권한으로는 법률을 집행할 수 없었으며 다만 원로원의 권리를 찬탈함으로써만 민을 대신해 집행할 수 있었다.

① 고대 사회에서 민은 입법권을 직접 갖지 못했다.

② 민은 입법권뿐만 아니라 집행권까지 가질 수 있다.

③ 헌법의 입법과 개정에서 민은 대표자를 필요로 한다.

④ 민의 수가 너무 많은 경우 민의 대표자가 입법권 행사를 대행해야 한다.

⑤ 민은 집행권 행사에 직접 참여하나 입법권 행사에는 대표를 필요로 한다.

유행은 그것이 모방이라는 점에서 개인을 누구나 다 같은 길로 안내한다. 또한 유행은 개인의 차별화 욕구를 만족시킨다. 다시 말해 구별하고, 변화하며, 부각되려는 개인들의 경향을 만족시킨다. 이는 유행의 내용이 변화되면서 오늘의 유행은 어제나 내일의 유행과 다른 개별적 특징을 갖게 된다는 사실뿐만 아니라, 유행이 언제나 계층적으로 분화한다는 사실에도 입각해 있다. 상류층의 유행은 그보다 신분이 낮은 계층의 유행과 구별되고 낮은 신분의 계층에 의해 동화되는 순간 상류층에서 소멸된다는 사실이 이를 입증해준다. 유행이란 동일 계층 내 균등화 경향과 개인적 차별화 경향 사이에 개인들이 타협을 이루려고 시도하는 생활양식인 것이다.

사회학적 관점에서 보면, 유행은 앞에서 말한 것처럼 계층의 정체성을 나타낸다. 이러한 정체성이 그가 속한 사회적 집단과 신분의 명예를 대변하고 유지함으로써 성립되는 것처럼, 유행 역시 한편에서는 동등한 위치에 있는 사람들과의 결합을 의미하고 다른 한편에서는 그보다 낮은 신분의 사람들을 분리시키는 집단적 폐쇄성을 의미한다.

사교의 형식, 복장, 미적 판단 그리고 사람이 자신을 표현하는 일체의 양식은 유행을 통해 끊임없이 변화를 겪는데, 이러한 유행은 언제나 상류 계층에서만 생성된다. 이로써 이 계층은 하류 계층과 자신을 구분시키고, 그 구성원 사이의 균질성과 더불어 하류 계층 구성원과의 차별성을 부각시킨다. 이 경우 하류 계층의 구성원은 언제나 상층 지향적이다. 이들이 유행을 자신의 것으로 동화시키자마자 상류 계층은 그 유행을 버리고 다시 대중과 자신을 구별하게 될 새로운 유행을 추구한다.

① 유행에는 개별적 특징이 있다.
② 유행은 구별하고자 하는 개인의 욕구를 만족시킨다.
③ 모든 유행은 모든 계층에 의해 창출되는 사회 현상이다.
④ 유행은 동일성과 차별성을 향한 개인의 이중 욕구를 보여준다.
⑤ 계층적 정체성이 훼손될 때, 상류층은 다른 새로운 유행을 추구한다.

당시 중국과 한자의 문화적 지배력은 너무나 거대하였고, 중국 선진문화의 지식과 정보는 한자를 통해서 그 전달이 가능했다. 존 드 프랜시스에 따르면, 1900년까지 중국에서 간행된 서적은 나머지 전 세계의 서적들을 모두 합친 것보다 많았다고 한다. 조선의 양반들에게 한글의 채택은 곧 고급 정보의 원천인 한자를 포기하는 것과 동일한 것으로 인식되었다. 이는 그들에게 중국의 선진 문명으로부터의 단절을 의미하는 것으로 받아들여졌다.

조선에는 한자는 단순히 중국 선진문화의 수용이라는 협소한 의미만을 갖는 것은 아니다. 양반들의 신분적 특권을 지속시켜 나가는 데도 한자는 한글보다 더욱 유용한 문자로 인식되었다. 직접적 생산계인 일반 백성들은 한자를 익히는 데 필요한 시간적·경제적 부담을 감당하기 어려웠던 것이 현실이었다. 반면 양반들은 한자를 이용하여 지식과 정보를 통제·독점함으로써 특권을 유지할 수 있었다. 오늘날의 관점에서 보자면 한글은 분명 쉽게 배울 수 있는 합리적이고 과학적인 문자이지만, 이미 한자를 익힌 양반들은 이 새로운 문자를 배워야 할 필요성을 느끼지 않았다. 이들은 백성들의 문자였던 한글을 천시(賤視)하는 한편 한자를 성인(聖人)의 문자로 존숭(尊崇)함으로써 한자를 익힌 자신들의 권위를 강화하였다. 요컨대 한자는 양반들이 일반 백성들로부터 스스로를 차별화시킬 수 있는 강력한 정치적 수단으로서 기능하고 있었던 것이다.

① 조선의 백성들이 한자보다 한글을 선호한 것은 한글의 정치적·문화적 성격 때문이었다.
② 조선의 양반들은 한글이 한자보다 합리적이고 과학적인 문자라는 것을 인정하였다.
③ 조선에서 한자는 각국 문화에 대한 지식과 정보에 접근할 수 있는 유일한 수단이었다.
④ 조선에서의 한글 채택은 선진 문명으로부터의 단절을 초래할 수 있는 위험 때문에 사회 전체의 저항에 부딪혔다.
⑤ 조선에서 한자는 정보로부터 피지배층을 소외시킴으로써 지배층의 특권을 유지해 주는 정치적 수단이었다.

다음 글의 내용과 부합하지 않는 것은?

11 민간실험(수) 04번

조선 정치사 연구에서 흥미로운 문제 가운데 하나는 조선왕조의 장기적인 존속에 대한 설명이다. 신유학을 지배이념으로 채택한 조선은 그 중반에 7년간에 걸쳐 일본과의 전쟁(임진왜란), 두 차례에 걸친 청국의 침입(정묘호란, 병자호란)에도 체제 재건에 성공하여 500여 년 동안이나 지속되었던 국가이다. 이 때문에 오랫동안 조선 사회가 지속되었던 것을 어떻게 이해해야 하는가를 두고 일찍부터 많은 연구자들이 관심을 가져왔다. 처음 여기에 주목한 연구자는 안확(1886~1946)이었는데, 그는 그 원인으로 정당의 형성과 공론정치를 들었다. 그는 "군주권이 발전하였으나 서양 전제시대와 달라서 다소의 민권이 있었다. 특히, 양반관료층을 중심으로 한 정당이 공론과 쟁의를 일으키는 기풍을 가지고 있었기에 군주권이 감히 무제한으로 신장치 못하는지라. 그러므로 반동이 일어남이 없었다."고 하였다. 그러면서도 동시에 그는 "정조(正祖) 때부터 공론이 억제되고 이로 인해 반동이 일어났다. 정조 이후 120년간은 실상 독재 정치의 전성기인 동시에 공론의 쇠퇴를 가져와 신시대를 간절히 바라는 사조가 밑으로 흘렀다."고 지적하였다. 이와 같은 안확의 견해는 조선 시대 '공론정치'의 의의와 그 변천 과정에 대한 선구적인 분석으로 평가되었다. 한편, 서구학계에서는 조선 사회가 국왕과 양반 관료층이 권력을 분점하여 세력 균형을 이루는 중앙집권적 관료제를 유지함으로써 500여 년 동안 장기적으로 지속할 수 있었다는 해석을 내놓았다.

① 서구학계는 군주와 관료 사이의 권력 분산이 조선을 오랫동안 존속시켰다고 보았다.

② 안확은 조선의 장기적인 지속에 정쟁이 긍정적 역할을 수행하였다고 보았다.

③ 안확은 조선의 장기적인 지속에 군주권의 전제성이 긍정적으로 작용했다고 파악하였다.

④ 안확은 조선의 공론 정치가 군주권의 무제한적 성장을 제한했다고 보았다.

⑤ 안확에 따르면 정조 이후의 정치적 반동이 일어났던 원인은 공론의 억제에 있었다.

다음 글로부터 이끌어 낼 수 있는 것으로 가장 적절한 것은?

11 민간실험(수) 05번

그라노베터의 논문은 오늘날 역사상 가장 많은 영향을 끼친 사회학 논문 중 하나로 평가받는다. 이 논문에서 그는 상식적으로 이치에 맞지 않는 것처럼 보이는 주장을 편다. 새로운 소식을 접하거나, 새로 차린 식당을 홍보하거나, 최신의 유행이 전파될 때, 그 과정에서 우리의 약한 사회적 연결이 강한 친분 관계보다 더 중요한 역할을 한다는 것이다. 그에 따르면 사람들은 여러 명의 가까운 친구들을 갖고 있는데, 이들은 대부분 상호 간에 잘 알고 자주 접촉하는 긴밀한 사회적 클러스터를 이룬다. 그런데 이 사람들은 또한 각자 그저 알고 지내는 사람들을 더 많이 갖고 있는데, 이들은 상호 간에 잘 모르는 경우가 많다. 물론 이 그저 알고 지내는 사람들 하나하나도 역시 자신의 친한 친구들을 갖고 있어서 긴밀하게 짜여진 사회적 클러스터를 이룬다.

사회는 여러 개의 클러스터로 구성되어 있는데, 각 클러스터 내부에서는 모두가 모두를 서로 잘 아는 긴밀한 친구들이 서클을 이루고 있다. 그리고 이 클러스터들은 약한 연결고리를 통해 외부와 연결되어 있다. 우리의 가장 친한 친구들은 같은 서클에 있으므로 대개 동일한 인적 정보 출처를 갖고 있는 경우가 많다. 그러나 우리가 새로운 정보를 얻거나 외부 세계와 의사소통을 하려고 할 때는 오히려 이들보다는 약한 연결들이 결정적인 역할을 한다. 정보의 출처를 고려하면 가장 가까운 친구들로부터 얻은 정보 역시 약한 연결을 통해 획득된 것일 가능성이 높기 때문이다.

① 구직자가 새로운 일자리에 대해 얻은 정보의 원래 출처는 그가 잘 알던 사람보다는 그저 알고 지내던 사람들일 경우가 더 많을 것이다.

② 아프리카 작은 부족에서 발생한 에이즈는 차츰 인근 지역으로 조금씩 전염 범위가 넓어지는 방식으로 퍼졌을 것이다.

③ 사람들은 잘 아는 사람과 같은 식당에 가며 같은 영화를 보기는 하지만 새로운 정보를 서로 교류하지는 않을 것이다.

④ 나의 가장 친한 친구 두 사람이 서로 알 확률은 서로 모를 확률과 비슷할 것이다.

⑤ 새로 개점한 식당에 관한 소문은 주로 처음 만난 사람을 통해서 퍼져갈 것이다.

다음 글의 내용과 부합하지 않는 것은?

13 외교원(인) 03번

생성예술은 사이버네틱스와 시스템이론을 이용한 현대예술 형식이다. 생성예술은 본질적으로 '작품'이란 완성된 최종적 결과물이어야 한다는 전통적 예술 관념에 저항한다. 생성예술에서 작가는 생물 발생과 진화의 생성 시스템에 내재된 창발(創發), 진화, 자기 조직화의 개념을 창작에 직간접적으로 반영한다. 생성예술은 인공적이거나 자연적인 시스템을 사용한다. 때문에 생성예술의 작가는 직접 작품을 완성하는 것보다 과정으로서의 작품을 창작하기 위한 시스템의 설계에 더 큰 관심을 둔다. 일단 작가가 생성 시스템을 설계하면, 그 시스템의 작동에 따라 작품은 스스로 만들어진다. 생성예술에서는 작품이 자동적으로 만들어져 가는 과정 자체가 창작활동의 핵심적 요소이다. 생성예술의 작가는 작품이 창작되는 전 과정을 모두 예상하기는 힘들며, 생성예술 작품은 작가의 성향이나 의도가 아닌 창작과정에 주어지는 조건으로부터 많은 영향을 받는다.

생성예술에서 작품이 만들어지는 과정은 작가가 설계한 생성 시스템에서 시작되지만, 그것이 작동하면 스스로 작품요소가 선택되고, 선택된 작품요소들이 혼성·개선되면서 창발적으로 새로운 작품요소를 만들어낸다. 이런 과정은 흡사 생명체가 발생하고 진화하는 과정과 유사하다. 생성예술은 예상치 못하게 끊임없이 변하는 과정을 통해 예술작품을 만들어간다. 이러한 과정 자체는 무작위적인 우연의 연속이다. 이처럼 창작과정에서 무작위적 우연이 배제될 수 없기 때문에, 생성예술에서 작가 개인의 미학적 의도를 해석해낼 수 없다.

① 생성예술에서는 무작위적 우연이 개입되어 작품을 만들어간다.
② 생성예술에서는 완성된 최종 결과물이 곧 작가의 창작의도이다.
③ 생성예술에서는 작품의 완성보다 작품이 만들어지는 과정이 창작활동의 핵심으로 이해된다.
④ 생성예술에서 작품요소가 선택되고 혼성·개선되는 과정 중간에 작가는 직접 개입하지 않는다.
⑤ 생성예술에서 작가가 시스템을 설계하면, 그 시스템은 생명체가 발생하고 진화하는 것처럼 스스로 작품을 조직해 나간다.

다음 글에 나타난 입장을 취할 때, 아래 〈사례〉에 대한 평가로 가장 적절한 것은?

11 민간실험(수) 25번

곤란한 상황을 모면하기 위해 거짓 약속을 하는 것이 도덕적으로 정당하기 위해서는 그 거짓 약속이 자신뿐만 아니라 모든 사람에게 타당한 보편법칙이 될 수 있어야 한다. 그러나 거짓 약속이 보편법칙이 된다면, 약속이라는 것은 성립할 수 없다. 왜냐하면 장래에 내가 어떤 행위를 하겠다고 말한다 하더라도 상대방은 나의 말을 믿지 않을 것이고, 그 반대의 경우에도 나 역시 상대방의 말을 믿지 않을 것이기 때문이다.

〈사 례〉

갑은 업무 특성상 처음 만나는 사람들로부터 여러 가지 부탁을 받는다. 특히 업무 시간이 지난 다음에 자신을 찾아오겠다는 사람들을 거절하는 것이 그에게는 고민거리다. 갑은 전화할 의사가 없으면서 자신이 전화를 하겠다고 약속함으로써 찾아오겠다는 사람을 피하는 전략을 취해 보았다. 그는 자신의 업무에 이득이 될 사람들에게는 약속을 지키는 것처럼 전화를 했고, 이는 뜻밖에 회사 이득에 큰 도움을 주었다. 이후 갑은 회사 내외로 고객과 약속을 잘 지키며 회사 이익에 기여한 훌륭한 사원이라는 평판을 얻게 되었다.

① 갑의 전략은 결과적으로 공동체에게 이익을 주었기 때문에 도덕적으로 정당하다.
② 갑의 전략은 부적절한 청탁을 원칙적으로 거절할 수 있게 하므로 도덕적으로 부당하다.
③ 갑의 전략은 자신의 이득과 불이익을 따져 이기적으로 행동하는 것이므로 도덕적으로 정당하다.
④ 갑의 전략은 모든 사람이 사용할 때 약속의 의미가 성립할 수 없어 보편 법칙이 될 수 없으므로 도덕적으로 부당하다.
⑤ 갑의 전략은 개인 생활을 침해받지 않으려는 사적 이유에 근거하기 때문에 도덕적으로 정당하다.

고려 시대에 철제품 생산을 담당한 것은 철소(鐵所)였다. 철소는 기본적으로 철산지나 그 인근의 채광과 제련이 용이한 곳에 설치되었다. 철소 설치에는 몇 가지 요소가 갖추어져야 유리하였다. 철소는 철광석을 원활하게 공급받을 수 있고, 철을 제련하는 데 필수적인 숯의 공급이 용이해야 하며, 채광, 선광, 제련 기술을 가진 장인 및 채광이나 숯을 만드는 데 필요한 노동력이 존재해야 했다. 또한 철 제련에 필요한 물이 풍부하게 있는 곳이어야 했다.

망이와 망소이가 반란을 일으킨 공주의 명학소는 철소였다. 하지만 다른 철소와 달리 그곳에서 철이 생산된 것은 아니었다. 철산지는 인근의 마현이었다. 명학소는 제련에 필요한 숯을 생산하고, 마현으로부터 가져온 철광석을 가공하여 철제품을 생산하는 곳이었다. 마현에서 채취된 철광석은 육로를 통해 명학소로 운반되었고, 이곳에서 생산된 철제품은 명학소의 갑천을 통해 공주로 납부되었다. 갑천의 풍부한 수량은 철제품을 운송하는 수로로 적합했을 뿐 아니라, 제련에 필요한 물을 공급하는 데에도 유용하였다.

하지만 명학소민의 입장에서 보면, 마현에서 철광석을 채굴하고 선광하여 명학소로 운반하는 작업, 철광석 제련에 필요한 숯을 생산하는 작업, 철제품을 생산하는 작업, 생산된 철제품을 납부하는 작업에 이르기까지 감당할 수 없는 과중한 부담을 지고 있었다. 이는 일반 군현민의 부담뿐만 아니라 다른 철소민의 부담과 비교해 보아도 훨씬 무거운 것이었다. 더군다나 명종 무렵에는 철 생산이 이미 서서히 한계를 드러내고 있었음에도 할당된 철제품의 양은 줄어들지 않았다. 이러한 것이 복합되어 망이와 망소이의 반란이 일어난 것이다.

① 모든 철소에서 철이 생산되었다.
② 명학소에서는 숯이 생산되지 않았다.
③ 망이와 망소이는 철제품 생산 기술자였다.
④ 명학소민은 다른 철소민보다 부담이 적었다.
⑤ 풍부한 물은 명학소에 철소를 설치하는 데 이점이었다.

유토피아는 우리가 살고 있는 세계와는 다른 '또 다른 세계'이며, 나아가 전적으로 인간의 지혜로 설계된 세계이다. 유토피아를 설계하는 사람은, 완전히 뜯어고쳐야 할 만큼 이 세상이 잘못되어 있다고 생각한다. 또한 그는 새 세계를 만들고 관리할 능력이 인간에게 있다고 믿는다. 어떤 사람이 유토피아를 꿈꾸고 설계하는지 않는지는 그 사람이 세상을 대하는 태도와 밀접하게 연관되어 있다.

인간이 세상을 대하는 태도는 다음 세 가지로 나눌 수 있다. 첫째, 산지기의 태도이다. 산지기의 주요 임무는, 인위적인 간섭을 최소화하면서 맡겨진 땅을 지키는 것이다. 이른바 땅의 자연적 균형을 유지하는 것이 그의 목적이다. 신의 설계에 담긴 지혜와 조화, 질서를 인간이 다 이해할 수는 없으나, 삼라만상이 적재적소에 놓여 있는 신성한 존재의 사슬이라는 것이 산지기의 신념이다.

둘째, 정원사의 태도이다. 정원사는 자기가 끊임없이 보살피고 노력하지 않으면 이 세상이 무질서해질 것이라고 여긴다. 그는 우선 바람직한 배치도를 머리에 떠올린 후 정원을 그 이미지에 맞추어 개조한다. 그는 적합한 종류의 식물을 키우고 잡초들은 뽑아 버림으로써 자신이 생각해 놓은 대로 대지를 디자인한다.

셋째, 사냥꾼의 태도이다. 사냥꾼은 사물의 전체적인 균형에 대해서는 무관심하다. 사냥꾼이 하는 유일한 일은 사냥감으로 자기 자루를 최대한 채우는 것이다. 사냥이 끝난 후에 숲에 동물들이 남아 있도록 할 의무가 자기에게 있다고 생각하지 않는다.

① 유토피아는 인간이 지향하고 신이 완성한다.
② 정원사는 세상에 대한 인간의 적극적 개입을 지양한다.
③ 산지기는 인간과 자연이 조화되는 유토피아를 설계한다.
④ 사냥꾼은 세상을 바꾸는 일보다 이용하는 데에 관심이 있다.
⑤ 신이 부여한 정연한 질서가 세계에 있다는 믿음은 세 태도 중 둘에서 나타난다.

국내에서 벤처버블이 발생한 1999~2000년 동안 한국뿐 아니라 미국, 유럽 등 전세계 주요 국가에서 벤처버블이 나타났다. 미국 나스닥의 경우 1999년 초 이후에 주가가 급상승하여 2000년 3월을 전후해서 정점에 이르렀는데, 이는 한국의 주가 흐름과 거의 일치한다. 또한 한국에서는 1998년 5월부터 외국인의 종목별 투자한도를 완전 자유화하였는데, 외환위기 이후 해외투자를 유치하기 위한 이런 주식시장의 개방은 주가 상승에 영향을 미쳤다. 외국인 투자자들은 벤처버블이 정점에 이르렀던 1999년 12월에 벤처기업으로 구성되어 있는 코스닥 시장에서 투자금액을 이전 달의 1조 4천억 원에서 8조 원으로 늘렸으며, 투자비중도 늘렸다.

또한 벤처버블 당시 국내에서는 인터넷이 급속히 확산되고 있었다. 초고속 인터넷 서비스는 1998년 첫 해에 1만 3천 가구에 보급되었지만 1999년에는 34만 가구로 확대되었다. 또한 1997년 163만 명이던 인터넷 이용자는 1999년에 천만 명으로 폭발적으로 증가하였다. 이처럼 초고속 인터넷의 보급과 인터넷 사용인구의 급증은 뚜렷한 수익모델이 없는 업체라 할지라도 인터넷을 활용한 비즈니스를 내세우면 투자자들 사이에서 높은 잠재력을 가진 기업으로 인식되는 효과를 낳았다.

한편 1997년 8월에 시행된 벤처기업 육성에 관한 특별조치법은 다음과 같은 상황으로 인해 제정되었다. 법 제정 당시 우리 경제는 혁신적 기술이나 비즈니스 모델에 의한 성장보다는 설비 확장에 토대한 외형성장에 주력해 왔다. 그러나 급격한 임금상승, 공장용지와 물류 및 금융 관련 비용 부담 증가, 후발국가의 추격 등은 우리 경제가 하루빨리 기술과 지식을 경쟁력의 기반으로 하는 구조로 변화해야 할 필요성을 높였다. 게다가 1997년 말 외환위기로 30대 재벌의 절반이 부도 또는 법정관리에 들어가게 되면서 재벌을 중심으로 하는 경제성장 방식의 한계가 지적되었고, 이에 따라 우리 경제는 고용창출과 경제성장을 주도할 새로운 기업군을 필요로 하게 되었다. 이로 인해 시행된 벤처기업 육성 정책은 벤처기업에 세제 혜택은 물론, 기술개발, 인력공급, 입지공급까지 다양한 지원을 제공하면서 벤처기업의 폭증에 많은 영향을 주게 되었다.

① 해외 주식시장의 주가 상승은 국내 벤처버블 발생의 주요 원인이 되었다.

② 벤처버블은 한국뿐 아니라 전세계 모든 국가에서 거의 비슷한 시기에 발생했다.

③ 국내의 벤처기업 육성책 실행은 한국 경제구조 변화의 필요성과 관련을 맺고 있다.

④ 국내 초고속 인터넷 서비스 확대는 벤처기업을 활성화 시켰으나 대기업 침체의 요인이 되었다.

⑤ 외환위기는 새로운 기업과 일자리 창출의 필요성을 불러왔고 해외 주식을 대규모로 매입하는 계기가 되었다.

현대의 과학사가들과 과학사회학자들은 지금 우리가 당연시하는 과학과 비과학의 범주가 오랜 시간에 걸쳐 구성된 범주임을 강조하면서 과학자와 대중이라는 범주의 형성에 연구의 시각을 맞출 것을 주장한다. 특히 과학 지식에 대한 구성주의자들은 과학과 비과학의 경계, 과학자와 대중의 경계 자체가 처음부터 고정된 경계가 아니라 오랜 역사적 투쟁을 통해서 만들어진 문화적 경계라는 점을 강조한다.

과학자와 대중을 가르는 가장 중요한 기준은 문화적 능력이라고 할 수 있는데 이것은 과학자가 대중과 구별되는 인지 능력이나 조작 기술을 가지고 있다는 것을 의미한다. 부르디외의 표현을 빌자면, 과학자들은 대중이 결여한 '문화 자본'을 소유하고 있다는 것이다. 이러한 문화 자본 때문에 과학자들과 대중 사이에 불연속성이 생겨난다. 여기서 중요한 것은 이러한 불연속성의 형태와 정도이다.

예를 들어 수리물리학, 광학, 천문학 등의 분야는 대중과 유리된 불연속성의 정도가 상대적으로 컸다. 고대부터 16세기 코페르니쿠스에 이르는 천문학자들이나 17세기 과학혁명 당시의 수리물리학자들은 그들의 연구가 보통의 교육을 받은 사람들을 대상으로 한 것이 아니고, 그들과 같은 작업을 하고 전문성을 공유하고 있던 사람들만을 위한 것이라는 점을 분명히 했다. 갈릴레오에 따르면 자연이라는 책은 수학의 언어로 쓰여 있으며 따라서 이 언어를 익힌 사람만이 자연의 책을 읽어낼 수 있다. 반면 유전학이나 지질학 등은 20세기 중반 전까지 대중 영역과 일정 정도의 연속성을 가지고 있었으며 거기서 영향을 받았던 것이 사실이다. 특히 20세기 초 유전학은 멘델 유전학의 재발견을 통해 눈부시게 발전할 수 있었는데 이러한 발전은 실제로 오랫동안 동식물을 교배하고 품종개량을 해왔던 육종가들의 기여 없이는 불가능했다.

① 과학과 비과학의 경계는 존재하지 않는다.

② 과학자들은 과학혁명 시기에 처음 '문화 자본'을 획득했다.

③ 과학과 비과학을 가르는 보편적 기준은 수학 언어의 유무이다.

④ 과학자와 대중의 불연속성은 동일한 정도로 나타나지 않는다.

⑤ 과학과 비과학의 경계는 수리물리학에서 가장 먼저 생겨났다.

로젠햄 교수의 연구원들은 몇몇 정신병원에 위장 입원했다. 연구원들은 병원의 의사들이 자신을 어떻게 대하는지 알아보았다. 그들은 모두 완벽하게 정상이었으며 정신병자인 것처럼 가장하지 않고 정상적으로 행동했음에도 불구하고, 다만 그들이 병원에 입원해 있다는 사실 하나만으로 그들에게 정신적인 문제가 있는 것으로 간주되었다. 다시 말해 이 가짜 환자들의 모든 행위가 입원 당시의 서류에 적혀 있는 정신병의 증상으로 해석되고 있었다. 연구원들이 자신은 환자가 아니라고 주장하는 것조차 오히려 정신병의 일종으로 해석되었다. 진짜 환자 중 한 명이 그들에게 이런 주의를 주었다. "절대로 의사에게 다 나았다는 말을 하지 마세요. 안 믿을 테니까요." 의사들 중 연구원들의 정체를 알아차린 사람은 한 명도 없었지만 진짜 환자들은 오히려 이들이 가짜 환자라는 사실을 간파하였다.

의사들은 한 행동이 정신병 증상인지 아닌지를 판정하는 기준에 대한 가설을 세우고, 이 가설하에서 모든 행동을 이해하려고 들었다. 모든 행위가 그 가설에 맞는 방식으로 해석되었다. 하지만 그 가설을 통해 사람들의 모든 행동을 나름대로 해석할 수 있다고 해서 그 가설이 옳다는 것이 증명된 것은 아니다. 누군가 '어미 코끼리는 소형 냉장고에 통째로 들어간다'라는 가설을 세웠다고 해보자. 우리는 이 가설이 참이 되는 상황과 거짓이 되는 상황을 명료하게 판정할 수 있다. 가령 우리가 어미 코끼리를 냉장고에 직접 넣어 본다고 해보자. 우리는 그 때 벌어진 상황이 어미 코끼리가 통째로 냉장고에 들어가 있는 상황인지 그렇지 않은 상황인지 잘 판별할 수 있다. 이럴 수 있는 가설이 좋은 가설이다. 의사들이 세웠던 가설은 좋은 가설이 갖는 이런 특성을 갖지 못했기 때문에 의사들은 가짜 환자들을 계속 알아볼 수 없었다.

① 의사들은 자신의 가설이 옳다는 것을 자각하지 못했다.

② 의사들의 가설은 진위 여부가 명료하게 판별되지 않는 가설이었다.

③ 의사들의 가설은 정신병이 치료될 수 있다는 사실을 반영하지 않았다.

④ 의사들은 자신의 가설이 정신병자의 주장과 부합되어야 한다는 점을 알지 못했다.

⑤ 의사들은 자신의 가설이 정상인의 행동을 해석하지 못한다는 점을 인정하지 못했다.

조선 정부가 부과하던 세금 중에서 농민들을 가장 고통스럽게 했던 것은 공물(貢物)이었다. 공물은 지방의 특산물을 세금으로 바치는 것이다. 하지만 그 지방에서 생산되지 않는 물품을 바치도록 함으로써 공물을 준비하는 데 많은 어려움이 있었다. 이에 따라 공물을 대신 납부하고 농민들에게 대가를 받는 방납(防納)이 성행하였는데, 방납 과정에서 관료와 결탁한 상인들이 높은 대가를 농민들에게 부담시켰으므로 농민들의 부담은 가중되었다.

임진왜란과 병자호란을 거치는 동안 농촌경제는 파탄이 났고 정부는 재정적자에 시달렸다. 이러한 체제 위기를 수습하기 위한 대책으로 마련된 것이 대동법(大同法)이다. 대동법은 특산물 대신 쌀을 바치도록 하고, 과세 기준도 호(戶)에서 토지로 바뀌었다. 이에 따라 방납으로 인한 폐단이 줄어들고, 토지가 많은 양반들의 부담이 늘어난 반면 농민들의 부담은 감소되었다.

대동법의 시행과 더불어 동전으로 세금을 납부하는 대전납(代錢納)의 추세도 확대되었다. 대전납의 실시로 화폐의 수요가 급속히 늘어나 상평통보와 같은 동전이 다량으로 주조되었다. 체제 수호를 위해 실시된 대동법과 조세금납화는 상품화폐경제의 발달을 촉진하면서 상업이 성장할 수 있는 여건을 제공하였다.

1894년 갑오개혁을 계기로 조선에서는 현물인 쌀 대신에 금속화폐인 동전으로 조세를 납부하는 것이 전면화되었다. 토지에 부과되던 원래의 세금 액수에 따라 납세액이 정해져 내야 하는 세금은 전에 비해 큰 차이가 없었다. 하지만 조세 수취 과정에서 발생했던 여러 잡세(雜稅)들은 없어지게 되었다. 갑오개혁에 부정적이었던 한말의 지사 황현(黃玹)조차 갑오정권의 조세금납화 정책에 대해 긍정적인 평가를 한 것은 "새로 개정된 신법이 반포되자 백성들은 모두 발을 구르고 손뼉을 치며 기뻐하여, 서양법을 따르든 일본법을 따르든 그들이 다시 태어난 듯 희색을 감추지 못하였"기 때문이었다.

〈보 기〉

ㄱ. 백성들은 조세금납 전면화를 환영하였다.

ㄴ. 대동법 시행에 따라 방납과 잡세가 사라졌다.

ㄷ. 일본법과 서양법에 따라 조세금납화가 처음 시행되었다.

ㄹ. 대동법 시행에 따라 양반과 농민의 부담이 모두 감소되었다.

① ㄱ

② ㄱ, ㄷ

③ ㄴ, ㄹ

④ ㄷ, ㄹ

⑤ ㄱ, ㄴ, ㄷ

많은 재화나 서비스는 경합성과 배제성을 지닌 '사유재'이다. 여기서 경합성이란 한 사람이 어떤 재화나 서비스를 소비하면 다른 사람의 소비를 제한하는 특성을 의미하며, 배제성이란 공급자에게 대가를 지불하지 않으면 그 재화를 소비하지 못하는 특성을 의미한다. 반면 '공공재'란 사유재와는 반대로 비경합적이면서도 비배제적인 특성을 가진 재화나 서비스를 말한다.

그러나 우리 주위에서는 이렇듯 순수한 사유재나 공공재와는 또 다른 특성을 지닌 재화나 서비스도 많이 찾아볼 수 있다. 예를 들어 영화 관람이라는 소비 행위는 비경합적이지만 배제가 가능하다. 왜냐하면 영화는 사람들과 동시에 즐길 수 있으나 대가를 지불하지 않고서는 영화관에 입장할 수 없기 때문이다. 마찬가지로 케이블 TV를 즐기기 위해서는 시청료를 지불해야 한다.

비배제적이지만 경합적인 재화들도 찾아낼 수 있다. 예를 들어 출퇴근 시간대의 무료 도로를 생각해보자. 자가용으로 집을 출발해서 직장에 도달하는 동안 도로에 진입하는 데에 요금을 지불하지 않으므로 도로의 소비는 비배제적이다. 하지만 출퇴근 시간대의 체증이 심한 도로는 내가 그 도로에 존재함으로 인해서 다른 사람의 소비를 제한하게 된다. 따라서 출퇴근 시간대의 도로 사용은 경합적인 성격을 갖는다.

이상의 내용을 아래의 표에 분류해 보면 다음과 같다.

경합성 \ 배제성	배제적	비배제적
경합적	a	b
비경합적	c	d

① 체증이 심한 유료 도로 이용은 a에 해당한다.
② 케이블 TV 시청은 b에 해당한다.
③ 사먹는 아이스크림과 같은 사유재는 b에 해당한다.
④ 국방 서비스와 같은 공공재는 c에 해당한다.
⑤ 영화 관람이라는 소비 행위는 d에 해당한다.

고종은 과거 청에서 근무한 바 있고 수년 동안 외부(외교부)대신을 역임한 박제순을 1902년 8월 주청공사로 임명하였다. 이는 청의 대외정책을 면밀히 파악하고 청과의 제휴 가능성을 타진하려는 목적에서였다. 그러나 두만강 건너에 위치한 간도는 한·청 제휴의 걸림돌로 작용하고 있었다.

청은 정치적 위세를 배경으로 간도를 자국 영토로 편입하려 하였다. 역시 간도를 자국 영토로 인식하고 있던 한국 정부도 간도의 영토 편입을 추진하였다. 1901년 3월 한국정부는 변계경무서(邊界警務署)를 함경북도 회령(會寧)에 설치하여 간도 거주 한국인에 대한 경찰권을 행사하였다. 그 해 10월 변계경무소의 경무관 이경순 등이 간도로 가서 한국인에 대한 관리를 시도하자 주한청국공사는 한국의 외부에 이를 강력히 항의했다. 이어 청국공사는 두만강 연안에서의 양국민의 분쟁을 해결하기 위한 약관을 한청통상조약에 부가하자고 한국정부에 제의했다. 그러나 한국 경무관들은 1903년 6월 간도 거주 한국인들에게 세금을 징수하고 향약을 실시했다. 청국정부는 이를 방치할 경우 간도주민이 한국에 복속될 것을 우려하여 국경에 대한 월경을 상호 금지하게 하자는 방침을 세웠다. 이는 두만강이 한·청 양국의 국경이라는 청의 인식 하에 나온 조치였다. 이에 대해 내부대신 김규홍은 명백히 한국영토인 간도에서 토지를 측량하고 세금을 징수하는 것이 정당하다고 주장했다. 그는 우선 간도 거주 한국인을 보호하기 위한 보호관을 간도에 파견할 것을 의정부에 건의하여 이범윤을 간도관리사로 파견하게 했다. 청은 주청공사 박제순을 불러 이범윤이 임의로 향약을 설치하고 주민을 편제하여 징세한다고 항의하면서 한청통상조약에 의거하여 이범윤의 소환을 요구했다. 이에 대해 박제순은 간도는 본래 한국과 청의 경계지역으로 수십 년 동안 한국인 수만 호가 이주하였는데 청의 관리가 학대하자 간도 거주민이 한국정부에 호소했고 이에 따라 이들을 보호하기 위해 이범윤을 파견한 것이라고 주장하였다. 이 같은 상황 속에서 이범윤은 간도를 함경북도의 행정구역으로 편입시켜 영유권을 확립하려고 시도하였다. 청은 무력을 동원하여 이에 대응하였다. 한국군은 자국민을 보호하고 영토를 확보하기 위해 두만강을 건너 진입했고, 청군과 교전 끝에 이들을 격파했다.

─────── 〈보 기〉 ───────
ㄱ. 이범윤은 간도를 함경북도의 행정구역으로 편입시키려고 시도하였다.
ㄴ. 간도에서 세금을 징수하자는 내부대신 김규홍의 건의에 따라 한국 경무관들은 간도에서 세금을 징수했다.
ㄷ. 박제순은 이범윤을 소환하는 것에 대해 한청통상조약에 의거하여 반대했다.

① ㄱ   ② ㄷ
③ ㄱ, ㄴ   ④ ㄴ, ㄷ
⑤ ㄱ, ㄴ, ㄷ

조선 시대 농사는 크게 논농사와 밭농사로 나누어졌다. 논농사의 경우 기존의 방식 대신 이앙법으로 농사를 짓게 되면, 제초를 할 때 드는 노동력이 크게 절약되었으며 곡식의 종자를 절감할 수 있었다. 뿐만 아니라 벼의 수확을 끝낸 논에 보리를 심어 한 차례 더 수확할 수 있는 이모작이 가능하였다. 이에 따라 조선 후기에는 농업이 발전된 전라·경상·충청도만이 아니라 다른 도에서도 모두 이를 본받아 시행하게 되었다. 하지만 이 농사법은 이앙을 해야 할 시기에 가뭄이 들면 이앙을 할 수 없어 농사를 완전히 망치게 되는 위험이 있었다. 따라서 국가에서는 수원(水源)이 근처에 있어 물을 댈 수 있는 곳은 이앙을 하게 했으나, 높고 건조한 곳은 물을 충분히 댈 수 있는 곳인지 아닌지를 구별하여 이앙하도록 지도했다. 만약 물을 댈 수 없는 곳인데 비가 올 것이라는 요행을 바라고 이앙하려고 하다가 농사를 망칠 경우에는 흉년 시 농민들에게 주던 혜택인 세금 면제의 적용 대상에서 제외하게 하였다.

밭농사에서의 전통적인 농사법은 농종법(壟種法)이었다. 이는 밭두둑 위에 종자를 심는 것이었는데, 햇빛에 노출되어 습기가 쉽게 말라 가뭄이 들면 종자가 발아하지 못한다는 단점이 있었다. 이에 조선 후기에 들어와 농민들은 새로운 농사법을 다투어 채용하였다. 견종법(畎種法)이라 불린 이 농법은 밭두둑에 일정하게 고랑을 내고 여기에 종자를 심는 것이었다. 고랑에 종자를 심었으므로 흙이 우묵하게 그늘이 져서 습기를 유지할 수 있었으며, 따라서 종자가 싹틀 확률이 높은 것이 첫 번째 장점이었다. 또한 고랑을 따라 곡식이 자랐기 때문에, 곡식과 잡초가 구획되어 잡초를 쉽게 제거할 수 있었다. 자연히 잡초 제거에 드는 노동력을 줄일 수 있었다. 세 번째 장점은 고랑에만 씨를 심었으므로 농종법에 비해 종자를 절약할 수 있다는 점이었다. 네 번째로, 종자를 심는 고랑에만 거름을 주면 되므로 거름을 절약할 수 있고 모든 뿌리가 거름을 섭취할 수 있다는 장점도 있었다. 자연히 기존 방식에 비해 수확량이 증대되었다. 마지막으로 곡물의 뿌리가 깊이 내려 바람과 가뭄에 잘 견디는 것도 이 농법의 장점이었다.

① 정부는 가뭄의 위험을 이유로 이앙법의 보급을 최대한 저지하였다.

② 견종법은 농종법에 비해 수확량은 많았지만 보다 많은 거름을 필요로 하였다.

③ 이앙법과 견종법 모두 기존의 방식에 비해 제초에 드는 노동력을 절약할 수 있었다.

④ 농종법으로 농사를 지을 때에는 밭두둑이 필요하였지만, 견종법은 밭두둑을 필요로 하지 않았다.

⑤ 이앙법은 종자를 절약할 수 있었지만, 견종법은 기존의 방식에 비해 종자의 소모량에는 큰 차이가 없었다.

중세 동아시아 의학의 특징은 강력한 중앙권력의 주도 아래 통치수단의 방편으로서 활용되었다는 점이다. 권력자들은 최상의 의료 인력과 물자를 독점적으로 소유함으로써 의료를 충성에 대한 반대급부로 삼았다. 이러한 특징은 국가 간의 관계에서도 나타나 중국의 황제는 조공국에게 약재를 하사함으로써 위세와 권위를 과시했다. 고려의 국왕 또한 가부장적 이데올로기에 입각하여 의료를 신민 지배의 한 수단으로 삼았다. 국왕은 일년 중 정해진 날에 종4품 이상의 신료에게 약재를 내렸는데, 이를 납약(臘藥)이라 하였다. 납약은 중세 국가에서 약재가 일종의 위세품(威勢品)으로 작용하였음을 잘 보여주는 사례이다.

역병이 유행하면 고려의 국왕은 이에 상응하는 약재를 분배하였다. 1018년 개경에 유행성 열병인 장역(瘴疫)이 유행하자 현종은 관의(官醫)에게 병에 걸린 문무백관의 치료를 명령하고 필요한 약재를 하사하였다. 하층 신민에 대해서는 혜민국과 구제도감 등 다양한 의료 기관을 설립하여 살피게 했다. 전염병이 유행하면 빈민들의 희생이 컸기에 소극적이나마 빈민을 위한 의료 대책을 시행하지 않을 수 없었다. 1110년과 1348년 전염병이 유행하였을 때에는 개경 시내에 빈민의 주검이 많이 방치되어 있었고, 이는 전염병이 유행하게 되는 또 다른 요인이 되었다. 이들 빈민 환자를 한 곳에 모아 관리해야 할 필요성에서 빈민의료가 시작되었다. 그러나 혜민국은 상설 기관이 아니라 전염병 유행과 같은 비상시에 주로 기능하는 임시 기관이었다. 애민(愛民) 정책 아래 만들어진 이들 기관의 실상은 치료보다는 통치를 위한 격리를 목적으로 하였다.

① 고려는 역병을 예방하기 위해 혜민국을 설치하였다.

② 고려 국왕은 병든 문무백관의 치료를 위해 납약을 하사하였다.

③ 가부장적 이데올로기는 고려시대 전염병의 발병률 감소에 기여하였다.

④ 중세 동아시아 의학은 상·하층 신민의 질병을 치료하기 위한 목적으로 발전하였다.

⑤ 중세 동아시아의 권력자는 의료 인력과 약재를 독점하여 신료의 충성을 유도하였다.

컴퓨터 매체에 의존한 전자 심의가 민주정치의 발전을 가져올 수 있을까? 이 질문에 답하는 데 도움이 될 만한 실험들이 있었다. 한 실험에 따르면, 전자 심의에서는 시각적 커뮤니케이션이 없었지만 토론이 지루해지지 않았고 오히려 대면 심의에서는 드러나지 않았던 내밀한 내용들이 쉽게 표출되었다. 이것으로 미루어 보건대, 인터넷은 소극적이고 내성적인 사람들이 자신의 의견을 적극 표출하도록 만들 수 있다는 장점이 있다. 하지만 다른 실험은 대면 심의 집단이 질적 판단을 요하는 복합적 문제를 다루는 경우 전자 심의 집단보다 우월하다는 결과를 보여주었다.

이런 관점에서 보면 전자 심의는 소극적인 시민들의 생활에 숨어있는 다양한 의견들을 표출하기에 적합하며, 대면 심의는 책임감을 요하는 정치적 영역의 심의에 더 적합하다고 볼 수 있다. 정치적 영역의 심의는 복합적 성격의 쟁점, 도덕적 갈등 상황, 그리고 최종 판단의 타당성 여부가 불확실한 문제들과 깊이 관련되어 있기 때문이다. 어려운 정치적 결정일수록 참여자들 사이에 타협과 협상을 필요로 하는데, 그 타협은 일정 수준의 신뢰 등 '사회적 자본'이 확보되어 있을 때 용이해진다. 정치적 사안을 심의하려면 토론자들이 서로 간에 신뢰하고 있을 뿐 아니라 심의 결과에 대해 책임의식을 느끼고 있어야 하고, 이런 바탕 위에서만 이성적 심의나 분별력 있는 심의가 가능하다. 하지만 이것은 인터넷 공간에서는 확보되기 어려운 것으로 보인다.

① 인터넷을 통한 전자 심의는 내밀한 내용이 표출된다는 점에서 신뢰를 증진시킬 수 있다.

② 질적 판단을 요하는 복합적 문제를 다루는 데에는 대면 심의 집단이 우월한 경우가 있다.

③ 인터넷은 소극적이고 내성적인 사람들이 자신의 의견을 표출하도록 만들 수 있다는 장점이 있다.

④ 정치적 사안을 심의하려면 토론자들이 서로 신뢰하고 심의 결과에 대해 책임의식을 느껴야 한다.

⑤ 불확실성이 개입된 복합적 문제에 대한 정치적 결정에서는 참여자들 사이에 타협과 협상이 필요하다.

조선의 수령은 그가 다스리는 군현의 행정권과 사법권을 독점하는 존재로서 막강한 권력을 행사하였다. 수령은 범죄의 유형이나 정도에 상관없이 태형 50대 이하의 처벌은 언제나 실행할 수 있고 경우에 따라서는 최고 형벌인 사형도 내릴 수 있는 사법권을 가지고 있었다.

수령이 사법권을 행사할 때에는 법전의 규정에 따라 신중하게 실행할 것이 요구되었다. 하지만 이러한 원칙은 어디까지나 법전 속 문구에 지나지 않았다. 실제로 수령 중에는 죄인을 마음대로 처벌하는 남형(濫刑)이나 법규 이상으로 혹독하게 처벌하는 혹형(酷刑), 죄인을 함부로 죽이는 남살(濫殺)을 행사하는 이들이 많았다. 예를 들어 고령현감에 재직 중이던 김수묵은 자신을 모함했다는 이유로 향리 이진신을 비롯한 가족 3명을 잔혹하게 곤장으로 쳐 죽였다. 그는 그들의 숨이 끊어질 때까지 형벌을 가했지만 어떤 문책도 당하지 않았다. 오히려 해이해진 기강을 단속하여 백성을 잘 다스린다는 평가를 받는 수령들은 남형이나 혹형, 남살을 일삼는 경우가 많았다.

그런데 수령의 남형이나 혹형, 남살보다 더 큰 문제는 하급 관속이 백성들에게 사적인 형벌을 마구 휘둘렀던 데 있었다. 특히 도적 체포와 치안 유지를 위해 백성들과 직접 접촉을 했던 포교, 포졸, 관교 등의 비리나 폭력이 심각하였다. 범죄자를 잡는다거나 치안을 유지한다는 명목으로 이들이 죄 없는 백성들에 대해 자행한 불법적인 폭력은 수령의 과도한 사법권 행사와 함께 사회 불안을 조장하는 주요 요소였다.

① 포교의 비리보다 포졸의 비리가 더 많았다.

② 법적으로 허용된 수령의 처벌권은 50대 이하의 태형에 국한되었다.

③ 남형, 혹형, 남살을 일삼는 수령들이 유능하다는 평가를 받기도 하였다.

④ 법전에 규정된 수령의 사법권은 사회 불안을 조장하는 주요 요소였다.

⑤ 백성에게 비리와 폭력을 일삼는 하급 관속들은 법규에 따라 처벌되었다.

공영(公營)방송은 세 번의 위기를 겪었다. 첫 번째는 사영(私營)방송의 등장이었다. 서유럽에서 방송은 1920년대 탄생 초기부터 공영으로 운영되는 것이 일반적이었는데 1950년대 이후 사영방송이라는 경쟁자가 나타나게 된 것이다. 그러나 이러한 사영방송의 등장은 공영방송에 '위협'이 되었을 뿐, 진정한 '위기'를 불러오지는 않았다. 경제적으로 꾸준히 발전하던 이 시기에 공영방송은 사영방송과 함께 시장을 장악했다.

두 번째 위기는 케이블 TV 등 다채널 방송의 등장이었다. 서구에서는 1980년대, 한국에서는 1990년대 후반에 시작한 다채널 서비스의 등장은 공영방송의 존재에 큰 회의를 품게 하였다. 다채널 방송은 공영방송이 제공해 온 차별적인 장르들, 즉 뉴스, 다큐멘터리, 어린이 프로그램들을 훨씬 더 전문적인 내용으로, 더 많은 시간 동안 제공하게 되었다. 공영방송은 양질의 프로그램 제작을 위해 상대적으로 더 많은 재원을 필요로 하게 되었고, 이를 위해 수신료 인상이 필요했지만, 시청자들은 이에 동의하지 않았다. 그러나 이러한 위기에도 불구하고 공영방송은 어느 정도의 시청률을 유지한 채 주류방송으로서의 지위를 굳건히 지켜냈다.

최근 들어 디지털 융합형 미디어의 발전이라는 세 번째 위기가 시작되었다. 이는 채널 제공 경쟁자가 늘어나는 것이 아니라 수용자의 미디어 소비 패턴 자체를 바꾸는 변화이기 때문에 훨씬 더 위협적이다. 디지털 미디어에 익숙한 젊은 시청자들은 채널을 통해 제공하는 일방향 서비스에 의존적이지 않다. 개별 국가의 정체성 형성을 담당하던 공영방송은 유튜브와 팟캐스트 등 국경을 넘나드는 새로운 플랫폼에 속수무책인 상황에 처하게 되었다.

① 공영방송은 일방향 서비스를 제공해왔다.

② 공영방송은 국가의 정체성과 관련되는 개념이다.

③ 다채널 방송 중에서는 공영방송의 프로그램과 동일한 장르의 채널도 존재하였다.

④ 새로운 플랫폼이 탄생하기 전에 공영방송이 주류방송의 위치를 차지하고 있었다.

⑤ 다채널 방송으로 경쟁 환경이 조성되면서 시청자들이 양질의 공영방송 프로그램을 즐기게 되었다.

아기를 키우다보면 정확히 확인해야 할 것이 정말 많다. 육아 훈수를 두는 주변 사람들이 많은데 어디까지 믿어야 할지 헷갈리는 때가 대부분이다. 특히 아기가 먹는 음식에 관한 것이라면 난감하기 그지없다. 이럴 때는 전문가의 답을 들어 보는 것이 우리가 선택할 수 있는 최상책이다.

A박사는 아기 음식에 대한 권위자다. 미국 유명 어린이 병원의 진료 부장인 그의 저서에는 아기의 건강과 성장 등에 관한 200여 개 속설이 담겨 있고, 그것들이 왜 잘못된 것인지가 설명되어 있다. 다음은 A박사의 설명 중 대표적인 두 가지이다.

속설에 따르면 어떤 아기는 모유에 대해 알레르기 반응을 보인다. 하지만 이것은 사실이 아니다. 엄마의 모유에 대해서 알레르기 반응을 일으키는 아기는 없다. 이는 생물학적으로 불가능한 이야기이다. 어떤 아기가 모유를 뱉어낸다고 해서 알레르기가 있는 것은 아니다. A박사에 따르면 이러한 생각은 착각일 뿐이다.

또 다른 속설은 당분을 섭취하면 아기가 흥분한다는 것이다. 하지만 이것도 사실이 아니다. 아기는 생일 케이크의 당분 때문이 아니라 생일이 좋아서 흥분하는 것인데 부모가 이를 혼동하는 것이다. 이는 대부분의 부모가 믿고 있어서 정말로 부수기 어려운 속설이다. 당분을 섭취하면 흥분한다는 어떤 연구 결과도 보고된 바가 없다.

〈보 기〉

ㄱ. 엄마가 갖지 않은 알레르기는 아기도 갖지 않는다.

ㄴ. 아기의 흥분된 행동과 당분 섭취 간의 인과적 관계는 확인된 바 없다.

ㄷ. 육아에 관한 주변 사람들의 훈수는 모두 비과학적인 속설에 근거하고 있다.

① ㄴ

② ㄷ

③ ㄱ, ㄴ

④ ㄱ, ㄷ

⑤ ㄱ, ㄴ, ㄷ

1876년 개항 이후 제당업은 많은 변화를 거치며 지금에 이르렀다. 처음 조선에 수입되기 시작한 영국 자본계 정제당은 1905년 러일전쟁 이후 일본정부가 정책적으로 지원한 일본의 정제당으로 교체되었다. 한말에는 일본제품이 유입되는 여러 경로가 있었으나 1907년에 '대일본제당(大日本製糖)'으로 단일화되었다. 제1차 세계대전 발발 후에도 세계적으로 설탕 시세가 고가를 유지하자 대일본제당은 제당업의 장래를 밝게 전망했다. 1920년대 후반 세계적인 설탕 가격 하락과 일본 내 과잉 공급으로 제당회사 간의 경쟁이 과열되었다. 이에 당업연합회는 설탕 가격 하락을 막기 위해 강력한 카르텔로 전환하여 가격 통제를 강화하였다.

대일본제당은 조선총독부의 후원 아래 독점적 제당회사인 대일본제당 조선지점을 설립하고, 1920년부터 원료비 절감을 위해 평안남도와 황해도 일대에 사탕무를 재배하기 시작하였다. 하지만 생산성이 매우 낮아 국제적인 경쟁력이 없는 것으로 판명되었다. 이에 대일본제당 조선지점은 1922년부터 원료당을 수입해 가공하는 정제당업으로 전환하여, 저렴한 자바 원료당을 조선에 독점적으로 공급하면서 생산 기반을 구축하였다. 또한 상품 시장인 만주와 지리적으로 근접한 이점을 활용하여 운송비를 절감함으로써 1930년대 후반까지 호황을 누렸다.

해방 후 한국은 일제 강점기의 제당업 생산체제와 단절되어 공급량이 줄었음에도 불구하고 설탕 소비는 계속 증가하였다. 사업 기회를 포착한 설탕 무역업자들이 정부로부터 생산 설비를 위한 자금을 지원 받고, 미국이 원조하는 원료당의 배정에서도 특혜를 받으며 제당업에 뛰어들었다. 더구나 설탕은 가격 통제 대상이 아니었기 때문에 제당회사들은 설탕 가격을 담합하여 높은 가격을 유지했다. 제당회사들 간 과잉 투자로 후발업체가 도태되는 상황이 벌어져도 국내 설탕 가격은 하락하지 않았다.

① 개항 이후 제당업 성장의 배경에는 정책적 지원과 특혜가 있었다.
② 제1차 세계대전으로 인한 설탕 수급 불균형은 국제적인 설탕 가격 폭락을 초래하였다.
③ 대일본제당 조선지점은 설탕의 운송비를 절감하기 위해 정제당업으로 전환하였다.
④ 대일본제당은 조선을 설탕의 상품 시장이자 원료 공급지로 개발하여 큰 이득을 거두었다.
⑤ 해방 후 설탕에 대한 수요가 증가하자 정부는 제당회사들의 설탕 가격 담합을 단속하였다.

2007년부터 시작되어 역사상 유례없는 전 세계의 동시 불황을 촉발시킨 금융 위기로 신자유주의의 권위는 흔들리기 시작했고, 향후 하나의 사조로서 신자유주의는 더 이상 주류적 지위를 유지하지 못하고 퇴조해갈 것이 거의 확실하다. 경제정책으로서의 신자유주의 역시 앞으로 대부분의 국가에서 예전과 같은 지지를 받기는 어려울 것이다.

세계 각국은 금융 위기로부터의 탈출과 함께 조속한 경기 회복을 위한 대책을 강구하는 데 총력을 기울일 것이다. 이 과정에서 기존의 경제 시스템을 각국의 실정에 부합하도록 전환하기 위한 다양한 모색도 활발해질 것으로 보인다. 국가별로 내부 시스템의 전환을 위한 모색이 방향을 잡아감에 따라 새로운 국제 경제 질서에 대한 논의도 동시에 진행될 것이다.

그렇다면 각국은 내부 경제 시스템의 전환과 위기 탈출을 위해 어떤 선택을 할 수 있을까? 물론 모든 문제를 해결하는 보편적 해법은 없다. 변형된 신자유주의부터 1929년 대공황 이후 약 40년간 세계 경제를 지배했던 케인즈주의, 신자유주의의 이식 정도가 낮아서 금융 위기의 충격을 덜 받고 있는 북유럽 모델, 그리고 남미에서 실험되고 있는 21세기 사회주의까지 대단히 폭넓은 선택지를 두고 생존을 위한 실험이 시작될 것이다.

그렇다면 우리나라는 신자유주의 이후의 모델을 어디서부터 모색할 것인가? 해답은 고전적 문헌 속이나 기상천외한 이론에 있지 않다. 경제는 오늘과 내일을 살아가는 수많은 사람들의 삶의 틀을 규정하는 문제이기 때문이다. 새로운 모색은 현재 벌어지고 있는 세계적 금융 위기의 현실과 경제 침체가 고용대란으로 이어질 가능성마저 보이고 있는 우리 경제의 현실에서 이루어져야 한다.

① 신자유주의의 권위는 세계적 불황을 촉발시킨 금융 위기로 인해 위협받고 있다.
② 우리는 신자유주의의 후속 모델을 현재의 세계적 금융 위기의 현실에서 찾아야 한다.
③ 신자유주의의 이식 정도가 낮은 북유럽에서는 금융 위기에 의한 충격을 상대적으로 덜 받고 있다.
④ 각국은 경제 위기를 극복하기 위해 새로운 단일 경제체제를 공동 개발하는 방안을 활발히 논의하고 있다.
⑤ 경기 회복 대책 수립 과정에서 기존의 경제 시스템을 새로운 시스템으로 전환하는 방안이 활발하게 검토될 것이다.

다음 글에서 알 수 있는 것만을 〈보기〉에서 모두 고르면?

13 민간(인) 16번

영국의 식민지였던 시기의 미국 남부와 북부 지역에서는 사회 형성과 관련하여 전혀 다른 상황이 전개되었다. 가난한 형편을 면하기 위해 남부로 이주한 영국 이주민들은 행실이 방정하지 못하고 교육도 받지 못한 하층민이었다. 이들 중에는 황금에 눈이 먼 모험가와 투기꾼 기질이 강한 사람들도 있었다. 반면에 뉴잉글랜드 해안에 정착한 북부 이주민들은 모두 영국에서 경제적으로 여유 있던 사람들로서, 새 보금자리인 아메리카에서 빈부귀천의 차이가 없는 특이한 사회 유형을 만들어냈다. 적은 인구에도 불구하고 그들은 거의 예외 없이 훌륭한 교육을 받았으며, 상당수는 뛰어난 재능과 업적으로 유럽 대륙에도 이미 널리 알려져 있었다.

북부 이주민들을 아메리카로 이끈 것은 순수한 종교적 신념과 새로운 사회에 대한 열망이었다. 그들은 청교도라는 별칭을 가진 교파에 속한 이들로, 스스로를 '순례자'로 칭했을 만큼 엄격한 규율을 지켰다. 이들의 종교적 교리는 민주공화이론과 일치했다. 뉴잉글랜드의 이주자들이 가족을 데리고 황량한 해안에 상륙하자마자 맨 먼저 한 일은 자치를 위한 사회 규약을 만드는 일이었다. 유럽인들이 전제적인 신분질서에 얽매여 있는 동안, 뉴잉글랜드에서는 평등한 공동사회가 점점 모습을 드러냈다. 반면에 남부 이주민들은 부양가족이 없는 모험가들로서 기존의 사회 체계를 기반으로 자신들의 사회를 건설하였다.

───〈보 기〉───
ㄱ. 북부 이주민은 종교 규율과 사회 규약을 중시했다.
ㄴ. 남·북부 이주민 사이에 이주 목적의 차이가 있었다.
ㄷ. 북부 이주민은 남부 이주민보다 영국의 사회 체계를 유지하려는 성향이 강했다.

① ㄱ
② ㄷ
③ ㄱ, ㄴ
④ ㄴ, ㄷ
⑤ ㄱ, ㄴ, ㄷ

다음 글에서 추론할 수 있는 것만을 〈보기〉에서 모두 고르면?

13 민간(인) 17번

20세기 초만 해도 전체 사망자 중 폐암으로 인한 사망자의 비율은 극히 낮았다. 그러나 20세기 중반에 들어서면서, 이 병으로 인한 사망률은 크게 높아졌다. 이러한 변화를 우리는 어떻게 설명할 수 있을까? 여러 가지 가설이 가능한 것으로 보인다. 예를 들어 자동차를 이용하면서 운동 부족으로 사람들의 폐가 약해졌을지도 모른다. 또는 산업화 과정에서 증가한 대기 중의 독성 물질이 도시 거주자들의 폐에 영향을 주었을지도 모른다.

하지만 담배가 그 자체로 독인 니코틴을 함유하고 있다는 것이 사실로 판명되면서, 흡연이 폐암으로 인한 사망의 주요 요인이라는 가설은 다른 가설들보다 더 그럴듯해 보이기 시작한다. 담배 두 갑에 들어 있는 니코틴이 화학적으로 정제되어 혈류 속으로 주입된다면, 그것은 치사량이 된다. 이러한 가설을 지지하는 또 다른 근거는 담배 연기로부터 추출된 타르를 쥐의 피부에 바르면 쥐가 피부암에 걸린다는 사실에 기초해 있다. 이미 18세기 이후 영국에서는 타르를 함유한 그을음 속에서 일하는 굴뚝 청소부들이 다른 사람들보다 피부암에 더 잘 걸린다는 것이 정설이었다.

이러한 증거들은 흡연이 폐암의 주요 원인이라는 가설을 뒷받침해 주지만, 그것들만으로 이 가설을 증명하기에는 충분하지 않다. 의학자들은 흡연과 폐암을 인과적으로 연관시키기 위해서는 훨씬 더 많은 증거가 필요하다는 점을 깨닫고, 수십 가지 연구를 수행하고 있다.

───〈보 기〉───
ㄱ. 화학적으로 정제된 니코틴은 폐암을 유발한다.
ㄴ. 19세기에 타르와 암의 관련성이 이미 보고되어 있었다.
ㄷ. 니코틴이 타르와 동시에 신체에 흡입될 경우 폐암 발생률은 급격히 증가한다.

① ㄱ
② ㄴ
③ ㄱ, ㄴ
④ ㄴ, ㄷ
⑤ ㄱ, ㄴ, ㄷ

다음 글에 제시된 논리적 오류의 사례로 적절하지 않은 것은?

흔히 주변에서 암 검진 결과 암의 징후가 없다는 판정을 받은 후 암이 발견되면 검진이 엉터리였다고 비난하는 것을 본다. 우리 몸의 세포들을 모두 살펴보지 않은 이상 암세포가 없다고 결론지을 수 없다는 것은 논리적으로 명확한데 말이다. 우리는 1,000마리의 까마귀를 관찰하여 모두 까맣다고 해서 까맣지 않은 까마귀가 없다고 단정할 수는 없다고 학교에서 배웠다. 하지만 교실에서 범하지 않는 논리적 오류를 실생활에서는 흔히 범하곤 한다. 예를 들어, 1960년대에 의사들은 모유가 분유에 비해 이점이 있다는 증거를 찾지 못하였다. 그러자 당시 의사들은 모유가 특별한 이점이 없다고 결론지었다. 그 결과, 많은 사람들이 대가를 치러야만 했다. 수십 년이 지난 후에, 유아기에 모유를 먹지 않은 사람들은 특정 암을 비롯하여 여러 가지 질병에 걸릴 위험성이 높다는 사실이 밝혀진 것이다. 이와 같이 우리는 '증거의 없음'을 '없음의 증거'로 오인하곤 한다.

① 다양한 물질의 전기 저항을 조사한 결과 전기 저항이 0인 경우는 없었다. 따라서 전기 저항이 0인 물질은 없다.

② 어떤 사람이 술과 담배를 즐겼지만 몸에 어떤 이상도 발견되지 않았다. 따라서 그 사람에게는 술과 담배가 무해하다.

③ 경찰은 어떤 피의자가 확실한 알리바이가 있다는 것을 확인했다. 따라서 그 피의자는 해당 범죄 현장에 있지 않았다.

④ 주변에서 빛을 내는 것을 조사해보니 열 발생이 동반되지 않는 것이 없었다. 그러므로 열을 내지 않는 발광체는 없다.

⑤ 현재까지 수많은 노력에도 불구하고 외계 지적 생명체는 발견되지 않았다. 그러므로 외계 지적 생명체는 존재하지 않는다.

다음 글의 내용과 부합하는 것은?

화랑도는 군사력 강화와 인재 양성을 위해 신라 진흥왕 대에 공식화되었다. 화랑도는 신라가 삼국을 통일하기까지 국가가 필요로 하는 많은 인재를 배출하였다. 화랑도 내에는 여러 무리가 있었는데 각 무리는 화랑 한 명과 자문 역할의 승려 한 명 그리고 진골 이하 평민에 이르는 천 명 가까운 낭도들로 이루어졌다. 화랑은 이 무리의 중심인물로 진골 귀족 가운데 낭도의 추대를 받아 선발되었다. 낭도들은 자발적으로 화랑도에 가입하였으며 연령은 대체로 15세에서 18세까지였다. 수련 기간 동안 무예는 물론 춤과 음악을 익혔고, 산천 유람을 통해 심신을 단련하였다. 수련 중인 낭도들은 유사시에 군사 작전에 동원되기도 하였고, 수련을 마친 낭도들은 정규 부대에 편입되어 정식 군인이 되었다.

화랑도는 불교의 미륵 신앙과 결부되어 있었다. 진골 출신만이 될 수 있었던 화랑은 도솔천에서 내려온 미륵으로 여겨졌고 그 집단 자체가 미륵을 숭상하는 무리로 일컬어졌다. 화랑 김유신이 거느린 무리를 당시 사람들은 '용화향도'라고 불렀다. 용화라는 이름은 미륵이 인간세계에 내려와 용화수 아래에서 설법을 한다는 말에서 유래했으며, 향도는 불교 신앙 단체를 가리키는 말이다.

화랑도가 크게 활동하던 시기는 골품제라는 신분제도가 확립되고 확산되어 가던 시기였는데 화랑도는 신분 계층 사회에서 발생하기 쉬운 알력이나 갈등을 조정하는 데도 부분적으로 기여하였다. 이는 화랑도가 여러 신분 계층으로 구성되어 있으면서도 그 집단 자체가 하나의 목적과 가치를 공유하여 구성원 상호 간의 결속이 긴밀하게 이루어졌기 때문이다.

① 평민도 화랑이 될 수 있었다.

② 화랑도의 본래 이름은 용화향도였다.

③ 미륵이라고 간주되는 화랑은 여러 명이 있었다.

④ 낭도는 화랑의 추천을 거쳐 화랑도에 가입하였다.

⑤ 화랑도는 신라의 신분제도를 해체하는 데 기여하였다.

금군이란 왕과 왕실 및 궁궐을 호위하는 임무를 띤 특수부대였다. 금군의 임무는 크게 국왕의 신변을 보호하는 시위 임무와 왕실 및 궁궐을 지키는 입직 임무로 나누어지는데, 시위의 경우 시립, 배종, 의장의 임무로 세분된다. 시립은 궁내의 행사 때 국왕의 곁에 서서 국왕의 신변을 보호하는 것이고, 배종은 어가가 움직일 때 호위하는 것이며, 의장은 왕이 참석하는 중요한 의식에서 병장기와 의복을 갖추고 격식대로 행동하는 것을 말한다.

조선 전기에 금군은 내금위, 겸사복, 우림위의 세 부대로 구성되었다. 이들 세 부대를 합하여 금군삼청이라 하였으며 왕의 친병으로 가장 좋은 대우를 받았다. 내금위는 1407년에 조직되었다. 190명의 인원으로 편성하였는데 왕의 가장 가까이에서 임무를 수행하였으므로 무예는 물론 왕의 신임이 중요한 선발 기준이었다. 이들은 주로 양반 자제들로 편성되었으며, 금군 중에서 가장 우대를 받았다. 1409년에는 50인으로 구성된 겸사복이 만들어졌는데, 금군 중 최고 정예 부대였다. 서얼과 양민에 이르기까지 두루 선발되었고 특별히 함경도, 평안도 지역 출신이 우대되었다. 겸사복은 기병이 중심이며 시립과 배종을 주로 담당하였다. 우림위는 1492년에 궁성 수비를 목적으로 서얼 출신 50인으로 편성되었다. 내금위와 겸사복의 다수가 변방으로 파견되자 이를 보충하기 위한 목적과 함께 서얼 출신의 관직 진출을 열어주기 위한 목적도 가지고 있었다. 이들은 겸사복이나 내금위보다는 낮은 대우를 받았다. 하지만 중앙군 소속의 갑사보다는 높은 대우를 받았다.

① 양민은 원칙상 금군이 될 수 없었다.
② 갑사는 금군보다 높은 대우를 받았다.
③ 우림위가 겸사복보다 먼저 만들어졌다.
④ 내금위 병사들의 무예가 가장 뛰어났다.
⑤ 어가 호위는 겸사복의 주요 임무 중 하나였다.

오늘날 대부분의 경제 정책은 경제의 규모를 확대하거나 좀 더 공평하게 배분하는 것을 도모한다. 하지만 뉴딜 시기 이전의 상당 기간 동안 미국의 경제 정책은 성장과 분배의 문제보다는 '자치(self-rule)에 가장 적절한 경제 정책은 무엇인가?'의 문제를 중시했다.

그 시기에 정치인 A와 B는 거대화된 자본 세력에 대해 서로 다르게 대응하였다. A는 거대 기업에 대항하기 위해 거대 정부로 맞서기보다 기업 담합과 독점을 무너뜨려 경제권력을 분산시키는 것을 대안으로 내세웠다. 그는 산업 민주주의를 옹호했는데 그 까닭은 그것이 노동자들의 소득을 증진시키기 때문이 아니라 자치에 적합한 시민의 역량을 증진시키기 때문이었다. 반면 B는 경제 분산화를 꾀하기보다 연방 정부의 역량을 증가시켜 독점자본을 통제하는 노선을 택했다. 그에 따르면, 민주주의가 성공하기 위해서는 거대 기업에 대응할 만한 전국 단위의 정치권력과 시민 정신이 필요하기 때문이었다. 이렇게 A와 B의 경제 정책에는 차이점이 있지만, 둘 다 경제 정책이 자치에 적합한 시민 도덕을 장려하는 경향을 지녀야 한다고 보았다는 점에서는 일치한다.

하지만 뉴딜 후반기에 시작된 성장과 분배 중심의 정치경제학은 시민 정신 중심의 정치경제학을 밀어내게 된다. 실제로 1930년대 대공황 이후 미국의 경제 회복은 시민의 자치 역량과 시민 도덕을 육성하는 경제 구조 개혁보다는 케인즈 경제학에 입각한 중앙정부의 지출 증가에서 시작되었다. 그에 따라 미국은 자치에 적합한 시민 도덕을 강조할 필요가 없는 경제 정책을 펼쳐나갔다. 또한 모든 가치에 대한 판단은 시민 도덕에 의지하는 것이 아니라 개인이 알아서 해야 하는 것이며 국가는 그 가치관에 중립적이어야만 공정한 것이라는 자유주의 철학이 우세하게 되었다. 모든 이들은 자신이 추구하는 가치와 상관없이 일정 정도의 복지 혜택을 받을 권리를 가지게 되었다. 하지만 공정하게 분배될 복지 자원을 만들기 위해 경제 규모는 확장되어야 했으며, 정부는 거대화된 경제권력들이 망하지 않도록 국민의 세금을 투입하여 관리하기 시작했다. 그리고 시민들은 자치하는 자, 즉 스스로 통치하는 자가 되기보다 공정한 분배를 받는 수혜자로 전락하게 되었다.

① A는 시민의 소득 증진을 위하여 경제권력을 분산시키는 방식을 택하였다.
② B는 거대 기업을 규제할 수 있는 전국 단위의 정치권력이 필요하다는 입장이다.
③ A와 B는 시민 자치 증진에 적합한 경제 정책이 필요하다는 입장이다.
④ A와 B의 정치경제학은 모두 1930년대 미국의 경제 위기 해결에 주도적 역할을 하지 못하였다.
⑤ 케인즈 경제학에 기초한 정책은 시민의 자치 역량을 육성하기 위한 경제 구조 개혁 정책이 아니었다.

뇌의 특정 부위에 활동이 증가하면 산소를 수송하는 헤모글로빈의 비율이 그 부위에 증가한다. 헤모글로빈이 많이 공급된 부위는 주변에 비해 높은 자기 신호 강도를 갖는다. 우리는 피실험자가 지각, 운동, 언어, 기억, 정서 등 다양한 수행 과제에 관여하는 때와 그렇지 않을 때의 두뇌 각 부위의 자기 신호 강도를 비교 측정함으로써, 각 수행 과제를 관장하는 두뇌 영역을 추정할 수 있다. 이 방법을 '기능자기공명영상법' 즉 'fMRI'라 한다. 이 영상법을 이해하는 데 중요한 논리 중에 하나는 ㉠ 차감법이다. 피실험자가 과제 P를 수행할 때 두뇌의 자기 신호 강도 양상을 X라고 하자. 그 피실험자가 다른 사정이 같고 과제 P를 수행하지 않을 때 두뇌의 자기 신호 강도 양상을 Y라고 하자. 여기서 과제 P를 수행하지 않는다는 말, 예컨대 오른손으로 도구를 사용하는 과제를 수행하지 않는다는 말은 도구를 사용하지 않을 뿐만 아니라 오른손도 움직이지 않는다는 뜻이다. 이제 수행 과제 P를 관장하는 두뇌 영역을 알고 싶다면 우리는 양상 X에서 양상 Y를 차감하면 될 것이다.

〈보 기〉

피실험자가 누워 아무 동작도 하지 않는 상태를 '알파'라고 하자. 그가 알파 상태에 있을 때 두뇌의 자기 신호 강도 양상은 A이다. 그가 알파 상태에서 벗어나 단순히 왼손만을 움직일 때 두뇌의 자기 신호 강도 양상은 B이다. 그가 알파 상태에서 벗어나 단순히 오른손만 움직일 때 두뇌의 자기 신호 강도 양상은 C이다. 그가 알파 상태에서 벗어나 왼손으로 도구를 사용하는 것만 할 때 두뇌의 자기 신호 강도 양상은 D이다.

① 피실험자가 손으로 도구를 사용하지도 않고 단순한 손동작도 하지 않을 때 두뇌의 자기 신호 강도는 0이다.
② 왼손의 단순한 움직임을 관장하는 두뇌 영역을 알고 싶다면 양상 C에서 양상 B를 차감하면 된다.
③ 오른손의 단순한 움직임을 관장하는 두뇌 영역을 알고 싶다면 양상 C에서 양상 A를 차감하면 된다.
④ 왼손으로 도구를 사용하는 과제를 관장하는 두뇌 영역을 알고 싶다면 양상 D에서 양상 B를 차감하면 된다.
⑤ 도구를 사용하는 과제를 관장하는 두뇌 영역을 알고 싶다면 양상 C에서 양상 D를 차감하면 된다.

디지털 이미지는 사용자가 가장 손쉽게 정보를 전달할 수 있는 멀티미디어 객체이다. 일반적으로 디지털 이미지는 화소에 의해 정보가 표현되는데, M×N 개의 화소로 이루어져 있다. 여기서 M과 N은 가로와 세로의 화소 수를 의미하며, M 곱하기 N을 한 값을 해상도라 한다.

무선 네트워크와 모바일 기기의 사용이 보편화되면서 다양한 스마트 기기의 보급이 진행되고 있다. 스마트 기기는 그 사용 목적이나 제조 방식, 가격 등의 요인에 의해 각각의 화면 표시 장치들이 서로 다른 해상도와 화면 비율을 가진다. 이에 대응하여 동일한 이미지를 다양한 화면 표시 장치 환경에 맞출 필요성이 발생했다. 하나의 멀티미디어의 객체를 텔레비전용, 영화용, 모바일 기기용 등 표준적인 화면 표시 장치에 맞추어 각기 독립적인 이미지 소스로 따로 제공하는 것이 아니라, 하나의 이미지 소스를 다양한 화면 표시 장치에 맞도록 적절히 변환하는 기술을 요구하고 있다.

이러한 변환 기술을 '이미지 리타겟팅'이라고 한다. 이는 A×B의 이미지를 C×D 화면에 맞추기 위해 해상도와 화면 비율을 조절하거나 이미지의 일부를 잘라내는 방법 등으로 이미지를 수정하는 것이다. 이러한 수정에서 입력 이미지에 있는 콘텐츠 중 주요 콘텐츠는 그대로 유지되어야 한다. 즉 리타겟팅 처리 후에도 원래 이미지의 중요한 부분을 그대로 유지하면서 동시에 왜곡을 최소화하는 형태로 주어진 화면에 맞게 이미지를 변형하여야 한다. 이러한 조건을 만족하기 위해 ㉠ 다양한 접근이 일어나고 있는데, 이미지의 주요한 콘텐츠 및 구조를 분석하는 방법과 분석된 주요 사항을 바탕으로 어떤 식으로 이미지 해상도를 조절하느냐가 주요 연구 방향이다.

① 광고 사진에서 화면 전반에 걸쳐 흩어져 있는 콘텐츠를 무작위로 추출하여 화면을 재구성하는 방법
② 풍경 사진에서 전체 풍경에 대한 구도를 추출하고 구도가 그대로 유지될 수 있도록 해상도를 조절하는 방법
③ 인물 사진에서 얼굴 추출 기법을 사용하여 인물의 주요 부분을 왜곡하지 않고 필요 없는 부분을 잘라내는 방법
④ 정물 사진에서 대상물의 영역은 그대로 두고 배경 영역에 대해서는 왜곡을 최소로 하며 이미지를 축소하는 방법
⑤ 상품 사진에서 상품을 충분히 인지할 수 있을 정도의 범위 내에서 가로와 세로의 비율을 화면에 맞게 조절하는 방법

유럽 국가들은 대부분 가장 먼저 철도를 개통한 영국의 규격을 채택하여 철로의 간격을 1.435m로 하였다. 이러한 이유로 영국의 철로는 '표준궤'로 불렸다. 하지만 일부 국가들은 전시에 주변 국가들이 철도를 이용해 침입할 것을 우려하여 궤간을 다르게 하였다. 또한 열차 속력과 운송량, 건설 비용 등을 고려하여 궤간을 조정하였다.

일본은 첫 해외 식민지였던 타이완에서는 자국의 철도와 같이 협궤(狹軌)를 설치하였으나 조선의 철도는 대륙 철도와의 연결을 고려하여 표준궤로 하고자 하였다. 청일전쟁 이후 러시아의 영향력이 강해져 조선의 철도 궤간으로 광궤(廣軌)를 채택할 것인지 아니면 표준궤를 채택할 것인지를 두고 러시아와 대립하기도 했지만 결국 일본은 표준궤를 강행하였다.

서구 열강이 중국에 건설한 철도는 기본적으로 표준궤였다. 하지만 만주 지역에 건설된 철도 중 러시아가 건설한 구간은 1.524m의 광궤였다. 러일전쟁 과정에서 일본은 자국의 열차를 그대로 사용하기 위해 러시아가 건설한 그 철도 구간을 협궤로 개조하는 작업을 시작했다. 그러다가 러일전쟁 이후 포츠머스 조약으로 일본이 러시아로부터 그 구간의 철도를 얻게 되자 표준궤로 개편하였다.

1911년 압록강 철교가 준공되자 표준궤를 채택한 조선 철도는 만주의 철도와 바로 연결이 가능해졌다. 1912년 일본 신바시에서 출발해 시모노세키—부산 항로를 건너 조선의 경부선과 경의선을 따라 압록강 대교를 통과해 만주까지 이어지는 철도 수송 체계가 구축되었다.

① 러일전쟁 당시 일본 국내의 철도는 표준궤였다.
② 부산에서 만주까지를 잇는 철도는 광궤로 구축되었다.
③ 러일전쟁 이전 만주 지역의 철도는 모두 광궤로 건설되었다.
④ 청일전쟁 이후 러시아는 조선의 철도를 광궤로 할 것을 주장하였다.
⑤ 영국의 표준궤는 유럽 국가들이 철도를 건설하는 데 경제적 부담을 줄여 주었다.

한국 사회의 근대화 과정은 급속한 산업화와 도시화라는 특징을 가진다. 1960년대 이후 급속한 근대화에 따라 전통적인 농촌 공동체를 떠나 도시로 이주하는 사람들이 급격하게 증가하였으며, 이로 인해 전통적인 사회구조가 해체되었다. 이 과정에서 직계가족이 가치판단의 중심이 되는 가족주의가 강조되었다. 이는 전통적 공동체가 힘을 잃은 상황에서 가족이 매우 중요한 역할을 담당했기 때문이다. 국가의 복지가 부실한 상황에서 가족은 노동력의 재생산 비용을 담당했다.

가족은 물질적 생존의 측면뿐만 아니라 정서적 생존을 위해서도 중요한 보호막으로 기능했다. 말하자면, 전통적 사회구조가 약화되면서 나타나는 사회적 긴장과 불안을 해소하는 역할을 해 왔다는 것이다. 서구 사회의 근대화 과정에서는 개인의 자율적 판단과 선택을 강조하는 개인주의 윤리나 문화가 그러한 사회적 긴장과 불안을 해소하는 역할을 담당했다. 하지만 한국 사회의 경우 근대화가 급속하게 압축적으로 이루어졌기 때문에 서구 사회와 같은 근대적 개인주의 문화가 제대로 정착하지 못했다. 그래서 한국 사회에서는 가족주의 문화가 근대화 과정의 긴장과 불안을 해소하는 역할을 담당하게 되었다.

한편, 전통적 공동체 문화는 학연과 지연을 매개로 하여 유사가족주의 형태로 나타났다. 1960년대 이후 농촌을 떠나온 사람들이 도시에서 만든 계나 동창회와 같은 것들이 유사가족주의의 단적인 사례이다.

① 근대화 과정을 거치면서 한국 사회에서는 가족주의가 강조되었다.
② 한국의 근대화 과정에서 전통적 공동체 문화는 유사가족주의로 변형되기도 했다.
③ 근대화 과정에서 한국의 가족주의 문화와 서구의 개인주의 문화는 유사한 역할을 수행했다.
④ 한국의 근대화 과정에서 서구의 개인주의 문화가 정착하지 못한 것은 가족주의 문화 때문이었다.
⑤ 한국의 근대화 과정에서 가족주의 문화는 급속한 산업화가 야기한 불안과 긴장을 해소하는 기제로 작용했다.

대부분의 컴퓨터 게임 프로그램은 컴퓨터의 무작위적 행동을 필요로 한다. 이것은 말처럼 그렇게 쉬운 일이 아니다. 모든 컴퓨터는 주어진 규칙과 공식에 따라 결과를 산출하도록 만들어질 수밖에 없기 때문이다.

비록 현재의 컴퓨터는 완전히 무작위적으로 수들을 골라내지는 못하지만, 무작위적인 것처럼 보이는 수들을 산출하는 수학 공식 프로그램을 내장하고 있다. 즉, 일련의 정확한 계산 결과로 만든 것이지만, 무작위적인 것처럼 보이는 수열을 만들어 낸다. 그러한 일련의 수들을 만들어 내는 방법은 수백 가지이지만, 모두 처음에 시작할 시작수의 입력이 필수적이다. 이 시작수는 사용자가 직접 입력할 수도 있고, 컴퓨터에 내장된 시계에서 얻을 수도 있다. 예컨대 자판을 두드리는 순간 측정된 초의 수치를 시작수로 삼는 것이다.

문제는 이렇게 만들어 낸 수열이 얼마나 완전히 무작위적인 수열에 가까운가이다. 완전히 무작위적인 수열이 되기 위해서는 다음의 두 가지 기준을 모두 통과해야 한다. 첫째, 모든 수가 다른 수들과 거의 같은 횟수만큼 나와야 한다. 둘째, 그 수열은 인간의 능력으로 예측이 가능한 어떤 패턴도 나타내지 않아야 한다. 수열 1, 2, 3, 4, 5, 6, 7, 8, 9, 0은 첫 번째 조건은 통과하지만, 두 번째 조건은 통과하지 못한다. 수열 5, 8, 3, 1, 4, 5, 9, 4, 3, 7, 0은 얼핏 두 번째 조건을 통과하는 것처럼 보이지만 그렇지 않다. 곰곰이 생각해 보면 0 다음의 수가 무엇이 될 것인지를 예측할 수 있기 때문이다. (앞의 두 수를 합한 값의 일의 자리 수를 생각해 보라.) 현재의 컴퓨터가 내놓는 수열들이 이 두 가지 기준 모두를 통과하는 것은 아니다. 즉, 완전히 무작위적인 수열을 아직 만들어 내지 못하고 있는 것이다. 그리고 컴퓨터의 작동 원리를 생각하면, 이는 앞으로도 불가능할 수밖에 없다.

① 인간은 완전히 무작위적인 규칙과 공식들을 컴퓨터에 입력할 수 있다.

② 완전히 무작위적인 수열이라면 같은 수가 5번 이상 연속으로 나올 수 없다.

③ 사용자가 시작수를 직접 입력하지 않았다면 컴퓨터는 어떤 수열도 만들어 낼 수 없다.

④ 컴퓨터가 만들어 내는 수열 중에는 인간의 능력으로 예측하기 어려운 것처럼 보이는 경우도 있다.

⑤ 어떤 수열의 패턴이 인간의 능력으로 예측 가능하다면 그 수열에는 모든 수가 거의 같은 횟수만큼 나올 수밖에 없다.

수학을 이해하기 위해서는 연역적인 공리적 증명 방법에 대해 정확히 이해할 필요가 있다. 우리는 2보다 큰 짝수들을 원하는 만큼 많이 조사하여 각각이 두 소수(素數)의 합이라는 것을 알아낼 수 있다. 그러나 이러한 과정을 통해 얻은 결과를 '수학적 정리'라고 말할 수 없다. 이와 비슷하게, 한 과학자가 다양한 크기와 모양을 가진 1,000개의 삼각형의 각을 측정하여, 측정 도구의 정확도 범위 안에서 그 각의 합이 180도라는 것을 알아냈다고 가정하자. 이 과학자는 임의의 삼각형의 세 각의 합이 180도가 확실하다고 결론 내릴 것이다. 그러나 이러한 측정의 결과는 근삿값일 뿐이라는 문제와, 측정되지 않은 어떤 삼각형에서는 현저하게 다른 결과가 나타날지도 모른다는 의문이 남는다. 이러한 과학자의 증명은 수학적으로 받아들일 수 없다. 반면에, 수학자들은 모두 의심할 수 없는 공리들로부터 시작한다. 두 점을 잇는 직선을 하나만 그을 수 있다는 것을 누가 의심할 수 있는가? 이와 같이 의심할 수 없는 공리들을 참이라고 받아들이면, 이로부터 연역적 증명을 통해 나오는 임의의 삼각형의 세 각의 합이 180도라는 것이 참이라는 것을 받아들여야만 한다. 이런 식으로 증명된 결론을 수학적 정리라고 한다.

─────── 〈보 기〉 ───────

ㄱ. 연역적으로 증명된 것은 모두 수학적 정리이다.

ㄴ. 연역적으로 증명된 수학적 정리를 거부하려면, 공리 역시 거부해야 한다.

ㄷ. 어떤 삼각형의 세 각의 합이 오차 없이 측정되었다면, 그 결과는 수학적 정리로 받아들일 수 있다.

① ㄱ

② ㄴ

③ ㄱ, ㄷ

④ ㄴ, ㄷ

⑤ ㄱ, ㄴ, ㄷ

골란드는 자신의 가설을 검증하기 위해서 20가구가 소유한 488곳의 밭에서 나온 연간 작물 수확량을 수십 년 동안 조사했다. 그는 수십 년간 각 밭들의 1m²당 연간 수확량 자료를 축적했다. 이 방대한 자료를 토대로 그는 한 가구가 경작할 전체 면적은 매년 동일하지만, 경작할 밭들을 한 곳에 모아 놓았을 경우와 여러 곳으로 분산시켰을 경우에, 그 가구의 총 수확량이 어떻게 달라질지 계산해 보았다. 그 가구가 경작할 밭들이 여러 곳으로 따로 떨어져 있을수록 경작 및 추수 노동이 많이 들기 때문에, 단위면적당 연간 수확량의 수십 년간 평균은 낮아졌다.

골란드가 Q라고 명명한 3인 가구를 예로 들어 보자. Q가 경작할 밭의 총면적을 감안하여, Q가 당해에 기아를 피하려면 1m²당 연간 334g 이상의 감자를 수확해야 했다. 그들이 한 구역에 몰려 있는 밭들에 감자를 심었다고 가정할 경우, 1m²당 연간 수확량의 수십 년 평균은 상당히 높게 나왔다. 하지만 이와 같은 방식으로 경작할 경우, 1m²당 연간 수확량이 334g 미만으로 떨어진 해들이 자료가 수집된 전체 기간 중 1/3이 넘는 것으로 계산되었다. 어떤 해는 풍작으로 많이 수확하지만 어떤 해는 흉작으로 1m²당 연간 수확량이 334g 미만으로 떨어진다는 말이다. 총면적은 동일하게 유지하면서 6군데로 분산된 밭들에서 경작했을 때도 기아의 위험에서 완전히 자유롭지 않았다. 하지만 7군데 이상으로 분산했을 때 수확량은 매년 1m²당 연간 371g 이상이었다. 골란드는 구성원이 Q와 다른 가구들의 경우에도 같은 방식으로 추산해 보았다. 경작할 밭들을 몇 군데로 분산시켜야 기아를 피할 최소 수확량이 보장되는지에 대해서는 가구마다 다른 값들이 나왔지만, 연간 수확량들의 패턴은 Q의 경우와 크게 다르지 않았다. 이로써 골란드는 ⊙ 자신의 가설이 통계 자료들에 의해 뒷받침된다는 것을 보일 수 있었다.

① 넓은 면적을 경작하는 것은 기아의 위험에서 벗어나는 데 도움이 되지 못한다.

② 경작하는 밭들을 일정 군데 이상으로 분산시킨다면 기아의 위험을 피할 수 있다.

③ 경작할 밭들을 몇 군데로 분산시켜야 단위면적당 연간 수확량이 최대가 되는지는 가구마다 다르다.

④ 경작하는 밭들을 여러 군데로 분산시킬수록 단위면적당 연간 수확량의 평균이 증가하여 기아의 위험이 감소한다.

⑤ 경작하는 밭들을 여러 군데로 분산시킬수록 단위면적당 연간 수확량의 최댓값은 증가하여 기아의 위험이 감소한다.

공직의 기강은 상령하행(上令下行)만을 일컫는 것이 아니다. 법으로 규정된 직분을 지켜 위에서 명령하고 아래에서 따르되, 그 명령이 공공성에 기반한 국가 법제를 벗어나지 않았을 때 기강은 바로 설 수 있다. 만약 명령이 법 바깥의 사적인 것인데 그것을 수행한다면 이는 상령하행의 원칙을 잘못 이해한 것이다. 무릇 고위의 상급자라 하더라도 그가 한 개인으로서 하급자를 반드시 복종하게 할 권위가 있는 것은 아니다. 권위는 오직 그 명령이 국가의 법제를 충실히 따랐을 때 비로소 갖춰지는 것이다.

조선 시대에는 6조의 수장인 판서가 공적인 절차와 내용에 따라 무엇을 행하라 명령하는데 아랫사람이 시행하지 않으면 사안의 대소에 관계없이 아랫사람을 파직하였다. 그러나 판서가 공적인 절차를 벗어나 법 외로 사적인 명령을 내리면 비록 미관말직이라 해도 이를 따르지 않는 것이 올바른 것으로 인정되었다. 이처럼 공적인 것에 반드시 복종하는 것이 기강이요, 사적인 것에 복종하지 않는 것도 기강이다. 만약 세력에 압도되고 이욕에 이끌려, 부당하게 직무의 분한(分限)을 넘나들며 간섭하고 간섭받게 된다면 공적인 지휘 체계는 혼란에 빠지고 기강은 무너질 것이다. 그러므로 기강을 확립할 때, 그 근간이 되는 상령하행과 공적 직분의 엄수는 둘이 아니라 하나이다. 공직의 기강은 곧 국가의 동맥이니, 이 맥이 찰나라도 끊어지면 어떤 지경에 이를 것인가? 공직자들은 깊이 생각해 보아야 할 것이다.

〈보 기〉

ㄱ. 상급자의 직위가 높아야만 명령의 권위가 갖춰진다.

ㄴ. 조선 시대에는 상령하행이 제대로 준수되지 않았다.

ㄷ. 하급자가 상급자의 명령을 언제나 수행해야 하는 것은 아니다.

① ㄱ

② ㄷ

③ ㄱ, ㄴ

④ ㄴ, ㄷ

⑤ ㄱ, ㄴ, ㄷ

테레민이라는 악기는 손을 대지 않고 연주하는 악기이다. 이 악기를 연주하기 위해 연주자는 허리 높이쯤에 위치한 상자 앞에 선다. 연주자의 오른손은 상자에 수직으로 세워진 안테나 주위에서 움직인다. 오른손의 엄지와 집게손가락으로 고리를 만들고 손을 흔들면서 나머지 손가락을 하나씩 펴면 안테나에 손이 닿지 않고서도 음이 들린다. 이때 들리는 음은 피아노 건반을 눌렀을 때 나는 것처럼 정해진 음이 아니고 현악기를 연주하는 것과 같은 연속음이며, 소리는 손과 손가락의 움직임에 따라 변한다. 왼손은 손가락을 펼친 채로 상자에서 수평으로 뻗은 안테나 위에서 서서히 오르내리면서 소리를 조절한다.

오른손으로는 수직 안테나와의 거리에 따라 음고(音高)를 조절하고 왼손으로는 수평 안테나와의 거리에 따라 음량을 조절한다. 따라서 오른손과 수직 안테나는 음고를 조절하는 회로에 속하고 왼손과 수평 안테나는 음량을 조절하는 또 다른 회로에 속한다. 이 두 회로가 하나로 합쳐지면서 두 손의 움직임에 따라 음고와 음량을 변화시킬 수 있다.

어떻게 테레민에서 다른 음고의 음이 발생되는지 알아보자. 음고를 조절하는 회로는 가청주파수 범위 바깥의 주파수를 갖는 서로 다른 두 개의 음파를 발생시킨다. 이 두 개의 음파 사이에 존재하는 주파수의 차이값에 의해 가청주파수를 갖는 새로운 진동이 발생하는데 그것으로 소리를 만든다. 가청주파수 범위 바깥의 주파수 중 하나는 고정된 주파수를 갖고 다른 하나는 연주자의 손 움직임에 따라 주파수가 바뀐다. 이렇게 발생한 주파수의 변화에 의해 진동이 발생되고 이 진동의 주파수는 가청주파수 범위 내에 있기 때문에 그 진동을 증폭시켜 스피커로 보내면 소리가 들린다.

① 수직 안테나에 손이 닿으면 소리가 발생하는 원리
② 왼손의 손가락의 모양에 따라 음고가 바뀌는 원리
③ 수평 안테나와 왼손 사이의 거리에 따라 음량이 조절되는 원리
④ 음고를 조절하는 회로에서 가청주파수의 진동이 발생하는 원리
⑤ 오른손 손가락으로 가상의 피아노 건반을 눌러 음량을 변경하는 원리

조선이 임진왜란 중 필사적으로 보존하고자 한 서적은 바로 조선왕조실록이다. 실록은 원래 서울의 춘추관과 성주·충주·전주 4곳의 사고(史庫)에 보관되었으나, 임진왜란 이후 전주 사고의 실록만 온전한 상태였다. 전란이 끝난 후 단 1벌 남은 실록을 다시 여러 벌 등서하자는 주장이 제기되었다. 우여곡절 끝에 실록 인쇄가 끝난 것은 1606년이었다. 재인쇄 작업의 결과 원본을 포함해 모두 5벌의 실록을 갖추게 되었다. 원본은 강화도 마니산에 봉안하고 나머지 4벌은 서울의 춘추관과 평안도 묘향산, 강원도의 태백산과 오대산에 봉안했다.

이 5벌 중에서 서울 춘추관의 것은 1624년 이괄의 난 때 불에 타 없어졌고, 묘향산의 것은 1633년 후금과의 관계가 악화되자 전라도 무주의 적상산에 사고를 새로 지어 옮겼다. 강화도 마니산의 것은 1636년 병자호란 때 청군에 의해 일부 훼손되었던 것을 현종 때 보수하여 숙종 때 강화도 정족산에 다시 봉안했다. 결국 내란과 외적 침입으로 인해 5곳 가운데 1곳의 실록은 소실되었고, 1곳의 실록은 장소를 옮겼으며, 1곳의 실록은 손상을 입었던 것이다.

정족산, 태백산, 적상산, 오대산 4곳의 실록은 그 후 안전하게 지켜졌다. 그러나 일본이 다시 여기에 손을 대었다. 1910년 조선 강점 이후 일제는 정족산과 태백산에 있던 실록을 조선총독부로 이관하고 적상산의 실록은 구황궁 장서각으로 옮겼으며 오대산의 실록은 일본 동경제국대학으로 반출했다. 일본으로 반출한 것은 1923년 관동대지진 때 거의 소실되었다. 정족산과 태백산의 실록은 1930년에 경성제국대학으로 옮겨져 지금까지 서울대학교에 보존되어 있다. 한편 장서각의 실록은 6·25전쟁 때 북으로 옮겨져 현재 김일성종합대학에 소장되어 있다.

① 재인쇄하였던 실록은 모두 5벌이다.
② 태백산에 보관하였던 실록은 현재 일본에 있다.
③ 현재 한반도에 남아 있는 실록은 모두 4벌이다.
④ 적상산에 보관하였던 실록은 일부가 훼손되었다.
⑤ 현존하는 가장 오래된 실록은 서울대학교에 있다.

다음 글의 내용과 상충하는 것만을 〈보기〉에서 모두 고르면?

15 민간(인) 11번

벼슬에 나아감과 물러남의 도리에 밝은 옛 군자는 조금이라도 관직에 책임을 다하지 못하거나 의리의 기준으로 보아 직책을 더 이상 수행할 수 없을 경우, 반드시 몸을 이끌고 급히 물러났습니다. 그들도 임금을 사랑하는 정(情)이 있기에 차마 물러나기 어려웠을 터이나, 정 때문에 주저하여 자신이 물러나야 할 때를 놓치지는 않았으니, 이는 정보다는 의리를 지키지 않을 수 없었기 때문입니다.

임금과 어버이는 일체이므로 모두 죽음으로 섬겨야 할 대상입니다. 그러나 부자관계는 천륜이어서 자식이 어버이를 봉양하는 데 한계가 없지만, 군신관계는 의리로 합쳐진 것이라, 신하가 임금을 받드는 데 한계가 있습니다. 한계가 없는 경우에는 은혜가 항상 의리에 우선하므로 관계를 떠날 수 없지만, 한계가 있는 경우에는 때때로 의리가 은혜보다 앞서기도 하므로 떠날 수 있는 상황이 생기는 것입니다. 의리의 문제는 사람과 때에 따라 같지 않습니다. 여러 공들의 경우는 벼슬에 나가는 것이 의리가 되지만 나에게 여러 공들처럼 하도록 요구해서는 안 되며, 내 경우는 물러나는 것이 의리가 되니 여러 공들에게 나처럼 하도록 바라서도 안 됩니다.

─〈보 기〉─

ㄱ. 부자관계에서는 은혜가 의리보다 중요하다.
ㄴ. 군신관계에서 의리가 은혜에 항상 우선하는 것은 아니다.
ㄷ. 군신관계에서 신하들이 임금에 대해 의리를 실천하는 방식은 누구에게나 동일하다.

① ㄱ
② ㄷ
③ ㄱ, ㄴ
④ ㄴ, ㄷ
⑤ ㄱ, ㄴ, ㄷ

다음 글의 내용과 부합하지 않는 것은?

15 민간(인) 12번

고대 철학자인 피타고라스는 현이 하나 달린 음향 측정 기구인 일현금을 사용하여 음정 간격과 수치 비율이 대응하는 원리를 발견하였다. 이를 바탕으로 피타고라스는 모든 것이 숫자 또는 비율에 의해 표현될 수 있다고 주장하였다.

그를 신봉한 피타고라스주의자들은 수와 기하학의 규칙이 무질서하게 보이는 자연과 불가해한 가변성의 세계에 질서를 부여한다고 믿었다. 즉 피타고라스주의자들은 자연의 온갖 변화는 조화로운 규칙으로 환원될 수 있다고 믿었다. 이는 피타고라스주의자들이 물리적 세계가 수학적 용어로 분석될 수 있다는 현대 수학자들의 사고에 단초를 제공한 것이라고 할 수 있다.

그러나 피타고라스주의자들은 현대 수학자들과는 달리 수에 상징적이고 심지어 신비적인 의미를 부여했다. 피타고라스주의자들은 '기회', '정의', '결혼'과 같은 추상적인 개념을 특정한 수의 가상적 특징, 즉 특정한 수에 깃들어 있으리라고 추정되는 특징과 연계시켰다. 또한 이들은 여러 물질적 대상에 수를 대응시켰다. 예를 들면 고양이를 그릴 때 다른 동물과 구별되는 고양이의 뚜렷한 특징을 드러내려면 특정한 개수의 점이 필요했다. 이때 점의 개수는 곧 고양이를 가리키는 수가 된다. 이것은 세계에 대한 일종의 원자적 관점과도 관련된다. 이 관점에서는 단위(unity), 즉 숫자 1은 공간상의 한 물리적 점으로 간주되기 때문에 물리적 대상들은 수 형태인 단위 점들로 나타낼 수 있다. 이처럼 피타고라스주의자들은 수를 실재라고 여겼는데 여기서 수는 실재와 무관한 수가 아니라 실재를 구성하는 수를 가리킨다.

피타고라스의 사상이 수의 실재성이라는 신비주의적이고 형이상학적인 관념에 기반하고 있다는 점은 틀림없다. 그럼에도 불구하고 피타고라스주의자들은 자연을 이해하는 데 있어 수학이 중요하다는 점을 알아차린 최초의 사상가들임이 분명하다.

① 피타고라스는 음정 간격을 수치 비율로 나타낼 수 있다는 것을 발견하였다.
② 피타고라스주의자들은 자연을 이해하는 데 있어 수학의 중요성을 인식하였다.
③ 피타고라스주의자들은 물질적 대상뿐만 아니라 추상적 개념 또한 수와 연관시켰다.
④ 피타고라스주의자들은 물리적 대상을 원자적 관점에서 실재와 무관한 단위 점으로 나타낼 수 있다고 믿었다.
⑤ 피타고라스주의자들은 수와 기하학적 규칙을 통해 자연의 변화를 조화로운 규칙으로 환원할 수 있다고 믿었다.

다음 글에서 추론할 수 있는 것만을 〈보기〉에서 모두 고르면?

15 민간(인) 20번

의학이나 공학, 혹은 과학에서는 다양한 검사법을 사용한다. 가령, 의학에서 사용되는 HIV 감염 여부에 대한 진단은 HIV 항체 검사법에 크게 의존한다. 흔히 항체 검사법의 결과는 양성 반응과 음성 반응으로 나뉜다. HIV 양성 반응이라는 것은 HIV에 감염되었다는 검사 결과가 나왔다는 것을 말하며, HIV 음성 반응이라는 것은 HIV에 감염되지 않았다는 검사 결과가 나왔다는 것을 말한다.

이런 검사법의 품질은 어떻게 평가되는가? 가장 좋은 검사법은 HIV에 감염되었을 때는 언제나 양성 반응이 나오고, HIV에 감염되지 않았을 때는 언제나 음성 반응이 나오는 것이라고 할 수 있다. 하지만 여러 기술적 한계 때문에 그런 검사법을 만들기는 쉽지 않다. 많은 검사법은 HIV에 감염되었다고 하더라도 음성 반응이 나올 가능성, HIV에 감염되지 않아도 양성 반응이 나올 가능성을 가지고 있다. 이 두 가지 가능성이 높은 검사법은 좋은 검사법이라고 말할 수 없을 것이다.

반면 HIV에 감염되었을 때 양성 반응이 나올 확률과 HIV에 감염되지 않았을 때 음성 반응이 나올 확률이 매우 높은 검사법은 비교적 좋은 품질을 가지고 있다고 말할 수 있다. 통계학자들은 전자에 해당하는 확률을 '민감도'라고 부르며, 후자에 해당하는 확률을 '특이도'라고 부른다. 민감도는 '참 양성 비율'이라고 불리기도 하며, 이는 실제로 감염된 사람들 중 양성 반응을 보인 사람들의 비율이다. 마찬가지로 특이도는 '참 음성 비율'이라고 불리기도 하며, 이는 실제로는 감염되지 않은 사람들 중 음성 반응을 보인 사람들의 비율로 정의된다. 물론 '거짓 양성 비율'은 실제로 병에 걸리지 않은 사람들 중 양성 반응을 보인 사람들의 비율을 뜻하며, '거짓 음성 비율'은 실제로 병에 걸린 사람들 중 음성 반응을 보인 사람들의 비율을 가리킨다.

─────────〈보 기〉─────────

ㄱ. 어떤 검사법의 민감도가 높을수록 그 검사법의 특이도도 높다.

ㄴ. 어떤 검사법의 특이도가 100%라면 그 검사법의 거짓 양성 비율은 0%이다.

ㄷ. 민감도가 100%인 HIV 항체 검사법을 이용해 어떤 사람을 검사한 결과 양성 반응이 나왔다면 그 사람이 HIV에 감염되었을 확률은 100%이다.

① ㄱ

② ㄴ

③ ㄷ

④ ㄱ, ㄴ

⑤ ㄴ, ㄷ

다음 글의 내용과 부합하지 않는 것은?

15 민간(인) 21번

정보화로 인해 폭발적으로 늘어난 큰 규모의 정보를 활용하는 빅데이터 분석이 샘플링과 설문조사 전문가들의 작업을 대체하고 있다. 이제 연구에 필요한 정보는 사람들이 평소대로 행동하는 동안 자동적으로 수집된다. 그 결과 샘플링과 설문지 사용에서 기인하는 편향이 사라졌다. 또한 휴대전화 통화정보로 드러나는 인맥이나 트위터를 통해 알 수 있는 사람들의 정서처럼 전에는 수집이 불가능했던 정보의 수집이 가능해졌다. 그리고 가장 중요한 점은 샘플을 추출해야 할 필요성이 사라졌다는 사실이다.

네트워크 이론에 관한 세계적인 권위자 바라바시는 전체 인구의 규모에서 사람들 간의 소통을 연구하고 싶었다. 그래서 유럽의 한 국가 전체 인구의 1/5을 고객으로 하고 있는 무선통신 사업자로부터 4개월 치의 휴대전화 통화내역을 제공받아 네트워크 분석을 행하였다. 그렇게 큰 규모로 통화기록을 분석하자 다른 방식으로는 결코 밝혀낼 수 없었을 사실을 알아냈다.

흥미롭게도 그가 발견한 사실은 더 작은 규모의 연구 결과들과 상반된 것이었다. 그는 한 커뮤니티 내에서 링크를 많이 가진 사람을 네트워크로부터 제거하면 네트워크의 질은 저하되지만, 기능이 상실되는 수준은 아님을 발견하였다. 반면 커뮤니티 외부와 링크를 많이 가진 사람을 네트워크에서 제거하면 갑자기 네트워크가 와해되어 버렸다. 구조가 허물어지는 것처럼 말이다. 이것은 기존 연구를 통해서는 예상할 수 없었던 중요한 결과였다. 네트워크 구조의 안정성이라는 측면에서 봤을 때, 친한 친구를 많이 가진 사람보다 친하지 않은 사람들과 연락을 많이 하는 사람이 훨씬 더 중요할거라고 누가 생각이나 해보았겠는가? 이것은 사회나 그룹 내에서 중요한 것이 동질성보다는 다양성일 수 있다는 점을 시사한다.

사실 기존의 통계학적 샘플링은 만들어진 지 채 100년도 되지 않는 통계 기법으로서 기술적 제약이 있던 시대에 개발된 것이다. 이제 더 이상 그런 제약들은 그때와 같은 정도로 존재하지는 않는다. 빅데이터 시대에 무작위 샘플을 찾는 것은 자동차 시대에 말채찍을 드는 것과 같다. 특정한 경우에는 여전히 샘플링을 사용할 수 있겠지만 더 이상 샘플링이 사회현상 분석의 주된 방법일 수는 없다. 우리는 이제 샘플이 아닌 전체를 분석할 수 있게 되었기 때문이다.

① 빅데이터 분석이 설문조사 전문가들의 작업을 대체하고 있다.

② 샘플링 기법은 현재보다 기술적 제약이 컸던 시대의 산물이다.

③ 샘플링이나 설문지를 사용하는 연구의 경우에는 어느 정도의 편향이 발생한다.

④ 빅데이터 시대에 샘플링은 더 이상 사회현상 연구의 주된 방법으로 간주되지 않게 되었다.

⑤ 바라바시의 연구에 의하면 커뮤니티 외부와 링크를 많이 가진 사람을 네트워크에서 제거해도 네트워크가 와해되지는 않는다.

중국에서는 기원전 8~7세기 이후 주나라에서부터 청동전이 유통되었다. 이후 진시황이 중국을 통일하면서 화폐를 통일해 가운데 네모난 구멍이 뚫린 원형 청동 엽전이 등장했고, 이후 중국 통화의 주축으로 자리 잡았다. 하지만 엽전은 가치가 낮고 금화와 은화는 아직 주조되지 않았기 때문에 고액 거래를 위해서는 지폐가 필요했다. 결국 11세기경 송나라에서 최초의 법정 지폐인 교자(交子)가 발행되었다. 13세기 원나라에서는 강력한 국가 권력을 통해 엽전을 억제하고 교초(交鈔)라는 지폐를 유일한 공식 통화로 삼아 재정 문제를 해결했다.

아시아와 유럽에서 지폐의 등장과 발달 과정은 달랐다. 우선 유럽에서는 금화가 비교적 자유롭게 사용되어 대중들 사이에서 널리 유통되었다. 반면에 아시아의 통치자들은 금의 아름다움과 금이 상징하는 권력을 즐겼다는 점에서는 서구인들과 같았지만, 비천한 사람들이 화폐로 사용하기에는 금이 너무 소중하다고 여겼다. 대중들 사이에서 유통되도록 금을 방출하면 권력이 약화된다고 본 것이다. 대신에 일찍부터 지폐가 널리 통용되었다.

마르코 폴로는 쿠빌라이 칸이 모든 거래를 지폐로 이루어지게 하는 것을 보고 깊은 인상을 받았다. 사실상 종잇조각에 불과한 지폐가 그렇게 널리 통용되었던 이유는 무엇 때문일까? 칸이 만든 지폐에 찍힌 그의 도장은 금이나 은과 같은 권위가 있었다. 이것은 지폐의 가치를 확립하고 유지하는 데 국가 권력이 핵심 요소라는 사실을 보여준다.

유럽의 지폐는 그 초기 형태가 민간에서 발행한 어음이었으나, 아시아의 지폐는 처음부터 국가가 발행권을 갖고 있었다. 금속 주화와는 달리 내재적 가치가 없는 지폐가 화폐로 받아들여지고 사용되기 위해서는 신뢰가 필수적이다. 중국은 강력한 왕권이 이 신뢰를 담보할 수 있었지만, 유럽에서 지폐가 사람들의 신뢰를 얻기까지는 그보다 오랜 시간과 성숙된 환경이 필요했다. 유럽의 왕들은 종이에 마음대로 숫자를 적어 놓고 화폐로 사용하라고 강제할 수 없었다. 그래서 서로 잘 아는 일부 동업자들끼리 신뢰를 바탕으로 자체 지폐를 만들어 사용해야 했다. 하지만 민간에서 발행한 지폐는 신뢰 확보가 쉽지 않아 주기적으로 금융 위기를 초래했다. 정부가 나서기까지는 오랜 시간이 걸렸고, 17~18세기에 지폐의 법정화와 중앙은행의 설립이 이루어졌다. 중앙은행은 금을 보관하고 이를 바탕으로 금 태환(兌換)을 보장하는 증서를 발행해 화폐로 사용하기 시작했고, 그것이 오늘날의 지폐로 이어졌다.

① 유럽에서 금화의 대중적 확산은 지폐가 널리 통용되는 결정적인 계기가 되었다.

② 유럽에서는 민간 거래의 신뢰를 기반으로 지폐가 중국에 비해 일찍부터 통용되었다.

③ 중국에서 청동으로 만든 최초의 화폐는 네모난 구멍이 뚫린 원형 엽전의 형태였다.

④ 중국에서 지폐 거래의 신뢰를 확보할 수 있었던 것은 강력한 국가 권력이 있었기 때문이다.

⑤ 아시아와 유럽에서는 금화의 사용을 권력의 상징으로 여겨 금화의 제한적인 유통이 이루어졌다.

광장의 기원은 고대 그리스의 아고라에서 찾을 수 있다. '아고라'는 사람들이 모이는 곳이란 뜻을 담고 있다. 호메로스의 작품에 처음 나오는 이 표현은 물리적 장소만이 아니라 사람들이 모여서 하는 각종 활동과 모임도 의미한다. 아고라는 사람들이 모이는 도심의 한복판에 자리 잡되 그 주변으로 사원, 가게, 공공시설, 사교장 등이 자연스럽게 둘러싸고 있는 형태를 갖는다. 물론 그 안에 분수도 있고 나무도 있어 휴식 공간이 되기는 하지만 그것은 부수적 기능일 뿐이다. 아고라 곧 광장의 주요 기능은 시민들이 모여 행하는 다양한 활동 그 자체에 있다.

르네상스 이후 광장은 유럽의 여러 제후들이 도시를 조성할 때 일차적으로 고려하는 사항이 된다. 광장은 제후들이 권력 의지를 실현하는 데 중요한 역할을 할 수 있었기 때문이다. 이 시기 유럽의 도시에서는 고대 그리스 이후 자연스럽게 발전해 온 광장이 의식적으로 조성되기 시작한다. 도시를 설계할 때 광장의 위치와 넓이, 기능이 제후들의 목적에 따라 결정된다.

『광장』을 쓴 프랑코 만쿠조는 유럽의 역사가 곧 광장의 역사라고 말한다. 그에 따르면, 유럽인들에게 광장은 일상생활의 통행과 회합, 교환의 장소이자 동시에 권력과 그 의지를 실현하는 장이고 프랑스 혁명 이후 근대 유럽에서는 저항하는 대중의 연대와 소통의 장이라는 의미도 갖게 된다. 우리나라의 역사적 경험에서도 광장은 그와 같은 공간이었다. 우리의 마당이나 장터는 유럽과 형태는 다를지라도 만쿠조가 말한 광장의 기능과 의미를 담당해왔기 때문이다.

이처럼 광장은 인류의 모든 활동이 수렴되고 확산되는 공간이며 문화 마당이고 예술이 구현되는 장이며 더 많은 자유를 향한 열정이 집결하는 곳이다. 특히 근대 이후 광장을 이런 용도로 사용하는 것은 시민의 정당한 권리가 된다. 광장은 권력의 의지가 발현되는 공간이면서 동시에 시민에게는 그것을 넘어서고자 하는 자유의 열망이 빚어지는 장이다.

① 근대 이후 광장은 시민의 자유에 대한 열망이 모이는 장이었다.

② 고대 그리스의 아고라는 사람들이 모이는 장소 이상의 의미를 갖는다.

③ 유럽의 여러 제후들이 광장을 중요시한 것은 거주민의 의견을 반영하기 위해서였다.

④ 프랑스 혁명 이후 유럽에서 광장은 저항하는 이들의 소통공간이라는 의미도 갖는다.

⑤ 우리나라의 역사적 경험에서도 광장은 권력과 그 의지를 실현하는 장이자 저항하는 대중의 연대와 소통의 장이었다.

우리가 조선의 왕을 부를 때 흔히 이야기하는 태종, 세조 등의 호칭은 묘호(廟號)라고 한다. 왕은 묘호뿐 아니라 시호(諡號), 존호(尊號) 등도 받았으므로 정식 칭호는 매우 길었다. 예를 들어 선조의 정식 칭호는 '선조소경정륜입극성덕홍렬지성대의격천희운현문의무성예달효대왕(宣祖昭敬正倫立極盛德洪烈至誠大義格天熙運顯文毅武聖睿達孝大王)'이다. 이 중 '선조'는 묘호, '소경'은 명에서 내려준 시호, '정륜입극성덕홍렬'은 1590년에 올린 존호, '지성대의격천희운'은 1604년에 올린 존호, '현문의무성예달효대왕'은 신하들이 올린 시호다.

묘호는 왕이 사망하여 삼년상을 마친 뒤 그 신주를 종묘에 모실 때 사용하는 칭호이다. 묘호에는 왕의 재위 당시의 행적에 대한 평가가 담겨 있다. 시호는 왕의 사후 생전의 업적을 평가하여 붙여졌는데, 중국 천자가 내린 시호와 조선의 신하들이 올리는 시호 두 가지가 있었다. 존호는 왕의 공덕을 찬양하기 위해 올리는 칭호이다. 기본적으로 왕의 생전에 올렸지만 경우에 따라서는 '추상존호(追上尊號)'라 하여 왕의 승하 후 생전의 공덕을 새롭게 평가하여 존호를 올리는 경우도 있었다.

왕실의 일원들을 부르는 호칭도 경우에 따라 달랐다. 왕비의 아들은 '대군'이라 부르고, 후궁의 아들은 '군'이라 불렸다. 또한 왕비의 딸은 '공주'라 하고, 후궁의 딸은 '옹주'라 했으며, 세자의 딸도 적실 소생은 '군주', 부실 소생은 '현주'라 불렸다. 왕실에 관련된 다른 호칭으로 '대원군'과 '부원군'도 있었다. 비슷한 듯 보이지만 크게 차이가 있었다. 대원군은 왕을 낳아준 아버지, 즉 생부를 가리키고, 부원군은 왕비의 아버지를 가리키는 말이었다. 조선 시대에 선조, 인조, 철종, 고종은 모두 방계에서 왕위를 계승했기 때문에 그들의 생부가 모두 대원군의 칭호를 얻게 되었다. 그런데 이들 중 살아 있을 때 대원군의 칭호를 받은 이는 고종의 아버지 흥선대원군 한 사람뿐이었다. 왕비의 아버지를 부르는 호칭인 부원군은 경우에 따라 책봉된 공신(功臣)에게도 붙여졌다.

① 세자가 왕이 되면 적실의 딸은 옹주로 호칭이 바뀔 것이다.
② 조선 시대 왕의 묘호에는 명나라 천자로부터 부여받은 것이 있다.
③ 왕비의 아버지가 아님에도 부원군이라는 칭호를 받은 신하가 있다.
④ 우리가 조선 시대 왕을 지칭할 때 사용하는 일반적인 칭호는 존호이다.
⑤ 흥선대원군은 왕의 생부이지만 고종이 왕이 되었을 때 생존하지 않았더라면 대원군이라는 칭호를 부여받지 못했을 것이다.

경제학자들은 환경자원을 보존하고 환경오염을 억제하는 방편으로 환경세 도입을 제안했다. 환경자원을 이용하거나 오염물질을 배출하는 제품에 환경세를 부과하면 제품 가격 상승으로 인해 그 제품의 소비가 감소함에 따라 환경자원을 아낄 수 있고 환경오염을 줄일 수 있다.

일부에서는 환경세가 소비자의 경제적 부담을 늘리고 소비와 생산의 위축을 가져올 수 있다고 우려한다. 그러나 많은 경제학자들은 환경세 세수만큼 근로소득세를 경감하는 경우 환경보존과 경제성장이 조화를 이룰 수 있다고 본다.

환경세는 환경오염을 유발하는 상품의 가격을 인상시킴으로써 가계의 경제적 부담을 늘려 실질소득을 떨어뜨리는 측면이 있다. 하지만 환경세 세수만큼 근로소득세를 경감하게 되면 근로자의 실질소득이 증대되고, 그 증대효과는 환경세 부과로 인한 상품가격 상승효과를 넘어설 정도로 크다. 왜냐하면 상품가격 상승으로 인한 경제적 부담은 연금생활자나 실업자처럼 고용된 근로자가 아닌 사람들 사이에도 분산되는 반면, 근로소득세 경감의 효과는 근로자에게 집중되기 때문이다. 근로자의 실질소득 증대는 사실상 근로자의 실질임금을 높이고, 이것은 대체로 노동공급을 증가시키는 경향이 있다.

또한, 환경세가 부과되더라도 노동수요가 늘어날 수 있다. 근로소득세 경감은 기업의 입장에서 노동이 그만큼 저렴해지는 효과가 있다. 더욱이 환경세는 노동자원보다는 환경자원의 가격을 인상시켜 상대적으로 노동을 저렴하게 하는 효과가 있다. 이렇게 되면 기업의 노동수요가 늘어난다.

결국 환경세 세수를 근로소득세 경감으로 재순환시키는 조세구조 개편은 한편으로는 노동의 공급을 늘리고, 다른 한편으로는 노동에 대한 수요를 늘린다. 이것은 고용의 증대를 낳고, 결국 경제 활성화를 가져온다.

① 환경세의 환경오염 억제 효과는 근로소득세 경감에 의해 상쇄된다.
② 환경세를 부과하더라도 그만큼 근로소득세를 경감할 경우, 근로자의 실질소득은 늘어난다.
③ 환경세를 부과할 경우 근로소득세 경감이 기업의 고용 증대에 미치는 효과가 나타나지 않는다.
④ 환경세를 부과하더라도 노동집약적 상품의 상대가격이 낮아진다면 기업의 고용은 늘어나지 않는다.
⑤ 환경세 부과로 인한 상품가격 상승효과는 근로소득세 경감으로 인한 근로자의 실질소득 상승효과보다 크다.

1937년 중일전쟁 이후 일제가 앞세운 내선일체(內鮮一體)와 황국신민화(皇國臣民化)의 구호는 조선인의 민족의식과 저항정신을 상실케 하려는 기만적 통치술이었다. 일제는 조선인이 일본인과의 차이를 극복하고 혼연일체가 된 것이 내선일체이고 그 혼연일체 상태가 심화되면 조선인 또한 황국의 신민이 될 수 있다고 주장하였다. 조선인이 황국의 진정한 신민으로 거듭난다면 일왕과 신민의 관계가 군신 관계에서 부자 관계로 변화하여 일대 가족국가를 이루게 된다는 것이 그들이 획책한 황국신민화의 논리였다. 이를 위해 일제는 조선인에게 '국가 총동원령'에 충실히 부응함으로써 대동아공영권(大東亞共榮圈) 건설에 복무하고 일왕에 충심을 다함으로써 내선의 차이를 해소하는 데 총력을 기울일 것을 강요하였다.

그러나 일제의 황국신민화 정책은 현실과 필연적으로 괴리될 수밖에 없었다. 일본인이 중심부를 형성하고 조선인이 주변부에 위치하는 엄연한 현실 속에서 그들이 내세우는 황국신민화의 논리는 허구에 불과했다. 일제는 황국신민화 정책을 통해 조선인을 명목상의 일본 국민으로 삼아 제국주의 전쟁에 동원하고자 하였다. 일제는 1945년 4월부터 조선인의 참정권을 허용한다고 하였으나 실제 선거는 한번도 시행되지 않았다. 그럼에도 불구하고 조선의 친일파는 황국신민화가 그리는 모호한 이상과 미래를 적극적으로 내면화하여 자신들의 친일 행위를 합리화하였다. 그들은 황국신민화의 이상이 실현되면 조선인과 일본인 그 누구도 우월한 지위를 가질 수 없다는 일제의 주장을 맹신하였다. 그리고 이러한 단계에 도달하기 위해서는 먼저 조선인 스스로 진정한 '일본인'이 되기 위한 노력을 다해야 한다고 선동하였다. 어리석게도 친일파는 일제의 내선차별은 문명화가 덜 된 조선인에게 원인이 있으며, 제국의 황민으로 인정받겠다는 조선인의 자각과 노력이 우선될 때 그 차별이 해소될 수 있다고 보았던 것이다. 이와 같은 헛된 믿음으로 친일파는 일제의 강제 징용과 징병에 적극적으로 응하도록 조선인을 독려했다.

① 황국신민화의 이상이 실현되면 일왕과 신민의 군신 관계가 강화된다.

② 친일파는 조선인들이 노력하기에 따라 일본인과 같은 황민이 될 수 있다고 믿었다.

③ 황국신민화 정책은 친일파를 제외한 조선인이 독립운동의 필요성을 자각하는 계기가 되었다.

④ 친일파는 내선의 차별을 해소하기 위해 먼저 일본이 조선인에게 참정권을 허용해야 한다고 주장하였다.

⑤ 일제는 황국신민화의 논리로써 일본인과 조선인이 중심부와 주변부의 관계로 위계화된 현실을 극복하고자 하였다.

국제·외교관계에서 조약은 국가 간, 국제기구 간, 국가와 국제기구 간 서면형식으로 체결되며 국제법에 의해 규율되는 합의이다. 반면, ㉠ 기관 간 약정은 국가를 제외한 정부기관이 동일 또는 유사 업무를 수행하는 외국의 정부기관과 체결하는 합의로 법적 구속력이 없다. 이때 기관 간 약정의 서명은 해당 기관의 장이 하는 것이 원칙이다. 다만 해당 기관의 장이 사정상 직접 서명할 수 없는 경우에는 그의 위임을 받은 해당 기관의 고위직 인사가 서명을 할 수도 있다. 만일 기관 간 약정을 조속히 체결할 필요성이 있으나 양국 관계부처 간의 방문 계획이 없어서 체결이 지연되고 이로 인해 양국 관계부처 간 불편이 야기될 가능성이 있는 등의 경우에는, 우편으로 서명문서를 교환하거나 외교통상부 재외공관을 통하여 서명문서를 교환하는 방법으로 그 체결을 행할 수 있다.

해당 기관의 장이 사정상 직접 서명할 수 없어서 그의 위임을 받은 고위직 인사가 서명을 대신할 때, 정부기관장 명의의 전권위임장을 만들어 제출하는 경우가 있는데, 이는 적절하지 않다. 전권위임장이란 국가 간 조약문안의 교섭·채택이나 인증을 위하여 또는 조약에 대한 국가의 기속적 동의를 표시하기 위하여 어떤 사람으로 하여금 국가를 대표하도록 임명하는 문서이기 때문이다. 만약 상대국에서 굳이 서명 위임에 대한 인증문건의 제출을 요구한다면, 위임장을 제출하는 방향으로 검토해 볼 수 있을 것이다. 또한 기관 간 약정에 서명을 할 때 양국 정상이 임석하는 경우가 있는데, 이는 기관 간 약정이 양국 간의 조약으로 오해될 소지가 있으므로 부적절하다.

〈보 기〉

ㄱ. A국 산업통상자원부 장관 명의의 전권위임장을 제출한 산업통상자원부 차관과 B국 기업에너지산업전략부 장관 간에 '에너지산업협력 약정'이 체결된 사례

ㄴ. 국외출장이 어려운 상황에서 시급한 약정의 조속한 체결을 위해 A국 산업통상자원부 장관과 B국 자원개발부 장관 간에 우편으로 서명문서를 교환한 사례

ㄷ. A국 대통령의 B국 방문을 계기로 양국 정상의 임석하에 A국 기술무역부 장관과 B국 과학기술부 장관 간에 '과학기술협력에 관한 약정'이 체결된 사례

① ㄱ

② ㄴ

③ ㄱ, ㄷ

④ ㄴ, ㄷ

⑤ ㄱ, ㄴ, ㄷ

전전두엽 피질에는 뇌의 중요한 기제가 있는데, 이 기제는 당신이 다른 사람과 실시간으로 대화하고 있는 동안 당신과 그 사람을 동시에 감시한다. 이는 상대에게 적절하고 부드럽게 응답하도록 하며, 무례하게 행동하거나 분노를 표출하려는 충동을 억제하는 역할을 한다.

이 조절 기제가 잘 작동하기 위해서는 얼굴을 맞대고 대화하면서 실시간으로 피드백을 받을 수 있어야 한다. 하지만 인터넷은 그러한 피드백을 허용하지 않는다. 이는 전전두엽에 있는 충동 억제회로를 당황하게 만든다. 서로를 바라보며 대화 상대방의 반응을 관찰할 수 없기 때문이다. 이로 인해 '탈억제' 현상, 즉 충동이 억제에서 풀려나는 현상이 나타날 수 있다.

탈억제는 사람들이 긍정적이거나 중립적인 감정 상태에 있는 동안에는 잘 일어나지 않는 경향이 있다. 인터넷에서 의사소통이 원활하게 이루어지는 경우는 이러한 경향 때문이다. 탈억제는 사람들이 부정적인 감정을 강하게 느낄 때 훨씬 더 잘 일어난다. 그 결과 충동이 억제되지 못하고 화를 내거나 감정적으로 거친 메시지를 보내는 현상이 나타난다. 만약 상대방을 마주 보고 있었더라면 쓰지 않았을 말을 인터넷상에서 쓰는 식이다. 충동 억제회로가 제대로 작동하면 인터넷상에서는 물론 오프라인과 일상생활에서도 조심스러운 매너로 상대를 대하게 된다. 그런 경우 상호교제는 더 매끄럽게 진행될 수 있다.

〈보 기〉

ㄱ. 부정적인 감정을 조절하는 교육 프로그램은 탈억제 현상을 감소시키는 데 도움이 될 것이다.

ㄴ. 전전두엽의 충동억제회로에 이상이 생기면 상대방에게 무례한 응답을 할 가능성이 높아질 것이다.

ㄷ. 기술의 발전으로 인터넷상에서도 면대면 실시간 대화의 효과를 낼 수 있다면, 인터넷상에서 탈억제 현상이 감소할 수 있다.

① ㄱ

② ㄴ

③ ㄱ, ㄷ

④ ㄴ, ㄷ

⑤ ㄱ, ㄴ, ㄷ

인간이 부락집단을 형성하고 인간의 삶 전체가 반영된 이야기가 시작되었을 때부터 설화가 존재하였다. 설화에는 직설적인 표현도 있지만, 풍부한 상징성을 가진 것이 많다. 이 이야기들에는 민중이 믿고 숭상했던 신들에 관한 신성한 이야기인 신화, 현장과 증거물을 중심으로 엮은 역사적인 이야기인 전설, 민중의 욕망과 가치관을 보여주는 허구적 이야기인 민담이 있다. 설화 속에는 원(願)도 있고 한(恨)도 있으며, 아름답고 슬픈 사연도 있다. 설화는 한 시대의 인간들의 삶과 문화이며 바로 그 시대에 살았던 인간의식 그 자체이기에 설화 수집은 중요한 일이다.

상주지방에 전해오는 '공갈못설화'를 놓고 볼 때 공갈못의 생성은 과거 우리의 농경사회에서 중요한 역사적 사건으로서 구전되고 인식되었지만, 이에 관한 당시의 문헌 기록은 단 한 줄도 전해지지 않고 있다. 이는 당시 신라의 지배층이나 관의 입장에서 공갈못 생성에 관한 것이 기록할 가치가 있는 정치적 사건은 아니라는 인식을 보여준다. 공갈못 생성은 다만 농경생활에 필요한 농경민들의 사건이었던 것이다.

공갈못 관련 기록은 조선 시대에 와서야 발견된다. 이에 따르면 공갈못은 삼국시대에 형성된 우리나라 3대 저수지의 하나로 그 중요성이 인정되었다. 당대에 기록되지 못하고 한참 후에서야 단편적인 기록들만이 전해진 것이다. 일본은 고대 역사를 제대로 정리한 기록이 없는데도 주변에 흩어진 기록과 구전(口傳)을 모아 『일본서기』라는 그럴싸한 역사책을 완성하였다. 이 점을 고려할 때 역사성과 현장성이 있는 전설을 가볍게 취급해서는 결코 안 된다. 이러한 의미에서 상주지방에 전하는 지금의 공갈못에 관한 이야기도 공갈못 생성의 증거가 될 수 있는 역사성을 가진 귀중한 자료인 것이다.

① 공갈못설화는 전설에 해당한다.

② 설화가 기록되기 위해서는 원이나 한이 배제되어야 한다.

③ 삼국의 사서에는 농경생활 관련 사건이 기록되어 있지 않다.

④ 한국의 3대 저수지 생성 사건은 조선 시대에 처음 기록되었다.

⑤ 조선과 일본의 역사기술 방식의 차이는 전설에 대한 기록 여부에 있다.

무인정변 이후 집권자들의 권력 쟁탈로 지방에 대한 통제력이 이완되고 지배층의 수탈이 더욱 심해지자 백성들은 이에 저항하는 민란을 일으켰다. 이들은 당시 사료에 '산적'이나 '화적', 또는 '초적'이라는 이름의 도적으로 일컬어졌다. 최우는 집권 후 야별초를 만들어 이들을 진압하려 했다. 야별초는 집권자의 사병처럼 이용되어 주로 민란을 진압하고 정적을 제거하는 데 동원되었다. 이들은 그 대가로 월등한 녹봉이나 상여금과 함께 진급에서 특혜를 누렸고, 최씨 정권은 안팎의 위협으로부터 안전할 수 있었다. 이후 규모가 방대해진 야별초는 좌별초와 우별초로 나뉘었고 여기에 신의군이 합해져 삼별초로 계승되었다.

1231년 몽고의 공격이 시작되자 최우를 중심으로 한 무인 정권은 항전을 주장하였으나, 왕과 문신관료들은 왕권회복을 희망하여 몽고와의 강화(講和)를 바랐다. 대몽 항전을 정권 유지를 위한 방책으로 활용하려 했던 최우는 다수의 반대를 무릅쓰고 강화도 천도를 결행하였으나 이는 지배세력 내의 불만을 증폭시켰으며 백성들에게는 권력자들의 안전만을 도모하는 일종의 배신 행위로 받아들여졌다.

이후 무인 정권이 붕괴되자 그 주력부대였던 삼별초는 개경으로 환도한 고려 정부에 불복해 강화도에서 반란을 일으켰다. 삼별초의 난이 일어나자 전쟁 중에 몽고 침략 및 지배층의 과중한 수탈에 맞서 싸워 왔던 일반 백성들의 호응이 뒤따랐다. 1270년 봉기하여 1273년 진압될 때까지 약 3년에 걸쳐 진행된 삼별초의 난에는 서로 다른 두 가지 성격이 양립하고 있었다. 하나는 지배층 내부의 정쟁에서 패배한 무인 정권의 잔존세력이 일으킨 정치적 반란이고, 다른 하나는 민란의 전통과 대몽 항쟁의 전통을 계승한 백성들의 항쟁이다. 전자는 무너진 무인 정권을 회복하고 눈앞에 닥친 정치적 보복에서 벗어나기 위해 몽고와 고려 정부에 항쟁하던 삼별초의 반란이었다. 후자는 새로운 권력층과 침략자의 결탁 속에서 가중되는 수탈에 저항하던 백성들이 때 마침 삼별초의 난을 만나 이에 합류하는 형태로 일으킨 민란이었다.

① 최우의 강화도 천도는 국왕과 문신 및 백성들의 지지를 얻지 못하였다.

② 야별초가 주로 상대한 도적은 지배층의 수탈에 저항하던 백성들이었다.

③ 삼별초의 난에서 삼별초와 일반 백성들은 항전의 대상과 목적이 같았다.

④ 설립 이후 진압될 때까지 삼별초는 무인 정권을 옹호하는 성격을 지닌 집단이었다.

⑤ 삼별초는 개경의 중앙 정부에 반대하고 몰락한 무인 정권을 회복하기 위해 반란을 일으켰다.

우리들 대부분이 당연시하지만 세상을 이해하는 데 필요한 몇몇 범주는 표준화를 위해 노력한 국가적 사업에 그 기원이 있다. 성(姓)의 세습이 대표적인 사례이다.

부계(父系) 성의 고착화는 대부분의 경우 국가적 프로젝트였으며, 관리가 시민들의 신원을 분명하게 확인할 수 있도록 설계되었다. 이 프로젝트의 성공은 국민을 '읽기 쉬운' 대상으로 만드는 데 달려 있다. 개개인의 신원을 확보하고 이를 친족 집단과 연결시키는 방법 없이는 세금 징수, 소유권 증서 발행, 징병 대상자 목록 작성 등은 어렵기 때문이다. 여기서 짐작할 수 있는 것처럼 부계 성을 고착화하려는 노력은 한층 견고하고 수지맞는 재정 시스템을 구축하려는 국가의 의도에서 비롯되었다.

국민을 효율적으로 통치하기 위한 성의 세습은 시기적으로 일찍 발전한 국가에서 나타났다. 이 점과 관련해 중국은 인상적인 사례이다. 대략 기원전 4세기에 진(秦)나라는 세금 부과, 노역, 징집 등에 이용하기 위해 백성 대다수에게 성을 부여한 다음 그들의 호구를 파악한 것으로 알려져 있다. 이러한 시도가 '라오바이싱'[老百姓]이라는 용어의 기원이 되었으며, 이는 문자 그대로 '오래된 100개의 성'이란 뜻으로 중국에서 '백성'을 의미하게 되었다.

예로부터 중국에 부계전통이 있었지만 진나라 이전에는 몇몇 지배 계층의 가문 및 그 일족을 제외한 백성은 성이 없었다. 그들은 성이 없었을 뿐만 아니라 지배 계층을 따라 성을 가질 생각도 하지 않았다. 부계 성을 따르도록 하는 진나라의 국가 정책은 가족 내에서 남편에게 우월한 지위를 부여하고, 부인, 자식, 손아랫사람에 대한 법적인 지배권을 주면서 가족 전체에 대한 재정적 의무를 지도록 했다. 이러한 정책은 모든 백성에게 인구 등록을 요구했다. 아무렇게나 불리던 사람들의 이름에 성을 붙여 분류한 다음, 아버지의 성을 후손에게 영구히 물려주도록 한 것이다.

① 부계전통의 확립은 중국에서 처음 이루어졌다.

② 진나라는 모든 백성에게 새로운 100개의 성을 부여하였다.

③ 중국의 부계전통은 진나라가 부계 성 정책을 시행함에 따라 만들어졌다.

④ 진나라의 부계 성 정책은 몇몇 지배 계층의 기존 성을 확산하려는 시도였다.

⑤ 진나라가 백성에게 성을 부여한 목적은 통치의 효율성을 높이고자 한 것이었다.

아리스토텔레스는 정치체제를 세 가지로 구분하는데, 군주정, 귀족정, 제헌정이 그것이다. 세 번째 정치체제는 재산의 등급에 기초한 정치체제로서, 금권정으로 불러야 마땅하지만, 대부분의 사람들은 제헌정이라고 부른다. 이것들 가운데 최선은 군주정이며 최악은 금권정이다.

또한 그는 세 가지 정치체제가 각기 타락한 세 가지 형태를 제시한다. 참주정은 군주정의 타락한 형태이다. 양자 모두 일인 통치 체제이긴 하지만 그 차이는 엄청나다. 군주는 모든 좋은 점에 있어서 다른 사람들을 능가하기 때문에 자신을 위해 어떤 것도 필요로 하지 않는다. 그래서 군주는 자기 자신에게 이익이 되는 것이 아니라 다스림을 받는 사람에게 이익이 되는 것을 추구한다. 반면 참주는 군주의 반대이다. 못된 군주가 참주가 된다. 참주는 자신에게만 이익이 되는 것을 추구하기에, 참주정은 최악의 정치체제이다.

귀족정이 과두정으로 타락하는 것은 지배자 집단의 악덕 때문이다. 그 지배자 집단은 도시의 소유물을 올바르게 배분하지 않으며, 좋은 것들 전부 혹은 대부분을 자신들에게 배분하고 공직은 항상 자신들이 차지한다. 그들이 가장 중요하게 생각하는 것은 부를 축적하는 일이다. 과두정에서는 소수만이 다스리는데, 훌륭한 사람들이 아니라 못된 사람들이 다스린다.

민주정은 다수가 통치하는 체제이다. 민주정은 금권정으로부터 나온다. 금권정 역시 다수가 통치하는 체제인데, 일정 재산 이상의 자격 요건을 갖춘 사람들은 모두 동등하기 때문이다. 타락한 정치체제 중에서는 민주정이 가장 덜 나쁜 것이다. 제헌정의 기본 틀에서 약간만 타락한 것이기 때문이다.

① 정치체제의 형태는 일곱 가지이다.
② 군주정은 민주정보다 나쁜 정치체제이다.
③ 제헌정, 참주정, 귀족정, 과두정 중에서 최악의 정치체제는 제헌정이다.
④ 금권정에서 타락한 형태의 정치체제가 과두정보다 더 나쁜 정치체제이다.
⑤ 군주정과 참주정은 일인 통치 체제이지만, 제헌정과 민주정은 다수가 통치하는 체제이다.

이스라엘 공군 소속 장교들은 훈련생들이 유난히 비행을 잘했을 때에는 칭찬을 해봤자 비행 능력 향상에 도움이 안 된다고 믿는다. 실제로 훈련생들은 칭찬을 받고 나면 다음 번 비행이 이전 비행보다 못했다. 그렇지만 장교들은 비행을 아주 못한 훈련생을 꾸짖으면 비판에 자극받은 훈련생이 거의 항상 다음 비행에서 향상된 모습을 보여준다고 생각한다. 그래서 장교들은 상급 장교에게 저조한 비행 성과는 비판하되 뛰어난 성과에 대해서는 칭찬하지 않는 게 바람직하다고 건의했다. 하지만 이런 추론의 이면에는 ㉠ 오류가 있다.

유난히 비행을 잘하거나 유난히 비행을 못하는 경우는 둘 다 흔치 않다. 따라서 칭찬과 비판 여부에 상관없이 어느 조종사가 유난히 비행을 잘하거나 못했다면 그 다음 번 비행에서는 평균적인 수준으로 돌아갈 확률이 높다. 평균적인 수준의 비행은 극도로 뛰어나거나 떨어지는 비행보다는 훨씬 빈번하게 나타난다. 그러므로 어쩌다 뛰어난 비행을 한 조종사는 아마 다음 번 비행에서는 그보다 못할 것이다. 어쩌다 실력을 발휘하지 못한 조종사는 아마 다음 번 비행에서 훨씬 나은 모습을 보여줄 것이다.

어떤 사건이 극단적일 때에 같은 종류의 다음 번 사건은 그만큼 극단적이지 않기 마련이다. 예를 들어, 지능지수가 아주 높은 부모가 있다고 하자. 그 부모는 예외적으로 유전자들이 잘 조합되어 그렇게 태어났을 수도 있고 특별히 지능을 계발하기에 유리한 환경에서 자랐을 수도 있다. 이 부모는 극단적인 사례이기 때문에 이들은 자기보다 지능이 낮은 자녀를 둘 확률이 높다.

① 비행 이후보다는 비행 이전에 칭찬을 해야 한다는 점을 깨닫지 못하는 오류
② 비행을 잘한 훈련생에게는 칭찬보다는 비판이 유효하다는 점을 깨닫지 못하는 오류
③ 훈련에 충분한 시간을 투입하면 훈련생의 비행 실력은 향상된다는 점을 깨닫지 못하는 오류
④ 훈련생의 비행에 대한 과도한 칭찬과 비판이 역효과를 낼 수 있다는 점을 깨닫지 못하는 오류
⑤ 뛰어난 비행은 평균에서 크게 벗어난 사례라서 연속해서 발생하기 어렵다는 점을 깨닫지 못하는 오류

공동의 번영과 조화를 뜻하는 공화(共和)에서 비롯된 공화국이라는 용어는 국가라는 정치 공동체 전체를 위해 때로는 개인의 양보가 필요할 수 있음을 전제하고 있다는 점에서 사회적 공공성 개념과 연결된다. 이미 1919년 임시정부가 출범하면서 '민주공화국'이라는 표현이 등장하였고 헌법 제1조에도 '대한민국은 민주공화국'이라고 명시되어 있지만, 분단 이후 북한도 '공화국'이라는 용어를 사용함에 따라 한국에서는 이 용어의 사용이 기피되었다. 냉전 체제의 고착화로 인해 반공이 국시가 되면서 '공화국'보다는 오히려 '자유민주주의'라는 용어가 훨씬 더 널리 사용되었는데, 이때에도 민주주의보다는 자유가 강조되었다.

그런데 해방 이후 한국 사회에 널리 유포된 자유의 개념은 대체로 서구의 고전적 자유주의 전통에서 비롯된 것이다. 이 전통에서 보자면, 자유란 '국가의 강제에 대립하여 자신의 사유 재산권을 자기 마음대로 행사할 수 있는 것'을 의미한다. 이 같은 자유 개념에 기초하고 있는 자유민주주의에서는 개인의 자유를 강조할수록 사회적 공공성은 약화될 수밖에 없다.

자유민주주의가 1960년대 이후 급속히 팽배하기 시작한 개인주의와 결합하면서 사회적 공공성은 더욱 후퇴하였다. 이 시기 군사정권이 내세웠던 "잘 살아보세."라는 표어는 우리 공동체 전체가 다 함께 잘 사는 것이라기보다는 사실상 나 또는 내 가족만큼은 잘 살아보자는 개인적 욕망의 합리화를 의미했다. 그 결과 공동체 전체의 번영을 위한 사회 전반의 공공성이 강화되기보다는 사유 재산의 증대를 위해 국가의 간섭을 배제해야 한다는 논리가 강화되었던 것이다.

① 한국 사회에서 자유민주주의라는 용어는 공화국의 이념을 충실하게 수용한 것이다.
② 임시정부에서 민주공화국이라는 용어를 사용한 것은 자유주의 전통에 따른 것이다.
③ 고전적 자유주의에서 비롯된 자유 개념을 강조할수록 사회적 공공성이 약화될 수 있다.
④ 반공이 국시가 된 이후 국가 공동체에 대한 충성을 강조한 결과 공공성에 대한 관심이 증대되었다.
⑤ 1960년대 이후 개인주의와 자유민주주의의 결합은 공동체 전체의 번영이라는 사회적 결과를 낳았다.

구글의 디지털도서관은 출판된 모든 책을 디지털화하여 온라인을 통해 제공하는 프로젝트이다. 이는 전 세계 모든 정보를 취합하여 정리한다는 목표에 따라 진행되며, 이미 1,500만 권의 도서를 스캔하였다. 덕분에 셰익스피어 저작집 등 저작권 보호 기간이 지난 책들이 무료로 서비스되고 있다.

이에 대해 미국 출판업계가 소송을 제기하였고, 2008년에 구글이 1억 2,500만 달러를 출판업계에 지급하는 것으로 양자 간 합의안이 도출되었다. 그러나 연방법원은 이 합의안을 거부하였다. 디지털도서관은 많은 사람들에게 혜택을 줄 수 있지만, 이는 구글의 시장독점을 초래할 우려가 있으며, 저작권 침해의 소지도 있기에 저작권자도 소송에 참여하라고 주문하였다.

구글의 지식 통합 작업은 많은 이점을 가져오겠지만, 모든 지식을 한곳에 집중시키는 것이 옳은 방향인가에 대해서는 숙고가 필요하다. 문명사회를 지탱하고 있는 사회계약이란 시민과 국가 간의 책임과 권리에 관한 암묵적 동의이며, 집단과 구성원 간, 또는 개인 간의 계약을 의미한다. 이러한 계약을 위해서는 쌍방이 서로에 대해 비슷한 정도의 지식을 가지고 있어야 한다는 전제조건이 충족되어야 한다. 그런데 지식 통합 작업을 통한 지식의 독점은 한쪽 편이 상대방보다 훨씬 많은 지식을 가지는 지식의 비대칭성을 강화한다. 따라서 사회계약의 토대 자체가 무너질 수 있다. 또한 지식 통합 작업은 지식을 수집하여 독자들에게 제공하고자 하는 것이지만, 더 나아가면 지식의 수집뿐만 아니라 선별하고 배치하는 편집 권한까지 포함하게 된다. 이에 따라 사람들이 알아도 될 것과 그렇지 않은 것을 결정하는 막강한 권력을 구글이 갖게 되는 상황이 초래될 수 있다.

① 구글과 저작권자의 갈등은 소송을 통해 해결되었다.
② 구글의 지식 통합 작업은 사회계약의 전제조건을 더 공고하게 할 것이다.
③ 구글의 지식 통합 작업은 독자들과 구글 사이에 평등한 권력 관계를 확대할 것이다.
④ 구글의 디지털도서관은 지금까지 스캔한 1,500만 권의 책을 무료로 서비스하고 있다.
⑤ 구글의 지식 통합 작업은 지식의 수집에서 편집권을 포함하는 것까지 확대될 수 있다.

체험사업을 운영하는 이들은 아이들에게 다양한 직업의 현장과 삶의 실상, 즉 현실을 체험하게 해준다고 홍보한다. 직접 겪지 못하는 현실을 잠시나마 체험함으로써 미래에 더 좋은 선택을 할 수 있게 한다는 것이다. 체험은 생산자에게는 홍보와 돈벌이 수단이 되고, 소비자에게는 교육의 연장이자 주말 나들이 거리가 된다. 이런 필요와 전략이 맞물려 체험사업이 번성한다. 그러나 이때의 현실은 체험하는 사람의 필요와 여건에 맞추어 미리 짜놓은 현실, 치밀하게 계산된 현실이다. 다른 말로 하면 가상현실이다. 아이들의 상황을 고려해서 눈앞에 보일 만한 것, 손에 닿을 만한 것, 짧은 시간에 마칠 수 있는 것을 잘 계산해서 마련해 놓은 맞춤형 가상현실인 것이다. 눈에 보이지 않는 구조, 손에 닿지 않는 제도, 장기간 반복되는 일상은 체험행사에서는 제공될 수 없다.

여기서 주목해야 할 것은 경험과 체험의 차이이다. 경험은 타자와의 만남이다. 반면 체험 속에서 인간은 언제나 자기 자신만을 볼 뿐이다. 타자들로 가득한 현실을 경험함으로써 인간은 스스로 변화하는 동시에 현실을 변화시킬 동력을 얻는다. 이와 달리 가상현실에서는 그것을 체험하고 있는 자신을 재확인하는 것으로 귀결되기 마련이다. 경험 대신 체험을 제공하는 가상현실은 실제와 가상의 경계를 모호하게 할 뿐만 아니라 우리를 현실에 순응하도록 이끈다. 요즘 미래 기술로 각광받는 디지털 가상현실 기술은 경험을 체험으로 대체하려는 오랜 시도의 결정판이다. 버튼 하나만 누르면 3차원으로 재현된 세계가 바로 앞에 펼쳐진다. 한층 빠르고 정교한 계산으로 구현한 가상현실은 우리에게 필요한 모든 것을 눈앞에서 체험할 수 있는 본격 체험사회를 예고하는 것만 같다.

① 체험사업은 장기간의 반복적 일상을 가상현실을 통해 경험하도록 해준다.

② 현실을 변화시킬 수 있는 동력은 체험이 아닌 현실을 경험함으로써 얻게 된다.

③ 가상현실은 실제와 가상 세계의 경계를 구분하여 자기 자신을 체험할 수 없도록 한다.

④ 체험사업은 아이들에게 타자와의 만남을 경험하게 해줌으로써 경제적 이윤을 얻고 있다.

⑤ 디지털 가상현실 기술은 아이들에게 현실을 경험하게 함으로써 미래에 더 좋은 선택을 하도록 돕는다.

우리는 흔히 행위를 윤리적 관점에서 '해야 하는 행위'와 '하지 말아야 하는 행위'로 구분한다. 그리고 전자에는 '윤리적으로 옳음'이라는 가치 속성을, 후자에는 '윤리적으로 그름'이라는 가치 속성을 부여한다. 그런데 윤리적 담론의 대상이 되는 행위 중에는 윤리적으로 권장되는 행위나 윤리적으로 허용되는 행위도 존재한다.

윤리적으로 권장되는 행위는 자선을 베푸는 것과 같이 윤리적인 의무는 아니지만 윤리적으로 바람직하다고 판단되는 행위를 의미한다. 이와 달리 윤리적으로 허용되는 행위는 윤리적으로 그르지 않으면서 정당화 가능한 행위를 의미한다. 예를 들어, 응급환자를 태우고 병원 응급실로 달려가던 중 신호를 위반하고 질주하는 행위는 맥락에 따라 윤리적으로 정당화 가능한 행위라고 판단될 것이다. 우리가 윤리적으로 권장되는 행위나 윤리적으로 허용되는 행위에 대해 옳음이나 그름이라는 윤리적 가치 속성을 부여한다면, 이 행위들에는 윤리적으로 옳음이라는 속성이 부여될 것이다.

이런 점에서 '윤리적으로 옳음'이란 윤리적으로 해야 하는 행위, 권장되는 행위, 허용되는 행위 모두에 적용되는 매우 포괄적인 용어임에 유의할 필요가 있다. '윤리적으로 옳은 행위가 무엇인가?'라는 질문에 답할 때, 이러한 포괄성을 염두에 두지 않고, 윤리적으로 해야 하는 행위, 즉 적극적인 윤리적 의무에 대해서만 주목하는 경향이 있다. 하지만 구체적인 행위에 대해 '윤리적으로 옳은가?'라는 질문을 할 때에는 위와 같은 분류를 바탕으로 해당 행위가 해야 하는 행위인지, 권장되는 행위인지, 혹은 허용되는 행위인지 따져볼 필요가 있다.

─── 〈보 기〉 ───
ㄱ. 어떤 행위는 그 행위가 이루어진 맥락에 따라 윤리적으로 허용되는지의 여부가 결정된다.
ㄴ. '윤리적으로 옳은 행위가 무엇인가?'라는 질문에 답하기 위해서는 적극적인 윤리적 의무에만 주목해야 한다.
ㄷ. 윤리적으로 권장되는 행위와 윤리적으로 허용되는 행위에 대해서는 윤리적으로 옳음이라는 가치 속성이 부여될 수 있다.

① ㄱ

② ㄴ

③ ㄱ, ㄷ

④ ㄴ, ㄷ

⑤ ㄱ, ㄴ, ㄷ

동물의 행동을 선하다거나 악하다고 평가할 수 없는 이유는 동물이 단지 본능적 욕구에 따라 행동할 뿐이기 때문이다. 오직 인간만이 욕구와 감정에 맞서서 행동할 수 있다. 인간만이 이성을 가지고 있다. 그러나 인간이 전적으로 이성적인 존재는 아니다. 다른 동물과 마찬가지로 인간 또한 감정과 욕구를 가진 존재다. 그래서 인간은 이성과 감정의 갈등을 겪게 된다.

그러한 갈등에도 불구하고 인간이 도덕적 행위를 할 수 있는 까닭은 이성이 우리에게 도덕적인 명령을 내리기 때문이다. 도덕적 명령에 따를 때에야 비로소 우리는 의무에서 비롯된 행위를 한 것이다. 만약 어떤 행위가 이성의 명령에 따른 것이 아닐 경우 그것이 결과적으로 의무와 부합할지라도 의무에서 나온 행위는 아니다. 의무에서 나온 행위가 아니라면 심리적 성향에서 비롯된 행위가 되는데, 심리적 성향에서 비롯된 행위는 도덕성과 무관하다. 불쌍한 사람을 보고 마음이 아파서 도움을 주었다면 이는 결국 심리적 성향에 따라 행동한 것이다. 그것은 감정과 욕구에 따른 것이기 때문에 도덕적 행위일 수가 없다.

감정이나 욕구와 같은 심리적 성향에 따른 행위가 도덕적일 수 없는 또 다른 이유는, 그것이 상대적이기 때문이다. 감정이나 욕구는 주관적이어서 사람마다 다르며, 같은 사람이라도 상황에 따라 변하기 마련이다. 때문에 이는 시공간을 넘어 모든 인간에게 적용될 수 있는 보편적인 도덕의 원리가 될 수 없다. 감정이나 욕구가 어떠하든지 간에 이성의 명령에 따르는 것이 도덕이다. 이러한 입장이 사랑이나 연민과 같은 감정에서 나온 행위를 인정하지 않는다거나 가치가 없다고 평가하는 것은 아니다. 단지 사랑이나 연민은 도덕적 차원의 문제가 아닐 뿐이다.

① 동물의 행위는 도덕적 평가의 대상이 아니다.
② 감정이나 욕구는 보편적인 도덕의 원리가 될 수 없다.
③ 심리적 성향에서 비롯된 행위는 도덕적 행위일 수 없다.
④ 이성의 명령에 따른 행위가 심리적 성향에 따른 행위와 일치하는 경우는 없다.
⑤ 인간의 행위 중에는 심리적 성향에서 비롯된 것도 있고 의무에서 나온 것도 있다.

불교가 삼국에 전래될 때 대개 불경과 불상 그리고 사리가 들어왔다. 이에 예불을 올리고 불상과 사리를 모실 공간으로 사찰이 건립되었다. 불교가 전래된 초기에는 불상보다는 석가모니의 진신사리를 모시는 탑이 예배의 중심이 되었다.

불교에서 전하기를, 석가모니가 보리수 아래에서 열반에 든 후 화장(火葬)을 하자 여덟 말의 사리가 나왔다고 한다. 이것이 진신사리이며 이를 모시는 공간이 탑이다. 탑은 석가모니의 분신을 모신 곳으로 간주되어 사찰의 중심에 놓았다. 그러나 진신사리는 그 수가 한정되어 있었기 때문에 삼국 시대 말기에는 사리를 대신하여 작은 불상이나 불경을 모셨다. 이제 탑은 석가모니의 분신을 모신 곳이 아니라 사찰의 상징적 건축물로 그 의미가 변했고, 예배의 중심은 탑에서 불상을 모신 금당으로 자연스럽게 옮겨갔다.

삼국 시대 사찰은 탑을 중심으로 하고 그 주위를 회랑*으로 두른 다음 부속 건물들을 정연한 비례에 의해 좌우대칭으로 배치하는 구성을 보였다. 그리하여 이 시기 사찰에서는 기본적으로 남문·중문·탑·금당·강당·승방 등이 남북으로 일직선상에 놓였다. 그리고 반드시 중문과 강당 사이를 회랑으로 연결하여 탑을 감쌌다. 동서양을 막론하고 모든 고대국가의 신전에는 이러한 회랑이 공통적으로 보이는데, 이는 신전이 성역임을 나타내기 위한 건축적 장치가 회랑이기 때문이다. 특히 삼국 시대 사찰은 후대의 산사와 달리 도심 속 평지 사찰이었기 때문에 회랑이 필수적이었다.

※ 회랑 : 종교 건축이나 궁궐 등에서 중요 부분을 둘러싸고 있는 지붕 달린 복도

① 삼국 시대의 사찰에서 탑은 중문과 강당 사이에 위치한다.
② 진신사리를 모시는 곳은 탑에서 금당의 불상으로 바뀌었다.
③ 삼국 시대 말기에는 진신사리가 부족하여 탑 안을 비워두었다.
④ 삼국 시대 이후에는 평지 사찰과 산사를 막론하고 회랑을 세우지 않았다.
⑤ 탑을 사찰의 중심에 세웠던 것은 사찰이 성역임을 나타내기 위해서였다.

1996년 미국, EU 및 캐나다는 일본에서 위스키의 주세율이 소주에 비해 지나치게 높다는 이유로 일본을 WTO에 제소했다. WTO 패널은 제소국인 미국, EU 및 캐나다의 손을 들어주었다. 이 판정을 근거로 미국과 EU는 한국에 대해서도 소주와 위스키의 주세율을 조정해줄 것을 요구했는데, 받아들여지지 않자 한국을 WTO에 제소했다. 당시 소주의 주세율은 증류식이 50%, 희석식이 35%였는데, 위스키의 주세율은 100%로 소주에 비해 크게 높았다. 한국에 위스키 원액을 수출하던 EU는 1997년 4월에 한국을 제소했고, 5월에는 미국도 한국을 제소했다. 패널은 1998년 7월에 한국의 패소를 결정했다.

패널의 판정은, 소주와 위스키가 직접적인 경쟁 관계에 있고 동시에 대체 관계가 존재하므로 국산품인 소주에 비해 수입품인 위스키에 높은 주세율을 적용하고 있는 한국의 주세 제도가 WTO 협정의 내국민대우 조항에 위배된다는 것이었다. 그리고 3개월 후 한국이 패널의 판정에 대해 상소했으나 상소 기구에서 패널의 판정이 그대로 인정되었다. 따라서 한국은 소주와 위스키 간 주세율의 차이를 해소해야 했는데, 그 방안은 위스키의 주세를 낮추거나 소주의 주세를 올리는 것이었다. 당시 어느 것이 옳은가에 대한 논쟁이 적지 않았다. 결국 소주의 주세율은 올리고 위스키의 주세율은 내려서, 똑같이 72%로 맞추는 방식으로 2000년 1월 주세법을 개정하여 차이를 해소했다.

① WTO 협정에 따르면, 제품 간 대체 관계가 존재하면 세율이 같아야 한다.

② 2000년 주세법 개정 결과 희석식 소주가 증류식 소주보다 주세율 상승폭이 컸다.

③ 2000년 주세법 개정 이후 소주와 위스키의 세금 총액은 개정 전에 비해 증가하였다.

④ 미국, EU 및 캐나다는 일본과의 WTO 분쟁 판정 결과를 근거로 한국에서도 주세율을 조정하고자 했다.

⑤ 한국의 소주와 위스키의 주세율을 일본과 동일하게 하라는 권고가 WTO 패널의 판정에 포함되어 있다.

종자와 농약을 생산하는 대기업들은 자신들이 유전자 기술로 조작한 종자가 농약을 현저히 적게 사용해도 되기 때문에 농부들이 더 많은 이윤을 낼 수 있다고 주장하였다. 그러나 미국에서 유전자 변형 작물을 재배한 16년(1996년~2011년) 동안의 농약 사용량을 살펴보면, 이 주장은 사실이 아님을 알 수 있다.

유전자 변형 작물은 해충에 훨씬 더 잘 견디는 장점이 있다. 유전자 변형 작물이 해충을 막기 위해 자체적으로 독소를 만들어내기 때문이다. 독소를 함유한 유전자 변형 작물을 재배함으로써 일반 작물 재배와 비교하여 16년 동안 살충제 소비를 약 56,000톤 줄일 수 있었다. 그런데 제초제의 경우는 달랐다. 처음 4~5년 동안에는 제초제의 사용이 감소하였다. 그렇지만 전체 재배 기간을 고려하면 일반 작물 재배와 비교할 때 약 239,000톤이 더 소비되었다. 늘어난 제초제의 양에서 줄어든 살충제의 양을 빼면 일반 작물 재배와 비교하여 농약 사용이 재배 기간 16년 동안 183,000톤 증가했다.

M사의 제초제인 글리포세이트에 내성을 가진 유전자 변형 작물을 재배하기 시작한 농부들은 그 제초제를 매년 반복해서 사용했다. 이로 인해 그 지역에서는 글리포세이트에 대해 내성을 가진 잡초가 생겨났다. 이와 같이 제초제에 내성을 가진 잡초를 슈퍼잡초라고 부른다. 유전자 변형 작물을 재배하는 농지는 대부분 이러한 슈퍼잡초로 인해 어려움을 겪게 되었다. 슈퍼잡초를 제거하기 위해서는 제초제를 더 자주 사용하거나 여러 제초제를 섞어서 사용하거나 아니면 새로 개발된 제초제를 사용해야 한다. 이로 인해 농부들은 더 많은 비용을 지불할 수밖에 없었다.

① 유전자 변형 작물을 재배하는 지역에서는 모든 종류의 농약 사용이 증가했다.

② 유전자 변형 작물을 도입한 해부터 그 작물을 재배하는 지역에 슈퍼잡초가 나타났다.

③ 유전자 변형 작물을 도입한 후 일반 작물 재배의 경우에도 살충제의 사용이 증가했다.

④ 유전자 변형 작물 재배로 슈퍼잡초가 발생한 지역에서는 작물 생산 비용이 증가했다.

⑤ 유전자 변형 작물을 재배하는 지역과 일반 작물을 재배하는 지역에서 슈퍼잡초의 발생 정도가 비슷했다.

기원전 3천 년쯤 처음 나타난 원시 수메르어 문자 체계는 두 종류의 기호를 사용했다. 한 종류는 숫자를 나타냈고, 1, 10, 60 등에 해당하는 기호가 있었다. 다른 종류의 기호는 사람, 동물, 사유물, 토지 등을 나타냈다. 두 종류의 기호를 사용하여 수메르인들은 많은 정보를 보존할 수 있었다.

이 시기의 수메르어 기록은 사물과 숫자에 한정되었다. 쓰기는 시간과 노고를 요구하는 일이었고, 기호를 읽고 쓸 줄 아는 사람은 얼마 되지 않았다. 이런 고비용의 기호를 장부 기록 이외의 일에 활용할 이유가 없었다. 현존하는 원시 수메르어 문서 가운데 예외는 하나뿐이고, 그 내용은 기록하는 일을 맡게 된 견습생이 교육을 받으면서 반복해서 썼던 단어들이다. 지루해진 견습생이 자기 마음을 표현하는 시를 적고 싶었더라도 그는 그렇게 할 수 없었다. 원시 수메르어 문자 체계는 완전한 문자 체계가 아니었기 때문이다. 완전한 문자 체계란 구어의 범위를 포괄하는 기호 체계, 즉 시를 포함하여 사람들이 말하는 것은 무엇이든 표현할 수 있는 체계이다. 반면에 불완전한 문자 체계는 인간 행동의 제한된 영역에 속하는 특정한 종류의 정보만 표현할 수 있는 기호 체계이다. 라틴어, 고대 이집트 상형문자, 브라유 점자는 완전한 문자 체계이다. 이것들로는 상거래를 기록하고, 상법을 명문화하고, 역사책을 쓰고, 연애시를 쓸 수 있다. 이와 달리 원시 수메르어 문자 체계는 수학의 언어나 음악 기호처럼 불완전했다. 그러나 수메르인들은 불편함을 느끼지 않았다. 그들이 문자를 만들어 쓴 이유는 구어를 고스란히 베끼기 위해서가 아니라 거래 기록의 보존처럼 구어로는 하지 못할 일을 하기 위해서였기 때문이다.

① 원시 수메르어 문자 체계는 구어를 보완하는 도구였다.

② 원시 수메르어 문자 체계는 감정을 표현하는 일에 적합하지 않았다.

③ 원시 수메르어 문자를 당시 모든 구성원이 사용할 줄 아는 것은 아니었다.

④ 원시 수메르어 문자는 사물과 숫자를 나타내는 데 상이한 종류의 기호를 사용하였다.

⑤ 원시 수메르어 문자와 마찬가지로 고대 이집트 상형문자는 구어의 범위를 포괄하지 못했다.

조선 왕조가 개창될 당시에는 승려에게 군역을 부과하지 않는 것이 상례였는데, 이를 노리고 승려가 되어 군역을 피하는 자가 많았다. 태조 이성계는 이를 막기 위해 국왕이 되자마자 앞으로 승려가 되려는 자는 빠짐없이 일종의 승려 신분증인 도첩을 발급 받으라고 명했다. 그는 도첩을 받은 자만 승려가 될 수 있으며 도첩을 신청할 때는 반드시 면포 150필을 내야 한다는 규정을 공포했다. 그런데 평범한 사람이 면포 150필을 마련하기란 쉽지 않았다. 이 때문에 도첩을 위조해 승려 행세하는 자들이 생겨났다.

태종은 이 문제를 해결하고자 즉위한 지 16년째 되는 해에 담당 관청으로 하여금 도첩을 위조해 승려 행세하는 자를 색출하게 했다. 이처럼 엄한 대응책 탓에 도첩을 위조해 승려 행세하는 사람은 크게 줄어들었다. 하지만 정식으로 도첩을 받은 후 승려 명부에 이름만 올려놓고 실제로는 승려 생활을 하지 않는 부자가 많은 것이 드러났다. 이런 자들은 불교 지식도 갖추지 않은 것으로 나타났다. 태종과 태종의 뒤를 이은 세종은 태조가 세운 방침을 준수할 뿐 이 문제에 대해 특별한 대책을 내놓지 않았다.

세조는 이 문제를 해결하기 위해 즉위하자마자 담당 관청에 대책을 세우라고 명했다. 그는 수년 후 담당 관청이 작성한 방안을 바탕으로 새 규정을 시행하였다. 이 방침에는 도첩을 신청한 자가 내야 할 면포 수량을 30필로 낮추되 불교 경전인 심경, 금강경, 살달타를 암송하는 자에게만 도첩을 준다는 내용이 있었다. 세조의 뒤를 이은 예종은 규정을 고쳐 도첩 신청자가 납부해야 할 면포 수량을 20필 더 늘리고, 암송할 불경에 법화경을 추가하였다. 이처럼 기준이 강화되자 도첩 신청자 수가 줄어들었다. 이에 성종 때에는 세조가 정한 규정으로 돌아가자는 주장이 나왔다. 하지만 성종은 이를 거부하고, 예종 때 만들어진 규정을 그대로 유지했다.

① 태종은 도첩을 위조해 승려가 된 자를 색출한 후 면포 30필을 내게 했다.

② 태조는 자신이 국왕이 되기 전부터 승려였던 자들에게 면포 150필을 일괄적으로 거두어들였다.

③ 세조가 즉위한 해부터 심경, 금강경, 살달타를 암송한 자에게만 도첩을 발급한다는 규정이 시행되었다.

④ 성종은 법화경을 암송할 수 있다는 사실을 인정받은 자가 면포 20필을 납부할 때에만 도첩을 내주게 했다.

⑤ 세종 때 도첩 신청자가 내도록 규정된 면포 수량은 예종 때 도첩 신청자가 내도록 규정된 면포 수량보다 많았다.

대부분의 미국 경찰관은 총격 사건을 경험하지 않고 은퇴하지만, 그럼에도 매년 약 600명이 총에 맞아 사망하고, 약 200명은 부상당한다. 미국에서 총격 사건 중 총기 발사 경험이 있는 경찰관 대부분이 심리적 문제를 보인다.

총격 사건을 겪은 경찰관을 조사한 결과, 총격 사건이 일어나는 동안 발생하는 중요한 심리현상 중의 하나가 시간·시각·청각왜곡을 포함하는 지각왜곡이었다. 83%의 경찰관이 총격이 오가는 동안 시간왜곡을 경험했는데, 그들 대부분은 한 시점에서 시간이 감속하여 모든 것이 느려진다고 느꼈다. 또한 56%가 시각왜곡을, 63%가 청각왜곡을 겪었다. 시각왜곡 중에서 가장 빈번한 증상은 한 가지 물체에만 주의가 집중되고 그 밖의 장면은 무시되는 것이다. 청각왜곡은 권총 소리, 고함 소리, 지시 사항 등의 소리를 제대로 듣지 못하는 것이다.

총격 사건에서 총기를 발사한 경찰관은 사건 후 수많은 심리증상을 경험한다. 가장 일반적인 심리증상은 높은 위험 지각, 분노, 불면, 고립감 등인데, 이러한 반응은 특히 총격 피해자 사망 시에 잘 나타난다. 총격 사건을 겪은 경찰관은 이전에 생각했던 것보다 자신의 직업이 더욱 위험하다고 지각하게 된다. 그들은 총격 피해자, 부서, 동료, 또는 사회에 분노를 느끼기도 하는데, 이는 자신을 누군가에게 총을 쏴야만 하는 상황으로 몰아넣었다는 생각 때문에 발생한다. 이러한 심리증상은 그 정도에서 큰 차이를 보였다. 37%의 경찰관은 심리증상이 경미했고, 35%는 중간 정도이며, 28%는 심각했다. 이러한 심리증상의 정도는 총격 사건이 발생한 상황에서 경찰관 자신의 총기 사용이 얼마나 정당했는가와 반비례하는 것으로 보인다. 수적으로 열세인 것, 권총으로 강력한 자동화기를 상대해야 하는 것 등의 요소가 총기 사용의 정당성을 높여준다.

① 총격 사건 중에 경험하는 지각왜곡 중에서 청각왜곡이 가장 빈번하게 나타난다.

② 전체 미국 경찰관 중 총격 사건을 경험하는 사람이 경험하지 않는 사람보다 많다.

③ 총격 피해자가 사망했을 경우 경찰관이 경험하는 청각왜곡은 그렇지 않은 경우보다 심각할 것이다.

④ 총격 사건 후 경찰관이 느끼는 높은 위험 지각, 분노 등의 심리증상은 지각왜곡의 정도에 의해 영향을 받는다.

⑤ 범죄자가 경찰관보다 강력한 무기로 무장했을 경우 경찰관이 총격 사건 후 경험하는 심리증상은 반대의 경우보다 약할 것이다.

탁주는 혼탁한 술이다. 탁주는 알코올 농도가 낮고, 맑지 않아 맛이 텁텁하다. 반면 청주는 탁주에 비해 알코올 농도가 높고 맑은 술이다. 그러나 얼마만큼 맑아야 청주이고 얼마나 흐려야 탁주인가 하는 질문에는 명쾌하게 답을 내리기가 쉽지 않다. 탁주의 정의 자체에 혼탁이라는 다소 불분명한 용어가 쓰이기 때문이다. 과학적이라고 볼 수는 없지만, 투명한 병에 술을 담고 그 병 뒤에 작은 물체를 두었을 경우 그 물체가 희미하게 보이거나 아예 보이지 않으면 탁주라고 부른다. 술을 담은 병 뒤에 둔 작은 물체가 희미하게 보일 때 이 술의 탁도는 350ebc 정도이다. 청주의 탁도는 18ebc 이하이며, 탁주 중에 막걸리는 탁도가 1,500 ebc 이상인 술이다.

막걸리를 만들기 위해서는 찹쌀, 보리, 밀가루 등을 시루에 쪄서 만든 지에밥이 필요하다. 적당히 말린 지에밥에 누룩, 효모와 물을 섞어 술독에 넣고 나서 며칠 지나면 막걸리가 만들어진다. 술독에서는 미생물에 의한 당화과정과 발효과정이 거의 동시에 일어나며, 이 두 과정을 통해 지에밥의 녹말이 알코올로 바뀌게 된다. 효모가 녹말을 바로 분해하지 못하므로, 지에밥에 들어있는 녹말을 엿당이나 포도당으로 분해하는 당화과정에서는 누룩곰팡이가 중요한 역할을 한다. 누룩곰팡이가 갖고 있는 아밀라아제는 녹말을 잘게 잘라 엿당이나 포도당으로 분해한다. 이 당화과정에서 만들어진 엿당이나 포도당을 효모가 알코올로 분해하는 과정을 발효과정이라 한다. 당화과정과 발효과정 중에 나오는 에너지로 인하여 열이 발생하게 되며, 이 열로 술독 내부의 온도인 품온(品溫)이 높아진다. 품온은 막걸리의 질과 풍미를 결정하기에 적정 품온이 유지되도록 술독을 관리해야 하는데, 일반적인 적정 품온은 23~28℃이다.

※ ebc : 유럽양조협회에서 정한 탁도의 단위

① 청주와 막걸리의 탁도는 다르지만 알코올 농도는 같다.

② 지에밥의 녹말이 알코올로 변하면서 발생하는 열이 품온을 높인다.

③ 누룩곰팡이가 지닌 아밀라아제는 엿당이나 포도당을 알코올로 분해한다.

④ 술독에 넣는 효모의 양을 조절하면 청주와 막걸리를 구분하여 만들 수 있다.

⑤ 막걸리를 만들 때, 술독 안의 당화과정은 발효과정이 완료된 이후에 시작된다.

생산자가 어떤 자원을 투입물로 사용해서 어떤 제품이나 서비스 등의 산출물을 만드는 생산과정을 생각하자. 산출물의 가치에서 생산하는 데 소요된 모든 비용을 뺀 것이 '순생산가치'이다. 생산자가 생산과정에서 투입물 1단위를 추가할 때 순생산가치의 증가분이 '한계순생산가치'이다. 경제학자 P는 이를 ⓐ '사적(私的) 한계순생산가치'와 ⓑ '사회적 한계순생산가치'로 구분했다.

사적 한계순생산가치란 한 기업이 생산과정에서 투입물 1단위를 추가할 때 그 기업에 직접 발생하는 순생산가치의 증가분이다. 사회적 한계순생산가치란 한 기업이 투입물 1단위를 추가할 때 발생하는 사적 한계순생산가치에 그 생산에 의해 부가적으로 발생하는 사회적 비용을 빼고 편익을 더한 것이다. 여기서 이 생산과정에서 부가적으로 발생하는 사회적 비용이나 편익에는 그 기업의 사적 한계순생산가치가 포함되지 않는다.

〈보 기〉

ㄱ. ⓐ의 크기는 기업의 생산이 사회에 부가적인 편익을 발생시키는지의 여부와 무관하게 결정된다.

ㄴ. 어떤 기업이 투입물 1단위를 추가할 때 사회에 발생하는 부가적인 편익이나 비용이 없는 경우, 이 기업이 야기하는 ⓐ와 ⓑ의 크기는 같다.

ㄷ. 기업 A와 기업 B가 동일한 투입물 1단위를 추가했을 때 각 기업에 의해 사회에 부가적으로 발생하는 비용이 같을 경우, 두 기업이 야기하는 ⓑ의 크기는 같다.

① ㄱ
② ㄷ
③ ㄱ, ㄴ
④ ㄴ, ㄷ
⑤ ㄱ, ㄴ, ㄷ

"프랑스 수도가 어디지?"라는 가영의 물음에 나정이 "프랑스 수도는 로마지."라고 대답했다고 하자. 나정이 가영에게 제공한 것을 정보라고 할 수 있을까? 정보의 일반적 정의는 '올바른 문법 형식을 갖추어 의미를 갖는 자료'다. 이 정의에 따르면 나정의 대답은 정보를 담고 있다. 다음 진술은 이런 관점을 대변하는 진리 중립성 논제를 표현한다. "정보를 준다는 것이 반드시 그 내용이 참이라는 것을 의미하지는 않는다." 이 논제의 관점에서 보자면, 올바른 문법 형식을 갖추어 의미를 해석할 수 있는 자료는 모두 정보의 자격을 갖는다. 그 내용이 어떤 사태를 표상하든, 참을 말하든, 거짓을 말하든 상관없다.

그러나 이 조건만으로는 불충분하다는 지적이 있다. 철학자 플로리디는 전달된 자료를 정보라고 하려면 그 내용이 참이어야 한다고 주장한다. 즉, 정보란 올바른 문법 형식을 갖춘, 의미 있고 참인 자료라는 것이다. 이를 ㉠ 진리성 논제라고 한다. 그라이스는 이렇게 말한다. "거짓 '정보'는 저급한 종류의 정보가 아니다. 그것은 아예 정보가 아니기 때문이다." 이 점에서 그 역시 이 논제를 받아들이고 있다.

이런 논쟁은 용어법에 관한 시시한 언쟁처럼 보일 수도 있지만, 두 진영 간에는 정보 개념이 어떤 역할을 해야 하는가에 대한 근본적인 견해 차이가 있다. 진리성 논제를 비판하는 사람들은 틀린 '정보'도 정보로 인정되어야 한다고 말한다. 자료의 내용이 그것을 이해하는 주체의 인지 행위에서 분명한 역할을 수행한다는 이유에서다. '프랑스 수도가 로마'라는 말을 토대로 가영은 이런저런 행동을 할 수 있다. 가령, 프랑스어를 배우기 위해 로마로 떠날 수도 있고, 프랑스 수도를 묻는 퀴즈에서 오답을 낼 수도 있다. 거짓인 자료는 정보가 아니라고 볼 경우, '정보'라는 말이 적절하게 사용되는 사례들의 범위를 부당하게 제한하는 꼴이 된다.

① '정보'라는 표현이 일상적으로 사용되는 사례가 모두 적절한 것은 아니다.

② 올바른 문법 형식을 갖추지 못한 자료는 정보라는 지위에 도달할 수 없다.

③ 사실과 다른 내용의 자료를 숙지하고 있는 사람은 정보를 안다고 볼 수 없다.

④ 내용이 거짓인 자료를 토대로 행동을 하는 사람은 자신이 의도한 결과에 도달할 수 없다.

⑤ 거짓으로 밝혀질 자료도 그것을 믿는 사람의 인지 행위에서 분명한 역할을 한다면 정보라고 볼 수 있다.

무신 집권자 최우는 몽골이 침입하자 항복하고, 매년 공물을 보내기로 약속하였다. 그러나 그는 약속을 어기고, 강화도로 수도를 옮겼다. 이에 몽골은 살리타를 대장으로 삼아 두 번째로 침입하였다. 몽골군은 한동안 고려의 여러 지방을 공격하다가 살리타가 처인성에서 전사하자 퇴각하였다. 몽골은 이후 몇 차례 고려에 개경 복귀를 요구하였다. 당시 대신 중에는 이를 받아들이자고 주장하는 사람이 많았다. 하지만 최우는 몽골이 결국 자기의 권력을 빼앗을 것이라고 걱정해 이를 묵살하였다. 이에 몽골은 1235년에 세 번째로 침입하였다. 이때 최우는 강화도를 지키는 데 급급할 뿐 항전을 하지 않았다. 아무런 저항을 받지 않은 몽골군은 고려에 무려 4년 동안 머물며 전국을 유린하다가 철군하였다. 몽골은 이후 한동안 침입하지 않다가 1247년에 다시 침입해 약탈을 자행하다가 2년 후 돌아갔다. 그 직후에 최우가 죽고, 뒤를 이어 최항이 집권하였다.

몽골은 1253년에 예쿠라는 장수를 보내 또 침입해 왔다. 몽골군은 고려군의 저항을 쉽사리 물리치며 남하해 충주성까지 공격했다. 충주성의 천민들은 관군의 도움 없이 몽골군에 맞서 끝까지 성을 지켜냈다. 남하를 멈춘 몽골군이 개경 인근으로 되돌아온다는 소식을 들은 최항은 강화 협상에 나서기로 했으나 육지로 나오라는 요구는 묵살했다. 몽골은 군대를 일단 철수했다가 이듬해인 1254년에 잔인하기로 이름난 자랄타이로 하여금 다시 침입하게 했다. 그는 무려 20만 명을 포로로 잡아 그해 말 돌아갔다.

거듭된 전란에도 아랑곳하지 않고 강화도에서 권력을 휘두르던 최항은 집권한 지 9년 만에 죽었다. 그해에 자랄타이는 다시금 고려를 침입했는데, 최항의 뒤를 이은 최의가 집권 11개월 만에 김준, 유경에 의해 죽자 고려가 완전히 항복할 것이라 보고 군대를 모두 철수하였다. 실제로 고려 정부는 항복 의사를 전달했으며, 이로써 장기간 고려를 괴롭힌 전쟁은 끝날 수 있게 되었다.

① 몽골군은 최우가 집권한 이후 모두 다섯 차례 고려를 침입하였다.

② 자랄타이가 고려를 처음으로 침입하기 직전에 최의가 집권하였다.

③ 김준과 유경은 무신 집권자 최의를 죽이고 고려 국왕에게 권력을 되돌려 주었다.

④ 최항이 집권한 시기에 예쿠가 이끄는 몽골군은 충주성을 공격했으나 점령하지 못했다.

⑤ 고려를 침입한 살리타가 처인성에서 사망하자 최우는 개경에서 강화도로 수도를 옮겼다.

휴대전화를 뜻하는 '셀룰러폰'은 이동 통신 서비스에서 하나의 기지국이 담당하는 지역을 셀이라고 말한 것에서 유래하였다. 이동 통신은 주어진 총 주파수 대역폭을 다수의 사용자가 이용하므로 통화 채널당 할당된 주파수 대역을 재사용하는 기술이 무엇보다 중요하다. 이동 통신 회사들은 제한된 주파수 자원을 보다 효율적으로 사용하기 위하여 넓은 지역을 작은 셀로 나누고, 셀의 중심에 기지국을 만든다. 각 기지국마다 특정 주파수 대역을 사용해 서비스를 제공하는데, 일정 거리 이상 떨어진 기지국은 동일한 주파수 대역을 다시 사용함으로써 주파수 재사용률을 높인다. 예를 들면, 아래 그림은 특정 지역에 이동 통신 서비스를 제공하기 위하여 네 종류의 주파수 대역(F_1, F_2, F_3, F_4)을 사용하고 있다. 주파수 간섭 문제를 피하기 위해 인접한 셀들은 서로 다른 주파수 대역을 사용하지만, 인접하지 않은 셀에서는 이미 사용하고 있는 주파수 대역을 다시 사용하는 것을 볼 수 있다. 이렇게 셀을 구성하여 방대한 지역을 제한된 몇 개의 주파수 대역으로 서비스할 수 있다.

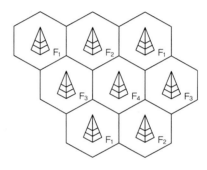

하나의 기지국이 감당할 수 있는 최대 통화량은 일정하다. 평지에서 기지국이 전파를 발사하면 전파의 장은 기지국을 중심으로 한 원 모양이지만, 서비스 지역에 셀을 배치하는 시스템 설계자는 해당 지역을 육각형의 셀로 디자인하여 중심에 기지국을 배치한다. 기지국의 전파 강도를 조절하여 셀의 반지름을 반으로 줄이면 면적은 약 1/4로 줄어들게 된다. 따라서 셀의 반지름을 반으로 줄일 경우 동일한 지역에는 셀의 수가 약 4배가 되고, 수용 가능한 통화량도 약 4배로 증가하게 된다. 이를 이용하여 시스템 설계자는 평소 통화량이 많은 곳은 셀의 반지름을 줄이고 통화량이 적은 곳은 셀의 반지름을 늘려 서비스 효율성을 높인다.

① 주파수 재사용률을 높이기 위해 기지국의 전파 강도를 높여 이동 통신 서비스를 제공한다.

② 제한된 수의 주파수 대역으로 넓은 지역에 이동 통신 서비스를 제공할 수 있다.

③ 인접 셀에서 같은 주파수 대역을 사용하면 주파수 간섭 문제가 발생할 수 있다.

④ 시스템 설계자는 서비스 지역의 통화량에 따라 셀의 반지름을 정한다.

⑤ 기지국 수를 늘리면 수용 가능한 통화량이 증가한다.

코페르니쿠스 체계에 대한 당대의 부정적 평가는, 일반적으로 그 당시 천문학자들이 가지고 있었던 비합리적인 종교적 편견에서 비롯되었다고 이해된다. 그러나 그들이 코페르니쿠스 체계를 거부한 데에는 나름 합리적인 이유가 있었다. 그들은 당대 최고의 천문학자였던 티코 브라헤가 코페르니쿠스 체계를 반증했다고 믿었기 때문이다.

티코 브라헤는, 코페르니쿠스 체계가 옳다면 공전 궤도상 서로 마주 보는 두 지점에서 한 별을 관찰했을 때 서로 다른 각도로 관찰된다는 점에 주목했다. 이처럼 지구가 공전 궤도에서 차지하는 상대적 위치에 따라 달라지는 별의 겉보기 각도 차이를 '연주시차'라고 한다. 티코 브라헤는 이 연주시차가 관찰되는지를 오랜 시간에 걸쳐 꼼꼼하게 조사했는데, 연주시차는 전혀 관찰되지 않았다. 티코 브라헤는 논리적 절차에 따라 코페르니쿠스 체계를 반증했다.

그러나 티코 브라헤의 반증은 후일 오류로 판명되었다. 현재 알려진 사실은 가장 가까운 별조차 연주시차가 너무 작아서 당시의 천문학 기술로는 누구도 연주시차를 관측할 수 없었다는 것이다. 이는 별이 태양계로부터 아주 멀리 떨어져 있다는 것을 의미한다. 흥미로운 점은 티코 브라헤가 자신이 관찰한 별이 너무 멀리 떨어져 있어서 당시의 관측 기술로는 연주시차가 관찰되지 않을 가능성을 고려했다는 사실이다. 그러나 티코 브라헤는 이런 가능성을 부정했다. 당시, 천체의 운동을 설명하는 유일한 이론은 아리스토텔레스의 자연학이었다. 그러나 연주시차가 관찰될 수 없을 만큼 별들이 멀리 떨어져 있다는 생각은 아리스토텔레스의 자연학과 양립할 수 없었다. 천체 운동에 대한 설명을 포기할 수 없었던 티코 브라헤는 결국 별이 그토록 멀리 떨어져 있다는 가능성을 부정할 수밖에 없었다.

─── 〈보 기〉 ───

ㄱ. 티코 브라헤는 기술적 한계 때문에 연주시차가 관찰되지 않았을 가능성을 당시 천체 운동을 설명하던 이론에 근거하여 부정하였다.

ㄴ. 티코 브라헤는 반증 과정에서 관찰 내용에 대한 최선의 이론적 설명이 아니라 종교적 편견에 따른 비합리적 설명을 선택함으로써 오류에 빠지게 되었다.

ㄷ. 티코 브라헤의 반증은, '코페르니쿠스 체계가 옳다면 연주시차가 관찰된다. 연주시차는 관찰되지 않았다. 따라서 코페르니쿠스 체계는 옳지 않다.'의 절차로 재구성할 수 있다.

① ㄱ
② ㄴ
③ ㄱ, ㄷ
④ ㄴ, ㄷ
⑤ ㄱ, ㄴ, ㄷ

문 1. 다음 글의 내용으로부터 확인할 수 <u>없는</u> 사실은?

08 행시(꿈) 01번

「경제육전(經濟六典)」의 형전(刑典) 내에 말하기를, "근년 이래 무릇 옥(獄)을 결단하는 자가 율문(律文)에 밝지 못하여 그 사사로이 사람의 죄를 내리고 올리므로, 형벌이 적중하지 못하여 원통하고 억울한 것을 호소할 데가 없어서 화기(和氣)를 손상하기에 이르니, 진실로 염려하지 않을 수 없다" 하였습니다. 이제 「대명률(大明律)」은 시왕(時王)의 제도이니, 마땅히 봉행(奉行)하여야 하는 것이나 밝게 알기가 쉽지 않으니, 마땅히 이미 통용되는 이두문[吏文]으로 이를 번역·반포하여 관리가 학습하게 함으로써, 그들이 태(笞) 하나 장(杖) 하나라도 반드시 율(律)에 의해 시행하게 해야 할 것입니다. 만약 율문(律文)을 살피지 않고 망령된 뜻으로 죄를 가볍게 하거나 무겁게 하는 자는 그 죄로써 벌줄 것입니다. 또 형을 언도하는 자는 사람의 죽고 사는 것이 매였으므로 삼가지 않을 수 없습니다. 「태종실록」1집, 313면)

상참(常參)을 받고 정사를 보았다. 임금이 좌우 근신(近臣)에게 이르기를, "비록 사리(事理)를 아는 사람이라 할지라도, 율문에 의거하여 판단이 내려진 뒤에야 죄의 경중을 알게 되거늘, 하물며 어리석은 백성이야 어찌 죄지은 바가 크고 작음을 알아서 스스로 고치겠는가. 비록 백성들로 하여금 율문을 다 알게 할 수는 없을지나, 따로 큰 죄의 조항만이라도 뽑아 적고 이를 이두문으로 번역하여서 민간에 반포하여 우부우부(愚夫愚婦)들로 하여금 범죄를 피할 줄 알게 함이 어떻겠는가" 하니, 이조판서 허조가 아뢰기를, "신은 폐단이 일어나지 않을까 두렵습니다. 간악한 백성이 진실로 율문을 알게 되오면, 죄의 크고 작은 것을 헤아려서 두려워하고 꺼리는 바가 없이 법을 제 마음대로 농간하는 무리가 이로부터 일어날 것입니다" 하므로, 임금이 말하기를, "그렇다면, 백성으로 하여금 알지 못하고 죄를 범하게 하는 것이 옳겠느냐. 백성에게 법을 알지 못하게 하고, 그 범법한 자를 벌주게 되면, 조삼모사(朝三暮四)의 술책에 가깝지 않겠는가. 더욱이 조종(祖宗)께서 율문을 읽게 하는 법을 세우신 것은 사람마다 모두 알게 하고자 함이니, 경 등은 고전을 상고하고 의논하여 아뢰라" (중략) "허조의 생각에는, 백성들이 율문을 알게 되면 쟁송(爭訟)이 그치지 않을 것이요, 윗사람을 능멸하는 폐단이 점점 늘어날 것이라 하나, 모름지기 세민(細民)으로 하여금 금법(禁法)을 알게 하여 두려워서 피하게 함이 옳겠다" 하고, 드디어 집현전에 명하여 옛적에 백성으로 하여금 법률을 익히게 하던 일을 상고하여 아뢰게 하였다. 「세종실록」3집, 426면)

① 「세종실록」에 따르면, 백성들 중에서 이두문으로 문자 생활을 한 이들이 있었다.

② 「태종실록」에 따르면, 형벌을 집행하는 관리들은 이두문으로 문자 생활을 하였다.

③ 「세종실록」에 따르면, 세종과 허조는 법률 제정 목적과 취지에 대해 다른 입장을 취하였다.

④ 「태종실록」에 따르면, 「대명률(大明律)」을 해석하지 못해 법집행을 적절하게 하지 못한 관리들이 있었다.

⑤ 「세종실록」에 따르면, 세종은 백성에게 주요 법률 내용을 이두문으로 번역·반포하여 관리의 법집행을 바르게 하고자 하였다.

문 2. 두 과학자 진영 A와 B의 진술 내용과 부합하지 <u>않는</u> 것은?

08 행시(꿈) 03번

우리 은하와 비교적 멀리 떨어져 있는 은하들이 모두 우리 은하로부터 점점 더 멀어지고 있다는 사실이 확인되었다. 이 사실을 두고 우주의 기원과 구조에 대해 서로 다른 견해를 가진 두 진영이 다음과 같이 논쟁하였다.

A진영 : 우주는 시간적으로 무한히 오래되었다. 우주가 팽창하는 것은 사실이다. 그렇다고 우리 견해가 틀렸다고 볼 필요는 없다. 우주는 팽창하지만 전체적으로 항상성을 유지한다. 은하와 은하가 멀어질 때 그 사이에서 물질이 연속적으로 생성되어 새로운 은하들이 계속 형성되기 때문이다. 비록 우주는 약간씩 변화가 있겠지만, 우주 전체의 평균 밀도는 일정하게 유지된다. 만일 은하 사이에서 새로 생성되는 은하를 관측한다면, 우리의 가설을 입증할 수 있다. 반면 우주가 자그마한 씨앗으로부터 대폭발에 의해 생겨났다는 주장은 터무니없다. 이처럼 방대한 우주의 물질과 구조가 어떻게 그토록 작은 점에 모여 있을 수 있겠는가?

B진영 : A의 주장은 터무니없다. 은하 사이에서 새로운 은하가 생겨난다면 도대체 그 물질은 어디서 온 것이라는 말인가? 은하들이 우리 은하로부터 점점 더 멀어지고 있다는 사실은 오히려 우리 견해가 옳다는 것을 입증할 뿐이다. 팽창하는 우주를 거꾸로 돌린다면 우주가 시공간적으로 한 점에서 시작되었다는 결론을 얻을 수 있다. 만일 우주 안의 모든 물질과 구조가 한 점에 있었다면 초기 우주는 현재와 크게 달랐을 것이다. 대폭발 이후 우주의 물질들은 계속 멀어지고 있으며 우주의 밀도는 계속 낮아지고 있다. 대폭발 이후 방대한 전자기파가 방출되었는데, 만일 우리가 이를 관측한다면, 우리의 견해가 입증될 것이다.

① A에 따르면 물질의 총 질량이 보존되지 않는다.

② A에 따르면 우주는 시작이 없고, B에 따르면 우주는 시작이 있다.

③ A에 따르면 우주는 국소적인 변화는 있으나 전체적으로는 변화가 없다.

④ A와 B는 인접한 은하들 사이의 평균 거리가 커진다는 것을 받아들인다.

⑤ A와 B 모두 자신의 주장을 경험적으로 입증하기 위한 방법을 제안하고 있다.

서구 열강이 동아시아에 영향력을 확대시키고 있던 19세기 후반, 동아시아 지식인들은 당시의 시대 상황을 전환의 시대로 인식하고 이러한 상황을 극복하기 위해 여러 방안을 강구했다. 조선 지식인들 역시 당시 상황을 위기로 인식하면서 다양한 해결책을 제시하고자 했지만, 서양 제국주의의 실체를 정확하게 파악할 수 없었다. 그들에게는 서양 문명의 본질에 대해 치밀하게 분석하고 종합적으로 고찰할 지적 배경이나 사회적 여건이 조성되지 못했기 때문이다. 그들은 자신들의 세계관에 근거하여 서양 문명을 판단할 수밖에 없었다. 당시 지식인들에게 비친 서양 문명의 모습은 대단히 혼란스러웠다. 과학기술 수준은 높지만 정신문화 수준은 낮고, 개인의 권리와 자유가 무한히 보장되어 있지만 사회적 품위는 저급한 것으로 인식되었다. 그래서 그들은 서양 자본주의 문화의 원리와 구조를 정확히 인식하지 못해 빈부격차의 심화, 독점자본의 폐해, 금융질서의 혼란에 대처할 능력이 없었다. 이뿐만 아니라 겉으로는 보편적 인권과 민주주의를 표방하면서도 실제로는 제국주의적 야욕을 드러내는 서구 열강의 이중성을 깊게 인식할 수 없었다.

당시 조선 지식인들은 근대 서양 문화에 대한 이러한 인식에 기초하여 전통과 근대성, 동양과 서양의 문화에 대해 다양한 관점을 드러냈다. A는 전통 유가 이데올로기와 조선의 주체성을 중시하며 서양 문화 전반을 배척하는 관점을 드러내었다. B는 전통 문화를 비판하고 근대화와 개화를 중시하며, 개인적 자유의 확립과 부강한 근대적 국민국가의 건설을 위해 서양 문화 전반에 대한 적극적인 수용을 주장했다. C는 일본과 서양 문화를 비롯한 외세의 침략에 저항하고, 민중의 생존권을 확보하고 만민평등권을 쟁취하기 위해 전통사상과 제도를 타파하고자 했다. D는 동양 문화와 서양 문화가 대립적인 것이 아니라 상호보완적인 것이라고 생각하고, 동양 문화의 장점과 서양 문화의 장점을 융합하고자 하였다. 그래서 유교적 가치를 바탕으로 서양의 과학기술뿐 아니라, 근대 민주주의, 시장경제 등 사회 분야에서도 서양 제도의 수용이 필요하다고 주장했다. 특히 D는 이전의 상당수 성리학자들이 부국강병의 문제를 소홀하게 취급했던 것을 비판했다. 그는 서양의 발전이 경제의 발전에 있다고 판단하고, 부국강병의 원천이 국가 경제 발전에 있다고 보았다.

① A와 C는 군왕제에 대해 서로 다른 입장을 보일 것이다.

② A는 D의 경제사상에 대해 반대할 것이다.

③ B와 C는 과학기술에 대해 같은 입장을 취할 것이다.

④ B는 D의 정치사상은 받아들일 수 있지만 유가윤리는 거부할 것이다.

⑤ C와 D는 신분제에 대해 부정적 태도를 취할 것이다.

문 4.　다음 각 언론의 보도행태는 모두 문제점을 내포하고 있다. 내포하고 있는 문제의 성격이 <u>다른</u> 하나는?

08 행시(꿈) 35번

가. 2004년 성매매특별법이 도입되었다. 한 지방경찰청의 범죄 통계에 따르면 특별법 도입 직후 한 달 동안 성폭력범죄 신고 및 강간사건의 수치가 지난 5년 동안의 월 평균보다 약간 높게 나타났다. 성범죄 수치는 계절과 주기별로 다르게 나타난다. 한 언론사는 이 통계에 근거해 "성매매특별법 시행 이후 성범죄 급속히 늘어"라는 제목의 기사를 내었다.

나. 1994～1996년 사이 항공 사고로 인한 사망자가 적은 해에는 10명 미만, 많은 해에는 200～300명 발생하였다. 같은 기간 산업재해로 인한 사망자는 매년 5,000명 이상, 상해자는 700만 명 가량 발생하였다. 이 시기 언론사들은 항공 사고에 대한 보도를 언론사당 50편 가량 발표했다. 반면, 위험한 장비와 관련한 안전사고, 비위생적 노동조건으로 인한 질병 등 산업재해로 인한 사망사건에 대한 보도는 거의 없었다.

다. 1996～1997년 사이 통계를 보면 미국 사회 전체에서 폭력사건으로 인한 사망자 수는 5,400명이었다. 이 가운데 학교에서 발생한 폭력사건으로 인한 사망자 수는 19명이었으며 10개 공립학교에서 발생했다. 이로부터 어떤 신문은 "시한폭탄 같은 10대들"이라는 제하에 1면 헤드라인 기사로 청소년 폭력문제를 다루었고 방송사들도 뉴스 프로그램을 통해 청소년들의 흉악한 행동이 미국 전역의 학교와 도시에서 만연하고 있다고 보도했다.

라. 1990～1997년 사이 교통사고로 인한 사망자 25만 명 중 난폭 운전에 의해 사망한 사람은 218명이었다. 그리고 같은 시기 부상을 당한 2,000만 명의 자동차 운전자들 가운데 난폭 운전자에 의해 사고를 당했다고 추정되는 사람은 전체 부상자의 0.1% 미만이었다. 이에 대해 한 신문사는 "교통사고의 주범 난폭운전"이란 제하에 난폭 운전으로 인한 인명피해가 최근 전국적으로 넘쳐나고 있다고 보도했다.

마. 1996년 한 연구기관에서 미국사회의 질병에 관한 통계조사를 실시했다. 그 결과에 따르면 미국인 가운데 비만에 걸린 사람은 190만 명으로 미국인 전체 성인 중 약 1.5%를 차지했다. 이로부터 한 언론은 미국 성인의 대부분이 비만에 걸려 있으며 앞으로 비만이 미국사회의 가장 심각한 사회문제가 될 것이라는 내용의 기사를 실었다.

① 가

② 나

③ 다

④ 라

⑤ 마

문 5. 각 단락으로부터 이끌어낸 쟁점으로 적절하지 않은 것은?

09 행시(경) 03번

미국 연방통신위원회(FTC)는 12세 이하의 어린이를 위한 프로그램의 경우 주중에는 1시간에 12분, 주말에는 10.5분을 초과하는 광고를 방영해서는 안 된다고 규정하고 있다. 이러한 사례로 대표되는 어린이 광고 규제에 대한 다음 글들에서는 상반된 시각들이 발견된다.

(가) 최근 특정 회사의 교재와 교육장비를 일선 학교의 교육 프로그램에 제공하는 방식의 자사제품 홍보가 어린이들의 자발적 선택능력을 저하시키고 그릇된 편견을 조성할 수 있다는 소비자 연합의 주장이 있었다. 그러나 일선 학교의 교장들은 특정 상품의 지원을 통해 학교 교육 프로그램을 다양하게 운영할 수 있게 됨으로써 교육의 질적 향상에 기여하는 바가 크다고 주장했다.

(나) FTC는 최근 보고서에서 음향효과와 조명 전문가들, 심리 분석가들, 대본작가 등 여러 전문가들과 방대한 자금의 투입으로 만들어지는 텔레비전 광고는 속기 쉬운 8세 어린이의 상표 충성(brand loyalty)을 얻으려는 목적으로 부당한 노력을 서슴지 않는다고 비판하였다. 이에 비해 어린이 대상 광고의 지지자들은 8세 이상의 어린이들 정도면 광고의 판매 의도를 인식할 수 있다고 주장한다. 이들은 어린이 역시 광고 정보를 받을 권리를 가지고 있기 때문에 이들을 대상으로 한 광고가 적절하다고 역설한다.

(다) FTC 조사에 따르면, 설탕이 과도하게 함유된 시리얼, 스낵 및 음료에 대한 지나친 광고가 학교나 부모로부터 받은 영양교육을 부정하고 건강에 해로운 제품을 구매하도록 자녀들을 몰아가고 있다고 생각하는 학부모가 60% 이상이라 한다. 하지만 이들 제품을 제조하는 회사들은 실질적으로 구매를 결정하는 것은 부모들이므로 그러한 우려가 기우일 뿐이라고 일축하였다.

(라) 어떤 부모들은 광고를 접한 어린이가 부지불식간에 '보조판매원'이 되어 자신이 원하는 물건을 얻을 때까지 끊임없이 귀찮게 굴고 투정이 늘어 자식과 말다툼을 벌이는 경우가 많아졌다고 주장한다. 한편 최근의 설문조사에서는 대다수의 부모들이 텔레비전에서 본 것을 사달라는 자녀들의 요구를 정당한 것으로 받아들이고 있음이 밝혀졌다. 많은 부모들이 이러한 요구가 부모와 자식 사이의 자연스러운 부분이며 부모와 자식 사이에 토론의 기회를 제공해 주는 긍정적 계기라고 생각한다는 것이다.

(마) 광고가 자본주의의 미덕을 알려주고 의사 결정 능력을 길러줄 수 있다는 주장이 있다. 혹자는 이를 근거로 광고가 어린이들이 실제 세상을 준비하는 데 도움이 된다고 하면서 반대론자들의 견해를 효과적으로 반격하였다. '광고주들은 긍정적이고 유익한 사회적 표준들을 다루는 광고를 개발함으로써 사회적 행동에 영향을 미치는 광고의 가능성을 이용하여야 한다'고 권유하는 한 단체의 지침서에서도 이러한 인식이 간접적으로 드러난다.

① (가)-학교 교육프로그램을 지원하는 판촉활동은 바람직한가?
② (나)-어린이는 광고정보를 받을 권리가 있는가?
③ (다)-광고는 어린이들에게 몸에 좋지 않은 제품을 구매하도록 하는가?
④ (라)-광고는 부모와 자식 사이에 부정적 영향을 끼치는가?
⑤ (마)-광고는 어린이의 사회화에 기여하는가?

문 6. 다음 대화 참여자들의 입장을 잘못 설명한 것은?

11 민간실험(수) 19번

춘향 : 최근 연안 여객 선박과 고래가 충돌하여 발생하는 재산피해 및 인명사고에 대한 보고가 늘고 있습니다. 고래 개체 수가 충분히 늘었다는 것이지요. 연안 해운의 안전을 위해서라도 이제는 포경을 재개해야 할 시점이라고 봅니다.

몽룡 : 국제포경위원히(IWC)는 1986년 고래 자원의 보호를 위해 상업적 포경을 금지했고, 1994년에는 남빙양에 '고래 성역'을 설정했습니다. 이미 포경 금지에 관한 IWC 내부적으로 국제합의가 이루어져 있는 셈이지요.

향단 : 아직 고래의 개체 수는 충분하지 못합니다. 게다가 고래는 지구환경과 생태계의 상징적 동물로 인식되고 있어요. 포경을 재개한다면, 환경정책이 경제적 압력에 굴복한 대표적 사례로 남을 것입니다.

길동 : 전 세계 고래의 개체 수는 상업적 포경 금지 후 계속 증가하고 있고, 이에 따라 1997년 고래류의 먹이양은 5억 2,000만 톤에 이르렀습니다. 이양은 전 세계 어업생산의 약 4~5배에 달하는 수준입니다. 수산자원의 관리 차원에서 인류가 잡는 어업만을 규제할 것이 아니라, 고래가 잡아먹는 먹이를 관리한다는 차원에서 고래잡이가 재개되어야 한다고 봅니다.

방자 : IWC 회원국 중에도 일본, 노르웨이 등의 국가는 고래류를 식량 자원으로 간주하며 포경을 재개할 것을 끈질기게 주장하고 있습니다.

학도 : 문제는 고래의 개체 수가 지속생산이 가능한 수준으로 유지될 수 있느냐에 달려 있습니다. 고래 자원에 대한 정확한 과학적 조사가 선행된 뒤에 상업적 포경 여부와 수준이 결정되어야 합니다.

① 춘향은 향단과 상반되는 입장을 취하고 있다.
② 방자의 예는 몽룡의 주장에 대한 반례에 해당한다.
③ 향단은 길동과 상반되는 입장을 취하고 있다.
④ 길동의 예는 춘향의 견해를 지지하는 사례이다.
⑤ 학도는 길동과 대립되는 견해를 취하고 있다.

베트남 전쟁에서의 패배와 과도한 군사비 부담에 직면한 미국은 동아시아의 질서를 안정적으로 재편하고자 하였다. 1970년 미국이 발표한 닉슨 독트린은 동아시아의 긴장 완화를 통하여 소련과 베트남을 견제하고 자국의 군비 부담을 줄이고자 하는 의도를 담고 있다. 미국의 이와 같은 바람은 미·중 수교를 위한 중국과의 외교적 접촉으로 이어져, 1971년 중국의 UN가입과 1972년 닉슨의 중국 방문이 성사되었다. '데탕트'라 불리는 이와 같은 국제 정세의 변동은 한반도에도 영향을 미쳤다. 미국과 중국은 남·북한에 긴장 완화를 위한 조치들을 취하도록 촉구하였다. 이에 1971년 대한적십자사가 먼저 이산가족의 재회를 위한 남북 적십자 회담을 제의하였고, 곧바로 북한적십자회가 이를 수락하여 회답을 보내왔다. 이후 여러 차례의 예비회담이 열린 끝에 분단 이후 최초의 남북회담이 개최되었다. 다음은 대한적십자사의 특별성명과 북한적십자회의 회답이다.

[대한적십자사 특별성명] 4반세기에 걸친 남북 간의 장벽은 온갖 민족 비극의 원천이며, 특히 남북으로 갈린 이산가족들의 비극은 인류의 상징적 비극이라 아니할 수 없습니다. 물론 이러한 이산가족의 비극은 남북 간의 장벽이 해소됨으로써 완전히 종식될 것이나, 이것이 단시일 내에 이룩되기 어려운 현실 아래에서 적어도 1천만 남북 이산가족들의 실태를 확인하고 이들의 소식을 알려주며 재회를 알선하는 가족찾기 운동만이라도 우선 전개해야 하겠습니다. 그러므로 나는 대한적십자사를 대표하여 적십자 정신에 따라 남북 간의 순수한 인도적 문제를 조속히 해결할 목적으로 다음과 같이 제의합니다.

첫째, 남북한의 가족찾기 운동을 구체적으로 협의하기 위해 가까운 시일 안에 남북 적십자 대표가 한자리에 마주앉아 회담할 것을 제의한다. 둘째, 본 회담의 절차상의 문제를 협의하기 위하여 늦어도 오는 10월 안으로 제네바에서 예비회담을 개최할 것을 제의한다. 우리는 북한적십자회가 적십자 정신과 그 기본 임무에 입각하여 이러한 순수한 인도적 제의를 호의적으로 받아들일 것을 확신하는 바입니다.

－대한적십자사 총재 최○○－

[북한적십자회 회답] 귀하가 이번에 처음으로 우리들의 시종일관한 애국적인 호소에 호응하여 북남 접촉을 실현할 용단을 내린 것은 참으로 다행한 일이라고 생각한다. 의제에 대하여 말한다면 우리는 북남에 헤어져 있는 가족과 친척, 친우의 절실한 염원에 비추어 다만 가족찾기 운동만으로는 부족하다고 인정한다. 북남 전체 인민의 공통한 염원과 인도주의적 원칙의 취지에서 적십자단체의 대표회의에 가족찾기 운동을 포함한 다음과 같은 문제를 토의할 것을 정중히 제안한다.

첫째, 북남으로 헤어져 있는 가족과 친척·친우의 재회 및 자유로운 왕래와 상호방문의 실현, 둘째, 북남 간 분단된 가족과 친척·친우의 자유로운 편지 교환 실시, 셋째, 귀하(대한적십자사 총재)가 제안한 바 있는 가족을 찾아 재회시키는 문제. 우리는 북남 적십자단체 대표가 순수한 인도주의적 입장에서 한자리에 모여 진지하고 허심탄회하게 의견을 교환할 수 있다면, 반드시 상호 간에 공통점을 발견하여 민족적인 이익에 부합되도록 모든 문제를 원만히 해결할 것이라고 확신한다. 이에 우리는 9월 말까지 쌍방 대표가 예비회담을 열 것을 제안한다.

－북한적십자회 중앙위원회 위원장 손○○－

① 북측은 남측이 제안한 의제가 충분하지 않다고 답하고 있다.
② 남북 양측은 이산가족 찾기가 현안이라는 데에 공감대를 형성하고 예비회담의 개최를 제안하였다.
③ 남북 양측은 이산가족 문제의 해결을 위해서 군사적 긴장완화가 추진되어야 한다는 점을 인정하고 있다.
④ 남북 양측의 이산가족 찾기를 위한 적십자 회담은 닉슨 독트린 이후의 미·중 긴장 완화를 배경으로 하고 있다.
⑤ 남북 양측은 이산가족 찾기에 대한 인도주의적 입장을 내세워 한반도 긴장 완화에 관한 미국과 중국의 외교적 요구를 수용하고 있다.

대한민국 정부와 일본 정부는 독도 문제와 관련해서 수많은 논쟁을 해왔다. 그동안 대한민국 정부는 독도 영유권에 관한 일본 정부의 견해를 신중히 검토하였다. 그러나 일본 정부가 역사적 사실로서 각종 문헌과 사적을 이용한 것은 다 부정확하고, 또 독도소유에 대한 국제법상의 여러 조건을 충족시켰다는 일본 정부의 주장도 역시 전혀 근거가 없다. 우선 울릉도나 독도를 가리키는 '우산국, 우산, 울릉'에 대한 오해와 왜곡이 풀려야 한다. 따라서 대한민국 정부는 아래의 증거를 들어 일본 정부가 제시한 의견이 독단적인 억측에 기초하고 있다는 것을 말하고자 한다.

우산도와 울릉도가 두 개의 섬이라는 것을 구구하게 설명할 필요가 없다. 그러나 다시 한 번 오해가 없도록 명확하게 하기 위해 이제 『세종실록지리지(世宗實錄地理志)』와 『신증동국여지승람(新增東國輿地勝覽)』에 수록된 다음의 기사를 인용하고자 한다. "우산과 울릉의 두 섬이 울진현의 정동쪽 바다 가운데 위치하고 또 이 두 섬이 거리가 그리 멀지 않기 때문에 일기가 청명한 때는 이 두 섬 서로가 바라볼 수 있다." 여기에서 인용된 우산도와 울릉도 두 섬은 울진현의 정동쪽 바다에 위치한 별개의 섬이다. 이 두 섬은 떨어져 있으나 과히 멀지 않기 때문에 일기가 청명할 때는 서로 바라볼 수 있다고 기록되어 있다.

일본 정부는 이와 같이 명확히 인정된 사실을 솔직하게 인정하지 않고 도리어 이 사실을 부인할 속셈으로 위 책의 본문에 기록되어 있는 다음 구절만을 맹목적으로 인용하고 있다. 즉 『세종실록지리지』에 기록되어 있는 "신라 때 칭하기를 우산국을 일러 울릉도"라고 한 대목과 『신증동국여지승람』에 기록되어 있는 "일설(一說)에 우산과 울릉은 본디 하나의 섬"이라고 한 대목이 그것이다. 그러나 『세종실록지리지』의 기사는 울릉도와 그 부속 도서를 포함하는 신라 시대의 우산국을 의미하는 것이지 우산도를 말하는 것이 아니다. 그리고 『신증동국여지승람』에서 말한 것은 막연한 일설에 지나지 않는다. 따라서 이 인용문들은 『세종실록지리지』와 『신증동국여지승람』이 편찬되었던 당시 두 섬이 두 개의 명칭으로 확인된 사실에 결코 영향을 미치지 못한다.

① 대한민국 정부 : 우산도와 독도는 별개의 섬이다.

② 대한민국 정부 : 울릉도와 우산도는 별개의 섬이다.

③ 일본 정부 : 우산국과 우산도는 같은 섬이다.

④ 일본 정부 : 우산국과 울릉도는 같은 섬이다.

⑤ 일본 정부 : 울릉도와 우산도

(가) 도덕성의 기초는 이성이지 동정심이 아니다. 동정심은 타인의 고통을 공유하려는 선한 마음이지만, 그것은 일관적이지 않으며 때로는 변덕스럽고 편협하다.

(나) 인간의 동정심은 신뢰할 만하지 않다. 예컨대, 같은 종류의 불행을 당했다고 해도 내 가족에 대해서는 동정심이 일어나지만 모르는 사람에 대해서는 동정심이 생기지 않기도 한다.

(다) 도덕성의 기초는 이성이 아니라 오히려 동정심이다. 즉 동정심은 타인의 곤경을 자신의 곤경처럼 느끼며 타인의 고난을 위로해 주고 싶은 욕구이다. 타인의 고통을 나의 고통처럼 느끼고, 그로부터 타인의 고통을 막으려는 행동이 나오게 된다. 이렇게 동정심은 도덕성의 원천이 된다.

(라) 동정심과 도덕성의 관계에서 중요한 문제는 어떻게 동정심을 함양할 것인가의 문제이지, 그 자체로 도덕성의 기초가 될 수 있는지 없는지의 문제가 아니다. 동정심은 전적으로 신뢰할 만한 것은 아니며 때로는 왜곡될 수도 있다. 그렇다고 그 때문에 도덕성의 기반에서 동정심을 완전히 제거하는 것은 도덕의 풍부한 원천을 모두 내다버리는 것과 같다. 오히려 동정심이나 공감의 능력은 성숙하게 함양해야 하는 도덕적 소질에 가까운 것이다.

〈보 기〉

갑 : (가)와 (다)는 양립할 수 없는 주장이다.

을 : (나)는 (가)를 지지하는 관계이다.

병 : (가)와 (라)는 동정심의 도덕적 역할을 전적으로 부정하고 있다.

정 : (나)와 (라)는 모순관계이다.

① 갑, 을

② 을, 정

③ 갑, 을, 병

④ 갑, 병, 정

⑤ 을, 병, 정

다음 글에서 추론할 수 <u>없는</u> 것은?

'전통적 마케팅'이라는 용어는 지난 한 세기 동안 축적된 마케팅의 개념과 방법론을 의미한다. 이러한 전통적 마케팅은 대체로 기능상의 특징과 편익에 초점을 맞춘다. 전통적 마케터들은 소비자들이 상품의 기능적 특징을 평가하여 최고의 효용을 가져다 줄 상품을 선택한다고 가정한다. 기능적 효용으로 설명되지 않는 소비자의 구매 행위에 대해서는 '이미지 효과'나 '브랜드 효과'로 설명하며, 이는 전체 소비 행위의 비중에서 미미할 것으로 간주한다. 전통적 마케터들은 이러한 소비자들에게 마케팅을 할 때, 분석적이며 계량적인 도구를 사용한다. 구체적인 인터뷰나 설문조사를 통해 얻어진 소비자들의 평가를 수치화하여 분석 모형에 적용한 결과를 토대로 마케팅 전략을 수립한다.

하지만 소비생활을 오랜 기간 지속해 온 고객들은 이제 제품의 편익과 품질을 반영한 기능적 특징에 더불어 '그 이외의 것'을 요구한다. 이 때 소비자들은 자신의 감각에 호소하고 가슴에 와 닿으며 자신의 정신을 자극하는 상품과 마케팅을 원한다. 다시 말해 소위 '체험 마케팅'을 원하는 시대가 도래한 것이다.

체험 마케팅은 전통적인 마케팅과 달리 고객 체험에 중점을 둔다. 체험은 감각, 마음 그리고 정신을 자극하는 계기가 되어 고객의 라이프스타일을 기업과 브랜드로 연결시킨다. 이를테면 전통적 마케터들이 생각하는 욕실 상품의 마케팅 범주는 샴푸, 면도크림, 드라이기 등의 용품이 갖는 기능적 특징을 중심으로 결정된다. 그러나 체험 마케터들은 이와 더불어 좀 더 폭넓게 '욕실에서의 몸치장'을 생각하여 어떤 제품이 이 소비상황에 맞는지, 어떻게 하면 소비자의 체험을 더 승화할 수 있는지 등을 반영한 상품들의 마케팅 범주까지 고려한다. 이제 소비자들은 이성적일 뿐만 아니라, 감성적이거나 감정적으로 영향을 받으며 창조적으로 도전받길 원한다. 이런 소비자들에 대응하는 체험 마케팅의 수단은 수많은 소비 패턴에 대해 맞춤 형태로 이루어질 수밖에 없다. 모든 소비자들에게 표준화된 동일한 형식을 제공하기보다는 목적이나 상황에 맞게 새로운 형식을 만드는 것이다. 체험 마케팅의 전략 수립 과정도 하나의 방법론적 이데올로기에 얽매이지 않는다. 어떤 방법과 도구들은 아주 분석적이거나 계량적일 수도 있고 그렇지 않을 수도 있다. 소비자들의 평가 정보를 얻기 위한 장소 또한 인위적인 인터뷰 공간이 될 수도 있고 일상적인 생활 공간이 될 수도 있다.

① 체험 마케팅의 수단과 전략 수립 과정은 다양한 형태로 나타난다.

② 체험 마케터는 전통적 마케터보다 상품의 마케팅 범주를 더 넓게 설정한다.

③ 체험 마케팅의 발달은 오늘날의 소비자들이 상품의 기능적 효용보다는 감성적 측면을 더 중시함을 반영한다.

④ 전통적 마케터는 계량화된 분석 결과를 토대로 기능적 효용을 중시하는 소비자를 대상으로 하는 전략을 수립한다.

⑤ 전통적 마케터들은 소비자의 브랜드나 이미지에 의한 소비 비중이 기능적 효용에 의한 소비 비중에 비해 작은 것으로 간주한다.

갑~병의 논증에 대한 분석으로 적절한 것만을 〈보기〉에서 모두 고르면?

갑 : 절대적으로 확실한 지식은 존재하지 않는다. 왜냐하면 그런 지식으로 인도해 줄 방법은 없기 때문이다. 첫째, 사람의 감각은 믿을 수가 없으며, 실제 외부세계의 본질에 대해서 아무것도 말해 주지 않는다. 둘째, 확실한 것으로 받아들여지는 논리적 방법도, 주어진 사실에 바탕을 두고 그것을 전제로 해서 새로운 사실을 결론짓는 것이므로, 결국 불확실한 것에 바탕을 두었을 따름이다.

을 : 정상적인 감각기관을 통하여 얻어낸 감각 경험은 믿을 만하고, 우리는 이 감각 경험에 기초한 판단이 참인지 아닌지를 가릴 수 있다. 그러므로 감각 경험을 통해서 우리는 절대적으로 확실한 지식을 얻게 된다.

병 : 나는 인간의 경험에 의존한 방법이나 이성적 추론을 통한 방법은 의심이 가능하며 믿을 수 없다고 생각했었다. 하지만 이런 의심을 거듭한 결과 나는 놀라운 결론에 이르렀다. 그것은 모든 것을 의심한다고 하더라도 의심할 수 없는 것이 있다는 사실이다. 그것은 바로 의심하는 내가 있다는 것이다. 결국 나는 거듭 의심하는 방법을 사용하여 절대적으로 확실한 지식을 발견하였다.

─── 〈보 기〉 ───
ㄱ. 갑의 결론은 을의 결론과 양립 불가능하다.
ㄴ. 갑의 결론은 병의 결론과 양립 불가능하다.
ㄷ. 을과 병은 모두 절대적으로 확실한 지식이 있다고 주장한다.

① ㄱ
② ㄴ
③ ㄱ, ㄷ
④ ㄴ, ㄷ
⑤ ㄱ, ㄴ, ㄷ

갑 : 17세기 화가 페르메르의 작품을 메헤렌이 위조한 사건은 세상을 떠들썩하게 했지. 메헤렌의 그 위조품이 지금도 높은 가격에 거래된다고 하는데, 이 일은 예술 감상에서 무엇이 중요한지를 생각하게 만들어.

을 : 눈으로 위조품과 진품을 구별할 수 없다고 하더라도 위조품은 결코 예술적 가치를 가질 수 없어. 예술품이라면 창의적이어야 하는데 위조품은 창의적이지 않기 때문이지. 예술적 가치는 진품만이 가질 수 있어.

병 : 메헤렌의 작품이 페르메르의 작품보다 반드시 예술적으로 못하다고 할 수 있을까? 메헤렌의 작품이 부정적으로 평가되는 것은 메헤렌이 사람들을 속였기 때문이지 그의 작품이 예술적으로 열등해서가 아니야.

갑 : 예술적 가치는 시각적으로 식별할 수 있는 특성으로 결정돼. 그런데 많은 사람들이 위조품과 진품을 식별할 수 없다고 해서 식별이 불가능한 것은 아니야. 전문적인 훈련을 받은 사람은 두 작품에서 시각적으로 식별 가능한 차이를 찾아내겠지.

을 : 위작이라고 알려진 다음에도 그 작품을 칭송하는 것은 이해할 수 없는 일이야. 왜 많은 사람들이 〈모나리자〉의 원작을 보려고 몰려들겠어? 〈모나리자〉를 완벽하게 복제한 작품이라면 분명히 그렇게 많은 사람들의 관심을 끌지는 못할 거야.

병 : 사람들이 〈모나리자〉에서 감상하는 것이 무엇이겠어? 그것이 원작이라는 사실은 감상할 수 있는 대상이 아니야. 결국 사람들은 〈모나리자〉가 갖고 있는 시각적 특징에 예술적 가치를 부여하는 것이지.

─── 〈보 기〉 ───

ㄱ. 예술적 가치로서의 창의성은 시각적 특성으로 드러나야 한다는 데 갑과 을은 동의할 것이다.

ㄴ. 시각적 특성만으로는 그 누구도 진품과 위조품을 구별할 수 없다면 이 둘의 예술적 가치가 같을 수 있다는 데 갑과 병은 동의할 것이다.

ㄷ. 메헤렌의 위조품이 고가에 거래되는 이유가 그 작품의 예술적 가치에 있다는 데 을과 병은 동의할 것이다.

① ㄱ
② ㄴ
③ ㄱ, ㄷ
④ ㄴ, ㄷ
⑤ ㄱ, ㄴ, ㄷ

갈릴레오는 『두 가지 주된 세계 체계에 관한 대화』에서 등장인물인 살비아티에게 자신을 대변하는 역할을 맡겼다. 심플리치오는 아리스토텔레스의 자연철학을 대변하는 인물로서 살비아티의 대화 상대역을 맡고 있다. 또 다른 등장인물인 사그레도는 건전한 판단력을 지닌 자로서 살비아티와 심플리치오 사이에서 중재자 역할을 맡고 있다.

이 책의 마지막 부분에서 사그레도는 나흘간의 대화를 마무리하며 코페르니쿠스의 지동설을 옳은 견해로 인정한다. 그리고 그는 그 견해를 지지하는 세 가지 근거를 제시한다. 첫째는 행성의 겉보기 운동과 역행 운동에서, 둘째는 태양이 자전한다는 것과 그 흑점들의 운동에서, 셋째는 조수 현상에서 찾아낸다.

이에 반해 살비아티는 지동설의 근거로서 사그레도가 언급하지 않은 항성의 시차(視差)를 중요하게 다룬다. 살비아티는 지구의 공전을 입증하기 위한 첫 번째 단계로 지구의 공전을 전제로 한 코페르니쿠스의 이론이 행성의 겉보기 운동을 얼마나 간단하고 조화롭게 설명할 수 있는지를 보여준다. 그런 다음 그는 지구의 공전을 전제로 할 때, 공전 궤도의 두 맞은편 지점에서 관측자에게 보이는 항성의 위치가 달라지는 현상, 곧 항성의 시차를 기하학적으로 설명한다.

그렇다면 사그레도는 왜 이 중요한 사실을 거론하지 않았을까? 그것은 세 번째 날의 대화에서 심플리치오가 아리스토텔레스의 이론을 옹호하면서 지동설에 대한 반박 근거로 공전에 의한 항성의 시차가 관측되지 않음을 지적한 것과 관련이 있다. 당시 갈릴레오는 자신의 망원경을 통해 별의 시차를 관측하지 못했다. 그는 그 이유가 항성이 당시 알려진 것보다 훨씬 멀리 있기 때문이라고 주장하였지만, 반대자들에게 그것은 임기응변적인 가설로 치부될 뿐이었다. 결국 그 작은 각도가 나중에 더 좋은 망원경에 의해 관측되기까지 항성의 시차는 지동설의 옹호자들에게 '불편한 진실'로 남아 있었다.

① 아리스토텔레스의 철학을 따르는 심플리치오는 지구가 공전하지 않음을 주장한다.

② 사그레도는 항성의 시차에 관한 기하학적 예측에 근거하여 코페르니쿠스의 지동설을 받아들인다.

③ 사그레도와 살비아티는 둘 다 행성의 겉보기 운동을 근거로 하여 코페르니쿠스의 지동설을 옹호한다.

④ 심플리치오는 관측자에게 항성의 시차가 관측되지 않았다는 사실에 근거하여 코페르니쿠스의 지동설을 반박한다.

⑤ 살비아티는 지구가 공전한다면 공전 궤도상의 지구의 위치에 따라 항성의 시차가 존재할 수밖에 없다고 예측한다.

문 1. 다음 글을 하나의 논증이라고 할 때, 이 논증에 대한 서술로 적절한 것을 〈보기〉에서 모두 고르면? 07 행시(외) 33번

어떤 수학적 체계가 모든 사람에게 동일한 것이기 위해서 다음 두 조건이 모두 만족되어야 한다는 것은 분명하다. 우선, 이성적 판단 능력을 지닌 주체들이 그 체계에 대한 판단에서 언제나 완전한 합의를 이룰 수 있어야 한다. 이런 조건이 충족된다면, 누구나 자신의 판단과 다른 주체의 판단을 비교함으로써 어느 판단이 사실과 더 잘 부합하는지 확인할 수 있을 것이다. 두 번째 조건은 그 체계를 적용하여 판단을 내릴 때, 그런 판단에 도달하는 과정이 모든 주체에서 동일해야 한다는 것이다. 과정의 동일성은 전제나 결론의 동일성 못지않게 중요하다.

그런데 자연수의 체계는 이러한 두 조건 가운데 어느 것도 만족하지 않는다. 우선 자연수 체계는 우리가 세계를 해석하는 데 적용할 수 있는 하나의 틀이고, 세계를 해석하는 데는 다양한 체계가 동원될 수 있기 때문이다. 두 번째 조건도 충족되기 어려워 보인다. 예를 들어 자연수의 체계를 적용하여 두 물체의 크기를 비교할 때 어떤 사람은 두 물체를 각각 특정한 자연수에 대응시키는 방식을 취하지만, 어떤 사람은 한 물체의 크기를 100에 대응시킨 후 나머지 물체의 크기에 대응하는 자연수를 찾기 때문이다.

〈보 기〉

ㄱ. 수학적 체계가 모든 사람에게 동일한 것이기 위한 필요조건을 제시하였다.

ㄴ. 이 논증에 따르면 자연수 체계는 모든 사람에게 동일한 체계라고 볼 수 없다.

ㄷ. 예시를 통해 서두에 제시된 동일성 조건의 부적절성을 보이려 했다.

ㄹ. 제시된 조건에 부합하는 사례와 그렇지 않은 사례를 대비시켜 개념을 명료화했다.

① ㄱ, ㄴ
② ㄴ, ㄷ
③ ㄴ, ㄹ
④ ㄱ, ㄴ, ㄷ
⑤ ㄱ, ㄷ, ㄹ

문 2. 다음 논증이 타당하기 위해서 괄호 안에 들어갈 진술로 가장 적절한 것은? 12 민간(인) 23번

실천적 지혜가 있는 사람은 덕이 있는 성품을 가진 사람이다. 그런데 덕을 아는 것만으로 실천적 지혜가 있는 사람이 될 수는 없다. 실천적 지혜가 있는 사람은 덕을 알 뿐만 아니라 그것을 실행에 옮기는 사람이다. 그리고 그런 사람이 실천적 지혜가 있다고 할 수 있다. 그런데 (   ) 따라서 실천적 지혜가 있는 사람은 자제력도 있다.

① 자제력이 없는 사람은 성품이 나약한 사람이다.
② 덕이 있는 성품을 가진 사람도 자제력이 없을 수 있다.
③ 덕이 있는 성품을 가진 사람은 실천적 지혜가 있는 사람이다.
④ 자제력이 없는 사람은 올바른 선택을 따르지 않는 사람이다.
⑤ 자제력이 없는 사람은 아는 덕을 실행에 옮기는 사람이 아니다.

문 3. 다음 밑줄 친 결론을 이끌어내기 위해 추가해야 할 전제는? 13 민간(인) 10번

A국은 현실적으로 실행 가능한 대안만을 채택하는 합리적인 국가이다. A국의 외교는 B원칙의 실현을 목표로 하고 있으며 앞으로도 이 목표는 변하지 않는다. 그러나 문제는 B원칙을 실현하는 방안이다. B원칙을 실현하기 위해서는 적어도 하나의 전략이 실행되어야 한다. 최근 외교전문가들 간에 뜨거운 토론의 대상이 되었던 C전략은 B원칙을 실현하기에 충분한 방안으로 평가된다. 그러나 C전략의 실행을 위해서는 과다한 비용이 소요되기 때문에, A국이 C전략을 실행하는 것은 현실적으로 불가능하다. 한편 일부 전문가가 제시했던 D전략은 그 자체로는 B원칙을 실현하기에 충분하지 않다. 하지만 금년부터 A국 외교정책의 기조로서 일관성 있게 실행될 E정책과 더불어 D전략이 실행될 경우, B원칙은 실현될 것이다. 뿐만 아니라 E정책하에서 D전략의 실행 가능성도 충분하다. 그러므로 <u>A국의 외교정책에서 D전략이 채택될 것은 확실하다.</u>

① D전략은 C전략과 목표가 같다.
② A국의 외교정책상 C전략은 B원칙에 부합한다.
③ C전략과 D전략 이외에 B원칙을 실현할 다른 전략은 없다.
④ B원칙의 실현을 위해 C전략과 D전략은 함께 실행될 수 없다.
⑤ B원칙의 실현을 위해 C전략과 E정책은 함께 실행될 수 없다.

문 4. 다음 밑줄 친 결론을 이끌어내기 위해 추가해야 할 전제는?

13 민간(인) 19번

> 만약 국제적으로 테러가 증가한다면, A국의 국방비 지출은 늘어날 것이다. 그런데 A국 앞에 놓인 선택은 국방비 지출을 늘리지 않거나 증세 정책을 실행하는 것이다. 그러나 A국이 증세 정책을 실행한다면, 세계 경제는 반드시 침체한다. 그러므로 <u>세계 경제는 결국 침체하고 말 것이다.</u>

① 국제적으로 테러가 증가한다.

② A국이 감세 정책을 실행한다.

③ A국의 국방비 지출이 늘어나지 않는다.

④ 만약 A국이 증세 정책을 실행한다면, A국의 국방비 지출은 늘어날 것이다.

⑤ 만약 A국의 국방비 지출이 늘어난다면, 국제적으로 테러는 증가하지 않을 것이다.

문 5. 다음 글의 ㉠~㉤ 사이의 관계를 바르게 기술한 것은?

14 민간(A) 10번

> ㉠ 지구에서 유전자가 자연발생할 확률은 1/10¹⁰⁰보다 작지만, 지구 외부 우주에서 유전자가 자연발생할 확률은 1/10⁵⁰보다 크다. 유전자가 자연발생하지 않았다면 생명체도 자연발생할 수 없다. 그런데 생명체가 자연발생하였다는 것이 밝혀졌다. 따라서 ㉡ <u>유전자는 자연발생했다.</u> ㉢ 지구에서 유전자가 자연발생할 확률이 지구 외부 우주에서 유전자가 자연발생할 확률보다 작으며 유전자가 자연발생하였다면, 유전자가 우주에서 지구로 유입되었을 가능성이 크다. 이를 볼 때, ㉣ <u>유전자는 우주에서 지구로 유입되었을 가능성이 크다</u>고 판단할 수 있다. 왜냐하면 ㉤ 지구에서 유전자가 자연발생할 확률은 지구 외부 우주에서 유전자가 자연발생할 확률보다 훨씬 작다는 것이 참이기 때문이다.

① ㉡이 참이면, ㉤은 반드시 참이다.

② ㉤이 참이면, ㉠은 반드시 참이다.

③ ㉠, ㉡이 모두 참이면, ㉣은 반드시 참이다.

④ ㉡, ㉣이 모두 참이면, ㉤은 반드시 참이다.

⑤ ㉠, ㉡, ㉢이 모두 참이면, ㉣은 반드시 참이다.

문 6. 복지사 A의 결론을 이끌어내기 위해 추가해야 할 두 전제를 〈보기〉에서 고르면?

14 민간(A) 18번

> 복지사 A는 담당 지역에서 경제적 곤란을 겪고 있는 아동을 찾아 급식 지원을 하는 역할을 담당하고 있다. 갑순, 을순, 병순, 정순이 급식 지원을 받을 후보이다. 복지사 A는 이들 중 적어도 병순은 급식 지원을 받게 된다고 결론 내렸다. 왜냐하면 갑순과 정순 중 적어도 한 명은 급식 지원을 받는데, 갑순이 받지 않으면 병순이 받기 때문이었다.

〈보 기〉

ㄱ. 갑순이 급식 지원을 받는다.

ㄴ. 을순이 급식 지원을 받는다.

ㄷ. 을순이 급식 지원을 받으면, 갑순은 급식 지원을 받지 않는다.

ㄹ. 을순과 정순 둘 다 급식 지원을 받지 않으면, 병순이 급식 지원을 받는다.

① ㄱ, ㄴ

② ㄱ, ㄹ

③ ㄴ, ㄷ

④ ㄴ, ㄹ

⑤ ㄷ, ㄹ

문 7. 다음 글의 내용이 참일 때, 밑줄 친 결론을 이끌어내기 위해 추가해야 할 전제로 적절한 것은?

15 민간(인) 17번

> A팀이 제작하는 운영체제를 C팀의 전산 시스템에 설치하면 C팀의 보안 시스템에 오류를 발생시킨다. B팀이 제작하는 전원 공급 장치는 5%의 결함률이 있다. 즉 B팀이 제작하는 전원 공급 장치 중 5%의 제품은 결함이 있고 나머지는 결함이 없다. C팀의 전산 시스템에는 반드시 B팀이 제작한 전원 공급 장치를 장착한다. 만일 C팀의 보안 시스템에 오류가 있거나 전원 공급 장치에 결함이 있다면, C팀의 전산 시스템에는 오류가 발생한다. 그러므로 <u>C팀의 전산 시스템에는 반드시 오류가 발생한다.</u>

① A팀이 제작하는 운영체제를 B팀의 전산 시스템에 설치한다.

② A팀이 제작하는 운영체제를 C팀의 전산 시스템에 설치하지 않는다.

③ B팀이 제작하여 C팀에 제공하는 전원 공급 장치에 결함이 있다.

④ B팀에서 제작한 결함이 없는 95%의 전원 공급 장치를 C팀의 전산 시스템에 장착한다.

⑤ C팀의 전산 시스템 오류는 다른 결함요인에 의해서도 발생한다.

합리적 판단과 윤리적 판단의 관계는 무엇일까? 나는 합리적 판단만이 윤리적 판단이라고 생각한다. 즉, 어떤 판단이 합리적인 것이 아닐 경우 그 판단은 윤리적인 것도 아니라는 것이다. 그 이유는 다음과 같다. 일단 ㉠ 보편적으로 수용될 수 있는 판단만이 윤리적 판단이다. 즉 개인이나 사회의 특성에 따라 수용 여부에서 차이가 나는 판단은 윤리적 판단이 아니라는 것이다. 그리고 ㉡ 모든 이성적 판단은 보편적으로 수용될 수 있는 판단이다. 예를 들어, "모든 사람은 죽는다."와 "소크라테스는 사람이다."라는 전제들로부터 "소크라테스는 죽는다."라는 결론으로 나아가는 이성적인 판단은 보편적으로 수용될 수 있는 것이다. 이러한 판단이 나에게는 타당하면서, 너에게 타당하지 않을 수는 없다. 이것은 이성적 판단이 갖는 일반적 특징이다. 따라서 ㉢ 보편적으로 수용될 수 있는 판단만이 합리적 판단이다. ㉣ 모든 합리적 판단은 이성적 판단이다라는 것은 부정할 수 없기 때문이다. 결국 우리는 ㉤ 합리적 판단만이 윤리적 판단이다라는 결론에 도달할 수 있다.

───── 〈보 기〉 ─────

ㄱ. ㉠은 받아들일 수 없는 것이다. '1+1=2'와 같은 수학적 판단은 보편적으로 수용될 수 있는 것이지만, 수학적 판단이 윤리적 판단은 아니기 때문이다.

ㄴ. ㉡과 ㉣이 참일 경우 ㉢은 반드시 참이 된다.

ㄷ. ㉠과 ㉢이 참이라고 할지라도 ㉤이 반드시 참이 되는 것은 아니다.

① ㄱ

② ㄴ

③ ㄱ, ㄷ

④ ㄴ, ㄷ

⑤ ㄱ, ㄴ, ㄷ

이미지란 우리가 세계에 대해 시각을 통해 얻는 표상을 가리킨다. 상형문자나 그림문자를 통해서 얻은 표상도 여기에 포함된다. 이미지는 세계의 실제 모습을 아주 많이 닮았으며 그러한 모습을 우리 뇌 속에 복제한 결과이다. 그런데 우리의 뇌는 시각적 신호를 받아들일 때 시야에 들어온 세계를 한꺼번에 하나의 전체로 받아들이게 된다. 즉 대다수의 이미지는 한꺼번에 지각된다. 예를 들어 우리는 새의 전체 모습을 한꺼번에 지각하지 머리, 날개, 꼬리 등을 개별적으로 지각한 후 이를 머릿속에서 조합하는 것이 아니다.

표음문자로 이루어진 글을 읽는 것은 이와는 다른 과정이다. 표음문자로 구성된 문장에 대한 이해는 그 문장의 개별적인 문법적 구성요소들로 이루어진 특정한 수평적 연속에 의존한다. 문장을 구성하는 개별 단어들, 혹은 각 단어를 구성하는 개별 문자들이 하나로 결합되어 비로소 의미 전체가 이해되는 것이다. 비록 이 과정이 너무도 신속하고 무의식적으로 이루어지기는 하지만 말이다. 알파벳을 구성하는 기호들은 개별적으로는 아무런 의미도 가지지 않으며 어떠한 이미지도 나타내지 않는다. 일련의 단어군은 한꺼번에 파악될 수도 있겠지만, 표음문자의 경우 대부분 언어는 개별 구성요소들이 하나의 전체로 결합되는 과정을 통해 이해 된다.

남성적인 사고는, 사고 대상 전체를 구성요소 부분으로 분해한 후 그들 각각을 개별화시키고 이를 다시 재조합하는 과정으로 진행된다. 그에 비해 여성적인 사고는, 분해되지 않은 전체 이미지를 통해서 의미를 이해하는 특징을 지닌다. 그림문자로 구성된 글의 이해는 여성적인 사고 과정을, 표음문자로 구성된 글의 이해는 남성적인 사고 과정을 거친다. 여성은 대체로 여성적 사고를, 남성은 대체로 남성적 사고를 한다는 점을 고려할 때 표음문자 체계의 보편화는 여성의 사회적 권력을 약화시키는 결과를 낳게 된다.

───── 〈보 기〉 ─────

ㄱ. 그림문자를 쓰는 사회에서는 남성의 사회적 권력이 여성의 그것보다 우월하였다.

ㄴ. 표음문자 체계는 기능적으로 분화된 복잡한 의사소통을 가능하도록 하였다.

ㄷ. 글을 읽고 이해하는 능력은 사회적 권력에 영향을 미친다.

① ㄱ

② ㄴ

③ ㄷ

④ ㄱ, ㄴ

⑤ ㄴ, ㄷ

다음 글의 결론을 이끌어내기 위해 추가해야 할 전제만을 〈보기〉에서 모두 고르면?

젊고 섬세하고 유연한 자는 아름답다. 아테나는 섬세하고 유연하다. 아름다운 자가 모두 훌륭한 것은 아니다. 덕을 가진 자는 훌륭하다. 아테나는 덕을 가졌다. 아름답고 훌륭한 자는 행복하다. 따라서 아테나는 행복하다.

〈보 기〉

ㄱ. 아테나는 젊다.
ㄴ. 아테나는 훌륭하다.
ㄷ. 아름다운 자는 행복하다.

① ㄱ
② ㄷ
③ ㄱ, ㄴ
④ ㄴ, ㄷ
⑤ ㄱ, ㄴ, ㄷ

다음 글에 대한 분석으로 적절하지 않은 것은?

공포영화에 자주 등장하는 좀비는 철학에서도 자주 논의된다. 철학적 논의에서 좀비는 '의식을 갖지는 않지만 겉으로 드러나는 행동에서는 인간과 구별되지 않는 존재'로 정의된다. 이를 '철학적 좀비'라고 하자. ㉠ 인간은 고통을 느끼지만, 철학적 좀비는 고통을 느끼지 못한다. 즉 고통에 대한 의식을 가질 수 없는 존재라는 것이다. 그러나 ㉡ 철학적 좀비도 압정을 밟으면 인간과 마찬가지로 비명을 지르며 상처 부위를 부여잡을 것이다. 즉 행동 성향에서는 인간과 차이가 없다. 그렇기 때문에 겉으로 드러나는 모습만으로는 철학적 좀비와 인간을 구별할 수 없다. 그러나 ㉢ 인간과 철학적 좀비는 동일한 존재가 아니다. ㉣ 인간이 철학적 좀비와 동일한 존재라면, 인간도 고통을 느끼지 못하는 존재여야 한다.

물론 철학적 좀비는 상상의 산물이다. 그러나 우리가 철학적 좀비를 모순 없이 상상할 수 있다는 사실은 마음에 관한 이론인 행동주의에 문제가 있다는 점을 보여준다. 행동주의는 마음을 행동 성향과 동일시하는 입장이다. 이에 따르면, ㉤ 마음은 특정 자극에 따라 이러저러한 행동을 하려는 성향이다. ㉥ 행동주의가 옳다면, 인간이 철학적 좀비와 동일한 존재라는 점을 인정할 수밖에 없다. 그러나 인간과 달리 철학적 좀비는 마음이 없어서 어떤 의식도 가질 수 없는 존재다. 따라서 ㉦ 행동주의는 옳지 않다.

① ㉠과 ㉡은 동시에 참일 수 있다.
② ㉠과 ㉣이 모두 참이면, ㉢도 반드시 참이다.
③ ㉡과 ㉥이 모두 참이면, ㉤도 반드시 참이다.
④ ㉢과 ㉥이 모두 참이면, ㉦도 반드시 참이다.
⑤ ㉤과 ㉦은 동시에 거짓일 수 없다.

문 1. 다음에 설명된 '사전조치'의 개념에 해당하지 않는 것은?

09 행시(경) 24번

개인이나 사회는 장기적으로 최선인 일을 의지박약, 감정, 충동, 고질적 습관, 중독 그리고 단기적 이익추구 등의 이유로 인해 수행하지 못하는 경우가 많다. 예컨대 많은 사람들이 지금 담배를 끊는 것이 자신의 건강을 위해서 장기적으로 최선이라고 판단함에도 불구하고 막상 담배를 피울 수 있는 기회에 접하게 되면 의지박약으로 인해 담배를 피우는 경우가 많다. 이런 경우 개인이나 사회는 더 합리적으로 행동하기 위해서 행위자가 가질 수 있는 객관적인 기회를 제한하거나 선택지를 줄임으로써 의지박약이나 충동 또는 단기적 이익 등에 따라 행동하는 것을 방지할 수 있다. 이런 조치를 '사전조치'라고 명명한다.

① 알콜 중독자가 금주를 목적으로 인근 수십 킬로미터 안에 술을 파는 곳이 없는 깊은 산속으로 이사를 하였다.

② 술에 취할 때마다 헤어진 애인에게 전화를 하는 남학생이 더 이상 그녀에게 전화를 하지 않기 위해 자신의 핸드폰 번호를 변경하였다.

③ 가정 내에서 TV를 통한 미성년자의 등급 외 상영물 시청을 제한하기 위해 TV에 성인물 시청 시 비밀번호를 입력하도록 하는 장치를 설치하였다.

④ 군것질 버릇이 있는 영화배우가 최근 캐스팅된 영화 촬영을 앞두고 몸 관리를 하기 위해 매니저에게 자신의 숙소에 있는 모든 군것질 거리를 치우도록 하였다.

⑤ 국회는 향후 집권당과 정부가 선거에서 유권자의 표를 구할 목적으로 단기적으로만 효과를 발휘하는 통화금융정책을 시행할 위험을 막기 위해서 이자율과 통화량에 대한 결정권을 독립된 중앙은행에 이양하는 법률을 제정하였다.

문 2. 다음 글에서 설명하는 소프트웨어 개발 방식이 적용된 사례를 〈보기〉에서 모두 고르면?

10 행시(수) 28번

자동차를 설계하거나 수리할 때 최하부 단위(예를 들면, 나사, 도선, 코일 등)의 수준에서 할 수도 있지만 그렇게 하면 일이 매우 복잡해지고 제작이나 수리도 어려워진다. 차 내부를 열어 보아도 어디서부터 어디까지가 시동장치인지 변속장치인지 알 수가 없게 온통 나사, 도선, 코일 등으로 가득 찬 경우를 상상해 보라.

실제로 차 내부를 열어 보면 변속기, 시동장치, 냉각기 등으로 확실하게 구분되어 있는 것을 볼 수 있다. 이렇게 구분해 주면 시동장치나 냉각기만을 전문으로 제작하는 회사가 생길 수 있고 차의 고장 진단이나 유지보수도 훨씬 쉬워질 것이다. 이처럼 시동장치, 변속기 등과 같은 것들은 나사, 도선, 코일 등과 같은 최하부에 일반적으로 사용되는 부품들과 달리 특정 목적을 수행할 수 있는 의미 있는 구성단위가 된다. 또한 이들 구성단위는 다시 모여서 엔진, 제동시스템과 같은 상위 구성단위의 일부가 될 수도 있다.

이러한 개념을 소프트웨어에서도 도입하였다. 즉, 전체 소프트웨어를 최하부 단위(AND, OR, Loop 등)로 표현하기보다 상위의 단위로 구성하고 표현하면 설계, 제작, 유지보수 등이 훨씬 효과적으로 이루어질 수 있다. 멀티미디어의 사용이 증가하고 좀 더 직관적이고 편리한 사용자 인터페이스가 요구됨에 따라 소프트웨어가 갈수록 복잡하고 거대해지고 있다. 따라서 소프트웨어의 제작과 유지보수 등이 얼마나 효율적인가가 소프트웨어 발전의 중요한 관건이 되고 있다.

〈보 기〉

ㄱ. 로봇 소프트웨어를 개발할 때 로봇 모델을 구분하지 않고 사용할 수 있는 프로그래밍 언어를 이용하면, 하부 센서와 모터를 제어하는 명령어들을 일일이 나열하게 되므로 프로그램이 길어지고 어려워진다. 차라리 특정 로봇 모델이 주어졌을 때, 그 모델의 특정 동작에 대응하는 상위 명령어들을 사용하면 복잡한 소프트웨어도 비교적 간단하게 개발할 수 있다.

ㄴ. 컴퓨터 프로그램의 동작은 어차피 컴퓨터 내의 전기 신호로 바뀌기 때문에 이 전기 신호들을 직접 제어하는 언어를 사용하여 소프트웨어를 개발하는 것이 일상 언어에 가까운 고급 프로그래밍 언어를 사용하는 것보다 유용하다.

ㄷ. 복잡한 소프트웨어를 개발하려면 상위 구성요소들에 대한 설계를 먼저 하고, 상위의 구조를 하위 구성요소들로 표현하는 방식으로 몇 단계를 거치는 과정이 필수적이다. 그렇지 않으면 작은 소프트웨어는 문제가 없지만 기업용 소프트웨어와 같이 규모가 큰 소프트웨어의 경우에는 공동 작업이 불가능해진다.

ㄹ. 멀티미디어 소프트웨어 개발에서는 워낙 그 정보량이 많기 때문에 정보의 압축이 중요하다. 멀티미디어 정보를 인터넷으로 주고받거나 컴퓨터에 저장할 때 압축하지 않으면 너무 많은 자원이 소모될 것이다. 급속도로 증가하는 멀티미디어 정보의 크기를 감안하면 압축 기술은 결코 부수적인 것이 아니다.

① ㄱ, ㄴ 　　　　② ㄱ, ㄷ

③ ㄴ, ㄷ 　　　　④ ㄴ, ㄹ

⑤ ㄷ, ㄹ

다음 글의 '규칙'으로 적절하지 <u>않은</u> 것은?

11 민간실험(수) 14번

후각은 진화의 측면에서 가장 원시적이지만 아주 중요한 감각이다. 후각은 다른 감각보다 뇌에 이르는 보다 더 직접적인 통로를 갖고 있어 미각에 비해 10,000배나 더 예민하다. 따라서 은폐된 지역에서 숨어 있거나, 보이지 않을 만큼 멀리 떨어져 있는 적, 또는 금방 사라져 버린 적을 추적하는 데 냄새만큼 좋은 정보를 제공해 주는 것은 없다.

동물의 경우는 생활 중 많은 부분을 후각기관에 의존하기 때문에 이 기관이 매우 발달되어 있고 눈이나 귀에 못지않게 중요한 역할을 한다. 그러나 특별한 경우를 제외하고 인간의 후각기관을 훈련되지 않아 발달하지 못했다. 현대전에 있어 각종 탐지 및 관측 장비의 발달로 인하여 인간 감각기관의 전투 활용은 제한되어 있지만, 적절한 훈련을 받게 되면 적을 식별할 수 있을 뿐만 아니라 유독가스를 조기에 식별, 경고할 수 있다. 일상적인 생활에서도 가정에서의 각종 가스 누출 사고, 불의의 유독가스 살포 대비 화생방 훈련 시에 후각 훈련을 해두는 것이 인명 피해를 줄이는 데 도움이 될 것이다.

후각 훈련에 어려운 점이 있다. 현대인들의 각종 화장품이나 향수, 방취제의 사용은 후각 기능을 둔화시킨다. 또 후각기관의 단점은 너무 쉽게 냄새에 순응한다는 것이다. 약한 냄새의 경우는 1~2분만 지나면 적응되어 그 냄새를 맡을 수 없게 된다. 그래서 후각기관을 충분히 활용하려면 신선한 공기를 마시고 난 후 냄새를 맡아야 하며, 새로운 장소에 도착하면 즉시 냄새를 평가하여야 한다. 냄새에 의한 정보 수집을 담당하려는 사람은 냄새에 대한 관심을 가지고 있어야 하며, 일상생활에서 후각 기능의 향상을 위해 항상 노력해야 한다. 전장에서는 적군과 직접 관계된 냄새뿐만 아니라 적이 사용하는 가스의 식별도 중요하다. 후각 식별 병사를 운용하는 데 있어서 적절한 '규칙'이 필요하다.

① 후각 식별을 담당한 병사에게는 화장품이나 향수 제품의 사용을 금한다.

② 냄새에 대한 후각의 순응이 매우 빠르기 때문에 후각 식별 담당 병사는 수시로 맑은 공기를 흡입해야 한다.

③ 후각 기능을 떨어뜨리는 비염이나 감기 증세를 가진 병사는 가스 경보를 위한 보초 근무에서 제외시키는 것이 바람직하다.

④ 후각의 민감성을 기르기 위해서는 다른 기관의 기능이 상대적으로 떨어지는 것이 유리하므로 시각이나 청각이 떨어지는 병사를 후각 식별 상황에 배치한다.

⑤ 적의 위치를 식별하고 추적하는 상황에서 담당 병사는 인분과 같이 사람과 관계된 강력한 냄새에 특별히 주의를 기울일 필요가 있다.

다음 글의 밑줄 친 주장을 강화하는 사례로 가장 적절한 것은?

11 민간(민) 08번

어떤 집단의 특성을 드러내고, 집단들 사이의 특성을 비교하기 위해 흔히 사용되고 있는 것이 평균값이다. 이는 우리가 일상적으로 '평균 연령', '평균 신장', '평균 점수' 등의 용어를 자주 사용하고 있는 데에서 잘 드러난다. 예를 들어 우리는 어떤 지역 사람들의 평균 수명이 다른 지역 사람들의 평균 수명보다 월등하게 높다는 것을 이유로 '장수마을'이라는 명칭을 붙이기도 하고, 이 지역 사람들은 대체로 오래 살 것이라 생각한다. 이렇게 평균값을 사용하여 어떤 집단의 특성을 드러내는 것은 편리하고 유용한 방식이라고 할 수 있다. 그러나 <u>어떤 속성에 대한 평균값만으로 그 속성에 관한 집단의 실상을 드러내는 데에는 한계가 있다.</u>

① A지역 사람들은 대학진학률이 높지만, B지역 사람들은 취업률이 높다.

② C지역의 평균 소득은 매우 높지만, 그 지역 사람들 대부분은 빈곤하다.

③ D지역 사람들의 평균 신장은 크지만, 그 지역 사람들 대부분은 뚱뚱하지 않다.

④ E지역 사람들의 평균 수명은 짧지만, F지역 사람들의 평균 수명은 그렇지 않다.

⑤ G지역의 평균 기온은 25도 내외지만, 그 지역 사람들 대부분은 수영을 하지 못한다.

팝아트는 대중문화를 찬양한다. 팝아트는 모든 사람이 늘 알고 있는 것을 예술로 변용시킨다. 나아가 팝아트는 순수 미술의 종언을 선언한다. 이것은 전통적 철학의 종언을 선언하는 분석철학과 유사하다. 분석철학이 플라톤에서부터 시작해 하이데거에 이르는 철학 전체와 맞섰다면, 팝아트는 일상 생활의 편에서 지금까지의 미술 전체에 맞선다.

그런데 순수 미술의 종언 이후에 예술은 어떠한 양상으로 전개되는가? 더 이상 미술이나 예술은 없는 것인가? 아니다. 어떤 목표를 추구했던 순수 미술의 역사가 종언을 고한 이후에 더 이상 일상에서 분리된 순수함이 강요될 필요는 없다. 이제 모든 것이 가능하며, 그 어떠한 것이라도 예술이 될 수 있다. 따라서 이러한 종언 이후의 예술작품은 더 이상 어떤 예술적 본질을 구현하는 것이 아니다. 가령 무엇을 모방 혹은 표현하는 본질적 기능을 수행하거나 미적 형식을 구현하기 때문에 어떤 것이 예술작품이 되는 것은 아니다. 더 이상 모든 예술작품에 공통적인 단 하나의 순수한 본질, 즉 가시적(可視的)인 어떤 본질은 요구되지 않는다.

그렇다면 예술작품에 고유한 미적 가치가 사라진 오늘날 예술작품의 기준이 무엇인가? 평범한 소변기를 『샘』이라는 제목으로 전시한 뒤샹의 예술작품은 외관상 실재 소변기와 식별 불가능하다. 그럼에도 뒤샹의 소변기는 예술작품이 된다. 분명히 뒤샹의 작품은 소변기가 갖고 있는 성질과 다른 무엇을 갖고 있어야 한다. 그것은 순수 미술이 추구했던 미적인 본질이 아니다. 그것은 오히려 뒤샹이 소변기에 부여하는 어떤 의미이다. 뒤샹의 소변기는 더 이상 소변기가 아니라 대담함, 뻔뻔함, 불경스러움, 재치 등을 담고 있는 의미 대상이다. 뒤샹의 소변기는 비가시적(非可視的) 의미 대상이기 때문에 한갓 일상적 대상이 아니라 예술작품이 되는 것이다. 따라서 미적 본질이 없기 때문에 그 어떤 일상 사물도 예술작품이 될 수 있고, 그럼에도 예술작품과 일상 사물이 구분된다는 것은 부정되지 않는다.

① 예술작품에 고유한 미적 본질이 없다는 것은 이 글의 논지를 약화시킨다.
② 소변기가 고유한 미적 가치를 갖고 있다는 것은 이 글의 논지를 강화시킨다.
③ 분석철학과 팝아트가 서로 다른 영역이라는 것은 이 글의 논지를 약화시킨다.
④ 순수 미술 대상과 일상적 대상이 명백하게 다르다는 것은 이 글의 논지를 약화시킨다.
⑤ 가시적 본질이 예술과 비예술의 구분 기준이 된다는 것은 이 글의 논지를 강화시킨다.

김 과장은 아들 철수가 최근 출시된 '디아블로' 게임에 몰두한 나머지 학업을 소홀히 하고 있다는 것을 알았다. 그러던 중 컴퓨터 게임과 학업 성적에 대한 다음과 같은 연구 결과를 접하게 되었다. 그 연구 결과에 의하면, 하루 1시간 이내로 게임을 하는 아이들은 1시간 이상 게임을 하는 아이들보다 성적이 높았고 상위권에 속했으나, 하루 1시간 이상 게임을 하는 아이들의 경우 게임을 더 오래 하는 아이들이 성적이 더 낮은 것으로 나타났다. 연구보고서는 아이들이 게임을 하는 시간을 부모가 1시간 이내로 통제한다면, 아이들의 학교 성적이 상위권에서 유지될 것이라고 결론을 내리고 있다.

① 게임을 하는 시간보다 책 읽는 시간이 더 많은 아이들이 그렇지 않은 아이들보다 성적이 더 높았다면, 이는 위 글의 결론을 강화한다.
② 하루 1시간 이상 3시간 이내 게임을 하던 아이들의 게임 시간을 줄였으나 성적이 오르지 않았다면, 이는 위 글의 결론을 강화한다.
③ 하루에 게임을 하는 시간을 1시간 이내로 줄인 아이들이 여분의 시간을 책 읽는 데 썼다면, 이는 위 글의 결론을 약화한다.
④ 평균 이하의 성적을 보이는 아이들이 대부분 하루에 3시간 이상씩 게임을 하였다면, 이는 위 글의 결론을 약화한다.
⑤ 아이들의 게임 시간을 하루 1시간 이상으로 늘려도 성적에 변화가 없었다면, 이는 위 글의 결론을 약화한다.

배리 반스와 데이빗 블로어 등이 주도한 강한 프로그램의 원리를 과학의 영역에 적용하면, 자연과학자들의 활동과 인문학이나 사회과학자들의 활동이 동일한 방식으로 설명되어야 한다. 그리고 자연과학과 인문·사회과학의 영역에서 동일한 설명방식을 사용하기 위해 수정해야 할 부분은 사회과학의 탐구에 대한 견해가 아니라 자연과학의 탐구에 대한 견해이다. 즉 강한 프로그램의 원리에 의하면, 우리는 자연과학이 제공하는 믿음이 특정 전문가 집단의 공동체적 활동에 의해 생산된다는 점에 유의해야 한다. 이런 공동체들은 저마다 특수한 역사와 사회적 특성을 갖고 있으며 또 그렇게 형성된 집단 내부의 의사결정 구조를 가지고 있다. 어떤 문제가 우선적으로 탐구되어야 할 중요한 문제인지, 그 문제를 어떤 방식으로 풀어야 옳은지 등에 대한 판단도 역시 이런 사회적 맥락 속에서 이루어진다. 그렇다면 주어진 문제에 대한 답으로 제안되는 이론들 가운데 어떤 것이 채택되고 당대의 정설로 자리 잡게 되는지도 마찬가지라는 것을 알 수 있다.

〈보 기〉

ㄱ. 자연과학자들의 탐구조차도 과학자들의 공동체에서 이루어지는 활동의 산물이다.

ㄴ. 어떤 연구 주제가 중요한지, 어떤 이론을 선택할지 등은 사회적 맥락 속에서 결정된다.

ㄷ. 자연과학 이론은 사회과학 이론보다 더 객관적 사실에 근거하여 형성된다.

ㄹ. 전문 학술지에 발표되는 논문의 수로 분야별 생산성을 평가하자면 자연과학 분야의 연구들이 학문의 발전을 선도하고 있다.

① ㄱ, ㄴ ② ㄱ, ㄷ
③ ㄴ, ㄷ ④ ㄴ, ㄹ
⑤ ㄷ, ㄹ

눈이나 귀에는 각각 고유의 기능이 있다. 그 기능을 잘 수행하는 상태가 훌륭한 상태이고, 그 기능을 잘 수행하지 못하는 상태가 나쁜 상태이다. 혼이나 정신은 다스리는 기능을 한다. 혼이나 정신도 눈이나 귀와 마찬가지로 훌륭한 상태에서 고유의 기능을 가장 잘 수행한다. 따라서 훌륭한 상태의 혼은 잘 다스리지만 나쁜 상태에 있는 혼은 잘못 다스린다.

올바름 혹은 도덕적임은 혼이나 정신의 훌륭한 상태이지만, 올바르지 못함은 혼이나 정신의 나쁜 상태이다. 올바른 혼과 정신을 가진 사람은 훌륭하게 살지만, 그렇지 못한 사람은 잘못 산다. 또한 훌륭하게 사는 사람, 즉 도덕적인 사람은 행복할 것이며, 행복한 것은 그에게 이익을 준다. 따라서 도덕적인 것은 이익이 되는 것이다.

〈보 기〉

ㄱ. 도덕적으로 살고 있음에도 불행한 사람이 존재한다는 것은 이 논증을 약화한다.

ㄴ. 도덕적으로 살지 않는 것은 이익이 되지 않는다는 주장이 이 논증으로부터 추론된다.

ㄷ. 눈이나 귀가 고유의 기능을 잘 수행하더라도 눈이나 귀를 도덕적이라고 하지 않는 것은 이 논증을 강화한다.

① ㄱ
② ㄷ
③ ㄱ, ㄴ
④ ㄴ, ㄷ
⑤ ㄱ, ㄴ, ㄷ

다음 글의 밑줄 친 주장을 강화하는 사례만을 〈보기〉에서 모두 고르면?

13 민간(인) 24번

최근에 트랜스 지방은 그 건강상의 위해 효과 때문에 주목받고 있다. 우리가 즐겨 먹는 많은 식품에는 트랜스 지방이 숨어 있다. 그렇다면 트랜스 지방이란 무엇일까?

지방에는 불포화 지방과 포화 지방이 있다. 식물성 기름의 주성분인 불포화 지방은 포화 지방에 비하여 수소의 함유 비율이 낮고 녹는점도 낮아 상온에서 액체인 경우가 많다.

불포화 지방은 그 안에 존재하는 이중 결합에서 수소 원자들의 결합 형태에 따라 시스(cis)형과 트랜스(trans)형으로 나뉘는데 자연계에 존재하는 대부분의 불포화 지방은 시스형이다. 그런데 조리와 보존의 편의를 위해 액체 상태인 식물성 기름에 수소를 첨가하여 고체 혹은 반고체 상태로 만드는 과정에서 트랜스 지방이 만들어진다. 그래서 대두, 땅콩, 면실유를 경화시켜 얻은 마가린이나 쇼트닝은 트랜스 지방의 함량이 높다. 또한 트랜스 지방은 식물성 기름을 고온으로 가열하여 음식을 튀길 때도 발생한다. 따라서 튀긴 음식이나 패스트푸드에는 트랜스 지방이 많이 들어 있다.

트랜스 지방은 포화 지방인 동물성 지방처럼 심혈관계에 해롭다. 트랜스 지방은 혈관에 나쁜 저밀도지방단백질(LDL)의 혈중 농도를 증가시키는 한편 혈관에 좋은 고밀도지방단백질(HDL)의 혈중 농도는 감소시켜 혈관벽을 딱딱하게 만들어 심장병이나 동맥경화를 유발하고 악화시킨다.

〈보 기〉

ㄱ. 쥐의 먹이에 함유된 트랜스 지방 함량을 2% 증가시키자 쥐의 심장병 발병률이 25% 증가하였다.

ㄴ. 사람들이 마가린을 많이 먹는 지역에서 마가린의 트랜스 지방 함량을 낮추자 동맥경화의 발병률이 1년 사이에 10% 감소하였다.

ㄷ. 성인 1,000명에게 패스트푸드를 일정 기간 지속적으로 섭취하게 한 후 검사해 보니, HDL의 혈중 농도가 섭취 전에 비해 20% 감소하였다.

① ㄱ
② ㄴ
③ ㄱ, ㄷ
④ ㄴ, ㄷ
⑤ ㄱ, ㄴ, ㄷ

다음 글의 입장을 강화하는 내용으로 가장 적절한 것은?

14 민간(A) 22번

고대사회를 정의하는 기준 중의 하나로 '생계경제'가 사용되곤 한다. 생계경제 사회란 구성원들이 겨우 먹고 살 수 있는 정도의 식량만을 확보하고 있어서 식량 자원이 줄어들게 되면 자동적으로 구성원 전부를 먹여 살릴 수 없게 되고, 심하지 않은 가뭄이나 홍수 등의 자연재해에 의해서도 유지가 어렵게 될 수 있는 사회를 의미한다. 그러므로 고대사회에서의 삶은 근근이 버텨가는 것이고, 그 생활은 기아와의 끊임없는 투쟁이다. 왜냐하면 그 사회에서는 기술적인 결함과 그 이상의 문화적인 결함으로 인해 잉여 식량을 생산할 수 없기 때문이다.

고대사회에 대한 이러한 견해보다 더 뿌리 깊은 오해도 없다. 소위 생계경제의 성격을 지닌 것으로 간주되는 많은 고대사회들, 예를 들어 남아메리카에서는 종종 공동체의 연간 필요 소비량에 맞먹는 잉여 식량을 생산했다는 점에 주의를 기울일 필요가 있다. 기아와의 끊임없는 투쟁을 의미하는 생계경제가 고대사회를 특징짓는 개념이라면 오히려 프롤레타리아가 기아에 허덕이던 19세기 유럽 사회야말로 고대사회라고 할 수 있을 것이다. 사실상 생계경제라는 개념은 서구의 근대적인 이데올로기의 영역에 속하는 것으로 결코 과학적 개념도구가 아니다. 민족학을 위시한 근대 과학이 이토록 터무니없는 기만에 희생되어 왔다는 것은 역설적이며, 더군다나 산업 국가들이 이른바 저발전 세계에 대한 전략의 방향을 잡는 데 기여했다는 사실은 두렵기까지 하다.

① 고대사회가 경제적으로 풍요로웠던 것은 생계경제 체제 때문이었다.

② 산업사회로 이행하면서 경제적 잉여가 발생하였고 계급이 형성되었다.

③ 자연재해나 전쟁으로 인해 고대사회는 항상 불안정한 상황에 처해 있었다.

④ 고대사회에서 존재하였던 축제는 경제적인 잉여를 해소하는 기제로 작용했다.

⑤ 유럽의 산업 국가들에 의한 문명화 과정을 통해 저발전된 아프리카의 생활 여건이 개선되었다.

다음 글의 〈연구결과〉에 대한 평가로 적절한 것만을 〈보기〉에서 모두 고르면?

콩 속에는 식물성 단백질과 불포화지방산 등 건강에 이로운 물질들이 풍부하다. 약콩, 서리태 등으로 불리는 검은 콩 껍질에는 황색 콩 껍질에서 발견되지 않는 특수한 항암 물질이 들어 있다. 검은 콩은 항암 효과는 물론 항산화 작용 및 신장 기능과 시력 강화에도 좋은 것으로 알려져 있다. A~C팀은 콩의 효능을 다음과 같이 연구했다.

〈연구결과〉

• A팀 연구진 : 콩 속 제니스틴의 성인병 예방 효능을 실험을 통해 세계 최초로 입증했다. 또한 제니스틴은 발암 물질에 노출된 비정상 세포가 악성 종양 세포로 진행되지 않도록 억제하는 효능을 갖고 있다는 사실을 흰쥐 실험을 통해 밝혔다. 암이 발생하는 과정은 세포 내의 유전자가 손상되는 개시 단계와 손상된 세포의 분열이 빨라지는 촉진 단계로 나뉘는데 제니스틴은 촉진 단계에서 억제효과가 있다는 것이다.

• B팀 연구진 : 200명의 여성을 조사해 본 결과, 매일 흰 콩 식품을 섭취한 사람은 한 달에 세 번 이하로 섭취한 사람에 비해 폐암에 걸릴 위험이 절반으로 줄었다.

• C팀 연구진 : 식이요법으로 원형탈모증을 완치할 수 있을 것으로 보고 원형탈모증을 가지고 있는 쥐에게 콩기름에서 추출된 화합물을 투여해 효과를 관찰하는 실험을 했다. 실험 결과 콩기름에서 추출된 화합물을 각각 0.1ml, 0.5ml, 2.0ml씩 투여한 쥐에서 원형탈모증 완치율은 각각 18%, 39%, 86%를 기록했다.

〈보 기〉

ㄱ. A팀의 연구결과는 콩이 암의 발생을 억제하는 효과가 있다는 것을 뒷받침한다.

ㄴ. C팀의 연구결과는 콩기름 함유가 높은 음식을 섭취할수록 원형탈모증 발생률이 높게 나타난다는 것을 뒷받침한다.

ㄷ. 세 팀의 연구결과는 검은 콩이 성인병, 폐암의 예방과 원형탈모증 치료에 효과가 있다는 것을 뒷받침한다.

① ㄱ
② ㄴ
③ ㄱ, ㄷ
④ ㄴ, ㄷ
⑤ ㄱ, ㄴ, ㄷ

다음 글의 결론을 지지하지 <u>않는</u> 것은?

지구와 태양 사이의 거리와 지구가 태양 주위를 도는 방식은 인간의 생존에 유리한 여러 특징을 지니고 있다. 인간을 비롯한 생명이 생존하려면 행성은 액체 상태의 물을 포함하면서 너무 뜨겁거나 차갑지 않아야 한다. 이를 위해 행성은 태양과 같은 별에서 적당히 떨어져 있어야 한다. 이 적당한 영역을 '골디락스 영역'이라고 한다. 또한 지구가 태양의 중력장 주위를 도는 타원 궤도는 충분히 원에 가깝다. 따라서 연중 태양에서 오는 열에너지가 비교적 일정하게 유지될 수 있다. 만약 태양과의 거리가 일정하지 않았다면 지구는 여름에는 바다가 모두 끓어 넘치고 겨울에는 거대한 얼음 덩어리가 되는 불모의 행성이었을 것이다.

우리 우주에 작용하는 근본적인 힘의 세기나 물리법칙도 인간을 비롯한 생명의 탄생에 유리하도록 미세하게 조정되어 있다. 예를 들어 근본적인 힘인 강한 핵력이나 전기력의 크기가 현재 값에서 조금만 달랐다면, 별의 내부에서 탄소처럼 무거운 원소는 만들어질 수 없었고 행성도 만들어질 수 없었을 것이다. 최근 들어 물리학자들은 이들 힘을 지배하는 법칙이 현재와 다르다면 우주는 구체적으로 어떤 모습이 될지 컴퓨터 모형으로 계산했다. 그 결과를 보면 강한 핵력의 강도가 겨우 0.5% 다르거나 전기력의 강도가 겨우 4% 다를 경우에도 탄소나 산소는 우주에서 합성되지 않는다. 따라서 생명 탄생의 가능성도 사라진다. 결국 강한 핵력이나 전기력을 지배하는 법칙들을 조금이라도 건드리면 우리가 존재할 가능성은 사라지는 것이다.

결론적으로 지구 주위 환경뿐만 아니라 보편적 자연법칙까지도 인류와 같은 생명이 진화해 살아가기에 알맞은 범위 안에 제한되어 있다고 할 수 있다. 만일 그러한 제한이 없었다면 태양계나 지구가 탄생할 수 없었을 뿐만 아니라 생명 또한 진화할 수 없었을 것이다. 우리가 아는 행성이나 생명이 탄생할 가능성을 열어두면서 물리법칙을 변경할 수 있는 폭은 매우 좁다.

① 탄소가 없는 상황에서도 생명은 자연적으로 진화할 수 있다.
② 중력법칙이 현재와 조금만 달라도 지구는 태양으로 빨려 들어간다.
③ 원자핵의 질량이 현재보다 조금 더 크다면 우리 몸을 이루는 원소는 합성되지 않는다.
④ 별 주위의 '골디락스 영역'에 행성이 위치할 확률은 매우 낮지만 지구는 그 영역에 위치한다.
⑤ 핵력의 강도가 현재와 약간만 달라도 별의 내부에서 무거운 원소가 거의 전부 사라진다.

다음 논증에 대한 평가로 적절한 것만을 〈보기〉에서 모두 고르면?

집단 내지 국가의 청렴도를 평가하는 잣대로 종종 공공 물품을 사적으로 사용하는 정도가 활용된다. 이와 관련하여 M시의 경우 회사원들이 사내용 물품을 개인적인 용도로 사용하는 정도가 꽤 높은 것으로 밝혀졌다. 이는 M시의 대표적 회사 A에서 직원 200명을 대상으로 회사물품을 사적인 용도로 사용한 적이 있는 지를 설문조사해 본 결과에 따른 것이다. 조사 결과 '늘 그랬다'는 직원은 5%, '종종 그랬다'는 직원은 15%, '가끔 그랬다'는 직원은 35%, '어쩌다 한두 번 그랬다'는 직원은 25%, '전혀 그런 적이 없다'는 직원은 10%, 응답을 거부한 직원은 10%였다. 설문조사에 응한 직원들 중에서 가끔이라도 사용한 적이 있다고 답한 직원의 비율이 절반을 넘었다. 따라서 M시의 회사원들은 낮은 청렴도를 가졌다고 평가할 수 있다.

〈보 기〉

ㄱ. 설문조사에 응한 회사 A의 직원들 중 회사물품에 대한 사적 사용 정도를 실제보다 축소하여 답한 직원들이 많다는 사실은 위 논증의 결론을 강화한다.

ㄴ. M시에 있는 또 다른 대표적 회사 B에서 동일한 설문 조사를 했는데 회사 A에서와 거의 비슷한 결과가 나왔다는 사실은 위 논증의 결론을 강화한다.

ㄷ. M시에 있는 대부분의 회사들에 비해 회사 A의 직원들이 회사물품을 사적으로 사용한 정도가 심했던 것으로 밝혀졌다는 사실은 위 논증의 결론을 약화한다.

① ㄱ

② ㄷ

③ ㄱ, ㄴ

④ ㄴ, ㄷ

⑤ ㄱ, ㄴ, ㄷ

다음 글의 ㉠~㉢을 〈정보〉로 평가한 것으로 적절한 것은?

'사람 한 명당 쥐 한 마리', 즉 지구상에 사람 수만큼의 쥐가 있다는 통계에 대한 믿음은 1백 년쯤 된 것이지만 잘못된 믿음이다. 이 가설은 1909년 뵐터가 쓴 『문제』라는 책에서 비롯되었다. 영국의 지방을 순회하던 뵐터에게 문득 이런 생각이 떠올랐다. "1에이커(약 4천 제곱미터)에 쥐 한 마리쯤 있다고 봐도 별 무리가 없지 않을까?" 이것은 근거가 박약한 단순한 추측에 불과했지만, 그는 무심코 떠오른 이런 추측에서 추론을 시작했다. 뵐터는 이 추측을 ㉠ 첫 번째 전제로 삼고 영국의 국토 면적이 4천만 에이커 정도라는 사실을 추가 전제로 고려하여 영국에 쥐가 4천만 마리쯤 있으리라는 ㉡ 중간 결론에 도달했다. 그런데 마침 당시 영국의 인구가 약 4천만 명이었고, 이런 우연한 사실을 발판 삼아 그는 세상 어디에나 인구 한 명당 쥐도 한 마리쯤 있을 것이라는 ㉢ 최종 결론을 내렸다. 이것은 논리적 관점에서 타당성이 의심스러운 추론이었지만, 사람들은 이 결론을 이상하리만큼 좋아했다. 쥐의 개체수를 실제로 조사하는 노고도 없이 '한 사람당 쥐 한 마리'라는 어림값은 어느새 사람들의 믿음으로 굳어졌다. 이 믿음은 국경마저 뛰어넘어, 미국의 방역업체나 보건을 담당하는 정부 기관이 이를 참고하기도 했다. 지금도 인구 약 900만인 뉴욕시에 가면 뉴욕시에 900만 마리쯤의 쥐가 있다고 믿는 사람을 어렵잖게 만날 수 있다.

〈정 보〉

(가) 최근 조사에 의하면 뉴욕시에는 약 30만 마리의 쥐가 있는 것으로 추정된다.

(나) 20세기 초의 한 통계조사에 의하면 런던의 주거 밀집 지역에는 가구당 평균 세 마리의 쥐가 있었다.

(다) 사람들이 자기 집에 있다고 생각하는 쥐의 수는 실제 조사를 통해 추정된 쥐의 수보다 20% 정도 더 많다.

(라) 쥐의 개체수 조사에는 특정 건물을 표본으로 취해 쥐구멍을 세고 쥐 배설물 같은 통행 흔적을 살피는 방법과 일정 면적마다 설치한 쥐덫을 활용하는 방법 등이 있는데, 다양한 방법으로 조사한 결과가 서로 높은 수준의 일치를 보인다.

① (가)는 ㉢을 약화한다.

② (나)는 ㉠을 강화한다.

③ (다)는 ㉢을 강화한다.

④ (라)는 ㉡을 약화한다.

⑤ (나)와 (다)가 참인 경우, ㉡은 참일 수 없다.

과학과 예술이 무관하다는 주장의 첫 번째 근거는 과학과 예술이 인간의 지적 능력의 상이한 측면을 반영한다는 것이다. 즉 과학은 주로 분석·추론·합리적 판단과 같은 지적 능력에 기인하는 반면에, 예술은 종합·상상력·직관과 같은 지적 능력에 기인한다고 생각한다. 두 번째 근거는 과학과 예술이 상이한 대상을 다룬다는 것이다. 과학은 인간 외부에 실재하는 자연의 사실과 법칙을 다루기에 과학자는 사실과 법칙을 발견하지만, 예술은 인간의 내면에 존재하는 심성을 탐구하며, 미적 가치를 창작하고 구성하는 활동이라고 본다. 그러나 이렇게 과학과 예술을 대립시키는 태도는 과학과 예술의 특성을 지나치게 단순화하는 것이다. 과학이 단순한 발견의 과정이 아니듯이 예술도 순수한 창조와 구성의 과정이 아니기 때문이다. 과학에는 상상력을 이용하는 주체의 창의적 과정이 개입하며, 예술 활동은 전적으로 임의적인 창작이 아니라 논리적 요소를 포함하는 창작이다. 과학 이론이 만들어지기 위해 필요한 것은 냉철한 이성과 객관적 관찰만이 아니다. 새로운 과학 이론의 발견을 위해서는 상상력과 예술적 감수성이 필요하다. 반대로 최근의 예술적 성과 중에는 과학기술의 발달에 의해 뒷받침된 것이 많다.

─〈보 기〉─

ㄱ. 과학자 왓슨과 크릭이 없었더라도 누군가 DNA 이중나선 구조를 발견하였겠지만, 셰익스피어가 없었다면 『오셀로』는 결코 창작되지 못 하였을 것이다.

ㄴ. 물리학자 파인만이 주장했듯이 과학에서 이론을 정립하는 과정은 가장 아름다운 그림을 그려나가는 예술가의 창작 작업과 흡사하다.

ㄷ. 입체파 화가들은 수학자 푸앵카레의 기하학 연구를 자신들의 그림에 적용하고자 하였으며, 이런 의미에서 피카소는 "내 그림은 모두 연구와 실험의 산물이다."라고 말하였다.

① ㄱ
② ㄷ
③ ㄱ, ㄴ
④ ㄴ, ㄷ
⑤ ㄱ, ㄴ, ㄷ

카나리아의 수컷과 암컷은 해부학적으로 동일한 구조의 발성기관을 가지고 있다. 또 새끼 때 모든 카나리아는 종 특유의 지저귀는 소리를 들으며 자란다. 그러나 성체가 되면 수컷만이 종 특유의 소리로 지저귄다. 수컷 카나리아는 다른 수컷들과 경쟁하거나 세력권을 주장할 때 이 소리를 낸다. 수컷은 암컷을 유혹할 때도 이 소리를 내는데, 이는 암컷이 종 특유의 소리를 내지는 못해도 그것을 알고 있음을 시사한다.

아비의 울음소리를 들으며 자라던 어린 카나리아는 둥지를 떠나 서식지를 이동하면서 다른 종의 새들과도 만나게 된다. 둥지를 떠난 후에도 어린 카나리아는 한동안 그들 종 특유의 울음소리를 내지 못할 뿐만 아니라 지저귀지도 않는다. 그러나 이듬해 봄이 가까워 오고 낮이 차츰 길어지면서 어린 수컷 카나리아의 몸에서는 수컷에만 있는 기관 A가 발달해 커지기 시작하고, 기관 A에서 분비되는 물질 B의 분비량도 증가한다. 이로 인해 수컷의 몸에서 물질 B의 혈중 농도가 높아지고, 그에 따라 수컷은 지저귀는 소리를 내려고 하기 시작한다. 수컷 카나리아가 처음 내는 소리는 종 특유의 울음소리가 아니다. 그러나 다른 수컷들에게서 그 소리를 배울 수 없는 상황에서도 수컷 카나리아가 내는 소리는 종 특유의 소리에 점점 가까워지고 결국 종 특유의 소리가 된다.

과학자들은 왜 카나리아의 수컷만 종 특유의 소리로 지저귀는지를 연구하였다. 그리고 ㉠ 그 이유가 수컷의 몸에서만 분비되는 물질 B가 종 특유의 소리를 내는 데 필요한 뇌의 특정 부분을 발달시키기 때문이라는 것을 알아냈다.

─〈보 기〉─

ㄱ. 봄이 시작될 무렵부터 조금씩 양을 늘려가면서 어린 암컷 카나리아에게 물질 B를 주사하였더니 결국 종 특유의 소리로 지저귀게 되었다.

ㄴ. 어린 수컷 카나리아의 뇌에 물질 B의 효과를 억제하는 성분의 약물을 꾸준히 투여하였더니 성체가 되어도 종 특유의 울음소리를 내지 못하였다.

ㄷ. 둥지를 떠나기 직전에 어린 수컷 카나리아의 기관 A를 제거하였지만 다음 봄에는 종 특유의 소리로 지저귈 수 있었다.

① ㄱ
② ㄷ
③ ㄱ, ㄴ
④ ㄴ, ㄷ
⑤ ㄱ, ㄴ, ㄷ

얼룩말의 얼룩무늬가 어떻게 생겨났는지는 과학계의 오랜 논쟁거리다. 월러스는 "얼룩말이 물을 마시러 가는 해질녘에 보면 얼룩무늬가 위장 효과를 낸다."라고 주장했지만, 다윈은 "눈에 잘 띌 뿐"이라며 그 주장을 일축했다. 검은 무늬는 쉽게 더워져 공기를 상승시키고 상승한 공기가 흰 무늬 부위로 이동하면서 작은 소용돌이가 일어나 체온조절을 돕는다는 가설도 있다. 위험한 체체파리나 사자의 눈에 얼룩무늬가 잘 보이지 않는다거나, 고유의 무늬 덕에 얼룩말들이 자기 무리를 쉽게 찾는다는 견해도 있다.

최근 A는 실험을 토대로 새로운 가설을 제시했다. 그는 얼룩말과 같은 속(屬)에 속하는 검은 말, 갈색 말, 흰 말을 대상으로 몸통에서 반사되는 빛의 특성을 살펴보았다. 검정이나 갈색처럼 짙은 색 몸통에서 반사되는 빛은 수평 편광으로 나타났다. 수평 편광은 물 표면에서 반사되는 빛의 특성이기도 한데, 물에서 짝짓기를 하고 알을 낳는 말파리가 아주 좋아하는 빛이다. 편광이 없는 빛을 반사하는 흰색 몸통에는 말파리가 훨씬 덜 꼬였다. A는 몸통 색과 말파리의 행태 간에 상관관계가 있다고 생각하고, 말처럼 생긴 일정 크기의 모형에 검은색, 흰색, 갈색, 얼룩무늬를 입힌 뒤 끈끈이를 발라 각각에 말파리가 얼마나 꼬이는지를 조사했다. 이틀간의 실험 결과 검은색 말 모형에는 562마리, 갈색에는 334마리, 흰색에 22마리의 말파리가 붙은 데 비해 얼룩무늬를 가진 모형에는 8마리가 붙었을 뿐이었다. 이것은 실제 얼룩말의 무늬와 유사한 얼룩무늬가 말파리를 가장 덜 유인한다는 결과였다. A는 이를 바탕으로 얼룩말의 얼룩무늬가 말의 피를 빠는 말파리를 피하는 방향으로 진행된 진화의 결과라는 가설을 제시했다.

───〈보 기〉───

ㄱ. 실제 말에 대한 말파리의 행동반응이 말 모형에 대한 말파리의 행동반응과 다르다는 연구결과

ㄴ. 말파리가 실제로 흡혈한 피의 99% 이상이 검은색이나 진한 갈색 몸통을 가진 말의 것이라는 연구결과

ㄷ. 얼룩말 고유의 무늬 때문에 초원 위의 얼룩말이 사자 같은 포식자 눈에 잘 띈다는 연구결과

① ㄱ
② ㄷ
③ ㄱ, ㄴ
④ ㄴ, ㄷ
⑤ ㄱ, ㄴ, ㄷ

(가) 기술의 발전 덕분에 더 풍요로운 세계를 만들 수 있다. 원료, 자본, 노동 같은 생산요소의 투입량을 줄이면서 산출량은 더 늘릴 수 있는 세계 말이다. 디지털 기술의 발전은 경외감을 불러일으키는 개선과 풍요의 엔진이 된다. 반면 그것은 시간이 흐를수록 부, 소득, 생활수준, 발전 기회 등에서 점점 더 큰 격차를 만드는 엔진이기도 하다. 즉 기술의 발전은 경제적 풍요와 격차를 모두 가져온다.

(나) 기술의 발전에 따른 풍요가 더 중요한 현상이며, 격차도 풍요라는 기반 위에 있기 때문에 모든 사람의 삶이 풍요로워지는 데 초점을 맞추어야 한다. 고도로 숙련된 노동자와 나머지 사람들과의 격차가 벌어지고 있다는 것을 인정하지만, 모든 사람들의 경제적 삶이 나아지고 있기에 누군가의 삶이 다른 사람보다 더 많이 나아지고 있다는 사실에 관심을 둘 필요가 없다.

(다) 중산층들이 과거에 비해 경제적으로 더 취약해졌기 때문에 기술의 발전에 따른 풍요보다 격차에 초점을 맞추어야 한다. 실제로 주택, 보건, 의료 등과 같이 그들의 삶에서 중요한 항목에 들어가는 비용의 증가율은 시간이 흐르면서 가계 소득의 증가율에 비해 훨씬 더 높아지고 있다. 설상가상으로 소득 분포의 밑바닥에 속한 가정에서 태어난 아이가 상층으로 이동할 기회는 점점 더 줄어들고 있다.

───〈보 기〉───

ㄱ. 현재의 정보기술은 덜 숙련된 노동자보다 숙련된 노동자를 선호하고, 노동자보다 자본가에게 돌아가는 수익을 늘린다는 사실은 (가)의 논지를 약화한다.

ㄴ. 기술의 발전이 전 세계의 가난한 사람들에게도 도움을 주며, 휴대전화와 같은 혁신사례들이 모든 사람들의 소득과 기타 행복의 수준을 개선한다는 연구결과는 (나)의 논지를 강화한다.

ㄷ. 기술의 발전이 가져온 경제적 풍요가 엄청나게 벌어진 격차를 보상할 만큼은 아니라는 것을 보여주는 자료는 (다)의 논지를 약화한다.

① ㄱ
② ㄴ
③ ㄱ, ㄷ
④ ㄴ, ㄷ
⑤ ㄱ, ㄴ, ㄷ

우리는 물체까지의 거리 자체를 직접 볼 수는 없다. 거리는 눈과 그 물체를 이은 직선의 길이인데, 우리의 망막에는 직선의 한쪽 끝 점이 투영될 뿐이기 때문이다. 그러므로 물체까지의 거리 판단은 경험을 통한 추론에 의해서 이루어진다고 보아야 한다. 예컨대 우리는 건물, 나무 같은 친숙한 대상들의 크기가 얼마나 되는지, 이들이 주변 배경에서 얼마나 공간을 차지하는지 등을 경험을 통해 이미 알고 있다. 우리는 물체와 우리 사이에 혹은 물체 주위에 이런 친숙한 대상들이 어느 정도 거리에 위치해 있는지를 우선 지각한다. 이로부터 우리는 그 물체가 얼마나 멀리 떨어져 있는지를 추론하게 된다. 또한 그 정도 떨어진 다른 사물들이 보이는 방식에 대한 경험을 토대로, 그보다 작고 희미하게 보이는 대상들은 더 멀리 떨어져 있다고 판단한다. 거리에 대한 이런 추론은 과거의 경험에 기초하는 것이다.

반면에 물체가 손이 닿을 정도로 아주 가까이에 있는 경우, 물체까지의 거리를 지각하는 방식은 이와 다르다. 우리의 두 눈은 약간의 간격을 두고 서로 떨어져 있다. 이에 우리는 두 눈과 대상이 위치한 한 점을 연결하는 두 직선이 이루는 각의 크기를 감지함으로써 물체까지의 거리를 알게 된다. 물체를 바라보는 두 눈의 시선에 해당하는 두 직선이 이루는 각은 물체까지의 거리가 멀어질수록 필연적으로 더 작아진다. 대상까지의 거리가 몇 미터만 넘어도 그 각의 차이는 너무 미세해서 우리가 감지할 수 없다. 하지만 팔 뻗는 거리 안의 가까운 물체에 대해서는 그 각도를 감지하는 것이 가능하다.

〈보 기〉

ㄱ. 100미터 떨어진 지점에 민수가 한 번도 본 적이 없는 대상만 보이도록 두고 다른 사물들은 보이지 않도록 민수의 시야 나머지 부분을 가리는 경우, 민수는 그 대상을 보고도 얼마나 떨어져 있는지 판단하지 못한다.

ㄴ. 아무것도 보이지 않는 캄캄한 밤에 안개 속의 숲길을 걷다가 앞쪽 멀리서 반짝이는 불빛을 발견한 태훈이가 불빛이 있는 곳까지의 거리를 어렵잖게 짐작한다.

ㄷ. 태어날 때부터 한쪽 눈이 실명인 영호가 30센티미터 거리에 있는 낯선 물체 외엔 어떤 것도 보이지 않는 상황에서 그 물체까지의 거리를 옳게 판단한다.

① ㄱ
② ㄷ
③ ㄱ, ㄴ
④ ㄴ, ㄷ
⑤ ㄱ, ㄴ, ㄷ

당신은 '행복 기계'에 들어갈 것인지 망설이고 있다. 만일 들어간다면 그 순간 당신은 기계에 들어왔다는 것을 완전히 잊게 되고, 이 기계를 만나기 전에는 맛보기 힘든 멋진 시간을 가상현실 기술을 통해 경험하게 된다. 단, 누구든 한 번 그 기계에 들어가면 삶을 마칠 때까지 거기서 나올 수 없다. 이 기계에는 고장도 오작동도 없다. 당신은 이 기계에 들어가겠는가? 우리의 삶은 고난과 좌절로 가득 차 있지만, 우리는 그것들이 실제로 사라지기를 원하지 그저 사라졌다고 믿기를 원하지 않는다. 이러한 사실은, 참인 믿음이 우리에게 아무런 이익이 되지 않거나 심지어 손해를 가져오는 경우에도 우리가 거짓인 믿음보다 참인 믿음을 가지기를 선호한다는 견해를 뒷받침한다.

돈의 가치는 숫자가 적힌 종이 자체에 있지 않다. 돈이 가치를 지니는 것은 그것이 좋은 것들을 얻는 도구로 기능하기 때문이다. 참인 믿음을 가지는 것이 유용한 경우가 많은 것은 사실이지만, 다른 것들을 얻기 위한 수단인 돈과 달리 참인 믿음은 그 자체로 가치가 있다. 그리고 행복 기계에 관한 우리의 태도는 이를 분명하게 보여준다.

다른 것에 대한 선로로는 설명될 수 없는 원초적인 선호를 '기초 선호'라고 부른다. 가령 신체의 고통을 피하려는 것은 기초 선호로 보인다. 참인 믿음은 어떤가? 만약 참인 믿음이 기초 선호의 대상이 아니라면, 참인 믿음과 거짓인 믿음이 실용적 손익에서 동등할 경우 전자를 후자보다 더 선호해야 할 이유는 없다. 여기서 확인하게 되는 결론은, 참인 믿음이 기초 선호의 대상이라는 것이다. 그렇지 않다면, 사람들이 행복 기계에 들어가 행복한 거짓 믿음 속에 사는 편을 택하지 않을 이유가 없을 것이다.

① 대부분의 사람이 행복 기계에 들어가는 편을 택할 경우, 논지는 강화된다.

② 행복 기계가 현실에 존재하지 않는다는 사실이 논지를 약화하지는 않는다.

③ 치료를 위해 신체의 고통을 기꺼이 견디는 사람들이 있다고 해도 논지는 약화되지 않는다.

④ 행복 기계에 들어가지 않는 유일한 이유가 참과 무관한 실용적 이익임이 확인될 경우, 논지는 약화된다.

⑤ 실용적 이익이 없음에도 불구하고 우리가 수학적 참인 정리를 믿는 것을 선호한다는 사실은 논지를 강화한다.

미국 수정헌법 제1조는 국가가 시민들에게 진리에 대한 권위주의적 시각을 강제하는 일을 금지함으로써 정부가 다양한 견해들에 중립적이어야 한다는 중립성 원칙을 명시하였다. 특히 표현에 관한 중립성 원칙은 지난 수십 년에 걸쳐 발전해 왔다. 이 발전 과정의 초기에 미국 연방대법원은 표현의 자유를 부르짖는 급진주의자들의 요구에 선동적 표현의 위험성을 근거로 내세우며 맞섰다. 1940~50년대에 연방대법원은 수정헌법 제1조가 보호하는 표현과 그렇지 않은 표현을 구분하는 ㉠ <u>이중기준론</u>을 표방하면서, 수정헌법 제1조의 보호 대상이 아닌 표현들이 있다고 판결했다. 추잡하고 음란한 말, 신성 모독적인 말, 인신공격이나 타인을 모욕하는 말, 즉 발언만으로도 누군가에게 해를 입히거나 사회의 양속을 해칠 말이 이에 포함되었다.

이중기준론의 비판자들은 연방대법원이 표현의 범주를 구분하는 과정에서 표현의 내용에 관한 가치 판단을 내림으로써 실제로 표현의 자유를 침해했다고 공격하였다. 1960~70년대를 거치며 연방대법원은 점차 비판자들의 견해를 수용했다. 1976년 연방대법원이 상업적 표현도 수정헌법 제1조의 보호범위에 포함된다고 판결한 데 이어, 인신 비방 발언과 음란성 표현 등도 표현의 자유에 포함되기에 이르렀다.

정부가 모든 표현에 대해 중립적이어야 한다는 원칙은 1970~80년대에 ㉡ <u>내용중립성</u> 원칙을 통해 한층 더 또렷이 표명되었다. 내용중립성 원칙이란, 정부가 어떤 경우에도 표현되는 내용에 대한 평가에 근거하여 표현을 제한해서는 안 된다는 것이다. 다시 말해 정부는 표현되는 사상이나 주제나 내용을 이유로 표현을 제한할 수 없다. 이렇게 해석된 수정헌법 제1조에 따르면, 미국 정부는 특정 견해를 편들 수 없을 뿐만 아니라 어떤 문제가 공공의 영역에서 토론하거나 논쟁할 가치가 있는지 없는지 미리 판단하여 선택해서도 안 된다.

① 시민을 보호하기 위해 제한해야 할 만큼 저속한 표현의 기준을 정부가 정하는 것은 ㉠과 상충하지 않는다.

② 음란물이 저속하고 부도덕하다는 이유에서 음란물 유포를 금하는 법령은 ㉠과 상충한다.

③ 어떤 영화의 주제가 나치즘 찬미라는 이유에서 상영을 금하는 법령은 ㉡에 저촉된다.

④ 경쟁 기업을 비방하는 내용의 광고라는 이유로 광고의 방영을 금지하는 법령은 ㉡에 저촉된다.

⑤ 인신공격하는 표현으로 특정 정치인을 힐난하는 내용의 기획물이라는 이유로 TV 방송을 제재할 것인지에 관해 ㉠과 ㉡은 상반되게 답할 것이다.

문 1. 다음 글의 문맥상 (가)~(라)에 가장 적절한 말을 〈보기〉에서 골라 알맞게 짝지은 것은? 11 민간(민) 03번

심각한 수준의 멸종 위기에 처한 생태계를 보호하기 위해 생물다양성 관련 정책이 시행되고 있다. 먼저 보호지역 지정은 생물다양성을 보존하는 데 반드시 필요한 정책 수단이다. 이 정책 수단은 각국에 의해 빈번히 사용되었다. 그러나 보호지역의 숫자는 생물다양성의 보존과 지속가능한 이용 정책의 성공 여부를 피상적으로 알려주는 지표에 지나지 않으며, ____(가)____ 없이는 생물다양성의 감소를 막을 수 없다. 세계자연보전연맹에 따르면, 보호지역으로 지정되었음에도 실제로는 최소한의 것도 실시되지 않는 곳이 많다. 보호지역 관리에 충분한 인력을 투입하는 것은 보호지역 수를 늘리는 것만큼이나 필요하다.

____(나)____은(는) 민간시장에서 '생물다양성 관련 제품과 서비스'가 갖는 가치와 사회 전체 내에서 그것이 갖는 가치 간의 격차를 해소하기 위해 도입된다. 이를 통해 생태계 훼손에 대한 비용 부담은 높이고 생물다양성의 보존, 강화, 복구 노력에 대해서는 보상을 한다. 상품으로서의 가치와 공공재로서의 가치 간의 격차를 좁히는 데에 원칙적으로 이 제도만큼 적합한 것이 없다.

생물다양성을 증가시키는 유인책 중에서 ____(다)____의 효과가 큰 편이다. 시장 형성이 마땅치 않아 이전에는 무료로 이용할 수 있었던 것에 대해 요금을 부과함으로써 생태계의 무분별한 이용을 억제하는 것이 이 제도의 골자이다. 최근 이 제도의 도입 사례가 증가하고 있으며 앞으로도 늘어날 전망이다.

생물다양성 친화적 제품 시장에 대한 전망에는 관련 정보를 지닌 소비자들이 ____(라)____을(를) 선택할 것이라는 가정이 전제되어야 한다. 친환경 농산물, 무공해 비누, 생태 관광 등에 대한 인기가 증대되고 있는 현상은 소비자들이 친환경 제품이나 서비스에 더 비싼 값을 지불할 수도 있다는 사실을 보여주는 사례이다.

〈보 기〉
ㄱ. 생태계 사용료
ㄴ. 경제 유인책
ㄷ. 생물다양성 보호 제품
ㄹ. 보호조치

	(가)	(나)	(다)	(라)
①	ㄱ	ㄴ	ㄹ	ㄷ
②	ㄴ	ㄱ	ㄷ	ㄹ
③	ㄴ	ㄹ	ㄷ	ㄱ
④	ㄹ	ㄱ	ㄷ	ㄴ
⑤	ㄹ	ㄴ	ㄱ	ㄷ

문 2. (가)~(다)에 들어갈 예시를 〈보기〉에서 골라 알맞게 짝지은 것은? 12 민간(인) 05번

첫째, 필요조건으로서 원인은 "어떤 결과의 원인이 없었다면 그 결과도 없다"는 말로 표현할 수 있다. 예를 들어 ____(가)____ 만일 원치 않는 결과를 제거하고자 할 때 그 결과의 원인이 필요조건으로서 원인이라면, 우리는 그 원인을 제거하여 결과가 일어나지 않게 할 수 있다.

둘째, 충분조건으로서 원인은 "어떤 결과의 원인이 있었다면 그 결과도 있다"는 말로 표현할 수 있다. 예를 들어 ____(나)____ 만일 특정한 결과를 원할 때 그것의 원인이 충분조건으로서 원인이라면, 우리는 그 원인을 발생시켜 그것의 결과가 일어나게 할 수 있다.

셋째, 필요충분조건으로서 원인은 "어떤 결과의 원인이 없다면 그 결과는 없고, 동시에 그 원인이 있다면 그 결과도 있다"는 말로 표현할 수 있다. 예를 들어 ____(다)____ 필요충분조건으로서 원인의 경우, 원인을 일으켜서 그 결과를 일으키고 원인을 제거해서 그 결과를 제거할 수 있다.

〈보 기〉
ㄱ. 물체 속도 변화의 원인은 물체에 힘을 가하는 것이다. 물체에 힘이 가해지면 물체의 속도가 변하고, 물체에 힘이 가해지지 않는다면 물체의 속도는 변하지 않는다.
ㄴ. 뇌염모기에 물리는 것은 뇌염 발생의 원인이다. 뇌염모기에 물린다고 해서 언제나 뇌염에 걸리는 것은 아니다. 하지만 뇌염모기에 물리지 않으면 뇌염은 발생하지 않는다. 그래서 원인에 해당하는 뇌염모기를 박멸한다면 뇌염 발생을 막을 수 있다.
ㄷ. 콜라병이 총알에 맞는 것은 콜라병이 깨지는 원인이다. 콜라병을 깨뜨리는 원인은 콜라병을 맞히는 총알 이외에도 다양하다. 누군가 던진 돌도 콜라병을 깨뜨릴 수 있다. 하지만 콜라병이 총알에 맞는다면 그것이 깨지는 것은 분명하다.

	(가)	(나)	(다)
①	ㄱ	ㄴ	ㄷ
②	ㄱ	ㄷ	ㄴ
③	ㄴ	ㄱ	ㄷ
④	ㄴ	ㄷ	ㄱ
⑤	ㄷ	ㄴ	ㄱ

문 3. 다음 글의 문맥상 (가)~(라)에 들어가기에 가장 적절한 것을 〈보기〉에서 골라 알맞게 짝지은 것은?

12 민간(인) 14번

플라톤은 아테네에서 진행되던 민주주의에 대해 탐탁하지 않게 생각했다. 플라톤은 지혜를 갖춘 전문가가 정치를 담당해야 한다고 보았다. 자격을 갖춘 능력 있는 소수를 뒷전으로 밀어내고 무능하고 무책임한 다수 대중에게 권력을 이양하는 민주주의의 정치 게임에 플라톤은 분노했다. 특히 플라톤은 궤변으로 떠들어대는 무능한 민주주의 정치 지도자들을 비판했다. ⬚(가)⬚

이랬던 플라톤이 자신의 마지막 저서인 『법률』에서는 대중에게 적정한 수준에서 자유를 허용하는 체제, 즉 왕정과 민주정의 요소를 고루 내포한 혼합 체제의 필요성을 역설했다. 일정 정도의 자유와 정치 참여를 대중들에게 허용하면, 그들은 국가에 애착을 느끼고 필요하다면 자신을 희생하기도 한다고 플라톤은 강조했다. 대중들의 정치 참여가 국가의 발전 가능성을 높여준다고 생각한 것이다. ⬚(나)⬚

그렇다고 해서 플라톤이 전적으로 민주주의에 투항한 것은 결코 아니다. 『법률』의 경우에도 여전히 민주주의를 찬양하는 대목보다 그것을 강경하게 비판하는 대목이 더 많이 눈에 띈다. 민주정과 왕정의 혼합 체제를 지향하기는 했지만, 플라톤에게 민주주의는 중심적 요소가 아닌 부차적 요소에 지나지 않았다. 플라톤이 지향한 혼합 체제는 대중들의 승인을 받은 귀족주의에 가까운 것이었다. 그에게 대중이란 주권자일 수는 있어도 결코 지배자가 될 수는 없는 존재였다. ⬚(다)⬚

플라톤이 대중들의 정치 참여를 어느 정도 수용하면서도 민주주의를 인정하지 않았던 것은 의미심장한 대목이다. 해석하기에 따라, 플라톤의 태도는 대중들을 정치의 주인인 것처럼 착각하게 만든 후 그들의 충성을 끌어내고, 정치적 실권은 실상 소수 엘리트들에게 넘겨주는 '사이비' 민주주의 체제를 가능하게 한 것처럼 보이기 때문이다. ⬚(라)⬚

─────〈보 기〉─────

ㄱ. 생각해보면 이는 일인 독재 정치 체제보다 더욱 기만적인 정치 체제일 수 있다.

ㄴ. 이것을 액면 그대로 받아들이면 플라톤이야말로 참여 민주주의의 원조격이 아닐 수 없다.

ㄷ. 민주주의를 내세우지만 동시에 대중들의 정치 참여를 제한하는 것이 플라톤 정치 이론의 실체이다.

ㄹ. 플라톤은 민주주의를 이끄는 정치인들의 실체가 수술을 요하는 환자에게 메스 대신 비타민을 내미는 엉터리 의사와 같다고 생각했다.

	(가)	(나)	(다)	(라)
①	ㄱ	ㄹ	ㄴ	ㄷ
②	ㄴ	ㄱ	ㄹ	ㄷ
③	ㄴ	ㄹ	ㄱ	ㄷ
④	ㄹ	ㄱ	ㄴ	ㄷ
⑤	ㄹ	ㄱ	ㄴ	ㄷ

문 4. 다음 빈칸에 들어갈 말로 가장 적절한 것은?

14 민간(A) 20번

A국 정부는 유전 관리 부서 업무에 적합한 민간경력자 전문관을 한 명 이상 임용하려고 한다. 그런데 지원자들 중 갑은 경쟁국인 B국에 여러 번 드나든 기록이 있다. 그래서 정보 당국은 갑의 신원을 조사했다. 조사 결과 갑이 부적격 판정을 받는다면, 그는 전문관으로 임용되지 못할 것이다. 한편, A국 정부는 임용 심사에서 지역과 성별을 고려한 기준도 적용한다. 동일 지역 출신은 두 사람 이상을 임용하지 않는다. 그리고 적어도 여성 한 명을 임용해야 한다. 이번 임용 시험에 응시한 여성은 갑과 을 둘 밖에 없다. 또한 지원자들 중에서 병과 을이 동일 지역 출신이므로, 만약 병이 임용된다면 을은 임용될 수 없다. 그런데 ⬚⬚⬚⬚⬚⬚⬚ 따라서 병은 전문관으로 임용되지 못할 것이다.

① 갑이 전문관으로 임용될 것이다.

② 을이 전문관으로 임용되지 못할 것이다.

③ 갑은 조사 결과 부적격 판정을 받을 것이다.

④ 병이 전문관으로 임용된다면, 갑도 전문관으로 임용될 것이다.

⑤ 갑이 조사 결과 적격 판정을 받는다면, 갑이 전문관으로 임용될 것이다.

문 5.　다음 글의 (가)와 (나)에 들어가기에 가장 적절한 것을 ㉠~㉤ 중 골라 알맞게 짝지은 것은?

14 민간(A) 25번

일반적으로 결정론은 도덕적 책임과 양립할 수 없는 것으로 간주된다. 그 이유는 다음과 같다. ㉠ 결정론이 참일 경우 우리의 실제 행동과는 다른 행동을 할 가능성이 없다. 그런데 ㉡ 우리에게 실제로 행한 것과는 다른 행동을 할 가능성이 있을 경우에만 우리는 행동의 자유를 가진 존재이다. 또한 ㉢ 우리가 행동의 자유를 가진 존재가 아니라면, 우리는 도덕적 책임을 가질 필요가 없다. 따라서 ㉣ 결정론이 참일 경우 우리는 행동의 자유를 가진 존재가 아니다. 결론적으로, ㉤ 결정론이 참일 경우 우리는 도덕적 책임을 가지는 존재가 아니다. 이런 주장에 대해서 철학자 A는 다음 〈사례〉를 통해 [　(가)　]가 거짓이라고 보임으로써 [　(나)　]를 반박하였다.

─〈사 례〉─

차를 운전하고 있던 어느 날, 나는 우회전을 하기 위해서 차의 핸들을 오른쪽으로 돌리는 행동을 하였다. 이런 행동 이후, 오른쪽으로 움직인 나의 차는 길을 가는 행인을 치는 사고를 일으켰다. 당연히 나는 그 행인을 다치게 만든 것에 대해 도덕적 책임을 느꼈다. 내가 핸들을 오른쪽으로 돌리는 행동이 그 사고를 야기했기 때문이다. 그러나 사실 내 차의 핸들은 오른쪽으로 돌리기 직전에 망가져서 핸들이 오른쪽으로 돌아갈 수밖에 없었고, 그 사고는 일어날 수밖에 없었다. 이와 더불어 여러 다른 사정으로 나에게는 다른 행동의 가능성이 전혀 없었으며, 이에 나에겐 행동의 자유가 존재하지 않았던 것이다. 나는 이런 사실을 모른 채 핸들을 오른쪽으로 돌리는 행동을 하였고 내 차는 오른쪽으로 움직였다. 그 핸들은 내 행동에 따라 움직였고, 내 차도 핸들에 아무런 문제가 없었을 경우와 같이 움직인 뒤 행인을 치었던 것이다. 그렇기 때문에 내 차의 핸들이 망가져 있다는 사실을 알고 난 후에도 나는 행인을 친 것에 대한 도덕적 책임을 가져야 한다는 것을 당연하게 생각했다.

	(가)	(나)
①	㉠	㉣
②	㉡	㉣
③	㉡	㉤
④	㉢	㉣
⑤	㉢	㉤

문 6.　A사무관의 추론이 올바를 때, 다음 글의 빈칸에 들어갈 진술로 적절한 것만을 〈보기〉에서 모두 고르면?

15 민간(인) 05번

A사무관은 인사과에서 인사고과를 담당하고 있다. 그는 올해 우수 직원을 선정하여 표창하기로 했으니 인사고과에서 우수한 평가를 받은 직원을 후보자로 추천하라는 과장의 지시를 받았다. 평가 항목은 대민봉사, 업무역량, 성실성, 청렴도이고 각 항목은 상(3점), 중(2점), 하(1점)로 평가한다. A사무관이 추천한 표창 후보자는 갑돌, 을순, 병만, 정애 네 명이며, 이들이 받은 평가는 다음과 같다.

구분	대민봉사	업무역량	성실성	청렴도
갑돌	상	상	상	하
을순	중	상	하	상
병만	하	상	상	중
정애	중	중	중	상

A사무관은 네 명의 후보자에 대한 평가표를 과장에게 제출하였다. 과장은 "평가 점수 총합이 높은 순으로 선발한다. 단, 동점자 사이에서는 [＿＿＿＿＿＿＿＿＿]"라고 하였다. A사무관은 과장과의 면담 후 이들 중 세 명이 표창을 받게 된다고 추론하였다.

─〈보 기〉─

ㄱ. 두 개 이상의 항목에서 상의 평가를 받은 후보자를 선발한다.

ㄴ. 청렴도에서 하의 평가를 받은 후보자를 제외한 나머지 후보자를 선발한다.

ㄷ. 하의 평가를 받은 항목이 있는 후보자를 제외한 나머지 후보자를 선발한다.

① ㄱ
② ㄷ
③ ㄱ, ㄴ
④ ㄴ, ㄷ
⑤ ㄱ, ㄷ

이동통신이 유선통신에 비하여 어려운 점은 다중 경로에 의해 통신채널이 계속적으로 변화하여 통신 품질이 저하된다는 것이다. 다중 경로는 송신기에서 발생한 신호가 수신기에 어떠한 장애물을 거치지 않고 직접적으로 도달하기도 하고 장애물을 통과하거나 반사하여 간접적으로 도달하기도 하기 때문에 발생한다. 이 다중 경로 때문에 송신기에서 발생한 신호가 안테나에 도달할 때 신호들마다 시간 차이가 발생한다. 이렇게 하나의 송신 신호가 시시각각 수신기에 다르게 도달하기 때문에 이동통신 채널은 일반적으로 유선통신 채널에 비해 빈번히 변화한다. 일반적으로 거쳐 오는 경로가 길수록 수신되는 진폭은 작아지고 지연 시간도 길어지게 된다. 다중 경로를 통해 전파가 전송되어 오면 각 경로의 거리 및 전송 특성 등의 차이에 의해 수신기에 도달하는 시간과 신호 세기의 차이가 발생한다.

시간에 따라 변화하는 이동통신의 품질을 극복하기 위해 개발된 것이 A기술이다. 이 기술을 사용하면 하나의 송신기로부터 전송된 하나의 신호가 다중 경로를 통해 안테나에 수신된다. 이때 안테나에 수신된 신호들 중 일부 경로를 통해 수신된 신호의 크기가 작더라도 나머지 다른 경로를 통해 수신된 신호의 크기가 크면 수신된 신호들 중 가장 큰 것을 선택하여 안정적인 송수신을 이루려는 것이 A기술이다. A기술은 마치 한 종류의 액체를 여러 배수관에 동시에 흘려보내 가장 빨리 나오는 배수관의 액체를 선택하는 것에 비유할 수 있다. 여기서 액체는 [㉠   ]에 해당하고, 배수관은 [㉡   ]에 해당한다.

	㉠	㉡
①	송신기	안테나
②	신호	경로
③	신호	안테나
④	안테나	경로
⑤	안테나	신호

현상의 원인을 찾는 방법들 가운데 최선의 설명을 이용하는 방법이 있다. 우리는 주어진 현상을 일으키는 원인을 찾아 이 원인이 그 현상을 일으켰다고 말함으로써 현상을 설명하곤 한다. 우리는 여러 가지 가능한 설명들 중에서 가장 좋은 설명에 나오는 원인이 현상의 진정한 원인이라고 결론 내릴 수 있다.

지구에 조수 현상이 있는데 이 현상의 원인은 무엇일까? 우리는 조수 현상을 일으킬 수 있는 원인들을 일종의 가설로서 설정할 수 있다. 만일 지구의 물과 달 사이에 중력이나 자기력 같은 인력이 작용한다면, 이런 인력은 지구에 조수 현상을 일으키는 원인일 수 있다. 지구와 달 사이에 유동 물질이 있고 그 물질이 지구를 누른다면, 이런 누름은 지구에 조수 현상을 일으키는 원인일 수 있다. 지구가 등속도로 자전하지 않아 지구 전체가 흔들거린다면, 이런 지구의 흔들거림은 지구에 조수 현상을 일으키는 원인일 수 있다.

우리는 이런 설명들을 견주어 어떤 것이 다른 것보다 낫다는 것을 언제든 주장할 수 있으며, 나은 순으로 줄을 세워 가장 좋은 설명을 찾을 수 있다. 우리는 조수 현상에 대한 설명들로, 지구의 물과 달 사이에 인력 때문에 조수가 생긴다는 설명, 지구와 달 사이의 물질이 지구를 누르기 때문에 조수가 생긴다는 설명, 지구 전체의 흔들거림 때문에 조수가 생긴다는 설명을 갖고 있다. 이 설명들 가운데 지구 전체의 흔들거림 때문에 조수가 생긴다는 설명보다 지구와 달 사이의 물질이 지구를 누르기 때문에 조수가 생긴다는 설명이 더 낫다. [   ]. 따라서 우리는 조수 현상의 원인이 지구의 물과 달 사이에 작용하는 인력이라고 결론 내릴 수 있다.

① 지구 전체의 흔들거림 때문에 조수가 생긴다는 설명보다 지구와 달 사이에 인력 때문에 조수가 생긴다는 설명이 더 낫다.

② 지구의 물과 달 사이에 인력 때문에 조수가 생긴다는 설명보다 지구 전체의 흔들거림 때문에 조수가 생긴다는 설명이 더 낫다.

③ 지구와 달 사이의 물질이 지구를 누르기 때문에 조수가 생긴다는 설명보다 지구 전체의 흔들거림 때문에 조수가 생긴다는 설명이 더 낫다.

④ 지구의 물과 달 사이에 인력 때문에 조수가 생긴다는 설명보다 지구와 달 사이의 물질이 지구를 누르기 때문에 조수가 생긴다는 설명이 더 낫다.

⑤ 지구와 달 사이의 물질이 지구를 누르기 때문에 조수가 생긴다는 설명보다 지구의 물과 달 사이에 인력 때문에 조수가 생긴다는 설명이 더 낫다.

아담 스미스의 '보이지 않는 손'이라는 가정은 시장에서 개인의 이익추구 활동을 제한하지 않는 것이 전체 이윤을 극대화하는 최선의 방책임을 보여주는 것으로 간주되었다. 그렇다면 다음의 경우는 어떠한가?

공동 소유의 목초지에 양을 치기에 알맞은 풀이 자라고 있다고 생각해 보자. 일정 넓이의 목초지에 방목할 수 있는 가축 두수에는 일정한 한계가 있기 마련이다. 즉 '수용 한계'가 존재하는 것이다. 그 목초지에 한 마리를 더 방목시킨다고 해서 다른 가축들이 갑자기 죽거나 병에 걸리는 것은 아니다. 하지만 목초지의 수용 한계를 넘어 양을 키울 경우, 목초가 줄어들어 그 목초지에서 양을 키워 얻을 수 있는 전체 생산량이 줄어든다. 나아가 수용 한계를 과도하게 초과할 정도로 사육 두수가 늘어날 경우 목초지 자체가 거의 황폐화된다.

예를 들어 수용 한계가 양 20마리인 공동 목초지에서 4명의 농부가 각각 5마리의 양을 키우고 있다고 해 보자. 그 목초지의 수용 한계에 이미 도달한 상태이지만, 그중 한 농부가 자신의 이익을 늘리고자 방목하는 양의 두수를 늘리려 한다. 그러면 5마리를 키우고 있는 농부들은 목초지의 수용 한계로 인하여 기존보다 이익이 줄어들지만, 두수를 늘린 농부의 경우 그의 이익이 기존보다 조금 늘어난다. 손실을 만회하기 위해 다른 농부들도 사육 두수를 늘리고자 할 것이다. 이러한 상황이 장기화될 경우,

㉠

이와 같이 아담 스미스의 '보이지 않는 손'에 시장을 맡겨 둘 경우 ㉡ 결과가 나타날 것이다.

① ㉠ : 농부들의 총이익은 기존보다 증가할 것이다.
　㉡ : 한 사회의 공공 영역이 확장되는
② ㉠ : 농부들의 총이익은 기존보다 감소할 것이다.
　㉡ : 한 사회의 전체 이윤이 감소하는
③ ㉠ : 농부들의 총이익은 기존보다 감소할 것이다.
　㉡ : 한 사회의 전체 이윤이 유지되는
④ ㉠ : 농부들의 총이익은 기존과 동일하게 될 것이다.
　㉡ : 한 사회의 전체 이윤이 유지되는
⑤ ㉠ : 농부들의 총이익은 기존과 동일하게 될 것이다.
　㉡ : 한 사회의 공공 영역이 보호되는

비어즐리는 '제도론적 예술가'와 '낭만주의적 예술가'의 개념을 대비시킨다. 낭만주의적 예술가는 사회의 모든 행정과 교육의 제도로부터 독립하여 작업하는 사람이다. 그는 자기만의 상아탑에 칩거하며, 혼자 캔버스 위에서 일하고, 자신의 돌을 깎고, 자신의 소중한 서정시의 운율을 다듬는다.

그러나 사회와 동떨어져 혼자 작업하더라도 예술가는 작품을 만드는 동안 예술 제도로부터 단절될 수 없다. (가) 즉 예술가는 특정 예술제도 속에서 예술의 사례들을 경험하고, 예술적 기술의 훈련이나 교육을 받음으로써 예술에 대한 배경지식을 얻게 된다. 그리고 이와 같은 배경지식이 예술가의 작품 활동에 반영된다.

낭만주의적 예술가 개념은 예술 창조의 주도권이 완전히 개인에게 있으며 예술가가 문화의 진공 상태 안에서 작품을 창조할 수 있다고 가정한다. 하지만 그런 낭만주의적 예술가는 사실상 존재하기 어렵다. 심지어 어린아이들의 그림이나 놀이조차도 문화의 진공 상태에서 이루어지지 않는다. (나)

어떤 사람이 예술작품을 전혀 본 적 없는 상태에서 진흙으로 어떤 형상을 만들어냈다고 가정해 보자. 이것이 지금까지 본 적이 없던 새로운 형상이라 하더라도, 그 사람은 예술작품을 창조한 것이라 볼 수 없다. (다) 비어즐리의 주장과는 달리 예술가는 아무 맥락 없는 진공 상태에서 창작하지 않는다. 예술은 어떤 사람이 문화적 역할을 수행한 산물이며, 언제나 문화적 주형(鑄型) 안에 존재한다.

──── 〈보 기〉 ────

ㄱ. 왜냐하면 어떤 사람이 예술작품을 창조하였다고 하기 위해서는 그는 예술작품이 무엇인가에 대한 개념을 가지고 있어야 하기 때문이다.

ㄴ. 왜냐하면 사람은 두세 살만 되어도 인지구조가 형성되고, 이 과정에서 문화의 영향을 받을 수밖에 없기 때문이다.

ㄷ. 왜냐하면 예술가들은 예술작품을 만들 때 의식적이든 무의식적이든 예술교육을 받으면서 수용한 가치 등을 고려하는데, 그러한 교육은 예술 제도 안에서 이루어지기 때문이다.

	(가)	(나)	(다)
①	ㄱ	ㄴ	ㄷ
②	ㄴ	ㄱ	ㄷ
③	ㄴ	ㄷ	ㄱ
④	ㄷ	ㄱ	ㄴ
⑤	ㄷ	ㄴ	ㄱ

조선 후기에는 이앙법이 전국적으로 확산되었다. 이앙법을 수용하면 잡초 제거에 드는 시간과 노동력이 줄어든다. 상당수 역사학자들은 조선 후기 이앙법의 확대 수용 결과 광작(廣作)이 확산되고 상업적 농업 경영이 가능하게 되었다고 생각한다. 즉 한 사람이 경작할 수 있는 면적이 늘어남은 물론 많은 양의 다양한 농작물 수확이 가능하게 되어 판매까지 활성화되었다는 것이다. 그 결과 양반과 농민 가운데 다수의 부농이 나타나게 되었다고 주장한다.

그런데 A는 조선 후기에 다수의 양반이 광작을 통해 부농이 되었다는 주장을 근거가 없다고 비판한다. 그에 의하면 조선 전기에는 자녀 균분 상속이 일반적이었다. 그런데 균분 상속을 하게 되면 자식들이 소유하게 될 땅의 면적이 선대에 비해 줄어들게 된다. 이에 조선 후기 양반들은 가문의 경제력을 보전해야 한다고 생각해 대를 이을 장자에게만 전답을 상속해주기 시작했고, 그 결과 장자를 제외한 사람들은 영세한 소작인으로 전락했다는 것이 그의 주장이다.

또한 A는 조선 후기의 대다수 농민은 소작인이었으며, 그나마 이들이 소작할 수 있는 땅도 적었다고 주장한다. 그는 반복된 자연재해로 전답의 상당수가 황폐해져 전체적으로 경작지가 줄어들었기 때문에 이앙법 확산의 효과를 기대하기 어려운 여건이었다고 하였다. 이런 여건에서 정부의 재정 지출 증가로 농민의 부세 부담 또한 늘어났고, 늘어난 부세를 부담하기 위해 한정된 경작지에 되도록 많은 작물을 경작하려 한 결과 집약적 농업이 성행하게 되었다고 보았다. 그런데 집약적으로 농사를 짓게 되면 농업 생산력이 높아질 리 없다는 것이 그의 주장이다. 가령 면화를 재배하면서도 동시에 다른 작물을 면화 사이에 심어 기르는 경우가 많았는데, 이렇듯 제한된 면적에 한꺼번에 많은 양의 작물을 재배하면 지력이 떨어지고 수확량은 줄어들어 자연히 시장에 농산물을 내다 팔 여력이 거의 없게 된다는 것이다.

요컨대 A의 주장은 [   ]는 것이다.

① 이앙법의 확산 효과는 시기별, 신분별로 다르게 나타났다
② 자녀 균분 상속제가 사라져 농작물 수확량이 급속히 감소하였다
③ 집약적 농업이 성행하였기 때문에 이앙법의 확산을 기대하기 어려웠다
④ 조선 후기에는 양반이든 농민이든 부농으로 성장할 수 있는 가능성이 높지 않았다
⑤ 대다수 농민이 광작과 상업적 농업에 주력했음에도 불구하고 자연재해로 인해 생산력은 오히려 낮아졌다

갈릴레오는 망원경으로 목성을 항상 따라다니는 네 개의 위성을 관찰하였다. 이 관찰 결과는 지동설을 지지해 줄 수 있는 것이었다. 당시 지동설에 대한 반대 논증 중 하나는 다음과 같은 타당한 논증이었다.

(가) [ⓐ   ].
(나) 달은 지구를 항상 따라다닌다.
따라서 (다) 지구는 공전하지 않는다.

갈릴레오의 관찰 결과는 이 논증의 (가)를 반박할 수 있는 것이었다. 왜냐하면 목성이 공전한다는 것은 당시 천동설 학자들도 받아들이고 있었고 그의 관찰로 인해 위성들이 공전하는 목성을 따라다닌다는 것이 밝혀지는 셈이기 때문이다. 그런데 문제는 당시의 학자들이 망원경을 통한 관찰을 신뢰하지 않는다는 데 있었다. 당시 학자들 대부분은 육안을 통한 관찰로만 실제 존재를 파악할 수 있다고 믿었다. 따라서 갈릴레오는 망원경을 통한 관찰이 육안을 통한 관찰만큼 신뢰할 만하다는 것을 입증해야 했다. 이를 보이기 위해 그는 '빛 번짐 현상'을 활용하였다.

빛 번짐 현상이란, 멀리 떨어져 있는 작고 밝은 광원을 어두운 배경에서 볼 때 실제 크기보다 광원이 크게 보이는 현상이다. 육안으로 금성을 관찰할 경우, 금성이 주변 환경에 비해 더 밝게 보이는 밤에 관찰하는 것보다 낮에 관찰하는 것이 더 정확하다. 그런데 낮에 관찰한 결과는 연중 금성의 외견상 크기가 변한다는 것을 보여준다.

그렇다면 망원경을 통한 관찰이 신뢰할 만하다는 것은 어떻게 보일 수 있었을까? 갈릴레오는 밤에 금성을 관찰할 때 망원경을 사용하면 빛 번짐 현상을 없앨 수 있다는 것을 강조하면서 다음과 같은 논증을 펼쳤다.

(라) [ⓑ   ]면, 망원경에 의한 관찰 자료를 신뢰할 수 있다.
(마) [ⓑ   ].
따라서 (바) 망원경에 의한 관찰 자료를 신뢰할 수 있다.
결국 갈릴레오는 (마)를 입증함으로써, (바)를 보일 수 있었다.

―――― 〈보 기〉 ――――

ㄱ. 지구가 공전한다면, 달은 지구를 따라다니지 못한다
ㄴ. 달이 지구를 따라다니지 못한다면, 지구는 공전한다
ㄷ. 낮에 망원경을 통해 본 금성의 크기 변화와 낮에 육안으로 관찰한 금성의 크기 변화가 유사하다
ㄹ. 낮에 망원경을 통해 본 금성의 크기 변화와 밤에 망원경을 통해 본 금성의 크기 변화가 유사하다
ㅁ. 낮에 육안으로 관찰한 금성의 크기 변화와 밤에 망원경을 통해 본 금성의 크기 변화가 유사하다

	ⓐ	ⓑ
①	ㄱ	ㄷ
②	ㄱ	ㅁ
③	ㄴ	ㄷ
④	ㄴ	ㄹ
⑤	ㄴ	ㅁ

다음 ㉠과 ㉡에 들어갈 말을 가장 적절하게 나열한 것은?

18 민간(가) 24번

음향학에 관련된 다음의 두 가지 명제는 세 개의 원형 판을 가지고 실험함으로써 입증될 수 있다. 하나의 명제는 "지름과 모양이 같은 동일 재질의 원형 판이 진동할 때 발생하는 진동수는 두께에 비례한다."이고 다른 명제는 "모양과 두께가 같은 동일 재질의 원형 판이 진동할 때 발생하는 진동수는 판 지름의 제곱에 반비례한다."이다. 이를 입증하기 위해 모양이 같은 동일 재질의 원형 판 A, B 그리고 C를 준비하되 A와 B는 두께가 같고 C는 두께가 A의 두께의 두 배이며, A와 C는 지름이 같고 B의 지름은 A의 지름의 절반이 되도록 한다. 판을 때려서 발생하는 음을 듣고 B는 A보다 ㉠ 음을 내고, C는 A보다 ㉡ 음을 내는 것을 확인한다. 진동수가 두 배가 될 때 한 옥타브 높은 음이 나므로 두 명제는 입증이 된다.

	㉠	㉡
①	한 옥타브 낮은	두 옥타브 낮은
②	한 옥타브 높은	두 옥타브 높은
③	두 옥타브 낮은	한 옥타브 높은
④	두 옥타브 높은	한 옥타브 낮은
⑤	두 옥타브 높은	한 옥타브 높은

문 14. 다음 글의 문맥상 (가)~(마)에 들어갈 내용으로 적절하지 않은 것은?

19 민간(나) 01번

'방언(方言)'이라는 용어는 표준어와 대립되는 개념으로 사용될 수 있다. 이때 방언이란 '교양 있는 사람들이 두루 쓰는 현대 서울말'로서의 표준어가 아닌 말, 즉 비표준어라는 뜻을 갖는다. 가령 (가) 는 생각에는 방언을 비표준어로서 낮잡아 보는 인식이 담겨 있다. 이러한 개념으로서의 방언은 '사투리'라는 용어로 바뀌어 쓰이는 수가 많다. '충청도 사투리', '평안도 사투리'라고 할 때의 사투리는 대개 이러한 개념으로 쓰이는 경우이다. 이때의 방언이나 사투리는, 말하자면 표준어인 서울말이 아닌 어느 지역의 말을 가리키거나, 더 나아가 (나) 을 일컫는다. 이러한 용법에는 방언이 표준어보다 열등하다는 오해와 편견이 포함되어 있다. 여기에는 표준어보다 못하다거나 세련되지 못하고 규칙에 엄격하지 않다와 같은 부정적 평가가 담겨 있는 것이다. 그런가 하면 사투리는 한 지역의 언어 체계 전반을 뜻하기보다 그 지역의 말 가운데 표준어에는 없는, 그 지역 특유의 언어 요소만을 일컫기도 한다. (다) 고 할 때의 사투리가 그러한 경우에 해당된다.

언어학에서의 방언은 한 언어를 형성하고 있는 하위 단위로서의 언어 체계 전부를 일컫는 말로 사용된다. 가령 한국어를 예로 들면 한국어를 이루고 있는 각 지역의 말 하나하나, 즉 그 지역의 언어 체계 전부를 방언이라 한다. 서울말은 이 경우 표준어이면서 한국어의 한 방언이다. 그리고 나머지 지역의 방언들은 (라) . 이러한 의미에서의 '충청도 방언'은, 충청도에서만 쓰이는, 표준어에도 없고 다른 도의 말에도 없는 충청도 특유의 언어 요소만을 가리키는 것이 아니다. '충청도 방언'은 충청도의 토박이들이 전래적으로 써 온 한국어 전부를 가리킨다. 이 점에서 한국어는 (마) .

① (가) : 바른말을 써야 하는 아나운서가 방언을 써서는 안 된다
② (나) : 표준어가 아닌, 세련되지 못하고 격을 갖추지 못한 말
③ (다) : 사투리를 많이 쓰는 사람과는 의사소통이 어렵다
④ (라) : 한국어라는 한 언어의 하위 단위이기 때문에 방언이다
⑤ (마) : 표준어와 지역 방언의 공통부분을 지칭하는 개념이다

알레르기는 도시화와 산업화가 진행되는 지역에서 매우 빠르게 증가하고 있는데, 알레르기의 발병 원인에 대한 20세기의 지배적 이론은 알레르기는 병원균의 침입에 의해 발생하는 감염성 질병이라는 것이다. 하지만 1989년 영국 의사 S는 이 전통적인 이론에 맞서 다음 가설을 제시했다.

┌─────────────────────────────────────┐
│   │
└─────────────────────────────────────┘

S는 1958년 3월 둘째 주에 태어난 17,000명 이상의 영국 어린이를 대상으로 그들이 23세가 될 때까지 수집한 개인 정보 데이터베이스를 분석하여, 이 가설을 뒷받침하는 증거를 찾았다. 이들의 가족 관계, 사회적 지위, 경제력, 거주 지역, 건강 등의 정보를 비교 분석한 결과, 두 개 항목이 꽃가루 알레르기와 상관관계를 가졌다. 첫째, 함께 자란 형제자매의 수이다. 외동으로 자란 아이의 경우 형제가 서넛인 아이에 비해 꽃가루 알레르기에 취약했다. 둘째, 가족 관계에서 차지하는 서열이다. 동생이 많은 아이보다 손위 형제가 많은 아이가 알레르기에 걸릴 확률이 낮았다.

S의 주장에 따르면 가족 구성원이 많은 집에 사는 아이들은 가족 구성원, 특히 손위 형제들이 집안으로 끌고 들어오는 온갖 병균에 의한 잦은 감염 덕분에 장기적으로는 알레르기 예방에 오히려 유리하다. S는 유년기에 겪은 이런 감염이 꽃가루 알레르기를 비롯한 알레르기성 질환으로부터 아이들을 보호해 왔다고 생각했다.

① 알레르기는 유년기에 병원균 노출의 기회가 적을수록 발생 확률이 높아진다.
② 알레르기는 가족 관계에서 서열이 높은 가족 구성원에게 더 많이 발생한다.
③ 알레르기는 성인보다 유년기의 아이들에게 더 많이 발생한다.
④ 알레르기는 도시화에 따른 전염병의 증가로 인해 유발된다.
⑤ 알레르기는 형제가 많을수록 발생 확률이 낮아진다.

노랑초파리에 있는 Ir75a 유전자는 시큼한 냄새가 나는 아세트산을 감지하는 후각수용체 단백질을 만들 수 있다. 하지만 세이셸 군도의 토착종인 세셸리아초파리는 Ir75a 유전자를 가지고 있지만 아세트산 냄새를 못 맡는다. 따라서 이 세셸리아초파리의 Ir75a 유전자는 해당 단백질을 만들지 못하는 '위유전자(pseudogene)'라고 여겨졌다. 세셸리아초파리는 노니의 열매만 먹고 살기 때문에 아세트산의 시큼한 냄새를 못 맡아도 별 문제가 없다. 그런데 스위스 로잔대 연구진은 세셸리아초파리가 땀냄새가 연상되는 프로피온산 냄새를 맡을 수 있다는 사실을 발견했다.

이 발견이 중요한 이유는 ┌────────────────┐
그렇다면 세셸리아초파리의 Ir75a 유전자도 후각수용체 단백질을 만든다는 것인데, 왜 세셸리아초파리는 아세트산 냄새를 못 맡을까? 세셸리아초파리와 노랑초파리의 Ir75a 유전자가 만드는 후각수용체 단백질의 아미노산 서열을 비교한 결과, 냄새 분자가 달라붙는 걸로 추정되는 부위에서 세 군데가 달랐다. 단백질의 구조가 바뀌어 감지할 수 있는 냄새 분자의 목록이 달라진 것이다. 즉 노랑초파리의 Ir75a 유전자가 만드는 후각수용체는 아세트산과 프로피온산에 반응하고, 세셸리아초파리의 이것은 프로피온산과 들쩍지근한 다소 불쾌한 냄새가 나는 부티르산에 반응한다.

흥미롭게도 세셸리아초파리의 주식인 노니의 열매는 익으면서 부티르산이 연상되는 냄새가 강해진다. 연구자들은 세셸리아초파리의 Ir75a 유전자는 위유전자가 아니라 노랑초파리와는 다른 기능을 하는 후각수용체 단백질을 만드는 유전자로 진화한 것이라 주장하며, 세셸리아초파리의 Ir75a 유전자를 '위-위유전자(pseudo-pseudogene)'라고 불렀다.

① 세셸리아초파리가 주로 먹는 노니의 열매는 프로피온산 냄새가 나지 않기 때문이다.
② 프로피온산 냄새를 담당하는 후각수용체 단백질은 Ir75a 유전자와 상관이 없기 때문이다.
③ 노랑초파리에서 프로피온산 냄새를 담당하는 후각수용체 유전자는 위유전자가 되었기 때문이다.
④ 세셸리아초파리와 노랑초파리에서 Ir75a 유전자가 만드는 후각수용체 단백질이 똑같기 때문이다.
⑤ 노랑초파리에서 프로피온산 냄새를 담당하는 후각수용체 단백질을 만드는 것이 Ir75a 유전자이기 때문이다.

문 1. **다음 글의 핵심 주장으로 가장 적합한 것은?**

08 행시(꿈) 25번

2004년 2월에 발생한 A 씨의 '위안부 누드' 사건을 영화 「원초적 본능」의 감독 폴 버호벤의 후속작 「쇼걸」을 통해 살펴보자. 한마디로 말해 「쇼걸」은 그 제목답게 많은 여성들이 벗었지만, 기대와 달리 흥행에 실패했다. 이 예상치 못한 결과는 성차별 사회에서 포르노 및 누드 산업이 생산하는 에로틱한 쾌락의 작동 양상을 분명하게 보여준다. 「쇼걸」은 쇼걸들의 벗은 몸을 보여주었지만, 이 영화의 주제는 여성의 벗은 몸을 보여주어 남성 관객의 시선을 만족시키는 데 있지 않았다. 오히려 쇼걸들의 연대와 자매애를 강조했기 때문에, 돈벌이에 성공할 수 없었다. 남성 사회의 관객들은 여성들의 단결을 좋아하지 않기 때문이다.

모든 재현은 현실을 구성하는 담론의 일부이며 실천이고, 그것은 현실의 권력 관계를 반영한다. 현실에서 권력과 자원이 있는 집단은 포르노그래피의 대상으로 구성되지 않는다. 구성된다 하더라도 이러한 재현물은 흥행에 실패한다. 현실세계에서 인간성을 박탈당하고 열등한 자로 낙인찍힌 사람이 화면에서 고문당하는 경우와 권력 있고 존경받는 사람이 고문당할 때, 관객의 반응은 완전히 다르다. 전자의 경우 쾌락을 느낀다면 후자의 경우는 심한 불쾌감으로 다가온다.

A 씨의 '위안부 누드'는 제작사의 주장대로 "식민의 역사적 아픔을 상기하기 위해서" 제작된 것이 아니라 화면에서 재현되는 남성과 여성의 성별 권력 차이를 극대화하기 위해 만들어졌으며, 이는 누드 산업의 당연한 귀결이라고 할 수 있다. 남성과 여성의 권력 격차가 최대치일 때, 남성 관객의 권력도 최대한 보장될 것이다. 가장 자극적인 소재는 바로 이 권력 관계가 극단화되었을 경우이다. 일반 포르노 화면에서 남성의 사회적 지위가 더 높은 경우도 있지만, 대개는 남자와 여자라는 성별 권력 차이 그 자체가 주요 쾌락 코드이다. 이번에 논란이 된 '위안부 누드'는 남성과 여성이라는 성별 권력 차이에다가 남성은 일본, 제국주의, 군인, 성폭력 가해자이고 여성은 한국인, 순진하고 겁먹은 처녀, 피해자라는 코드가 더해져 남성 권력을 극대화했다. 그만큼 재미있으며 더 팔릴 수 있는 상품이 되었던 것이다.

그러므로 '위안부 누드'의 제작은 황당한 일이 아니라, 남성의 이윤과 쾌락을 보장하려는 자연스러운 발상이었다. '위안부' 누드여서 문제인가, 위안부 '누드'여서 문제인가? 누드의 소재가 위안부였기 때문에 분노한 것이라면, 일반 누드와 포르노그래피는 별 문제가 없다는 것일까. 여성에 대한 남성의 지배와 폭력이 이처럼 성애화될 때, 남성 권력은 보이지 않게 되고 여성 억압은 생물학적 질서로 비정치화된다. 한국 사회에서 여성 누드나 포르노그래피는 쾌락이나 표현의 자유의 실천이 아니라 오히려 정치적인 사건이며 권력 관계의 문제이다. 포르노에서 남성 관객 혹은 남성화된 관객이 느끼는 쾌락은 권력 행동의 결과이다. 이러한 포르노의 쾌락은 여성이 벗었기 때문이 아니라 여성이 응시의 대상, 폭력의 대상으로 재현되어 남성 소비자가 자신에게 권력이 있다는 느낌과 의식이 충족될 때 발생한다.

따라서 이 사건에 대한 가장 중요한 질문은 왜 인간의 감성이 평등이나 정의보다 지배와 폭력을 에로틱하게 느끼는지를 묻는 것이다. 만일 우리가 평등을 에로틱한 것으로 느낀다면, '위안부 누드'는 제작되지 않았을 것이다. "일반 누드는 되지만 위안부 누드는 안 된다"라는 사람들에게 들려주고 싶은 이야기다.

① '위안부 누드' 사건은 권력 관계의 문제를 드러낸다.
② '위안부 누드' 사건은 위안부라는 소재가 결정적이다.
③ '위안부 누드' 사건은 강조점에 따라 해석이 달라진다.
④ '위안부 누드' 사건을 정치적 관점에서 해석하면 그 의미가 왜곡된다.
⑤ '위안부 누드' 사건은 평등을 에로틱하게 여겨야 하는 이유를 알려준다.

문 2. **다음 글의 실험 결과를 가장 잘 설명하는 가설은?**

15 민간(인) 19번

상추씨를 임의로 (가)~(라)군으로 나눈 후, (가)군에는 적색광을 1분간 조사(照射)했다. (나)군에는 (가)군과 같이 처리한 후 근적외선을 4분간 추가로 조사했다. (다)군에는 (나)군과 같이 처리한 후 적색광을 1분간 추가로 조사했다. (라)군에는 (다)군과 같이 처리한 후 근적외선을 2분간 추가로 조사했다. 광선의 조사가 끝난 각 군의 상추씨들은 바로 암실로 옮겨졌다. 다음날 상추씨의 발아율을 측정해보니, (가)군과 (다)군의 발아율은 80% 이상이었으며, (나)군은 2%, (라)군은 3%로 나타났다. 처음부터 암실에 두고 광선을 전혀 조사하지 않은 대조군의 발아율은 3%였다.

① 상추씨의 발아율을 높이려면 근적외선을 조사해야 한다.
② 상추씨의 발아율을 높이려면 적색광을 마지막에 조사해야 한다.
③ 상추씨의 발아율을 높이려면 적색광과 근적외선을 번갈아 조사해야 한다.
④ 상추씨의 발아율을 높이려면 근적외선의 효과가 적색광의 효과를 상쇄해야 한다.
⑤ 상추씨의 발아율을 높이려면 적색광을 조사한 횟수가 근적외선을 조사한 횟수보다 더 적어야 한다.

사람의 신체는 형체가 있으나 지각은 형체가 없습니다. 형체가 있는 것은 죽으면 썩어 없어지지만, 형체가 없는 것은 모이거나 흩어지는 일이 없으니, 죽은 뒤에 지각이 있을 법도 합니다. 죽은 뒤에도 지각이 있을 경우에만 불교의 윤회설이 맞고, 지각이 없다고 한다면 제사를 드리는 것에 실질적 근거는 없을 것입니다. 사람의 지각은 정기(精氣)에서 나옵니다. 눈과 귀가 지각하는 것은 넋의 영이며, 마음이 생각하는 것은 혼의 영입니다. 지각하고 생각하는 것은 기(氣)이며, 생각하도록 하는 것은 이(理)입니다. 이(理)는 지각이 없고 기(氣)는 지각이 있습니다. 따라서 귀가 있어야 듣고, 눈이 있어야 보며, 마음이 있어야 생각을 할 수 있으니, 정기가 흩어지고 나면 무슨 물체에 무슨 지각이 있겠습니까? 지각이 없다고 한다면 비록 천당과 지옥이 있다고 하더라도 즐거움과 괴로움을 지각할 수 없으니, 불가의 인과응보설(因果應報說)은 저절로 무너지게 됩니다.

죽은 뒤에는 지각이 없다 해도 제사를 지내는 것에는 이치[理]가 있습니다. 사람이 죽어도 오래되지 않으면 정기가 흩어졌다 해도 바로 소멸되는 것은 아니기 때문에 정성과 공경을 다하면 돌아가신 조상과 느껴서 통할 수 있습니다. 먼 조상의 경우 기운은 소멸했지만 이치는 소멸한 것이 아니니 또한 정성으로 느껴서 통할 수 있습니다. 감응할 수 있는 기운은 없지만 감응할 수 있는 이치가 있기 때문입니다. 조상이 돌아가신 지 오래되지 않았으면 기운으로써 감응하고, 돌아가신 지 오래되었으면 이치로써 감응하는 것입니다.

① 윤회설이 부정된다고 해서 제사가 부정되지는 않는다.
② 제사는 조상의 기를 느껴서 감응하는 것이다.
③ 죽은 사람과는 기운과 정성을 통해 감응할 수 있다.
④ 사람이 죽으면 지각이 없어지므로 인과응보설은 옳지 않다.
⑤ 사람이 죽으면 정기는 흩어지므로 지각은 존재하지 않는다.

정보와 커뮤니케이션 기술 덕분에 우리는 삶의 기본적 도전들을 극복하는 방법에 관해 더 많은 것을 이해할 수 있었다. 생산, 분배, 처리 등 커뮤니케이션의 단계는 서로 어느 정도 동시간적으로 존재해 왔으며, 이러한 균형은 다양한 커뮤니케이션 미디어를 경험하면서 지속되어 왔다. 그러나 20세기 중반, 정보의 생산 및 분배 메커니즘은 인간의 정보처리 능력을 앞질러, 우리들을 영원한 정보처리 결손 상태로 남겨두었다.

우리 사회는 근본적으로 다른 문화, 즉 양식화(樣式化)되어 오직 양적으로 확대된 커뮤니케이션 속에서 거래하고 생존해가는 문명으로 갑작스럽게 전환되었다. 정보는 엄청난 속도로 생산 및 분배되고, 분배된 정보는 처리되지 못한 채 과부하되었다. 우리는 주위의 많은 정보들이 얼마나 유용하며 얼마나 유해한지 파악할 수 없다. 이처럼 예기치 못했고 환영받지 못하는 정보환경 문제를 데이터 스모그(data smog)라고 부른다.

1960년대 말 1970년대 초, 사람들은 주변에 우후죽순 생겨나는 공장의 스모그와 폐기물이 단지 보기 흉한 것만이 아니라 유독하다는 사실을 깨닫기 시작했다. 이제 그 유사한 도전이 정보화 시대에 대두되고 있다. 정보의 파편화, 정보의 복잡화, 정보의 단속화, 정보의 과부하 등은 데이터 스모그가 야기하는 병폐의 일부다. 우리 자신의 개인적 복지와 민주사회의 복지를 위하여 우리는 이에 대처하는 강력한 처방들을 고안할 필요가 있다.

① 정보의 질적 측면에 초점을 두어 데이터 스모그 현상을 해소하는 작업이 중요하다.
② 미래 테크놀로지를 위한 현실적 쟁점은 정보의 생산이나 전달이 아니라 정보의 양적 팽창에 있음을 인지해야 한다.
③ 정보 과부하는 사물과 관념의 부분만을 표피적으로 불완전하게 드러내기 때문에 인지적 혼란을 야기함에 주의해야 한다.
④ 괄목할 만한 기술 발전으로 인해 모든 기술은 유용성과 폐해를 동시에 가지고 있다는 사실에 유의해야 한다.
⑤ 양식화된 커뮤니케이션은 더욱 많은 정보를 요구하므로 불가피하게 과부하같은 데이터 스모그를 유발함을 인식하는 것이 중요하다.

문 5. 다음 글의 중심 내용으로 가장 적절한 것은?

11 민간실험(수) 07번

화이트(H. White)는 19세기의 역사 관련 저작들에서 역사가 어떤 방식으로 서술되어 있는지를 연구했다. 그는 특히 '이야기식 서술'에 주목했는데, 이것은 역사적 사건의 경과 과정이 의미를 지닐 수 있도록 서술하는 양식이다. 그는 역사적 서술의 타당성이 문학적 장르 내지는 예술적인 문체에 의해 결정된다고 보았다. 이러한 주장에 따르면 역사적 서술의 타당성은 결코 논증에 의해 결정되지 않는다. 왜냐하면 논증은 지나간 사태에 대한 모사로서의 역사적 진술의 '옳고 그름'을 사태 자체에 놓여 있는 기준에 의거해서 따지기 때문이다.

이야기식 서술을 통해 사건들은 서로 관련되면서 무정형적 역사의 흐름으로부터 벗어난다. 이를 통해 역사의 흐름은 발단·중간·결말로 인위적으로 구분되어 인식 가능한 전개과정의 형태로 제시된다. 문학 이론적으로 이야기하자면, 사건 경과에 부여되는 질서는 '구성'(plot)이며 이야기식 서술을 만드는 방식은 '구성화'(emplotment)이다. 이러한 방식을 통해 사건은 원래 가지고 있지 않던 발단·중간·결말이라는 성격을 부여받는다. 또 사건들은 일종의 전형에 따라 정돈되는데, 이러한 전형은 역사가의 문화적인 환경에 의해 미리 규정되어 있거나 경우에 따라서는 로맨스·희극·비극·풍자극과 같은 문학적 양식에 기초하고 있다.

따라서 이야기식 서술은 역사적 사건의 경과 과정에 특정한 문학적 형식을 부여할 뿐만 아니라 의미도 함께 부여한다. 우리는 이야기식 서술을 통해서야 비로소 이러한 역사적 사건의 경과 과정을 인식할 수 있게 된다는 말이다. 사건들 사이에서 만들어지는 관계는 사건들 자체에 내재하는 것이 아니다. 그것은 사건에 대해 사고하는 역사가의 머릿속에만 존재한다.

① 역사의 의미는 절대적인 것이 아니라 현재 시점에서 새롭게 규정되는 것이다.
② 역사가가 속한 문화적인 환경은 역사와 문학의 기술 내용과 방식을 규정한다.
③ 역사적 사건에서 객관적으로 드러나는 발단에서 결말까지의 일정한 과정을 서술하는 일이 역사가의 임무이다.
④ 이야기식 역사 서술이란 사건들 사이에 내재하는 인과적 연관을 찾아내는 작업이다.
⑤ 이야기식 역사 서술은 문학적 서술 방식을 원용하여 역사적 사건의 경과 과정에 의미를 부여한다.

문 6. 다음 글의 핵심 논지로 가장 적절한 것은?

11 민간(민) 06번

폴란은 동물의 가축화를 '노예화 또는 착취'로 바라보는 시각은 잘못이라고 주장한다. 그에 따르면, 가축화는 '종들 사이의 상호주의'의 일환이며 정치적이 아니라 진화론적 현상이다. 그는 "소수의, 특히 운이 좋았던 종들이 다윈식의 시행착오와 적응과정을 거쳐, 인간과의 동맹을 통해 생존과 번성의 길을 발견한 것이 축산의 기원"이라고 말한다. 예컨대 이러한 동맹에 참여한 소, 돼지, 닭은 번성했지만 그 조상뻘 되는 동물들 중에서 계속 야생의 길을 걸었던 것들은 쇠퇴했다는 것이다. 지금 북미 지역에 살아남은 늑대는 1만 마리 남짓인데 개들은 5천만 마리나 된다는 것을 통해 이 점을 다시 확인할 수 있다. 이로부터 폴란은 '그 동물들의 관점에서 인간과의 거래는 엄청난 성공'이었다고 주장한다. 그래서 스티븐 울프는 "인도주의에 근거한 채식주의 옹호론만큼 설득력 없는 논변도 없다. 베이컨을 원하는 인간이 많아지는 것은 돼지에게 좋은 일이다."라고 주장하기도 한다.

그런데 어떤 생명체가 태어나도록 하는 것이 항상 좋은 일인가? 어떤 돼지가 깨끗한 농장에서 태어나 쾌적하게 살다가 이른 죽음을 맞게 된다면, 그 돼지가 태어나도록 하는 것이 좋은 일인가? 좋은 일이라고 한다면 돼지를 잘 기르는 농장에서 나온 돼지고기를 먹는 것은 그 돼지에게 나쁜 일이 아니라는 말이 된다. 아무도 고기를 먹지 않는다면 그 돼지는 태어날 수 없기 때문이다. 하지만 그 돼지를 먹기 위해서는 먼저 그 돼지를 죽여야 한다. 그렇다면 그 살해는 정당해야 한다. 폴란은 자신의 주장이 갖는 이런 함축에 불편함을 느껴야 한다. 이러한 불편함을 폴란은 해결하지 못할 것이다.

① 종 다양성을 보존하기 위한 목적으로 생명체를 죽이는 일은 지양해야 한다.
② 생명체를 죽이기 위해서 그 생명체를 태어나게 하는 일은 정당화되기 어렵다.
③ 어떤 생명체가 태어나서 쾌적하게 산다면 그 생명체를 태어나게 하는 것은 좋은 일이다.
④ 가축화에 대한 폴란의 진화론적 설명이 기초하는 '종들 사이의 상호주의'는 틀린 정보에 근거한다.
⑤ 어떤 생명체를 태어나게 해서 그 생명체가 속한 종의 생존과 번성에 도움을 준다면 이는 좋은 일이다.

　의무와 합의의 관계에 대한 데이빗 흄의 생각이 시험대에 오르는 일이 발생했다. 흄은 집을 한 채 갖고 있었는데, 이 집을 자신의 친구에게 임대해 주었고, 그 친구는 이 집을 다시 다른 사람에게 임대했다. 이렇게 임대받은 사람은 집을 수리해야겠다고 생각했고, 흄과 상의도 없이 사람을 불러 일을 시켰다. 집을 수리한 사람은 일을 끝낸 뒤 흄에게 청구서를 보냈다. 흄은 집수리에 합의한 적이 없다는 이유로 지불을 거절했다. 그는 집을 수리할 사람을 부른 적이 없었다. 사건은 법정 공방으로 이어졌다. 집을 수리한 사람은 흄이 합의한 적이 없다는 사실을 인정했다. 그러나 집은 수리해야 하는 상태였기에 수리를 마쳤다고 그는 말했다. 집을 수리한 사람은 단순히 '그 일은 꼭 필요했다'고 주장했다. 흄은 "그런 논리라면, 에든버러에 있는 집을 전부 돌아다니면서 수리할 곳이 있으면 집주인과 합의도 하지 않은 채 수리를 해놓고 지금처럼 자기는 꼭 필요한 일을 했으니 집수리 비용을 달라고 하지 않겠는가"라고 주장했다.

① 공정한 절차를 거쳐 집수리에 대한 합의에 이르지 못했다면 집수리 비용을 지불할 의무는 없다.

② 집수리에 대한 합의가 없었다면 필요한 집수리를 했더라도 집수리 비용을 지불할 의무는 없다.

③ 집수리에 대한 합의가 있었더라도 필요한 집수리를 하지 않았다면, 집수리 비용을 지불할 의무는 없다.

④ 집수리에 대한 합의가 있었고 필요한 집수리를 했다면, 집수리 비용을 지불할 의무가 생겨난다.

⑤ 집수리에 대한 합의가 없었더라도 필요한 집수리를 했다면, 집수리 비용을 지불할 의무가 생겨난다.

　신약의 효능이나 독성을 검사할 때 동물 실험을 하는 것이 일반적이다. 이때 반드시 짚고 넘어가야 할 문제가 있다. 그것은 동물 실험 결과를 인간에게 적용할 수 있는가 하는 문제이다. 동물과 인간의 생리적 특성이 달라 동물 실험의 결과를 인간에게 적용할 수 없는 경우가 있기 때문이다. 따라서 임상 시험에 들어가기 전 동물 실험을 통해 효능이나 독성 검사를 하는 것이 과연 얼마나 의미가 있는지에 대한 물음이 제기되고 있다.

　이와 관련한 대표적인 사례인 '탈리도마이드 사건'을 살펴보자. 탈리도마이드는 1954년 독일 회사가 합성해 4년 후부터 안정제로 판매되기 시작했다. 동물 실험 결과 이 약은 그 안전성을 인정받았다. 생쥐에게 엄청난 양(몸무게 1kg당 10g 정도까지 실험)을 투여해도 생명에 지장이 없었다. 그래서 입덧으로 고생하는 임신부들까지 이를 복용했고, 그 결과 1959년부터 1961년 사이에 팔다리가 형성되지 않은 기형아가 1만여 명이나 태어났다. 반대의 사례도 있는데, 항생제로 지금까지도 널리 사용되는 페니실린은 일부 설치류에게 치명적인 독성을 나타낸다.

　이에 따라 기존에 동물 실험이나 임상 시험에서 독성이 나타나 후보 목록에서 제외되었던 물질이 최근 들어 재조명되는 사례가 늘고 있다. 동물에게 독성이 나타나더라도 사람에게 독성이 없는 것으로 판명되거나, 일부 사람에게는 독성이 나타나더라도 이에 내성이 있는 사람에게는 투여 가능한 경우도 있기 때문이다.

〈보 기〉

ㄱ. 동물 실험 결과, 안전하다고 판단된 약물은 사람에게도 안전하다.

ㄴ. 어떤 약물이 사람에게 안전하다면, 동물에게도 안전하다.

ㄷ. 신약 개발을 위한 임상 시험에서 독성이 나타난 물질은 어느 누구에게도 투여해서는 안 된다.

ㄹ. 내성이 있는 사람에게 부작용이 나타난 약물은 모든 사람에게 부작용이 나타난다.

① ㄱ, ㄷ
② ㄴ, ㄹ
③ ㄱ, ㄴ, ㄷ
④ ㄴ, ㄷ, ㄹ
⑤ ㄱ, ㄴ, ㄷ, ㄹ

이론 P에 따르면 복지란 다른 시민의 기본권을 침해하지 않는 한, 각 시민이 갖고 있는 현재의 선호들만 만족시키는 것이다. 현재 선호만을 만족시켜야 한다고 주장하는 근거는 크게 두 가지이다. 첫째, 지금은 사라진 그 어떤 과거 선호들보다 현재의 선호가 더 강렬하다는 것이다. 둘째, 어떤 사람이 지금 선호하지 않는 것을 그에게 지금 제공하는 것은 그에게 만족의 기쁨을 주지 못한다는 사실이다. 만일 이 근거들이 약점을 갖고 있다면 우리는 이론 P를 받아들일 이유가 없다.

첫째 근거에 대해 이런 반론을 제기할 수 있다. 현재 선호와 과거 선호의 강렬함을 현재 시점에서 비교하는 것은 공정하지 않다. 시간에서 벗어나 둘을 비교한다면 현재의 선호보다 더 강렬했던 과거 선호가 있을 수 있다. 예컨대 10년 전 김 씨가 자신의 고향인 개성에 방문하기를 바랐던 것이 일생에서 가장 강렬한 선호였을 수 있다. 둘째 근거에 대해서는 이런 반론을 제기할 수 있다. 선호하는 시점과 만족하는 시점은 대부분의 경우 시간차가 존재한다. 만일 사람들의 선호가 자주 바뀐다면 그들의 현재 선호가 그것이 만족되는 시점까지 지속하리라는 보장이 없다. 이것이 사실이라면 정부가 시민의 현재 선호를 만족시키려고 노력하는 것은 낭비를 낳는다. 이처럼 현재 선호만을 만족시켜야 한다는 주장을 뒷받침하는 근거들은 허점이 많다.

① 사람들의 선호는 시간이 지남에 따라 변하기 때문에 그의 현재 선호도 만족시킬 수 없다.
② 복지를 시민의 현재 선호를 만족시키는 것으로 보는 이론은 받아들이기 어렵다.
③ 어느 선호가 더 강렬한 선호인지를 결정하는 것은 중요하지 않다.
④ 복지 문제에서 과거 선호를 만족시키는 것도 중요하다.
⑤ 복지가 무엇인지 정의하는 것은 불가능하다.

최근 다도해 지역을 해양사의 관점에서 새롭게 주목하는 논의가 많아졌다. 그들은 주로 다도해 지역의 해로를 통한 국제 교역과 사신의 왕래 등을 거론하면서 해로와 포구의 기능과 해양 문화의 개방성을 강조하고 있다. 한편 다도해는 오래전부터 유배지로 이용되었다는 사실이 자주 언급됨으로써 그동안 우리에게 고립과 단절의 이미지로 강하게 남아 있다. 이처럼 다도해는 개방성의 측면과 고립성의 측면에서 모두 조명될 수 있다. 이는 섬이 바다에 의해 격리되는 한편 그 바다를 통해 외부 세계와 연결되기 때문이다.

다도해의 문화적 특징을 말할 때 흔히 육지에 비해 옛 모습의 문화가 많이 남아 있다는 점이 거론된다. 섬이 단절된 곳이므로 육지에서는 이미 사라진 문화가 섬에는 아직 많이 남아 있다고 여기는 것이다. 또한 섬이라는 특수성 때문에 무속이 성하고 마을굿도 풍성하다고 생각하는 이들도 있다. 이런 견해는 다도해를 고립되고 정체된 곳이라고 생각하는 관점과 통한다. 실제로는 육지에도 무당과 굿당이 많은데도 관념적으로 섬을 특별하게 여기는 것이다.

이런 관점에서 '진도 다시래기'와 같은 축제식 장례 풍속을 다도해 토속 문화의 대표적인 사례로 드는 경우도 있다. 지금도 진도나 신안 등지에 가면 상가(喪家)에서 노래하고 춤을 추며 굿을 하는 것을 볼 수 있는데, 이런 모습은 고대 역사서의 기록과 흡사하므로 그 풍속이 고풍스러운 것은 분명하다. 하지만 기존 연구에서 밝혀졌듯이 진도 다시래기가 지금의 모습을 갖추게 된 데에는 육지의 남사당패와 같은 유희 유랑 집단에서 유입된 요소들의 영향도 적지 않다. 이런 연구 결과도 다도해의 문화적 특징을 일방적인 관점에서 접근해서는 안 된다는 점을 시사해 준다.

① 유배지로서의 다도해 역사를 제대로 이해해야 한다.
② 옛 모습이 많이 남아 있는 다도해의 문화를 잘 보존해야 한다.
③ 다도해의 문화적 특징을 논의할 때 개방성의 측면을 간과해서는 안 된다.
④ 다도해의 관념적 측면을 소홀히 해서는 그 풍속을 제대로 이해하기 어렵다.
⑤ 다도해의 토속 문화를 제대로 이해하기 위해서는 고전의 기록을 잘 살펴봐야 한다.

1890년대에 이르러 어린이를 의료 실험 대상에서 배제시켜야 한다는 주장이 대두되었다. 그 주장의 핵심적인 근거는 어린이가 의료 실험과 관련하여 제한적인 동의능력만을 가지고 있다는 것이었다. 여기서 동의능력이란, 충분히 자율적인 존재가 제안된 실험의 특성이나 위험성 등에 대한 적절한 정보를 인식하고 그것에 기초하여 그 실험을 자발적으로 받아들일 수 있는 능력을 일컫는다. 그렇기 때문에 어린이를 실험 대상으로 하는 연구는 항상 도덕적 논란을 불러일으켰고, 1962년 이후 미국에서는 어린이에 대한 실험이 거의 시행되지 않았다. 이러한 상황에서 1968년 미국의 소아 약물학자 셔키는 다음과 같은 '도덕적 딜레마 논증'을 제시하였다. 어린이를 실험 대상에서 배제시키면, 어린이 환자 집단에 대해 충분한 실험을 하지 않은 약품들로 어린이를 치료하게 되어 어린이를 더욱 커다란 위험에 몰아넣게 된다. 따라서 어린이를 실험 대상에서 배제시키는 것은 도덕적으로 올바르지 않다. 반면, 어린이를 실험 대상에서 배제시키지 않으면, 제한적인 동의능력만을 가진 존재를 실험 대상에 포함시키게 된다. 제한된 동의능력만을 가진 이를 실험 대상에 포함시키는 것은 도덕적으로 올바르지 않다. 따라서 어린이를 실험 대상에 포함시키는 것은 도덕적으로 올바르지 않다. 우리의 선택지는 어린이를 실험 대상에서 배제시키거나 배제시키지 않는 것뿐이다. 결국 어떠한 선택을 하든 도덕적인 잘못을 저지를 수밖에 없다.

― 〈보 기〉 ―

ㄱ. 어린이를 실험 대상으로 하는 연구는 그 위험성의 여부와는 상관없이 모두 거부되어야 한다. 왜냐하면 적합한 사전 동의 없이 행해지는 어떠한 실험도 도덕적 잘못이기 때문이다.

ㄴ. 동물실험이나 성인에 대한 임상 실험을 통해서도 어린이 환자를 위한 안전한 약물을 만들어낼 수 있다. 따라서 어린이를 실험 대상에 포함시키지 않더라도 어린이 환자가 안전하게 치료받지 못하는 위험에 빠지지 않을 수 있다.

ㄷ. 부모나 법정대리인을 통해 어린이의 동의능력을 적합하게 보완할 수 있다. 어린이의 동의능력이 부모나 법정대리인에 의해 적합하게 보완된다면 어린이를 실험 대상에 포함시켜도 도덕적 잘못이 아닐 수 있다. 따라서 이런 경우의 어린이를 실험 대상에 포함시켜도 도덕적 잘못이 아닐 수 있다.

① ㄱ
② ㄴ
③ ㄱ, ㄷ
④ ㄴ, ㄷ
⑤ ㄱ, ㄴ, ㄷ

다음은 철학의 여인이 비탄에 잠긴 보에티우스에게 건네는 말이다.

"나는 이제 네 병의 원인을 알겠구나. 이제 네 병의 원인을 알게 되었으니 ㉠ 너의 건강을 회복할 수 있는 방법을 찾을 수 있게 되었다. 그 방법은 병의 원인이 되는 잘못된 생각을 바로잡아 주는 것이다.

너는 너의 모든 소유물을 박탈당했다고, 사악한 자들이 행복을 누리게 되었다고, 네 운명의 결과가 불의하게도 제멋대로 바뀌었다는 생각으로 비탄에 빠져 있다. 그런데 그런 생각은 잘못된 전제에서 비롯된 것이다. 네가 눈물을 흘리며 너 자신이 추방당하고 너의 모든 소유물들을 박탈당했다고 생각하는 것은 행운이 네게서 떠났다고 슬퍼하는 것과 다름없는데, 그것은 네가 운명의 본모습을 모르기 때문이다. 그리고 사악한 자들이 행복을 가졌다고 생각하는 것이나 사악한 자가 선한 자보다 더 행복을 누린다고 한탄하는 것은 네가 실로 만물의 목적이 무엇인지 모르고 있기 때문이다. 다시 말해 만물의 궁극적인 목적이 선을 지향하는 데 있다는 것을 모르고 있기 때문이다. 또한 너는 세상이 어떤 통치 원리에 의해 다스려지는지 잊어버렸기 때문에 제멋대로 흘러가는 것이라고 믿고 있다. 그러나 만물의 목적에 따르면 악은 결코 선을 이길 수 없으며 사악한 자들이 행복할 수는 없다. 따라서 세상은 결국에는 불의가 아닌 정의에 의해 다스려지게 된다. 그럼에도 불구하고 너는 세상의 통치 원리가 정의와는 거리가 멀다고 믿고 있다. 이는 그저 병의 원인일 뿐 아니라 죽음에 이르는 원인이 되기도 한다. 그러나 다행스럽게도 자연은 너를 완전히 버리지는 않았다. 이제 너의 건강을 회복할 수 있는 작은 불씨가 생명의 불길로 타올랐으니 너는 조금도 두려워할 필요가 없다."

― 〈보 기〉 ―

ㄱ. 만물의 궁극적인 목적이 선을 지향하는 데 있다는 것을 아는 것

ㄴ. 세상이 제멋대로 흘러가는 것이 아니라 정의에 의해 다스려진다는 것을 깨닫는 것

ㄷ. 자신이 박탈당했다고 여기는 모든 것들, 즉 재산, 품위, 권좌, 명성 등을 되찾을 방도를 아는 것

① ㄱ
② ㄴ
③ ㄱ, ㄴ
④ ㄴ, ㄷ
⑤ ㄱ, ㄴ, ㄷ

1948년에 제정된 대한민국 헌법은 공동체의 정치적 문제는 기본적으로 국민의 의사에 의해 결정된다는 점을 구체적인 조문으로 명시하고 있다. 그러나 이러한 공화제적 원리는 1948년에 이르러 갑작스럽게 등장한 것이 아니다. 이미 19세기 후반부터 한반도에서는 이와 같은 원리가 공공 영역의 담론 및 정치적 실천 차원에서 표명되고 있었다.

공화제적 원리는 1885년부터 발행되기 시작한 근대적 신문인 『한성주보』에서도 어느 정도 언급된 바 있지만 특히 1898년에 출현한 만민공동회에서 그 내용이 명확하게 드러난다. 독립협회를 중심으로 촉발되었던 만민공동회는 민회를 통해 공론을 형성하고 이를 국정에 반영하고자 했던 완전히 새로운 형태의 정치운동이었다. 이것은 전통적인 집단상소나 민란과는 전혀 달랐다. 이 민회는 자치에 대한 국민의 자각을 기반으로 공동생활의 문제들을 협의하고 함께 행동해나가려 하였다. 이것은 자신들이 속한 정치공동체에 대한 소속감과 연대감을 갖지 않고서는 불가능한 현상이었다. 즉 만민공동회는 국민이 스스로 정치적 주체가 되고자 했던 시도였다. 전제적인 정부가 법을 통해 제한하려고 했던 정치 참여를 국민들이 스스로 쟁취하여 정치체제를 변화시키고자 하였던 것이다.

19세기 후반부터 한반도에 공화제적 원리가 표명되고 있었다는 사례는 이뿐만이 아니다. 당시 독립협회가 정부와 함께 개최한 관민공동회에서 발표한 「헌의6조」를 살펴보면 제3조에 "예산과 결산은 국민에게 공표할 일"이라고 명시하고 있는 것을 확인할 수 있다. 이것은 오늘날의 재정운용의 기본원칙으로 여겨지는 예산공개의 원칙과 정확하게 일치하는 것으로 국민과 함께 협의하여 정치를 하여야 한다는 공화주의 원리를 보여주고 있다.

① 만민공동회는 전제 정부의 법적 제한에 맞서 국민의 정치 참여를 쟁취하고자 했다.
② 한반도에서 예산공개의 원칙은 19세기 후반 관민공동회에서 처음으로 표명되었다.
③ 예산과 결산이라는 용어는 관민공동회가 열렸던 19세기 후반에 이미 소개되어 있었다.
④ 만민공동회를 통해 대한민국 헌법에 공화제적 원리를 포함시키는 것이 결정되었다.
⑤ 한반도에서 공화제적 원리는 이미 19세기 후반부터 담론 및 실천의 차원에서 표명되고 있었다.

자신의 스마트폰 없이는 도무지 일과를 진행하지 못하는 K의 경우를 생각해 보자. 그의 일과표는 전부 그의 스마트폰에 저장되어 있어서 그의 스마트폰은 적절한 때가 되면 그가 해야 할 일을 알려줄 뿐만 아니라 약속 장소로 가기 위해 무엇을 타고 어떻게 움직여야 할지까지 알려준다. K는 어릴 때 보통 사람보다 기억력이 매우 나쁘다는 진단을 받았지만 스마트폰 덕분에 어느 동료에게도 뒤지지 않는 업무 능력을 발휘하고 있다. 이와 같은 경우, K는 스마트폰 덕분에 인지 능력이 보강된 것으로 볼 수 있는데, 그 보강된 인지 능력을 K 자신의 것으로 볼 수 있는가? 이물음에 대한 답은 긍정이다. 즉 우리는 K의 스마트폰이 그 자체로 K의 인지 능력 일부를 실현하고 있다고 보아야 한다. 그런 판단의 기준은 명료하다. 스마트폰의 메커니즘이 K의 손바닥 위나 책상 위가 아니라 그의 두뇌 속에서 작동하고 있다고 가정해 보면 된다. 물론 사실과 다른 가정이지만 만일 그렇게 가정한다면 우리는 필경 K 자신이 모든 일과를 정확하게 기억하고 있고 또 약속 장소를 잘 찾아 간다고 평가할 것이다. 이처럼 '만일 K의 두뇌 속에서 일어난다면'이라는 상황을 가정했을 때 그것을 K 자신의 기억이나 판단이라고 인정할 수 있다면, 그런 과정은 K 자신의 인지 능력이라고 평가해야 한다.

① K가 자신이 미리 적어 놓은 메모를 참조해서 기억력 시험 문제에 답한다면 누구도 K가 그 문제의 답을 기억한다고 인정하지 않는다.
② K가 종이 위에 연필로 써가며 253×87 같은 곱셈을 할 경우 종이와 연필의 도움을 받은 연산 능력 역시 K 자신의 인지 능력으로 인정해야 한다.
③ K가 집에 두고 나온 스마트폰에 원격으로 접속하여 거기 담긴 모든 정보를 알아낼 수 있다면 그는 그 스마트폰을 손에 가지고 있는 것과 다름없다.
④ 스마트폰의 모든 기능을 두뇌 속에서 작동하게 하는 것이 두뇌 밖에서 작동하게 하는 경우보다 우리의 기억력과 인지 능력을 향상시키지 않는다.
⑤ 전화번호를 찾으려는 사람의 이름조차 기억이 나지 않을 때에도 스마트폰에 저장된 전화번호 목록을 보면서 그 사람의 이름을 상기하고 전화번호를 알아낼 수 있다.

다음 글의 중심 주제로 가장 적절한 것은?

맹자는 다음과 같은 이야기를 전한다. 송나라의 한 농부가 밭에 나갔다 돌아오면서 처자에게 말한다. "오늘 일을 너무 많이 했다. 밭의 싹들이 빨리 자라도록 하나하나 잡아당겨 줬더니 피곤하구나." 아내와 아이가 밭에 나가 보았더니 싹들이 모두 말라 죽어 있었다. 이렇게 자라는 것을 억지로 돕는 일, 즉 조장(助長)을 하지 말라고 맹자는 말한다. 싹이 빨리 자라기를 바란다고 싹을 억지로 잡아 올려서는 안 된다. 목적을 이루기 위해 가장 빠른 효과를 얻고 싶겠지만 이는 도리어 효과를 놓치는 길이다. 억지로 효과를 내려고 했기 때문이다. 싹이 자라기를 바라 싹을 잡아당기는 것은 이미 시작된 과정을 거스르는 일이다. 효과가 자연스럽게 나타날 가능성을 방해하고 막는 일이기 때문이다. 당연히 싹의 성장 가능성은 땅속의 씨앗에 들어있는 것이다. 개입하고 힘을 쏟고자 하는 대신에 이 잠재력을 발휘할 수 있도록 하는 것이 중요하다.

피해야 할 두 개의 암초가 있다. 첫째는 싹을 잡아당겨서 직접적으로 성장을 이루려는 것이다. 이는 목적성이 있는 적극적 행동주의로서 성장의 자연스러운 과정을 존중하지 않는 것이다. 달리 말하면 효과가 숙성되도록 놔두지 않는 것이다. 둘째는 밭의 가장자리에 서서 자라는 것을 지켜보는 것이다. 싹을 잡아당겨서도 안 되고 그렇다고 단지 싹이 자라는 것을 지켜만 봐서도 안 된다. 그렇다면 무엇을 해야 하는가? 싹 밑의 잡초를 뽑고 김을 매주는 일을 해야 하는 것이다. 경작이 용이한 땅을 조성하고 공기를 통하게 함으로써 성장을 보조해야 한다. 기다리지 못함도 삼가고 아무것도 안 함도 삼가야 한다. 작동 중에 있는 자연스런 성향이 발휘되도록 기다리면서도 전력을 다할 수 있도록 돕는 노력도 멈추지 말아야 한다.

① 인류사회는 자연의 한계를 극복하려는 인위적 노력에 의해 발전해 왔다.
② 싹이 스스로 성장하도록 그대로 두는 것이 수확량을 극대화하는 방법이다.
③ 어떤 일을 진행할 때 가장 중요한 것은 명확한 목적성을 설정하는 것이다.
④ 자연의 순조로운 운행을 방해하는 인간의 개입은 예기치 못한 화를 초래할 것이다.
⑤ 잠재력을 발휘하도록 하려면 의도적 개입과 방관적 태도 모두를 경계해야 한다.

다음 글의 중심 내용으로 가장 적절한 것은?

2015년 한국직업능력개발원 보고서에 따르면 전체 대졸 취업자의 전공 불일치 비율이 6년간 3.6%p 상승했다. 이는 우리 대학교육이 취업 환경의 급속한 변화를 따라가지 못하고 있음을 보여준다. 기존의 교육 패러다임으로는 오늘 같은 직업생태계의 빠른 변화에 대응하기 어려워 보인다. 중고등학교 때부터 직업을 염두에 둔 맞춤 교육을 하는 것이 어떨까? 그것은 두 가지 점에서 어리석은 방안이다. 한 사람의 타고난 재능과 역량이 가시화되는 데 훨씬 더 오랜 시간과 경험이 필요하다는 것이 첫 번째 이유이고, 사회가 필요로 하는 직업 자체가 빠르게 변하고 있다는 것이 두 번째 이유이다.

그렇다면 학교는 우리 아이들에게 무엇을 가르쳐야 할까? 교육이 아이들의 삶뿐만 아니라 한 나라의 미래를 결정한다는 사실을 고려하면 이것은 우리 모두의 운명을 좌우할 물음이다. 문제는 세계의 환경이 급속히 변하고 있다는 것이다. 2030년이면 현존하는 직종 가운데 80%가 사라질 것이고, 2011년에 초등학교에 입학한 어린이 중 65%는 아직 존재하지도 않는 직업에 종사하게 되리라는 예측이 있다. 이런 상황에서 교육이 가장 먼저 고려해야 할 것은 변화하는 직업 환경에 성공적으로 대응하는 능력에 초점을 맞추는 일이다.

이미 세계 여러 나라가 이런 관점에서 교육을 개혁하고 있다. 핀란드는 2020년까지 학교 수업을 소통, 창의성, 비판적 사고, 협동을 강조하는 내용으로 개편한다는 계획을 발표했다. 이와 같은 능력들은 빠르게 현실화되고 있는 '초연결 사회'에서의 삶에 필수적이기 때문이다. 말레이시아의 학교들은 문제해결 능력, 네트워크형 팀워크 등을 교과과정에 포함시키고 있고, 아르헨티나는 초등학교와 중학교에서 코딩을 가르치고 있다. 우리 교육도 개혁을 생각하지 않으면 안 된다.

① 한 국가의 교육은 당대의 직업구조의 영향을 받는다.
② 미래에는 현존하는 직업 중 대부분이 사라지는 큰 변화가 있을 것이다.
③ 세계 여러 국가는 변화하는 세상에 대응하여 전통적인 교육을 개편하고 있다.
④ 빠르게 변하는 불확실성의 세계에서는 미래의 유망 직업을 예측하는 일이 중요하다.
⑤ 교육은 다음 세대가 사회 환경의 변화에 대응하는 데 필요한 역량을 함양하는 방향으로 변해야 한다.

다음 글의 '나'의 견해와 부합하는 것만을 〈보기〉에서 모두 고르면?

이제 '나'는 사람들이 동물실험의 모순적 상황을 직시하기를 바랍니다. 생리에 대한 실험이건, 심리에 대한 실험이건, 동물을 대상으로 하는 실험은 동물이 어떤 자극에 대해 반응하고 행동하는 양상이 인간과 유사하다는 것을 전제합니다. 동물실험을 옹호하는 측에서는 인간과 동물이 유사하기 때문에 실험결과에 실효성이 있다고 주장합니다. 그런데 설령 동물실험을 통해 아무리 큰 성과를 얻을지라도 동물실험 옹호론자들은 중대한 모순을 피할 수 없습니다. 그들은 인간과 동물이 다르다는 것을 실험에서 동물을 이용해도 된다는 이유로 제시하고 있기 때문입니다. 이것은 명백히 모순적인 상황이 아닐 수 없습니다.

이러한 모순적 상황은 영장류의 심리를 연구할 때 확연히 드러납니다. 최근 어느 실험에서 심리 연구를 위해 아기 원숭이를 장기간 어미 원숭이와 떼어놓아 정서적으로 고립시켰습니다. 사람들은 이 실험이 우울증과 같은 인간의 심리적 질환을 이해하기 위한 연구라는 구실을 앞세워 이 잔인한 행위를 합리화하고자 했습니다. 즉 이 실험은 원숭이가 인간과 유사하게 고통과 우울을 느끼는 존재라는 사실을 가정하고 있습니다. 인간과 동물이 심리적으로 유사하다는 사실을 인정하면서도 사람에게는 차마 하지 못할 잔인한 행동을 동물에게 하고 있는 것입니다.

또 동물의 피부나 혈액을 이용해서 제품을 실험할 때, 동물실험 옹호론자들은 이 실험이 오로지 인간과 동물 사이의 '생리적 유사성'에만 바탕을 두고 있을 뿐이라고 변명합니다. 이처럼 인간과 동물이 오로지 '생리적'으로만 유사할 뿐이라고 생각한다면, 이는 동물실험의 모순적 상황을 외면하는 것입니다.

─────〈보 기〉─────

ㄱ. 동물실험은 동물이 인간과 유사하면서도 유사하지 않다고 가정하는 모순적 상황에 놓여 있다.

ㄴ. 인간과 동물 간 생리적 유사성에도 불구하고 심리적 유사성이 불확실하기 때문에 동물실험은 모순적 상황에 있다.

ㄷ. 인간과 원숭이 간에 심리적 유사성이 존재하기 때문에 인간의 우울증 연구를 위해 아기 원숭이를 정서적으로 고립시키는 실험은 윤리적으로 정당화된다.

① ㄱ   ② ㄴ

③ ㄱ, ㄷ   ④ ㄴ, ㄷ

⑤ ㄱ, ㄴ, ㄷ

문 1. 다음 글에서 추론할 수 <u>없는</u> 것은?
12 민간(인) 13번

아래 표는 각각의 물체가 1g 당 가지고 있는 에너지를 표시한 것이다.

구분	1g 당 에너지 (단위 : kcal)	TNT에 대한 에너지 상댓값
컴퓨터 충전기	0.1	0.15
TNT	0.65	1
초코칩 과자	5	8
우라늄-235	2천만	3천만

TNT(trinitrotoluene)와 초코칩 과자 모두는 원자들로 구성된다. 이들 원자 사이에는 힘이 작용하며 이 힘에는 에너지가 저장되어 있다. 이런 에너지를 화학적 에너지라고 부른다. 화학적 에너지는 우리에게 놀라운 사건을 보여줄 수 있다. TNT의 폭발이란, 원자들 사이의 힘이 원자들을 아주 빠른 속도로 밀어내는 것이다. 마치 용수철을 압축했다 놓으면 용수철이 갑자기 팽창하는 것과 같다.

위의 표에서 가장 놀라운 사실은 초코칩 과자에 저장된 에너지가 같은 질량의 TNT보다 8배나 많다는 것이다. 어떻게 이것이 가능한가? 왜 우리는 TNT 대신에 초코칩 과자로 건물을 날려버릴 수 없는 것인가?

파괴하는 용도로 TNT가 유용한 이유는 TNT가 아주 빠르게 에너지를 방출하기 때문이다. 이 과정에서 발생하는 열은 매우 고온이므로, TNT는 순식간에 기체 상태로 팽창하여 주변에 있는 물체들을 밀면서 부수어 버린다. 1g의 TNT가 가지고 있는 에너지를 방출하는 데 걸리는 시간은 1백만분의 1초이다. 이런 갑작스런 에너지 방출은 매우 단단한 물질도 파괴할 수 있다. 에너지가 방출되는 빠르기를 '일률'이라 한다.

초코칩 과자가 같은 질량의 TNT보다 더 많은 에너지를 갖고 있지만, 물질 대사라는 화학 과정을 거쳐서 훨씬 더 느리게 에너지를 방출한다. 위에서 음식물을 산으로 섞거나 장에서 효소로 섞는 소화 과정은 화학적 변화들을 필요로 한다. 마지막으로 소화된 산물인 포도당은 세포 내에서, 폐에서 얻어지고 혈액 세포에 의해 운반된 산소와 반응하여 에너지를 생산하는 데 쓰인다.

① 우라늄-235는 같은 질량의 초코칩 과자나 TNT보다 훨씬 많은 에너지를 갖고 있다.
② 동일한 양의 에너지를 저장하는 데 필요한 질량은 컴퓨터 충전기가 TNT보다 더 크다.
③ 어떤 물체에 화학적 에너지가 많이 저장되어 있다고 해서 빠르게 방출되는 것은 아니다.
④ 초코칩 과자를 에너지로 전환하더라도 일률이 낮아서 그 에너지는 같은 질량의 TNT가 가진 에너지보다 적다.
⑤ 초코칩 과자가 물질 대사를 통해 에너지를 방출하는 데 걸리는 시간은 TNT가 에너지를 방출하는 데 걸리는 시간보다 길다.

문 2. 다음 글에서 추론할 수 있는 것은?
13 민간(인) 04번

나균은 1,600개의 제 기능을 하는 정상 유전자와 1,100개의 제 기능을 하지 못하는 화석화된 유전자를 가지고 있다. 이에 반해 분류학적으로 나균과 가까운 종인 결핵균은 4,000개의 정상 유전자와 단 6개의 화석화된 유전자를 가지고 있다. 이는 화석화된 유전자의 비율이 결핵균보다 나균에서 매우 높다는 것을 보여준다. 왜 이런 차이가 날까?

결핵균과 달리 나균은 오로지 숙주세포 안에서만 살 수 있기 때문에 수많은 대사과정을 숙주에 의존한다. 숙주세포의 유전자들이 나균의 유전자가 수행해야 하는 온갖 일을 도맡아 해주다 보니, 나균이 가지고 있던 많은 유전자의 기능이 필요 없게 되었다. 이에 따라 세포 내에 기생하는 기생충과 병균처럼 나균에서도 유전자 기능의 대량 상실이 일어나게 되었다.

유전자의 화석화는 후손의 진화 방향에 중요한 영향을 미친다. 기능을 상실하기 시작한 유전자는 복합적인 결함을 일으키기 때문에, 한번 잃은 기능은 돌이킬 수 없게 된다. 즉 유전자 기능의 상실은 일방통행이다. 유전자의 화석화와 기능 상실은 특정 계통의 진화 방향에 제약을 가하는 것이다. 이는 아주 오랜 시간이 흘러 새로운 환경에 적응하기 위해 화석화된 유전자의 기능이 필요하다고 하더라도 이 유전자의 기능을 잃어버린 종은 그 기능을 다시 회복할 수 없다는 것을 의미한다.

① 결핵균은 과거에 숙주세포 없이는 살 수 없었을 것이다.
② 현재의 나균과 달리 기생충에서는 유전자의 화석화가 일어나지 않았을 것이다.
③ 숙주세포 유전자의 화석화는 나균 유전자의 소멸과 밀접한 관련이 있을 것이다.
④ 어떤 균의 화석화된 유전자는 이 균이 새로운 환경에 적응하는 데 기능할 것이다.
⑤ 화석화된 나균 유전자의 대부분은 나균이 숙주세포에 의존하는 대사과정과 관련된 유전자일 것이다.

다음 글에서 추론할 수 있는 것만을 〈보기〉에서 모두 고르면?

하나의 세포가 표적세포로 신호를 전달하는 방법에는 여러 종류가 있다. 이 중 직접 결합 방법은 세포가 표적세포와 직접 결합하여 신호를 전달하는 방법이다. 또한 측분비 방법은 세포가 신호 전달 물질을 분비하여 근접한 거리에 있는 표적세포에 신호를 전달하는 방법이다. 그리고 내분비 방법은 세포가 신호 전달 물질의 일종인 호르몬을 분비하여 이 물질이 순환계를 통해 비교적 먼 거리를 이동한 후 표적세포에 신호를 전달하는 방법이다.

동물의 면역세포에서 분비되는 신호 전달 물질은 세포 사이에 존재하는 공간을 통해 확산되어 근거리에 위치한 표적세포에 작용한다. 특정 면역세포가 히스타민을 분비하여 알레르기 반응을 일으키는 것이 대표적인 예이다. 신경세포 사이의 신호 전달은 신경세포에서 분비되는 신경전달물질에 의해 일어난다. 신경전달물질은 세포 사이에 존재하는 공간을 통해 확산되어 근거리에 있는 표적세포에 작용한다.

내분비샘 세포에서 분비된 호르몬은 모세혈관으로 확산되어 혈액을 따라 이동하고 표적세포의 근처에 도달했을 때 혈관으로부터 빠져나와 표적세포에 작용한다. 따라서 표적세포에서 반응을 일으키는 데 걸리는 시간은 호르몬이 신경전달물질보다 더 오래 걸린다.

─── 〈보 기〉 ───

ㄱ. 신경전달물질에 의한 신호 전달은 측분비 방법을 통해 이루어진다.

ㄴ. 내분비 방법이 측분비 방법보다 표적세포에서 더 빠른 반응을 일으킨다.

ㄷ. 하나의 세포가 표적세포로 신호를 전달하기 위해서는 신호 전달 물질의 분비가 필수적이다.

① ㄱ
② ㄷ
③ ㄱ, ㄴ
④ ㄴ, ㄷ
⑤ ㄱ, ㄴ, ㄷ

다음 글에서 추론할 수 있는 것만을 〈보기〉에서 모두 고르면?

빌케와 블랙은 얼음이 녹는점에 있다 해도 이를 완전히 물로 녹이려면 상당히 많은 열이 필요함을 발견하였다. 당시 널리 퍼진 속설은 얼음이 녹는점에 이르면 즉시 녹는다는 것이었다. 빌케는 쌓여있는 눈에 뜨거운 물을 끼얹어 녹이는 과정에서 이 속설에 오류가 있음을 알게 되었다. 눈이 녹는점에 있음에도 불구하고 많은 양의 뜨거운 물은 눈을 조금밖에 녹이지 못했기 때문이다.

블랙은 1757년에 이 속설의 오류를 설명할 수 있는 실험을 수행하였다. 블랙은 따뜻한 방에 두 개의 플라스크 A와 B를 두었는데, A에는 얼음이, B에는 물이 담겨 있었다. 얼음과 물은 양이 같고 모두 같은 온도, 즉 얼음의 녹는점에 있었다. 시간이 지남에 따라 B에 있는 물의 온도는 계속해서 올라갔다. 하지만 A에서는 얼음이 녹으면서 생긴 물과 녹고 있는 얼음의 온도가 녹는점에서 일정하게 유지되었는데 이 상태는 얼음이 완전히 녹을 때까지 지속되었다. 얼음을 녹이는 데 필요한 열량은 같은 양의 물의 온도를 녹는점에서 화씨 140도까지 올릴 수 있는 정도의 열량과 같았다. 블랙은 이 열이 실제로 온도계에 변화를 주지 않기 때문에 이를 '잠열(潛熱)'이라 불렀다.

─── 〈보 기〉 ───

ㄱ. A의 온도계로는 잠열을 직접 측정할 수 없었다.

ㄴ. 얼음이 녹는점에 이르러도 완전히 녹지 않는 것은 잠열 때문이다.

ㄷ. A의 얼음이 완전히 물로 바뀔 때까지, A의 얼음물 온도는 일정하게 유지된다.

① ㄱ
② ㄴ
③ ㄱ, ㄷ
④ ㄴ, ㄷ
⑤ ㄱ, ㄴ, ㄷ

뉴턴의 역학 이론은 아인슈타인의 상대성 이론으로부터 도출되는가? 상대성 이론의 핵심 법칙들을 나타내고 있는 진술들 E_1, E_2, ...E_i, ...E_n의 집합을 생각해보자. 이 진술들은 공간적 위치, 시간, 질량 등을 나타내는 변수들을 포함하고 있다. 그리고 이 집합으로부터 관찰에 의해서 확인할 수 있는 것들을 포함하여 상대성 이론의 다양한 진술들을 도출할 수 있다. 그리고 변수들의 범위를 제약하는 진술들을 이용하면 상대성 이론이 어떤 특수한 경우에 적용될 때 성립하는 법칙들도 도출할 수 있다. 가령, 물체의 속도가 광속에 비하여 현저하게 느린 경우에는 계산을 통하여 뉴턴의 운동 법칙, 만유인력 법칙 등과 형태가 같은 진술들 N_1, N_2, ...N_i, ...N_m을 도출할 수 있다.

이런 점에서 몇몇 제약 조건을 붙임으로써 뉴턴의 역학은 아인슈타인의 상대성 이론으로부터 도출되는 것으로 보인다. 그렇지만 N_i는 상대성 이론의 특수 경우에 해당하는 법칙일 뿐이지 뉴턴 역학의 법칙들이 아니다. E_i에서 공간적 위치, 시간, 질량 등을 나타냈던 변수들이 N_i에서도 나타난다. 여기서 우리는 N_i에 있는 변수들이 가리키는 것은 뉴턴 이론의 공간적 위치, 시간, 질량 등이 아니라 아인슈타인 이론의 공간적 위치, 시간, 질량 등이라는 것을 주의해야 한다. 같은 이름을 가지고 있지만, 아인슈타인의 이론 속에서 변수들이 가리키는 물리적 대상이 뉴턴 이론 속에서 변수들이 가리키는 물리적 대상과 같은 것은 아니다. 따라서 N_i에 등장하는 변수들에 대한 정의를 바꾸지 않는다면, N_i는 뉴턴의 법칙에 속할 수 없다. 그것은 단지 아인슈타인 상대성 이론의 특수 사례일 뿐이다.

① 뉴턴 역학보다 상대성 이론에 의해 태양계 행성들의 공전 궤도를 더 정확히 계산할 수 있다.

② 어떤 물체의 속도가 광속보다 훨씬 느릴 때 그 물체의 운동의 기술에서 뉴턴 역학과 상대성 이론은 서로 양립 가능하다.

③ 일상적으로 만나는 물체들의 운동을 상대성 이론을 써서 기술하면 뉴턴 역학이 내놓는 것과 동일한 결론에 도달한다.

④ 뉴턴 역학에 등장하는 질량은 속도와 무관하지만 상대성 이론에 등장하는 질량은 에너지의 일종이므로 속도에 의존하여 변할 수 있다.

⑤ 매우 빠르게 운동하는 우주선(cosmic ray)의 구성 입자의 반감기가 길어지는 현상은 상대성 이론으로는 설명되지만 뉴턴 역학으로는 설명되지 않는다.

우리에게 입력된 감각 정보는 모두 저장되는 것이 아니라 극히 일부분만 특정한 메커니즘을 통해 단기간 또는 장기간 저장된다. 신경과학자들은 장기 또는 단기기억의 저장 장소가 뇌의 어디에 존재하는지 연구해 왔고, 그 결과 두 기억은 모두 대뇌피질에 저장된다는 것을 알아냈다.

여러 감각 기관을 통해 입력된 감각 정보는 대부분 대뇌피질에서 인식된다. 인식된 일부 정보는 해마와 대뇌피질 간에 이미 형성되어 있는 신경세포 간 연결이 일시적으로 변화하는 과정에서 단기기억으로 저장된다. 해마와 대뇌피질 간 연결의 일시적인 변화가 대뇌피질 내에서 새로운 연결로 교체되어 영구히 지속되면 그 단기기억은 장기기억으로 저장된다. 해마는 입력된 정보를 단기기억으로 유지하고 또 새로운 장기기억을 획득하는 데 필수적이지만, 기존의 장기기억을 유지하거나 변형하는 부위는 아니다.

걷기, 자전거 타기와 같은 운동 기술은 반복을 통해서 학습되고, 일단 학습되면 잊혀지기 어렵다. 자전거 타기와 같은 기술에 관한 기억은 뇌의 성장과 발달에서 보이는 신경세포들 간에 새로운 연결이 이루어지는 메커니즘을 통해서 장기기억이 된다. 반면에 전화번호, 사건, 장소를 단기 기억할 때는 새로운 연결이 생기는 대신 대뇌피질과 해마 간에 이미 존재하는 신경세포의 연결을 통한 신호 강도가 높아지고 그 상태가 수분에서 수개월까지 유지됨으로써 가능하다. 이처럼 신경세포 간 연결 신호의 강도가 상당 기간 동안 증가된 상태로 유지되는 '장기 상승 작용' 현상은 해마 조직에서 처음 밝혀졌으며, 이 현상에는 흥분성 신경 전달 물질인 글루탐산의 역할이 중요하다는 것이 추가로 밝혀졌다.

① 방금 들은 전화번호를 받아 적기 위한 기억에는 신경세포 간 연결의 장기 상승 작용이 중요하다.

② 해마가 손상되면 이미 습득한 자전거 타기와 같은 운동 기술을 실행할 수 없게 된다.

③ 장기기억은 대뇌피질에 저장되지만 단기기억은 해마에 저장된다.

④ 새로운 단기기억은 이전에 저장되었던 장기기억에 영향을 준다.

⑤ 글루탐산은 신경세포 간의 새로운 연결의 형성을 유도한다.

한 개체의 발생은 한 개의 세포가 세포분열을 통해 여러 세포로 분열되면서 진행된다. 따라서 한 개체를 구성하는 모든 세포는 동일한 유전자를 가지고 있다. 하지만 발생 과정에서 발현되는 유전자의 차이 때문에 세포는 다른 형태의 세포로 분화된다. 이와 같은 유전자 발현의 차이는 다양한 원인에 의해 이루어지는데 ㉠ 애기장대 뿌리에서 일어나는 세포 분화를 그 예로 알아보자.

분화가 완료되어 성숙한 애기장대 뿌리의 표면에는 두 종류의 세포가 있는데 하나는 뿌리털세포이고 다른 하나는 털이 없는 분화된 표피세포이다. 하지만 애기장대 뿌리의 표면이 처음부터 이 두 세포 형태를 가지고 있었던 것은 아니다. 발생 과정에서 미분화된 애기장대 뿌리의 중심부에는 피층세포가 서로 나란히 연결되어 원형으로 구성된 한 층의 피층세포층이 있으며, 이 층과 접하여 뿌리의 바깥쪽에 원형으로 미분화된 표피세포로 구성된 한 층의 미분화 표피세포층이 있다.

미분화된 표피세포가 그 안쪽의 피층세포층에 있는 두 개의 피층세포와 접촉하는 경우엔 뿌리털세포로 분화되어 발달하지만, 한 개의 피층세포와 접촉하는 경우엔 분화된 표피세포로 발달한다. 한편 미분화된 표피세포가 서로 다른 형태의 세포로 분화되기 위해서는 유전자 A의 발현에 차이가 있어야 하는데, 미분화된 표피세포에서 유전자 A가 발현되지 않으면 그 세포는 뿌리털세포로 분화되며 유전자 A가 발현되면 분화된 표피세포로 분화된다.

① 미분화 표피세포에서 유전자 A의 발현 조절은 분화될 세포에 뿌리털이 있는지에 따라 결정된다.

② 미분화된 세포가 뿌리털세포나 분화된 표피세포로 분화되는 것은 그 세포가 어느 세포로부터 유래하였는지에 따라 결정된다.

③ 미분화 표피세포가 뿌리털세포 또는 분화된 표피세포로 분화되는 것은 미분화 표피세포가 유전자 A를 가지고 있는지에 따라 결정된다.

④ 미분화 표피세포가 뿌리털세포 또는 분화된 표피세포로 분화가 되는 것은 미분화된 뿌리에서 미분화 표피세포층과 피층세포층의 위치에 의해 결정된다.

⑤ 미분화 표피세포가 어떤 세포로 분화될 것인지는 각 미분화 표피세포가 발생 중에 접촉하는 피층세포의 수에 따라 조절되는 유전자 A의 발현에 의해 결정된다.

현대 심신의학의 기초를 수립한 연구는 1974년 심리학자 애더에 의해 이루어졌다. 애더는 쥐의 면역계에서 학습이 가능하다는 주장을 발표하였는데, 그것은 면역계에서는 학습이 이루어지지 않는다고 믿었던 당시의 과학적 견해를 뒤엎는 발표였다. 당시까지는 학습이란 뇌와 같은 중추신경계에서만 일어날 수 있을 뿐 면역계에서는 일어날 수 없다고 생각했다.

애더는 시클로포스파미드가 면역세포인 T세포의 수를 감소시켜 쥐의 면역계 기능을 억제한다는 사실을 알고 있었다. 어느 날 그는 구토를 야기하는 시클로포스파미드를 투여하기 전 사카린 용액을 먼저 쥐에게 투여했다. 그러자 그 쥐는 이후 사카린 용액을 회피하는 반응을 일으켰다. 그 원인을 찾던 애더는 쥐에게 시클로포스파미드는 투여하지 않고 단지 사카린 용액만 먹어도 쥐의 혈류 속에서 T세포의 수가 감소된다는 것을 알아내었다. 이것은 사카린 용액이라는 조건자극이 T세포 수의 감소라는 반응을 일으킨 것을 의미한다.

심리학자들은 자극-반응 관계 중 우리가 태어날 때부터 가지고 있는 것을 '무조건자극-반응'이라고 부른다. '음식물-침 분비'를 예로 들 수 있고, 애더의 실험에서는 '시클로포스파미드-T세포 수의 감소'가 그 예이다. 반면에 무조건자극이 새로운 조건자극과 연결되어 반응이 일어나는 과정을 '파블로프의 조건형성'이라고 부른다. 애더의 실험에서 쥐는 조건형성 때문에 사카린 용액만 먹어도 시클로포스파미드를 투여받았을 때처럼 T세포 수의 감소 반응을 일으킨 것이다. 이런 조건형성 과정은 경험을 통한 행동의 변화라는 의미에서 학습과정이라 할 수 있다.

이 연구 결과는 몇 가지 점에서 중요하다고 할 수 있다. 심리적 학습은 중추신경계의 작용으로 이루어진다. 그런데 면역계에서도 학습이 이루어진다는 것은 중추신경계와 면역계가 독립적이지 않으며 어떤 방식으로든 상호작용한다는 것을 말해준다. 이 발견으로 연구자들은 마음의 작용이나 정서 상태에 의해 중추신경계의 뇌세포에서 분비된 신경전달물질이나 호르몬이 우리의 신체 상태에 어떠한 영향을 끼치게 되는지를 더 면밀히 탐구하게 되었다.

① 쥐에게 시클로포스파미드를 투여하면 T세포 수가 감소한다.

② 애더의 실험에서 사카린 용액은 새로운 조건자극의 역할을 한다.

③ 애더의 실험은 면역계가 중추신경계와 상호작용할 수 있음을 보여준다.

④ 애더의 실험 이전에는 중추신경계에서 학습이 가능하다는 것이 알려지지 않았다.

⑤ 애더의 실험에서 사카린 용액을 먹은 쥐의 T세포 수가 감소하는 것은 면역계의 반응이다.

문 1. 쓰레기를 무단투기하는 사람을 찾기 위해 고심하던 주민센터 직원은 다섯 명의 주민 A, B, C, D, E를 면담했다. 이들은 각자 아래와 같이 이야기했다. 이 가운데 두 명의 이야기는 모두 거짓인 반면, 세 명의 이야기는 모두 참이라 하자. 다섯 명 가운데 한 명이 범인이라고 할 때, 쓰레기를 무단투기한 사람은 누구인가?

10 행시(수) 15번

A : 쓰레기를 무단투기하는 것을 나와 E만 보았다. B의 말은 모두 참이다.

B : 쓰레기를 무단투기한 것은 D이다. D가 쓰레기를 무단투기하는 것을 E가 보았다.

C : D는 쓰레기를 무단투기하지 않았다. E의 말은 참이다.

D : 쓰레기를 무단투기하는 것을 세 명의 주민이 보았다. B는 쓰레기를 무단투기하지 않았다.

E : 나와 A는 쓰레기를 무단투기하지 않았다. 나는 쓰레기를 무단투기하는 사람을 아무도 보지 못했다.

---

① A
② B
③ C
④ D
⑤ E

문 2. 다음 조건에 따라 A, B, C, D, E, F, G 일곱 도시를 인구 순위대로 빠짐없이 배열하려고 한다. 추가로 필요한 정보는?

11 민간(민) 09번

• 인구가 같은 도시는 없다.
• C시의 인구는 D시의 인구보다 적다.
• F시의 인구는 G시의 인구보다 적다.
• C시와 F시는 인구 순위에서 바로 인접해 있다.
• B시의 인구가 가장 많고, E시의 인구가 가장 적다.
• C시의 인구는 A시의 인구와 F시의 인구를 합친 것보다 많다.

---

① A시의 인구가 F시의 인구보다 많다.
② C시와 D시는 인구 순위에서 바로 인접해 있다.
③ C시의 인구는 G시의 인구보다 적다.
④ D시의 인구는 F시의 인구보다 많고 B시의 인구보다 적다.
⑤ G시의 인구가 A시의 인구보다 많다.

문 3. A, B, C, D 네 개의 국책 사업 추진 여부를 두고, 정부가 다음과 같은 기본 방침을 정했다고 하자. 이를 따를 때 반드시 참이라고는 할 수 없는 것은?

11 민간(민) 19번

• A를 추진한다면, B도 추진한다.
• C를 추진한다면, D도 추진한다.
• A나 C 가운데 적어도 한 사업은 추진한다.

---

① 적어도 두 사업은 추진한다.
② A를 추진하지 않기로 결정한다면, 추진하는 사업은 정확히 두 개이다.
③ B를 추진하지 않기로 결정한다면, C는 추진한다.
④ C를 추진하지 않기로 결정한다면, B는 추진한다.
⑤ D를 추진하지 않기로 결정한다면, 다른 세 사업의 추진 여부도 모두 정해진다.

문 4. 사무관 A, B, C, D, E는 다음 조건에 따라 회의에 참석할 예정이다. 반드시 참이라고는 할 수 없는 것은?

12 민간(인) 18번

• A가 회의에 참석하면, B도 참석한다.
• A가 참석하면 E도 참석하고, C가 참석하면 E도 참석한다.
• D가 참석하면, B도 참석한다.
• C가 참석하지 않으면, B도 참석하지 않는다.

---

① A가 참석하면, C도 참석한다.
② A가 참석하면, D도 참석한다.
③ C가 참석하지 않으면, D도 참석하지 않는다.
④ D가 참석하면, C도 참석한다.
⑤ E가 참석하지 않으면, B도 참석하지 않는다.

문 5. 다음 내용이 참일 때, 반드시 참이라고는 할 수 <u>없는</u> 것은?

> 어떤 국가에 7개 행정구역 A, B, C, D, E, F, G가 있다.
> • A는 C 이외의 모든 구역들과 인접해 있다.
> • B는 A, C, E, G와만 인접해 있다.
> • C는 B, E와만 인접해 있다.
> • D는 A, G와만 인접해 있다.
> • E는 A, B, C와만 인접해 있다.
> • F는 A와만 인접해 있다.
> • G는 A, B, D와만 인접해 있다.
> 　각 구역은 4개 정책 a, b, c, d 중 하나만 추진할 수 있고, 각 정책은 적어도 한 번씩은 추진된다. 또한 다음 조건을 만족해야 한다.
> • 인접한 구역끼리는 같은 정책을 추진해서는 안 된다.
> • A, B, C는 각각 a, b, c 정책을 추진한다.

① E는 d 정책을 추진할 수 있다.
② F는 b나 c나 d 중 하나의 정책만 추진할 수 있다.
③ D가 d 정책을 추진하면, G는 c 정책만 추진할 수 있다.
④ E가 d 정책을 추진하면, G는 c 정책만 추진할 수 있다.
⑤ G가 d 정책을 추진하면, D는 b 혹은 c 정책만 추진할 수 있다.

문 6. 전제가 참일 때 결론이 반드시 참인 논증을 펼친 사람만을 모두 고르면?

> 영희 : 갑이 A부처에 발령을 받으면, 을은 B부처에 발령을 받아. 그런데 을이 B부처에 발령을 받지 않았어. 그러므로 갑은 A부처에 발령을 받지 않았어.
> 철수 : 갑이 A부처에 발령을 받으면, 을도 A부처에 발령을 받아. 그런데 을이 B부처가 아닌 A부처에 발령을 받았어. 따라서 갑은 A부처에 발령을 받았어.
> 현주 : 갑이 A부처에 발령을 받지 않거나, 을과 병이 C부처에 발령을 받아. 그런데 갑이 A부처에 발령을 받았어. 그러므로 을과 병 모두 C부처에 발령을 받았어.

① 영희
② 철수
③ 영희, 철수
④ 영희, 현주
⑤ 철수, 현주

문 7. 다음 글의 내용이 참일 때, 반드시 참인 것은?

> 　도덕성에 결함이 있는 어떤 사람도 공무원으로 채용되지 않는다. 업무 능력을 검증받았고 인사추천위원회의 추천을 받았으며 공직관이 투철한, 즉 이 세 조건을 모두 만족하는 지원자는 누구나 올해 공무원으로 채용된다. 올해 공무원으로 채용되는 사람들 중에 봉사정신이 없는 사람은 아무도 없다. 공직관이 투철한 철수는 올해 공무원 채용 시험에 지원하여 업무 능력을 검증받았다.

① 만일 철수가 도덕성에 결함이 없다면, 그는 올해 공무원으로 채용된다.
② 만일 철수가 봉사정신을 갖고 있다면, 그는 올해 공무원으로 채용된다.
③ 만일 철수가 도덕성에 결함이 있다면, 그는 인사추천위원회의 추천을 받지 않았다.
④ 만일 철수가 올해 공무원으로 채용된다면, 그는 인사추천위원회의 추천을 받았다.
⑤ 만일 철수가 올해 공무원으로 채용되지 않는다면, 그는 도덕성에 결함이 있고 또한 봉사정신도 없다.

문 8. 다음 글의 내용이 참일 때, 반드시 참인 것만을 〈보기〉에서 모두 고르면?

> 　지혜로운 사람은 정열을 갖지 않는다. 정열을 가진 사람은 고통을 피할 수 없다. 정열은 고통을 수반하기 때문이다. 그런데 사랑을 원하는 사람은 정열을 가진 사람이다. 정열을 가진 사람은 행복하지 않다. 지혜롭지 않은 사람은 사랑을 원하면서 동시에 고통을 피하고자 한다. 그러나 지혜로운 사람만이 고통을 피할 수 있다.

〈보 기〉
ㄱ. 지혜로운 사람은 행복하다.
ㄴ. 사랑을 원하는 사람은 행복하지 않다.
ㄷ. 지혜로운 사람은 사랑을 원하지 않는다.

① ㄱ　　　　　　　　　　② ㄴ
③ ㄱ, ㄷ　　　　　　　　④ ㄴ, ㄷ
⑤ ㄱ, ㄴ, ㄷ

다음 글의 내용이 참일 때, 반드시 참인 것은?

> A교육청은 관할지역 내 중학생의 학력 저하가 심각한 수준에 달했다고 우려하고 있다. A교육청은 이러한 학력 저하의 원인이 스마트폰의 사용에 있다고 보고 학력 저하를 방지하기 위한 방안을 마련하기로 하였다. 자료 수집을 위해 A교육청은 B중학교를 조사하였다. 조사 결과에 따르면, B중학교에서 스마트폰을 가지고 등교하는 학생들 중에서 국어 성적이 60점 미만인 학생이 20명, 영어 성적이 60점 미만인 학생이 20명이었다.
>
> B중학교에 스마트폰을 가지고 등교하지만 학교에 있는 동안은 사용하지 않는 학생들 중에 영어 성적이 60점 미만인 학생은 없다. 그리고 B중학교에서 방과 후 보충수업을 받아야 하는 학생 가운데 영어 성적이 60점 이상인 학생은 없다.

① 이 조사의 대상이 된 B중학교 학생은 적어도 40명 이상이다.

② B중학교 학생인 성열이의 영어 성적이 60점 미만이라면, 성열이는 방과 후 보충 수업을 받아야할 것이다.

③ B중학교 학생인 대석이의 국어 성적이 60점 미만이라면, 대석이는 학교에 있는 동안에 스마트폰을 사용할 것이다.

④ 스마트폰을 가지고 등교하더라도 학교에 있는 동안은 사용하지 않는 B중학교 학생 가운데 방과 후 보충 수업을 받아야 하는 학생은 없다.

⑤ B중학교에서 스마트폰을 가지고 등교하는 학생들 가운데 학교에 있는 동안은 스마트폰을 사용하지 않는 학생은 적어도 20명 이상이다.

다음을 참이라고 가정할 때, 회의를 반드시 개최해야 하는 날의 수는?

> • 회의는 다음 주에 개최한다.
> • 월요일에는 회의를 개최하지 않는다.
> • 화요일과 목요일에 회의를 개최하거나 월요일에 회의를 개최한다.
> • 금요일에 회의를 개최하지 않으면, 화요일에도 회의를 개최하지 않고 수요일에도 개최하지 않는다.

① 0   ② 1

③ 2   ④ 3

⑤ 4

다음 대화의 ㉠과 ㉡에 들어갈 말을 가장 적절하게 나열한 것은?

> 갑 : A와 B 모두 회의에 참석한다면, C도 참석해.
> 을 : C는 회의 기간 중 해외 출장이라 참석하지 못해.
> 갑 : 그럼 A와 B 중 적어도 한 사람은 참석하지 못하겠네.
> 을 : 그래도 A와 D 중 적어도 한 사람은 참석해.
> 갑 : 그럼 A는 회의에 반드시 참석하겠군.
> 을 : 너는 ____㉠____고 생각하고 있구나?
> 갑 : 맞아. 그리고 우리 생각이 모두 참이면, E와 F 모두 참석해.
> 을 : 그래. 그 까닭은 ____㉡____ 때문이지.

① ㉠ : B와 D가 모두 불참한다

  ㉡ : E와 F 모두 회의에 참석하면 B는 불참하기

② ㉠ : B와 D가 모두 불참한다

  ㉡ : E와 F 모두 회의에 참석하면 B도 참석하기

③ ㉠ : B가 회의에 불참한다

  ㉡ : B가 회의에 참석하면 E와 F 모두 참석하기

④ ㉠ : D가 회의에 불참한다

  ㉡ : B가 회의에 불참하면 E와 F 모두 참석하기

⑤ ㉠ : D가 회의에 불참한다

  ㉡ : E와 F 모두 회의에 참석하면 B도 참석하기

다음 글의 장치 A에 대하여 바르게 판단한 것만을 〈보기〉에서 모두 고르면?

> 신용카드 거래가 사기 거래일 확률은 1,000분의 1이다. 신용카드 사기를 감별하는 장치 A는 정당한 거래의 99%를 정당한 거래로 판정하지만 1%는 사기 거래로 오판한다. 또한 A는 사기 거래의 99%를 사기 거래로 판정하지만 1%는 정당한 거래로 오판한다. A가 어떤 거래를 사기 거래라고 판단하면, 신용카드 회사는 해당 카드를 정지시켜 후속 거래를 막는다. A에 의해 카드 사용이 정지된 사례가 오판에 의한 카드 정지 사례일 확률이 50%보다 크면, A는 폐기되어야 한다.

――――――― 〈보 기〉 ―――――――

ㄱ. A가 정당한 거래로 판정한 거래는 모두 정당한 거래이다.

ㄴ. 무작위로 10만 건의 거래를 검사했을 때, A가 사기 거래를 정당한 거래라고 오판하는 건수는 정당한 거래를 사기 거래라고 오판하는 건수보다 적을 것이다.

ㄷ. A는 폐기되어야 한다.

① ㄱ   ② ㄴ

③ ㄱ, ㄷ   ④ ㄴ, ㄷ

⑤ ㄱ, ㄴ, ㄷ

다음 글의 ㉠과 ㉡에 들어갈 말을 가장 적절하게 짝지은 것은?

16 민간(5) 17번

칼로리 섭취를 줄이는 소식이 장수의 비결이라는 것을 입증하기 위해 A 연구팀은 붉은털원숭이를 대상으로 20년에 걸친 칼로리 섭취를 제한한 연구결과를 발표하였으며, 그 결과는 예상대로 칼로리 제한군이 대조군에 비해 수명이 긴 것으로 나타났다.

그런데 A 연구팀의 발표 이후, 곧이어 B 연구팀은 붉은털원숭이를 대상으로 25년 동안 비교 연구한 결과를 발표하였으며, 그들의 연구결과는 칼로리 제한군과 대조군의 수명에 별 차이가 없다는 것을 보여주었다. A 연구팀과 다른 결과가 도출된 것에 대해 B 연구팀은 A 연구팀의 실험 설계가 잘못되었기 때문이라고 주장했다. 즉 영양분을 정확하게 맞추기 위해 칼로리가 높은 사료를 먹인데다가 대조군은 식사 제한이 없어 사실상 칼로리 섭취량이 높아 건강한 상태가 아니기 때문에 칼로리 제한군이 건강하게 오래 사는건 당연하다는 것이다.

B 연구팀의 연구결과 발표 이후, A 연구팀은 처음 발표한 연구결과에 대한 후속 연구의 결과를 발표하였다. 처음 연구결과를 발표한 지 5년이 경과하였기 때문에 25년에 걸친 연구결과를 정리한 것이다. 이번 연구결과도 5년 전과 마찬가지로 역시 칼로리 제한군이 더 오래 사는 것으로 나타났다.

이 연구결과를 바탕으로 A 연구팀은 자신들의 결론과 다른 B 연구팀의 연구결과는 B 연구팀이 실험설계를 잘못했기 때문이라고 주장하면서 역공을 펼쳤다. B 연구팀은 대조군에게 마음대로 먹게 하는 대신 정량을 줬는데, 그 양이 보통 원숭이가 섭취하는 칼로리보다 낮기 때문에 사실상 대조군도 칼로리 제한을 약하게라도 한 셈이라는 것이다. 즉 B 연구팀은 칼로리 제한을 심하게 한 집단과 약하게 한 집단을 비교한 셈이었고, 그 결과로 인해 유의미한 차이가 없는 것으로 나타났다는 것이다.

A 연구팀은 자신들의 주장을 입증하기 위해 각지의 연구소에 있는 붉은털원숭이 총 878마리의 체중 데이터를 입수해 자신들의 대조군 원숭이 체중과 B 연구팀의 대조군 원숭이 체중을 비교하였다. 그 결과 총 878마리 붉은털원숭이의 평균 체중은 A 연구팀의 대조군 원숭이의 평균 체중 [㉠   ], B 연구팀의 대조군 원숭이의 평균 체중 [㉡   ]. 따라서 체중과 칼로리 섭취량이 비례한다는 사실에 입각했을 때, 서로의 대조군 설계에 대한 A 연구팀과 B 연구팀의 비판이 모두 설득력이 있는 것으로 밝혀진 셈이다.

	㉠	㉡
①	보다 더 나갔고	보다 덜 나갔다.
②	보다 덜 나갔고	보다 더 나갔다.
③	과 차이가 없었고	과 차이가 없었다.
④	보다 더 나갔고	보다 더 나갔다.
⑤	보다 덜 나갔고	보다 덜 나갔다.

문 14. **그린 포럼의 일정을 조정하고 있는 A 행정관이 고려해야 할 사항들이 다음과 같을 때, 반드시 참이라고는 할 수 없는 것은?**

16 민간(5) 23번

- 포럼은 개회사, 발표, 토론, 휴식으로 구성하며, 휴식은 생략할 수 있다.
- 포럼은 오전 9시에 시작하여 늦어도 당일 정오까지는 마쳐야 한다.
- 개회사는 포럼 맨 처음에 10분 또는 20분으로 한다.
- 발표는 3회까지 계획할 수 있으며, 각 발표시간은 동일하게 40분으로 하거나 동일하게 50분으로 한다.
- 각 발표마다 토론은 10분으로 한다.
- 휴식은 최대 2회까지 가질 수 있으며, 1회 휴식은 20분으로 한다.

① 발표를 2회 계획한다면, 휴식을 2회 가질 수 있는 방법이 있다.
② 발표를 2회 계획한다면, 오전 11시 이전에 포럼을 마칠 방법이 있다.
③ 발표를 3회 계획하더라도, 휴식을 1회 가질 수 있는 방법이 있다.
④ 각 발표를 50분으로 하더라도, 발표를 3회 가질 수 있는 방법이 있다.
⑤ 각 발표를 40분으로 하고 개회사를 20분으로 하더라도, 휴식을 2회 가질 수 있는 방법이 있다.

문 15. **다음 글의 내용이 참일 때, 반드시 참인 것만을 〈보기〉에서 모두 고르면?**

17 민간(나) 06번

교수 갑~정 중에서 적어도 한 명을 국가공무원 5급 및 7급 민간경력자 일괄채용 면접위원으로 위촉한다. 위촉 조건은 아래와 같다.

- 갑과 을 모두 위촉되면, 병도 위촉된다.
- 병이 위촉되면, 정도 위촉된다.
- 정은 위촉되지 않는다.

────── 〈보 기〉 ──────

ㄱ. 갑과 병 모두 위촉된다.
ㄴ. 정과 을 누구도 위촉되지 않는다.
ㄷ. 갑이 위촉되지 않으면, 을이 위촉된다.

① ㄱ   ② ㄷ
③ ㄱ, ㄴ   ④ ㄴ, ㄷ
⑤ ㄱ, ㄴ, ㄷ

다음 글의 내용이 참일 때, 최종 선정되는 단체는?

18 민간(가) 10번

○○부는 우수 문화예술 단체 A, B, C, D, E 중 한 곳을 선정하여 지원하려 한다. ○○부의 금번 선정 방침은 다음 두 가지다. 첫째, 어떤 형태로든 지원을 받고 있는 단체는 최종 후보가 될 수 없다. 둘째, 최종 선정 시 올림픽 관련 단체를 엔터테인먼트 사업(드라마, 영화, K-pop) 단체보다 우선한다.

A 단체는 자유무역협정을 체결한 갑국에 드라마 컨텐츠를 수출하고 있지만 올림픽과 관련된 사업은 하지 않는다. B는 올림픽의 개막식 행사를, C는 폐막식 행사를 각각 주관하는 단체다. E는 오랫동안 한국 음식문화를 세계에 보급해 온 단체다. A와 C 중 적어도 한 단체가 최종 후보가 되지 못한다면, 대신 B와 E 중 적어도 한 단체는 최종 후보가 된다. 반면 게임 개발로 각광을 받은 단체인 D가 최종 후보가 된다면, 한국과 자유무역협정을 체결한 국가와 교역을 하는 단체는 모두 최종 후보가 될 수 없다. 후보 단체들 중 가장 적은 부가가치를 창출한 단체는 최종 후보가 될 수 없고, 최종 선정은 최종 후보가 된 단체 중에서만 이루어진다.

○○부의 조사 결과, 올림픽의 개막식 행사를 주관하는 모든 단체는 이미 □□부로부터 지원을 받고 있다. 그리고 위 문화예술 단체 가운데 한국 음식문화 보급과 관련된 단체의 부가가치 창출이 가장 저조하였다.

① A
② B
③ C
④ D
⑤ E

다음 글의 내용이 참일 때, 반드시 거짓인 것은?

18 민간(가) 20번

사무관 갑, 을, 병, 정, 무는 정책조정부서에 근무하고 있다. 이 부서에서는 지방자치단체와의 업무 협조를 위해 지방의 네 지역으로 사무관들을 출장 보낼 계획을 수립하였다. 원활한 업무 수행을 위해서, 모든 출장은 위 사무관들 중 두 명 또는 세 명으로 구성된 팀 단위로 이루어진다. 네 팀이 구성되어 네 지역에 각각 한 팀씩 출장이 배정된다. 네 지역 출장 날짜는 모두 다르며, 모든 사무관은 최소한 한 번 출장에 참가한다. 이번 출장 업무를 총괄하는 사무관은 단 한 명밖에 없으며, 그는 네 지역 모두의 출장에 참가한다. 더불어 업무 경력을 고려하여, 단 한 지역의 출장에만 참가하는 것은 신임 사무관으로 제한한다. 정책조정부서에 근무하는 신임 사무관은 한 명밖에 없다. 이런 기준 아래에서 출장 계획을 수립한 결과, 을은 갑과 단둘이 가는 한 번의 출장 이외에 다른 어떤 출장도 가지 않으며, 병과 정이 함께 출장을 가는 경우는 단 한 번밖에 없다. 그리고 네 지역 가운데 광역시가 두 곳인데, 단 두 명의 사무관만이 두 광역시 모두에 출장을 간다.

① 갑은 이번 출장 업무를 총괄하는 사무관이다.
② 을은 광역시에 출장을 가지 않는다.
③ 병이 갑, 무와 함께 출장을 가는 지역이 있다.
④ 정은 총 세 곳에 출장을 간다.
⑤ 무가 출장을 가는 지역은 두 곳이고 그중 한 곳은 정과 함께 간다.

문 18. 다음 글의 내용이 참일 때, 가해자인 것이 확실한 사람(들)과 가해자가 아닌 것이 확실한 사람(들)의 쌍으로 적절한 것은?

18 민간(가) 25번

폭력 사건의 용의자로 A, B, C가 지목되었다. 조사 과정에서 A, B, C가 각각 〈아래〉와 같이 진술하였는데, 이들 가운데 가해자는 거짓만을 진술하고 가해자가 아닌 사람은 참만을 진술한 것으로 드러났다.

〈아 래〉

A : 우리 셋 중 정확히 한 명이 거짓말을 하고 있다.
B : 우리 셋 중 정확히 두 명이 거짓말을 하고 있다.
C : A, B 중 정확히 한 명이 거짓말을 하고 있다.

	가해자인 것이 확실	가해자가 아닌 것이 확실
①	A	C
②	B	없음
③	B	A, C
④	A, C	B
⑤	A, B, C	없음

문 19. 다음 글의 내용이 참일 때, 반드시 참인 것만을 〈보기〉에서 모두 고르면?

19 민간(나) 10번

전통문화 활성화 정책의 일환으로 일부 도시를 선정하여 문화관광특구로 지정할 예정이다. 특구 지정 신청을 받아본 결과, A, B, C, D, 네 개의 도시가 신청하였다. 선정과 관련하여 다음 사실이 밝혀졌다.

• A가 선정되면 B도 선정된다.
• B와 C가 모두 선정되는 것은 아니다.
• B와 D 중 적어도 한 도시는 선정된다.
• C가 선정되지 않으면 B도 선정되지 않는다.

〈보 기〉

ㄱ. A와 B 가운데 적어도 한 도시는 선정되지 않는다.
ㄴ. B도 선정되지 않고 C도 선정되지 않는다.
ㄷ. D는 선정된다.

① ㄱ
② ㄴ
③ ㄱ, ㄷ
④ ㄴ, ㄷ
⑤ ㄱ, ㄴ, ㄷ

문 20. 다음 글의 내용이 참일 때, 반드시 참인 것만을 〈보기〉에서 모두 고르면?

19 민간(나) 19번

공군이 차기 전투기 도입에서 고려해야 하는 사항은 비행시간이 길어야 한다는 것, 정비시간이 짧아야 한다는 것, 폭탄 적재량이 많아야 한다는 것, 그리고 공대공 전투능력이 높아야 한다는 것, 이상 네 가지이다. 그리고 이 네 가지는 각각 그런 경우와 그런 경우의 반대 둘 중의 하나이며 그 중간은 없다.

전투기의 폭탄 적재량이 많거나 공대공 전투능력이 높다면, 정비시간은 길다. 반면에 비행시간이 길면 공대공 전투능력은 낮다. 공군은 네 가지 고려사항 중에서 최소한 두 가지 이상을 통과한 기종을 선정해야 한다. 그런데 공군은 위 고려사항 중에서 정비시간이 짧아야 한다는 조건만큼은 결코 포기할 수 없다는 입장이다. 따라서 정비시간이 짧아야 한다는 것은 차기 전투기로 선정되기 위한 필수적인 조건이다.

한편, 이번 전투기 도입 사업에 입찰한 업체들 중 하나인 A사는 비행시간이 길고 폭탄 적재량이 많은 기종을 제안했다. 언론에서는 A사의 기종이 선정될 것이라고 예측하였다. 이후 공군에서는 선정 조건에 맞게 네 고려사항 중 둘 이상을 통과한 기종의 전투기를 도입하였는데 그것이 A사의 기종이었는지는 아직 알려지지 않았다.

〈보 기〉

ㄱ. 언론의 예측은 옳았다.
ㄴ. 공군이 도입한 기종은 비행시간이 길다.
ㄷ. 입찰한 업체의 기종이 공대공 전투능력이 높다면, 그 기종은 비행시간이 짧다.

① ㄱ
② ㄴ
③ ㄱ, ㄷ
④ ㄴ, ㄷ
⑤ ㄱ, ㄴ, ㄷ

문 1. 다음 〈개요〉에 따라 보고서를 작성할 때, 현황 분석 부분에 들어갈 내용만을 〈보기〉에서 모두 고르면?

13 민간(인) 15번

〈개 요〉
Ⅰ. 서론 : 정책 제안 배경
Ⅱ. 본론 : 현황 분석과 정책 방안
  1. 현황 분석
    • 연말정산 자동계산 프로그램 사용 방법의 복잡성과 그에 대한 설명 부재로 인해 이용자 불만 증가
    • 연말정산 기간 중 세무서에 연말정산 자동계산 프로그램 사용 방법에 관한 상담 수요 폭증
  2. 정책 방안
    • 문제점을 개선한 프로그램 개발과 활용 매뉴얼 보급
    • 연말정산 자동 상담 시스템 개발
Ⅲ. 결론 : 예상되는 효과 전망

〈보 기〉
ㄱ. 연말정산 자동 상담 시스템을 개발할 경우 15%의 이용자 불만 감소 효과가 전망된다.
ㄴ. 연말정산 기간을 정확하게 알지 못해 마감 기한이 지나서 세무서를 방문하는 사람이 전년대비 15% 증가하였다.
ㄷ. 연말정산 기간 중 세무서 전체 월 평균 상담 건수는 약 128만 건으로 평상시 11만 건보다 크게 증가했는데, 그 이유는 연말정산 자동계산 프로그램 사용 방법에 관한 문의 전화가 폭주했기 때문이다.

① ㄱ
② ㄷ
③ ㄱ, ㄴ
④ ㄴ, ㄷ
⑤ ㄱ, ㄴ, ㄷ

문 2. 다음 글의 내용 흐름상 가장 적절한 문단 배열의 순서는?

18 민간(가) 12번

(가) 회전문의 축은 중심에 있다. 축을 중심으로 통상 네 짝의 문이 계속 돌게 되어 있다. 마치 계속 열려 있는 듯한 착각을 일으키지만, 사실은 네 짝의 문이 계속 안 또는 밖을 차단하도록 만든 것이다. 실질적으로는 열려 있는 순간 없이 계속 닫혀 있는 셈이다.

(나) 문은 열림과 닫힘을 위해 존재한다. 이 본연의 기능을 하지 못한다는 점에서 계속 닫혀 있는 문이 무의미하듯이, 계속 열려 있는 문 또한 그 존재 가치와 의미가 없다. 그런데 현대 사회의 문은 대부분의 경우 닫힌 구조로 사람들을 맞고 있다. 따라서 사람들을 환대하는 것이 아니라 박대하고 있다고 할 수 있다. 그 대표적인 예가 회전문이다. 가만히 회전문의 구조와 그 기능을 머릿속에 그려보라. 그것이 어떤 식으로 열리고 닫히는지 알고는 놀랄 것이다.

(다) 회전문은 인간이 만들고 실용화한 문 가운데 가장 문명적이고 가장 발전된 형태로 보일지 모르지만, 사실상 열림을 가장한 닫힘의 연속이기 때문에 오히려 가장 야만적이며 가장 미개한 형태의 문이다.

(라) 또한 회전문을 이용하는 사람들은 회전문의 구조와 운동 메커니즘에 맞추어야 실수 없이 문을 통과해 안으로 들어가거나 밖으로 나올 수 있다. 어린아이, 허약한 사람, 또는 민첩하지 못한 노인은 쉽게 그것에 맞출 수 없다. 더구나 휠체어를 탄 사람이라면 더 말할 나위도 없다. 이들에게 회전문은 문이 아니다. 실질적으로 닫혀 있는 기능만 하는 문은 문이 아니기 때문이다.

① (가)-(나)-(라)-(다)
② (가)-(라)-(나)-(다)
③ (나)-(가)-(라)-(다)
④ (나)-(다)-(라)-(가)
⑤ (다)-(가)-(라)-(나)

인간이 만들어낸 수학에 비해 자연은 훨씬 복잡할 수도 있고 오히려 단순할 수도 있다. 그럼에도 수학은 자연을 묘사하고 해석하는 데 가장 뛰어난 방법적 도구로서 건재함을 과시한다. 이는 학문이 효용성을 발휘하는 모든 영역에서 오직 수학만이 거둘 수 있는 성과이다.

인간이 만들어낸 수학 덕분에 자연과학의 일부 영역에서 인간은 기대를 훨씬 웃도는 큰 진보를 이루었다. 실재 세계와 동떨어진 추상화가 그런 엄청난 성과를 내놓았다는 점은 역설적이기도 하다. 수학은 세상을 꿈으로 채색한 동화일지 모른다. 하지만 교훈을 지닌 동화이다. 설명되지는 않지만 강력한 힘을 지닌 이성이 이 동화를 쓴 것이다.

하지만 수학이 이룩한 성공은 응분의 대가를 치른 후에 가능했다. 그 대가란 세계를 질량, 시간과 같은 개념들로 단순하게 설명하는 것이다. 이런 설명은 풍부하고 다양한 경험을 완벽하게 반영하지 못한다. 이는 한 사람의 키를 바로 그 사람의 본질이라고 말하는 것과 마찬가지이다. 수학은 기껏해야 자연의 특수한 과정을 묘사할 따름이며, 과정 전체를 온전히 담아내지 못한다.

더욱이 수학은 인간이 아닌, 생명 없는 대상을 다룬다. 이런 대상은 반복적으로 움직이는 것처럼 보이며 수학이야말로 그런 반복적 현상을 잘 다룰 수 있는 것처럼 보인다. 하지만 과연 그런가? 마치 접선이 곡선의 한 점만을 스치고 지나가듯 수학은 물리적 실체의 표피만을 건드린다. 지구는 태양을 완전한 타원 궤도를 그리면서 도는가? 그렇지 않다. 지구와 태양을 모두 점으로 간주하고 다른 항성이나 행성을 모두 무시할 때에만 그런 결론이 나온다. 지구의 사계절은 영원히 변함없이 되풀이될까? 전혀 그렇지 않다. 인간이 파악할 수 있는 매우 낮은 수준의 정확도에서만 반복이 예측될 따름이다.

그러나 수학이 이와 같은 한계를 지님에도 기대 이상의 성과를 거둔 것은 분명하다. 어떻게 이러한 성과가 가능했는지를 이해하지 못한다는 이유로 과연 수학을 버려야 하는가? 어떤 수학자는 소화 과정을 이해하지 못한다고 해서 저녁 식사를 거부해야 하느냐고 반문한 적이 있다. 수학은 분명 성공적인 지식 체계이다. 이는 수학이 엄밀한 내적 일관성을 지닌 체계라는 데 기인한다. 그러나 그뿐만이 아니다. 수학적 지식은 천문 현상의 예측에서, 그리고 실험실에서 일어나는 수많은 사건들에서 끊임없이 입증되고 있다.

① 수학은 자연의 구성이 복잡하다는 사실을 밝히기 위한 학문이다.
② 수학의 추상화는 수학적 지식의 효율성 때문에 가능하게 되었다.
③ 실재 세계의 본질을 밝혀내는 데는 질량, 시간 등의 개념이 필수적이다.
④ 자연 대상이 갖는 반복적 현상은 수학이 묘사하는 것과는 달리 영구히 지속될 것이다.
⑤ 수학이 자연을 묘사하고 해석하는 데 성과를 거둔 이유를 우리는 온전히 이해하지 못한다.

20세기 후반 국제 정치경제 이슈는 통상과 금융이라는 핵심 의제와 환경, 노동, 부패, 인권이라는 부수 의제로 나뉘어 국제사회의 주목을 끌었다. 냉전기에 국제적 관심은 주로 핵심 의제에만 머물렀으나 탈냉전기에는 부수 의제에도 쏠리기 시작한 것이다.

오늘날 국제사회에서 부패 문제는 선진국 주도하에 논의되고 있으며, 그 내용도 보편적 부패 문제에 대한 해결을 중심으로 하기보다는 결국 통상문제와 직결되는 뇌물거래 방지를 위한 논의에 초점이 모아지고 있다. 이는 국가경쟁력 문제와 연결되는 이슈로, 전 세계적 차원의 해결의 실마리를 찾기가 쉽지는 않으나 보다 실효성 있는 결과를 얻어낼 가능성은 크다고 볼 수 있다.

국제사회는 최근 급속도로 세계화를 진전시키고 있다. 문제는 개도국이 겪고 있는 심각한 부패 상황이다. 이들 국가에서 시급히 요구되는 것은 실질적 정치 민주화와 근대적 경제 발전이다. 정치 민주화와 경제 발전이 부패 척결의 필요조건이기 때문이다. 정치 민주화를 통한 시민사회의 성숙과 정치 엘리트의 투명성 제고가 반부패의 요건이며 경제 발전이 그 토양이 되는 것이다. 따라서 개도국의 실질적 민주화와 경제 근대화 및 이에 따른 부패 척결을 위해 국제사회의 관심 및 이들 국가의 노력이 요구된다고 할 수 있다.

국제사회에서 보편적인 분야의 부패 척결을 목표로 하는 국가 윤리 차원의 '윤리 레짐' 형성이 가까운 장래에는 어려울지 모른다. 하지만 투명한 국제 경제관계를 위한 뇌물거래 방지 및 돈세탁 방지를 목표로 하는 국가경쟁력 차원의 '반부패 레짐' 형성은 가능하며 달성해야 한다. 세계화와 민주화의 흐름을 가속화시키며 개도국이 이에 동참할 수 있는 환경적 요인을 제공한다면 투명한 국제사회는 현실로 다가올 것이다.

───── 〈보 기〉 ─────

ㄱ. 반부패 레짐의 목표는 핵심 의제와 부수 의제에 모두 관련된다.
ㄴ. 과거 국제정치경제의 핵심 의제인 통상과 금융은 이제 부수 의제가 되고 있다.
ㄷ. 개도국의 부패 척결은 정치적 민주화 및 경제적 근대화 없이 이룩할 수 없다.
ㄹ. 오늘날 국제사회의 부패 척결 문제는 개도국의 요구에 의해 국가경쟁력 차원으로 다뤄지고 있다.

① ㄱ, ㄷ
② ㄱ, ㄹ
③ ㄴ, ㄷ
④ ㄱ, ㄴ, ㄹ
⑤ ㄴ, ㄷ, ㄹ

백 명의 학생들을 두 집단으로 나누어 그 중 한 집단에게는 실제로 동전을 백 번 던져서 그 결과를 종이에 기록하라고 하고, 다른 집단에게는 동전을 백 번 던진다고 상상하여 그 결과가 최대한 실제로 던진 것처럼 보이도록 기록하라고 지시했다. 전자를 '실제 기록', 후자를 '상상 기록'이라고 하자. 기록을 작성한 학생 말고는 누구도 어느 것이 실제 기록이고 어느 것이 상상 기록인지 모른다. 우리의 과제는 기록의 내용을 보고 실제 기록 집단과 상상 기록 집단을 구분해 내는 것이다. 그런데 다음과 같은 점들을 염두에 둔다면, 우리는 이 과제를 꽤 성공적으로 수행할 수 있다.

정상적인 동전을 실제로 던졌을 때 앞면이 나올 확률과 뒷면이 나올 확률은 모두 1/2이다. 그 동전을 두 번 던져 모두 앞면이 나올 확률은 1/4이다. 동전 던지기 횟수를 늘렸을 때 확률이 어떻게 변하는지 보려면 그저 계속 곱하기만 하면 된다. 따라서 여섯 번 연속 앞면이 나올 확률은 1/2을 여섯 번 곱하면 된다. 결과는 1/64, 즉 2%도 되지 않는다. 그렇지만 이런 낮은 확률은 던진 횟수가 여섯 번일 때에만 해당하는 수치이다. 동전을 던지는 횟수를 증가시키면 같은 면이 여섯 번 연속으로 나올 확률이 높아진다.

그러나 일반적으로 사람들은 무작위로 일어나는 일이 무작위인 것처럼 보이지 않을 때 곤혹스러워 하는 경향이 있다. 가령, 백 번의 동전 던지기에서 앞면이 여섯 번 연속으로 나왔을 때, 사람들은 동전 던지기의 무작위성을 의심하게 된다. 따라서 동전 던지기의 결과가 무작위적이라고 생각하는 사람들은 백 번의 동전 던지기에서 앞면이 여섯 번 연속으로 나오는 결과는 실제처럼 보이지 않는다고 생각한다. 뿐만 아니라, 일반적으로 사람들은 동전 던지기를 어느 정도 많이 시행하게 되면 앞면과 뒷면이 나오는 횟수가 50 대 50에 가까워야 한다고 생각한다. 이런 점들을 염두에 두기만 하면, 실제 기록 집단과 상상 기록 집단을 구별해 내는 일에 성공할 확률은 상당히 높다.

① 백 번 모두 같은 면이 나온 기록이 실제 기록일 확률과 상상 기록일 확률은 모두 50%다.
② 여섯 번 연속으로 앞면이 나온 기록이 더 많은 집단은 실제 기록 집단보다는 상상 기록 집단일 확률이 높다.
③ 무작위인 것처럼 보이지 않는 결과를 포함한 기록이 더 많은 집단은 상상 기록 집단보다는 실제 기록 집단일 확률이 높다.
④ 앞면과 뒷면이 나오는 횟수가 비슷하게 나타나는 기록이 더 많은 집단은 상상 기록 집단보다는 실제 기록 집단일 확률이 높다.
⑤ 사람들은 동전을 여섯 번 던져서 모두 같은 면이 나오는 확률이 백 번 던져서 그 중 여섯 번 연속으로 같은 면이 나오는 확률보다 높다고 생각하는 경향이 있다.

프랑스의 과학기술학자인 브루노 라투르는 아파트 단지 등에서 흔히 보이는 과속방지용 둔덕을 통해 기술이 인간에게 어떤 역할을 수행하는지를 흥미롭게 설명한다. 운전자들은 둔덕 앞에서 자연스럽게 속도를 줄인다. 그런데 운전자가 이렇게 하는 이유는 이웃을 생각해서가 아니라, 빠른 속도로 둔덕을 넘었다가는 차에 무리가 가기 때문이다. 즉 둔덕은 "타인을 위해 과속을 하면 안 된다."는 (사람들이 잘 지키지 않는) 도덕적 심성을 "과속을 하면 내 차에 고장이 날 수 있다."는 (사람들이 잘 지키는) 이기적 태도로 바꾸는 역할을 한다. 라투르는 과속방지용 둔덕을 "잠자는 경찰"이라고 부르면서, 이것이 교통경찰의 역할을 대신한다고 보았다. 이렇게 라투르는 인간이 했던 역할을 기술이 대신 수행함으로써 우리 사회의 훌륭한 행위자가 된다고 하였다.

라투르는 총기의 예도 즐겨 사용한다. 총기 사용 규제를 주장하는 사람들은 총이 없으면 일어나지 않을 살인 사건이 총 때문에 발생한다고 주장한다. 반면에 총기 사용 규제에 반대하는 그룹은 살인은 사람이 저지르는 것이며, 총은 중립적인 도구일 뿐이라고 주장한다. 라투르는 전자를 기술결정론, 후자를 사회결정론으로 분류하면서 이 두 가지 입장을 모두 비판한다. 그의 주장은 사람이 총을 가짐으로써 사람도 바뀌고 총도 바뀐다는 것이다. 즉 총과 사람의 합체라는 잡종이 새로운 행위자로 등장하며, 이 잡종 행위자는 이전에 가졌던 목표와는 다른 목표를 가지게 된다. 예를 들어, 원래는 다른 사람에게 겁만 주려 했는데, 총이 손에 쥐어져 있어 살인을 저지르게 되는 식이다.

라투르는 서양의 학문이 자연, 사회, 인간만을 다루어왔다고 강하게 비판한다. 라투르에 따르면 서양의 학문은 기술과 같은 '비인간'을 학문의 대상에서 제외했다. 과학이 자연을 탐구하려면 기술이 바탕이 되는 실험기기에 의존해야 하지만, 과학은 기술을 학문 대상이 아닌 도구로 취급했다. 사회 구성 요소 중에 가장 중요한 것은 기술이지만, 사회과학자들은 기술에는 관심이 거의 없었다. 철학자들은 인간을 주체/객체로 나누면서, 기술을 저급하고 수동적인 대상으로만 취급했다. 그 결과 기술과 같은 비인간이 제외된 자연과 사회가 근대성의 핵심이 되었다. 결국 라투르는 행위자로서 기술의 능동적 역할에 주목하면서, 이를 통해 서구의 근대적 과학과 철학이 범했던 자연/사회, 주체/객체의 이분법을 극복하고자 하였다.

① 라투르는 총과 사람의 합체로 탄생되는 잡종 행위자를 막기 위해서는 총기 사용을 규제해야 한다고 주장했다.
② 라투르는 서양의 학문이 자연, 사회, 인간만을 다루고 학문의 대상에서 기술을 제외했다고 비판했다.
③ 라투르는 행위자로서의 기술의 능동적 역할에 주목하여 자연과 사회의 이분법을 극복하고자 하였다.
④ 라투르는 과속방지용 둔덕이 행위자로서의 능동적 역할을 한다고 주장했다.
⑤ 라투르는 인간이 맡았던 역할을 기술이 대신 수행하는 것을 인정했다.

우리 민족은 고유한 성(姓)과 더불어 성씨 앞에 특정 지역의 명칭을 붙여 사용하고 있다. 이를 본관이라고 하는데, 본관의 사용은 고려 시대부터 시작되었다. 고려 전기 본관제(本貫制)의 기능은 무엇보다 민(民)에 대한 통제책과 밀접하게 관련되어 있었다. 민의 거주지를 파악하기 위한 수단이었음은 물론 신분, 계층, 역(役) 등을 파악하고 통제하는 수단이 되었다. 운영원리로 볼 때 지역 간 또는 지역 내의 위계적인 지배방식과도 관련되어 있었다. 그리고 그것은 국가권력의 의사가 개별 민에게 일방적으로 관철되는 방식이 아니라 향촌사회에 존재하고 있던 공동체적 관계를 통해 관철되는 방식이었다.

12세기부터 향촌사회에서 향촌민이 몰락하여 계급분화가 심화되고 유망(流亡) 현상이 극심하게 일어나면서, 본관제를 통한 거주지 통제정책은 느슨해져 갔다. 이러한 상황에 대처하여 고려정부는 민이 거주하고 있는 현재의 거주지를 인정하고 그 거주지의 민을 호적에 올려 수취를 도모하는 정책을 시도하게 되었다. 이에 따라 지역 간 위계를 두는 지배방식을 유지하기 어렵게 되었다. 향·소·부곡과 같은 특수행정구역이 감소되었으며, 부곡민도 일반 군현민과 서로 교류하고 이동할 정도로 군현민과의 신분적인 차이가 미미해졌다.

향촌사회의 변동은 많은 변화를 초래하였다. 먼저 향리층이 이전처럼 향촌질서를 주도하기 어려워졌다. 향리층은 본관을 떠나 이동하였고, 토착적 성격이 희박해진 속성(續姓)이 증가하였다. 이들은 살기 좋은 곳을 찾아 이주하거나 외향(外鄕)*이나 처향(妻鄕)*에서 지역 기반을 마련하는 경우가 많았다. 향리층은 아전층인 이족(吏族)과 재지품관층인 사족(士族)으로 분화하기 시작하였고, 이후 사족은 지방관과 함께 향촌사회 지배의 일부를 담당했다. 또한 본관이 점차 관념적인 혈연을 의미하는 것으로 바뀌게 되었고, 동성(同姓)은 본래 동본(同本)이었다는 관념이 커지게 되었다. 동성동본 관념은 성관(姓貫)의 통합을 촉진시켰고, 군소 성관들이 본래의 본관을 같은 성(姓)의 유력 본관에 따라 고치는 현상을 확대시켰다.

본관제의 성격이 변화함에 따라, 죄지은 자를 자기 본관으로 돌려보내는 귀향형(歸鄕刑)이나 특정한 역에 편입시키는 충상호형(充常戶刑)과 같은 법제는 폐지되었다. 그러한 법제는 본관제의 기능과 관련해서만 유의미한 것이었기 때문이다.

* 외향(外鄕) : 어머니의 고향
  처향(妻鄕) : 아내의 고향

① 향촌사회의 변화에 따라 사족은 향촌사회 지배의 일부를 담당했다.

② 이족과 사족의 분화는 동성동본 관념이 발생하는 원인이 되었다.

③ 귀향형이나 충상호형은 민에 대한 통제정책, 위계적인 지역 지배와 관련된 것이었다.

④ 향촌민의 몰락과 유망 등 사회적 변동으로 인해 본관제의 통제적 성격은 점차 약화되어 갔다.

⑤ 12세기 이후 향·소·부곡과 같은 특수행정구역은 줄어들기 시작하였으며, 부곡민과 일반 군현민의 신분적 차이도 줄어들었다.

국가의 정체(政體)를 규명할 때 공화정과 민주제를 혼동하지 않으려면 다음 두 가지를 구분해야 한다. 첫째, 국가의 최고 권력을 갖고 있는 통치자, 다시 말해 주권자가 누구인가? 둘째, 국가의 최고 권력이 실행되는 방식이 무엇인가? 첫 번째 질문에 대한 답으로 세 가지 정체만을 말할 수 있다. 통치자가 단 한 명인 군주제, 일부 특정 소수가 통치자인 귀족제, 모든 사람이 통치자인 민주제이다. 두 번째 질문에 대한 답으로 정부의 두 가지 형태만을 말할 수 있다. 공화정과 전제정이다. 공화정에서는 입법부에서 정부의 집행권(행정권)이 분리된다. 전제정에서는 정부가 법률을 제정할 뿐만 아니라 그것을 독단적으로 집행한다. 전제정은 공적 의지에 따른 행정이지만, 사실상 통치자의 개인적 의지와 동일하다. 민주제는 '민주(民主)'라는 그 의미에서 알 수 있듯이 필연적으로 전제정이다. 민주제에서는 설사 반대의견을 가진 개인이 존재하더라도, 형식상 그 반대자를 포함한 국민 전체가 법률을 제정하여 집행하기 때문이다. 이 경우 국민 전체는 실제로 전체가 아니라 단지 다수일 뿐이다.

대의(代議) 제도를 따르지 않은 어떤 형태의 정부도 진정한 정체라 말할 수 없다. 군주제와 귀족제는 통치 방식이 기본적으로 대의적이지는 않지만, 대의 제도에 부합하는 통치 방식을 따를 수 있는 여지가 있다. 그러나 민주제에서는 대의 제도가 실현되기 어렵다. 왜냐하면 민주제에서는 국민 모두가 통치자이기를 바라기 때문이다. 한 국가의 통치자의 수가 적으면 적을수록 그리고 그들이 국민을 실제로 대표하면 할수록 그 국가의 정부는 공화정에 접근할 수 있다. 그리고 점진적 개혁에 의해 공화정에 근접할 것으로 기대할 수도 있다. 이런 이유로 완벽하게 합법적 정체인 공화정에 도달하는 것이 군주제보다는 귀족제에서 더 어려우며 민주제에서는 폭력 혁명이 아니면 도달하는 것이 불가능하다.

국민에게는 통치 방식이 매우 중요하다. 정부의 형태가 진정한 정체가 되려면 대의 제도를 실현해야 하고 그 제도를 통해서만 공화정이 가능하다. 대의 제도가 없는 정부의 형태는 전제정이나 폭정이 된다. 고대의 어떤 공화정도 대의 제도의 의의를 알지 못했고, 따라서 필연적으로 한 개인이 권력을 독점하는 절대적 전제주의가 되었다.

① 민주제는 반드시 전제정이 될 수밖에 없다.

② 대의 제도는 공화정이 되기 위한 필요조건이다.

③ 공화정의 가능성은 통치자의 수가 적을수록 커진다.

④ 민주제는 귀족제나 군주제와는 다르게 점진적 개혁을 통해 대의 제도를 실현한다.

⑤ 입법부에서 정부의 집행권이 분리되는가의 여부에 따라 공화정과 전제정을 구분할 수 있다.

역사 속에서 유대인들은 엄청난 대가를 치르면서도, 그들의 동질성을 유지하고 정체성을 지켜온 것으로 유명하다. 따라서 유대인이 자신들의 언어를 소중하게 지켜왔으리라고 여기는 일은 자연스럽다. 그러나 이는 사실과 크게 다르다. 유대인들은 별다른 고민이나 갈등 없이 자신들의 언어를 여러 번 바꾸었다.

기원전 6세기경 팔레스타인에 살던 유대인들은 바빌로니아에 종속되었고 이어 페르시아의 지배를 받았다. 그 이후 유대인들은 전통적 언어인 히브리어 대신 바빌로니아 상인들의 국제어였고 페르시아 제국의 공용어였던 아람어를 점점 더 많이 사용하게 되었다. 기원전 2세기경 유대인들은 마침내 아람어를 일상으로 쓰기 시작했고 히브리어는 지식인 계층만 사용하는 언어가 되었다. 성서의 『느헤미야』는 기원전 3세기 전반에 편집되었다. 이는 히브리어가 살아있는 언어였을 때 만들어진 마지막 책이다. 대부분의 유대인들이 히브리어를 잊었으므로 그들을 위한 아람어 성서가 나왔다. 이 성서는 번역을 뜻하는 아람어 '탈굼'으로 불렸는데, 구전으로는 기원전 6세기 말엽부터 그리고 기록된 것은 기원후 1세기부터 나오기 시작했다.

알렉산더 대왕의 정복 후 팔레스타인은 프톨레마이오스 왕조가 집권한 이집트에 종속되었다. 알렉산드리아를 중심으로 하는 이집트의 유대인들은 아람어를 버리고 그리스어를 쓰게 되었다. 자연히 히브리어도 아람어도 모르는 유대인들을 위해 그리스어로 번역된 성서가 필요해졌다. 그래서 기원전 3세기에서 2세기에 걸쳐 알렉산드리아의 학술원에서 번역판을 냈다. 이 성서가 바로 이후 기독교도들의 경전이 된 '칠십인역'이다.

로마 제국이 득세했을 때 유대인들은 로마에 대항했다가 참담한 피해를 입고 뿔뿔이 흩어졌다. 이제 유대인들은 아람어나 그리스어를 버리고 그들이 이민 가서 정착한 곳의 언어를 쓰거나 이디시어, 라디노어와 같은 혼성어를 공용어로 썼다. 히브리어는 유대교 학자들에 의해 명맥이 이어지는 학자들의 언어가 되었다.

그동안에도 히브리어를 되살리려는 노력은 꾸준히 이어졌다. 그런 노력은 근세에 특히 활발하여 히브리어를 글로 쓰일 뿐 아니라 말해지기도 하는 언어로 만들려는 움직임까지 나왔다. 1948년에 이스라엘이 세워지면서 그런 노력은 성공했다. 세계 곳곳에서 모여들어 여러 언어를 쓰는 사람들이, 일부 지식층의 주도 하에 그리고 순전히 정치적인 이유만으로, 2천년 이상 오직 학자들의 언어에 불과했던 언어를 공용어로 채택했던 것이다. 히브리어의 부활은 언어의 끈질긴 생명력을 드러내는 사건인 것처럼 보이지만, 역설적으로 사람들이 쉽게 언어를 버리고 채택한다는 것을 보여준다.

① 히브리어 성서가 보존될 수 있었던 것은 이 책이 유럽 기독교도들의 경전이 되었기 때문이다.
② 그리스어로 된 칠십인역 성서는 유대인들의 일상어가 바뀌었음을 보여주는 역사적 증거이다.
③ 아람어 성서 탈굼은 유대인의 성서가 바빌로니아인과 페르시아인에게도 널리 읽혔다는 역사적 증거이다.
④ 다양한 지역의 유대인들에게 지속적으로 사용되었기 때문에 히브리어가 현대 이스라엘의 공용어가 될 수 있었다.
⑤ 알렉산더 대왕의 정복은 전통적 언어였던 히브리어를 유대인 중 특정 계층만이 사용하는 언어로 만든 역사적 계기였다.

글쓰기 양식은 글 내용을 담는 그릇으로 내용을 강제한다. 이런 측면에서 다산 정약용이 '원체(原體)'라는 문체를 통해 정치라는 내용을 담고자 했던 '양식 선택의 정치학'은 특별한 의미를 갖는다.

원체는 작가가 당대(當代)의 정치적 쟁점이 되는 핵심 개념을 액자화하여 새롭게 의미를 환기하려는 의도를, 과학적 방식에 의거하여 설득하려는 정치·과학적 글쓰기라고 할 수 있다. 당나라 한유(韓愈)가 다섯 개의 원체 양식의 문장을 지은 이후 후대의 학자들은 이를 모범으로 삼았다. 원체는 고문체는 아니지만 새롭게 부상한 문체로서, 당대 사상의 핵심 개념에 대해 정체성을 추구하는 분석적이고 학술적인 글쓰기이자 정치적 글쓰기로 정립되었다. 다산은 원체가 가진 이러한 정치·과학적 힘을 인식하고 『원정(原政)』이라는 글을 남겼다.

그런데 다산은 단순히 개인적인 차원에서 원체를 선택한 것이 아니었다. 그것은 새로운 시각의 정식화라는 당대의 문화적 추세를 반영한 것이었다. 다산의 원체와 유비될 수 있는 것으로 당시 새롭게 등장한 미술 사조인 정선(鄭敾)의 진경(眞景) 화법을 들 수 있다. 진경 화법에서 다산의 글쓰기와 구조적으로 유사한 점들을 찾을 수 있다. 진경 화법의 특징은 경관(景觀)을 모사하는 사경(寫景)에 있는 것이 아니라 회화적 재구성을 통하여 경관에서 받은 미적 감흥을 창조적으로 구현하는 데 있다. 이와 같은 진경 화법은 각 지방의 무수한 사경에서 터득한 시각의 정식화를 통해 만들어졌다. 실경을 새로운 기법을 통하여 정식화한 진경 화법은 다산이 전통적인 시무책(時務策) 형식을 탈피하고 새로운 관점으로 정치를 포착하고 표현하기 위해 채택한 원체의 글쓰기와 다를 바 없다. 다산이 쓴 『원정』은 기존 정치 개념의 답습 또는 모방이 아니라 정치의 정체성에 대한 질문을 통하여 그가 생각하는 정치에 관한 새로운 관점을 정식화하여 제시한 것이다.

① 원체는 분석적이고 과학적인 글쓰기 양식이다.
② 다산의 원체는 당대의 문화적 추세를 반영한다.
③ 진경 화법은 경관에서 받은 미적 감흥을 창조적으로 구현하였다.
④ 실물을 있는 그대로 모사하는 진경 화법은 『원정』과 구조적으로 유사하다.
⑤ 다산은 『원정』에서 기존의 정치 개념을 그대로 모방하기보다는 정치에 관한 새로운 관점을 제시하였다.

문 13. 다음 글의 내용과 부합하는 것은? 12 5급(인) 22번

후각이 주는 인상은 시각이나 청각과는 전혀 다르게 말로 기술할 수도 없고 추상화할 수도 없다. 직감적인 공감 혹은 반감은 상당 부분 후각의 영역과 연관되어 있다. 예를 들어 후각은 동일한 지역에서 살아가는 두 인종들 사이의 관계에 종종 의미 있는 결과를 초래하는데, 지적인 사고나 의지로는 거의 이를 통제할 수 없다. 20세기 초반까지도 단지 몸에서 냄새가 난다는 이유만으로 흑인들이 북미의 상류 사회로부터 거절당했던 사실은 그러한 사례이다. 오늘날에 와서는 사회 발전을 위해 지식인과 노동자 사이의 인간적인 접촉이 필요하다는 주장이 자주 제기된다. 지식인들 또한 이 두 계층 간의 화해가 윤리적 차원에서 반드시 필요하다고 인정하지만, 이 화해는 후각이 주는 인상들을 극복하지 못해서 결국 수포로 돌아가고 만다. 지식인들은 '노동의 신성한 땀' 냄새 때문에 노동자들과의 직접적 접촉을 견디지 못했다. 사회문제는 윤리적인 문제일 뿐만 아니라 코의 문제, 후각의 문제이기도 한 것이다.

일반적으로 문화가 발전하면서 시각이나 후각과 같은 우리의 감각은 근거리에 한정된다. 우리는 근시안이 될 뿐만 아니라 근감각(近感覺)이 된다. 그런데 감각기관을 통한 인지능력의 예민함은 저하되지만, 그것이 제공하는 쾌와 불쾌의 주관적인 느낌은 더 강해진다. 특히 후각의 경우가 그러하다. 더 이상 우리는 원시 종족만큼 객관적으로 냄새를 인지할 수 없지만, 후각이 주는 인상들에 대해서는 주관적으로 더욱 더 강렬히 반응하게 된다. 특별히 예민한 코를 가진 사람은 바로 이 같은 강렬함 때문에 확실히 즐거움보다는 불쾌함을 훨씬 더 많이 체험한다.

우리가 감각이 주는 인상에 더 강렬하게 반응하게 되면서, 현대인들이 서로 배척하여 결국 고립되는 현상은 다음과 같은 방식으로 설명될 수 있다. 우리는 어떤 냄새를 맡게 되면 그것이 주는 인상이나 그것을 발산하는 객체를 우리 안으로 깊숙이, 곧 우리의 중심으로 끌어들인다. 누군가의 몸에서 나는 냄새를 맡는다는 것은 그를 가장 내밀하게 인지하는 것이다. 타인은 기체의 형식을 통해 가장 감각적이면서 내면적인 존재로 우리에게 들어온다. 그리고 후각이 주는 인상에 대한 예민함이 점차 증가함에 따라서 이들 인상에 대한 선호의 차이가 생겨날 수밖에 없다.

① 문화가 발전할수록 감각능력이 갖는 범위는 원거리로 확장되는 경향이 있다.
② 타인의 존재를 마음속에서 내밀한 존재로 시각화하지 못하게 되면서 현대의 인종차별 문제가 부각되고 있다.
③ 현대인은 원시인에 비해 객관적인 후각 능력이 떨어지지만, 냄새의 인상에 대한 주관적 반응은 더욱 강렬하다.
④ 현대인들에게 후각이 주는 인상은 서로 다른 계층 사이에 존재하는 장벽을 깨고 상호간의 갈등을 조정하는 역할을 한다.
⑤ 흑인 노동자들의 땀 냄새에도 불구하고 그들과 교류할 수 있는가의 여부는 20세기 초 미국 지식인들의 주된 관심사였다.

문 14. 다음 글의 ㉠의 부정적 측면을 해소하기 위한 방안으로 적절한 것은? 12 5급(인) 24번

1960년대 말 조나단 콜의 연구는 엘리트 과학자 집단의 활동을 조망할 수 있게 해주었다. 당시 미국에서는 가장 많이 인용되는 논문을 발표하는 물리학자들의 분포가 최상위 아홉 개 물리학과에 집중되는 경향이 있었고, 동시에 이 물리학자들은 국립과학아카데미의 회원인 경우가 많았다. 이런 상황은 일종의 '후광 효과'로 이어진다. 그것은 엘리트 과학자의 손길이 닿은 흔적만으로도 연구논문이 빛나 보이는 현상이다. 문제는 이것이 연구의 공헌도에 대한 사회적 인정을 잘못 배당하는 결과를 낳기도 한다는 점이다. 이미 명성을 얻은 과학자는 덜 알려진 젊은 과학자를 희생시켜서 특정 아이디어에 대한 공로를 인정받는 경향이 있다. 그런 희생을 의도하지 않았더라도 마찬가지다. 이런 현상은 공동연구 프로젝트에서 특히 두드러진다. 무명의 과학자와 노벨상을 받은 그의 지도교수가 공동으로 논문을 게재한 경우, 실질적인 공헌과는 무관하게 대개 노벨상 수상자에게 그 공로가 돌아간다. 이런 현상을 과학사회학자 머튼은 "있는 자는 받아 넉넉하게 되되 없는 자는 그 있는 것도 빼앗기리라."라는 마태복음의 구절을 인용하며 ㉠ '마태 효과'라고 불렀다.

게재 논문의 수가 급증하는 상황에서, 소수 엘리트 연구자의 논문에 전문가들의 관심을 집중시키는 편이 효율적일 것이다. 이것은 마태 효과의 긍정적 측면이다. 하지만 마태 효과가 연구 프로젝트 선정이나 논문 심사 단계부터 나타날 경우 부정적 측면이 생기게 된다. 엘리트 과학자들의 명성을 우상화한 나머지 그들의 제안서나 투고 논문의 질은 따지지 않고 높이 평가하는 반면, 신진 과학자의 것은 상대적으로 과소평가될 것이다. 더욱이 연구비의 수혜자나 심사위원도 대개 엘리트 집단에 속한 사람들이고, 이번 연구비 수혜자는 다음 번 심사의 심사위원이 될 확률이 높다. 이는 보편적이고도 객관적인 지식을 추구해야 할 과학의 진보를 왜곡할 위험이 있다.

① 소수 엘리트 과학자로 심사 위원을 구성하여 심사 절차를 간소화한다.
② 우수 게재 논문에 대한 포상금 제도를 신설하여 신진 과학자의 투고율을 높인다.
③ 신진 연구자의 투고 논문에 대한 심사 절차를 까다롭게 하여 학술지의 하향 평준화를 막는다.
④ 엘리트 과학자가 참여한 논문의 경우 연구의 공헌이 뚜렷하더라도 저자 명단에 포함시키지 않는다.
⑤ 심사의 공정성을 확보하기 위해 연구 프로젝트나 논문의 심사가 완료되기까지 심사자와 피심사자의 익명성을 유지한다.

세종 대 오례(五禮) 운영의 특징은 더욱 완벽한 유교적 예악(禮樂) 이념에 접근하고자 노력하였다는 점에 있다. 유교적 예악 이념을 근간으로 국가의 오례 운영을 심화시키는 과정에서 예제(禮制)와 음악, 즉 예악이 유교적 정치질서를 이루는 중요한 요소라는 점이 인식되었고, 예제와 음악이 조화된 단계의 오례 운영이 모색되었다.

이에 따라 음악에 대한 정리가 시도되었는데, 음악연구의 심화는 박연(朴堧)에 의한 음악서 편찬으로 이어졌다. 박연은 음악을 양성음과 음성음의 대응과 조화로서 이해하였고, 박연의 의견에 따라 이후 조선 시대 오례 의식에 사용되는 모든 음악은 양성음인 양률과 음성음인 음려의 화합으로 이루어지게 되었다. 음악에 대한 이해가 심화됨에 따라 자주적인 악기 제조가 가능하게 되었으며, 악공(樂工)의 연주 수준이 향상되었다.

한편으로 박연 이후 아악(雅樂)과 향악(鄕樂)의 문제가 제기되었다. 아악은 중국에서 들어온 음악으로 우리에게는 익숙한 음악이 아니었다. 따라서 우리나라 사람들이 평소에는 우리의 성음으로 이루어진 향악을 듣다가 오례 때에는 중국의 성음으로 이루어진 아악을 듣는 것에 대한 의문이 제기되었다. 이로 인해 오례에서는 으레 아악을 연주해야 한다는 관행을 벗어나, 우리의 고유 음악인 향악을 유교의 예악과 어떻게 조화시킬 것인가에 관한 문제가 공론화되기 시작하였다. 이후 여러 논의를 거쳐 오례 의식에서 향악을 반드시 연주하게 되었다.

나아가 향악에 대한 관심은 중국에서 유래된 아악과 우리 향악 사이에 음운 체계가 근본적으로 다르다는 것을 인식하게 하였다. 또한 보편적 음성이론에 의한 예악 운영에 따라 향악의 수준이 향상되는 결과를 가져왔다.

① 아악과 향악은 음운 체계가 서로 다르다.
② 향악의 수준 향상으로 아악은 점차 오례 의식에서 배제되어 갔다.
③ 오례에서 연주된 향악은 양률과 음려가 화합을 이룬 음악이었다.
④ 완벽한 유교적 예악 이념을 지향하는 과정에서 음악 연구가 심화되었다.
⑤ 세종 대 음악에 대한 심화된 이해는 자주적인 악기 제조, 악공의 연주 수준 향상으로 이어졌다.

주인-대리인 이론의 모델에서 '주인-대리인 관계'는 1인 이상의 사람(주인)이 다른 사람(대리인)에게 자신을 대신하여 의사결정을 할 수 있도록 의사결정권한을 위임한 계약 관계라고 정의된다. 주주와 경영자가 주인-대리인 관계의 실례라고 할 수 있다. 주인-대리인 관계에 있는 해당 이해관계자들은 모두 자신의 이익을 극대화하기 위해 노력한다. 이 과정에서 서로 간의 이해가 상충하면 '대리인 문제'가 발생하며, 이 문제를 해결하기 위해서 '대리인 비용'이 발생한다. 대리인 비용은 대리인 문제의 방지 수단에 따라 다음과 같이 구분할 수 있다.

첫째, '감시비용'은 대리인의 활동이 주인의 이익을 감소시키지 않는지를 감시하는 데 소요되는 비용이다. 기업경영에서 주주는 경영자의 행동이 주주가 바라는 행동에서 벗어나지 못하도록 감시하는 활동을 하게 된다. 대표적인 예는 이사회의 구성, 감사의 임명, 예산제약설정 등이다. 이러한 통제시스템을 운영하는 데 감시비용이 소요된다.

둘째, '확증비용'은 대리인의 행동이 주인의 이익에 상반되지 않는다는 것을 증명할 때 소요되는 비용이다. 경영자는 주주가 원하지 않는 행동을 하지 않겠다는 것을 증명해야 한다. 예를 들어, 기업의 재무상황에 대한 공인과 보고, 회계감사를 받은 영업보고서의 공시가 대표적인 증명활동이다. 이런 활동에 소요되는 비용이 확증비용이다.

셋째, '잔여손실'이란 확증비용과 감시비용이 지출되었음에도 대리인 때문에 발생한 주인의 손실이다. 주주와 경영자 간에 감시활동과 확증활동이 최적으로 이루어진다고 하더라도 회사의 가치를 극대화하는 의사결정과 경영자의 의사결정 사이에는 괴리가 생길 수 있다. 이러한 차이로 말미암아 생기는 회사 이익의 감소가 바로 잔여손실이다.

① 잔여손실이 줄면 확증비용이 증가한다.
② 영업보고서의 공시는 감시비용을 발생시킨다.
③ 경영자는 자신의 이익보다 주주의 이익을 우선시한다.
④ 경영자와 주주의 이해가 상충하지 않더라도 대리인 문제가 발생한다.
⑤ 주주가 적절히 이사회를 구성하고 올바른 감사를 임명하더라도 회사의 잔여손실은 발생할 수 있다.

철학이 현실 정치에서 꼭 필요한 것이라고 생각하는 사람은 드물 것이다. 인간 사회는 다양한 개인들이 모여 구성한 것이며 현실의 다양한 이해와 가치가 충돌하는 장이다. 이 현실의 장에서 철학은 비현실적이고 공허한 것으로 보이기 쉽다. 그렇다면 올바른 정치를 하기 위해 통치자가 해야 할 책무는 무엇일까? 통치자는 대립과 갈등의 인간 사회를 조화롭고 평화롭게 만들기 위해서 선과 악, 옳고 그름을 명확히 판단할 수 있는 기준을 제시해야 할 것이다.

개인들은 자신의 입장에서 자신의 이해관계를 관철시키기 위해 의견을 개진한다. 의견들을 제시하여 소통함으로써 사람들은 합의를 도출하기도 하고 상대방을 설득하기도 한다. 이렇게 보면 의견의 교환과 소통은 선과 악, 옳고 그름을 판단하는 기준을 마련해 줄 수 있을 것처럼 보인다. 하지만 의견을 통한 합의나 설득은 사람들로 하여금 일시적으로 옳은 것을 옳다고 믿게 할 수는 있지만, 절대적이고 영원한 기준을 찾을 수는 없다.

절대적이고 영원한 기준은 현실의 가변적 상황과는 무관한, 진리 그 자체여야 한다. 따라서 인간 사회의 판단 기준을 제시할 수 있는 사람은 바로 철학자이다. 철학자야말로 진리와 의견의 차이점을 분명히 파악할 수 있으며 절대적 진리를 궁구할 수 있기 때문이다. 따라서 철학자가 통치해야 인간 사회의 갈등을 완전히 해소하고 사람들의 삶을 올바르게 이끌 수 있다.

① 인간 사회의 판단기준이 가변적이라 해도 개별 상황에 적합한 합의 도출을 통해 사회 갈등을 완전히 해소할 수 있다.
② 다양한 의견들의 합의를 이루기 위해서는 개별 상황 판단보다 높은 차원의 판단 능력과 기준이 필요하다.
③ 인간 사회의 판단 기준이 현실의 가변적 상황과 무관하다고 해서 비현실적인 것은 아니다.
④ 정치적 의견은 이익을 위해 왜곡될 수 있지만 철학적 의견은 진리에 순종한다.
⑤ 철학적 진리는 일상 언어로 표현된 의견과 뚜렷이 구분된다.

강화 학습 시스템은 현실의 다양한 문제를 자기 주도적으로 해결하는 프로그램을 실현하고자 한다. 대부분의 현실 문제는 매우 복잡하므로 정형화된 규칙에 한정되지 않는 방식으로 대처하는 매우 큰 유연성을 필요로 한다. 그런 유연성이 없는 프로그램은 결국 특정한 목적에만 사용된다. 강화 학습 시스템의 목적은 궁극적으로 자신의 목표를 유연하고도 창의적으로 성취할 수 있는, 다시 말해 자가 프로그래밍적인 시스템에 도달하는 것이다.

1980년대까지 강화 학습 시스템은 실제 세계의 문제를 해결하기에 너무 느렸고 이로 인해 이 시스템에 대한 연구를 지속할 필요가 있는지 의문이 제기되었다. 하지만 이 평가는 적절하지 않다. 그 어떤 학습 시스템도 아무런 가정 없이 학습을 시작할 수는 없는 법이다. 자신이 어떤 문제에 부딪히게 될지, 그 문제로부터 어떻게 학습할 수 있을지 등의 가정도 없는 시스템이라면 그 시스템은 결국 아무 것도 배울 수 없다. 생물계는 그런 가정을 가진 학습 시스템을 가장 잘 보여주는 사례이다. 생명체 모두는 각자의 DNA에 암호화된 생물학적 정보를 가지고 학습을 시작한다. 강화 학습 시스템이 가정을 거의 갖지 않은 상태로 문제를 해결하려고 할 경우, 그 시스템은 매우 느리게 학습하고 아주 간단한 문제조차 풀지 못하게 된다. 이는 생물학적 유기체인 경우에도 마찬가지다. 쥐의 경우 물 밑에 있는 조개를 어떻게 사냥해야 할지에 관해서는 아는 바가 거의 없지만, 어둡고 특히 공간적으로 복잡한 장소에서 먹이를 구하는 데 있어서는 행동에 관한 엄청난 정보를 지니고 있다. 따라서 쥐는 생존에 필수적인 문제들에 대해 풍부한 내적 모형을 사전에 갖고 있다고 봐야 한다. 이를 통해 볼 때 강화 학습 시스템에 대한 연구가 진행되어야 할 이유는 분명하다.

① 강화 학습 시스템의 유연성은 임기응변 능력과 관련이 있다.
② 강화 학습 시스템의 목적은 자율적인 시스템을 만드는 데에 있다.
③ 강화 학습 시스템이 무에서 유를 생성할 것으로 기대하기는 어렵다.
④ 강화 학습 시스템은 생명체의 분자 구조에 관한 정보를 가질 때 빠르게 문제를 생성할 수 있다.
⑤ 강화 학습 시스템이 현실에서 부딪히는 문제를 효율적으로 해결하기 위해서는 그 문제에 관한 배경 정보가 필요하다.

연금술은 일련의 기계적인 속임수나 교감적 마술에 대한 막연한 믿음 이상의 인간 행위다. 출발에서부터 그것은 세계와 인간 생활을 관계 짓는 이론이었다. 물질과 과정, 원소와 작용 간의 구분이 명백하지 않았던 시대에 연금술이 다루는 원소들은 인간성의 측면들이기도 했다.

당시 연금술사의 관점에서 본다면 인체라는 소우주와 자연이라는 대우주 사이에는 일종의 교감이 있었다. 대규모의 화산은 일종의 부스럼과 같고 폭풍우는 왈칵 울어대는 동작과 같았다. 연금술사들은 두 가지 원소가 중요하다고 보았다. 그 중 하나가 수은인데, 수은은 밀도가 높고 영구적인 모든 것을 대표한다. 또 다른 하나는 황으로, 가연성이 있고 비영속적인 모든 것을 표상한다. 이 우주 안의 모든 물체들은 수은과 황으로 만들어졌다. 이를테면 연금술사들은 알 속의 배아에서 뼈가 자라듯, 모든 금속들은 수은과 황이 합성되어 자라난다고 믿었다. 그들은 그와 같은 유추를 진지한 것으로 여겼는데, 이는 현대 의학의 상징적 용례에 그대로 남아 있다. 우리는 지금도 여성의 기호로 연금술사들의 구리 표시, 즉 '부드럽다'는 뜻으로 '비너스'를 사용하고 있다. 그리고 남성에 대해서는 연금술사들의 철 기호, 즉 '단단하다'는 뜻으로 '마르스'를 사용한다.

모든 이론이 그렇듯이 연금술은 당시 그 시대의 문제를 해결하기 위한 노력의 산물이었다. 1500년경까지는 모든 치료법이 식물 아니면 동물에서 나와야 한다는 신념이 지배적이었기에 의학 문제들은 해결을 보지 못하고 좌초해 있었다. 그때까지 의약품은 대체로 약초에 의존하였다. 그런데 연금술사들은 거리낌 없이 의학에 금속을 도입했다. 예를 들어 유럽에 창궐한 매독을 치료하기 위해 대단히 독창적인 치료법을 개발했는데, 그 치료법은 연금술에서 가장 강력한 금속으로 간주된 수은을 바탕으로 하였다.

① 연금술사는 모든 치료행위에 수은을 사용하였다.
② 연금술사는 인간을 치료하는 데 금속을 사용하였다.
③ 연금술사는 구리가 황과 수은의 합성의 산물이라고 보았다.
④ 연금술사는 연금술을 자연만이 아니라 인간에게도 적용했다.
⑤ 연금술사는 모든 물체가 두 가지 원소로 이루어진다고 보았다.

갑은 고려 전기까지를 고대 노예제 사회로, 무신 정권기에서 고려 말까지를 과도기로, 조선 시대부터는 중세 봉건제 사회로 본다. 갑은 고려 전기 국가 수취의 준거를 토지가 아닌 노동력에 둔다. 고대의 수취는 신라 장적문서에서 보이듯, 호의 등급이 토지가 아니라 정남(丁男)의 노동력으로 구분되었고 이러한 특징은 고려 전기까지도 바뀌지 않았다고 한다. 물론 신라, 고려 때에도 토지에 대하여 부과하는 조세가 없지는 않았지만 수취의 중점은 노동력 수탈과 인신 예속에 있었다는 것이다. 갑은 이러한 고대적 요소는 무신란 이후 점차 해체·극복되었으며, 조선조에 들어와 중세 봉건제 사회가 이루어졌다고 한다.

한편 을은 고려의 성립을 중세 봉건제 사회의 출발로 본다. 을은 시대 구분의 기준을 경제적 측면은 물론 정치, 사회, 문화의 모든 면을 아울러 살펴보아야 한다고 주장한다. 그에 따르면 고대적 혈연관계에 기반한 골품제가 사회생활 전반을 제약하던 신라 사회는 하대(下代)에 들어와 점차 무너지기 시작하였다고 한다. 이러한 상황에서 호족 세력이 등장하여 나말·후삼국의 혼란기가 나타났지만 그것은 곧 고대 사회를 극복하는 과정이라고 할 수 있다. 고려 건국에 성공한 태조 왕건이 노비를 풀어준다든가 백성들의 수취에 기준을 세워야 한다는 것을 주장하며 인신 예속의 약화를 표방한 것은 역사적 의미를 갖는 것이었다. 이러한 사회 원리의 형성이 곧 중세 봉건제 사회의 성립이라고 보았다.

마지막으로 병은 삼국 시대를 고대 노예제 사회로, 삼국 항쟁기를 전환기로 보고 통일신라 이후를 중세 봉건제 사회로 구분하였다. 그는 사회경제사적 입장에서 토지 소유자와 직접 생산자 간 생산 관계의 특질을 시대 구분의 중심으로 삼았다. 고대 사회를 대토지 소유자인 귀족층과 직접 생산자인 하호층·노예 사이에 인신 예속을 기초로 한 생산 관계가 전개된 노예제 사회로, 중세 사회를 토지소유자인 지주와 경작자인 전호 사이의 생산관계와 신분제가 결합된 봉건제 사회로 보았다. 특히 순장을 강력한 인신 예속의 지표로 보고 삼국 말기 순장의 소멸을 중세 사회가 성립되는 주요 계기로 파악하였다.

① 중세 봉건제 사회 성립을 가장 이른 시기로 설정한 사람은 병이다.
② 갑, 을, 병은 모두 시대 구분 문제에서 경제적 측면을 고려하고 있다.
③ 시대 구분의 기준을 가장 다양한 측면에서 고려하고 있는 사람은 을이다.
④ 갑, 을과 달리 병은 인신 예속이 강할수록 고대적 요소가 강하다고 하였다.
⑤ 갑, 을, 병은 모두 삼국 시대가 중세 봉건제 사회에 진입하지 않았다고 보고 있다.

키르케의 섬에 표류한 오디세우스의 부하들은 키르케의 마법에 걸려 변신의 형벌을 받았다. 변신의 형벌이란 몸은 돼지로 바뀌었지만 정신은 인간의 것으로 남아 자신이 돼지가 아니라 인간이라는 기억을 유지해야 하는 형벌이다. 그 기억은, 돼지의 몸과 인간의 정신이라는 기묘한 결합의 내부에 견딜 수 없는 비동일성과 분열이 담겨 있기 때문에 고통스럽다. "나는 돼지이지만 돼지가 아니다. 나는 인간이지만 인간이 아니다."라고 말해야만 하는 것이 비동일성의 고통이다.

바로 이 대목이 현대 사회의 인간을 '물화(物化)'라는 개념으로 파악하고자 했던 루카치를 전율케 했다. 물화된 현대 사회에서 인간 존재의 모습은 두 가지로 갈린다. 먼저 인간은 상품이 되었으면서도 인간이라는 것을 기억하는, 따라서 현실에서 소외당한 자신을 회복하려는 가혹한 노력을 경주해야 하는 존재이다. 자신이 인간이라는 점을 기억하고 있지 않다면 그에게 구원은 구원이 아닐 것이므로, 인간이라는 본질을 계속 기억하는 일은 그에게 구원의 첫째 조건이 된다. 키르케의 마법으로 변신의 계절을 살고 있지만, 자신이 기억을 계속 유지하면 그 계절은 영원하지 않을 것이라는 희망을 가질 수 있다. 그는 소외 없는 저편의 세계, 구원과 해방의 순간을 기다린다.

반면 ㉠ 망각의 전략을 선택하는 자는 자신이 인간이었다는 기억 자체를 포기하는 인간이다. 그는 구원을 위해 기억에 매달리지 않는다. 그는 그에게 발생한 변화를 받아들이고 그것을 새로운 현실로 인정하며 그 현실에 맞는 새로운 언어를 얻기 위해 망각의 정치학을 개발한다. 망각의 정치학에서는 인간이 고유의 본질을 갖고 있다고 믿는 것 자체가 현실적인 변화를 포기하는 것이 된다. 일단 키르케의 돼지가 된 자는 인간 본질을 붙들고 있는 한 새로운 변화를 꾀할 수 없다.

키르케의 돼지는 자신이 인간이었다는 기억을 망각하고 포기할 때 새로운 존재로 탄생할 수 있겠지만, 바로 그 때문에 그는 소외된 현실이 가져다주는 비참함으로부터 눈을 돌리게 된다. 대중소비를 신성화하는 대신 왜곡된 현실에는 관심을 두지 않는다고 비판받았던 1960년대 팝아트 예술은 망각의 전략을 구사하는 키르케의 돼지들이다.

① 물화된 세계를 비판 없이 받아들인다.
② 고유의 본질을 버리고 변화를 선택한다.
③ 왜곡된 현실을 자기합리화하여 수용한다.
④ 자신의 정체성이 분열되었음을 직시한다.
⑤ 소외된 상황에 적응할 수 있는 언어를 찾는다.

어떤 사람이 러시아 여행을 가려고 하는데 러시아어를 전혀 모른다. 그래서 그는 러시아 여행 시 의사소통을 하기 위해 특별한 그림책을 이용할 계획을 세웠다. 그 책에는 어떠한 언어적 표현도 없고 오직 그림만 들어 있다. 그는 그 책에 있는 사물의 그림을 보여줌으로써 의사소통을 하려고 한다. 예를 들어 빵이 필요하면 상점에 가서 빵 그림을 보여주는 것이다. 그 책에는 다양한 종류의 빵 그림뿐 아니라 여행할 때 필요한 것들의 그림이 빠짐없이 담겨 있다. 과연 이 여행자는 러시아 여행을 하면서 의사소통을 성공적으로 할 수 있을까? 유감스럽게도 그럴 수 없을 것이다. 예를 들어 그가 자전거 상점에 가서 자전거 그림을 보여준다고 해보자. 자전거 그림을 보여주는 게 자전거를 사겠다는 의미로 받아들여질 것인가, 아니면 자전거를 팔겠다는 의미로 받아들여질 것인가? 결국 그는 자신이 뭘 원하는지 분명하게 전달할 수 없는 곤란한 상황에 처하게 될 것이다.

구매자를 위한 그림과 판매자를 위한 그림을 간단한 기호로 구별하여 이런 곤란을 극복하려고 해볼 수도 있다. 예컨대 자전거 그림 옆에 화살표 기호를 추가로 그려서, 오른쪽을 향한 화살표는 구매자를 위한 그림임을, 왼쪽을 향한 화살표는 판매자를 위한 그림임을 나타내는 것이다. 하지만 이런 방법은 의사소통에 여전히 도움이 되지 않는다. 왜냐하면 기호가 무엇을 의미하는지는 약속에 의해 결정되기 때문이다. 상대방은 어떤 것이 판매를 의미하는 화살표이고, 어떤 것이 구매를 의미하는 화살표인지 전혀 알 수 없을 것이다. 설령 상대방에게 화살표가 의미하는 것을 전달했다 하더라도, 자전거를 사려는 사람이 책을 들고 있는 여행자의 바로 옆에 있는 사람이 아니라 바로 여행자 자신이라는 것은 또 무엇을 통해 전달할 수 있을까? 여행자가 사고 싶어 하는 물건이 자전거를 그린 그림이 아니라 진짜 자전거라는 것은 또 어떻게 전달할 수 있을까?

① 언어적 표현의 의미는 확정될 수 없다.
② 약속에 의해서도 기호의 의미는 결정될 수 없다.
③ 한 사물에 대한 그림은 여러 의미로 이해될 수 있다.
④ 의미가 확정된 표현이 없어도 성공적인 의사소통은 가능하다.
⑤ 상이한 사물에 대한 그림들은 동일한 의미로 이해될 수 없다.

'장가간다'와 '시집간다' 두 용어를 시간 순서대로 살펴보면, 후자가 나중에 생겼다. 이것은 문화 변동의 문제로 볼 수 있다. 두 용어 다 '결혼한다'의 의미이다. 전자는 남자가 여자의 집으로, 후자는 여자가 남자의 집으로 가는 것을 말한다.

우리나라는 역사적으로 거주율(居住律)에 있어서 처거제를 오랫동안 유지하였다. 즉 신혼부부가 부인의 본가에 거주지를 정하고 살림을 하면서 자녀를 키웠다. 이와 같은 거주율의 영향을 받아 고려 시대까지 혈통률(血統律)에 있어서 모계제를 유지하는 삶의 방식을 취하였다.

조선 시대 들어 유교적 혈통률의 영향을 받아 삶의 모습은 처거제-부계제로 변화하였다. 이러한 체제는 조선 전기까지 대부분 유지되었다. 친척관계 자료들을 수집하기 위해 마을을 방문할 경우, '처가로 장가를 든 선조가 이 마을의 입향조가 되었다'는 얘기를 듣곤 하는데, 이것이 바로 처거제-부계제의 원리가 작동한 결과라고 말할 수 있다. 거주율과 혈통률을 결합할 경우, 혼인에 있어서는 남자의 뿌리를 뽑아서 여자의 거주지로 이전하고, 집안 계승의 측면에서는 남자 쪽을 선택하도록 한 것이다. 거주율에서는 여자의 입장을 유리하게 하고, 혈통률에서는 남자의 입장이 유리하도록 하는 균형적인 모습을 보여주고 있다.

삶의 진화선상에서 생각한다면, 어떤 시점에 처거제-모계제를 유지하는 가족제에서 '남자의 반란'이 있었다는 가설을 제기할 수 있다. 처거제에서 부거제로 전환된 시점을 정확하게 지목하기는 힘들지만, 조선 후기에 부거제가 시행된 점에 대해서는 이론의 여지가 없다. 거주율이 바뀌었다는 것은 대단한 사회변동이다. 혁명 이상의 것이라고도 할 수 있다.

① 조선 전기와 후기 사이에 커다란 사회변동이 있었다.
② 우리나라에서 부계제가 부거제보다 먼저 등장하였다.
③ 고려 시대의 남성은 외가에서 어린 시절을 보냈을 것이다.
④ 조선 전기에 이르러 가족관계에서 남녀 간 힘의 균형이 무너졌다.
⑤ 우리나라의 거주율과 혈통률은 모두 여자 위주에서 남자 위주로 변화하였다.

조선 시대의 연좌제는 죄형법정주의의 원칙에 따라 시행되었다. 조선 시대에는 태조부터 모법(母法)으로 삼았던 『대명률』을 형법의 일반법으로 적용했는데, 이 법률에 따라 연좌제가 적용되는 죄목은 새로운 왕조를 세우려는 모반(謀反), 현재의 군주를 갈아치우려는 모대역(謀大逆), 외국과 내통하여 본국을 멸망시키려는 모반(謀叛)의 세 가지 정치적 범죄로 한정되었다.

연좌제의 적용을 받는 범죄의 처벌 대상은 우리가 흔히 알고 있는 것보다 훨씬 제한적이었다. 우리는 흔히 3족을 멸한다는 말을 쓸 때, 3족을 친가, 외가, 처가로 이해한다. 그러나 다산 정약용이 『목민심서』에서 지적한 바와 같이 이는 잘못된 것이다. 『대명률』에 따르면 친족의 범위는 친가, 외가, 처가의 3족이 아닌, 아버지와 아버지의 형제를 포함하는 조족(祖族), 본인의 형제와 그 소생을 포함하는 부족(父族), 본인의 아들 및 그 소생을 가리키는 기족(己族)의 3족에 국한된다.

그런데 조선 시대에 가장 가혹하게 연좌제가 적용된 모반(謀反)과 대역죄의 경우에도, 본인 및 공모자는 능지처사, 아버지와 16세 이상의 아들은 교수형, 16세 미만의 아들과 어머니·처첩·조손·형제자매·아들의 처첩은 노비로 삼고, 백부와 숙부, 조카들은 동거 여부를 불문하고 유배형에 처하였으나 장인의 일로 사위를 벌 주지는 않았다. 또한 범죄당사자의 출가한 누이와 그 배우자 역시 연좌의 대상으로 삼지 않았다.

하지만 조선 시대에도 사위들이 연좌제에 걸려 처벌을 받은 일이 전혀 없었던 것은 아니다. 갑자사화 때 연산군은 폐비 윤씨에게 사약을 전달한 이세좌를 죽이면서 그의 사위도 유배시켰고, 곧 사사(賜死)했다. 또한 중종 반정 이후 연산군의 매부로 좌의정이었던 신수근을 죽이면서 그의 사위 역시 멀리 귀양을 보냈다. 이처럼 법 규정을 넘어 연좌의 대상이 확대되는 일이 벌어지기도 했다.

① 조선 시대에는 3족의 범위에 장인이나 사위가 포함되지 않았다.
② 조선 시대에 대역죄인의 기족에게 적용된 형벌의 종류는 동일했다.
③ 조선 시대 법률체계에서 대역죄인의 출가한 여동생은 연좌의 적용 대상이 아니었다.
④ 친형수가 아들을 출산해 나에게 조카가 생겼을 때, 이 조카는 나에게 부족에 해당한다.
⑤ 조선 시대에 모반(謀反)죄를 범했을 경우 처벌이 본인과 그 3족에만 국한된 것은 아니었다.

다음 글의 주장과 부합하는 것은?   14 5급(A) 01번

옛날 태학에서는 사람들에게 풍악을 가르쳤기 때문에 명칭을 '성균관(成均館)'이라 하였다. 그러나 지금 태학에서는 풍악을 익히지 않으니 이 이름을 쓰는 것은 옳지 않고 '국자감'으로 바꾸는 것이 옳다. 국자(國子)란 원래 왕실의 적자(嫡者)와 공경대부의 적자인데, 지금 태학에는 국자만 다니는 것이 아니기에 명칭과 실상이 서로 어긋나지만 국자감이 그래도 본래 의미에 가깝다.

옛날에 사람을 가르치는 법은 원래 두 길이었다. 국자는 태학에서 가르쳤는데 대사악(大司樂)이 주관했고, 서민은 향학에서 가르쳤는데 대사도(大司徒)가 주관하였다. 순 임금이 "기여, 너에게 악(樂)을 맡도록 명하노니 주자(胄子)를 가르치되 곧으면서 온화하게 하라." 했으니, 이것은 태학에서 국자를 가르친 것이다. 순 임금이 "설이여, 백성들이 서로 친근하지 않는구나. 너를 사도(司徒)로 삼으니, 공경하게 오교(五敎)를 펼쳐라." 했으니, 이것은 향학에서 서민을 가르친 것이다. 『주례』에 대사악이 육덕(六德)으로 국자를 가르쳤는데 이것도 순 임금이 기에게 명하던 그 법이고, 대사도가 향삼물(鄕三物)로 만민을 가르쳤는데 이것도 순 임금이 설에게 명하던 그 법이었다. 오늘날은 국자가 어떤 인물인지, 성균이 어떤 의미인지 알지 못하여, 서민의 자식이 국자로 자칭하고, 광대의 노래를 성균에 해당시키니 어찌 잘못된 것이 아니겠는가?

왕제(王制)는 한(漢)나라의 법이다. 왕제가 시행된 이래로 국자와 서민이 함께 태학에 들어가게 되었다. 그 제도가 2천 년이나 내려왔으니, 옛 제도는 회복할 수 없게 되었다. 비록 그렇지만 국자를 가르치던 법을 없어지게 해서는 안 된다. 우리나라 제도에 종학(宗學)이 있어 종실 자제를 교육했었는데, 지금은 혁파되었다. 태학은 종실 자제를 교육하던 곳인데 까닭 없이 서민에게 양보하고 따로 학교를 세워 종학이라 한 것도 잘못된 일인데 지금은 그것마저 혁파되었으니 개탄할 일이 아닌가? 지금 태학의 명륜당은 종학으로 만들어 종실의 자제 및 공경의 적자가 다니게 하고, 비천당은 백성들이 다니는 학교로 만들어 별도로 운영하는 것이 합당할 것이다.

① 종실 자제 위주의 독립된 교육은 잘못된 일이다.
② 성균관에서 풍악을 가르치던 전통을 회복해야 한다.
③ 향학의 설립을 통해 백성에 대한 교육을 강화해야 한다.
④ 왕제보다는 『주례』의 교육 전통을 따르는 것이 바람직하다.
⑤ 국자와 서민의 교육 내용을 통합하는 교육 과정이 필요하다.

다음 글의 내용과 부합하지 않는 것은?   14 5급(A) 02번

중동 제국이 발전함에 따라 제국의 개입으로 인해 소규모 공동체의 생활에 변화가 일어났다. 종교 조직은 제국 조직의 한 구성 요소로 전락했으며 제사장은 사법적·정치적 권력을 상실했다. 또한 제국은 소규모 공동체에 개입함으로써 개인이 씨족이나 종교 조직에 구속받지 않게 만들었다. 광대한 영토를 방어하고 통제하며 제국 내에서의 커뮤니케이션을 더욱 활발하게 하기 위해서는 분권과 자치, 그리고 개인의 이동을 어느 정도 허용할 필요가 있었다. 이에 따라 제국은 전사와 관리에게 봉토를 지급하고 독점적 소유권을 인정해 주었다. 상인들은 자신의 자본으로 사업을 하기 시작했고, 생산 계급은 종교 조직이나 왕족이 아니라 시장을 겨냥한 물건을 만들기 시작했다. 낡은 자급자족 경제 대신 시장경제가 출현하여 독립된 생산자와 소비자 사이의 교환을 촉진했다. 시장이 확대되고 기원전 7세기경에 교환 수단인 화폐가 도입됨에 따라 고대 세계의 경제 구조는 획기적인 변화를 겪었다. 점점 더 많은 사람들의 생계가 세습적 권위의 지배를 받는 메커니즘이 아니라 금전 관계의 메커니즘에 좌우되었다.

또한 제국은 개인이 씨족이나 종교 조직 또는 유력 집단에 흡수되는 것을 막는 언어적·종교적·법적 여건을 마련함으로써 개인이 좀 더 개방된 사회에서 활동할 수 있게 해주었다. 지배 엘리트가 사용하는 언어가 사회의 보편적인 언어가 되었으며, 각 지방의 토속신은 왕과 제국이 섬겨왔던 범접하기 어려운 강력한 신들, 즉 일종의 만신전에 모신 우주의 신들에게 자리를 양보했다. 아울러 제국의 법이 부의 분배와 경제적 교환 그리고 강자와 약자의 관계를 규제했다. 고대 제국은 정치의 행위 주체였을 뿐만 아니라 사회의 문화적·종교적·법률적 토대를 제공했다. 다시 말하면 제국은 중동 문명의 문화적 통합을 가능케 하는 강력한 힘이었다.

① 제국의 발전으로 인해 제국 내에서의 교류가 증대되었다.
② 제국이 발전함에 따라 제국 내에서 특정 언어와 종교가 보편화되었다.
③ 제국이 발전함에 따라 자급자족 체제가 시장경제 체제로 발전했다.
④ 제국의 힘은 생산과 소비를 통제하는 경제의 독점으로부터 비롯되었다.
⑤ 제국은 개인이 씨족이나 종교 조직 등 기존 체제와 맺는 관계를 약화시켰다.

오늘날 우리는 모두 소비자이다. 그냥 소비자가 아니라, 권리 상, 의무상 소비자이다. 우리는 골치 아픈 일에서 벗어나 만족으로 가는 길에서 마주치는 모든 문제의 해결책을 상점에서 찾는다. 슈퍼마켓은 우리의 사원(寺院)이다. 쇼핑 목록은 우리의 성무 일도서(聖務日禱書)이고, 쇼핑몰을 거니는 것은 우리의 순례가 된다. 충동구매를 하거나 보다 매력적인 물건들로 자유롭게 바꾸기 위해 더 이상 매력적이지 않은 물건들을 마음 내키는 대로 처분하는 것이야말로 우리를 가장 열광시킨다. 젊은 세대에게도 이러한 열광은 잘 나타난다. 이렇게 우리는 하나의 소비 대상을 쉽게 처분하고는 새롭고 향상된 소비 대상으로 계속 대체한다. 그것은 사회적 지위와 성공적 삶을 위한 경쟁에서 우리가 올린 득점을 측정하는 주요 척도가 된다. 소비를 통한 즐거움의 충만은 삶의 충만을 의미한다.

'자격 미달'의 못 가진 소비자들에게, 쇼핑을 하지 못한다는 것은 충족되지 못한 삶을 나타내 스스로에게 불쾌하고 역겨운 흔적으로 남으며, 자신이 보잘 것 없고 쓸모없는 사람이라는 표지가 된다. 단순히 쾌락의 부재가 아니라 인간적 존엄 부재의 표지이다. 사실상 삶의 의미 부재의 표지이고, 결국은 인간성의 부재, 그리고 자기를 존중하고 다른 사람들의 존중을 받을 근거 부재의 표지이다. 자격을 갖춘 신도들에게 슈퍼마켓은 섬김의 사원이자 순례의 목적지이다. 자격 미달이라는 이유로 소비자들의 사원에서 파문을 선고받고 쫓겨난 사람들에게, 슈퍼마켓은 자신들을 내쫓은 땅을 차지하고서 경계를 짓는 자들의 성벽이 된다. 엄중히 경계되는 이 성벽은 상품들에 대해 자격 미달된 사람들의 접근을 막고, 그 안에서 소비되는 상품들은 성벽 안에 남은 신도들을 추방의 운명으로부터 보호해 준다. 오늘날 이 성벽은 추방된 사람들이 '정상적 상태'로 되돌아가는 길을 막고 있다. 그것은 다가가기 어렵게 도도하고 거만한 태도로, "덤벼봐! 감히 너희들이 뭘 할 수 있는데?"라고 큰 소리로 도발하는 것처럼 보인다.

─〈보 기〉─

ㄱ. 소비에의 몰입은 세대 간 적대감을 증대시킨다.

ㄴ. 소비의 즐거움은 삶의 의미를 부여하는 근거가 된다.

ㄷ. 더 자유롭게 소비할 수 있다는 것은 더 높은 사회적 지위의 획득을 의미한다.

ㄹ. 슈퍼마켓은 자격 미달의 소비자에게 새롭고 향상된 상품의 소비를 촉진시킨다.

① ㄱ, ㄴ

② ㄱ, ㄹ

③ ㄴ, ㄷ

④ ㄴ, ㄹ

⑤ ㄷ, ㄹ

지역 주민들로 이루어진 작은 집단에 국한된 고대 종교에서는 성찬을 계기로 신자들이 함께 모일 수 있었다. 그 중에서도 특히 고대 셈족에게 성찬은 신의 식탁에 공동으로 참석해서 형제의 관계를 맺음을 의미했다. 사람들은 실제로 자신의 몫만을 배타적으로 먹고 마심에도 불구하고, 같은 것을 먹고 마신다는 생각을 통해서 공동의 피와 살을 만든다는 원시적인 표상이 만들어진다. 빵을 예수의 몸과 동일시한 기독교의 성찬식에 이르러서 신화의 토대 위에 비로소 '공동 식사'라는 것의 새로운 의미가 형성되고 이를 통해서 참가자들 사이에 고유한 연결 방식이 창출되었다. 이러한 공동 식사 중에는 모든 참가자가 각기 자기만의 부분을 차지하는 것이 아니라, 전체를 분할하지 않고 누구나 함께 공유한다는 생각을 함으로써 식사 자체의 이기주의적 배타성이 극복된다.

공동 식사는 흔히 행해지는 원초적 행위를 사회적 상호 작용의 영역과 초개인적 의미의 영역으로 고양시킨다는 이유 때문에 과거 여러 시기에서 막대한 사회적 가치를 획득했다. 식탁 공동체의 금지 조항들이 이를 명백히 보여 준다. 이를테면 11세기의 케임브리지 길드는 길드 구성원을 살해한 자와 함께 먹고 마시는 사람에게 무거운 형벌을 가했다. 또한 강한 반유대적 성향 때문에 1267년의 비엔나 공의회는 기독교인들은 유대인들과 같이 식사를 할 수 없다고 규정했다. 그리고 인도에서는 낮은 카스트에 속하는 사람과 함께 식사를 함으로써 자신과 자신의 카스트를 더럽히는 사람은 때로 죽임을 당하기까지 했다. 서구 중세의 모든 길드에서는 공동으로 먹고 마시는 일이 오늘날 우리가 상상할 수 없을 정도로 중요하였다. 아마도 중세 사람들은 존재의 불확실성 가운데서 유일하게 눈에 보이는 확고함을 같이 모여서 먹고 마시는 데에서 찾았을 것이다. 당시의 공동 식사는 중세 사람들이 언제나 공동체에 소속되어 있다는 확신을 얻을 수 있는 상징이었던 것이다.

─〈보 기〉─

ㄱ. 개별 집단에서 각기 이루어지는 공동 식사는 집단 간의 배타적인 경계를 강화시켜 주는 역할을 한다.

ㄴ. 일반적으로 공동 식사는 성스러운 음식을 공유함으로써 새로운 종교가 창출되는 계기로 작용했다.

ㄷ. 공동 식사는 식사가 본질적으로 이타적인 행위임을 잘 보여 주는 사례이다.

① ㄱ

② ㄷ

③ ㄱ, ㄴ

④ ㄴ, ㄷ

⑤ ㄱ, ㄴ, ㄷ

A는 고려 인종 때 사람이니, 삼국의 시초로부터 일천 이백여 년이나 떨어져 활동한 사람이다. 천년 이후의 사람이 천년 이전의 역사를 기록하는 일에는 오류가 발생할 경우가 많다. 예를 들어 남송 때 사람인 조정·장준이 한나라 때 위상·병길의 일을 엉터리로 기록한 것과 같은 경우가 그것이다. A 역시 삼한이 어느 곳에 있었는지도 모르면서 역사서에 기록하였으니, 다른 사실이야 말해 무엇 하겠는가. 우리나라 고대사의 기록은 근거를 댈 수 없는 경우가 많은데도 A는 그 기록을 자료로 역사서를 저술하였다. 또 사실 여부를 따져 보지도 않고 중국의 책들을 그대로 끌어다 인용하였다.

백두산은 몽고 땅에서부터 뻗어내려 온 줄기가 남쪽으로 천여 리를 달려 만들어졌다. 이 대간룡(大幹龍)의 동쪽 지역 가운데 별도로 한 지역을 이루어 다른 지역과 섞이지 않은 곳이 있다. 하·은·주 삼대에는 이를 숙신(肅愼)이라 일컬었고, 한나라 때는 읍루(挹婁), 당나라 때는 말갈(靺鞨), 송나라 때는 여진(女眞)이라 하였으며 지금은 오라영고탑(烏喇寧古塔)이라고 부른다. 그런데 A의 역사서에는 이곳이 한나라 선제 때 '말갈'이라는 이름으로 일컬어졌다고 하였다. 가리키는 대상이 같더라도 명칭은 시대에 따라 변화하는 법이거늘, A의 서술은 매우 터무니없다. 북적(北狄)을 삼대에는 훈육(葷粥), 한나라 때는 흉노(匈奴), 당나라 때는 돌궐(突厥), 송나라 때는 몽고(蒙古)라고 하였는데, 어떤 이가 한나라 역사를 서술하며 돌궐이 중원을 침입했다고 쓴다면 비웃지 않을 사람이 없을 것이다. A의 역사서는 비유하자면 이와 같은 것이다.

〈보 기〉

ㄱ. 역사서를 저술할 때에는 중국의 기록을 참조하더라도 우리 역사서를 기준으로 해야 한다.

ㄴ. 역사서를 저술할 때에는 지역의 위치, 종족과 지명의 변천 등 사실을 확인해야 한다.

ㄷ. 역사서를 저술할 때에는 중국의 역사서에서 우리나라와 관계된 것들을 찾아내어 반영해야 한다.

① ㄱ

② ㄴ

③ ㄱ, ㄷ

④ ㄴ, ㄷ

⑤ ㄱ, ㄴ, ㄷ

민주주의 국가의 국민은 주권자의 입장에 서서 헌법을 제정하고 헌법을 수호하는 가장 중요한 소임을 가지므로, 이러한 국민이 개인 지위를 넘어 집단이나 집단 유사의 결집을 이루어 헌법을 수호하는 역할을 일정한 시점에서 담당할 경우에는 이러한 국민의 결집을 적어도 그 기간 중에는 헌법기관에 준하여 보호하여야 할 것이다. 이러한 국민의 결집을 강압으로 분쇄한 행위는 헌법기관을 강압으로 분쇄한 것과 마찬가지로 국헌문란에 해당한다.

헌법상 아무런 명문 규정이 없음에도 불구하고, 국민이 헌법의 수호자로서 지위를 가진다는 것만으로 헌법수호를 목적으로 집단을 이룬 시위국민들을 가리켜 형법 제91조 제2호에서 규정하고 있는 '헌법에 의하여 설치된 국가기관'에 해당하는 것이라고 말하기는 어렵다할 것이다. 따라서 위 법률 조항에 관한 법리를 오해하여 헌법수호를 위하여 시위하는 국민의 결집을 헌법기관으로 본 원심의 조처는 결국 유추해석에 해당하여 죄형법정주의의 원칙을 위반한 것이어서 허용될 수 없다고 할 것이다.

① 헌법상의 지위와 소임을 다하려고 시위하는 국민들을 헌법기관으로 보는 것은 경우에 따라 허용된다.

② 헌법수호를 위하여 결집된 국민들을 강압으로 분쇄한 행위는 국헌문란죄로 처벌받아야 한다.

③ 헌법수호를 위하여 싸우는 국민의 집단은 헌법기관에 준하여 보호되어야 한다.

④ 대한민국 국민 한 사람 한 사람은 헌법을 제정하고 수호하는 주권자이다.

⑤ 헌법수호를 위하여 결집된 국민들은 헌법기관이 아니다.

지증왕 대 이전까지 신라왕들은 즉위한 후 시조묘에 제사를 지냈다. 여기서 시조란 신라의 첫 번째 왕 박혁거세를 가리킨다. 시조묘는 혁거세의 아들로 신라의 두 번째 왕인 남해차차웅이 건립하였으며, 남해차차웅의 친누이인 아로(阿老)가 제사를 주관하였다. 신라의 왕은 박 씨에서 석 씨 그리고 김 씨로 바뀌었지만, 김 씨 성인 미추이사금이 시조묘에서 제사를 지낸 사례를 통해서 박 씨 이외의 다른 성씨의 왕들도 즉위 후 시조묘에서 제사를 지냈음을 알 수 있다. 하지만 미추이사금이 박혁거세의 묘에서 제사를 지낸 것은 혁거세 자체만을 제사지낸 것이지 그의 직계 조상까지 제사지낸 것은 아니었다. 시조묘 제사는 신라를 건국한 시조, 즉 국조(國祖)에 대한 제사였기 때문이다.

혁거세는 '불구내(弗矩內)'라고도 불렸다. 불구내는 우리말의 '붉은 해'를 비슷한 발음의 한자로 옮긴 것으로 해석되며, 이는『삼국유사』에서 불구내를 밝음의 의미인 광명(光明)으로 해석한 것과 동일하다. 또한 불구내에서 마지막 글자 내는 안의 의미를 가진 한자 '내(內)'로 옮긴 것으로도 해석된다. 즉 불구내는 '불구안'으로도 해석된다. 불구안은 몽골이나 투르크어의 '불칸'과 같은 음이며, 이는 하늘신, 즉 광명신(光明神)이라는 의미이다. 어떻게 해석하든 불구내라는 명칭은 신라인들이 혁거세를 하늘신으로 인식했음을 보여주는 것이다. 신라의 건국신화에서 혁거세가 하늘로부터 내려온 알에서 태어났으며, 그가 죽은 후 승천하였다고 한 것은 신라인이 혁거세를 하늘신으로 인식한 사실을 신화적으로 표현한 것이다. 따라서 시조묘에 대한 제사는 하늘신에 대한 제사, 즉 제천의례였다.

혁거세는 또한 '알지거서간(閼智居西干)'이라고도 불렸는데, '알지'의 '알'은 곡물을 가리키는 말이며, '지'는 존칭어미이다. 즉 알지란 농업생산의 풍요를 가져다주는 농경신을 가리키는 말이다. 이와 관련하여 혁거세가 죽어서 승천하였다가 시신이 오분되어 땅에 떨어졌으며, 오체(五體)를 각기 장사지냈다고 하는 건국신화가 주목된다. 신이나 왕의 절단된 유해를 여기저기 뿌리거나 각기 다른 장소에 매장하였다는 세계 각지의 신화는 모두 대지의 풍요나 다산을 기원하기 위한 것이었다. 노르웨이의 왕 하프단이 죽은 후 토지의 풍요를 위해 왕의 시신을 넷으로 나누어 여러 지방에 묻은 것과 혁거세가 죽은 후 오체를 각기 다른 장소에 장례지냈다는 것은 동일한 의미를 가진다. 따라서 신라의 시조묘에 대한 제사는 제천행사이면서 농경신에 대한 제사, 즉 농경의례이기도 하였다.

① 시조묘의 건립뿐 아니라 건립 당시 제사도 시조왕의 자식이 주관하였다.
② 김 씨 왕들은 시조묘의 제사에서 자신들의 왕조 시조인 김알지에 대해 제사를 지냈다.
③ 혁거세가 강림한 알에서 태어나고 죽어서 하늘로 올라갔다는 신화는 그를 광명신으로 인식하였음을 보여준다.
④ 혁거세의 별칭인 '弗矩內'의 '內'를 '내'로 보느냐, '안'으로 보느냐에 상관없이 '弗矩內'는 밝음의 의미를 가진다.
⑤ 혁거세가 '알지'로 불렸던 것과 사체가 토막 나 지상에 떨어진 후 장사지냈다는 것은 혁거세가 농경신임을 의미한다.

그리스의 대표적 도시국가인 스파르타는 어떤 정치체제를 가지고 있었을까? 정치체제의 형성은 단순히 정치 이념뿐만 아니라 어떤 생활방식을 선택하느냐의 문제와도 연결되어 있다. 기원전 1200년경 남하해온 도리아 민족이 선주민을 정복하여 생긴 것이 스파르타이다. 지배계급과 피지배계급이 스파르타만큼 확실히 분리되고 지속된 도시국가는 없었다. 스파르타에서 지배계급과 피지배계급의 차이는 권력의 유무 이전에 민족의 차이였다.

우선, 지배계급은 '스파르타인'으로 1만 명 남짓한 자유 시민과 그 가족뿐이다. 순수한 혈통을 가진 스파르타인들의 유일한 직업은 군인이었고, 참정권도 이들만이 가지고 있었다. 두 번째 계급은 상공업에만 종사하도록 되어 있는 '페리오이코이'라고 불리는 자유인이다. 이들은 도리아인도, 선주민도 아니었으며, 도리아 민족을 따라와 정착한 타지방 출신의 그리스인이었다. 이들은 시민권을 받지 못했으므로 참정권과 선거권이 없었지만, 병역 의무는 주어졌다. 그리스의 도시국가들에서는 일반적으로 병역에 종사하는 시민에게 참정권이 주어졌다. 하지만, 페리오이코이는 일개 병졸로만 종사했으므로, 스파르타인이 갖는 권리와는 차이가 있었다. 스파르타의 세 번째 계급은 '헬로트'라고 불리는 농노들로, 도리아인이 침략하기 전에 스파르타 지역에 살았던 선주민이다. 이들의 유일한 직업은 스파르타인이 소유한 농장에서 일하는 것으로, 비록 노예는 아니었지만 생활은 비참했다. 이들은 결혼권을 제외하고는 참정권, 사유재산권, 재판권 같은 시민의 권리를 전혀 가지지 못했고, 병역의 의무도 없었다.

스파르타인과 페리오이코이와 헬로트의 인구 비율은 1대 7대 16 정도였다. 스파르타인이 농업과 상공업을 피지배계급들에게 맡기고 오직 군무에만 종사한 것은, 전체의 24분의 1밖에 안 되는 인구로 나머지를 지배해야 하는 상황이 낳은 방책이었을 것이다. 피지배계급들 중에서도 특히 헬로트는 스파르타인에게 적대적인 태도를 보이고 있었다. 이 때문에 스파르타는 우선 내부의 잠재적인 불만세력을 억압해야 할 필요성이 있었고, 군사대국으로 불리는 막강한 군사력을 가진 나라가 되었던 것이다.

① 스파르타에서는 구성원의 계급에 따라 직업 선택이 제한되어 있었다.
② 스파르타에서는 병역 의무를 이행한 사람들에게는 참정권을 부여하였다.
③ 스파르타가 막강한 군사대국이 될 수 있었던 것은 농업과 상공업을 발전시켰기 때문이다.
④ 스파르타에서는 페리오이코이에게 병역 의무를 부여함으로써 지배층의 인구를 늘리려 하였다.
⑤ 스파르타에서 시민권을 가지지 못한 헬로트는 의무만 있었으므로, 실질적으로는 노예나 마찬가지였다.

고려 시대 A라는 관리가 전시과(田柴科) 규정에 따라 50결의 토지를 받았다면, 이는 실제 어떤 방식으로 국가에서 토지를 받았다는 것일까? 그만큼의 토지를 직접 분급 받았다고 보아야 할까? 그렇지 않다. 이는 50결의 토지에서 생산되는 총량 중 법정 조세율인 10분의 1만큼의 세를 거두어 가질 수 있는 권한, 즉 수조권(收租權)을 분급 받았다는 뜻이다. A는 국가가 지정한 지역의 B라는 농민에게 매년 조세를 받아 사용할 수 있는 권리를 국가로부터 위임받은 것이다. 수조권을 행사하는 일반적인 방식은 다음과 같다. 예컨대 B가 100결을 소유하고 있을 경우, B는 100결에 대한 조세를 모두 국가에 내야 한다. 그러나 전시과 규정에 따라 A가 B의 땅에서 수조권을 행사하게 되었으므로, B는 50결에 대한 조세는 A에게 내고 나머지 50결에 대한 조세만 국가에 낸다.

이외에 수조권을 행사하는 또 다른 방식으로 면조권(免租權)이 있다. 위의 A가 100결의 토지를 소유하고 있다고 가정해 보자. 그는 100결에 대한 조세를 국가에 납부해야 하나, 전시과로 분급 받은 50결만큼의 조세는 내지 않고 나머지 50결에 대한 조세만 납부하는 방식을 채택할 수도 있었다. 이러한 방식으로 수조권을 행사하는 것을 면조권이라 하였다. 수조권 제도에서 국가는 수조권을 가진 A를 전주(田主), 조세를 납부하는 B를 전객(佃客)이라 규정했다. B는 전주가 지정된 토지를 함부로 매매하거나 상속할 수 없었고, 매매나 상속을 하려면 반드시 국가의 허가를 받아야 했다. 국가가 전객의 소유권보다는 전주의 수조권을 우선적으로 보호하였기 때문이다.

조선에 들어와 과전법의 성립으로 수조권 제도가 적용되는 지역은 전국에서 경기도로 축소되었으나, 과전법은 원리상 전시과와 마찬가지로 관리에게 수조권을 분급하는 제도였다. 그러나 조선은 경기도를 제외한 나머지 지역에서 전주의 수조권을 철폐하여 국가로 환수하였고, 백성들의 토지소유권 행사 또한 보다 자유로워졌다. 이후 과전법은 채 1백 년도 지나지 않아 현직 관리에게만 토지를 분급하는 직전법(職田法)으로 바뀌었고, 수조권을 행사하는 방식 또한 국가가 직접 조세를 거두어 관리에게 지급하는 관수관급제(官收官給制)로 변화하였다. 그러나 이 또한 겨우 몇 십 년이 되지 않아 폐지되었고, 이후 관리들은 녹봉만을 받게 되었다.

① 수조권 제도의 축소에 따라 전객의 소유권은 약화되어 갔다.

② 전시과에서 과전법을 거치며 국가가 직접 수조하는 토지가 확대되었다.

③ 과전법에서 전주는 토지의 수조권자를, 전객은 토지의 소유권자를 가리킨다.

④ 전시과에 따르면 토지소유자는 경우에 따라 국가와 개인 모두에게 조세를 납부해야 하였다.

⑤ 면조권은 원리적으로 수조권을 분급 받은 전주가 자신이 소유한 토지에 수조권을 행사하는 것이다.

명예는 세 가지 종류가 있다. 첫째는 인간으로서의 존엄성에 근거한 고유한 인격적 가치를 의미하는 내적 명예이며, 둘째는 실제 이 사람이 가진 사회적 · 경제적 지위에 대한 사회적 평판을 의미하는 외적 명예, 셋째는 인격적 가치에 대한 자신의 주관적 평가 내지는 감정으로서의 명예감정이다.

악성 댓글, 즉 악플에 의한 인터넷상의 명예훼손이 통상적 명예훼손보다 더 심하기 때문에 통상의 명예훼손행위에 비해서 인터넷상의 명예훼손행위를 가중해서 처벌해야 한다는 주장이 일고 있다. 이에 대해 법학자 A는 다음과 같이 주장하였다.

인터넷 기사 등에 악플이 달린다고 해서 즉시 악플 대상자의 인격적 가치에 대한 평가가 하락하는 것은 아니므로, 내적 명예가 그만큼 더 많이 침해되는 것으로 보기 어렵다. 또한 만약 악플 대상자의 외적 명예가 침해되었다고 하더라도 이는 악플에 의한 것이 아니라 악플을 유발한 기사에 의한 것으로 보아야 한다. 오히려 악플로 인해 침해되는 것은 명예감정이라고 보는 것이 마땅하다. 다만 인터넷상의 명예훼손행위는 그 특성상 해당 악플의 내용이 인터넷 곳곳에 퍼져 있을 수 있어 명예감정의 훼손 정도가 피해자의 정보수집량에 좌우될 수 있다는 점을 간과해서는 안 될 것이다. 구태여 자신에 대한 부정적 평가를 모을 필요가 없음에도 부지런히 수집 · 확인하여 명예감정의 훼손을 자초한 피해자에 대해서 국가가 보호해줄 필요성이 없다는 점에서 명예감정을 보호해야 할 법익으로 삼기 어렵다. 따라서 인터넷상의 명예훼손이 통상적 명예훼손보다 더 심하다고 보기 어렵다.

① 기사가 아니라 악플로 인해서 악플 피해자의 외적 명예가 침해된다.

② 악플이 달리는 즉시 악플 대상자의 내적 명예가 더 많이 침해된다.

③ 악플 피해자의 명예감정의 훼손 정도는 피해자의 정보수집 행동에 영향을 받는다.

④ 인터넷상의 명예훼손행위를 통상적 명예훼손행위에 비해 가중해서 처벌하여야 한다.

⑤ 인터넷상의 명예훼손행위의 가중처벌 여부의 판단에서 세 종류의 명예는 모두 보호하여야 할 법익이다.

'캐리 벅 사건'(1927)은 버지니아주에서 시행하는 강제불임시술의 합헌성에 대한 판단을 다룬 것이다. 버지니아주에서는 정신적 결함을 가진 사람들의 불임시술을 강제하는 법을 1924년에 제정하여 시행하고 있었다. 이 법은 당시 과학계에서 받아들여지던 우생학의 연구결과들을 반영한 것인데, 유전에 의해 정신적으로 결함이 있는 자들에게 강제불임시술을 함으로써 당사자의 건강과 이익을 증진하는 것을 목적으로 하였다. 우생학은 인간의 유전과 유전형질을 연구하여, 결함이 있는 유전자를 제거하여 인류를 개선하는 것이 주목적이었는데, 정신이상자, 정신박약자, 간질환자 등을 유전적 결함을 가진 대상으로 보았다.

이 사건의 주인공인 캐리 벅은 10대 후반의 정신박약인 백인 여성으로서 정신박약자들을 수용하기 위한 시설에 수용되어 있었다. 법에 따르면, 캐리 벅은 불임시술을 받지 않으면 수십 년 동안 수용시설에 갇혀 기본적인 의식주만 공급받고 다른 사회적 권리와 자유가 제약받을 수밖에 없는 상황이었다.

미국 연방대법원은 강제불임시술을 규정한 버지니아주 주법을 합헌으로 판단하였다. 이 사건의 다수의견을 작성한 홈즈 대법관은 판결의 이유를 다음과 같이 밝혔다.

"사회 전체의 이익 때문에 가장 우수한 시민의 생명을 희생시키는 일도 적지 않다. 사회가 무능력자로 차고 넘치는 것을 막고자 이미 사회에 부담이 되는 사람들에게 그보다 작은 희생을 요구하는 것이 금지된다고 할 수는 없다. 사회에 적응할 능력이 없는 사람들의 출산을 금지하는 것이 사회에 이익이 된다. 법률로 예방접종을 하도록 강제할 수 있는 것과 같은 원리로 나팔관 절제도 강제할 수 있다고 해야 한다."

이 사건은 사회적 파장이 매우 컸다. 당시 미국의 주들 가운데는 강제불임시술을 규정하고 있는 주들이 있었지만 그 중 대부분의 주들이 이러한 강제불임시술을 실제로는 하고 있지 않았다. 하지만 연방대법원의 이 사건 판결이 나자 많은 주들이 새로운 법률을 제정하거나, 기존의 법률을 개정해서 버지니아주법과 유사한 법률을 시행하게 되었다. 버지니아주의 강제불임시술법은 1974년에야 폐지되었다.

① 당시 우생학에 따르면 캐리 벅은 유전적 결함을 가진 사람이었다.

② 버지니아주법은 정신박약이 유전되는 것이라는 당시의 과학 지식을 반영하여 제정된 것이었다.

③ 버지니아주법에 의하면 캐리 벅에 대한 강제불임시술은 캐리 벅 개인의 이익을 위한 것이다.

④ 홈즈에 따르면 사회가 무능력자로 넘치지 않기 위해서는 사회에 부담이 되는 사람들에게 희생을 요구할 수 있다.

⑤ 버지니아주법이 합헌으로 판단되기 이전, 불임시술을 강제하는 법을 가지고 있던 다른 주들은 대부분 그 법을 집행하고 있었다.

인삼은 한국 고유의 약용 특산물이었으며, 약재로서의 효능과 가치가 매우 높은 물건이었다. 중국과 일본에서는 조선 인삼에 대한 수요가 폭발적으로 증가하였다. 이에 따라 인삼을 상품화하여 상업적 이익을 도모하는 상인들이 등장하였다. 특히 개인 자본을 이용하여 상업 활동을 하던 사상(私商)들이 평안도 지방과 송도를 근거지로 하여 인삼 거래에 적극적으로 뛰어들었는데, 이들을 삼상(蔘商)이라고 하였다.

인삼은 매우 희귀한 물품이었으므로 조선 정부는 인삼을 금수품(禁輸品)으로 지정하여 자유로운 매매와 국외 유출을 억제하였다. 대신 삼상의 인삼 매매를 허가해 주고 그에 따른 세금을 거두어들였다. 또한 삼상의 특정 지역 출입을 엄격하게 통제하였다. 가령 평안도 강계부는 개마고원과 백두산 지역의 인삼이 모이는 거점이었는데, 삼상이 이곳에 출입하기 위해서는 먼저 일종의 여행증명서인 황첩(黃帖)을 호조에서 발급받아야 하였다. 그리고 강계부에 도착할 때까지 강계부를 관할하는 평안도 감영은 물론 평안도의 주요 거점에서 황첩을 제시해야 하였다. 강계부에 도착해서는 강계부의 관원에게 황첩을 확인받고, 이어 매입하려는 인삼량을 신고한 뒤 그에 따른 세금을 강계부에 선납한 후에야 비로소 인삼을 구매할 수 있었다. 강계부는 세금을 납부한 삼상들의 명단을 작성하고, 이들이 어느 지역의 어떤 사람과 거래하였는지, 그리고 거래량은 얼마인지를 일일이 파악하여 중앙의 비변사에 보고하였다. 황첩이 없거나 거래량을 허위로 신고한 삼상은 밀매업자인 잠상(潛商)으로 간주되어 처벌되었으며, 황첩이 없는 상인의 거래를 허가한 강계부사도 처벌되었다.

삼상은 이렇게 사들인 인삼을 경상도 동래의 왜관으로 가지고 와 왜인들에게 팔았다. 이때도 삼상은 동래부에 세금을 내야 하였으며, 인삼 판매도 매달 여섯 차례 열리는 개시(開市) 때만 가능했다. 정부는 개시에서 판매하는 인삼의 가격까지 통제하였으며, 숙종 6년에는 판매할 수 있는 상인의 수도 20명으로 제한하였다.

이렇듯 여러 가지 까다로운 절차와 세금, 인원 수의 제한에 따라 많은 상인들이 합법적인 인삼 매매와 무역을 포기하고 잠상이 되었다. 더군다나 잠상은 합법적으로 인삼을 거래할 때보다 훨씬 많은 이윤을 얻을 수 있었다. 한양에서 70냥에 팔리는 인삼이 일본 에도에서는 300냥에 팔리기도 하였기 때문이다.

① 황첩을 위조하여 강계부로 잠입하는 잠상들이 많았다.

② 정부는 잠상을 합법적인 삼상으로 전환시키기 위해 노력하였다.

③ 상인들은 송도보다 강계부에서 인삼을 더 싸게 구입할 수 있었다.

④ 왜관에서의 인삼 거래는 한양에서의 거래보다 삼상에게 4배 이상의 매출을 보장해 주었다.

⑤ 중앙정부는 강계부에서 삼상에게 합법적으로 인삼을 판매한 백성이 어느 지역 사람인지를 파악할 수 있었다.

토크빌이 미국에서 관찰한 정치 과정 가운데 가장 놀랐던 것은 바로 시민들의 정치적 결사였다. 미국인들은 어려서부터 스스로 단체를 만들고 스스로 규칙을 제정하여 그에 따라 행동하는 것을 관습화해왔다. 이에 미국인들은 어떤 사안이 발생할 경우 국가 기관이나 유력자의 도움을 받기 전에 스스로 단체를 결성하여 집합적으로 대응하는 양상을 보인다. 미국의 항구적인 지역 자치의 단위인 타운, 시티, 카운티조차도 주민들의 자발적인 결사로부터 형성된 단체였다.

미국인들의 정치적 결사는 결사의 자유에 대한 완벽한 보장을 기반으로 실현된다. 일단 하나의 결사로 뭉친 개인들은 언론의 자유를 보장받으면서 자신들의 집약된 견해를 널리 알린다. 이러한 견해에 호응하는 지지자들의 수가 점차 늘어날수록 이들은 더욱 열성적으로 결사를 확대해간다. 그런 다음에는 집회를 개최하여 자신들의 힘을 표출한다. 집회에서 가장 중요한 요소는 대표자를 선출하는 기회를 만드는 것이다. 집회로부터 선출된 지도부는 물론 공식적으로 정치적 대의제의 대표는 아니다. 하지만 이들은 도덕적인 힘을 가지고 자신들의 의견을 반영한 법안을 미리 기초하여 그것이 실제 법률로 제정되게끔 공개적으로 입법부에 압력을 가할 수 있다.

토크빌은 이러한 정치적 결사가 갖는 의미에 대해 독특한 해석을 펼친다. 그에 따르면, 미국에서는 정치적 결사가 다수의 횡포에 맞서는 보장책으로서의 기능을 수행한다. 미국의 입법부는 미국 시민의 이익을 대표하며, 의회 다수당은 다수 여론의 지지를 받는다. 이를 고려하면 언제든 '다수의 이름으로' 소수를 배제한 입법권의 행사가 가능해짐에 따라 입법 활동에 대한 다수의 횡포가 나타날 수 있다. 토크빌은 이러한 다수의 횡포를 제어할 수 있는 정치 제도가 없는 상황에서 소수 의견을 가진 시민들의 정치적 결사는 다수의 횡포에 맞설 수 있는 유일한 수단이라고 보았다. 더불어 토크빌은 시민들의 정치적 결사가 소수자들이 다수의 횡포를 견제할 수 있는 수단으로 온전히 기능하기 위해서는 도덕의 권위에 호소해야 한다고 보았다. 왜냐하면 힘이 약한 소수자가 호소할 수 있는 것은 도덕의 권위뿐이기 때문이다.

① 미국 정치는 다수에 의한 지배를 정당화하는 체제를 토대로 한다.
② 미국에서는 처음에 자발적 결사로 시작된 단체도 항구적 자치 단체로 성장할 수 있다.
③ 미국 시민들은 정치적 결사를 통해 실제 법률 제정과 관련하여 입법부에 압력을 행사할 수 있다.
④ 토크빌에 따르면, 미국에서 소수자는 도덕의 권위에 도전함으로써 다수의 횡포에 저항해야 한다.
⑤ 토크빌에 따르면, 미국에서 정치적 결사는 시민들의 소수 의견이 배제된 입법 활동을 제어하는 역할을 한다.

일본이 조선을 지배하게 됨에 따라 삶이 힘들어진 조선인의 일본 본토로의 이주가 급격히 늘었다. 1911년에는 약 2,500명에 불과하던 재일조선인은 1923년에는 9만 명을 넘어섰다. 일본 정부는 재일조선인의 급증에 대해 조선인이 가장 많이 거주하던 오사카에 대책을 지시하였고, 이에 1923년 오사카내선협화회가 창립되었다. 이후 일본 각지에 협화회가 만들어졌고, 이들을 총괄하는 중앙협화회가 1938년에 만들어졌다. 협화란 협력하여 화합한다는 뜻이다.

재일조선인은 모두 협화회에 가입해야만 하였다. 협화회 회원증을 소지하지 않은 조선인은 체포되거나 조선으로 송환되었다. 1945년 재일조선인은 전시노동동원자를 포함하여 230만 명에 달했는데, 이들은 모두 협화회의 회원으로 편성되어 행동과 사상 일체에 대해 감시를 받았다. 조선에 거주하는 조선인이 군이나 면과 같은 조선총독부 하의 일반행정기관의 통제를 받았다면 재일조선인은 협화회의 관리를 받았다.

협화회는 민간단체였지만 경찰이 주체가 되어 조직한 단체였다. 지부장은 경찰서장이었고 각 경찰서 특별고등과 내선계가 관내의 조선인을 통제하는 구조였다. 재일조선인은 일본의 침략전쟁에 비협력적 태도로 일관하였고, 임금과 주거 등의 차별에 계속 저항하였으며, 조선인들끼리 서로 협력하고 연락하는 단체를 1천여 개나 조직하고 있었다. 일본 정부는 이를 용납할 수 없었고, 전쟁에 비협조적이면서 임금문제를 둘러싸고 조직적으로 파업을 일으키는 조선인 집단을 척결대상으로 삼았다. 이것이 협화회를 조직하는 데 경찰이 주도적인 역할을 한 이유였다.

협화회는 재일조선인에 대한 감시와 사상 관리뿐 아니라 신사참배, 일본옷 강요, 조선어 금지, 강제예금, 창씨개명, 지원병 강제, 징병, 노동동원 등을 조선 본토보다 더 강압적으로 추진했다. 재일조선인은 압도적으로 다수인 일본인에 둘러싸여 있었고 협화회에서 벗어나기 어려웠다. 협화회는 재일조선인을 분열시키고 친일분자들을 증대시키기 위해 온갖 노력을 기울였다. 그 결과 학교에서 일본어와 일본사 등의 협화 교육을 받은 조선인 아이들이 조선어를 아예 모르는 경우까지도 생겨났다. 철저한 황민화였다. 하지만 재일조선인들은 집에서는 조선말을 하고 아리랑을 부르는 등 민족 정체성을 지키기 위하여 노력하였고, 일본이 항복을 선언한 후 조선에서와 마찬가지로 태극기를 만들어 축하 행진을 할 수 있었다.

① 협화회는 재일조선인에 대한 교육을 담당하였다.
② 협화회는 조선총독부와 긴밀한 협조체계를 유지하였다.
③ 협화회는 재일조선인 전시노동동원자에 대한 감시를 자행하였다.
④ 재일조선인은 협화회에 조직적으로 저항하며 민족 정체성을 유지하였다.
⑤ 일본의 민간인뿐만 아니라 일본 경찰에 협력한 조선인 친일분자들이 협화회 간부를 맡기도 하였다.

　　1965년 노벨상 수상자 게리 베커는 '시간의 비용'이 시간을 소비하는 방식에 따라 변화한다고 주장했다. 예를 들어 수면이나 식사활동은 영화 관람에 비해 단위 시간당 시간의 비용이 작다. 그 이유는 수면과 식사가 생산적인 활동에 기여하기 때문이다. 잠을 못 자거나 식사를 제대로 하지 못해 체력이 떨어진다면, 생산적인 활동에 제약을 받기 때문에 수면과 식사활동에 들어가는 시간의 비용이 영화 관람에 비해 작다고 볼 수 있다. 베커는 "주말이나 저녁에는 회사들이 문을 닫기 때문에 활용할 수 있는 시간의 길이가 길어지고 이에 따라 특정 행동의 시간의 비용이 줄어든다"고도 지적한다. 시간의 비용이 가변적이라는 개념은, 기대수명이 늘어나서 사람들에게 더 많은 시간이 주어지는 것이 시간의 비용에 영향을 미칠 수 있다는 점에서 의미가 있다.

　　시간의 비용이 가변적이라고 생각한 이는 베커만이 아니었다. 스웨덴의 경제학자 스테판 린더는 서구인들이 엄청난 경제성장을 이루고도 여유를 누리지 못하는 이유를 논증한다. 경제가 성장하면 사람들의 시간을 쓰는 방식도 달라진다. 임금이 상승하면 직장 밖 활동에 들어가는 시간의 비용이 늘어난다. 일하는 데 쓸 수 있는 시간을 영화나 책을 보는 데 소비하면 그만큼의 임금을 포기하는 것이다. 따라서 임금이 늘어난 만큼 일 이외의 활동에 들어가는 시간의 비용도 함께 늘어난다는 것이다.

　　베커와 린더는 사람들에게 주어진 시간을 고정된 양으로 전제했다. 1965년 당시의 기대수명은 약 70세였다. 하루 24시간 중 8시간을 수면에 쓰고 나머지 시간에 활동이 가능하다면, 평생 408,800시간의 활동가능 시간이 주어지는 셈이다. 하지만 이 방정식에서 변수 하나가 바뀌면 어떻게 될까? 기대수명이 크게 늘어난다면 시간의 가치 역시 달라져서, 늘 시간에 쫓기는 조급한 마음에도 영향을 주게 되지 않을까?

① 베커에 따르면, 2시간의 수면과 1시간의 영화 관람 중 시간의 비용은 후자가 더 크다.

② 베커에 따르면, 평일에 비해 주말에 단위 시간당 시간의 비용이 줄어드는데, 그 감소폭은 수면이 영화 관람보다 더 크다.

③ 린더에 따르면, 임금이 삭감되었는데도 노동의 시간과 조건이 이전과 동일한 회사원의 경우, 수면에 들어가는 시간의 비용은 이전보다 줄어든다.

④ 베커와 린더 모두 개인이 느끼는 시간의 비용이 작아질수록 주관적인 시간의 길이가 길어진다고 생각한다.

⑤ 베커와 린더 모두 시간의 비용이 가변적이라고 생각했지만, 기대수명이 시간의 비용에 영향을 미치는지 여부에 관해서는 서로 다른 견해를 가지고 있었다.

　　왕이 말했다. "선생께서 천리의 먼 길을 오셨는데, 장차 무엇으로 우리 국가에 이익이 있게 하시겠습니까?"

　　A가 대답했다. "왕께서는 어떻게 이익을 말씀하십니까? 오직 인의(仁義)가 있을 따름입니다. 모든 사람이 이익만을 추구한다면, 서로 빼앗지 않고는 만족하지 못할 것입니다. 사람의 도리인 인을 잘 실천하는 사람이 자기 부모를 버린 경우는 없으며, 공적 직위에서 요구되는 역할인 의를 잘 실천하는 사람이 자기 임금을 저버린 경우는 없습니다."

　　왕이 물었다. "탕(湯)이 걸(桀)을 방벌하고, 무(武)가 주(紂)를 정벌하였다는데 정말 그런 일이 있었습니까? 신하가 자기 군주를 시해한 것이 정당합니까?"

　　A가 대답했다. "인을 해친 자를 적(賊)이라 하고, 의를 해친 자를 잔(殘)이라 하며, 잔적(殘賊)한 자를 일부(一夫)라 합니다. 일부인 걸과 주를 죽였다는 말은 들었지만 자기 군주를 시해하였다는 말은 듣지 못했습니다. 무릇 군주란 백성의 부모로서 그 도리와 역할을 다하는 인의의 정치를 해야 하는 공적 자리입니다. 탕과 무는 왕이 되었을 때 비록 백성들을 수고롭게 했지만, 그 지위에 요구되는 역할을 온전히 다하는 정치를 행했기 때문에 오히려 최대의 이익을 누릴 수 있었습니다. 걸과 주는 이와 반대되는 정치를 행하면서 자신의 이익만을 추구하며, 자신을 태양에 비유하였습니다. 하지만 백성들은 오히려 태양과 함께 죽고자 하였습니다. 백성들이 그 임금과 함께 죽고자 한다면, 군주가 어떻게 정당하게 그 지위와 이익을 향유할 수 있겠습니까?"

① 인의에 의한 정치를 펼치는 왕은 백성들을 수고롭게 할 수도 있다.

② 인의를 잘 실천하면 이익의 문제는 부차적으로 해결될 가능성이 있다.

③ 탕과 무는 자기 군주를 방벌했다는 점에서 인의 가운데 특히 의를 잘 실천하지 못한 사람이다.

④ 군주는 그 자신과 국가의 이익 이전에 군주로서의 도리와 역할을 온전히 수행하는 데 최선을 다해야 한다.

⑤ 공적 지위에 있는 자가 직책에 요구되는 도리와 역할을 수행하지 않고 사익(私益)을 추구하면 그 권한과 이익을 제한하는 것은 정당하다.

문 49. 다음 ㉠에 따를 때 도덕적으로 허용될 수 없는 것만을 〈보기〉에서 모두 고르면?

17 5급(가) 08번

우리는 어떤 행위를 그것이 가져올 결과가 좋다는 근거만으로 허용할 수는 없다. 예컨대 그 행위 덕분에 더 많은 수의 생명을 구할 수 있다는 사실만으로 그 행위를 허용할 수는 없다는 것이다. ㉠ A 원리에 따르면 어떤 행위든 무고한 사람의 죽음 자체를 의도하는 것은 언제나 그른 행위이고 따라서 도덕적으로 허용될 수 없다. 여기서 의도란 단순히 자기 행위의 결과가 어떨지 예상하고 그 내용을 이해한다는 것을 넘어서, 그 행위의 결과 자체가 자신이 그 행위를 선택하게 된 이유임을 의미한다.

예를 들어 우리가 제한된 의료 자원으로 한 명의 환자를 살리는 것과 다수의 환자를 살리는 것 사이에서 선택을 해야만 할 경우, 비록 한 명의 환자가 죽게 되더라도 다수의 환자를 살리는 것이 도덕적으로 허용될 수도 있다. 이때 그의 죽음은 피치 못할 부수적인 결과였기 때문이다. 하지만 만일 그 한 명의 환자를 치료하지 않은 이유가 그가 죽은 후 그의 장기를 장기이식을 기다리는 다른 여러 사람에게 이식하기 위한 것이었다면 그 행위는 허용될 수 없다.

〈보 기〉

ㄱ. 적국의 산업시설을 폭격하면 그 근처에 거주하는 다수의 민간인이 처참하게 죽게 되고 적국 시민이 그 참상에 공포심을 갖게 되어, 전쟁이 빨리 끝날 것이라는 기대감에 폭격하는 행위

ㄴ. 뛰어난 심장 전문의가 어머니의 임종을 지키기 위해 급하게 길을 가던 중 길거리에서 심장마비를 일으킨 사람을 발견했으나 그 사람을 치료하지 않고 어머니에게 가는 행위

ㄷ. 브레이크가 고장 난 채 달리고 있는 기관차의 선로 앞에 묶여 있는 다섯 명의 어린이를 구하기 위해 다른 선로에 홀로 일하고 있는 인부를 보고도 그 선로로 기관차의 진로를 변경하는 행위

① ㄱ
② ㄴ
③ ㄱ, ㄴ
④ ㄱ, ㄷ
⑤ ㄴ, ㄷ

문 50. 다음 ㉠의 내용으로 가장 적절한 것은?

17 5급(가) 09번

인지부조화는 한 개인이 가지는 둘 이상의 사고, 태도, 신념, 의견 등이 서로 일치하지 않거나 상반될 때 생겨나는 심리적인 긴장상태를 의미한다. 인지부조화는 불편함을 유발하기 때문에 사람들은 이것을 감소시키려고 한다. 인지부조화를 감소시키는 방법은 서로 모순관계에 있어서 양립할 수 없는 인지들 가운데 하나 이상의 인지가 갖는 내용을 바꾸어 양립할 수 있게 만들거나, 서로 모순되는 인지들 간의 차이를 좁힐 수 있는 새로운 인지를 추가하여 부조화된 인지상태를 조화된 상태로 전환하는 것이다.

그런데 실제로 부조화를 감소시키는 행동은 비합리적인 면이 있다. 그 이유는 그러한 행동들이 사람들로 하여금 중요한 사실을 배우지 못하게 하고 자신들의 문제에 대해서 실제적인 해결책을 찾지 못하도록 할 수 있기 때문이다. 부조화를 감소시키려는 행동은 자기방어적인 행동이고, 부조화를 감소시킴으로써 우리는 자신의 긍정적인 이미지, 즉 자신이 선하고 현명하며 상당히 가치 있는 인물이라는 긍정적인 측면의 이미지를 유지하게 된다. 비록 자기방어적인 행동이 유용한 것으로 생각될 수 있지만, 이러한 행동은 부정적 결과를 초래할 수 있다.

한 실험에서 연구자는 인종차별 문제에 대해서 확고한 입장을 보이는 사람들을 선정하였다. 일부는 차별에 찬성하였고, 다른 일부는 차별에 반대하였다. 선정된 사람들에게 인종차별에 대한 찬성과 반대 의견이 실린 글을 모두 읽게 하였는데, 어떤 글은 지극히 논리적이고 그럴듯하였고, 다른 글은 터무니없고 억지스러운 것이었다. 실험에서는 참여자들이 과연 어느 글을 기억할 것인지에 관심이 있었다. 인지부조화 이론에 따르면, 사람들은 현명한 사람을 자기 편, 우매한 사람을 다른 편이라 생각할 때 마음이 편안해질 것이다. 그렇다면 이 실험에서 인지부조화 이론은 다음과 같은 ㉠ 결과를 예측할 것이다.

① 참여자들은 자신의 의견에 동의하는 논리적인 글과 반대편의 의견에 동의하는 논리적인 글을 기억한다.
② 참여자들은 자신의 의견에 동의하는 모든 글을 기억하고 반대편의 의견에 동의하는 모든 글을 기억하지 않는다.
③ 참여자들은 자신의 의견에 동의하는 논리적인 글과 반대편의 의견에 동의하는 터무니없고 억지스러운 글을 기억한다.
④ 참여자들은 자신의 의견에 동의하는 터무니없고 억지스러운 글과 반대편의 의견에 동의하는 논리적인 글을 기억한다.
⑤ 참여자들은 자신의 의견에 동의하는 모든 글을 기억하고 반대편의 의견에 동의하는 논리적인 글은 기억하지 않는다.

다음 글에서 알 수 <u>없는</u> 것은? 17 5급(가) 23번

1930년대 우리나라 탐정소설에는 과학적 수사의 강조, 육감적 혹은 감정적 사건 전개라는 두 가지 특성이 나타난다. 이러한 것들은 1930년대 우리나라 탐정소설에 서구 번역 탐정소설이 미친 영향력 못지않게 국내에서 유행하던 환상소설, 공포소설, 모험소설, 연애소설 등의 대중 소설 장르가 영향력을 미친 데서 비롯된 것이다. 2000년대 이후 오늘날의 탐정소설은 과학적 수사, 증명, 논리적 추론 과정에 초점이 맞추어지는 데 반해, 1930년대 탐정소설은 감정적, 심리적, 우연적 요소의 개입 같은 것들이 사건 해결의 열쇠를 쥐고 있었다. 두 가지 큰 특성 중 감정적 혹은 육감적 사건 전개는 탐정소설의 범위를 넓히는 동시에 다양한 세부 장르를 형성하였다. 그러나 현재로 오면서 두 번째 특성은 소멸되고 첫 번째의 특성만 강하게 남아, 그것이 탐정소설의 전부인 것처럼 인식되는 경향이 지배적이다.

다양한 의미와 유형을 내포했던 1930년대의 '탐정'과 탐정소설은 현재로 오면서 오히려 그 범위가 협소해진 것으로 보인다. '탐정'이라는 용어는 서술어적 의미가 사라지고 인물의 의미로 국한되어 사용되었으며, 탐정소설은 감정적 혹은 육감적 사건 전개나 기괴한 이야기가 지니는 환상적인 매력이 사라지고 논리적 추론 과정에 초점이 맞추어지는 서구의 고전적 탐정소설 유형만이 남게 되었다. 1930년대의 탐정소설이 서구 고전적 탐정소설로 귀착되면서, 탐정소설과 다른 대중 소설 장르가 결합된 양식들은 사라졌다. 그런 면에서 1930년대 탐정소설의 고유한 특성을 밝히는 것은 서구의 것과는 다른 한국식 탐정소설의 양식들이 발전할 수 있는 가능성을 제기하는 것이기도 하다.

① 1930년대 우리나라에서 '탐정'이라는 말은 현재보다 더 넓은 의미를 가졌다.
② 서구의 고전적 탐정소설은 과학적 수사와 논리적 추론 과정에 초점을 맞춘다.
③ 오늘날 우리나라 탐정소설에서는 기괴한 이야기가 가진 환상적 매력을 발견하기 어렵다.
④ 과학적, 논리적 추론 과정의 정립은 한국식 탐정소설의 다양한 형식을 발전시키는 데 기여했다.
⑤ 1930년대 우리나라 탐정소설은 서구 번역 탐정소설과 한국의 대중 소설 장르의 영향을 받았다.

다음 글의 내용과 부합하는 것은? 18 5급(나) 01번

국민주권에 바탕을 둔 민주주의 원리는 모든 국가기관의 의사가 국민의 의사로 귀착될 수 있어야 한다는 것이다. 이러한 민주주의 원리로부터 국민의 생활에 중요한 영향을 미치는 국가기관일수록 국민의 대표성이 더 반영되어야 한다는 '민주적 정당성'의 원리가 도출된다. 헌법재판 역시 그 중대성을 감안할 때 국민의 대의기관이 직접 담당하는 것이 민주적 정당성의 원리에 부합할 것이다. 헌법재판은 과거 세대와 현재 및 미래 세대에게 아울러 적용되는 헌법과 인권의 가치를 수호하는 특수한 기능을 수행한다. 헌법재판소는 항구적인 인권 가치를 수호하기 위하여 의회입법이나 대통령의 행위를 위헌이라고 선언할 수 있다. 이는 현재 세대의 의사와 배치될 수도 있는 작업이다. 그렇다면 이는 의회와 같은 현 세대의 대표자가 직접 담당하기에는 부적합하다. 헌법재판관들은 현재 다수 국민들의 실제 의사를 반영하기 위하여 임명되는 것이 아니다. 그들의 임무는 현재 국민들이 헌법을 개정하지 않는 한 헌법에 선언된 과거 국민들의 미래에 대한 약정을 최대한 실현하는 것이다. 그렇다면 헌법재판은 의회로부터 어느 정도 독립되고, 전문성을 갖춘 재판관들이 담당해야 한다.

한편 헌법재판은 사법적으로 이루어질 때 보다 공정하고 독립적으로 이루어질 수 있다. 이는 독립된 재판관에 의하여 이루어지는 법해석을 중심으로 판단이 이루어져야 한다는 것을 말한다. 그런데 독립된 헌법재판소를 두더라도 헌법재판관의 구성방법이 문제된다. 헌법 제1조 제2항에 따라 모든 국가권력은 국민에게 귀착되어야 하는 정당성의 사슬로 연결되어 있기에 헌법재판관 선출은 국민의 직접 위임에 의한 것이 이상적이다. 그러나 현실적으로 국민의 직접선거로 재판관을 선출하는 것은 용이하지 않다. 따라서 대의기관이 관여하여 헌법재판관을 임명함으로써 최소한의 민주적 정당성을 갖추어야 할 것이다. 그러므로 헌법재판관들이 선출되지 않은 소수 혹은 국민에 대하여 책임지지 않는 소수라는 이유만으로 민주적 정당성이 없다고 하는 것은, 헌법재판관 선출에 의회와 대통령이 관여한다는 점에서 무리한 비판이라고 볼 것이다.

① 헌법재판관들은 현행 헌법 개정에 구속되지 않고 미래 세대에 대한 약정을 최대한 실현해야 한다.
② 헌법재판소가 다수의 이익을 대표하는 대의기관의 행위를 위헌이라고 판단하는 것은 민주적 정당성의 원리에 배치된다.
③ 현재 헌법재판관 선출방법은 모든 국가권력이 국민에게 귀착되어야 한다는 민주적 정당성의 원리를 이상적으로 실현하고 있다.
④ 헌법재판은 현재와 미래 세대에게 아울러 적용되는 헌법과 항구적인 인권의 가치를 수호해야 하지만, 이는 현재 세대의 의사와 배치되어서는 안 된다.
⑤ 헌법재판은 사법기관이 담당하는 것이 바람직하며, 그 기관은 현재 세대를 대표하는 대의기관으로부터 어느 정도 독립되고 전문성을 갖출 필요가 있다.

사유 재산 제도와 시장 경제가 자본주의의 양대 축을 이루기 때문에 토지 또한 민간의 소유이어야만 한다고 하는 이들이 많다. 토지사유제의 정당성을 그것이 자본주의의 성립 근거라는 점에서 찾고자 하는 학자도 있다. 토지에 대해서는 절대적이고 배타적인 소유권을 인정할 수 없다고 하면 이들은 신성불가침 영역에 대한 도발이라며 이에 반발한다. 토지가 일반 재화나 자본에 비해 지닌 근본적인 차이는 무시하고 말이다. 과연 자본주의 경제는 토지사유제 없이 성립할 수 없는 것일까?

싱가포르, 홍콩, 대만, 핀란드 등의 사례는 위의 물음에 직접적인 답변을 제시한다. 이들은 토지공유제를 시행하였거나 토지의 공공성을 인정했음에도 불구하고 자본주의 경제를 모범적으로 발전시켜온 사례이다. 물론 토지사유제를 당연하게 여기는 사람들이 이런 사례들을 토지 공공성을 인정해야만 하는 당위의 근거로서 받아들이는 것은 아니다. 그들은 오히려 토지의 공공성 강조가 사회주의적 발상이라고 비판한다. 하지만 이와 같은 비판은 토지와 관련된 권리 제도에 대한 무지에 기인한다.

토지 소유권은 사용권, 처분권, 수익권의 세 가지 권리로 구성된다. 각각의 권리를 누가 갖느냐에 따라 토지 제도는 다음과 같이 분류된다. 세 권리 모두 민간이 갖는 토지사유제, 세 권리 모두 공공이 갖는 사회주의적 토지공유제, 그리고 사용권은 민간이 갖고 수익권은 공공이 갖는 토지가치공유제이다. 한편, 토지가치공유제는 처분권을 누가 갖느냐에 따라 두 가지 제도로 분류된다. 처분권을 완전히 민간이 갖는 토지가치세제와 공공이 처분권을 갖지만 사용권을 가진 자에게 한시적으로 처분권을 맡기는 토지공공임대제이다. 토지 소유권을 구성하는 세 가지 권리를 민간과 공공이 적당히 나누어 갖는 경우가 많으므로 실제의 토지 제도는 이 분류보다 훨씬 더 다양하다.

이 중 자본주의 경제와 결합될 수 없는 토지 제도는 사회주의적 토지공유제뿐이다. 물론 어느 토지 제도가 더 나은 경제적 성과를 보이는가는 그 이후의 문제이다. 토지사유제 옹호론에 따르면, 토지 자원의 효율적 배분이 가능하기 위해 토지에 대한 절대적, 배타적 소유권을 인정해야만 한다. 토지사유제만이 토지의 오용을 막을 수 있으며, 나아가 토지 사용의 안정성을 보장할 수 있다는 것이다. 하지만 토지 자원의 효율적 배분을 위해 토지의 사용권, 처분권, 수익권 모두를 민간이 가져야 할 필요는 없다. 토지 위 시설물에 대한 소유권을 민간이 갖고, 토지에 대해서 민간은 배타적 사용권만 가지면 충분하다.

① 토지사유제는 자본주의 성립을 위한 필수 조건이 아니다.
② 토지사유제를 보장하지 않아도 토지 사용의 안정성을 이룰 수 있다.
③ 토지사유제와 토지가치세제에서는 토지 사용권을 모두 민간이 갖는다.
④ 토지사유제에서는 토지 자원의 성격과 일반 재화의 성격이 서로 다른 것으로 인정된다.
⑤ 토지가치세제와 토지공공임대제 이외에도 토지 소유권을 어떻게 나누느냐에 따라 다양한 토지 제도가 존재한다.

현존하는 한국 범종 중에서 신라 범종이 으뜸이다. 신라 범종으로는 상원사 동종, 성덕대왕 신종, 용주사 범종이 있으며 모두 국보로 지정되어 있다. 이 가운데 에밀레종이라 알려진 성덕대왕 신종은 세계의 보배라 여겨진다. 그러나 이러한 평가는 미술이나 종교의 차원에 국한될 뿐, 에밀레종이 갖는 음향공학 차원의 가치는 간과되고 있다.

에밀레종을 포함한 한국 범종은 종신(鐘身)이 작고 종구(鐘口)가 벌어져 있는 서양 종보다 종신이 훨씬 크다는 점에서는 중국 범종과 유사하다. 또한 한국 범종은 높은 종탑에 매다는 서양 종과 달리 높지 않은 종각에 매단다는 점에서도 중국 범종과 비슷하다. 하지만 중국 범종은 종신의 중앙 부분에 비해 종구가 나팔처럼 벌어져 있는 반면, 한국 범종은 종구가 항아리처럼 오므라져 있다. 또한 한국 범종은 중국 범종에 비해 지상에 더 가까이 땅에 닿을 듯이 매단다.

나아가 한국 범종은 종신과 대칭 형태로 바닥에 커다란 반구형의 구덩이를 파두는데, 바로 여기에 에밀레종이나 여타 한국 범종의 숨은 진가가 있다. 한국 범종의 이러한 구조는 종소리의 조음에 영향을 미쳐 독특한 음향을 내게 한다. 이 구덩이는 100헤르츠 미만의 저주파 성분이 땅속으로 스며들게 하고, 커다란 울림통으로 작용하여 소리의 여운을 길게 한다.

땅속으로 음파를 밀어 넣어 주려면 뒤에서 받쳐 주는 지지대가 있어야 하는데, 한국 범종에서는 땅에 닿을 듯이 매달려 있는 거대한 종신이 바로 이 역할을 한다. 이를 음향공학에서는 뒷판이라 한다. 땅을 거쳐 나온 저주파 성분은 종신 꼭대기에 있는 음통관을 거쳐 나온 고주파 성분과 조화를 이루면서 인간이 듣기에 가장 적합한 소리, 곧 장중하고 그윽하며 은은히 울려 퍼지는 여음이 발생하는 것이다.

① 현존하는 한국 범종 중 세 개 이상이 국보로 지정되어 있다.
② 한국 범종과 중국 범종은 종신 중앙 부분의 지름이 종구의 지름보다 크다.
③ 한국 범종의 종신은 저주파 성분을 땅속으로 밀어 넣어주는 뒷판 역할을 한다.
④ 한국 범종의 독특한 소리는 종신과 대칭 형태로 파놓은 반구형의 구덩이와 관련이 있다.
⑤ 성덕대왕 신종의 여음은 음통관을 거쳐 나오는 소리와 땅을 거쳐 나오는 소리가 조화되어 만들어진다.

송시열은 임진왜란 때 조선에 원군을 보낸 명나라 신종과 그 마지막 황제인 의종의 제사를 거행하고자 했으나 그 뜻을 이루지 못했다. 송시열의 제자인 권상하는 스승의 유명(遺命)을 이어받아 괴산군 청천면에 만동묘(萬東廟)를 만들고 매년 두 황제에 대한 제사를 지냈다. 만동묘라는 명칭은 경기도 가평군 조종암(朝宗巖)에 새겨진 선조의 어필 '만절필동(萬折必東)'이라는 글자의 처음과 끝 자를 딴 것이다. '만절필동'이라는 글자에는 황하가 여러 번 굽이쳐도 결국은 동쪽으로 나아가 황해로 흘러 들어가듯이, 조선 역시 어떠한 상황에도 명이 원병을 보냈다는 사실을 잊지 않고 의리를 지키겠다는 의지가 담겨 있다.

창덕궁 후원에 있는 대보단(大報壇)도 명 신종을 제사 지내기 위해 건립된 제단이다. 대보단의 제례는 국왕이 직접 주관하는 것이 원칙이었고, 그때 사용하는 제물과 기구는 문묘 제례 때 쓰던 것과 같았다. 영조 25년부터 이 대보단에서 명나라의 태조와 그 마지막 황제 의종도 함께 매년 제사 지내기 시작했다. 영조는 중앙 관료들로 하여금 빠짐없이 대보단 제례에 참석하도록 했는데, 정조는 이를 고쳐 제례 집행자만 참례하게 했다. 그렇지만 영조의 전례에 따라 대보단에 자주 행차하여 돌아보는 등 큰 관심을 표명했다.

당시 학자들 사이에서는 명이 망한 뒤에 중화의 정통을 이은 나라가 조선밖에 남지 않았다는 의식이 확산되고 있었다. 대보단 제례는 그와 같은 분위기 속에서 더욱 중요한 의미를 가지게 되었다. 만동묘를 중시하는 분위기도 확산되었다. 만동묘에서 명 황제들에 대한 제사를 지낼 무렵이 되면 전국의 유생이 구름같이 모여들었고, 이로 인해 제사 비용은 날로 많아졌다. 이 소식을 들은 영조는 만동묘에 전답을 하사하여 제사 비용을 조달하는 데 어려움이 없도록 해주었다. 헌종 때에는 만동묘에서 제사를 지낼 때마다 충청도 관찰사가 참석하도록 하는 조치도 취해졌다. 만동묘는 이처럼 위상이 높았지만, 운영비 조달을 핑계로 양민의 재산을 함부로 빼앗는 등 폐해가 컸다.

만동묘를 싫어하던 흥선대원군은 대보단에서 거행하는 것과 같은 제사를 만동묘에서 또 지낼 필요가 없다고 보았다. 그러한 이유에서 그는 만동묘가 설립될 때부터 매년 지내오던 제사를 폐지하였다. 또 명 황제들의 신주를 만동묘에서 대보단으로 옮겼다. 흥선대원군이 실각한 후 만동묘 제사는 부활되었지만 순종 황제 재위 때 다시 철폐되었다.

① 영조는 만동묘를 없애고 그 제사를 대보단으로 옮겨 지내도록 하였다.

② 만동묘에서 제사를 지낼 때에는 국왕이 직접 참석하는 것이 관례였다.

③ 헌종 때부터 대보단에서 제사를 지낼 시에 충청도 관찰사가 참석하였다.

④ 정조 때 만동묘와 대보단 두 곳에서 모두 명나라의 신종과 의종을 기려 제사를 지냈다.

⑤ 만동묘라는 이름은 선조가 그 건립을 기념하기 위해 내린 어필의 처음과 끝 글자를 딴 것이다.

손익이 동일해도 상황에 따라 그 손익에 대한 효용은 달라질 수 있다. 손익이 양수이면 수익을 얻고 손익이 음수이면 손실을 입는다. 효용이 양수이면 만족감을 느끼고 효용이 음수이면 상실감을 느낀다. 효용의 차이는 다음과 같은 세 가지 특징을 통해 설명할 수 있다.

첫 번째 특징은 준거점 의존성이다. 사람들은 기대손익을 준거점으로 삼는다. 기대손익이 다르면 실제 손익이 같다 하더라도 그에 따른 만족감이나 상실감이 달라진다. 철수의 기대수익이 200만 원이었을 때 실제 수익이 300만 원이라면 그는 100만큼의 만족감을 느낀다. 하지만 그의 실제 수익이 300만 원으로 같아도 기대수익이 1,000만 원이었다면 그는 700만큼의 상실감을 느낀다. 두 번째 특징은 민감성 반응이다. 재산의 상황에 따라 민감성 반응도 달라진다. 재산이 양수이면 자산을 갖고 재산이 음수이면 부채를 갖는다. 사람들은 자산이 많을수록 동일한 수익에 대해 둔감하게 반응한다. 마찬가지로 부채가 많을수록 동일한 손실에 대해 둔감하게 반응한다. 예를 들어 100만 원의 손실을 입을 경우, 부채가 200만 원일 때 발생하는 상실감보다 부채가 1,000만 원일 때 발생하는 상실감이 더 작다. 세 번째 특징은 손실 회피성이다. 이는 심리적으로 수익보다 손실에 더 큰 가중치를 두는 것을 말한다. 기대손익과 재산이 고정되어 있는 경우, 한 사람이 100만 원의 수익을 얻었을 때 느끼는 만족감보다 100만 원의 손실을 입었을 때 느끼는 상실감이 더 크다. 연구에 따르면, 이 경우 상실감은 만족감의 2배로 나타났다.

〈보 기〉

ㄱ. 손실을 입은 사람은 상실감을 느낀다.

ㄴ. 동일한 수익을 얻은 경우라도 자산이 x였을 때 자산이 y였을 때보다 더 큰 만족감을 느꼈다면, x는 y보다 작다.

ㄷ. 갑이 x의 손실을 입고 을이 x의 수익을 얻은 경우, 갑이 느끼는 상실감은 을이 느끼는 만족감의 2배이다.

① ㄱ

② ㄴ

③ ㄱ, ㄷ

④ ㄴ, ㄷ

⑤ ㄱ, ㄴ, ㄷ

'인간'이란 말의 의미는 '호모 속(屬)에 속하는 동물'이고, 호모 속에는 사피엔스 외에도 여타의 종(種)이 존재했다. 불을 가졌던 사피엔스는 선조들에 비해 치아와 턱이 작았고 뇌의 크기는 우리와 비슷한 수준이었다. 사피엔스는 7만 년 전 아라비아 반도로 퍼져나갔고, 이후 다른 지역으로 급속히 퍼져나가 번성했다. 기술과 사회성이 뛰어난 사피엔스는 이미 그 지역에 정착해 있었던 다른 종의 인간들을 멸종시키기 시작하였다.

사피엔스의 확산은 인지혁명 덕분이었다. 이 혁명은 약 7만 년 전부터 3만 년 전 사이에 출현한 사고방식의 변화와 의사소통 방식의 변화를 가리킨다. 이와 같은 변화의 중심에는 그들의 언어가 있었다. 그렇다면, 사피엔스의 언어에 어떤 특별한 점이 있었기에 그들이 세계를 정복할 수 있었을까?

사피엔스는 제한된 개수의 소리와 기호를 연결해 각기 다른 의미를 지닌 무한한 개수의 문장을 만들 수 있었다. 곧 그들의 언어는 유연성을 지녔다. 이로써 그들은 자기 주변 환경에 대한 막대한 양의 정보를 공유할 수 있었다. 사피엔스가 다른 종의 인간들을 내몰 수 있었던 까닭이 공유된 정보의 양 때문이었다는 이론이 널리 알려져 있기는 하다. 그러나 공유된 정보의 양이 성공의 직접적 원인은 아니라는 이론 또한 존재한다. 이에 따르면 사피엔스가 세계를 정복할 수 있었던 원인은 오히려 그들의 언어가 사회적 협력을 다른 언어보다 더 원활하게 해주었다는 데 있다. 사피엔스는 주변 환경에 대한 담화를 할 수 있었을 뿐 아니라 다른 사회 구성원에 대한 담화도 할 수 있었다. 그런 담화는 상호 간의 관계를 더욱 긴밀하게 했고 협력을 증진시켰다. 작은 무리의 사피엔스는 이렇게 더욱 긴밀한 협력 관계를 유지할 수 있었다.

위의 두 이론, 곧 유연성 이론과 담화 이론은 사피엔스의 정복을 부분적으로는 설명해 줄 수 있을 것이다. 하지만 그 직접적 원인은 그들이 사용한 언어만이 존재하지도 않는 것에 대한 정보를 공유할 수 있게끔 해주었다는 데 있다. 직접 보거나 만지거나 냄새 맡지 못한 것에 대해 이야기할 수 있었던 존재는 사피엔스뿐이었다. 그들이 지닌 언어의 이와 같은 특성 때문에 사피엔스는 개인적인 상상을 집단적으로 공유할 수 있게 되었으며 공통의 신화들을 짜낼 수 있었다. 그 덕분에 그들의 사회는 서로 모르는 구성원들 사이에서도 협력 관계를 유지하고 복잡한 거대 사회로 발전될 수 있었다.

① 사피엔스의 뇌 크기는 인지혁명 이후에야 현재 인류의 그것과 비슷해졌다.

② 유연성 이론과 담화 이론에 따르면 공유한 정보의 양이 사피엔스 성공의 직접적 원인이었다.

③ 사피엔스가 다른 인간 종을 몰아내기 시작한 것은 그들이 이주를 시도한 때부터 약 4만 년 후였다.

④ 담화 이론에 따르면, 자기 주변 환경에 대한 정보가 사회 구성원들에 대한 정보보다 사피엔스에게 더 중요하였다.

⑤ 사피엔스가 다른 인간 종을 멸종시킬 수 있었던 원인은 상상이나 신화와 같은 허구를 사회적으로 공유할 수 있는 능력에 있었다.

오스만 제국은 정복 지역민의 개종을 통한 통치보다 정복되기 이전의 사회, 경제적 지배 체제를 이용한 통치를 선호하였다. 정복 지역의 기존 세력이 경제적 기반을 유지할 수 있도록 허용하였고, 종교 자치구도 인정하였던 한편, 정복 지역의 인재를 제국의 엘리트로 영입하기 위한 교육 제도 또한 운영하였다. 이와 같은 정책의 실행이 정복 지역에 대한 제국의 안정적 지배에 크게 기여하였다.

제국의 경작지와 목축용 토지는 사원에 대한 기부 토지인 와크프의 경우를 제외하고는 전적으로 술탄의 개인 재산이었다. 그러나 제국의 영토가 정복에 의해 확장되면서 이와 같은 토지 정책은 유지될 수 없었다. 티마르는 술탄이 정복지 토착 귀족이나 토후에게 하사했던 토지이다. 이는 중세 유럽의 봉건 영지와 유사한 것으로 잘못 비교되기도 한다. 티마르 영지를 분배받은 이들은 그로부터 세금을 거둘 권리를 갖기는 했지만 유럽의 중세 영주와는 달리 사법권을 갖지는 못했다.

밀레트는 종교, 문화적 자유가 인정된 종교 자치구인데, 해당 자치구 내에서는 전통적인 공동체의 유지와 그에 입각한 교육도 허용되었다. 콘스탄티노플의 대주교를 총대주교로 하는 정교회 교구가 그 중 하나였다. 총대주교는 정교회의 행동에 대한 모든 책임까지 져야 하는 행정 관리이기도 하였다. 한편, 오스만 제국은 기독교 신자 등 비이슬람 교도 관리를 위해 종교 자치구를 인정했지만, 개별 민족을 위한 자치구까지 허용하지는 않았다. 오스만 제국의 정복 지역에서는 여러 민족들이 서로를 차별하는 현상이 빈번했다. 그러나 이러한 현상이 제국의 종교 자치구 정책 시행 때문에 생겨난 것인가의 여부는 판단하기 어렵다.

데브쉬르메는 지역의 인재를 제국의 엘리트로 양성하여 그들이 차출된 지역으로 다시 파견하거나 또는 그들을 제국의 중앙관리로 영입하는 인사 제도였다. 그러나 이 제도는 실상 남자 어린이 징용제도와도 같았다. 각 가정의 장남을 6, 7세 때 개종과 제국 중심의 교육을 위해 콘스탄티노플이나 아나톨리아 등의 중심 도시로 끌고 갔다. 제국은 이 제도로 매년 1천~3천 명의 새로운 전사나 충성스런 관리를 충원해 나갈 수 있었다. 데브쉬르메 제도에서 교육받은 이들은 자신이 제국의 엘리트라는 의식이 강했고 종교적으로는 이슬람으로 무장되어 있었다.

① 콘스탄티노플의 대주교는 종교 자치구의 행정 관리로서 역할을 하였다.

② 밀레트는 종교 자치구로 민족끼리의 상호 차별을 예방하기 위한 것이었다.

③ 데브쉬르메 제도는 징용된 어린이를 볼모로 삼아 정복 지역의 반란을 예방하기 위한 수단이 되었다.

④ 티마르 영지를 분배받은 이들의 영지에 대한 권리는 중세 봉건 영지에 대한 영주의 권리와 동일하였다.

⑤ 오스만 제국의 통치 정책은 정복지에 형성되었던 기존의 종교적, 사회적, 경제적 질서를 더욱 견고하게 유지하기 위한 것이었다.

1890년 독점 및 거래제한 행위에 대한 규제를 명시한 셔먼법이 제정됐다. 셔먼은 반독점법 제정이 소비자의 이익 보호와 함께 소생산자들의 탈집중화된 경제 보호라는 목적이 있다는 점을 강조했다. 그는 독점적 기업결합 집단인 트러스트가 독점을 통한 인위적인 가격 상승으로 소비자를 기만한다고 보았다. 더 나아가 트러스트가 사적 권력을 강화해 민주주의에 위협이 된다고 비판했다. 이런 비판의 사상적 배경이 된 것은 시민 자치를 중시하는 공화주의 전통이었다.

이후 반독점 운동에서 브랜다이스가 영향력 있는 인물로 부상했다. 그는 독점 규제를 통해 소비자의 이익이 아니라 독립적 소생산자의 경제를 보호하고자 했다. 반독점법의 취지는 거대한 경제 권력의 영향으로부터 독립적 소생산자들을 보호함으로써 자치를 지켜내는 데 있다는 것이다. 이런 생각에는 공화주의 전통이 반영되어 있었다. 브랜다이스는 거대한 트러스트에 집중된 부와 권력이 시민 자치를 위협한다고 보았다. 이 점에서 그는 반독점법이 소생산자의 이익 자체를 도모하는 것보다는 경제와 권력의 집중을 막는 데 초점을 맞추어야 한다고 주장했다.

반독점법이 강력하게 집행된 것은 1930년대 후반에 이르러서였다. 1938년 아놀드가 법무부 반독점국의 책임자로 임명되었다. 아놀드는 소생산자의 자치와 탈집중화된 경제의 보호가 대량 생산 시대에 맞지 않는 감상적인 생각이라고 치부하고, 시민 자치권을 근거로 하는 반독점 주장을 거부했다. 그는 독점 규제의 목적이 권력 집중에 대한 싸움이 아니라 경제적 효율성의 향상에 맞춰져야 한다고 주장했다. 독점 규제를 통해 생산과 분배의 효율성을 증가시키고 그 혜택을 소비자에게 돌려주는 것이 핵심 문제라는 것이다. 이 점에서 반독점법의 목적이 소비자 가격을 낮춰 소비자 복지를 증진시키는 데 있다고 본 것이다. 그는 사람들이 반독점법을 지지하는 이유도 대기업에 대한 반감이나 분노 때문이 아니라, '돼지갈비, 빵, 안경, 약, 배관공사 등의 가격'에 대한 관심 때문이라고 강조했다. 이 시기 아놀드의 견해가 널리 받아들여진 것도 소비자 복지에 대한 당시 사람들의 관심사를 반영했기 때문으로 볼 수 있다. 이런 점에서 소비자 복지에 근거한 반독점 정책은 안정된 법적, 정치적 제도로서의 지위를 갖게 되었다.

① 셔먼과 브랜다이스의 견해는 공화주의 전통에 기반을 두고 있었다.
② 아놀드는 독점 규제의 목적에 대한 브랜다이스의 견해에 비판적이었다.
③ 셔먼과 아놀드는 소비자 이익을 보호한다는 점에서 반독점법을 지지했다.
④ 반독점 주장의 주된 근거는 1930년대 후반 시민 자치권에서 소비자 복지로 옮겨 갔다.
⑤ 브랜다이스는 독립적 소생산자와 소비자의 이익을 보호하여 시민 자치를 지키고자 했다.

조선왕조실록은 조선 시대 국왕의 재위 기간에 있었던 중요 사건들을 정리한 기록물로 역사적인 가치가 크다. 이에 유네스코는 태조부터 철종까지의 시기에 있었던 사건들이 담긴 조선왕조실록 총 1,893권, 888책을 세계 기록 유산으로 등재하였다.

실록의 간행 과정은 상당히 길고 복잡했다. 먼저, 사관이 국왕의 공식적 언행과 주요 사건을 매일 기록하여 사초를 만들었다. 그 국왕의 뒤를 이어 즉위한 새 왕은 전왕(前王)의 실록을 만들기 위해 실록청을 세웠다. 이 실록청은 사초에 담긴 내용을 취사선택해 실록을 만든 후 해산하였다. 이렇게 만들어진 실록은 전왕의 묘호(廟號)를 붙여 '○○실록'이라고 불렸다. 이런 식으로 일이 진행되다보니 『철종실록』이 고종 때에 간행되었던 것이다.

한편 정변으로 왕이 바뀌었을 때에는 그 뒤를 이은 국왕이 실록청 대신 일기청을 설치하여 물러난 왕의 재위 기간에 있었던 일을 '○○○일기(日記)'라는 명칭으로 정리해 간행했다. 인조 때 『광해군실록』이 아니라 『광해군일기』가 간행된 것은 바로 이 때문이다. '일기'는 명칭만 '실록'이라고 부르지 않을 뿐 간행 과정은 그와 동일했다. 그렇기 때문에 '일기'도 세계 기록 유산으로 등재된 조선왕조실록에 포함된 것이다. 『단종실록』은 특이한 사례에 해당된다. 단종은 계유정난으로 왕위에서 쫓겨난 후에 노산군으로 불렸고, 그런 이유로 세조 때 『노산군일기』가 간행되었다. 그런데 숙종 24년(1698)에 노산군이 단종으로 복위된 후로 『노산군일기』를 『단종실록』으로 고쳐 부르게 되었다.

조선 후기 붕당 간의 대립은 실록 내용에도 영향을 미쳤다. 선조 때 동인과 서인이라는 붕당이 등장한 이래, 선조의 뒤를 이은 광해군과 인조 때까지만 해도 붕당 간 대립이 심하지 않았다. 그러나 인조의 뒤를 이어 효종, 현종, 숙종이 연이어 왕위에 오르는 과정에서 붕당 간 대립이 심해졌다. 효종 때부터는 집권 붕당이 다른 붕당을 폄훼하기 위해 이미 만들어져 있는 실록을 수정해 간행하는 일이 벌어졌다. 수정된 실록에는 원래의 실록과 구분해 '○○수정실록'이라는 명칭을 따로 붙였다.

① 『효종실록』은 현종 때 설치된 실록청이 간행했을 것이다.
② 『노산군일기』는 숙종 때 설치된 일기청이 간행했을 것이다.
③ 『선조수정실록』은 광해군 때 설치된 실록청이 간행했을 것이다.
④ 『고종실록』은 세계 기록 유산으로 등재된 조선왕조실록에 포함되어 있을 것이다.
⑤ 『광해군일기』는 세계 기록 유산으로 등재된 조선왕조실록에 포함되어 있지 않을 것이다.

문 69. 다음 글의 내용과 부합하지 <u>않는</u> 것은?

11 5급(수) 25번

설헌 : 우리 여자들은 학문이 없는 까닭으로 기 천년 금수 같은 대우를 받았으니 우리 여자 사회에서 제일 급한 것이 학문인즉 학문 말씀을 먼저 하겠소. 우리 이천 만 민족 중에 일천 만 남자들은 응당 고명한 학교를 졸업하여 정치, 법률, 군제, 농상공 등 만 가지 사업에 족하겠지마는 우리 일 천만 여자들은 학문이 무엇인지 도무지 모르고 또 배우려고 하지도 않으며, 유의유식(遊衣遊食)으로 남자만 의뢰하여 먹고 입으려 하니, 국세가 어찌 빈약하지 아니하겠소? 우리가 본받을 만한 강성한 여러 문명국 사람들은 남자와 여자가 학문과 기예에 차등이 없고 오히려 여자는 남자보다 해산하는 재주 한 가지가 더 있다 평하기도 하며, 혹 전쟁이 있어 남자가 다 죽어도 겨우 반을 잃었다고 말하니, 그 여자들이 창법과 검술까지 두루 통달함을 가히 알 수 있소.

금운 : 설헌 씨는 우리 여자들이 배워야 할 학문 설명을 자세히 잘 말하였으나, 그 성질과 형편에서 그래도 미진한 곳이 있습니다. 우리나라 사람들이 떠받드는 중국의 글자를 폐지하여야 할 필요가 있겠소. 대저 글자라 하는 것은 소와 같아서 그 나라의 온갖 정신을 싣고 있으니, 우리나라의 소위 한문이란 것은 곧 지나의 소요, 다만 지나의 정신만 실었으니, 우리나라 사람이야 평생을 끌고 당긴들 무슨 이익이 있겠소? 대체 책은 무엇에 쓰자고 읽소? 사리에 통하려고 읽는 것인데, 내 나라 역사와 지리를 모르고서 『제갈량전』과 『비사맥(比斯麥)*전』을 천만 번이나 읽은들 현금 비참한 지경을 면하겠소? 일본 학교 교과서를 보시오. 소학교에서 가르치는 것은 다만 자국 인물이 어떠하고 자국 지리가 어떠하다 하여 자국 정신이 굳은 후에 비로소 만국 역사와 만국 지리를 가르치니, 그런고로 남녀를 불문하고 자국의 일반 지식이 없는 자가 없으니, 오늘날 저러한 큰 세력을 얻어 나라의 영광을 이루었소.

국란 : 아니오. 우리나라가 가뜩이나 무식한데 그나마 한문도 없어지면 어찌겠소. 수모(水母)란 것은 눈이 없이 새우를 따라다니면서 새우 눈을 제 눈 같이 아나니, 우리나라가 수모 세계인데 새우 노릇은 누가 하오? 아니 될 말이오. 졸지에 한문을 없애고 국문(國文)만 힘쓰면 무슨 별지식이 나오리까? 나도 한문을 좋다 하는 것은 아니나 형편으로 말하자면 요순(堯舜)이래 치국평천하(治國平天下)하는 법과 수신제가(修身齊家)하는 천사만사가 모두 한문에 있으니 한문을 없애고 국문만 쓰면, 비유컨대 유리창을 떼어버리고 흙벽 치는 셈이오.

※ 비사맥 : 독일의 근대 정치가 비스마르크
   수모 : 해파리

① 설헌에 따르면, 우리나라가 강국이 되기 위해서는 여자도 학문을 익혀야 한다.

② 금운에 따르면, 우리 문자에는 우리 정신이 담겨 있으므로 한글을 중시하지 않으면 안 된다.

③ 금운에 따르면, 국문으로 쓰인 우리나라 위인의 전기를 읽어야 하지 『비사맥전』을 읽어서는 안 된다.

④ 국란에 따르면, 한자 사용을 금지하자는 금운의 주장은 우리나라의 사정을 고려할 때 옳지 않다.

⑤ 국란에 따르면, 우리나라 사람들은 새우를 따라다니는 수모처럼 한문에 의해 인도를 받아야 한다.

문 70. A, B, C, D 네 사람만 참여한 달리기 시합에서 동순위 없이 순위가 완전히 결정되었다. A, B, C는 각자 아래와 같이 진술하였다. 이들의 진술이 자신보다 낮은 순위의 사람에 대한 진술이라면 참이고, 높은 순위의 사람에 대한 진술이라면 거짓이라고 하자. 반드시 참인 것은?

11 5급(수) 12번

A : C는 1위이거나 2위이다.
B : D는 3위이거나 4위이다.
C : D는 2위이다.

① A는 1위이다.
② B는 2위이다.
③ D는 4위이다.
④ A가 B보다 순위가 높다.
⑤ C가 D보다 순위가 높다.

1918년 캘리포니아의 요세미티 국립공원에 인접한 헤츠헤치 계곡에 댐과 저수지를 건설하자는 제안을 놓고 중요한 논쟁이 벌어졌다. 샌프란시스코 시에 물이 부족해지자 헤츠헤치 계곡을 수몰시키는 댐을 건설하여 샌프란시스코에 물을 안정적으로 공급하자는 계획이 등장한 것이다. 이 계획안을 놓고 핀쇼와 뮤어 사이에 중요한 논쟁이 벌어지는데, 이는 이후 환경문제에 대한 유력한 두 가지 견해를 상징적으로 드러낸다.

핀쇼는 당시 미국 산림청장으로서 미국에서 거의 최초로 전문적인 교육과 훈련을 받은 임업전문가 중의 한 사람이었다. 또한 핀쇼는 환경의 보호관리(conservation) 운동의 창시자였다. 이 운동은 산림 지역을 지혜롭게 이용하기 위해서는 이를 보호하는 동시에 적절하게 관리해야 한다는 주장을 폈다. 핀쇼는 국유림을 과학적으로 경영, 관리해야 한다고 생각하였다. 그의 기본 방침은 국유지는 대중의 필요와 사용을 위해 존재한다는 것이었다. 그는 "어떤 사람은 산림이 아름답고 야생 생물의 안식처라는 이유를 들어 이를 보존해야 한다고 주장한다. 하지만 우리의 산림정책의 목표는 산림을 보존하는 것이 아니라 이를 활용하여 행복한 가정을 꾸미고 대중의 복지를 추구하는 것"이라고 말하였다. 핀쇼는 계곡에 댐을 건설하려는 샌프란시스코 시의 계획을 지지하였는데 그 근거는 계곡의 댐 건설이 수백만의 사람들이 필요로 하는 물을 제공할 수 있다는 점이었다. 그는 이것이 자연자원을 가장 효과적으로 사용하는 방법이라고 생각하였다.

반면 시에라 클럽의 창립자이며 자연보존(preservation) 운동의 대변자인 뮤어는 계곡의 보존을 주장하였다. 그는 자연을 인간의 소비를 위한 단순한 상품으로만 간주하는 보호관리주의가 심각한 문제점을 지닌다고 생각하였다. 그는 야생 자연의 정신적이고 심미적인 가치를 강조했으며, 모든 생명체의 내재적 가치를 존중하였다. 그는 헤츠헤치 계곡이 원형대로 보존되어야 하며 댐을 건설하여 계곡을 파괴하는 인간의 행위는 막아야 한다고 주장하였다.

이러한 초기의 논쟁은 환경 이론의 지배적인 두 흐름이 지니고 있는 세계관을 상징적으로 잘 보여준다. 보호관리주의자들은, 오직 소수의 이익을 위한 자연환경 착취를 금지해야 인간이 자연으로부터 더 오랜 시간 동안, 더 큰 이익을 얻을 수 있다고 주장하였다. 반면에 보존주의자들은 자연을 파괴하거나 변형하려는 인간의 활동으로부터 자연을 있는 그대로 보존해야 한다고 주장하였다. 다시 말해 이들의 목표는 야생 자연을 원형 그대로 보존하는 것이었다. 보호관리주의자들의 윤리적 근거는 자연 환경이 인간의 이익을 위한 수단으로서 가치를 지닌다는 것이다. 따라서 자연과 자원은 도구적 가치를 지닌다. 이와 달리 보존주의자들은 자연을 종교적 영감, 정서적 안식, 심미적 경험의 원천으로 인식한다. 이는 자연이 도구적 가치를 지님과 동시에 그 자체로 목적으로서의 가치도 있다는 점을 인정하는 것이다.

① 보호관리주의와 보존주의는 모두 자연의 이중적인 가치를 인정한다.
② 보호관리주의와 보존주의는 모두 자연의 도구적 가치를 인정한다.
③ 핀쇼는 인간과 자연의 대등한 관계가 자연자원의 효과적 활용에 꼭 필요하다고 주장했다.
④ 뮤어는 자연보존의 윤리적 근거를 자연이 인간에게 주는 수단적 가치와 경제적 이익에서 찾았다.
⑤ 핀쇼와 뮤어는 자연개발을 통한 이익이 해당 지역 주민과 일반 대중 중 어느 쪽에 우선적으로 배정되어야 하는가를 두고 논쟁하였다.

식물학자 갑은 식물 P를 대상으로 실험한 후 다음과 같은 결과를 얻었다.
- 외부자극 S에 반응하여 효소 A가 활성화된다.
- 효소 A가 활성화되면, 물질 B가 합성된다.
- 물질 B가 합성되면, 물질 C가 생성된다.
- 물질 C가 생성되면, 줄기가 두꺼워진다.
- 물질 C가 생성되면, 줄기가 휘어져 성장한다.
- 물질 C가 생성되면, 줄기의 신장 속도가 감소한다.

〈보 기〉
ㄱ. 외부자극 S를 주지 않은 상태에서 식물 P에 물질 C를 투입시켰더니 이 식물의 줄기 신장 속도가 감소하였다.
ㄴ. 외부자극 S를 주지 않은 상태에서 식물 P에 물질 B를 투입시켰더니 이 식물의 줄기가 두꺼워졌다.
ㄷ. 식물 P에 효소 A의 기능을 완전히 억제시킨 상태에서 외부자극 S를 주었더니 이 식물의 줄기 신장 속도는 변화가 없었다.
ㄹ. 식물 P에 효소 A의 기능을 완전히 억제시킨 상태에서 B를 투입시켰더니 이 식물의 줄기가 휘어져 성장하였다.

① ㄱ, ㄴ
② ㄱ, ㄹ
③ ㄴ, ㄷ
④ ㄴ, ㄷ, ㄹ
⑤ ㄱ, ㄴ, ㄷ, ㄹ

조선 시대 우리의 전통적인 전술은 흔히 장병(長兵)이라고 불리는 것이었다. 장병은 기병(騎兵)과 보병(步兵)이 모두 궁시(弓矢)나 화기(火器) 같은 장거리 무기를 주무기로 삼아 원격전(遠隔戰)에서 적을 제압하는 것이 특징이었다. 이에 반해 일본의 전술은 창과 검을 주무기로 삼아 근접전(近接戰)에 치중하였기 때문에 단병(短兵)이라 일컬어졌다. 이러한 전술상의 차이로 인해 임진왜란 이전에는 조선의 전력(戰力)이 일본의 전력을 압도하는 형세였다. 조선의 화기 기술은 고려 말 왜구를 효과적으로 격퇴하는 방도로 수용된 이래 발전을 거듭했지만, 단병에 주력하였던 일본은 화기 기술을 습득하지 못하고 있었다.

그러나 이러한 전력상의 우열관계는 임진왜란 직전 일본이 네덜란드 상인들로부터 조총을 구입함으로써 역전되고 말았다. 일본의 새로운 장병 무기가 된 조총은 조선의 궁시나 화기보다도 사거리나 정확도 등에서 훨씬 우세하였다. 조총은 단지 조선의 장병 무기류를 압도하는데 그치지 않고 일본이 본래 가지고 있던 단병 전술의 장점을 십분 발휘하게 하였다. 조선이 임진왜란 때 육전(陸戰)에서 참패를 거듭한 것은 정치·사회 전반의 문제가 일차적 원인이겠지만, 이러한 전술상의 문제에도 전혀 까닭이 없지 않았던 것이다. 그러나 일본은 근접전이 불리한 해전(海戰)에서 조총의 화력을 압도하는 대형 화기의 위력에 눌려 끝까지 열세를 만회하지 못했다. 일본은 화약무기 사용의 전통이 길지 않았기 때문에 해전에서도 조총만을 사용하였다. 반면 화기 사용의 전통이 오래된 조선의 경우 비록 육전에서는 소형 화기가 조총의 성능을 당해내지 못했지만, 해전에서는 함선에 탑재한 대형 화포의 화력이 조총의 성능을 압도하였다. 해전에서 조선 수군이 거둔 승리는 이순신의 탁월한 지휘력에도 힘입은 바 컸지만, 이러한 장병 전술의 우위가 승리의 기본적인 토대가 되었던 것이다.

① 장병 무기인 조총은 일본의 근접 전투기술을 약화시켰다.
② 조선의 장병 전술은 고려 말 화기의 수용으로부터 시작되었다.
③ 임진왜란 당시 조선은 육전에서 전력상 우위를 점하고 있었다.
④ 원격전에 능한 조선 장병 전술의 장점이 해전에서 잘 발휘되었다.
⑤ 임진왜란 때 조선군이 참패한 일차적인 원인은 무기 기술의 열세에 있었다.

A : 사람과 동물의 본성은 모두 똑같이 오상[五常 : 仁義禮智信]의 전부를 구비하고 있다. 오행[五行 : 金木水火土]이 갖추어진 뒤에라야 조화(造化)가 이루어지고 만물이 생(生)하는 것이다. 인간과 동물은 모두 오행인 다섯 가지 기(氣)를 얻어 태어나므로 오행의 이치[理]인 오상을 동일하게 얻었음은 재론의 여지가 없다. 다만 인간과 동물이 오상을 발휘하는데 차이가 없다는 의미는 아니다. 동물도 오상의 전부를 갖추었지만, 인간과 동물 사이에는 순수함[粹]과 불순함[不粹]이라는 차이가 있다. 인간의 본성은 순수하지만 동물의 본성은 불순한데, 이러한 차이는 바로 부여받은 기에 달려 있다. 인간이 부여받은 기는 정통(正通)한 것인 반면, 동물이 부여받은 기는 편색(偏塞)한 것이다. 그러므로 인간은 오상 즉 인·의·예·지·신의 다섯 가지의 덕을 모두 발휘할 수 있지만, 동물은 그 일부밖에 발휘하지 못하는 것이다.

B : 사람과 사람의 본성은 같지만 사람과 동물의 본성은 다르다. 오행인 기 가운데서도 뛰어난 기의 이치만 오상이 되는 것이다. 사람은 다섯 가지 뛰어난 기를 얻었으므로 오상을 모두 갖추었지만 동물은 뛰어난 기를 하나 둘밖에는 얻지 못하므로 오상을 전부 갖추었다고는 말할 수 없다. 그러므로 호랑이와 이리의 본성에 인(仁)이 있고, 벌과 개미의 본성에 의(義)가 있지만, 오상 가운데에서 겨우 하나의 덕을 얻은 것이며 나머지의 덕은 얻지 못한 것이다. 그래서 사람과 동물이 오행인 기를 부여받은 것은 마찬가지라 하더라도 그 본성에 있어서는 차이가 있다고 말하는 것이다.

① A, B 모두 오상을 기의 이치로 본다.
② A, B 모두 인간과 동물이 오행인 기를 부여받았다고 본다.
③ A에 따르면, 인간과 동물은 오상을 발휘하는 데 차이가 있다.
④ B에 따르면, 인간과 동물 모두 오상의 일부만을 구비하고 있다.
⑤ A, B 모두 기의 차이를 통해 인간과 동물 간 오상의 차이를 설명하고 있다.

다음 글의 내용과 부합하지 <u>않는</u> 것은?

경제질서는 국가 간의 교역과 상호투자 등을 원활히 하기 위해 각 국가가 준수할 규범들을 제정하고 이를 이행시키면서 이루어진 질서이다. 경제질서는 교역 당사국 모두에 직접적인 이익을 가져다주기 때문에 비교적 잘 지켜지고 있다. 특히 1995년 WTO가 발족되어 안보질서보다도 더 정교한 질서로 자리를 잡고 있다. 경제질서를 준수하게 하는 힘은 준수하지 않았을 때 가해지는 불이익으로, 다른 나라들의 집단적 경제제재가 그에 해당된다. 자연보호질서는 경제질서의 한 종류로, 자원보호질서와 환경보호질서로 나뉜다. 이 두 가지 질서는 다음과 같은 생각에서 제안된 범세계적 운동이다. 자원보호질서는 유한한 자원을 모두 소비하면 후세 사람들이 살아갈 수 없으므로 재생 가능한 자원을 많이 사용하고 가능한 한 자원을 재활용하자는 생각이다. 환경보호질서는 하나밖에 없는 지구의 원 모습을 지켜 후손에게 물려주어야 한다는 생각이다. 자원보호질서는 부존자원의 낭비를 막기 위해 사용 물질의 양에 대한 규제를 주도하는 질서이고, 환경보호질서는 글자 그대로 환경을 쾌적한 상태로 유지하려는 질서이다. 이 두 가지 질서는 서로 연관되어 있으나 지키려는 내용에서 다르다. 자원보호질서는 사람이 사용하는 물자의 양을 통제하기 위한 질서이고, 환경보호질서는 환경의 원형보존을 위한 질서이다.

경제질서와는 달리 공공질서는 일부가 아닌 모든 구성국들에 이익을 가져다주는 국제질서이다. 국가 간의 교류 및 협력을 위해서는 서로 간의 의사소통, 인적·물적 교류 등이 원활히 이루어져야 한다. 이러한 거래, 교류, 접촉 등을 원활하게 하는 공동규범들이 공공질서를 이룬다. 공공질서는 모든 구성국에 편익을 주는 공공재를 창출하고 유지하려는 구성국들의 공동노력으로 이루어진다.

가장 새롭게 등장한 국제질서가 인권보호질서이다. 웨스트팔리아체제라 부르는 주권국가 중심의 현 국제정치질서에서는 주권존중, 내정불간섭 원칙이 엄격히 지켜진다. 그래서 자국 정부에 의한 자국민 학살, 탄압, 인권유린 등이 국외에서는 외면되어 왔다. 그러나 정부에 의한 인민학살의 피해나, 다민족 국가에서의 자국 내 소수민족 탄압이 용인될 수 없는 상태에까지 이르게 됨에 따라 점차로 인권보호를 위한 인도주의적 개입의 당위가 논의되기 시작하고 있다. 이러한 흐름 속에서 국제연합인권위원회 및 각종 NGO 등의 노력으로 국제사회에서 공동 개입하여 인권보호를 이루어내자는 운동이 일어나고 있다. 이러한 노력의 결과 하나의 새로운 국제질서인 인권보호질서가 자리를 잡아가고 있다. 인권보호질서는 아직 형성과정에 있으며, 또한 주권국가 중심의 현 국제정치질서와 충돌하므로 앞으로도 쉽게 자리를 잡기는 어려우리라 예상된다. 그러나 21세기에 접어들면서 '세계시민의식'이 급속히 확산되고 있는 점을 감안한다면, 어떤 국가도 결코 무시할 수 없는 국제질서로 발전하리라 생각한다.

① 교역 당사국에 직접 이익을 주기 때문에 WTO에 의한 경제질서가 비교적 잘 유지되고 있다.

② 세계시민의식의 확산과 더불어 등장한 인권보호질서는 내정불간섭 원칙의 엄격한 준수를 요구한다.

③ 세계적 차원에서 유한한 자원의 낭비를 규제하고 자원을 재활용하기 위해 자원보호질서가 제안되었다.

④ 인적·물적 교류를 원활하게 하는 공동규범으로 이루어진 공공질서는 그 구성국들에 이익을 가져다준다.

⑤ 자연보호질서의 하위질서인 환경보호질서는 지구를 쾌적한 상태로 유지하고 후세에 원형대로 물려주려는 것이다.

다음 글의 ㉠과 ㉡을 비교 설명한 것으로 옳지 않은 것은?

목조 건축물에서 지붕의 하중을 떠받치고 있는 수직 부재(部材)는 기둥이다. 이 기둥이 안정되게 수직 방향으로 서 있도록 기둥과 기둥의 상부 사이에 설치하는 수평 부재를 창방이라고 한다. 이 때, 기둥을 연결한 창방들이 만들어내는 수평선은 눈높이보다 높은 곳에 위치하고 있어 양쪽 끝이 아래로 처져 보이는 착시 현상이 발생한다. 이러한 착시 현상을 교정하기 위해 건물의 중앙에서 양쪽 끝으로 가면서 기둥이 점차 높아지도록 만드는데, 이것을 ㉠ 귀솟음 기법이라고 한다.

귀솟음 기법은 착시 현상을 교정하는 효과 외에 구조적인 측면에서의 장점도 지닌다. 전통 구조물의 일반적인 지붕 형태인 팔작지붕의 경우, 건물 끝부분의 기둥이 건물 중간에 위치한 기둥보다 지붕의 하중을 더 많이 받게 된다. 건물 끝부분 기둥이 오랫동안 지속적으로 많은 하중을 받으면 중간 기둥보다 더 많이 침하되는 부동(不同) 침하 현상이 발생하기도 한다. 귀솟음 기법은 부동 침하 현상에 의한 구조적 변형에도 끝기둥이 중간 기둥보다 높거나 동일한 높이를 유지할 수 있는 장점을 가지고 있다.

한편 일렬로 늘어선 기둥의 수직선 때문에 건물의 좌우 끝으로 가면서 건물의 상부가 바깥으로 벌어져 보이는 착시 현상이 발생한다. 이러한 현상을 교정하기 위해 좌우 끝기둥의 상부를 건물의 중앙 쪽으로 기울어지게 하는 ㉡ 안쏠림 기법을 사용하기도 한다. 그러나 단층 건물에서 안쏠림 기법은 귀솟음 기법과 달리 착시 현상을 교정하는 효과는 그리 크지 않다. 왜냐하면 단층 건물의 기둥 높이가 건물 앞면의 수평 길이에 비해 상대적으로 짧아서 착시 현상이 느껴지지 않기 때문이다. 하지만 층수가 많은 중층 구조에는 안쏠림 기법을 두는 경우가 많은데, 이는 끝기둥에 안쏠림 기법을 사용하면 건물의 무게 중심을 아래로 낮출 수 있기 때문이다. 중층 건물에서 안쏠림 기법은 시각적인 효과뿐만 아니라 건물의 구조적 안정성을 실현하는 데도 중요한 역할을 한다.

① ㉠과 ㉡은 착시 현상을 교정하는 기법이다.

② ㉠과 ㉡이 적용되는 부재는 모두 수직 부재이다.

③ ㉠과 ㉡은 건축물의 구조적인 안정을 가능케 한다.

④ ㉠은 부재의 높이를 ㉡은 부재의 수직 기울기를 조절한다.

⑤ ㉠은 건물이 높을수록 ㉡은 건물이 넓을수록 그 효과가 커진다.

『논어』 가운데 해석상 가장 많은 논란을 일으킨 구절은 '극기복례(克己復禮)'이다. 이 구절을 달리 해석하는 A학파와 B학파는 문장의 구절을 구분하는 것부터 견해가 다르다. A학파는 '극기'와 '복례'를 하나의 독립된 구절로 구분한다. 그들에 따르면, '극'과 '복'은 서술어이고, '기'와 '예'는 목적어이다. 이에 반해 B학파는 '극'을 서술어로 보고 '기복례'는 목적어구로 본다. 두 학파가 동일한 구절을 이와 같이 서로 다르게 구분하는 이유는 '극'과 '기' 그리고 '예'에 대한 이해가 다르기 때문이다.

A학파는 천리(天理)가 선천적으로 마음에 내재해 있다는 심성론에 따라 이 구절을 해석한다. 그들은 '극'은 '싸워서 이기다'로, '복'은 '회복하다'로 해석한다. 그리고 '기'는 '몸으로 인한 개인적 욕망'으로 '예'는 '천리에 따라 행위하는 것'으로 규정한다. 따라서 '극기'는 '몸의 개인적 욕망을 극복하다'로 해석하고, '복례'는 '천리에 따라 행위하는 본래 모습을 회복하다'로 해석한다.

이와 달리 B학파는 심성론에 따라 해석하지 않고 예를 중심으로 해석한다. 이들은 '극'을 '능숙하다'로, '기'는 '몸'으로 이해한다. 또 '복'을 '한 번 했던 동작을 거듭하여 실천하다'로 풀이한다. 그리고 예에 대한 인식도 달라서 '예'를 천리가 아닌 '본받아야 할 행위'로 이해한다. 예를 들면, 제사에 참여하여 어른들의 행위를 모방하면서 자신의 역할을 수행하는 것이 이에 해당한다. 따라서 이들의 해석에 따르면, '기복례'는 '몸이 본받아야 할 행위를 거듭 실행함'이 되고, '극'과 연결하여 해석하면 '몸이 본받아야 할 행위를 거듭 실행하여 능숙하게 되다'가 된다.

두 학파가 동일한 구절을 달리 해석하는 또 다른 이유는 그들이 지향하는 철학적 관심이 다르기 때문이다. A학파는 '극기'를 '사욕의 제거'로 해석하면서, 용례상으로나 구문론상으로 "왜 꼭 그렇게 해석해야만 하는가?"라는 질문에 답하는 대신 자신들의 철학적 체계에 따른 해석을 고수한다. 그들의 관심은 악의 문제를 어떻게 설명할 것인가라는 문제에 집중되고 있다. B학파는 '극기복례'에 사용된 문자 하나하나의 용례를 추적하여 A학파의 해석이 『논어』가 만들어졌을 당시의 유가 사상과 거리가 있다는 것을 밝히려 한다. 그들은 욕망의 제거가 아닌 '모범적 행위의 창안'이라는 맥락에서 유가의 정통성을 찾으려 한다.

① A학파는 '기'를 극복의 대상으로 삼고, 천리를 행위의 기준으로 삼을 것이다.
② A학파에 의하면, '예'의 실천은 태어날 때부터 마음에 갖추고 있는 원리에 따라 이루어질 것이다.
③ B학파는 마음의 본래 모습을 회복함으로써 악을 제거하려 할 것이다.
④ B학파는 '기'를 숙련 행위의 주체로 이해하며, 선인의 행위를 모범으로 삼을 것이다.
⑤ B학파에 의하면, '예'의 실천은 구체적 상황에서 규범 행위의 모방과 재연을 통해서 이루어질 것이다.

부족 A의 사람들의 이름은 살면서 계속 바뀔 수 있다. 사용하는 이름의 종류는 '고유명'과 '상명(喪名)'이다. 태어나면 먼저 누구나 고유명을 갖는다. 그러다 친척 중 누군가가 죽으면 고유명을 버리고 상명을 갖는다. 또 다른 친척이 죽으면 다시 새로운 상명을 갖는다. 이런 방식으로 친척 누군가가 죽을 때마다 계속 이름이 바뀐다. 만약 친척 두 명 이상이 동시에 죽을 경우에는 두 개 이상의 상명을 다 갖게 된다.

부족 B의 사람들도 이름이 계속 바뀔 수 있다. 예를 들어 손자의 이름을 지어 준 조부가 죽으면 그 손자는 새로운 이름을 받을 때까지 이름 없이 그대로 있어야 한다. 이렇게 어떤 사람이 죽으면 그 사람이 지어 준 이름은 쓸 수 없다. 한편 여성이 재혼하면 새 남편은 전남편과의 사이에서 낳은 아이에게 새로운 이름을 붙여준다. 부족 B의 여자는 일찍 결혼하는 데 반해 남자는 35세 이전에 결혼하는 경우가 매우 드물다. 그래서 일반적으로 남편이 아내보다 빨리 죽는다. 더구나 부족 B에는 여자가 부족하기 때문에 여자는 반드시 재혼한다.

─〈보 기〉─

ㄱ. 부족 A의 어떤 사람이 죽을 때까지 가졌던 상명의 수는 그와 친척이었던 모든 사람의 수보다 많지 않다.
ㄴ. 부족 B의 사람들은 모친이 죽으면 비로소 최종적인 이름을 갖게 된다.
ㄷ. 부족 B와 마찬가지로 부족 A에도 이름 없이 지내는 사람이 있을 수 있다.

① ㄱ
② ㄴ
③ ㄱ, ㄴ
④ ㄱ, ㄷ
⑤ ㄴ, ㄷ

대선후보 경선 여론조사에서 후보에 대한 지지 정도에 따라 피조사자들은 세 종류로 분류된다. 특정 후보를 적극적으로 지지하는 사람들과 소극적으로 지지하는 사람들, 그리고 기타에 해당하는 사람들이다.

후보가 두 명인 경우로 한정해서 생각해 보자. 여론조사 방식은 설문 문항에 따라 두 가지로 분류된다. 하나는 선호도 방식으로 "차기 대통령 후보로 누구를 더 선호하느냐?"라고 묻는다. 선호도 방식은 적극적으로 지지하는 사람들과 소극적으로 지지하는 사람들을 모두 지지자로 계산하는 방식이다. 이 여론조사 방식에서 적극적 지지자들과 소극적 지지자들은 모두 지지 의사를 답한다.

다른 한 방식은 지지도 방식으로 "내일(혹은 오늘) 투표를 한다면 누구를 지지하겠느냐?"라고 묻는다. 특정 후보를 적극적으로 지지하는 지지자들은 두 경쟁 후보를 놓고 두 물음에서 동일한 반응을 보일 것이다. 문제는 어느 한 후보를 적극적으로 지지하지 않는 소극적 지지자들이다. 이들은 특정 후보가 더 낫다고 생각하기 때문에 선호도를 질문할 경우에는 특정 후보를 선호한다고 대답하지만, 지지 여부를 질문할 경우에는 지지하는 후보가 없다는 '무응답'을 선택한다. 따라서 지지도 방식은 적극적 지지자만 지지자로 분류하고 나머지는 기타로 분류하는 방식에 해당한다.

〈보 기〉

ㄱ. A후보가 B후보보다 적극적 지지자의 수가 많고 소극적 지지자의 수는 적을 경우, 지지도 방식을 사용할 때 A후보가 B후보보다 더 많은 지지를 받을 것이다.

ㄴ. A후보가 B후보보다 적극적 지지자의 수는 적고 소극적 지지자의 수가 많을 경우, 선호도 방식을 사용할 때 A후보가 B후보보다 더 많은 지지를 받을 것이다.

ㄷ. A후보가 B후보보다 적극적 지지자와 소극적 지지자의 수가 각각 더 많다면, 선호도 방식에 비해 지지도 방식에서 A후보와 B후보 사이의 지지자 수의 격차가 더 클 것이다.

① ㄱ
② ㄷ
③ ㄱ, ㄴ
④ ㄴ, ㄷ
⑤ ㄱ, ㄷ

고전주의적 관점에서는 보편적 규칙에 따라 고전적 이상에 일치시켜 대상을 재현한 작품에 높은 가치를 부여한다. 반면 낭만주의적 관점에서는 예술가 자신의 감정이나 가치관, 문제의식 등을 자유로운 방식으로 표현한 것에 가치를 부여한다.

그렇다면 예술작품을 감상할 때에는 어떠한 관점을 취해야 할까? 예술작품을 감상한다는 것은 예술가를 화자로 보고, 감상자를 청자로 설정하는 의사소통 형식으로 가정할 수 있다. 고전주의적 관점에서는 재현 내용과 형식이 정해지기 때문에 화자인 예술가가 중심이 된 의사소통 행위가 아니라 청자가 중심이 된 의사소통 행위라 할 수 있다. 즉, 예술작품 감상에 있어서 청자인 감상자는 보편적 규칙과 정형적 재현 방식을 통해 쉽게 예술작품을 수용하고 이해할 수 있게 된다. 그런데 의사소통 상황에서 청자가 중요시되지 않는 경우도 흔히 발견된다. 가령 스포츠 경기를 볼 때 주변 사람과 관련 없이 자기 혼자서 탄식하고 환호하기도 한다. 또한 독백과 같이 특정한 청자를 설정하지 않는 발화 행위도 존재한다. 낭만주의적 관점에서 예술작품을 이해하고 감상하는 것도 이와 유사하다. 낭만주의적 관점에서는, 예술작품을 예술가가 감상자를 고려하지 않은 채 자신의 생각이나 느낌을 자유롭게 표현한 것으로 보아야만 작품의 본질을 오히려 잘 포착할 수 있다고 본다.

낭만주의적 관점에서 올바른 작품 감상을 위해서는 예술가의 창작의도나 창작관에 대한 이해가 필요하다. 비록 관람과 감상을 전제하고 만들어진 작품이라 하더라도 그 가치는 작품이 보여주는 색채나 구도 등에 대한 감상자의 경험을 통해서만 파악되는 것이 아니다. 현대 추상회화 창시자의 한 명으로 손꼽히는 몬드리안의 예술작품을 보자. 구상적 형상 없이 선과 색으로 구성된 몬드리안의 작품들은, 그가 자신의 예술을 발전시켜 나가는 데 있어서 관심을 쏟았던 것이 무엇인지를 알지 못하면 이해하기 어렵다.

① 고전주의적 관점과 낭만주의적 관점의 공통점은 예술작품의 재현 방식이다.

② 고전주의적 관점에서 볼 때, 예술작품을 감상하는 것은 독백을 듣는 것과 유사하다.

③ 낭만주의적 관점에서 볼 때, 예술작품 창작의 목적은 감상자 위주의 의사소통에 있다.

④ 낭만주의적 관점에서 볼 때, 예술작품의 창작의도에 대한 충분한 소통은 작품 이해를 위해 중요하다.

⑤ 고전주의적 관점에 따르면 예술작품의 본질은 예술가가 자신의 생각이나 느낌을 창의적으로 표현하는 데 있다.

다음 ⊙~@에 대한 판단으로 가장 적절한 것은?

동물실험이란 교육, 시험, 연구 및 생물학적 제제의 생산 등 과학적 목적을 위해 동물을 대상으로 실시하는 실험 및 그 절차를 말한다. 동물실험은 오랜 역사를 가진 만큼 이에 대한 찬반 입장이 복잡하게 얽혀있다.

인간과 동물의 몸이 자동 기계라고 보았던 근대 철학자 ⊙ 데카르트는 동물은 인간과 달리 영혼이 없어 쾌락이나 고통을 경험할 수 없다고 믿었다. 데카르트는 살아있는 동물을 마취도 하지 않은 채 해부 실험을 했던 것으로 악명이 높다. 당시에는 마취술이 변변치 않았을 뿐더러 동물이 아파하는 행동도 진정한 고통의 반영이 아니라고 보았기 때문에, 그는 양심의 가책을 느끼지 않았을 것이다. ⓒ 칸트는 이성 능력과 도덕적 실천 능력을 가진 인간은 목적으로서 대우해야 하지만, 이성도 도덕도 가지지 않은 동물은 그렇지 않다고 보았다. 그는 동물을 학대하는 일은 옳지 않다고 생각했는데, 동물을 잔혹하게 대하는 일이 습관화되면 다른 사람과의 관계에도 문제가 생기고 인간의 품위가 손상된다고 보았기 때문이다.

동물실험을 옹호하는 여러 입장들은 인간은 동물이 가지지 않은 언어 능력, 도구 사용 능력, 이성 능력 등을 가진다는 점을 근거로 삼는 경우가 많지만, 동물들도 지능과 문화를 가진다는 점을 들어 인간과 동물의 근본적 차이를 부정하는 이들도 있다. 현대의 ⓒ 공리주의 생명윤리학자들은 이성이나 언어 능력에서 인간과 동물이 차이가 있더라도 동물실험이 정당화되는 것은 아니라고 본다. 이들에게 도덕적 차원에서 중요한 기준은 고통을 느낄 수 있는지 여부이다. 인종이나 성별과 무관하게 고통은 최소화되어야 하듯, 동물이 겪고 있는 고통도 마찬가지이다. 이들이 문제 삼는 것은 동물실험 자체라기보다는 그것이 초래하는 전체 복지의 감소에 있다. 따라서 동물에 대한 충분한 배려 속에서 전체적인 복지를 증대시킬 수 있다면, 일부 동물실험은 허용될 수 있다.

이와 달리, 현대 철학자 @ 리건은 몇몇 포유류의 경우 각 동물 개체가 삶의 주체로서 갖는 가치가 있다고 주장하면서, 이 동물에게는 실험에 이용되지 않을 권리가 있다고 본다. 이러한 고유한 가치를 지닌 존재는 존중되어야 하며 결코 수단으로 취급되어서는 안 된다. 따라서 개체로서의 가치와 동물권을 지니는 대상은 그 어떤 실험에도 사용되지 않아야 한다.

① ⊙과 ⓒ은 이성과 도덕을 갖춘 인간의 이익을 우선시하기 때문에 동물실험에 찬성한다.

② ⊙과 ⓒ은 동물이 고통을 느낄 수 있는지 여부에 관해 견해가 서로 다르다.

③ ⓒ과 @은 인간과 동물의 근본적 차이로 인해 동물을 인간과 다르게 대우해도 좋다고 본다.

④ ⓒ은 언어와 이성 능력에서 인간과 동물이 차이가 있음을 부정한다.

⑤ @은 동물이 고통을 느낄 수 있는 존재이기 때문에 각 동물 개체가 삶의 주체로서 가치를 지닌다고 본다.

다음 A, B 학파에 대한 판단으로 적절하지 않은 것은?

비정규 노동은 파트타임, 기간제, 파견, 용역, 호출 등의 근로 형태를 의미한다. IMF 외환위기 이후 정규직과 비정규직 사이의 차별이 사회문제로 대두되었는데 그 중 가장 심각한 문제가 임금차별이다. 정규직과 비정규직 사이의 임금수준 격차는 점차 커져 비정규직 임금이 2001년에는 정규직의 63% 수준이었다가 2016년에는 53.5% 수준으로 떨어졌다. 이 문제를 어떻게 해결할 것인가를 놓고 크게 두 가지 시각이 대립한다.

A 학파는 차별적 관행을 고수하는 기업들은 비차별적 기업들과의 경쟁에서 자연적으로 도태되기 때문에 기업 간 경쟁이 임금차별 완화의 핵심이라고 이야기한다. 기업이 노동자 개인의 능력 이외에 다른 잣대를 바탕으로 차별하는 행위는 비합리적이기 때문에, 기업들 사이의 경쟁이 강화될수록 임금차별은 자연스럽게 줄어들 수밖에 없다는 것이다. 예를 들어 정규직과 비정규직 가릴 것 없이 오직 능력에 비례하여 임금을 결정하는 회사는 정규직 또는 비정규직이라는 이유만으로 무능한 직원들을 임금 면에서 우대하고 유능한 직원들을 홀대하는 회사보다 경쟁에서 앞서 나갈 것이다.

B 학파는 실제로는 고용주들이 비정규직을 차별한다고 해서 기업 간 경쟁에서 불리해지지는 않는 현실을 근거로 A 학파를 비판한다. B 학파에 따르면 고용주들은 오직 사회적 비용이라는 추가적 장애물의 위협에 직면했을 때에만 정규직과 비정규직 사이의 임금차별 관행을 근본적으로 재고한다. 여기서 말하는 사회적 비용이란, 국가가 제정한 법과 제도를 수용하지 않음으로써 조직의 정당성이 낮아짐을 뜻한다. 기업의 경우엔 조직의 정당성이 낮아지게 되면 조직의 생존 가능성 역시 낮아지게 된다. 그래서 기업은 임금차별을 줄이는 강제적 제도를 수용함으로써 사회적 비용을 낮추는 선택을 하게 된다는 것이다. 따라서 B 학파는 법과 제도에 의한 규제를 통해 임금차별이 줄어들 것이라고 본다.

① A 학파에 따르면 경쟁이 치열한 산업군일수록 근로형태에 따른 임금 격차는 더 적어진다.

② A 학파는 시장에서 기업 간 경쟁이 약화되는 것을 방지하기 위한 보완 정책이 수립되어야 한다고 본다.

③ A 학파는 정규직과 비정규직 사이의 임금차별이 어떻게 줄어드는가에 대해 B 학파와 견해를 달리한다.

④ B 학파는 기업이 자기 조직의 생존 가능성을 낮춰가면서까지 임금차별 관행을 고수하지는 않을 것이라고 전제한다.

⑤ B 학파에 따르면 다른 조건이 동일할 때 기업의 비정규직에 대한 임금차별은 주로 강제적 규제에 의해 시정될 수 있다.

(가) 1960년대 중반까지 대부분의 미국 사학자들은 19세기 미국의 경제 성장에서 철도 건설이 필수불가결한 것이었다는 생각을 받아들였다. 포겔은 그러한 생각이 잘못된 추론에 기초한 것이라고 비판했다. 그는 만약 철도가 건설되지 않았다면 대안이 될 운송 체계에 상당한 투자가 추가적으로 이루어졌을 것이라는 점을 고려해야 한다고 지적했다. 예컨대 철도 건설을 위한 투자 대신에 새로운 운하나 도로 건설과 연소 엔진 기능 향상을 위한 투자가 이루어졌을 것이다. 철도 건설이 운송비 변화에 초래하는 효과를 평가할 때 두 개의 인과 경로에 따른 효과들을 모두 고려해야 한다. 첫째는 철도를 이용하여 물류를 운송하게 됨에 따라 운송비가 감소한 효과이다. 둘째는 대안적인 운송 체계의 발전에 따라 가능했을 운송비 감소가 철도 건설로 인해 실현되지 못한 효과이다. 따라서 철도가 건설되지 않았다면 19세기 미국의 놀라운 경제성장이 불가능했을 것이라는 생각은 두 개의 효과 중 하나만 고려한 추론에 따른 결론이라 할 수 있다.

(나) 고혈압으로 고생하던 갑은 신약 A를 복용하여 혈압 저하 효과를 보았고, 그 이후 마라톤에도 출전할 수 있었다. 갑은 친구들에게 신약 A가 아니었다면 자신이 마라톤에 출전할 수 없었을 것이라고 말했다. 반면 을은 갑이 신약 A를 복용함으로써 혈압 저하에 기여하는 다른 방안을 취하지 못하게 되었다고 지적하며, 신약 A의 혈압 저하 효과를 평가할 때 두 개의 인과 경로에 따른 효과를 모두 고려해야 한다고 말한다.

── 〈보 기〉 ──

ㄱ. 철도 건설의 운송비 감소 효과를 평가할 때 철도 건설이 대안적인 운송 수단의 발전을 억제하는 효과를 고려해야 한다는 것은, A 복용의 혈압 저하 효과를 평가할 때 A의 복용이 갑으로 하여금 혈압 저하를 위하여 다른 방안을 취하지 못하게 하는 효과를 고려해야 한다는 것에 해당한다.

ㄴ. 철도가 건설되지 않았다면 대안적인 운송 수단의 발전에 따라 운송비가 감소했을 것이라고 말하는 것은, 갑이 A를 복용하지 않았다면 다른 방안을 취하여 혈압 저하가 이루어졌을 것이라고 말하는 것에 해당한다.

ㄷ. 대부분의 미국 사학자들이 19세기 미국의 경제 성장에서 철도 건설이 필수불가결한 것이었다고 생각한 것은, 갑이 자신의 마라톤 출전에 A의 복용이 필수불가결한 것이었다고 말하는 것과 마찬가지이다.

① ㄱ

② ㄷ

③ ㄱ, ㄴ

④ ㄴ, ㄷ

⑤ ㄱ, ㄴ, ㄷ

다음은 원인으로 추정되는 요인과 결과로 추정되는 질병 사이의 상관관계를 알아본 연구 결과이다.

(가) 아스피린의 복용이 심장병 예방에 효과가 있을 수 있다는 것이 밝혀졌다. 심장병 환자와 심장병이 발병한 적이 없는 기타 환자 총 4,107명에 대한 조사 결과에 따르면, 심장병 환자 중 발병 전에 정기적으로 아스피린을 복용해 온 사람의 비율은 0.9%였지만, 기타 환자 중 정기적으로 아스피린을 복용해 온 사람의 비율은 4.9%였다. 환자 1만 542명을 대상으로 한 후속 연구에서도 유사한 결과가 나타났다. 즉 심장병 환자 중에서 3.5%만이 정기적으로 아스피린을 복용해 왔다고 말한 반면, 기타 환자 중에서 그렇게 말한 사람은 7%였다.

(나) 임신 중 고지방식 섭취가 태어날 자식의 생식기에서 종양의 발생 가능성을 높일 수 있다는 것이 밝혀졌다. 이 결과는 임신한 암쥐 261마리 중 130마리의 암쥐에게는 고지방식을, 131마리의 암쥐에게는 저지방식을 제공한 연구를 통해 얻었다. 실험 결과, 고지방식을 섭취한 암쥐에게서 태어난 새끼 가운데 54%가 생식기에 종양이 생겼지만 저지방식을 섭취한 암쥐가 낳은 새끼 중에서 그러한 종양이 생긴 것은 21%였다.

(다) 사지 중 하나 이상의 절단 수술이 심장병으로 사망할 가능성을 증가시킬 수 있다는 것이 밝혀졌다. 이것은 제2차 세계 대전 중에 부상을 당한 9,000명의 군인에 대한 진료 기록을 조사한 결과이다. 이들 중 4,000명은 사지 중 하나 이상의 절단 수술을 받은 사람이었고, 5,000명은 사지 절단 수술을 받지 않았지만 중상을 입은 사람이었다. 이들에 대한 기록을 추적 조사한 결과, 사지 중 하나 이상의 절단 수술을 받은 사람이 심장병으로 사망한 비율은 그렇지 않은 사람의 1.5배였다. 즉 사지 중 하나 이상의 절단 수술을 받은 사람 중 600명은 심장병으로 사망하였고, 그렇지 않은 사람 중 500명이 심장병으로 사망하였다.

── 〈보 기〉 ──

ㄱ. (가)와 (나)는 원인으로 추정되는 요인이 적용된 집단과 그렇지 않은 집단을 나눈 후 그에 따라 결과로 추정되는 질병의 발생 비율을 비교하는 실험을 했다.

ㄴ. (가)와 (다)에서는 원인으로 추정되는 요인이 적용된 개체들 중 결과로 추정되는 질병의 발생 비율을 알 수 있다.

ㄷ. (나)에서는 연구에 사용된 개체에게 원인으로 추정되는 요인을 적용할 것인지의 여부는 연구자에 의해서 결정되지만, (다)에서는 그렇지 않다.

① ㄱ

② ㄷ

③ ㄱ, ㄴ

④ ㄴ, ㄷ

⑤ ㄱ, ㄴ, ㄷ

갑 : 우리는 타인의 언어나 행동을 관찰함으로써 타인의 마음을 추론한다. 예를 들어, 우리는 철수의 고통을 직접적으로 관찰할 수 없다. 그러면 철수가 고통스러워한다는 것을 어떻게 아는가? 우리는 철수에게 신체적인 위해라는 특정 자극이 주어졌다는 것과 그가 신음 소리라는 특정 행동을 했다는 것을 관찰함으로써 철수가 고통이라는 심리 상태에 있다고 추론하는 것이다.

을 : 그러한 추론이 정당화되기 위해서는 내가 보기에 ㉠ A 원리가 성립한다고 가정해야 한다. 그렇지 않다면, 특정 자극에 따른 철수의 행동으로부터 철수의 고통을 추론하는 것은 잘못이다. 그런데 A 원리가 성립하는지는 아주 의심스럽다. 예를 들어, 로봇이 우리 인간과 유사하게 행동할 수 있다고 하더라도 로봇이 고통을 느낀다고 생각하는 것은 잘못일 것이다.

병 : 나도 A 원리는 성립하지 않는다고 생각한다. 아무런 고통을 느끼지 못하는 사람이 있다고 해 보자. 그런데 그는 고통을 느끼는 척하는 방법을 배운다. 많은 연습 끝에 그는 신체적인 위해가 가해졌을 때 비명을 지르고 찡그리는 등 고통과 관련된 행동을 완벽하게 해낸다. 그렇지만 그가 고통을 느낀다고 생각하는 것은 잘못일 것이다.

정 : 나도 A 원리는 성립하지 않는다고 생각한다. 위해가 가해져 고통을 느끼지만 비명을 지르는 등 고통과 관련된 행동은 전혀 하지 않는 사람도 있기 때문이다. 가령 고통을 느끼지만 그것을 표현하지 않고 잘 참는 사람도 많지 않은가? 그런 사람들을 예외적인 사람으로 치부할 수는 없다. 고통을 참는 것이 비정상적인 것은 아니다.

을 : 고통을 참는 사람들이 있고 그런 사람들이 비정상적인 것은 아니라는 데는 나도 동의한다. 하지만 그러한 사람의 존재가 내가 얘기한 A 원리에 대한 반박 사례인 것은 아니다.

① 어떤 존재의 특정 심리 상태 X가 관찰 가능할 경우, X는 항상 특정 자극에 따른 행동 Y와 동시에 발생한다.

② 어떤 존재의 특정 심리 상태 X가 항상 특정 자극에 따른 행동 Y와 동시에 발생할 경우, X는 관찰 가능한 것이다.

③ 어떤 존재에게 특정 자극에 따른 행동 Y가 발생할 경우, 그 존재에게는 항상 특정 심리 상태 X가 발생한다.

④ 어떤 존재에게 특정 심리 상태 X가 발생할 경우, 그 존재에게는 항상 특정 자극에 따른 행동 Y가 발생한다.

⑤ 어떤 존재에게 특정 심리 상태 X가 발생할 경우, 그 존재에게는 항상 특정 자극에 따른 행동 Y가 발생하고, 그 역도 성립한다.

이론 A는 행위자들의 선호가 제도적 맥락 속에서 형성된다고 본다. 한편, 행위를 설명하기 위해 선호를 출발점으로 삼는 이론 B는 선호의 형성 과정에 주목하지 않는다. 왜냐하면 선호는 '주어진 것'이며 제도나 개인의 심리에 의해 설명해야 할 대상이 아니라고 보기 때문이다. 이 주어진 선호는 합리적인 것으로 간주된다. 왜냐하면 이론 B에서 상정된 개인은 자기 자신의 이익을 최대화하는 전략을 선택하는 존재, 즉 합리적 존재라 가정되기 때문이다.

이론 A는 행위자들의 선호를 주어진 것으로 간주해서는 안 된다고 본다. 행위의 구체적 맥락을 이해하지 못한다면 자기 이익을 최대화하는 전략을 따른 행위를 강조하는 것이 아무런 의미를 갖지 못한다고 보기 때문이다. 구체적인 상황 속에서 행위자는 특정한 목적과 수단을 가지고 행위하기 마련이다. 그렇다면 그런 행위자들의 행위를 제대로 설명하기 위해서는 그 목적과 수단이 왜 자신의 이익을 최대화한다고 생각했는지, 즉 왜 그런 선호가 형성되었는지 설명해야 한다. 그런데 제도와 같은 맥락적 요소를 배제하면, 그런 선호 형성을 설명할 수 없다. 따라서 이론 A는 행위자들의 선호 형성도 설명해야 할 대상으로 상정한다.

이론 A가 선호의 형성을 설명하려 한다고 해서 개인의 심리를 분석하려는 것은 아니다. 이론 A에 따르면, 제도는 구체적 상황에 처한 행위자들의 선택을 제약함으로써 그들의 전략에 영향을 준다. 또한 제도는 행위자들이 자신이 추구하는 목적을 구체화하는 데도 영향을 미친다. 그렇다고 행위가 제도에 의해 완전히 결정된다는 것은 아니다. 구체적 상황에서의 행위자들의 행위를 이해하게 해주는 단서는 제도적 맥락으로부터 찾아야 한다는 것이 이론 A의 견해이다.

─────〈보 기〉─────

ㄱ. 선호 형성과 관련해 이론 A와 이론 B는 모두 개인의 심리에 대한 분석에 주목하지 않는다.

ㄴ. 이론 A는 맥락적 요소를 이용해 선호 형성 과정을 설명하려고 하지만 이론 B는 선호 형성 과정을 설명하려 하지 않는다.

ㄷ. 이론 B는 행위자가 자기 자신의 이익을 최대화하는 전략에 따른다는 것을 부정하지만 이론 A는 그렇지 않다.

① ㄱ

② ㄷ

③ ㄱ, ㄴ

④ ㄴ, ㄷ

⑤ ㄱ, ㄴ, ㄷ

A : '정격연주'란 음악을 연주할 때 그것이 작곡된 시대에 연주된 느낌을 정확하게 구현하는 것을 목표로 하는 연주이다. 그럼 어떻게 정격연주가 가능할까? 그 방법은 옛 음악을 작곡 당시에 공연된 것과 똑같이 재연하는 것이다. 이런 연주는 가능하며, 그렇다면 우리는 음악이 작곡되었던 때와 똑같은 느낌을 구현할 수 있을 것이다.

B : 옛 음악을 작곡 당시에 연주된 것과 똑같이 재연하는 것은 이상일 뿐이지 현실화할 수 없다. 18세기 오페라 공연에서 거세된 사람만 할 수 있었던 카스트라토 역을 오늘날에는 도덕적인 이유에서 여성 소프라노가 맡아서 노래한다. 따라서 과거와 현재의 연주 관습상 차이 때문에, 옛 음악을 작곡 당시와 똑같이 재연하는 것은 불가능하다.

C : 똑같이 재연하지 못한다고 해서 정격연주가 불가능한 것은 아니다. 작곡자는 명확히 하나의 의도를 갖고 작품을 창작한다. 작곡자가 자신의 작품이 어떻게 들리기를 의도했는지 파악해 연주하면, 작곡된 시대에 연주된 느낌을 정확하게 구현할 수 있다. 따라서 작곡자의 의도를 파악할 수 있다면 정격연주를 할 수 있다.

D : 작곡자의 의도대로 한 연주가 작곡된 시대에 연주된 느낌을 정확하게 구현하지 못할 수 있다. 작곡된 시대에 연주된 느낌을 정확하게 구현하려면 작곡자의 의도뿐만 아니라 당시의 연주 관습도 고려해야 한다. 전근대 시대에 악기 구성이나 프레이징 등은 작곡자의 의도만이 아니라 연주자와 연주 상황에 따라 관습적으로 결정되었다. 따라서 작곡자의 의도와 연주 관습을 모두 고려하지 않는다면 정격연주를 실현할 수 없다.

─── 〈보 기〉 ───

ㄱ. A와 C는 옛 음악을 과거와 똑같이 재연한다면 과거의 연주 느낌이 구현될 수 있다는 것을 부정하지 않는다.

ㄴ. B는 어떤 과거 연주 관습은 현대에 똑같이 재연될 수 없다는 것을 인정하지만 D는 그렇지 않다.

ㄷ. C와 D는 작곡자의 의도를 파악한다면 정격연주가 가능하다는 것에 동의한다.

① ㄱ

② ㄴ

③ ㄱ, ㄷ

④ ㄴ, ㄷ

⑤ ㄱ, ㄴ, ㄷ

원두커피 한 잔에는 인스턴트커피의 세 배인 150mg의 카페인이 들어있다. 원두커피 판매의 요체인 커피전문점 수는 2012년 현재 9천 4백여 개로 최근 5년 새 여섯 배나 급증했다. 그런데 같은 기간 동안 우울증과 같은 정신질환과 수면장애로 병원을 찾은 사람 또한 크게 늘었다.

몸 속에 들어온 커피가 완전히 대사되기까지는 여덟 시간 정도가 걸린다. 많은 사람들이 아침, 점심뿐만 아니라 저녁식사 후 6시나 7시 전후에도 커피를 마신다. 그런데 카페인은 뇌를 각성시켜 집중력을 높인다. 따라서 많은 사람들이 잠자리에 드는 시간인 오후 10시 이후까지도 뇌는 각성상태에 있다.

카페인은 우울증이나 공황장애와도 관련이 있다. 우울증을 앓고 있는 청소년은 건강한 청소년보다 커피, 콜라 등 카페인이 많은 음료를 네 배 정도 더 섭취했다. 공황장애 환자에게 원두커피 세 잔에 해당하는 450mg의 카페인을 주사했더니 약 60%의 환자로부터 발작 현상이 나타났다. 공황장애 환자는 심장이 빨리 뛰면 극도의 공포감을 느끼기 쉬운데, 이로 인해 발작 현상이 나타난다. 카페인은 심장을 자극하여 심박수를 증가시킨다.

이러한 사실에 비추어 볼 때, 커피에 들어있는 카페인은 수면장애를 일으키고, 특히 정신질환자의 우울증이나 공황장애를 악화시킨다고 볼 수 있다.

─── 〈보 기〉 ───

ㄱ. 수면장애로 병원을 찾은 사람들이 커피를 마시지 않는다는 사실이 밝혀질 경우, 위 논증의 결론은 강화되지 않는다.

ㄴ. 건강한 청소년은 섭취하지 않는 무카페인 음료를 우울증을 앓고 있는 청소년이 많이 섭취하는 것으로 밝혀질 경우, 위 논증의 결론은 강화된다.

ㄷ. 발작 현상이 공포감과 무관하다는 사실이 밝혀질 경우, 위 논증의 결론은 강화된다.

① ㄱ

② ㄷ

③ ㄱ, ㄴ

④ ㄴ, ㄷ

⑤ ㄱ, ㄴ, ㄷ

다음 ⓐ~ⓔ에 해당하는 것을 〈사례〉에서 골라 알맞게 짝지은 것은? 14 5급(A) 04번

선호 공리주의는 사람들 각자가 지닌 선호의 만족을 모두 고려하는데, 고려되는 선호들은 여러 가지다. ⓐ 개인적 선호는 내가 나 자신의 소유인 재화, 자원, 기회 등에 대해 갖는 선호이다. ⓑ 외재적 선호는 타인이 그의 소유인 재화, 자원 그리고 기회 등을 그를 위해 사용하는 것에 대해 내가 갖는 선호이다. ⓒ 이기적 선호는 다른 사람이 어떤 자원에 대한 정당한 권리가 있다는 사실을 무시하고 그 자원이 나를 위해 쓰이기를 원하는 것이다. ⓓ 적응적 선호는 사람들이 환경에 이미 적응하여 형성된 선호이다. 이것은 자신의 소유인 재화, 자원, 기회 등에 대해 갖는 선호라는 점에서 개인적 선호의 특징을 가질 수 있다. 그럼에도 선호의 결정에 있어서 적응된 환경이 중요하게 작용한다는 점이 특징적이다. 환경의 작용이 반대의 영향을 미치는 선호도 있다. ⓔ 반적응적 선호가 그것이다. 이것은 자신의 욕구를 금지하는 환경에서 오히려 그 욕구를 실현하기를 더 원하는 것이다.

〈사 례〉

ㄱ. 회사 건물 전체가 금연 구역으로 지정되었고 정부에서 금연 정책의 일환으로 담뱃값을 올리자, 갑순이는 불편함과 비용 때문에 흡연보다는 금연을 선호하게 되었다.

ㄴ. 을순이네 마을에는 공동 우물이 없다. 그런데 가장 수량이 풍부한 을순이네 우물은 공동 우물로 적합하기 때문에 이웃 사람들은 을순이네 우물을 공동 우물로 사용하기를 원한다.

ㄷ. 농촌에서 태어나 자란 병순이는 시골의 삶이 더 좋고 도시 생활이 낯설고 어렵다고 생각해서 농촌에 머무르는 것을 선호한다. 도시에 살아보면 오히려 도시에 남는 것을 선호할 수도 있었을 텐데도 말이다.

ㄹ. 정순이는 친구가 월급 중 많은 비중을 곤란한 처지의 가족과 지인들에게 지출하는 것보다는 친구 자신의 미래를 위해 더 많이 투자하기를 원한다.

① ⓐ-ㄴ
② ⓑ-ㄱ
③ ⓒ-ㄹ
④ ⓓ-ㄷ
⑤ ⓔ-ㄱ

다음 A~C의 견해와 〈진술〉과의 관계에 대한 설명으로 가장 적절한 것은? 14 5급(A) 18번

A : 고대의 인간은 강건하고 거의 불변하는 기질로 구성되어 있으며, 인간 종족으로서 가능한 모든 활력을 발휘했다. 동물과 마찬가지로 인간은 자연스럽게 생을 마감할 때까지 살았다. 질병은 거의 존재하지 않았다. 질병은 고대 이후 과다한 노동, 나태, 행복 또는 궁핍을 낳는 문명의 부산물이었다. 고대인에게 질병이라고 할 만한 것이라고는 사고로 인한 손상뿐이었다. 그렇기에 고대인들은 후대인들에 비해 장수하는 것이 가능했다.

B : 인간의 황금시대는 18세기 후반에 본격적으로 열렸다. 문명의 진보는 세상의 원기를 회복시켰으며 미래를 향한 커다란 도약의 가능성을 열었다. 이제 인간은 새로운 인간 존재의 창조를 통해 새롭게 탈바꿈해야 했다. 인간 수명의 영역에서 혁명이 일어났다. 사회적 평등이 빈부의 극단적 차이를 종식시키며 빈자들의 환경을 개선함으로써 수명의 연장을 가능케 했다. 의학의 발달로 질병 치료의 가능성이 더 높아지고 그 결과 수명이 늘어났다. 이처럼 전반적인 진보의 속도와 보조를 맞추며 인간 수명은 꾸준히 증가한다.

C : 스트룰드부르그로 알려진 불사의 종족 이야기는 인간 수명의 증가에 대한 새로운 시각을 보여주고 있다. 이 종족의 갓 태어난 아기들은 이마에 동그라미가 찍혀 있는데 그것은 영생의 표시였다. 그런데 이 이야기에서 영생의 행운을 거머쥔 듯 보이는 섬 주민들은 오히려 고통스러운 운명에 대해 하소연한다. 이처럼 영생이 곧 행복한 삶을 의미하지는 않는다. 한순간의 젊음이 지나고 나면 그들에게 남는 것은 온갖 질병과 알 수 없는 절망에 시달려야 하는 노년의 삶뿐이었다. 그들이 갈망하는 것은 자신들이 결코 소유할 수 없는 죽음뿐이다.

〈진 술〉

(가) 얼마나 오래 사는가보다 얼마나 잘 사는가가 더 중요한 문제이다.
(나) 복지와 환경에 대한 적극적 투자는 수명의 연장을 가능케 한다.
(다) 문명의 진보에 따라 인간의 수명은 과거보다 길어졌다.
(라) 수명의 연장은 인간에게 행복한 삶을 가져다준다.
(마) 문명의 발달로 인간의 질병과 빈곤이 늘어났다.

① (가)는 B와 C의 견해 모두를 강화한다.
② (나)는 B와 C의 견해 모두를 강화한다.
③ (다)는 A와 B의 견해 모두를 강화한다.
④ (라)는 B의 견해를 약화하지만, C의 견해를 강화한다.
⑤ (마)는 A의 견해를 강화하지만, B의 견해를 약화한다.

지구 곳곳에서 심각한 기후 변화가 나타나고 있고 그 원인이 인간의 활동에 있다는 주장은 일견 과학적인 것처럼 들리지만 따지고 보면 진실과는 거리가 먼, 다분히 정치적인 프로파간다에 불과하다. "자동차는 세워 두고, 지하철과 천연가스 버스 같은 대중교통을 이용합시다."와 같은, 기후 변화와 사실상 무관한 슬로건에 상당수의 시민이 귀를 기울이도록 만든 것은 환경주의자들의 성과였지만, 그 성과는 사회 전체의 차원에서 볼 때 가슴 아파해야 할 낭비의 이면에 불과하다.

희망컨대 이제는 진실을 직시하고, 현명해져야 한다. 기후 변화가 일어나는 이유는 인간이 발생시키는 온실가스 때문이 아니라 태양의 활동 때문이라고 보는 것이 합리적이다. 태양 표면의 폭발이나 흑점의 변화는 지구의 기후 변화에 막대한 영향을 미친다. 결과적으로 태양의 활동이 활발해지면 지구의 기온이 올라가고, 태양의 활동이 상대적으로 약해지면 기온이 내려간다. 환경주의자들이 말하는 온난화의 주범은 사실 자동차가 배출하는 가스를 비롯한 온실가스가 아니라 태양이다. 태양 활동의 거시적 주기에 따라 지구 대기의 온도는 올라가다가 다시 낮아지게 될 것이다.

대기화학자 브림블컴은 런던의 대기오염 상황을 16세기 말까지 추적해 올라가서 20세기까지 그 거시적 변화의 추이를 연구했는데, 그 결과 매연의 양과 아황산가스 농도가 모두 19세기 말까지 빠르게 증가했다가 그 이후 아주 빠르게 감소하여 1990년대에는 16세기 말보다도 낮은 수준에 도달했음이 밝혀졌다. 반면에 브림블컴이 연구 대상으로 삼은 수백 년의 기간 동안 지구의 평균 기온은 지속적으로 상승해 왔다. 두 변수의 이런 독립적인 행태는 인간이 기후에 미치는 영향이 거의 없다는 것을 보여준다.

① 인간이 출현하기 이전인 고생대 석탄기에 북유럽의 빙하지대에 고사리와 같은 난대성 식물이 폭넓게 서식하였다.

② 태양 활동의 변화와 기후 변화의 양상 간의 상관관계를 조사해 보니 양자의 주기가 일치하지 않았다.

③ 태양 표면의 폭발이 많아지는 시기에 지구의 평균 기온은 오히려 내려간 사례가 많았다.

④ 최근 20년 간 세계 여러 나라가 연대하여 대기오염을 줄이는 적극적인 노력을 기울인 결과 지구의 평균 기온 상승률이 완화되었다.

⑤ 최근 300년 간 태양의 활동에 따른 기후 변화의 몫보다는 인간의 활동에 의해 좌우되는 기후 변화의 몫이 더 크다는 증거가 있다.

경제 불평등은 어떻게 해결할 수 있을까? ㉠ '로빈후드 각본'이라고 불리는 방법은 막대한 부를 소유한 사람에게 세금을 통해 돈을 걷어 가난한 사람에게 나눠주는 것을 말한다. 가령 수조 원대의 자산가에게 10억 원을 받아 형편이 어려운 100명에게 천만 원씩 나눠준다고 가정해보자. 그 자산가에게 10억 원이라는 돈은 크게 아쉽지 않지만, 형편이 어려운 사람들에게 천만 원이라는 돈은 무척 소중하다. 따라서 이런 재분배 방식을 통해 사회 전체의 공리는 상승하여 최대화될 것이다.

이런 로빈후드 각본은 두 가지 방식으로 비판받을 수 있다. 첫 번째는 자산가들에게 많은 세금을 부과해 재분배하는 방식이 자산가의 일과 투자에 대한 의욕을 꺾어 생산성의 감소로 이어질 수 있다는 것이다. 이렇게 생산성이 감소한다면, 사회 전체의 경제 이익이 줄어 전체 공리도 감소할 것이다. 따라서 로빈후드 각본은 사회 전체의 공리를 최대화하는 데 적합하지 않다. 두 번째는 부자에게 세금을 부과해 가난한 사람들을 돕는 행위가 기본권을 침해할 수 있다는 것이다. 자산가가 동의하지 않은 상태에서 그의 돈을 가져가는 행위는 자산가의 자유를 침해하는 강압 행위이다. 자유는 조금도 침해될 수 없는 절대적 가치이며 다수를 위해 소수의 희생을 강요하는 것은 절대 불가하다. 따라서 로빈후드 각본에 의한 부의 재분배는 인간의 기본권을 훼손하는 것이다.

〈보 기〉

ㄱ. 세금을 통한 재분배 방식이 생산성을 감소시킬 뿐만 아니라 빈부격차를 심화시킨다면, 첫 번째 비판은 강화된다.

ㄴ. 부의 재분배가 기본권의 침해보다 투자 의욕 감소에 더 큰 영향을 준다면, 두 번째 비판은 약화된다.

ㄷ. 행복한 삶을 추구할 수 있는 권리를 보호하기 위한 부의 재분배가 사회 갈등을 해소시켜 생산성이 증가한다면, 첫 번째 비판은 약화되지만 두 번째 비판은 약화되지 않는다.

① ㄱ
② ㄴ
③ ㄱ, ㄷ
④ ㄴ, ㄷ
⑤ ㄱ, ㄴ, ㄷ

다음 글의 논증에 대한 비판으로 적절하지 <u>않은</u> 것은?

16 5급(4) 35번

> 진화론자들은 지구상에서 생명의 탄생이 30억 년 전에 시작됐다고 추정한다. 5억 년 전 캄브리아기 생명폭발 이후 다양한 생물종이 출현했다. 인간 종이 지구상에 출현한 것은 길게는 100만 년 전이고 짧게는 10만 년 전이다. 현재 약 180만 종의 생물종이 보고되어 있다. 멸종된 것을 포함해서 5억 년 전 이후 지구상에 출현한 생물종은 1억 종에 이른다. 5억 년을 100년 단위로 자르면 500만 개의 단위로 나눌 수 있다. 이것은 새로운 생물종이 평균적으로 100년 단위마다 약 20종이 출현한다는 것을 의미한다. 하지만 지난 100년 간 생물학자들은 지구상에서 새롭게 출현한 종을 찾아내지 못했다. 이는 한 종에서 분화를 통해 다른 종이 발생한다는 진화론이 거짓이라는 것을 함축한다.

① 100년마다 20종이 출현한다는 것은 다만 평균일 뿐이다. 현재의 신생 종 출현 빈도는 그보다 훨씬 적을 수 있지만 언젠가 신생 종이 훨씬 많이 발생하는 시기가 올 수 있다.

② 5억 년 전 이후부터 지구상에 출현한 생물종이 1,000만 종 이하일 수 있다. 그러면 100년 내에 새로 출현하는 종의 수는 2종 정도이므로 신생 종을 발견하기 어려울 수 있다.

③ 생물학자는 새로 발견한 종이 신생 종인지 아니면 오래 전부터 존재했던 종인지 판단하기 어렵다. 따라서 신생 종의 출현이나 부재로 진화론을 검증하려는 시도는 성공할 수 없다.

④ 30억 년 전에 생물이 출현한 이후 5차례의 대멸종이 일어났으나 대멸종은 매번 규모가 달랐다. 21세기 현재, 알려진 종 중 사라지는 수가 크게 늘고 있어 우리는 인간에 의해 유발된 대멸종의 시대를 맞이하는 것으로 볼 수 있다.

⑤ 생물학자들이 발견한 몇몇 종은 지난 100년 내에 출현한 종이라고 판단할 이유가 있다. DNA의 구성에 따라 계통수를 그렸을 때 본줄기보다는 곁가지 쪽에 배치될수록 늦게 출현한 종임을 알 수 있기 때문이다.

다음 글의 논지를 약화하는 것만을 〈보기〉에서 모두 고르면?

16 5급(4) 36번

> M이 내린 인가처분은 학교법인 B가 법학전문대학원 설치 인가를 받기 위해 제출한 입학전형 계획을 그대로 인정함으로써 청구인 A의 헌법상의 기본권인 직업선택의 자유를 제한하는 것처럼 보인다. 그러나 학교법인 B는 헌법 제31조 제4항에 서술된 헌법상의 기본권인 '대학의 자율성'의 주체이다. 이 사건처럼 두 기본권이 충돌하는 경우, 헌법의 통일성을 유지한다는 취지에서, 상충하는 기본권이 모두 최대한 그 기능과 효력을 발휘할 수 있도록 하는 조화로운 방법이 모색되어야 한다. 따라서 해당 인가처분이 청구인 A의 직업선택의 자유를 제한하는 정도와 대학의 자율성을 보호하는 정도 사이에 적절한 비례를 유지하고 있는지를 살펴본다.
>
> 청구인 A는 해당 인가처분으로 인하여 청구인이 전체 법학전문대학원 중 B대학교 법학전문대학원 정원인 100명만큼 지원할 수 없게 되어 법학전문대학원에 진학할 기회가 줄어든다고 주장하고 있다. 그러나 여자대학이 아닌 법학전문대학원의 경우에도 여학생의 비율이 평균 40%에 달하고 있는 점으로 미루어, B대학교 법학전문대학원이 여성과 남성을 차별 없이 모집하였을 경우를 상정하더라도 청구인 A이 이 인가처분으로 인해 받는 직업선택의 자유의 제한 정도가 어느 정도인지 산술적으로 명확하게 계산하기는 어렵지만 청구인이 주장하는 2,000분의 100에는 미치지 못할 것으로 보인다. 반면 청구인 A는 B대학교 이외에 입학정원 총 1,900명의 전국 24개 여타 법학전문대학원에 지원할 수 있고 입학하여 소정의 교육을 마친 후 변호사시험을 통해 법조인이 될 수 있는 충분한 가능성이 있으므로, 이 인가처분으로 청구인이 받는 불이익이 과도하게 크다고 보기 어렵다. 따라서 이 인가처분은 청구인 A의 직업선택의 자유와 B대학교의 대학의 자율성 사이에서 적정한 비례 관계를 유지하고 있다 할 것이다.
>
> 학생의 선발, 입학의 전형도 사립대학의 자율성의 범위에 속한다는 점, 여성 고등교육 기관이라는 B대학교의 정체성에 비추어 여자대학교라는 정책의 유지 여부는 대학 자율성의 본질적인 부분에 속한다는 점, 이 사건 인가처분으로 인하여 청구인 A가 받는 불이익이 크지 않다는 점 등을 고려하면, 이 사건 인가처분은 청구인의 직업선택의 자유와 대학의 자율성이라는 두 기본권을 합리적으로 조화시킨 것이며 양 기본권의 제한에 있어 적정한 비례를 유지한 것이라고 할 것이다. 따라서 이 사건 인가처분은 청구인 A의 직업선택의 자유를 침해하지 않고, 그러므로 헌법에 위반된다고 할 수 없다.

─────── 〈보 기〉 ───────

ㄱ. 청구인의 불이익은 사실상의 불이익에 불과하고 기본권의 침해에 해당하지 않는다.

ㄴ. 권리를 향유할 주체가 구체적 자연인인 경우의 기본권은 그 주체가 무형의 법인인 경우보다 우선하여 고려되어야 한다.

ㄷ. 상이한 기본권의 제한 간에 적정한 비례관계가 성립하는지를 평가하기 위해서는 비교되는 두 항을 계량할 공통의 기준이 먼저 제시되어야 한다.

① ㄱ   ② ㄷ

③ ㄱ, ㄴ   ④ ㄴ, ㄷ

⑤ ㄱ, ㄴ, ㄷ

우리나라는 눈부신 경제 성장을 이룩하였고 일인당 국민소득도 빠른 속도로 증가해왔다. 소득이 증가하면 더 행복해질 것이라는 믿음과는 달리, 한국사회 구성원들의 전반적인 행복감은 높지 않은 실정이다. 전반적인 물질적 풍요에도 불구하고 왜 한국 사람들의 행복감은 그만큼 높아지지 않았을까? 이 물음에 대한 다음과 같은 두 가지 답변이 있다.

(가) 일반적으로 소득이 일정한 수준에 도달한 이후에는 소득의 증가가 반드시 행복의 증가로 이어지지는 않는다. 인간이 살아가기 위해서는 물질재와 지위재가 필요하다. 물질재는 기본적인 의식주의 욕구를 충족시키는 데 필요한 재화이며, 경제 성장에 따라 공급이 늘어난다. 지위재는 대체재의 존재 여부나 다른 사람들의 요구에 따라 가치가 결정되는 비교적 희소한 재화나 서비스이며, 그 효용은 상대적이다. 경제 성장의 초기 단계에서는 물질재의 공급을 늘리면 사람들의 만족감이 커지지만, 경제가 일정 수준 이상으로 성장하면 점차 지위재가 중요해지고 물질재의 공급을 늘려서는 해소되지 않는 불만이 쌓이게 되는 이른바 '풍요의 역설'이 발생한다. 따라서 한국 사람들이 경제 수준이 높아진 만큼 행복하지 않은 이유는 소득 증가에 따른 자연스러운 현상이다.

(나) 한국 사회의 행복 수준은 단순히 풍요의 역설로 설명할 수 없다. 행복에 대한 심리학적 연구에 따르면 타인과 비교하는 성향이 강한 사람일수록 행복감이 낮아지게 된다. 비교 성향이 강한 사람은 사회적 관계에서 자신보다 우월한 사람들을 준거집단으로 삼아 비교하기 쉽고 이로 인해 상대적 박탈감이 커질 수 있기 때문이다. 한국과 같은 경쟁 사회에서는 진학이나 구직 등에서 과열 경쟁이 벌어지고 등수에 의해 승자와 패자가 구분된다. 이 과정에서 비교 우위를 차지하지 못한 사람들은 좌절을 경험하기 쉬운데, 비교 성향이 강할수록 좌절감은 더 크다. 따라서 한국 사회의 행복감이 낮은 이유는 한국 사람들이 다른 사람들과 비교하는 성향이 매우 높은 데에서 찾을 수 있다.

① 지위재에 대한 경쟁이 치열한 국가일수록 전반적인 행복감이 높다는 사실은 (가)를 강화한다.

② 경제적 수준이 비슷한 나라들과 비교하여 한국의 지위재가 상대적으로 풍부하다는 사실은 (가)를 강화한다.

③ 한국 사회는 일인당 소득 수준이 비슷한 다른 나라들과 비교하더라도 행복감의 수준이 상당히 낮다는 조사 결과는 (가)를 강화한다.

④ 한국보다 소득 수준이 높고 대학 입학을 위한 입시 경쟁이 매우 치열한 나라가 있다는 사실은 (나)를 약화한다.

⑤ 자신보다 우월한 사람들을 준거집단으로 삼는 경향이 한국보다 강함에도 불구하고 행복감이 더 높은 나라가 있다는 사실은 (나)를 약화한다.

(가) 탄수화물은 우리 몸의 에너지원으로 쓰이는 필수 영양소이다. 건강한 신체 기능을 유지하기 위해서는 탄수화물 섭취 열량이 하루 총 섭취 열량의 55~70%가 되는 것이 이상적이다. 이에 해당하는 탄수화물의 하루 필요섭취량은 성인 기준 100~130g이다. 국민건강영양조사에 따르면, 우리나라 성인의 하루 탄수화물 섭취량은 평균 289.1g으로 필요섭취량의 약 2~3배에 가깝다. 이에 비추어 볼 때, 한국인은 탄수화물을 지나치게 많이 섭취하고 있다.

(나) 우리가 탄수화물을 계속 섭취하지 않으면 우리 몸은 에너지로 사용되던 연료가 고갈되는 상태에 이르게 된다. 이 경우 몸은 자연스레 '대체 연료'를 찾기 위해 처음에는 근육의 단백질을 분해하고, 이어 내장지방을 포함한 지방을 분해한다. 지방 분해 과정에서 '케톤'이라는 대사성 물질이 생겨나면서 수분 손실이 나타나고 혈액 내의 당분이 정상보다 줄어들게 된다. 이 과정에서 체내 세포들의 글리코겐 양이 감소한다. 특히 이러한 현상은 간세포에서 두드러지게 나타난다. 이로 인해 혈액 및 소변 등의 체액과 인체조직에서는 케톤 수치가 높아지면서 신진대사 불균형이 초래된다. 이를 '케토시스 현상'이라 부른다. 케토시스 현상이 생기면 두통, 설사, 집중력 저하, 구취 등의 불편한 증상이 나타난다. 따라서 탄수화물을 극단적으로 제한하는 식단은 바람직하지 않다.

───── 〈보 기〉 ─────

ㄱ. 아시아의 경우 성인 기준 하루 300g 이상의 탄수화물 섭취가 필요하다는 연구결과는 (가)를 약화한다.

ㄴ. 우리나라 성인뿐 아니라 성인이 아닌 사람들의 탄수화물 섭취량 또한 과다하다는 것이 밝혀지면 (가)의 설득력이 높아진다.

ㄷ. 우리 몸의 탄수화물이 충분한 상황에서 케토시스 현상이 나타나지 않는다는 연구결과는 (나)를 약화한다.

① ㄴ
② ㄷ
③ ㄱ, ㄴ
④ ㄱ, ㄷ
⑤ ㄱ, ㄴ, ㄷ

다음 글의 내용에 대한 평가로 가장 적절한 것은?

(가) 우울증을 잘 초래하는 성향은 창조성과 결부되어 있기 때문에 생존에 유리한 측면이 있었다. 따라서 우울증과 관련이 있는 유전자는 오랜 역사를 거쳐 오면서도 사멸하지 않고 살아남아 오늘날 현대인에게도 그 유전자가 상당수 존재할 가능성이 있다. 베토벤, 뉴턴, 헤밍웨이 등 위대한 음악가, 과학자, 작가들의 상당수가 우울한 성향을 갖고 있었다. 천재와 우울증은 어찌 보면 동전의 양면으로, 인류 문명의 진보를 이끈 하나의 동력이자 그 부산물이라 할 수 있을지도 모른다.

(나) 우울증은 일반적으로 자기 파괴적인 질환으로 인식되어 왔지만 실은 자신을 보호하고 미래를 준비하기 위한 보호 기제일 수도 있다. 달성할 수 없거나 달성하기 매우 어려운 목표에 도달하기 위해 엄청난 에너지를 소모하는 것은 에너지와 자원을 낭비할 뿐만 아니라, 정신과 신체를 소진시킴으로써 사회적 기능을 수행할 수 없게 하고 주위의 도움이 없으면 생명을 유지하기 어려운 상태에 이르게도 할 수 있다. 이를 막기 위한 기제가 스스로의 자존감을 낮추고 그 목표를 포기하게 만드는 것이다. 이를 통해 고갈된 에너지를 보충하고 다시 도전할 수 있는 기회를 모색할 수 있다.

(다) 오늘날 우울증은 왜 이렇게 급격하게 늘어나는 것일까? 창조성이란 그 사회에 존재하고 있는 기술이나 생각에 대한 도전이자 대안 제시이며, 기존의 기술이나 생각을 엮어서 새로운 조합을 만들어 내는 것이다. 과거에 비해 현대 사회는 경쟁이 심화되고 혁신들이 더 가치를 인정받기 때문에 창조성이 있는 사람은 상당히 큰 선택적 이익을 갖게 된다. 그렇지만 현대 사회처럼 기존에 존재하는 기술이나 생각이 엄청나게 많아 우리의 뇌가 그것을 담기에도 벅찬 경우에는 새로운 조합을 만들어 내는 일은 무척이나 많은 에너지를 요한다. 또한 지금과 같은 경쟁 사회는 새로운 기술이나 생각에 대한 사회적 요구가 커지기 때문에 정신적 소진 상태를 초래하기 쉬운 환경이 되고 있다. 결국 경쟁은 창조성을 발휘하게 하지만 지나친 경쟁은 정신적 소진을 초래하기 때문에 우울증이 많이 발생할 수 있다.

① 창조적인 사람들은 정서적으로 불안정하고 우울증에 걸릴 수 있는 유전자를 가질 확률이 높다는 사실은 (가)를 강화한다.

② 우울증에 걸린 사람 중에 어려운 목표를 포기하지 못하는 사람들이 많다는 사실은 (나)를 강화한다.

③ 정신적 소진은 우울증을 초래할 가능성이 높다는 사실은 (다)를 약화한다.

④ 유전적 요인이 환경에 적응하는 과정에서 정신질환이 생겨난다는 사실은 (가)와 (나) 모두를 약화한다.

⑤ 과거에 비해 현대 사회에서 창조적인 아이디어를 만들어내기 어렵다는 사실은 (가)를 강화하고 (다)를 약화한다.

다음 글에 비추어 볼 때, 구들에 의한 영향으로 볼 수 있는 사례만을 〈보기〉에서 모두 고르면?

우리 민족은 고유한 주거문화로 바닥 난방 기술인 구들을 발전시켜 왔는데, 구들은 우리 민족에 다양한 영향을 주었다. 우선 오랜 구들 생활은 우리 민족의 인체에 적지 않은 변화를 초래하였다. 태어나면서부터 따뜻한 구들에서 누워 자는 것이 습관이 된 우리 아이들은 사지의 활동량이 적고 발육이 늦어졌다. 구들에서 자란 우리 아이들은 다른 어떤 민족의 아이들보다 따뜻한 곳에서 안정감을 느꼈으며, 우리 민족은 아이들에게 따뜻함을 느낄 수 있는 환경을 만들어주기 위해 여러 가지를 고안하여 발전시켰다.

구들은 농경을 주업으로 하는 우리 민족의 생산도구의 제작과 사용에 많은 영향을 주었다. 구들에 앉아 오랫동안 활동하는 습관은 하반신보다 상반신의 작업량을 증가시켰고 상반신의 움직임이 상대적으로 정교하게 되었다. 구들 생활에 익숙해진 우리 민족은 방 안에서의 작업뿐만 아니라 농사를 비롯한 야외의 많은 작업에서도 앉아서 하는 습관을 갖게 되었는데 이는 큰 농기구를 이용하여 서서 작업을 하는 서양과는 완전히 다른 방식이었다.

구들에서의 생활은 우리의 음식문화에도 많은 영향을 미쳤다. 구들에 앉거나 누우면 엉덩이나 등은 따뜻하게 되지만 상대적으로 소화계통이 있는 배는 고루 덥혀지지 않게 된다. 이 때문에 소화과정에 불균형이 발생하는데 우리 민족은 자극적인 음식을 발전시켜 이를 해결하였다. 구들 생활에 맞추어 식생활에 쓰이는 도구들의 크기도 앉아서 팔을 들어 사용하기 편리하게끔 만들어졌다. 밥솥의 크기는 아낙네들이 팔을 휙 두르면 어디나 닿을 수 있게 만들어졌으며 맷돌도 구들에 앉아 혼자서 돌리기에 맞게 만들어졌다.

〈보 기〉

ㄱ. 우리 민족은 아주 다양한 찌개 음식을 발전시켰는데, 찌개 음식은 맵거나 짠 경우가 대부분이다.

ㄴ. 호미, 낫 등 우리 민족의 농경도구들은 대부분 팔의 길이보다 짧아 앉아서 사용하기에 편리하다.

ㄷ. 우리 민족의 남자아이들은 연날리기나 팽이치기 등의 놀이를 즐겨했고, 여자아이들은 공기놀이나 널뛰기 등의 놀이를 즐겨했다.

① ㄱ

② ㄴ

③ ㄱ, ㄴ

④ ㄱ, ㄷ

⑤ ㄱ, ㄴ, ㄷ

갑국에서는 소셜미디어 상에서 진보 성향의 견해들이 두드러지게 나타난다. 이러한 현상은 다음 두 가설에 의해서 설명될 수 있다.

A 가설은 이러한 현상이 일어나는 이유가 진보 이념에서 전통적으로 중시되는 참여 민주주의의 가치가 쌍방향 의사소통을 주요 특징으로 하는 소셜미디어와 잘 부합하기 때문이라고 본다. 진보 성향을 가진 사람들은 일반적으로 엘리트에 의한 통제보다는 시민들이 가지는 영향력과 정치 활동에 지지를 표하고, 참여를 통해 자신들의 입장이 정당함을 보여주려는 경향이 강하다. 갑국의 소셜미디어 사용자들의 다수가 진보적인 젊은 유권자들이라는 사실은 이러한 A 가설을 뒷받침한다. 최근 갑국의 트위터 사용자에 대한 연구에서도 진보적인 유권자들이 트위터와 같은 소셜미디어를 더 자주 이용하는 것으로 나타났다.

한편 소셜미디어가 가지는 대안 매체로서의 가능성에 관련한 B 가설에 따르면, 소셜미디어는 기존의 주류 언론에서 상대적으로 소외된 집단에 의해 주도적으로 활용될 가능성이 높다. 가령 트위터는 140자의 트윗이라는 형식을 통해 누구든지 팔로워들에게 원하는 메시지를 전파할 수 있고, 이 메시지는 리트윗을 통해 더 많은 사람들에게 전달될 수 있다. 이러한 트위터의 작동방식은 사용자들로 하여금 더 이상 주류 언론에 의한 매개 과정을 거치지 않고 독자적인 언론인으로 활동하며 다수에게 자신들의 견해를 전달할 수 있게 해준다. B 가설은 주류 언론이 가지는 이념적 성향이 소셜미디어의 이념적 편향성의 방향을 결정하는 주요 요인이 되리라는 예측을 가능케 한다. 즉 어떤 이념적 성향을 가진 집단이 주류 언론에 대해 상대적 소외감을 더 크게 느끼느냐에 따라 누가 이 대안 매체의 활용가치를 더 크게 느끼는지 결정되리라는 것이다.

① 갑국에 적용한 것과 동일한 방식으로 분석했을 때, 을국의 경우 트위터 사용자들은 진보 성향보다 보수 성향이 많았다는 사실은 A 가설을 약화하지 않는다.

② 갑국의 주류 언론은 보수적 이념 성향이 강하다는 사실은 B 가설을 강화한다.

③ 갑국의 젊은 사람들 중에 진보 성향의 비율이 높다는 사실은 A 가설을 강화하고 B 가설은 약화한다.

④ 갑국에서 주류 언론보다 소셜미디어의 영향력이 강하다는 사실은 A 가설과 B 가설을 모두 강화한다.

⑤ 갑국에서는 정치 활동을 많이 하는 사람들이 소셜미디어를 더 많이 사용한다는 사실은 A 가설과 B 가설을 모두 약화한다.

온갖 사물이 뒤섞여 등장하는 사진들에서 고양이를 틀림없이 알아보는 인공지능이 있다고 해보자. 그러한 식별 능력은 고양이 개념을 이해하는 능력과 어떤 관계가 있을까? 고양이를 실수 없이 가려내는 능력이 고양이 개념을 이해하는 능력의 필요충분조건이라고 할 수 있을까?

먼저, 인공지능이든 사람이든 고양이 개념에 대해 이해하면서도 영상 속의 짐승이나 사물이 고양이인지 정확히 판단하지 못하는 경우는 있을 수 있다. 예를 들어, 누군가가 전형적인 고양이와 거리가 먼 희귀한 외양의 고양이를 보고 "좀 이상하게 생긴 족제비로군요."라고 말했다고 해보자. 이것은 틀린 판단이지만, 그렇다고 그가 고양이 개념을 이해하지 못하고 있다고 평가하는 것은 부적절한 일일 것이다.

이번에는 다른 예로 누군가가 영상자료에서 가을에 해당하는 장면들을 실수 없이 가려낸다고 해보자. 그는 가을 개념을 이해하고 있다고 보아야 할까? 그 장면들을 실수 없이 가려낸다고 해도 그가 가을이 적잖은 사람들을 왠지 쓸쓸하게 하는 계절이라든가, 농경문화의 전통에서 수확의 결실이 있는 계절이라는 것, 혹은 가을이 지구 자전축의 기울기와 유관하다는 것 등을 반드시 알고 있는 것은 아니다. 심지어 가을이 지구의 1년을 넷으로 나눈 시간 중 하나를 가리킨다는 사실을 모르고 있을 수도 있다. 만일 가을이 여름과 겨울 사이에 오는 계절이라는 사실조차 모르는 사람이 있다면 우리는 그가 가을 개념을 이해하고 있다고 인정할 수 있을까? 그것은 불합리한 일일 것이다.

가을이든 고양이든 인공지능이 그런 개념들을 충분히 이해하는 것은 영원히 불가능하다고 단언할 이유는 없다. 하지만 우리가 여기서 확인한 점은 개념의 사례를 식별하는 능력이 개념을 이해하는 능력을 함축하는 것은 아니고, 그 역도 마찬가지라는 것이다.

① 인간 개념과 관련된 모든 지식을 가진 사람은 아무도 없겠지만 우리는 대개 인간과 인간 아닌 존재를 어렵지 않게 구별할 줄 안다.

② 어느 정도의 훈련을 받은 사람은 병아리의 암수를 정확히 감별하지만 그렇다고 암컷과 수컷 개념을 이해하고 있다고 볼 이유는 없다.

③ 자율주행 자동차에 탑재된 인공지능이 인간 개념을 이해하고 있지 않다면 동물 복장을 하고 횡단보도를 건너는 인간 보행자를 인간으로 식별하지 못한다.

④ 정육면체 개념을 이해할 리가 없는 침팬지도 다양한 형태의 크고 작은 상자들 가운데 정육면체 모양의 상자에만 숨겨둔 과자를 족집게같이 찾아낸다.

⑤ 10월 어느 날 남반구에서 북반구로 여행을 간 사람이 그곳의 계절을 봄으로 오인한다고 해서 그가 봄과 가을의 개념을 잘못 이해하고 있다고 할 수는 없다.

쾌락주의자들은 우리가 쾌락을 욕구하고, 이것이 우리 행동의 원인이 된다고 주장한다. 하지만 반쾌락주의자들은 쾌락을 느끼기 위한 우리 행동의 원인은 음식과 같은 외적 대상에 대한 욕구이지 다른 것이 아니라고 말한다. 이에, 외적 대상에 대한 욕구 이외의 것, 가령, 쾌락에 대한 욕구는 우리 행동의 원인이 될 수 없다. 그럼 반쾌락주의자들이 말하는 욕구에서 행동, 그리고 쾌락으로 이어지는 인과적 연쇄는 다음과 같을 것이다.

음식에 대한 욕구 → 먹는 행동 → 쾌락

이런 인과적 연쇄를 보았을 때 쾌락이 우리 행동의 원인이 아니라는 것은 분명하다. 왜냐하면 쾌락은 행동 이후 생겨났고, 나중에 일어난 것이 이전에 일어난 것의 원인일 수 없기 때문이다.

그러나 이런 반쾌락주의자들의 주장은 두 개의 욕구, 즉 음식에 대한 욕구와 쾌락에 대한 욕구 사이의 관계를 고려하지 않고 있다. 즉 무엇이 음식에 대한 욕구의 원인인지를 고려하지 않은 것이다. 하지만 ㉠ 쾌락주의자들의 주장에 따르면 위의 인과적 연쇄에 음식에 대한 욕구의 원인인 쾌락에 대한 욕구를 추가해야 한다.

사람들이 음식을 원하는 이유는 그들이 쾌락을 욕구하기 때문이다. 반쾌락주의자들의 주장이 범하고 있는 실수는 두 개의 사뭇 다른 사항들, 즉 욕구가 만족되어 경험하는 쾌락과 쾌락에 대한 욕구를 혼동하는 데에서 기인한다. 쾌락의 발생이 행위자가 쾌락 이외의 어떤 것을 원했기 때문이더라도, 쾌락에 대한 욕구는 다른 어떤 것에 대한 욕구를 발생시키는 원인이다.

① 어떤 욕구도 또 다른 욕구의 원인일 수 없다.

② 사람들은 쾌락에 대한 욕구가 없더라도 음식을 먹는 행동을 하기도 한다.

③ 음식에 대한 욕구로 인해 쾌락에 대한 욕구가 생겨야만 행동으로 이어진다.

④ 외적 대상에 대한 욕구는 다른 것에 의해서 야기되지 않고 그저 주어진 것일 뿐이다.

⑤ 맛없는 음식보다 맛있는 음식을 욕구하는 것은 맛있는 음식을 먹어 얻게 될 쾌락에 대한 욕구가 맛없는 음식을 먹어 얻게 될 쾌락에 대한 욕구보다 강하기 때문이다.

테러리스트가 시내 번화가에 설치한 시한폭탄이 발견되었다. 48시간 뒤에 폭발하도록 되어 있는 이 폭탄은 저울 위에 고정되어 있는데, 저울이 나타내는 무게가 30% 이상 증가하거나 감소하면 폭발하게 되어 있다. 해체가 불가능해 보이는 이 폭탄을 무인 로켓에 실어 우주 공간으로 옮겨 거기서 폭발하도록 하자는 제안이 나왔고, 이 방안에 대해 다음과 같은 토론이 진행되었다.

A : 그 계획에는 문제가 있습니다. 우주선이 지구에서 멀어짐에 따라 중력이 감소할 것이고, 그렇다면 폭탄의 무게가 감소하게 될 것입니다. 결국, 안전한 곳까지 도달하기 전에 폭발할 것입니다.

B : 더 심각한 문제가 있습니다. 로켓이 지구를 탈출하려면 엄청난 속도까지 가속되어야 하는데, 이 가속도 때문에 저울에 얹혀 있는 폭탄의 무게는 증가합니다. 이 무게가 30%만 변하면 끝장이지요.

C : 그런 문제들은 해결할 수 있을 것입니다. 아인슈타인의 등가원리에 따르면, 외부와 차단된 상태에서는 중력에 의한 효과와 가속운동에 의한 효과를 서로 구별할 수 없지요. 그러니 일단 로켓의 속도를 적당히 조절하기만 하면 그 안에서는 로켓이 지구 위에 멈춰 있는지 가속되고 있는지조차 알 수 없습니다. 그러므로 폭탄을 안전하게 우주로 보내기 위해 사용할 수 있는 방법은 [＿＿＿＿＿＿＿＿＿＿＿＿＿＿]입니다.

① 지구의 중력이 0이 되는 높이까지 로켓을 가속하는 것

② 로켓에 미치는 중력과 가속도를 일정하게 증가시키는 것

③ 로켓에 미치는 중력과 가속도를 일정하게 감소시키는 것

④ 지구로부터 멀어짐에 따라 중력이 감소하는 만큼 로켓을 가속하는 것

⑤ 로켓의 속도가 감소하는 만큼 로켓에 미치는 중력의 크기를 증가시키는 것

오늘날 프랑스 영토의 윤곽은 9세기 샤를마뉴 황제가 유럽 전역을 평정한 후, 그의 후손들 사이에 벌어진 영토 분쟁의 결과로 만들어졌다. 제국 분할을 둘러싸고 그의 후손들 사이에 빚어진 갈등은 제국을 독차지하려던 로타르의 군대와, 루이와 샤를의 동맹군 사이의 전쟁으로 확대되었다. 결국 동맹군의 승리로 전쟁이 끝나면서 왕자들 사이에 제국의 영토를 분할하는 원칙을 명시한 베르됭 조약이 체결되었다. 영토 분할을 위임받은 로마 교회는 조세 수입이나 영토 면적보다는 '세속어'를 그 경계의 기준으로 삼는 것이 더 공정하다는 결론을 내렸다. 그래서 게르만어를 사용하는 지역과 로망어를 사용하는 지역을 각각 루이와 샤를에게 할당했다. 그리고 힘없는 로타르에게는 이들 두 국가를 가르는 완충지대로서, 이탈리아 북부 롬바르디아 지역으로부터 프랑스의 프로방스 지방, 스위스, 스트라스부르, 북해로 이어지는 긴 복도 모양의 영토가 주어졌다.

루이와 샤를은 베르됭 조약 체결에 앞서 스트라스부르에서 서로의 동맹을 다지는 서약 문서를 상대방이 분할 받은 영토의 세속어로 작성하여 교환하고, 곧이어 각자 자신의 군사들로부터 자신이 분할 받은 영토의 세속어로 충성 맹세를 받았다. 학자들은 두 사람이 서로의 동맹에 충실할 것을 상대측 영토의 세속어로 서약했다는 점에 주목한다. 또한 역사적 자료에 의해 [   ] 그러므로 루이와 샤를 중 적어도 한 명은 서약 문서를 자신의 모어로 작성한 것이 아니다. 게다가 그들의 군대는 필요에 따라 여기저기서 수시로 징집된 다양한 언어권의 병사들로 구성되어 있었으므로 세속어의 사용이 군사들의 이해를 목적으로 한다는 설명도 설득력이 없다. 결국 학자들은 상대측 영토의 세속어 사용이 상대 국민의 정체성과 그에 따른 권력의 합법성을 상호 인정하기 위한 상징행위로서 의미를 갖는다고 결론을 내렸다.

① 게르만어와 로망어는 세속어가 아니었다는 사실이 알려져 있다.
② 루이와 샤를 모두 게르만어를 모어로 사용하였다는 사실이 알려져 있다.
③ 스트라스부르의 세속어는 루이와 샤를의 모어와 달랐다는 사실이 알려져 있다.
④ 루이와 샤를의 모어는 각각 상대방이 분할 받은 영토의 세속어와 일치하였다는 사실이 알려져 있다.
⑤ 각자 자신의 모어로 서약 문서를 작성하는 것은 서로의 동맹에 충실하겠다는 상징행위라는 사실이 알려져 있다.

하늘이 내린 생물을 해치고 없애는 것은 성인(聖人)이 하지 않는 바이다. 하물며 하늘의 도가 어찌 사람들에게 살아있는 것을 죽여서 자기의 생명을 기르게 하였겠는가? 『서경』에서는 "천지는 만물의 부모이며, 인간은 만물의 영장이다. 진실로 총명한 자는 천자가 되고, 천자는 백성의 부모가 된다"라고 하였다. 천지가 이미 만물의 부모라면 천지 사이에 태어난 것은 모두 천지의 자식이다. 천지와 사물의 관계는 부모와 자식의 관계와 같으며, 자식 가운데 어리석고 지혜로움의 차이가 있는 것은 사람과 만물 사이에 밝고 어두움의 차이가 있는 것과 같다. 부모는 자식이 어리석고 불초하면 사랑하고 가엽게 여기며 오히려 걱정하거늘, 하물며 해치겠는가? 살아있는 것을 죽여서 자기의 생명을 기르는 것은 같은 식구를 죽여서 자기를 기르는 것이다. 같은 식구를 죽여서 자기를 기르면 부모의 마음이 어떠하겠는가? 자식들끼리 서로 죽이는 것은 부모의 마음이 아니다. 사람과 만물이 서로 죽이는 것이 어찌 천지의 뜻이겠는가? 인간과 만물은 이미 천지의 기운을 함께 얻었으며, 또한 천지의 이치도 함께 얻었고 천지 사이에서 함께 살아가고 있다. 이미 하나의 같은 기운과 이치를 함께 부여받았는데, 어찌 살아있는 것들을 죽여서 자신의 생명을 양육할 수 있겠는가? 그래서 불교에서는 "천지는 나와 뿌리가 같고, 만물은 나와 한 몸이다"라고 하였고, 유교에서는 "천지만물을 자기와 하나로 여긴다"고 하면서 이것을 '인(仁)'이라고 부른다.

그렇지만 실천하여 행하는 것이 그 이상과 같아야 비로소 인의 도를 온전히 다했다고 할 수 있다. 유교 경전인 『논어』는 "공자는 그물질은 하지 않으셔도 낚시질은 하셨으며, 화살로 잠든 새는 쏘지 않으셨지만 나는 새는 맞추셨다"라고 하였고, 『맹자』도 "군자가 푸줏간을 멀리하는 것은 가축이 죽으면서 울부짖는 소리를 들으면 차마 그 고기를 먹지 못하기 때문이다"라고 말하고 있다. 이것으로 보면, [   ]

① 유교는 『서경』 이래 천지만물을 하나의 가족처럼 여기는 인의 도를 철두철미하게 잘 실천하고 있다.
② 유교에서는 공자와 맹자에서부터 살생하지 말라는 불교의 계율을 이미 잘 실천하고 있다.
③ 유교의 공자와 맹자는 동물마저 측은히 여기는 대상에 포함하여 인간처럼 대하였다.
④ 유교는 인의 도가 지향하는 이상을 실천하는 데 철저하지 못한 측면이 있다.
⑤ 유교에서 인의 도는 인간과 동물을 부모와 자식의 관계로 보고 있다.

야생의 자연이라는 이상을 고집하는 자연 애호가들은 인류가 자연과 내밀하면서도 창조적인 관계를 맺었던 반(反) 야생의 자연, 즉 정원을 간과한다. 정원은 울타리를 통해 농경지보다 야생의 자연과 분명한 경계를 긋는다. 집약적인 토지 이용이라는 전통은 정원에서 시작되었다. 정원은 대규모의 농경지 경작이 행해지지 않은 원시적인 문화에서도 발견된다. 만여 종의 경작용 식물들은 모두 대량 생산에 들어가기 전에 정원에서 자라는 단계를 거쳐 온 것으로 보인다.

농업경제의 역사에서 정원이 갖는 의미는 시대와 지역에 따라 매우 달랐다. 좁은 공간에서 집약적인 농사를 짓는 지역에서는 농부가 곧 정원사였다. 반면 예전의 독일 농부들은 정원이 곡물 경작에 사용될 퇴비를 앗아가므로 정원을 악으로 여기기도 했다. 하지만 여성들의 입장은 지역적인 편차가 없었다. 아메리카의 푸에블로 인디언부터 근대 독일의 농부 집안까지 정원은 농업 혁신에 주도적인 역할을 해온 여성들에게는 자신들의 제국이자 자존심이었다. 그곳에는 여성들이 경험을 통해 쌓은 지식 전통이 살아 있었다. 환경사에서 여성이 갖는 특별한 역할의 물질적 근간은 대부분 정원에서 발견된다. 지난 세기들의 경우 이는 특히 여성 제후들과 관련되어 있으며 자료가 풍부하다. 작센의 여성 제후인 안나는 식물에 관한 지식을 늘 공유했던 긴밀하고도 광범위한 사회적 네트워크를 가지고 있었는데 그 중에는 식물 경제학에 관심이 깊은 고귀한 신분의 여성들도 많았으며 수도원 소속의 여성들도 있었다.

여성들이 정원에서 쌓은 경험의 특징은 무엇일까? 정원에서는 땅을 면밀히 살피고 손으로 흙을 부스러뜨리는 습관이 생겨났을 것이다. 정원에서 즐겨 이용되는 삽도 다양한 토질의 층을 자세히 연구하도록 부추겼을 것이 분명하다. 넓은 경작지보다는 정원에서 땅을 다룰 때 더 아끼고 보호했을 것이다. 정원이라는 매우 제한된 공간에는 옛날에도 충분한 퇴비를 줄 수 있었다. 경작지보다도 다양한 종류의 퇴비로 실험할 수 있었고 새로운 작물을 키우며 경험을 수집할 수 있었다. 정원에서는 좁은 공간에서 다양한 식물이 자라기 때문에 모든 종류의 식물들이 서로 잘 지내지는 않는다는 사실에도 주의를 기울였다. 이는 식물 생태학의 근간을 이루는 통찰이었다.

결론적으로 정원은 ▢▢▢▢▢▢▢▢▢▢▢▢▢▢

① 자연을 즐기고 자연과 교감할 수 있는 야생의 공간으로서 집안에 들여놓은 자연의 축소판이었다.

② 여성들이 자연을 통제하고자 하는 이룰 수 없는 욕구를 충족하기 위하여 인공적으로 구축한 공간이었다.

③ 경작용 식물들이 서로 잘 지낼 수 있도록 농경지를 구획하는 울타리를 헐어버림으로써 구축한 인위적 공간이었다.

④ 여성 제후들이 농부들의 경작 경험을 집대성하여 환경사의 근간을 이루는 식물 생태학의 기초를 다지는 공간이었다.

⑤ 여성들이 주도가 되어 토양과 식물을 이해하고 농경지 경작에 유용한 지식과 경험을 배양할 수 있는 좋은 장소였다.

기분관리 이론은 사람들의 기분과 선택 행동의 관계에 대해 설명하기 위한 이론이다. 이 이론의 핵심은 사람들이 현재의 기분을 최적 상태로 유지하려고 한다는 것이다. 따라서 기분관리 이론은 흥분 수준이 최적 상태보다 높을 때는 사람들이 이를 낮출 수 있는 수단을 선택한다고 예측한다. 반면에 흥분 수준이 낮을 때는 이를 회복시킬 수 있는 수단을 선택한다고 예측한다. 예를 들어, 음악 선택의 상황에서 전자의 경우에는 차분한 음악을 선택하고 후자의 경우에는 흥겨운 음악을 선택한다는 것이다. 기분조정 이론은 기분관리 이론이 현재 시점에만 초점을 맞추고 있다는 점을 지적하고 이를 보완하고자 한다. 기분조정 이론을 음악 선택의 상황에 적용하면, ▢▢▢▢▢▢▢▢▢▢고 예측할 수 있다.

연구자 A는 음악 선택 상황을 통해 기분조정 이론을 검증하기 위한 실험을 했다. 그는 실험 참가자들을 두 집단으로 나누고 집단 1에게는 한 시간 후 재미있는 놀이를 하게 된다고 말했고, 집단 2에게는 한 시간 후 심각한 과제를 하게 된다고 말했다. 집단 1은 최적 상태 수준에서 즐거워했고, 집단 2는 최적 상태 수준을 벗어날 정도로 기분이 가라앉았다. 이 때 연구자 A는 참가자들에게 기다리는 동안 음악을 선택하게 했다. 그랬더니 집단 1은 다소 즐거운 음악을 선택한 반면, 집단 2는 과도하게 흥겨운 음악을 선택했다. 그런데 30분이 지나고 각 집단이 기대하는 일을 하게 될 시간이 다가오자 두 집단 사이에는 뚜렷한 차이가 나타났다. 집단 1의 선택에는 큰 변화가 없었으나, 집단 2는 기분을 가라앉히는 차분한 음악을 선택하는 쪽으로 변하는 경향을 보인 것이다. 이러한 선택의 변화는 기분조정 이론을 뒷받침하는 것으로 간주되었다.

① 사람들은 현재의 기분을 지속하는 데 도움이 되는 음악을 선택한다

② 사람들은 다음에 올 상황을 고려해 흥분을 유발할 수 있는 음악을 선택한다

③ 사람들은 다음에 올 상황에 맞추어 현재의 기분을 조정하는 음악을 선택한다

④ 사람들은 현재의 기분과는 상관없이 자신이 평소 선호하는 음악을 선택한다

⑤ 사람들은 현재의 기분이 즐거운 경우에는 그것을 조정하기 위해 그와 반대되는 기분을 자아내는 음악을 선택한다

한편에서는 "C시에 건설될 도시철도는 무인운전 방식으로 운행된다."라고 주장하고, 다른 한편에서는 "C시에 건설될 도시철도는 무인운전 방식으로 운행되지 않는다."라고 주장한다고 하자. 이 두 주장은 서로 모순되는 것처럼 보인다. 하지만 양편이 팽팽히 대립한 회의가 "C시에 도시철도는 적합하지 않다고 판단되므로, 없던 일로 합시다."라는 결론으로 끝날 가능성도 있다는 사실을 우리는 고려해야 한다. C시에 도시철도가 건설되지 않을 경우에도 양편의 주장에 참이나 거짓이라는 값을 매겨야 한다면 어떻게 매겨야 옳을까?

한 가지 분석 방안에 따르면, "C시에 건설될 도시철도는 무인운전 방식으로 운행된다."라는 문장은 "____㉠____"라는 것을 의미하는 것으로 해석한다. 이렇게 해석할 경우, C시에 도시철도를 건설하지 않기로 했으므로 원래의 문장은 거짓이 된다. 이런 분석은 "C시에 건설될 도시철도는 무인운전 방식으로 운행되지 않는다."에 대해서도 똑같이 적용되어 그것에도 거짓이라는 값을 부여한다.

원래 문장, "C시에 건설될 도시철도는 무인운전 방식으로 운행된다."를 분석하는 둘째 방안도 있다. 이 방안에서는 우선 원래 문장은 "____㉡____"라는 것을 의미하는 것으로 해석한다. 그런 다음 이렇게 분석된 이 문장은 C시에 도시철도를 건설해 그것을 무인운전이 아닌 방식으로 운행하는 일은 없다는 주장과 같은 의미를 나타낸다고 이해한다. 이렇게 해석할 경우 원래의 문장은 참이 된다. 왜냐하면 C시에 도시철도를 건설하지 않기로 했으므로 C시에 도시철도를 건설해 그것을 무인운전이 아닌 방식으로 운행하는 일도 당연히 없을 것이기 때문이다. 이런 분석은 "C시에 건설될 도시철도는 무인운전 방식으로 운행되지 않는다."에 대해서도 똑같이 적용되어 그것에도 참이라는 값을 부여한다.

───────〈 보 기 〉───────

(가) C시에 도시철도가 건설되고, 그 도시철도는 무인운전 방식으로 운행된다.

(나) C시에 무인운전 방식으로 운행되는 도시철도가 건설되거나, 아니면 아무 도시철도도 건설되지 않는다.

(다) C시에 도시철도가 건설되면, 그 도시철도는 무인운전 방식으로 운행된다.

(라) C시에 도시철도가 건설되는 경우에만, 그 도시철도는 무인운전 방식으로 운행된다.

	㉠	㉡
①	(가)	(다)
②	(가)	(라)
③	(나)	(다)
④	(나)	(라)
⑤	(라)	(다)

인문학의 중요성을 강조하는 사람들은 흔히 인간이란 정신적 존재이기 때문에 참다운 인간적 삶을 위해서는 물질적 욕구의 충족을 넘어서서 정신적 풍요로움을 누려야 하며 이 때문에 인문학은 필수적이라고 주장한다. 뿐만 아니라 인문학은 인간의 삶에 필수적인 건전한 가치관의 형성에도 중요한 역할을 한다고 주장한다. 그러나 과연 현대 인문학은 이러한 상식적인 주장들을 감당할 수 있을까?

분명 인간은 의식주라는 생물학적 욕구와 물질적 가치의 추구 외에 정신적 가치들을 추구하며 사는 존재이다. 그렇다고 이것이 그대로 인문학의 가치를 증언하는 것은 아니다. 그 이유는 무엇보다 인문적 활동 자체와 그것에 대한 지식 혹은 인식을 추구하는 인문학은 구별되기 때문이다. 춤을 추고 노래를 부르거나 이야기를 하는 등의 제반 인간적 활동에 대한 연구와 논의를 하는 이차적 활동인 인문학, 특히 현대의 인문학처럼 고도로 추상화된 이론적 논의들이 과연 인간적 삶을 풍요롭게 해주느냐가 문제이다.

현대 인문학은 대부분 과거의 인문적 활동의 산물을 대상으로 한 역사적 연구에 치중하고 있다. 전통적인 인문학도 역시 과거의 전통과 유산, 특히 고전을 중시하여 그것을 가르치고 연구하는 데 역점을 두었으나 그 교육방법과 태도는 현대의 역사적 연구와는 근본적으로 달랐다. 현대의 역사적 연구는 무엇보다도 연구 대상과의 시간적, 문화적 거리감을 전제로 하여 그것을 명확하게 의식하는 가운데서 이루어진다. 현대의 역사주의는 종교나 철학사상 혹은 문학 등 동서고금의 모든 문화적 현상들을 현재 우리와는 전혀 다른 시대에 산출된 이질적인 것으로 의식하면서 그것들을 우리들의 주관적 편견을 제거한 객관적인 역사적 연구 대상으로 삼는다.

인문학이 자연과학처럼 객관적 지식을 추구하는 학문이 되면서, 인문학은 인격을 변화시키고 삶의 의미를 제공해주던 전통적 기능이 상실되고 그 존재 가치를 의심받게 되었다. 학문과 개인적 삶이 확연히 구분되고 인문학자는 더 이상 인문주의자가 될 필요가 없어졌다. 그는 단지 하나의 전문 직업인이 되었다.

① 현대 인문학자는 인문주의자로서만 아니라 전문 직업인으로서의 위상 또한 가져야 한다.

② 현대 인문학은 자연과학의 접근방식을 수용함으로써 학문의 엄밀성을 확보해야 한다.

③ 현대 인문학은 인문적 삶과 활동에 대한 이차적 반성이라는 점에서 자연과학적 지식과 변별된다.

④ 현대 인문학의 위기는 생물학적 욕구와 물질적 가치가 정신적 가치보다 중시됨으로써 초래된 것이다.

⑤ 현대 인문학은 객관적 지식을 추구하는 학문이 되면서 인간의 삶을 풍요롭게 만드는 본연의 역할을 하지 못한다.

근대적 공론장의 형성을 중시하는 연구자들은 아렌트와 하버마스의 공론장 이론을 적용하여 한국적 근대 공론장의 원형을 찾는다. 이들은 유럽에서 18~19세기에 우후죽순처럼 등장한 신문, 잡지 등이 시민들의 대화와 토론에 의거한 부르주아 공론장을 형성하였다는 사실에 착안하여 『독립신문』이 근대적 공론장의 역할을 하였다고 주장한다. 또한 만민공동회라는 새로운 정치권력이 만들어낸 근대적 공론장을 통해, 공화정의 근간인 의회와 한국 최초의 근대적 헌법이 등장하는 결정적 계기가 마련되었다고 인식한다.

그런데 공론장의 형성을 근대 이행의 절대적 특징으로 이해하는 태도는 근대 이행의 다른 길들에 대한 불신과 과소평가로 이어지기도 한다. 당시 사회의 개혁을 위해서는 갑신정변과 같은 소수 엘리트 주도의 혁명이나 동학농민운동과 같은 민중봉기가 아니라, 만민공동회와 같은 다수 인민에 의한 합리적인 토론과 공론에 의거한 민주적 개혁이 올바른 길이라고 주장하는 것이 대표적 예이다. 나아가 이러한 태도는 당시 고종이 만민공동회의 주장을 수용하여 입헌군주제나 공화제를 채택했더라면 국권박탈이라는 비극만은 면할 수 있었으리라는 비약으로 이어진다.

이러한 생각의 배경에는 개인의 자각에 근거한 공론장과 평화적 토론을 통한 공론의 형성, 그리고 공론을 정치에 실현시킬 제도적 장치가 마련되어 있는 체제가 바로 '근대'라는 확고한 인식이 자리 잡고 있다. 그들은 시민세력으로 성장할 가능성을 지닌 인민들의 행위가 근대적 정치를 표현하고 있었다는 점만 중시하고, 공론 형성의 주체인 시민이 아직 형성되지 못한 시대 상황은 특수한 것으로 평가한다. 또한 근대적 정치행위가 실패한 것은 인민들의 한계가 아니라, 전제황실 권력의 탄압이나 개혁파 지도자 내부의 권력투쟁 때문이라고 설명한다.

이러한 인식으로는 농민들을 중심으로 한 반봉건 민중운동의 지향점, 그리고 토지문제 해결을 통한 근대 이행이라는 고전적 과제에 답할 수가 없다. 또한 근대적 공론장에 기반한 근대국가가 수립되었을지라도 제국주의 열강들의 위협을 극복할 수 있었겠는지, 그 극복이 농민들의 지지 없이 가능했을지에 대한 문제의식은 들어설 여지가 없게 된다. 더 큰 문제는 이런 인식이 농민운동을 근대 이행을 방해하는 역사의 반역으로 왜곡할 소지가 있다는 것이다. 이러한 의문들이 적극적으로 해명되지 않는다면 근대 공론장 이론은 설득력을 갖기 어려울 것이다.

① 『독립신문』은 근대적 공론장의 역할을 하지 못하였다.
② 농민운동이 한국의 근대 이행을 방해했다고 볼 수 없다.
③ 제국주의 열강의 위협이 한국의 근대 공론장 형성을 가속화하였다.
④ 고종이 만민공동회의 주장을 채택하였다면 국권박탈의 비극은 없었을 것이다.
⑤ 근대 공론장 이론의 한국적 적용은 몇 가지 한계가 있지만 근대 이행의 문제를 효과적으로 설명하였다.

서울에 거주하는 초등학생 중에서 휴대전화를 가지고 있는 학생들은 얼마나 될까? 서울에 거주하는 초등학생 중에서 일부를 표본으로 삼아 조사해보니 이 중 60%가 휴대전화를 갖고 있다는 자료가 나왔다고 하자. 이 경우에 '서울에 거주하는 초등학생'을 이 표본 조사의 '준거집합'이라고 한다. 철수는 서울에 거주하는 초등학생이다. 이 경우에 철수가 휴대전화를 갖고 있을 확률을 묻는다면, 우리는 60%라고 해야 할 것이다. 그런데 서울에 거주하는 초등학생이면서 차상위계층의 자녀 중에서는 얼마나 많은 학생들이 휴대전화를 갖고 있을까? 이 경우에 준거집합은 '서울에 거주하는 초등학생이면서 차상위계층의 자녀'가 될 것이다. 앞서 삼은 표본 조사에서 차상위계층의 자녀만을 추려서 살펴보니 이 중 50%의 학생들이 휴대전화를 갖고 있다는 결과가 나왔다. 철수는 서울에 거주하는 초등학생일 뿐만 아니라 그의 가족은 차상위계층에 속한다. 이 경우 철수가 휴대전화를 갖고 있을 확률을 묻는다면, 우리는 50%라고 해야 할 것 같다. 마지막으로, 같은 표본 조사에서 이번에는 서울 거주 초등학생이면서 외동아이인 아이들의 집합에 대해서 조사해 보았는데, 70%가 휴대전화를 갖고 있었다는 결과가 나왔다. 철수는 서울 거주 초등학생이면서 외동아이이다. 이 경우에 철수가 휴대전화를 갖고 있을 확률을 우리는 70%라고 해야 할 것이다.

철수는 서울에 거주하는 초등학생이면서 차상위계층의 자녀이고 또한 외동아이인 것으로 확인되었다. 그렇다면 ㉠ 철수가 휴대전화를 갖고 있을 확률은 얼마라고 해야 하는가?

① 한 사람이 다양한 준거집합에 속할 수 있기 때문이다.
② 준거집합이 클수록 표본 조사의 결과를 더 신뢰할 수 있기 때문이다.
③ 준거집합이 작을수록 표본 조사의 결과를 더 신뢰할 수 있기 때문이다.
④ 표본의 크기가 준거집합의 크기에 따라 달라지기 때문이다.
⑤ 표본을 추출하는 방법이 얼마나 무작위적인가에 따라서 표본 조사의 결과가 변화하기 때문이다.

경제 문제는 대개 해결이 가능하다. 대부분의 경제 문제에는 몇 개의 해결책이 있다. 그러나 모든 해결책은 누군가가 상당한 손실을 반드시 감수해야 한다는 특징을 갖고 있다. 하지만 누구도 이 손실을 자발적으로 감수하고자 하지 않으며, 우리의 정치 제도는 누구에게도 이 짐을 짊어지라고 강요할 수 없다. 우리의 정치적, 경제적 구조로는 실질적으로 제로섬(zero-sum)적인 요소를 지니는 경제 문제에 전혀 대처할 수 없다.

대개의 경제적 해결책은 대규모의 제로섬적인 요소를 갖기 때문에 큰 손실을 수반한다. 모든 제로섬 게임에는 승자가 있다면 반드시 패자가 있으며, 패자가 존재해야만 승자가 존재할 수 있다. 경제적 이득이 경제적 손실을 초과할 수도 있지만, 손실의 주체에게 손실의 의미란 상당한 크기의 경제적 이득을 부정할 수 있을 만큼 매우 중요하다. 어떤 해결책으로 인해 평균적으로 사회는 더 잘살게 될 수도 있지만, 이 평균이 훨씬 더 잘살게 된 수많은 사람들과 훨씬 더 못살게 된 수많은 사람들을 감춘다. 만약 당신이 더 못살게 된 사람 중 하나라면 내 수입이 줄어든 것보다 다른 누군가의 수입이 더 많이 늘었다고 해서 위안을 얻지는 않을 것이다. 결국 우리는 우리 자신의 수입을 보호하기 위해 경제적 변화가 일어나는 것을 막거나 혹은 사회가 우리에게 손해를 입히는 공공정책이 강제로 시행되는 것을 막기 위해 싸울 것이다.

① 빈부격차를 해소하는 것만큼 중요한 정책은 없다.
② 사회의 총생산량이 많아지게 하는 정책이 좋은 정책이다.
③ 경제문제에서 모두가 만족하는 해결책은 존재하지 않는다.
④ 경제적 변화에 대응하는 정치제도의 기능에는 한계가 존재한다.
⑤ 경제정책의 효율성을 높이는 방법은 일관성을 유지하는 것이다.

아! 이 책은 붕당의 분쟁에 관한 논설을 실었다. 어째서 '황극(皇極)'으로 이름을 삼았는가? 오직 황극만이 붕당에 대한 옛설을 혁파할 수 있기에 이로써 이름 붙인 것이다.

내가 생각하기에 옛날에는 붕당을 혁파하는 것이 불가능했다. 왜 그러한가? 그때는 군자는 군자와 더불어 진붕(眞朋)을 이루고 소인은 소인끼리 무리지어 위붕(僞朋)을 이루었다. 만약 현부(賢否), 충사(忠邪)를 살피지 않고 오직 붕당을 제거하기에 힘쓴다면 교활한 소인의 당이 뜻을 펴기 쉽고 정도(正道)로 처신하는 군자의 당은 오히려 해를 입기 마련이었다. 이에 구양수는 『붕당론』을 지어 신하들이 붕당을 이루는 것을 싫어하는 임금의 마음을 경계하였고, 주자는 사류(士類)를 고르게 보합하자는 범순인의 주장을 비판하였다. 이들은 붕당이란 것은 어느 시대에나 있는 것이니, 붕당이 있는 것을 염려할 것이 아니라 임금이 군자당과 소인당을 가려내는 안목을 지니는 것이 관건이라고 하였다. 군자당의 성세를 유지시킨다면 정치는 저절로 바르게 되기 때문이다. 이것이 옛날에는 붕당을 없앨 수 없었던 이유이다.

그러나 지금 붕당을 만드는 것은 군자나 소인이 아니다. 의논이 갈리고 의견을 달리하여 저편이 저쪽의 시비를 드러내면 이편 또한 이쪽의 시비로 대응한다. 저편에 군자와 소인이 있으면 이편에도 군자와 소인이 있다. 따라서 붕당을 그대로 둔다면 군자를 모을 수 없고 소인을 교화시킬 수 없다. 이제는 붕당이 아닌 재능에 따라 인재를 등용하는 정책을 널리 펴야 한다. 그런 까닭에 영조대왕은 황극을 세워 탕평정책을 편 것을 50년 재위 기간의 가장 큰 치적으로 삼았다.

① 군자들만으로 이루어진 붕당을 만들어야 한다.
② 붕당을 혁파하고 유능한 인재를 등용하여야 한다.
③ 옛날의 붕당과 현재의 붕당 사이의 조화를 도모해야 한다.
④ 강력한 왕권을 확립하여 붕당 간의 대립을 조정해야 한다.
⑤ 붕당마다 군자와 소인이 존재하므로 한쪽 붕당만을 등용하거나 배격하는 것은 옳지 않다.

물리학의 근본 법칙들은 실재 세계의 사실들을 정확하게 기술하는가? 이 질문에 확신을 가지고 그렇다고 대답할 사람은 많지 않을 것이다. 사실 다양한 물리 현상들을 설명하는 데 사용되는 물리학의 근본 법칙들은 모두 이상적인 상황만을 다루고 있는 것 같다. 정말로 물리학의 근본 법칙들이 이상적인 상황만을 다루고 있다면 이 법칙들이 실재 세계의 사실들을 정확히 기술한다는 생각에는 문제가 있는 듯하다.

가령 중력의 법칙을 생각해 보자. 중력의 법칙은 "두 개의 물체가 그들 사이의 거리의 제곱에 반비례하고 그 둘의 질량의 곱에 비례하는 힘으로 서로 당긴다."는 것이다. 이 법칙은 두 물체의 운동을 정확하게 설명할 수 있는가? 그렇지 않다는 것은 분명하다. 만약 어떤 물체가 질량뿐만이 아니라 전하를 가지고 있다면 그 물체들 사이에 작용하는 힘은 중력의 법칙만으로 계산된 것과 다를 것이다. 즉 위의 중력의 법칙은 전하를 가지고 있는 물체의 운동을 설명하지 못한다.

물론 사실을 정확하게 기술하는 형태로 중력의 법칙을 제시할 수 있다. 가령, 중력의 법칙은 "중력 이외의 다른 어떤 힘도 없다면, 두 개의 물체가 그들 사이의 거리의 제곱에 반비례하고 그 둘의 질량의 곱에 비례하는 힘으로 서로 당긴다."로 수정될 수 있다. 여기서 '중력 이외의 다른 어떤 힘도 없다면'이라는 구절이 추가된 것에 주목하자. 일단, 이렇게 바뀐 중력의 법칙이 참된 사실을 표현한다는 것은 분명해 보인다. 그러나 이렇게 바꾸면 한 가지 중요한 문제가 발생한다.

어떤 물리 법칙이 유용한 것은 물체에 작용하는 힘들을 통해 다양하고 복잡한 현상을 설명할 수 있기 때문이다. 물리 법칙은 어떤 특정한 방식으로 단순한 현상만을 설명하는 것을 목표로 하지 않는다. 중력의 법칙 역시 마찬가지다. 그것이 우리가 사는 세계를 지배하는 근본적인 법칙이라면 중력이 작용하는 다양한 현상들을 설명할 수 있어야 한다. 하지만 '중력 이외의 다른 어떤 힘도 없다면'이라는 구절이 삽입되었을 때, 중력의 법칙이 설명할 수 있는 영역은 무척 협소해진다. 즉 그것은 오로지 중력만이 작용하는 아주 특수한 상황만을 설명할 수 있을 뿐이다. 결과적으로 참된 사실들을 진술하기 위해 삽입된 구절은 설명력을 현저히 감소시킨다. 이 문제는 거의 모든 물리학의 근본 법칙들이 가지고 있다.

① 물리학의 근본 법칙은 그 영역을 점점 확대하는 방식으로 발전해 왔다.

② 물리적 자연 현상이 점점 복잡하고 다양해짐에 따라 물리학의 근본 법칙도 점점 복잡해진다.

③ 더 많은 실재 세계의 사실들을 기술하는 물리학의 법칙이 그렇지 않은 법칙보다 뛰어난 설명력을 가진다.

④ 물리학의 근본 법칙들은 이상적인 상황을 다루고 있어 실재 세계의 사실들을 정확하게 기술하는 데 어려움이 없다.

⑤ 참된 사실을 정확하게 기술하려고 물리 법칙에 조건을 추가하면 설명 범위가 줄어 다양한 물리 현상을 설명하기 어려워진다.

베블런에 의하면 사치품 사용 금기는 전근대적 계급에 기원을 두고 있다. 즉, 사치품 소비는 상류층의 지위를 드러내는 과시소비이기 때문에 피지배계층이 사치품을 소비하는 것은 상류층의 안락감이나 쾌감을 손상한다는 것이다. 따라서 상류층은 사치품을 사회적 지위 및 위계질서를 나타내는 기호(記號)로 간주하여 피지배계층의 사치품 소비를 금지했다. 또한 베블런은 사치품의 가격 상승에도 그 수요가 줄지 않고 오히려 증가하는 이유가 사치품의 소비를 통하여 사회적 지위를 과시하려는 상류층의 소비 행태 때문이라고 보았다.

그러나 소득 수준이 높아지고 대량 생산에 의해 물자가 넘쳐흐르는 풍요로운 현대 대중사회에서 서민들은 과거 왕족들이 쓰던 물건들을 일상생활 속에서 쓰고 있고 유명한 배우가 쓰는 사치품도 쓸 수 있다. 모든 사람들이 명품을 살 수 있는 돈을 갖고 있을 때 명품의 사용은 더 이상 상류층을 표시하는 기호가 될 수 없다. 따라서 새로운 사회의 도래는 베블런의 과시소비이론으로 설명하기 어려운 소비행태를 가져왔다. 이 때 상류층이 서민들과 구별될 수 있는 방법은 오히려 아래로 내려가는 것이다. 현대의 상류층에게는 차이가 중요한 것이지 사물 그 자체가 중요한 것이 아니기 때문이다. 월급쟁이 직원이 고급 외제차를 타면 사장은 소형 국산차를 타는 것이 그 예이다.

이와 같이 현대의 상류층은 고급, 화려함, 낭비를 과시하기보다 서민들처럼 소박한 생활을 한다는 것을 과시한다. 이것은 두 가지 효과가 있다. 사치품을 소비하는 서민들과 구별된다는 점이 하나이고, 돈 많은 사람이 소박하고 겸손하기까지 하여 서민들에게 친근감을 준다는 점이 다른 하나이다.

그러나 그것은 극단적인 위세의 형태일 뿐이다. 뽐냄이 아니라 남의 눈에 띄지 않는 겸손한 태도와 검소함으로 자신을 한층 더 드러내는 것이다. 이런 행동들은 결국 한층 더 심한 과시이다. 소비하기를 거부하는 것이 소비 중에서도 최고의 소비가 된다. 다만 그들이 언제나 소형차를 타는 것은 아니다. 차별화해야 할 아래 계층이 없거나 경쟁 상대인 다른 상류층 사이에 있을 때 그들은 마음 놓고 경쟁적으로 고가품을 소비하며 자신을 마음껏 과시한다. 현대사회에서 소비하지 않기는 고도의 교묘한 소비이며, 그것은 상류층의 표시가 되었다. 그런 점에서 상류층을 따라 사치품을 소비하는 서민층은 순진하다고 하지 않을 수 없다.

① 현대의 상류층은 낭비를 지양하고 소박한 생활을 지향함으로써 서민들에게 친근감을 준다.

② 현대의 서민들은 상류층을 따라 겸손한 태도로 자신을 한층 더 드러내는 소비행태를 보인다.

③ 현대의 상류층은 그들이 접하는 계층과는 무관하게 절제를 통해 자신의 사회적 지위를 과시한다.

④ 현대에 들어와 위계질서를 드러내는 명품을 소비하면서 과시적으로 소비하는 새로운 행태가 나타났다.

⑤ 현대의 상류층은 사치품을 소비하는 것뿐만 아니라 소비하지 않기를 통해서도 자신의 사회적 지위를 과시한다.

정치 갈등의 중심에는 불평등과 재분배의 문제가 자리하고 있다. 이 문제로 좌파와 우파는 오랫동안 대립해 왔다. 두 진영이 협력하여 공동의 목표를 이루려면 두 진영이 불일치하는 지점을 찾아 이 지점을 올바르고 정확하게 분석해야 한다. 바로 이것이 우리가 논증하고자 하는 바다.

우파는 시장 원리, 개인 주도성, 효율성이 장기 관점에서 소득 수준과 생활환경을 실제로 개선할 수 있다고 주장한다. 반면 정부 개입을 통한 재분배는 그 규모가 크지 않아야 한다. 이 점에서 이들은 선순환 메커니즘을 되도록 방해하지 않는 원천징수나 근로장려세 같은 조세 제도만을 사용해야 한다고 주장한다.

반면 19세기 사회주의 이론과 노동조합 운동을 이어받은 좌파는 사회 및 정치 투쟁이 극빈자의 불행을 덜어주는 더 좋은 방법이라고 주장한다. 이들은 불평등을 누그러뜨리고 재분배를 이루려면 우파가 주장하는 조세 제도만으로는 부족하고, 생산수단을 공유화하거나 노동자의 급여 수준을 강제하는 등 보다 강력한 정부 개입이 있어야 한다고 주장한다. 정부의 개입이 생산 과정의 중심에까지 영향을 미쳐야 시장 원리의 실패와 이 때문에 생긴 불평등을 해소할 수 있다는 것이다.

좌파와 우파의 대립은 두 진영이 사회정의를 바라보는 시각이 다른 데서 비롯된 것이 아니다. 오히려 불평등이 왜 생겨났으며 그것을 어떻게 해소할 것인가를 다루는 사회경제 이론이 다른 데서 비롯되었다. 사실 좌우 진영은 사회정의의 몇 가지 기본 원칙에 합의했다.

행운으로 얻었거나 가족에게 물려받은 재산의 불평등은 개인이 통제할 수 없다. 개인이 통제할 수 없는 요인 때문에 생겨난 불평등을 그런 재산의 수혜자에게 책임지우는 것은 옳지 않다. 이 점에서 행운과 상속의 혜택을 받은 이들에게 이런 불평등 문제를 해결하라고 요구하는 것은 바람직하지 않다. 혜택 받지 못한 이들, 곧 매우 불리한 형편에 부닥친 이들의 처지를 개선하려고 애써야 할 당사자는 당연히 국가다. 정의로운 국가라면 국가가 사회 구성원 모두 평등권을 되도록 폭넓게 누리도록 보장해야 한다는 정의의 원칙은 좌파와 우파 모두에게 널리 받아들여진 생각이다.

불리한 형편에 놓인 이들의 삶을 덜 나쁘게 하고 불평등을 누그러뜨려야 하는 국가의 목표를 이루는 데 두 진영이 협력하는 첫걸음이 무엇인지는 이제 거의 분명해졌다.

① 좌파와 우파는 자신들의 문제점을 개선하려고 애써야 한다.
② 좌파와 우파는 정치 갈등을 해결하려는 의지가 있어야 한다.
③ 좌파와 우파는 사회정의를 위한 기본 원칙에 먼저 합의해야 한다.
④ 좌파와 우파는 분배 문제 해결에 국가가 앞장서야 한다는 데 동의해야 한다.
⑤ 좌파와 우파는 불평등을 일으키고 이를 완화하는 사회경제 메커니즘을 보다 정확히 분석해야 한다.

지구에 도달하는 태양풍의 대부분은 지구의 자기장 밖으로 흩어지고, 일부는 지구의 자기장에 끌려 붙잡히기도 한다. 이렇게 붙잡힌 태양풍을 구성하는 전기를 띤 대전입자들은 자기장을 따라 자기의 북극과 남극 방향으로 지구 대기에 들어온다. 이 입자들은 자기장을 타고 나선형으로 맴돌면서 지구의 양쪽 자기극으로 쏟아진다. 하강한 대전입자는 고도 100~500km 상공에서 대기와 충돌하면서 기체(원자와 분자)를 이온화하는 과정에서 가시광선과 자외선 및 적외선 영역의 빛을 낸다. 우리는 이 중 가시광선 영역의 오로라를 보는 것이다.

오로라의 스펙트럼을 분석해보면, 대기 중의 질소분자, 질소분자이온, 그리고 산소원자를 발견할 수 있다. 오로라에 포함되어 있는 이러한 이온화된 기체는 제각기 다른 파장의 빛을 낸다. 태양 흑점의 극대기에 나타나는 오로라에서 수소 원자 스펙트럼이 검출되는 경우가 있는데, 이것은 태양에서 날아오는 수소 원자 때문이다. 밤하늘의 수채화처럼 빛나는 오로라는 바로 태양이 보낸 그림엽서인 셈이다. 오로라는 TV 화면을 생각하면 이해하기 쉽다. TV 브라운관에서 전기장과 자기장에 의해 제어된 전자의 흐름이 스크린에 닿으면, 스크린에 코팅된 화학물질에 따라서 각각 다른 색깔로 빛나게 된다. 오로라의 발광도 대전입자, 특히 전자가 지구의 자기장을 따라 내려오며 발생한다. 오로라의 다양한 색깔은 대전입자와 충돌하는 원자의 성질에 따라 결정된다.

오로라가 가장 잘 나타나는 지역은 지구자기의 북극을 중심으로 20~25도 정도 떨어진 곳인데 이를 '오로라 대'라고 한다. 오로라 대는 지구자기 위도 65~70도에서 계란형의 타원을 이룬다. 오로라 대에서는 오로라 현상이 매년 100회 이상 빈번히 나타난다. 오로라 대에 속하는 지역은 시베리아 북부 연안, 알래스카 중부, 캐나다 중북부와 허드슨 만, 래브라도 반도, 아이슬란드 남방, 스칸디나비아 반도 북부 등이다.

오로라는 공기밀도가 희박한 상층부 80~160km 높이의 열권에서 주로 발생하지만, 나타나는 시기와 모양에 따라 고도가 다르고, 상하의 범위도 200~250km, 드물게는 1,000km에 달하는 경우가 있다.

───〈보 기〉───
ㄱ. 오로라의 발생 원인
ㄴ. 모양에 따른 오로라의 분류
ㄷ. 오로라의 색깔을 결정하는 요인
ㄹ. 오로라가 잘 나타나는 위도 범위
ㅁ. 태양 흑점의 크기와 오로라의 크기 사이의 상관관계

① ㄱ, ㄴ, ㄷ
② ㄱ, ㄴ, ㅁ
③ ㄱ, ㄷ, ㄹ
④ ㄴ, ㄹ, ㅁ
⑤ ㄷ, ㄹ, ㅁ

디지털 연산은 회로의 동작으로 표현되는 논리적 연산에 의해 진행되며 아날로그 연산은 소자의 물리적 특성에 의해 진행된다. 하지만 디지털 연산의 정밀도는 정보의 연산 과정에서 최종적으로 정보를 출력할 때 필요한 것보다 항상 같거나 높게 유지해야 하므로 동일한 양의 연산을 처리해야 하는 경우라면 디지털 방식이 아날로그 방식에 비해 훨씬 더 많은 소자를 필요로 한다. 아날로그 연산에서는 회로를 구성하는 소자 자체가 연산자이므로 온도 변화에 따르는 소자 특성의 변화, 소자 간의 특성 균질성, 전원 잡음 등의 외적 요인들에 의해 연산 결과가 크게 달라질 수 있다. 그러나 디지털 연산에서는 회로의 동작이 0과 1을 구별할 정도의 정밀도만 유지하면 되므로 회로를 구성하는 소자 자체의 특성 변화에 거의 영향을 받지 않는다. 또한 상대적으로 쉽게 변경 가능하고 프로그램하기 편리한 점도 있다.

사람의 눈이나 귀 같은 감각기관은 아날로그 연산에 바탕을 둔 정보 처리 조직을 가지고 있지만 이로부터 발생되는 정보는 디지털 정보이다. 감각기관에 분포하는 수용기는 특별한 목적을 가지는 아날로그-디지털 변환기로 볼 수 있는데, 이것은 전달되는 입력의 특정 패턴을 감지하여, 디지털 신호와 유사한 부호를 발생시킨다. 이 신호는 다음 단계의 신경세포에 입력되고, 이 과정이 거미줄처럼 연결된 무수히 많은 신경세포의 연결 구조 속에서 반복되면서 뇌의 다양한 인지 활동을 형성한다. 사람의 감각기관에서 일어나는 아날로그 연산은 감각되는 많은 양의 정보 중에서 필요한 정보만을 걸러 주는 역할을 한다. 그렇기 때문에 실제 신경세포를 통해 뇌에 전달되는 것은 지각에 꼭 필요한 내용만이 축약된 디지털 정보이다. 사람의 감각은 감각기관의 노화 등으로 인한 생체 조직 구조의 변화에 따라 둔화될 수 있다. 그럼에도 불구하고 노화된 사람의 감각기관은 여전히 아날로그 연산이 가지는 높은 에너지 효율을 얻을 수 있다.

① 사람의 신경세포는 디지털화된 정보를 뇌로 전달한다.
② 디지털 연산은 소자의 물리적 특성을 연산자로 활용한다.
③ 사람의 감각기관은 아날로그 연산을 기초로 정보를 처리한다.
④ 디지털 연산은 소자 자체의 특성 변화에 크게 영향을 받지 않는다.
⑤ 사람의 감각기관이 감지하는 것은 외부에서 전달되는 입력 정보의 패턴이다.

식수오염의 방지를 위해서 빠른 시간 내 식수의 분변오염 여부를 밝히고 오염의 정도를 확인하기 위한 목적으로 지표생물의 개념을 도입하였다. 병원성 세균, 바이러스, 원생동물, 기생체 소낭 등과 같은 병원체를 직접 검출하는 것은 비싸고 시간이 많이 걸릴 뿐 아니라 숙달된 기술을 요구하지만, 지표생물을 이용하면 이러한 문제를 많이 해결할 수 있다.

식수가 분변으로 오염되어 있다면 분변에 있는 병원체 수와 비례하여 존재하는 비병원성 세균을 지표생물로 이용한다. 이에 대표적인 것은 대장균이다. 대장균은 그 기원이 전부 동물의 배설물에 의한 것이므로, 시료에서 대장균의 균체 수가 일정 기준보다 많이 검출되면 그 시료에는 인체에 유해할 만큼의 병원체도 존재한다고 추정할 수 있다. 그러나 온혈동물에게서 배설되는 비슷한 종류의 다른 세균들을 배제하고 대장균만을 측정하기는 어렵다. 그렇기 때문에 대장균이 속해 있는 비슷한 세균군을 모두 검사하여 분변오염 여부를 판단하고, 이 세균군을 총대장균군이라고 한다.

총대장균군에 포함된 세균이 모두 온혈동물의 분변에서 기원한 것은 아니지만, 온혈동물의 배설물을 통해서도 많은 수가 방출되고 그 수는 병원체의 수에 비례한다. 염소 소독과 같은 수질 정화과정에서도 병원체와 유사한 저항성을 가지므로 식수, 오락 및 휴양 용수의 수질 결정에 좋은 지표이다. 지표생물로 사용하는 또 다른 것은 분변성 연쇄상구균군이다. 이는 대장균을 포함하지는 않지만, 사람과 온혈동물의 장에 흔히 서식하므로 물의 분변오염 여부를 판정하는 데 이용된다. 이들은 잔류성이 높고 장 밖에서는 증식하지 않기 때문에 시료에서도 그 수가 일정하게 유지되어 좋은 상수소독 처리지표로 활용된다.

① 온혈동물의 분변에서 기원되는 균은 모두 지표생물이 될 수 있다.
② 수질 정화과정에서 총대장균군은 병원체보다 높은 생존율을 보인다.
③ 채취된 시료 속의 총대장균군의 세균 수와 병원체 수는 비례하여 존재한다.
④ 지표생물을 검출하는 것은 병원체를 직접 검출하는 것보다 숙달된 기술을 필요로 한다.
⑤ 분변성 연쇄상구균군은 시료 채취 후 시간이 지남에 따라 시료 안에서 증식하여 정확한 오염지표로 사용하기 어렵다.

수명 연장의 꿈을 갖고 제안된 것들 중 하나로 냉동보존이 있다. 이는 낮은 온도에서는 화학적 작용이 완전히 중지된다는 점에 착안해, 지금은 치료할 수 없는 환자를 그가 사망한 직후 액체질소 안에 냉동한 후, 냉동 및 해동에 따른 손상을 회복시키고 원래의 병을 치료할 수 있을 정도로 의학기술이 발전할 때까지 보관한다는 생각이다. 그러나 인체 냉동보존술은 제도권 내에 안착하지 못했으며, 현재는 소수의 열광자들에 의해 계승되어 이와 관련된 사업을 알코어 재단이 운영 중이다.

그런데 시신을 냉동하는 과정에서 시신의 세포 내부에 얼음이 형성되어 심각한 세포 손상이 일어난다는 것이 밝혀졌다. 이를 방지하기 위하여 저속 냉동보존술이 제시되었는데, 이는 주로 정자나 난자, 배아, 혈액 등의 온도를 1분에 1도 정도로 천천히 낮추는 방식이었다. 이 기술에서 느린 냉각은 삼투압을 이용해 세포 바깥의 물을 얼음 상태로 만들고 세포 내부의 물은 냉동되지 않도록 하는 방식이다. 그러나 이 또한 치명적이지는 않더라도 여전히 세포들을 손상시킨다. 최근에는 액체 상태의 체액을 유리질 상태로 변화시키는 방법을 이용해 세포들을 냉각시키는 방법이 개발되었다. 유리질 상태는 고체이지만 결정 구조가 아니다. 그것의 물 분자는 무질서한 상태로 남아있으며, 얼음 결정에서 보이는 것과 같은 규칙적인 격자 형태로 배열되어 있지 않다. 알코어 재단은 시신 조직의 미시적 구조가 손상되는 것을 줄이기 위해 최근부터 유리질화를 이용한 냉동방법을 활용하고 있다.

하지만 뇌과학자 A는 유리질화를 이용한 냉동보존에 대해서 회의적인 입장이다. 그에 따르면 우리의 기억이나 정체성을 이루고 있는 것은 신경계의 뉴런들이 상호 연결되어 있는 연결망의 총체로서의 커넥톰이다. 냉동보존된 인간을 다시 살려냈을 때, 그 사람이 냉동 이전의 사람과 동일한 사람이라고 할 수 있기 위해서는 뉴런들의 커넥톰이 그대로 보존되어 있어야 한다. 그러나 A는 이러한 가능성에 대해서 회의적이다. 인공호흡기로 연명하던 환자를 죽은 뒤에 부검해보면, 신체의 다른 장기들은 완전히 정상으로 보이지만 두뇌는 이미 변색이 일어나고 말랑하게 되거나 부분적으로 녹은 채로 발견되었다. 이로부터 병리학자들은 두뇌가 신체의 나머지 부분보다 훨씬 이전에 죽는다고 결론을 내렸다. 알코어 재단이 냉동보존할 시신을 수령할 무렵 시신의 두뇌는 최소한 몇 시간 동안 산소 결핍 상태에 있었으며, 살아있는 뇌세포는 하나도 남아있지 않았고 심하게 손상된 상태였다.

① 냉동보존술이 제도권 내에 안착하지 못한 원인은 높은 비용 때문이다.

② 유리질화를 이용한 냉동보존술은 뉴런들의 커넥톰 보존을 염두에 둔 기술이다.

③ 저속 냉동보존술은 정자나 난자, 배아, 혈액을 냉각시킬 때 세포를 손상시키지 않는다.

④ 뇌과학자 A에 따르면, 알코어 재단이 시신을 보존하기 시작하는 시점에 뉴런들의 커넥톰은 이미 정상 상태에 있지 않았다.

⑤ 뇌과학자 A에 따르면, 머리 이외의 신체 보존 방식은 저속 냉동보존술이나 유리질화를 이용한 냉동보존술이나 차이가 없다.

김치는 자연 발효에 의해 익어가기 때문에 미생물의 작용에 따라 맛이 달라진다. 김치가 발효되기 위해서는 효모와 세균 등 여러 미생물의 증식이 일어나야 하는데, 이를 위해 김치를 담글 때 찹쌀가루나 밀가루로 풀을 쑤어 넣어 준다. 이는 풀에 들어 있는 전분을 비롯한 여러 가지 물질이 김치 속에 있는 미생물을 쉽게 자랄 수 있도록 해주는 영양분의 역할을 하기 때문이다. 김치는 배추나 무에 있는 효소뿐만 아니라 그 사이에 들어가는 김칫소에 포함된 효소의 작용에 의해서도 발효가 일어날 수 있다.

김치의 발효 과정에 관여하는 미생물에는 여러 종류의 효모, 호기성 세균 그리고 유산균을 포함한 혐기성 세균이 있다. 갓 담근 김치의 발효가 시작될 때 호기성 세균과 혐기성 세균의 수가 두드러지게 증가하지만, 김치가 익어갈수록 호기성 세균의 수는 점점 줄어들어 나중에는 그 수가 완만하게 증가하는 효모의 수와 거의 비슷해진다. 그러나 혐기성 세균의 수는 김치가 익어갈수록 증가하며 결국 많이 익어서 시큼한 맛이 나는 김치에 있는 미생물 중 대부분을 차지한다. 김치를 익히는 데 관여하는 균과 매우 높은 산성의 환경에서도 잘 살 수 있는 유산균이 그 예이다.

김치를 익히는 데 관여하는 세균과 유산균뿐만 아니라 김치의 발효 초기에 증식하는 호기성 세균도 독특한 김치 맛을 내는 데 도움을 준다. 김치에 들어 있는 효모는 세균보다 그 수가 훨씬 적지만 여러 종류의 효소를 가지고 있어서 김치 안에 있는 여러 종류의 탄수화물을 분해할 수 있다. 또한 김치를 발효시키는 유산균은 당을 분해해서 시큼한 맛이 나는 젖산을 생산하는데, 김치가 익어가면서 김치 국물의 맛이 시큼해지는 것은 바로 이런 이유 때문이다.

김치가 익는 정도는 재료나 온도 등의 조건에 따라 달라지는데 이는 유산균의 발효 정도가 달라지기 때문이다. 특히 이 미생물들이 만들어 내는 여러 종류의 향미 성분이 더해지면서 특색 있는 김치 맛이 만들어진다. 김치가 익는 기간에 따라 여러 가지 맛을 내는 것도 모두가 유산균의 발효 정도가 다른 데서 비롯된다.

① 김치를 담글 때 넣는 풀은 효모에 의해 효소로 바뀐다.

② 강한 산성 조건에서도 생존할 수 있는 혐기성 세균이 있다.

③ 김치 국물의 시큼한 맛은 호기성 세균의 작용에 의한 것이다.

④ 특색 있는 김치 맛을 만드는 것은 효모가 만든 향미 성분 때문이다.

⑤ 시큼한 맛이 나는 김치에 있는 효모의 수는 호기성 세균이나 혐기성 세균에 비해 훨씬 많다.

기존 암치료법은 암세포의 증식을 막는 데 초점이 맞춰져 있으나, 컴퓨터 설명 모형이 새로 나와 이와는 다른 암치료법이 개발될 수 있다는 가능성이 제시되었다. W 교수의 연구에 따르면, 종전의 공간 모형은 종양의 3차원 공간 구조를 잘 설명하지만 암세포들 간 유전 변이를 잘 설명하지는 못한다. 또 다른 종전 모형인 비공간 모형은 암세포들 간 유전 변이를 잘 설명해 종양의 진화 과정은 정교하게 그려냈지만 종양의 3차원 공간 구조는 잡아내지 못했다. 그러나 종양의 성장과 진화를 이해하려면 종양의 3차원 공간 구조뿐만 아니라 유전 변이를 잘 설명할 수 있어야 한다.

새로 개발된 컴퓨터 설명 모형은 왜 모든 암세포들이 그토록 많은 유전 변이들을 갖고 있으며, 그 가운데 약제 내성을 갖는 '주동자 변이'가 어떻게 전체 종양에 퍼지게 되는지를 잘 설명해준다. 이 설명의 열쇠는 암세포들이 이곳저곳으로 옮겨 다닐 수 있는 능력을 갖고 있다는 데 있다. W 교수는 "사실상 환자를 죽게 만드는 암의 전이는 암세포의 자체 이동 능력 때문"이라고 말한다. 종전의 공간 모형에 따르면 암세포는 빈곳이 있을 때만 분열할 수 있고 다른 세포를 올라 타고서만 다른 곳으로 옮겨갈 수 있다. 그래서 암세포가 분열할 수 있는 곳은 제한되어 있다. 하지만 새 모형에 따르면 암세포가 다른 세포의 도움 없이 빈곳으로 이동할 수 있다. 이런 식으로 암세포는 여러 곳으로 이동하여 그곳에서 증식함으로써 새로운 유전 변이를 얻게 된다. 바로 이 때문에 종양은 종전 모형의 예상보다 더 빨리 자랄 수 있고 이상할 정도로 많은 유전 변이들을 가질 수 있다.

〈보 기〉
ㄱ. 컴퓨터 설명 모형은 종전의 공간 모형보다 암세포의 유전 변이를 더 잘 설명한다.
ㄴ. 종전의 공간 모형은 컴퓨터 설명 모형보다 암세포의 3차원 공간 구조를 더 잘 설명한다.
ㄷ. 종전의 공간 모형과 비공간 모형은 암세포의 자체 이동 능력을 인정하지만 이를 설명할 수 없다.

① ㄱ
② ㄴ
③ ㄱ, ㄷ
④ ㄴ, ㄷ
⑤ ㄱ, ㄴ, ㄷ

멜라토닌은 포유동물의 뇌의 일부분인 송과선이라는 내분비 기관에서 분비되는 호르몬이다. 멜라토닌은 밤에 많이 생성되고 낮에는 덜 생성된다. 이러한 특성을 이용하여 포유동물은 멜라토닌에 의해 광주기의 변화를 인지한다. 포유동물은 두부(頭部)의 피부나 망막에 들어오는 빛의 양을 감지하여 멜라토닌의 생성을 조절하는 방식으로 생체 리듬을 조절한다. 일몰과 함께 멜라토닌의 생성이 증가하면서 졸음이 오게 된다. 동이 트면 멜라토닌의 생성이 감소하면서 잠이 깨고 정신을 차리게 된다. 청소년기에는 멜라토닌이 많이 생성되기 때문에 청소년은 성인보다 더 오래 잠을 자려는 경향이 있다. 또한 ㉠ 멜라토닌은 생식 기관의 발달과 성장을 억제한다. 멜라토닌이 시상하부에 작용하여 생식선자극호르몬방출호르몬(LHRH)의 분비를 억제하면, 난자와 정자의 생성이나 생식 기관의 성숙을 일으키는 테스토스테론과 에스트로겐의 분비가 억제되어 생식 기관의 성숙이 억제된다.

① 송과선을 제거한 포유동물이 비정상적으로 성적 성숙이 더뎌졌다.
② 봄이 되면 포유동물의 혈액 속 멜라토닌의 평균 농도가 높아지고 번식과 짝짓기가 많아진다.
③ 성숙한 포유동물을 지속적으로 어둠 속에서 키웠더니 혈액 속 멜라토닌의 평균 농도가 낮아졌다.
④ 어린 포유동물을 밤마다 긴 시간 동안 빛에 노출하였더니 생식 기관이 비정상적으로 조기에 발달하였다.
⑤ 생식 기관의 발달이 비정상적으로 저조한 포유동물 개체들이 생식 기관의 발달이 정상적인 같은 종의 개체들보다 혈액 속 멜라토닌의 평균 농도가 낮았다.

대기오염 물질의 자연적 배출원은 공간적으로 그리 넓지 않고 밀집된 도시 규모의 오염 지역을 대상으로 할 경우에는 인위적 배출원에 비하여 대기 환경에 미치는 영향이 크지 않다. 하지만 지구 규모 또는 대륙 규모의 오염 지역을 대상으로 할 경우에는 그 영향이 매우 크다.

자연적 배출원은 생물 배출원과 비생물 배출원으로 구분된다. 생물 배출원에서는 생물의 활동에 의하여 오염 물질의 배출이 일어나는데, 식생의 활동으로 휘발성 유기물질이 배출되거나 토양 미생물의 활동으로 질소산화물이 배출되는 것이 대표적이다. 이렇게 배출된 오염 물질들은 반응성이 크기 때문에 산성비나 스모그와 같은 대기오염 현상을 일으키는 원인이 되기도 한다. 비생물 배출원에서도 많은 대기오염 물질이 배출되는데, 화산 활동으로 미세 먼지나 황산화물이 발생하거나 번개에 의해 질소산화물이 생성된다. 그 외에 사막이나 황토 지대에서 바람에 의해 미세 먼지가 발생하거나 성층권 오존이 대류권으로 유입되는 것도 이 범주에 넣을 수 있다.

인위적 배출원은 사람들이 생활이나 산업상의 편익을 위하여 만든 시설이나 장치로서, 대기 중으로 오염 물질을 배출하거나 대기 중에서 유해 물질로 바뀌게 될 원인 물질을 배출한다. 대표적인 인위적 배출원들은 연료의 연소를 통하여 이산화탄소, 일산화탄소, 질소산화물, 황산화물 등을 배출하지만 연소 외의 특수한 과정을 통해 발생하는 폐기물을 대기 중으로 내보내는 경우도 있다.

인위적 배출원은 점오염원, 면오염원, 선오염원으로 구분된다. 인위적 배출원 중 첫 번째로 점오염원은 발전소, 도시 폐기물 소각로, 대규모 공장과 같이 단독으로 대량의 오염 물질을 배출하는 시설을 지칭한다. 면오염원은 주거 단지와 같이 일정한 면적 내에 밀집된 다수의 소규모 배출원을 지칭한다. 선오염원의 대표적인 것은 자동차로서 이는 도로를 따라 선형으로 오염 물질을 배출시켜 주변에 대기오염 문제를 일으킨다. 높은 굴뚝에서 오염 물질을 배출하는 점오염원은 그 영향 범위가 넓지만, 배출구가 낮은 면오염원과 선오염원은 대기 확산이 잘 이루어지지 않아 오염원 근처의 지표면에 영향을 미친다.

① 비생물 배출원에서 배출되는 질소산화물은 연료의 연소 생성물이 대부분이다.

② 산성비는 인위적 배출원보다 자연적 배출원에서 배출되는 오염 물질에서 더 많이 생성된다.

③ 자연적 배출원은 인위적 배출원에 비해 큰 규모의 대기 환경에 대한 영향력이 미미하다.

④ 미생물이나 식생의 활동이 대기 중에 떠돌아다니는 반응성이 큰 오염 물질들을 감소시키기도 한다.

⑤ 인위적 배출원에서 오염 물질을 배출할 경우, 오염원은 배출구가 높을수록 더 멀리까지 영향을 미친다.

지구중심설을 고수하던 프톨레마이오스의 추종자 A와 B는 '지구가 태양 주위를 1년 주기로 공전하고 있다'는 지구 공전 가설에 대하여 나름의 논증으로 대응한다.

A : 오른쪽 눈을 감고 본 세상과 왼쪽 눈을 감고 본 세상은 사물의 상대적 위치가 미묘하게 다르다. 지구 공전 가설이 옳다면, 지구의 공전 궤도 상에서 서로 가장 멀리 떨어진 두 위치에서 별을 관측한다면 별의 위치가 다르게 보일 것이다. 그러나 별은 늘 같은 위치에 있는 것으로 관측된다. 그러므로 지구 공전 가설은 틀렸다.

B : 바람과 반대 방향으로 빠르게 달리는 마차에서 보면 빗방울은 정지한 마차에서 볼 때보다 더 비스듬하게 떨어지는 것으로 보이지만 마차가 같은 속도로 바람과 같은 방향으로 달릴 때에는 그보다는 덜 비스듬하게 떨어지는 것으로 보인다. 지구 공전 가설이 옳다면 지구의 운동 속도는 상당히 빠를 것이고 반년이 지나면 운동 방향이 반대가 될 것이다. 그러므로 지구의 운동 방향에 따라 별빛이 기울어지는 정도가 변할 것이고 별의 가시적 위치가 달라질 것이다. 그러나 별은 늘 같은 위치에 있는 것으로 관측된다. 그러므로 지구 공전 가설은 틀렸다.

〈보 기〉

ㄱ. A와 B 모두 일상적 경험에 착안하여 얻은 예측과 별을 관측한 결과를 근거로 지구 공전 가설을 평가했다.

ㄴ. A와 B 모두 당시 관측 기술의 한계로 별의 위치 변화가 관측되지 않았을 가능성을 고려하지 않았다.

ㄷ. 지구가 공전하면 별의 위치가 달라져 보일 이유를, A는 관측자의 관측 위치가 달라진 것에서, B는 관측자의 관측 대상에 대한 운동 방향이 뒤바뀐 것에서 찾았다.

① ㄱ

② ㄷ

③ ㄱ, ㄴ

④ ㄴ, ㄷ

⑤ ㄱ, ㄴ, ㄷ

문 125. 다음 글의 내용을 토대로 5명의 기업윤리 심의위원을 선정하려고 할 때, 반드시 참인 것은? 13 5급(인) 32번

후보자는 총 8명으로, 신진 윤리학자 1명과 중견 윤리학자 1명, 신진 경영학자 4명과 중견 경영학자 2명이다. 위원의 선정은 다음 조건을 만족해야 한다.

- 윤리학자는 적어도 1명 선정되어야 한다.
- 신진 학자는 4명 이상 선정될 수 없다.
- 중견 학자 3명이 함께 선정될 수는 없다.
- 신진 윤리학자가 선정되면 중견 경영학자는 2명 선정되어야 한다.

① 윤리학자는 2명이 선정된다.
② 신진 경영학자는 3명이 선정된다.
③ 중견 경영학자가 2명 선정되면 윤리학자 2명도 선정된다.
④ 신진 경영학자가 2명 선정되면 중견 윤리학자 1명도 선정된다.
⑤ 중견 윤리학자가 선정되지 않으면 신진 경영학자 2명이 선정된다.

문 126. 다음 정보가 모두 참일 때, 대한민국이 반드시 선택해야 하는 정책은? 14 5급(A) 12번

- 대한민국은 국무회의에서 주변국들과 합동 군사훈련을 실시하기로 확정 의결하였다.
- 대한민국은 A국 또는 B국과 상호방위조약을 갱신하여야 하지만, 그 두 국가 모두와 갱신할 수는 없다.
- 대한민국이 A국과 상호방위조약을 갱신하지 않는 한, 주변국과 합동 군사훈련을 실시할 수 없거나 또는 유엔에 동북아 안보 관련 안건을 상정할 수 없다.
- 대한민국은 어떠한 경우에도 B국과 상호방위조약을 갱신해야 한다.
- 대한민국이 유엔에 동북아 안보 관련 안건을 상정할 수 없다면, 6자 회담을 올해 내로 성사시켜야 한다.

① A국과 상호방위조약을 갱신한다.
② 6자 회담을 올해 내로 성사시킨다.
③ 유엔에 동북아 안보 관련 안건을 상정한다.
④ 유엔에 동북아 안보 관련 안건을 상정하지 않는다면, 6자 회담을 내년 이후로 연기한다.
⑤ A국과 상호방위조약을 갱신하지 않는다면, 유엔에 동북아 안보 관련 안건을 상정한다.

문 127. 다음 글의 내용이 참일 때, 반드시 채택되는 업체의 수는? 15 5급(인) 32번

농림축산식품부는 구제역 백신을 조달할 업체를 채택할 것이다. 예비 후보로 A, B, C, D, E 다섯 개 업체가 선정되었으며, 그 외 다른 업체가 채택될 가능성은 없다. 각각의 업체에 대해 농림축산식품부는 채택하거나 채택하지 않거나 어느 하나의 결정만을 내린다.

정부의 중소기업 육성 원칙에 따라, 일정 규모 이상의 대기업인 A가 채택되면 소기업인 B도 채택된다. A가 채택되지 않으면 D와 E 역시 채택되지 않는다. 그리고 수의학산업 중점육성 단지에 속한 업체인 B가 채택된다면, 같은 단지의 업체인 C가 채택되거나 혹은 타지역 업체인 A는 채택되지 않는다. 마지막으로 지역 안배를 위해, D가 채택되지 않는다면, A는 채택되지만 C는 채택되지 않는다.

① 1개   ② 2개
③ 3개   ④ 4개
⑤ 5개

문 128. 다음 글의 내용이 참일 때, 외부 인사의 성명이 될 수 있는 것은? 15 5급(인) 33번

사무관들은 지난 회의에서 만났던 외부 인사 세 사람에 대해 얘기하고 있다. 사무관들은 외부 인사들의 이름은 모두 정확하게 기억하고 있다. 하지만 그들의 성(姓)에 대해서는 그렇지 않다.

혜민 : 김지후와 최준수와는 많은 대화를 나눴는데, 이진서와는 거의 함께 할 시간이 없었어.
민준 : 나도 이진서와 최준수와는 시간을 함께 보낼 수 없었어. 그런데 지후는 최씨였어.
서현 : 진서가 최씨였고, 다른 두 사람은 김준수와 이지후였지.

세 명의 사무관들은 외부 인사에 대하여 각각 단 한 명씩의 성명만을 올바르게 기억하고 있으며, 외부 인사들의 가능한 성씨는 김씨, 이씨, 최씨 외에는 없다.

① 김진서, 이준수, 최지후
② 최진서, 김준수, 이지후
③ 이진서, 김준수, 최지후
④ 최진서, 이준수, 김지후
⑤ 김진서, 최준수, 이지후

다음 글의 ㉠이 참일 때, 참일 수 있는 주장은?

15 5급(인) 34번

12세기 이후 유럽의 대학에서 아리스토텔레스를 연구하는 사람들이 많아지면서 당시 기독교 교리와 위배되는 생각들이 공공연히 주장되기 시작했다. 이에 위기를 느낀 파리 주교 에티엔 탕피에는 1277년에 아리스토텔레스의 견해로 알려진 219개 항목이 대학에서 교육되는 것을 금지했다. 그 중에 ㉠ 다섯 항목은 다음과 같다.

- 논리적으로 불가능한 일은 절대적으로 불가능하다.
- 신이라도 여러 개의 세계를 만들 수 없다.
- 아무 것도 없는 상태에서는 어떤 것도 생겨날 수 없고 신이라도 무로부터 세계를 창조할 수는 없다.
- 부모의 도움 없이 오직 신의 힘만으로 사람을 만들어낼 수 없다.
- 우리는 자명하게 참인 것이나 그런 참으로부터 입증될 수 있는 것만을 믿어야 한다.

① 영희는 자기 자신보다 키가 크다.
② 충분히 많은 사람들이 믿으면 둥근 삼각형이 존재한다고 믿어도 된다.
③ 우리가 사는 세계는 약 137억 년 전 아무 것도 없는 상태에서 빅뱅을 통해 생겨났다.
④ 신은 우리가 사는 세계와 비슷하지만 세부 특징이 조금 다른 세계를 여럿 만들 수 있다.
⑤ 정자와 난자를 체외수정시켜 탄생한 시험관 아기는 다른 사람과 아무런 차이가 없는 사람이다.

문 130. 다음 글의 내용이 참일 때, 반드시 참인 것은?

16 5급(4) 08번

만일 A 정책이 효과적이라면, 부동산 수요가 조절되거나 공급이 조절된다. 만일 부동산 가격이 적정 수준에서 조절된다면, A 정책이 효과적이라고 할 수 있다. 그리고 만일 부동산 가격이 적정 수준에서 조절된다면, 물가 상승이 없다는 전제 하에서 서민들의 삶이 개선된다. 부동산 가격은 적정 수준에서 조절된다. 그러나 물가가 상승한다면, 부동산 수요가 조절되지 않고 서민들의 삶도 개선되지 않는다. 물론 물가가 상승한다는 것은 분명하다.

① 서민들의 삶이 개선된다.
② 부동산 공급이 조절된다.
③ A 정책이 효과적이라면, 물가가 상승하지 않는다.
④ A 정책이 효과적이라면, 부동산 수요가 조절된다.
⑤ A 정책이 효과적이라도, 부동산 가격은 적정 수준에서 조절되지 않는다.

문 131. 다음 글의 대화 내용이 참일 때, 갑수보다 반드시 나이가 적은 사람만을 모두 고르면?

16 5급(4) 10번

갑수, 을수, 병수, 철희, 정희 다섯 사람은 어느 외국어 학습 모임에서 서로 처음 만났다. 이후 모임을 여러 차례 갖게 되었지만 그들의 관계는 형식적인 관계 이상으로는 발전하지 않았다. 이 모임에서 주도적인 역할을 하고 있는 갑수는 서로 더 친하게 지냈으면 좋겠다는 생각에 뒤풀이를 갖자고 제안했다. 갑수의 제안에 모두 동의했다. 그들은 인근 맥줏집을 찾아갔다. 그 자리에서 그들이 제일 먼저 한 일은 서로의 나이를 묻는 것이었다.

먼저 갑수가 정희에게 말했다. "정희 씨, 나이가 몇 살이에요?" 정희는 잠시 머뭇거리더니 다음과 같이 말했다. "나이 묻는 것은 실례인 거 아시죠? 저는요, 갑수 씨 나이는 알고 있거든요. 어쨌든 갑수 씨보다는 나이가 적어요." 그리고는 "그럼 을수 씨 나이는 어떻게 되세요?"라고 을수에게 물었다. 을수는 "정희 씨, 저는 정희 씨와 철희 씨보다는 나이가 많지 않아요."라고 했다.

그때 병수가 대뜸 갑수에게 말했다. "그런데 저는 정작 갑수 씨 나이가 궁금해요. 우리들 중에서 리더 역할을 하고 있잖아요. 진짜 나이가 어떻게 되세요?" 갑수가 "저요? 음, 많아야 병수 씨 나이죠."라고 하자, "아, 그렇군요. 그럼 제가 대장해도 될까요? 하하……."라고 병수가 너털웃음을 웃으며 대꾸했다.

이때, "그럼 그렇게 하세요. 오늘 술값은 리더가 내시는 거 아시죠?"라고 정희가 끼어들었다. 그리고 "그런데 철희 씨는 좀 어려 보이는데, 몇 살이에요?"라고 물었다. 철희는 다소 수줍은 듯이 고개를 숙였다. 그리고는 "저는 병수 씨와 한 살 차이밖에 나지 않아요. 보기보다 나이가 많죠?"라고 대답했다.

① 정희
② 철희, 을수
③ 정희, 을수
④ 철희, 정희
⑤ 철희, 정희, 을수

문 132. 다음 글의 내용이 참일 때, 반드시 참인 것만을 〈보기〉에서 모두 고르면?

16 5급(4) 28번

이번에 K부서에서는 자기 부서의 정책을 홍보하기 위해 책자를 제작해 배포하였다. 이 홍보 사업에 참여한 K부서의 팀은 A와 B 두 팀이다. 두 팀은 각각 500권의 정책홍보책자를 제작하였다. 그러나 책자를 어떤 방식으로 배포할 것인지에 대해 두 팀 간에 차이가 있었다. A팀은 자신들이 제작한 K부서의 모든 정책홍보책자를 서울이나 부산에 배포한다는 지침에 따라 배포하였다. 한편, B팀은 자신들이 제작한 K부서 정책홍보책자를 서울에 모두 배포하거나 부산에 모두 배포한다는 지침에 따라 배포하였다. 사업이 진행된 이후 배포된 결과를 살펴보기 위해서 서울과 부산을 조사하였다. 조사를 담당한 한 직원은 A팀이 제작·배포한 K부서 정책홍보책자 중 일부를 서울에서 발견하였다. 한편, 또 다른 직원은 B팀이 제작·배포한 K부서 정책홍보책자 중 일부를 부산에서 발견하였다. 그리고 배포 과정을 검토해 본 결과, 이번에 A팀과 B팀이 제작한 K부서 정책홍보책자는 모두 배포되었다는 것과, 책자가 배포된 곳과 발견된 곳이 일치한다는 것이 확인되었다.

〈보 기〉
ㄱ. 부산에는 500권이 넘는 K부서 정책홍보책자가 배포되었다.
ㄴ. 서울에 배포된 K부서 정책홍보책자의 수는 부산에 배포된 K부서 정책홍보책자의 수보다 적다.
ㄷ. A팀이 제작한 K부서 정책홍보책자가 부산에서 발견되었다면, 부산에 배포된 K부서 정책홍보책자의 수가 서울에 배포된 수보다 많다.

① ㄱ
② ㄷ
③ ㄱ, ㄴ
④ ㄴ, ㄷ
⑤ ㄱ, ㄴ, ㄷ

문 133. 사무관 A는 국가공무원인재개발원에서 수강할 과목을 선택하려 한다. A가 선택할 과목에 대해 갑~무가 다음과 같이 진술하였는데 이 중 한 사람의 진술은 거짓이고 나머지 사람들의 진술은 모두 참인 것으로 밝혀졌다. A가 반드시 수강할 과목만을 모두 고르면?

16 5급(4) 29번

갑 : 법학을 수강할 경우, 정치학도 수강한다.
을 : 법학을 수강하지 않을 경우, 윤리학도 수강하지 않는다.
병 : 법학과 정치학 중 적어도 하나를 수강한다.
정 : 윤리학을 수강할 경우에만 정치학을 수강한다.
무 : 윤리학을 수강하지만 법학은 수강하지 않는다.

① 윤리학
② 법학
③ 윤리학, 정치학
④ 윤리학, 법학
⑤ 윤리학, 법학, 정치학

문 134. 다음 글의 내용이 참일 때, 우수공무원으로 반드시 표창받는 사람의 수는?

17 5급(가) 32번

지난 1년간의 평가에 의거하여, 우수공무원 표창을 하고자 한다. 세 개의 부서에서 갑, 을, 병, 정, 무 다섯 명을 표창 대상자로 추천했는데, 각 부서는 근무평점이 높은 순서로 추천하였다. 이들 중 갑, 을, 병은 같은 부서 소속이고 갑의 근무평점이 가장 높다. 추천된 사람 중에서 아래 네 가지 조건 중 적어도 두 가지를 충족하는 사람만 우수공무원으로 표창을 받는다.

• 소속 부서에서 가장 높은 근무평점을 받아야 한다.
• 근무한 날짜가 250일 이상이어야 한다.
• 공무원 교육자료 집필에 참여한 적이 있으면서, 공무원 연수교육에 3회 이상 참석하여야 한다.
• 정부출연연구소에서 활동한 사람은 그 활동 보고서가 인사혁신처 공식 자료로 등록되어야 한다.

지난 1년 동안 이들의 활동 내역은 다음과 같다. 250일 이상을 근무한 사람은 을, 병, 정이다. 갑, 병, 무 세 명 중에서 250일 이상을 근무한 사람은 모두 자신의 정부출연연구소 활동 보고서가 인사혁신처 공식 자료로 등록되었다. 만약 갑이 공무원 교육자료 집필에 참여하지 않았거나 무가 공무원 교육자료 집필에 참여하지 않았다면, 다섯 명의 후보 중에서 근무한 날짜의 수가 250일 이상인 사람은 한 명도 없다. 정부출연연구소에서 활동한 적이 없는 사람은 모두 공무원 연수교육에 1회 또는 2회만 참석했다. 그리고 다섯 명의 후보 모두 공무원 연수교육에 3회 이상 참석했다.

① 1명
② 2명
③ 3명
④ 4명
⑤ 5명

문 135.
다음 글의 내용이 모두 참일 때 반드시 참인 것만을 〈보기〉에서 모두 고르면?

18 5급(나) 14번

A 부서에서는 올해부터 직원을 선정하여 국외 연수를 보내기로 하였다. 선정 결과 가영, 나준, 다석이 미국, 중국, 프랑스에 한 명씩 가기로 하였다. A부서에 근무하는 갑~정은 다음과 같이 예측하였다.

갑 : 가영이는 미국에 가고 나준이는 프랑스에 갈 거야.

을 : 나준이가 프랑스에 가지 않으면, 가영이는 미국에 가지 않을 거야.

병 : 나준이가 프랑스에 가고 다석이가 중국에 가는 그런 경우는 없을 거야.

정 : 다석이는 중국에 가지 않고 가영이는 미국에 가지 않을 거야.

하지만 을의 예측과 병의 예측 중 적어도 한 예측은 그르다는 것과 네 예측 중 두 예측은 옳고 나머지 두 예측은 그르다는 것이 밝혀졌다.

─── 〈보기〉 ───

ㄱ. 가영이는 미국에 간다.

ㄴ. 나준이는 프랑스에 가지 않는다.

ㄷ. 다석이는 중국에 가지 않는다.

① ㄱ

② ㄴ

③ ㄱ, ㄷ

④ ㄴ, ㄷ

⑤ ㄱ, ㄴ, ㄷ

문 136.
다음 글의 내용이 모두 참일 때 반드시 참인 것만을 〈보기〉에서 모두 고르면?

18 5급(나) 15번

대한민국의 모든 사무관은 세종, 과천, 서울 청사 중 하나의 청사에서만 근무하며, 세 청사의 사무관 수는 다르다. 단, 세종 청사의 사무관 수가 서울 청사의 사무관 수보다 많다. 세 청사 중 사무관 수가 두 번째로 많은 청사의 사무관은 모두 일자리 창출 업무를 겸임한다. 세 청사의 사무관들 중 갑~정에 관하여 다음과 같은 사실이 알려져 있다.

• 갑과 병 중 적어도 한 명은 세종 청사에서 근무하고, 정은 서울 청사에서 근무한다.

• 일자리 창출 업무를 겸임하지 않는 사람은 이들 중 을뿐이다.

• 과천 청사에서 근무하는 사무관은 이들 중 2명이다.

• 을이 근무하는 청사는 사무관 수가 가장 적은 청사가 아니다.

─── 〈보기〉 ───

ㄱ. 갑, 을, 병, 정 중 사무관 수가 가장 적은 청사에서 일하는 사무관은 일자리 창출 업무를 겸임하지 않는다.

ㄴ. 을이 세종 청사에서 근무하거나 병이 서울 청사에서 근무한다.

ㄷ. 정이 근무하는 청사의 사무관 수가 가장 적다.

① ㄱ

② ㄷ

③ ㄱ, ㄴ

④ ㄴ, ㄷ

⑤ ㄱ, ㄴ, ㄷ

문 137.
뇌물수수 혐의자 A~D에 관한 다음 진술들 중 하나만 참일 때, 이들 가운데 뇌물을 받은 사람의 수는?

18 5급(나) 32번

• A가 뇌물을 받았다면, B는 뇌물을 받지 않았다.

• A와 C와 D 중 적어도 한 명은 뇌물을 받았다.

• B와 C 중 적어도 한 명은 뇌물을 받지 않았다.

• B와 C 중 한 명이라도 뇌물을 받았다면, D도 뇌물을 받았다.

① 0명

② 1명

③ 2명

④ 3명

⑤ 4명

조선은 국가적인 차원에서 산림을 보호하고 목재를 안정적으로 확보하기 위해 노력하였다. 특히 가장 중요한 목재인 소나무를 보호하기 위하여 소나무의 사적인 벌목을 금지하는 금산(禁山)을 곳곳에 지정하였다. 양인(良人)들도 조상들의 분묘를 중심으로 한 일정한 구역 내에서 타인의 경작, 채취, 건축, 묘지 조성 등을 금지시키는 분산수호권(墳山守護權)과, 그 범위 내에 있는 산림 특히 소나무를 기르고 독점할 수 있는 금양권(禁養權)을 가질 수 있었다. 이러한 권리를 통해 이들은 그 구역을 사양산(私養山)이라 칭하면서 여기에서 나는 버섯, 꿀, 약용식물 등의 여러 경제적 산물을 배타적으로 소유하였다.

그런데 산림의 경제성이 증대됨에 따라 18세기에는 목재를 불법적으로 베어가는 투작(偷斫)이 광범위하게 확산되었다. 특히 사양산은 금산에 비해 통제가 약하였기 때문에 투작의 피해가 더욱 클 수밖에 없었다. 투작은 신분을 가리지 않고 시도되었다. 힘 있는 사족(士族)들은 본인이 소유한 사양산의 경계를 넘어 투작하거나 친족의 나무를 도둑질하여 팔았다. 또한 이들은 몰락한 양반 또는 돈 많은 평민들의 사양산이나 분묘 주변에서 다수의 인원을 동원하여 강제로 투작하는 늑작(勒斫)을 행하기도 하였다. 지방 향리층의 투작에는 정해진 숫자를 초과해 벌목하는 난작(亂斫)이 많았다. 그러나 사족이나 향리층의 투작은 평민층의 투작에 비하면 그 비중이 높지 않았다. 평민층의 투작은 한 사람의 소규모 투작에서 수십 명이 작당하는 대규모 투작까지 그 종류와 규모가 다양하였다. 일례로 충청도 임천에서는 산주가 출타한 틈을 타 인근 마을에 사는 평민들이 작당하고 27명을 동원하여 소나무 200여 그루를 투작하기도 하였다.

이러한 투작 현상을 확대시키는 데 일조한 것은 목상(木商)들의 활동이었다. 목상들은 운반이 편리하며 굵고 큰 금산의 나무를 선호하였는데, 이들에 의해 유통된 목재는 개인 소유 선박인 사선의 제작에 주로 사용되었다. 이에 따라 수군의 병선 제작이나 관선 제작이 어려움을 겪을 정도였다. 목상의 활동으로 인해 피해를 입은 것은 사양산의 소나무도 예외는 아니었다. 선박 한 척을 만드는 데 많을 경우 400여 그루의 소나무가 필요하였기 때문에 목상들은 닥치는 대로 나무를 구매하여 유통시켰다. 이에 목상들에게 판매하기 위한 소나무를 확보하기 위하여 금산이나 사양산을 가리지 않고 무차별적인 투작이 행해졌다. 투작은 가난한 평민들이 손쉽게 큰돈을 만질 수 있는 수단이었으나 그로 인해 전국의 산림은 크게 황폐해져 갔다.

① 금산보다는 사양산에서 투작하기가 더 쉬웠다.
② 수군의 병선이나 관선을 제작할 때 금산의 소나무가 사용되었다.
③ 목상들의 활동은 전국의 산림을 황폐하게 만드는 데에 일조하였다.
④ 사족의 투작보다 향리층의 투작이, 향리층의 투작보다 평민층의 투작이 더 큰 사회문제를 초래했다.
⑤ 사족들은 자신들의 분산수호권 범위 내에서 산출되는 약용식물을 다른 사람이 가져갈 수 없게 하는 권리가 있었다.

남병철이 편찬한 20여 편의 천문역산서(天文曆算書)는 천문학 연구의 대미를 장식하는 것으로 조선 전통 과학의 마지막 성과라는 의미를 지닌다. 이것은 18세기 중국에서 확립된 실증주의 천문역산학의 패러다임에서 크게 벗어난 것은 아니었지만, 중화주의적 시각을 그대로 인정한 것도 아니었다. 남병철은 천문역산학을 도가적 상수역학과 분리해 인식했고 서양 과학이 중국에서 원류했다는 주장도 인정하지 않았다. 서양 과학의 중국 원류설과 상수역학은 19세기 조선 지식인 대부분이 수용한 것이었지만 그의 주장은 그러한 과학 담론에서 벗어나 있었다.

최한기는 서양 과학을 적극 수용했지만 그의 과학 이론은 17세기 중국 지식인이 서양 천문학 지식을 전통적 기(氣)의 메커니즘으로 해석했던 것과 크게 다르지 않다. 다른 점이 있다면, 중국 지식인이 서양 과학을 혼란스럽고 모순된 지식으로 인식한 반면 최한기는 서양 과학을 활용하여 천문학을 완성하고자 한 점이다. 17세기 중국 지식인들은 서양 과학이 현상의 원리를 살피는 데 약한데 자신들이 그러한 원리를 밝혔다며 대단한 자부심을 가졌다. 최한기 또한 자신의 기론이 서양 과학이 풀지 못한 원리를 밝혔다고 자부하면서, 영국 천문학자 허셜이 쓴 『담천(談天)』이 우주 현상을 잘 설명하고 있지만 유독 우주 공간의 충만한 신기(神氣)가 운화(運化)하는 깊은 이치를 밝히지 못했다며 서양 과학의 한계를 비판했다.

17세기 중국 지식인들의 기론적 자연 이해의 패러다임은 18세기 실증주의 천문역산학이 중국에서 정식화된 이후 역사에서 사라졌다. 이에 비해 19세기 중엽 최한기는 전통적 천문역산학을 기론적 과학 담론으로 부활시키는 새로운 시도를 단행했다.

① 최한기와 동시대 중국 지식인들은 전통의 기론적 자연 이해 방법을 공유하였다.
② 최한기는 서양 과학이 자연 현상의 원리를 밝히는 데 있어 중국보다 뛰어나다고 보았다.
③ 18세기 중국의 실증주의 천문역산학은 서양 과학의 영향으로 중화주의적 시각을 탈피하였다.
④ 남병철은 서양 과학의 중국 원류설과 도가적 상수역학을 따르지 않으면서도 독자적 주장을 남겼다.
⑤ 19세기 대다수의 조선 지식인들은 천문역산 연구를 통해 조선 과학의 중국 의존성을 극복하려 했다.

현존하는 족보 가운데 가장 오래된 것은 성종 7년(1476)에 간행된 안동 권씨의 『성화보(成化譜)』이다. 이 족보의 간행에는 달성 서씨인 서거정이 깊이 관여하였는데, 그가 안동 권씨 권근의 외손자였기 때문이다. 조선 전기 족보의 가장 큰 특징을 바로 여기에서 찾을 수 있다. 『성화보』에는 모두 9,120명이 수록되어 있는데, 이 가운데 안동 권씨는 9.5퍼센트인 867명에 불과하였다. 배우자가 다른 성씨라 하더라도 절반 정도는 안동 권씨이어야 하는데 어떻게 이런 현상이 나타났을까?

그것은 당시의 친족 관계에 대한 생각이 이 족보에 고스란히 반영되었기 때문이다. 우선 『성화보』에서는 아들과 딸을 차별하지 않고 출생 순서대로 기재하였다. 이러한 관념이 확대되어 외손들도 모두 친손과 다름없이 기재되었다. 안동 권씨가 당대의 유력 성관이고, 안동 권씨의 본손은 물론이고 인척 관계의 결연으로 이루어진 외손까지 상세히 기재하다 보니, 조선 건국에서부터 당시까지 과거 급제자의 절반 정도가 『성화보』에 등장한다.

한편 『성화보』의 서문에서 서거정은 매우 주목할 만한 발언을 하고 있다. 즉 "우리나라는 자고로 종법이 없고 족보가 없어서 비록 거가대족(巨家大族)이라도 기록이 빈약하여 겨우 몇 대를 전할 뿐이므로 고조나 증조의 이름과 호(號)도 기억하지 못하는 이가 있다."라고 한 것이다. 『성화보』 역시 시조 쪽으로 갈수록 기록이 빈약한 편이다.

『성화보』 이후 여러 성관의 족보가 활발히 편찬되면서 양반들은 대개 족보를 보유하게 되었다. 하지만 가계의 내력을 정확하게 파악할 수 있는 자료가 충분하지 않아서 조상의 계보와 사회적 지위를 윤색하거나 은폐하기도 하였다. 대다수의 양반 가계가 족보를 편찬하면서 중인은 물론 평민들도 족보를 보유하고자 하였다.

① 족보를 보유하면 양반 가문으로 인정받았다.
② 조선 시대 이전에는 가계 전승 기록이 존재하지 않았다.
③ 『성화보』는 조선 후기와 달리 모계 중심의 친족 관계를 반영하였다.
④ 『성화보』 간행 이후 족보의 중요성이 인식되어 거가대족의 족보는 정확하게 작성되었다.
⑤ 태조부터 성종 때까지 유력 성관과 친인척 관계인 과거 급제자들이 많았다.

쿤이 말하는 과학혁명의 과정을 명확하게 이해하기 위해 세 가지 질문을 던져보자. 첫째, 새 이론을 제일 처음 제안하고 지지하는 소수의 과학자들은 어떤 이유에서 그렇게 하는가? 기존 이론이 이상현상 때문에 위기에 봉착했다고 판단했기 때문이다. 기존 이론은 이미 상당한 문제 해결 능력을 증명한 바 있다. 다만 기존 이론이 몇 가지 이상현상을 설명할 능력이 없다고 판단한 과학자들이 나타났을 뿐이다. 이런 과학자들 중 누군가가 새 이론을 처음 제안했을 때 기존 이론을 수용하고 있는 과학자 공동체는 새 이론에 호의적이지 않을 것이다. 당장 새 이론이 기존 이론보다 더 많은 문제를 해결할 리가 없기 때문이다. 그럼에도 불구하고 기존 이론이 설명하지 못하는 이상현상을 새 이론이 설명한다는 것이 과학혁명의 출발점이다.

둘째, 다른 과학자들은 어떻게 기존 이론을 버리고 새로 제안된 이론을 선택하는가? 새 이론은 여전히 기존 이론보다 문제 해결의 성과가 부족하다. 하지만 선구적인 소수 과학자들의 연구 활동과 그 성과에 자극을 받아 새 이론을 선택하는 과학자들은 그것이 앞으로 점점 더 많은 문제를 해결하리라고, 나아가 기존 이론의 문제 해결 능력을 능가하리라고 기대한다. 이러한 기대는 이론의 심미적 특성 같은 것에 근거한 주관적 판단이고, 그와 같은 판단은 개별 과학자의 몫이다. 물론 이러한 기대는 좌절될 수도 있고, 그 경우 과학혁명은 좌초된다.

셋째, 과학혁명이 일어날 때 과학자 공동체가 기존 이론을 버리고 새 이론을 선택하도록 하는 결정적인 요인은 무엇인가? 이 물음에서 선택의 주체는 더 이상 개별 과학자가 아니라 과학자 공동체이다. 하지만 과학자 공동체는 결국 개별 과학자들로 이루어져 있다. 그렇다면 문제는 과학자 공동체를 구성하는 과학자들이 어떻게 이론을 선택하는가이다. 하지만 이 단계에서 모든 개별 과학자의 선택 기준은 더 이상 새 이론의 심미적 특성이나 막연한 기대가 아니다. 과학자들은 새 이론이 해결하는 문제의 수와 범위가 기존 이론의 그것보다 크다고 판단할 경우 새 이론을 선택할 것이다. 과학자 공동체의 대다수 과학자들이 이렇게 판단하게 되면 그것은 과학자 공동체가 새 이론을 선택한 것이고, 이로써 쿤이 말하는 과학혁명이 완성된다.

① 심미적 관점에서 우월한 이론일수록 해결 가능한 문제의 범위와 수에서도 우월하다.
② 과학자가 이론을 선택하는 기준은 과학혁명의 진행 단계에 따라 변하기도 한다.
③ 이론이 설명하지 못하는 이상현상이 존재한다고 해서 과학자 공동체가 그 이론을 폐기하는 것은 아니다.
④ 기존 이론의 이상현상을 설명하는 이론이 없이는 과학혁명이 시작되지 않는다.
⑤ 과학자 공동체는 해결하지 못하는 문제가 있더라도 더 많은 문제를 해결하는 이론을 선택한다.

11세기 말 이슬람 제국의 고관 알 물크는 어려운 문제에 직면하였다. 페르시아 북부에는 코란에 시아파 신비주의를 접목한 교리를 추종하는 이스마일파가 있었는데, 강력한 카리스마를 지닌 지도자 하사니 사바가 제국의 통치에 염증을 느낀 사람들을 수천 명이나 이스마일파로 개종시킨 것이다. 이스마일파의 영향력이 나날이 커져가면서 알 물크의 시름도 깊어갔지만 문제는 그들이 철저하게 비밀리에 활동한다는 것이었다. 누가 이스마일파로 개종했는지조차 알아낼 수 없었다.

그런데 얼마 후 알 물크는 이스파한에서 바그다드로 향하던 길에 암살을 당하였다. 누군가가 그가 타고 가던 마차에 접근하더니 단검을 꺼내어 그를 찔렀던 것이다. 그리고 알 물크의 피살이 단순한 행위가 아니라, 이스마일파가 전쟁을 벌이는 방식이라는 사실이 곧 드러났다. 그것은 낯설고도 소름 끼치는 전쟁이었다. 그 뒤 몇 년에 걸쳐 술탄 무함마드 타파르의 주요 각료들이 동일한 방식, 즉 살인자가 군중 속에서 홀연히 나타나 단검으로 치명상을 입히는 방식으로 살해되었다.

테러의 공포가 제국의 지배층을 휩쓸었다. 도대체 누가 이스마일파인지 구분하기는 불가능했다. 어느 누구도 진실을 알 수 없는 상황이었기에 모두가 혐의자가 될 수밖에 없었다. 술탄은 이 악마같은 자와 협상하는 편이 낫겠다는 생각이 들어, 출정을 취소하고 하사니 사바와 화해했다. 수년에 걸쳐 이스마일파의 정치력이 커지면서, 이 종파에 속한 암살자들은 거의 신화적인 존재가 되었다. 한 암살자가 살해에 성공한 뒤 묵묵히 체포되어 고문을 당한 다음 처형당하고 나면 또 다른 암살자가 뒤를 이었다. 그들은 이스마일파 교리에 완전히 매료되어서 종파의 대의를 지키기 위하여 자신의 목숨을 비롯한 모든 것을 바쳤다.

당시 하사니 사바의 목표는 페르시아 북부에 자신의 종파를 위한 국가를 건설하고, 그 국가가 이슬람 제국 내에서 살아남아 번영하도록 만드는 것이었다. 하지만 신자 수가 상대적으로 적은데다 각지에 권력자들이 버티고 있는 상황에서 그는 더 이상 세력을 확장시킬 수가 없었다. 그래서 정치권력에 대항하여 역사상 최초로 테러 전쟁을 조직화하는 전략을 고안했던 것이다. 이스마일파의 세력은 사실상 매우 취약했다. 그러나 부하들을 꾸준히 제국의 심장부 깊숙이 침투시킴으로써, 자신들이 어디에나 도사리고 있는 듯한 착각을 만들어 냈다. 그리하여 하사니 사바가 통솔하던 기간 동안 암살 행위는 총 50회에 불과했지만, 그 정치적 영향력은 수십만 대군을 거느린 것처럼 대단하였다.

① 이스마일파의 테러는 소수 집단의 한계를 극복하는 방안의 하나로서 사용되었다.
② 이스마일파의 테러리스트들은 자신이 신봉하는 대의를 지키기 위해 희생을 마다하지 않았다.
③ 이스마일파의 테러가 효과적이었던 이유는 제국 곳곳에 근거지를 확보할 수 있었기 때문이다.
④ 이스마일파는 테러를 통해 제국의 지배층에 공포 분위기를 조성함으로써 커다란 정치력을 발휘하였다.
⑤ 이스마일파의 구성원을 식별할 수 없었기 때문에 이슬람 제국의 지배층은 테러에 효과적으로 대응할 수 없었다.

『삼국유사』는 신라 전성 시대의 경주의 모습을 설명하면서 금입택(金入宅)의 명칭 39개를 나열하고 있다. 신라의 전성 시대란 일반적으로 상대, 중대, 하대 중 삼국 통일 이후 100여 년 간의 중대를 가리키는 것이 보통이나, 경주가 왕도로서 가장 발전했던 시기는 하대 헌강왕 대이다. 39개의 금입택이 있었던 시기도 이때이다. 그런데 경덕왕 13년에 황룡사종을 만든 장인이 금입택 가운데 하나인 이상택(里上宅)의 하인이었으므로, 중대의 최전성기에 이미 금입택이 존재하고 있었음을 알 수 있다. 즉 금입택은 적어도 중대부터 만들어지기 시작하여 하대에 이르면 경주에 대략 40여 택이 들어서 있었다. 하지만 『삼국유사』의 기록이 금입택 가운데 저명한 것만을 기록한 것이므로, 실제는 더 많았을 것이다.

'쇠드리네' 또는 '금드리네'의 직역어인 금입택은 금이나 은 또는 도금으로 서까래나 문틀 주위를 장식한 호화주택이다. 지붕은 주로 막새기와를 덮었으며, 지붕의 합각 부분에는 물고기나 화초 모양의 장식을 했다. 김유신 가문이라든가 집사부 시중을 역임한 김양종의 가문, 경명왕의 왕비를 배출한 장사택 가문 등 진골 중에서도 왕권에 비견되는 막대한 권력과 재력을 누리던 소수의 유력한 집안만이 이러한 가옥을 가질 수 있었다.

금입택은 평지에는 만들어지지 않았다. 경주에서는 알천이 자주 범람하였으므로 대저택을 만들기에 평지는 부적절했다. 따라서 귀족들의 금입택은 월성 건너편의 기슭에 주로 조성되었는데, 이 일대는 풍광이 매우 아름다워 주택지로서 최적이었다. 또한 남산의 산록 및 북천의 북쪽 기슭에도 많이 만들어졌는데, 이 지역은 하천을 내려다볼 수 있는 높은 지대라서 주택지로 적합하였다.

또한 지택(池宅), 천택(泉宅), 정상택(井上宅), 수망택(水望宅) 등 이름 가운데 '지(池)', '천(泉)', '정(井)', '수(水)' 등 물과 관계있는 문자가 보이는 금입택이 많다. 이러한 금입택은 물을 이용한 연못이나 우물 등의 시설을 갖추고 있었다. 금입택 중 명남택(楡南宅)에서 보이는 '명(楡)'자는 조선 후기의 실학자 이수광, 이규경 등이 증명한 것처럼, 우리 고유의 글자로 대나무 혹은 돌을 길게 이어 물을 끌어 쓰거나 버리는 데 이용하는 대홈통의 뜻을 갖고 있다. 이러한 수리시설은 오늘날 산지에서 이용되고 있으며, 통일신라시대 사찰이나 궁궐의 조경에도 이용되었다. 명남택은 이러한 수리시설을 갖추었기 때문에 붙은 이름이었다. 한편 금입택 중 사절유택(四節遊宅)과 구지택(仇知宅)은 별장이었다.

① 금입택은 신라 하대 이전에 이미 존재하였다.
② 진골 귀족이라도 금입택을 소유하지 못한 경우도 있었다.
③ 이름에 물과 관계있는 문자가 들어간 금입택은 물을 이용한 시설을 갖추고 있었다.
④ 명남택에서 사용한 수리시설은 귀족 거주용 주택이 아닌 건물에서도 사용되었다.
⑤ 월성 건너편의 기슭은 하천을 내려다볼 수 있는 높은 지대였으므로 주택지로서 적합하였다.

아래로 흐르던 물이 손에 부딪쳐 튀어 오르는 것이 기운[氣]이라 하더라도 손에 부딪쳐 튀어 오르게 하는 것은 이치[理]니, 어찌 기운만 홀로 작용한다고 할 수 있겠는가?

대저 물이 아래로 흐르게 하는 것은 이치이며, 흐르던 물이 손에 부딪쳐 튀어 오르게 하는 것도 역시 이치이다. 물이 아래로 내려가는 것은 '본연의 이치[本然之理]' 때문이며, 손에 부딪쳤을 때 튀어 오르는 것은 '기운을 타고 있는 이치[乘氣之理]' 때문이다. 기운을 타고 있는 이치 밖에서 '본연의 이치'를 따로 구하는 것은 옳지 않지만, 기운을 타고 정상(定常)에 위반되는 것을 가리켜 '본연의 이치'라고 하는 것 역시 옳지 않다. 그리고 만약 정상에 위반되는 것에 대해 여기에는 기운만 홀로 작용하고 이치가 존재하지 않는다고 하는 것 역시 옳지 않다.

어떤 악인(惡人) 아무개가 편안히 늙어 죽는 것은 그야말로 정상에 위반되지만, 나라를 다스리는 도리가 공평하지 않아 상벌이 제대로 시행되지 못하여 악인이 득세하고 선한 사람이 곤궁해지는 까닭 역시 이치이다. 맹자는 "작은 것은 큰 것에 부림을 받고, 약한 것은 강한 것에 부림을 받는다. 이것은 천(天)이다"라고 하였다. 대저 덕의 크고 작음을 논하지 않고 오직 물리적인 대소와 강약만을 승부로 삼는 것이 어찌 천의 본연이겠는가? 이것은 형세를 기준으로 말한 것이니, 형세가 이미 그러할 때는 이치도 역시 그러하니, 이것을 천이라 한 것이다. 그러니 아무개가 목숨을 보존할 수 있었던 것은 본연의 이치가 아니라고 하면 옳지만, 기운이 홀로 그렇게 하고 이치는 없다고 하면 옳지 않다. 천하에 어찌 이치 밖에서 기운이 존재하겠는가?

대저 이치는 본래 하나일 뿐이고, 기운 역시 하나일 뿐이다. 기운이 움직일 때 고르지 않으면 이치도 역시 고르지 못하니, 기운은 이치를 떠나지 못하고 이치는 기운을 떠나지 못한다. 이렇다면 이치와 기운은 하나이니, 어디에서 따로 있는 것을 볼 수 있겠는가?

① 약한 것이 강한 것의 부림을 받는 것은 천의 본연이다.
② 형세가 바뀐 기운에는 그 기운을 타고 작용하는 이치가 반드시 있다.
③ 기운을 타고 있는 이치 이외에 그 기준이 되는 본연의 이치가 독립적으로 실재한다.
④ 악인이 편안히 늙어 죽는 것은 이치가 아니며, 다만 기운이 그렇게 작용할 뿐이다.
⑤ 이치에는 본연의 것과 정상을 벗어난 것이 있는데, 이 중 본연의 이치만 참된 이치이다.

서양사람들은 중국 명나라를 은의 나라로 불렀다. 명나라의 은 생산이 많아서 그런 것은 아니었다. 무역을 통해 외국으로부터 은이 쏟아져 들어오고 있었기 때문이었다. 그 은 가운데 상당량은 일본에서 채굴된 것이었다.

당시 일본은 세계 굴지의 은 생산 국가로 발돋움하고 있었다. 그 배경에는 두 명의 조선사람이 있었다. 은광석에는 다량의 납이 포함되어 있었으며, 은광석에서 은과 납을 분리하는 제련기술 없이 은 생산은 늘어날 수 없었다. 그런데 1503년에 김감불과 김검동이란 조선인이 은과 납을 효율적으로 분리하는 기술인 연은분리법을 세계 최초로 개발했다. 연은분리법은 조선에서는 곧 잊혀졌지만 정작 조선보다 일본에서 빛을 발해 이후 일본의 은 생산량을 크게 늘리는 데 기여했다. 일본은 조선보다 은광석이 풍부했지만 제련하는 기술이 후진적이어서 생산량은 뒤처져 있었다. 그런데 조선에서 개발된 이 기술이 일본에 전해진 후 일본 전역에서 은광 개발 붐이 일어났고, 16세기 말 일본은 동아시아 최대의 은 생산국이 되었다.

특히 혼슈의 이와미은광은 막대한 생산량으로 인해 일본 군웅들의 각축장이 되었다. 당시 은은 국제통화였고 명나라에서는 은이 부족했으므로, 이와미은광은 동아시아 교역의 중심에 섰다. 일례로 포르투갈 상인에게 조총을 구입하기 위해 일본의 지방 영주들은 은을 지출하였고, 은을 보유하게 된 포르투갈 상인들은 다시 중국으로 건너가 도자기와 차 · 비단을 구입하며 은을 지불했다.

임진왜란 4년 전인 1588년, 도요토미 히데요시는 왜구 집단에 대해 개별적인 밀무역과 해적활동을 금지하는 해적정지령을 내렸다. 이로써 그는 독립적이었던 왜구의 무역활동을 장악하고, 그 전력을 정규 수군화한 후 조선과 중국에 무역을 요구했다. 하지만 명은 왜구에 대한 두려움으로 일본과의 무역을 제한하는 해금정책을 풀지 않았고, 조선 또한 삼포왜란 이후 중단된 거래를 재개할 생각이 없었다. 도요토미는 은을 매개로 한 교역을 활성화할 수 있는 방법으로 전쟁을 택했다. 그에게는 조선을 거쳐 베이징으로 침공하는 방법과 중국 남해안을 직접 공격하는 방법이 있었다. 도요토미는 대규모 군대와 전쟁 물자를 수송해야 하는 문제를 고려하여 전자를 선택하였다. 임진왜란의 발발이었다.

① 도요토미 히데요시는 해적정지령을 내려 조선 · 명과의 관계를 개선하였다.
② 일본은 조선보다 은광석이 풍부했으며 은광석의 납 함유율도 조선보다 높았다.
③ 은을 매개로 한 조선 · 명 · 일본 3국의 교역망은 임진왜란 발발로 붕괴되었다.
④ 연은분리법의 전파로 인해 일본의 은 생산량은 조선의 은 생산량을 앞지르게 되었다.
⑤ 도요토미 히데요시가 일본을 통일하는 데 이와미은광에서 나온 은이 중요한 역할을 하였다.

1651년에 러시아는 헤이룽강 상류 지역에 진출하여 알바진 성을 쌓고 군사 기지로 삼았다. 다음해 러시아군은 헤이룽강을 타고 동쪽으로 진출하였다. 러시아군은 그 강과 우수리강이 합류하는 지점에 이르러 새로 군사 기지를 건설하려 했다. 청은 러시아가 우수리강 하구에 기지를 만들려 한다는 소식을 접하고 영고탑(寧古塔)에 주둔하던 부대로 하여금 러시아군을 막게 했다. 청군은 즉시 북상해 러시아군과 교전했으나 화력에 압도당하여 패배하였다.

이에 청은 파병을 요청해왔다. 조선은 이를 받아들여 변급이라는 장수를 파견하였다. 변급의 부대는 두만강을 건너 영고탑으로 이동한 후, 그곳에 있던 청군과 함께 북상하였다. 출발 이후 줄곧 걸어서 북상한 조선군은 도중에 청군과 함께 배에 올라 강을 타고 이동하였다. 그 무렵 기지를 출발한 러시아 함대는 알바진과 우수리강 하구 사이의 중간에 있는 헤이룽강의 지류 입구로 접어들어 며칠 동안 남하하고 있었다. 양측은 의란이라는 곳에서 만나 싸웠다. 당시 조선과 청의 연합군이 탑승한 배는 크고 견고한 러시아 배의 적수가 되지 못했다. 이에 연합군은 청군이 러시아 함대를 유인하고, 조선군이 강변의 산 위에서 숨어 있다가 적이 나타나면 사격을 가하는 전법을 택했다. 작전대로 조선군이 총탄을 퍼붓자 러시아 함대는 큰 피해를 입고 퇴각하였다. 조선군은 사상자 없이 개선하였다.

청은 1658년에 또 파병을 요청했다. 조선은 이를 받아들여 신유라는 사람을 대장으로 삼아 군대를 파견하였다. 조선군은 청군과 합세하고자 예전에 변급의 부대가 이용했던 경로로 영고탑까지 북상했다. 함께 이동하기 시작한 조·청 연합군은 쑹화강과 헤이룽강의 합류 지점에 이르러 러시아군과 교전했다. 청군은 보유한 전선을 최대한 투입했다. 조선군도 배 위에서 용감히 싸웠다. 조선군이 갈고리를 이용해 러시아 배로 건너가 싸우자 러시아 병사들은 배를 버리고 도망쳤다. 조선군은 러시아군에 비해 성능이 떨어지는 총을 보유했지만, 평소 갈고 닦은 전투력을 바탕으로 승리할 수 있었다.

패배한 러시아군은 알바진으로 후퇴하였다. 러시아와 청은 몇 차례 회담을 거쳐 네르친스크 조약을 맺었다. 이 조약에 따라 러시아는 알바진과 우수리강의 하구 지점을 잇는 수로를 포기하고 그 북쪽의 외흥안령 산맥까지 물러났다. 또 그 산맥 남쪽 지역을 청의 영토로 인정하였다.

① 신유의 부대는 두만강을 건너 북상하다가 의란에서 러시아군과 교전하였다.
② 변급의 부대는 러시아군을 우수리강의 하구 지점에서 만나 전투를 벌였다.
③ 변급의 부대는 러시아군과 교전할 때 산 위에 대기하다가 러시아 함대를 향해 사격하는 방법으로 승리했다.
④ 변급의 부대가 러시아군과 만나 싸운 장소는 네르친스크 조약의 체결에 따라 러시아 영토에 편입되었다.
⑤ 신유의 부대는 배를 타고 두만강 하구로 나갔다가 그 배로 쑹화강과 헤이룽강의 합류 지점으로 들어가 러시아군과 싸웠다.

조선 시대에는 농지에서 생산된 곡물의 일정량을 조세로 징수했는데, 건국 초에는 면적 단위 1결마다 거두도록 규정된 조세량이 일정했다. 하지만 이에 불만을 품은 사람들이 많았다. 생산성이 좋은 농지를 가진 자는 정해진 액수만 내면 남은 양에 상관없이 그 모두를 가질 수 있었던 반면, 생산성이 낮은 농지를 가진 자는 수확량이 적어 정해진 세액도 못 낼 수 있기 때문이었다. 이는 모든 농지를 결이라는 동일한 크기의 면적으로 나누고 결마다 같은 액수의 조세를 받기 때문에 생긴 문제였다. 조선 왕조는 이런 문제점을 완화하고자 작황을 살핀 후 적당히 세액을 깎아주는 '답험손실법'이라는 제도를 시행하였다.

답험손실법에 따라 작황을 살펴보는 행위를 '답험'이라고 불렀다. 답험 실행 주체는 농지의 성격에 따라 달랐다. 국가에 조세를 내야 하는 땅은 그 농지가 위치한 곳의 지방관이 답험을 했다. 또 과전법의 적용을 받아 국가 대신 조세를 받는 사람이 지정된 땅의 경우에는 권리 수급자가 직접 답험을 했다. 그런데 답험 과정에서 지방관이 납세 의무자로부터 뇌물을 받거나 제대로 답험을 하지 않는 문제가 자주 일어났다.

세종은 이러한 문제점을 없애고자 조세 개혁에 관한 초안을 만들었다. 이 초안에는 이전에 했던 방식대로 결당 세액을 고정하는 대신, 중앙 관청이 모든 토지의 작황을 일괄적으로 답험하겠다는 내용이 담겼다. 세종은 이 초안에 대해 백성들이 어떻게 생각하는지 알아보았다. 그 결과 함경도 농민들은 1결마다 부과할 세액을 고정하는 데 반대하지만, 전라도 농민들은 환영한다는 것을 알게 되었다. 전라도 농민들은 생산성이 높은 농지가 많았기 때문에 찬성한 것이고, 함경도 농민들은 생산성이 낮은 농지가 많았기 때문에 반대한 것이다. 이처럼 찬반이 엇갈리자 세종은 1결당 세액을 동일한 액수로 고정하되, 전국의 농지를 비옥도에 따라 6개의 등급으로 나누고 등급에 따라 결의 면적을 달리하였다. 6등전과 1등전의 절대 면적을 기준으로 비교할 때, 6등전 1결의 절대 면적이 1이라면 1등전 1결은 0.4였다. 한편 세종은 도 관찰사로 하여금 관할 도 안에 있는 모든 농지의 작황을 매년 조사한 후 그에 따라 결당 세액을 군현별로 조정하는 정책을 시행하였다. 이와 같이 세종 때 농지의 생산성과 연도별 작황을 감안해 세액과 결을 조정한 제도를 '공법'이라고 부른다.

① 공법에 따르면 같은 군현 안에 있고 농지 절대 면적의 총합이 동일한 마을들 중 1등전만 있는 마을 주민들이 내는 조세의 총액이 2등전만 있는 마을의 조세 납부 총액보다 많아진다.
② 공법 시행 후에 같은 등급에 속한 농지들은 1결의 크기가 같아지므로 지역에 상관없이 매년 같은 액수의 조세를 냈다.
③ 절대 면적이 동일한 경우라도 공법 시행 후에는 1등전만 있는 마을이 2등전만 있는 마을보다 결의 수가 더 적어졌다.
④ 과전법에 의해 조세를 국가 대신 받는 개인은 공법 시행으로 매년 그 땅의 작황을 조사해 중앙 관청에 보고해야 했다.
⑤ 세종의 초안대로라면 함경도 주민들이 내는 조세의 총액은 전라도 주민들이 내는 조세의 총액보다 많아진다.

A : 저는 인간의 신체 질병을 순전히 자연현상으로만 이해합니다. 이것은 인체 질병을 자동차의 오작동과 비슷한 방식으로 이해하는 것입니다.

B : 자동차의 구조와 기능은 모두 알려져 있지만 인간 신체는 그렇지 않습니다. 정량적 수치만으로 질병 유무를 판단할 수 없다고 생각합니다.

A : 저는 질병을 종의 전형적인 상태를 기준으로 판단합니다. 예컨대 보통 사람들을 조사하여 이들 가운데 95% 사람들이 공유하는 신체 상태를 질병에 걸리지 않은 정상 상태라고 규정하는 것이죠. 이 95%에서 벗어난 사람들은 비정상 상태에 있는 것입니다. 다시 말해 한 개인이 질병에 걸렸다는 것은 그가 통계적 정상 상태에서 벗어났다는 것을 의미해요.

B : 그럼 건강한 사람이 비정상 상태에 있는 사람으로 분류될 수도 있겠군요.

A : 그럴 가능성이 있죠. 하지만 질병은 대개 신체의 기능 결손과 관련되어 있습니다. 결국 건강 상태와 질병 상태를 구분하는 선은 생물통계학을 통해 설정됩니다.

B : 설사 그 기준이 생물통계학을 통해 설정된다 하더라도, 사람들은 자신이 아프다고 느끼기 때문에 병원에 가서 의사에게 조언을 구하지 않나요? 만일 개인이 자기 신체의 기능 결손을 스스로 느낄 수 없고, 이런 결손이 그의 안녕과 행복에 아무런 영향도 주지 않는다면, 그 결손이 질병이라는 생물학의 판단은 개인에게 아무런 의미가 없습니다.

A : 아프다는 느낌조차도 생물현상일 뿐입니다. 아픔은 신체의 기능 결손을 반영하고 있습니다.

B : 신체의 기능 결손이 반영되지 않는 주관적 고통이 있을 수 있고 이런 고통도 질병의 일부로 보아야 합니다. 이것도 치료의 대상이기 때문입니다.

A : 주관적 고통을 느끼는 사람들은 대개 통계적 비정상 상태에 있습니다.

─── 〈보 기〉 ───

ㄱ. 서유럽 중년남자의 동맥경화증은 통계적으로 정상이지만 동맥경화증이 엄연히 질병이라는 사실은 A의 주장을 강화한다.

ㄴ. 십이지장 궤양 환자들이 느끼는 고통은 서로 다르며 이에 대한 치료도 다르다는 사실은 A의 주장을 강화한다.

ㄷ. 신체의 기능 결손은 없지만 단순히 통증이 발생한다는 이유에서 질병으로 분류되는 증상이 있다는 사실은 B의 주장을 강화한다.

① ㄱ
② ㄷ
③ ㄱ, ㄴ
④ ㄱ, ㄷ
⑤ ㄴ, ㄷ

고대 그리스의 원자론자 데모크리토스는 자연의 모든 변화를 원자들의 운동으로 설명했다. 모든 자연현상의 근거는, 원자들, 빈 공간 속에서의 원자들의 움직임, 그리고 그에 따른 원자들의 배열과 조합의 변화라는 것이다.

한편 데카르트에 따르면 연장, 즉 퍼져있음이 공간의 본성을 구성한다. 그런데 연장은 물질만이 가지는 속성이기 때문에 물질 없는 연장은 불가능하다. 다시 말해 아무 물질도 없는 빈 공간이란 원리적으로 불가능하다. 데카르트에게 운동은 물속에서 헤엄치는 물고기의 움직임과 같다. 꽉 찬 물속에서 물질이 자리바꿈을 하는 것이다.

뉴턴에게 3차원 공간은 해체할 수 없는 튼튼한 집 같은 것이었다. 이 집은 사물들이 들어올 자리를 마련해 주기 위해 비어 있다. 사물이 존재한다는 것은 어딘가에 존재한다는 것인데 그 '어딘가'가 바로 뉴턴의 절대공간이다. 비어 있으면서 튼튼한 구조물인 절대공간은 그 자체로 하나의 실체는 아니지만 '실체 비슷한 것'으로서, 객관적인 것, 영원히 변하지 않는 것이었다.

라이프니츠는 빈 공간을 부정한다는 점에서 데카르트와 의견을 같이했다. 그러나 데카르트가 뉴턴과 마찬가지로 공간을 정신과 독립된 객관적 실재로 보았던 반면, 라이프니츠는 공간을 정신과 독립된 실재라고 보지 않았다. 그가 보기에는 '동일한 장소'라는 관념으로부터 '하나의 장소'라는 관념을 거쳐 모든 장소들의 집합체로서의 '공간'이라는 관념이 나오는데, '동일한 장소'라는 관념은 정신의 창안물이다. 결국 '공간'은 하나의 거대한 관념적 상황을 표현하고 있을 뿐이다.

① 만일 공간의 본성에 관한 뉴턴의 견해가 옳다면, 라이프니츠의 견해도 옳다.

② 만일 공간의 본성에 관한 데카르트의 견해가 옳다면, 데모크리토스의 견해도 옳다.

③ 만일 공간의 본성에 관한 라이프니츠의 견해가 옳다면, 데카르트의 견해는 옳지 않다.

④ 만일 빈 공간의 존재에 관한 데카르트의 견해가 옳다면, 뉴턴의 견해도 옳다.

⑤ 만일 빈 공간의 존재에 관한 데모크리토스의 견해가 옳다면, 뉴턴의 견해는 옳지 않다.

공리주의자는 동일한 강도의 행복을 동등하게 고려한다. 즉 공리주의자들은 '나'의 행복이 '너'의 행복보다 더 도덕적 가치가 있다고 생각하지 않는다. 이런 점에서 볼 때 공리주의에서 행복이 누구의 것인가는 중요하지 않다. 하지만 누구의 행복인가 하는 질문이 행복 주체의 범위로 이해될 때에는 다르다. 이미 실제로 존재하고 있는 생명체의 행복만을 고려할 것인가, 아니면 앞으로 존재할 생명체의 행복까지 고려할 것인가? 이와 관련해서 철학자 싱어는 행복의 양을 증가시키는 방법에 대한 공리주의의 두 가지 견해를 구별한다. 하나는 '실제적 견해'로서, 이에 따르면 도덕적으로 중요한 것은 이미 실제로 존재하는 사람이 갖는 행복이지 아직 태어나지 않은 사람들의 행복이 아니다. 이와 구별되는 다른 견해는 '전체적 견해'이다. 이 견해에 따르면 이미 존재하고 있는 사람들의 행복의 양을 늘리는 것뿐 아니라 새로운 존재를 만들어 행복의 양을 늘리는 것도 도덕적으로 옳은 행동이다. 왜냐하면 실제로 존재하는 사람들의 불행과 아직 태어나지 않은 사람들의 행복은 상쇄될 수 있기 때문이다.

〈보 기〉

A : 굶주리며 살고 있는 다른 나라 아이를 입양하여 행복하게 키우는 것은 도덕적으로 옳은 일이다. 하지만 자신의 아이를 낳아서 그 아이가 행복하도록 만드는 것도 도덕적으로 옳다.

B : 아이를 낳아 행복하게 기른다면 장차 행복의 총량은 증대되겠지만 미래에 실현될 그 아이의 행복이 오늘 굶주리고 사는 아이의 불행을 상쇄할 수는 없다. 따라서 행복한 아이를 낳는 것은 오늘의 사회를 도덕적으로 개선하는 방안이 될 수 없다.

C : 자신의 아이를 낳아 잘 키우는 것이 도덕적으로 옳다. 내 아이의 행복이 다른 아이의 행복보다 도덕적으로 더 가치 있기 때문이다.

① 전체적 견해를 받아들이면 A를 받아들일 수 있다.
② 전체적 견해를 받아들이면 B를 받아들일 수 없다.
③ 전체적 견해를 받아들이면 C를 받아들일 수 있다.
④ 실제적 견해를 받아들이면 B를 받아들일 수 있다.
⑤ 실제적 견해를 받아들이면 C를 받아들일 수 없다.

A : 진화론이 인간에 대해 설명할 때 동원하는 두 개의 핵심 개념은 '생존'과 '번식'이다. 그러나 그것만으로는 인간의 행동, 가치, 목표를 다 설명할 수 없다. 현대 생물학이 인간 존재와 그의 행동에 대한 모든 답을 가진 것처럼 발언하는 순간, 인문학은 생물학에 의심의 눈초리를 보내게 된다. 물론 인간도 동물이고 생물인 이상 생물학의 차원을 떠날 수는 없다. 인간은 다른 모든 생명체와 생물학의 차원을 공유한다. 인간의 심리, 행동방식, 취향과 습관도 생물학의 차원에 뿌리내리고 있다. 그러나 인문학의 관심 대상은 이런 차원 위에 만들어진 독특한 세계이다. '인간을 인간이게 하는 것은 무엇인가'라는 질문은 인문학의 핵심 관심사이다. 말하자면 인문학은 인간의 고유성을 말해주는 층위와 지점들을 찾아내는 작업이다. 여기에는 사회 · 정치 · 윤리의 차원을 고려해야 한다. 가령 평등이나 인간 존엄과 같은 사회 원칙과 이상을 생각해 보자. 인간 사회에 이러한 가치와 규범이 유효해야 한다는 요구는 진화의 결과라기보다 선택의 결과이다. 그런 점에서 분명 인간에게는 생물학만으로는 설명할 수 없는 생물학 너머의 차원이 있다.

B : A의 생각은 '생물학'이라는 말에서 유전자 결정론을 연상하기 때문에 나왔다. 한 인간은 유전과 환경 사이의 관계 속에서 탄생하고 성장한다. 유전자에 의해서 발현되는 형질들과 환경 사이의 상호작용과 관련된 것이라면 무엇이든지 생물학에 포함된다. 그래서 생물학에는 생리학, 생화학, 분자생물학, 신경생물학, 생태학, 환경생물학, 우주생물학 등이 포함된다. 결국 우리 삶 전체가 생물학의 차원 안으로 들어오게 된다. 생물학 너머의 차원이란 존재하지 않는다. 법학은 인간의 법률 행위를 연구하는 인간 생물학이고 경제학은 인간의 경제 행위를 연구하는 인간 생물학이다. 모든 학문은 인간 생물학의 일부이다.

① 한쪽은 유전자 결정론을 받아들이고 다른 쪽은 받아들이지 않는다.
② 한쪽은 생물학의 역할을 부정하고 다른 쪽은 생물학의 역할을 높게 평가한다.
③ 한쪽은 인간 삶에 대한 모든 탐구가 생물학의 영역 내에 있다고 생각하고 다른 쪽은 이에 반대한다.
④ 한쪽은 인문학이 생물학의 차원에 놓여 있다고 생각하고 다른 쪽은 사회과학의 차원에 놓여 있다고 생각한다.
⑤ 한쪽은 인문학이 사회 · 정치 · 윤리의 차원과 구별되지 않는다고 생각하고 다른 쪽은 인문학이 그런 차원과 구별된다고 생각한다.

우리의 선택은 상대방의 선택에 어떤 영향을 받을까? 상대방이 무엇을 선택하든 상관없이 나에게 가장 높은 이익을 가져다주는 전략을 'D전략'이라고 하고, 상대방이 무엇을 선택하든 상관없이 나에게 가장 낮은 이익을 가져다주는 전략을 'S전략'이라고 하자. 예를 들어, 두 사람 갑, 을이 각각 상대방의 선택에 따라 자신에게 유리한 전략을 세우려고 한다. 두 사람은 P와 Q 중에서 어떤 선택을 할지 고려하고 있다. 갑은 을이 P를 선택할 경우 Q보다 P를 선택하는 것이 더 높은 이익을 얻고, 을이 Q를 선택할 경우에도 Q보다 P를 선택하는 것이 더 높은 이익을 얻는다면, P를 선택하는 것이 갑의 D전략이 된다. 또한 을이 P나 Q 어떤 것을 선택하든지 갑은 P보다 Q를 선택하는 것이 더 낮은 이익을 얻는다면, Q는 갑의 S전략이 된다. 이를 일상적 상황에 적용해서 설명해 보자.

두 스마트폰 회사가 있다. 각 회사는 TV 광고를 해야 할지를 결정해야 한다. 각 회사가 선택할 수 있는 전략에는 TV 광고를 자제하는 전략과 대대적으로 TV 광고를 하는 공격적인 전략 두 가지가 있다. 두 회사 모두 광고를 하지 않을 경우 각 회사는 5억 원의 순이익을 올린다. 한 회사가 광고를 하는데 다른 회사는 하지 않을 경우, 광고를 한 회사는 6억 원의 순이익을 올릴 수 있다. 반면 광고를 하지 않은 회사의 매출은 대폭 감소하여 단지 2억 원의 순이익을 올릴 수 있다. 두 회사가 모두 경쟁적으로 TV 광고를 할 경우 상대방 회사에 비해 판매를 더 늘릴 수 없는 반면 막대한 광고비를 지출해야 하므로 각자의 순이익은 3억 원에 머문다.

또 다른 예를 생각해 보자. 어떤 지역에 경쟁관계에 있는 두 병원이 있다. 각 병원에는 우수한 의료장비가 완비되어 있으며, 현재 꾸준한 이익을 내고 있다. 각 병원은 값비싼 첨단 의료장비의 구입을 고려하고 있다. 주민들은 첨단 의료장비를 갖춘 병원을 더 신뢰하여 감기만 걸려도 첨단 장비를 갖춘 병원으로 달려간다. 한 병원이 다른 병원에는 없는 첨단 장비를 구비한 경우를 가정해 보자. 첨단 장비를 갖춘 병원은 총수입이 늘어나며, 첨단 장비를 사는 데 드는 비용을 제하고 최종적으로 4억 원의 순이익을 확보하여 이전보다 순이익이 증가할 것이다. 반면에 첨단 장비를 갖추지 못한 병원은 환자를 많이 잃게 되어 순이익이 1억 원에 머물게 된다. 한편 두 병원이 모두 첨단 장비를 도입할 경우, 환자는 반반씩 차지할 수 있지만 값비싼 장비의 도입 비용으로 인하여 각 병원의 순이익은 2억 원이 된다.

① 각 회사의 광고 자제와 각 병원의 첨단 장비 구입은 S전략이다.
② 각 회사의 공격적인 광고와 각 병원의 기존 장비 유지는 S전략이다.
③ 각 회사의 공격적인 광고와 각 병원의 기존 장비 유지는 D전략이다.
④ 각 회사의 공격적인 광고와 각 병원의 첨단 장비 구입은 D전략이다.
⑤ 각 회사의 공격적인 광고는 D전략이고, 각 병원의 첨단 장비 구입은 S전략이다.

신하 : 죄인 박도경의 옥사(獄事)에 관해 아뢰옵니다. 품위를 지켜야 할 양반이 그 격에 맞지 않게 가혹하게 노비를 때린다면 집안사람들이 만류하여 노비를 구하려는 것은 인정상 당연한 일입니다. 그런데 박도경은 이를 말리던 아내에게 도리어 화풀이를 하여 머리채를 움켜쥔 채 문지방에 들이박고 베틀로 마구 때려 멀쩡하던 사람을 잠깐 사이에 죽게 하였습니다. 피해자의 사인(死因)과 관련자들의 증언이 모두 확실하니 속히 박도경의 자백을 받아 내어 판결하소서.

임금 : 노비를 구타할 때 뜯어말리는 것은 집안에서 일상적으로 있는 일에 불과하다. 그런데 박도경은 무슨 마음으로 아내에게 화를 옮겨 여러 해를 함께 산 배필을 순식간에 죽게 했는가. 그 흉악함은 실로 보기 드문 일이다. 박도경을 사형에 처할지 말지는 그가 아내를 죽인 것이 우연히 저지른 일인지 아니면 반드시 죽이고자 하였는지의 여부에 따라 판단해야 한다. 박도경을 엄히 신문하여 그에 대한 자백을 기필코 받아 내도록 형벌을 담당하는 추관(秋官)에게 특별히 당부하라. 지금까지 남편이 아내를 살해한 죄안(罪案)은 실정이 있든 없든 대부분 살려주는 쪽으로 결정하였다. 이는 배우자를 죽인 죄가 용서할 만하고 정상을 참작할 만해서가 아니다. 부부 사이에는 장난이 싸움으로 번지기 쉽고, 아내가 이미 죽었는데 남편까지 사형에 처한다면 죄 없는 자녀들이 그 해를 입게 되기 때문이다. 본디 범인을 사형에 처하는 것은 죽은 자의 억울함을 달래 주기 위해서인데 죽은 자는 범인의 아내이다. 만약 죽은 자에게 지각이 있다면 어찌 지아비를 법대로 처분하여 사형에 처하는 것을 통쾌히 여기겠는가. 때문에 아내의 생명에 대해 남편의 목숨으로 보상하는 판결이 어려운 것이다. 신임 관찰사로 하여금 관련 사안을 잘 살펴 보고하게 하고, 보고가 올라온 후 처리하도록 하라.

① 증거와 주변의 증언은 판결의 근거로 사용된다.
② 최종 판결은 박도경의 자백 이후에 이루어진다.
③ 아내를 살해한 남편은 대개 사형에 처해지지 않았다.
④ 살인의 고의성이 증명되면 박도경은 사형에 처해질 수 있다.
⑤ 남은 자녀에 대한 부양 책임이 참작되면 박도경은 방면될 것이다.

문 31. 다음 글의 내용과 부합하는 것은?

14 5급(A) 30번

호락논쟁(湖洛論爭)은 중국으로부터 건너온 성리학을 온전히 우리 스스로의 역사적 경험과 실천 가운데 소화해 낸 그야말로 적공의 산물이다. 그것은 이제 펼쳐질 새로운 근대 세계를 앞두고 최종적으로 성취해 낸 우리 정신사의 한 정점이다. 낙학(洛學)과 호학(湖學)이 정립된 시기는 양란을 거치면서 사대부의 자기 확인이 절실히 필요한 시대였다.

낙학의 정신은 본체로 향하고 있다. 근원적 실재인 본체에 접근하는 낙학의 방법은 이론적 탐색이 아니라 강력하고 생생한 주관적 체험이었다. 그들은 본체인 본성에 대한 체험을 통해 현실 세계 속에서 실천하는 주체적인 자아로 자신을 정립하고자 하였다. 그 자아는 바로 사대부의 자아를 의미한다. 본체를 실천하는 주체에 대한 낙학의 관심은 마음에 대한 탐구로 나타났다. 낙학은 이론의 구성에서는 주희의 마음 이론을 표준으로 삼았지만 호학이라는 또 하나의 조선 성리학 전통과의 논쟁을 통해 형성된 것이었다.

호학은 현실 세계를 규율하는 원리와 규범에 집중하였다. 그들에게 절박했던 것은 규범의 현실성이며, 객관성이었다. 본체인 본성은 현실 세계를 객관적, 합법적으로 강제하는 규범의 근거로서 주관적 체험의 밖에 존재한다. 본체의 인식은 마음의 체험을 통해서가 아니라 세계에 대한 객관적 인식의 축적에 의해 달성되는 것이다. 그런 점에서 호학의 정신은 이성주의라 할 수 있다.

호학의 정신은 기질의 현실 세계, 곧 생산 계층인 농민들의 우연적이고 다양한 욕망의 세계를 객관 규범에 의해 제어하면서 왕권까지도 규범의 제약 아래 두려한다는 점에서 역시 사대부의 자아 정립과 관련이 깊다. 객관 규범에 대한 호학의 강조는 왕권마저 본체의 제약을 받아야 한다는 의미를 함축하고 있는 것이다.

① 낙학이 본체를 주관적 체험 대상으로 보았던 반면, 호학은 본체를 규범의 근저로 보았다.

② 호학은 본체의 실현이 마음의 체험을 통해 궁극적으로 달성되는 것으로 이해하였다.

③ 낙학이 사대부의 자아 정립과 관련이 깊은 반면, 호학은 왕권 강화와 관련이 깊다.

④ 낙학이 본체를 본성으로 보았던 반면, 호학은 본체를 마음으로 이해하였다.

⑤ 낙학은 주희의 마음 이론에 대한 비판을 통해 형성되었다.

문 32. 다음 대화에 대한 분석으로 옳지 <u>않은</u> 것은?

15 5급(인) 04번

A : 과학자는 사실의 기술에 충실해야지, 과학이 초래하는 사회적 영향과 같은 윤리적 문제에 대해서는 고민할 필요가 없습니다. 윤리적 문제는 윤리학자, 정치인, 시민의 몫입니다.

B : 과학과 사회 사이의 관계에 대해 생각할 때 우리는 다음 두 가지를 고려해야 합니다. 첫째, 우리가 사는 사회는 전문가 사회라는 점입니다. 과학과 관련된 윤리적 문제를 전문적으로 연구하는 윤리학자들이 있습니다. 과학이 초래하는 사회적 문제는 이들에게 맡겨두어야지 전문가도 아닌 과학자가 개입할 필요가 없습니다. 둘째, 과학이 불러올 미래의 윤리적 문제는 과학이론의 미래와 마찬가지로 확실하게 예측하기 어렵다는 점입니다. 이런 상황에서 과학자가 윤리적 문제에 집중하다 보면 신약 개발처럼 과학이 가져다 줄 수 있는 엄청난 혜택을 놓치게 될 위험이 있습니다.

C : 과학윤리에 대해 과학자가 전문성이 없는 것은 사실입니다. 하지만 중요한 것은 과학자들과 윤리학자들이 자주 접촉을 하고 상호이해를 높이면서, 과학의 사회적 영향에 대해 과학자, 윤리학자, 시민이 함께 고민하고 해결책을 모색해 보는 것입니다. 또한 미래에 어떤 새로운 과학이론이 등장할지 그리고 그 이론이 어떤 사회적 영향을 가져올지 미리 알기는 어렵다는 점도 중요합니다. 게다가 연구가 일단 진행된 다음에는 그 방향을 돌리기도 힘듭니다. 그렇기에 연구 초기단계에서 가능한 미래의 위험이나 부작용에 대해 자세히 고찰해 보아야 합니다.

D : 과학의 사회적 영향에 대한 논의 과정에 과학자들의 참여가 필요합니다. 현재의 과학연구가 계속 진행되었을 때, 그것이 인간사회나 생태계에 미칠 영향을 예측하는 것은 결코 만만한 작업이 아닙니다. 그래서 인문학, 사회과학, 자연과학 등 다양한 분야의 전문가들이 함께 소통해야 합니다. 그렇기에 과학자들이 과학과 관련된 윤리적 문제를 도외시해서는 안 된다고 봅니다.

① A와 B는 과학자가 윤리적 문제에 개입하는 것에 부정적이다.

② B와 C는 과학윤리가 과학자의 전문 분야가 아니라고 본다.

③ B와 C는 과학이론이 앞으로 어떻게 전개될지 정확히 예측하기 어렵다고 본다.

④ B와 D는 과학자의 전문성이 과학이 초래하는 사회적 문제 해결에 긍정적 기여를 할 것이라고 본다.

⑤ C와 D는 과학자와 다른 분야 전문가 사이의 협력이 중요하다고 본다.

(가) 오늘날 권력에서 소외된 대중은 자발적으로 자신의 영역에서 투쟁을 시작한다. 그러한 투쟁에서 지식인이 갖는 역할에 대해 재고해 보자. 과거 지식인들은 궁극적인 투쟁의 목표와 전반적인 가치기준을 제시하면서 대중의 현실 인식과 그들의 가치판단에 큰 영향을 미쳤다. 그러나 세계의 모든 기준을 독점하고 대중을 이끌던 지식인의 시대는 지나갔다. 나는 지식인의 역할이 과거처럼 자신의 현실 인식과 가치기준에 맞춰 대중의 의식을 일깨우고 투쟁의 방향을 제시하는 것을 목표로 삼아서는 안 된다고 본다. 오늘날의 대중은 과거와 달리 지식인이 정해준 기준과 예측, 방향성을 피동적으로 받아들이는 존재가 아니다. 그들은 자신들의 가치기준과 투쟁 목표를 스스로 설정한다. 그러므로 진정한 지식인은 대중과 함께 사회의 여러 영역에서 구체적인 변화를 위한 투쟁에 참여해야 하며, 그러한 투쟁이야말로 현실 사회의 문제점을 해결할 수 있는 것이다.

(나) 진정한 지식인의 역할은 무엇인가. 이를 알기 위해서 먼저 지난 2세기 동안 나타난 지식인의 병폐를 지적해 보자. 과거 지식인들은 현실을 올바로 인식하고 바람직한 가치기준을 제시하고 선도한다고 확신하면서 대중 앞에서 전혀 현실에 맞지 않는 기준을 쏟아내는 병폐를 보여 왔다. 과거 지식인들은 실제 현실에 대해 연구도 하지 않고 현실을 제대로 파악하지도 못하면서 언론에 장단을 맞추어 설익은 현실 인식과 가치기준의 틀을 제시하여 대중을 호도했다. 그 결과 대중은 현실을 제대로 파악하지 못했고 그로 인해 실제 삶에 맞는 올바른 가치판단을 내리지 못했다. 진정한 지식인은 과거 지식인의 병폐로부터 벗어나 무엇보다 실제 현실의 문제와 방향성, 가치기준에 대한 진지한 고민과 탐색을 게을리 하지 않아야 한다. 또한 대중은 지금도 여전히 현실을 제대로 반영할 수 있는 올바른 인식과 가치기준을 스스로 찾지 못하기에, 진정한 지식인은 사회 전체를 올바르게 바라볼 수 있는 기준과 틀을 대중에게 제공하기 위해 노력해야 한다.

― 〈보 기〉 ―

ㄱ. (가)는 오늘날의 대중을 과거의 대중에 비해 능동적인 존재라고 본다.

ㄴ. (나)는 과거 지식인이 현실을 올바르게 인식하였음에도 불구하고 대중을 잘못된 방식으로 인도하였다고 본다.

ㄷ. (가)와 (나)는 과거 지식인이 대중의 현실 인식과 가치 판단에 영향을 미쳤다고 본다.

① ㄱ
② ㄴ
③ ㄷ
④ ㄱ, ㄷ
⑤ ㄱ, ㄴ, ㄷ

'핸드오버'란 이동단말기가 이동함에 따라 기존 기지국에서 이탈하여 새로운 기지국으로 넘어갈 때 통화가 끊기지 않도록 통화 신호를 새로운 기지국으로 넘겨주는 것을 말한다. 이런 핸드오버는 이동단말기, 기지국, 이동전화교환국 사이의 유무선 연결을 바탕으로 실행된다. 이동단말기가 기지국에 가까워지면 그 둘 사이의 신호가 점점 강해지는데 반해, 이동단말기와 기지국이 멀어지면 그 둘 사이의 신호는 점점 약해진다. 이 신호의 세기가 특정값 이하로 떨어지게 되면 핸드오버가 명령되어 이동단말기와 새로운 기지국 간의 통화 채널이 형성된다. 이 과정에서 이동전화교환국과 기지국 간 연결에 문제가 발생하면 핸드오버가 실패하게 된다.

핸드오버는 이동단말기와 기지국 간 통화 채널 형성 순서에 따라 '형성 전 단절 방식'과 '단절 전 형성 방식'으로 구분될 수 있다. FDMA와 TDMA에서는 형성 전 단절 방식을, CDMA에서는 단절 전 형성 방식을 사용한다. 형성 전 단절 방식은 이동단말기와 새로운 기지국 간의 통화 채널이 형성되기 전에 기존 기지국과의 통화 채널을 단절하는 것을 말한다. 이와 반대로 단절 전 형성 방식은 이동단말기와 기존 기지국 간의 통화 채널이 단절되기 전에 새로운 기지국과의 통화 채널을 형성하는 방식이다. 이런 핸드오버 방식의 차이는 각 기지국이 사용하는 주파수 간 차이에서 비롯된다. 만약 각 기지국이 다른 주파수를 사용하고 있다면, 이동단말기는 기존 기지국과의 통화 채널을 미리 단절한 뒤 새로운 기지국에 맞는 주파수를 할당 받은 후 통화 채널을 형성해야 한다. 그러나 각 기지국이 같은 주파수를 사용하고 있다면, 그런 주파수 조정이 필요 없으며 새로운 통화 채널을 형성하고 나서 기존 통화 채널을 단절할 수 있다.

① 단절 전 형성 방식의 각 기지국은 서로 다른 주파수를 사용한다.

② 형성 전 단절 방식은 단절 전 형성 방식보다 더 빨리 핸드오버를 명령할 수 있다.

③ 이동단말기와 기존 기지국 간의 통화 채널이 단절되면 핸드오버가 성공한다.

④ CDMA에서는 하나의 이동단말기가 두 기지국과 동시에 통화 채널을 형성할 수 있지만 FDMA에서는 그렇지 않다.

⑤ 이동단말기 A와 기지국 간 신호 세기가 이동단말기 B와 기지국 간 신호 세기보다 더 작다면 이동단말기 A에서는 핸드오버가 명령되지만 이동단말기 B에서는 핸드오버가 명령되지 않는다.

다음 대화에 대한 분석으로 적절하지 않은 것은?

가영 : 확보된 증거에 비추어볼 때 갑과 을 두 사람 중 적어도 한 사람에게 사고의 책임이 있을 개연성이 무척 높기는 하지만, 갑에게 책임이 없다고 밝혀진 것만으로는 을의 책임 관계를 확정할 수 없습니다.

나정 : 책임 소재에 관한 어떤 증거도 없는 경우라면 모르지만, 둘 중 한 사람에게 사고의 책임이 있다는 것을 꽤 지지하는 증거가 확보된 경우에는 그렇게 말할 수 없습니다. '갑 아니면 을이다. 그런데 갑이 아니다. 그렇다면 을이다.'라고 추론해야지요.

가영 : 그 논리적 추론이야 물론 당연합니다. 하지만 문제는 우리가 지금 토론하고 있는 상황이 그 추론의 결론을 반드시 수용해야 하는 경우가 아니라는 것입니다. '갑 아니면 을이다.'가 확실히 참이라고 말할 수 없기 때문이지요.

나정 : 앞에서 증거에 의해 '갑, 을 두 사람 중 적어도 한 사람에게 사고의 책임이 있을 개연성이 무척 높다.'라고 전제하지 않았습니까? 그런 경우에 '갑 아니면 을이다.'를 참이라고 수용해야 하는 것 아닌가요?

가영 : 그렇지 않습니다. 아무리 개연성이 높은 판단이라고 할지라도 결국에는 거짓으로 밝혀지는 경우가 드물지 않습니다. 가령, 나중에 을에게 책임이 없음을 확실히 입증하는 증거가 나타나는 상황을 배제할 수 없습니다. 그런 증거가 나타나는 경우, 둘 중 적어도 한 사람에게 책임이 있다고 보았던 최초의 전제의 개연성이 흔들리고 그 전제를 참이라고 수용할 수 없게 됩니다.

나정 : 여러 가지 상황 때문에 우리가 취할 수 있는 증거는 제한적일 수밖에 없으며, 이에 제한된 증거만으로 책임 관계의 판단을 확정하는 것은 쉽지 않습니다. 하지만 그렇다고 언제까지 판단을 미룰 수는 없습니다. 우리는 확보된 증거를 이용해 전제들의 개연성을 파악해야 하고 그 전제들로부터 논리적으로 추론하여 결론을 이끌어 내야 합니다. 나타나지도 않은 증거를 기다릴 일이 아니라, 확보된 증거를 충분히 고려해 을에게 사고의 책임을 물어야 한다는 것입니다.

① 가영과 나정은 모두 책임 소재의 규명에서 증거의 역할을 부정하지 않는다.

② 가영은 책임 소재를 규명하는 과정에서 사용되는 전제의 개연성은 달라질 수 있다고 주장한다.

③ 가영과 달리 나정은 어떤 판단의 개연성이 충분히 높다면 그 판단을 수용할 수 있다고 주장한다.

④ 나정은 가영의 견해에 따를 경우 책임 소재에 관한 판단이 계속 미결 상태로 표류할 수도 있다고 주장한다.

⑤ 나정과 달리 가영은 참인 전제들로부터 논리적 추론을 이용해서 도출된 결론이 거짓일 수 있다고 주장한다.

다음 갑과 을의 견해에 대한 분석으로 가장 적절한 것은?

갑 : 좋아. 우리 둘 다 전지전능한 신이 존재한다는 가정에서 시작하는군. 이제 철수가 t 시점에 행동 A를 할 것이라고 해 볼까? 신은 전지전능하니까 철수가 t 시점에 행동 A를 할 것임을 알겠지. 그런데 신은 전지전능하므로, 철수가 t 시점에 행동 A를 한다는 것은 필연적이야. 그리고 필연적으로 발생하는 것은 자유로운 것이 아니지. 따라서 철수의 행동 A는 자유롭지 않아.

을 : 비록 어떤 행동이 필연적이더라도 그 행동에 누군가의 강요가 없다면 자유로운 행동이 될 수 있어. 그러므로 철수가 t 시점에 행동 A를 할 것임이 필연적이라 하더라도, 그것만으로부터 행동 A가 자유롭지 않다고 판단할 수는 없지. 신이나 다른 누군가가 그 행동을 철수에게 강요했는지의 여부를 확인해야 해. 만약 신이 철수가 t 시점에 행동 A를 할 것임을 안다면 철수의 행동 A가 필연적이라는 것은 나도 인정해. 하지만 그로부터 신이 철수의 그 행동을 강요했음이 곧바로 도출되지는 않아. 따라서 철수의 행동은 여전히 자유로울 수 있지.

갑 : 필연적인 행동이 자유롭지 않은 이유는 다른 행동을 할 가능성이 차단되었기 때문이야. 만일 전지전능한 신이 존재하고 그 신이 철수가 t 시점에 행동 A를 할 것임을 안다면, 철수가 t 시점에 행동 A를 할 것이 필연적이라는 것은 너도 인정했지? 그것이 필연적이라면 철수가 t 시점에 행동 A 외에 다른 행동을 할 가능성은 없지. 신의 강요가 없을지라도 말이야.

을 : 맞아. 그렇지만 신이 강요하지 않는 한, 철수의 행동 A에는 A에 대한 철수 자신의 의지가 반영되어 있어. 즉, 철수의 행동 A는 철수 자신의 판단에 의한 행동이라는 것이지. 그렇기 때문에 철수의 행동 A는 자유로울 수 있어. 반면에 철수의 행동 A가 강요된 것이라면 행동 A에는 철수 자신의 의지가 반영되어 있지 않았겠지만 말이야. 그러니까 철수의 행동 A가 필연적인지의 여부는 그 행동이 자유로운 것인지의 여부를 가리는 데 결정적인 게 아니야.

① 갑과 을은 전지전능한 신이 존재할 경우 철수의 행동에 철수의 의지가 반영될 수 없다는 데 동의한다.

② 갑은 강요에 의한 행동을 자유로운 것으로 생각하지 않지만, 을은 그것을 자유로운 것으로 생각한다.

③ 갑은 필연적인 행동에는 다른 행동의 가능성이 차단된다고 생각하지만, 을은 필연적인 행동에도 다른 행동의 가능성이 있다고 생각한다.

④ 갑은 만약 전지전능한 신이 존재하지 않는다면 철수의 행동은 자유로울 것이라고 생각하지만, 을은 그러한 신이 존재하더라도 철수의 행동은 자유로울 수 있다고 생각한다.

⑤ 갑은 다른 행동을 할 가능성이 없으면 행동의 자유가 없다고 생각하지만, 을은 그런 가능성이 없다는 것으로부터 행동의 자유가 없다는 것이 도출된다고 생각하지 않는다.

A1 : 최근 인터넷으로 대표되는 정보통신기술 혁명은 과거 유례를 찾을 수 없을 정도로 세상이 돌아가는 방식을 근본적으로 바꿔놓았다. 정보통신기술 혁명은 물리적 거리의 파괴로 이어졌고, 그에 따라 국경 없는 세계가 출현하면서 국경을 넘나드는 자본, 노동, 상품에 대한 규제가 철폐될 수밖에 없는 사회가 되었다. 이제 개인이나 기업 혹은 국가는 과거보다 훨씬 더 유연한 자세를 견지해야 하고, 이를 위해서는 강력한 시장 자유화가 필요하다.

B1 : 변화를 인식할 때 우리는 가장 최근의 것을 가장 혁신적인 것으로 생각하는 경향이 있다. 인터넷 혁명의 경제적, 사회적 영향은 최소한 지금까지는 세탁기를 비롯한 가전제품만큼 크지 않았다. 가전제품은 집안일에 들이는 노동시간을 대폭 줄여줌으로써 여성들의 경제활동을 촉진했고, 가족 내의 전통적인 역학관계를 바꾸었다. 옛것을 과소평가해서도 안 되고 새것을 과대평가해서도 안 된다. 그렇게 할 경우 국가의 경제정책이나 기업의 정책은 물론이고 우리 자신의 직업과 관련해서도 여러 가지 잘못된 결정을 내리게 된다.

A2 : 인터넷이 가져온 변화는 가전제품이 초래한 변화에 비하면 전 지구적인 규모이고 동시적이라는 점에 주목해야 한다. 정보통신기술이 초래한 국경 없는 세계의 모습을 보라. 국경을 넘어 자본, 노동, 상품이 넘나들게 됨으로써 각 국가의 행정 시스템은 물론 세계 경제 시스템에도 변화가 불가피하게 되었다. 그런 점에서 정보통신기술의 영향력은 가전제품의 영향력과 비교될 수 없다.

B2 : 최근의 기술 변화는 100년 전에 있었던 변화만큼 혁명적이라고 할 수 없다. 100년 전의 세계는 1960~1980년에 비해 통신과 운송 부문에서의 기술은 훨씬 뒤떨어졌으나 세계화는 오히려 월등히 진전된 상태였다. 사실 1960~1980년 사이에 강대국 정부가 자본, 노동, 상품이 국경을 넘어 들어오는 것을 엄격하게 규제했기에 세계화의 정도는 그리 높지 않았다. 이처럼 세계화의 정도를 결정하는 것은 정치이지 기술력이 아니다.

① 이 논쟁의 핵심 쟁점은 정보통신기술 혁명과 가전제품을 비롯한 제조분야 혁명의 영향력 비교이다.

② A1은 최근의 정보통신기술 혁명으로 말미암아 자본, 노동, 상품이 국경을 넘나드는 것이 보편적 현상이 되었다는 점을 근거로 삼고 있다.

③ B1은 A1이 제시한 근거가 다 옳다고 하더라도 A1의 주장을 받아들일 수 없다고 주장하고 있다.

④ B1과 A2는 인터넷의 영향력에 대한 평가에는 의견을 달리하지만 가전제품의 영향력에 대한 평가에는 의견이 일치한다.

⑤ B2는 A2가 원인과 결과를 뒤바꾸어 해석함으로써 현상에 대한 잘못된 진단을 한다고 비판하고 있다.

우리가 현재 가지고 있는 믿음들은 추가로 획득된 정보에 의해서 수정된다. 뺑소니사고의 용의자로 갑, 을, 병이 지목되었고 이 중 단 한 명만 범인이라고 하자. 수사관 K는 운전 습관, 범죄 이력 등을 근거로 각 용의자가 범인일 확률을 추측하여, '갑이 범인'이라는 것을 0.3, '을이 범인'이라는 것을 0.45, '병이 범인'이라는 것을 0.25만큼 믿게 되었다고 하자. 얼마 후 병의 알리바이가 확보되어 병은 용의자에서 제외되었다. 그렇다면 K의 믿음의 정도는 어떻게 수정되어야 할까?

믿음의 정도를 수정하는 두 가지 방법이 있다. 방법 A는 0.25를 다른 두 믿음에 동일하게 나누어 주는 것이다. 따라서 병의 알리바이가 확보된 이후 '갑이 범인'이라는 것과 '을이 범인'이라는 것에 대한 K의 믿음의 정도는 각각 0.425와 0.575가 된다. 방법 B는 기존 믿음의 정도에 비례해서 분배하는 것이다. 위 사례에서 '을이 범인'이라는 것에 대한 기존 믿음의 정도 0.45는 '갑이 범인'이라는 것에 대한 기존 믿음의 정도 0.3의 1.5배이다. 따라서 믿음의 정도 0.25도 이 비율에 따라 나누어주어야 한다. 즉 방법 B는 '갑이 범인'이라는 것에는 0.1을, '을이 범인'이라는 것에는 0.15를 추가하는 것이다. 결국 방법 B에 따르면 병의 알리바이가 확보된 이후 '갑이 범인'이라는 것과 '을이 범인'이라는 것에 대한 K의 믿음의 정도는 각각 0.4와 0.6이 된다.

〈 보 기 〉

ㄱ. 만약 기존 믿음의 정도들이 위 사례와 달랐다면, 병이 용의자에서 제외된 뒤 '갑이 범인'과 '을이 범인'에 대한 믿음의 정도의 합은, 방법 A와 방법 B 중 무엇을 이용하는지에 따라 다를 수 있다.

ㄴ. 만약 기존 믿음의 정도들이 위 사례와 달랐다면, 병이 용의자에서 제외된 뒤 '갑이 범인'과 '을이 범인'에 대한 믿음의 정도의 차이는 방법 A를 이용한 결과가 방법 B를 이용한 결과보다 클 수 있다.

ㄷ. 만약 '갑이 범인'에 대한 기존 믿음의 정도와 '을이 범인'에 대한 기존 믿음의 정도가 같았다면, '병이 범인'에 대한 기존 믿음의 정도에 상관없이 병이 용의자에서 제외된 뒤 방법 A를 이용한 결과와 방법 B를 이용한 결과는 서로 같다.

① ㄴ
② ㄷ
③ ㄱ, ㄴ
④ ㄱ, ㄷ
⑤ ㄴ, ㄷ

니체는 자신이 가끔 '가축 떼의 도덕'이라고 부르며 비난했던 것을 '노예의 도덕', 즉 노예나 하인에게 적합한 도덕으로 묘사한다. 그는 다음과 같이 말한다. "지금까지 지상을 지배해 온 수많은 도덕들 사이를 헤집고 다니면서 마침내 두 가지의 기본적인 유형, 주인의 도덕과 노예의 도덕을 발견했다." 그 다음 그는 이 두 유형의 도덕은 보통 섞여 있으며 온갖 다양한 방식으로 함께 작동한다는 점을 덧붙인다. 그의 주장에는 분명 지나치게 단순한 이분법이 스며들어 있다. 그러나 『도덕의 계보』에서 그는 자신이 우리에게 제시하고 있는 것은 하나의 논쟁이며, 지나치게 단순화되긴 했지만 도덕을 보는 사유의 근본적인 쟁점을 부각시키는 데 목적이 있다는 점도 분명하게 밝힌다.

니체에 따르면 성경이나 칸트의 저서에서 제시된 도덕은 ㉠ 노예의 도덕이다. 노예 도덕의 가장 조잡한 형태는 개인을 구속하고 굴레를 씌우는 일반 원칙으로 구성되는데, 이는 외적 권위 즉 통치자나 신으로부터 부과된 것이다. 좀 더 섬세하고 세련된 형태에서는 외적 권위가 내재화되는데, 이성(理性)의 능력이 그 예라고 할 수 있다. 하지만 조잡한 형태든 세련된 형태든 이 도덕을 가장 잘 특징짓는 것은 그것이 무엇인가를 금지하고 제약하는 일반 원칙의 형태로 나타난다는 점이다. 칸트가 정언명령을 몇 개의 일반적 정칙(定則)으로 제시했을 때도 그 내용은 '너희는 해서는 안 된다'였다.

반면 ㉡ 주인의 도덕은 덕의 윤리이며, 개인의 탁월성을 강조하는 윤리이다. 이는 개인의 행복과 반대되지 않으며 오히려 도움을 줄 수도 있다. 니체와 아리스토텔레스는 인격적으로 뛰어나게 되는 것이야말로 그 사람을 행복하게 해 준다고 생각했다. 자신의 목표나 만족을 희생해서 마지못해 자신의 의무를 완수하는 것은 그 사람을 불행하게 만든다. 그에 비해 주인의 도덕을 실천하는 사람은 자신이 좋아하고 자신에게 어울리는 가치, 이상, 실천을 자신의 도덕으로 삼는다. 주인의 도덕은 '지금의 나 자신이 되어라!'를 자신의 표어로 삼는다. 그리고 자신이 다른 사람과 같은지 다른지, 혹은 다른 사람의 것을 받아들일 수 있는지 없는지에 대해서는 별 신경을 쓰지 않는다.

① 내가 '좋음'의 의미를 주체적으로 정립하여 사는 삶은 ㉠에 따라 사는 삶이다.

② 내가 나 자신의 탁월성 신장을 통하여 행복을 추구하여 사는 삶은 ㉠에 따라 사는 삶이다.

③ 내가 끊임없이 스스로를 갈고 닦아 자신만의 개성을 만들어 사는 삶은 ㉠에 따라 사는 삶이다.

④ 내가 내재화된 이성의 힘을 토대로 주체적인 삶을 영위하기 위해 노력하는 것은 ㉡에 따라 사는 삶이다.

⑤ 내가 개인을 구속하는 일반 원칙에 얽매이지 않고 덕스러운 방식으로 행복을 추구하는 것은 ㉡에 따라 사는 삶이다.

A : '2+3=5'처럼 특정한 수를 다루는 수식은 공리가 가지는 몇 가지 특성, 즉 증명 불가능하며 그 자체로 명백하다는 특성을 가지고 있다.

B : '2+3=5'는 증명될 수 없고 그 자체로 명백하다는 데 동의한다. 그것은 물론 공리의 특성이다. 하지만 그런 수식은 공리와는 달리 일반적이지 않으며 그 개수도 무한하다.

C : 공리는 증명 불가능하다. 그런데 증명 불가능한 진리가 무한히 많다는 것은 틀린 생각이다. 그러므로 특정한 수를 다루는 무한히 많은 수식들이 공리일 수는 없다. 나아가 어떤 수식이 증명 불가능한 경우, 우리는 그것의 참과 거짓을 알 수 없을 것이다. 그러나 우리는 모든 수식의 참과 거짓을 알 수 있다. 따라서 모든 수식은 증명 가능하다.

D : 수식의 참과 거짓을 알기 위해 증명이 꼭 필요하지는 않다. 우리는 직관을 통해 모든 수식의 참과 거짓을 그 자체로 명백하게 알 수 있다.

E : 직관을 통해 그 자체로 명백하게 참과 거짓을 알 수 있는 수식은 없다. 예를 들어 '135664+37863=173527'은 정말 그 자체로 명백한가? 도대체 우리가 135664에 대한 직관을 가지고 있기나 한가? 그러나 우리는 이 수식이 참이라는 것을 분명히 안다. 모든 수식은 증명될 수 있기 때문이다.

F : 작은 수로 이루어진 수식의 경우와 큰 수로 이루어진 경우를 나누어 생각할 필요가 있겠다. '2+3=5'와 같이 작은 수에 관한 수식은 직관을 통해 그 자체로 명백하게 참임을 알 수 있으며 증명은 불가능하다. 반면에 '135664+37863=173527'과 같이 큰 수로 이루어진 수식은 그 자체로 명백하게 알 수는 없지만 증명은 가능하다.

G : 작은 수와 큰 수를 나누는 기준이 10이라고 한번 가정해 보자. 그렇다면 만약 10 이상의 수로 이루어진 수식이 증명될 수 있다면, 왜 5 이상, 2 이상, 1 이상의 경우에는 증명될 수 없는가?

① B는 특정한 수를 다루는 수식이 공리의 특성을 갖는다고 해서 모두 공리는 아니라고 주장함으로써 A의 주장을 반박한다.

② C는 특정한 수를 다루는 수식이 무한히 많다는 것을 부정함으로써, 그러한 수식은 증명 불가능하다는 B의 주장을 반박한다.

③ D는 큰 수로 이루어진 수식의 참과 거짓을 그 자체로 명백히 알 수 있다는 데 반대하고, E는 그것을 증명할 수 있다고 주장한다.

④ F는 어떠한 수식도 증명을 통해 참임을 아는 것이 아니라는 D의 주장을 반박하면서 E의 주장을 옹호한다.

⑤ G는 만약 큰 수로 이루어진 수식이 증명될 수 있다면 작은 수로 이루어진 수식도 증명될 수 있다는 점에 근거하여 F의 주장을 반박한다.

다음 중 자신이 한 진술들이 동시에 참일 수 있는 사람만을 모두 고르면? 18 5급(나) 13번

> 나나 : 역사 안에서 일어나는 모든 일에는 선과 악이 없어. 하지만 개인이 선할 가능성은 여전히 남아 있지. 자연의 힘으로 벌어지는 모든 일에는 선과 악이 없고, 역사란 자연의 힘만으로 전개되는 것이야. 개인이 노력한다고 해서 역사가 달라지지도 않아. 만일 개인이 노력한다고 해서 역사가 달라지지 않고 역사 안에서 일어나는 모든 일에 선과 악이 없다면, 개인은 역사 바깥에 나갈 때에만 선할 수 있어. 물론 개인은 역사 바깥에 나가지도 못하고, 자연의 힘을 벗어날 수도 없지.
>
> 모모 : 개인은 역사 바깥에 나가지도 못하고, 자연의 힘을 벗어날 수도 없어. 자연의 힘으로 벌어지는 모든 일에는 선과 악이 없다는 것도 참이야. 하지만 역사 안에서 일어나는 일 가운데는 선과 악이 있는 일도 있어. 왜냐하면 역사 안에서 일어나는 모든 일이 자연의 힘만으로 벌어지는 것은 아니니까. 역사 안에서 일어나는 일 중에는 지성과 사랑의 힘에 의해 일어나는 일도 있어. 지성과 사랑의 힘에 의해 일어나는 일에는 선과 악이 있지.
>
> 수수 : 역사 중에는 물론 지성의 역사와 사랑의 역사도 있지. 하지만 그것을 포함한 모든 역사는 오직 자연의 힘만으로 벌어지지. 지성과 사랑의 역사도 진화의 역사일 뿐이고, 진화의 역사는 오직 자연의 힘만으로 벌어지기 때문이야. 자연의 힘만으로 벌어지는 모든 일에는 선과 악이 없지만, 진화의 역사에서 오직 자연의 힘만으로 인간 지성과 사랑이 출현한 일에는 선이 있음이 분명해.

① 모모
② 수수
③ 나나, 모모
④ 나나, 수수
⑤ 나나, 모모, 수수

다음 논쟁에 대한 평가로 적절한 것만을 〈보기〉에서 모두 고르면? 18 5급(나) 17번

> A : '거문고'라는 이름은 어디에서 유래했다고 생각하니?
>
> B : 흥미로운 쟁점이야. 그에 관해서는 여러 가지 설이 있지만, 그 가운데 어느 것이 옳은가에 대해선 지금도 논란이 분분하지.
>
> A : 내 주장은 '거문고'에서 '거문'은 색깔을 가리키는 말에서 유래했다는 것이야. '거문'은 '검다'로 해석되고, 한자로는 '玄'이라 쓰지. 김부식의 『삼국사기』에 따르면, 고구려의 왕산악이 진나라의 칠현금을 개량해 새 악기를 만들고, 겸해서 백여 곡을 지어 연주했다고 해. 그러자 현학(玄鶴) 즉 검은 학이 날아와 춤을 추었고, 이로부터 악기의 이름을 '현학금'이라고 지었대. '현학금'이 훗날 '현금'으로 변했고, 다시 우리말 '검은고(거문고)'로 바뀐 것이지.
>
> B : 내 주장은 '거문고'에서 '거문'은 나라 이름을 가리키는 말에서 유래했다는 것이야. 원래 '거문'은 '거무' 혹은 'ㄱㅁ'로 발음되기도 하는데, 옛날에는 '고구려'를 '거무'나 'ㄱㅁ'라고 불렀고, 이 말들은 '개마'라는 용어와도 쓰임이 같거든. '개마'는 고대 한민족이 부족사회를 세웠던 장소의 명칭이잖아. 일본인들은 고구려를 '고마'라고 발음하기도 해. 따라서 '거문고'는 '고구려 현악기' 혹은 '고구려 악기'라고 정의될 수 있어.

── 〈보 기〉 ──

ㄱ. '단군왕검'에서 '검'이 '신(神)'을 뜻하는 옛말로 '굼', '감' 등과 통용되었다는 사실은 A와 B의 주장을 모두 강화한다.

ㄴ. 현악기를 지칭할 때 '고'와 '금(琴)'을 혼용하였다는 사실은 B의 주장을 약화한다.

ㄷ. '가얏고(가야+고)'의 사례에서 보듯이 악기의 이름 맨 앞에 국명을 붙이는 관습이 있었다는 사실은 A의 주장을 강화하지 않는다.

① ㄴ
② ㄷ
③ ㄱ, ㄴ
④ ㄱ, ㄷ
⑤ ㄱ, ㄴ, ㄷ

1950년 국회의원 선거법 개정부터 1969년 국회의원 선거법 개정까지는 투표용지상의 기호가 후보자들의 추첨으로 배정되는 A 방식이 사용되었다. 이때에는 투표용지에 오늘날과 같은 '1, 2, 3' 등의 아라비아 숫자 대신 'Ⅰ, Ⅱ, Ⅲ' 등의 로마자 숫자를 사용하였다. 다만 1963년 제3공화국의 출범 후에는 '선거구별 추첨제'가 '전국 통일 추첨제'로 변경되었다. 즉, 선거구별로 후보자 기호를 추첨하던 것을 정당별로 추첨하는 제도로 바꾸어, 동일 정당의 후보자들이 전국 모든 선거구에서 동일한 기호를 배정받도록 하였다.

이러한 방식은 1969년 관련법이 개정되면서 국회에서 다수 의석을 가진 정당순으로 '1, 2, 3' 등의 아라비아 숫자로 기호를 배정하는 B 방식으로 변화하였다. 현재와 같이 거대 정당에게 유리한 투표용지 관련 제도가 처음 선을 보인 것이다. 다만, 당시 '원내 의석을 가진 정당의 의석 순위'라는 기준은 2개의 정당에게만 적용되었다. 원내 의석이 3순위 이하인 기타 정당의 후보자에게는 정당 명칭의 가나다순에 의해 순서가 부여되었다. 이러한 순서 부여는 의석 수 상위 2개 정당 소속 후보자와 나머지 후보자를 차별한다는 점에서 문제를 안고 있었다.

1981년 개정된 선거법에서는 다시 추첨을 통해 후보자의 게재 순위를 결정하는 C 방식이 도입되었다. 이때 순위 결정은 전국 통일 추첨제가 아닌 선거구별 추첨제를 따랐다. 하지만 정당의 공천을 받은 후보자들은 무소속 후보자들에 비해 우선적으로 앞 번호를 배정받았다. 이 방식에는 정당 소속 후보자와 무소속 후보자를 차별하는 구조적 문제가 있었다.

현행 공직선거법은 현재 국회에서 의석을 가진 정당의 추천을 받은 후보자, 국회에서 의석이 없는 정당의 추천을 받은 후보자, 무소속 후보자의 순으로 후보자의 게재 순위를 결정하는 D 방식을 채택하고 있다. 국회에서 의석을 가진 정당의 게재 순위는 국회에서의 다수 의석순(다만, 같은 의석을 가진 정당이 둘 이상인 때에는 최근에 실시된 비례대표국회의원선거에서의 득표수순)으로 정하고, 현재 국회에 의석이 없는 정당의 추천을 받은 후보자 사이의 게재 순위는 그 정당 명칭의 가나다순으로 정한다. 그리고 무소속 후보자 사이의 게재 순위는 관할 선거구선거관리위원회에서 추첨하여 결정한다.

① A 방식에서 '가'씨 성을 가진 후보자는 'Ⅰ'로 표기된 기호를 배정받는다.
② B 방식에서 원내 의석 수가 2순위인 정당의 후보자라 하더라도 정당 명칭에 따라 기호 '1'을 배정받을 수 있다.
③ C 방식에서 원내 의석 수가 3순위인 정당의 후보자들은 동일한 기호를 배정받는다.
④ B 방식과 D 방식에서 원내 의석 수가 4순위인 정당의 후보자가 배정받는 기호는 동일하다.
⑤ C 방식과 D 방식에서 원내 의석이 없는 정당의 후보자는 무소속 후보자에 비해 앞 번호 기호를 배정받는다.

가상의 동전 게임을 하나 생각해 보자. 이 게임의 규칙은 동전을 던져서 제일 높은 점수를 얻는 사람이 이기는 것이다. 게임 참여자는 A, B 두 그룹으로 구분된다. 두 그룹의 인원 수는 100명으로 같지만, 각 참여자에게 같은 수의 동전을 주지 않는다. A 그룹에는 한 사람당 동전을 10개씩 주고, B 그룹에는 한 사람당 100개씩 준다. 모든 동전은 1개당 한 번씩 던지는 것으로 한다.

〈게임 1〉에서는 앞면이 나온 동전 1개당 1점씩 점수를 준다고 하자. 이때 게임의 승자는 B 그룹에서 나올 가능성이 매우 높다. B 그룹 사람들 중 상당수는 50점쯤 얻을 텐데, 그것은 A 그룹 사람들 중에서 누구도 이길 수 없는 점수이다. A 그룹 인원을 아무리 늘리더라도 최고 점수는 10점일 것이기 때문이다.

〈게임 2〉에서는 〈게임 1〉과 달리 앞면이 나오는 동전의 개수가 아니라 앞면이 나온 비율로 점수를 매겨 가장 높은 점수를 받은 사람이 이긴다고 하자. A 그룹 중에서 한 명쯤 동전 10개 중 앞면이 8개 나올 것이다. 이 경우 그는 80점을 얻는다. B 그룹은 어떨까? B 그룹 사람 100명 중에서 누구도 80점을 받기는 어려울 것이다. 물론 그런 일이 물리적으로 불가능하지는 않겠지만, 현실에서는 거의 벌어지지 않을 것이다. 동전을 더 많이 던질수록 앞면과 뒷면의 비율은 50대 50에 더 가깝게 수렴되기 때문이다. B 그룹에서 80점을 받는 사람이 한 명쯤 나오려면, B 그룹 인원 수는 100명이 아니라 그보다 훨씬 더 커야 한다. 이처럼 동전 개수가 증가했을 때 80점을 받는 사람이 한 명쯤 나오려면 그 동전 개수의 증가에 맞춰 그룹 인원 수도 크게 증가해야 한다.

〈보 기〉
ㄱ. 〈게임 1〉에서 A 그룹 참가자와 B 그룹 참가자의 동전 개수를 각각 절반으로 줄일 경우, 게임의 승자가 나올 그룹은 바뀔 것이다.
ㄴ. 〈게임 2〉에서 B 그룹만 인원을 늘릴 경우, 그 수를 아무리 늘리더라도 90점을 받는 사람은 A 그룹에서만 나올 것이다.
ㄷ. 〈게임 2〉에서 A 그룹만 참가자 각각의 동전 개수를 1,000개로 늘릴 경우, A 그룹에서 80점을 받는 사람이 한 명쯤 나오기 위해 필요한 A 그룹 인원 수는 80점을 받는 사람이 한 명쯤 나오기 위해 필요한 B 그룹 인원 수보다 훨씬 더 커야 할 것이다.

① ㄱ
② ㄷ
③ ㄱ, ㄴ
④ ㄴ, ㄷ
⑤ ㄱ, ㄴ, ㄷ

두 선택지 중 하나를 고르는 게임을 생각해 보자. 게임 A에서 철수는 선택1을 선호한다.

〈게임 A〉 선택1 : 100만원이 들어 있는 봉투 100장 중에서 봉투 하나를 무작위로 선택한다.

선택2 : 200만원이 들어 있는 봉투 10장, 100만원이 들어 있는 봉투 89장, 빈 봉투 1장 중에서 봉투 하나를 무작위로 선택한다.

한편 그는 게임 B에서는 선택4를 선호한다.

〈게임 B〉 선택3 : 100만원이 들어 있는 봉투 11장, 빈 봉투 89장 중에서 봉투 하나를 무작위로 선택한다.

선택4 : 200만원이 들어 있는 봉투 10장, 빈 봉투 90장 중에서 봉투 하나를 무작위로 선택한다.

그런데 선호와 관련한 원리 K를 생각해 보자. 이는 "기댓값을 계산해 그 값이 더 큰 것을 선호하라."는 것을 말한다. 이 원리를 받아들인다면, 철수는 게임 A에서는 선택2를, 게임 B에서는 선택4를 선호해야 한다. 계산을 해보면 그 둘의 기댓값이 다른 것보다 더 크기 때문이다.

한편 선호와 관련해 또 다른 원리 P도 있다. 이는 "두 게임이 '동일한 구조'를 지닌다면, 두 게임의 선호는 바뀌지 말아야 한다."는 것을 말한다. 이때 두 게임의 선택에 나오는 '공통 요소'를 다른 것으로 대체한 것은 '동일한 구조'를 지닌다고 본다. 예를 들어보자. 먼저 선택1은 "100만원이 들어 있는 봉투 11장, 100만원이 들어 있는 봉투 89장 중에서 봉투 하나를 무작위로 선택한다."와 같다는 사실에서 출발하자. 이렇게 볼 경우, 이제 선택1과 선택2는 '100만원이 들어 있는 봉투 89장'을 공통 요소로 포함하고 있으므로 이를 '빈 봉투 89장'으로 대체하자. 그러면 다음 두 선택으로 이루어진 게임도 앞의 게임 A와 동일한 구조를 지닌 것이 된다는 것이다.

선택1* : 100만원이 들어 있는 봉투 11장, 빈 봉투 89장 중에서 봉투 하나를 무작위로 선택한다.

선택2* : 200만원이 들어 있는 봉투 10장, 빈 봉투 90장 중에서 봉투 하나를 무작위로 선택한다.

원리 P는 선택1을 선택2보다 선호하는 사람이라면 동일한 구조를 지닌 이 게임에서도 선택1*을 선택2*보다 선호해야 한다는 것을 말해준다. 흥미로운 사실은 선택1*과 선택2*는 앞서 나온 게임 B의 선택3 및 선택4와 정확히 같다는 점이다. 그러므로 선택1을 선택2보다 선호하는 철수가 원리 P를 받아들인다면 선택3을 선택4보다 선호해야 한다.

─── 〈보 기〉 ───

ㄱ. 〈게임 A〉에서 선택1을, 〈게임 B〉에서 선택3을 선호하는 사람은 두 원리 가운데 적어도 하나는 거부해야 한다.

ㄴ. 〈게임 A〉에서 선택2를, 〈게임 B〉에서 선택3을 선호하는 사람은 두 원리 가운데 적어도 하나는 거부해야 한다.

ㄷ. 〈게임 A〉에서 선택2를, 〈게임 B〉에서 선택4를 선호하는 사람은 두 원리 가운데 적어도 하나는 거부해야 한다.

① ㄱ
② ㄷ
③ ㄱ, ㄴ
④ ㄴ, ㄷ
⑤ ㄱ, ㄴ, ㄷ

우리의 사고는 구조를 가지고 있을까? 이를 알아보기 위해 한국어 문장 "철수는 영희를 사랑한다."에서 출발해 보자. ㉠ 이 문장에 포함되어 있는 고유명사 '철수'와 '영희'가 지시하는 대상이 존재한다면, 이 문장이 유의미하다는 점을 부정할 사람은 없을 것이다. 그런데 ㉡ 이 문장이 유의미하다면, 두 고유명사의 위치를 서로 바꾼 문장 "영희는 철수를 사랑한다."도 유의미하다. 언어의 이러한 속성을 체계성이라고 한다. ㉢ 언어의 체계성은 해당 언어의 문장이 구조를 가질 경우에만 보장된다.

이번에는 언어의 생산성에 관해 생각해 보자. 한 언어가 생산적이라는 말의 의미는, 그 언어 내의 임의의 문장을 이용하여 유의미한 문장을 새롭게 구성할 수 있다는 것이다. 예를 들어, "철수는 귀엽다."와 "영희는 씩씩하다."는 문장들을 가지고 새로운 문장 "철수는 귀엽고 영희는 씩씩하다."를 얻을 수 있다. 또한 여기에다가 "영희는 철수를 사랑한다."를 덧붙여서 "철수는 귀엽고 영희는 씩씩하고 영희는 철수를 사랑한다."를 얻을 수 있다. 이러한 과정은 끝없이 확대될 수 있다. ㉣ 언어의 이러한 특성 역시 해당 언어의 문장이 구조를 가질 경우에만 보장된다.

이제 우리는 ㉤ 언어의 체계성과 생산성은 언어가 구조를 가질 경우에만 보장된다고 결론지을 수 있다. 이러한 결론은 우리의 사고에 대해서도 성립할 가능성이 있다. 왜냐하면 ㉥ 우리의 사고가 체계성과 생산성을 가지고 있다는 것은 부정할 수 없는 사실이기 때문이다. ㉦ 우리는 A가 B를 사랑한다고 생각할 수 있다면, B가 A를 사랑한다고 생각할 수도 있다. 뿐만 아니라 ◎ 우리는 A가 귀엽다고 생각하고 B가 씩씩하다고 생각할 수 있다면, A는 귀엽고 B는 씩씩하다고 생각할 수 있다. 언어의 경우와 유사하게 사고의 경우도 이처럼 체계성과 생산성을 가지고 있다. 결국 언어와 마찬가지로 ㉧ 우리의 사고도 구조를 가지고 있다는 유추가 가능하다.

① ㉠은 ㉡을 지지한다.

② ㉥은 ㉤을 지지한다.

③ ㉢과 ㉣이 참이라고 할지라도 ㉤은 거짓일 수 있다.

④ ㉤과 ㉥이 참이라고 할지라도 ㉧은 거짓일 수 있다.

⑤ ㉥이 참이라고 할지라도 ㉦과 ◎은 거짓일 수 있다.

문 63. 다음 물질 A의 이동 특성을 아래 〈실험〉에 비추어 볼 때 가장 잘 설명하는 가설은?
12 5급(인) 17번

관(管)다발 식물은 내부에 여러 개의 관들을 가지고 있으며, 이 관들은 식물의 뿌리로부터 줄기 끝과 잎까지 연결되어 있다. 외부에서 흡수하는 물질이나 체내에서 합성하는 물질은 이 관들을 통해 식물 내 필요한 곳으로 이동하게 된다. 일반적으로 이러한 물질들은 특별한 방향성을 가지고 있지 않아서 줄기의 끝이나 뿌리 끝 어느 방향으로나 이동할 수 있다. 하지만 일부 특별한 물질들은 그 물질의 특성에 따라 식물의 줄기의 끝 방향이나 뿌리 끝 방향으로 이동 방향이 한정되는 경우도 있다. 최근 연구를 통해 특정 관다발 식물에서 물질 A가 체내에서 합성되는 것을 알아냈다. 그 식물 내에서 물질 A의 이동 특성을 알아보기 위해 다음과 같은 실험을 수행하였다.

〈실 험〉

〈실험1〉: 줄기 중간의 일정 부분을 절단하고, 이 줄기 조각의 방향(줄기 끝 방향과 뿌리 방향)을 그대로 유지한 후 줄기 끝 쪽 줄기 조각 부위에 물질 A를 처리하였다. 어느 정도 시간이 흐른 뒤 분석해 보니 물질 A가 뿌리 쪽 줄기 조각 끝 부위에만 있는 것을 알아냈다.

〈실험2〉: 〈실험1〉과 동일한 조건에서 줄기 끝 쪽 줄기 조각 부위에 낮은 농도의 물질 A를 처리하였고, 뿌리 쪽 줄기 조각 부위에 높은 농도의 물질 A를 처리한 후 어느 정도 시간이 흐른 뒤 분석해 보니 물질 A가 뿌리 쪽 줄기 조각 끝 부위에만 있는 것을 알아냈다.

〈실험3〉: 〈실험1〉과 동일한 조건에서 줄기 끝 쪽 줄기 조각 부위와 뿌리 쪽 줄기 조각 부위 모두에 동일한 높은 농도의 물질 A를 처리한 후 어느 정도 시간이 흐른 뒤 분석해 보니 〈실험2〉와 같은 결과가 나왔다.

〈실험4〉: 〈실험1〉과 동일한 조건에서 줄기 조각의 방향을 거꾸로 하고 뿌리 쪽 줄기 조각 끝 부위에 물질 A를 처리한 후 어느 정도 시간이 흐른 뒤 분석해 보니 물질 A가 뿌리 쪽 줄기 조각 끝 부위에만 있고 줄기 끝 쪽 줄기 조각 부위에는 없다는 것을 알아냈다.

① 물질 A는 항상 뿌리 끝 방향으로 이동한다.
② 물질 A의 이동은 농도 차이에 의해 결정된다.
③ 물질 A의 이동은 물질 A가 합성되는 장소에 의해 결정된다.
④ 물질 A는 뿌리 끝과 줄기 끝 방향으로 모두 이동할 수 있다.
⑤ 물질 A는 줄기 끝 방향으로 선택적으로 이동하는 특성이 있다.

문 64. 다음 글에서 추론할 수 <u>없는</u> 것은?
12 5급(인) 30번

정자가 난자와 성공적으로 만나려면 여성 생식기 내에서 정자가 난자를 향해 이동하는 과정에서 적당한 속도와 타이밍이 중요하다. 정자는 남성 생식기에서 대부분 움직이지 않고 가만히 있다가 여성의 생식기 안에 들어가면 운동성이 증가되어 움직이기 시작한다. 정자가 운동능력을 유지하는 시간이 길지 않기 때문에 수정에 성공하기 위해서는 반드시 여성 생식기 안에서만 활성화되어야 한다.

정자가 강한 산성을 띠는 이유는 내부에 산성을 띠게 하는 수소이온이 많기 때문이다. 정자 내부의 수소이온 농도는 정자 바깥인 여성의 생식기보다 1,000배나 높으며, 내부의 수소이온이 바깥으로 방출되면 비운동성이던 정자는 활성화되어 수정 능력을 가진 운동성 정자로 바뀌게 된다. 최근 연구 결과에 의하면, 정자가 수소이온을 바깥으로 내보내는 것은 정자의 표면 막에 있는 'Hv1'이라는 분자가 수소이온을 밖으로 배출하는 통로 역할을 함으로써 이루어진다. 'Hv1'이라는 통로를 여는 열쇠는 정자 외부의 산성도와 아연 농도이다. 'Hv1' 분자는 남성과 여성 생식기에서 산성도와 아연 농도를 인지한다. 'Hv1' 분자는 정자 외부의 산성도가 높아지고 아연의 농도가 줄어들 때 열린다.

그러나 정자 외부의 산성도와 아연 농도와는 별개로 'Hv1'의 문을 여는 또 다른 열쇠가 있다. 그것은 '아난다마이드'라는 물질이다. '아난다마이드'는 여성의 생식기에 분포해 있고, 특히 난자 주변에 높은 농도로 존재한다. 난자에 가까워질수록 정자의 움직임이 빨라지는 이유도 이 물질 때문이다. 대마초에 들어 있는 각성제 성분 중에는 '아난다마이드'와 같은 작용을 하는 물질 A가 있는데, 물질 A는 대마초를 피운 남성의 생식기에서도 검출된다.

① '아난다마이드'는 정자의 내부 수소이온 양을 감소시킨다.
② 남성 생식기 내에서 물질 A의 영향을 받은 정자는 수정 성공률이 떨어진다.
③ 여성 생식기 내부는 남성 생식기 내부보다 산성도가 높고 아연의 농도는 낮다.
④ 여성 생식기 내에서 정자가 움직이는 속도는 여성 생식기 내 환경에 영향을 받는다.
⑤ 정자가 여성 생식기 내부로 들어가면 그 정자의 내부 수소이온의 양은 남성 생식기 내부에 있을 때보다 증가한다.

다음 실험 결과를 가장 잘 설명하는 가설은?

14 5급(A) 15번

포유동물에서 수컷과 암컷의 성별은 나중에 외부생식기로 발달할 전구체인 기관 A에 성호르몬이 작용하는 데서 결정된다. 성호르몬은 배아가 어미 속에서 성적 특성을 보이기 시작하는 시기에 작용하며, 개체의 성장, 발생, 생식주기, 그리고 성행동을 조절한다. 포유동물의 경우 원시생식소로부터 분화되어 형성된 생식소인 정소와 난소로부터 성호르몬이 분비된다. 이들 생식소는 안드로겐, 에스트로겐, 프로게스틴의 세 가지 종류의 성호르몬을 생산하고 분비한다. 이 점에서는 남성과 여성 사이에 차이가 없다. 하지만 이들 호르몬의 비율은 성별에 따라 매우 다르며, 이 비율의 차이가 사춘기 남성과 여성의 성징을 나타내는 데 중요한 역할을 하는 것으로 알려져 있다.

남성과 여성의 외부생식기 발달과정을 파악하기 위한 실험은 다음과 같았다. 토끼를 대상으로 XY 염색체를 가진 수컷 배아와 XX 염색체를 가진 암컷 배아에서 각각 원시생식소를 제거하였다. 이 시술은 배아가 성적인 차이를 보이기 전 행해졌다. 원시생식소를 제거한 경우와 제거하지 않은 경우 외부생식기의 성별은 다음과 같았다.

원시생식소 염색체	보존	제거
XY	수컷	암컷
XX	암컷	암컷

① 기관 A가 발달한 외부생식기의 성별은 염색체에 의해 결정된다.
② 기관 A는 성호르몬의 작용이 없다면 암컷의 외부생식기로 발달하도록 되어 있다.
③ 기관 A가 발달한 외부생식기의 성별은 원시생식소가 정소나 난소가 되기 전에 결정된다.
④ 기관 A에 작용하는 성호르몬의 비율 차이에 따라 원시생식소는 정소 또는 난소로 발달한다.
⑤ 기관 A가 정소 또는 난소 중 어떤 것으로 발달되는지에 따라 외부생식기의 성별 차이가 나타난다.

다음 글에서 추론할 수 있는 것은?

15 5급(인) 25번

포유류의 외적 형태는 좌·우가 대칭인 모습을 보이지만 실제로 내부기관의 분포는 대칭이 아니다. 예를 들면 포유류의 심장은 가슴 부위의 좌측에, 비장은 복부의 좌측에, 간은 복부의 우측에 각각 위치한다.

이처럼 포유류의 내부가 비대칭 구조를 갖는 원인은 무엇일까? 포유류 내부의 비대칭 구조는 포유류의 초기 발달 과정 중에 형성되고, 이러한 형성은 수정란이 분열하여 나타난 '배(胚)'로부터 시작된다. 배의 중앙 부위에는 평평한 면에 움푹 파인 구멍과 같은 형태의 '결절'이라는 특별한 구조가 형성된다. 결절은 좌측 부위, 중앙 부위, 우측 부위로 구성되어 있다. 결절의 각 부위는 세포로 되어 있고 특히 중앙 부위 세포는 섬모(纖毛)를 가지고 있다. 물질 X는 섬모를 구성하는 물질 중 하나로서 섬모의 운동에 필요하다. 결절에서 나타나는 섬모의 운동을 통해서 결절 내부를 채우고 있는 유동체(流動體)가 움직인다.

포유류 내부기관의 비대칭성은 비대칭 결정물질에 의해 조절되기 때문에, 초기 발달 과정 중 비대칭 결정물질이 배에서 나타나지 않으면 포유류의 내부기관은 모두 몸의 정중앙에 위치한다. 결절의 우측 부위에 있는 세포만이 비대칭 결정물질을 만들어 분비한다. 또한 결절의 좌측과 우측 부위에 있는 세포 모두는 비대칭 결정물질과 결합하여 수용체 반응을 일으킬 수 있는 수용체를 가지고 있다. 물질 X가 작용하기 시작하면 결절에 있는 섬모가 운동하기 시작한다. 섬모의 운동 방향이 한 방향으로만 일어나기 때문에 결절 내부에 있는 유동체가 한 쪽 방향으로만 흐른다. 이때 비대칭 결정물질은 유동체를 타고 같은 방향으로 이동한다. 그러므로 결절의 우측 부위에 있는 세포로부터 분비된 비대칭 결정물질이 좌측 부위에 있는 세포의 수용체에만 결합하게 된다. 비대칭 결정물질이 수용체에 결합하면 수용체 반응을 일으키기 때문에, 좌측과 우측 부위에 있는 세포에서 일어나는 수용체 반응이 각각 다르게 나타나게 되고 이러한 수용체 반응의 차별화가 내부기관 분포의 비대칭을 일으키는 것이다.

① 포유류 배의 초기 발달 과정에서 유동체는 결절의 좌측 부위에서 우측 부위로 흐른다.
② 포유류 배의 초기 발달 과정에서 물질 X는 좌측 부위의 결절에 있는 수용체와 결합한다.
③ 포유류 배의 초기 발달 과정에서 비대칭 결정물질은 결절의 중앙 부위의 세포로부터 만들어진다.
④ 포유류 배의 초기 발달 과정에서 우측 부위의 결절은 비대칭 결정물질에 대한 수용체를 가지고 있다.
⑤ 포유류 배의 초기 발달 과정에서 유동체의 이동 방향이 달라지면 포유류의 심장은 몸의 정중앙에 위치한다.

다음 ⊙의 사례로 적절한 것만을 〈보기〉에서 모두 고르면?

적혈구는 일정한 수명을 가지고 있어서 그 수와 관계없이 총 적혈구의 약 0.8% 정도는 매일 몸 안에서 파괴된다. 파괴된 적혈구로부터 빌리루빈이라는 물질이 유리되고, 이 빌리루빈은 여러 생화학적 대사 과정을 통해 간과 소장에서 다른 물질로 변환된 후에 대변과 소변을 통해 배설된다.

적혈구로부터 유리된 빌리루빈은 강한 지용성 물질이어서 혈액의 주요 구성물질인 물에 녹지 않는다. 이런 빌리루빈을 비결합 빌리루빈이라고 하며, 혈액 내에서 비결합 빌리루빈은 알부민이라는 혈액 단백질에 부착된 상태로 혈류를 따라 간으로 이동한다. 간에서 이 비결합 빌리루빈은 담즙을 만드는 간세포에 흡수되고 글루쿠론산과 결합하여 물에 잘 녹는 수용성 물질인 결합 빌리루빈으로 바뀌게 된다. 결합 빌리루빈의 대부분은 간세포에서 만들어져 담관을 통해 분비되는 담즙에 포함되어 소장으로 배출되지만 일부는 다시 혈액으로 되돌려 보내져 혈액 내에서 알부민과 결합하지 않고 혈류를 따라 순환한다.

간세포에서 분비된 담즙을 통해 소장으로 들어온 결합 빌리루빈의 절반은 장세균의 작용에 의해 소장에서 흡수되어 혈액으로 이동하는 유로빌리노젠으로 전환된다. 나머지 절반의 결합 빌리루빈은 소장에서 흡수되지 않고 대변에 포함되어 배설된다. 혈액으로 이동한 유로빌리노젠의 일부분은 혈액이 신장을 통과할 때 혈액으로부터 여과되어 신장으로 이동한 후 소변으로 배설된다. 하지만 대부분의 혈액 내 유로빌리노젠은 간으로 이동하여 간세포에서 만든 담즙을 통해 소장으로 배출되어 대변을 통해 배설된다.

빌리루빈의 대사와 배설에 장애가 있을 때 여러 임상 증상이 나타날 수 있다. 따라서 빌리루빈이나 빌리루빈 대사물의 양을 측정한 후, 그 값을 정상치와 비교하면 임상 증상을 일으키는 원인이 되는 질병이나 문제를 ⊙ <u>추측</u>할 수 있다.

─────〈보 기〉─────

ㄱ. 소변 내 유로빌리노젠의 양이 정상치보다 높으면, 혈액의 적혈구 파괴 비율이 증가하는 용혈성 질병이 있을 수 있다.

ㄴ. 혈액 내 비결합 빌리루빈의 양이 정상치보다 높으면, 담즙을 만드는 간세포의 기능이 망가진 간경화가 있을 수 있다.

ㄷ. 대변 내 결합 빌리루빈이 발견되지 않으면, 담석에 의해 담관이 막혀 담즙이 배출되지 않은 담관폐쇄증이 있을 수 있다.

① ㄱ

② ㄴ

③ ㄱ, ㄷ

④ ㄴ, ㄷ

⑤ ㄱ, ㄴ, ㄷ

다음 글의 미첼의 이론에서 추론할 수 있는 것은?

1783년 영국 자연철학자 존 미첼은 빛은 입자라는 생각과 뉴턴의 중력이론을 결합한 이론을 제시하였다. 그는 우선 별들이 어떻게 보일 것인지 사고 실험을 통해 예측하였다.

별의 표면에서 얼마간의 초기 속도로 입자를 쏘아 올려 아무런 방해 없이 위로 올라간다고 가정해보자. 만약에 초기 속도가 충분히 빠르지 않으면 별의 중력은 입자의 속도를 점점 느리게 할 것이며, 결국 그 입자를 별의 표면으로 되돌아가게 할 것이다. 만약 초기 속도가 충분히 빠르면 입자는 중력을 극복하고 별을 탈출할 수 있을 것이다. 이렇게 입자가 별을 탈출할 수 있는 최소한의 초기 속도는 '탈출 속도'라고 불린다. 미첼은 뉴턴의 중력 이론을 이용해서 탈출 속도를 계산할 수 있었으며, 그 속도가 별 질량을 별의 둘레로 나눈 값의 제곱근에 비례한다는 것을 유도하였다.

이를 바탕으로 미첼은 '임계 둘레'라는 것도 추론해냈다. 임계 둘레란 탈출 속도와 빛의 속도를 같게 만드는 별의 둘레를 말한다. 빛 입자는 다른 입자들처럼 중력의 영향을 받는다. 그로 인해 빛은 임계 둘레보다 작은 둘레를 가진 별에서는 탈출할 수 없다. 그런 별에서 약 30만km/s의 초기 속도로 빛 입자를 쏘아 올렸을 때 입자는 우선 위로 날아갈 것이다. 그런 다음 멈출 때까지 느려지다가, 결국 별의 표면으로 되돌아갈 것이다. 미첼은 임계 둘레를 쉽게 계산할 수 있었다. 태양과 동일한 질량을 가진 별의 임계 둘레는 약 19km로 계산되었다. 이러한 사고 실험을 통해 미첼은 임계 둘레보다 작은 둘레를 가진 암흑의 별들이 무척 많을 테고, 그 별들에선 빛 입자가 빠져나올 수 없기에 지구에서는 볼 수 없을 것으로 추측했다.

① 임계 둘레 이하의 둘레를 가진 별에 사는 존재는 임계 둘레보다 큰 둘레를 가진 별에서 오는 빛을 관찰할 수 없다.

② 빛보다 빠른 초기 속도로 쏘아 올린 입자가 있다면, 그 입자는 모두 별에서 탈출할 수 있다.

③ 별의 질량이 커지더라도 별의 둘레가 변하지 않는다면 탈출 속도는 빨라지지 않는다.

④ 임계 둘레 이하의 둘레를 가진 별의 표면에서는 빛을 쏘아 올릴 수 없다.

⑤ 별의 질량이 커질수록 그 별의 임계 둘레는 커진다.

생체에서 신호물질로 작용하는 것에는 기체 형태의 신호물질이 있다. 이 신호물질이 작용하는 표적세포는 신호물질을 만든 세포에 인접한 세포 중 신호물질에 대한 수용체를 가지고 있는 것이다. 이 신호물질과 수용체의 결합은 표적세포의 구조적 상태를 변화시키고 결국 이 세포가 있는 표적조직의 상태를 변화시켜 생리적 현상을 유도한다.

대표적인 기체 형태의 신호물질인 산화질소는 다음과 같은 경로를 통해 작용한다. 먼저 표적조직의 상태를 변화시켜 생리적 현상을 유도하는 자극이 '산화질소 합성효소'를 가지고 있는 세포에 작용한다. 이에 그 세포 안에 있는 산화질소 합성효소가 활성화된다. 활성화된 산화질소 합성효소는 그 세포 내에 있는 아르기닌과 산소로부터 산화질소를 생성하는 화학반응을 일으킨다. 만들어진 산화질소는 인접한 표적세포에 있는 수용체와 결합하여 표적세포 안에 있는 'A 효소'를 활성화시킨다. 활성화된 A 효소는 표적세포 안에서 cGMP를 생성하고, cGMP는 표적세포의 상태를 변하게 한다. 결국 표적세포의 구조적 상태가 변함에 따라 표적세포를 가지고 있는 조직의 상태가 변하게 된다.

혈관의 팽창은 산화질소에 의해 일어나는 대표적인 생리적 현상이다. 혈관에서 혈액이 흐르는 공간은 내피세포로 이루어진 내피세포층이 감싸고 있다. 이 내피세포층의 바깥쪽은 혈관 평활근세포로 된 혈관 평활근 조직이 감싸고 있다. 혈관이 팽창되기 위해 먼저 혈관의 내피세포는 혈관의 팽창을 유도하는 자극을 받는다. 이 내피세포에서는 산화질소가 만들어지고, 산화질소는 혈관 평활근세포에 작용하여 세포 내에서 cGMP를 생성한다. cGMP의 작용으로 수축되어 있던 혈관 평활근세포가 이완되고 결국에 혈관 평활근 조직이 이완되면서 혈관이 팽창하게 된다. 이와 같은 산화질소의 기능 때문에 산화질소를 내피세포-이완인자라고도 한다.

① cGMP는 혈관 평활근육 조직의 상태를 변화시킨다.
② 혈관의 내피세포는 산화질소 합성효소를 가지고 있다.
③ 혈관 평활근세포에서 A 효소가 활성화되면 혈관 팽창이 일어난다.
④ A 효소는 표적세포에서 아르기닌과 산소로부터 산화질소를 생성시킨다.
⑤ 혈관 평활근세포는 내피세포-이완인자에 대한 수용체를 가지고 있다.

지난 달 출고된 소프트웨어 패키지 〈빨간 꾸러미〉에는 작년 소프트웨어 시장에서 높은 인기를 누렸던 〈패키지 블루〉의 프로그램들과 유사한 용도의 소프트웨어 프로그램이 여러 개 포함되어 있다. 공부나 문서 작업을 하다가 잠시 머리를 식히는 데 그만인 두더지 잡기 게임이 그 한 예라고 할 수 있다. 〈패키지 블루〉는 2003년에 출시되었던 〈유니버스 2004〉를 확장한 것으로, 〈유니버스 2004〉의 프로그램들에다가 사용자들이 아쉬움을 호소했던 몇 가지 기능을 보완하는 부수적 프로그램을 추가하여 만든 것이다. 〈유니버스〉 시리즈와 〈패키지 블루〉를 연달아 출시하고 있는 Z사가 어떤 개발·판매 전략을 가지고 있는지를 짐작할 수 있게 하는 장면이라고 하겠다.

〈빨간 꾸러미〉를 사용하는 사람은 2년 전 출시된 〈패키지 오렌지〉에 포함되었던 기능을 하나도 아쉬워할 필요가 없을 것이다. 게다가 〈빨간 꾸러미〉는 소프트웨어 시장의 일반적인 추세와는 달리 용량을 줄여 한 장의 CD에 모두 들어가도록 제작되었다. 이는 〈패키지 오렌지〉, 〈패키지 블루〉와의 큰 차이점이다. 〈패키지 오렌지〉와 〈패키지 블루〉는 각각 CD 두 장과 석 장으로 구성되어 있을 뿐만 아니라 설치했을 때 차지하는 하드디스크의 양 또한 〈빨간 꾸러미〉보다 훨씬 크고, 작동 시 필요로 하는 메인메모리의 크기도 더 크다. 〈패키지 오렌지〉와 〈패키지 블루〉가 거의 동일한 목적과 유사한 기술적 기반 위에서 만들어졌음에도 불구하고 단 한 개의 프로그램도 공통된 것이 없다는 점은 아주 흥미롭다. 이것은 아마 이 두 제품을 개발한 양쪽 개발팀을 이끌어온 두 팀장 간의 유명한 경쟁 의식이 낳은 결과가 아닌가 싶다.

─── 〈보 기〉 ───
수진 : 〈유니버스 2004〉와 〈패키지 오렌지〉 사이엔 공통된 프로그램이 하나도 없네요.
우보 : 〈빨간 꾸러미〉와 〈패키지 블루〉는 모두 Z사의 제품이란 말이죠.
미경 : 두더지 잡기 게임은 〈유니버스 2004〉에도 들어 있네요.

① 수진   ② 우보
③ 미경   ④ 수진, 우보
⑤ 우보, 미경

문 71. 다음 글의 내용이 참일 때, 반드시 참인 것만을 〈보기〉에서 모두 고르면?

14 5급(A) 35번

이번에 우리 공장에서 발생한 화재사건에 대해 조사해 보았습니다. 화재의 최초 발생 장소는 A지역으로 추정됩니다. 화재의 원인에 대해서는 여러 가지 의견이 존재합니다.

첫째, 화재의 원인을 새로 도입한 기계 M의 오작동으로 보는 견해가 존재합니다. 만약 기계 M의 오작동이 화재의 원인이라면 기존에 같은 기계를 도입했던 X공장과 Y공장에서 이미 화재가 났을 것입니다. 확인 결과 이미 X공장에서 화재가 났었다는 것을 파악할 수 있었습니다.

둘째, 방화로 인한 화재의 가능성이 존재합니다. 만약 화재의 원인이 방화일 경우 감시카메라에 수상한 사람이 찍히고 방범용 비상벨이 작동했을 것입니다. 또한 방범용 비상벨이 작동했다면 당시 근무 중이던 경비원 갑이 B지역과 C지역 어느 곳으로도 화재가 확대되지 않도록 막았을 것입니다. B지역으로 화재가 확대되지는 않았고, 감시카메라에서 수상한 사람을 포착하여 조사 중에 있습니다.

셋째, 화재의 원인이 시설 노후화로 인한 누전일 가능성도 제기되고 있습니다. 화재의 원인이 누전이라면 기기관리자 을 또는 시설관리자 병에게 화재의 책임이 있을 것입니다. 만약 을에게 책임이 있다면 정에게는 책임이 없습니다.

─────── 〈보 기〉 ───────

ㄱ. 이번 화재 전에 Y공장에서 화재가 발생했어도 기계 M의 오작동이 화재의 원인은 아닐 수 있다.

ㄴ. 병에게 책임이 없다면, 정에게도 책임이 없다.

ㄷ. C지역으로 화재가 확대되었다면, 방화는 이번 화재의 원인이 아니다.

ㄹ. 정에게 이번 화재의 책임이 있다면, 시설 노후화로 인한 누전이 이번 화재의 원인이다.

① ㄱ, ㄷ

② ㄱ, ㄹ

③ ㄴ, ㄹ

④ ㄱ, ㄴ, ㄷ

⑤ ㄴ, ㄷ, ㄹ

문 72. 다음 글의 내용이 참일 때, 반드시 참인 것만을 〈보기〉에서 모두 고르면?

15 5급(인) 13번

'디부'는 두 마법사 사이에서 맺는 신비스런 관계이다. x와 y가 디부라는 것은, y와 x가 디부라는 것도 의미한다.

어둠의 마법사들인 A, B, C, D는 외부와의 접촉을 완전히 차단한 채, 험준한 산악 마을인 나투랄에 살고 있다. 나투랄에 있는 마법사는 이 네 명 외에는 없다. 이들 사이에 다음과 같은 관계가 성립한다.

• A와 D가 디부라면, A와 B가 디부일 뿐 아니라 A와 C도 디부이다.

• C와 D가 디부라면, C와 B도 디부이다.

• D와 A가 디부가 아니고 D와 C도 디부가 아니라면, 나투랄의 그 누구도 D와 디부가 아니다.

• B와 D가 디부이거나, C와 D가 디부이다.

• A와 디부가 아닌 마법사가 B, C, D 중에 적어도 한 명은 있다.

─────── 〈보 기〉 ───────

ㄱ. B와 C는 디부이다.

ㄴ. A와 C는 디부가 아니다.

ㄷ. 나투랄에는 D와 디부가 아닌 마법사가 있다.

① ㄴ

② ㄷ

③ ㄱ, ㄴ

④ ㄱ, ㄷ

⑤ ㄱ, ㄴ, ㄷ

다음 글의 (가)와 (나)에 들어갈 진술을 〈보기〉에서 골라 알맞게 짝지은 것은?

15 5급(인) 14번

　자동차 회사인 ○○사는 신차를 개발할 것이다. 그 개발은 ○○사의 연구개발팀들 중 하나인 A팀이 담당한다. 그런데 　(가)　 그리고 A팀에서는 독신이거나 여성인 사원은 모두 다른 팀으로 파견을 나간 경력이 없다. 또한 다른 팀으로 파견을 나간 경력이 없거나 자동차 관련 박사학위를 지닌 A팀원은 모두 여성이다. 그러므로 A팀에는 독신이면서 여성인 사원이 한 명 이상 있다.

　그런데 ○○사 내의 또 다른 경쟁 연구개발팀인 B팀에는 남성이면서 독신인 사원이 여럿 있다. 그리고 ○○사의 모든 독신 사원들은 어떤 이유에서인지는 몰라도 사내의 이성과 연인이 되기를 갈망한다. 그러므로 　(나)　 그래서 B팀의 누군가는 A팀의 신차 개발 프로젝트로 파견을 나가고 싶어할지도 모르겠다고 많은 사원들이 추측하고 있는 것도 그다지 이상한 일은 아니다.

〈보 기〉

ㄱ. A팀에는 독신인 사원이 한 명 이상 있다.

ㄴ. 독신인 A팀원은 누구도 다른 팀으로 파견을 나간 경력이 없다.

ㄷ. B팀에는 사내의 이성과 연인이 되기를 갈망하는 남성 사원이 한 명 이상 있다.

ㄹ. B팀에서 사내의 이성과 연인이 되기를 갈망하지 않는 남성 사원은 모두 독신이다.

	(가)	(나)
①	ㄱ	ㄷ
②	ㄱ	ㄹ
③	ㄴ	ㄷ
④	ㄴ	ㄹ
⑤	ㄷ	ㄴ

다음 논증의 구조를 분석한 것으로 가장 적절한 것은? (단, ↓는 '위의 문장이 아래 문장을 지지함'을, ⓐ+ⓑ는 'ⓐ와 ⓑ가 결합됨'을 의미함)

17 5급(가) 15번

　ⓐ 만약 어떤 사람에게 다가온 신비적 경험이 그가 살아갈 수 있는 힘으로 밝혀진다면, 그가 다른 방식으로 살아야 한다고 다수인 우리가 주장할 근거는 어디에도 없다. 사실상 신비적 경험은 우리의 모든 노력을 조롱할 뿐 아니라, 논리라는 관점에서 볼 때 우리의 관할 구역을 절대적으로 벗어나 있다. ⓑ 우리 자신의 더 '합리적인' 신념은 신비주의자가 자신의 신념을 위해서 제시하는 증거와 그 본성에 있어서 유사한 증거에 기초해 있다. ⓒ 우리의 감각이 우리의 신념에 강력한 증거가 되는 것과 마찬가지로, 신비적 경험도 그것을 겪은 사람의 신념에 강력한 증거가 된다. ⓓ 우리가 지닌 합리적 신념의 증거와 유사한 증거에 해당하는 경험은, 그러한 경험을 한 사람에게 살아갈 힘을 제공해줄 것이 분명하다. ⓔ 신비적 경험은 신비주의자들에게는 살아갈 힘이 되는 것이다. ⓕ 신비주의자들의 삶의 방식이 수정되어야 할 '불합리한' 것이라고 주장할 수는 없다.

① ⓒ
　↓
　ⓑ + ⓓ
　　　↓
　　　ⓔ + ⓐ
　　　　　↓
　　　　　ⓕ

② ⓕ
　↓
　ⓑ + ⓓ
　　　↓
　　　ⓒ + ⓔ
　　　　　↓
　　　　　ⓐ

③ ⓒ
　↓
　ⓓ
　↓
　ⓑ + ⓔ + ⓕ
　　　　↓
　　　　ⓐ

④ ⓒ + ⓔ
　　↓
　　ⓓ
　　↓
　　ⓐ + ⓑ
　　　　↓
　　　　ⓕ

⑤ ⓒ　　ⓓ
　↓　　↓
　ⓑ + ⓔ + ⓐ
　　　　↓
　　　　ⓕ

PSAT
Public Service Aptitude Test

언어논리

PART 2

STEP UP!

01

CHAPTER

기출동형모의고사 1회

문 1. 다음 글에서 **알 수 있는** 것은?　　　17 민간(나) 02번

　내가 어렸을 때만 하더라도 원래 북아메리카에는 100만 명 가량의 원주민밖에 없었다고 배웠다. 이렇게 적은 수라면 거의 빈 대륙이라고 할 수 있으므로 백인들의 아메리카 침략은 정당해 보였다. 그러나 고고학 발굴과 미국의 해안 지방을 처음 밟은 유럽 탐험가들의 기록을 자세히 검토한 결과 원주민들이 처음에는 수천 만 명에 달했다는 것을 알게 되었다. 아메리카 전체를 놓고 보았을 때 콜럼버스가 도착한 이후 한두 세기에 걸쳐 원주민 인구는 최대 95%가 감소한 것으로 추정된다.

　그런데 유럽의 총칼에 의해 전쟁터에서 목숨을 잃은 아메리카 원주민보다 유럽에서 온 전염병에 의해 목숨을 잃은 원주민 수가 훨씬 많았다. 이 전염병은 대부분의 원주민들과 그 지도자들을 죽이고 생존자들의 사기를 떨어뜨림으로써 그들의 저항을 약화시켰다. 예를 들자면 1519년에 코르테스는 인구 수천만의 아스텍 제국을 침탈하기 위해 멕시코 해안에 상륙했다. 코르테스는 단 600명의 스페인 병사를 이끌고 아스텍의 수도인 테노치티틀란을 무모하게 공격했지만 병력의 3분의 2만 잃고 무사히 퇴각할 수 있었다. 여기에는 스페인의 군사적 강점과 아스텍족의 어리숙함이 함께 작용했다. 코르테스가 다시 쳐들어왔을 때 아스텍인들은 더이상 그렇게 어리숙하지 않았고 몹시 격렬한 싸움을 벌였다. 그런데도 스페인이 우위를 점할 수 있었던 것은 바로 천연두 때문이었다. 이 병은 1520년에 스페인령 쿠바에서 감염된 한 노예와 더불어 멕시코에 도착했다. 그때부터 시작된 유행병은 거의 절반에 가까운 아스텍족을 몰살시켰으며 거기에는 쿠이틀라우악 아스텍 황제도 포함되어 있었다. 이 수수께끼의 질병은 마치 스페인인들이 무적임을 알리려는 듯 스페인인은 내버려 두고 원주민만 골라 죽였다. 그리하여 처음에는 약 2,000만에 달했던 멕시코 원주민 인구가 1618년에는 약 160만으로 곤두박질치고 말았다.

① 전염병에 대한 유럽인의 면역력은 그들의 호전성을 높여주었다.

② 스페인의 군사력이 아스텍 제국의 저항을 무력화하는 원동력이 되었다.

③ 아메리카 원주민의 수가 급격히 감소한 주된 원인은 전염병 감염이다.

④ 유럽인과 아메리카 원주민의 면역력 차이가 스페인과 아스텍 제국의 1519년 전투 양상을 변화시켰다.

⑤ 코르테스가 다시 침입했을 때 아스텍인들이 격렬히 저항한 것은 아스텍 황제의 죽음에 분노했기 때문이다.

문 2. 다음 글에서 **추론할 수 있는** 것은?　　　13 민간(인) 03번

　원래 '문명'은 진보 사관을 지닌 18세기 프랑스 계몽주의자들이 착안한 개념으로, 무엇보다 야만성이나 미개성에 대비된 것이었다. 그러나 독일 낭만주의자들은 '문화'를 민족의 혼이나 정신적 특성으로 규정하면서, 문명을 물질적인 것에 국한시키고 비하했다. 또한 문화는 상류층의 고상한 취향이나 스타일 혹은 에티켓 등 지식인층의 교양을 뜻하기도 했다. 아놀드를 포함해서 빅토리아 시대의 지성인들은 대체로 이런 구분을 받아들였다. 그래서 문명이 외적이며 물질적인 것이라면, 문화는 내적이며 정신과 영혼의 차원에 속하는 것이었다. 따라서 문명이 곧 문화를 동반하는 것은 아니었다. 아놀드는 그 당시 산업혁명이 진행 중인 도시의 하층민과 그들의 저급한 삶을 비판적으로 바라보았다. 이를 치유하기 위해 그는 문화라는 해결책을 제시하였다. 그에 따르면 문화는 인간다운 능력의 배양에서 비롯되는 것이다.

　한편 19세기 인문주의자들은 문화라는 어휘를 광범위한 의미에서 동물과 대비하여 인간이 후천적으로 습득한 지식이나 삶의 양식을 총체적으로 지칭하는 데 사용하였다. 인류학의 토대를 마련한 타일러도 기본적으로 이를 계승하였다. 그는 문화를 "인간이 사회 집단의 구성원으로서 습득한 지식, 믿음, 기술, 도덕, 법, 관습 그리고 그 밖의 능력이나 습관으로 구성된 복합체"라고 정의하였다. 그는 독일 낭만주의자들의 문화와 문명에 대한 개념적 구분을 배격하고, 18세기 프랑스 계몽주의자들이 야만성이나 미개성과 대비하기 위해 착안한 문명이라는 개념을 받아들였다. 즉 문화와 문명이 별개의 것이 아니라, 문명은 단지 문화가 발전된 단계로 본 것이다. 이것은 아놀드가 가졌던 문화에 대한 규범적 시각에서 탈피하여 원시적이든 문명적이든 차별을 두지 않고 문화의 보편적 실체를 확립했다는 점에서 의의가 있다.

① 독일 낭만주의자들의 시각에 따르면 문명은 문화가 발전된 단계이다.

② 타일러의 시각에 따르면 원시적이고 야만적인 사회에서도 문화는 존재한다.

③ 프랑스 계몽주의자들의 시각에 따르면 문화와 문명은 본질적으로 다른 것이다.

④ 아놀드의 시각에 따르면 문화의 다양성은 집단이 발전해 온 단계가 다른 데서 비롯된다.

⑤ 타일러의 시각에 따르면 문명은 고귀한 정신적 측면이 강조된다는 점에서 보편적 실체라고 할 수 없다.

문 3. 다음 글에서 알 수 있는 것은? 14 민간(A) 03번

소설과 영화는 둘 다 '이야기'를 '전달'해 주는 예술 양식이다. 그래서 역사적으로 소설과 영화는 매우 가까운 관계였다. 초기 영화들은 소설에서 이야기의 소재를 많이 차용했으며, 원작 소설을 각색하여 영화의 시나리오로 만들었다.

하지만 소설과 영화는 인물, 배경, 사건과 같은 이야기 구성 요소들을 공유하고 있다 하더라도 이야기를 전달하는 방법에 뚜렷한 차이를 보인다. 예컨대 어떤 인물의 내면 의식을 드러낼 때 소설은 문자 언어를 통해 표현하지만, 영화는 인물의 대사나 화면 밖의 목소리를 통해 전달하거나 혹은 연기자의 표정이나 행위를 통해 암시적으로 표현한다. 또한 소설과 영화의 중개자는 각각 서술자와 카메라이기에 그로 인한 서술 방식의 차이도 크다. 가령 1인칭 시점의 원작 소설과 이를 각색한 영화를 비교해 보면, 소설의 서술자 '나'의 경우 영화에서는 화면에 인물로 등장해야 하므로 이들의 서술 방식은 달라진다.

이처럼 원작 소설과 각색 영화 사이에는 이야기가 전달되는 방식에서 큰 차이가 발생한다. 소설은 시공간의 얽매임을 받지 않고 풍부한 재현이나 표현의 수단을 가지고 있지만, 영화는 모든 것을 직접적인 감각성에 의존한 영상과 음향으로 표현해야 하기 때문에 재현이 어려운 심리적 갈등이나 내면 묘사, 내적 독백 등을 소설과 다른 방식으로 나타내야 하는 것이다. 요컨대 소설과 영화는 상호 유사한 성격을 지니고 있으면서도 각자 독자적인 예술 양식으로서의 특징을 지니고 있다.

① 영화는 소설과 달리 인물의 내면 의식을 직접적으로 표현하지 못한다.
② 소설과 영화는 매체가 다르므로 두 양식의 이야기 전달 방식도 다르다.
③ 매체의 표현 방식에도 진보가 있는데 영화가 소설보다 발달된 매체이다.
④ 소설과 달리 영화는 카메라의 촬영 기술과 효과에 따라 주제가 달라진다.
⑤ 문자가 영상의 기초가 되므로 영화도 소설처럼 문자 언어적 표현 방식에 따라 화면이 구성된다.

문 4. 다음 글에서 추론할 수 있는 것만을 〈보기〉에서 모두 고르면? 16 민간(5) 05번

'독재형' 어머니는 아이가 실제로 어떠한 욕망을 지니고 있는지에 무관심하며, 자신의 욕망을 아이에게 공격적으로 강요한다. 독재형 어머니는 자신의 규칙과 지시에 아이가 순응하기를 기대하며, 그것을 따르지 않을 경우 폭력을 행사하는 경우가 많다. 독재형 어머니 밑에서 자란 아이들은 공격적 성향과 파괴적 성향을 많이 보이는 것이 특징이다. 또한, 어린 시절 받은 학대로 인해 상상이나 판타지 속에 머무르는 시간이 많고, 이것은 심각한 망상으로 나타나기도 한다.

'허용형' 어머니는 오로지 아이의 욕망에만 관심을 지니면서, '아이의 욕망을 내가 채워주고 싶다'는 식으로 자기 욕망을 형성한다. 허용형 어머니는 자녀가 요구하는 것은 무엇이든 해주기 때문에 이런 어머니 밑에서 양육된 아이들은 자아 통제가 부족하기 쉽다. 따라서 이 아이들은 충동적이고 즉흥적인 성향이 강하며, 도덕적 책임 의식이 결여된 경우가 많다.

한편, '방임형' 어머니의 경우 아이와 정서적으로 차단되어 있기 때문에 아이의 욕망에 무관심할 뿐만 아니라, 아이 입장에서도 어머니의 욕망을 전혀 파악할 수 없다. 방치된 아이들은 자신의 욕망도 모르고 어머니의 욕망도 파악하지 못하기 때문에, 어떤 방식으로든 오직 어머니의 관심을 끄는 것만이 아이의 유일한 욕망이 된다. 이 아이들은 "엄마, 제발 나를 봐주세요.", "엄마, 내가 나쁜 짓을 해야 나를 볼 것인가요?", "엄마, 내가 정말 잔인한 짓을 할지도 몰라요."라면서 어머니의 관심을 끊임없이 요구한다.

〈보 기〉
ㄱ. 허용형 어머니는 방임형 어머니에 비해 아이의 욕망에 높은 관심을 갖는다.
ㄴ. 허용형 어머니의 아이는 독재형 어머니의 아이보다 도덕적 의식이 높은 경우가 많다.
ㄷ. 방임형 어머니의 아이는 독재형 어머니의 아이보다 어머니의 욕망을 더 잘 파악한다.

① ㄱ
② ㄴ
③ ㄱ, ㄷ
④ ㄴ, ㄷ
⑤ ㄱ, ㄴ, ㄷ

다음 글에 서술된 연구결과에 대한 판단으로 가장 적절한 것은?

12 민간(인) 06번

320여 년 전 아일랜드의 윌리엄 몰리눅스가 제기했던 이른바 '몰리눅스의 물음'에 답하기 위한 실험이 최근 이루어졌다. 몰리눅스는 철학자 로크에게 보낸 편지에서 다음과 같이 물었다. "태어날 때부터 시각장애인인 사람이 둥근 공 모양과 정육면체의 형태 등을 단지 손으로 만져서 알게 된 후 어느 날 갑자기 눈으로 사물을 볼 수 있게 된다면, 그 사람은 손으로 만져보지 않고도 눈앞에 놓인 물체가 공 모양인지 주사위 모양인지 알아낼 수 있을까요?"

경험론자들은 인간이 아무것도 적혀 있지 않은 '빈 서판' 같은 마음을 가지고 태어나며 모든 관념과 지식은 경험에 의해 형성된다고 주장한 반면, 생득론자들은 인간이 태어날 때 이미 외부의 정보를 처리하는 데 필요한 관념들을 가지고 있다고 주장했다. 만일 인간의 정신 속에 그런 관념들이 존재한다면, 눈으로 보든 손으로 만지든 상관없이 사람들은 해당되는 관념을 찾아낼 것이다. 따라서 몰리눅스의 물음이 명확히 답변될 수 있다면 이런 양편의 주장에 대한 적절한 판정이 내려질 것이다.

2003년에 인도의 한 연구팀이 뉴델리의 슈로프 자선안과병원과 협력하여 문제의 실험을 수행하였다. 실험은 태어날 때부터 시각장애인이었다가 수술을 통해 상당한 시력을 얻게 된 8세부터 17세 사이의 남녀 환자 6명을 대상으로 진행되었다. 연구자들은 수술 후 환자의 눈에서 붕대를 제거한 후 주변이 환히 보이는지 먼저 확인하고, 레고 블록 같은 물건을 이용해서 그들이 세밀한 시각 능력을 충분히 회복했음을 확인했다. 또 그들이 여전히 수술 이전 수준의 촉각 능력을 갖고 있음도 확인했다. 이제 연구자들은 일단 환자의 눈을 가리고 특정한 형태의 물체를 손으로 만지게 한 뒤, 서로 비슷하지만 뚜렷이 구별될 만한 두 물체를 눈앞에 내놓고 조금 전 만졌던 것이 어느 쪽인지 말하도록 했다. 환자가 촉각을 통해 인지한 형태와 시각만으로 인지한 형태를 성공적으로 연결할 수 있는지를 시험한 것이다. 그런데 이 실험에서 각 환자들이 답을 맞힌 비율은 50%, 즉 둘 중 아무 것이나 마구 고른 경우와 거의 차이가 없었다. 한편 환자들은 눈으로 사물을 읽는 법을 빠르게 배우는 것으로 나타났다. 연구팀은 그들이 대략 한 주 안에 정상인과 똑같이 시각만으로 사물의 형태를 정확히 읽을 수 있게 되었다고 보고하였다. 이로 인해 경험론자들과 생득론자들의 견해 중 한 입장이 강화되었다.

① 몰리눅스의 물음에 부정적인 답변이 나와 경험론자들의 견해가 강화되었다.
② 몰리눅스의 물음에 부정적인 답변이 나와 생득론자들의 견해가 강화되었다.
③ 몰리눅스의 물음에 긍정적인 답변이 나와 경험론자들의 견해가 강화되었다.
④ 몰리눅스의 물음에 긍정적인 답변이 나와 생득론자들의 견해가 강화되었다.
⑤ 몰리눅스의 물음에 긍정적인 답변이 나왔지만, 어느 견해를 강화할 수 있는지는 판명되지 않았다.

다음 글에서 알 수 없는 것은?

18 민간(가) 06번

고대에는 별이 뜨고 지는 것을 통해 방위를 파악했다. 최근까지 서태평양 캐롤라인 제도의 주민은 현대식 항해 장치 없이도 방위를 파악하여 카누 하나만으로 드넓은 열대 바다를 항해하였다. 인류학자들에 따르면, 그들은 별을 나침반처럼 이용하여 여러 섬을 찾아다녔고 이때의 방위는 북쪽의 북극성, 남쪽의 남십자성, 그 밖에 특별히 선정한 별이 뜨고 지는 것에 따라 정해졌다.

캐롤라인 제도는 적도의 북쪽에 있어서 그 주민들은 북쪽 수평선의 바로 위쪽에서 북극성을 볼 수 있다. 북극성은 천구의 북극점으로부터 매우 가까운 거리에서 작은 원을 그리며 공전한다. 천구의 북극점은 지구 자전축의 북쪽 연장선상에 있기 때문에 천구의 북극점에 있는 별은 공전을 하지 않고 정지된 것처럼 보인다. 이처럼 천구의 북극점에 있는 별을 제외하고 북극성을 포함한 별이 천구의 북극점을 중심으로 공전하는 것처럼 보이는 것은 지구가 자전하기 때문이다.

캐롤라인 제도의 주민이 북쪽을 찾기 위해 이용했던 북극성은 자기(磁氣) 나침반보다 더 정확하게 천구의 북극점을 가리킨다. 이는 나침반의 바늘이 지구의 자전축으로부터 거리가 멀리 떨어져 있는 지구자기의 북극점을 향하기 때문이다. 또한 천구의 남극점 근처에서 쉽게 관측할 수 있는 고정된 별은 없으므로 캐롤라인 제도의 주민은 남극점 자체를 볼 수 없다. 그러나 남십자성이 천구의 남극점 주위를 돌고 있으므로 남쪽을 파악하는 데는 큰 어려움이 없다.

① 고대에 사용되었던 방위 파악 방법 중에는 최근까지 이용된 것도 있다.
② 캐롤라인 제도의 주민은 밤하늘에 있는 남십자성을 이용하여 남쪽을 알아낼 수 있었다.
③ 지구 자전축의 연장선상에 별이 있다면, 밤하늘을 보았을 때 그 별은 정지된 것처럼 보인다.
④ 자기 나침반을 이용하면 북극성을 이용할 때보다 더 정확히 천구의 북극점을 찾을 수 있다.
⑤ 캐롤라인 제도의 주민이 관찰한 별이 천구의 북극점을 중심으로 공전하는 것처럼 보이는 이유는 지구가 자전하기 때문이다.

문 7. 다음 글의 내용과 부합하는 것은? 13 외교원(인) 06번

감염에 대한 일반적인 반응은 열(熱)을 내는 것이다. 우리는 발열을 흔한 '질병의 증상'이라고만 생각한다. 아무런 기능도 없이 불가피하게 일어나는 수동적인 현상처럼 여긴다. 그러나 우리의 체온은 유전적으로 조절되는 것이며 아무렇게나 변하지 않는다. 병원체 중에는 우리의 몸보다 열에 더 예민한 것들도 있다. 체온을 높이면 그런 병원체들은 우리보다 먼저 죽게 되므로 발열 증상은 우리 몸이 병원체를 죽이기 위한 능동적인 행위가 되는 것이다.

또 다른 반응은 면역 체계를 가동시키는 것이다. 백혈구를 비롯한 우리의 세포들은 외부에서 침입한 병원체를 능동적으로 찾아내어 죽인다. 우리 몸은 침입한 병원체에 대항하는 항체를 형성하여 일단 치유된 뒤에는 다시 감염될 위험이 적어진다. 인플루엔자나 보통 감기 따위의 질병에 대한 우리의 저항력은 완전한 것이 아니어서 결국 다시 그 병에 걸릴 수도 있다. 어떤 질병에 대해서는 한 번의 감염으로 자극을 받아 생긴 항체가 평생 동안 그 질병에 대한 면역성을 준다. 바로 이것이 예방접종의 원리이다. 죽은 병원체를 접종함으로써 질병을 실제로 경험하지 않고 항체 생성을 자극하는 것이다.

일부 영리한 병원체들은 인간의 면역성에 굴복하지 않는다. 어떤 병원체는 우리의 항체가 인식하는 병원체의 분자구조, 즉 항원을 바꾸어 우리가 그 병원체를 알아보지 못하게 한다. 가령 인플루엔자는 항원을 변화시키기 때문에 이전에 인플루엔자에 걸렸던 사람이라도 새로이 나타난 다른 균종으로부터 안전할 수 없는 것이다.

인간의 가장 느린 방어 반응은 자연선택에 의한 반응이다. 어떤 질병이든지 남들보다 유전적으로 저항력이 더 많은 사람들이 있기 마련이다. 어떤 전염병이 한 집단에서 유행할 때 그 특정 병원체에 저항하는 유전자를 가진 사람들은 그렇지 못한 사람들에 비해 생존 가능성이 높다. 따라서 역사적으로 특정 병원체에 자주 노출되었던 인구 집단에는 그 병에 저항하는 유전자를 가진 개체의 비율이 높아질 수밖에 없다. 이 같은 자연선택의 예로 아프리카 흑인에게서 자주 발견되는 겸상(鎌狀) 적혈구 유전자를 들 수 있다. 겸상 적혈구 유전자는 적혈구의 모양을 정상적인 도넛 모양에서 낫 모양으로 바꾸어서 빈혈을 일으키므로 생존에 불리함을 주지만, 말라리아에 대해서는 저항력을 가지게 한다.

① 발열 증상은 수동적인 현상이지만 감염병의 회복에 도움을 준다.
② 예방접종은 질병을 실제로 경험하게 하여 항체 생성을 자극한다.
③ 겸상 적혈구 유전자는 적혈구 모양을 도넛 모양으로 변화시켜 말라리아로부터 저항성을 가지게 한다.
④ 병원체의 항원이 바뀌면 이전에 형성된 항체가 존재하는 사람도 그 병원체가 일으키는 병에 걸릴 수 있다.
⑤ 어떤 질병이 유행한 적이 없는 집단에서는 그 질병에 저항력을 주는 유전자가 보존되는 방향으로 자연선택이 이루어졌다.

문 8. 다음 〈원칙〉을 바르게 적용한 것만을 〈보기〉에서 모두 고르면? 15 민간(인) 07번

─〈원 칙〉─
• 문장 X가 참일 경우 문장 Y는 반드시 참이지만 그 역은 성립하지 않는다면, 문장 Y의 확률은 문장 X의 확률보다 높다.
• 문장 X의 확률이 문장 Y의 확률보다 낮다면, 문장 X가 담고 있는 정보의 양은 문장 Y가 담고 있는 정보의 양보다 많다.

─〈보 기〉─
ㄱ. "정상적인 주사위를 던질 때 3이 나올 것이다."는 "정상적인 동전을 던질 때 앞면이 나올 것이다."보다 더 많은 정보를 담고 있다.
ㄴ. "월성 원자력 발전소에 문제가 생기거나 고리 원자력 발전소에 문제가 생긴다."는 "월성 원자력 발전소에 문제가 생긴다."보다 더 많은 정보를 담고 있다.
ㄷ. "내년 예산에서는 국가균형발전 예산, 복지 예산, 에너지절감 관련 기술개발 예산이 모두 늘어난다."는 "내년 예산에서는 국가균형발전 예산, 에너지절감 관련 기술개발 예산이 모두 늘어난다."보다 더 적은 정보를 담고 있다.

① ㄱ
② ㄴ
③ ㄱ, ㄷ
④ ㄴ, ㄷ
⑤ ㄱ, ㄴ, ㄷ

문 9. 다음 글의 내용이 참일 때, A부처의 공무원으로 채용될 수 있는 지원자들의 최대 인원은? 15 민간(인) 22번

금년도 공무원 채용 시 A부처에서 요구되는 자질은 자유민주주의 가치확립, 건전한 국가관, 헌법가치 인식, 나라 사랑이다. A부처는 이 네 가지 자질 중 적어도 세 가지 자질을 지닌 사람을 채용할 것이다. 지원자는 갑, 을, 병, 정이다. 이 네 사람이 지닌 자질을 평가했고 다음과 같은 정보가 주어졌다.

• 갑이 지닌 자질과 정이 지닌 자질 중 적어도 두 개는 일치한다.
• 헌법가치 인식은 병만 가진 자질이다.
• 만약 지원자가 건전한 국가관의 자질을 지녔다면, 그는 헌법가치 인식의 자질도 지닌다.
• 건전한 국가관의 자질을 지닌 지원자는 한 명이다.
• 갑, 병, 정은 자유민주주의 가치확립이라는 자질을 지니고 있다.

① 0명
② 1명
③ 2명
④ 3명
⑤ 4명

다음 글의 〈가설〉을 강화하는 사례가 아닌 것만을 〈보기〉에서 모두 고르면?

16 민간(5) 08번

성염색체만이 개체의 성(性)을 결정하는 요소는 아니다. 일부 파충류의 경우에는 알이 부화되는 동안의 주변 온도에 의해 개체의 성이 결정된다. 예를 들어, 낮은 온도에서는 일부 종은 수컷으로만 발달하고, 일부 종은 암컷으로만 발달한다. 또 어떤 종에서는 낮은 온도와 높은 온도에서 모든 개체가 암컷으로만 발달하는 경우도 있다. 그 사이의 온도에서는 특정 온도에 가까워질수록 수컷으로 발달하는 개체의 비율이 증가하다가 결국 그 특정 온도에 이르러서는 모든 개체가 수컷으로 발달하기도 한다.

다음은 온도와 성 결정 간의 상관관계를 설명하기 위해 제시된 가설이다.

〈가 설〉

파충류의 성 결정은 물질 B를 필요로 한다. 물질 B는 단백질 '가'에 의해 물질 A로, 단백질 '나'에 의해 물질 C로 바뀐다. 이때 물질 A와 물질 C의 비율은 단백질 '가'와 단백질 '나'의 비율과 동일하다. 파충류의 알은 단백질 '가'와 '나' 모두를 가지고 있지만 온도에 따라 각각의 양이 달라진다. 암컷을 생산하는 온도에서 배양된 알에서는 물질 A의 농도가 더 높고, 수컷을 생산하는 온도에서 배양된 알에서는 물질 C의 농도가 더 높다. 온도의 차에 의해 알의 내부에 물질 A와 C의 상대적 농도 차이가 발생하고, 이것이 파충류의 성을 결정하는 것이다.

〈보 기〉

ㄱ. 수컷만 생산하는 온도에서 부화되고 있는 알은 단백질 '가'보다 훨씬 많은 양의 단백질 '나'를 가지고 있다.

ㄴ. 물질 B의 농도는 수컷만 생산하는 온도에서 부화되고 있는 알보다 암컷만 생산하는 온도에서 부화되고 있는 알에서 더 높다.

ㄷ. 수컷만 생산하는 온도에서 부화되고 있는 알에 고농도의 물질 A를 투여하여 물질 C보다 그 농도를 높였더니 암컷이 생산되었다.

① ㄱ
② ㄴ
③ ㄷ
④ ㄱ, ㄷ
⑤ ㄴ, ㄷ

다음 (가)~(마) 각각의 논증에서 전제가 모두 참일 때, 결론이 반드시 참인 것을 모두 고르면?

12 민간(인) 08번

(가) 삼촌은 우리를 어린이대공원에 데리고 간다고 약속했다. 삼촌이 이 약속을 지킨다면, 우리는 어린이대공원에 갈 것이다. 우리는 어린이대공원에 갔다. 따라서 삼촌이 이 약속을 지킨 것은 확실하다.

(나) 내일 비가 오면, 우리는 박물관에 갈 것이다. 내일 날씨가 좋으면, 우리는 소풍을 갈 것이다. 내일 비가 오거나 날씨가 좋을 것이다. 따라서 우리는 박물관에 가거나 소풍을 갈 것이다.

(다) 영희는 학생이다. 그녀는 철학도이거나 과학도임이 틀림없다. 그녀는 과학도가 아니라는 것이 밝혀졌다. 따라서 그녀는 철학도이다.

(라) 그가 나를 싫어하지 않는다면, 나를 데리러 올 것이다. 그는 나를 싫어한다. 따라서 그는 나를 데리러 오지 않을 것이다.

(마) 그가 유학을 간다면, 그는 군대에 갈 수 없다. 그가 군대에 갈 수 없다면, 결혼을 미루어야 한다. 그가 결혼을 미룬다면, 그녀와 헤어지게 될 것이다. 따라서 그녀와 헤어지지 않으려면, 그는 군대에 가서는 안 된다.

① (가), (나)
② (가), (라)
③ (나), (다)
④ (나), (마)
⑤ (다), (마)

다음 대화 내용이 참일 때, ㉠으로 적절한 것은?

19 민간(나) 20번

서희 : 우리 회사 전 직원을 대상으로 A, B, C 업무 중에서 자신이 선호하는 것을 모두 고르라는 설문 조사를 실시했는데, A와 B를 둘 다 선호한 사람은 없었어.

영민 : 나도 그건 알고 있어. 그뿐만 아니라 C를 선호한 사람은 A를 선호하거나 B를 선호한다는 것도 이미 알고 있지.

서희 : A는 선호하지 않지만 B는 선호하는 사람이 있다는 것도 이미 확인된 사실이야.

영민 : 그럼, ㉠ 종범이 말한 것이 참이라면, B만 선호한 사람이 적어도 한 명 있겠군.

① A를 선호하는 사람은 모두 C를 선호한다.
② A를 선호하는 사람은 누구도 C를 선호하지 않는다.
③ B를 선호하는 사람은 모두 C를 선호한다.
④ B를 선호하는 사람은 누구도 C를 선호하지 않는다.
⑤ C를 선호하는 사람은 모두 B를 선호한다.

EU는 1995년부터 철제 다리 덫으로 잡은 동물 모피의 수입을 금지하기로 했다. 모피가 이런 덫으로 잡은 동물의 것인지, 아니면 상대적으로 덜 잔혹한 방법으로 잡은 동물의 것인지 구별하는 것은 불가능하다. 그렇기 때문에 EU는 철제 다리 덫 사용을 금지하는 나라의 모피만 수입하기로 결정했다. 이런 수입 금지 조치에 대해 미국, 캐나다, 러시아는 WTO에 제소하겠다고 위협했다. 결국 EU는 WTO가 내릴 결정을 예상하여, 철제 다리 덫으로 잡은 동물의 모피를 계속 수입하도록 허용했다.

또한 1998년부터 EU는 화장품 실험에 동물을 이용하는 것을 금지했을 뿐만 아니라, 동물실험을 거친 화장품의 판매조차 금지하는 법령을 채택했다. 그러나 동물실험을 거친 화장품의 판매 금지는 WTO 규정 위반이 될 것이라는 유엔의 권고를 받았다. 결국 EU의 판매 금지는 실행되지 못했다.

한편 그 외에도 EU는 성장 촉진 호르몬이 투여된 쇠고기의 판매 금지 조치를 시행하기도 했다. 동물복지를 옹호하는 단체들이 소의 건강에 미치는 영향을 우려해 호르몬 투여 금지를 요구했지만, EU가 쇠고기 판매를 금지한 것은 주로 사람의 건강에 대한 염려 때문이었다. 미국은 이러한 판매 금지 조치에 반대하며 EU를 WTO에 제소했고, 결국 WTO 분쟁패널로부터 호르몬 사용이 사람의 건강을 위협한다고 믿을 만한 충분한 과학적 근거가 없다는 판정을 이끌어내는 데 성공했다. EU는 항소했다. 그러나 WTO의 상소기구는 미국의 손을 들어주었다. 그럼에도 불구하고 EU는 금지 조치를 철회하지 않았다. 이에 미국은 1억 1,600만 달러에 해당하는 EU의 농업 생산물에 100% 관세를 물리는 보복 조치를 발동했고 WTO는 이를 승인했다.

① EU는 환경의 문제를 통상 조건에서 최우선적으로 고려한다.
② WTO는 WTO 상소기구의 결정에 불복하는 경우 적극적인 제재 조치를 취한다.
③ WTO는 사람의 건강에 대한 위험을 방지하는 것보다 국가 간 통상의 자유를 더 존중한다.
④ WTO는 제품의 생산과정에서 동물의 권리를 침해한다는 이유로 해당 제품 수입을 금지하는 것을 허용하지 않는다.
⑤ WTO 규정에 의하면 각 국가는 타국의 환경, 보건, 사회 정책 등이 자국과 다르다는 이유로 타국의 특정 제품의 수입을 금지할 수 있다.

'문명(civilization)' 개념은 기술의 수준, 예절의 종류, 학문적 지식의 발전, 종교적 이념 그리고 주거의 양식, 남녀의 동거생활 양식, 사법적 처벌의 형식, 음식의 조리 등과 같은 관습을 포함한다. 이것은 서구의 자의식과도 관련되는데, 우리는 이것을 민족의식이라고 말할 수 있다.

그러나 문명의 의미가 서구의 모든 나라에서 항상 동일하지는 않다. 특히 영국과 프랑스에서 사용되는 의미와 독일에서 사용되는 의미는 현격하게 다르다. 영국과 프랑스에서 이 개념은 인류를 위한 자국 역할에 대한 자부심, 서구와 인류 전체의 진보에 대한 자부심을 담고 있다. 반면 독일어권에서 '문명'은 아주 유용한 것이긴 하지만 단지 이류급에 속하는 것, 다시 말하면 단지 인간의 외면과 인간 존재의 피상적인 면, 즉 제도, 기술 등과 같이 시대에 따라 변화, 발전하는 측면을 의미한다. 독일인들이 자기 자신을 해석하며, 자신의 업적과 자신의 존재에 대한 자부심을 표현하는 단어는 '문화(Kultur)'다.

프랑스와 영국의 '문명' 개념은 정치적 · 경제적 · 종교적 · 기술적 · 도덕적 또는 사회적인 사실들을 지시한다. 독일의 문화 개념은 정치적 · 경제적 · 사회적 사실과 구별되는 정신적 · 예술적 · 종교적 사실들에 적용된다. 특히 프랑스와 영국에서의 문명 개념은 여러 민족들 간 차이점들을 어느 정도 퇴색시키고, 모든 인간들에게 공통적인 것 또는 공통적으로 여겨지는 것들을 강조한다. 국경이 분명하고 민족적 특성이 확립되어 있어 수세기 전부터 이 문제를 더 이상 거론할 필요가 없으며 이미 오래전부터 국경 밖으로 진출하여 다른 영토를 자신들의 식민지로 만든 민족들의 자의식이 바로 이 개념 속에 표출되고 있는 것이다. 이와는 반대로 독일의 문화 개념은 민족적 차이와 집단적 특성을 유달리 부각시킨다. 이러한 배경에는 현 독일이라는 민족국가가 수세기 전부터 현대에 이르기까지 항상 여러 지방들로 분할되었거나 분할될 위험에 처해 있어 정치적 통일과 안정이 서구의 다른 민족들보다 훨씬 늦게 이루어졌다는 점이 깔려있다.

① 독일의 문화 개념은 시대에 따라 끊임없이 변화하는 역동적인 것이다.
② 독일의 문화 개념은 각 국가 또는 민족의 고유한 전통과 가치를 강조한다.
③ 문명은 독일에서 사용되는 개념이 아니라 영국과 프랑스에서 사용되는 개념이다.
④ 영국과 프랑스의 문명 개념은 정신적 사실에 적용되는 반면, 독일의 문화 개념은 물질적 사실에 적용된다.
⑤ 영국과 프랑스의 문명 개념은 민족의식과 관련되는 개념으로서 공격적 · 팽창적 경향보다 방어적 경향을 띤다.

갑 : 개인이 소유할 수 있는 노비의 수를 제한해야 합니다. 종친과 부마로서 1품인 사람은 150명, 2품 이하는 130명, 문무관으로 1품 이하 2품 이상인 사람은 130명, 3품 이하 6품 이상은 100명, 7품 이하 9품 이상은 80명으로 하며, 양반(兩班) 자손도 이와 같이 하십시오. 아내는 남편의 관직에 따라 노비를 소유하고, 양인(良人)인 첩은 남편의 관직에 따르되 5분의 2를 삭감하며, 천인(賤人)인 첩은 남편의 관직에 따르되 5분의 4를 삭감하십시오. 백성은 노비를 10명으로 제한하고, 공ㆍ사 천인(賤人)은 5명, 승려의 경우 판사 이하 선사 이상의 승려는 15명, 중덕 이하 대선 이상의 승려는 10명, 직책이 없는 승려는 5명으로 제한하십시오.

을 : 하늘이 백성을 낳을 때에는 양인과 천인의 구분이 없었지만, 윗사람이 아랫사람을 부리는 데에는 반드시 높고 낮은 차등이 있습니다. 『주례』에 무릇 죄가 있는 자는 노비로 삼아 천한 일을 시킨다고 하였으니, 노비 제도는 오랜 역사를 가진 제도입니다. 주인과 노비의 제도가 한번 정해진 이래로 주인이 노비 보기를 임금이 신하 보듯이 하고, 노비가 주인 섬기기를 신하가 임금 섬기듯 하였습니다. 그러므로 노비도 비록 하늘이 내린 백성이기는 하지만 진실로 천한 것을 바꾸어 양인으로 삼아 주인과 대등하게 하여서는 안 될 것입니다. 다만 다 같은 양반의 가문인데 노비가 많고 적은 것이 같지 못한 것은 진실로 개탄스런 일입니다. 마땅히 한계를 정해 고르게 하여 현격한 차이가 없도록 해야 합니다. 그러나 귀한 것과 천한 것이 때가 있고 자손의 번성과 적음이 같지 않으며 노비가 태어나서 자라나는 것과 번성하거나 쇠퇴하는 것이 또한 다르니, 그 수를 제한하려고 해도 결국에는 제한하지 못하게 되는 상황을 피할 수 없습니다. 중국 한나라나 전조(前朝)인 고려 때에도 제한하는 법이 있었으나, 도리어 분란을 불러와 후세에 전할 수 없었으니 그 제도를 좋은 것이라고 볼 수 없습니다. 하물며 여러 대에 걸쳐 전해 내려온 노비를 하루아침에 빼앗는다면 어찌 보통 사람의 상식에 맞겠습니까.

① 갑의 주장대로 시행된다면, 노비 신분에서 해방되는 노비가 늘어나 신분질서가 무너질 수 있다.

② 갑의 주장대로 시행된다면, 1인당 노비 소유에 있어 백성과 천인의 격차보다는 양반과 백성 사이의 격차가 훨씬 클 것이다.

③ 을의 견해가 수용된다면, 갑의 주장대로 시행되기 어려울 것이다.

④ 을의 견해가 수용된다면, 양반 내 노비 소유의 불균등성은 해결될 수 없을 것이다.

⑤ 갑과 을은 기본적으로 노비제도의 존속을 지지한다는 점에서 그 입장이 같다.

17, 18세기에 걸쳐 각 지역 양반들에 의해 서원이나 사당 건립이 활발하게 진행되었다. 서원이나 사당 대부분은 일정 지역의 유력 가문이 주도하여 자신들의 지위를 유지하고 지역 사회에서 영향력을 행사하는 구심점으로 건립ㆍ운영되었다.

이러한 경향은 향리층에게도 파급되어 18세기 후반에 들어서면 안동, 충주, 원주 등에서 향리들이 사당을 신설하거나 중창 또는 확장하였다. 향리들이 건립한 사당은 양반들이 건립한 것에 비하면 얼마 되지 않는다. 하지만 향리들에 의한 사당 건립은 향촌사회에서 향리들의 위세를 짐작할 수 있는 좋은 지표이다.

향리들이 건립한 사당은 그 지역 향리 집단의 공동노력으로 건립한 경우도 있지만, 대부분은 향리 일족 내의 특정한 가계(家系)가 중심이 되어 독자적으로 건립한 것이었다. 이러한 사당은 건립과 운영에 있어서 향리 일족 내의 특정 가계의 이해를 반영하고 있는데, 대표적인 것으로 경상도 거창에 건립된 창충사(彰忠祠)를 들 수 있다.

창충사는 거창의 여러 향리 가운데 신씨가 중심이 되어 세운 사당이다. 영조 4년(1728) 무신란(戊申亂)을 진압하다가 신씨 가문의 다섯 향리가 죽는데, 이들을 추모하기 위해 무신란이 일어난 지 50년이 되는 정조 2년(1778)에 건립되었다. 처음에는 죽은 향리의 자손들이 힘을 모아 사적으로 세웠으나, 10년 후인 정조 12년에 국가에서 제수(祭需)를 지급하는 사당으로 승격하였다.

원래 무신란에서 죽은 향리 중 신씨는 일곱 명이며, 이들의 공로는 모두 비슷하였다. 하지만 두 명의 신씨는 사당에 모셔지지 않았고, 관직이 추증되지도 않았다. 창충사에 모셔진 다섯 명의 향리는 모두 그 직계 자손의 노력에 의한 것이었고, 국가로부터의 포상도 이들의 노력에 의한 것이었다. 반면 두 명의 자손들은 같은 신씨임에도 불구하고 가세가 빈약하여 향촌사회에서 조상을 모실 만큼 힘을 쓸 수 없었다. 향리사회를 주도해 가는 가계는 독점적인 위치를 확고하게 구축하려고 노력하였으며, 사당의 건립은 그러한 노력의 산물이었다.

〈보 기〉

ㄱ. 창충사는 양반 가문이 세운 사당이다.

ㄴ. 양반보다 향리가 세운 사당이 더 많다.

ㄷ. 양반뿐 아니라 향리가 세운 서원도 존재하였다.

ㄹ. 창충사에 모셔진 신씨 가문의 향리는 다섯 명이다.

① ㄱ, ㄴ

② ㄱ, ㄹ

③ ㄷ, ㄹ

④ ㄱ, ㄴ, ㄷ

⑤ ㄴ, ㄷ, ㄹ

최근에 사이버공동체를 중심으로 한 시민의 자발적 정치 참여 현상이 많은 관심을 끌고 있다. 이러한 현상과 관련하여 A의 연구가 새삼 주목 받고 있다. A의 연구에 따르면 공동체의 구성원이 됨으로써 얻게 되는 '사회적 자본'이 시민 사회의 성숙과 민주주의 발전을 가져오는 원동력이다. A의 이론에서는 공동체에 대한 자발적 참여를 통해 사회 구성원 간의 상호 의무감과 신뢰, 구성원들이 공유하는 규칙과 관행, 사회적 유대 관계와 같은 사회적 자본이 늘어나면, 사회 구성원 간의 협조적인 행위가 가능하게 된다고 보았다. 더 나아가 A는 자원봉사자와 같이 공동체 참여도가 높은 사람이 투표할 가능성이 높고 정부 정책에 대한 의견 개진도 활발해지는 등 정치 참여도가 높아진다고 주장하였다.

몇몇 학자들은 A의 이론을 적용하여 면대면 접촉에 따른 인간관계의 산물인 사회적 자본이 사이버공동체에서도 충분히 형성될 수 있다고 보았다. 그리고 사이버공동체에서 사회적 자본의 증가는 곧 정치 참여도 활성화시킬 것으로 기대했다. 하지만 이러한 기대와는 달리 정치 참여가 활성화되지 않았다. 요즘 젊은이들을 보면 각종 사이버공동체에 자발적으로 참여하는 수준은 높지만 투표나 다른 정치 활동에는 무관심하거나 심지어 정치를 혐오하기도 한다. 이런 측면에서 A의 주장은 사이버공동체가 활성화된 오늘날에는 잘 맞지 않는다.

이러한 이유 때문에 오늘날 사이버공동체를 중심으로 한 정치 참여를 더 잘 이해하기 위해서 '정치적 자본' 개념의 도입이 필요하다. 정치적 자본은 사회적 자본의 구성 요소와는 달리 정치 정보의 습득과 이용, 정치적 토론과 대화, 정치적 효능감 등으로 구성된다. 정치적 자본은 사회적 자본과 마찬가지로 공동체 참여를 통해서 획득되지만, 정치 과정에의 관여를 촉진한다는 점에서 사회적 자본과는 구분될 필요가 있다. 사회적 자본만으로 정치 참여를 기대하기 어렵고, 사회적 자본과 정치 참여 사이를 정치적 자본이 매개할 때 비로소 정치 참여가 활성화된다.

① 사이버공동체를 통해 축적된 사회적 자본에 정치적 자본이 더해질 때 정치 참여가 활성화된다.
② 사회적 자본은 정치적 자본을 포함하기 때문에 그 자체로 정치 참여의 활성화를 가져온다.
③ 사회적 자본이 많은 사회는 정치 참여가 활발하기 때문에 민주주의가 실현된다.
④ 사이버공동체의 특수성으로 인해 시민들의 정치 참여가 어렵게 되었다.
⑤ 사이버공동체에의 자발적 참여 증가는 정치 참여를 활성화시킨다.

귀납주의란 과학적 탐구 방법의 핵심이 귀납이라는 입장이다. 즉, 과학적 이론은 귀납을 통해 만들어지고, 그 정당화 역시 귀납을 통해 이루어진다는 것이다. 그러나 실제 과학의 역사를 고려하면 귀납주의는 문제에 처하게 된다. 이러한 문제 상황은 다음과 같은 타당한 논증을 통해 제시될 수 있다.

만약 귀납이 과학의 역사에서 사용된 경우가 드물다면, 과학의 역사는 바람직한 방향으로 발전하지 않았거나 또는 귀납주의는 실제로 행해진 과학적 탐구 방법의 특징을 드러내는 데 실패했다고 보아야 한다. 과학의 역사가 바람직한 방향으로 발전하지 않았다면, 귀납주의에서는 수많은 과학적 지식을 정당화되지 않은 것으로 간주해야 한다. 그리고 귀납주의가 실제로 행해진 과학적 탐구 방법의 특징을 드러내는 데 실패했다면, 귀납주의는 과학적 탐구 방법에 대한 잘못된 이론이다. 그런데 우리는 과학의 역사가 바람직한 방향으로 발전하지 않았거나, 귀납주의가 실제로 행해진 과학적 탐구 방법의 특징을 드러내는 데 실패했다고 보아야 한다. 그 이유는 [ⓐ   ]는 것이다. 그리고 이로부터 우리는 다음 결론을 도출하게 된다. [ⓑ   ].

〈보 기〉

ㄱ. 과학의 역사에서 귀납이 사용된 경우는 드물다
ㄴ. 과학의 역사에서 귀납 외에도 다양한 방법들이 사용되었다
ㄷ. 귀납주의는 과학적 탐구 방법에 대한 잘못된 이론이고, 귀납주의에서는 수많은 과학적 지식을 정당화되지 않은 것으로 간주해야 한다
ㄹ. 귀납주의가 과학적 탐구 방법에 대한 잘못된 이론이라면, 귀납주의에서는 수많은 과학적 지식을 정당화되지 않은 것으로 간주해야 한다
ㅁ. 귀납주의가 과학적 탐구 방법에 대한 잘못된 이론이 아니라면, 귀납주의에서는 수많은 과학적 지식을 정당화되지 않은 것으로 간주해야 한다

	ⓐ	ⓑ
①	ㄱ	ㄷ
②	ㄱ	ㄹ
③	ㄱ	ㅁ
④	ㄴ	ㄹ
⑤	ㄴ	ㅁ

(가), (나)에 들어갈 말을 올바르게 짝지은 것은?

12 민간(인) 17번

> 갑 : 예술가의 작업이란, 자신이 경험한 감정을 타인도 경험할 수 있도록 색이나 소리와 같이 감각될 수 있는 여러 형태로 표현하는 것이지.
>
> 을 : 그렇다면 훌륭한 예술과 그렇지 못한 예술을 구별하는 기준은 무엇이지?
>
> 갑 : 그것이야 예술가가 해야 할 작업을 성공적으로 수행하면 훌륭한 예술이고, 그런 작업에 실패한다면 훌륭하지 못한 예술이지. 즉 예술가가 경험한 감정이 잘 전달되어 감상자도 그런 감정을 느끼게 되는 예술을 훌륭한 예술이라고 할 수 있어.
>
> 을 : 예술가가 느낀 감정 중에서 천박한 감정이 있을까? 아니면 예술가가 느낀 감정은 모두 고상하다고 할 수 있을까?
>
> 갑 : 물론 여느 사람과 마찬가지로 예술가 역시 천박한 감정을 가질 수 있지. 만약 어떤 예술가가 남의 고통을 보고 고소함을 느꼈다면 이는 천박한 감정이라고 해야 할 텐데, 예술가라고 해서 모두 천박한 감정을 갖지 않는다고 할 수는 없어.
>
> 을 : 그렇다면 천박한 감정을 느낀 예술가가 그 감정을 표현하여 감상자 역시 그런 감정을 느낀다면, 그런 예술이 훌륭한 예술인가?
>
> 갑 : ⎡　　(가)　　⎤
>
> 을 : 너의 대답은 모순이야. 왜냐하면 네 대답은 ⎡　　(나)　　⎤ 때문이야.

	(가)	(나)
①	그렇다.	훌륭한 예술에 대한 너의 정의와 앞뒤가 맞지 않기
②	그렇다.	예술가의 작업에 대한 너의 정의와 앞뒤가 맞지 않기
③	그렇다.	예술가가 느낀 감정이 모두 고상하지는 않다는 너의 주장과 앞뒤가 맞지 않기
④	아니다.	훌륭한 예술에 대한 너의 정의와 앞뒤가 맞지 않기
⑤	아니다.	예술가가 느낀 감정이 모두 고상하지는 않다는 너의 주장과 앞뒤가 맞지 않기

다음 논증에 대한 평가로 적절한 것은?

15 민간(인) 18번

> 전제1 : 절대빈곤은 모두 나쁘다.
>
> 전제2 : 비슷하게 중요한 다른 일을 소홀히 하지 않고도 우리가 막을 수 있는 절대빈곤이 존재한다.
>
> 전제3 : 우리가 비슷하게 중요한 다른 일을 소홀히 하지 않고도 나쁜 일을 막을 수 있다면, 우리는 그 일을 막아야 한다.
>
> 결론 : 우리가 막아야 하는 절대빈곤이 존재한다.

① 모든 전제가 참이라고 할지라도 결론은 참이 아닐 수 있다.

② 전제1을 논증에서 뺀다고 하더라도, 전제2와 전제3만으로 결론이 도출될 수 있다.

③ 비슷하게 중요한 다른 일을 소홀히 해도 막을 수 없는 절대빈곤이 있다면, 결론은 도출되지 않는다.

④ 절대빈곤을 막는 일에 비슷하게 중요한 다른 일을 소홀히 하게 되는 경우가 많다면, 결론은 도출되지 않는다.

⑤ 비슷하게 중요한 다른 일을 소홀히 하지 않고도 막을 수 있는 나쁜 일이 존재한다는 것을 전제로 추가하지 않아도, 주어진 전제만으로 결론은 도출될 수 있다.

다음 세 진술이 모두 거짓일 때, 유물 A~D 중에서 전시되는 유물의 총 개수는?

17 민간(나) 24번

> • A와 B 가운데 어느 하나만 전시되거나, 둘 중 어느 것도 전시되지 않는다.
>
> • B와 C 중 적어도 하나가 전시되면, D도 전시된다.
>
> • C와 D 어느 것도 전시되지 않는다.

① 0개

② 1개

③ 2개

④ 3개

⑤ 4개

문 22. 다음 글의 ㉠에 해당하는 것은? 11 민간(민) 18번

시각도란 대상물의 크기가 관찰자의 눈에 파악되는 상대적인 각도이다. 대상의 윤곽선으로부터 관찰자 눈의 수정체로 선을 확장시킴으로써 시각도를 측정할 수 있는데, 대상의 위아래 또는 좌우의 최외각 윤곽선과 수정체가 이루는 두 선 사이의 예각이 시각도가 된다. 시각도는 대상의 크기와 대상에서 관찰자까지의 거리 두 가지 모두에 의존하며, 대상이 가까울수록 그 시각도가 커진다. 따라서 ㉠ 다른 크기의 대상들이 동일한 시각도를 만들어 내는 사례들이 생길 수 있다.

작은 원이 관찰자에게 가까이 위치하도록 하고, 큰 원이 멀리 위치하도록 해서 두 원이 1도의 시각도를 유지하도록 하는 실험을 한다고 가정해보자. 이 실험에서 눈과 원의 거리를 가늠할 수 있게 하는 모든 정보를 제거하면 두 원의 크기가 같다고 판단된다. 즉 두 원은 관찰자의 망막에 동일한 크기의 영상을 낳기 때문에 다른 정보가 없는 한 동일한 크기의 원으로 인식된다. 왜냐하면 관찰자의 크기 지각이 대상의 실제 크기에 의해 결정되지 않고 관찰자의 망막에 맺힌 영상의 크기에 의해 결정되기 때문이다.

① 어떤 물체의 크기가 옆에 같이 놓인 연필의 크기를 통해 지각된다.
② 고공을 날고 있는 비행기에서 지상에 있는 사물은 매우 작게 보인다.
③ 가까운 화분의 크기가 멀리 떨어진 고층 빌딩과 같은 크기로 지각된다.
④ 차창 밖으로 보이는 집의 크기를 이용해 차와 집과의 거리를 지각한다.
⑤ 빠르게 달리는 차 안에서 보면 가까이 있는 물체는 멀리 있는 물체에 비해 빠르게 지나간다.

문 23. 다음 글의 논증을 약화하는 것만을 〈보기〉에서 모두 고르면? 19 민간(나) 18번

인간 본성은 기나긴 진화 과정의 결과로 생긴 복잡한 전체다. 여기서 '복잡한 전체'란 그 전체가 단순한 부분들의 합보다 더 크다는 의미이다. 인간을 인간답게 만드는 것, 즉 인간에게 존엄성을 부여하는 것은 인간이 갖고 있는 개별적인 요소들이 아니라 이것들이 모여 만들어내는 복잡한 전체이다. 또한 인간 본성이라는 복잡한 전체를 구성하고 있는 하부 체계들은 상호 간에 극단적으로 밀접하게 연관되어 있다. 따라서 그중 일부라도 인위적으로 변경하면, 이는 불가피하게 전체의 통일성을 무너지게 한다. 이 때문에 과학기술을 이용해 인간 본성을 인위적으로 변경하여 지금의 인간을 보다 향상된 인간으로 만들려는 시도는 금지되어야 한다. 이런 시도를 하는 사람들은 인간이 가져야 할 훌륭함이 무엇인지 스스로 잘 안다고 생각하며, 거기에 부합하지 않는 특성들을 선택해 이를 개선하고자 한다. 그러나 인간 본성의 '좋은' 특성은 '나쁜' 특성과 밀접하게 연결되어 있기 때문에, 후자를 개선하려는 시도는 전자에 대해서도 영향을 미칠 수밖에 없다. 예를 들어, 우리가 질투심을 느끼지 못한다면 사랑 또한 느끼지 못하게 된다는 것이다. 사랑을 느끼지 못하는 인간들이 살아가는 사회에서 어떤 불행이 펼쳐질지 우리는 가늠조차 할 수 없다. 즉 인간 본성을 선별적으로 개선하려 들면, 복잡한 전체를 무너뜨리는 위험성이 불가피하게 발생하게 된다. 따라서 우리는 인간 본성을 구성하는 어떠한 특성에 대해서도 그것을 인위적으로 개선하려는 시도에 반대해야 한다.

〈보 기〉
ㄱ. 인간 본성은 인간이 갖는 도덕적 지위와 존엄성의 궁극적 근거이다.
ㄴ. 모든 인간은 자신을 포함하여 인간 본성을 지닌 모든 존재가 지금의 상태보다 더 훌륭하게 되길 희망한다.
ㄷ. 인간 본성의 하부 체계는 상호 분리된 모듈들로 구성되어 있기 때문에 인간 본성의 특정 부분을 인위적으로 변경하더라도 그 변화는 모듈 내로 제한된다.

① ㄱ
② ㄷ
③ ㄱ, ㄴ
④ ㄴ, ㄷ
⑤ ㄱ, ㄴ, ㄷ

(1) 조선을 독립국가로 건설하여, 민주주의적 원칙 아래 발전시키기 위한 조건을 만든다. 오래 지속된 일본의 조선 통치의 참담한 결과를 청산하기 위하여 조선의 공업, 교통, 농업과 조선 인민의 민족문화 발전에 필요한 모든 조치를 단행할 임시 조선민주주의 정부를 가급적 빨리 수립할 것이다.

(2) 조선임시정부 구성을 돕고, 그를 위한 적절한 방안을 연구 조성하기 위하여 먼저 남조선 미합중국 점령군과 북조선 소연방 점령군의 대표자들로 공동위원회를 설치할 것이다. 공동위원회에 참가하는 양국 정부는 공동위원회 의제에 관해 최종 결정을 하기 전에 미리 미·영·중·소의 4국 정부에게 내용을 제출하여야 한다.

(3) 조선인들의 정치적 경제적 사회적 진보와 민주주의적 자치발전과 독립국가의 수립을 돕고 협력하기 위한 방안을 작성하는 작업은 조선임시정부와 민주주의 단체의 참여 아래 공동위원회가 수행한다. 공동위원회는 최고 5년을 기한으로 하는 미·영·중·소 4국 정부의 신탁통치 협약을 조선임시정부와 협의한 후 결정하여 제출한다.

(4) 남·북조선에 관련된 긴급한 문제를 고려하기 위하여, 또한 남조선 미합중국 점령구역과 북조선 소련 점령구역의 행정과 경제의 균형을 수립하기 위하여 2주일 이내에 조선에 주둔하는 미·소 양군 사령부 대표가 참여하는 회의를 소집할 것이다.

① 조선임시정부는 일제의 식민지배를 조속히 청산할 수 있는 조치를 취할 권한을 갖게 될 것이다.

② 미·소 공동위원회는 조선에 독립국가를 수립하기 위한 방안을 조선의 민주단체들과 협의할 것이다.

③ 최고 5년을 기한으로 미·영·중·소 4국을 대표하여 남에는 미국이, 북에는 소련이 신탁통치를 단행할 것이다.

④ 미·소 공동위원회는 신탁통치 협약을 제출하기 전에 조선임시정부와 협의해서 신탁통치의 내용을 결정할 것이다.

⑤ 조선임시정부의 수립을 지원하기 위해 미점령군과 소점령군의 대표자들로 구성된 미·소 공동위원회가 설치될 것이다.

가설과 보조가설로부터 시험 명제 I을 연역적으로 이끌어 냈지만, I가 거짓임이 실험 결과로 밝혀졌다고 해보자. 이 실험 결과를 수용하려면 어느 쪽인가는 수정하여야 한다. 가설을 수정하거나 완전히 폐기할 수도 있고, 아니면 가설은 그대로 유지하면서 보조가설만을 적절히 변경할 수도 있다. 결국 가설이 심각하게 불리한 실험 결과에 직면했을 때조차도 원리상으로는 가설을 유지시킬 수 있는 가능성이 언제나 남아 있는 것이다.

과학사의 예를 하나 생각해 보자. 토리첼리가 대기층의 압력이라는 착상을 도입하기 전에는 단순 펌프의 기능이 자연은 진공을 싫어한다는 가설에 입각하여 설명되었다. 다시 말해 피스톤이 끌려 올라감으로써 펌프통 속에 진공이 생기는데, 자연은 진공을 싫어하기 때문에 그 진공을 채우려고 물이 올라온다는 것이다. 하지만 페리에는 산꼭대기에서 기압계의 수은주가 산기슭에서 보다 3인치 이상 짧아진다는 실험 결과를 제시하였다. 파스칼은 이 실험 결과가 자연은 진공을 싫어한다는 가설을 반박한다고 주장하며 다음처럼 말한다. "만일 수은주의 높이가 산기슭에서의 높이보다 산꼭대기에서 짧아지는 현상이 일어난다면, 그것은 공기의 무게와 압력 때문이지 자연이 진공을 싫어하기 때문이 아니라는 결론이 따라 나오네. 왜냐하면 산꼭대기에 압력을 가하는 공기량보다 산기슭에 압력을 가하는 공기량이 훨씬 많으며, 누구도 자연이 산꼭대기에서보다 산기슭에서 진공을 더 싫어한다고 주장할 수는 없기 때문일세."

파스칼의 이런 언급은 진공에 대한 자연의 혐오라는 가설이 구제될 수 있는 실마리를 제공한다. 페리에의 실험 결과는, 자연이 진공을 싫어한다는 가설이 함께 전제하고 있는 보조가설들 가운데 ＿＿＿(가)＿＿＿를 반박하는 증거였다. 진공에 대한 자연의 혐오라는 가설과 페리에가 발견한 명백하게 불리한 증거를 수용하기 위해서는 앞의 보조가설 대신 ＿＿＿(나)＿＿＿를 보조가설로 끌어들이는 것으로 충분하다.

─── 〈보 기〉 ───
ㄱ. 진공에 대한 자연의 혐오 강도는 고도에 구애받지 않는다.
ㄴ. 진공에 대한 자연의 혐오가 고도의 증가에 따라 증가한다.
ㄷ. 진공에 대한 자연의 혐오가 고도의 증가에 따라 감소한다.

	(가)	(나)
①	ㄱ	ㄴ
②	ㄱ	ㄷ
③	ㄴ	ㄱ
④	ㄴ	ㄷ
⑤	ㄷ	ㄱ

CHAPTER 02
기출동형모의고사 2회

문 1. 다음 글을 통해 알 수 없는 것은? 07 행시(외) 02번

장수왕 2년(414년)에 부왕의 업적을 기리기 위해 세운 「광개토대왕릉비」에는 고구려의 건국 시조가 하늘의 최고 주재자인 천제(天帝)의 아들이며 어머니가 하백(河伯)의 딸임을 천명하고 있다. 그리고 황천지자(皇天之子)라고 표현한 것 역시 하늘에 직접 닿는 천자를 의미하며, 이는 중국의 천자와 동일한 구조를 지니고 있다.

역시 5세기 초반에 만들어졌을 것으로 추정되는 「모두루묘지(牟頭婁墓誌)」에는 앞서 살펴본 「광개토대왕릉비」에는 없던 신화적 요소가 도입되어 있는데, 일월지자(日月之子)가 그것이다. 고구려를 세운 추모왕(주몽)은 하늘의 일월(日月)이 내린 천자이니 이 나라야말로 천하 사방의 중심이요, 가장 성스러운 곳이라는 인식이 처음으로 등장한 것이다. 그리고 보통 일월은 하늘의 대변자로 인식되므로 하늘과 다르지 않다고 할 것이나, 하늘의 존재를 일월로 구체화하였다는 점에서 관점이 조금 이동되어 있다. 5세기 전후에는 이미 고분 벽화 속에 일월성수도를 그리는 문화가 유행하고 있었는데, 이는 성스러움의 근원을 구체적인 천체에서 구하고자 하는 천문관의 반영이라 할 수 있다.

김부식의 『삼국사기』(1145년) 고구려본기에는 기존에 없던 해모수 신화가 삽입되어 주몽이 천제의 아들이라 일컬어지던 해모수(解慕漱)와 하백의 딸 유화(柳花) 사이에서 태어난 아들이라 하였다. 이렇게 되면 주몽은 천자가 아닌 천손(天孫)이 된다. 그러나 같은 책에서 주몽 자신이 천제의 아들이라고 말하는 장면이 기록되어 천자 관점과 천손 관점이 혼용되어 있음을 알 수 있다. 보각국사 일연의 『삼국유사』(1281년) 고구려조에 실린 주몽 신화에도 『삼국사기』 고구려본기와 동일한 혼합구조가 보이고 있다. 그런데 『삼국유사』 왕력편에서 주몽을 단군의 아들이라 하여 단군과 해모수를 동일시하는 모습을 보이고 있다.

천손 관점으로 완전히 재해석한 작업은 이규보의 『동국이상국집』에 실린 「동명왕편」(1192년)에서 발견된다. 이규보가 고려초 간행된 『구삼국사』의 동명왕본기를 정독하여 지었다는 「동명왕편」에서는 '해동의 해모수는 진실로 하늘의 아들(海東解慕漱眞是天之子)이며 주몽은 하늘의 손자이자 하백의 외손(天孫河伯甥)'이라 하여, 천제-해모수-주몽으로 이어지는 일통계보를 만들었다. 이규보 뒷시대 인물인 이승휴의 『제왕운기』(1287년)에는 이러한 천손 관점이 정착되고 있다.

① 고구려 건국 시조에 대한 신화화 과정에서 고구려의 왕을 천하의 중심으로 놓는 사상을 볼 수 있다.

② 고구려 건국 시조에 대한 신화화 작업은 시대에 따라 새로운 요소가 추가되거나 전승 주체에 따라 다른 방식으로 재해석되었다.

③ '황천' 또는 '천제'라는 관념적인 표현을 '일월'로 표현하는 것에는 구체적 대상에서 성스러움의 근원을 찾으려는 관념이 반영되어 있다.

④ 주몽을 천제지손(天帝之孫)으로 보는 인식은 『삼국사기』에서 볼 수 있고, 이러한 인식은 이규보의 「동명왕편」을 거쳐 이승휴의 『제왕운기』에서 정착되었다.

⑤ 신화 계보상 해모수와 단군이 이명동인(異名同人)이라는 인식이 있었고, 이 인식으로 인하여 한국사에서 천제-해모수-주몽으로 이어지는 일통(一統) 신화가 시작되었다.

문 2. 다음 글의 내용이 참일 때, 참인지 거짓인지 알 수 있는 것만을 〈보기〉에서 모두 고르면? 19 민간(나) 09번

머신러닝은 컴퓨터 공학에서 최근 주목 받고 있는 분야이다. 이 중 샤펠식 과정은 성공적인 적용 사례들로 인해 우리에게 많이 알려진 학습 방법이다. 머신러닝의 사례 가운데 샤펠식 과정에 해당하면서 의사결정트리 방식을 따르지 않는 경우는 없다.

머신러닝은 지도학습과 비지도학습이라는 두 배타적 유형으로 나눌 수 있고, 모든 머신러닝의 사례는 이 두 유형 중 어디엔가 속한다. 샤펠식 과정은 모두 전자에 속한다. 머신러닝에서 새로 떠오르는 방법은 강화학습인데, 강화학습을 활용하는 모든 경우는 후자에 속한다. 그리고 의사결정트리 방식을 적용한 사례들 가운데 강화학습을 활용하는 머신러닝의 사례도 있다.

───────〈 보 기 〉───────

ㄱ. 의사결정트리 방식을 적용한 모든 사례는 지도학습의 사례이다.

ㄴ. 샤펠식 과정의 적용 사례가 아니면서 의사결정트리 방식을 적용한 경우가 존재한다.

ㄷ. 강화학습을 활용하는 머신러닝 사례들 가운데 의사결정트리 방식이 적용되지 않은 경우는 없다.

① ㄴ
② ㄷ
③ ㄱ, ㄴ
④ ㄱ, ㄷ
⑤ ㄱ, ㄴ, ㄷ

　　모든 역사는 '현대의 역사'라고 크로체는 언명했다. 역사란 본질적으로 현재의 관점에서 과거를 본다는 데에서 성립되며, 역사가의 주임무는 기록에 있는 것이 아니라 가치의 재평가에 있다는 것이다. 역사가가 가치의 재평가를 하지 않는다면 기록될 만한 가치 있는 것이 무엇인지를 알 수 없기 때문이다. 1916년 미국의 역사가 칼 벡커도 "㉠ 역사적 사실이란 역사가가 이를 창조하기까지는 존재하지 않는다."라고 주장하면서 "모든 역사적 판단의 기초를 이루는 것은 ㉡ 실천적 요구이기 때문에 모든 역사에는 현대의 역사라는 성격이 부여된다. 서술되는 사건이 아무리 먼 시대의 것이라고 할지라도 역사가 실제로 반영하는 것은 현재의 요구 및 현재의 상황이며 사건은 다만 그 속에서 메아리칠 따름이다."라고 하였다.

　　크로체의 이런 생각은 옥스포드의 철학자이며 역사가인 콜링우드에게 큰 영향을 끼쳤다. 콜링우드는 역사 철학이 취급하는 것은 '㉢ 사실 그 자체'나 '사실 그 자체에 대한 역사가의 이상' 중 어느 하나가 아니고 '상호관계 하에 있는 양자(兩者)'라고 하였다. 역사가가 연구하는 과거는 죽어 버린 과거가 아니라 어떤 의미에서는 아직도 ㉣ 현재 속에 살아 있는 과거이다. 현재의 상황 속에서 역사가의 이상에 따라 해석된 과거이기 때문이다. 따라서 과거는 그 배후에 놓인 사상을 역사가가 이해할 수 없는 한 그에게 있어서는 죽은 것, 즉 무의미한 것이다. 이와 같은 의미에서 '모든 역사는 사상의 역사'라는 것이며 또한 '역사는 역사가가 자신이 연구하고 있는 사람들의 이상을 자신의 마음속에 재현한 것'이라는 것이다. 역사가의 마음속에서 이루어지는 과거의 재구성은 경험적인 증거에 의거하여 행해지지만, 재구성 그 자체는 경험적 과정이 아니며 또한 사실의 단순한 암송만으로 될 수 있는 것도 아니다. 오히려 이와는 반대로 ㉤ 재구성의 과정은 사실의 선택 및 해석을 지배하는 것이며 바로 이것이야말로 사실을 역사적 사실로 만들어 놓는 과정이다.

① ㉠-역사가에 의해 재평가됨으로써 의미가 부여된 것
② ㉡-객관적 사실(事實)을 밝히려는 역사가의 적극적인 욕구
③ ㉢-역사가에 의해 해석되기 전의 객관적 사실(事實)
④ ㉣-역사가가 자신의 이상에 따라 해석한 과거
⑤ ㉤-역사가에 의해 사실(事實)이 사실(史實)로 되는 과정

　　1964년 1월에 열린 아랍 정상회담의 결정에 따라 같은 해 5월 팔레스타인 사람들은 팔레스타인 해방기구(PLO)를 조직했다. 아랍연맹은 팔레스타인 해방기구를 팔레스타인의 유엔 대표로 인정하였으며, 팔레스타인 해방기구는 아랍 전역에 흩어진 난민들을 무장시켜 해방군을 조직했다. 바야흐로 주변 아랍국가들의 지원에 의지하던 팔레스타인 사람들이 자기 힘으로 영토를 되찾기 위해 총을 든 것이다. 그러나 팔레스타인 해방기구의 앞길이 순탄한 것은 결코 아니었다. 아랍국가 중 군주제 국가들은 이스라엘과 정면충돌할까 두려워 팔레스타인 해방기구를 자기 영토 안에 받아들이지 않으려 했고, 소련과 같은 사회주의 국가들과 이집트, 시리아만이 팔레스타인 해방기구를 지원했다.

　　1967년 6월 5일에 이스라엘의 기습공격으로 제3차 중동전쟁이 시작되었다. 이 '6일 전쟁'에서 아랍연합군은 참패했고, 이집트는 시나이반도를 빼앗겼다. 참패 이후 팔레스타인 해방기구의 온건한 노선을 비판하며 여러 게릴라 조직들이 탄생하였다. 팔레스타인 해방인민전선(PFLP)을 비롯한 수많은 게릴라 조직들은 이스라엘은 물론이고 제국주의에 봉사하는 아랍국가들의 집권층, 그리고 미국을 공격 목표로 삼았다. 1970년 9월에 아랍민족주의와 비동맹운동의 기수였던 이집트 대통령 나세르가 사망함으로써 팔레스타인 해방운동은 더욱 불리해졌다. 왜냐하면 사회주의로 기울었던 나세르와 달리 후임 대통령 사다트는 국영기업을 민영화하고 친미 정책을 시행했기 때문이다.

―〈보 기〉―

ㄱ. 팔레스타인 해방기구는 자신들의 힘으로 잃어버린 영토를 회복하려 하였다.
ㄴ. 중동전쟁으로 인해 이집트에는 팔레스타인 해방운동을 지지했던 정권이 무너지고 반 아랍민족주의 정권이 들어섰다.
ㄷ. 팔레스타인 해방기구와 달리 강경 노선을 취하는 게릴라 조직들은 아랍권 내 세력들도 공격 대상으로 삼았다.
ㄹ. 사회주의에 경도된 아랍민족주의는 군주제를 부정했기 때문에 아랍의 군주제 국가들이 팔레스타인 해방기구를 꺼려했다.

① ㄱ, ㄴ　　　　　　　　② ㄱ, ㄷ
③ ㄱ, ㄴ, ㄷ　　　　　　④ ㄴ, ㄷ, ㄹ
⑤ ㄱ, ㄴ, ㄷ, ㄹ

두뇌 연구는 지금까지 뉴런을 중심으로 진행되어 왔다. 뉴런 연구로 노벨상을 받은 카얄은 뉴런이 '생각의 전화선'이라는 이론을 확립하여 사고와 기억 등 두뇌에서 일어나는 모든 현상을 뉴런의 연결망과 뉴런 간의 전기 신호로 설명했다. 그러나 두뇌에는 뉴런 외에도 신경교 세포가 존재한다. 신경교 세포는 뉴런처럼 그 수가 많지만 전기 신호를 전달하지 못한다. 이 때문에 과학자들은 신경교 세포가 단지 두뇌 유지에 필요한 영양 공급과 두뇌 보호를 위한 전기 절연의 역할만을 가진다고 여겼다.

최근 과학자들은 신경교 세포에서 그 이상의 기능을 발견했다. 신경교 세포 중에도 '성상세포'라 불리는 별 모양의 세포는 자신만의 화학적 신호를 가진다는 것이 밝혀졌다. 성상세포는 뉴런처럼 전기를 이용하지는 않지만, '뉴런송신기'라고 불리는 화학물질을 방출하고 감지한다. 과학자들은 이러한 화학적 신호의 연쇄 반응을 통해 신경교 세포가 전체 뉴런을 조정한다고 추론했다.

A 연구팀은 신경교 세포가 전체 뉴런을 조정하면서 기억력과 사고력을 향상시킨다고 예상하고서, 이를 확인하기 위해 인간의 신경교 세포를 갓 태어난 생쥐의 두뇌에 주입했다. 쥐가 자라면서 주입된 인간의 신경교세포도 성장했다. 이 세포들은 쥐의 뉴런들과 완벽하게 결합되어 쥐의 두뇌 전체에 걸쳐 퍼지게 되었다. 심지어 어느 두뇌 영역에서는 쥐의 뉴런의 숫자를 능가하기도 했다. 뉴런과 달리 쥐와 인간의 신경교 세포는 비교적 쉽게 구별된다. 인간의 신경교 세포는 매우 길고 무성한 섬유질을 가지기 때문이다. 쥐에 주입된 인간의 신경교 세포는 그 기능을 그대로 간직한다. 그렇게 성장한 쥐들은 다른 쥐들과 잘 어울렸고, 다른 쥐들의 관심을 끄는 것에 흥미를 보였다. 이 쥐들은 미로를 통과해 치즈를 찾는 테스트에서 더 뛰어났다. 보통의 쥐들은 네다섯 번의 시도 끝에 올바른 길을 배웠지만, 인간의 신경교 세포를 주입받은 쥐들은 두 번 만에 학습했다.

① 인간의 신경교 세포를 쥐에게 주입하면, 쥐의 뉴런은 전기 신호를 전달하지 못할 것이다.
② 인간의 뉴런 세포를 쥐에게 주입하면, 쥐의 두뇌에는 화학적 신호의 연쇄 반응이 더 활발해질 것이다.
③ 인간의 뉴런 세포를 쥐에게 주입하면, 그 뉴런 세포는 쥐의 두뇌 유지에 필요한 영양을 공급할 것이다.
④ 인간의 신경교 세포를 쥐에게 주입하면, 그 신경교 세포는 쥐의 뉴런을 보다 효과적으로 조정할 것이다.
⑤ 인간의 신경교 세포를 쥐에게 주입하면, 그 신경교 세포는 쥐의 신경교 세포의 기능을 갖도록 변화할 것이다.

다른 사람의 증언은 얼마나 신뢰할 만할까? 증언의 신뢰성은 두 가지 요인에 의해서 결정된다. 첫 번째 요인은 증언하는 사람이다. 만약 증언하는 사람이 거짓말을 자주 해서 신뢰하기 어려운 사람이라면 그의 말의 신뢰성은 떨어질 수밖에 없다. 두 번째 요인은 증언 내용이다. 만약 증언 내용이 우리의 상식과 상당히 동떨어져 있어 보인다면 증언의 신뢰성은 떨어질 수밖에 없다. 그렇다면 이 두 요인이 서로 대립하는 경우는 어떨까? 가령 매우 신뢰할 만한 사람이 기적이 일어났다고 증언하는 경우에 우리는 그 증언을 얼마나 신뢰해야 하는가?

이 질문에는 [   ]는 원칙을 적용해서 답할 수 있다. 이 원칙을 기적에 대한 증언에 적용시키기 위해서는 먼저 기적에 대해서 생각해 볼 필요가 있다. 기적이란 자연법칙을 위반한 사건이다. 여기서 자연법칙이란 지금까지 우주의 전체 역사에서 일어났던 모든 사건들이 따랐던 규칙이다. 그렇다면 자연법칙을 위반하는 사건 즉 기적은 아직까지 한 번도 일어나지 않은 사건이다. 한편 우리는 충분히 신뢰할 만한 사람이 자신의 의지와 무관하게 거짓을 말하는 경우를 이따금 관찰할 수 있다. 따라서 그런 사건이 일어날 확률은 매우 신뢰할 만한 사람이 거짓 증언을 할 확률보다 작을 수밖에 없다. 결국 우리는 기적이 일어났다는 증언을 신뢰해서는 안 된다.

① 어떤 사람이 참인 증언을 할 확률이 그 증언 내용이 실제로 일어날 확률보다 작은 경우에만 증언을 신뢰해야 한다
② 어떤 사람이 거짓 증언을 할 확률이 그 증언 내용이 실제로 일어날 확률보다 작은 경우에만 증언을 신뢰해야 한다
③ 어떤 사람이 거짓 증언을 할 확률이 그 증언 내용이 실제로 일어나지 않을 확률보다 작은 경우에만 증언을 신뢰해야 한다
④ 어떤 사람이 제시한 증언 내용이 일어날 확률이 그것이 일어나지 않을 확률보다 더 큰 경우에만 그 증언을 신뢰해야 한다
⑤ 어떤 사람이 제시한 증언 내용이 일어날 확률이 그것이 일어나지 않을 확률보다 더 작은 경우에만 그 증언을 신뢰해야 한다

'청렴(淸廉)'은 현대 사회에서 좁게는 반부패와 동의어로 사용되며 넓게는 투명성과 책임성 등을 포괄하는 통합적 개념으로 사용되고 있다. 유학자들은 청렴을 효제와 같은 인륜의 덕목보다는 하위에 두었지만 군자라면 마땅히 지켜야 할 일상의 덕목으로 중시하였다. 조선의 대표적 유학자였던 이황과 이이는 청렴을 사회규율이자 개인 처세의 지침으로 강조하였다. 특히 공적 업무에 종사하는 사람이라면 사회 규율로서의 청렴이 개인의 처세와 직결된다는 점에 유념해야 한다고 보았다.

청렴에 대한 논의는 정약용의 『목민심서』에서 본격적으로 나타난다. 정약용은 청렴이야말로 목민관이 지켜야 할 근본적인 덕목이며 목민관의 직무는 청렴이 없이는 불가능하다고 강조하였다. 정약용은 청렴을 당위의 차원에서 주장하는 기존의 학자들과 달리 행위자 자신에게 실질적 이익이 된다는 점을 들어 설득하고자 한다. 그는 청렴은 큰 이득이 남는 장사라고 말하면서, 지혜롭고 욕심이 큰 사람은 청렴을 택하지만 지혜가 짧고 욕심이 작은 사람은 탐욕을 택한다고 설명한다. 정약용은 "지자(知者)는 인(仁)을 이롭게 여긴다."라는 공자의 말을 빌려 "지혜로운 자는 청렴함을 이롭게 여긴다."라고 하였다. 비록 재물을 얻는 데 뜻이 있더라도 청렴함을 택하는 것이 결과적으로는 지혜로운 선택이라고 정약용은 말한다. 목민관의 작은 탐욕은 단기적으로 보면 눈앞의 재물을 취하여 이익을 얻을 수 있겠지만 궁극에는 개인의 몰락과 가문의 불명예를 가져올 수 있기 때문이다.

정약용은 청렴을 지키는 것은 두 가지 효과가 있다고 보았다. 첫째, 청렴은 다른 사람에게 긍정적 효과를 미친다. 목민관이 청렴할 경우 백성을 비롯한 공동체 구성원에게 좋은 혜택이 돌아갈 것이다. 둘째, 청렴한 행위를 하는 것은 목민관 자신에게도 좋은 결과를 가져다준다. 청렴은 그 자신의 덕을 높이는 것일 뿐 아니라 자신의 가문에 빛나는 명성과 영광을 가져다줄 것이다.

① 정약용은 청렴이 목민관이 반드시 지켜야 할 덕목임을 당위론 차원에서 정당화하였다.

② 정약용은 탐욕을 택하는 것보다 청렴을 택하는 것이 이롭다는 공자의 뜻을 계승하였다.

③ 정약용은 청렴한 사람은 욕심이 작기 때문에 재물에 대한 탐욕에 빠지지 않는다고 보았다.

④ 정약용은 청렴이 백성에게 이로움을 줄 뿐 아니라 목민관 자신에게도 이로운 행위라고 보았다.

⑤ 이황과 이이는 청렴을 개인의 처세에 있어 주요 지침으로 여겼으나 사회 규율로는 보지 않았다.

1979년 경찰관 출신이자 샌프란시스코 시의원이었던 화이트 씨는 시장과 시의원을 살해했다는 이유로 1급 살인죄로 기소되었다. 화이트의 변호인은 피고인이 스낵과자를 비롯해, 컵케이크, 캔디 등을 과다 섭취했는데 당분 과다로 뇌의 화학적 균형이 무너져 정신에 장애가 왔다고 주장하면서 책임 경감을 요구했다. 재판부는 변호인의 주장을 인정하여 계획 살인죄보다 약한 일반 살인죄를 적용하여 7년 8개월의 금고형을 선고했다. 이 항변은 당시 미국에서 인기 있던 스낵과자의 이름을 따 '트윙키 항변'이라 불렸고 사건의 사회성이나 의외의 소송 전개 때문에 큰 화제가 되었다.

1982년 슈엔달러는 교정시설에 수용된 소년범 276명을 대상으로 섭식과 반사회 행동의 상관관계에 대해 실험하였다. 기존 식단에서 각설탕을 배식하다가 꿀로 바꾸어 보고, 설탕이 많이 들어간 음료수를 주다가 설탕이 가미되지 않은 천연 과일 주스를 주는 식으로 변화를 주었다. 설탕처럼 정제한 당의 섭취를 원천적으로 차단했더니 그 결과 시설 내 폭행, 절도, 규율 위반, 패싸움 등이 실험 전에 비해 무려 45%나 감소하였다. 이 실험이 직접적으로 보여주는 것은 ＿＿＿＿＿＿＿＿＿＿＿＿ 는 것이다.

① 과도한 영양섭취가 범죄 발생에 영향을 미친다.

② 과다한 정제당 섭취가 반사회적 행동을 유발할 수 있다.

③ 가공 식품의 섭취가 일반적으로 폭력 행위를 증가시킨다.

④ 정제당 첨가물로 인한 모든 범죄 행위는 그 책임이 경감되어야 한다.

⑤ 범죄 예방을 위해 교정시설 내 소년범들에게 천연 과일을 제공해야 한다.

> A : 개인은 자신과 특별히 관계 되는 것에 대해 권리를 지닌다. 누구의 행동이든 다른 사람의 권리를 침해하면, 그것은 규제의 대상이 된다. 다시 말해 어떤 행동이 타인의 권리를 침해한다는 사실은 그 행동이 규제의 대상이 될 수 있는 충분조건이 된다.
>
> B : 개인의 행동이 다른 사람의 권리를 전혀 침해하지 않는다면 그것은 규제의 대상이 될 수 없다. 바꾸어 말해 어떤 사람의 행동이 타인의 권리를 침해할 경우에만, 그것은 규제의 대상이 될 수 있다. 즉 어떤 행동이 타인의 권리를 침해한다는 사실은 그 행동이 규제의 대상이 되기 위한 필요조건이 된다.
>
> C : 사회에서 사람이 하는 일 가운데 타인에게 아무런 영향도 끼치지 않는 것은 없다. 전적으로 고립되어 사는 사람은 없다. 설령 자신의 잘못된 행동이나 어리석은 일로 다른 사람에게 직접 해를 주지 않는다 하더라도 바람직하지 못한 본보기가 되어 다른 사람에게 해를 줄 수 있고, 그래서 다른 사람의 권리를 침해할 수 있기 때문이다. 그러므로 사람이 하는 일은 모두 규제의 대상이 되어야 한다.

① A가 규제의 대상이라고 보는 행위 가운데 C는 규제의 대상이 되지 않는다고 할 행위도 있다.

② B는 규제의 대상이 되는 행위의 범위를 A보다 더 넓게 잡는 사람이다.

③ 타인의 권리를 침해하더라도 규제의 대상이 되지 않는 행위가 있다면, 이는 A의 입장의 반례가 된다.

④ 마땅히 규제의 대상이 되어야만 하는데 타인의 권리를 침해하지 않는 행위가 있다면, B의 입장은 강화된다.

⑤ 타인의 권리를 침해해서 규제의 대상이 되고 있는 행위가 있다면, 이는 C의 입장의 반례가 된다.

> 언뜻 보아서는 살쾡이와 고양이를 구별하기 힘들다. 살쾡이가 고양잇과의 포유동물이어서 고양이와 흡사하기 때문이다. 그래서인지 '살쾡이'란 단어는 '고양이'와 연관이 있다. '살쾡이'의 '쾡이'가 '괭이'와 연관이 있는데, '괭이'는 '고양이'의 준말이기 때문이다.
>
> '살쾡이'는 원래 '삵'에 '괭이'가 붙어서 만들어진 단어이다. '삵'은 그 자체로 살쾡이를 뜻하는 단어였다. 살쾡이의 모습이 고양이와 비슷해도 단어 '삵'은 '고양이'와는 아무런 연관이 없다. 그런데도 '삵'에 고양이를 뜻하는 '괭이'가 덧붙게 되었다. 그렇다고 '살쾡이'가 '삵과 고양이', 즉 살쾡이와 고양이란 의미를 가지는 것은 아니다. 단지 '삵'에 비해 '살쾡이'가 후대에 생겨난 단어일 뿐이다. '호랑이'란 단어도 이런 식으로 생겨났다. '호랑이'는 '호'(虎, 범)와 '랑'(狼, 이리)으로 구성되어 있으면서도 '호랑이와 이리'란 뜻을 가진 것이 아니라 그 뜻은 역시 '범'인 것이다.
>
> '살쾡이'는 '삵'과 '괭이'가 합쳐져 만들어진 단어이기 때문에 '삵괭이' 또는 '삭괭이'로도 말하는 지역이 있으며, '삵'의 'ㄱ' 때문에 뒤의 '괭이'가 된소리인 '꽹이'가 되어 '삭꽹이' 또는 '살꽹이'로 말하는 지역도 있다. 그리고 '삵'에 거센소리가 발생하여 '살쾡이'로 발음하는 지역도 있다. 주로 서울 지역에서 '살쾡이'로 발음하기 때문에 '살쾡이'를 표준어로 삼았다. 반면에 북한의 사전에서는 '살쾡이'를 찾을 수 없고 '살쾡이'만 찾을 수 있다. 남한에서 '살쾡이'를 '살쾡이'의 방언으로 처리한 것과는 다르다.

① '호랑이'는 '호'(虎, 범)보다 나중에 형성되었다.

② 두 단어가 합쳐져 하나의 대상을 지시할 수 있다.

③ '살쾡이'가 남·북한 사전 모두에 실려 있는 것은 아니다.

④ '살쾡이'는 가장 광범위하게 사용되기 때문에 표준어로 정해졌다.

⑤ '살쾡이'의 방언이 다양하게 나타나는 것은 지역의 발음 차이 때문이다.

조선 후기 숙종 때 서울 시내의 무뢰배가 검계를 결성하여 무술훈련을 하였다. 좌의정 민정중이 '검계의 군사훈련 때문에 한양의 백성들이 공포에 떨고 있으니 이들을 처벌해야 한다.'고 상소하자 임금이 포도청에 명하여 검계 일당을 잡아들이게 하였다. 포도대장 장봉익은 몸에 칼자국이 있는 자들을 잡아들였는데, 이는 검계 일당이 모두 몸에 칼자국을 내어 자신들과 남을 구별하는 징표로 삼았기 때문이다.

검계는 원래 향도계에서 비롯하였다. 향도계는 장례를 치르기 위해 결성된 계였다. 비용이 많이 소요되는 장례에 대비하기 위해 계를 구성하여 평소 얼마간 금전을 갹출하고, 구성원 중에 상을 당한 자가 있으면 갹출한 금전에 얼마를 더하여 비용을 마련해주는 방식이었다. 향도계는 서울 시내 백성들에게 널리 퍼져 있었으며, 양반들 중에도 가입하는 이들이 있었다. 향도계를 관리하는 조직을 도가라 하였는데, 도가는 점차 죄를 지어 법망을 피하려는 자들을 숨겨주는 소굴이 되었다. 이 도가 내부의 비밀조직이 검계였다.

검계의 구성원들은 스스로를 왈짜라 부르고 있었다. 왈짜는 도박장이나 기생집, 술집 등 도시의 유흥공간을 세력권으로 삼아 활동하는 이들이었다. 하지만 모든 왈짜가 검계의 구성원이었던 것은 아니다. 왈짜와 검계는 모두 폭력성을 지녔고 활동하는 주 무대도 같았지만 왈짜는 검계와 달리 조직화된 집단은 아니었다. 부유한 집안의 아들이었던 김홍연은 대과를 준비하다가 너무 답답하다는 이유로 중도에 그만두고 무과 공부를 하였다. 그는 무예에 탁월했지만 지방 출신이라는 점이 출세하는 데 장애가 될 것을 염려하여 무과 역시 포기하고 왈짜가 되었다. 김홍연은 왈짜였지만 검계의 일원은 아니었다.

① 도가의 장은 향도계의 장을 겸임하였다.
② 향도계의 구성원 중에는 검계 출신이 많았다.
③ 향도계는 공공연한 조직이었지만 검계는 비밀조직이었다.
④ 몸에 칼자국이 없으면서 검계의 구성원인 왈짜도 있었다.
⑤ 김홍연이 검계의 일원이 되지 못하고 왈짜에 머물렀던 것은 지방 출신이었기 때문이다.

이슬람 금융 방식은 돈만 빌려 주고 금전적인 이자만을 받는 행위를 금지하는 이슬람 율법에 따라 실물자산을 동반하는 거래의 대가로서 수익을 분배하는 방식을 말한다. 이슬람 금융 방식에는 '무라바하', '이자라', '무다라바', '무샤라카', '이스티스나' 등이 있다.

무라바하와 이자라는 은행이 채무자가 원하는 실물자산을 매입할 경우 그것의 소유권이 누구에게 있느냐에 따라 구별된다. 실물자산의 소유권이 은행에서 채무자로 이전되면 무라바하이고, 은행이 소유권을 그대로 보유하면 이자라이다. 무다라바와 무샤라카는 주로 투자 펀드나 신탁 금융에서 활용되는 방식으로서 투자자와 사업자의 책임 여부에 따라 구별된다. 사업 시 발생하는 손실에 대한 책임이 투자자에게만 있으면 무다라바이다. 양자의 협상에 따라 사업에 대한 이익을 배분하긴 하지만, 손실이 발생할 경우 사업자는 그 손실에 대한 책임을 가지지 않는다. 반면에 투자자와 사업자가 공동으로 사업에 대한 책임과 이익을 나누어 가지면 무샤라카이다. 이스티스나는 장기 대규모 건설 프로젝트에 활용되는 금융 지원 방식으로서 투자자인 은행은 건설 자금을 투자하고 사업자는 건설을 담당한다. 완공 시 소유권은 투자자에게 귀속되고, 사업자는 그 자산을 사용해서 얻은 수입으로 투자자에게 임차료를 지불한다.

─────── 〈보 기〉 ───────

ㄱ. 사업에 대한 책임이 투자자가 아니라 사업자에게만 있으면 무다라바가 아니라 무샤라카이다.
ㄴ. 은행과 사업자가 공동으로 투자하여 사업을 수행하고 이익을 배분하면 무샤라카가 아니라 이스티스나이다.
ㄷ. 은행이 채무자가 원하는 부동산을 직접 매입 후 소유권 이전 없이 채무자에게 임대하면 무라바하가 아니라 이자라이다.

① ㄱ
② ㄷ
③ ㄱ, ㄴ
④ ㄴ, ㄷ
⑤ ㄱ, ㄴ, ㄷ

문 13. 다음 글을 토대로 판단할 때, 〈보기〉의 진술 중 반드시 참인 것을 모두 고르면? 09 행시(경) 15번

장애 아동을 위한 특수 교육 학교가 있다. 그 학교에는 키 성장이 멈추거나 더디어서 110cm 미만인 아동이 10명, 심한 약시로 꾸준한 치료와 관리가 필요한 아동이 10명 있다. 키가 110cm 미만인 아동은 모두 특수 스트레칭 교육을 받는다. 그리고 특수 스트레칭 교육을 받는 아동 중에는 약시인 아동은 없다. 어떤 아동이 약시인 경우에만 특수 영상장치가 설치된 학급에서 교육을 받는다. 숙이, 철이, 석이는 모두 이 학교에 다니는 아동이다.

─── 〈보 기〉 ───
ㄱ. 특수 스트레칭 교육을 받으면서 특수 영상장치가 설치된 반에서 교육을 받는 아동은 없다.
ㄴ. 숙이가 약시가 아니라면, 그의 키는 110cm 미만이다.
ㄷ. 석이가 특수 영상장치가 설치된 반에서 교육을 받는다면, 그는 키가 110cm 이상이다.
ㄹ. 철이 키가 120cm이고 약시는 아니라면, 그는 특수 스트레칭 교육을 받지 않는다.

① ㄱ, ㄴ
② ㄱ, ㄷ
③ ㄴ, ㄷ
④ ㄴ, ㄹ
⑤ ㄷ, ㄹ

문 14. 다음을 참이라고 가정할 때, 반드시 참인 것만을 〈보기〉에서 모두 고르면? 14 민간(A) 08번

- A, B, C, D 중 한 명의 근무지는 서울이다.
- A, B, C, D는 각기 다른 한 도시에서 근무한다.
- 갑, 을, 병 각각의 두 진술 중 하나는 참이고 다른 하나는 거짓이다.
- 갑은 "A의 근무지는 광주이다."와 "D의 근무지는 서울이다."라고 진술했다.
- 을은 "B의 근무지는 광주이다."와 "C의 근무지는 세종이다."라고 진술했다.
- 병은 "C의 근무지는 광주이다."와 "D의 근무지는 부산이다."라고 진술했다.

─── 〈보 기〉 ───
ㄱ. A의 근무지는 광주이다.
ㄴ. B의 근무지는 서울이다.
ㄷ. C의 근무지는 세종이다.

① ㄱ
② ㄷ
③ ㄱ, ㄴ
④ ㄴ, ㄷ
⑤ ㄱ, ㄴ, ㄷ

문 15. 다음 글에서 알 수 있는 것은? 12 민간(인) 16번

1937년 영국에서 거행된 조지 6세의 대관식에 귀족들은 대부분 자동차를 타고 왔다. 대관식에 동원된 마차는 단 세 대밖에 없었을 정도로 의례에서 마차가 차지하는 비중이 작아졌다. 당시 마차에 관련된 서적에서 나타나듯이, 대귀족 가문들조차 더 이상 호화로운 마차를 사용하지 않았다. 당시 마차들은 조각이 새겨진 황금빛 왕실 마차와 같이 순전히 의례용으로 이용되는 경우를 제외하고는 거의 사용되지 않은 채 방치되었다.

제2차 세계대전 이후 전투기와 탱크와 핵폭탄이 세계를 지배하면서, 대중은 급격한 과학 기술의 발전에 두려움과 어지러움을 느끼게 되었다. 이런 배경에서 영국 왕실의 의례에서는 말과 마차와 검과 깃털 장식 모자의 장엄한 전통이 정치적으로 부활했다. 1953년 엘리자베스 2세의 대관식은 전통적인 방식으로 성대하게 치러졌다. 대관식에 참여한 모든 외국 왕족과 국가 원수를 마차에 태웠고, 이때 부족한 일곱 대의 마차를 한 영화사에서 추가로 임대할 정도였다.

왕실의 고풍스러운 의례가 전파로 송출되기 시작하면서, 급변하는 사회를 혼란스러워 하던 대중은 전통적 왕실 의례에서 위안을 찾았다. 국민의 환호와 열광 속에 화려한 마차를 타고 개선로를 통과하는 군주에게는 어수선한 시대의 안정적 구심점이라는 이미지가 부여되었다. 군주는 전후 경제적 피폐와 정치적 혼란의 양상을 수습하고 국가의 질서를 재건하는 상징적 존재로 부상하였다.

① 1953년 영국 왕실의 의전 행사 방식은 1937년의 그것과 같았다.
② 영국 왕실 의례는 영국의 지역 간 통합에 순기능으로 작동했다.
③ 영화는 영국 왕실 의례가 대중에 미치는 영향력을 잘 보여주었다.
④ 시대의 변화에 따라 영국 왕실 의례의 장엄함과 섬세함은 왕실 외부로 알려지지 않게 되었다.
⑤ 제2차 세계대전 이후 전통적 영국 왕실 의례의 부활은 대중들에게 위안과 안정을 주는 역할을 하였다.

과학 탐구에 실험이 본격적으로 채용된 것은 근대 이후이다. 특히 ㉠ 현대에 이르러 실험을 위한 각종 도구는 어느 과학자에게나 매우 중요한 역할을 하고 있다. 이런 상황에 비추어 볼 때, 실험에 대한 근대 이전 자연철학자의 태도가 어떠했는지를 알아보는 것은 흥미로운 일이다.

㉡ 고대 그리스의 자연철학자들은 모두 실험을 자연 탐구의 정당한 수단으로 여기지 않았다. ㉢ 이러한 인식은 중세에도 지속되었지만, 로저 베이컨과 그로스테스트와 같이 예외적으로 실험을 강조한 이도 있었다. 하지만 르네상스 시기에 이르기까지 실험은 대체로 과학 활동과 거리가 먼 것이었다. 그것은 연금술사의 은밀한 사술에 지나지 않았다.

그러면 고중세의 자연철학자들이 실험을 과학 활동에 채용하지 않은 이유는 무엇일까? 그것은 주로 인식적 이유 때문이었다. ㉣ 고중세 시대의 자연철학은 언제나 '사변'에 의지한 것이었다. 당시의 자연철학자들은 순수한 정신적 작업을 통해서 자연의 본성과 질서를 파악할 수 있으리라 기대했다. 그러한 태도는 고대 그리스의 자연철학자들로부터 유래되어 중세까지 유지되었다. ㉤ 인공적 도구를 써서 자연에 조작을 가할 경우 자연의 참 모습을 왜곡시킨다고 보았기 때문이다.

─────〈보 기〉─────

두 주장 A와 B가 '비일관적'이라는 말은 A와 B가 동시에 참일 수 없다는 의미이다. A와 B가 비일관적이지 않을 경우, 우리는 그 두 주장이 '일관적'이라고 말한다.

① "현대의 과학자들에게 실험 도구는 아무런 역할도 하지 않는다"는 주장은 ㉠과 비일관적이다.
② "고대 그리스의 자연철학자인 탈레스는 실험을 자연 탐구의 정당한 수단으로 여겼다"는 주장은 ㉡과 비일관적이다.
③ "중세의 자연철학자들 가운데는 실험을 자연 탐구의 정당한 수단으로 여긴 사람도 있다"는 주장은 ㉢과 일관적이다.
④ "현대의 과학철학은 사변에 의지하고 있는 것이 아니다"라는 주장은 ㉣과 일관적이다.
⑤ "인공적 도구를 써서 자연에 조작을 가하지 않았는데도 자연의 참 모습을 왜곡시키는 경우가 있다"는 주장은 ㉤과 비일관적이다.

- 혈당이 낮아지면 혈중 L의 양이 줄어들고, 혈당이 높아지면 그 양이 늘어난다.
- 혈중 L의 양이 늘어나면 시상하부 알파 부분에서 호르몬 A가 분비되고, 혈중 L의 양이 줄어들면 시상하부 알파 부분에서 호르몬 B가 분비된다.
- 시상하부 알파 부분에서 호르몬 A가 분비되면, 시상하부 베타 부분에서 호르몬 C가 분비되고 시상하부 감마 부분의 호르몬 D의 분비가 억제된다.
- 시상하부 알파 부분에서 호르몬 B가 분비되면, 시상하부 감마 부분에서 호르몬 D가 분비되고 시상하부 베타 부분의 호르몬 C의 분비가 억제된다.
- 시상하부 베타 부분에서 분비되는 호르몬 C는 물질대사를 증가시키고, 이 호르몬의 분비가 억제될 경우 물질대사가 감소한다.
- 시상하부 감마 부분에서 분비되는 호르몬 D는 식욕을 증가시키고, 이 호르몬의 분비가 억제될 경우 식욕이 감소한다.

① 혈당이 낮아지면, 식욕이 증가한다.
② 혈당이 높아지면, 식욕이 감소한다.
③ 혈당이 높아지면, 물질대사가 증가한다.
④ 혈당이 낮아지면, 시상하부 감마 부분에서 호르몬의 분비가 억제된다.
⑤ 혈당이 높아지면, 시상하부 알파 부분과 베타 부분에서 각각 분비되는 호르몬이 있다.

다음 글의 빈칸에 들어갈 진술로 가장 적절한 것은?

모두가 서로를 알고 지내는 작은 규모의 사회에서는 거짓이나 사기가 번성할 수 없다. 반면 그렇지 않은 사회에서는 누군가를 기만하여 이득을 보는 경우가 많이 발생한다. 이런 현상이 발생하는 이유를 확인하는 연구가 이루어졌다. A 교수는 그가 마키아벨리아니즘이라고 칭한 성격 특성을 지닌 사람을 판별하는 검사를 고안해냈다. 이 성격 특성은 다른 사람을 교묘하게 이용하고 기만하는 능력을 포함한다. 그의 연구는 사람들 중 일부는 다른 사람들을 교묘하게 이용하거나 기만하여 자기 이익을 챙긴다는 사실을 보여준다. 수백 명의 학생을 대상으로 한 조사에서, 마키아벨리아니즘을 갖는 것으로 분류된 학생들은 대체로 대도시 출신임이 밝혀졌다.

위 연구들이 보여주는 바를 대도시 사람들의 상호작용을 이해하기 위해 확장시켜 보자. 일반적으로 낯선 사람들이 모여 사는 대도시에서는 자기 이익을 위해 다른 사람을 이용하는 성향을 지닌 사람이 많다고 생각하기 쉽다. 대도시 사람들은 모두가 사기꾼처럼 보인다는 주장이 일리 있게 들리기도 한다. 그러나 다른 사람들의 협조 성향을 이용하여 도움을 받으면서도 다른 사람에게 도움을 주지 않는 사람이 존재하기 위해서는 일정한 틈새가 만들어져 있어야 한다. _____ 때문에 이 틈새가 존재할 수 있는 것이다. 이는 기생 식물이 양분을 빨아먹기 위해서는 건강한 나무가 있어야 하는 것과 같다. 나무가 건강을 잃게 되면 기생 식물 또한 기생할 터전을 잃게 된다. 그렇다면 어떤 의미에서는 모든 사람들이 사기꾼이라는 냉소적인 견해는 낯선 사람과의 상호작용을 잘못 이해한 것이다. 모든 사람들이 사기꾼이라면 사기를 칠 가능성도 사라지게 된다고 이해하는 것이 맞다.

① 대도시라는 환경적 특성
② 인간은 사회를 필요로 하기
③ 많은 사람들이 진정으로 협조하기
④ 많은 사람들이 이기적 동기에 따라 행동하기
⑤ 누가 마키아벨리아니즘을 갖고 있는지 판별하기 어렵기

다음 글에 나오는 답변에 대한 반박으로 적절한 것을 〈보기〉에서 모두 고르면?

물음 : 신이 어떤 행위를 하라고 명령했기 때문에 그 행위가 착한 것인가, 아니면 오히려 그런 행위가 착한 행위이기 때문에 신이 그 행위를 하라고 명령한 것인가?

답변 : 여러 경전에서 신은 우리에게 정직할 것을 명령한다. 우리가 정직해야 하는 이유는 단지 신이 정직하라고 명령했기 때문이다. 따라서 한 행위가 착한 행위가 되기 위해서는 신이 그 행위를 하라고 명령해야 한다. 다시 말해 만일 신이 어떤 행위를 하라고 명령하지 않는다면, 그 행위는 착한 것이 아니다.

〈보 기〉

ㄱ. 만일 신이 우리에게 정직하라고 명령하지 않았다면, 정직한 것은 착한 행위도 못된 행위도 아니다. 정직함을 착한 행위로 만드는 것은 바로 신의 명령이다.

ㄴ. 만일 신이 이산화탄소 배출량을 줄이기 위해 재생에너지를 쓰라고 명령하지 않았다면 그 행위는 착한 행위가 될 수 없을 것이다. 하지만 신이 그렇게 명령한 적이 없더라도 그 행위는 착한 행위이다.

ㄷ. 장기 기증은 착한 행위이다. 하지만 신이 장기 기증을 하라고 명령했다는 그 어떤 증거나 문서도 존재하지 않으며 신이 그것을 명령했다고 주장하는 사람도 없다.

ㄹ. 어떤 사람은 원수를 죽이는 것이 신의 명령이라고 말하고 다른 사람은 원수를 죽이는 것이 신의 명령이 아니라고 말한다. 사람들이 신의 명령이라고 말한다고 해서 그것이 정말로 신의 명령인 것은 아니다.

① ㄷ
② ㄹ
③ ㄴ, ㄷ
④ ㄱ, ㄴ, ㄹ
⑤ ㄱ, ㄴ, ㄷ, ㄹ

1966년 석가탑 해체 보수 작업은 뜻밖에도 엄청난 보물을 발견하는 계기가 되었다. 이때 발견된 다라니경은 한국뿐만 아니라 전 세계의 이목을 끌었다. 이 놀라운 발견 이전에는 770년에 목판 인쇄된 일본의 불경이 세계사에서 최고(最古)의 현존 인쇄본으로 여겨졌다. 그러나 이 한국의 경전을 조사한 결과, 일본의 것보다 앞서 만들어진 것으로 밝혀졌다.

불국사가 751년에 완공된 것이 알려져 있으므로 석가탑의 축조는 같은 시기이거나 그 이전일 것임에 틀림없다. 이 경전의 연대 확정에 도움을 준 것은 그 문서가 측천무후가 최초로 사용한 12개의 특이한 한자를 포함하고 있다는 사실이었다. 측천무후는 690년에 제위에 올랐고 705년 11월에 죽었다. 측천무후가 만든 한자들이 그녀의 사후에 중국에서 사용된 사례는 발견되지 않았다. 그러므로 신라에서도 그녀가 죽은 뒤에는 이 한자들을 사용하지 않았을 것이라는 추정이 가능하다. 이러한 증거로 다라니경이 늦어도 705년경에 인쇄되었다고 판단할 수 있다.

그러나 이 특이한 한자들 때문에 몇몇 중국의 학자들은 ⊙ '다라니경이 신라에서 인쇄된 것이 아니라 중국 인쇄물이다.'라고 주장하였다. 그들은 신라가 그 당시 중국과 독립적이었기 때문에 신라인들이 측천무후 치세 동안 사용된 특이한 한자들을 사용하지는 않았을 것이라고 주장한다. 그러나 중국인들의 이 견해는 『삼국사기』에서 얻을 수 있는 명확한 반대 증거로 인해 반박된다. 『삼국사기』는 신라가 695년에 측천무후의 역법을 도입하는 등 당나라의 새로운 정책을 자발적으로 수용하고 있었음을 보여준다. 그러므로 신라인들이 당시에 중국의 역법 개정을 채택했다면 마찬가지로 측천무후에 의해 도입된 특이한 한자들도 채용했을 것이라고 추정하는 것이 합리적이다.

① 서역에서 온 다라니경 원전을 처음으로 한역(漢譯)한 사람은 측천무후 시대의 중국의 국사(國師)였던 법장임이 밝혀졌다.

② 측천무후 사후에 나온 신라의 문서들에 측천무후가 발명한 한자가 쓰이지 않았음이 밝혀졌다.

③ 측천무후 즉위 이후 중국의 문서에 쓸 수 없었던 글자가 다라니경에서 쓰인 것이 발견되었다.

④ 705년경에 중국에서 제작된 문서들이 다라니경과 같은 종이를 사용한 것이 발견되었다.

⑤ 다라니경의 서체는 705년경부터 751년까지 중국에서 유행하였던 것으로 밝혀졌다.

소크라테스 : 그림에다 적합한 색과 형태들을 모두 배정할 수도 있고, 어떤 것들은 빼고 어떤 것들은 덧붙일 수도 있는 것이네. 그런데 적합한 색이나 형태들을 모두 배정하는 사람은 좋은 그림과 상(像)을 만들어내지만, 덧붙이거나 빼는 사람은 그림과 상을 만들어내기는 하나 나쁜 것을 만들어내는 것이겠지?

크라튈로스 : 그렇습니다.

소크라테스 : 같은 이치에 따라서 적합한 음절이나 자모를 모두 배정한다면 이름이 훌륭하겠지만, 조금이라도 빼거나 덧붙인다면 훌륭하지는 않겠지?

크라튈로스 : 하지만 음절과 자모를 이름에 배정할 때 우리가 어떤 자모를 빼거나 덧붙인다면, 우리는 이름을 쓰기는 했지만 틀리게 쓴 것이 아니고 아예 쓰지 못한 것입니다.

소크라테스 : 그런 식으로 보아서는 우리가 제대로 살펴보지 못한 것이네.

크라튈로스 : 왜 그렇죠?

소크라테스 : 수(數)의 경우에는 자네 말이 적용되는 것 같네. 모든 수는 자신과 같거나 자신과 다른 수일 수밖에 없으니까. 이를테면 10에서 어떤 수를 빼거나 더하면 곧바로 다른 수가 되어 버리지. 그러나 이것은 상 일반에 적용되는 이치는 아니네. 오히려 정반대로 상은, 그것이 상이려면, 상이 묘사하는 대상의 성질 모두를 상에 배정해서는 결코 안 되네. 예컨대 어떤 신이 자네가 가진 모든 것의 복제를 자네 곁에 놓는다고 해보세. 이때 크라튈로스와 크라튈로스의 상이 있는 것일까, 아니면 두 크라튈로스가 있는 것일까?

크라튈로스 : 제가 보기에는 두 크라튈로스가 있을 것 같습니다.

소크라테스 : 그렇다면 상이나 이름에 대해서는 다른 종류의 이치를 찾아야 하며, 무엇이 빠지거나 더해지면 더 이상 상이 아니라고 해서는 안 된다는 것을 알겠지? 상은 상이 묘사하는 대상과 똑같은 성질을 갖지 못한다는 것을 깨닫지 않았나?

① 어떤 사물과 완전히 일치하는 복제물은 상이 아니다.

② 훌륭한 이름에 자모 한 둘을 더하거나 빼더라도 그것은 여전히 이름이다.

③ 훌륭한 상에 색이나 형태를 조금 더하거나 빼더라도 그것은 여전히 상이다.

④ 이름에 자모를 더하거나 빼는 것과 수에 수를 더하거나 빼는 것은 같은 이치를 따른다.

⑤ 이름에 자모를 더하거나 빼는 것과 상에 색이나 형태를 더하거나 빼는 것은 같은 이치를 따른다.

문 22. 다음 글에 나타난 논증에 대한 반박으로 적절하지 <u>않은</u> 것은?

11 민간(민) 23번

쾌락과 관련된 사실에 대해서 충분한 정보를 갖고, 오랜 시간 숙고하여 자신의 선호를 합리적으로 판별할 수 있는 사람을 높은 수준의 합리적 사람이라고 한다. 이런 사람은 가치 수준이 다른 두 종류의 쾌락에 대해서 충분히 판단할 만한 위치에 있다. 그리하여 높은 수준의 합리적 사람이 선호하는 쾌락은 실제로 더 가치 있는 쾌락이다. 예컨대 그가 호떡 한 개를 먹고 느끼는 쾌락보다 수준 높은 시 한 편이 주는 쾌락을 선호한다면 시 한 편이 주는 쾌락이 더 가치 있다. 그것이 더 가치가 있는 것은 높은 수준의 합리적 사람이 더 선호하기 때문이다. 이런 방법으로 우리는 높은 수준의 합리적 사람이 선호하는 것을 통해서 쾌락의 가치 서열을 정할 수 있다. 나아가 우리는 최고 가치에 도달할 수 있다. 가령 높은 수준의 합리적 사람이 그 어떤 쾌락보다도 행복을 선호한다면, 이는 행복이 최고 가치라는 것을 뜻한다. 따라서 우리는 최고 가치가 무엇인지 알 수 있다.

① 대부분의 사람은 시 한 편과 호떡 한 개 중에서 호떡을 선택한다.
② 높은 수준의 합리적 개인들 사이에서도 쾌락의 선호가 다를 수 있다.
③ 높은 수준의 합리적 사람이 행복을 최고 가치로 여긴다고 해서 행복이 최고 가치인 것은 아니다.
④ 자신의 선호를 판별할 수 있는 높은 수준의 합리적 능력을 지닌 사람들은 실제로 존재하지 않는다.
⑤ 충분한 정보를 갖고 있고 오랜 시간 숙고한다 하더라도 질적 가치의 위계를 정할 수 있는 사람은 없다.

문 23. (가)와 (나)에 대한 평가로 적절한 것만을 〈보기〉에서 모두 고르면?

13 민간(인) 23번

(가) 어린 시절 과학 선생님에게 가을에 단풍이 드는 까닭을 물어본 적이 있다면, 단풍은 "나무가 겨울을 나려고 잎을 떨어뜨리다 보니 생기는 부수적인 현상"이라는 답을 들었을 것이다. 보통 때는 초록빛을 내는 색소인 엽록소가 카로틴, 크산토필 같은 색소를 가리므로 우리는 잎에서 다른 빛깔을 보지 못한다. 가을이 오면, 잎을 떨어뜨리고자 잎자루 끝에 떨켜가 생기면서 가지와 잎 사이의 물질 이동이 중단된다. 이에 따라 엽록소가 파괴되면서 감춰졌던 다른 색소들이 자연스럽게 드러나서 잎이 노랗거나 주홍빛을 띠게 된다. 요컨대 단풍은 나무가 월동 준비 과정에서 우연히 생기는 부산물이다.

(나) 생물의 내부를 들여다보면 화려한 색은 거의 눈에 띄지 않는다. 물론 척추동물의 몸 속에 흐르는 피는 예외이다. 상처가 난 당사자에게 피의 강렬한 색이 사태의 시급성을 알려준다면, 피의 붉은 색깔은 특정한 목적을 가지고 진화적으로 출현했다고 볼 수 있다. 마찬가지로 타는 듯한 가을 단풍은 나무가 해충에 보내는 경계 신호라고 볼 수 있다. 진딧물처럼 겨울을 나기 위해 가을에 적당한 나무를 골라서 알을 낳는 곤충들을 향해 나무가 자신의 경계 태세가 얼마나 철저한지 알려 주는 신호가 가을 단풍이라는 것이다. 단풍의 색소를 만드는 데는 적지 않은 비용이 따르므로, 오직 건강한 나무만이 진하고 뚜렷한 가을 빛깔을 낼 수 있다. 진딧물은 이러한 신호들에 반응해서 가장 형편없이 단풍이 든 나무에 내려앉는다. 휘황찬란한 단풍은 나무와 곤충이 진화하면서 만들어 낸 적응의 결과물이다.

〈보 기〉

ㄱ. 단풍이 드는 나무 중에서 떨켜를 만들지 않는 종이 있다는 연구 결과는 (가)의 주장을 강화한다.
ㄴ. 식물의 잎에서 주홍빛을 내는 색소가 가을에 새롭게 만들어진다는 연구 결과는 (가)의 주장을 강화한다.
ㄷ. 가을에 인위적으로 어떤 나무의 단풍색을 더 진하게 만들었더니 그 나무에 알을 낳는 진딧물의 수가 줄었다는 연구 결과는 (나)의 주장을 강화한다.

① ㄱ
② ㄷ
③ ㄱ, ㄴ
④ ㄴ, ㄷ
⑤ ㄱ, ㄴ, ㄷ

다음 글의 내용과 부합하지 <u>않는</u> 것은?

10 행시(수) 26번

동남아시아 고전 시대의 통치 체제를 설명할 때 통상 사용되는 용어는 만다라이다. 만다라는 본래 동심원을 뜻하는 불교 용어인데 동남아의 통치 체제를 설명하기 위해 차용되었다. 통치 체제로서의 만다라는 내부로부터 외부로 점차 나아갈수록 왕의 세력이 약화되는 모습을 형상화한 여러 개의 동심원들이 배열되어 있는 형태를 뜻한다. 간단하게 말해서 만다라는 왕의 힘이 유동적으로 움직이는 공간을 뜻하기 때문에 만다라적 통치 체제에서는 국경 개념이 희미해진다.

한 왕의 세력 범주 내에 있는 백성들은 왕에게 충성을 바치고 부역과 조세의 의무를 지지만, 만일 왕이 하늘로부터 위임 받은 카리스마를 상실했다고 판단되면 외곽의 동심원에 있는 백성들부터 느슨한 경계를 넘어 다른 만다라로의 이주가 자유롭게 일어났다. 만다라적 통치 체제에서의 왕은 백성들에게 카리스마를 유지하기 위해 자신이 하늘로부터 계시를 받은 자, 즉 신과 인간의 중간자임을 보여 주는 화려한 제왕의 의식, 군무행진 등을 정기적으로 시행했다. 또한 각종 보석과 마법이 담겨 있다고 여겨지는 무기들을 보유하여 권위를 과시했다.

이러한 만다라적 통치 체제로 미루어 볼 때, 캄보디아의 앙코르와트 사원을 통해 유추해 볼 수 있는 앙코르 왕국의 왕권은 예외적이라고 평가되었다. 유명한 역사학자 토인비는 거대한 앙코르와트 사원 근처에 놓인 바레이라 불리는 저수지를 농업을 위한 관개시설이라 보고 앙코르와트를 이집트의 피라미드 건설과 같은 맥락으로 이해했다. 그는 농업을 위한 관개의 필요라는 도전을 받아 앙코르인이 저수지 건설이라는 응전을 한 것으로 보았다. 그 결과로 앙코르의 왕은 중앙 집중화된 왕권의 기초를 다졌고, 왕국의 막강한 정치력을 앙코르와트 사원을 통해 드러내고 있다고 분석했다.

그런데 몇 년 전 토인비의 의견을 뒤집는 학설이 제기되었다. 액커라는 지리학자는 바레이의 용량을 재어 보고는 그것이 관개시설로 사용될 만큼의 규모가 아니며, 바레이가 사원을 정 4방으로 둘러싼 위치를 보건대 앙코르와트 사원은 종교적인 목적과 관련이 있다는 소견을 내었다. 그의 의견에 따르면 앙코르와트 사원 부근의 바레이는 힌두교의 신들이 산다는 인도의 메루산(히말라야산) 주변에 있는 네 개의 호수를 상징화한 것이다. 앙코르의 왕은 사원 건립을 통해서 신과 인간의 중개자 역할을 자처하였다고 본 것이다.

① 만다라적 통치 체제에서는 정치적 영향력의 경계가 고정되어 있지 않다.

② 토인비는 앙코르 왕국이 강력한 중앙 집중화를 이룬 왕국이었다고 보았다.

③ 액커는 바레이의 규모를 근거로 그 용도에 대해 토인비와는 다른 해석을 하였다.

④ 만다라적 통치 체제에서의 왕은 백성들에게 신과 동일한 존재로 인식되기를 원했다.

⑤ 앙코르와트 사원은 정치적 상징물로 파악되기도 하고, 종교적 상징물로 파악되기도 한다.

다음 실험 결과를 일반화하여 가설을 세운다고 할 때 그 가설로부터 추론할 수 있는 내용으로 <u>부적절한</u> 것은?

07 행시(외) 35번

다이안 매키와 레일라 워스는 미국 학생들에게 총기 규제 강화에 대하여 찬반 여부를 묻는 질문을 던졌다. 그 중 절반에게는 긍정적인 기분을 유발하기 위해 코미디 프로그램을 보여 주고, 나머지 절반에게는 감정상 중립적인 다른 프로그램을 보여주었다. 그런 다음 두 그룹의 학생들에게 애초 자신이 가졌던 의견과 반대되는 관점의 논증을 제시했다. 총기 규제 강화에 찬성했던 학생들에게는 반대 측의 논증을, 총기 규제 강화에 반대했던 학생들에게는 찬성 측의 논증을 제시한 것이다. 그 중 절반에게는 약한 논증을, 나머지 절반에게는 강한 논증을 제시하였다. 또 일부에게는 제시된 논증을 읽기에 빠듯한 시간을 주고, 나머지에게는 원하는 만큼 시간을 주었다. 논증을 읽은 후 총기 규제에 대한 학생들의 입장이 변했는지 알아보았다.

전반적으로 모든 학생이 약한 논증보다는 강한 논증에 더 많은 영향을 받았다. 그러나 생각할 시간이 적고 긍정적 기분이었던 학생들의 경우 둘 사이의 차이가 매우 적었다. 약한 논증에 대해서는 다른 모든 집단의 학생이 훨씬 설득력이 떨어진다고 대답한 반면, 기분은 좋지만 시간은 빠듯한 상황에 있었던 학생은 약한 논증 역시 강한 논증 못지않게 설득력이 있다고 대답했다. 나아가 이 집단의 경우 다른 집단의 학생에 비해 논증을 제시한 화자의 명성에 큰 비중을 두고 논증을 읽는다는 사실이 밝혀졌다. 시간이 넉넉했을 경우, 기분이 좋았던 학생도 그렇지 않은 상태의 학생과 마찬가지로, 약한 논증을 설득력 없는 것으로 받아들였다는 점은 기분보다는 시간이 중요한 변수라는 사실을 보여 준다. 한편 매키와 워스는, 필요한 시간을 원하는 만큼 허용한 집단 내에서도 실제로 논증 검토에 소비한 시간을 비교한 결과, 기분이 좋았던 학생이 그렇지 않은 학생에 비해 많은 시간을 소비했다는 사실을 밝혀냈다.

① 시간이 충분할 경우, 감정 상태는 사람들의 논증 평가에 영향을 미친다.

② 기분이 좋고 생각할 시간이 적으면 사람들은 말하는 사람의 명성 같은 것에 더 의존하게 된다.

③ 기분이 좋지 않을 경우, 시간이라는 요소는 사람들의 논증 평가에 그다지 영향을 미치지 않는다.

④ 사람들이 중립적인 기분에 있거나 생각할 수 있는 시간이 많을 때 약한 논증은 그리 설득력을 갖지 못한다.

⑤ 기분이 좋고 생각할 시간이 적은 사람들은 그렇지 않은 사람들보다 약한 논증을 설득력이 있는 논증으로 더 잘 받아들인다.

MEMO

정답 및
해설편

PSAT

Public Service Aptitude Test

언어논리

PART
1
LEVEL
UP!

01 CHAPTER
LEVEL 1, 파악_정답 및 해설

01 세부내용 파악 및 추론 _ 정답 및 해설

1	2	3	4	5	6	7	8	9	10
⑤	①	⑤	②	⑤	⑤	④	②	①	②
11	12	13	14	15	16	17	18	19	20
⑤	③	①	⑤	①	⑤	②	②	⑤	③
21	22	23	24	25	26	27	28	29	30
③	②	③	②	①	②	①	④	⑤	④
31	32	33	34	35	36	37	38	39	40
③	④	②	①	④	③	⑤	③	④	⑤
41	42	43	44	45	46	47	48	49	50
④	①	②	④	③	③	②	①	③	①
51	52	53	54	55	56	57	58	59	60
①	①	③	⑤	①	③	⑤	①	①	④
61	62	63	64	65	66	67	68	69	70
③	②	③	②	①	①	③	①	④	④
71	72	73	74	75	76	77	78	79	80
④	②	②	②	③	⑤	②	④	②	⑤
81	82	83	84	85	86	87	88	89	90
④	③	③	④	②	②	⑤	①	③	⑤
91	92	93	94	95	96	97	98	99	100
⑤	⑤	③	④	②	③	④	①	②	⑤
101	102	103	104	105	106	107	108	109	110
①	⑤	④	②	①	①	②	④	⑤	⑤
111	112	113	114	115	116	117			
⑤	②	③	⑤	④	①	③			

③ '설혹 그들을 만나더라도 거만하게 대하는 것을 영예스럽게 여기고 공손한 것은 욕이라 생각하는 모양이다. 그들이 비록 이에 대하여 가혹하게 추궁하지 않는다 하더라도 어찌 우리 쪽의 무례함을 우습게 여기지 않겠는가'라고 하였으므로 옳은 내용이다.

④ '그러나 조선 사신들은 중국의 선비를 만난 때에 그들이 한족으로서 청나라 조정의 은택을 칭송함을 보고는 말마다 비분강개한 선비가 없음을 탄식하니' 라고 하였으므로 옳은 내용이다.

02
정답 ①

정답해설

① 한 개인의 특수한 감각을 지시하는 용어는 올바른 사용 여부를 판단할 수 없기 때문에 아무런 의미를 갖지 않는다고 하였다. 따라서 본인만이 느끼는 감각을 지시하는 용어는 아무 의미도 없을 것이므로 옳은 내용이다.

오답해설

② 구체적 사례 자체가 이미 객관화될 수 있는 감각이기 때문에 구체적 사례를 통해서 어떤 의미도 얻게 될 수 없다는 것은 옳지 않은 내용이다.

③ 감각을 지시하는 용어 모두가 개인만의 특수한 것이 아니므로 사용하는 사람에 따라 상대적인 의미를 갖는다는 것은 옳지 않은 내용이다.

④ 감각을 지시하는 용어의 의미는 존재하고 있으므로 그것이 무엇을 지시하는가와 아무 상관이 없다는 것은 옳지 않은 내용이다.

⑤ 감각을 지시하는 용어의 올바른 사용 여부를 판단하지 못한다면 다른 사람들과 공유하는 의미로 확장될 수 없으므로 옳지 않은 내용이다.

01
정답 ⑤

정답해설

⑤ '만주인들도 역시 부끄러워하는 바이다'라고 하였으므로 만주인들도 붉은 모자나 이상한 소매는 부끄러워한다고 하였다. 하지만 '그들과 나란히 걸을 수 없음에도 불구하고'에서 확인할 수 있듯이 우리가 그들을 우습게 보지만 그들이 앞서간다는 것을 인정하고 있기 때문에 '본받을 것이 못된다'는 것은 옳지 않은 내용이다.

오답해설

① '그들의 예의와 풍속이나 문물은 천하의 여러 종족이 오히려 당할 수 없는 것이 사실이다'라고 하였으므로 옳은 내용이다.

② '중국의 선비들은 청나라 강희 황제 이전에는 모두 명나라 유민이었으나, 국가의 제도와 기강이 확립된 강희 이후에는 곧 청나라의 신하와 백성이다. 그렇다면 그 정부에 충성을 다하여 법률을 존중하여야 한다'고 하였으므로 옳은 내용이다.

03
정답 ⑤

정답해설

ㄱ. '전통 사회에서 이처럼 계통 또는 계보가 중시되었던 이유는 인간 사회에는 자연 세계와 마찬가지로 잘 짜인 유기적 질서가 내재한다는 형이상학적 신념이 있었기 때문이며, 동시에 역사적 경험과 전통의 권위를 중시하는 유교적 진리관이 사회를 지배하고 있었기 때문이다'라고 하였다. 따라서 다양한 통의 개념은 유교사회 내에서의 문화절대주의에 가까우므로 옳지 않은 내용이다.

ㄴ. '도통론의 전개에 따른 주자의 절대화, 주자성리학 이외의 여러 학문에 대한 탄압은 우리나라 사상계가 성리학 일변도의 경직성을 갖게 되는 중요한 원인이 되었다'고 하였다. 그런데 이를 통해서 송시열이 숭명의리, 반청북벌을 주장한 것과 송시열 이후의 사상계가 성리학 일변도의 경직성을 갖게 된 것과는 무관하므로 옳지 않은 내용이다.

ㄷ. '송시열은 명나라가 오랑캐인 청나라에 의해 망함으로써 공자로부터 이어진 주자의 도통이 우리나라로 계승되었으며, 그것이 이율곡을 거쳐 자신에게로 이어졌다는 주자도통론을 표방하였다'라고 하였으므로 중화주의를 옹호하고 계승했다고 볼 수 있다. 따라서 옳지 않은 내용이다.

ㅁ. '도통의 반열에 오를 인물을 정하기 위해서는 반드시 유림의 공론을 통해 합의를 도출하는 절차가 필요하였고, 이러한 과정에서 도통을 정하는 것과 관련된 논의는 권력을 둘러싼 유림 전체의 격렬한 논쟁으로 이어지는 경우도 종종 있었다'고 하였으므로 객관적이고 바람직한 형태가 아니라 주관적이고 자신들의 이익을 위한 싸움이 많았다는 것을 알 수 있다. 따라서 옳지 않은 내용이다.

오답해설

ㄹ. '도통론은 단순히 계보의 파악을 목적으로 하는 것이 아니라 정통론·명분론의 의미를 내포하고 있다'라고 하였으므로 문화권력과 상징권력을 획득하려는 측면보다는 정통, 명분을 위한 대의적 측면이 강했으므로 옳은 내용이다.

04 정답 ②

정답해설

② 얼음은 물속 삼각형 모양의 입자들이 결합하여 만들어지며 둥근 모양의 물입자가 삼각형 모양의 물 입자로 모양이 변화하여 진행되는 것은 아니다. 더구나 날씨가 추워지는 것과 얼음의 생성이 서로 연관이 있는지에 대해서는 언급하고 있지 않다.

오답해설

① '구름이 바람에 의해 강력하고 지속적으로 압축될 때'라는 부분과 '구름들이 옆에 나란히 놓여서 서로 압박할 때'라는 부분을 통해 알 수 있는 내용이다.

③ '얼음은 물에 있던 둥근 모양의 입자가 밀려나가고 이미 물 안에 있던 삼각형 모양의 입자들이 함께 결합하여 만들어진다'는 부분을 통해 알 수 있는 내용이다.

④ '구름은 물을 응고시켜서 우박을 만드는데, 특히 봄에 이런 현상이 빈번하게 생긴다'는 부분을 통해 알 수 있는 내용이다.

⑤ 얼음은 이미 물 안에 있던 삼각형 모양의 입자들이 함께 결합하여 만들어지거나, 밖으로부터 들어온 삼각형 모양의 물 입자가 함께 결합하여 생성되는 것이므로 옳은 내용이다.

05 정답 ⑤

정답해설

⑤ 북한의 중앙─지방관계를 살펴보면, 국가 창립 이래 2005년 현재까지 중앙에 의한 지방정부의 지도 및 통제권이 법적으로 보장되고 있다고 하였으므로 옳지 않은 내용이다.

오답해설

① 인민대중과 대중조직인 국가기관을 지도 및 통제하는 정치조직인 조선노동당의 각급 국가기관에 대한 당적 지도와 당적 통제가 실시되고 있다고 하였으므로 옳은 내용이다.

② 단시일 내 추진된 생산 수단의 국유화로 물질적 자원이 중앙 정부에 집중되어 소련, 중국과 비교해 볼 때 지방정부의 물질적 기반이 약했다고 하였으므로 옳은 내용이다.

③ 당─정 관계를 살펴보면, 국가 정책적으로 2005년 현재까지도 소위 인민대중과 대중조직인 국가기관을 지도 및 통제하는 정치조직인 조선노동당의 각급 국가기관에 대한 당적 지도와 당적 통제가 실시되고 있다고 하였으므로 옳은 내용이다.

④ 북한의 지방국가기관은 전체적으로 지방 당에 의해 통제되고 있다고 하였으므로 옳은 내용이다.

06 정답 ⑤

정답해설

⑤ 기술은 가치중립적이고, 엔지니어는 기술을 생산하고 운용만 한다고 생각하는 경향이 강하며, 이 때문에 가치와 관련된 판단은 엔지니어들의 영역 바깥에서 이루어진다고 하였으므로 옳은 내용이다.

오답해설

① 어느 때보다 엔지니어들이 많이 존재함에도 불구하고 오늘날 엔지니어들은 이전 시대보다 대중들에게 덜 드러나 있다고 하였으므로 옳지 않은 내용이다.

② 엔지니어가 따르는 기술적 원칙들은 전문 영역에 속하기 때문에 상사가 이해하기 힘든 경우가 많은데 이로 인해 엔지니어들이 딜레마에 빠지게 된다고 하였으므로 옳지 않은 내용이다.

③ 엔지니어가 딜레마에 빠지는 상황은 대부분 윤리적 문제로 인한 것이므로 옳지 않은 내용이다.

④ 기술과 관련된 중요한 문제들이 이를 전혀 알지 못하는 정치가나 사업가들에 의해 잘못 판단되는 경우가 많기 때문이지 전문직에 윤리적 주제와 관련된 교육 프로그램이 부재하기 때문은 아니므로 옳지 않은 내용이다.

07 정답 ④

정답해설

④ 납세자들은 의도적으로 낮은 시세의 백동화로 세금을 납부하려 했는데 이는 결국 정부의 재정손실이 가중되는 결과를 초래했으므로 엽전 유통지역에서는 엽전으로 세금을 납부하게 하였다. 따라서 옳은 내용이다.

오답해설

① 당오전, 백동화, 제일은행권으로 이어지는 과정에서 통화정책이 일관되지 않아 인플레이션 등의 부작용이 있었으므로 옳지 않은 내용이다.

② 신식화폐발행장정은 과세의 금납화와 은본위제를 표방한 것이지 국제 금은 시세의 변동에 대처하기 위함이 아니었다. 따라서 옳지 않은 내용이다.

③ 백동화의 유통지역을 분할한 것은 사실이나 그로인해 시장권이 분할되고 상업발전이 저해되었는지는 제시문을 통해서는 알 수 없다. 따라서 옳지 않은 내용이다.

⑤ 백동화 유통지역에서는 백동화로 세금을 납부하게 하고, 엽전 유통지역에서는 엽전으로 세금을 납부하게 하였으므로 세납 화폐를 통일시키고자 하였다는 것은 옳지 않은 내용이다.

08

정답 ②

정답해설

② 감정폭발에 대한 자기 통제력을 약화시켜 감정 폭발을 더욱 강화한다고 하였으므로 옳은 내용이다.

오답해설

① 폭력성은 당연하다는 생각이 감정 폭발에 대한 자기 통제력을 약화시켜 발생하는 것이지 우발적으로 발생하는 것이 아니므로 옳지 않은 내용이다.
③ 자기와 밀접한 관계에 있는 사람이 그를 버리면 한순간에 심리적 공황상태에 빠져버리는 경향이 있으므로 옳지 않은 내용이다.
④ 폭력적 성향은 심리적인 요인에 의해 생성되는 것이므로 생물학적 본능에 기초한다는 것은 옳지 않은 내용이다.
⑤ 확신인간은 아내와 같이 자신과 밀접한 관계에 있는 사람이 그를 버리는 경우 자신의 행실을 고치겠다고 약속하지만, 그런 변화에도 불구하고 상황이 좋아지지 않으면 알코올 중독에 빠지거나 자살에 이르기도 한다고 하였다. 하지만 그런 변화로 인해 상황이 좋아지는 경우는 제시문을 통해 알 수 없으므로 옳지 않은 내용이다.

09

정답 ①

정답해설

① 제시문에서는 X−선 사진을 통해 폐질환 진단법을 배우고 있는 의과대학 학생의 경우 첫 강의에서는 전문의의 설명을 전혀 이해하지 못했지만, 몇 주 동안 이론을 배우고 실습을 하면서 이제는 늑골뿐 아니라 폐도 볼 수 있게 되었다고 하였다. 따라서 제시문을 통해서 강조하고자 하는 것은 어떠한 대상을 관찰하는 데에는 배경지식의 영향이 크다는 것이므로 ①이 가장 적절한 답이다.

10

정답 ②

정답해설

② 조약은 당사국에게만 효력이 있을 뿐, 제3국에게는 아무런 영향을 미치지 않는다는 국제법의 일반 원칙에 의해서도 간도협약에 의한 간도 영유권의 변경은 있을 수 없다고 하였는데, 이는 선택지의 원칙과 반대의 내용이므로 이 글이 의존하는 원칙이 아니다.

오답해설

① '조약 체결의 당사자는 어디까지나 한국이어야 하며, 그렇기 때문에 조약 체결의 당사자가 될 수 없는 일본이 체결한 간도협약은 무효이다'라는 주장을 뒷받침하기 위한 원칙이다.
③ '을사늑약은 강압에 의해 체결된 조약이므로 조약으로서 효력이 없다'라는 주장을 뒷받침하기 위한 원칙이다.
④ '간도협약은 피보호국(한국)을 희생시키고 보호국(일본)의 이익을 확보한 것이기 때문에 보호국의 권한 범위를 벗어나는 것이다'라는 주장을 뒷받침하기 위한 원칙이다.
⑤ '일본이 보호국으로서 외교 대리권이 있다 하더라도 그것은 대리에 한정되는 것이지, 한국의 주권을 본질적으로 침해하는 영토의 처분권까지 보함하는 것은 아니다'라는 주장을 뒷받침하기 위한 원칙이다.

11

정답 ⑤

정답해설

⑤ 제시문은 크게 유럽연합(EU)의 성립과정과 이를 토대로 한 유럽 정치공동체가 지향하는 바를 서술하고 있다. 이 선택지는 제시문에서 언급한 경제통합과 정치통합을 적절하게 이야기했으므로 옳은 내용이다.

12

정답 ③

정답해설

ㄱ. 제시문 전체를 살펴보면 제사를 지내는 자식들에게 아들과 딸의 구별없이 재산을 분배했다는 것을 알 수 있으므로 옳은 내용이다.
ㄹ. 제사를 지내는 자식들에게 재산의 상속이 차등적으로 이루어지고 있었다는 점에서 옳은 내용이다.

오답해설

ㄴ. 딸을 제사에서 배제시킨 부안 김씨 가문의 사례가 오히려 특수한 것이었으므로 옳지 않은 내용이다.
ㄷ. 부안 김씨 가문에서는 종가에서만 제사를 지내는 것이 아니라 아들에게만 제사를 봉행하도록 하였으므로 옳지 않은 내용이다.

13

정답 ①

정답해설

① 도시 빈민가와 농촌에 잔존한 빈곤이 최소한의 인간적 삶조차 원천적으로 박탈하고 있다고 하였으므로 옳지 않은 내용이다.

오답해설

② 정부 정책에 대한 국민들의 자유로운 선택권이 보장되어야 한다고 하였으므로 옳은 내용이다.
③. ⑤ 만연된 사치와 향락이 근면과 저축의욕을 감퇴시키고 손쉬운 투기와 불로소득은 기업들의 창의력과 투자의욕을 감소시켜 경제성장의 토대가 와해되고 있다고 하였으므로 옳은 내용이다.
④ 국토(토지)는 모든 국민들의 복지증진을 위하여 생산과 생활에만 사용되어야 함에도 불구하고 소수의 재산 증식 수단으로 악용되고 있다고 하여 부동산을 이용한 재산 증식을 비판하고 있으므로 옳은 내용이다.

14

정답 ⑤

정답해설

⑤ 제시문은 일상적 행위의 대부분이 무의식으로 연결되어 있는데, 구체적으로는 언어 사용과 사유 모두가 무의식 즉, 자동화된 프로그램에 의해 나타난다고 하였으므로 옳은 내용이다.

오답해설

① 제시문은 인간의 사고 능력과 언어 능력의 연관성을 입증하는 글이 아니므로 옳지 않은 내용이다.
② 제시문에서 사례로 든 내용에 불과할 뿐 이것이 중심 내용이라고 보기는 어렵다. 따라서 옳지 않은 내용이다.
③ 제시문은 정보가 인간의 우뇌에 저장되어 있는 것과 좌뇌에 저장되어 있는 것이 서로 독립적임을 입증하는 것이 아니므로 옳지 않은 내용이다.
④ 제시문에서는 인간의 언어 사용 역시 무의식 즉, 자동화된 프로그램의 비중이 크다고 하였으므로 옳지 않은 내용이다.

15

정답해설

① 지도자들은 스스로의 권위와 위신을 일반 대중에게 심어주기 위해 대중매체를 통한 상징조작에 노력을 기울인다고 하였지만 권위는 강요되거나 조작되는 것이 아니라고 하였다. 따라서 옳지 않은 내용이다.

오답해설

②, ③ 정치력이나 경제력에 바탕을 두고 있는 권위주의와 달리 권위는 인품과 도덕성, 실질적인 능력에서 비롯된다고 하였고, 지식과 학문의 사회에서 지적·인격적 권위가 인정되지 않는다면 교육은 존립할 수 없게 된다고 하였으므로 옳은 내용이다.

④, ⑤ 정치권에서 주로 논의되던 권력의 정통성 시비에서 비롯된 권위주의의 청산은 권위와 권위주의의 혼동 속에서 무분별하게 확산되었고, 결국 권위마저 타파의 대상이 되었다고 하면서 권위는 존중되어야 한다는 입장을 보이고 있다. 따라서 옳은 내용이다.

16

정답 ⑤

정답해설

⑤ 힐렌브랜드는 원초적인 경고음 또는 맹수의 소리와 같은 저주파의 소리가 혐오스러움을 유발한다고 하였으므로 청각을 손상시킬 수 있는 소리 즉, 고주파가 혐오스러움을 유발한다는 것에 동의하지 않을 것이다. 따라서 옳은 내용이다.

오답해설

①, ③ 솜머리비단원숭이들은 석판 긁는 저주파 소리를 전혀 소음으로 느끼지 않았다고 하였으므로 옳지 않은 내용이다.

② 블레이크는 고주파보다 원초적인 경고음 또는 맹수의 소리 등과 같은 저주파의 소리가 혐오감을 준다고 하였으므로 옳지 않은 내용이다.

④ 선천적으로 귀머거리인 사람들을 피실험자로 사용한 이유는 소리보다 시각이 혐오감을 불러일으킨다는 주장을 뒷받침하기 위해 청각적 요소를 제거하기 위한 것이라고 하였으므로 옳지 않은 내용이다.

17

정답 ②

정답해설

② 동학과 최치원 사상의 연관 관계는 최치원의 도교사상을 최제우가 직·간접적으로 계승했다는 점에서 찾을 수 있는 것이며 최제우의 종교체험은 이와 무관하다. 따라서 옳지 않은 내용이다.

오답해설

① 동학은 단순히 유불선의 좋은 부분을 적당히 짜깁기 한 조잡한 사상이 아니라고 하였고, 최제우는 과거와 현재에 듣지도 견줄만한 것도 없다고 하여 동학의 독자성에 대한 자부심을 드러냈다. 따라서 옳은 내용이다.

③ 동학의 독자적 성격이 어떻게 형성되었는가를 제대로 알려면 동양의 전통 사상과 우리의 고유 사상, 서학과 종교체험 등을 복합적으로 살펴보아야 한다고 하였으므로 옳은 내용이다.

④ 동학의 한울님 관념에서도 몸 바깥에 초월적으로 존재하는 인격적인 유일신 관념이 여전히 남아있다고 하였으므로 옳은 내용이다.

⑤ 동학은 당시 민중사상으로 기능했다는 점에서 유불선과 다른 우리 민족 고유의 정신을 내포하고 있다고 하였으므로 옳은 내용이다.

18

정답 ②

정답해설

② 양인인 여자는 역을 지지 않았으므로 옳은 내용이다.

오답해설

① '상놈'은 상민을 천하게 부르는 것인데 상민은 법제적, 역의 편제상으로도 모두 양인이었으므로 옳지 않은 내용이다.

③ 조선 후기로 갈수록 양인의 계층 분화가 진행됨에 따라 상민의 범위가 축소되었다고 하였고 여전히 조선 시대 신분제 아래에서 가장 많은 인구를 포괄하는 주요 신분 범주 중 하나라고 하였다. 하지만 그 인구가 전기에 비해 더 많은 인구를 포괄하는 것인지에 대해서는 알 수 없으므로 옳지 않은 내용이다.

④ 제시문을 통해서는 양인의 권리가 신분계층의 경제적 여건과 정치적 권력, 사회적 권위를 고려하여 법제화되었다는 내용을 찾을 수 없으므로 옳지 않은 내용이다.

⑤ 양인에 속한 상민은 법적으로는 양반과 동등한 권리를 가지고 있었으나 현실적으로는 경제적 여건으로 인해 그 권리를 제대로 누리지 못하였다고 하였으므로 옳지 않은 내용이다.

19

정답 ⑤

정답해설

⑤ 과학기술을 모든 문제에 대한 유일한 해결책으로 여기는 것이 허세이며, 여러 해결책의 하나로 보는 것은 허세가 아니므로 옳은 내용이다.

오답해설

① 과학기술에서는 할 수 있거나 할 수 없거나 둘 중 하나라고 하였으므로 옳지 않은 내용이다.

② 과학기술은 허세가 허용되지 않는 영역이라는 생각이 일반적이라고 하였으므로 옳지 않은 내용이다.

③ 'technology' 라는 말이 '기술에 대한 담론'으로 쓰일 때 과학기술의 허세가 나타난다고 하였으므로 옳지 않은 내용이다.

④ 과학기술에 대한 담론에서의 허세는 그것의 엄청난 힘을 맹신하여 보편적 적용 가능성과 무오류성을 과시하는 것이라고 하였으므로 옳지 않은 내용이다.

20

정답 ③

정답해설

③ 민주주의에 치명적인 것은 정치적 무관심뿐만 아니라 합의, 만장일치, 법치에 대한 맹신임을 인정해야 한다고 하였다. 즉, 합의, 만장일치, 법치 자체가 갈등의 역동성을 가로막는 것이 아니라 이것들에 대한 맹신이 갈등의 역동성을 가로막는 것이므로 옳지 않은 내용이다.

① 민주주의는 과잉 합의가 갈등의 역동성을 가로막을 때에도 위기에 처한다고 하였으므로 옳은 내용이다.

②, ⑤ 건전한 민주주의의 과정은 각기 다른 정치적 입장 사이의 활발한 충돌과 공개적인 이익 다툼을 요구한다고 하였으므로 옳은 내용이다.

④ 인종적, 민족주의적, 종교적인 세력들이 대립하게 되면 그들은 서로 경쟁하는 것이 아니라 서로를 파괴하려고 애쓸 것이라고 하였으므로 옳은 내용이다.

21
정답 ③

ㄴ. 세계화 과정에서도 중요한 것은 '김치를 알아야 한다'는 것이라고 하여 개별 국가의 특수성을 고려해야 한다고 하였다. 따라서 옳은 내용이다.

ㄹ. 1990년대 후반에 있었던 마이크로소프트사의 한글과 컴퓨터사에 대한 투자 계획이 한국인의 국민적 반대에 의해 좌절된 사례를 통해 알 수 있으므로 옳은 내용이다.

ㄱ. 세계화 과정을 이해하기 위해 지역적 정체성도 고려해야 한다는 것이지 이것이 없어져야 세계화가 가능하다는 의미는 아니다. 따라서 옳지 않은 내용이다.

ㄷ. 모든 나라의 사람들은 빅맥을 먹지만, 그렇다 하더라도 일부는 김치 또한 먹고 있다고 하였으므로 옳지 않은 내용이다.

22
정답 ②

② 아래 ⊙과 함께 '그들은 자기들에게 위임된 권한으로는 법률을 집행할 수 없었으며'라고 하였으므로 옳은 내용이다.

① 민이 직접 승인하지 않는 법률은 모두 무효라고 하였으므로 민이 입법권을 가지고 있었음을 알 수 있다. 따라서 옳지 않은 내용이다.

③, ④, ⑤ 모든 법은 보편적 선의지의 표명이기 때문에 입법권을 행사하는 데 대표자를 내세울 수 없는 것은 명백하다고 하였으므로 옳지 않은 내용이다.

23
정답 ③

③ 이러한 유행은 언제나 상류 계층에서만 생성된다고 하였으므로 옳지 않은 내용이다.

① 오늘의 유행은 어제나 내일의 유행과 다른 개별적 특징을 갖게 된다고 하였으므로 옳은 내용이다.

② 유행이란 동일 계층 내 균등화 경향과 개인적 차별화 경향 사이에 개인들이 타협을 이루려고 시도하는 생활양식이라고 하였으므로 옳은 내용이다.

④ 구성원 사이의 균질성과 더불어 하류 계층 구성원과의 차별성을 부각시킨다고 하였으므로 옳은 내용이다.

⑤ 상류 계층은 그 유행을 버리고 다시 대중과 자신을 구별하게 될 새로운 유행을 추구한다고 하였으므로 옳은 내용이다.

24
정답 ⑤

⑤ 한자는 양반들이 일반 백성들로부터 스스로를 차별화시킬 수 있는 강력한 정치적 수단으로서 기능하고 있었던 것이라고 하였으므로 옳은 내용이다.

① 백성들이 한글을 선호한 이유는 배우기 쉬운 글자이기 때문이지, 한글의 정치적·문화적 성격 때문이 아니므로 옳지 않은 내용이다.

② 양반들은 한자가 한글보다 더욱 유용한 문자로 인식하고 있었을 뿐 한글이 과학적인 문자라는 것에 대해서는 알지 못했으므로 옳지 않은 내용이다.

③ 양반들은 한자를 중국의 선진 문명을 받아들이는데 필수라는 생각과 더불어 지식과 정보를 통제·독점함으로써 특권을 유지할 수 있었다. 하지만 이것이 한자가 각국 문화에 대한 지식과 정보에 접근할 수 있는 유일한 수단이라는 것을 의미하는 것은 아니므로 옳지 않은 내용이다.

④ 사회 전체의 저항이 아닌 양반들의 저항이었고, 한글 채택으로 인해 선진 문명으로부터의 단절을 초래할 위험을 우려한 것도 아니었으므로 옳지 않은 내용이다.

25
정답 ③

③ 양반관료층을 중심으로 한 정당이 공론과 쟁의를 일으키는 기풍을 가지고 있었기에 군주권이 감히 무제한으로 신장치 못했다고 하였으므로 옳지 않은 내용이다.

① 서구학계에서는 조선 사회가 국왕과 양반 관료층이 권력을 분점하여 세력 균형을 이루는 중앙집권적 관료제를 유지함으로써 500여 년 동안 장기적으로 지속할 수 있었다는 해석을 내놓았다고 하였으므로 옳은 내용이다.

② 안확은 조선 사회가 오랫동안 지속된 원인으로 정당의 형성과 공론정치를 들었다고 하였으므로 옳은 내용이다.

④ 위 ③에서 언급한 것과 같이 안확은 조선의 공론 정치가 군주권의 무제한적 성장을 제한한다고 보았으므로 옳은 내용이다.

⑤ 정조 이후 120년간은 실상 독재 정치의 전성기인 동시에 공론의 쇠퇴를 가져왔다고 하였으므로 옳은 내용이다.

26
정답 ①

① 제시문은 새로운 정보를 접할 때는 약한 사회적 연결이 더 중요한 역할을 하는데, 그 이유는 잘 알고 지내는 사람들보다 그렇지 않은 사람들이 더 많기 때문이며, 새로운 정보를 얻거나 외부 세계와 의사소통을 하려고 할 때에는 약한 연결을 통해 획득된 것일 가능성이 높다고 하였다. 따라서 이를 통해 이끌어 낼 수 있는 것은 정보의 출처가 그저 알고 지내던 사람들인 경우가 더 많을 것이라는 ①을 이끌어 낼 수 있다.

27 정답 ②

정답 ②

정답해설

② 완성된 최종적 결과물이 '작품'이라는 것은 전통적인 예술 관념에 따른 것이며, 생성예술에서는 작품이 자동적으로 만들어져가는 과정 자체를 창작활동의 핵심적 요소로 보고 있다. 또한 창작과정에서 무작위적 우연이 배제될 수 없기 때문에 생성예술에서는 작가 개인의 미학적 의도를 해석해낼 수 없다고 하였으므로 옳지 않은 내용이다.

오답해설

① 작품이 만들어지는 과정 자체는 무작위적인 우연의 연속이라고 하였으므로 옳은 내용이다.

③ 생성예술에서는 작품이 자동적으로 만들어져가는 과정 자체가 창작활동의 핵심적 요소라고 하였으므로 옳은 내용이다.

④ 생성예술에서 작품이 만들어지는 과정은 작가가 설계한 생성 시스템에서 시작되지만, 그것이 작동하면 스스로 작품요소가 선택되고, 선택된 작품요소들이 창발적으로 새로운 작품요소를 만들어낸다고 하였다. 따라서 생성 시스템이 만들어진 후에는 작가가 직접 개입하지 않는다는 것을 알 수 있으므로 옳은 내용이다.

⑤ 선택된 작품요소들이 혼성·개선되면서 창발적으로 새로운 작품요소를 만들어낸다고 하였고 이런 과정은 생명체가 발생하고 진화하는 과정과 유사하다고 언급하고 있으므로 옳은 내용이다.

28 정답 ④

정답해설

④ 제시문에서는 도덕적으로 정당하기 위해서는 그 거짓 약속이 자신뿐만 아니라 모든 사람에게 타당한 보편법칙이 될 수 있어야 한다고 하였다. 이때 갑은 자신과 회사에 이득을 가져다주는지 그렇지 않은지를 따져 이기적으로 행동한 것이며 이에 부합하는 사람과의 약속을 잘 지키며 회사 이익에 기여한 훌륭한 사원이라는 평판을 얻게 되었겠지만, 그렇지 않은 사람에게는 반대의 상황이 되었을 것이다. 따라서 이는 모든 사람에게 타당한 보편법칙이 될 수 없기 때문에 도덕적으로 부당하다고 볼 수 있다.

29 정답 ⑤

정답해설

⑤ 명학소에 위치한 갑천의 풍부한 수량은 철제품을 운송하는 수로로 적합했을 뿐 아니라, 제련에 필요한 물을 공급하는 데에도 유용하였다는 부분을 통해 알 수 있는 내용이다.

오답해설

① 제시문에서 언급된 명학소의 경우는 철이 생산된 곳이 아니었다는 점에서 옳지 않은 내용이다.

② 명학소는 제련에 필요한 숯을 생산하였다고 하였으므로 옳지 않은 내용이다.

③ 제시문을 통해서는 망이 망소이의 반란이 명학소에서 일어났다는 것만 알 수 있을 뿐 그들에 대한 다른 정보는 알 수 없다.

④ 일반 군현민의 부담뿐만 아니라 다른 철소민의 부담과 비교해 보아도 훨씬 무거운 것이었다고 하였으므로 옳지 않은 내용이다.

> **합격자의 SKILL**
>
> 제시문을 벗어난 기존의 지식이 얼마나 위험한지를 알려주는 문제이다. 이 문제뿐만 아니라 기존의 지식을 통해 유추가 가능한 선택지는 무수히 많이 출제되고 있다. 하지만 언어논리 과목에서는 그 지식은 전혀 무의미한 것이며 오히려 해가 될 가능성이 더 높다는 점에 유의하자.

30 정답 ④

정답해설

④ 사냥꾼은 사냥감으로 자기 자루를 최대한 채우는 것, 즉 세상을 이용하는 것에만 관심이 있으므로 옳은 내용이다.

오답해설

① 유토피아는 인간의 지혜로 설계된 세계라는 점에서 인간이 지향하는 것이라는 것까지는 알 수 있으나 그것을 신이 완성하는지의 여부는 언급되어 있지 않다.

② 정원사는 자신이 생각해 놓은 대로 대지를 디자인한다는 점에서 인간의 적극적인 개입을 지향한다는 점을 알 수 있다. 고전적인 출제포인트이지만 지양과 지향은 전혀 다른 반대의 의미이다.

③ 산지기는 신의 설계에 담긴 자연적 균형을 유지하는 태도를 지니고 있다. 그런데 유토피아라는 것은 인간이 원하는 대로 인간의 지혜로 설계된 세계이므로 산지기는 이러한 유토피아를 꿈꾸는 것 자체를 하지 않는다고 볼 수 있다. 따라서 산지기는 유토피아를 설계하는 것이 아니므로 옳지 않은 내용이다.

⑤ 산지기는 신이 부여한, 즉 신의 설계에 담긴 지혜와 조화, 질서가 존재한다고 하였으나 나머지 두 유형에서는 그에 대한 언급이 없다. 오히려 정원사는 그런 질서가 존재하지 않으므로 인간이 개입해야 한다는 입장이고, 사냥꾼은 아예 그런 질서에 대해서 관심 자체가 없다.

31 정답 ③

정답해설

③ 혁신적 기술 등에 의한 성장이 아닌 외형성장에 주력해온 국내 경제의 체질을 변화시키기 위해 벤처기업 육성에 관한 특별조치법이 제정되었다고 하는 부분을 통해 알 수 있는 내용이다.

오답해설

① 해외 주식시장의 주가 상승과 국내 벤처버블 발생이 비슷한 시기에 일어난 것은 알 수 있으나 전자가 후자의 원인이라는 것은 제시문을 통해서는 알 수 없는 내용이다.

② 벤처버블이 1999~2000년의 기간 동안 국내뿐 아니라 미국, 유럽 등 전세계 주요 국가에서 나타난 것은 알 수 있으나 전세계 모든 국가에서 일어났는지는 알 수 없다.

④ 뚜렷한 수익모델이 없다고 하더라도 인터넷을 활용한 비즈니스를 내세우면 높은 잠재력을 가진 기업으로 인식되었다는 부분을 통해 벤처기업이 활성화되었으리라는 것을 유추할 수는 있다. 하지만 그것이 대기업과 어떠한 연관을 가지는지는 제시문을 통해서는 알 수 없는 내용이다.

⑤ 외환위기로 인해 우리 경제에 고용창출과 경제성장을 주도할 새로운 기업군이 필요해졌다는 부분은 알 수 있으나, 외환위기가 해외 주식을 대규모로 매입하는 계기가 되었는지는 알 수 없다. 오히려 반대로 1998년 5월부터 외국인의 종목별 투자한도를 완전 자유화하여 외국인 투자자들의 국내 투자를 유인하였다는 부분이 언급되어 있다.

32

정답 ④

정답해설

④ 수리물리학, 광학, 천문학 등은 불연속성의 정도가 상대적으로 컸지만 유전학이나 지질학 등은 20세기 중반 전까지 대중과 일정 정도의 연속성을 가지고 있었다고 하였으므로 옳은내용이다.

오답해설

① 과학과 비과학의 경계가 처음부터 고정된 것이 아니라 오랜 시간에 걸쳐 만들어진 경계라는 것이 제시문의 내용이다. 따라서 과학과 비과학의 경계는 존재한다고 보고 있다.

② 과학혁명 당시에 이미 전문성, 즉 문화자본을 공유하고 있던 사람들을 대상으로 한 연구가 이루어진 것이지 과학혁명 시기에 처음 문화자본을 획득한 것이 아니다.

③ 갈릴레오에 의하면 자연은 수학의 언어로 쓰여 있기 때문에 수학을 익힌 사람만이 자연의 책을 읽어낼 수 있다고 하였다. 하지만 이는 갈릴레오 내지는 수리물리학자들의 견해일 뿐이어서 보편적 기준이라고 보기 어렵다.

⑤ 수리물리학, 광학, 천문학 등의 분야에서 자연과 비과학의 경계가 비교적 뚜렷했다는 것은 알 수 있지만 이 중 어느 특정 학문에서 그 경계가 생겼는지는 알 수 없는 내용이다.

33

정답 ②

정답해설

어미 코끼리의 사례가 의미하는 것은 어떠한 가설이 좋은 가설이 되기 위해서는 그 가설로 인한 상황이 옳은지 그른지의 여부를 <u>확실하게 판별할 수 있어야 한다</u>는 것이다. 즉 의사 개인이 '나름대로' 해석할 수 있는 정도로는 그 가설이 좋은 가설이 되지 못한다는 것이며 이에 가장 잘 부합하는 것은 선택지 ②번뿐이다.

34

정답 ①

정답해설

ㄱ. 갑오정권이 조세금납화 정책을 시행하자 백성들은 다시 태어난 듯 희색을 감추지 못하였다고 하였으므로 옳은 내용이다.

오답해설

ㄴ. 방납의 폐단을 제거하기 위해 실시된 것이 대동법이지만 그렇다고 해서 방납이 완전히 사라진 것인지는 제시문을 통해서는 알 수 없으며, 잡세가 사라지게 된 것은 갑오개혁의 실시로 인한 효과이다.

ㄷ. 조세의 금납화는 대동법이 시행되면서 시작되었고 갑오개혁 때 이것이 전면화되었다. 서양법, 일본법에 대한 언급은 백성들이 금납화 정책에 대해 환영하면서 나온 표현이며 실제 이 법들에 의해 전면실시가 되었던 것인지는 제시문을 통해 알 수 없다.

ㄹ. 대동법의 실시로 과세 기준이 호에서 토지로 바뀌었으므로 토지가 많은 양반들의 부담이 늘어난 반면, 농민들의 부담은 감소되었다.

35

정답 ④

정답해설

④ 위에서 언급한 것처럼 공여국은 실제 도움이 절실한 개인들에게, 수혜국은 자국의 경제 개발에 필요한 부분에 우선 지원하려고 하므로 옳은 내용이다.

오답해설

① 공여국은 실제 도움이 절실한 개인들에게 우선적으로 혜택이 가기를 원한다고 언급하고 있으므로 옳지 않은 내용이다.

② 수혜국은 자국의 경제 개발에 필요한 부문에 개발원조를 우선 지원하려고 한다고 하였으므로 옳지 않은 내용이다. 자국의 빈민에게 혜택을 우선적으로 주려고 하는 것은 수혜국이 아니라 공여국이다.

③ 제시문에서는 수혜국이 집단주의적 경향이 강하다고 언급하고 있으나 그로 인해 공여국의 개발원조계획 참여가 저조한지의 여부는 알 수 없다. 공여국의 참여가 실제 저조했는지의 여부도 알 수 없는 내용이다.

⑤ 라틴 아메리카와 아프리카의 나라들이 부채에 시달리고 있는 것은 사실이나 이것이 원조정책에 기인한 것인지의 여부는 제시문을 통해서는 알 수 없는 내용이다.

36

정답 ③

정답해설

ㄱ. 겸애는 "남의 부모를 나의 부모처럼 여기고, 남의 집안을 내 집안처럼 여기고, 남의 국가를 나의 국가처럼 여기는 것"이라고 하였으므로 옳은 내용이다.

ㄴ. 겸애는 단지 아끼고 사랑하는 마음이나 감정을 넘어서는 것이며 그 사람을 현실적으로 이롭게 하겠다는 의지를 함축한다고 하였으므로 옳은 내용이다.

오답해설

ㄷ. '나'와 '남'이라는 관점의 차별을 지양하자는 것이지 사회적 위계질서를 철폐하자는 것이 아니라고 하였으므로 옳지 않은 내용이다.

> **합격자의 SKILL**
>
> 일반적인 통념에 대해 반대하는 제시문에는 이를 구분하는 장치가 들어 있기 마련이다. 이 문제의 경우 '얼핏 ~듯 보이지만'과 같은 문구가 그것인데 이런 유형의 제시문에서는 통념을 그대로 넣어 주고 마치 이것이 제시문에서 주장하고 있는 것처럼 위장하는 경우가 많다. 이 문제는 그 형태 중에서 가장 기본적인 형태이다. 제시문의 난도가 높아질 경우에는 글을 이해하는 데 힘을 쏟다 보니 가장 기본적인 이 프레임을 놓치는 경우가 많다. 하지만 통념과 제시문의 주제를 명확하게 구분만 할 수 있더라도 선택지의 절반 이상은 해결할 수 있다는 점은 꼭 기억해 두어야 한다.

37 정답 ⑤

정답해설

⑤ 사회가 생겨난 근원은 신체상의 고통이고 자신의 신체를 방어하기 위해 다양한 사회 형태를 고안했다고 하였으므로 옳은 내용이다.

오답해설

① 인간이 협력하고 단합하여 다양한 사회 형태를 고안한 이유는 인간이 서로에 대해 느끼는 공포와 불안이라고 하였으므로 사회로 인해 이 같은 불안을 완화시킬 수 있을 것이라는 것을 추론해낼 수 있다. 따라서 옳지 않은 내용이다.

② 타인에 대한 간섭과 침해를 막기 위해 행동을 제한하는 규약이 만들어지는 것이다. 하지만 그 제약이 지나칠 경우에 투쟁이 불가피하게 되는지에 대해서는 제시문에서 언급하고 있지 않다.

③ 사회는 타인과 어울리고 싶어 하는 끊임없는 충동이나 노동의 필요 때문에 생겨나지 않았다고 하였으므로 옳지 않은 내용이다.

④ 사회가 구성되면 모든 것이 허용되는 시절이 끝나게 되며 무제약적으로 자유를 추구하던 시절이 끝난다고 하였으므로 옳지 않은 내용이다.

38 정답 ③

정답해설

③ 사회가 점차 복잡해지고 분업화가 이루어지면서 갈등이 생겨나게 되었고 이를 해결하기 위해 사회계약을 통해 권력기구를 만들기로 합의한 것이다. 선택지의 문장은 선후관계가 바뀌었으므로 옳지 않은 내용이다.

오답해설

① 구세력인 왕당파는 왕의 지배권은 신이 내린 것으로 여겼고 동시에 왕에게 신성성을 부여하는 신격화 이론을 내세웠으나 로크는 이러한 것을 부정했으므로 옳은 내용이다.

② 정부권력자가 본래의 약속을 어기고 신민의 인권을 침해하면 신민들은 저항권을 행사하여 새로운 정부를 수립할 수 있다고 하였으므로 옳은 내용이다.

④ 실정법이 만들어지기 이전의 자연법은 천부인권을 내용으로 하고 있었으며 이 자연법의 질서에 따라 각 개인은 권리를 누려왔다고 하였으므로 옳은 내용이다.

⑤ ③에서 언급한 것처럼 사회가 복잡해지는 과정에서 많은 재물을 축적한 사람들과 그렇지 못한 사람들 사이에 갈등이 생겨나게 되었으며 이를 해결하기 위해 권력기구를 만들기로 합의하였다고 하였으므로 옳은 내용이다.

39 정답 ④

정답해설

④ 이 선택지는 ①과 연관지어 판단하는 것이 좋다. ①의 해설과 같이 대학에 대한 차별적인 지원을 언급하면서 합당한 차이가 있다면 집단 간에 차별 대우가 정당화된다고 하였으므로 옳은 내용이다.

오답해설

① 대학에 대한 차별적인 지원을 언급하면서 차별 대우가 정당화되는 경우가 있다고 하였으므로 옳지 않은 내용이다.

②, ⑤ 제시문은 집단 간의 차별대우에 대한 내용이지만 구성원 간에도 합당한 차이를 찾을 수 있다면 차별대우가 정당화될 수 있을 것이라는 것을 추론해낼 수 있을 것이다.

③ 다른 구성원들의 이익을 배려해야 한다는 것은 제시문과는 무관한 내용이므로 옳지 않은 내용이다.

40 정답 ⑤

정답해설

⑤ 프로테스탄트는 정치적 위상이나 수적 상황과 무관하게 활발한 영리 활동을 하였고, 가톨릭은 어떠한 사회적 조건에 처해있든 간에 영리활동에 적극적으로 참여하지 않았다고 하였다. 즉, 외부의 상황이 아니라 그 종교 자체가 지니고 있는 특성에 따라 차이가 발생한다고 볼 수 있으므로 옳은 내용이다.

오답해설

① 다른 유럽국가들의 프로테스탄트들은 종교적 이유로 박해를 받을 때조차 적극적인 경제활동으로 사회의 자본주의 발전에 기여했다고 하였으므로 옳지 않은 내용이다.

② 민족적, 종교적 소수자는 정치적으로 배제되기 때문에 영리활동에 몰두하는 경향이 있지만 독일의 가톨릭은 그렇지 않다고 하였으므로 옳지 않은 내용이다.

③ 독일 가톨릭의 경제적 태도는 다른 유럽의 가톨릭과 다르지 않았으나 또 다른 종교적 소수집단인 프로테스탄트는 그와 다르게 자본주의적 영리활동에 적극적으로 참여하였다. 따라서 옳지 않은 내용이다.

④ ③에서 언급한 것처럼 프로테스탄트와 가톨릭은 서로 다른 경제적인 행동을 하였으므로 옳지 않은 내용이다.

41 정답 ④

정답해설

④ 제시문은 풀맨 마을의 예에서 볼 수 있듯 정치적 문제에 민주주의 원리가 적용되는 것처럼 공장에서 발생하는 정치적 문제에도 민주주의 원리를 적용해야 한다고 하였다. 따라서 이를 반박하기 위해서는 마을 운영이 정치적인 문제에 속하는 것과 달리 공장 운영은 경제적 문제에 속하여 서로 그 성질을 달리한다는 언급이 있어야 하므로 타당한 반박이라고 볼 수 있다.

오답해설

① 일리노이 최고법원이 풀맨에 대한 판결을 내렸다는 언급이 있으나 이는 배경을 설명하기 위해서일뿐 이에 근거한 논증이 진행된 것이 아니다. 따라서 반박으로 적절하지 않다.

② 제시문의 논증은 풀맨 마을과 같은 마을을 경영하는 것에 대해 주안점을 둔 것이 아니라 그러한 사례를 통해 소유권과 정치적 권력이 분리되어야 한다는 점을 강조하고 있다. 따라서 선택지의 문장은 반박으로 적절하지 않다.

③ 자신의 거주지 안에서 자유롭게 살 수 있는 권리와 제시문의 내용은 연관성이 없는 것이므로 반박으로 적절하지 않다.

⑤ 제시문을 통해 공장에서는 소유와 경영이 제대로 분리되고 있지 않다고 볼 수 있으나 풀맨 마을과 같은 공동체에서는 분리가 되고 있음을 추론할 수 있다. 따라서 선택지의 내용은 이를 뒤바꾸어놓은 것이며 더 나아가 반박으로서도 적절하지 못하다.

42

정답 ①

정답해설

① 음원의 위치를 판단하는 방식은 크게 세 가지로 나눌 수 있는데, 두 귀에 도달하는데 걸리는 시간차를 이용하는 방식과 음색의 차이를 이용하는 방식은 고주파와 저주파 사이에 차이가 없다. 그러나 두 귀에 도달하는 소리의 크기 차이를 이용하는 방법은 저주파에서는 효과적이지 않다고 하였으므로 저주파로만 구성된 소리는 이 방식이 제대로 작동하지 않을 것임을 알 수 있다. 따라서 고주파로만 구성된 소리가 저주파로만 구성된 소리보다 음원의 위치를 파악하기 쉽다.

오답해설

② 소리가 두 귀에 도달하는 데 걸리는 시간차를 이용하면 소리가 오는 '방향'을 알 수 있는 것이지 청자와 음원의 '거리'를 알 수 있는 것이 아니다. 따라서 옳지 않다.

③ ①에서 언급한 것처럼 저주파로만 구성된 소리는 소리의 크기 차이를 이용한 위치추적이 어려울 뿐이지 나머지 두 가지의 방법으로는 얼마든지 추적이 가능하다. 따라서 옳지 않다.

④ 머리가 소리 전달을 막는 장애물로 작용하여 음원의 위치를 찾는 것은 두 귀에 도달하는 소리의 크기 차이를 이용하는 방식이다. 나머지 두 가지의 방법은 이와는 큰 연관성이 없으므로 머리가 소리를 막지 않더라도 음원의 위치를 찾는데 큰 어려움이 없을 것이다.

⑤ 두 귀에 도달하는 소리의 음색 차이가 생기는 이유는 머리와 귓바퀴의 굴곡 때문이므로 옳지 않은 내용이다.

43

정답 ②

정답해설

② 음악 작품에는 3도 음정, 1도 화음 등과 같은 수학의 원칙과 질서 등이 활용된다고 하였으므로 옳은 내용이다.

오답해설

① 음악과 수, 음악과 수학의 관계를 통해 음악을 설명하려는 시도는 고대에도 있었다고 하였으므로 옳지 않은 내용이다.

③ 제시문에서 제나키스는 건축가 르 코르뷔지에와의 공동 작업으로 건축적 비례를 음악에 연결시켰다는 예를 들고 있다. 즉 음악의 특성이 건축 설계에 반영되는 것이 아니라 건축 설계의 특성이 음악에 반영된 것이다.

④ 제시문의 내용은 음악을 감정의 예술로 이해하는 것이 잘못되었다는 것이 아니라, 감정의 예술로 이해할 수도 있고 수적 감각이 반영된 예술로 이해할 수도 있다는 것이다. 즉 양자택일적인 내용이 아니다.

⑤ 음악에 수학의 원리가 적용되는 것은 맞지만, 수의 상징적 의미가 음악의 수학적 질서를 통해 구체화되는 것인지는 알 수 없는 내용이다.

44

정답 ④

정답해설

④ 노동조합이 전반적으로 몰락한 주요 원인을 제조업 분야의 쇠퇴, 즉 서비스업 중심의 경제구조로의 변화에서 찾는 견해가 틀렸다고 하였으므로 옳지 않은 내용이다.

오답해설

① 1973년 전체 제조업 종사자 중 39%였던 노동조합원의 비율이 2005년에는 13%로 줄어들었다는 부분에서 알 수 있는 내용이다.

② 1970년대 중반 이후 기업들이 보수적 성향의 정치적 영향력에 힘입어서 노동조합을 압도할 수 있게 되었으며 결국 노동조합의 몰락은 정치와 기업이 결속한 결과라는 부분을 통해서 알 수 있는 내용이다.

③ 많은 제조업 제품을 주로 수입에 의존하게 되면서 서비스업 중심의 산업구조로 미국경제가 변화하였다고 하였으므로 옳은 내용이다.

⑤ 1980년대 초에 노동조합을 지지하는 노동자 20명 중 적어도 한 명이 불법적으로 해고되었다는 점에서 옳은 내용이다.

45

정답 ③

정답해설

③ 책봉례와 가례의 경우에 전 과정을 책례도감의궤와 가례도감의궤로 남겼다는 것을 알 수 있으나, 다른 통과의례에서는 그와 같은 언급이 없다. 입학례의 경우는 기록화로 그 과정을 기록하였으나 관례에 대해서는 어떠한 언급도 없다.

오답해설

① 조선 시대를 통틀어 적장자로서 왕위에 오른 왕은 일곱 명에 불과하였으므로 나머지 왕들은 적장자가 아니었음을 알 수 있다.

② 입학례는 성균관에 입학하는 다른 사대부 자녀와 마찬가지로 진행하였다는 점, 일반 사대부의 자녀는 혼례를 치르기 전인 15세에서 20세에 관례를 치렀다는 점을 통해 입학례, 관례, 혼례의 통과의례를 사대부 자녀들도 거칠 수 있었다는 것을 알 수 있다.

④, ⑤ 통과의례는 책봉례, 입학례, 관례, 가례의 순으로 진행되는데, 관례를 치르고 나서야 성인이 되므로 성인이 된 후 치른 의례는 가례임을 알 수 있다.

46

정답 ③

정답해설

③ 의사가 없는 지방에서는 의사의 업무 모두를 약점사가 담당했다고 하였는데, 의사는 의학박사만큼은 아니더라도 의학교육도 일부 담당했다. 따라서 약점사가 의학교육의 일부를 담당했을 것이라고 추론할 수 있다.

오답해설

① 의학박사가 의사에 비해 실력이 뛰어나고 경력이 풍부했다는 것은 알 수 있으나 이들이 의사 중에서 선발된 것인지는 알 수 없다.

② ①에 언급된 것처럼 의학박사와 의사 간의 실력 차이에 대해서는 언급하고 있으나 의사와 약점사의 실력 차이에 대해서는 언급되어 있지 않다.

④ 향리들 중에서 임명한 사람은 의사가 아니라 약점사이다.

⑤ 지방 관청에 설치된 약점에 배치된 사람은 의사가 아니라 약점사이다.

47

정답 ②

정답해설

제시문의 내용은 유전자 A, B, C가 단독 혹은 다른 유전자와 결합하여 애기장대의 특정 부분의 발현에 어떻게 영향을 주는가를 설명한 것이다. 이를 도식화한 것이 아래의 그림이며 이를 통해 선택지의 조건을 판단하면 되는 문제이다. 특히 유전자 A와 C는 어느 하나의 유전자가 결여되었을 때 상대방 유전자가 대신 발현한다는 점이 핵심포인트가 된다.

ㄱ. 유전자 A가 결여되었다면 유전자 A가 정상적으로 발현하게 될 꽃의 위치에 유전자 C가 발현하므로 그림에서 유전자 A를 유전자 C로 대체하여 판단하면 된다. 먼저 가장 바깥쪽 부분은 유전자 C가 단독으로 작용하는 부분이므로 암술이 발생하게 되며, 두 번째 부분은 유전자 C와 B가 함께 작용하므로 수술이, 세 번째 부분은 유전자 B와 C가 함께 작용하므로 역시 수술이, 마지막으로 네 번째 부분은 유전자 C가 단독으로 작용하므로 암술이 발생하게 된다.

ㄷ. 위와 같은 논리로 가장 바깥쪽 부분은 꽃받침이, 두 번째 부분은 꽃잎이 발생하게 되며, 세 번째 부분 역시 유전자 B와 A가 함께 작용하여 꽃잎이, 마지막 부분은 유전자 A가 단독으로 작용하여 꽃받침이 발생하게 된다.

오답해설

ㄴ. 제시문에서 유전자 B가 결여되었다고 해서 다른 유전자가 발현되지는 않는다고 하였으므로 그림에서 유전자 B를 제거한 후 판단하면 된다. 먼저, 가장 바깥쪽 부분은 유전자 A가 단독으로 작용하는 부분이므로 꽃받침이 발생하게 되며, 두 번째 부분 역시 유전자 A가 단독으로 작용하므로 꽃받침이, 세 번째 부분은 유전자 C가 단독으로 작용하므로 암술이, 마지막 부분 역시 유전자 C가 단독으로 작용하므로 암술이 발생하게 된다.

ㄹ. 유전자 A와 B가 모두 결여되어 유전자 C만 존재하는 상황이므로 구체적인 순서를 따질 필요 없이 암술로만 존재하는 구조가 될 것이라고 추론할 수 있다.

48
정답 ①

정답해설

① 소비자들은 대안적인 상품들을 놓고 저울질하지만 판매자들은 그런 과정을 생각하지 못하고 대체재의 가격 변동 등에 관심을 가진다고 하였으므로 옳은 내용이다.

오답해설

② 판매자들은 대안재 선택 과정을 생각하지 못한다고 하였으므로 옳지 않은 내용이다.

③ 재무 소프트웨어와 회계사는 회계 작업을 수행한다는 측면에서, 형태는 다르지만 동일한 기능을 갖고 있으므로 대체재 관계에 해당한다.

④ 소비자들이 대안적인 상품들, 즉 대안재를 놓고 저울질한다고 하였으나 그렇다고 해서 그들이 대안재보다 대체재를 더 선호한다든지 혹은 그 반대인지의 여부는 알 수 없는 내용이다.

⑤ 영화관과 카페는 기능과 형태는 다르나 여가 시간을 보낸다는 동일한 목적을 충족하는 것이므로 서로 대안재의 관계에 있다.

49
정답 ③

정답해설

③ 중궁전은 궁궐 남쪽이 아닌 궁궐 중앙부의 가장 깊숙한 곳에 위치한다. 궁궐은 남쪽에서 북쪽에 걸쳐 외전, 내전(궁궐 중앙부), 후원의 순으로 구성되므로 궁궐 남쪽에서 공간적으로 가장 멀리 위치한 곳은 후원에 속한 어느 공간일 것이다.

오답해설

① 내농포는 왕이 직접 농사를 체험하는 소규모 논으로서 후원에 위치한다. 후원은 금원이라고도 불렸으므로 옳은 내용이다.

② 내전은 왕과 왕비의 공식 활동과 일상적인 생활이 이루어지는 곳이라고 하였으므로 옳은 내용이다.

④ 외전은 왕이 의례, 외교, 연회 등의 정치 행사를 공식적으로 치르는 공간이므로 외국 사신 응대 의식도 외전에서 거행되었을 것이다.

⑤ 동궁은 차기 왕위 계승자인 세자의 활동 공간이며 세자를 '떠오르는 해'라는 의미로 '동궁'이라고 부르기도 했다는 점에서 옳은 내용이다.

50
정답 ①

정답해설

① 두 기둥 사이에 보가 연결된 구조는 기둥에 대해 수직으로 작용하는 하중에는 강하다고 언급되어 있고 가새는 수평 하중에 취약한 부분을 보완하기 위함이라고 하였으므로 옳지 않은 내용이다.

오답해설

② 가새를 설치하는 목적은 수평 하중에 취약한 구조적 특징을 보완하기 위함이기도 하지만 부차적으로 보에 가해지는 수직 하중의 일부도 기둥으로 전달한다. 따라서 옳은 내용이다.

③ 기둥과 보, 가새가 서로 연결되어 삼각형 형태를 이루면 목조 건축물의 골조가 더 안정된 구조를 이룰 수 있다고 하였으므로 옳은 내용이다.

④ 가새의 크기와 그것이 설치될 위치를 설계할 때에는 수평 하중의 영향만을 고려한다고 하였으므로 옳은 내용이다.

⑤ 가새는 하나의 보와 이 보의 양 끝에 수직으로 연결된 두 기둥에 설치되어 마주보는 짝으로 구성된다고 하였으므로 옳은 내용이다.

51
정답 ①

정답해설

① 체증이 심한 유료 도로 이용은 다른 사람의 소비를 제한(타인의 원활한 도로 이용 방해)하는 특성을 가지는 것이므로 '경합적'이며, 요금을 지불하지 않고서는 도로 이용을 하지 못하므로 '배제적'이다. 이는 a에 해당한다.

오답해설

② 케이블 TV 시청은 다른 사람의 소비를 제한하지 않으므로(자신이 케이블 TV를 시청한다고 해서 다른 시청자의 방송 시청에 어떠한 영향을 주는 것이 아니다) '비경합적'이며, 시청료를 지불하지 않고서는 TV 시청을 하지 못하므로 '배제적'이다. 이는 c에 해당한다.

③ 사먹는 아이스크림과 같은 사유재는 다른 사람의 소비를 제한하므로(자신이 아이스크림을 먹을 경우 타인이 먹을 수 있는 아이스크림의 개수가 감소한다) '경합적'이며, 대가를 지불하지 않고서는 아이스크림을 사먹을 수 없으므로 '배제적'이다. 이는 a에 해당한다.

④ 국방 서비스는 다른 사람의 소비를 제한하지 않으므로(자신이 국방 서비스의 혜택을 누린다고 하여 다른 사람이 받는 국방 서비스가 줄어드는 것이 아니다) '비경합적'이며, 요금을 지불하지 않더라도 국방서비스는 받을 수 있으므로 '비배제적'이다. 이는 d에 해당한다.

⑤ 제시문에서 영화 관람이라는 소비 행위는 비경합적이지만 배제가 가능하다고 하였으므로 c에 해당한다.

52

정답해설

ㄱ. 간도관리사로 파견된 이범윤은 청이 간도를 자국 영토로 편입하려는 시도에 맞서 간도를 함경북도의 행정구역으로 편입시켜 영유권을 확립하려고 시도하였다고 하였다. 따라서 옳은 내용이다.

오답해설

ㄴ. 1903년 6월 한국 경무관들이 간도 거주 한국인들에게 세금을 징수하였고 이에 항의하는 청국정부에 대해 내부대신 김규홍이 '명백히 한국영토인 간도에서 토지를 측량하고 세금을 징수하는 것이 정당하다'고 주장하였다. 따라서 옳지 않은 내용이다.

ㄷ. 한청통상조약에 의거하여 이범윤의 소환을 요구한 것은 청이며 박제순은 이에 대해 '간도는 본래 한국과 청의 경계지역으로 수십 년 동안 한국인 수만 호가 이주하였는데 청의 관리가 학대하자 간도 거주민이 한국정부에 호소했고 이에 따라 이들을 보호하기 위해 이범윤을 파견한 것'이라고 주장하였다. 따라서 옳지 않은 내용이다.

53

정답해설

③ 이앙법은 제초를 할 때 드는 노동력이 크게 절약되었다고 하였으며, 견종법도 곡식과 잡초가 구획되어 잡초를 쉽게 제거할 수 있었으므로 잡초 제거에 드는 노동력을 줄일 수 있었다고 하였으므로 옳은 내용이다.

오답해설

① 국가에서는 수원이 근처에 있어 물을 댈 수 있는 곳은 이앙을 하게 했으나, 높고 건조한 곳은 물을 충분히 댈 수 있는 곳인지 아닌지를 구별하여 이앙하도록 지도했다고 하였으므로 옳지 않은 내용이다.

② 견종법은 종자를 심는 고랑에만 거름을 주면 되므로 거름을 절약할 수 있다고 하였으므로 옳지 않은 내용이다.

④ 농종법은 밭두둑 위에 종자를 심는 것이고, 견종법은 밭두둑에 일정하게 고랑을 내고 여기에 종자를 심는 것이므로 두 방법 모두 밭두둑이 필요함을 알 수 있다. 따라서 옳지 않은 내용이다.

⑤ 견종법은 고랑에만 씨를 심었으므로 농종법에 비해 종자를 절약할 수 있다는 장점이 있다고 하였으므로 옳지 않은 내용이다.

54

정답해설

⑤ 당시의 권력자들이 최상의 의료 인력과 물자를 독점적으로 소유함으로써 의료를 충성에 대한 반대급부로 삼았다고 한 부분에서 알 수 있는 내용이다.

오답해설

① 혜민국은 전염병이 발생한 이후 유행을 막기 위해 설치된 임시 기관이므로 사전 예방과는 거리가 멀다.

② 고려 국왕은 일년 중 정해진 날에 종4품 이상의 신료에게 납약을 내렸으며 이는 약재가 일종의 위세품으로 작용한 근거라고 하였다. 따라서 치료와는 거리가 멀다.

③ 고려의 국왕이 가부장적 이데올로기에 입각하여 의료를 신민 지배의 한 수단으로 삼았다는 내용은 언급되어 있으나 이것이 전염병의 발병률과 어떠한 관계가 있는지에 대해서는 언급되어 있지 않다. 또한 고려 시대 전염병의 발병률이 감소했는지도 알 수 없는 내용이다.

④ 중세 동아시아 의학은 통치수단의 방편으로 활용되었을 뿐 실질적인 질병의 치료를 목적으로 한 것이 아니었다. 혜민국과 같은 기관들이 치료보다는 통치를 위한 격리를 목적으로 하였다는 것에서도 확인할 수 있는 내용이다.

55

정답해설

① 전자 심의를 통해 대면 심의에서는 드러나지 않았던 내밀한 내용들이 쉽게 표출된 것은 사실이지만, 참여자 간의 신뢰는 인터넷 공간에서는 확보되기 어렵다고 하였으므로 옳지 않은 내용이다.

오답해설

② 대면 심의 집단이 질적 판단을 요하는 복합적 문제를 다루는 경우 전자 심의 집단보다 우월하다는 실험 결과를 통해 옳은 내용임을 알 수 있다.

③ 대면 심의에서 드러나지 않았던 내밀한 내용들이 전자 심의에서 쉽게 표출된다는 것에 비추어 볼 때, 소극적이고 내성적인 사람들이 자신의 의견을 적극 표출하도록 만들 수 있다는 장점이 있으므로 옳은 내용이다.

④ 정치적 사안을 심의하기 위해서는 토론자들이 서로 간에 신뢰하고 있을 뿐 아니라 심의 결과에 대해 책임의식을 느끼고 있어야 한다고 하였으므로 옳은 내용이다.

⑤ 복합적 성격을 지닌 정치적 영역의 심의는 참여자들 사이에 타협과 협상을 필요로 한다고 하였으므로 옳은 내용이다.

56

정답해설

③ 남형, 혹형, 남살을 행사하는 수령들이 오히려 해이해진 기강을 단속하여 백성을 잘 다스린다는 평가를 받았으며 어떠한 문책도 당하지 않았다.

오답해설

① 포교, 포졸, 관교 등의 하급 관속들의 비리나 폭력이 심각하였다고는 하였으나 이들 각각의 비리가 어떻게 차이가 나는지에 대해서는 언급하고 있지 않다.

② 수령은 범죄의 유형이나 정도에 상관없이 태형 50대 이하의 처벌은 언제나 실행할 수 있고 사형도 내릴 수 있다고 하였으므로 옳지 않은 내용이다.

④ 수령이 사법권을 행사할 때에는 법전의 규정에 따라 신중하게 실행할 것이 요구되었으나 실제는 그렇지 않았다. 즉, 법전의 규정대로만 실행되었다면 문제가 없었을 것이나 그렇지 않았기 때문에 수령의 과도한 사법권 행사가 사회 불안을 조장하는 요소였던 것이다.

⑤ 하급 관속들의 비리나 폭력이 심각하였다고 하였으나 이로 인해 어떠한 처벌을 받는지는 언급되어 있지 않다. 수령의 경우에는 남형 등의 문제가 있었지만 어떠한 문책도 없었다고 언급되어 있다.

79

정답해설

ㄴ. 특이도란 감염되지 않았을 때 음성 반응이 나올 확률을 말하는데 이것이 100%라면 실제로 병에 걸리지 않은 사람들 중 양성 반응을 보인 사람들의 비율, 즉 거짓 양성 비율이 당연히 0%가 되어야 한다. 왜냐하면 특이도가 100%라면 병에 걸리지 않은 사람은 모두 음성 반응을 보일 것이기 때문이다. 따라서 옳은 내용이다.

오답해설

ㄱ. 제시문에서는 민감도와 특이도에 대해 각각 설명하고 있을 뿐, 이 둘 간의 관계에 대해서는 언급하고 있지 않다. 따라서 옳지 않다.

ㄷ. 민감도가 100%이고 특이도 역시 100%라면 양성 반응이 나온 사람이 감염되었을 확률이 100%라고 할 수 있다. 하지만 극단적으로 특이도가 0%라면 이 사람은 감염이 되었든 되지 않았든 간에 모두 양성 반응이 나오게 된다.

80

정답 ⑤

정답해설

⑤ 바라바시의 연구에서 커뮤니티 외부와 링크를 많이 가진 사람을 네트워크에서 제거하면 갑자기 네트워크가 와해되어 버렸다고 하였으므로 옳지 않은 내용이다.

오답해설

① 빅데이터 분석이 샘플링과 설문조사 전문가들의 작업을 대체하고 있다고 하였으므로 옳은 내용이다.

② 기존의 통계학적 샘플링은 기술적 제약이 있던 시대에 개발된 것이라고 하였으므로 옳은 내용이다.

③ 빅데이터 분석으로 인해 샘플링과 설문지 사용에서 기인하는 편향이 사라졌다고 하였으므로 옳은 내용이다.

④ 특정한 경우에는 샘플링을 사용할 수 있지만 더 이상 샘플링이 사회현상 분석의 주된 방법일 수는 없다고 하였으므로 옳은 내용이다.

81

정답 ④

정답해설

④ 이 선택지는 ②를 먼저 파악한 후에 판단하는 것이 좋다. ②에서 언급한 것과 같이 지폐 거래를 위해서는 신뢰가 필수적인데 중국을 포함한 아시아의 국가들은 처음부터 국가가 발행권을 갖고 있어서 화폐로 받아들여지고 사용되기 위해 필요한 신뢰를 확보하고 있었다고 할 수 있다.

오답해설

① 제시문에 따르면 유럽의 지폐는 동업자들끼리 만든 지폐로 시작하였으나 쉽게 자리잡지 못했고 중앙은행이 금 태환을 보장하면서부터 화폐로 사용되기 시작하였다. 그러나 이것으로 지폐가 널리 통용되었다고 판단하기에는 무리가 있으며 더구나 금화의 대중적인 확산이 그 원인이 되었다는 것은 근거를 찾을 수 없다.

② 내재적 가치가 없는 지폐가 화폐로 받아들여지고 사용되기 위해서는 신뢰가 필수적인데 중국은 강력한 왕권이 이 신뢰를 담보할 수 있었지만, 유럽에서는 그보다 오랜 시간과 성숙된 환경이 필요했다고 하고 있다. 결국 유럽에서 지폐의 법정화와 중앙은행의 설립이 이루어진 것은 17~18세기에 이르러서야 가능했다.

③ 중국에서는 기원전 8~7세기 이후 주나라에서부터 청동전이 유통되었는데 이후 진시황이 중국을 통일하면서 화폐를 통일해 가운데 네모난 구멍이 뚫린 원형 청동 엽전이 등장하였다고 하였다. 따라서 네모난 구멍이 뚫린 원형 엽전 이전에 청동전이 있었다는 사실을 알 수 있다.

⑤ 유럽에서는 금화가 비교적 자유롭게 사용되어 대중들 사이에서 널리 유통되었다고 하였으나 아시아에서는 금이 대중들 사이에서 유통되기 시작하면 권력이 약화된다고 보았다. 따라서 선택지의 문장은 아시아에만 해당하는 내용이다.

> **합격자의 SKILL**
>
> 흔히들 제시문의 첫 부분에 나오는 구체적인 내용들은 중요하지 않은 정보라고 판단하여 넘기곤 한다. 하지만 선택지 ③과 같이 첫 부분에 등장하는 내용이 문장으로 구성되는 경우가 상당히 많은 편이다. 첫 단락은 글 전체의 흐름을 알게 해주는 길잡이와 같은 역할도 하므로 구체적인 정보라도 꼼꼼하게 챙기도록 하자.

82

정답 ③

정답해설

③ '광장은 제후들이 권력 의지를 실현하는 데 중요한 역할을 할 수 있었기 때문이다'에서 알 수 있듯이 권력 의지의 실현이 주 목적이었다. 그러나 거주민의 의견반영은 제시문에서 언급되지 않은 내용이다.

오답해설

① 근대 이후 광장은 권력의 의지가 발현되는 공간이면서 동시에 시민에게는 그것을 넘어서고자 하는 자유의 열망이 빚어지는 장이라고 하였으므로 옳은 내용이다.

② 호메로스의 작품에 처음 나오는 '아고라'라는 표현은 물리적 장소만이 아니라 사람들이 모여서 하는 각종 활동과 모임도 의미한다고 하였으므로 옳은 내용이다.

④. ⑤ 광장은 프랑스 혁명 이후의 근대 유럽에서는 저항하는 대중의 연대와 소통의 장이라는 의미도 갖게 되었고, 우리나라의 역사적 경험에서도 광장은 그와 같은 공간이었다고 하였으므로 옳은 내용이다.

83

정답 ③

정답해설

③ 왕비의 아버지를 부르는 호칭인 '부원군'은 경우에 따라 책봉된 공신에게도 붙여졌다고 하였으므로 옳은 내용이다.

오답해설

① 세자의 딸 중 적실 소생은 '군주'라고 칭했으며, '옹주'는 후궁의 딸을 의미한다.

② 왕의 사후에 생전의 업적을 평가하여 붙이는 것을 '시호'라 하는데 이 '시호'에는 중국 천자가 내린 시호와 조선의 신하들이 올리는 시호 두 가지가 있었다고 하였다. 묘호는 왕이 사망하여 삼년상을 마친 뒤 그 신주를 종묘에 모실 때 사용하는 칭호인데 이를 중국의 천자가 내린 것인지는 알 수 없다.

④ 우리가 조선의 왕을 부를 때 흔히 이야기하는 태종, 세조 등의 호칭은 묘호라고 하며. 존호는 왕의 공덕을 찬양하기 위해 올리는 칭호이다.

⑤ 대원군이라는 칭호는 생존 여부와는 무관하게 왕을 낳아준 아버지를 모두 지칭하는 말이므로 옳지 않은 내용이다.

84

정답해설

② 환경세 세수만큼 근로소득세를 경감하게 되면 근로자의 실질소득이 증대되고, 그 증대효과는 환경세 부과로 인한 상품가격 상승효과를 넘어설 정도로 크다고 하였으므로 옳은 내용이다.

오답해설

① 환경세 세수만큼 근로소득세를 경감하는 경우 환경보존과 경제성장이 조화를 이룰 수 있다고 하였으므로 옳지 않은 내용이다.

③ 환경세를 부과하면서 그 세수만큼 근로소득세를 경감하게 되면 결국 기업의 고용을 늘리게 된다는 것이 제시문의 요지이므로 옳지 않은 진술이다.

④ 환경세를 부과하더라도 노동집약적 상품의 상대가격이 낮아진다면 결국 그 상품의 수요가 늘게 될 것이다. 따라서 기업입장에서는 고용을 늘리게 마련이므로 옳지 않은 진술이다.

⑤ ②에서 살펴본 것과 같이 근로소득세 경감으로 인한 근로자의 실질소득 상승효과가 더 크다고 하였으므로 옳지 않은 내용이다.

85

정답해설

② 친일파는 일제의 내선차별은 문명화가 덜 된 조선인에게 원인이 있으며, 제국의 황민으로 인정받겠다는 조선인의 자각과 노력이 우선될 때 그 차별이 해소될 수 있다고 하였으므로 옳은 내용이다.

오답해설

① 조선인이 황국의 진정한 신민으로 거듭난다면 일왕과 신민의 관계가 군신 관계에서 부자 관계로 변화하여 일대가족국가를 이루게 된다고 하였으므로 옳지 않은 내용이다.

③ 제시문을 통해서는 독립운동에 관한 내용을 알 수 없으므로 옳지 않다.

④ 일제가 1945년 4월부터 조선인의 참정권을 허용한다고 하였으나 실제로 선거는 시행되지 않았다는 것만 언급되어 있을 뿐 이것이 친일파들의 주장에 의한 것인지는 알 수 없다.

⑤ 일본인이 중심부를 형성하고 조선인이 주변부에 위치하는 엄연한 현실 속에서 그들이 내세우는 황국신민화의 논리는 허구에 불과했다고 하였으므로 옳지 않은 내용이다.

86

정답해설

ㄴ. 양국 관계부처 간의 방문 계획이 없어서 체결이 지연되고 이로 인해 양국 관계부처 간 불편이 야기될 가능성이 있는 경우에는 우편으로 서명문서를 교환할 수 있다고 하였으므로 기관 간 약정이 적절하게 이루어진 것이다.

오답해설

ㄱ. 해당 기관의 장이 사정상 직접 서명할 수 없어서 그의 위임을 받은 고위직 인사가 서명을 대신할 때, 정부기관장 명의의 전권위임장을 만들어 제출하는 경우가 있는데 이는 적절하지 않다고 하였으므로 기관 간 약정이 적절하지 않게 이루어진 것이다.

ㄷ. 기관 간 약정에 서명을 할 때 양국 정상이 임석하는 경우가 있는데, 이는 기관 간 약정이 양국 간의 조약으로 오해될 소지가 있으므로 부적절하다고 하였으므로 기관 간 약정이 적절하지 않게 이루어진 것이다.

87

정답해설

ㄱ. 탈억제는 사람들이 부정적인 감정을 강하게 느낄 때 훨씬 더 잘 일어난다고 하였으므로 부정적인 감정을 조절하는 교육 프로그램은 탈억제 현상을 감소시키는 데 도움이 될 것이다.

ㄴ. 전전두엽 피질에 위치한 충동억제회로가 상대에게 적절하고 부드럽게 응답하도록 하며, 무례하게 행동하거나 분노를 표출하려는 충동을 억제하는 역할을 한다고 하였다. 따라서 이 회로에 이상이 생긴다면 상대방에게 무례한 응답을 할 가능성이 높아질 것이다.

ㄷ. 충동억제기제가 잘 작동하기 위해서는 얼굴을 맞대고 대화하면서 실시간으로 피드백을 받을 수 있어야 하는데, 인터넷은 그러한 피드백을 허용하지 않아 충동억제회로가 제대로 작동하지 않는다고 하였다. 따라서 인터넷상에서도 면대면 실시간 대화의 효과를 낼 수 있다면 충동억제기제가 제대로 작동하여 탈억제 현상이 감소할 수 있을 것이다.

88

정답해설

① 전설이 되기 위해서는 역사성과 현장성이 있어야 한다. 그런데 공갈못설화는 지금의 공갈못에 관한 이야기도 공갈못 생성의 증거가 될 수 있는 역사성을 가진 자료라고 하였고, 상주지방에 전하고 있는 공갈못에 관한 이야기라고 하여 현장성도 갖추고 있으므로 전설이라고 할 수 있다.

오답해설

② 설화 속에는 원도 있고 한도 있다고 하였으므로 옳지 않은 내용이다.

③ 공갈못 생성에 관한 기록이 없다고만 언급하고 있을 뿐, 다른 농경생활과 관련한 다른 사건들에 대한 것은 알 수 없다.

④ 우리나라 3대 저수지가 삼국시대에 형성되었으며 그중 공갈못에 관련된 기록이 조선시대에 와서야 발견된다는 것이다. 나머지 2개의 저수지에 대한 내용은 언급이 없으므로 알 수 없다.

⑤ 제시문을 통해서는 공갈못설화가 지배층의 입장에서는 중요하게 받아들여지지 않았다는 것만 알 수 있다. 이것을 조선과 일본의 역사기술 방식의 차이로 보는 것은 지나친 비약이다.

89

정답해설

③ 삼별초의 난에는 서로 다른 두 가지 성격이 양립하고 있었는데, 하나는 무인 정권의 잔존세력이 무너진 무인 정권을 회복하고 눈앞에 닥친 정치적 보복에서 벗어나기 위해 몽고와 고려 정부에 항쟁하는 정치적 발란이고, 또 다른 하나는 새로운 권력층과 침략자의 결탁 속에서 가중되는 수탈에 저항하던 백성들이 삼별초의 난을 만나 이에 합류하는 형태로 일으킨 민란이다. 후자는 삼별초와 일반 백성들이 공통된 목적을 가진다고 볼 수 있지만, 전자는 일반 백성들과는 연관성이 없으므로 공통된 부분을 찾기 어렵다. 따라서 옳지 않은 내용이다.

오답해설

① 최우는 다수의 반대를 무릅쓰고 강화도 천도를 결행하였으나 이는 지배세력 내의 불만을 증폭시켰으며 백성들에게는 권력자들의 안전만을 도모하는 일종의 배신행위로 받아들여졌다라고 하였으므로 옳은 내용이다.

② 집권자들의 권력 쟁탈로 지방에 대한 통제력이 이완되고 지배층의 수탈이 더욱 심해지자 백성들은 이에 저항하는 민란을 일으켰고 최우는 이를 진압하기 위해 야별초를 만들었다고 하였으므로 옳은 내용이다.

④, ⑤ 무인 정권이 붕괴되자 그 주력부대였던 삼별초는 개경으로 환도한 고려 정부에 불복해 강화도에서 반란을 일으켰고, 무너진 무인 정권을 회복하기 위해 몽고와 고려 정부에 항쟁하였다라고 하였으므로 옳은 내용이다.

90
정답 ⑤

정답해설

⑤ 진나라는 아무렇게나 불리던 사람들의 이름에 성을 붙여 분류한 다음, 아버지의 성을 후손에게 영구히 물려주도록 하였는데, 성의 세습이 국민을 효율적으로 통치하기 위함이었으므로 옳은 내용이다.

오답해설

① 국민을 효율적으로 통치하기 위한 성의 세습은 시기적으로 일찍 발전한 국가에서 나타났고, 예로부터 중국에 부계전통이 있었다고 하였다. 그러나 이것만으로 부계전통의 확립이 중국에서 처음 이루어졌는지는 알 수 없다.

② 중국에서 '라오바이싱'이라는 의미가 '오래된 100개의 성'이라는 뜻이라는 것과 이것이 중국에서 '백성'을 의미하게 된 것은 알 수 있지만, 이것이 진나라가 모든 백성에게 새로운 100개의 성을 부여해서 그렇게 된 것인지는 알 수 없다.

③ 예로부터 중국에 부계전통이 있었지만 진나라 이전에는 몇몇 지배 계층의 가문 및 그 일족을 제외한 백성은 성이 없었다고 하였으므로 옳지 않은 내용이다.

④ 진나라가 부계 성 정책을 시행한 이유는 가족 내에서 남편에게 우월한 지위를 부여하여 부인, 자식, 손아랫사람에 대한 법적인 지배권을 주면서 가족 전체에 대한 재정적 의무를 지도록 하기 위함이었다. 그러나 부계 성 정책을 통해 몇몇 지배 계층의 기존 성을 확산하려고 했다는 것은 제시문을 통해서는 알 수 없는 내용이다.

91
정답 ⑤

정답해설

제시문에서 언급된 정치체제를 도식화 하면 다음과 같다.

군주정	귀족정	제헌정[금권정]
↓	↓	↓
참주정	과두정	민주정

⑤ 참주정은 군주정의 타락한 형태이고 양자 모두 일인 통치 체제라고 하였으며, 민주정은 다수가 통치하는 체제이고, 금권정[제헌정]역시 다수가 통치하는 체제라고 하였으므로 옳은 내용이다.

오답해설

① 제시문에 언급된 정치체제의 명칭은 총 7가지이나 금권정은 제헌정의 다른 이름에 불과하다. 따라서 정치체제의 형태는 여섯 가지라고 볼 수 있다.

② 군주정, 귀족정, 제헌정 중에서 최악의 정치체제가 제헌정이고, 제헌정이 타락한 것이 민주정이다. 따라서 군주정은 민주정보다 좋은 정치체제이다.

③ 군주정, 귀족정, 제헌정 중에서는 제헌정이 최악의 정치체제이지만 군주정에서 타락한 참주정, 귀족정에서 타락한 과두정과의 비교에서는 어느 것이 최악인지 알 수 없다.

④ 금권정에서 타락한 형태의 정치체제는 민주정인데, 타락한 정치체제 중에서는 민주정이 가장 덜 나쁜 것이라고 하였으므로 옳지 않은 내용이다.

92
정답 ⑤

정답해설

어떤 사건이 극단적일 때에 같은 종류의 다음 번 사건은 그만큼 극단적이지 않기 마련이라고 하였다. 즉, 별다른 조치를 취하지 않더라도 평균적인 수준으로 돌아가기 마련이므로, 유난히 뛰어난 비행에 대해 칭찬을 하거나 저조한 비행에 대해 비판하는 것이 다음 번의 비행에 영향을 준다는 것 자체가 오류라는 것이다. 따라서 이를 근거로 저조한 비행 성과는 비판하되, 뛰어난 성과에 대해서는 칭찬하지 않는 것이 바람직하다는 추론은 잘못된 것이며 이 같은 내용을 가장 잘 설명하는 것은 ⑤이다.

93
정답 ③

정답해설

③ 자유 개념에 기초하고 있는 자유민주주의에서는 개인의 자유를 강조할 수록 사회적 공공성이 약화될 수밖에 없다고 하였으므로 옳은 내용이다.

오답해설

① 공화국이라는 용어는 사회적 공공성 개념과 연결되는데 반해, 한국 사회에 널리 유포된 자유민주주의의 개념은 자유 개념이 강조된 서구의 고전적 자유주의 전통에서 비롯되었다고 하였으므로 옳지 않은 내용이다.

② 임시정부가 출범하면서 '민주공화국'이라는 표현을 사용한 이유나 논거에 대해서 명확하게 언급하고 있지는 않다. 다만, 임시정부와 헌법의 '민주공화국'이라는 개념이 사회적 공공성 개념을 언급할 때 그 일례로 제시되었다는 점과 사회적 공공성과 자유주의는 대립되는 구조를 가진다는 점을 통해 올바르지 않은 진술임을 알 수 있다.

④ 반공이 국시가 되면서 공공성을 강조하는 '공화국'이라는 용어보다 자유가 강조된 '자유민주주의'가 훨씬 더 널리 사용되었다고 하였으므로 옳지 않은 내용이다.

⑤ 자유민주주의가 1960년대 이후 급속히 팽배하기 시작한 개인주의와 결합하면서 사회적 공공성이 더욱 후퇴하였다고 하였으므로 옳지 않은 내용이다.

94
정답 ⑤

정답해설

⑤ 지식 통합 작업은 지식을 수집하여 독자들에게 제공하고자 하는 애초의 목적에서 더 나아가 지식을 선별하고 배치하는 편집 권한까지 포함하게 된다고 하였으므로 옳은 내용이다.

오답해설

① 소송을 제기한 것은 저작권자가 아니라 출판업계이며 그나마 이 합의도 연방법원이 거부하였다.

②, ③ 구글의 지식 통합 작업을 통한 지식의 독점은 한쪽 편이 상대방보다 훨씬 많은 지식을 가지는 지식의 비대칭성을 강화하여 사회계약의 토대 자체가 무너질 수 있다고 하였으므로 옳지 않은 내용이다.

④ 구글의 디지털도서관에서 무료로 서비스되고 있는 것들은 저작권 보호 기간이 지난 책들이지 스캔을 완료한 1,500만 권의 도서 전체가 아니다.

95 정답 ②

정답해설

② 타자들로 가득한 현실을 경험함으로써 인간은 스스로 변화하는 동시에 현실을 변화시킬 동력을 얻는다고 하였으므로 옳은 내용이다.

오답해설

① 체험사업에서는 눈에 보이지 않는 구조, 장기간 반복되는 일상 등은 제공할 수 없다고 하였으므로 옳지 않은 내용이다.

③ 가상현실은 실제와 가상의 경계를 모호하게 한다고 하였으므로 옳지 않은 내용이다.

④ 경험이 타자와의 만남인 반면 체험 속에서 인간은 언제나 자기 자신만을 볼 뿐이라고 하였으므로 옳지 않은 내용이다.

⑤ 체험사업을 운영하는 이들은 직접 겪지 못하는 현실을 잠시나마 체험함으로써 미래에 더 좋은 선택을 할 수 있게 한다고 하나, 이것은 그들의 홍보문구일 뿐 이때의 현실은 체험하는 사람의 필요와 여건에 맞추어 미리 짜놓은 현실, 치밀하게 계산된 현실이라고 하였으므로 실제로는 선택에 큰 도움은 주지 못한다. 따라서 옳지 않은 내용이다.

96 정답 ③

정답해설

ㄱ. 윤리적으로 허용되는 행위의 예를 들면서 응급환자를 태우고 병원 응급실로 달려가던 중 신호를 위반하고 질주하는 행위는 맥락에 따라 윤리적으로 정당화 가능한 행위라고 판단된다고 언급하고 있다.

ㄷ. 윤리적으로 권장되는 행위나 윤리적으로 허용되는 행위에 대해 옳음이나 그름이라는 윤리적 가치 속성을 부여한다면, 이 행위들에는 윤리적으로 옳음이라는 속성이 부여될 것이라고 하였으므로 옳은 내용이다.

오답해설

ㄴ. '윤리적으로 옳은 행위가 무엇인가?'라는 질문에 답할 때, 윤리적으로 해야 하는 행위, 즉 적극적인 윤리적 의무에 대해서만 주목하는 경향이 있는데, 해야 하는 행위, 권장되는 행위, 허용되는 행위인지를 모두 따져볼 필요가 있다고 하였으므로 옳지 않은 내용이다.

97 정답 ④

정답해설

④ 제시문의 논리는 '이성의 명령에 따른 것이 아니라면 그것은 심리적 성향에서 비롯된 행위이다'라는 명제로 나타낼 수 있는데 선택지의 진술은 이것과 이(異)의 관계가 있는 명제로서 논리적으로 동일한 명제라고 할 수 없다. 따라서 옳지 않은 내용이다.

오답해설

① 동물의 행위는 단지 본능적 욕구에 따라 행동하는 것일 뿐이기 때문에 이를 선하다거나 악하다고, 즉 도덕적으로 평가할 수 없다.

② 감정이나 욕구는 주관적이어서 사람마다 다르며, 같은 사람이라도 상황에 따라 변하기 마련이다. 이 때문에 감정이나 욕구는 시공간을 넘어 모든 인간에게 적용될 수 있는 보편적인 도덕의 원리가 될 수 없다고 하였으므로 옳은 내용이다.

③ 심리적 성향에서 비롯된 행위는 감정과 욕구에 따른 것이지 도덕성과는 무관한 것이라고 하였으므로 옳은 내용이다.

⑤ 의무에서 나온 행위가 아니라면 심리적 성향에서 비롯된 행위가 된다는 점에서 알 수 있는 내용이다.

98 정답 ①

정답해설

① 사찰에서는 기본적으로 남문-중문-탑-금당-강당-승방 등이 남북으로 일직선상에 놓였다고 하였다. 즉, 탑은 중문과 강당 사이의 직선상에 위치하고 있으므로 옳은 내용임을 알 수 있다.

오답해설

②, ③ 진신사리는 그 수가 한정되어 있었으므로 삼국 시대 말기에 이르러서는 탑 안에 사리를 대신하여 작은 불상이나 불경을 모셨다고 하였다. 즉 탑 안을 비워둔 것은 아니었으며 사리를 모시는 곳이 금당의 불상으로 바뀐 것은 더더욱 아니다.

④ 삼국 시대의 사찰에 회랑이 필수적이었다는 것만 언급되어 있을 뿐 삼국 시대 이후에 대해서는 언급되어 있지 않다.

⑤ 신전이 성역임을 나타내기 위한 건축적 장치는 회랑이라고 하였으므로 옳지 않은 내용이다.

99 정답 ②

정답해설

② 문사 계층은 서구의 계몽사상가들처럼 기존의 유교적 질서와 다른 정치적 대안을 제시할 수는 없었다고 하였으므로 옳은 내용이다.

오답해설

① 문사 계층이 윤리적 덕목을 군주가 실천하도록 함으로써 갈등 자체가 발생하지 않도록 힘썼다는 내용은 있다. 그러나 갈등을 원활히 관리하지 못했다고 하여 군주를 교체할 수 있었다는 내용은 언급되어 있지 않으므로 옳지 않다.

③, ④, ⑤ 유교 전통에서는 통치자의 윤리만을 문제 삼았을 뿐, 갈등하는 세력들 간의 공존을 위한 정치나 정치제도에는 관심을 두지 않았는데 이러한 측면이 동아시아에서의 민주주의의 실현 가능성을 제한하였다고 하였다. 따라서 모두 옳지 않은 내용이다.

100

정답 ⑤

정답해설

⑤ 사회적 동조가 있는 상태에서는 개인의 성향과 상관없이, 즉 충동적인 것과는 무관하게 루머를 사실이라고 믿는 경우가 많았다고 하였으므로 옳지 않다.

오답해설

① 사람들이 사회적 · 개인적 불안감을 해소하기 위한 수단으로 루머에 의지한다고 하였으므로 옳은 내용이다.

② 사회적 동조는 개인이 어떤 정보에 대해 판단하거나 그에 대한 태도를 결정하는 데 정당성을 제공한다고 하였으므로 옳은 내용이다.

③ 집단주의 문화권 사람들은 루머를 믿는 사람들로부터 루머에 대한 정보를 얻고 그것을 근거로 하여 판단하며, 다른 사람들의 의견에 개인의 생각을 일치시키는 경향이 두드러진다고 하였으므로 옳은 내용이다.

④ 루머에 대한 지지 댓글을 많이 본 사람들은 루머에 대한 반박 댓글을 많이 본 사람들에 비해 루머를 사실로 믿는 경향이 더욱 강한 것으로 나타났다고 하였다. 따라서 이를 역으로 생각하면 반박 댓글을 많이 본 사람들이 루머를 사실로 믿는 경향이 더 약함을 알 수 있다.

101

정답 ①

정답해설

ㄱ. 지도 학습 방식을 위해서는 사전 학습 데이터가 반드시 제공되어야 하며, 이를 학습한 결과를 바탕으로 사물을 분별하게 된다고 하였으므로 옳은 내용이다.

오답해설

ㄴ. 자율학습을 응용한 '딥러닝' 작업은 고도의 연산 능력이 요구되기 때문에 웬만한 컴퓨팅 능력으로는 이를 시도하기 쉽지 않았다고 하였으므로 옳지 않은 내용이다.

ㄷ. 딥러닝 기술의 활용 범위는 RBM과 드롭아웃이라는 새로운 알고리즘이 개발된 후에야 비로소 넓어졌다고 하였으므로 옳지 않은 내용이다.

102

정답 ⑤

정답해설

⑤ 일본의 정책들은 함경도를 만주와 같은 경제권으로 묶음으로써 조선의 다른 지역과 경제적으로 분리시켰다고 하였으므로 옳지 않은 내용이다.

오답해설

① 1935년 회령의 유선탄광에서 폭약이 터져 800여 명의 광부가 매몰돼 사망했던 사건이 있었다는 부분과 나운규의 고향이 회령이라고 언급된 부분을 통해 알 수 있는 내용이다.

② 조선의 최북단 지역인 오지의 작은 읍이었던 무산 · 회령 · 종성 · 온성의 개발이 촉진되어 근대적 도시로 발전하였다는 부분을 통해 알 수 있는 내용이다.

③ 청진 · 나진 · 웅기 등이 대륙 종단의 시발점이 되는 항구라고 하였고, 회령 · 종성 · 온성이 양을 목축하는 축산 거점으로 부상하였다고 언급되어있다. 그리고 〈아리랑〉의 기본 줄거리가 착상된 배경이 나운규의 고향인 회령에서 청진까지 부설되었던 철도 공사라고 하였으므로 이를 통해 추론할 수 있는 내용이다.

④ 일본이 식민지 조선의 북부 지역에서 광물과 목재 등 군수산업 원료를 약탈하는 데 주력하게 되었고, 이를 위해 함경도에서 생산된 광물자원과 콩, 두만강변 원시림의 목재를 일본으로 수송하기 위해 함경선, 백무선 등의 철도를 부설하였다고 하였으므로 옳은 내용이다.

103

정답 ④

정답해설

ㄴ. ㄱ과 달리 ㄴ에서는 영희가 초보운전자라는 사실을 철수가 알고 있는 상황이어서 '영희'를 '초보운전자'로 대치할 수 있는 상황이다. 따라서 철수는 '어떤 초보운전자가 교통사고를 일으켰다'는 것을 믿는다고 할 수 있다.

ㄷ. 도출된 문장에서 철수가 믿고 있는 것은 누군가 '교통사고를 일으켰다'는 것에 한정되고 그 이후의 진술은 철수의 믿음과는 무관한 객관적인 진술일 뿐이다. 따라서 도출 가능한 내용이다.

오답해설

ㄱ. '영희가 민호의 아내가 아니라는 것'은 어디까지나 객관적인 진술일 뿐 이를 철수가 알고 있는지는 확정지을 수 없다. 따라서 여전히 철수는 '영희가 교통사고를 일으켰다'고 믿을 뿐이며 영희가 누구인지는 이 믿음에 영향을 주지 않는다.

104

정답 ②

정답해설

② 주식회사가 생기기 이전에는 노동자가 생산수단들을 소유할 수 없었지만 이제는 거의 모든 생산수단이 잘게 쪼개져 누구나 그 일부를 구입할 수 있다고 하였으므로 옳은 내용이다.

오답해설

① 기업은 주주의 이익을 최우선적으로 고려하지만, 사회적 활동을 위해 노력하기도 한다고 하였다. 따라서 주주의 이익과 사회적 공헌이 상충할 때도 주주의 이익을 우선적으로 선택하고 사회적 공헌은 부차적이라는 것을 알 수 있으므로 옳지 않은 내용이다.

③, ⑤ 이해관계자 자본주의는 주주의 이익뿐만 아니라 지역사회 등 기업과 연계되어 있는 이해관계자들도 고려해야 한다는 입장이다. 그렇지만 어디까지나 이는 부수적인 요소일 뿐 주도적인 역할을 한다거나 최우선적인 고려요소가 되는 것은 아니다.

④ 이해관계자 자본주의는 주주 자본주의가 주주의 이익만을 고려하는 것에 대한 비판에서 나온 것이다. 따라서 이 둘이 혼합된다면 기업의 사회적 공헌활동은 주주 자본주의에서보다 강화될 것이다.

105

정답 ①

정답해설

제시문의 내용을 그림을 정리하면 아래와 같다.

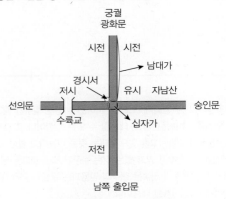

① 위 그림에 따르면 남대가의 북쪽 끝에 궁궐의 출입문인 광화문이 위치하고 있으므로 옳은 내용이다.

오답해설

② 위 그림에 따르면 수륙교가 있던 곳으로부터 동북쪽 방향에 자남산이 위치하고 있으므로 옳지 않은 내용이다.

③ 위 그림에 따르면 선의문과 경시서의 중간 지점에 저시 골목이 위치하고 있으므로 옳지 않은 내용이다.

④ 위 그림에 따르면 남쪽 출입문과 십자가를 연결하는 길의 중간 지점에 저전이 모여 있으므로 옳지 않은 내용이다.

⑤ 위 그림에 따르면 십자가에서 선의문으로 가는 길의 중간 지점에 수륙교가 위치하고 있으므로 옳지 않은 내용이다.

106

정답 ①

정답해설

① 최초진입기업이 후발진입기업이 진입하는 것을 어렵게 하기 위해 마케팅 활동을 한다고는 하였지만 이를 위한 마케팅 비용이 후발진입기업보다 많아야 하는지는 언급되어 있지 않다.

오답해설

② 후발진입기업의 모방비용은 최초진입기업이 신제품 개발에 투자한 비용 대비 65% 수준이라고 하였으므로 옳은 내용이다.

③ 기업이 시장에 최초로 진입하여 무형 및 유형의 이익을 얻는 것을 A효과라 하는데 시장에 최초로 진입하여 후발기업에 비해 소비자에게 우선적으로 인지되는 것은 무형의 이익 중 하나라고 볼 수 있으므로 옳은 내용이다.

④ 후발진입기업의 경우, 절감된 비용을 마케팅 등에 효과적으로 투자하여 최초진입기업의 시장 점유율을 단기간에 빼앗아 와야 한다고 하였으므로 옳은 내용이다.

⑤ B효과는 후발진입기업이 최초진입기업과 동등한 수준의 기술 및 제품을 보다 낮은 비용으로 개발할 수 있을 때만 가능하다고 하였으므로 옳은 내용이다.

107

정답 ②

정답해설

② 2000년 주세법 개정을 통해 주세율이 72%로 통일되었다. 따라서 희석식 소주는 종전의 35%에서 37%p 상승하였고, 증류식 소주는 50%에서 22%p 상승하였으므로 희석식 소주의 상승폭이 더 컸다.

오답해설

① WTO 협정에 따르면, 어떠한 제품들이 ⅰ) 직접적인 경쟁 관계에 있고 ⅱ) 동시에 대체 관계가 존재한다면 세율이 같아야 한다. 하지만 이 중 어느 하나만 충족하는 경우에 어떻게 처리되어야 하는지는 언급되어 있지 않으므로 옳지 않다.

③ 세금 총액을 알기 위해서는 소주와 위스키의 가격과 판매량을 알아야 하는데 제시문에서는 그러한 자료를 찾을 수 없다. 따라서 옳지 않다.

④ 일본과의 WTO 분쟁 판정 결과를 근거로 한국의 주세율을 조정하려고 했던 국가는 미국과 EU이다. 캐나다는 일본을 제소하였던 국가이며 한국을 제소했는지의 여부는 언급되어 있지 않다.

⑤ WTO는 국산품인 소주에 비해 수입품인 위스키에 높은 주세율을 적용하는 것이 잘못되었다고 하였다. 하지만 이것은 어디까지나 국내에서 판매되는 주류에 대한 세금이 같아야 한다는 것이지 일본의 주세율에 맞추라는 것은 아니었으므로 옳지 않은 내용이다.

108

정답 ④

정답해설

④ 슈퍼잡초를 제거하기 위해서 제초제를 더 자주 사용하는 등의 부작용으로 인해 농부들이 더 많은 비용을 지불할 수밖에 없었다고 하였으므로 옳은 내용이다.

오답해설

① 유전자 변형 작물을 재배하는 지역에서는 일반 작물 재배와 비교하여 살충제 소비가 줄어들었다고 하였다. 따라서 최소한 살충제는 증가하지 않은 것을 확인할 수 있으므로 모든 종류의 농약 사용이 증가하였다고 볼 수는 없다.

② 유전자 변형 작물을 재배하던 농부들이 제초제를 매년 반복해서 사용하자 글리포세이트에 내성을 가진 잡초가 생겨났다고 하였다. 따라서 최소 몇 년 후부터 슈퍼잡초가 나타났다고 추론할 수 있다.

③ 유전자 변형 작물을 재배한 이후 16년간 일반 작물 재배와 비교하여 살충제 소비가 약 56,000톤 줄었다고 하였으나, 일반 작물 재배의 경우는 어떠하였는지에 대해서는 언급하고 있지 않다.

⑤ 제시문을 통해서 유전자 변형 작물을 재배하는 지역에서 슈퍼잡초가 발생했다는 사실은 알 수 있으나 일반 작물을 재배하는 지역에서도 그러한지는 알 수 없다.

109

정답해설

⑤ 완전한 문자 체계란 구어의 범위를 포괄하는 기호 체계를 말하는데 제시문에서는 고대 이집트 상형문자를 완전한 문자 체계의 하나로 보고 있다. 따라서 고대 이집트 상형문자는 구어의 범위를 포괄하고 있다고 볼 수 있다.

오답해설

① 수메르인들이 문자를 만들어 쓴 이유는 구어를 베끼기 위해서가 아니라 거래 기록의 보존처럼 구어로는 하지 못할 일을 하기 위해서라고 하였으므로 옳은 내용이다.
② 수메르어 문자 체계가 완전하지 않기 때문에 자기 마음을 표현하는 시를 적고 싶었더라도 그렇게 할 수 없었다고 한 부분을 통해 알 수 있는 내용이다.
③ 수메르어 기호를 읽고 쓸 줄 아는 사람은 얼마 되지 않았다고 하였다는 부분을 통해 알 수 있는 내용이다.
④ 원시 수메르어 문자체계는 숫자를 나타내는 데 1, 10, 60 등의 기호를 사용했고 사람, 동물 등을 나타내기 위해 다른 종류의 기호를 사용했다고 한 부분을 통해 알 수 있는 내용이다.

110

정답해설

⑤ 세종 때 도첩 신청자가 내도록 규정된 면포 수량은 150필인 반면, 예종 때는 50필이었으므로 옳은 내용이다.

오답해설

① 태종이 도첩을 위조해 승려가 된 자를 색출하게 한 것은 사실이지만 이들에게 면포 30필을 내게 하지는 않았다.
② 태조가 면포 150필을 내게 한 대상은 새로 승려가 되려는 자들이지 이전에 승려였던 자들이 아니므로 옳지 않은 내용이다.
③ 세조는 명부에 이름만 올려놓고 승려생활을 하지 않는 부자들이 많은 문제를 해결하기 위해 즉위하자마자 대책을 세울 것을 명했다. 그리고 수년 후 내야 할 면포 규정을 30필로 낮추되 심경, 금강경, 살달타를 암송해야 도첩을 준다는 규정을 시행하였으므로 옳지 않은 내용이다.
④ 성종은 납부해야 할 면포 수량을 50필로 하고 심경, 금강경, 살달타, 법화경을 암송해야 도첩을 준다는 예종 때의 규정을 그대로 유지하였으므로 옳지 않은 내용이다.

111

정답해설

⑤ 심리증상의 정도는 총격 사건 중 자신의 총기 사용이 얼마나 정당했는가와 반비례한다고 하였는데 범죄자가 경찰관보다 강력한 무기로 무장한 경우라면 그 정당성이 높은 경우에 해당한다. 따라서 심리증상의 정도가 약할 것이라고 추론할 수 있다.

오답해설

① 총격이 오가는 동안 83%의 경찰관이 시간왜곡을 경험했고, 63%가 청각왜곡을 겪었다고 하였으므로 옳지 않은 내용이다.
② 대부분의 미국 경찰관은 총격 사건을 경험하지 않고 은퇴한다고 하였으므로 옳지 않은 내용이다.

③ 특히 총격 피해자가 사망했을 경우 사건 후 높은 위험 지각, 분노 등의 심리증상이 잘 나타난다고 하였다. 청각왜곡과 같은 지각왜곡현상은 총격 사건이 일어나는 동안에 발생하는 현상이라고 하였고, 피해자가 사망한 경우와의 연관성은 언급되어 있지 않으므로 옳지 않은 내용이다.
④ 총격 사건 후에 높은 위험 지각, 분노 등의 심리증상이 나타나는 것은 알 수 있으나 이것이 총격 사건 중의 지각왜곡과 상관관계가 있는지의 여부는 알 수 없다.

112

정답해설

② 지에밥의 녹말이 누룩곰팡이를 통해 엿당이나 포도당으로 분해되는 것이 당화과정이고, 이 엿당이나 포도당이 효모를 통해 알코올로 분해되는 과정을 발효과정이라 한다. 그리고 이 당화과정과 발효과정 중에 나오는 에너지로 인하여 열이 발생하게 되는데, 이 열로 술독 내부의 온도인 품온이 높아진다고 하였으므로 옳은 내용이다.

오답해설

① 청주는 탁주에 비해 알코올 농도가 높지만 탁도는 낮은 술이라고 하였으므로 옳지 않은 내용이다.
③ 아밀라아제는 녹말을 엿당이나 포도당으로 분해한다. 엿당이나 포도당을 알코올로 분해하는 것은 효모의 역할이다.
④ 청주와 막걸리가 구분되는 과정에서 효모의 양이 어떻게 작용하는지는 제시문을 통해 알 수 없다.
⑤ ②에서 언급한 것처럼 당화과정이 완료된 이후에 발효과정이 시작되므로 옳지 않은 내용이다.

113

정답해설

ㄱ. '사적 한계순생산가치'란 한 기업이 생산과정에서 투입물 1단위를 추가할 때 그 기업에 의해 직접 발생하는 순생산가치의 증가분이며 여기에 부가적으로 발생하는 사회적 비용과 편익을 고려한 것이 '사회적 한계순생산가치'이다. 따라서 '사적 한계순생산가치'에는 '사회적 편익'이 고려되지 않으므로 옳은 내용이다.
ㄴ. ㄱ에서 언급한 것처럼 '사회적 한계순생산가치'는 '사적 한계순생산가치'에 부가적으로 발생하는 사회적 비용과 편익을 고려한 것이다. 그런데 이것이 존재하지 않는다면 '사적 한계순생산가치'와 '사회적 한계순생산가치'가 동일하게 되므로 선택지의 내용은 옳은 내용이라고 볼 수 있다.

오답해설

ㄷ. 사회에 부가적으로 발생하는 비용이 동일하다고 하더라도 각 기업의 '사적 한계순생산가치'와 부가적으로 발생하는 사회적 편익이 다르다면 기업 A와 B의 '사회적 한계순생산가치'는 다르게 되므로 옳지 않은 내용이다.

114

정답해설

제시문에서 언급한 '진리성 논제'란 어떠한 자료가 단지 올바른 문법 형식을 갖추고 있다는 것에 그치지 않고 그 내용 또한 참이어야 한다는 것이다. 이에 대해 '진리 중립성'을 주장하는 사람들은 그 '정보'가 틀린 내용을 담고 있고 있더라도 이해하는 주체의 인지 행위에서 분명한 역할을 할 수 있으므로 꼭 '참'이어야 하는 것은 아니라고 하였다. 따라서 이와 가장 의미가 통하는 선택지는 ⑤이다.

합격자의 SKILL

이 문제와 같이 제시문에서는 대립되는 두 개의 견해를 제시하고 있는 반면, 문제에서는 이를 명확하게 언급하지 않은 유형들이 종종 출제된다. 하지만 문제의 겉모습과는 다르게 본질은 두 개의 견해를 비교하는 것이다. 이 문제의 경우 '진리성 논제'를 비판하라고 하였으므로 상대측인 '진리 중립성'에 근거한 비판을 찾으면 된다. 제시문에서는 둘을 실컷 비교해놓고 정작 선택지를 분석할 때 원점에서 풀이하는 실수는 하지 말자.

115

정답해설

④ 최항 집권기인 1253년에 예쿠의 몽골군이 충주성을 공격했으나 충주성의 천민들이 관군의 도움 없이 성을 지켜냈다고 하였으므로 옳은 내용이다.

오답해설

① 최우가 집권한 이후 몽골이 침입한 것은 제시문 맨 처음에 등장하는 1차 침입과 살리타의 2차 침입, 1235년, 1247년, 1254년 등 여섯 차례이므로 옳지 않은 내용이다.

② 자랄타이가 고려를 침입한 해는 1254년인데, 이때는 아직 최항이 집권하고 있을 시기이므로 옳지 않은 내용이다.

③ 김준과 유경이 최의를 죽인 것은 맞지만 권력을 고려 국왕에게 되돌려 주었는지는 알 수 없으므로 옳지 않다.

⑤ 살리타가 처인성에서 전사한 후 몽골군이 퇴각한 것은 맞지만 여전히 최우 정권은 강화도에 위치하고 있었다. 몽골이 고려의 개경 복귀를 요구하고 고려 내에서 이를 받아들이자고 주장하는 사람들이 많았을 뿐이다.

116

정답해설

① 제시문에서 언급한 주파수 재사용률을 높이기 위해서 사용하는 방법은 일정 거리 이상 떨어진 기지국에서 동일한 주파수 대역을 다시 사용하는 것이다. 기지국의 전파 강도를 높이는 경우에 대한 내용은 제시문에서 찾을 수 없다.

오답해설

② 인접한 셀들은 서로 다른 주파수 대역을 사용하고, 인접하지 않은 셀에는 이미 사용하고 있는 주파수 대역을 다시 사용하게끔 셀을 구성하여 방대한 지역을 제한된 몇 개의 주파수 대역으로 서비스할 수 있다고 하였으므로 옳은 내용이다.

③ 주파수 간섭 문제를 피하기 위해 인접한 셀들은 서로 다른 주파수 대역을 사용한다고 하였으므로 이를 역으로 생각하면 인접 셀에서 같은 주파수 대역을 사용하면 주파수 간섭 문제가 발생할 수 있다. 따라서 옳은 내용이다.

④ 시스템 설계자는 통화량이 많은 곳은 셀의 반지름을 줄이고 통화량이 적은 곳은 셀의 반지름을 늘려 서비스 효율성을 높인다고 하였으므로 옳은 내용이다.

⑤ 하나의 기지국이 감당할 수 있는 최대 통화량은 일정하다고 하였으므로 기지국의 수를 늘리면 수용 가능한 통화량이 증가하는 것은 당연하다. 따라서 옳은 내용이다.

117

정답해설

ㄱ. 티코 브라헤는 당시 천체의 운동을 설명하는 유일한 이론이었던 아리스토텔레스의 자연학을 통해 연주시차가 관찰되지 않을 가능성을 부정하였다. 따라서 옳은 내용이다.

ㄷ. 티코 브라헤는 코페르니쿠스 체계가 옳다면 공전 궤도상 서로 마주 보는 두 지점에서 한 별을 관찰했을 때 서로 다른 각도로 관찰된다는 것, 즉 연주시차가 관찰된다는 점에 주목했다. 그리고 오랜 시간에 걸쳐 연주시차가 관찰되는지 조사했으나 그렇지 않았다. 결국 티코 브라헤는 이를 토대로 코페르니쿠스 체계는 옳지 않다는 결론을 내렸다. 따라서 선택지의 내용은 옳다.

오답해설

ㄴ. 티코 브라헤는 연주시차와 아리스토텔레스의 자연학이라는 최선의 이론적 설명을 통해 코페르니쿠스의 이론을 반증했다. 종교적 편견은 당시 천문학자들이 코페르니쿠스 체계에 대해 가지고 있었다고 생각되는 것이다(제시문은 이 같은 생각을 반박하고 있음).

합격자의 SKILL

많은 수험생들이 과학 지문이 제시된 문제를 버거워하는 경향이 있다. 아무래도 제시문에서 언급된 단어들과 내용들이 생소하기 때문일 것인데, 오히려 과학 지문의 경우는 논리적 함축을 담고 있는 경우가 거의 없어서 제시문 자체만 이해하면 문제는 의외로 쉽게 풀리는 경우가 많다. 또 하나의 장벽은 정보의 많은 양일 것이다. 심한 경우는 조사를 제외한 나머지 단어가 모두 의미를 지니는 단어로 제시되는 경우도 있을 정도인데, 이런 제시문은 어차피 한 번 읽고 모든 내용을 기억하는 것은 불가능하다. 따라서 오히려 밑줄 내지는 표시를 일반적인 제시문보다 훨씬 적게 한 후 다시 읽는다는 생각을 할 필요가 있다.

1	2	3	4	5	6	7	8	9	10
⑤	④	③	②	②	⑤	③	①	①	③
11	12	13	14	15	16	17	18	19	20
⑤	⑤	③	①	⑤	①	③	②	②	②
21									
②									

01 정답 ⑤

정답해설

⑤ 세종이 백성에게 주요 법률 내용을 이두문으로 번역·반포하고자 한 것은 맞으나 이를 통해 관리의 법집행을 바르게 하였는지는 알 수 없다. 따라서 옳지 않은 내용이다.

오답해설

① '백성들로 하여금 율문을 다 알게 할 수는 없을지나, 따로 큰 죄의 조항만이라도 뽑아 적고 이를 이두문으로 번역하여서 민간에 반포'라고 한 부분을 통해 백성들 중에는 이두문으로 문자생활을 한 이들이 있었음을 알 수 있다. 따라서 옳은 내용이다.

② '이미 통용되는 이두문으로 이를 번역·반포하여 관리가 학습하게 함'이라고 한 부분을 통해 이미 형벌을 집행하는 관리들은 이두문으로 문자 생활을 하였음을 유추할 수 있다. 따라서 옳은 내용이다.

③ 허조는 백성들이 율문을 알게 되면 법을 제 마음대로 농간하는 무리가 생겨날 것이라고 한 반면, 세종은 그렇다면 백성으로 하여금 알지 못하고 죄를 범하게 하는 것이 옳은 일인지 반문하였으므로 옳은 내용이다.

④ '근년 이래 무릇 옥을 결단하는 자가 율문에 밝지 못하여 사사로이 사람의 죄를 내리고 올리므로'라고 한 부분을 통해 알 수 있는 부분이다.

02 정답 ④

정답해설

④ B는 은하들이 우리 은하로부터 점점 더 멀어지고 있다고 하였으므로 은하들 사이의 평균 거리가 커진다는 것을 받아들인다고 볼 수 있으나 A는 은하가 멀어질 때 그 사이에서 물질이 연속적으로 생성되어 새로운 은하들이 계속 형성된다고 하였으므로 은하들 사이의 평균 거리가 오히려 작아질 수도 있다. 따라서 옳지 않은 내용이다.

오답해설

① 은하와 은하가 멀어질 때 그 사이에서 물질이 연속적으로 생성되어 새로운 은하들이 계속 형성된다고 하였는데, 우주 전체의 평균 밀도가 일정하게 유지된다고 하였다. 따라서 물질의 총 질량이 늘어나고 있는 것을 알 수 있으므로 옳은 내용이다.

② A는 우주가 자그마한 씨앗으로부터 대폭발에 의해 생겨났다는 주장이 터무니없다고 한 반면, B는 팽창하는 우주를 거꾸로 돌린다면 우주가 시공간적으로 한 점에서 시작되었다는 결론을 얻을 수 있다고 하였으므로 옳은 내용이다.

③ A는 '비록 우주는 약간씩 변화가 있겠지만, 우주 전체의 평균 밀도는 일정하게 유지된다'고 하였으므로 옳은 내용이다.

⑤ A는 은하 사이에서 새로 생성되는 은하를 관측한다면 자신들의 가설을 입증할 수 있다고 하였고, B는 대폭발 이후 방대한 전자기파가 방출되었는데 이를 관측한다면 자신들의 견해가 옳은지를 입증할 수 있다고 하였으므로 옳은 내용이다.

03 정답 ③

정답해설

③ B는 서양 문화 전반에 대한 적극적인 수용을 주창하였지만 C는 서양 문화를 비롯한 외세의 침략에 저항하였다고 하였으므로 서로 반대되는 입장임을 알 수 있다. 따라서 옳지 않은 내용이다.

오답해설

① A는 전통 유가 이데올로기와 조선의 주체성을 중시하였으나 C는 만민평등권을 쟁취하기 위해 전통사상과 제도를 타파하고자 했으므로 옳은 내용이다.

② A는 서양 문화 전반을 배척하는 관점을 보였지만 D는 서양의 과학기술뿐 아니라, 근대 민주주의, 시장경제 등 사회 분야에서도 서양 제도의 수용이 필요하다고 하였으므로 옳은 내용이다.

④ B는 전통 문화를 비판하고 서양 문화 전반에 대한 적극적인 수용을 주창했는데 D는 유교적 가치를 바탕으로 근대 민주주의 등의 서양 제도의 수용이 필요하다고 하였다. 따라서 옳은 내용이다.

⑤ C는 만민평등권을 쟁취하기 위해 전통사상과 제도를 타파하고자 했으며 D는 근대 민주주의와 같은 사회분야에서도 서양 제도의 수용이 필요하다고 주장했으므로 옳은 내용이다.

04 정답 ②

정답해설

나. '위험한 장비와 관련한 안전사고, 비위생적 노동조건으로 인한 질병 등 산업재해로 인한 사망사건에 대한 보도는 거의 없었다'에서 볼 수 있듯이 편파적 관점에 의한 오류라고 볼 수 있다.

오답해설

가. 5년 동안의 월 평균보다 약간 높게 나타난 점을 '성매매 특별법 시행 이후 성범죄가 급속히 늘어'라고 보도한 것은 일부분을 확대해석하는 강조의 오류라고 볼 수 있다.

다. 학교에서 발생한 폭력사건으로 인한 사망자 수는 19명이었는데, 이것은 10개 공립학교에서 발생한 것에 불과하다. 그런데 이를 '청소년들의 흉악한 행동이 미국 전역의 학교와 도시에서 만연하고 있다고 보도했다'는 것은 강조의 오류라고 볼 수 있다.

라. 난폭 운전자에 의해 사고를 당했다고 추정되는 사람은 전체 부상자의 0.1% 미만인데도 이를 확대 해석했으므로 강조의 오류라고 볼 수 있다.

마. 성인 중 약 1.5%에 불과한 사실을 가지고 성인의 대부분이 비만에 걸려있다고 확대 해석했으므로 강조의 오류라고 볼 수 있다.

05

정답해설

② (나)는 어린이가 광고 정보를 비판적으로 수용할 수 있는지가 쟁점이지 어린이가 광고를 수용할 수 있는 권리가 있는지는 핵심 쟁점이 아니므로 옳지 않은 내용이다.

오답해설

① (가)는 특정 회사의 일선 학교의 교육 프로그램 지원과 그 광고가 '편견의 조성'인지 아니면 '교육의 질적 향상인지'에 대한 논쟁이므로 옳은 내용이다.

③ (다)는 해당 광고가 '구매의 강요인가 아니면 자발적 구매인가'가 쟁점이므로 옳은 내용이다.

④ (라)는 해당 광고가 '부모와 자식 사이의 관계를 악화'시키는가, '긍정적으로 변화'시키는가에 대한 것이므로 옳은 내용이다.

⑤ (마)는 광고가 '어린이의 의사결정능력과 사회적 행동 개선'에 영향을 주는지의 여부가 주요 쟁점이므로 옳은 내용이다.

06

정답해설

⑤ 학도의 주장은 정확한 과학적 조사가 선행된 뒤에 상업적 포경 여부와 수준이 결정되어야 한다는 것이므로 중립적 주장을 한 것으로 볼 수 있다. 따라서 길동이나 향단의 주장과 대립되지 않으므로 옳지 않은 내용이다.

오답해설

① 춘향은 개체 수가 충분히 늘었으므로 포경을 재개하자는 입장이며, 향단은 개체 수가 충분하지 않으므로 포경을 재개하면 안 된다는 입장이므로 옳은 내용이다.

② 몽룡은 포경 금지에 관해 IWC 내부적으로 국제합의가 이루어져 있다고 주장하는데 반해 방자는 IWC 회원국 중에도 일본, 노르웨이 등의 국가가 포경을 재개할 것을 끈질기게 주장하고 있다는 주장을 하고 있으므로 옳은 내용이다.

③ 향단은 개체 수가 충분하지 않으므로 포경을 재개하면 안 된다는 입장인데 반해 개체 수는 상업적 포경 금지 후 계속 증가하고 있으므로 포경을 재개하자는 입장이므로 옳은 내용이다.

④ 길동은 1997년 고래류의 먹이양이 5억 2,000만 톤에 이르렀으며 이 양은 전 세계 어업 생산의 약 4~5배에 달하는 수준이라고 하였는데 이는 포경을 재개하여 재산 피해 및 인명사고를 줄이자는 춘향의 견해를 지지하는 사례이므로 옳은 내용이다.

07

정답해설

③ 군사적 긴장 완화에 대한 내용은 남북 양측의 성명서에서는 언급되지 않았으므로 옳지 않은 내용이다.

오답해설

① 북측은 남측이 제안한 가족찾기 운동만으로는 부족하다고 하였으므로 옳은 내용이다.

② 남측은 10월 안으로 제네바에서 본 회담의 절차상의 문제를 협의하기 위한 예비회담을 제의하였고, 북측은 9월 말까지 쌍방 대표가 예비회담을 열 것을 제의하였으므로 옳은 내용이다.

④, ⑤ 데탕트라 불리는 국제 정세의 변동은 한반도에도 영향을 미쳐 미국과 중국이 남·북한에 긴장 완화를 위한 조치들을 취하도록 촉구하였으며, 이에 여러 차례의 예비 회담이 열린 끝에 분단 이후 최초의 남북회담이 개최되었다고 하였다. 따라서 옳은 내용이다.

08

정답해설

① 대한민국 정부는 울릉도와 우산도를 별개의 섬으로, 우산도와 독도를 같은 섬으로 인정하며, 일본 정부는 우산국과 울릉도, 우산과 울릉은 모두 하나라고 하여 울릉도와 우산도, 독도 이 3개의 명칭이 모두 같은 섬이라고 하고 있다. 따라서 대한민국정부가 우산도와 독도는 별개의 섬이라고 한 ①은 옳지 않다.

09

정답해설

갑 : (가)는 도덕성의 기초는 이성이지 동정심이 아니라고 한 반면, (다)는 이성이 아니라 동정심이라고 하여 서로 반대되는 주장을 하고 있으므로 양립할 수 없다.

을 : (가)는 동정심이 일관적이지 않으며 변덕스럽고 편협하다고 하였는데 (나)는 가족과 모르는 사람의 사례를 들면서 동정심이 신뢰할 만하지 않다고 하여 (가)의 주장을 지지하고 있다.

오답해설

병 : (가)는 도덕성의 기초는 이성이지 동정심이 아니라고 하였으나 (라)는 동정심이 전적으로 신뢰할 만한 것은 아니지만 그렇다고 해서 도덕성의 기반에서 완전히 제거하는 것은 옳지 않다고 하였다. 즉, (라)의 경우는 동정심의 도덕적 역할을 전적으로 부정하지는 않았다.

정 : (나)는 동정심이 신뢰할 만하지 않다고 하였으며 (라) 역시 같은 입장이다. 다만 (라)는 그렇다고 해서 동정심의 역할을 완전히 부정하는 것은 아니라는 점에서 차이가 있을 뿐이다.

10

정답해설

③ 오늘날의 소비자들이 기능적 효용보다 감성적 측면을 더 중시하는 것이 아니라 기능적 특징에 더불어 그 이외의 것, 즉 감성적인 측면까지 고려하는 것이므로 옳지 않은 내용이다.

오답해설

① 체험 마케팅의 수단은 수많은 소비 패턴에 대해 맞춤 형태로 이루어질 수밖에 없고 모든 소비자들에게 표준화된 동일한 형식을 제공하기보다는 목적이나 상황에 맞게 새로운 형식을 만든다고 하였다. 그리고 체험 마케팅의 전략 수립 과정도 하나의 방법론적 이데올로기에 얽매이지 않는다고 하였으므로 옳은 내용이다.

② 욕실 상품의 예를 들면 체험 마케터들은 단지 제품의 기능적 특징에 머무르지 않고 어떤 제품이 소비상황에 맞는지, 어떻게 하면 소비자의 체험을 더 승화할 수 있는지 등을 반영한 상품들의 마케팅 범주까지 고려한다고 하였으므로 옳은 내용이다.

④ 전통적 마케터는 기능상의 특징과 편익에 초점을 맞추어 분석적이며 계량적인 도구를 사용한다고 하였으므로 옳은 내용이다.

⑤ 전통적 마케터는 기능적 효용으로 설명되지 않는 이미지 효과나 브랜드 효과는 전체 소비 행위의 비중에서 미미할 것으로 간주한다고 하였으므로 옳은 내용이다.

11

정답해설

ㄱ. 갑은 절대적으로 확실한 지식이 존재하지 않는다고 주장하는 반면 을은 감각 경험을 통해서 절대적으로 확실한 지식을 얻을 수 있다고 하였으므로 이 둘은 양립 불가능하다.

ㄴ. 갑은 절대적으로 확실한 지식이 존재하지 않는다고 주장하는 반면 병은 의심하는 내가 있다는 것을 통해 절대적으로 확실한 지식을 발견하였다고 하였다. 따라서 이 둘은 양립 불가능하다.

ㄷ. 을은 감각 경험을 통해 절대적으로 확실한 지식을 얻게 된다고 하였고, 병은 의심하는 내가 있다는 것에 근거하여 거듭 의심하는 방법을 사용하여 절대적으로 확실한 지식을 발견하였다고 하였다. 따라서 을과 병은 모두 절대적으로 확실한 지식이 있다고 주장하고 있다.

12

정답해설

ㄱ. '을'은 난자와 같은 신체의 일부를 상업적인 대상으로 삼는 것에 반대하고 있으며, '갑' 역시 상업적인 이유로 난자 등을 거래하는 것에 반대하고 있다. 따라서 '을'은 '갑'의 주장을 지지한다고 볼 수 있다.

ㄴ. '정'의 주장은 양면적인 의미를 지닌다고 볼 수 있다. 즉, 난자의 채취가 매우 어렵고 위험하기 때문에 상업적인 목적을 가지는 거래를 반대하는 것으로 볼 수도 있는 반면, 한편으로는 그렇기 때문에 그에 대한 보상으로 금전적인 대가가 있어야 한다고 주장하는 것으로 볼 수도 있다. '병'은 후자의 경우와 내용상 유사한 측면이 있다. 따라서 '정'의 주장을 '병'의 주장을 지지하는 근거로 사용할 수 있다.

ㄷ. '을'은 난자와 같은 신체의 일부를 금전적인 대가를 지불하는 대상으로 하는 것 자체에 반대하는 반면, '병'은 현실적인 문제로 인해 상업화를 지지하는 입장이다. 따라서 이 둘은 서로 상반되는 상황이며 서로 양립불가능하다고 볼 수 있다.

13

정답해설

제시문의 가설 A와 B를 정리하면, 가설 A는 인간이 털이 없어진 원인이 수상생활이라는 것이며, 가설 B는 의복 등으로 보호가 가능하다면 굳이 기생충과 같은 문제를 야기하는 털이 없어도 되기 때문이라는 것이다. 이 내용을 토대로 선택지를 판단해보자.

③ 인간의 피부에 수인성 바이러스에 대한 면역력이 없다면 인류가 수상생활을 했다고 할지라도 털이 사라지지 않았을 것이다. 진화는 환경과 인간과의 관계에서 인간에 이로운 방향으로 진행되기에, 털이 사라짐으로 인해 인간에 질병이 야기된다면 그와 같은 방향으로 진행되지는 않을 것이기 때문이다. 따라서 가설 A를 약화한다고 볼 수 있다.

오답해설

① 고대 인류가 호수 근처에 주로 살았다는 것은 수상생활을 했다는 것과 밀접한 관련이 있으므로 가설 A를 강화한다고 볼 수 있다.

② 수생 포유류 등의 해부학적 특징이 진화가 진행된 현대 인류와 유사하다는 것은 결국 인류가 수상생활을 했다는 것과 연결되는 내용이다. 따라서 가설 A를 강화한다고 볼 수 있다.

④ 가설 B에 의한다면 인류는 옷 등으로 자신을 보호하게 되면서 털이 사라지게 되었다. 하지만 옷을 입지 않았음에도 털이 사라졌다는 것은 가설 B와 배치되는 것이므로 이를 약화한다고 볼 수 있다.

⑤ 가설 B가 옳다면 인류가 옷 등을 사용하게 된 것과 털이 사라지는 진화의 과정이 같이 진행되어야 한다. 하지만 진화의 마지막 과정에서 옷 등을 사용했다면 옷의 착용과 털이 사라지는 것과는 직접적인 관련이 없는 것이 된다. 따라서 가설 B를 약화한다고 볼 수 있다.

14

정답해설

ㄱ. A는 여성성에 바탕을 둔 기술을 적극적으로 개발해야만 비로소 여성과 기술의 조화가 가능해진다고 주장하였다. 그런데 여기서 여성성이란 자연과 조화를 추구하는 순응적인 태도를 의미하므로 선택지의 내용은 옳은 내용임을 알 수 있다.

오답해설

ㄴ. B는 여성에게 주입된 성별 분업 이데올로기와 불평등한 사회제도로 인해 여성이 기술분야에 참여하기 어렵다고 보고 있다. 오히려 여성성과 남성성 사이에 근본적인 차이가 존재하지 않는, 즉 신체적인 차이와 같은 내생적인 한계가 아닌 제도 등의 외생적인 한계를 원인으로 보고 있다.

ㄷ. A와 B 사이에는 '남성성과 여성성의 차이가 있느냐 없느냐'의 입장차만 있을 뿐이며, 이 두 속성이 한 사람에게 모두 속하는 것인지는 언급하고 있지 않다.

> **합격자의 SKILL**
>
> 두 가지의 항목을 서로 비교, 대조하는 형태의 제시문은 타 PSAT에서 자주 등장하는 유형이다. 이러한 유형은 제시문에 얼마나 간결하고 명확하게 표시를 하느냐에 따라 풀이 시간의 편차가 크다. 난도가 높지 않음에도 어설프게 표시를 할 경우 제시문을 다시 읽어야 하는 상황이 생길 수 있으니 자신만의 표시방법을 체화시키도록 하자.

15

정답해설

ㄴ. B의 주장은 개인의 능력 등을 기준으로 한 공개경쟁 시험을 통해 공직자를 임용해야 한다는 것으로 정실 개입의 여지를 줄여 공정성을 높이자는 데에 있다. 따라서 옳은 내용이다.

ㄷ. C의 주장은 한 사회의 인구 비례에 따라 공직자를 선발해야 한다는 것이므로 지역 편향성을 완화하기 위한 대책이 될 수 있다. 따라서 옳은 내용이다.

오답해설

ㄱ. A의 주장은 정당에 대한 충성도와 공헌도를 기준으로 삼아 공직자를 임용해야 한다는 것이므로 정치적 중립성과는 거리가 멀다.

정답해설

㉠ 개미는 페로몬이 많은 쪽의 경로를 선택하여 이동하는 특징이 있다. 그런데 페로몬이 많은 쪽이라는 것이 결국은 개미집과 먹이와의 거리가 가장 짧은 쪽을 의미하므로 결국 일정 시간이 지나면 개미 떼가 가장 짧은 경로를 통해서 먹이를 운반하는 결과를 가져오게 된다. 따라서 알고리즘A를 가장 적절하게 나타낸 특성은 다수의 개체들이 선택하는 경로를 이용하여 자신의 이동 방향을 결정하는 '정렬성'이다.

㉡ 반딧불이 개체들이 초기 상태에서는 각자 고유의 진동수에 따라 진동하지만, 점차 상호 작용을 통해 그 고유 진동수에 변화가 생기고 결국에는 진동수가 같아지는 특성을 반영한 것이 알고리즘B이다. 즉, 이는 각 개체가 주변 개체들과 동일한 행동을 하는 특성인 '결합성'을 가장 적절하게 나타내고 있다고 볼 수 있다.

정답해설

ㄱ. 갑은 자살은 공동체에 피해를 주는 것이기에 죄악이라고 하였으나, 을은 자살은 사회 즉, 공동체에 해악을 끼치는 것이 아니라고 하였다. 따라서 둘은 서로 상반된 주장을 하고 있으므로 서로 양립할 수 없다.

ㄴ. 을에게 있어 자살은 사회에 해악을 끼치지 않는 것이라고 하였으므로 결국은 자신에게만 관련된 것이라고 볼 수 있다. 그리고 병은 타인에게 해가 되지 않는 한 원하는 것은 무엇이든지 행할 수 있다고 하였다. 그렇다면 자살이 자신에게만 관련된 것이라는 것을 받아들일 경우 을과 병은 모두 자살이 비판의 대상이 아니라는 결론에 도달할 수 있다. 따라서 을과 병의 주장은 서로 양립할 수 있다.

오답해설

ㄷ. 보기의 내용과 병의 주장을 결합하면, 병에게 있어 자살이란 자신에게만 관련된 것이기에 도덕적 비판의 대상이 되지 않는다는 결론을 얻게 된다. 하지만 갑은 '어떠한 경우에도' 자살은 옳지 않다고 하였으므로 이 둘은 서로 상충된다. 따라서 옳지 않다.

합격자의 SKILL

양립 가능하다는 것의 의미는 두 논증의 내용이 서로 동일하다는 것을 의미하지 않는다. 이는 두 논증의 교집합이 존재할 수 있는지를 묻는 것이다. 따라서 외견상으로는 서로 대립하는 내용처럼 보일지라도 절충점이 존재한다면 그것은 양립 가능하다. 또한 어느 하나가 다른 하나의 논증에 포함되는 경우에도 양립 가능하다고 판단한다.

정답해설

ㄷ. (나)의 평론가는 상품화된 인문학이 말랑말랑한 수준으로 전락하여 인문학의 본질적 과제를 제대로 수행하고 있지 못하다는 입장이고, (라)의 교수 역시 "진정한 인문학적 성찰을 바탕으로 다양한 학문 분야에 몰두해야 할 대학이 오히려 인문학의 대중화를 내세워 인문학을 상품화한다"고 하여 부정적인 입장을 보이고 있다. 따라서 옳은 내용이다.

오답해설

ㄱ. (가)의 PD는 인문학 열풍을 교양 있는 삶에 대한 열망을 지닌 직장인들이 자발적으로 참여하는 것에 기인한다고 보고있는데 반해, (나)는 그것이 아닌 시장 논리에 따라 상품화된 인문학을 수용하는, 어느 정도는 수동적인 위치에서 받아들이고 있다는 뉘앙스를 풍기고 있다. 따라서 옳지 않은 내용이다.

ㄴ. (가)의 PD는 인문학 열풍의 원인을 교양 있는 삶에 대한 자발적인 열망에서 찾고 있지만 그것 이상의 공동체의 개선을 위한 것이라고는 언급하지 않았다. 반면 (다)의 공무원은 자기성찰의 기회를 통해 동네, 즉 공동체를 살기 좋은 곳으로 만드는 과정이라고 하여 개인차원 이상의 영향을 가진다고 보았다. 따라서 옳지 않다.

정답해설

ㄴ. (가)는 '공동선을 증진하는 결과를 가져온다면 일반적인 도덕률을 벗어난 공직자의 행위도 정당화될 수 있다'고 하였고 (다)는 '민주사회에서 공직자의 모든 공적 행위는 (공동선의 증진 여부와 무관하게) 정당화될 수 있다'고 하였다. 즉, (가), (다) 모두 일반적인 도덕률을 어겼으나 공동선을 증진한 공적 업무를 수행하였다면 이는 정당화될 수 있다고 주장할 것이다. 따라서 옳은 내용이다.

오답해설

ㄱ. (가)는 '공동선을 증진하는 결과를 가져온다면 일반적인 도덕률을 벗어난 공직자의 행위도 정당화될 수 있다'고 하였고 (나)는 '일반적인 도덕률을 어긴 공직자의 행위가 특정 상황에서 최선의 것이었다고 하더라도, 그가 잘못된 행위를 했다는 것을 부정할 수 없다'고 하였다. 즉, (가), (나) 모두 공직자가 공동선의 증진을 위해 일반적인 도덕률을 벗어난 행위가 일어날 수 있음을 전제하고 있다. 따라서 옳지 않은 내용이다.

ㄷ. (나)는 '공직자 역시 일반 시민이 가지는 도덕률에서 자유로울 수 없다'고 하였으나 (다)는 공직자는 권력을 일반 시민들로부터 위임받았기에 공직자의 모든 공적 행위가 정당화될 수 있다고 하였으므로 일반 시민과 공직자를 다른 범주의 집단으로 보고 있다. 따라서 옳지 않은 내용이다.

1	2	3	4	5	6	7	8	9	10
②	②	④	②	④	⑤	①	①	⑤	④
11	12	13	14	15	16	17	18	19	20
①	①	⑤	①	④	③	①	②	①	①
21									
②									

01
정답 ②

[정답해설]

② 자신의 휴대폰 번호를 바꿨다고 해서 헤어진 애인에게 전화를 하는 기회가 제한되거나 선택 가능성이 줄어드는 것이 아니므로 사전조치에 해당하지 않는다.

[오답해설]

① 음주의 기회를 제한하는 것이므로 사전조치에 해당한다.

③ 성인물을 시청할 기회를 제한하는 것이므로 사전조치에 해당한다.

④ 군것질할 기회를 제한하는 것이므로 사전조치에 해당한다.

⑤ 정부가 통화금융정책을 시행할 기회를 제한하는 것이므로 사전조치에 해당한다.

02
정답 ②

[정답해설]

ㄱ. 로봇 소프트웨어를 개발할 때 로봇 모델을 상부단위로 인식해 프로그래밍 언어보다 효율의 기준으로 삼고 있으므로 적절하게 적용된 사례로 볼 수 있다.

ㄷ. 복잡한 소프트웨어의 개발을 위한 상위 구성요소의 우선 설계와 하위 구성요소들의 단계적 표현 방식 역시 효율을 중시하는 것이므로 적절하게 적용된 사례로 볼 수 있다.

[오답해설]

ㄴ. 컴퓨터 프로그램의 동작에 있어 전기 신호들을 직접 제어하는 언어는 일상 언어에 가까운 고급 프로그래밍 언어보다 하부단위에 속하므로 부적절하게 적용된 사례로 볼 수 있다.

ㄹ. 멀티미디어 소프트웨어 개발의 압축 기술만을 언급하고 있으므로 부적절하게 적용된 사례로 볼 수 있다.

03
정답 ④

[정답해설]

④ 다른 기관의 기능이 상대적으로 떨어지는 것과 후각의 민감성과의 상관성을 추론하기 어려우므로 옳지 않은 내용이다.

[오답해설]

① 화장품이나 향수, 방취제의 사용은 후각 기능을 둔화시키므로 옳은 내용이다.

② 후각기관을 충분히 활용하려면 신선한 공기를 마시고 난 후 냄새를 맡아야 하므로 옳은 내용이다.

③ 비염이나 감기 증세를 가진 병사는 후각 기능이 현저히 저하되어 있는 상태이므로 옳은 내용이다.

⑤ 적절한 훈련을 받게 되면 적을 식별할 수 있으므로 옳은 내용이다.

04
정답 ②

[정답해설]

② 제시된 논증에서는 주어진 속성에 대한 평균값은 그 속성에 대한 집단의 실상을 드러내는 데 한계가 있다고 하였다. 선택지의 사례는 평균값이 C지역 소득의 실상을 나타내는 데 한계가 있음을 잘 보여주고 있으므로 주장을 강화하는 사례에 해당한다.

[오답해설]

①, ③, ④, ⑤ 제시된 논증에 영향을 주기 위해서는 먼저 동일한 집단에 대한 판단이 이루어져야 하며, 다음으로 동일한 속성에 대한 평가가 있어야 한다. 하지만 ①과 ④는 집단이 서로 다르고 ③은 신장과 몸무게, ⑤는 기온과 수영 가능 여부를 비교하고 있어 제시된 논증에 아무런 영향을 주지 못한다.

05
정답 ④

[정답해설]

④ 제시문에서는 어떤 일상사물도 예술작품이 될 수 있다고 하였지만 선택지의 진술에서는 예술작품과 일상 사물이 구분된다고 하였으므로 이는 글의 논지를 약화시킨다고 볼 수 있다.

[오답해설]

① 뒤샹의 소변기의 예를 들면서 이에는 미적 본질이 없음에도 예술작품이 된다고 하였으므로 선택지의 진술은 논증을 강화한다.

② ①에서 소변기에는 미적 본질이 없다고 하였으나, 실제로는 소변기가 고유한 미적 가치를 가지고 있다고 주장한다면 이는 주어진 논증을 약화시키는 것이다.

③ 분석철학과 팝아트는 예시로 든 것뿐이며 이것이 전체 논증에 어떠한 영향을 미치는 것은 아니므로 논지를 강화시키지도 약화시키지도 않는다.

⑤ 더 이상 모든 예술작품에 공통적인 단 하나의 순수한 본질, 즉 가시적인 어떤 본질은 요구되지 않는다고 하였다. 그런데 선택지와 같이 이를 반박하기 위해 가시적 본질이 예술작품에 필요한 것이라고 주장한다면 주어진 논증은 약화될 수밖에 없다.

06
정답 ⑤

[정답해설]

⑤ 이 선택지를 판단하기 위해서는 ④를 먼저 이해하는 것이 좋다. ④에서 언급한 것과 같이 1시간 이상 게임을 하는 경우 게임을 더 오래 하는 아이들의 성적이 더 낮아야 한다. 하지만 선택지의 진술은 이에 위배되는 것으로서 결론을 약화하게 된다.

① 책 읽는 시간은 제시된 논증과 무관하므로 선택지의 진술이 추가된다고 해서 결론이 강화되거나 약화되지 않는다.

② 제시문은 게임을 하는 시간을 1시간 이내로 통제할 경우 성적이 상위권에서 유지될 것이라고 결론지었다. 그런데 선택지의 논증만으로는 게임 시간이 1시간 이내로 줄어들었는지의 여부가 불확실하다. 따라서 최소한 결론이 강화된다고는 볼 수 없다.

③ 게임을 하는 시간이 1시간 이내로 줄어들었다는 것까지는 좋으나 그 줄어든 시간에 독서를 한 것이 성적이 상승하는 것과 어떻게 연결되는지는 알 수 없다.

④ 하루에 1시간 이상 게임을 하는 경우 게임을 더 오래 하는 아이들의 성적이 더 낮다고 하였다. 그런데 평균 이하의 성적을 보이는 아이들이 대부분 하루에 3시간 이상씩 게임을 하였다면 이 결론을 논리적으로 지지하는 것이 되므로 결론을 강화하게 된다.

07 정답 ①

정답해설

ㄱ. 강한 프로그램의 원리에 의하면 자연과학이 제공하는 믿음이 특정 전문가 집단의 공동체적 활동에 의해 생산된다고 하였으므로 옳은 내용이다.

ㄴ. 어떤 문제가 우선적으로 탐구되어야 할 중요한 문제인지, 그 문제를 어떤 방식으로 풀어야 옳은지 등에 대한 판단도 사회적 맥락 속에서 이루어진다고 하였으므로 옳은 내용이다.

오답해설

ㄷ. 강한 프로그램의 원리에 의하면 자연과학의 원리들이 공동체 간의 특수성, 의사결정 구조, 사회적 맥락 등에 의해 형성된다고 하였으므로 객관적인 것과는 다소 거리가 멀다고 판단할 수 있다.

ㄹ. 강한 프로그램의 원리에 의하면 자연과학의 탐구에 대한 견해가 객관성과는 거리가 멀기 때문에 수정이 필요하다고 본다. 하지만 논문의 수를 통한 생산성은 객관성과는 연관성이 없는 별도의 내용이므로 원리를 지지하지도 약화시키지도 않는다.

08 정답 ①

정답해설

ㄱ. 제시문의 논증에 의하면 훌륭하게 사는 사람, 즉 도덕적인 사람은 행복하다고 하였다. 그러나 도덕적으로 살고 있음에도 불행하게 사는 사람이 존재한다면 이 논증에 반하는 것으로서 논증을 약화시키게 된다.

오답해설

ㄴ. 제시문의 논증에 의하면 도적적으로 사는 것은 이익이 됨을 알 수 있다. 그러나 도덕적으로 살지 않는다고 해서 이익이 되지 않는다는 보장은 없다. 이는 본 명제의 이(異)에 해당하는 것으로서 논리적으로 동치라고 할 수 없다.

ㄷ. 제시문에서 '눈이나 귀'와 '혼이나 정신'은 각각 별개의 범주로 논의되고 있으며 이 둘 사이에는 어떠한 연관관계도 찾을 수 없다. 따라서 눈이나 귀가 고유의 기능을 수행하지 않는 것과 눈이나 귀가 도덕적인 것은 서로 무관한 것이어서 선택지와 같은 추가 논증이 주어진다고 해서 전체 논증이 약화되거나 강화되는 것은 아니다.

강화·약화 문제는 매년 민간경력자 PSAT에서 1~2문제씩 꼭 출제되는 단골 유형인데 이와 같은 문제를 만나게 되면 논리식을 복잡하게 세울 것이 아니라 결론을 끌어내기 위해 어떤 방향으로 논증이 흘러가는지를 정리하는 것을 최우선으로 해야 한다. 그리고 선택지를 이 흐름에 대입시켜 전개 방향이 옳게 가는 것인지 반대로 가는 것인지를 판단한 후 정오를 판단하면 된다. PSAT의 강화·약화 문제는 어떤 의미에서는 그다지 엄밀해 보이지 않는 일종의 '감'으로 풀어나가는 것이 효율적일 수 있으며 대부분의 문제는 그 수준에서 풀이가 가능하다.

09 정답 ⑤

정답해설

ㄱ. 트랜스 지방이 심혈관계에 해롭다는 것이 밑줄 친 부분의 주장이다. 따라서 쥐의 먹이에 함유된 트랜스 지방 함량이 증가함에 따라 심장병 발병률이 높아졌다는 실험결과는 이 주장을 강화하는 것이라고 볼 수 있다.

ㄴ. 마가린이나 쇼트닝은 트랜스 지방의 함량이 높은 식품이다. 그런데, 마가린의 트랜스 지방 함량을 낮추자 심혈관계질환인 동맥경화의 발병률이 감소했다는 실험결과가 있었다면 이는 밑줄 친 주장을 강화하는 것이라고 볼 수 있다.

ㄷ. 패스트푸드나 튀긴 음식에 많은 트랜스 지방은 혈관에 좋은 고밀도지방단백질(HDL)의 혈중 농도를 감소시켜 심장병이나 동맥경화를 유발한다고 하였다. 따라서 선택지의 실험결과가 있었다면 이는 밑줄 친 주장을 강화하는 것이라고 볼 수 있다.

10 정답 ④

정답해설

④ 제시문의 입장을 강화하기 위해서는 고대사회도 경제적 잉여가 존재하는, 즉 생계경제 상태가 아니었다는 내용이 필요하다. 선택지의 내용은 이와 연결되는 내용이므로 논지를 강화한다고 볼 수 있다.

오답해설

① 제시문의 논지는 고대사회를 생계경제로 표현될 수 있는 빈곤한 상태로 보아서는 안 된다는 것이다. 따라서 이를 강화하기 위해서는 고대사회를 생계경제 체제로 규정하는 것이 맞지 않다는 명제가 필요한데 선택지의 내용은 이와 반대되는 내용이다. 따라서 오히려 논지를 약화시킨다고 볼 수 있다.

② 제시문은 고대 남아메리카의 예를 들면서 고대에도 경제적 잉여가 발생했다는 입장인데 선택지는 산업사회에 들어와서야 경제적 빈곤상태에서 벗어났다는 내용이다. 따라서 논지를 약화시킨다고 볼 수 있다.

③ 자연재해 등으로 인해 사회가 불안정한 상황에 놓이는 것은 생계경제의 한 측면이다. 제시문은 고대사회를 생계경제로 규정짓는 것에 반대하는 입장이므로 이와 같은 논리는 제시문의 입장을 약화시킨다고 볼 수 있다.

⑤ 제시문은 산업국가들이 저발전 세계에 대한 발전 전략을 잡는 데 생계경제의 개념이 기여했다고 하고 있으나 이를 '두렵기까지 하다'고 하여 부정적으로 보고 있다. 따라서 논지를 강화하기 위해서는 산업국가 주도의 문명화 과정이 실패했거나 적어도 부정적인 영향을 끼쳤다는 명제가 필요하다. 그러나 선택지의 내용은 그와 반대되는 내용이므로 논지를 약화시키거나 최소한 영향을 미치지 않는다고 볼 수 있다.

11 정답 ①

정답해설

ㄱ. 암이 발생하는 과정은 개시 단계와 촉진 단계로 나누어지는데, A팀의 연구 결과는 콩 속에 들어있는 제니스틴이 촉진 단계에서 억제 효과가 있는 것을 보여주고 있으므로 옳은 내용이다.

오답해설

ㄴ. C팀의 실험은 콩기름에서 추출된 화합물이 원형탈모증을 완치하는 데에 도움을 준다는 것을 뒷받침하고 있는 것이지 원형탈모증이 발생하는 데 영향을 준다는 것을 보여주는 것이 아니다.

ㄷ. B팀의 실험은 흰 콩의 효과를 다룬 것이고 A와 C는 검은 콩에 특정된 것이 아닌 콩의 효능을 다룬 것이다.

12 정답 ①

정답해설

① 제시문은 핵력이나 전기력과 같은 근본적인 힘이 현재보다 조금이라도 달랐더라면 별의 내부에서 탄소가 만들어질 수 없었고 행성도 만들어질 수 없었다고 주장하고 있으며, 더 나아가 생명 탄생의 가능성도 사라질 수밖에 없었다고 하였다. 그러나 선택지의 내용은 이와 상반된 내용이므로 결론을 지지하지 않는다.

오답해설

②, ③ 중력의 법칙과 원자핵의 질량 등은 제시문에서 직접 언급하지는 않고 있으나 결국 근본적인 물리법칙이 현재와 조금이라도 달라진다면 행성도 존재하지 않고 생명도 존재할 수 없다는 내용과 일맥상통한다.

④ 제시문의 내용은 골디락스 영역에 행성이 존재하고 있어야 생명체가 존재할 수 있다고 하였는데 실제 지구는 이 영역 안에 위치하고 있으며 생명이 존재하고 있다. 따라서 결론을 지지한다고 볼 수 있다.

⑤ 제시문에서 핵력이 조금만 달랐다면 별의 내부에서 탄소처럼 무거운 원소가 만들어질 수 없었을 것이라고 언급하고 있으므로 결론을 지지한다고 볼 수 있다.

13 정답 ⑤

정답해설

ㄱ. 회사 A의 직원들의 설문조사 결과가 실제보다 축소된 것이라면 실제는 회사 A의 청렴도가 더 낮다는 것을 의미한다. 또한 회사 A는 M시의 대표적인 기업이므로 이와 같은 사실은 M시의 청렴도가 낮다는 결론을 강화한다.

ㄴ. 회사 A뿐만 아니라 회사 B에서도 동일한 설문 결과가 나왔다면 주어진 결론을 보다 더 일반화할 수 있으므로 결론을 강화한다.

ㄷ. 보기의 내용은 결국 회사 A의 결과가 예외적인 현상이라는 것을 의미하며 이것은 결국 이에 근거하여 결론처럼 일반화하는 것은 무리가 있다는 것을 의미한다. 따라서 논증의 결론을 약화한다.

14 정답 ①

정답해설

① ⓒ에 의한다면 뉴욕시의 인구가 900만 명이므로 뉴욕시의 쥐가 900만 마리이어야 한다. 그런데 실제 조사 결과 30만 마리의 쥐가 있는 것으로 추정되었다면 ⓒ을 약화시키는 것이 된다.

오답해설

② ㉠은 약 4천 제곱미터에 쥐가 한 마리 정도 있어야 한다는 것인데 (나)에 언급된 가구당 평균 세 마리라는 것은 그 가구의 면적이 어느 정도인지에 대한 자료가 없는 상황이기에 논증에 영향을 주지 못한다고 볼 수 있다. 물론 주거 밀집 지역이라는 것이 이에 대한 단서를 제공한다고도 할 수 있으나 그러한 추론은 논리적으로 엄밀하지 못하다.

③ ⓒ의 최종 결론은 어떤 실험 내지는 조사 결과를 토대로 도출된 것이 아니라 단지 빌터의 추측에서 나온 것일 뿐이다. 따라서 (다)와 같이 자기 집에 있다고 생각하는 쥐의 수가 실제 조사를 통한 쥐의 수보다 20% 정도 많다는 것이 제시된 논증에 어떤 영향을 미치는 것은 아니다.

④ ⓒ의 중간 결론은 쥐의 개체수를 어떻게 조사하였는지와 무관하게 단지 빌터가 자신의 추측에 영국의 국토면적을 고려하여 도출된 것이다. 따라서 다른 방법으로 조사한 결과가 높은 수준의 일치를 보인다고 하여 제시된 논증에 어떤 영향을 미치는 것은 아니다.

⑤ (나)와 (다)의 내용이 참이라고 할 지라도 그것은 런던에 대한 것일 뿐 영국 전체의 쥐가 4천만 마리인 것과 직접적인 논리관계는 없으므로 참 거짓을 확정지을 수 없다.

15 정답 ④

정답해설

ㄴ. 과학에서 이론을 정립하는 과정은 예술가의 창작 작업과 흡사하다고 하였으므로 과학과 예술이 서로 연관된 것이라는 제시문의 내용을 지지한다.

ㄷ. 입체파 화가들이 기하학 연구를 자신들의 그림에 적용하고, 피카소 역시 자신의 그림이 모두 연구와 실험의 산물이라고 하였으므로 과학과 예술이 서로 연관된 것이라는 제시문의 내용을 지지한다.

ㄱ. 제시문의 내용은 과학과 예술이 전혀 동떨어진 분야가 아닌 서로 연관된 것이라는 것이다. 하지만 선택지는 예술은 특정인만의 독특한 속성에 의해서 창조되는 것이지만, 과학은 그렇지 않다고 하여 서로 연관성이 없는 분야라고 서술하고 있다. 따라서 선택지의 내용은 논지를 지지하지 않거나 아니면 논지와는 전혀 무관한 진술이라고 할 수 있다.

16 정답 ③

먼저 ㉠에 의하면 카나리아가 종 특유의 소리를 내는 이유는 물질 B 때문인데, 이 물질 B가 수컷의 몸에만 있는 기관 A에서 분비되기 때문에 결과적으로 수컷만 종 특유의 소리를 내게 된 것이다. 이를 통해 선택지를 분석해보면 다음과 같다.

ㄱ. ㉠의 결론에서 중요한 것은 수컷 카나리아 종 특유의 소리는 성별이 원인이 아니라 카나리아의 기관 A에서 분비되는 물질 B때문이다. 따라서 암컷 카나리아에 물질 B가 주입되어 결국 종 특유의 소리로 지저귀게 되었다면 이는 ㉠를 지지하는 것이 된다.

ㄴ. ㄱ과 반대의 결과이다. 즉, 수컷이라고 하더라도 물질 B의 효과를 억제하는 조치를 취하였을 때 종 특유의 울음소리를 내지 못했다면 이는 ㉠을 지지하는 것이 된다.

ㄷ. ㉠이 옳다면 기관 A가 제거되면 물질 B도 분비되지 않을 것이므로 수컷이든 암컷이든 상관없이 종 특유의 소리로 지저귀지 못하게 될 것이다. 그런데 선택지의 내용은 이를 뒤집는 것으로서 기관 A 내지는 물질 B가 종 특유의 소리를 내는 것과 무관함을 나타내므로 ㉠을 반박하는 것이 된다.

실험 유형의 지문에서 가장 중요한 것은 가설을 정확하게 정리하는 것, 즉 인과관계를 명확하게 하는 것과 선택지의 내용들이 이 가설의 어느 부분을 흔들고 있는지를 확실히 하는 것이다. 다른 유형의 문제는 선택지를 먼저 읽고 제시문으로 올라가는 전략이 가능하지만 실험 유형은 그렇게 할 경우 전혀 엉뚱한 방향으로 답을 선택할 가능성이 높아진다. 따라서 제시문을 확실하게 정리하지 않은 상태에서는 선택지로 내려가는 것을 삼가는 것이 좋다.

17 정답 ①

ㄱ. A의 가설은 말 모형에 대한 실험결과를 토대로 얼룩말의 얼룩무늬가 말의 피를 빠는 말파리를 피하는 방향으로 진행된 진화의 결과라는 가설을 제시했다. 따라서 전제가 되는 말 모형에 대한 실험결과가 실제 말에 대한 반응과 다르다면 이 가설은 약화될 수밖에 없다.

ㄴ. A의 가설을 도출하기 위해 시행된 실험에서 대부분의 말파리가 검은색 또는 갈색 모형에 붙어있었는데 실제 흡혈한 피의 결과도 이와 유사한 결과를 보였다면 이러한 연구결과는 A의 가설을 강화한다고 볼 수 있다.

ㄷ. A의 가설은 말파리와의 관계를 통해 얼룩무늬의 생성원인을 밝히려고 하는 것인데, 이는 사자와 같은 포식자와의 관계와는 무관하므로 선택지의 연구결과는 A의 가설을 강화하지도 약화하지도 않는다.

18 정답 ②

ㄴ. (나)는 풍요와 함께 격차가 발생하는 것을 인정하는 입장이지만 그 중에서도 풍요를 더 중시하는 입장이다. 그런데 선택지에서 제시된 진술은 결국 기술의 발전에 따른 풍요가 모든 사람들에게 그 혜택을 돌아가게 한다는 점에서 (나)와 일맥상통한다고 볼 수 있으므로 논지를 강화한다고 볼 수 있다.

ㄱ. 숙련된 노동자, 자본가에 유리한 방향으로 진행된다는 것은 결국 기술의 발전으로 인해 경제적 격차가 더 커진다는 의미이므로 디지털 기술의 발전이 경제적 풍요와 격차를 모두 가져온다는 (가)의 논지를 강화한다고 볼 수 있다.

ㄷ. (다)는 풍요보다 격차를 더 중시하는 입장이다. 그런데 선택지의 진술은 풍요로 인한 긍정적 효과가 격차에 의해 발생하는 부정적 효과를 상쇄할 수 없기에 격차를 더 중시해야 한다는 의미를 내포하고 있으므로 논지를 강화한다고 볼 수 있다.

19 정답 ①

ㄱ. 제시문에 따르면 물체까지의 거리가 먼 경우에는 주변의 물체들에 대한 과거의 경험에 기초하여 거리를 추론한다고 하였다. 그런데 해당 물체에 대한 경험도 없고 다른 사물들을 보이지 않도록 한 상태라면 이 추론과정이 작동하지 않아 거리를 판단할 수 없다. 선택지의 진술은 이 같은 입장을 반영하고 있으므로 제시문의 주장을 강화한다.

ㄴ. 제시문의 주장에 의한다면 선택지와 같이 경험적 판단기준이 없는 상황에서는 거리를 짐작할 수 없어야 한다. 그러나 선택지의 진술은 이와 상반된 내용을 담고 있으므로 제시문의 주장을 약화한다고 볼 수 있다.

ㄷ. 한쪽 눈이 실명이라면 두 직선이 이루는 각의 크기를 감지할 수 없으므로 거리를 파악할 수 없어야 하지만 선택지의 진술은 그 반대로 나타나고 있다. 따라서 제시문의 주장을 약화시킨다.

정답해설

① 제시된 논증은 사람들은 고난과 좌절이 사라지기를 원하며, 그것들이 그저 사라졌다고 믿기를 원하지 않는 것을 전제하고 있다. 즉 사람들은 행복 기계에 들어가 거짓 믿음 속에 사는 것을 원하지 않는다는 것인데, 만약 선택지와 같이 대부분의 사람이 행복 기계에 들어가는 것을 선호한다면 이 같은 논지를 약화시키는 결과를 가져오게 된다.

오답해설

② 제시문의 행복 기계는 제시된 논증을 전개하기 위해 도입된 가상의 개념일 뿐이다. 따라서 이것이 실존하는지의 여부는 논증의 전개에 아무런 영향을 주지 못한다.

③ 치료를 위해 신체의 고통을 견딘다는 것은 그 고통보다 더 심한 질병을 치료하기 위한 것이며, 결국 그 질병을 피하려는 것을 '기초 선호'로, 고통을 견디는 것을 이를 위한 '수단'으로 이해할 수도 있다. 그렇게 본다면 선택지의 진술이 참이라고 하여도 논지는 약화되지 않을 것이다.

④ 제시문의 논증에 따르면 참인 믿음과 거짓인 믿음이 실용적 손익에서 동등할 경우 전자를 후자보다 더 선호해야 할 이유가 없다고 하였다. 즉, 참인 믿음을 선호하는 이유는 실용적 이익이 아닌 참인 믿음이 '기초 선호'이기 때문인데 만약 선택지의 진술이 입증된다면 이 주장을 뒤집는 것이 되어 논지를 약화하게 된다.

⑤ 제시문의 논증에 따르면 참인 믿음을 선호하는 것은 실용적 이익 때문이 아닌 참인 믿음이 '기초 선호'이기 때문이라고 하였다. 따라서 수학적 참인 정리를 실용적 이익이 없음에도 믿는 것이 사실이라면 이는 논지를 강화한다고 볼 수 있다.

정답해설

② '이중기준론'에 의하면 음란한 표현은 수정헌법 제1조의 보호 대상이 아니다. 따라서 음란물 유포를 금하는 법령은 '이중기준론'의 입장과 상충되지 않는다.

오답해설

① '이중기준론'에서는 추잡하고 음란한 말 등은 수정헌법 제1조의 보호 대상이 아니라고 하였는데 이를 위해서는 추잡하고 음란한 말 등에 대한 기준이 정해져야 할 것이다. 따라서 시민을 보호하기 위해 제한해야 할 만큼 저속한 표현의 기준을 정부가 정하는 것은 '이중기준론'의 입장과 상충되지 않는다.

③, ④ '내용중립성 원칙'에 의하면 정부가 어떤 경우에도 표현되는 내용에 대한 평가에 근거하여 표현을 제한해서는 안 된다. 따라서 어떤 영화의 주제가 나치즘을 찬미한다는 이유, 경쟁 기업을 비방하는 내용의 광고라는 이유로 상영 내지는 방영을 금하게 하는 법령이 존재한다면 이는 '내용중립성 원칙'의 입장과 대치된다.

⑤ TV 방송의 내용이 특정 정치인을 인신공격하는 내용인 경우 '이중기준론'의 입장에서는 그것이 수정헌법이 보호하지 않는 표현이라는 이유로 해당 방송을 제재할 것을 주장할 것이고, '내용중립성 원칙'의 입장에서는 어떤 경우에도 표현되는 내용에 대한 평가에 근거하여 표현을 제한해서는 안 된다는 이유로 해당 방송을 제재하는 것은 잘못이라고 주장할 것이다.

1	2	3	4	5	6	7	8	9	10
⑤	④	⑤	③	⑤	①	②	⑤	②	⑤
11	12	13	14	15	16				
④	②	⑤	⑤	①	⑤				

01

정답 ⑤

정답해설

(가) '보호지역으로 지정되었음에도 실제로는 최소한의 것도 실시되지 않는 곳이 많다'라는 부분을 통해 형식적인 보호지역 지정에 더해 실질적인 행동, 즉 보호조치가 필요하다는 내용이 들어가야 함을 알 수 있다.

(나) 생태계 훼손에 대한 비용 부담은 높이고 생물다양성의 보존 등에 대해서는 보상을 한다는 부분을 통해 경제적인 유인책에 대한 내용이 들어가야 함을 알 수 있다.

(다) 요금을 부과함으로써 생태계의 무분별한 이용을 억제한다는 부분을 통해 생태계 사용료에 대한 내용이 들어가야 함을 알 수 있다.

(라) 생물다양성 친화적 제품 시장이라는 표현을 통해 생물다양성 보호 제품에 대한 내용이 들어가야 함을 알 수 있다.

합격자의 SKILL

빈칸 채워넣기 유형은 해당 문단 하나만 봐서는 애매한 것들이 많다. 따라서 다른 빈칸들과 계속 연결지어가면서 가장 합리적인 선택지를 선택해야 한다. 특히 첫 번째 빈칸은 쉬우면서도 여러 개의 선택지가 모두 가능한 것처럼 느껴지는 경우가 많은 만큼 두 번째 빈칸부터 판단해보는 것도 하나의 방법이다.

02

정답 ④

정답해설

(가) '어떤 결과의 원인이 없었다면 그 결과도 없다'는 필요조건으로서의 원인을 의미하며 원치 않는 결과를 제거하고자 할 때 적용된다. ㄴ의 경우 뇌염 발생이라는 원치 않는 결과를 제거하기 위해 필요조건으로서의 원인인 뇌염모기를 박멸하는 것이어서 필요조건으로서의 원인을 적용하기에 적절한 예라고 할 수 있다.

(나) '어떤 결과의 원인이 있었다면 그 결과도 있다'는 충분조건으로서의 원인을 의미하는데, 특정한 결과를 원할 때 적용된다. ㄷ의 경우 콜라병을 깨뜨리는 결과를 위해 총알을 콜라병에 맞게 하는 것이어서 충분조건으로서의 원인을 적용하기에 적절한 예라고 할 수 있다.

(다) '어떤 결과의 원인이 없다면 그 결과는 없고, 동시에 그 원인이 있다면 그 결과도 있다'는 필요충분조건으로서의 원인을 의미한다. 어떠한 원인의 유무에 따라 결과의 존부가 결정되는 경우에 적용된다. ㄱ의 경우 물체에 힘을 가한다는 원인에 의해 속도 변화의 존부가 결정되므로 필요충분조건으로서의 원인을 적용하기에 적절한 예라고 할 수 있다.

03

정답 ⑤

정답해설

(가) 궤변으로 떠들어대는 무능한 민주주의 정치 지도자들을 비판했다는 부분에 이어서 나와야 하므로 '엉터리 의사' 등이 언급된 ㄹ이 가장 적절하다.

(나) 두 번째 문단에서는 '대중들의 정치 참여'가 주된 내용이므로 이를 가장 잘 부연하는 것은 ㄴ이라고 볼 수 있다.

(다) '플라톤이 전적으로 민주주의에 투항한 것은 아니며, 대중이란 결코 지배자가 될 수는 없는 존재였다'라는 내용과 가장 유사한 의미를 지닌 것은 ㄷ이라고 볼 수 있다.

(라) 결론적으로 마지막 문단에서는 플라톤의 태도가 겉으로 드러난 것과는 다르다는 점을 언급하고 있고 이를 '사이비' 민주주의라고 규정하였다. 이와 가장 근접한 의미를 지니는 것은 플라톤의 정치 체제를 기만적이라고 표현한 ㄱ이라고 볼 수 있다.

합격자의 SKILL

언어논리의 문항을 분류할 때 흔히 '표현능력'으로 나타내는 빈칸 채우기 유형은 가장 전략적인 풀이가 필요한 형태 중 하나이다. 물론, 정석대로 풀이하자면 각 단락별로 핵심 내용을 파악하여 의미가 통하는 선택지를 골라야 한다. 하지만, 선택지 중 최소 1~2개는 눈에 띄는 키워드만으로도 연결이 가능하게끔 출제된다. 반드시 이를 통해 선택지를 소거한 후 좁혀진 경우의 수를 가지고 대입해야 한다. 특히 이러한 단락은 중간에 위치하는 경우가 많다. 단순히 (가)부터 (라)까지 순차적으로 풀이하는 수험생과 이렇게 전략적으로 풀이하는 수험생의 소요시간은 많게는 2분 이상 차이나게 되는데, 2분이면 한 문제를 풀 수 있는 시간임을 명심하자.

04

정답 ③

정답해설

주어진 전제를 기호화하면 다음과 같다.

ⅰ) 갑ㅇ ∨ 을ㅇ
ⅱ) 병ㅇ → 을×
ⅲ) 을ㅇ → 병×(병과 을은 동시에 임용될 수 없으므로)
∴ 병×

따라서, 병이 임용되지 못한다는 결론을 위해서는 선택지에서 을이 임용된다는 전제를 끌어낼 수 있으면 된다. 그런데 첫 번째 전제에서 갑과 을 둘 중 적어도 한 명은 임용되어야 함을 알 수 있으므로 선택지 ③이 추가적인 전제로 주어진다면 병이 임용되지 못한다는 결론을 얻을 수 있다.

05

정답 ⑤

정답해설

제시문의 논증을 기호화하면 다음과 같다.

> ㉠ 결정론이 참 → 실제와 다른 행동의 가능성×
> ㉡ 실제와 다른 행동의 가능성× → 행동의 자유×
> ㉢ 행동의 자유× → 도덕적 책임×

이 논증은 결국 ㉠ → ㉡ → ㉢의 연쇄적인 관계로 나타낼 수 있으며 이에 따라, 다음 결론을 얻을 수 있다.

> ㉣ 결정론이 참 → 행동의 자유×
> ㉤ 결정론이 참 → 도덕적 책임×

그런데 철학자 A가 들고 있는 사례는 핸들이 고장난 상황으로 '실제와 다른 행동의 가능성이 없었'으나 '도덕적 책임'은 지는 상황이다. 즉, 논증 ㉡과 ㉢의 관계를 비판하고 있는 것이다. 그런데 사례에서 '다른 행동의 가능성이 전혀 없었으며, 이에 나에겐 행동의 자유가 존재하지 않았다'고 하였으므로 위의 ㉡ 논증은 받아들이고 있다는 점을 알 수 있으며, 결국 이를 통해 사례는 ㉢ 논증을 반박하고 있음을 추론할 수 있다. 또한 철학자 A가 ㉡ 논증은 받아들이고 있으므로 이를 통해 ㉣ 결론까지는 이끌어낼 수 있다. 하지만 ㉢ 논증이 부인되는 상황이기에 ㉤ 결론이 부정된다는 점을 알 수 있다.

합격자의 SKILL

이 문제는 위 해설과 같이 엄밀한 논증을 거쳐 풀이하지 않더라도 정답을 선택할 수 있다. 하지만 난도가 높아진다면 단서조차 잡지 못하게 되므로 복습과정에서는 반드시 위와 같은 엄밀한 풀이를 해보길 바란다.

06

정답 ①

정답해설

각 표창 후보자의 평가결과를 정리하면 다음과 같다.

구분	대민봉사	업무역량	성실성	청렴도	총점
갑돌	3	3	3	1	10
을순	2	3	1	3	9
병만	1	3	3	2	9
정애	2	2	2	3	9

갑돌은 총점에서 제일 앞서므로 반드시 선발되지만, 나머지 3명은 모두 9점으로 동일하므로 동점자 처리기준에 의해 선발여부가 결정된다. 최종적으로 3명이 선발되었다고 하였으므로 3명 중 2명이 선발될 수 있는 기준을 판단해 보자.
ㄱ. 두 개 이상의 항목에서 상의 평가를 받은 후보는 을순(2), 병만(2) 2명이므로 적절한 기준이다.

오답해설

ㄴ. 3명 중 청렴도에서 '하'의 평가를 받은 후보자가 한 명도 없으므로 적절하지 않은 기준이다.
ㄷ. 3명 중 '하'의 평가를 받은 항목이 있는 후보자를 제외하면 정애 한명만 남게 되므로 적절하지 않은 기준이다.

합격자의 SKILL

이 문제는 동점자 처리기준을 묻는 문제이다. 그런데 만약 이를 놓치고 전체에서 3명을 선발하는 조건을 찾는 것으로 판단한다면 선택지 ㄴ의 함정에 그대로 걸려들게 된다. 이러한 유형은 여러 가지 변종으로 출제되곤 한다. 즉, 하나의 항목은 이미 초반에 고정이 된 상태로 두고 나머지 항목들을 기준으로 판단해야 하는데 문제의 길이가 길어져 초반에 고정된 사항을 놓치게 하는 유형이 바로 그것이다.

07

정답 ②

정답해설

A기술은 '다중 경로'를 통해 수신된 '신호'들 중 '가장 큰 것'을 선택하여 안정적인 송수신을 이루고자 하는 것이다. 이를 제시문의 사례와 연결시키면 액체는 '신호'에 해당하고 배수관은 '경로'를 의미한다.

08

정답 ⑤

정답해설

제시문의 내용을 정리하면, 여러 가지 설명들을 견주어 나은 순으로 줄을 세워 가장 좋은 설명을 찾을 수 있다고 하였다. 그리고 지구의 조수 현상의 원인을 a) 지구의 물과 달 사이에 작용하는 인력 때문에 b) 지구와 달 사이의 물질이 지구를 누르기 때문에 c) 지구 전체의 흔들거림 때문이라는 3가지의 설명을 제시하고 있다. 그리고 다음의 과정을 거치고 있다.

> ⅰ) c)보다는 b)의 설명이 더 낫다.
> ⅱ) (　　　　　　　　　　　　)
> ⅲ) a)가 최선의 설명이다.

a)가 세 가지의 설명 중 최선이어야 하므로 b)보다 a)의 설명이 더 낫다는 내용이 ⅱ)에 들어가야 올바르다. 따라서 이 같은 의미를 가지고 있는 ⑤가 가장 적절하다.

합격자의 SKILL

빈칸 채우기 유형의 문제는 단순히 내용이해의 측면에서 출제하기보다는 삼단논법과 같이 명확하게 답이 떨어질 수 있는 논리적인 추론과정을 묻는 문제가 출제되는 편이다. 따라서 제시문을 읽어나갈 때 논리적인 연결고리가 보이면 반드시 체크하고 넘어가기 바란다. 다행인 것은 빈칸 채우기 유형에서는 비교적 쉬운 논리적 판단이 요구된다는 사실이다.

09

정답 ②

정답해설

㉠ 제시문에 의하면 목초지의 수용 한계를 넘어 양을 키울 경우, 목초가 줄어들어 그 목초지에서 양을 키워 얻을 수 있는 전체 생산량이 줄어든다고 하였다. 따라서 손실을 만회하기 위해 다른 농부들도 모두 사육 두수를 늘리는 상황이 장기화될 경우 전체 생산량 혹은 농부들의 총이익은 기존보다 감소하게 될 것이다.

ⓒ 1문단에서는 아담 스미스의 '보이지 않는 손'의 가정을 통해 개인의 이익추구 활동을 제한하지 않은 것이 이윤 극대화에 도움이 된다고 하였고, 3문단에서는 이른바 '목초지의 비극' 사례를 통해 '보이지 않는 손'의 역효과를 지적하고 있다. 따라서 '보이지 않는 손'에 시장을 맡겨 둘 경우 농부를 넘어선 사회 전체적인 이윤은 감소하게 될 것이다.

10 정답 ⑤

정답해설

(가)의 앞부분에 예술 제도로부터 단절될 수 없다고 언급한 점과 "즉 예술가는 특정 예술 제도 속에서 …"로 시작하는 바로 다음 문장을 통해 (가)에는 선택지 ㄷ 예술 제도에 대한 내용이 들어가야 함을 알 수 있다. (나)는 어린아이들의 그림이나 놀이에 대한 설명이 들어가야 하므로 선택지 ㄴ이 논리적이며, (다)는 예술 작품의 창조에 관한 내용이 들어가야 한다는 점에서 선택지 ㄱ이 들어가야 한다.

합격자의 SKILL

이 같은 유형의 문제는 난도의 편차가 상당히 큰 편인데, 그 이유는 선택지에서 제시된 문장이 제시문과 반대의 견해를 가지는 문장이 아니라 대개는 지문과 연결되는 내용이기 때문이다. 간혹 이 문제와 같이 앞 문장과 뒤 문장의 단어만으로도 풀이가 가능한 문제가 출제되곤 하지만 최근 타 PSAT의 추세는 이와 같이 부분적인 독해만으로 풀이 가능한 수준이 아닌 제시문 전체를 관통하는 주제를 이해해야 풀 수 있는 수준으로 진화하고 있다.

11 정답 ④

정답해설

제시문은 첫 단락에서 이앙법의 확산이 양반과 농민들 중에서 다수의 부농이 나타나게 된 계기가 되었다는 역사학자들의 주장을 언급한 후 두 번째 단락에서 양반층에게 이 주장이 적용되기 어렵다고 하였고, 세 번째 단락에서 농민층이 부농으로 성장하기 어려웠던 이유를 들면서 첫 단락의 내용을 비판하는 내용으로 구성되어 있다. 따라서 마지막 문장의 빈칸에 들어가기에 가장 적절한 것은 이 둘을 모두 포괄하고 있는 ④이다.

12 정답 ②

정답해설

(가) 제시된 논증을 구조화하면 다음과 같다.

i) (가)	
ii) B이다.	
∴ 결론 : A이다.	

따라서 가장 단순한 삼단논법의 구조를 이용한다면 (가)에는 'B이면 A이다'가 들어가야 한다. 이를 제시문의 표현으로 바꾸면, '달은 지구를 항상 따라다닌다'면 '지구는 공전하지 않는다'로 나타낼 수 있는데 ㄱ은 이의 대우명제이므로 논리적으로 타당하다.
(라), (마) ⓑ에는 '밤에 금성을 관찰할 때 망원경을 사용하면 빛 번짐 현상을 없앨 수 있다는 것'과 관련된 내용이 들어가야 한다. 이와 함께 당시 학자들은 육안을 통한 관찰을 신뢰하며, 밤보다 낮에 관찰한 것이 더 정확하다는 것을 결합한 ㅁ이 논리적으로 타당하다.

13 정답 ⑤

정답해설

여기서는 A, B, C 각각에 가상의 수치를 넣어 계산하는 방식으로 풀이해보자. 제시문에서 주어진 조건들을 만족하는 원형 판의 형태는 다음과 같다. 비율만 같다면 아래의 수치가 아니라 어떠한 수치일지라도 상관없다.

구분	지름	두께
A	2	1
B	1	1
C	2	2

다음으로 B의 진동수를 1로 놓고 나머지 A와 C의 진동수를 계산해보면 다음과 같다.

구분	지름	두께	진동수
A	2	1	1/4
B	1	1	1
C	2	2	1/2

이를 정리하면 B의 진동수는 A의 4배이며, C의 진동수는 A의 2배임을 알 수 있다. 여기서 제시문의 마지막 문장을 활용하면 B는 A보다 두 옥타브 높은 음을 내고, C는 A보다 한 옥타브 높은 음을 낸다는 것을 추론해 낼 수 있다.

합격자의 SKILL

간단한 수학식의 원리를 이용한 문제는 매년 출제되는 유형은 아니지만 민간경력자 PSAT에서 언어논리와 상황판단을 통틀어 2~3년에 한 번꼴로 출제된다. 제시문에서 언급한 원리를 통해 풀이하는 방법이 정석이겠으나, 실전에서는 굳이 그럴 필요 없이 가상의 수치를 대입해 풀이하는 것이 시간을 절약할 수 있는 방법이며 실수를 줄이는 가장 좋은 방법이다.

14 정답 ⑤

정답해설

⑤ 충청도 특유의 언어 요소만을 가리키는 것이 아니라 충청도 토박이들이 전래적으로 써 온 한국어 전부를 뜻한다고 하였으므로 한국어란 표준어와 지역 방언이 모두 하나로 모여진 개념이라고 할 수 있다. 따라서 옳지 않은 내용이다.

오답해설

① 방언을 비표준어로서 낮잡아 보는 인식이 담겨 있다고 하였으므로 선택지의 내용과 의미가 통한다고 할 수 있다.
② 방언이 표준어보다 열등하다는 오해와 편견이 포함되어 있다고 하였으므로 방언을 낮추어 부른다는 의미가 들어가야 옳다. 따라서 선택지의 내용과 의미가 통한다고 할 수 있다.
③ 그 지역의 말 가운데 표준어에는 없는, 그 지역 특유의 언어 요소만을 지칭한다고 하였으므로 다른 지역과의 이질성을 강조하는 내용이 들어가야 한다. 따라서 선택지의 내용이 가장 적절하다고 할 수 있다.
④ 한국어를 이루고 있는 각 지역의 말 하나하나, 즉 그 지역의 언어 체계를 방언이라 하였으므로 각 지역의 방언들은 한국어라는 언어의 하위 구성요소라고 볼 수 있다. 따라서 옳은 내용이다.

합격자의 SKILL

빈칸을 채우는 유형에서 가장 중요한 것은 부연설명하는 부분과 예시를 드는 부분이다. 물론 일반론적인 설명이 그 전에 제시되기는 하지만 많은 경우에 그 문장만을 읽어서는 잘 안 와닿는 편이다. 때문에 대부분의 지문에서는 그 이후에 이를 이해하기 쉬운 단어를 사용하여 다시 설명한다던지 아니면 직접적인 사례를 들어 설명한다. 앞서 언급된 일반론적인 설명보다 오히려 이런 부분이 더 중요하다.

15

정답해설

① S는 자신의 연구 결과를 토대로 가족 구성원이 많은 집에 사는 아이들은 가족 구성원들이 집안으로 끌고 들어오는 병균들에 의한 잦은 감염 덕분에 장기적으로 알레르기 예방에 유리하다고 주장하고 있다. 결국 이는 알레르기에 걸릴 확률은 병균들에 얼마나 많이 노출되었는지에 달려 있으므로 이와 의미가 가장 유사한 ①이 적절하다고 볼 수 있다.

16

정답해설

먼저 빈칸의 뒤 문장인 '세셀리아초파리의 Ir75a 유전자도 후각수용체 단백질을 만든다는 것인데'라는 부분을 살펴보자. 첫 단락과 이 문장의 내용을 종합하면 결국 빈칸에는 노랑초파리의 어떠한 성질이 들어가야 하고 그 성질에서 ' ' 안의 결론을 유추할 수 있어야 한다.

그런데 그 성질이라는 것은 결국 바로 앞 문장에서 알 수 있듯이 프로피온산 냄새를 맡을 수 있다는 것이며 이것이 빈칸 뒤 문장의 Ir75a 유전자와 연관이 있어야 한다. 따라서 이 같은 내용이 적절하게 포함된 것은 ⑤이다.

합격자의 SKILL

표현능력을 측정하는 이른바 '빈칸 채우기' 유형이다. 초창기의 PSAT에서는 이 문제와 같이 앞뒤 문장만으로도 빈칸을 채울 수 있었으나 최근에는 제시문 전체의 흐름을 이해해야 정답을 찾을 수 있게끔 출제되고 있으며 난도 역시 그만큼 높아져 있는 상태이다. 이 문제의 경우는 2단락과 3단락은 사실상 정답을 찾는 데 큰 영향을 주지 못했다. 사실 이 제시문은 빈칸 채우기 유형보다는 일치·부합형 문제에 적합한 것으로 판단되는데 무리하게 빈칸 채우기 형태로 출제하지 않았나 하는 의구심이 든다.

1	2	3	4	5	6	7	8	9	10
①	②	①	①	⑤	②	⑤	③	②	③

11	12	13	14	15	16	17			
④	③	⑤	①	⑤	⑤	①			

01   정답 ①

정답해설

① 제시문의 내용을 단락별로 정리하면 다음과 같다.

> ⅰ) 남성 사회의 관객들은 여성들의 단결을 좋아하지 않는다.
> ⅱ) 현실세계에서 인간성을 박탈당하고 열등한 자로 낙인찍힌 사람이 고문
>   당하는 경우 쾌락을 느낀다면, 권력 있고 존경받는 사람이 고문당할 때
>   심한 불쾌감으로 다가온다.
> ⅲ) 남성은 일본, 제국주의, 군인, 성폭력 가해자이고 여성은 한국인, 순진하
>   고 겁먹은 처녀, 피해자라는 코드가 더해져 남성 권력을 극대화했다.
> ⅳ) 이러한 포르노의 쾌락은 여성이 벗었기 때문이 아니라 여성이 응시의 대
>   상, 폭력의 대상으로 재현되어 남성 소비자가 자신에게 권력이 있다는
>   느낌과 의식이 충족될 때 발생한다.
> ⅴ) 이 사건에 대한 가장 중요한 질문은 왜 인간의 감성이 평등이나 정의보
>   다 지배와 폭력을 에로틱하게 느끼는지를 묻는 것이다.

따라서 이 내용을 종합하면 필자가 말하고자 하는 것은 '남성적인 입장에서의
권력과 폭력성'이므로 이와 의미가 상통하는 것은 ①이다.

02   정답 ②

정답해설

주어진 실험 결과를 정리하면 다음과 같다.

(가)	적색광1	80% 이상
(나)	적색광1+근적외선4	2%
(다)	적색광1+근적외선4+적색광1	80% 이상
(라)	적색광1+근적외선4+적색광1+근적외선2	3%
대조군	없음	3%

② 발아율이 80% 이상으로 높게 나타난 (가)와 (다) 모두 적색광을 마지막에 조
  사한 것들이므로 타당한 가설이다.

오답해설

① 근적외선을 조사하지 않은 (가)를 설명하지 못하므로 타당하지 않다.
③ 적색광과 근적외선을 번갈아가며 조사한 경우는 (나)와 (다), (라)인데 (다)의
  경우는 발아율이 높은 반면 나머지는 그렇지 않다. 따라서 타당하지 않다.
④ 만약, 근적외선의 효과가 적색광의 효과를 상쇄하는 경우 발아율이 더 높아
  진다고 한다면, (나)의 발아율이 (가)보다 커야 하지만 실제는 그렇지 않다. 따
  라서 타당하지 않다.
⑤ 적색광을 조사한 횟수가 근적외선을 조사한 횟수보다 더 적은 경우는 없다.
  따라서 이 가설로는 (가)와 (다)의 발아율이 높은 이유를 설명할 수 없다.

03   정답 ①

정답해설

① 제시문의 내용은 죽은 뒤에도 지각이 있을 경우에만 윤회설이 맞고, 지각이
  없다고 한다면 제사를 드리는 것에 실질적 근거가 없다고 하였다. 정기가 흩
  어지고 나면 지각이 있을 수 없으므로 결국 불가의 윤회설은 저절로 무너지
  게 된다고 한다. 하지만, 죽은 뒤에는 지각이 없다고 할지라도 이치를 통해
  제사를 지낼 수 있다고 하였다. 따라서 이를 포괄하는 것으로 ①이 가장 적절
  하다.

04   정답 ①

정답해설

① 제시문의 내용은 20세기 중반, 정보의 생산 및 분배 메커니즘이 우리들을 영
  원한 정보처리 결손 상태로 남겨두었는데, 이를 데이터 스모그라 하며, 이에
  대처하는 강력한 처방을 고안할 필요가 있다는 것이다. 따라서, 데이터 스모
  그 상태를 해소하기 위한 방법에 대해 서술한 ①이 제시문의 결론으로 가장
  적절하다.

05   정답 ⑤

정답해설

⑤ 제시문에서는 역사적 사건의 경과 과정이 의미를 지닐 수 있도록 서술하는
  양식을 이야기식 서술이라 하는데, 이에 따르면 역사적 서술의 타당성은 결
  코 논증에 의해 결정되지 않으며 사건은 원래 가지고 있지 않던 발단·중
  간·결말이라는 성격을 부여받는다고 하였다. 이를 통해 역사적 사건의 경과
  과정에 특정한 문학적 형식을 부여할 뿐만 아니라 의미도 함께 부여한다는
  것을 알 수 있다. 따라서 이 내용과 가장 부합하는 것은 ⑤임을 알 수 있다.

06   정답 ②

정답해설

② 제시문에서는 돼지를 먹기 위해 먼저 그 돼지를 죽여야 하는 모순된 함축을
  부정적으로 바라보고 있으며 이것이 제시문 전체를 관통하는 중심 주제라고
  할 수 있다.

오답해설

① 종의 다양성을 보존하기 위한 목적으로 생명체를 죽인다는 내용은 제시문에
  나타나 있지 않은 내용이다.
③ 글쓴이의 주장이 아닌 폴란 내지는 울프의 주장에 근거한 내용이므로 옳지
  않다.
④ '종들 사이의 상호주의'를 입증하기 위해 늑대와 개의 사례를 들었으나 이 정
  보가 잘못된 것이라는 주장은 제시문에 언급되어 있지 않다.
⑤ 제시문은 '어떤 생명체가 태어나도록 하는 것이 항상 좋은 일인가?'라고 반
  문하며 결과적으로 돼지의 번성에 도움이 된다고 할지라도 살해가 함축되어
  있는 출생은 올바르지 않다고 보고 있다.

07 정답 ⑤

정답해설

흄이 가장 중요하게 생각하는 것은 '당사자 간의 합의 여부'이다. 즉, 아무리 그러한 작업이 필요했더라도 합의가 있지 않았다면 그에 대한 대가를 지불할 필요가 없다는 것이다. ⑤는 제시문에 등장하는 수리업자의 논리이며 흄은 그의 논리를 반대하고 있다.

08 정답 ③

정답해설

ㄱ. 탈리도마이드의 사례를 들어 동물 실험 결과 안전성이 입증되었더라도 사람에게는 안전하지 않은 경우가 있다고 하였으므로 이를 통해 선택지의 주장을 반박할 수 있다.

ㄴ. 페니실린의 경우 일부 설치류에게는 치명적인 독성을 지니지만 사람에게는 널리 사용되는 항생제라고 하였으므로 선택지의 주장을 반박할 수 있다.

ㄷ. 임상 시험에서 독성이 나타나더라도 내성이 있는 사람에게는 투여 가능한 경우가 있다고 하였으므로 선택지의 주장을 반박할 수 있다.

오답해설

ㄹ. 제시문에서는 내성이 있는 사람에게 부작용이 나타난 경우는 언급하고 있지 않으므로 선택지의 주장을 반박할 수 없다.

09 정답 ②

정답해설

제시문은 복지란 각 시민이 갖고 있는 현재의 선호들만 만족시키는 것이라는 이론 P를 제시하고, 그 이론 P가 기초하고 있는 두 개의 근거를 서술하고 있다. 그리고 그 근거들을 반박하면서 이론 P에 허점이 많음을 보이고 있으므로 이와 내용적으로 가장 유사한 ②가 적절하다.

합격자의 SKILL

이 문제와 같이 결론 내지는 중심내용을 찾는 제시문의 경우는 세부적인 내용을 꼼꼼히 살피는 독해보다는 뼈대를 중심으로 크게 읽어나가는 독해가 바람직하다. 제시문의 경우는 '첫째, 둘째' 그리고 '첫째(둘째) 근거에 대해 이런 반론을 제기할 수 있다'와 같은 표현들이 가장 큰 뼈대가 되는 것들이다. 어찌 보면, 전체적인 내용을 파악하는 것보다 이 표현들을 찾는 것이 더 중요할 수 있다.

10 정답 ③

정답해설

제시문의 첫 번째 문단에서는 다도해 지역이 개방성의 측면과 고립성의 측면에서 모두 조명될 수 있다는 점을 언급하였고, 두 번째 문단에서는 그중 고립성의 측면이 강조되는 사례들을 서술하였다. 그러나 마지막 문단에서는 고립성을 나타내는 것으로 여겨지는 사례들도 육지와의 연결 속에서 발전한 것이라는 주장을 하면서 다도해의 문화적 특징을 일방적인 관점에서 접근해서는 안 된다고 하였다. 따라서 제시문의 논지는 개방성의 측면을 간과해서는 안 된다는 내용을 담은 ③이 가장 적절하다.

11 정답 ④

정답해설

도덕적 딜레마 논증은 1) 어린이를 대상으로 한 임상실험이 없게 된다는 점, 2) 제한된 동의능력만을 가진 경우 실험 대상에 포함시키는 것은 도덕적으로 올바르지 않다는 것을 근거로 하고 있다. 따라서 이를 비판하기 위해서는 ⅰ) 어린이를 대상에서 배제시키는 것이 어린이를 꼭 위험에 몰아넣는 것은 아니라는 점을 보이거나, ⅱ) 제한된 동의능력만을 가졌다고 하여도 반드시 도덕적으로 실험 대상에 포함시키는 것이 잘못된 것은 아니라는 점을 들면 된다.

그런 의미에서 ㄴ은 ⅰ)에 해당하며 ㄷ은 ⅱ)에 해당하므로 적절한 비판이라고 할 수 있다. 그러나 ㄱ은 제시문의 두 번째 논증과 같은 의미이기 때문에 논증을 비판하는 것이 아니라 오히려 강화하는 것이라고 할 수 있다.

12 정답 ③

정답해설

제시문의 내용은 결국 보에티우스가 모르는 것 내지는 잘못 알고 있는 것을 제대로 알게 해주면 건강을 회복할 수 있다는 것이다. 즉, 운명의 본모습, 만물의 궁극적인 목적이 선을 지향한다는 것 그리고 정의에 의해 세상이 다스려진다는 것을 알지 못하고 있기에 이를 알게 되면 건강이 회복된다고 말하고 있다. 반면 선택지 ㄷ과 같이 자신이 모든 것을 박탈당했다고 생각하는 것은 그 자체가 잘못된 전제에서 출발한 것이므로 이를 되찾아야 한다는 것 역시 올바른 방법이 될 수 없다.

13 정답 ⑤

정답해설

제시문은 공화제적 원리가 1948년 제정된 대한민국 헌법에 의해서 갑작스럽게 등장한 것이 아니라 19세기 후반부터 공공 영역의 담론 및 정치적 실천 차원에서 표명되고 있었다고 하였다. 그리고 이를 독립협회, 만민공동회, 관민공동회의 구체적인 사례를 들어 설명하고 있다. 따라서 이를 가장 잘 포괄하는 핵심 내용은 ⑤라고 할 수 있다.

14

정답해설

① 제시문의 논지는 자신의 인지 능력이 다른 도구로 인해 보완되는 경우, 그 보강된 인지 능력도 자신의 것이라는 입장이다. 그런데 선택지의 진술은 메모라는 다른 도구로 기억력을 보완했다고 하더라도 그것은 자신의 인지 능력이 향상된 것으로 볼 수 없다는 의미이므로 제시문의 논지를 반박한다고 볼수 있다.

오답해설

② 종이와 연필은 인지 능력을 보완하는 것이 아니라 두뇌에서 일어나는 판단을 시각적으로 드러내보이는 것에 불과하여 인지 능력 자체에 어떤 영향을 미친다고 보기 어렵다. 따라서 제시문의 논지와는 무관하다.

③ 원격으로 접속하여 스마트폰의 정보를 알아낼 수 있다는 것은 단순히 원격 접속의 도움을 받았다는 것일 뿐 이것과 인지 능력의 변화 여부는 무관하다.

④ 제시문의 내용은 스마트폰의 기능으로 인한 인지 능력의 향상을 사용자의 능력향상으로 볼 수 있느냐에 대한 것이다. 따라서 스마트폰의 기능이 두뇌의 밖에 있는지 안에 있는지의 여부와는 무관하다.

⑤ ①과는 반대의 논리이다. 선택지의 논리는 스마트폰이라는 도구의 사용이 인지 능력을 향상시킨다고 보는 견해로서 이는 제시문의 논지를 지지하는 것이다.

15

정답 ⑤

정답해설

⑤ 제시문 후반부의 '기다리지 못함도 삼가고 아무것도 안 함도 삼가야 한다'라는 문장이 이 글의 주제라고 할 수 있다. 여기서 기다리지 못한다는 것은 의도적인 개입을 의미하며, 아무것도 안 한다는 것은 방관적인 태도를 뜻하므로 제시문의 주제로 가장 적절하다.

오답해설

① 제시문에서는 개입하고 힘을 쏟고자 하는 대신에 이 잠재력을 발휘할 수 있도록 하는 것이 중요하다고 하였으므로 '인위적 노력'과는 거리가 멀다.

② 싹을 잡아당겨서도 안 되지만 그렇다고 단지 싹이 자라는 것을 지켜만 봐서도 안 된다고 하였으므로 옳지 않은 내용이다.

③ 명확한 목적성을 설정하는 것과 제시문의 내용과는 크게 관계가 없다.

④ 기다리지 못함도 삼가고 아무것도 안 함도 삼가야 한다고 하면서 작동 중에 있는 자연스런 성향이 발휘되도록 기다리면서도 전력을 다할 수 있도록 돕는 노력, 즉 어느 정도의 개입도 해야 한다고 하였으므로 옳지 않은 내용이다.

16

정답 ⑤

정답해설

제시문은 '학교는 우리 아이들에게 무엇을 가르쳐야 할까?'라고 질문하면서 가장 먼저 고려되어야 할 것이 '변화하는 직업 환경에 성공적으로 대응하는 능력에 초점을 맞추는 일'이라고 하였다. 그리고 이러한 관점에서 교육을 개혁하고 있는 사례를 들면서 우리 교육도 개혁을 생각하지 않으면 안 된다고 하였다. 따라서 이와 가장 근접한 의미를 가지는 ⑤가 이 글의 중심 내용이라고 판단할 수 있다.

17

정답 ①

정답해설

ㄱ. 동물실험을 옹호하는 사람들은 ⅰ) 동물이 자극에 대해 반응하고 행동하는 양상이 인간과 유사하다고 하면서 ⅱ) 인간과 동물이 다르기 때문에 실험에서 동물을 이용해도 된다고 하는 모순적인 근거를 제시하고 있으므로 옳은 내용이다.

오답해설

ㄴ, ㄷ. 영장류를 대상으로 한 실험은 인간과 동물이 심리적으로도 유사하다는 것이 기본 전제로 깔려 있기 때문에 심리적 유사성이 불확실하다는 표현은 옳지 않으며, 그럼에도 '사람에게는 차마 하지 못할 잔인한 행동을 동물에게 하고 있다'고 하여 윤리적으로 비판적인 입장을 취하고 있다.

09

[정답해설]

이 문제를 풀이하기 위해서는 다음의 두 가지를 먼저 알아두어야 한다.

> ⅰ) P → Q와 ~P ∨ Q는 논리적으로 동치이다.
> ⅱ) 어떠한 논리집합이 공집합이라는 것은 결국 진리값이 거짓(F)이라는 것과 같다.

여기서 ⅰ)을 역으로 생각하면 P → Q가 거짓(F)이라면 이는 P ∧ ~Q와 논리적으로 동치라는 결론을 얻을 수 있다. 따라서 어떠한 논리집합 P ∧ Q가 공집합[진리값이 거짓(F)]이라면 이는 P → ~Q로 변환할 수 있다(Q와 ~~Q는 동치이기 때문이다).

이 논리를 근거로 제시문을 논리식으로 변환하면 다음과 같다.

> a) 스마트폰 소지 ∧ 국어 60 미만 : 20명
> b) 스마트폰 소지 ∧ 영어 60 미만 : 20명
> c) 스마트폰 소지 ∧ ~스마트폰 사용 ∧ 영어 60 미만 : 0명
> d) 보충수업 ∧ ~영어 60 미만 : 0명

④ 명제 c)는 '(스마트폰 소지 ∧ ~스마트폰 사용) ∧ 영어 60 미만'으로 변형할 수 있는데, 이는 위의 논리에 따라 '(스마트폰 소지 ∧ ~스마트폰 사용) → ~영어 60 미만'과 동치가 됨은 이미 설명하였다. 또한 선택지 ②의 해설에서 언급한 명제를 대우명제로 전환하면 '~영어 60 미만 → ~보충수업'으로 나타낼 수 있다. 따라서 이 둘을 결합하면 '(스마트폰 소지 ∧ ~스마트폰 사용) → ~보충수업'이 되어 선택지의 내용과 같게 된다. 따라서 반드시 참이다.

[오답해설]

① 제시문에서 추론할 수 있는 것은 조사 대상을 크게 스마트폰을 가지고 등교하는 학생과 가지고 등교하지 않는 학생으로 나누어 볼 수 있다는 것이다. 그리고 스마트폰을 가지고 등교하는 학생 중 국어와 영어 성적이 60점 미만인 학생이 각각 20명이라고 언급하였다. 만약 국어 60점 미만 그룹과 영어 60점 미만 그룹이 전혀 겹치지 않는다면 조사 대상은 최소 40명 이상이 되겠지만 그렇다는 보장이 없으므로 최소인원은 40명에 미달할 수 있다.

② 명제 d)는 위의 논리에 따라 '보충수업 → 영어 60 미만'으로 변환할 수 있는데 선택지는 단순한 역명제에 불과하여 반드시 참이 된다고 볼 수 없다.

③ 주어진 명제들에서는 영어 성적과 보충수업과의 관계만 알 수 있다. 따라서 반드시 참이 된다고 볼 수 없다.

⑤ 주어진 명제들에서는 스마트폰을 가지고 등교하면서 스마트폰을 사용하는 학생에 대한 정보만 파악할 수 있다. 따라서 반드시 참이 된다고 볼 수 없다.

합격자의 SKILL

해설은 매우 복잡하지만 실제 풀어보면 보기보다 복잡하지 않은 문제이다. 이러한 문제가 나오면 벤다이어그램으로 해결해 보려는 수험생이 있다. 하지만 이 문제는 스마트폰, 국어, 영어, 사용 여부, 보충수업 등 무려 5개나 되는 집합이 존재하여 벤다이어그램으로는 풀이가 어렵다. 이러한 경우는 벤다이어그램이 아닌 논리식으로 풀이해야 한다.

10

[정답해설]

주어진 조건을 정리하면 다음과 같다.

> ⅰ) 월×
> ⅱ) (화○ ∧ 목○) ∨ 월○
> ⅲ) 금× → (화× ∧ 수×)
> ⅲ)의 대우 (화○ ∨ 수○) → 금○

여기서 ⅰ)과 ⅱ)를 결합하면 (화○ ∧ 목○)를 도출할 수 있으며, 화요일과 목요일에 모두 회의를 개최하므로 이를 ⅲ)의 대우에 대입하면 금요일에도 회의를 개최해야 한다는 것을 알 수 있다.

11

[정답해설]

주어진 대화내용을 기호화하여 정리하면 다음과 같다.

> ⅰ) (A○ ∧ B○) → C○
> ⅱ) C×

여기서 ⅰ)의 대우명제와 ⅱ)를 결합하면 A× ∨ B×를 도출할 수 있다(갑의 대화내용).

> ⅲ) A○ ∨ D○
> ⅳ) (을의 대화내용) : ㉠
> ⅴ) A○

그리고 ⅲ)과 ⅳ)를 통해 ⅴ)를 도출하기 위해서는 ⅳ)에 들어갈 내용이 D×이어야 한다(㉠).

> ⅵ) (을의 대화내용) : ㉡
> ⅶ) E○ ∧ F○

마지막으로 위에서 A× ∨ B×이고 A○라고 하였으므로 B×임을 알 수 있으며, 갑의 대화에서 '우리 생각이 모두 참이면 E와 F 모두 참석해'라는 부분을 통해 B× → (E○ ∧ F○)를 도출할 수 있다(㉡).

합격자의 SKILL

거의 대부분의 논리문제는 대우명제를 결합하여 숨겨진 논리식을 찾는 수준을 벗어나지 않는다. 따라서 '~라면'이 포함된 조건식이 등장한다면 일단 대우명제로 바꾼 것을 같이 적어주는 것이 좋다. 조금 더 과감하게 정리한다면 제시된 조건식은 그 자체로는 사용되지 않고 대우명제로만 사용되는 경우가 대부분이다.

12

정답해설

문제에서 제시된 상황을 정리하면 다음과 같다(10만 건 가정).

판정＼실제	정상	사기
정상	98,901	1
사기	999	99

ㄴ. 위 표에서 사기 거래를 정당한 거래라고 오판하는 건수는 1건이며, 정당한 거래를 사기 거래로 오판하는 경우는 999건이므로 옳은 지문임을 알 수 있다.

ㄷ. A에 의해 카드 사용이 정지된 사례가 총 1,098건이며 그중 오판, 즉 정상 거래를 사기 거래로 판단한 것이 999건이므로 50%를 훨씬 넘는 확률을 보인다. 따라서 A는 폐기되어야 한다.

오답해설

ㄱ. 장치 A는 정당한 거래의 1%를 사기 거래로 오판한다고 하였으므로 ㄱ은 틀린 지문임을 알 수 있다.

합격자의 SKILL

정석대로 풀기 위해서는 위의 표를 발생확률로 표시해야 하나, 어차피 분모가 10만으로 모두 동일하므로 건수만으로 판단하는 것이 시간을 절약하는 측면에서나 실수를 줄이는 측면에서 보다 효율적이다. 이러한 류의 문제는 접근법 자체를 기억해두도록 하자.

13

정답해설

마지막 문장에서 각 연구팀이 상대 연구팀에게 제기한 비판이 모두 설득력 있다고 하였으므로 A, B 연구팀 각각의 주장이 맞게끔 빈칸을 채우면 된다.
먼저 B 연구팀은 A 연구팀 대조군의 칼로리 섭취량이 건강하고 정상적인 상태보다 높다고 하였으므로 실험대상이 아니었던 원숭이에 비해 체중이 더 나갔다는 결과가 ㉠에 들어가야 한다. 다음으로 A 연구팀은 B 연구팀의 대조군에 칼로리 제한이 어느 정도는 있었다고 하였다. 따라서 ㉡에는 건강한 다른 원숭이에 비해 체중이 덜 나갔다는 내용이 들어가야 한다. 혼동하지 말아야 할 것은 빈칸이 들어가는 문장의 주어가 모두 '878마리 붉은 털 원숭이의 평균 체중'이라는 사실이다. 주어를 잘못 파악한 경우 반대의 답을 선택하게 되므로 주의하기 바란다.

14

정답해설

기본적으로 선택지의 구성이 '～방법이 있다'라고 되어 있으므로 각 절차별로 최소의 시간을 대입하여 가능한지의 여부를 따져 보면 된다. 또한, 각 발표마다 토론시간이 10분으로 동일하게 주어지므로 발표시간을 50분 혹은 60분으로 놓고 계산하는 것이 좋다. 마지막으로 오전 9시부터 늦어도 정오까지 마쳐야 한다고 하였으므로 가용 시간은 총 180분이다.

④ 발표를 3회 가지고 각 발표를 50분으로 한다면, 발표에 부가되는 토론 10분씩을 더해 총 180분이 소요되어 전체 가용 가능시간을 채우게 된다. 그러나 개회사를 최소 10분간 진행해야 하므로 결국 주어진 시간 내에 포럼을 마칠 수 없게 된다.

오답해설

① 발표를 2회 계획한다면 최소 50분씩(이하에서는 선택지에서 별다른 조건이 주어지지 않으면 최소시간인 발표에 소요되는 시간 40분, 토론 10분을 더한 50분으로 상정한다) 도합 100분이 소요되며 휴식 2회에 소요되는 시간이 40분이므로 140분이 소요된다. 여기에 개회사의 최소시간인 10분을 더하면 가능한 최소시간은 총 150분이기 때문에 180분에 미치지 못한다. 따라서 가능한 조합이다.

② 발표를 2회 계획한다면 위에서 살펴본 바와 같이 100분이 소요되며 개회사를 10분간 진행한다고 하면 총 110분이 소요된다. 여기에 휴식은 생략 가능하므로 10시 50분에 포럼을 마칠 수 있다.

③ 발표를 3회 계획한다면 총 150분이 소요되며 개회사를 10분 진행하면 총 160분이 소요된다. 여기에 휴식을 1회 가진다면 포럼 전체에 소요되는 시간은 총 180분이어서 정확히 정오에 마칠 수 있다.

⑤ 휴식을 2회 가지면서 소요시간을 최소화하려면 '개회사 - 휴식1 - 발표1, 토론1 - 휴식2 - 발표2 - 토론2'의 과정을 거쳐야 한다(단, 휴식은 발표와 토론 사이에 위치해도 무방하다). 여기서 발표와 토론을 두 번 진행한다면 100분이 소요되며, 휴식 2회를 포함하면 총 140분이 소요된다. 선택지에서 개회사를 20분으로 한다고 하였으므로 총 소요되는 시간은 160분으로 가용 시간 내에 종료가능하다.

합격자의 SKILL

이러한 유형의 문제는 가능한 경우를 모두 판단하는 것은 시간적으로 불가능하며 설사 가능하다고 하더라도 매우 비효율적이다. 따라서 선택지를 직접 보면서 가능한 경우를 찾아야 한다.

15

정답해설

조건들을 기호화하면 다음과 같다.

ⅰ) (갑○ ∧ 을○) → 병○ : (대우) 병× → (갑× ∨ 을×)
ⅱ) 병○ → 정○ : (대우) 정× → 병×
ⅲ) 정×

세 번째 조건에서 '정'이 위촉되지 않는다고 하였으므로 이를 두 번째 조건식의 대우명제에 대입하면 '병'도 위촉되지 않는다는 것을 알 수 있다. 그리고 이를 첫 번째 조건식의 대우명제에 대입하면 '갑'이 위촉되지 않거나 '을'이 위촉되지 않는다는 결론을 얻을 수 있다. 그런데 적어도 한 명은 위촉한다는 조건에 따라 '갑'과 '을' 모두가 위촉되지 않는 경우는 불가능하므로 적어도 '갑'과 '을' 중 한 명은 위촉되어야 한다.

ㄷ. 위에서 살펴본 것처럼 '갑'과 '을' 중 한 명은 위촉되어야 하므로 옳은 내용이다.

오답해설

ㄱ. '병'은 위촉되지 않으나 '갑'은 위촉 여부를 확정할 수 없으므로 옳지 않다.

ㄴ. '정'은 위촉되지 않으나 '을'은 위촉 여부를 확정할 수 없으므로 옳지 않다.

16

정답해설

> ⅰ) 먼저 주어진 조건만으로 소거되는 단체를 찾아보면, 어떤 형태로든 지원을 받고 있는 단체는 최종 후보가 될 수 없다는 점에서 B를 제거할 수 있으며, 부가가치 창출이 가장 적었던 E 역시 최종 후보가 될 수 없다.
>
> ⅱ) 다음으로 제시된 조건을 정리해보면, $(A\times \lor C\times) \rightarrow (B\circ \lor E\circ)$으로 나타낼 수 있으며 이를 대우로 변환하면, $(B\times \land E\times) \rightarrow (A\circ \land C\circ)$으로 표시할 수 있다. 이 조건식과 앞서 B와 E가 모두 최종 후보가 될 수 없다는 것을 결합하면 결국 A와 C가 최종 후보에 올라간다는 것을 알 수 있다.
>
> ⅲ) 이제 D가 최종 후보가 될 경우 자유무역협정을 체결한 국가와 교역을 하는 단체는 모두 최종 후보가 될 수 없다는 두 번째 조건을 정리하면, $(D\circ \rightarrow A\times)$으로 나타낼 수 있으며, 이를 대우로 변환하면 $(A\circ \rightarrow D\times)$로 표시할 수 있다. 그런데 앞서 A는 최종 후보에 올라가는 것이 확정되어 있는 상태이기 때문에 D는 후보가 될 수 없다는 것을 알 수 있다.
>
> ⅳ) 결국 최종 후보는 A와 C만 남은 상황인데 조건에서 올림픽 단체를 엔터테인먼트 사업단체보다 우선한다고 하였으므로 폐막식 행사를 주관하는 C가 최종 선정되게 된다.

17

정답해설

주어진 조건을 정리하면 다음과 같다.

> ⅰ) 먼저, 신임 사무관은 '을' 한 명이고 '을'은 '갑'과 단둘이 가는 한 번의 출장에만 참석한다고 하였으므로 '갑'이 모든 출장에 참가하는 총괄 사무관임을 알 수 있다(편의상 A팀으로 칭한다).
>
> ⅱ) 다음으로 '병'과 '정'이 함께 출장을 가는 경우가 있다고 하였으므로 '갑', '병', '정' 3명이 가는 출장(B팀)이 존재함을 알 수 있다. 출장 인원은 최대 3인으로 제한되어 있으므로 '갑', '병', '정', '무' 4인이 가는 출장은 존재할 수 없다.
>
> ⅲ) 신임 사무관 '을'을 제외한 나머지 사무관들은 최소 2회의 출장에 참여해야 하고 '병'과 '정'이 함께 참여하는 한 번의 출장은 ⅱ)에 언급되어 있으므로 남은 2팀에는 '병'과 '정'이 각각 따로 포함되어야 한다. 그리고 아직 언급되지 않은 '무' 역시 신임 사무관이 아니어서 최소 2회의 출장을 가야 하므로 남은 2팀은 '갑, 병, 무'(C팀), '갑, 정, 무'(D팀)가 됨을 알 수 있다.
>
> ⅳ) 만약 A팀이 참여하는 지역이 광역시라면 나머지 3개 지역 중 한 곳만이 광역시가 된다. 그런데 '을'은 한 번의 출장에만 참여한다고 하였으므로 이렇게 될 경우 병~무 중 누가 되었든 광역시 출장에 한 번만 참여하게 되어 조건에 위배된다. 따라서 광역시는 A팀이 참여하는 지역을 제외한 나머지 지역 중 2곳이 되어야 한다.

이를 표로 정리하면 다음과 같다.

구분	갑	을	병	정	무
A팀	○	○			
B팀	○		○	○	
C팀	○		○		○
D팀	○			○	○

④ ⅱ)와 ⅲ)에 의하면 '정'은 두 번의 출장에 참가하게 되므로 옳지 않은 내용이다.

오답해설

① ⅰ)에 의해 '갑'이 모든 출장에 참가하는 총괄 사무관임을 알 수 있다.
② ⅳ)에 의해 '을'이 출장을 가는 지역은 광역시가 아님을 알 수 있다.
③ ⅲ)에 의해 '갑', '병', '무'가 함께 가는 출장이 존재함을 알 수 있다.
⑤ ⅲ)에 의하면 '무'는 C팀과 D팀에 포함되어 두 곳에 출장을 가게 되며, D팀에 속해 있으므로 '정'과 '무'가 같이 출장을 가는 것도 확인할 수 있다.

> **합격자의 SKILL**
>
> 제시된 조건 중 마지막에 제시된 광역시와 관련된 조건을 통해 지역을 확정 지으려다 불필요한 시간소모가 있었던 수험생이 있었을 것이다. 결론적으로 주어진 조건만으로는 광역시가 어느 곳인지 확정지을 수 없었고 사후적으로는 정답을 결정하는 데 아무런 영향도 주지 않았다. 실전에서는 분명 한 가지 정도의 조건이 애매하여 정리가 되지 않는 경우가 존재한다. 이때 무리하게 시간을 들여가며 더 고민하기보다는 일단 정리된 조건만 가지고 선택지를 판단해 보자. 5개 중에서 2~3개는 정오판별이 가능할 것이다. 미뤄두었던 조건은 그때 판단해도 늦지 않다.

18

정답해설

먼저 A와 B의 진술은 적어도 둘이 모두 참이 될 수는 없는 상황이므로 이를 경우의 수로 나누어 판단해보도록 하자.

> ⅰ) A : 참, B : 거짓
> 둘 중 B만 거짓말을 하고 있는 상황이므로 C는 참이 되어야 모순이 발생하지 않는다. 따라서 이 경우는 B는 가해자로, A와 C는 가해자가 아닌 것으로 추정된다.
>
> ⅱ) A : 거짓, B : 참
> B가 참을 말하고 있다면 C는 거짓이 되어야 하는데 A와 B 중 한 명만 거짓을 말하고 있다고 가정하고 있으므로 C는 참이 되어야 하는 모순된 상황이 발생한다. 따라서 이 경우는 제외된다.
>
> ⅲ) A : 거짓, B : 거짓
> 이미 A와 B가 모두 거짓을 말하고 있는 상황이므로 C 역시 거짓이 되어야 모순이 발생하지 않는다. 따라서 이 경우는 A, B, C 모두 가해자로 추정된다.

결국 모순이 발생하지 않은 두 가지 경우 ⅰ)과 ⅲ)을 통해 B는 가해자인 것이 확실하지만 나머지 A와 C는 가해자의 여부를 확정지을 수 없는 상황임을 알 수 있다.

> **합격자의 SKILL**
>
> 초기 PSAT에서는 진술과 제시문을 토대로 처음부터 참 거짓이 확정되는 유형이 출제되었으나 최근에는 모든 경우의 수를 열어두는 유형으로 출제 스타일이 진화한 상태이다. 하지만 진술문 중 모순이 되는 경우가 반드시 한 쌍은 주어지므로 그것을 기반으로 풀어나가기 바란다. '반드시'를 강조하는 이유는 이를 따르지 않고 가능한 경우의 수를 모두 따져가며 풀이하는 수험생이 의외로 많다는 사실 때문이다. 시험시간은 마킹시간 포함 60분에 불과하다.

정답해설

제시문의 논증을 기호화하면 다음과 같다.

> ⅰ) A◦ → B◦
>
> ⅱ) B와 C가 모두 선정되는 것은 아님
>
> ⅲ) B◦ ∨ D◦
>
> ⅳ) C× → B× : B◦ → C◦

먼저 ⅱ)와 ⅳ)를 살펴보면 B가 선정된다면 ⅳ)에 의해 C가 선정되어야 하는데 ⅱ)에서 B와 C는 동시에 선정되는 것은 아니라고 하였으므로 B는 선정되지 않는 것을 알 수 있다. 따라서 ⅰ)의 대우명제를 이용하면 A 역시 선정되지 않는다. 마지막으로 ⅲ)에서 B와 D 중 적어도 한 도시는 선정된다고 하였는데 위에서 B가 선정되지 않는다고 하였으므로 D는 반드시 선정되어야 함을 알 수 있다.

따라서 이를 정리하면 A와 B는 선정되지 않으며, C는 알 수 없고, D는 선정된다.

ㄱ. A와 B 모두 선정되지 않는다고 하였으므로 옳은 내용이다.

ㄷ. D는 선정된다고 하였으므로 옳은 내용이다.

오답해설

ㄴ. B가 선정되지 않는 것은 알 수 있으나 C가 선정될지의 여부는 알 수 없다.

정답해설

제시된 조건을 간략하게 기호화하면 다음과 같다.

> ⅰ) (폭탄◦ ∨ 공대공◦) → 정비×
>
> ⅱ) 비행시간◦ → 공대공×
>
> ⅲ) 정비◦

여기서 ⅲ)과 ⅰ)의 대우명제를 결합하면 ⅳ) 폭탄× ∧ 공대공×을 추가로 확인할 수 있다.

결국 네 가지의 조건 중에서 폭탄 적재량 조건과 공대공 전투능력 조건은 충족할 수 없으므로 차기 전투기로 선정되기 위해서는 '정비시간' 조건과 '비행시간' 조건을 충족시켜야 한다.

ㄴ. 위에서 차기 전투기로 선정되기 위해서는 '정비시간' 조건과 '비행시간' 조건을 충족시켜야 한다고 하였으므로 옳은 내용이다.

ㄷ. 위 ⅱ)를 대우명제로 변환하면 공대공◦ → 비행시간×로 나타낼 수 있으므로 옳은 내용이다.

오답해설

ㄱ. A사의 기종은 비행시간이 길고 폭탄 적재량이 많다고 하였는데 위 ⅰ)에서 폭탄 적재량이 많으면 정비시간은 길어진다는 것을 알 수 있으므로 필수조건인 ⅲ)을 만족시키지 못한다. 따라서 A사의 기종은 선택되지 않았을 것이다.

54

정답해설

② 중국 범종은 종신의 중앙 부분에 비해 종구가 나팔처럼 벌어져 있는 반면, 한국 범종은 종구가 항아리처럼 오므라져 있다고 하였다. 따라서 선택지의 내용은 한국 범종에만 해당하는 것이므로 옳지 않은 내용이다.

오답해설

① 상원사 동종, 성덕대왕 신종, 용주사 범종 모두 국보로 지정되어 있다고 하였으므로 옳은 내용이다.

③ 100헤르츠 미만의 저주파 성분을 땅속으로 밀어 넣어 주려면 뒤에서 받쳐주는 지지대가 있어야 하는데, 한국 범종에서는 이 역할을 종신이 하고 있으며, 이를 음향공학에서는 뒷판이라고 한다고 하였다. 따라서 옳은 내용이다.

④ 한국 범종은 종신과 대칭 형태로 바닥에 커다란 반구형의 구덩이를 파두는데, 바로 여기에 에밀레종이나 여타 한국 범종의 숨은 진가가 있다고 하였으므로 옳은 내용이다.

⑤ 땅을 거쳐 나온 저주파 성분은 종신 꼭대기에 있는 음통관을 거쳐 나온 고주파 성분과 조화를 이루면서 은은히 울려 퍼지는 여음이 발생한다고 하였으므로 옳은 내용이다.

55

정답해설

④ 대보단에서 명 신종에 대해 제사를 지냈고 이것이 정조 때도 지속되었기 때문에 정조 때 대보단에서 명 신종과 의종을 제사지냈다는 것을 알 수 있다. 또한 권상하가 만동묘를 만들어 신종과 의종에 대해 제사를 지냈으며 흥선대원군 때에 와서 만동묘에서 지내오던 제사를 폐지했다고 하였으므로 역시 정조 때 만동묘에서 명 신종과 의종을 제사지냈다는 것을 알 수 있다. 따라서 옳은 내용이다.

오답해설

① '영조는 만동묘에 전담을 하사하여 제사 비용을 조달하는 데 어려움이 없도록 해주었다'고 하였으므로 옳지 않은 내용이다.

② 대보단의 제례는 국왕이 직접 주관하는 것이 원칙이었지만 만동묘에 대해서는 제시문에 언급이 없으므로 옳지 않은 내용이다.

③ '헌종 때에는 만동묘에서 제사를 지낼 때마다 충청도 관찰사가 참석하도록 하는 조치도 취해졌다'고 하여 만동묘에 대한 언급은 찾을 수 있으나 대보단에 대해서는 언급되어 있지 않으므로 옳지 않은 내용이다.

⑤ '만동묘라는 명칭은 경기도 가평군 조종암에 새겨진 선조의 어필 '만절필동'이라는 글자의 처음과 끝 자를 딴 것이다'라고 하였으므로 옳지 않은 내용이다.

56

정답해설

ㄴ. 민감성 반응에 의한다면 사람들은 자산이 많을수록 동일한 수익에 대해 둔감하게 반응하므로 동일한 수익을 얻은 경우 자산이 작을 때 더 큰 만족감을 주게 된다. 따라서 옳은 내용이다.

오답해설

ㄱ. 준거점 의존성에 의한다면 사람들은 기대손익을 준거점으로 삼으므로 기대손익이 손실감보다 크다면 상실감을 느끼지 않고 만족감을 느낄 것이다. 따라서 옳지 않은 내용이다.

ㄷ. 손실 회피성 개념을 적용하기 위해서는 동일한 사람이 기준이 되어야 한다. 하지만 선택지는 그렇지 않으므로 옳지 않은 내용이다.

57

정답해설

⑤ 사피엔스의 정복을 설명해 줄 수 있는 직접적 원인은 그들이 사용한 언어만이 존재하지도 않는 것에 대한 정보를 공유할 수 있게끔 해주었다는 데 있다고 했으므로 옳은 내용이다.

오답해설

① 사피엔스의 뇌의 크기가 우리와 비슷한 수준이었다고 하였고 인지혁명은 약 7만 년 전부터 3만 년 전 사이에 출현한 사고방식의 변화와 의사소통 방식의 변화를 가리킨다고 하였다. 하지만 선택지의 내용은 제시문을 통해서는 알 수 없는 내용이므로 옳지 않은 내용이다.

② 공유된 정보의 양이 성공의 직접적 원인이라는 것은 유연성 이론이고, 직접적 원인은 아니라는 것이 담화 이론이므로 옳지 않은 내용이다.

③ 사피엔스는 7만 년 전 아라비아 반도로 퍼져나갔고, 이후 다른 지역으로 급속히 퍼져나가 번성했다고 하였다. 하지만 선택지의 내용은 제시문을 통해서는 알 수 없는 내용이므로 옳지 않은 내용이다.

④ 사피엔스는 주변 환경에 대한 담화를 할 수 있었을 뿐 아니라 다른 사회 구성원에 대한 담화도 할 수 있었다고 하였으나 이들 중 어느 것이 더 중요했는지는 제시문을 통해서는 알 수 없는 내용이므로 옳지 않은 내용이다.

58

정답해설

① 콘스탄티노플의 대주교를 총대주교로 하였는데, 총대주교는 정교회의 행동에 대한 모든 책임까지 져야 하는 행정 관리이기도 하였다고 하였으므로 옳은 내용이다.

오답해설

② 오스만 제국의 정복 지역에서는 여러 민족들이 서로를 차별하는 현상이 빈번했는데, 이러한 현상이 제국의 종교 자치구 정책 시행 때문에 생겨난 것인가의 여부는 판단하기 어렵다고 하였다. 따라서 밀레트가 민족끼리의 상호 차별을 예방하기 위한 제도는 아니었을 것이므로 옳지 않은 내용이다.

③ 데브쉬르메는 지역의 인재를 제국의 엘리트로 양성하여 그들이 차출된 지역으로 다시 파견하거나 또는 그들을 제국의 중앙관리로 영입하는 인사제도라고 하였으나 이것이 정복 지역의 반란을 예방하기 위한 수단인지는 알 수 없다. 따라서 옳지 않은 내용이다.

④ 티마르 영지를 분배받은 이들은 세금을 거둘 권리를 갖기는 했지만 유럽의 중세 영주와는 달리 사법권을 갖지는 못했다고 하였으므로 옳지 않은 내용이다.

⑤ 오스만 제국이 정복되기 이전의 사회, 경제적 지배 체제를 이용한 통치를 선호한 이유는 지역에 대한 제국의 안정적 지배에 기여하기 위함이지 기존의 질서를 더욱 견고하게 유지하기 위한 것은 아니다. 따라서 옳지 않은 내용이다.

59
정답 ⑤

정답해설

⑤ 브랜다이스는 반독점법이 소생산자의 이익 자체를 도모하는 것보다는 경제와 권력의 집중을 막는 데 초점을 맞추어야 한다고 주장했으므로 옳지 않은 내용이다.

오답해설

① 셔먼의 사상적 배경이 된 것은 시민 자치를 중시하는 공화주의 전통이라고 한 부분과 브랜다이스의 생각에는 공화주의 전통이 반영되어 있었다고 한 부분을 통해 알 수 있는 내용이다.

② 아놀드는 소생산자의 자치와 탈집중된 경제의 보호가 대량 생산 시대에 맞지 않는 감상적인 생각이라고 치부하고, 시민 자치권을 근거로 하는 반독점 주장을 거부했다고 한 부분을 통해 알 수 있는 내용이다.

③ 셔먼은 독점적 기업결합 집단인 트러스트가 독점을 통한 인위적인 가격 상승으로 소비자를 기만한다고 보았으며 이를 해소하기 위해 반독점법을 지지하였다. 또한 아놀드는 반독점법의 목적이 소비자 가격을 낮춰 소비자 복지를 증진시키는 데 있다고 보았으므로 옳은 내용이다.

④ 1930년대에는 대량 생산 시대에 따라 시민 자치권을 근거로 하는 주장을 거부하고 소비자 복지를 증진시키는 방향으로 전환되었으므로 옳은 내용이다.

60
정답 ①

정답해설

① '국왕의 뒤를 이어 즉위한 새 왕은 전왕의 실록을 만들기 위해 실록청을 세웠다'고 한 부분과 '인조의 뒤를 이어 효종. 현종. 숙종이 연이어 왕위에 오르는 과정'을 통해 효종의 뒤를 이은 현종이 실록청을 세워 『효종실록』을 간행했을 것이라는 것을 알 수 있으므로 옳은 내용이다.

오답해설

② '단종은 계유정난으로 왕위에서 쫓겨난 후에 노산군으로 불렸고, 그런 이유로 세조 때 노산군일기가 간행되었다'라고 하였으므로 옳지 않은 내용이다.

③ '효종 때부터는 집권 붕당이 다른 붕당을 폄훼하기 위해 이미 만들어져 있는 실록을 수정해 간행하는 일이 벌어졌다'고 하였으므로 효종 이전인 광해군때에는 수정실록이 만들어지지 않았을 것이다. 따라서 옳지 않은 내용이다.

④ '유네스코는 태조부터 철종까지의 시기에 있었던 사건들이 담긴 조선왕조실록을 세계 기록 유산으로 등재하였다'고 하였으므로 옳지 않은 내용이다.

⑤ '그렇기 때문에 '일기'도 세계기록 유산으로 등재된 조선왕조실록에 포함된 것이다'라고 하였으므로 옳지 않은 내용이다.

61
정답 ②

정답해설

② 세 사람 이상 무리를 이루어 남의 재물을 강탈했을 때에는 100대를 때렸다고 하였는데 60대부터 100대까지 칠 수 있는 것은 장형이므로 옳은 내용이다.

오답해설

① 피의자가 심문을 받다가 사망하는 경우 심문한 사람이 장례비용을 내는 것은 '형문'을 시행한 경우에 대한 내용이며, '평문' 중 사망하는 경우에 대한 것은 언급되어 있지 않다. 따라서 옳지 않은 내용이다.

③ 반역죄와 같이 중한 죄인을 다룰 때에는 더 두꺼운 '국장'을 사용하여 '형문'을 시행했다고 하였으므로 자백을 받는 과정이 있었음을 알 수 있다. 따라서 옳지 않은 내용이다.

④ 종이 상전을 다치게 했을 경우 신장보다 1.5배 정도 더 두꺼운 '성장'이라는 도구를 사용했다는 것은 알 수 있으나. 남의 재물을 강탈한 자보다 더 많은 매를 맞았는지는 알 수 없다. 따라서 옳지 않은 내용이다.

⑤ 평문이나 형문을 통해 범죄 사실이 확정되면 '본형'이 집행되었다고 하였으므로 옳지 않은 내용이다.

62
정답 ③

정답해설

③ 『조선팔도지도』에는 오늘날과 동일하게 설악산의 범위가 표시되어 있고, 그 범위 안에 설악산이라는 명칭만 등장한다는 것에 비추어볼 때 한계령이 있는 봉우리도 포함됨을 알 수 있다. 따라서 옳은 내용이다.

오답해설

① 『여지도』에는 오늘날 설악산을 한계산과 설악산으로 구분해 두었고, 『대동지지』에는 한계령을 설악산에 포함시켰으므로 옳지 않은 내용이다.

② 『동국여지』는 한계산을 설악산의 봉우리로 포함시키고, 『조선팔도지지』는 천후산을 대청봉과 같은 산으로 포함시켰다. 하지만 『동국여지』에서 천후산을 어떻게 대하는지는 제시되지 않았으므로 옳지 않은 내용이다.

④ 『비변사인 방안지도 양양부 도엽』이라는 지도에는 설악산. 천후산과 한계산이 서로 다른 산으로 구분되어 있지만, 『대동지지』에는 한계산을 설악산에 포함시킨다고 하였으므로 옳지 않은 내용이다.

⑤ 『여지도』는 오늘날 설악산, 천후산, 한계산을 모두 더한 범위를 한계산과 설악산으로 구분하고 있고, 『비변사인 방안지도 양양부 도엽』에서는 이를 설악산, 천후산, 한계산으로 나눈 것으로 보면 천후산의 범위가 동일하지 않다는 것을 알 수 있다. 따라서 옳지 않은 내용이다.

63
정답 ①

정답해설

① '금리 인하는 국공채에 투자했던 퇴직자들의 소득을 감소시켰다. 노년층에서 정부로, 정부에서 금융업으로 부의 대규모 이동이 이루어져 불평등이 심화되었다'고 하였으므로 옳지 않은 내용이다.

오답해설

② '2000년대 초 고용 증대를 기대하고 시행한 연준의 저금리 정책은 노동을 자본으로 대체하는 투자를 증대시켰다'라고 한 부분과 '노동력이 풍부한 상황인데도 노동을 절약하는 방향의 혁신이 강화되었고, 미숙련 노동자들의 실업률이 높은 상황인데도 가게들은 계산원을 해고하고 자동화 기계를 들여놓았다'라고 하였으므로 옳은 내용이다.

③ '대부분의 부분에서 설비 가동률이 낮은 상황이라면. 대출 금리가 낮아져도 생산적인 투자가 별로 증대하지 않는다. 2000년대 초가 바로 그런 상황이었다'고 하였으므로 옳은 내용이다.

④ '2000년대 초의 저금리 정책은 생산적인 투자 증가 대신에 주택 시장의 거품만 초래한 것'이라고 하였고 '2000년 대 초 연준의 금리 인하 이후 주가 상승에 따라 발생한 이득은 대체로 부유층에 집중되었'고 하였으므로 옳은 내용이다.

⑤ '부동산 거품에 대한 대응책으로는 금리 인상보다 주택 담보 대출에 대한 규제가 더 합리적'이라고 하였으므로 옳은 내용이다.

64
정답 ⑤

정답해설

⑤ '공화당의 경우 코커스를 포함한 하위 전당대회에서 특정 대선후보를 지지하여 당선된 대의원이 상위 전당대회에서 반드시 같은 후보를 지지해야 하는 것은 아니었'라고 하였으므로 옳은 내용이다.

오답해설

① '주에 따라 의회선거구 전당대회는 건너뛰기도 한다'라고 하였으므로 옳지 않은 내용이다.

② 아이오와 코커스가 1월로 옮겨진 것은 민주당이 1972년, 공화당이 1976년인데 그 이전에는 단지 각 주별로 5월 둘째 월요일까지만 코커스를 개최하면 되었다. 따라서 선택지의 내용은 제시문을 통해서는 알 수 없으므로 옳지 않은 내용이다.

③ 1972년 아이오와주 민주당의 코커스는 1월에 열렸는데, 각급 선거 간에 최소 30일의 시간적 간격을 두어야 한다는 규정으로 인해 주 전당대회는 코커스 이후 최소 90일이 지나야 가능하다(코커스 → 카운티 전당대회 → 의회 선거구 전당대회 → 주 전당대회). 따라서 옳지 않은 내용이다.

④ 1972년 아이오와주 민주당 코커스는 1월에 열렸으나 공화당 코커스는 여전히 5월에 열렸으며 1976년부터 1월로 옮겨졌다. 따라서 옳지 않은 내용이다.

65
정답 ①

정답해설

① 정관헌에는 서양과 달리 철이 아닌 목재가 바깥 기둥의 재료로 사용되었는데, 이는 당시 정부가 철을 자유롭게 사용할 수 있을 정도의 재정적 여력을 갖지 못했기 때문이라고 하였으므로 옳지 않은 내용이다.

오답해설

② 소나무와 사슴은 장수를, 박쥐는 복을 상징하였고, 대한제국을 상징하는 것은 오얏꽃이라고 하였으므로 옳은 내용이다.

③ 정관헌은 건축적 가치가 큰 궁궐 건물이었지만 규모도 크지 않고 가벼운 용도로 지어졌기 때문에 그동안 소홀히 취급되어 왔다고 하였으므로 옳은 내용이다.

④ 정관헌은 바깥쪽의 서양식 기둥과 함께 붉은 벽돌이 사용되었다는 점에서 상당히 이국적이라고 하였으므로 옳은 내용이다.

⑤ 정관헌은 위 ④에서 언급한 것처럼 서양의 건축적 특징을 가지고 있으면서도 팔작지붕, 소나무, 사슴, 박쥐 등의 형상을 통해 동양의 특징도 같이 갖추고 있다. 또한 정관헌은 건축적 가치가 큰 궁궐 건물이었다고 하였으므로 옳은 내용이다.

66
정답 ③

정답해설

③ 제시문에서 신탁 원리 하에서 수익자는 재산에 대한 운용 권리를 모두 수탁자인 제3자에게 맡기도록 되어 있었기 때문에 수익자의 지위가 불안정하였다고 하였는데, 연금제도는 신탁 원리에 기반을 두고 있어 수익자인 연금 가입자의 적극적인 권리 행사가 허용되지 않았다. 따라서 옳지 않은 내용이다.

오답해설

① 신탁 원리의 영향으로 인해 연금 가입자의 자율적이고 적극적인 권리 행사가 철저하게 제한되어 왔으며, 그 결과 연금 가입자는 자본 시장의 최고 원리인 유동성을 마음껏 누릴 수 없었다고 하였으므로 옳은 내용이다.

② 귀족들이 자신의 재산을 미성년 유족이 아닌, 친구나 지인 등 제3자에게 맡기기 시작하면서 신탁 제도가 형성되기 시작했다고 하였으므로 옳은 내용이다.

④ 12세기 영국에서는 미성년 유족에게 토지에 대한 권리를 합법적으로 이전할 수 없었는데, 이런 상황에서 귀족들이 자신의 재산을 미성년 유족이 아닌 친구나 지인 등 제3자에게 맡기기 시작하면서 신탁 제도가 형성되기 시작하였다고 하였으므로 옳은 내용이다.

⑤ 신탁 원리 하에서 수익자는 재산에 대한 운용 권리를 모두 수탁자인 제3자에게 맡기도록 되어 있었기 때문에 수탁자가 수익자보다 재산 운용에 대해 더 많은 재량권을 가지게 되었다. 따라서 옳은 내용이다.

67
정답 ①

정답해설

① 가난한 문필가의 가문들에서는 과거의 홍패를 안고서 관직을 얻지 못해 탄식하는 자가 셀 수조차 없이 많게 된다고 하였으므로 옳은 내용이다.

오답해설

② 당론이 극렬할수록 제각기 나는 옳고 저는 그르다는 것을 퍼뜨리기 위하여 개인적인 역사 기술이 성행했다고 하였는데 이는 공론의 과정이라기보다는 자신들의 일방적인 의견개진이라고 보는 것이 타당하므로 옳지 않은 내용이다.

③ 과거제가 활성화되어 중소 지주들의 정치 참여 욕구가 높아진 것이 아니라, 그들의 정치 참여 욕구를 수렴하기 위해 과거제도가 활성화된 것이므로 옳지 않은 내용이다.

④ (가)는 붕당의 폐해가 극심하다고 하였지만 (다)에서는 당파 간 대립에 관한 내용은 언급하고 있지 않으므로 옳지 않은 내용이다.

⑤ 과거제도에 대한 언급은 (다)에서만 다루고 있으며 그것도 과거제도의 역할에 대한 것에 국한될 뿐 문제점에 대해서는 언급하고 있지 않으므로 옳지 않은 내용이다.

68

정답해설

① 중국 밖 나라들의 말은 그 소리는 있어도 글자가 없으므로 중국의 문자를 빌려서 일상생활에 사용하니 어찌 말이 막힘없이 잘 통할 수 있겠는가라고 하였으므로 옳은 내용이다.

오답해설

② 옛날 사람들은 소리에 근거하여 글자를 만듦으로써 만물의 실정을 소통시키고 삼재의 도리를 기록하게 하였는데, 이는 뒷세상에서 변경할 수 없는 일이라고 하였으므로 옳지 않은 내용이다.

③ 중국의 문자를 빌려서 일상생활에 사용하는 것이 의사소통에 어려움을 가져온다고 하였으므로 옳지 않은 내용이다.

④ 언문의 창제에 대해 스스로 오랑캐와 같아지려는 것이라고 하여 비판적인 입장이므로 옳지 않은 내용이다.

⑤ 한문을 쓰는 것은 역대 임금들 이래로 지성으로 대국을 섬기고 한결같이 중화의 제도를 존숭해온 것의 일환이지 한문이 없어졌을 때 발생하는 불필요한 고통을 감소시키기 위함이 아니므로 옳지 않은 내용이다.

69

정답해설

③ 금운이 『비사맥전』의 예를 든 것은 내 나라의 역사와 지리를 모르고서 읽는 것이 무의미하다는 것이지 『비사맥전』 자체를 읽지 말자는 것이 아니므로 옳지 않은 내용이다.

오답해설

① 여러 문명국 사람들은 남자와 여자가 학문과 차등이 없는데 우리 일 천만 여자들은 학문이 무엇인지 도무지 모른다고 하였으므로 옳은 내용이다.

② '소위 한문이란 것은 지나의 소요, 지나의 정신만 실었으니, 우리나라 사람이야 평생을 끌고 당긴들 무슨 이익이 있겠소?'라고 하였으므로 옳은 내용이다.

④ 국란은 천사만사가 모두 한문에 있는데 한문을 없애고 국문만 쓰는 것은 유리창을 떼어 버리고 흙벽을 치는 셈이라고 하여 한자 사용 금지에 반대하고 있다. 따라서 옳은 내용이다.

⑤ 국란은 우리나라가 수모 세계인데 새우 노릇은 누가 하냐고 반문하면서 한문을 없애고 국문만 힘쓰면 지식이 나오지 않는다고 하였다. 따라서 옳은 내용이다.

70

정답해설

② 먼저 A의 진술이 참인 경우를 생각해보자. 이 때 가능한 경우는 A가 1위이고 C가 2위인 경우이다. 그렇다면 B의 진술도 참이 되며 이에 따라 각각을 순위가 높은 순서대로 나열하면 A, C, B, D가 된다. 그런데 이에 따르면 C의 진술은 거짓이 되는데, C는 D보다 높은 등수이므로 문제의 전제에 어긋난다. 따라서 A의 진술은 거짓임이 확정된다.

이제 A의 진술이 거짓인 경우를 생각해보자. 이때 C는 3위 혹은 4위가 되며, A는 C보다 등수가 낮으므로 C는 3위, A는 4위가 된다. 한편 D는 1위 또는 2위가 되고, B는 거짓이 되어 D보다 등수가 낮아야 하므로, 각각을 순위가 높은 순서대로 나열하면 D, B, C, A가 된다. 그렇다면 C는 거짓이 되는데 C는 D보다 순위가 낮으므로 문제의 전제에 부합한다. 따라서 선택지 중 이를 만족하는 것은 ②이다.

71

정답해설

② ①과 같이 보호관리주의와 보존주의 모두 자연의 도구적 가치를 인정하고 있으므로 옳은 내용이다.

오답해설

① 보호관리주의는 자연이 도구적 가치만 지닌다고 하였지만 보존주의는 자연이 도구적 가치를 지님과 동시에 그 자체로 목적으로서의 가치도 있다고 하였으므로 옳지 않은 내용이다.

③ 보호관리론인 핀쇼는 국유지는 대중의 필요와 사용을 위해 존재한다고 하여 인간이 자연에 비해 우위에 있다는 입장을 보이고 있으므로 옳지 않은 내용이다.

④ 뮤어는 자연보존론자인데, 자연이 인간에게 주는 수단적 가치와 경제적 이익을 강조하는 것은 보호관리주의의 입장이다. 따라서 옳지 않은 내용이다.

⑤ 핀쇼는 자연개발을 찬성하는 입장이고 뮤어는 자연개발에 반대하는 입장이다. 따라서 자연개발을 통한 이익이 어디에 귀속되어야 하는지에 대한 것은 논쟁의 대상이 아니므로 옳지 않은 내용이다.

72

정답해설

제시된 연구 결과를 정리하면 다음과 같다.

ㄱ. 물질 C가 줄기 신장 속도를 감소시킨다는 연구 결과를 지지한다.

ㄴ. 물질 B가 줄기를 두껍게 한다는 연구 결과를 지지한다.

ㄷ. 줄기 신장 속도에 효소 A가 영향을 준다는 연구 결과를 지지한다.

ㄹ. 물질 B가 줄기를 휘어져 성장하게 한다는 연구 결과를 지지한다.

73

정답해설

④ 해전은 근접전이 불리한데 일본은 해전에서도 조총을 사용한 단병 전술을 사용하였다. 반면 조선은 해전에 유리한 대형 화포를 이용한 장병전술을 이용하였고 화기 사용의 전통 또한 오래되어 일본에 전략상 우위를 점할 수 있었다. 따라서 옳은 내용이다.

오답해설

① 조총은 단병 무기로 볼 수 있으며 조총의 도입으로 일본의 근접 전투기술은 보다 발달하였으므로 옳지 않은 내용이다.

② 조선의 화기기술이 고려 말 왜구를 효과적으로 격퇴하는 방도로 수용된 것은 맞지만 장병 전술도 그 시기에 도입되었는지는 알 수 없다. 오히려 '전통적인 전술'이라는 표현을 통해 그 이전부터 장병전술이 사용되었음을 유추할 수도 있으므로 옳지 않은 내용이다.

③ 조선은 임진왜란 때 육전에서 참패를 거듭하였다고 하였으므로 옳지 않은 내용이다.

⑤ 조선이 임진왜란 때 육전에서 참패를 거듭한 것은 정치 · 사회 전반의 문제가 일차적 원인이라고 하였으므로 옳지 않은 내용이다.

74

정답해설

④ B는 사람은 다섯 가지 뛰어난 기를 얻었으므로 오상을 모두 갖추었지만 동물은 뛰어난 기를 하나 둘밖에는 얻지 못하므로 오상을 전부 갖추었다고는 말할 수 없다고 하였으므로 옳지 않은 내용이다.

오답해설

① A는 오행인 다섯 가지 기를 얻어 태어난다고 하였으므로 오행과 기를 같은 것으로 보고 있는데, 오행(기)의 이치를 오상이라고 하였다. 또한 B는 오행인 기 가운데서도 뛰어난 기의 이치가 오상이 된다고 하였으므로 옳은 내용이다.

② A는 인간과 동물이 모두 오행인 다섯 가지 기를 얻어 태어난다고 하였고, B도 사람과 동물이 오행인 기를 부여받은 것은 마찬가지라 하였으므로 옳은 내용이다.

③ 인간은 오상 즉 인·의·예·지·신의 다섯 가지의 덕을 모두 발휘할 수 있지만, 동물은 그 일부밖에 발휘하지 못한다고 하였으므로 옳은 내용이다.

⑤ A는 인간이 부여받은 기는 정통한 것인 반면, 동물이 부여받은 기는 편색한 것이어서 오상의 발휘에 차이가 있다고 하였고, B도 사람은 다섯 가지 뛰어난 기를 얻었으므로 오상을 모두 갖추었지만, 동물은 뛰어난 기를 하나 둘밖에는 얻지 못하므로 오상을 전부 갖추었다고는 말할 수 없다고 하였으므로 옳은 내용이다.

75

정답해설

② 내정불간섭 원칙이 엄격하게 준수될 경우 자국정부에 의한 자국민 학살, 탄압, 인권유린 등 인권을 해하는 행위들에 적절히 대응하기 어려우므로 옳지 않은 내용이다.

오답해설

① 경제질서는 교역 당사국 모두에 직접적인 이익을 가져다주기 때문에 비교적 잘 지켜지고 있다고 하였으므로 옳은 내용이다.

③ 자원보호질서는 유한한 자원을 모두 소비하면 후세 사람들이 살아갈 수 없으므로 재생 가능한 자원을 많이 사용하고 가능한 한 자원을 재활용하자는 생각이므로 옳은 내용이다.

④ 공공질서는 일부가 아닌 모든 구성국들에 이익을 가져다주는 국제질서라고 하였으므로 옳은 내용이다.

⑤ 환경보호질서는 하나밖에 없는 지구의 원 모습을 지켜 후손에게 물려주어야 한다는 생각이므로 옳은 내용이다.

76

정답해설

⑤ 건물이 높을수록 효과가 커지는 기법이 안쏠림 기법이지만 제시문을 통해서는 귀솟음 기법이 건물이 높을수록 효과가 커지고 안쏠림 기법이 건물이 넓을수록 효과가 커지는지는 알 수 없으므로 옳지 않은 내용이다.

오답해설

① 귀솟음 기법은 기둥을 연결한 창방들이 만들어내는 수평선이 눈높이보다 높은 곳에 위치하고 있어 양쪽 끝이 아래로 쳐져 보이는 착시 현상이 발생하는데 이러한 착시 현상을 교정하기 위해 만드는 것이다. 그리고 안쏠림 기법은 일렬로 늘어선 기둥의 수직선 때문에 건물의 좌우 끝으로 가면서 건물의 상부가 바깥으로 벌어져 보이는 착시 현상이 발생하는데 이러한 착시 현상을 교정하기 위해 만드는 것이다. 따라서 옳은 내용이다.

② 목조 건축물에서 지붕의 하중을 떠받치고 있는 수직 부재가 기둥인데, 귀솟음 기법은 기둥의 길이를 조절하고, 안쏠림 기법은 기둥의 기울기를 조절하는 기법이므로 옳은 내용이다.

③ 귀솟음 기법은 부동 침하 현상에 의한 구조적 변형에도 끝기둥이 중간 기둥보다 높거나 동일한 높이를 유지할 수 있다고 하였고, 안쏠림 기법은 시각적인 효과뿐만 아니라 건물의 구조적 안정성을 실현하는 데도 중요한 역할을 한다고 하였으므로 옳은 내용이다.

④ 귀솟음 기법은 건물의 중앙에서 양쪽 끝으로 가면서 기둥이 점차 높아지도록 함으로써 수직 부재의 높이를 조절한다. 그리고 안쏠림 기법은 좌우 끝기둥의 상부를 건물의 중앙 쪽으로 기울어지게 함으로써 수직 부재의 기울기를 조절하므로 옳은 내용이다.

77

정답해설

③ 마음의 본래 모습을 회복하여 악을 제거하려는 것은 A학파이며, B학파는 이러한 해석이 논어가 만들어졌을 당시의 유가 사상과 거리가 있다고 보고 있으므로 옳지 않은 내용이다.

오답해설

① A학파는 '극기'의 의미를 '몸으로 인한 개인적 욕망'인 '기'를 극복하는 것으로 해석하며, '복례'의 의미를 '천리에 따라 행위하는' 본래 모습으로의 회복으로 보고 있어 천리를 행위의 기준으로 삼고 있다. 따라서 옳은 내용이다.

② A학파는 '예'를 '천리에 따라 행위하는 것'으로 규정하고 있으며 이 '천리'는 태어날 때부터 마음에 내재해 있는 것으로 보고 있다. 따라서 옳은 내용이다.

④ B학파는 '기'를 몸으로 보아 숙련 행위의 주체로 이해하였고, '예'를 본받아야 할 행위로 이해하며, 제사에 참여하여 어른들의 행위를 모방하듯이 '선인의 행위'를 모범으로 삼는 것을 추론할 수 있으므로 옳은 내용이다.

⑤ B학파는 '기복례'를 '몸이 본받아야 할 행위를 모방하면서 거듭 실행함'으로 해석하고 제사에 참여하여 어른들의 행위를 모방하면서 자신의 역할을 수행하는 것을 이에 대한 예로 들고 있으므로 옳은 내용이다.

78

정답해설

ㄱ. 부족 A에서는 친척이 죽었을 때 상명을 받게 되는데, 이 때문에 상명의 수는 친척이었던 모든 사람의 수보다 많을 수는 없다. 따라서 상명의 수가 최대가 되는 경우는 자신의 친척이 모두 죽는 경우이며, 그 외에는 친척인 모든 사람의 수보다 적은 수의 상명을 갖게 되므로 옳은 내용이다.

ㄴ. 예를 들어 출산 직후 모친이 사망한 경우, 조부가 손자의 이름을 지어준 경우라면 손자의 이름은 조부가 사망했을 때 사라지게 되므로 출생 당시의 이름이 최종적인 이름인 것은 아니다. 따라서 옳지 않은 내용이다.

ㄷ. 부족 A에서는 출생 직후 누구나 고유명을 가지게 되므로 이름 없이 지내는 사람이 있을 수는 없다. 따라서 옳지 않은 내용이다.

79
정답 ①

정답해설

ㄱ. 지지도 방식에서는 적극적 지지자만 지지자로 분류하고 나머지는 기타로 분류하므로 적극적 지지자의 수가 많은 A후보가 더 많은 지지를 받을 것이다. 따라서 옳은 내용이다.

오답해설

ㄴ. 선호도 방식에서는 적극적 지지자와 소극적 지지자를 모두 지지자로 분류하므로 둘의 합계가 많은 후보가 더 많은 지지를 받을 것이다. 그런데 선택지와 같은 경우에는 각 후보의 지지자 수의 대소관계를 알 수 없으므로 판단이 불가능하다. 따라서 옳지 않은 내용이다.

ㄷ. 지지도 방식에서는 적극적 지지자의 대소로 판단하지만 선호도 방식에서는 적극적, 소극적 지지자의 합의 대소로 판단하게 된다. 예를 들어 A후보가 B후보보다 적극적 지지자가 10이 많고 소극적 지지자가 20이 많다면, 지지도 방식에서의 차이는 10이지만 선호도 방식에서의 차이는 30이 된다. 따라서 옳지 않은 내용이다.

80
정답 ④

정답해설

④ 낭만주의적 관점에서 올바른 작품 감상을 위해서는 예술가의 창작의도나 창작관에 대한 이해가 필요하다고 하였으므로 옳은 내용이다.

오답해설

① 고전주의적 관점에서는 보편적 규칙에 따라 대상을 재현한 작품에 높은 가치를 부여하는 반면, 낭만주의적 관점에서는 예술가 자신의 감정 등을 자유로운 방식으로 표현한 것에 가치를 부여하므로 양자의 재현 방식은 다르다. 따라서 옳지 않은 내용이다.

② 낭만주의적 관점에서는 예술작품을 이해하고 감상하는 것이 독백과 같이 특정한 청자를 설정하지 않는 발화 행위와 유사하다고 하였으므로 옳지 않은 내용이다.

③, ⑤ 낭만주의적 관점에서는 예술작품을 예술가가 감상자를 고려하지 않은 채 자신의 생각이나 느낌을 자유롭게 표현한 것이라고 하였으므로 옳지 않은 내용이다.

81
정답 ②

정답해설

② ㉠은 동물이 인간과 달리 영혼이 없어 쾌락이나 고통을 경험할 수 없다고 하였지만 ㉢은 동물도 고통을 겪는다는 입장이므로 옳은 내용이다.

① ㉢은 인간이 이성능력과 도덕적 실천 능력을 가졌다고 하였으나 이것으로 인해 그가 인간의 이익을 우선시하여 동물실험에 찬성했는지는 알 수 없다. 반대로 ㉠은 동물은 인간과 달리 영혼이 없어 쾌락이나 고통을 경험할 수 없기 때문에 동물실험에 찬성하는 입장이다. 따라서 옳지 않은 내용이다.

③ ㉢은 인간이 이성 능력과 도덕적 실천 능력을 가지고 있다는 점이 동물과 다르기에 인간과 동물을 다르게 대우해야 한다고 보았다. 하지만 ㉣은 포유류의 예를 들면서 각 동물 개체가 삶의 주체로서 갖는 가치가 있다고 주장하여 인간과 동물을 다르게 대우하는 것이 반대하고 있다. 따라서 옳지 않은 내용이다.

④ 현대의 공리주의 생명윤리학자들은 이성이나 언어 능력에서 인간과 동물이 차이가 있다고 하였으므로 옳지 않은 내용이다.

⑤ ㉣은 각 동물 개체가 삶의 주체로서 갖는 가치가 있다고는 하였지만 그것이 동물이 고통을 느끼기 때문인지는 제시문을 통해서는 알 수 없다. 따라서 옳지 않은 내용이다.

82
정답 ②

정답해설

② 법과 제도에 의한 규제를 강조하는 것은 B 학파이며 A 학파는 인위적인 개입이 아닌 경쟁을 통한 자연스러운 개입을 강조하고 있으므로 옳지 않은 내용이다.

오답해설

① A 학파에 따르면 기업들 사이의 경쟁이 강화될수록 임금차별이 자연스럽게 줄어들 수밖에 없다고 하였으므로 옳은 내용이다.

③ A 학파는 임금차별이 경쟁과정을 통해 줄어든다고 하였고 B 학파는 법과 제도에 의한 규제를 강조하였으므로 옳은 내용이다.

④ B 학파는 기업의 경우 조직의 정당성이 낮아지게 되면 조직의 생존 가능성 역시 낮아지게 되므로 이를 피하기 위해 임금차별을 줄이는 강제적 제도를 수용한다고 하였으므로 옳은 내용이다.

⑤ B 학파는 기업이 임금차별을 줄이는 강제적 제도를 수용함으로써 사회적 비용을 낮추는 선택을 하게 된다고 하였으므로 옳은 내용이다.

83
정답 ⑤

정답해설

먼저 (가)와 (나)의 내용을 정리하면, (가)는 기존의 생각인 '철도 건설이 경제 성장에 필수불가결한 것'을 비판하기 위해 철도 건설이 운송비 변화에 초래하는 효과를 평가할 때 두 개의 인과 경로에 따른 효과들을 모두 고려해야 한다고 주장했다. 그 하나는 철도를 이용하여 물류를 운송하게 됨에 따라 운송비가 감소한 효과이며, 다른 하나는 대안적인 운송체계의 발전에 따라 가능했을 운송비 감소가 철도 건설로 인해 실현되지 못한 효과이다. 따라서 (가)는 두 번째 효과를 간과한 것을 비판하고 있는 것으로 이해할 수 있다. (나) 역시 (가)와 같은 구조인데, 갑이 말하는 신약 A의 필수불가결성은 (가)에서의 첫 번째 효과를 강조한 것이고, 을의 주장은 (가)에서의 두 번째 효과를 간과해서는 안 된다는 것이다.

ㄱ. (가)의 두 번째 효과와 (나)에서의 을의 주장을 연결한 것이므로 옳은 내용이다.

ㄴ. (가)의 첫 번째 효과와 (나)에서의 갑의 주장을 연결한 것이므로 옳은 내용이다.

ㄷ. (가)에서 언급한 기존에 퍼져있는 생각과 (나)에서의 갑의 주장을 연결한 것이므로 옳은 내용이다.

84
정답 ②

정답해설

ㄷ. (나)의 경우 고지방식을 섭취시킬 것인지 저지방식을 섭취시킬 것인지는 연구자가 결정하는 것이지만, (다)의 경우 실험대상에 대해 연구자가 사지 중 하나 이상의 절단 수술을 할 것인지를 결정하는 것이 아니므로 옳은 내용이다.

오답해설

ㄱ. (가)의 경우 아스피린을 복용한 집단과 복용하지 않은 집단으로 나누어 그들 각각의 심장병 발병률을 조사한 것이 아니므로 옳지 않은 내용이다.

ㄴ. (가)의 경우 아스피린을 복용한 사람 중 심장병이 발병한 사람의 비율을 알 수 없으므로 옳지 않은 내용이다.

85
정답 ③

정답해설

③ '갑'의 논리를 정리하면 '자극' → (특정한 심리상태) → '특정한 행동'의 과정을 통해 '특정한 행동'을 하는 것이 관찰되면 '특정한 심리상태'에 있는 것을 추론할 수 있다는 것이다. 그런데 '을'은 '특정한 심리상태'가 없더라도 '자극' → '특정한 행동'이 가능한 경우를 로봇의 예를 들어 설명하고 있다. 따라서, 이와 같은 문제를 해결하기 위해서는 '자극' → '특정한 행동' → '특정한 심리상태'의 관계가 성립해야 하므로 ③이 가장 적절하다.

86
정답 ③

정답해설

ㄱ. '이론 A가 선호의 형성을 설명하려 한다고 해서 개인의 심리를 분석하려는 것은 아니다'라고 하였고 이론 B는 '선호는 주어진 것이며 제도나 개인의 심리에 의해 설명해야 할 대상이 아니다'라고 하였으므로 옳은 내용이다.

ㄴ. 이론 A는 행위자들의 선호가 제도적 맥락 속에서 형성되었기에 그 맥락에서 단서를 찾아야 한다는 것이고 이론 B는 선호는 주어진 것이기에 선호의 형성 과정에 주목하지 않는다고 하였으므로 옳은 내용이다.

오답해설

ㄷ. 이론 B에서 상정된 개인은 자기 자신의 이익을 최대화하는 전략을 선택하는 존재, 즉 합리적 존재라 가정하였고, 이론 A도 맥락 속에서 개인들이 자기 이익을 최대화하는 전략을 선택한다고 하였으므로 옳지 않은 내용이다.

87
정답 ①

정답해설

먼저 각각의 내용을 정리하면 다음과 같다.

- A : 연주의 재연을 통해 정격연주가 가능하다.
- B : 현재의 연주관습과 당시의 연주관습의 차이로 인해 재연은 불가능하므로, 정격연주 또한 불가능하다.
- C : 재연은 불가능하지만 작곡자의 의도를 파악하면 정격연주는 가능하다.
- D : 작곡자의 의도를 파악해서 연주하더라도 그것이 반드시 정격연주라고는 할 수 없다. 작곡자의 의도와 연주관습을 모두 고려하지 않으면 정격연주는 불가능하다.

ㄱ. A는 옛 음악을 재연하면 정격연주가 가능하다고 하였고, C도 작곡자의 의도를 반영했다는 전제가 충족되면 정격연주가 가능하다고 하였으므로 옳은 내용이다.

오답해설

ㄴ. D는 연주관습을 고려하는 것이 중요하다고 하였고, B와 같이 연주관습을 정확하게 고려하지 못하면 정격연주가 실현되지 않을 수 있다고 하였으므로 옳지 않은 내용이다.

ㄷ. D는 정격연주를 위한 조건으로 작곡자의 의도를 파악하는 것과 연주관습을 고려하는 것을 들고 있으므로 둘 다 충족되어야 정격연주가 가능하다. 따라서 옳지 않은 내용이다.

88
정답 ①

정답해설

ㄱ. 제시된 논증에서는 커피에 들어있는 카페인이 수면장애를 일으킨다고 하였는데, 수면장애로 병원을 찾은 사람들이 커피를 마시지 않는다는 사실은 이 논증을 약화시키므로 옳은 내용이다.

오답해설

ㄴ. 제시된 논증에서는 카페인이 우울증을 악화시킨다고 하였는데, 무카페인 음료를 많이 섭취하는 것이 우울증의 원인이라는 사실이 밝혀진다면 이는 논증을 강화시키지는 않으므로 옳지 않은 내용이다.

ㄷ. 공황장애 환자는 심장이 빨리 뛰면 극도의 공포감을 느끼기 쉬운데, 이로 인해 발작 현상이 일어난다고 하였고, 이를 통해 카페인이 공황장애를 악화시킨다고 하였다. 그런데 발작 현상과 공포감이 무관하다면 논증의 전제가 흔들리게 되는 것이므로 논증을 약화시킨다고 볼 수 있다. 따라서 옳지 않은 내용이다.

89
정답 ④

정답해설

ㄱ. 갑순이는 자기 자신이 흡연을 하는 것과 금연을 하는 것 중 금연을 하는 것을 선호하므로 ⓐ 개인적 선호에 해당한다.

ㄴ. 을순이의 우물을 타인인 이웃 사람들이 공동 우물로 사용하는 것을 선호하므로 ⓒ 이기적 선호에 해당한다.

ㄷ. 농촌에서 태어나 시골의 삶에 적응하여 도시생활보다 농촌의 삶을 선호하는 것이므로 ⓓ 적응적 선호에 해당한다.

ㄹ. 친구가 그의 소유인 월급을 어떻게 사용하는지에 대한 정순이의 선호를 나타내는 것이므로 ⓑ 외재적 선호에 해당한다.

따라서 이를 올바르게 연결한 것은 ④이다.

90

정답해설

⑤ (마)는 인간의 질병과 빈곤이 늘어난 것은 문명의 발달로 인한 것이라고 하였는데 이는 질병이 고대 이후 문명의 부산물이라는 A의 견해를 강화하지만, 문명의 진보가 수명 연장을 가능하게 했다는 B의 견해를 약화하므로 옳은 내용이다.

오답해설

① (가)는 얼마나 오래사는가보다 얼마나 잘 사는가가 더 중요한 문제라고 하였는데 이는 문명의 진보가 수명 연장을 가능하게 했다는 B의 견해와는 무관하지만, 영생이 곧 행복한 삶을 의미하지는 않는다는 C의 견해는 강화하므로 옳지 않은 내용이다.

② (나)는 수명의 연장은 복지와 환경에 대한 적극적 투자로 가능하다고 하였는데, 이는 문명의 진보가 수명 연장을 가능하게 했다는 B의 견해를 강화하지만, 영생이 곧 행복한 삶을 의미하지는 않는다는 C의 견해와는 무관하므로 옳지 않은 내용이다.

③ (다)는 문명의 진보에 따라 인간의 수명이 과거보다 길어졌다고 하였는데, 이는 질병이 고대 이후 문명의 부산물이라는 A의 견해를 약화시키지만, 문명의 진보가 수명 연장을 가능하게 했다는 B의 견해를 견화하므로 옳지 않은 내용이다.

④ (라)는 수명의 연장으로 인해 인간이 행복한 삶을 살게 되었다고 하였는데, 이는 문명의 진보가 수명 연장을 가능하게 했다는 B의 견해와는 무관하지만, 영생이 곧 행복한 삶을 의미하지는 않는다는 C의 견해를 약화시키므로 옳지 않은 내용이다.

91

정답해설

① 인간이 출현하기 이전인 고생대 석탄기에 빙하지대에 고사리와 같은 난대성 식물이 서식하였다는 사실이 밝혀진다면 이는 기후 변화가 인간의 활동 때문이 아니라 태양의 활동 때문이라는 것을 나타내주는 것이므로 논지를 약화하지 않는다.

오답해설

②, ③ 태양 활동 주기와 기후 변화의 패턴이 유사하다면 기후 변화의 원인이 태양의 활동에 의한 것이 된다. 그런데 이들의 주기가 일치하지 않는다거나 태양 표면의 폭발이 많아지는 시기에 지구의 평균 기온이 오히려 내려갔다면 태양의 활동으로 인해 기후 변화가 일어났다는 제시문의 논지를 약화시킨다.

④ 세계 여러 나라가 연대하여 대기오염을 줄이는 노력을 한 결과 지구의 평균 기온 상승률이 완화되었다면 이는 역으로 인간의 활동이 기후 변화의 원인이라는 것을 나타내주는 것이므로 제시문의 논지를 약화시킨다.

⑤ 선택지의 내용은 인간의 활동이 태양의 활동보다 더 큰 영향을 미친다는 것이므로 제시문의 논지를 약화시킨다.

92

정답해설

ㄱ. 첫 번째 비판은 로빈후드 각본이 사회 전체의 공리를 최대화하는 데 적합하지 않은 이유로 생산성의 감소를 들고 있다. 따라서 세금을 통한 재분배 방식이 생산성을 감소시켜 빈부격차를 심화시킨다는 것은 첫 번째 비판을 강화시키게 된다.

ㄷ. 부의 재분배가 생산성을 증가시킨다면 첫 번째 비판은 약화되겠지만, 자산가의 자유는 여전히 침해되는 상황이므로 두 번째 비판은 약화되지 않는다.

오답해설

ㄴ. 두 번째 비판은 로빈후드 각본에 의한 부의 재분배는 인간의 기본권을 훼손하는 것이기 때문에 바람직하지 않다는 것이다. 그런데 부의 재분배가 기본권의 침해보다 투자 의욕 감소에 더 큰 영향을 준다는 것은 로빈후드 각본에 의해 기본권이 침해된다는 것을 인정하고 있는 것이므로 두 번째 비판을 약화시키지 못한다.

93

정답해설

④ 제시문의 논증은 진화론에 대한 비판인데 선택지는 대멸종을 다루고 있어 이 둘은 서로 연관되지 않는다. 따라서 이것이 논증에 대한 비판이라고 보기는 어렵다.

오답해설

① 제시된 논증은 지난 100년 간 지구상에서 새롭게 출현한 종이 없기 때문에 진화론이 거짓이라는 것인데 언젠가 신생 종이 훨씬 많이 발생하는 시기가 온다는 것은 논증을 약화시키게 된다.

② 제시된 논증은 5억 년 전 캄브리아기 생명폭발 이후 지구상에 출현한 생물종이 1억 종에 이른다고 하였고, 이를 통해 100년 단위마다 약 20종이 새롭게 출현한다고 하였다. 그런데 5억 년 전 이후부터 지구상에 출현한 생물종이 1,000만 종 이하라면 100년 단위마다 새로 출현하는 종이 2종 정도에 불과하여 신생 종의 발견이 어려울 가능성이 있으므로 논증을 약화시키게 된다.

③ 제시된 논증은 지난 100년 간 새롭게 출현한 종을 찾아내지 못했기 때문에 진화론이 거짓이라고 하였는데, 만약 발견된 종이 신생 종인지 그렇지 않은지를 판단하기 어렵다면 논증 자체가 성립하지 않게 되므로 논증을 약화시키게 된다.

⑤ 생물학자들이 발견한 몇몇 종이 지난 100년 내에 출현한 것이라면 제시된 논증의 핵심 내용을 흔드는 것이므로 논증을 약화시키게 된다.

94

정답해설

ㄴ. 권리를 향유할 주체가 구체적 자연인인 경우의 기본권은 그 주체가 무형의 법인인 경우보다 우선하여 고려되어야 한다면 A의 직업선택의 자유가 B의 자율성보다 우선적으로 고려되어야 하므로 해당 처분이 헌법에 위반된다는 결론에 이르게 된다. 따라서 논지를 약화하게 된다.

ㄷ. 상이한 기본권의 제한 간에 적정한 비례관계가 성립하는지를 평가하기 위해서 비교되는 두 항을 계량할 공통의 기준이 먼저 제시되어야 한다는 주장에 의한다면 이같은 기준이 제시되지 않은 논증은 적절한 평가를 한 것이 아닌 것이 되므로 논지를 약화하게 된다.

ㄱ. 청구인의 불이익은 사실상의 불이익에 불과하고 기본권의 침해에 해당하지 않는다면, 헌법상의 기본권인 대학의 자율성이 우위를 가지는 것이 되므로 인가 처분은 합헌이 된다. 따라서 논지를 강화하게 된다.

95
정답 ⑤

⑤ (나)는 한국 사람들의 행복 수준이 낮은 이유가 다른 사람들과의 비교하려는 성향이 높다는 것이라고 하고 있다. 비교 성향이 강하다면 상대적 박탈감이 커질 수 있는데, 이 때문에 좌절을 경험하기 쉽다는 것이다. 그런데, 선택지와 같이 한국보다 비교 성향이 강한 나라이면서 행복감도 더 높은 나라가 존재한다면 (나)를 약화하게 된다.

① (가)는 경제 수준이 어느 수준 이상으로 성장하면 지위재가 중요해지고 물질재의 공급으로는 해소되지 않는다는 이른바 '풍요의 역설'을 언급하고 있는 것이지, 지위재간의 경쟁에 대해서는 언급되어 있지 않다. 따라서 선택지의 내용은 (가)를 강화하지 않는다.

② (가)는 한국의 높은 경제 수준에도 불구하고 구성원들의 행복감이 높지 않은 이유는 지위재가 부족하기 때문이라고 보고 있다. 다시 말해, 물질재의 양이 풍부하더라도 지위재가 부족하다면 외적인 경제 수준이 높더라도 행복하지 않을 가능성이 있다는 것이다. 하지만, 오히려 한국이 보유한 지위재의 양이 경제적 수준이 비슷한 국가들보다 많다면 (가)는 약화된다고 볼 수 있다.

③ (가)는 물질재가 어느 정도 충족되었다면 행복감을 결정짓는 요소는 지위재라는 것을 강조한다. 따라서 선택지와 같이 한국과 소득수준이 비슷한 나라와 비교할 때 한국의 행복감이 낮다는 결과가 발표되었다는 것은 (가)를 강화하지 못한다.

④ (나)의 논증에 영향을 주기 위해서는 비교 대상이 되는 나라의 행복도가 한국보다 높거나 낮다는 사례가 제시되어야 한다. 하지만 단순히 한국보다 소득수준이 높고 입시 경쟁이 치열한 나라가 존재한다는 사실만으로는 (나)를 약화시키지 못한다.

96
정답 ③

ㄱ. 아시아의 성인의 하루 탄수화물 필요섭취량이 300g 이상이라고 할 때, 한국 성인의 하루 탄수화물 섭취량은 289.1g으로 필요섭취량에 미치지 못한다. 따라서 이같은 사실은 (가)를 약화시킨다.

ㄴ. (가)에서 제시된 탄수화물 섭취량 조사결과는 성인을 대상으로 한 것이므로 한국인 전체로 일반화시키기에는 무리가 있다. 만약 한국의 성인이 아닌 사람들의 탄수화물 섭취량이 과도하다는 것이 추가로 제시된다면 (가)를 강화시키게 된다.

ㄷ. (나)에서는 탄수화물을 충분히 섭취할 경우 케토시스 현상을 예방할 수 있다고 하고 있다. 따라서 탄수화물이 충분한 상황에서 케토시스 현상이 나타나지 않는다면 (나)는 강화된다.

97
정답 ①

① (가)에서는 창조성과 우울증에 잘 걸리는 성향이 밀접하게 연관되어 있다고 주장하고 있다. 따라서 선택지와 같이 창조적인 사람들이 정서적으로 불안하고 우울증에 걸릴 수 있는 유전자를 가질 확률이 높다는 사실은 (가)를 강화한다.

② (나)에서는 우울증은 어려운 목표를 포기하게 함으로써 고갈된 에너지를 보충하고 다시 도전할 수 있는 기회를 모색할 수 있게 한다고 하였다. 따라서 선택지와 같이 우울에 걸린 사람 중에 어려운 목표를 포기하지 못하는 사람들이 많다는 사실은 (나)를 약화한다.

③ (다)는 우울증의 원인 중 하나가 지나친 경쟁으로 인한 정신적 소진 상태라고 하고 있다. 따라서 선택지와 같이 정신적 소진이 우울증을 초래할 가능성이 높다는 것은 (다)를 강화한다.

④ (가)는 우울증으로 인해 생존에 유리한 측면이 있었다고 하였으므로 선택지와 같이 유전적 요인이 환경에 적응하는 과정에서 정신질환이 생겨난다는 것은 (가)를 강화한다. 그리고 (나)는 우울증은 자신을 보호하기위한 기제로 발생한다고 하고 있으므로 선택지의 내용은 (나)는 무관하다.

⑤ 선택지와 같이 과거에 비해 현대 사회에서 창조적인 아이디어를 만들어내기 어렵다는 것은 (가)와는 무관하다. 그리고 이는 과도한 경쟁을 통해 정신적 소진의 상태에 도달하게 할 수도 있으므로 (다)를 강화한다고 볼 수 있다.

98
정답 ③

ㄱ. 자극적인 음식을 발전시켜 소화불균형을 해결하고자 하였으므로 구들의 영향으로 볼 수 있다.

ㄴ. 구들에서 자란 사람들은 앉아서 작업하는 습관을 갖게 되었으므로 구들의 영향으로 볼 수 있다.

ㄷ. 성별에 따라 선호하는 놀이가 다르게 나타난 것은 구들의 영향으로 볼 수 없다.

99
정답 ②

② 어떤 이념적 성향을 가진 집단이 주류 언론에 대해 상대적 소외감을 더 크게 느끼느냐에 따라 누가 이 대안 매체의 활용가치를 더 크게 느끼는지 결정되리라는 것이라고 하였다. 따라서 선택지와 같이 갑국의 주류 언론이 보수적 이념 성향이 강하다는 사실은 B 가설을 강화한다.

① 갑국의 소셜미디어 사용자들의 다수가 진보적인 젊은 유권자들이라는 사실은 이러한 A 가설을 뒷받침한다고 하였다. 따라서 선택지와 같이 트위터 사용자들의 경우 보수 성향이 많다는 사실은 A 가설을 약화한다.

③ 갑국의 젊은 사람들 중에 진보 성향이 비율이 높다는 사실은 A 가설을 강화하지만 B 가설과는 무관하다.

④ 갑국에서 주류 언론보다 소셜미디어의 영향력이 강하다는 사실은 A 가설과는 무관하지만 B 가설을 약화한다.

⑤ 정치 활동을 많이 하는 사람들이라고 해서 그들이 진보적인 젊은 유권자라고 할 수는 없으므로 A 가설을 약화시키지 않는다. 그리고 정치 활동을 많이 하는 사람들이 반드시 주류 언론에서 상대적으로 소외된 집단이라고 단정할 수는 없으므로 B 가설을 약화시키지 않는다.

100

정답 ③

정답해설

③ 어떤 것의 개념을 이해하지 못하면 식별능력이 없다는 것인데, 이는 식별 능력이 개념 이해 능력을 함축한다는 제시문의 논지를 반박하는 내용이다. 따라서 제시문의 논지를 약화하는 것이므로 적절한 내용이다.

오답해설

① 인간 개념과 관련된 모든 지식을 가지고 있지 않더라도 인간과 인간 아닌 존재를 구별하는 능력이 있을 수 있다면 제시문의 논지를 강화하는 것이므로 적절하지 않은 내용이다.

② 암수에 대한 모든 지식을 가지고 있지 않더라도 암수를 구별하는 능력이 있을 수 있다면 제시문의 논지를 강화하는 것이므로 적절하지 않은 내용이다.

④ 어떤 것의 개념에 대한 모든 지식을 가지고 있지 않더라도 이를 식별하는 능력이 있을 수 있다면 제시문의 논지를 강화하는 것이므로 적절하지 않은 내용이다.

⑤ 계절을 식별하는 능력이 없다고 하더라도 그 개념을 이해하는 능력이 없다고 단정할 수는 없다는 내용이며 이는 제시문의 논지를 강화하는 것이므로 적절하지 않은 내용이다.

101

정답 ⑤

정답해설

⑤ 쾌락주의자에 따르면 쾌락에 대한 욕구로 인해 음식에 대한 욕구가 생긴다고 하였으므로 선택지의 내용은 쾌락주의자의 논리를 강화하게 된다.

오답해설

① 쾌락주의자에 따르면 쾌락에 대한 욕구는 다른 어떤 것에 대한 욕구를 발생시키는 원인이라고 하였으므로 어떤 욕구도 또 다른 욕구의 원인일 수 없다면 쾌락주의자의 논리를 약화하게 된다.

② 쾌락주의자에 따르면 음식에 대한 욕구를 일으키는 것은 쾌락에 대한 욕구라고 하였으므로 쾌락에 대한 욕구 없이 음식을 먹는 행동을 하였다면 쾌락주의자의 논리를 약화하게 된다.

③ 쾌락주의자에 따르면 쾌락에 대한 욕구로 인해 음식에 대한 욕구가 생겨난다고 하였으므로 이와 반대로 음식에 대한 욕구로 인해 쾌락에 대한 욕구가 생긴다면 쾌락주의자의 논리를 약화하게 된다.

④ 쾌락주의자에 따르면 쾌락에 대한 욕구는 다른 어떤 것에 대한 욕구를 발생시키는 원인이라고 하였으므로 외적 대상에 대한 욕구가 다른 것에 의해서 야기되지 않는 것이라면 쾌락주의자의 논리를 약화하게 된다.

102

정답 ④

정답해설

④ 로켓을 가속하는 경우 폭탄의 무게는 증가하지만, 반대로 중력이 감소하게 될 경우 폭탄의 무게는 감소하게 된다. 그런데 이 경우 중력이 감소하는 만큼 로켓을 가속하게 된다면 중력 감소로 인해 감소하는 폭탄의 무게만큼 가속으로 인해 폭탄의 무게가 증가하므로 결과적으로 폭탄의 무게는 안정적으로 유지되게 된다. 따라서 빈칸에 들어갈 말로 적절하다.

오답해설

① 지구의 중력이 0이 되는 높이까지 올라간다면 폭탄의 무게는 감소하게 되지만, 반대로 그를 위해 로켓을 가속할 경우 폭탄의 무게는 증가하게 된다. 만약 둘의 증감폭이 동일하여 상쇄된다면 무게의 변화가 없겠지만, 제시문을 통해서는 증감폭이 어떠한지를 알 수 없어 무게가 30% 이상 변화하는지의 여부도 알 수 없다. 따라서 빈칸에 들어갈 말로 적절하지 않다.

②, ③, ⑤ 빈칸의 앞 문장에서는 로켓의 속도를 조절한다는 내용이 나오므로, 로켓에 미치는 중력을 변화시키는 것은 빈칸에 들어갈 말로 적절하지 않다.

103

정답 ②

정답해설

② 빈칸의 뒷 문장이 '루이와 샤를 중 적어도 한 명은 서약 문서를 자신의 모어로 작성한 것이 아니다'로 되어있으므로 빈 칸에는 루이와 샤를의 모어가 어떤 것인지에 대한 정보가 들어가야 한다. 그런데 선택지 ②와 같이 루이와 샤를 모두 게르만어를 모어로 사용하였고 서로 상대측 영토의 세속어로 서약하였다는 점을 같이 고려한다면 두 사람 중 적어도 한 사람은 자신의 모어가 아닌 언어로 서약 문서를 작성했다는 결론을 도출할 수 있다.

104

정답 ④

정답해설

④ 유교가 지향하는 성인으로서의 올바른 자세를 '하늘이 내린 생물을 해치고 없애는 것은 성인이 하지 않는 바이다'라고 표현하였으나, 두 번째 단락에서는 『논어』와 『맹자』를 인용하면서 천지만물을 자기와 하나로 여겨야 한다는 것의 실천이 부족하다고 하였다. 따라서 빈칸에는 유교가 지향하는 올바른 성인의 모습과 반대되는 ④가 가장 적합하다.

105

정답 ⑤

정답해설

⑤ 집약적인 토지 이용이라는 전통은 정원에서 시작되었다고 하였고, 경작용 식물들 역시 모두 대량 생산에 들어가기 전에 정원에서 자라는 단계를 거쳐왔다고 하였다. 그리고 정원을 이용함에 따른 식물에 대한 지식을 얻는 것과 각종 실험들이 여성의 주도로 이루어졌다는 것을 알 수 있다. 따라서 제시문의 결론으로는 ⑤가 가장 적절하다.

106　　　　　　　　　　　　　　정답 ③

정답해설

③ 기분관리 이론이 현재 시점에만 초점을 맞추고 있다는 점을 지적하고 이를 보완하려고 하는 것이 기분조정 이론이므로 적절한 내용이다.

오답해설

① 집단 2의 경우 처음에 흥겨운 음악을 선택하여 감상하였지만 이후에는 기분을 가라앉히는 음악을 선택하였으므로 적절하지 않은 내용이다.

② 집단 2의 경우 다음에 올 상황을 고려하기는 하였지만 그들이 선택한 것은 기분을 가라앉히는 음악이므로 적절하지 않은 내용이다.

④ 집단 2의 경우 현재의 기분이 흥겨운 상태라는 점을 감안하여 음악을 선택하였으므로 적절하지 않은 내용이다.

⑤ 현재의 기분에 따라 음악을 선택하는 것은 기분관리 이론에 대한 내용이므로 적절하지 않은 내용이다.

107　　　　　　　　　　　　　　정답 ①

정답해설

㉠ : 제시문에서 ㉠과 같이 해석하면 'C시에 도시철도를 건설하지 않는 것은 거짓이 된다'고 하였는데, 이를 만족하는 것은 도시철도가 건설되는 것과 무인 운전방식으로 운행되는 것을 동시에 만족해야만 참이 되는 (가)뿐이다.

㉡ : 도시철도를 건설하지만 않으면 운전방식이 무엇이든 상관없이 참이 되어야 하는데 이를 만족하는 것은 (다)뿐이다. (라)는 건설하지 않으면 유인운전방식을 선택해야 한다는 의미이다.

108　　　　　　　　　　　　　　정답 ⑤

정답해설

⑤ 인문학이 자연과학처럼 객관적 지식을 추구하는 학문이 되면서 인문학은 인격을 변화시키고 삶의 의미를 제공해주던 전통적 기능이 상실되었다고 하였으므로 옳은 내용이다.

오답해설

① 제시문에서는 인문학자가 단지 하나의 전문 직업인이 된 것에 대해 비판적인 입장이므로 옳지 않은 내용이다.

② 현대 인문학은 이미 자연과학처럼 객관적 지식을 추구하는 방법론을 추구하고 있다고 하였으므로 옳지 않은 내용이다.

③ 현대 인문학이 인간적 활동에 대한 연구와 논의를 하는 이차적 활동이라는 점은 언급되어 있으나 그것이 자연과학적 지식과 변별되는지는 알 수 없다. 따라서 옳지 않은 내용이다.

④ 인간이 의식주라는 생물학적 욕구와 물질적 가치의 추구 외에 정신적 가치들을 추구하며 사는 존재라고 하였지만 생물학적 욕구와 물질적 가치가 정신적 가치보다 중시되고 있다는 내용은 제시문을 통해서는 알 수 없는 내용이므로 옳지 않은 내용이다.

109　　　　　　　　　　　　　　정답 ②

정답해설

② 농민운동을 근대 이행을 방해하는 역사의 반역으로 왜곡할 소지가 있다고 하였으므로 옳은 내용이다.

오답해설

① 제시문은 근대 이행의 절대적 특징으로 공론장의 형성을 드는 것이 옳지 않다는 것일 뿐, 『독립신문』이 근대적 공론장의 역할을 하지 못하였음을 말하고자 하는 것은 아니다. 따라서 옳지 않은 내용이다.

③ 근대적 공론장에 기반한 근대국가가 수립되었을지라도 제국주의 열강들의 위협을 극복할 수 있었겠는지 의문이라고 하였지만, 제국주의 열강의 위협이 한국의 근대 공론장 형성을 가속화하였다고는 하지 않았으므로 옳지 않은 내용이다.

④ 고종이 만민공동회의 주장을 수용하여 입헌군주제나 공화제를 채택했더라면 국권박탈이라는 비극은 면할 수 있었으리라는 것을 비약이라고 하였으므로 옳지 않은 내용이다.

⑤ 제시문에서는 근대적 공론장 이론의 한국적 적용이 한계들로 인해 근대 이행의 문제를 설득력 있게 답하지 못하고 있다고 하였으므로 옳지 않은 내용이다.

110　　　　　　　　　　　　　　정답 ①

정답해설

① 제시문에서는 '서울에 거주하는 초등학생' 등 준거집합을 변화시킬 때 철수의 휴대전화 보유확률이 달라짐을 알 수 있다. 이는 준거집합을 규정하는 방식이 달라질 경우, 이전 준거집합을 대상으로 한 표본조사 결과만으로는 현재의 결과를 예측할 수 없다는 것을 의미한다. 이같은 상황이 발생하는 이유는 동일인이 다양한 준거집합에 속해있기 때문이므로 옳은 내용이다.

오답해설

②, ③ 표본조사의 신뢰도에 대한 내용은 제시문의 내용과 연관성이 없으므로 옳지 않은 내용이다.

④ 제시문의 사례에서는 '앞서의 표본 조사'와 같은 표현을 통해 표본의 크기가 변하지 않는다는 것을 알려주고 있으므로 옳지 않은 내용이다.

⑤ 표본의 추출 방법이 얼마나 무작위적이었는지의 여부는 제시문을 통해서는 알 수 없는 내용이므로 옳지 않은 내용이다.

111　　　　　　　　　　　　　　정답 ②

정답해설

② 제시문은 현재의 정치, 경제적 구조로는 제로섬적인 요소를 지니는 경제 문제에 전혀 대처할 수 없다고 하였다. 그리고 이러한 특성 때문에 평균적으로는 사회를 더 잘살게 해주는 해결책이라고 할지라도 사람들은 자신이 패자가 될 경우에 줄어들 수입을 보호하기 위해 경제적 변화가 일어나는 것을 막거나 이러한 정책이 시행되는 것을 막기 위해 싸울 것이라는 내용을 담고 있다. 따라서 이 글이 비판의 대상으로 삼는 것은 앞서 언급한 '평균적으로 사회를 더 잘살게 해주는 해결책'을 지지하는 것이 되어야 하므로 ②가 가장 적절하다.

112 정답 ②

② 제시문의 논지는 붕당이 아니라 그가 가진 재능에 따라 인재를 등용해야 한다는 것이며 이는 '붕당을 그대로 둔다면 군자를 모을 수 없고 소인을 교화시킬 수 없다'고 한 데에서도 알 수 있는 부분이다.

113 정답 ⑤

⑤ 제시문은 물리학의 근본 법칙들이 사실을 정확하게 기술하기 위해 조건을 추가할 경우 오히려 일반적인 상황이 아닌 특수한 상황만을 설명하게 되는 문제점을 서술하고 있으므로 논지로 적합하다.

114 정답 ⑤

⑤ 글의 구조를 살펴보면, 과거의 상류층의 과시소비 행태를 설명한 후, 현대 대중사회에서는 더 이상 명품 소비가 아닌 소박한 소비, 소비하지 않기를 통해 과시한다고 하였다. 하지만 사치품은 처한 상황에 따라 소비의 여부가 달라진다고 하였다. 따라서 ⑤가 제시문의 논지로 가장 적절하다.

115 정답 ⑤

⑤ 글의 구조를 살펴보면, 먼저 양측이 서로 불일치하는 지점을 찾아 이를 올바르고 정확하게 분석해야 한다고 하였고, 불일치하는 지점이 불평등 해소에 대한 사회경제 이론의 차이이므로, 결론적으로 두 진영이 협력하는 첫걸음은 불평등이 어떻게 해서 일어나고 이를 어떻게 해소해야 하는지를 정확하게 분석하는 것임을 알 수 있다.

116 정답 ③

ㄱ. 첫 번째 문단 전체에서 오로라의 발생 원인을 설명하고 있으므로 옳은 내용이다.

ㄷ. 두 번째 문단에서 '오로라의 다양한 색깔은 대전 입자와 충돌하는 원자의 성질에 따라 결정된다'고 하였으므로 옳은 내용이다.

ㄹ. 세 번째 문단에서 '오로라가 가장 잘 나타나는 지역을 오로라 대라고 하는데 이는 지구자기 위도 65~70도에서 계란형의 타원을 이룬다고 하였으므로 옳은 내용이다.

ㄴ. 모양에 따른 오로라의 분류는 제시문에서 언급되어 있지 않으므로 옳지 않은 내용이다.

ㅁ. 태양 흑점의 크기와 오로라의 크기 사이의 상관관계는 제시문에서 언급되어 있지 않으므로 옳지 않은 내용이다.

117 정답 ②

② 디지털 연산은 회로의 동작으로 표현되는 논리적 연산에 의해 진행되며 아날로그 연산은 소자의 물리적 특성에 의해 진행된다고 하였으므로 옳지 않은 내용이다.

① 실제 신경세포를 통해 뇌에 전달되는 것은 지각에 꼭 필요한 내용만이 축약된 디지털 정보라고 하였으므로 옳은 내용이다.

③ 사람의 눈이나 귀 같은 감각기관은 아날로그 연산에 바탕을 둔 정보 처리 조직을 가지고 있다고 하였으므로 옳은 내용이다.

④ 디지털 연산에서는 회로의 동작이 0과 1을 구별할 정도의 정밀도만 유지하면 되므로 회로를 구성하는 소자 자체의 특성 변화에 거의 영향을 받지 않는다고 하였으므로 옳은 내용이다.

⑤ 감각기관에 분포하는 수용기는 특별한 목적을 가지는 아날로그-디지털 변환기로 볼 수 있는데, 이것은 전달되는 입력의 특정 패턴을 감지하여, 디지털 신호와 유사한 부호를 발생시킨다고 하였으므로 옳은 내용이다.

118 정답 ③

③ 총대장균군에 포함된 세균이 모두 혼혈동물의 분변에서 기원한 것은 아니지만, 온혈동물의 배설물을 통해서도 많은 수가 방출되고 그 수는 병원체의 수에 비례한다고 하였으므로 옳은 내용이다.

① 총대장균군에 포함된 세균이 모두 온혈동물의 분변에서 기원한 것은 아니라고 하였는데, 총대장균군 역시 지표생물 중의 하나라고 본다면 온혈 동물의 분변에서 기원되는 균이 모두 지표생물이 되는 것은 아니라고 볼 수 있다. 따라서 옳지 않은 내용이다.

② 총대장균군은 염소 소독과 같은 수질 정화과정에서도 병원체와 유사한 저항성을 가진다고 하였으므로 옳지 않은 내용이다.

④ 병원체를 직접 검출하는 것은 비싸고 시간이 많이 걸릴 뿐 아니라 숙달된 기술을 요구하지만, 지표생물을 이용하면 이러한 문제를 많이 해결할 수 있다고 하였으므로 옳지 않은 내용이다.

⑤ 분변성 연쇄상구균군은 잔류성이 높고 장 밖에서는 증식하지 않기 때문에 시료에서도 그 수가 일정하게 유지되어 좋은 상수소독 처리지표로 활용된다고 하였으므로 옳지 않은 내용이다.

119 정답 ④

④ 알코어 재단이 냉동보존할 시신을 수령할 무렵 시신의 두뇌는 최소한 몇 시간 동안 산소 결핍 상태에 있었으며, 살아 있는 뇌세포는 하나도 남아 있지 않았고 심하게 손상된 상태였다고 하였으므로 옳은 내용이다.

① 인체 냉동보존술이 제도권 내에 안착하지 못했다는 내용은 알 수 있으나 그 이유가 높은 비용 때문인지는 알 수 없으므로 옳지 않은 내용이다.

② 알코어 재단이 유리질화를 이용한 냉동방법을 활용하는 것은 시신 조직의 미시적 구조가 손상되는 것을 줄이기 위함이지 뉴런들의 커넥톰 보존까지 염두에 둔 것은 아니므로 옳지 않은 내용이다.

138

정답해설

주어진 조건들을 기호화하면 다음과 같다.

- 내근 ∨ 외근
- (내근 ∧ 미혼) → (과장× ∧ 부장×)
- (외근 ∧ 기혼) → (과장○ ∨ 부장○)
- (외근 ∧ 미혼) → 연금저축○
- 기혼 → 남성

아래 선택지의 설명에서 '좌항'이란 '→'의 왼쪽에 있는 명제를 말하며 '우항'이 란 '→'의 오른쪽에 있는 명제를 말한다.

④ 다섯 번째 조건의 대우를 통해 여성이면 미혼이라는 것을 알 수 있고, 두 번 째 조건의 대우를 통해 최 과장은 외근을 한다는 것을 알 수 있다. 이를 네 번째 조건에 대입하면 최과장은 연금저축에 가입했다는 것을 알 수 있으므 로 반드시 참이 된다.

오답해설

①, ③ '내근'과 '미혼'은 모두 조건식의 '좌항'에 위치하는 것이어서 이 둘 간의 조건식은 도출할 수 없다. 따라서 알 수 없는 내용이다.

② 네 번째 조건의 대우를 통해 박 대리는 외근을 한다는 것을 알 수 있으므로 반드시 거짓이 된다.

⑤ 조건식에서 '연금저축○'은 우항에 위치하고 있으므로 우항에 '연금저축×'이 오는 조건식은 도출할 수 없다. 따라서 알 수 없는 내용이다(대우명제를 생각 해보면 이해가 쉬울 것이다).

139

정답해설

제시된 정보를 기호화하면 다음과 같다.

ⅰ) (A× ∨ D×) → (C ∧ E×)
ⅰ)의 대우 (C× ∨ E) → (A ∧ D)
ⅱ) B× → (A ∧ D×)
ⅱ)의 대우 (A× ∨ D) → B
ⅲ) D× → C×
ⅲ)의 대우 C → D
ⅳ) E× → B×
ⅳ)의 대우 B → E

먼저 ⅰ)의 대우와 ⅲ)의 대우를 결합하면 D는 무조건 찬성함을 알 수 있으며, 이를 ⅱ)의 대우에 대입하면 B도 찬성함을 알 수 있다. 그리고 이를 ⅳ)의 대우 에 대입하면 E도 찬성함을 알 수 있으며 계속해서 이를 ⅰ)의 대우에 개입하면 A도 찬성함을 알 수 있다. 따라서 A, B, D, E가 찬성하며, 마지막 조건에서 적어 도 한 사람이 반대한다고 하였으므로 C는 반대한다는 것을 알 수 있다. 이 결과 를 선택지에서 찾아보면 ④만 옳은 내용이다.

140

정답해설

④ 통계 자료에서 가장 많이 사용된 알파벳이 E이므로, 철수가 사용한 규칙 a에 서는 E를 A로 변경하게 된다. 따라서 암호문에 가장 많이 사용된 알파벳은 A 일 가능성이 높으므로 옳게 수정된 것이다.

오답해설

①, ②, ③, ⑤ 제시문에서 사용된 기존의 문장이 적절한 것들이므로 수정이 필 요 없다.

CHAPTER
03
LEVEL 3, 단련_정답 및 해설

1	2	3	4	5	6	7	8	9	10
①	②	④	③	②	⑤	④	⑤	④	⑤
11	12	13	14	15	16	17	18	19	20
②	②	②	⑤	④	④	⑤	①	③	⑤
21	22	23	24	25	26	27	28	29	30
②	④	③	①	②	③	③	③	④	⑤
31	32	33	34	35	36	37	38	39	40
①	④	④	④	⑤	⑤	②	②	⑤	⑤
41	42	43	44	45	46	47	48	49	50
①	②	⑤	②	③	④	④	②	③	⑤
51	52	53	54	55	56	57	58	59	60
④	①	②	②	①	①	②	②	①	③
61	62	63	64	65	66	67	68	69	70
④	⑤	①	⑤	②	④	⑤	⑤	④	①
71	72	73	74						
①	④	①	①						

01
정답 ①

정답해설

ㄱ. '유식학파는 인식 대상과 인식 주체의 비실체성에 관해서는 인정하였다'고 하였으므로 옳은 내용이다.

ㄴ. '우리들이 인식하는 현상적 세계가 식에 의존하고 있다는 관점을 아울러 수용하고 있다'고 하였으므로 옳은 내용이다.

오답해설

ㄷ. '일심은 심진여문과 심생멸문의 두 측면을 지닌다고 하는데, 원효는 이 양 측면이 각각 중관학과 유식학의 주장에 상응된다고 보았다'는 내용에서 알 수 있듯이 중관학의 관점에만 상응시키는 것이 아니라 유식학에도 상응시켰다. 그리고 '인간은 번뇌를 일으키는 온갖 존재가 실체적으로 존재한다는 망상에 사로잡혀 있다'는 것처럼 현상적 존재의 비실체성을 거부한 것이 아니라 인정한 것이므로 옳지 않은 내용이다.

ㄹ. 심진여문은 중관학파의 공(空)의 개념을 내세워 현상적 존재의 비실체성을 주장하는 이론이기 때문에 유(有)의 논리에 근거하고 있다는 것은 옳지 않은 내용이다.

02
정답 ②

정답해설

먼저 주어진 조건을 기호화하면 다음과 같다.

i) (착함○ ∧ 똑똑함○ ∧ 여자) → 인기○
i)의 대우 인기× → (착함× ∨ 똑똑함× ∨ 남자)
ii) (착함○ ∧ 똑똑함○ ∧ 남자) → 인기○
iii) (인기× ∧ 멋짐○ ∧ 남자) : 거짓
iv) 순이 → (멋짐× ∧ 똑똑함○ ∧ 여자)
v) 철수 → (인기× ∧ 착함○ ∧ 남자)

② '인기가 많지 않지만 멋진 남자가 있다'는 거짓이라 했고, '철수는 인기가 많지 않다'라고 하였으므로 결과적으로 철수는 멋질 수 없다. 또 ii)에서 착하고 똑똑한 남자는 인기가 많다고 했으나, 철수는 착하지만 인기는 없다고 했으므로 똑똑하지 않다. 따라서 철수가 멋지거나 똑똑하다는 것은 반드시 거짓이 된다.

오답해설

① ii)에 따르면, 만약 철수가 똑똑하다면 반드시 인기가 많아야 하는데 v)에서 철수는 착하지만 인기는 없기 때문에 똑똑할 수 없다. 따라서 반드시 참이다.

③ iv)에 따르면, 순이는 똑똑하지만 멋지지 않은 여자라고 하였으므로 반드시 참이다.

④ iv)에 따르면, 순이는 멋지지 않지만 똑똑한 여자라고 하였고 이를 i)의 대우와 결합해 보자. 만약 순이가 인기가 많지 않다면 순이는 (똑똑함 ∧ 여자)이므로 착함×이 되어야 한다. 따라서 반드시 참이다.

⑤ '똑똑하지만 인기가 많지 않은 여자가 있다'가 거짓이라면 {인기○ ∨ ~(똑똑함 ∧ 여자)}가 참이 되어야 하는데 iv)에서 순이는 (똑똑함 ∧ 여자)이므로 결과적으로 순이는 인기가 많아야 한다. 따라서 반드시 참이다.

03
정답 ④

정답해설

④ 회화가 독립적 세계인지 아닌지에 따라 나눌 경우 ②은 'D에게 캔버스는 독립된 세계였고, 그 자체의 법칙이 있었다'는 부분을 통해 현실과 독립된 세계인 것을 알 수 있으며, 나머지는 모두 현실을 반영한 것이므로 옳게 제시된 것이다.

오답해설

① 자연에 비추어 보아 '틀린' 그림인지 아닌지에 따라 나누면 ②과 ⓒ은 서로 다르므로 옳지 않게 제시된 것이다.

② 새로운 방법에 따라야 하는가에 대한 자각이 있는지 없는지에 따라 나누면 ㉠은 어디에도 적용시킬 수 없으므로 옳지 않게 제시된 것이다.

③ 눈으로 직접 볼 수 있는 것만을 그린다는 믿음이 있는지 없는지에 따라 나누면 ㉠과 ㉡은 서로 다르므로 옳지 않게 제시된 것이다.

⑤ 입체감을 표현하기 위해 음영을 이용하느냐 색채를 이용하느냐에 따라 나누면 ㉡과 ㉢은 반대의 입장이므로 옳지 않게 제시된 것이다.

04
정답 ③

정답해설

주어진 내용을 기호화하면 다음과 같다.

i) (Ao ∨ Bo) → (Co ∧ Do)
i)의 대우 (C× ∨ D×) → (A× ∧ B×)
ii) (Bo ∨ Co) → Eo
ii)의 대우 E× → (B× ∧ C×)
iii) D×
iv) (Eo ∧ Fo) → (Bo ∨ Do)
iv)의 대우 (B× ∧ D×) → (E× ∨ F×)
v) G× → Fo
v)의 대우 F× → Go

먼저 i)의 대우명제와 iii)을 결합하면 A×와 B×를 도출할 수 있으며, B×와 iii), iv)의 대우를 결합하면 E× ∨ F×를 얻을 수 있다. 따라서 이를 통해 경우의 수를 나누어보면 다음과 같다.

㉮ E가 반대하는 경우
ii)의 대우에 이를 대입하면 C도 반대한다는 것을 알 수 있으므로 A, B, C, D, E가 반대함을 알 수 있으며 F와 G는 알 수 없는 상태이다.

㉯ F가 반대하는 경우
v)의 대우에 이를 대입하면 G가 찬성한다는 것을 알 수 있으므로 A, B, D, F가 반대함을 알 수 있으며 G는 찬성, C와 E는 알 수 없는 상태이다.

따라서, 반대의견을 제시한 사람의 최소 인원은 ㉯의 4명이다.

05
정답 ②

정답해설

② 화이론에서는 조공체제가 성립하지 않는 지역을 소위 교화가 미치지 않는 곳이라 하여 짐승이 사는 곳으로 취급하였다고 하였으므로 옳은 내용이다.

오답해설

① 조선 중화주의는 근본적으로 화이론·소중화론으로부터 벗어난 것이 아니었다는 것에서 옳지 않은 내용이다.

③ 15세기 조선의 사대외교는 어디까지나 신생국인 조선이 강대국인 명으로부터 국제적으로 승인받고, 이를 통해 정치적 안정을 꾀하려는 의도에서 비롯된 것으로 주체성이나 독립성을 방기한 것은 아니었다고 하였으므로 옳지 않은 내용이다.

④ 조선 중화주의는 문화적 자존의식을 앞세웠다고 볼 수 있으나 정치적 이해를 앞세운 것은 아니므로 옳지 않은 내용이다.

⑤ '소중화'라는 개념은 조선 스스로 자부한 개념이지 중국이 인정한 것이 아니므로 옳지 않은 내용이다.

06
정답 ⑤

정답해설

i) 문제의 조건을 정리하면 남자는 어느 마을에 살든지 항상 자신이 윗마을에 산다고 말하며, 여자는 항상 자신이 아랫마을에 산다고 말하는 것을 알 수 있다. 따라서 갑과 을은 자신이 아랫마을에 산다고 하였으므로 여자임을 알 수 있다.

ii) 따라서 병은 거짓말만 하는 사람이므로 병이 말한 을이 남자라는 것은 거짓이다. 따라서 을은 윗마을에 산다는 것을 알 수 있으며, i)과 이를 결합하면 을은 윗마을에 사는 여자임을 알 수 있다.

iii) 같은 논리로 정은 을에 대해 참말을 하고 있으므로, 병이 윗마을에 산다는 말도 참이다. 따라서 병은 윗마을에 사는 여자임을 알 수 있다.

iv) 마지막으로 문제에서 대화에 참여하는 사람들의 구성이 윗마을 사람 두 명, 아랫마을 사람 두 명이라고 하였으므로 윗마을에 사는 을과 병을 제외한 갑과 정은 아랫마을 사람임을 알 수 있으며, 갑과 정 모두 참말을 하고 있으므로 둘다 여자임을 알 수 있다.

따라서 이를 토대로 선택지를 판단해 보면 반드시 참인 것은 ⑤뿐이다.

07
정답 ④

정답해설

④ 느낌은 생리적 과정에서 의식적으로 작동하는 것이므로 생리적 과정이 무의식적으로 일어날 때 느낌은 뇌의 해당 활동에 관여하지 않는다. 따라서 옳은 내용이다.

오답해설

① 느낌이 관여하는 것은 문제의 복잡성이 어느 정도 수준을 넘어서는 상태이며, 기본적으로는 신체 상태를 표상하는 지도가 생명활동의 기본적인 절차를 조절하는 것이므로 옳지 않은 내용이다.

② 문제가 너무 복잡해져서 자동적 반응으로는 해결되지 않을 때에 추론과 축적된 지식에 의해 해결하는 것이지 이것으로 인해 신경 지도가 정교해지는 것은 아니므로 옳지 않은 내용이다.

③ 신경 지도는 뇌가 생명 조절 기능을 하는 데에 핵심적인 기능을 하고 있으므로 옳지 않은 내용이다.

⑤ 심장이나 신장 같은 기관의 기능 부전이 일어났을 때 뇌가 생명 조절 기능을 수행하게 된다고 하였으나 신체 기관의 기능 부전이 발생하는 원인에 대해서는 언급하고 있지 않으므로 옳지 않은 내용이다.

08
정답 ⑤

정답해설

⑤ 불교적 내세관을 반영한 것은 연꽃무늬이지 사신도가 아니므로 옳지 않은 내용이다.

오답해설

① 묘 주인이 집에서 남녀 시종들의 시중을 받는 장면, 행렬에 둘러싸여 출행하는 장면 등이 자주 등장하며, 그림의 배치에서도 벽화 속의 인물들은 신분과 계급에 따라 사람의 크기와 복장이 뚜렷이 구분된다고 하였으므로 옳은 내용이다.

② 묘실 안에 그려진 연꽃무늬는 죽은 이의 정토왕생을 희구하는 표현이라고 하였으므로 옳은 내용이다.

③ 풍요로운 생활 모습을 그림으로써 내세에도 지금의 삶이 재현되기를 바라는 전통적 내세관이 담겨 있다고 하였으므로 옳은 내용이다.

④ 일반적으로 고구려인들의 생활풍속도에는 묻힌 자의 살아 있을 때 생활 가운데 기념할 만한 것과 풍요로운 생활 모습을 그렸다고 하였으므로 옳은 내용이다.

④ 출생 전 스트레스가 성적 이형핵의 크기를 축소시키는 것은 맞지만 이것과 안드로겐 호르몬의 양과는 무관하므로 옳지 않은 내용이다.

⑤ 남성 일란성 쌍생아의 동성애 일치 비율은 52%인 반면, 여성 일란성 쌍생아의 동성애 일치 비율은 48%이므로 선택지의 내용과 반대이다. 따라서 옳지 않은 내용이다.

---

09 정답 ④

정답해설

④ 대중의 열광을 이용한 것은 파시즘이며, 군사 독재는 반드시 민주주의의 실패와 연관된 것도 아니라고 하였으므로 옳은 내용이다

오답해설

①, ③ 파시즘과 달리 권위주의 정권은 사적 영역을 완전히 없애려 하지는 않는다고 하였으므로, 파시즘은 사적 영역을 완전히 소멸시키려 한다. 따라서 옳지 않은 내용이다.

② 군사 독재자들은 단순히 폭군 노릇을 했다는 언급만 있을 뿐 이들이 사적 영역을 허용하지 않고 대중집회 같은 제도권 외부 정치를 중시했는지는 알 수 없다. 따라서 옳지 않은 내용이다.

⑤ 권위주의 통치자들은 경제 부문 개입이나 사회복지정책 실행을 망설인다고 하였으므로 옳지 않은 내용이다.

---

10 정답 ⑤

정답해설

⑤ 특정한 단어와 대응되는 뉴런의 활성화 유형이 다를 수 있다고만 언급되어 있을 뿐 이들이 뇌의 동일한 부위를 사용하여 상호 간의 의사소통이 가능하다는 것은 제시문에서 알 수 없는 내용이다. 따라서 옳지 않은 내용이다.

오답해설

① 실제로 뉴런들의 활성화 유형을 그림이나 수식으로 나타낸다는 것이 현실적으로 불가능하다고 하였으므로 옳은 내용이다.

② 각 단어마다 상응하는 뉴런들의 활성화 유형이 서로 다르므로 이 단어의 의미와 저 단어의 의미가 뇌에서 구별된다고 하였다. 따라서 옳은 내용이다.

③ 어떤 단어에 상응하여 활성화되는 뉴런은 사람마다 물리적으로 다를 수 있다고 하였으므로 옳은 내용이다.

④ 최근에는 의미가 뇌에서 일어나는 물리적 현상과 관련이 있다는 가설을 받아들이게 되었다고 하였으므로 옳은 내용이다.

---

11 정답 ②

정답해설

② 최근 성적 방향성이 출생 전 호르몬, 구체적으로는 안드로겐 호르몬 노출과 관련된다는 사실이 밝혀졌다고 하였으므로 옳은 내용이다.

오답해설

① 출생 전 스트레스가 성적 이형핵의 크기를 축소시킨다고 하였고, 성적 이형핵의 크기는 이성애 남성에서 가장 크고 동성애 남성과 이성애 여성은 상대적으로 작다고 하였다. 그러나, 뇌의 시교차 상핵의 크기에 차이가 있었던 것은 맞지만 이것이 성적 방향성과 직접적인 인과 관계를 맺고 있다는 증거는 아직까지 발견되지 않았다고 하였으므로 옳지 않은 내용이다.

③ 동성애자가 강압적인 어머니와 복종적인 아버지에 의해 양육되었다는 아무런 증거도 발견하지 못했다고 하였으므로 옳지 않은 내용이다.

---

12 정답 ②

정답해설

ㄴ. 제시문의 내용은 생각과 판단이 언어에 의해 결정되는지(언어결정론), 아니면 경험에 의해 결정되는지(경험결정론)에 대해서만 논의하고 있다. 따라서 언어와 경험 외에 또 다른 요인이 있을 수 있다는 점을 고려하지 않고 있으므로 옳은 내용이다.

오답해설

ㄱ. 더 풍부한 표현을 가진 언어를 사용함에도 불구하고 인지능력이 뛰어나지 못한 경우들도 발견할 수 있다고 하였으므로 다른 언어에 비해 풍부한 표현을 가진 언어가 있다는 것을 인정하고 있다. 따라서 옳지 않은 내용이다.

ㄷ. 제시문은 언어결정론의 반례를 들면서 언어결정론의 오류를 지적하고 있으며, 따라서 경험결정론이 옳다는 결론으로 이어지고 있다. 즉, 경험결정론이 결정되는 방식을 제시하고 있지 않으므로 옳지 않은 내용이다.

---

13 정답 ②

정답해설

② 합리적 선택에 따르는 행위는 모두 자발적인 행위이고, 자제력이 있는 사람은 합리적 선택에 따라 행위한다고 하였다. 따라서 옳은 내용이다.

오답해설

① 우리가 욕망하는 것들 중에는 마땅히 욕망해야 할 것이 있는데, 그러한 욕망에 따른 행위는 비자발적이라고 할 수 없다고 하였다. 따라서 마땅히 욕망해야 할 것은 아니지만 우리가 욕망하는 것이라면 비자발적인 것이 있을 수도 있다. 따라서 옳지 않은 내용이다.

③ ①에서 언급한 것처럼 우리가 욕망하는 것들 중 마땅히 욕망해야 할 것에 의해 따른 행위는 비자발적이라고 할 수 없다고 하였고, 자제력이 없는 사람은 욕망 때문에 행위 한다고 하였다. 따라서 자제력이 없는 사람은 욕망 때문에 행위 하지만 욕망에 따른 행위 중 마땅히 욕망해야 하는 것들은 자발적인 행위를 통해 이루어지므로 옳지 않은 내용이다.

④ 합리적 선택에 따르는 행위는 모두 자발적인 행위이지만 자발적인 행위의 범위는 더 넓다고 하였으므로 옳지 않은 내용이다.

⑤ 욕망이나 분노에서 비롯된 행위는 어떤 것도 합리적 선택을 따르는 행위가 아니라고 하였으므로 옳지 않은 내용이다.

14
정답 ⑤

⑤ 의무적으로 해야 하는 일을 하지 않았다면 도덕적으로 비난 받아야 할 행위라고 하였다. 따라서 이 조건명제의 대우를 생각해본다면, 김희생 일병의 행동과 동일한 행동을 하지 않았지만 하지 않았던 동료들이 도덕적으로 비난받지 않았다면 그 행동은 의무적으로 해야 하는 것이 아닌 의무 이상의 행위라는 결론을 도출할 수 있게 된다. 따라서 편지의 주장을 논박하는 진술로 적절하다.

①, ② 편지의 주장은 김희생 일병의 행동은 의무 이상의 행동이 아니라는 것이므로 이를 논박하기 위해서는 김희생 일병의 행동이 의무 이상의 행동이라는 것과 같이 그 행동의 성격에 대해 언급해야 한다. 하지만 선택지의 내용은 이와 무관하므로 옳지 않은 내용이다.

③ 김희생 일병의 행동이 의무 이상의 행동이므로 보상받을 권리가 있다고 논박해야 하는데, 오히려 선택지는 김희생 일병의 행동이 옳지 않다는 의미를 내포하고 있다. 따라서 옳지 않은 내용이다.

④ 선택지의 내용은 어떠한 행동이 의무 이상의 것이라고 할지라도 부대 전체의 이익을 위해 모든 것을 헌신해야 한다는 것이므로 오히려 편지의 내용을 지지하고 있다. 따라서 옳지 않은 내용이다.

15
정답 ④

④ 사족이나 향리층의 투작은 평민층의 투작에 비하면 그 비중이 높지 않았다고 하였으나 사족과 향리층 간의 비교는 제시문을 통해서는 알 수 없으므로 옳지 않은 내용이다.

① 사양산은 금산에 비해 통제가 약하였기 때문에 투작의 피해가 더욱 클 수밖에 없었다고 하였으므로 옳은 내용이다.

② 목상에 의해 유통된 목재는 개인 소유 선박인 사선의 제작에 주로 사용되었는데, 이 때문에 수군의 병선 제작이나 관선 제작이 어려움을 겪을 정도라고 하였으므로 옳은 내용이다.

③ 목상들에게 판매하기 위한 소나무를 확보하기 위하여 금산이나 사양산을 가리지 않고 무차별적인 투작이 행해졌으며 이로 인해 전국의 산림이 크게 황폐해져 갔다고 하였으므로 옳은 내용이다.

⑤ 분산수호권과 금양권이 미치는 구역을 사양산이라고 하였는데 사족들은 본인이 소유한 사양산에서 나는 약용식물을 배타적으로 소유하였다고 하였으므로 옳은 내용이다.

16
정답 ④

④ 남병철은 천문역산학을 도가적 상수역학과 분리해 인식했고 서양 과학이 중국에서 원류였다는 주장도 인정하지 않았다. 그리고 남병철의 주장은 19세기 조선 지식인 대부분이 수용한 중국 원류설과 상수역학에서 벗어나 있었다고 하였으므로 옳은 내용이다.

① 최한기의 과학 이론은 17세기 중국 지식인이 서양 천문학 지식을 전통적 기의 메커니즘으로 해석했던 것과 크게 다르지 않다고 하였고, 19세기 중엽 최한기는 전통적 천문역산학을 기론적 과학 담론으로 부활시키는 새로운 시도를 단행했다고 하였으므로 옳지 않은 내용이다.

② 최한기는 서양 과학을 활용하여 천문학을 완성하고자 하였지만 이것만으로 서양 과학이 자연 현상의 원리를 밝히는 데 있어 중국보다 뛰어나다고 보았는지는 알 수 없다. 따라서 옳지 않은 내용이다.

③ 18세기 중국에서 확립된 실증주의 천문역산학의 패러다임에서 크게 벗어난 것은 아니었지만, 중화주의적 시각을 그대로 인정한 것도 아니었다고 하였으므로 옳지 않은 내용이다.

⑤ 19세기 조선 지식인 대부분이 서양 과학의 중국 원류설과 상수역학을 수용하였다고 하였지만 이것으로 당시 지식인들이 천문역산 연구를 통해 조선 과학의 중국 의존성을 극복하려는지는 알 수 없는 내용이다. 따라서 옳지 않은 내용이다.

17
정답 ⑤

⑤ 당대의 유력 성관 중 하나였던 안동 권씨의 족보인 『성화보』에 조선 건국에서부터 당시까지 과거 급제자의 절반 정도가 등장한다고 하였으므로 옳은 내용이다.

① 중인은 물론 평민들도 족보를 보유하고자 하였다는 언급은 있으나 족보를 보유하면 양반 가문으로 인정받았다는 내용은 알 수 없으므로 옳지 않은 내용이다.

② 거가대족이라도 기록이 빈약하여 겨우 몇 대를 전할 뿐이므로 고조나 증조의 이름과 호도 기억하지 못하는 이가 있다고 하였으며 『성화보』 역시 시조쪽으로 갈수록 기록이 빈약한 편이라고 하였으므로 조선 시대 이전의 기록도 일부는 존재하고 있음을 추론할 수 있다. 따라서 옳지 않은 내용이다.

③ 『성화보』에서는 아들과 딸을 차별하지 않고 출생 순서대로 기재하였으며 이러한 관념이 확대되어 외손들도 모두 친손과 다름없이 기재되었다고 하였으나 이것이 모계 중심의 친족 관계를 의미하는 것은 아니므로 옳지 않은 내용이다.

④ 『성화보』 간행 이후에는 여러 성관의 족보가 활발히 편찬되었다고 하였으나 가계의 내력을 정확하게 파악할 수 있는 자료가 충분하지 않아 조상의 계보와 사회적 지위를 윤색하거나 은폐하기도 하였다고 하였으므로 옳지 않은 내용이다.

18
정답 ①

① 과학자들은 새 이론이 해결하는 문제의 수와 범위가 기존 이론보다 크면 새 이론을 선택하는데, 그때 고려되는 기준은 심미적 특성이나 막연한 기대가 아니라고 하였으므로 옳지 않은 내용이다.

② 과학혁명의 출발점에서는 기존 이론이 설명하지 못하는 이상현상을 새 이론이 설명한다. 그리고 과학혁명의 중간단계에서는 심미적 특성과 같은 주관적 판단에 의존해 개별 과학자들이 새로 제안된 이론을 선택하기도 한다. 하지만 완성 단계에서는 심미적 특성이 아닌 새 이론의 문제 해결 범위와 수가 선택의 기준이 되므로 옳은 내용이다.

③ 기존 이론은 지금까지 상당한 문제 해결 능력을 증명해왔기 때문에 이상현상 때문에 위기에 봉착했다고 하더라도 기존 이론을 바로 폐기하지는 않는다. 따라서 옳은 내용이다.

④ 과학현상의 출발점에서는 기존 이론이 설명하지 못하는 이상현상을 새 이론이 설명해야 하므로 옳은 내용이다.

⑤ 과학자 공동체는 해결하는 문제의 수와 범위가 더 큰 이론을 선택하게 되므로 옳은 내용이다.

19 정답 ③

정답해설

③ 이스마일파의 테러가 효과적이었던 이유는 부하들을 꾸준히 제국의 심장부 깊숙이 침투시킴으로써 자신들이 어디에나 도사리고 있는 듯한 착각을 만들어 냈기 때문이지 제국 곳곳에 근거지를 확보할 수 있었기 때문은 아니므로 옳지 않은 내용이다.

오답해설

① 하사니 사바는 신자 수가 상대적으로 적은데다 각지에 권력자들이 버티고 있는 상황에서 더 이상 세력을 확장시킬 수 없자 정치권력에 대항하여 역사상 최초로 테러 전쟁을 조직화하는 전략을 고안했다고 하였으므로 옳은 내용이다.

② 그들은 이스마일파 교리에 완전히 매료되어서 종파의 대의를 지키기 위하여 자신의 목숨을 비롯한 모든 것을 바쳤다고 하였으므로 옳은 내용이다.

④ 테러의 공포가 제국의 지배층을 휩쓸자, 술탄은 이 악마같은 자와 협상하는 편이 낫겠다는 생각이 들어, 출정을 취소하고 하사니 사바와 화해했고 그 이후 수년에 걸쳐 이스마일파의 정치력이 커졌다고 하였으므로 옳은 내용이다.

⑤ 도대체 누가 이스마일파인지 구분하기는 불가능했으며, 어느 누구도 진실을 알 수 없는 상황이었기 때문에 모두가 혐의자가 될 수밖에 없었다고 하였으므로 옳은 내용이다.

20 정답 ⑤

정답해설

⑤ 하천을 내려다볼 수 있는 높은 지대는 남산의 산록 및 북천의 북쪽 기슭에 대한 설명이며, 월성 건너편의 기슭은 풍광이 매우 아름다워 주택지로서 최적이었다는 언급만 있을 뿐이다. 따라서 옳지 않은 내용이다.

오답해설

① 금입택은 신라 하대 이전인 중대에도 이미 존재했으므로 옳은 내용이다.

② 진골이면 모두가 금입택을 가질 수 있는 것이 아니라, 왕권에 비견되는 권력과 재력을 누린 소수만이 가질 수 있었으므로 옳은 내용이다.

③ 물과 관계있는 문자가 보이는 금입택이 많은데, 이러한 금입택은 물을 이용한 연못이나 우물 등의 시설을 갖추고 있었으므로 옳은 내용이다.

④ 이러한 수리시설은 오늘날 산지에서 이용되고 있으며, 통일신라시대 사찰이나 궁궐의 조경에도 이용되었다고 하였다. 그리고 명남택은 이러한 수리시설을 갖추었기 때문에 붙은 이름이라고 하였으므로 옳은 내용이다.

21 정답 ②

정답해설

② 정상에 위반되는 것에 대해 여기에는 기운만 홀로 작용하고 이치가 존재하지 않는다고 하는 것 역시 옳지 않다고 하였으므로 옳은 내용이다.

오답해설

① 맹자는 작은 것은 큰 것에 부림을 받고, 약한 것은 강한 것에 부림을 받는다고 하면서 이를 천이라고 하였지만, 글쓴이는 덕의 크고 작음을 논하지 않고 오직 물리적인 대소와 강약만을 승부로 삼는 것이 어찌 천의 본연이겠느냐고 하면서 이를 부정하고 있다. 따라서 옳지 않은 내용이다.

③ 기운을 타고 있는 이치 밖에서 본연의 이치를 따로 구하는 것은 옳지 않다고 하였으므로 옳지 않은 내용이다.

④ 어떤 악인 아무개가 목숨을 보존할 수 있었던 것은 본연의 이치가 아니라고 하면 옳지만, 기운이 홀로 그렇게 하고 이치는 없다고 하면 옳지 않다고 하였으므로 옳지 않은 내용이다.

⑤ 물이 아래로 내려가는 것은 본연의 이치 때문이며, 손에 부딪쳤을 때 튀어 오르는 것은 기운을 타고 있는 이치 때문이라고 하였으므로 두 이치 모두 참된 이치이다. 따라서 옳지 않은 내용이다.

22 정답 ④

정답해설

④ 조선에서 개발된 연은분리법이 일본에 전해진 후 일본 전역에서 은광 개발 붐이 일어났고, 16세기 말 일본이 동아시아 최대의 은 생산국이 되었다고 하였으므로 옳은 내용이다.

오답해설

① 도요토미 히데요시는 해적정지령을 내려 독립적이었던 왜구의 무역활동을 장악하고, 그 전력을 정규 수군화한 후 조선과 중국에 무역을 요구했다고 하였으므로 옳지 않은 내용이다.

② 일본은 조선보다 은광석이 풍부했다는 것은 언급되어 있지만 은광석의 납 함유율을 비교하는 내용은 언급되어 있지 않으므로 옳지 않은 내용이다.

③ 은을 매개로 한 조선·명·일본 3국의 교역이 활성화되어 있지 않아 이를 활성화할 수 있는 방법으로 전쟁을 택하였다고 하였다. 따라서 옳지 않은 내용이다.

⑤ 제시문을 통해서는 일본을 통일하는 데 이와미은광에서 나온 은이 중요한 역할을 하였다는 것은 알 수 없으므로 옳지 않은 내용이다.

23 정답 ③

정답해설

③ 조선군은 강변의 산 위에서 숨어 있다가 적이 나타나면 사격을 가하는 전법을 택했다고 하였으므로 옳은 내용이다.

① 조선은 신유라는 사람을 대장으로 삼아 군대를 파견하였으며 조·청 연합군은 쑹화강과 헤이룽강의 합류 지점에 이르러 러시아군과 교전했다고 하였으므로 옳지 않은 내용이다.

② 러시아 함대는 알바진과 우수리강 하구 사이의 중간에 있는 헤이룽강 지류 입구로 접어들어 며칠 동안 남하하고 있었으며, 양측은 의란이라는 곳에서 만나 싸웠다고 하였으므로 옳지 않은 내용이다.

④ 네스친스크 조약에 따라 러시아는 알바진과 우수리강의 하구 지점을 잇는 수로를 포기하고 그 북쪽의 외흥안령 산맥까지 물러났으며 산맥의 남쪽 지역을 청의 영토로 인정하였다고 하였다. 따라서 의란이라는 장소는 러시아 영토로 편입되지 않았으므로 옳지 않은 내용이다.

⑤ 신유의 부대는 쑹화강과 헤이룽강의 합류 지점에서 러시아군과 싸웠고, 변급의 부대가 이용했던 경로로 두만강을 건너 영고탑으로 이동했다고 하였다. 그러나 선택지의 내용은 제시문에서 알 수 없으므로 옳지 않은 내용이다.

24 정답 ①

정답해설

① 군현별로 결당 세액을 조정한다고 하였으므로 같은 군현에 속해있는 두 농지의 결당 세액은 동일하다. 따라서 조세 납부 총액에 영향을 미치는 것을 생산성 뿐이며, 생산성이 높은 1등전의 조세 납부 총액이 더 많게 되므로 옳은 내용이다.

오답해설

② 군현별로 결당 세액을 조정한다고 하였으므로 지역이 다른 상황에서는 1결의 크기가 같아지더라도 다른 액수의 조세를 낼 수도 있다. 따라서 옳지 않은 내용이다.

③ 6등전과 1등전의 절대 면적을 기준으로 비교할 때, 6등전 1결의 절대 면적이 1이라면 1등전 1결은 0.4라고 하였다. 즉, 절대면적이 100으로 동일하다면, 모두 6등전인 마을은 100결이 되지만, 1등전인 마을은 250결이 된다는 의미이다. 따라서, 절대 면적이 동일한 경우라도 공법 시행 후에는 1등전만 있는 마을이 2등전만 있는 마을보다 결의 수가 더 많아지므로 옳지 않은 내용이다.

④ 도 관찰사로 하여금 관할 도 안에 있는 모든 농지의 작황을 매년 조사한다고 하였으므로 개인이 조사하여 보고하는 것은 아니다. 따라서 옳지 않은 내용이다.

⑤ 세종의 초안에 의하면 조세의 총액은 절대 농지 면적을 근거로 하여 계산되는데, 제시문에서는 함경도와 전라도의 절대 농지 면적이 언급되어 있지 않으므로 옳지 않은 내용이다.

25 정답 ②

정답해설

ㄷ. B는 신체의 기능 결손이 반영되지 않는 주관적 고통이 있을 수 있고 이런 고통도 질병의 일부로 보아야 한다고 하였으므로 선택지의 사실은 B의 주장을 강화한다고 볼 수 있다. 따라서 옳은 내용이다.

오답해설

ㄱ. A에 따르면 통계적으로 정상 상태에 있다면 그 사람은 질병에 걸리지 않은 정상 상태에 있다고 하였는데, 통계적으로 정상이지만 동맥경화증이 질병이라는 사실이 밝혀진다면 이는 A의 주장을 약화하게 되므로 옳지 않은 내용이다.

ㄴ. 사람마다 고통과 치료방법이 다르다는 것과 A의 주장은 무관하므로 옳지 않은 내용이다.

26 정답 ③

정답해설

③ 라이프니츠와 데카르트는 공간을 정신과 독립된 실재로 보는지에 대해 반대되는 의견을 가지고 있다. 따라서 공간의 본성에 관한 라이프니츠의 견해가 옳다면 데카르트의 견해는 옳지 않다.

오답해설

① 뉴턴은 공간을 정신과 독립된 객관적 실재로 보았으나 라이프니츠는 공간을 정신과 독립된 실재라고 보지 않았으므로 옳지 않은 내용이다.

② 데카르트는 퍼져있음이 공간의 본성을 구성하므로 아무 물질도 없는 빈 공간이란 원리적으로 불가능하다고 하였으나, 데모크리토스는 모든 자연현상의 근거는 원자들, 빈 공간 속에서의 원자들의 움직임, 그리고 그에 따른 원자들의 배열과 조합의 변화라고 하였으므로 옳지 않은 내용이다.

④ 데카르트는 빈 공간이 불가능하다고 하였지만 뉴턴은 비어있는 절대공간이 가능하다고 하였으므로 옳지 않은 내용이다.

⑤ 데모크리토스는 원자들이 움직이는 빈 공간이 존재한다고 보았으며, 뉴턴도 절대공간으로서의 빈 공간이 가능하다고 보았으므로 옳지 않은 내용이다.

27 정답 ③

정답해설

제시문의 내용을 정리하면,

> ⅰ) '실제적 견해'는 도덕적으로 중요한 것은 이미 존재하는 사람이 갖는 행복이지 아직 태어나지 않은 사람들의 행복이 아니라는 것이고,
>
> ⅱ) '전체적 견해'는 이미 존재하고 있는 사람들의 행복의 양을 늘리는 것뿐 아니라 새로운 존재를 만들어 행복의 양을 늘리는 것도 도덕적으로 옳은 행동이라는 것이다.

③ C는 내 아이의 행복이 다른 아이의 행복보다 가치 있다고 하였으므로 공리주의의 기본 전제(나의 행복이 너의 행복보다 더 도덕적 가치가 있다고 생각하지 않는 것)에 위배된다. 그런데 제시문의 '전체적 견해'와 '실제적 견해'라는 것은 공리주의를 다시 나눈 것들이기 때문에 옳지 않은 내용이다.

오답해설

① A는 이미 실제로 존재하는 사람(다른 나라 아이)의 행복의 양을 늘리는 것뿐 아니라 새로운 존재(자신의 아이)를 만들어 행복의 양을 늘리는 것도 도덕적으로 옳다고 하였으므로 '전체적 견해'에 해당한다. 따라서 옳은 내용이다.

② B는 새로운 존재(자신의 아이)를 만들어 행복하게 하는 것이 사회를 도덕적으로 개선하는 방안이 될 수 없다고 하였으므로 '전체적 견해'와는 부합되지 않는다. 따라서 옳은 내용이다.

④ B는 아직 태어나지 않은 사람들의 행복은 도덕적으로 중요하지 않다는 것과 일맥상통하므로 '실제적 견해'와 부합한다. 따라서 옳은 내용이다.

⑤ ③과 같은 이유로 C는 공리주의의 기본 전제에 위배되므로 '실제적 견해'와도 부합하지 않는다. 따라서 옳은 내용이다.

28

정답해설

③ A는 '인간은 생물학만으로는 설명할 수 없는 생물학 너머의 차원이 있다'고 하였으며, B는 '우리 삶 전체가 생물학의 차원 안으로 들어오게 된다'고 하고 있으므로 옳은 내용이다.

오답해설

① 유전자 결정론은 B가 A의 견해를 언급하는 과정에서 나왔을 뿐 제시문 전체를 통해서는 A와 B가 유전자 결정론을 받아들이는지의 여부를 파악할 수 없다. 따라서 옳지 않은 내용이다.

② B는 모든 학문은 인간 생물학의 일부라고 하여 생물학의 역할을 높게 평가하고 있고, A 역시 인간도 생물인 이상 생물학의 차원을 떠날 수는 없다고 하였지 생물학의 역할을 부정한 것이 아니므로 옳지 않은 내용이다.

④ B는 인문학이 생물학의 차원에 놓여있다고 생각하는 반면, A는 인문학이 생물학 너머의 차원에 있다고 언급하고 있을 뿐 사회과학의 차원에 있다고 하지는 않았으므로 옳지 않은 내용이다.

⑤ B는 생물학이 사회 · 정치 · 윤리의 차원과 구별되지 않는다고 생각하고, A는 생물학이 사회 · 정치 · 윤리의 차원과 구별된다고 생각하므로 옳지 않은 내용이다.

29

정답해설

게임이론에 관한 지문이며, 이를 각각의 보수행렬로 나타내면 다음과 같다.

구분	공격적 광고	광고 자제
공격적 광고	(3억, 3억)	(6억, 2억)
광고 자제	(2억, 6억)	(5억, 5억)

구분	첨단 장비 구입	기존 장비 유지
첨단 장비 구입	(2억, 2억)	(4억, 1억)
기본 장비 유지	(1억, 4억)	(4억 이하, 4억 이하)

따라서 상대방이 무엇을 선택하든 상관없이 나에게 가장 높은 이익을 가져다주는 전략은 D전략(공격적 광고, 첨단 장비 구입)이 되며, 상대방이 무엇을 선택하든 상관없이 나에게 가장 낮은 이익을 가져다주는 전략은 S전략(광고 자제, 기존 장비 유지)이 된다.

30

정답해설

⑤ 지금까지 대부분 아내를 살해한 남편이 사형에 처해지지 않은 이유는 남은 자녀에 대한 부양 책임 때문임을 알 수 있지만, 이것만으로 박도경이 자녀에 대한 부양 책임으로 인해 방면될 것인지는 알 수 없으므로 옳지 않은 내용이다.

오답해설

① 피해자의 사인과 관련자들의 증언이 모두 확실하니 속히 박도경의 자백을 받아 판결하라는 신하의 발언을 통해 판결의 근거로 증거와 주변의 증언이 사용되었다는 것을 알 수 있다. 따라서 옳은 내용이다.

② 신하는 박도경의 자백을 받아 판결하라고 말하고 있는데, 임금 역시 박도경을 엄히 신문하여 그에 대한 자백을 기필코 받아 내도록 하라고 하였다. 따라서 박도경의 자백 이후에 최종 판결이 이루어진다는 것을 알 수 있으므로 옳은 내용이다.

③ 지금까지 남편이 아내를 살해한 죄안은 실정이 있든 없든 대부분 살려주는 쪽으로 결정하였다는 임금의 발언을 통해 아내를 살해한 남편이 대개 사형에 처해지지는 않았음을 알 수 있으므로 옳은 내용이다.

④ 박도경을 사형에 처할지 말지는 그가 아내를 죽인 것이 우연히 저지른 일인지 아니면 반드시 죽이고자 하였는지의 여부에 따라 판단해야 한다는 임금의 발언을 통해 사형은 고의성 여부에 따라 결정된다는 것을 알 수 있으므로 옳은 내용이다.

31

정답해설

① 낙학에서 본체에 접근하는 방법은 이론적 탐색이 아니라 강력하고 생생한 주관적 체험이었고, 호학에서 본체인 본성은 현실 세계를 객관적, 합법적으로 강제하는 규범의 근저로서 주관적 체험의 밖에 존재한다고 하였으므로 옳은 내용이다.

오답해설

②, ④ 호학에서 본체의 인식은 마음의 체험을 통해서가 아니라 세계에 대한 객관적 인식의 축적에 의해 달성되는 것이라고 하였으므로 옳지 않은 내용이다.

③ 호학이 사대부의 자아 정립과 관련이 깊고 왕권도 본체의 제약을 받아야 한다는 의미를 함축하고 있다고 언급하고 있으므로 옳지 않은 내용이다.

⑤ 낙학은 이론의 구성에서 주희의 마음 이론을 표준으로 삼았다고 하였으므로 옳지 않은 내용이다.

32

정답해설

④ B는 과학자가 신약 개발처럼 엄청난 혜택을 놓치게 될 위험이 있다고 주장하였고, D는 과학자가 윤리적 문제를 도외시해서는 안된다고 주장함에 그치므로, 과학자의 전문성이 사회적 문제 해결에 긍정적으로 기여할 것이라고는 볼 수 없다. 따라서 옳지 않은 내용이다.

오답해설

① A와 B는 과학자들이 윤리 문제에 집중하는 것에 부정적인 입장이므로 옳은 내용이다.

② B는 전문가 사회라는 것을 근거로 하여 과학자가 윤리에 집중할 필요가 없다고 주장하고 C는 과학윤리에 대해 과학자가 전문성이 없음을 인정하고 있으므로 옳은 내용이다.

③ B는 미래의 윤리적 문제를 예측하기 어렵다고 하였고, C는 미래의 사회적 영향을 알기 어렵다고 하였으므로 옳은 내용이다.

⑤ C는 과학자들이 윤리학자들과 접촉을 할 것을 요구하고 있으며, D는 다양한 분야의 전문가들과 함께 소통해야 한다고 주장하였으므로 옳은 내용이다.

33 정답 ④

정답해설

ㄱ. (가)는 오늘날 대중이 자발적으로 투쟁하는 능동적 존재라고 인식한다고 하였으므로 옳은 내용이다.

ㄷ. (가)와 (나) 모두 과거 지식인이 대중의 현실인식과 가치판단에 영향을 준 것으로 인식하므로 옳은 내용이다.

오답해설

ㄴ. (나)는 과거 지식인이 현실을 제대로 인식하지 못한 채로, 대중을 잘못된 현실로 이끈 것으로 인식하고 있으므로 옳지 않은 내용이다.

34 정답 ④

정답해설

④ CDMA는 단절 전 형성 방식을 사용하는데, 이는 이동단말기와 기존 기지국 간의 통화 채널이 단절되기 전에 새로운 기지국과의 통화 채널을 형성하는 방식이므로 하나의 단말기가 두 기지국과 동시에 통화 채널을 형성할 수 있다. 하지만 FDMA는 형성 전 단절 방식을 사용하는데, 이는 이동단말기와 새로운 기지국 간의 통화 채널이 형성되기 전에 기존 기지국과의 통화 채널을 단절하는 방식이므로 하나의 단말기는 하나의 기지국과만 통화 채널을 형성할 수 있다. 따라서 옳은 내용이다.

오답해설

① 형성 전 단절 방식의 경우 각 기지국이 다른 주파수를 사용하고 있다면, 이동단말기는 기존 기지국과의 통화 채널을 미리 단절한 뒤 새로운 기지국에 맞는 주파수를 할당 받은 후 통화 채널을 형성해야 한다고 하였다. 따라서 단절 전 형성 방식의 각 기지국은 같은 주파수를 사용하고 있다는 것을 추론할 수 있으므로 옳지 않은 내용이다.

② 제시문을 통해서는 형성 전 단절 방식과 단절 전 형성 방식의 속도 차이를 알 수 없으므로 옳지 않은 내용이다.

③ 이동단말기와 기지국이 멀어지면 그 둘 사이의 신호는 점점 약해지는데, 이 신호의 세기가 특정값 이하로 떨어지게 되면 핸드오버가 명령되어 이동단말기와 새로운 기지국 간의 통화 채널이 형성된다. 그런데 이 과정에서 이동전화교환과 기지국 간 연결에 문제가 발생하면 핸드오버가 실패하게 된다. 따라서 이동단말기와 기존 기지국 간의 통화 채널이 단절되면 핸드오버가 성공하는지는 알 수 없으므로 옳지 않은 내용이다.

⑤ 제시문을 통해서는 하나의 이동단말기에서 이루어지는 핸드오버에 대해서만 언급하고 있으므로 복수의 단말기의 비교는 불가능하다. 따라서 옳지 않은 내용이다.

35 정답 ⑤

정답해설

⑤ 가영은 개연성이 높은 판단이라고 하더라도 결국에는 거짓으로 밝혀지는 경우가 드물지 않다고 하였지만 참인 전제들로부터 논리적 추론을 이용해서 도출된 결론이 거짓일 수 있다고는 하지 않았다. 따라서 옳지 않은 내용이다.

오답해설

① 가영은 '확보된 증거에 비추어볼 때 갑과 을 두 사람 중 적어도 한 사람에게 사고의 책임이 있을 개연성이 무척 높다'고 하였고, 나정은 '둘 중 한 사람에게 사고의 책임이 있다는 것을 꽤 지지하는 증거가 확보된 경우에는 그렇게 말할 수 없습니다'라고 하여 증거의 역할을 인정하고 있으므로 옳은 내용이다.

② 나중에 을에게 책임이 없음을 확실히 입증하는 증거가 나타나는 상황을 배제할 수 없는 경우, 둘 중 적어도 한 사람에게 책임이 있다고 보았던 최초의 전제의 개연성이 흔들리고 그 전제를 참이라고 수용할 수 없게 된다고 하였으므로 옳은 내용이다.

③ 나정은 판단을 계속 미룰 수 없는 상황에서 확보된 증거를 충분히 고려해 을에게 사고의 책임을 묻는 것이 가능하다고 하였으므로 옳은 내용이다.

④ 나정은 '나타나지도 않은 증거를 기다릴 일이 아니라, 확보된 증거를 충분히 고려해 을에게 사고의 책임을 물어야 한다는 것입니다'라고 하여 가영과 같이 확실히 참인 증거가 나타날 때까지 기다리기만 하면 책임 소재를 따질 수 없게 되는 상황이 계속 된다고 하였으므로 옳은 내용이다.

36 정답 ⑤

정답해설

⑤ 다른 행동을 할 가능성이 있는지 없는지를 중시하는 것은 갑이며, 강제성 여부가 중요한 것은 을이므로 옳은 내용이다.

오답해설

① 을은 철수의 행동에 철수의 의지가 반영될 수 있다고 생각하므로 옳지 않은 내용이다.

② 을은 강요에 의한 행동이라면 자유롭지 않다고 생각하므로 옳지 않은 내용이다.

③ 을 역시 필연적인 행동에 대해 다른 행동의 가능성이 있다고 생각하지는 않으며 강요된 것인지의 여부가 중요하다고 하였으므로 옳지 않은 내용이다.

④ 갑과 을 모두 전지전능한 신이 존재함을 전제한 상태에서 논증을 펼치고 있으므로 전지전능한 신이 존재하지 않는 상황에 대해서는 판단할 수 없다. 따라서 옳지 않은 내용이다.

37 정답 ②

정답해설

② A1은 정보통신기술 혁명이 국경 없는 세계를 만들어 규제가 철폐될 수밖에 없다고 하였으므로 옳은 내용이다.

오답해설

① A와 B가 대립하고 있는 이유는 가장 혁신적인 것이 무엇인가에 대한 논쟁이다. A는 정보통신기술 혁명이라고 주장하지만, B는 세계화에 영향을 미치는 것은 정치적인 것이라고 주장하고 있으므로 옳지 않은 내용이다.

③ B1은 A1이 잘못 생각하고 있음을 지적하고 있으므로 옳지 않은 내용이다.

④ B1과 A2는 가전제품의 영향력에 대해 서로 다른 입장을 고수하고 있으므로 옳지 않은 내용이다.

⑤ B2는 A2가 세계화의 정도를 결정하는 원인을 잘못 생각하고 있다는 점을 지적하고 있지 뒤바꾸어 생각하고 있다고 하지는 않으므로 옳지 않은 내용이다.

정답해설

ㄷ. 갑과 을의 범인에 대한 믿음의 정도가 같다면, 방법 A와 방법 B 모두 동일하게 분배하게 되므로 옳은 내용이다.

오답해설

ㄱ. 방법 A와 방법 B 모두 병의 믿음에 부여된 확률을 분배하는 것이기 때문에 갑과 을의 범인에 대한 믿음의 정도의 합은 전체 믿음의 합에서 병의 믿음의 정도를 차감한 것과 같으므로 두 방법 모두 같다. 따라서 옳지 않은 내용이다.

ㄴ. 방법 B에 따르면 갑과 을의 믿음이 같지 않은 상황에서는 어느 한쪽이 클 수밖에 없다. 따라서 병의 믿음을 분배할 때에도 동일하게 나누지 않고, 한쪽이 더 가져가게 될 것이다. 그렇게 되면 기존의 차이에 비해 더 많은 부분을 배분받기 때문에 큰 쪽은 더 많이 커지고, 작은 쪽은 적게 커지게 된다. 따라서, 비율로 분배하는 방법 B보다 동일하게 분배되는 방법 A가 더 커질 수는 없으므로 옳지 않은 내용이다.

정답해설

⑤ 일반 원칙에 얽매이는 것은 노예의 도덕이고, 자신의 도덕을 바탕으로 행복을 추구하는 것은 주인의 도덕이므로 옳은 내용이다.

오답해설

① 노예의 도덕은 주체적인 삶을 추구하지 않으므로 옳지 않은 내용이다.

② 나 자신의 신장을 추구하는 것은 노예의 도덕이 아니므로 옳지 않은 내용이다.

③ 자신만의 개성을 만들어 사는 삶은 노예의 도덕이 아니므로 옳지 않은 내용이다.

④ 내재화된 이성의 힘이 아니라 자신에게 어울리는 이상을 자신의 도덕으로 삼는 것이기 때문에 내재화를 통한 주체적인 삶의 여부는 크게 중요하지 않다. 따라서 옳지 않은 내용이다.

정답해설

⑤ G는 작은 수와 큰 수를 나누는 기준을 10으로 두고 만약 큰 수로 이루어진 수식이 증명될 수 있다면 작은 수로 이루어진 수식도 증명될 수 있다고 설명하며 F의 주장을 반박하고 있다. 따라서 옳은 내용이다.

오답해설

① B는 특정한 수를 다루는 수식이 공리의 특성을 가진다고 하여도 다른 특성을 만족시키지 못하면 공리가 되지 않는다고 하였지만 그것이 A의 주장을 반박하는 것은 아니다. 따라서 옳지 않은 내용이다.

② C는 특정한 수를 다루는 무한히 많은 수식들이 공리가 아니라고 하였을 뿐, 특정한 수를 다루는 수식이 무한이 많다는 것을 부정한 것이 아니다. 따라서 옳지 않은 내용이다.

③ D는 직관을 통해 모든 수식의 참과 거짓을 그 자체로 명백히 알 수 있다고 주장하였고, E는 그것을 직관적으로 알 수는 없지만 증명할 수 있다고 주장하였으므로 옳지 않은 내용이다.

④ F는 작은 수에 대해서는 D의 주장에 동의하고, 큰 수에 대해서는 E의 주장에 동의하므로 옳지 않은 내용이다.

정답해설

• 모모

> ⅰ) 자연의 힘으로 벌어지는 모든 일에는 선과 악이 없다.
>
> ⅱ) 역사 안에서 일어나는 일 가운데는 선과 악이 있는 일도 있어. 여기서, '지성과 사랑의 힘에 의해 일어나는 일이 자연의 힘으로 벌어지는 일이 아니다'라는 것을 가정한다면, 다음의 진술들이 참이 될 수 있다.
>
> ⅲ) 지성과 사랑의 힘에 의해 일어나는 일에는 선과 악이 있지.
>
> ⅳ) 역사 안에서 일어나는 일 중에는 지성과 사랑의 힘에 의해 일어나는 일도 있어.

오답해설

• 나나

> ⅰ) 역사 안에는 일어나는 모든 일에는 선과 악이 없어.
>
> ⅱ) 개인이 노력한다고 해서 역사가 달라지지도 않아.
>
> ⅲ) 만일 개인이 노력한다고 해서 역사가 달라지지 않고, 역사 안에서 일어나는 모든 일에 선과 악이 없다면, 개인은 역사 바깥에 나갈 때에만 선할 수 있어.
>
> ⅰ)~ⅲ)에 의해 : ⅳ) 개인은 역사 바깥에 나갈 때에만 선할 수 있어.
>
> ⅴ) 개인은 역사 바깥에 나가지도 못하고~.
>
> ⅳ)와 ⅴ)에 의해 : ⅵ) 개인은 선할 수 없다.
>
> ⅶ) 하지만 개인이 선할 가능성은 여전히 남아 있지.
>
> ⅵ)과 ⅶ)은 동시에 참일 수 없다.

• 수수

> ⅰ) 하지만 그것을 포함한 모든 역사는 오직 자연의 힘만으로 벌어지지.
>
> ⅱ) 자연의 힘만으로는 벌어지는 모든 일에는 선과 악이 없지만~.
>
> ⅰ)과 ⅱ)에 의해 ⅲ) 모든 역사에는 선과 악이 없어야 한다.
>
> ⅳ) 진화의 역사에서 오직 자연의 힘만으로 인간 지성과 사랑이 출연한 일에는 선이 있음이 분명해.
>
> ⅲ)과 ⅳ)는 동시에 참일 수 없다.

정답해설

ㄷ. A는 악기의 이름 앞부분이 색깔에서 유래했다고 하였다. 따라서 악기의 이름 맨 앞에 국명을 붙이는 관습이 있었다고 하더라도 이는 A의 주장을 강화하지 않는다.

오답해설

ㄱ. 단군왕검에서 검이 신을 뜻했다는 것은 거문고라는 이름과 연관이 없으며, 검이 옛말로 곰, 감이라고 통용되었다는 것 또한 A와 B 모두 거문고라는 이름의 유래를 찾는데 근거로 사용되지 않았으므로 A와 B의 주장을 강화하지 않는다.

ㄴ. A와 B의 논쟁의 핵심은 거문고라는 단어의 '거문'이라는 부분이 어디서 유래했는지에 대한 것이다. 따라서 '고'와 '금'이 혼용되었다는 사실은 B의 주장을 약화하는 것이 아니다.

43

정답해설

⑤ C 방식에서 정당의 공천을 받은 후보자들은 무소속 후보자들에 비해 우선적으로 앞 번호를 배정받았으며, D 방식에서는 국회에서 의석을 가진 정당의 추천을 받은 후보자, 국회에서 의석이 없는 정당의 추천을 받은 후보, 무소속 후보자의 순으로 후보자의 게재 순위를 결정하므로 정당의 후보자는 무소속 후보자에 비해 앞 번호를 배정받는다. 따라서 옳은 내용이다.

오답해설

① A 방식은 투표용지상의 기호가 후보자들의 추첨으로 배정되므로 옳지 않은 내용이다.

② B 방식은 국회에서 다수 의석을 가진 정당순으로 '1, 2, 3' 등의 아라비아 숫자로 기호를 배정하는 방식이라고 하였으므로 옳지 않은 내용이다.

③ C 방식은 추첨을 통해 후보자의 게재순위를 결정하는 것이므로 옳지 않은 내용이다.

④ B 방식에서 원내 의석이 3순위 이하인 기타 정당의 후보자에게는 정당명칭의 가나다순에 의해 순서가 부여되므로 명칭에 따라 다른 기호가 배정되게 되며, D 방식은 국회에서의 다수 의석순으로 정하므로 기호 4번을 배정받게 된다. 따라서 옳지 않은 내용이다.

44
정답 ②

정답해설

ㄷ. 동전 개수가 많아질수록 앞면과 뒷면의 비율은 50대 50에 가깝게 수렴하기 때문에 80%의 확률로 앞면이 나올 가능성은 오히려 낮아진다. 따라서 동전 개수가 100개인 B그룹보다 A그룹에 더 많은 인원이 속해있어야 하므로 옳은 내용이다.

오답해설

ㄱ. 〈게임 1〉에서 A그룹 참가자와 B 그룹 참가자의 동전 개수를 각각 절반으로 줄일 경우, A그룹에는 한 사람당 동전 5개, B그룹에는 동전 50개씩을 가지게 된다. 그런데 이 경우 A그룹에 속해 있는 사람이라면 설사 모두 앞면이 나온다고 하더라도 5점에 불과한 반면, B그룹에 속해 있는 사람은 평균적으로 25점은 얻을 수 있게 된다. 따라서 여전히 승자가 B그룹에서 나올 확률이 더 높으므로 옳지 않은 내용이다.

ㄴ. 예를 들어 B그룹의 인원이 수만 명이 될 경우 그 중에서 90%의 확률로 앞면이 나오는 사람이 없으리라는 보장이 없다. 오히려 인원이 100명일 때보다 확률이 더 높아질 것이므로 옳지 않은 내용이다.

45
정답 ③

정답해설

먼저 제시문을 정리하면, 원리 K를 받아들이는 경우 〈게임 A〉에서는 선택2를, 〈게임 B〉에서는 선택4를 선호해야 하며, 원리 P를 받아들이는 경우 〈게임 A〉에서 선택1을 선호한다면 〈게임 B〉에서는 선택3을, 〈게임 A〉에서 선택2를 선호한다면 〈게임 B〉에서는 선택4를 선호해야 한다.

ㄱ. 〈게임 A〉에서 선택1을 선호한다고 하였으므로 원리 K를 받아들이지 않고 있는 상황이며, 〈게임 A〉에서 선택1을 선호하고 〈게임 B〉에서 선택3을 선호한다고 하였으므로 원리 P는 받아들이고 있다. 따라서 옳은 내용이다.

ㄴ. 〈게임 A〉에서 선택2를 선호하고 〈게임 B〉에서 선택3을 선호한다고 하였으므로 원리 K를 받아들이고 있는 상황이며, 〈게임 A〉에서 선택2를 선호하고 〈게임 B〉에서 선택3을 선호한다고 하였으므로 원리 P는 받아들이지 않고 있다. 따라서 옳은 내용이다.

오답해설

ㄷ. 〈게임 A〉에서 선택 2를 선호하고 〈게임 B〉에서 선택4를 선호한다고 하였으므로 원리 K를 받아들이고 있는 상황이며, 〈게임 A〉에서 선택 2를 선호하고 〈게임 B〉에서 선택 4를 선호한다고 하였으므로 원리 P도 받아들이고 있다는 것을 알 수 있다. 따라서 옳지 않은 내용이다.

46
정답 ④

정답해설

④ ⑩이 참인 것은 언어가 구조를 가지고 있음이 참임을 알려주지만 사고에도 구조가 있음을 알려주지는 않는다. 또 ⑪이 참인 것은 사고가 체계성과 생산성을 가지고 있음을 알려주기는 하지만 구조와는 무관한 내용이다. 따라서 ⒜은 거짓일 수 있다.

오답해설

① ㉠은 ㉡의 전제로 사용되었을 뿐 ㉠이 ㉡의 근거가 되는 등의 지지관계가 있다고 보기는 어려우므로 옳지 않은 내용이다.

② ⑪은 ㉢과 논의하는 대상이 다르므로 지지관계가 있다고 보기는 어려우므로 옳지 않은 내용이다.

③ ⑩은 ㉢과 ㉣을 종합하여 요약한 것이므로 ㉢과 ㉣이 참일 때 ⑩이 거짓인 경우는 존재하지 않으므로 옳지 않은 내용이다.

⑤ ⑪이 참이라면 체계성과 생산성의 의미에 따라 설명한 ⒜과 ◎ 역시 참이어야 하므로 옳지 않은 내용이다.

47
정답 ④

정답해설

ㄴ. 암석에서 발견된 산소가 지구의 암석에 있는 것과 동위원소 조성이 다르다는 것을 통해 이 암석이 다른 행성에서 유래한 것이라는 것을 추론해내기 위해서는 산소의 동위원소 조성이 행성마다 모두 다르게 나타난다는 것이 전제되어야 하므로 옳은 내용이다.

ㄷ. A 종류의 박테리아가 생성하는 자철석의 결정형과 순도가 유지되는 것을 통해 이 암석이 있었던 화성에도 생명체가 있었음을 추론하고 있으므로, A 종류의 박테리아가 아니면 해당 자철석이 나타나지 않음이 전제되어야 다른 원인이 아닌 A 종류의 박테리아의 영향임을 알 수 있다. 따라서 옳은 내용이다.

오답해설

ㄱ. 크기가 100나노미터 이하의 구조는 생명체로 볼 수 없다는 것이 전제가 되면, 암석에서 발견된 구조를 가지고 생명체의 존재 여부를 논할 수 없다. 따라서 전제로 볼 수 없다.

Chapter 03_LEVEL 3, 단련_정답 및 해설 93

48

정답해설

② 사례의 내용은 바흐의 작품을 좋아하는 친구의 행동을 내가 정확히 예측했다고 하더라도 친구의 행동은 강요받은 것이 아니라는 것이다. 그리고 제시문에서는 결정과 강요를 혼동하지 말 것을 주장하고 있으므로 이 사례의 내용은 제시문의 논지를 강화한다. 또한 라플라스가 이미 결정된 선택을 따르도록 강요된다고 지적한 것을 감안하면, 선택이 강요되지 않는다는 내용의 사례는 라플라스의 견해와 양립 불가능하다.

49

정답해설

ㄱ. 신경과학이론이 통속 심리이론보다 행동 현상을 더 잘 설명할 수 있게 될 것이라는 전제가 있기 때문에, 통속 심리이론의 '믿음', '욕구' 등이 사라질 것이라고 본다. 따라서 옳은 내용이다.

ㄷ. 통속 심리이론이 신경과학이론이 설명하지 못하는 것을 많이 설명한다면 현대 과학에서 통속 심리이론이 사라지기는 어려울 것이다. 따라서 옳은 내용이다.

오답해설

ㄴ. 행동 현상을 설명하는 데 플로지스톤과 유사하다는 것을 근거로 통속 심리이론이 사라질 것을 예측하는 상황이기 때문에 이들 간의 근본적인 차이가 있다면 플로지스톤처럼 사라진다는 예측을 하기가 어려워질 것이다. 따라서 옳지 않은 내용이다.

50

정답해설

⑤ 뇌기능 검사를 통해 반응정신의 작동 결과를 기록하는 뇌부위가 없다는 것이 밝혀진다면 이는 엔그램의 발생 자체를 부정하는 것이므로 ⊙을 지지하는 것이다. 따라서 옳은 내용이다.

오답해설

① 다이어네틱스에서는 문제가 있는 엔그램을 치료 받는 사람의 분석 정신 앞으로 끌어내면 그 엔그램은 완전히 삭제되어 더 이상 문제를 일으키지 않게 된다고 하였는데, 만약 엔그램이 삭제되기도 한다는 것이 밝혀졌다면 이는 다이어네틱스를 지지하는 것이 되므로 옳지 않은 내용이다.

② 반응정신은 출생 전 태아 상태에서부터 작동하며, 인간은 이미 상당히 축적된 엔그램을 지니고 태어난다고 하였다. 이 엔그램의 작용이 정신 질환의 원인이라고 하는 것이 다이어네틱스의 주장인데 상당수의 정신질환의 원인이 태아 시절의 경험에서 비롯되었다는 것은 이러한 다이어네틱스의 주장을 지지한다. 따라서 옳지 않은 내용이다.

③ 반응정신이 수면상태에서처럼 분석정신이 작동하지 않을 때 오감을 통해 입력된 내용을 뇌의 특정 부위에 기록한 것을 엔그램이라고 하였다. 선택지의 내용은 이를 달리 표현한 것으로 다이어네틱스의 주장과 일치하므로 ⊙을 지지하지 않는다. 따라서 옳지 않은 내용이다.

④ 프라이버시 보호 규정에 따라 환자의 신상 정보를 공개하지 않은 것과 다이어네틱스의 신뢰성에 문제가 있다는 것은 무관하므로 옳지 않은 내용이다.

51

정답해설

④ 어떠한 가르침을 주장하는 종교가 보편적 도덕 원칙에 어긋나는 것으로 여기고 있으므로 관용의 첫 번째 요소를 충족시키며, 이러한 종교를 용인하고 있으므로 두 번째 요소를 충족시키고 있다. 그런데 이러한 경우를 더 관용적으로 평가하게 된다면 도덕원칙에 어긋나는 것을 용인하는 결과가 초래되어 역설이 발생한다. 따라서 옳은 내용이다.

오답해설

① 관용의 첫 번째 요소는 관용을 실천하는 사람이 관용의 대상이 되는 믿음이나 관습을 거짓이거나 잘못된 것으로 여겨야 한다는 것이다. 그런데 선택지의 사례는 이 요소를 갖추고 있지 않으므로 관용에 해당하지 않는다. 따라서 옳지 않은 내용이다.

② 관용의 두 번째 요소는 관용을 실천하는 사람이 관용의 대상을 용인하거나 최소한 불간섭해야 한다는 것이다. 그런데 선택지의 사례는 이 요소를 갖추고 있지 않으므로 관용에 해당하지 않는다. 따라서 옳지 않은 내용이다.

③ 자신의 종교가 주는 가르침만이 유일한 진리라고 믿는 사람일수록 더 관용적이라고 평가되는 경우에 관용의 역설이 성립한다. 하지만 선택지의 내용은 이와 반대이므로 역설이 성립되지 않는다. 따라서 옳지 않은 내용이다.

⑤ 자신이 믿는 종교적 믿음만이 유일하게 참이라고 여긴다면 다른 종교적 믿음은 거짓이므로 첫 번째 요소를 충족한다. 그리고 다른 종교적 믿음에 대해서도 용인한다면 이는 두 번째 요소를 충족한다. 하지만 역설이 성립하기 위해서는 관용적일수록 도덕적으로 잘못을 저지르게 될 가능성이 높아져야 하는데 선택지의 진술은 그런 상황은 아니므로 역설로 보기 어렵다. 따라서 옳지 않은 내용이다.

52

정답해설

ㄱ. 제시문은 특정 행위의 결과를 행위자가 의도했는지에 대한 설문 조사는 행위 결과의 도덕성 여부에 대한 판단에 의존한다고 하였다. 따라서 환경에 대한 영향과 도덕성이 무관하다고 생각하는 사실은 제시문의 주장을 약화시키게 되므로 옳은 내용이다.

오답해설

ㄴ. 제시문에서는 부도덕한 의도를 가지고 부도덕한 결과를 낳는 행위를 한 행위자가 제시되지 않는다. 단지, 같은 의도를 가지고 도덕적인 결과인지에 대해 차이가 나타날 뿐이다. 따라서 지문을 통해, 부도덕한 의도를 가지고 부도덕한 결과를 낳는 행위를 한 행위자와 의도 없이 부도덕한 결과를 낳는 행위를 한 행위자의 결과에 대한 책임 정도는 비교할 수 없다. 따라서 옳지 않은 내용이다.

ㄷ. 제시문의 두 행위자는 동일한 부도덕한 결과를 의도하지 않았으며 또한, 그 결과를 달성하지 못한 행위자를 다루는 사례가 아니므로 옳지 않은 내용이다.

53

정답해설

② 해마의 신경세포는 길을 잘 찾아가게 하는 데 도움이 된다는 주장을 부정하지 않았고, 추가로 소뇌에서도 발견된다는 것을 다룰 뿐이다. 따라서 A의 견해를 약화시키지 않는다.

오답해설

① 해마의 신경세포인 장소세포가 활성화될 필요가 없다는 것이므로 A의 견해를 약화시킨다.

③ 신경세포로는 용량이 부족해 공간과 거리에 대한 정보를 담을 수 없다는 것이므로 A의 견해를 약화시킨다.

④ 쥐가 장소를 찾는 행동을 신경세포가 아닌 냄새로 설명할 수 있다는 것이므로 A의 견해를 약화시킨다.

⑤ 쥐를 통해서 신경세포의 기능 가능성을 제시했지만, 사람은 그렇지 않다는 것이므로 A의 견해를 약화시킨다.

54

정답 ②

정답해설

ㄴ. 물이 어는 과정에서 따뜻한 물에서 증발한 물의 질량이 더 크다는 것은 B의 주장을 지지한다. 따라서 B의 주장을 강화하므로 옳은 내용이다.

오답해설

ㄱ. 물의 대류를 억제하여 기존의 실험과 같은 결과가 나타난다는 것은 그것의 원인이 대류가 아니라는 것을 나타내는 것이므로 A의 주장을 약화시킨다. 따라서 옳지 않은 내용이다.

ㄷ. C는 용해기체의 양이 차가운 물에 더 많다고 하였으므로 C의 주장을 강화시킨다. 따라서 옳지 않은 내용이다.

55

정답 ①

정답해설

① ㉮ 약 1만 년 전부터 5천 년 전까지 농촌 마을의 인구가 대부분 약 2천 명 정도였고, 5천 년 전부터 1만 명 정도의 사람들이 모여사는 도시가 출현하였다고 하였다. 그리고 도시가 생겨난 이유가 농업의 발전에 의해서 농촌의 인구가 점차적으로 증가한 것이라고 하였는데, 실제 고고학적 연구에서는 2천 명이 넘는 인구를 수용한 마을이 거의 발견되지 않았다고 하여 이러한 가설이 올바르지 않다고 하고 있다. 따라서 ㉮에 들어갈 말로는 ㄱ이 가장 적절하다.

㉯ 인구가 약 2천 명에서 1만 명 정도로 비약적인 변화가 가능한 이유를 사회적 제도의 발명에서 찾고 있으므로 사회적 제도가 없었다면 인구가 2천 명을 넘지 못한다는 내용을 담고 있는 ㄹ이 ㉯에 들어갈 말로 가장 적절하다.

56

정답 ①

정답해설

① 피는 돌출부가 향한 방향으로만 움직일 수 있고 그 반대 방향으로 움직일 수 없다고 하였고, 이 돌출부는 피가 신체 아래쪽으로 몰리는 것을 막는 기능을 하는 것이 아니라고 하였다. 따라서 피가 아래쪽으로 몰리기 위해 위쪽으로 갈 수 없어야 하며 이에 따라 ㉠에는 '아래쪽으로', ㉡에는 '위쪽으로'가 들어가야 한다. 그리고 돌출부들은 피가 굵은 줄기에서 가는 가지로 흘러들어가 정맥을 파열시키는 것을 막고 피가 말단에서 중심으로만 흐르도록 하기 위해서 존재할 뿐이라고 하였으므로 ㉢에는 '가는 가지', ㉣에는 '중심부로'가 들어가야 한다.

57

정답 ②

정답해설

제시문의 내용을 정리하면 다음과 같다.

구분	갑	을	A	B
1	주범○	교사범○	참	거짓
2	주범○	교사범×	거짓	참
3	주범×	교사범○	거짓	거짓
4	주범×	교사범×	거짓	거짓

㉠ 갑이 주범이지만 을이 교사범이 아닌 경우는 A가 거짓인 반면 B가 참이 된다.

㉡ 갑이 비리 사건의 주범이 아닌 경우 '갑이 비리 사건의 주범이라면'으로 시작하는 문장이 거짓이 된다고 판정한다면, A, B 모두 거짓이 된다. 따라서 A와 B는 서로 모순이 아니다.

58

정답 ②

정답해설

㉠ '수도관이 터진 이유는 그 전에 닥쳐온 추위로 설명할 수 있으며, 공룡이 멸종한 이유는 그 전에 지구와 운석이 충돌했을 가능성으로 설명하면 된다'고 하여 ㉠ 뒤에 언급된 설명할 수 없는 대상이 어떤 사건이 발생한 원인이라는 것을 알 수 있다. 이를 빅뱅과 우주의 관계에 적용하면 왜 빅뱅이 발생했는지, 다시 말해 '왜 우주가 탄생하게 되었는지'가 ㉠에 들어가야 한다.

㉡ '시간의 시작은 빅뱅의 시작으로 정의되기 때문에 빅뱅은 0년을 나타낸다'고 하여 빅뱅 이전에는 시간이라는 개념이 존재하지 않았다는 내용이므로, '빅뱅 이전에 시간이 존재하지 않았다'는 내용이 ㉡에 들어가야 한다.

59

정답 ①

정답해설

선조체가 손상을 입으면 헌팅턴 무도병(신체의 근육들이 제멋대로 움직여서 거칠고 통제할 수 없는 운동을 유발하는 병)에 걸리고, 흑색질에 손상을 입으면 파킨슨병(근육이 제대로 움직여주지 않는 병)에 걸린다고 하였다. 따라서 선조체는 근육 운동을 억제하는 부분이고, 흑색질은 근육 운동을 유발하는 부분임을 알 수 있다. 따라서 파킨슨병을 완화시키기 위해서는 흑색질의 기능을 향상시켜야 하며, 헌팅턴 무도병을 완화시키기 위해서는 흑색질의 기능을 억제해야 한다.

정답해설

ⓐ 변별적으로 인식하는 소리를 음소라고 하고, 변별적으로 인식하지 못하는 소리를 이음 또는 변이음이라고 한다. 따라서 [x]와 [y] 가운데 하나는 음소이고 다른 하나가 음소가 아니라면, [x]와 [y]를 서로 변별적으로 인식하지 못한다고 하였다. 이를 적용하면 [x]를 들어도 [y]로 인식한다면 [y]가 음소이고 [x]가 변이음이 된다. 따라서 ㉠에는 '[x]를 들어도 [y]로 인식한다면 [x]는 [y]의 변이음이다'가 들어가야 옳다.

ⓑ 인간이 발성 기관을 통해 낼 수 있는 소리의 목록은 비록 언어가 다르더라도 동일하다고 가정하지만, 변별적으로 인식하는 소리 즉, 음소의 수와 종류는 언어마다 다르다고 하였으므로 ㉠처럼 변별적으로 인식하지 못하는 소리를 듣게 될 경우, 음소에 해당하는 다른 음성으로 인식하게 된다. 따라서 다른 음소를 들으면 모국어에 존재하는 음소 중의 다른 하나로 인식한다는 것을 알 수 있으므로 ⓒ에는 '그 소리를 듣고 모국어에 존재하는 음소 중의 하나로 인식하게 된다'가 들어가야 옳다.

정답해설

④ 어미가 많이 핥아주는 후천 요소가 GR 유전자의 발현에 영향을 끼친다는 것이 제시문의 내용이므로 옳은 내용이다.

오답해설

① 코르티솔 유전자에 대한 언급만이 있을 뿐 이것이 어떻게 발현되는 지에 대해서는 언급되어 있지 않으므로 옳지 않은 내용이다.

② NGF 단백질이 GR 유전자의 발현을 촉진하는 것은 알 수 있으나 유전자가 단백질을 만들어내는 과정은 언급되어 있지 않으므로 옳지 않은 내용이다.

③ GR 유전자의 발현에 대한 내용은 알 수 있으나, 핥아주는 성향의 유전자에 대해서는 언급되어 있지 않으므로 옳지 않은 내용이다.

⑤ 어미로부터 많이 핥이는지의 여부는 유전요인이라기 보다는 후천 요소에 가까우므로 옳지 않은 내용이다.

정답해설

⑤ 양성자의 개수는 같고 중성자의 개수가 다르면, 원자번호는 같고 원자량이 다르게 되는데, 이러한 원소들을 동위원소라고 부른다고 하였으며, 동위원소는 화학적 성질은 같지만 물리적 성질이 다르다고 하였으므로 옳은 내용이다.

오답해설

① 양성자 개수가 같으면 같은 원소이며, 동위원소는 양성자 개수가 같고 중성자 개수가 다른 원소이므로 모든 동위원소는 같은 원소이다. 따라서 옳지 않은 내용이다.

② 홀수의 원자번호를 갖는 원소보다는 짝수의 원자번호를 갖는 원소가 훨씬 많은 동위원소를 가지고 있으며, 몇 가지 사례를 제외하고는 원자번호가 짝수인 원소는 원자량도 짝수가 된다는 것을 알 수 있다고 하였으므로 옳지 않은 내용이다.

③ 제시문을 통해서는 알 수 없으므로 옳지 않은 내용이다.

④ 원소들 중에 안정적 동위원소를 갖지 않는 것은 20가지인데 이는 자연에 존재하는 전체 원소의 약 4분의 1에 해당한다고 하였으므로 옳지 않은 내용이다.

정답해설

① 〈실험1〉과 비교했을 때 〈실험 2〉~〈실험 4〉는 각각 다른 조작을 하였으나 모든 실험의 결과는 물질 A가 뿌리 쪽 줄기조각 끝 부위로 이동한다는 것이므로 옳은 내용이다.

오답해설

② 〈실험 2〉와 〈실험 3〉을 통해서 보면 물질 A의 농도 차이는 영향이 없음을 알 수 있으므로 옳지 않은 내용이다.

③ 물질 A가 합성되는 장소를 다르게 한 실험은 존재하지 않으므로 옳지 않은 내용이다.

④, ⑤ 실험들을 살펴보면 농도, 위치를 다르게 하더라도 모두 뿌리끝 방향으로 이동하였으므로 옳지 않은 내용이다.

정답해설

⑤ 정자가 여성 생식기 내부로 들어가면 Hv1 분자의 역할로 인해 정자의 내부 수소 이온의 양이 감소하게 되므로 옳지 않은 내용이다.

오답해설

① '아난다마이드'는 정자의 표면 막에 있는 Hv1의 문을 열어 정자 내부의 수소 이온을 밖으로 배출하는 역할을 하는데, 이는 정자 내부의 수소이온 양을 줄어들게 하므로 옳은 내용이다.

② 남성 생식기 내에서 정자가 물질 A의 영향을 받은 경우 정자 내부의 수소이온이 바깥으로 배출되어 여성의 생식기 안에 들어갔을 때는 운동성이 떨어진 상태가 된다. 따라서 옳은 내용이다.

③ 'Hv1' 분자는 정자 외부의 산성도가 높아지고 아연의 농도가 줄어들 때 열려 정자의 운동성을 높이게 되는데, 남성 생식기 내부의 정자는 비운동성을 띠고 여성 생식기 내부의 정자는 수정 능력을 가진 운동성 정자로 바뀌게 된다고 하였으므로 옳은 내용이다.

④ 여성 생식기 내의 산성도와 아연 농도 그리고 아난다마이드의 농도에 따라 정자가 움직이는 속도가 달라지므로 옳은 내용이다.

정답해설

② 원시 생식소로부터 정소와 난소가 형성된 후 성호르몬이 분비되게 되고 이것은 배아가 성적인 차이를 보이기 시작할 때 작용하게 되는데, 실험에서는 원시 생식소를 배아가 성적인 차이를 보이기 전에 제거하였으므로 성호르몬이 작용할 수 없다. 따라서 성호르몬이 작용할 수 없는 상황에서 외부생식소는 염색체와 상관없이 모두 암컷으로 결정되므로 옳은 내용이다.

오답해설

① 원시 생식소를 제거한 경우 염색체가 다름에도 불구하고 외부생식기의 성별이 모두 암컷으로 결정되었으므로 염색체에 의해 외부생식기의 성별이 결정된다고 볼 수 없다. 따라서 옳지 않은 내용이다.

③ 포유동물에서 수컷과 암컷의 성별은 나중에 외부생식기로 발달할 전구체인 기관 A에 성호르몬이 작용하는 데서 결정된다고 하여 외부생식기의 성별은 정소와 난소로부터 분비된 성호르몬이 적용하여 결정되는 것을 알 수 있으므로 옳지 않은 내용이다.

④ 호르몬의 비율은 성별에 따라 매우 다르며, 이 비율의 차이가 사춘기 남성과 여성의 성징을 나타내는 데 중요한 역할을 하는 것으로 알려져 있다고 하여 성호르몬의 비율 차이가 사춘기 남성과 여성의 성징을 나타내는 데 중요한 역할을 하는 것을 알 수 있다. 따라서 옳지 않은 내용이다.

⑤ 기관 A는 외부생식기로 발달할 전구체이며 정소 또는 난소로 발달되는 기관이 아니므로 옳지 않은 내용이다.

66
정답 ④

④ 결절의 좌측과 우측 부위에 있는 세포 모두는 비대칭 결정물질과 결합하여 수용체 반응을 일으킬 수 있는 수용체를 가지고 있다고 하였으므로 옳은 내용이다.

① 결절의 우측 부위에 있는 세포로부터 분비된 비대칭 결정물질이 좌측 부위에 있는 세포의 수용체에만 결합하게 된다고 하였으므로 유동체가 결절의 우측 부위에서 좌측 부위로 흐른다는 것을 알 수 있다. 따라서 옳지 않은 내용이다.

② 좌측 부위의 결절에 있는 수용체가 결합하는 것은 비대칭 결정물질이지 물질 X가 아니다. 따라서 옳지 않은 내용이다.

③ 비대칭 결정물질은 결절의 우측 부위에 있는 세포로부터 만들어지므로 옳지 않은 내용이다.

⑤ 비대칭성을 결정하는 것은 비대칭 결정물질이 어떠한 방향으로 이동하는 지에 따라 달라지는 것이지 유동체의 이동방향에 따라 달라지는 것은 아니다. 따라서 유동체의 이동방향이 달라지더라도 세포의 수용체 반응은 좌우측에서 차별적으로 나타날 것이므로 심장이 몸의 정중앙에 위치한다고 단정할 수 없다. 따라서 옳지 않은 내용이다.

67
정답 ⑤

ㄱ. 파괴된 적혈구의 비중이 높아지면 그로부터 유리되는 빌리루빈의 비중이 늘어난다. 빌리루빈이 많을수록 담즙에 포함되어 소장으로 배출되는 비중이 늘어나는데, 그렇다면 소장에서 흡수되어 혈액으로 이동하는 유로빌리노젠으로 전환되는 비중이 늘어나고, 이는 소변으로 배출되는 양이 늘어나는 결과를 가져온다. 따라서 옳은 내용이다.

ㄴ. 비결합 빌리루빈의 정상치 보다 양이 많다는 것은 간세포로 흡수된 비결합 빌리루빈이 글루쿠론산과 결합하여 결합 빌리루빈으로 잘 바뀌지 않는다는 것이다. 이는 담즙을 만드는 간세포의 기능이 망가진 간경화가 원인이 될 수도 있으므로 옳은 내용이다.

ㄷ. 대변 내 결합 빌리루빈이 발견되려면, 결합 빌리루빈이 담관을 통해 분비되는 담즙에 포함되어 소장으로 배출되고, 그렇게 들어온 결합 빌리루빈이 소장에서 흡수되지 않고 대변에 포함되어 배설되어야 한다. 그런데 결합 빌리루빈이 발견되지 않았다는 것은 담관이 막혀있을 수 있다는 것이므로 옳은 내용이다.

68
정답 ⑤

⑤ 임계 둘레는 별의 탈출 속도와 빛의 속도가 같아지는 둘레이고, 탈출 속도는 별의 질량을 별의 둘레로 나눈 제곱근에 비례한다고 하였다. 그런데 빛의 속도는 30만km/s로 일정하므로 별의 질량이 커지면 임계 둘레도 커진다는 것을 알 수 있다. 따라서 옳은 내용이다.

① 임계 둘레 이하의 둘레를 가진 별에 사는 존재가 임계 둘레보다 큰 둘레를 가진 별에서 오는 빛을 관찰할 수 없는 것이 아니라, 임계 둘레보다 작은 둘레를 가진 암흑의 별들에게서 빛이 빠져나올 수 없기 때문에 지구에서 볼 수 없는 것이므로 옳지 않은 내용이다.

② 빛은 임계 둘레보다 작은 둘레를 가진 별에서는 탈출할 수 없다고 하였다. 즉, 빛이 별에서 탈출하는 것에 영향을 미치는 것은 속도가 아니라 임계 둘레이므로 옳지 않은 내용이다.

③ 탈출 속도는 별의 질량을 별의 둘레로 나눈 값의 제곱근에 비례하기 때문에, 질량이 커지고 둘레가 변하지 않으면 탈출 속도는 빨라진다. 따라서 옳지 않은 내용이다.

④ 임계 둘레 이하의 둘레를 가진 별의 표면에서 빛을 쏘아 올릴 수는 있지만, 그 빛이 별을 탈출하지 못하는 것이므로 옳지 않은 내용이다.

69
정답 ④

④ 아르기닌과 산소로부터 산화질소가 만들어지고, 그 산화질소가 A 효소를 활성화시킨다고 하였으므로 옳지 않은 내용이다.

① cGMP의 작용으로 수축되어 있던 혈관 평활근세포가 이완되며, 이로인해 혈관 평활근육 조직이 이완된다고 하였으므로 옳은 내용이다.

② 활성화된 산화질소 합성효소는 그 세포 내에 있는 아르기닌과 산소로부터 산화질소를 생성하는 화학반응을 일으킨다고 하였고, 내피세포에서 산화질소가 만들어진다고 하였으므로 혈관의 내피세포가 산화질소 합성효소를 가지고 있음을 알 수 있다. 따라서 옳은 내용이다.

③ A 효소가 활성화되면 표적세포 안에서 cGMP가 생성되어 수축되어 있던 혈관 평활근세포가 이완되고 혈관 평활근육조직이 이완되어 혈관이 팽창하게 된다. 따라서 옳은 내용이다.

⑤ 혈관 평활근 세포가 산화질소(내피세포-이완인자)에 대한 수용체를 가지고 있는지를 살펴보면, 산화 질소에 대한 수용체는 표적세포에 존재하고, 표적세포 안에서는 cGMP가 생성되는데, 혈관의 팽창에 관한 생리현상에 대하여, 산화질소가 평활근세포에 작용하여 세포 내에서 cGMP를 생성한다. 따라서 평활근 세포가 산화질소에 대한 표적세포임을 알 수 있으며, 따라서 평활근 세포는 수용체를 가지고 있으므로 옳은 내용이다.

정답해설

① 〈패키지 블루〉는 2003년에 출시되었던 〈유니버스 2004〉를 확장한 것이다. 따라서 〈패키지 오렌지〉와 〈패키지 블루〉가 거의 동일한 목적과 유사한 기술적 기반 위에서 만들어졌음에도 불구하고 단 한 개의 프로그램도 공통된 것이 없다는 점을 준거로 삼는다면 수진의 추론은 올바르다는 것을 알 수 있다. 따라서 선택지를 ①과 ④로 압축할 수 있다. 다음으로 우보의 판단을 살펴보면 Z사가 〈유니버스〉시리즈와 〈패키지 블루〉를 연달아 출시하고 있다는 사실에서 〈패키지 블루〉는 Z사의 제품이 맞지만 〈패키지 오렌지〉나 〈빨간 꾸러미〉가 동일한 Z사 제품이라는 것은 알 수 없다. 따라서 정답은 ①로 확정할 수 있다.

정답해설

먼저 제시문을 정리하면 다음과 같다.

- 사실로 주어진 내용

  ⅰ) 화재의 원인 : 기계 M의 오작동, 방화, 시설 노후화로 인한 누전
  ⅱ) B지역으로 화재 확대×
  ⅲ) 감시카메라에 수상한 사람이 찍힘

- 의견으로 주어진 내용

  ⅳ) 기계 M의 오작동 → (X공장 화재 ∧ Y공장 화재)
  ⅴ) 방화 → (감시카메라에 수상한 사람이 찍힘 ∧ 방범용 비상벨 작동)
  ⅵ) 방범용 비상벨 작동 → (B지역으로 화재 확대× ∧ C지역으로 화재 확대×)
  ⅶ) 시설 노후화로 인한 누전 → (을의 책임ㅇ ∨ 병의 책임ㅇ)
  ⅷ) 을의 책임ㅇ → 정의 책임×

ㄱ. 'Y공장 화재'와 '기계 M의 오작동'은 ⅳ)를 통해 확인할 수 있는데 이 명제의 역이 반드시 참인지 거짓인지의 여부를 확정할 수 없다. 따라서 Y공장에서 화재가 발생했다고 하더라도 기계 M의 오작동이 원인이 아닐 수 있으므로 옳은 내용이다.

ㄷ. ⅵ)의 대우를 살펴보면, C지역으로 화재가 확대되었다면 방범용 비상벨은 작동하지 않았을 것이고 ⅴ)의 대우에 방범용 비상벨이 작동하지 않았다는 것을 대입하면 방화 역시 화재의 원인이 아닌 것이 되므로 옳은 내용이다.

오답해설

ㄴ. ⅶ)과 ⅷ)을 살펴보면, 시설 노후화로 인한 누전이 화재의 원인이라면 병에게 책임이 없는 경우 을의 책임이 되고, 을에게 책임이 있는 경우 정에게 책임이 없게 된다. 하지만 화재의 원인은 시설 노후화로 인한 누전이 아닌 다른 요인일 수도 있으므로 병에게 책임이 없다고 해서 정도 반드시 책임이 없는지는 확정할 수 없다. 따라서 옳지 않은 내용이다.

ㄹ. ⅷ)을 살펴보면 정에게 책임이 있다면 을에게는 책임이 없는데, ⅶ)를 고려하여 병에게 책임이 있다고 가정하더라도 ⅶ)의 역이 반드시 참인지의 여부는 알 수 없으므로 시설 노후화로 인한 누전이 화재의 원인인지의 여부는 확정할 수 없다. 따라서 옳지 않은 내용이다.

정답해설

제시문의 내용을 기호화하면 다음과 같다(단, AB는 A와 B가 디부라는 의미).

  ⅰ) AD → (AB ∧ AC)
  ⅱ) CD → BC
  ⅲ) (AD× ∧ CD×) → (AD× ∧ BD× ∧ CD×)
  ⅳ) BD ∨ CD
  ⅴ) AB× ∨ AC× ∨ AD×

이제 ⅰ)과 ⅴ)를 결합하여 판단해보면, AD라면 (AD ∧ AB ∧ AC)이 참이 되어 모순이 발생한다. 따라서 AD는 거짓이다.

그리고 ⅲ)의 대우명제와 ⅳ)를 결합하면 (AD ∨ CD)가 되는데 위에서 AD는 거짓이라고 하였으므로 CD는 참이라는 것을 알 수 있으며 이를 ⅱ)와 결합하면 BC도 참이라는 것을 알 수 있다.

ㄱ. 위에서 BC는 참이라고 하였으므로 반드시 참인 명제이다.

ㄷ. AD는 거짓이라고 하였기 때문에 D와 디부가 아닌 마법사가 존재한다는 것은 반드시 참인 명제이다.

오답해설

ㄴ. AC는 참 거짓을 확정할 수 없다. 따라서 옳지 않은 명제이다.

정답해설

① (가) : 먼저 A팀에서는 독신이거나 여성인 사원은 모두 다른 팀으로 파견 나간 경력이 없으며 다른 팀으로 파견을 나간 경력이 없거나 자동차 관련 박사학위를 가진 팀원은 모두 여성이다. 그리고 이에 따른 결론은 A팀에는 독신이면서 여성인 사원이 한 명 이상 있다는 것이다. 따라서 A팀에 독신인 사원이 한 명 이상 있다면 이 사람은 파견을 나간 경력이 없으며 따라서 이 사람은 여성이 될 것이다. 결국 (가)에는 ㄱ이 들어가야 적절하다.

(나) : B팀에는 남성이면서 독신인 사원이 여럿 있고, 독신인 사원들은 모두 사내 이성과 연인이 되고 싶어 한다. 그렇다면 독신이면서 남성인 사원들도 사내의 이성과 연인이 되고 싶어 할 것이므로 (나)에는 ㄷ이 들어가야 적절하다.

정답해설

제시된 논증을 조건문의 형태로 정리하면 다음과 같다.

  ⅰ) ⓐ '만약 어떤 사람에게 다가온 신비적 경험이 그가 살아갈 수 있는 힘으로 밝혀진다' → '그가 다른 방식으로 살아야 한다고 다수인 우리가 주장할 근거는 어디에도 없다'
  ⓔ 신비적 경험은 신비주의자(ⓐ에서의 '그'에 해당)들에게는 살아갈 힘이 되는 것이다.
  ∴ ⓕ 신비주의자들의 삶의 방식이 수정되어야 할 '불합리한' 것(불합리하므로 ⓐ에서의 '다른 방식으로 살아야 한다'에 해당)이라고 주장할 수는 없다.

ⅱ) ⓑ [우리 자신의 더 '합리적인' 신념]은 [신비주의자가 자신의 신념을 위해서 제시하는 증거]와 그 본성에 있어서 유사한 증거에 기초해 있다.

ⓓ 우리가 지닌 합리적 신념의 증거와 유사한 증거에 해당하는 경험(ⓐ에서의 '신비주의자가 자신의 신념을 위해서 제시하는 증거'에 해당)은, 그러한 경험을 한 사람에게 살아갈 힘을 제공해 줄 것이 분명하다.

∴ ⓔ 신비적 경험은 신비주의자들에게는 살아갈 힘이 되는 것이다.

ⅲ) ⓒ [우리의 감각]이 우리의 신념에 강력한 증거가 되는 것과 마찬가지로, [신비적 경험]도 그것을 겪은 사람의 신념에 강력한 증거가 된다.(ⓑ를 일반화한 것이므로 대전제에 해당)

∴ ⓑ [우리 자신의 더 '합리적인' 신념(ⓒ에서의 '감각'에 해당)]은 [신비주의자가 자신의 신념을 위해서 제시하는 증거(ⓒ에서의 '신비적 경험'에 해당)]와 그 본성에 있어서 유사한 증거에 기초해 있다.

PSAT
Public Service Aptitude Test

언어논리

PART 2

STEP UP!

CHAPTER
01
기출동형모의고사 1회_정답 및 해설

1	2	3	4	5	6	7	8	9	10
③	②	②	①	①	④	④	①	②	②
11	12	13	14	15	16	17	18	19	20
③	④	④	②	①	①	①	③	④	⑤
21	22	23	24	25					
④	③	②	③	②					

01
정답 ③

정답해설

③ 유럽의 총칼에 의해 전쟁터에서 목숨을 잃은 아메리카 원주민보다 유럽에서 온 전염병에 의해 목숨을 잃은 원주민 수가 훨씬 많았다고 하였으므로 옳은 내용이다.

오답해설

① 전염병은 대부분의 원주민들과 그 지도자들을 죽이고 생존자들의 사기를 떨어뜨림으로써 그들의 저항을 약화시켰다고 하였다. 즉, 유럽인들의 호전성을 높여준 것이 아니라 그 상대방인 원주민들의 사기를 떨어뜨린 것이므로 옳지 않다.

② 스페인이 우위를 점할 수 있었던 것은 천연두 때문이지 군사력이 아니므로 옳지 않은 내용이다.

④ 천연두가 멕시코에 도착한 것은 1520년이다. 따라서 1519년 코르테스의 침략은 천연두와 무관하다.

⑤ 코르테스의 재침략이 천연두의 멕시코 도착시기인 1520년보다는 뒤인 것은 알 수 있으나, 아스텍의 황제가 병사한 것과 코르테스의 재침략의 선후관계는 제시문의 내용으로는 알 수 없다.

02
정답 ②

정답해설

② 타일러는 문화를 인간이 후천적으로 습득한 지식이나 삶의 양식을 총체적으로 지칭하는 것으로 보았다. 따라서 아무리 원시적이고 야만적인 사회일지라도 그것이 동물과 대비되는 것이라면 문화라고 할 수 있으므로 옳은 내용이다.

오답해설

① 반대로 되어 있다. 독일 낭만주의자들은 문명을 물질적인 것에 국한시킨 반면, 문화는 내적이며 정신과 영혼의 차원에 속하는 것이었다. 문명이 문화가 발전된 것이라고 보는 것은 프랑스 계몽주의자들의 생각이다.

③ 프랑스 계몽주의자들은 문화와 문명이 별개의 것이 아니라 문명을 단지 문화가 발전된 단계로 보았으므로 옳지 않은 내용이다.

④ 제시문에서는 문화의 다양성에 대한 것은 언급하고 있지 않으며 단지 문화가 발전된 것이 문명이라고만 하였다. 따라서 문화의 다양성과 집단의 발전 단계 간의 상호관계는 알 수 없는 내용이다.

⑤ 타일러는 문화에 대해 원시적이든 문명적이든 차별을 두지 않고 문화의 보편적 실체를 확립했다고 하였으므로 옳지 않은 내용이다.

03
정답 ②

정답해설

② 시공간의 제한을 거의 받지 않는 소설과 달리 영화는 재현이 어려운 심리적 갈등 등을 소설과 다른 방식으로 나타내야 한다고 하였으므로 옳은 내용이다.

오답해설

① 연기자의 표정이나 행위를 통해 암시적으로 표현할 수도 있지만 인물의 대사나 화면 밖의 목소리를 통해 직접적으로 전달할 수도 있다. 따라서 옳지 않은 내용이다.

③ 소설과 영화는 인물, 배경, 사건과 같은 이야기 구성 요소들을 공유하고 있지만 이야기를 전달하는 방법에 차이를 보이는 표현 방식이다. 즉, 이 둘은 서로 독자적인 특징을 지니고 있는 것이지 어느 하나가 다른 하나에서 발달된 관계가 아니다.

④ 카메라의 촬영 기술과 효과에 따라 영화의 주제가 달라진다는 것은 제시문에서 찾을 수 없는 내용이다.

⑤ 소설은 어떤 인물의 내면 의식을 드러낼 때 문자 언어를 통해 표현하지만, 영화는 인물의 대사나 화면 밖의 목소리를 통해 전달하거나 혹은 연기자의 표정이나 행위를 통해 암시적으로 표현한다. 즉, 영화는 소설과 같은 문자 언어적 표현 방식을 따르지 않는다.

04
정답 ①

정답해설

ㄱ. '허용형' 어머니는 오로지 아이의 욕망에만 관심을 갖지만 '방임형' 어머니는 아이의 욕망에 무관심하다고 하였으므로 옳은 내용이다.

오답해설

ㄴ. '허용형' 어머니의 아이는 도덕적 책임 의식이 결여된 경우가 많다고 하였으며, '독재형' 어머니의 아이는 공격적 성향과 파괴적 성향을 보인다고 하였다. 그러나 이것과 도덕적 책임 의식이 어떠한 상관관계가 있는지에 대해서는 알 수 없으므로 옳지 않은 내용이다.

ㄷ. '방임형' 어머니의 아이는 정서적으로 차단되어 있는 어머니의 욕망을 전혀 파악할 수 없다고 하였으나, '독재형' 어머니는 자신의 욕망을 아이에게 공격적으로 강요한다고 하였다. 즉 '독재형' 어머니의 아이는 어머니의 욕망을 파악할 수 있을 것이므로 옳지 않은 내용이다.

05 정답 ①

정답해설

실험에서 각 환자들이 답을 맞힌 비율이 50%에 불과하여 아무 것이나 마구 고른 경우와 거의 차이가 없었다는 결과는 몰리눅스의 물음에 대한 답변이 부정적이었다는 것을 의미한다. 즉, 아무리 촉각을 통해 형태를 인지할 수 있었더라도 시각에 의한 형태를 경험한 적이 없기 때문에 둘의 형태를 성공적으로 연결시킬 수 없었던 것이다. 이는 결국 경험론자들의 논리를 강화하게 된다. 만약 생득론자들의 논리가 타당했다면 아무리 시각에 의한 형태를 경험한 적이 없었더라도 태어날 때부터 가지고 있는 관념을 이용해 시각적인 형태도 인식할 수 있어야 하기 때문이다.

06 정답 ④

정답해설

④ 북극성은 자기 나침반보다 더 정확하게 천구의 북극점을 가리킨다고 하였으므로 옳지 않은 내용이다.

오답해설

① 고대에는 별이 뜨고 지는 것을 통해 방위를 파악하였는데, 최근까지 서태평양 캐롤라인 제도의 주민은 이 방법을 통해 현대식 항해 장치 없이도 방위를 파악하였다고 하였으므로 옳은 내용이다.

② 캐롤라인 제도의 주민은 남극점 자체를 볼 수 없으나 남십자성이 천구의 남극점 주위를 돌고 있으므로 남쪽을 파악하는 데 큰 어려움이 없다고 하였으므로 옳은 내용이다.

③ 천구의 북극점은 지구 자전축의 북쪽 연장선상에 있기 때문에 천구의 북극점에 있는 별은 공전을 하지 않고 정지된 것처럼 보인다고 하였으므로 옳은 내용이다.

⑤ 천구의 북극점에 있는 별을 제외하고 북극성을 포함한 별이 천구의 북극점을 중심으로 공전하는 것처럼 보이는 것은 지구가 자전하기 때문이라고 하였으므로 옳은 내용이다.

07 정답 ④

정답해설

④ 인플루엔자는 항원을 변화시키기 때문에 이전에 인플루엔자에 걸렸던 사람이라도 새로이 나타난 다른 균종으로부터 안전할 수 없다고 하였다. 따라서 옳은 내용이다.

오답해설

① 발열 현상은 아무런 기능도 없이 불가피하게 일어나는 수동적인 현상이 아니라, 체온을 높여 우리의 몸보다 열에 더 예민한 병원체들을 죽게 하는 능동적인 행위라고 하였으므로 옳지 않은 내용이다.

② 예방접종은 죽은 병원체를 접종함으로써 질병을 실제로 경험하지 않고 항체 생성을 자극하는 것이므로 옳지 않은 내용이다.

③ 겸상 적혈구 유전자는 적혈구의 모양을 정상적인 도넛 모양에서 낫 모양으로 바꾸어서 빈혈을 일으키므로 생존에 불리함을 주지만, 말라리아에 대해서는 저항력을 가지게 한다고 하였으므로 옳지 않은 내용이다.

⑤ 역사적으로 특정 병원체에 자주 노출되었던 인구 집단에는 그 병에 저항하는 유전자를 가진 개체의 비율이 높아질 수 밖에 없다고 하였다. 이는 반대로 생각하면 특정 병원체에 노출된 빈도가 낮은 집단에는 그 병에 저항하는 유전자를 가진 개체의 비율이 낮다는 의미이므로 옳지 않은 내용이다.

08 정답 ①

정답해설

ㄱ은 제시된 상황 자체에서 확률을 구할 수 있는 반면, ㄴ과 ㄷ은 그렇지 않은 상황이다. 따라서 ㄴ, ㄷ의 확률의 대소를 비교할 때에는 이를 규정하고 있는 첫 번째 원칙을 적용해야 한다.

ㄱ. '주사위를 던질 때 3이 나올'(X) 확률은 1/6이며, '동전을 던질 때 앞면이 나올'(Y) 확률은 1/2이다. 이를 두 번째 원칙에 적용하면 문장 X의 확률이 문장 Y의 확률보다 낮으므로 문장 X가 담고 있는 정보의 양이 Y에 비해 더 많다.

오답해설

ㄴ. '월성 발전소에 문제가 생긴다'(X)가 참이라면 '월성 발전소에 문제가 생기거나 고리 발전소에 문제가 생긴다'(Y)는 반드시 참이지만 그 역은 성립하지 않으므로 문장 Y의 확률이 문장 X의 확률보다 높다. 따라서 원칙에 의해 '월성 발전소에 문제가 생긴다'(X)가 담고 있는 정보가 Y보다 더 많다.

ㄷ. 3가지의 예산이 모두 늘어나는 앞 문장을 X라 하고, 2가지만 늘어나는 뒤 문장을 Y라 하면 X가 참일 경우 Y는 반드시 참이지만 그 역은 성립하지 않는다. 따라서 첫 번째 원칙에 의해 Y의 확률이 X보다 높으며, 이는 두 번째 원칙에 의해 3가지의 예산이 모두 늘어나는 X가 담고 있는 정보의 양이 Y보다 많음을 의미한다.

합격자의 SKILL

ㄴ, ㄷ을 판단할 때 일상적인 상식으로 확률의 대소를 판단한 수험생들이 다수 있었을 것으로 예상된다. 다행히 이 문제의 경우 결과가 같았지만 만약 주어진 원칙이 상식과 반대로 제시되었더라면 오답을 선택할 위험이 있다. PSAT의 모든 문제는 제시문과 주어진 조건에 따라서만 판단해야 함을 잊지 말자.

09 정답 ②

정답해설

세 번째 조건은 대우명제를 통해 판단하여야 하며, 첫 번째 조건을 통해서는 갑과 정이 건전한 국가관과 헌법가치를 가지고 있지 않은 것이 확정되어 있으므로 자유민주주의와 나라사랑을 모두 가지고 있다는 결론을 끌어 낼 수 있다. 주어진 조건들을 정리하면 다음 표와 같다.

자질\지원자	자유민주주의	건전한 국가관	헌법가치	나라사랑
갑	○	×	×	○
을		×	×	
병	○	○	○	
정	○	×	×	○

여기서 빈칸은 주어진 조건으로는 확정지을 수 없는 것인데, 이 빈칸들이 모두 채워지더라도 병을 제외한 나머지 지원자들은 세 가지의 자질을 지니고 있지 않은 상태가 된다. 따라서 채용이 가능한 지원자는 병 한 명뿐이다.

10
정답 ②

정답해설

ㄴ. 파충류의 성을 결정하는 데에 영향을 미치는 것은 물질 B가 온도의 변화에 의해 물질 A와 물질 C로 분화되는 것이지 물질 B 자체의 농도가 영향을 미치는 것은 아니다. 따라서 선택지의 사례는 주어진 〈가설〉을 강화하지도 약화하지도 않는다.

오답해설

ㄱ. 수컷을 생산하는 온도에서 배양된 알에서는 물질 C의 농도가 더 높으며, 물질 A와 물질 C의 비율은 단백질 '가'와 단백질 '나'의 비율과 동일하다고 하였다. 따라서 단백질 '가'보다 많은 양의 단백질 '나'를 가지고 있다는 사실은 주어진 〈가설〉을 강화한다.

ㄷ. 〈가설〉에서 온도의 영향이란 어디까지나 물질 B를 물질 A와 C로 바꾸게 하는 역할을 할 뿐이다. 즉, 중요한 것은 물질 A와 C의 농도이므로 온도가 어떤 상태에 있든지 간에 물질 A의 농도가 C보다 더 높아진다면 암컷이 생산될 것이므로 주어진 〈가설〉을 강화한다.

11
정답 ③

정답해설

(나) 양도논법에 해당하며 이는 선언문들 사이에 모순이 없는 한 결론은 항상 참이 된다.

(다) 선언지 부정란 선언지 가운데 하나가 거짓이라면 나머지 하나는 참이 되어야 한다는 것에 해당하므로 결론은 반드시 참이 된다.

오답해설

(가) 후건긍정의 오류에 해당하므로 결론이 반드시 참이라고 할 수 없다. 즉, 결과인 어린이대공원에 간 것은 삼촌이 데리고 갔을 수도 있지만 다른 가족과 함께 갔을 수도 있고, 학교에서 단체로 놀러갔을 수도 있기 때문이다.

(라) 전건부정의 오류이므로 반드시 참이 되는 것이 아니다.

(마) 제시된 논증에서 결론과 연관된 부분은 '군대에 갈 수 없다면 그녀와 헤어지게 될 것이다'이며 이의 대우명제는 '그녀와 헤어지지 않기 위해서는 군대에 가야 한다'가 된다. 그런데 선택지의 결론 명제는 결론이 이와 반대이므로 반드시 참이 된다고 할 수는 없다.

12
정답 ④

정답해설

제시된 대화 내용을 벤다이어그램으로 정리하면 다음과 같다.

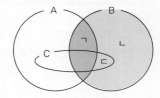

먼저, 서희의 대화를 통해 ㄱ은 공집합이라는 것과 ㄴ이 공집합이 아니라는 것을 알 수 있다. 여기에 종범의 대화를 추가하여 ㄷ이 공집합이라는 결론을 얻어내는 것이 이 문제의 핵심이다. 따라서 이를 정확하게 표현한 ④가 답이 된다.

13
정답 ④

정답해설

④ 철제 다리 덫으로 잡은 동물 모피의 수입 금지, 동물 실험을 거친 화장품의 판매 금지의 사례가 모두 WTO가 이를 허용하지 않을 것이라는 이유로 시행되지 못한 것에서 알 수 있는 내용이다.

오답해설

① EU가 우선적으로 고려하는 것은 동물의 권익과 사람의 건강이므로 옳지 않은 내용이다.

② 제시문을 통해서는 특정 조치가 WTO가 규정에 위반되는지를 판단할 수 있다는 것만 알 수 있을 뿐 WTO가 적극적인 제재조치를 취할 수 있는지는 알 수 없으므로 옳지 않은 내용이다.

③ WTO가 사람의 건강에 대한 위협보다 국가 간 통상의 자유를 우선시 하는 것이 아니라 단지 호르몬 사용이 사람의 건강을 위협한다고 믿을 만한 충분한 과학적 근거가 없기 때문에 미국의 손을 들어준 것이다. 따라서 옳지 않은 내용이다.

⑤ 만약 선택지의 내용이 옳다면 성장 촉진 호르몬이 투여된 쇠고기의 판매 금지 조치를 허용해야 하지만 실제는 그렇지 않았다. 따라서 옳지 않은 내용이다.

14
정답 ②

정답해설

② 독일의 문화 개념은 민족적 차이와 집단적 특성을 유달리 부각시킨다고 하였으므로 옳은 내용이다.

오답해설

① 독일에서는 문화를 자신의 업적과 자신의 존재에 대한 자부심으로 보고 있기 때문에 끊임없이 변화하는 역동적인 것으로 보는 것은 옳지 않은 내용이다.

③ 문명의 개념은 독일과 영국, 프랑스는 다른 의미일지라도 공통적으로 사용되는 개념이므로 옳지 않은 내용이다.

④ 영국과 프랑스의 문명 개념과 독일의 문화 개념이 바뀌어서 설명되어 있으므로 옳지 않은 내용이다.

⑤ 프랑스와 영국에서의 문명 개념은 여러 민족들간 차이점들을 어느 정도 퇴색시키고, 모든 인간들에게 공통적인 것 또는 공통적으로 여겨지는 것들을 강조하므로 공격적 · 팽창적 경향이라고 할 수 있다. 따라서 옳지 않은 내용이다.

15

정답해설

① 갑은 개인이 소유할 수 있는 노비의 수를 제한해야 한다고 하였고, 을은 양반 가문에서도 노비의 수가 같지 않으므로 노비의 수를 제한하는 것이나 이를 위해 초과하는 수의 노비를 빼앗는 것이 힘들다고 하였다. 갑, 을 모두 노비의 해방을 언급하고 있지 않다. 따라서 갑의 주장대로 노비의 수를 제한한다고 해도, 노비의 신분에서 해방되는 노비가 늘어난다고 할 수 없으므로 이는 옳지 않은 내용이다.

오답해설

② 갑의 계획에 따르면 백성과 천인의 차이는 5명이나, 양반과 백성의 차이는 최소 70명이므로 옳은 내용이다.

③ 을은 노비의 수를 제한하는 것이 현실적으로 불가함을 역사적인 사례를 통해서 그 근거를 밝히고 있으므로 옳은 내용이다.

④ 을은 양반들이 소유한 노비 수의 격차를 줄이기 위해 노비를 빼앗는 것이 불가능하다고 주장하고 있으므로 옳은 내용이다.

⑤ 갑의 노비 수 제한에 대한 주장이나 을의 노비 수 제한의 불가능에 대한 주장 모두 노비 제도의 존속을 지지하고 있으므로 옳은 내용이다.

16

정답해설

ㄱ. 창충사는 거창의 여러 향리 가운데 신씨가 중심이 되어 세운 사당으로서 향리 일족 내의 특정한 가계가 중심이 되어 독자적으로 건립한 사당 중 대표적인 것이다.

ㄴ. 향리들이 건립한 사당은 양반들이 건립한 것에 비하면 얼마 되지 않는다고 하였으므로 옳지 않은 내용이다.

오답해설

ㄷ. 창충사의 예를 포함하여 제시문에서 설명하고 있는 것이 바로 향리가 세운 서원에 대한 것이므로 옳은 내용이다.

ㄹ. 영조 4년 무신란을 진압하다가 신씨 가문의 다섯 향리가 죽는데, 이들을 추모하기 위해 죽은 향리의 자손들이 사적으로 세운 사당이 창충사이므로 옳은 내용이다.

합격자의 SKILL

문제화되지 않았지만 사당에 모셔지지 않은 두 명의 신씨에 대한 서술을 이용해 선택지가 구성될 수도 있다. 또한 추가적인 사건을 몇 개 더 제시한 후 그 순서를 뒤섞어 놓은 선택지도 출제될 수 있는 지문이다. 이렇듯 하나의 문제를 분석할 때 단순히 그 문제를 맞고 틀리고만 체크할 것이 아니라 파생가능한 선택지까지 예측해보는 습관을 길러야 한다. 똑같은 제시문이 두 번 출제되지는 않지만 그 문제의 아이디어는 반복해서 출제될 수 있기 때문이다.

17

정답해설

제시문의 첫 번째 문단에서는 '사회적 자본'이 늘어나면 정치 참여도가 높아진다는 주장을 하였고, 두 번째 문단에서는 '사회적 자본'의 개념을 사이버공동체에 도입하였으나 현실과 잘 맞지 않는다고 하면서 '사회적 자본'의 한계를 서술했다. 그리고 마지막 문단에서는 이 같은 사회적 자본만으로는 정치 참여가 늘어나기 어렵고 이른바 '정치적 자본'의 매개를 통해서만이 가능하다는 주장을 하고 있다. 따라서 이 같은 내용을 잘 포괄하고 있는 ①이 제시문의 논지로 가장 적절하다.

18

정답해설

제시문의 논증을 간략하게 도식화하면 다음과 같다.

먼저 제시문을 정리해 보면 ⓐ를 근거로 '과학의 역사가 바람직한 방향으로 발전하지 않았거나(발전 ×, 도식에서의 표현-이하 동일)' 또는 '과학적 탐구 방법의 특징을 드러내는 데 실패했다(실패)'라는 소결론을 이끌어 냈다는 것을 알 수 있다. 이는 위의 도식에서 알 수 있듯이 '귀납이 과학의 역사에서 사용된 경우가 드물다(드물다)'를 근거로 할 때 도출될 수 있는 결론이므로 ⓐ에는 ㄱ이 들어가야 가장 적절하다는 것을 알 수 있다.

다음으로 이를 통한 최종결론은 위의 도식에서 알 수 있듯이 '귀납주의에서는 수많은 과학적 지식이 정당화되지 않은 것으로 간주해야 하거나' 또는 '귀납주의가 과학적 탐구 방법에 대한 잘못된 이론이다'가 되어야 한다. 이 결론이 선언적 형식을 가져야 하는 이유는 앞에서 언급한 것처럼 '귀납이 과학의 역사에서 사용된 경우가 드물다'를 근거로 한 소결론이 선언의 형태였기 때문이다. 따라서 "$(A \lor B) = (\sim A \to B)$"에 따라 논리적으로 이와 동치인 ㅁ이 ⓑ에 들어가기에 가장 적절한 문장이 된다. 선택지 ㄷ은 두 명제를 선언이 아닌 연언의 형식으로, ㄹ은 조건문의 형식으로 진술하였기에 답이 될 수 없다.

합격자의 SKILL

이른바 '꼬리에 꼬리를 무는' 논증 유형이다. 이러한 유형은 키워드만 잘 잡고 이를 연결하면 아무리 복잡한 논증구조를 가지고 있더라도 쉽게 정답을 찾아낼 수 있다. 다행히 이 문제의 경우는 이 키워드들이 모두 동일한 단어로 주어졌지만, 이는 얼마든지 같은 의미를 지니는 단어 내지는 어구로 변환하여 출제될 수 있다. 이럴 때에는 주어진 단어들을 그대로 사용하지 말고 위의 도식처럼 간단한 단어 하나로 통일한 후 과감하게 단순화시키는 것이 중요하다. 각각의 단어의 의미가 조금은 다르다고 생각하여 별개의 논증으로 놓으면 그 어떤 명제도 연결되지 않는 상황이 생기고 만다.

19

정답해설

(가) 을의 "너의 대답은 모순이야."라는 대답이 결정적인 단서이다. 갑의 논리는 예술가가 경험한 감정이 감상자에게 잘 전달된다면 훌륭한 예술이라는 것이다. 따라서 을의 마지막 질문처럼 천박한 감정이 감상자에게 전달된 경우에도 그 예술은 훌륭한 예술이어야 한다. 하지만 을이 갑의 대답에 대해 모순이라고 하였으므로 갑은 (가)에서 '아니다'라고 대답했음을 알 수 있다.

(나) 제시문에서는 언급되고 있지 않지만 갑이 (가)와 같이 대답한 것은 그 전달된 감정이 천박하기 때문일 것이다. 그렇다면 이는 훌륭한 예술의 판단기준이 '전달 여부'에서 '감정의 종류'로 바뀌어버린 셈이 되는데 이는 애초에 훌륭한 예술에 대한 정의를 뒤집는 것이 된다. 따라서 (나)에 들어갈 말은 훌륭한 예술에 대한 갑의 정의에 모순이 있다는 점을 언급해주어야 한다.

20

정답해설

주어진 논증의 구조를 명확하게 하기 위해 정리하면 다음과 같다.

> i) 전제1 : 절대빈곤은 모두 나쁘다.
> ii) 전제2 : '비슷하게 중요한 다른 일을 소홀히 하지 않고도 막을 수 있는' 절대빈곤이 존재한다.
> iii) 전제3 : '비슷하게 중요한 다른 일을 소홀히 하지 않고도 막을 수 있는' 나쁜 일이 존재한다면 그 일을 막아야 한다.
> iv) 결론 : 막아야 하는 절대빈곤이 존재한다.

⑤ 이 선택지를 이해하기 위해서는 아래의 선택지 ①을 먼저 이해하는 것이 좋다. 이에 따르면 주어진 전제만으로도 결론은 도출된다. 단지 선택지의 명제가 추가된다면 결론이 강화될 뿐이다.

오답해설

① 전제1에서 절대빈곤은 모두 나쁘다고 하였으므로, 나쁜 것은 절대빈곤을 포함하는 관계에 있음을 알 수 있다. 즉, 다른 명제에서 나쁜 것을 절대빈곤으로 바꾸어도 무방하다는 것이다. 따라서 전제3은 "비슷하게 중요한 다른 일을 소홀히 하지 않고도 막을 수 있는 '절대빈곤'이 존재한다면 그 일을 막아야 한다."로 바꿀 수 있다. 그런데 이 문장의 앞부분은 이미 전제2와 같기 때문에 결국 전제2와 3은 'A라면 B이다', 'A이다' '따라서 B이다'의 정당한 3단 논법의 형식으로 표현될 수 있다. 따라서 해당 논증은 반드시 참이다.

② 전제1이 없다면 전제2의 절대빈곤과 전제3의 나쁜 일의 관계를 알 수 없게 되어 전혀 무관한 명제들이 된다. 따라서 결론을 도출할 수 없다.

③, ④ 만약 결론이 '절대빈곤은 반드시 막아야 한다'와 같이 필연적이라면 판단을 달리할 수 있겠지만 주어진 결론은 '존재'만을 입증하고 있다. 즉 단 하나의 사례라도 존재한다면 결론은 참이 되는 것이다. 이미 전제1~3을 통한 논증을 통해서 존재가 입증된 상황에서 선택지와 같은 명제가 첨가된다면 막을 수 없는 절대빈곤도 존재한다는 것을 나타낼 뿐 전체 결론을 거짓으로 만드는 것은 아니다.

21

정답해설

세 진술이 모두 거짓이라고 하였으므로 각각의 진술을 다시 정리하면 다음과 같다.

> i) 첫 번째 진술 : A와 B 둘 중 하나만 전시되는 경우도 거짓이고, 둘 중 어느 것도 전시되지 않는 경우도 거짓이므로 A와 B 둘 다 전시된다.
> ii) 두 번째 진술 : B와 C 중 적어도 하나가 전시되면 D는 전시되지 않는다 (A○ → B○의 거짓명제는 A○ → B×임을 기억하자).
> iii) 세 번째 진술 : C와 D 둘 중 적어도 하나는 전시된다.

먼저 첫 번째 진술을 통해 A와 B가 전시됨을 알 수 있으며, 두 번째 진술의 대우 명제를 통해 D는 전시되지 않는다는 것을 추론할 수 있다. 왜냐하면, D가 전시된다면 B가 전시되지 않아야 하는데 이미 첫 번째 진술에서 B는 전시되는 것으로 결정되어 서로 모순이 되기 때문이다. 마지막으로, 세 번째 진술을 통해서는 C가 전시되는 것을 알 수 있다. C와 D 둘 중 하나는 전시되어야 하는데 앞서 살펴본 바와 같이 D가 전시되지 않기 때문이다.

따라서, 전시되는 유물은 A, B, C 세 개이다.

합격자의 SKILL

위의 해설에서는 풀이를 위해 말로 설명을 해놓았지만 실전에서는 최대한 기호화를 하며 풀이하는 것이 혼동을 줄이는 방법이다. 하지만 간혹 기호화를 하였을 때 같은 단어로 기호화를 해야 하는 경우가 있다(예 김 사무관이 2명인 경우). 이런 경우만 주의하면 나머지는 주어진 논리식을 대우명제와 다른 명제와의 결합을 통해 얼마나 자유자재로 변형할 수 있느냐의 싸움이다.

22

정답해설

실제 크기는 다르지만 거리가 다른 이유로 인해 동일한 시각도로 인식되는 사례를 찾으면 되는데 이에 해당하는 것은 ③뿐이다. 나머지는 이와는 직접적인 관련이 없는 사례들이다.

23

정답해설

ㄷ. 제시된 논증의 가장 중요한 전제는 인간 본성의 '좋은' 특성이 '나쁜' 특성과 밀접하게 연결되어 있다는 것이며, 때문에 인간의 본성을 선별적으로 개선하려고 하면 그와 연결된 '좋은' 특성에도 영향을 미치게 된다는 것이다. 그런데 선택지의 진술은 이와 반대의 내용으로 '좋은' 특성과 '나쁜' 특성이 서로 분리되어 있어 선별적으로 변경하더라도 영향을 끼치지 못한다고 하였으므로 전체 논증을 약화한다고 볼 수 있다.

오답해설

ㄱ. 인간 본성이 인간이 갖는 도덕적 지위와 존엄성의 궁극적 근거이므로 인간 본성을 무너뜨릴 위험성이 있는 시도를 하지 말아야 한다는 것이다. 따라서 선택지의 진술은 전체 논증을 강화한다고 볼 수 있다.

ㄴ. 인간 본성을 지닌 모든 존재가 지금의 상태보다 더 훌륭하게 되길 희망하는 것은 전체적인 논증과는 직접적인 연관관계가 없다. 따라서 전체 논증을 강화하지도 약화하지도 않는다고 볼 수 있다.

정답해설

③ 공동위원회는 미·영·중·소 4국 정부의 신탁통치 협약을 조선임시정부와 협의한 후 결정하여 제출한다고 하였으며 선택지와 같이 남에는 미국이 북에는 소련이 신탁통치를 단행할 것이라고는 하지 않았다. 따라서 옳지 않은 내용이다.

오답해설

① 일본의 조선 통치의 참담한 결과를 청산하기 위하여 조선의 공업, 교통, 농업과 조선 인민의 민족문화 발전에 필요한 모든 조치를 단행할 임시 조선민주의 정부를 가급적 빨리 수립한다고 하였으므로 옳은 내용이다.

② 조선인들의 정치적 경제적 사회적 진보와 민주주의적 자치발전과 독립국가의 수립을 돕고 협력하기 위한 방안을 작성하는 작업은 조선임시정부와 민주주의 단체의 참여 아래 공동위원회가 수행한다고 하였으므로 옳은 내용이다.

④ 공동위원회는 최고 5년을 기한으로 하는 미·영·중·소 4국 정부의 신탁통치 협약을 조선임시정부와 협의한 후 결정하여 제출한다고 하였으므로 옳은 내용이다.

⑤ 조선임시정부 구성을 돕기 위해 남조선 미합중국 점령군과 북조선 소연방 점령군의 대표자들로 공동위원회를 설치한다고 하였으므로 옳은 내용이다.

정답해설

(가), (나) 페리에의 실험이 나타내는 것은 고도에 따라 수은주의 높이가 달라진다는 것으로서 이는 기존의 '자연은 진공을 싫어한다'는 가설 하에서는 설명될 수 없는 것이었다. 여기서 둘의 차이점은 '고도에 따른' 차이 여부였다. 따라서 기존의 가설 하에서는 진공에 대한 자연의 혐오 강도가 고도에 따라 차이가 없어야 했지만 실험결과는 이를 뒤집는 것이었으므로 페리에가 반박한 기존의 보조가설로는 ㄱ이 적절하다. 그리고 만약 여기서 기존의 가설을 유지시키고자 한다면 위의 실험결과를 '진공에 대한 자연의 혐오'에 포섭하면 된다. 즉, 자연의 혐오가 고도의 증가에 따라서 감소한다는 가설을 추가한다면 여전히 '진공에 대한 자연의 혐오'는 살아남게 된다.

02 CHAPTER
기출동형모의고사 2회_정답 및 해설

1	2	3	4	5	6	7	8	9	10
⑤	③	②	②	④	②	④	②	③	④
11	12	13	14	15	16	17	18	19	20
③	②	②	⑤	⑤	⑤	④	③	③	③
21	22	23	24	25					
④	①	②	④	①					

01
정답 ⑤

정답해설

⑤ 『삼국유사』 왕력편에서 주몽을 단군의 아들이라 하여 단군과 해모수를 동일시하는 모습을 보인 것은 맞지만 이 인식으로 인하여 한국사에서 천제-해모수-주몽으로 이어지는 일통신화가 시작되었다고 볼 수는 없으므로 옳지 않은 내용이다.

오답해설

① '고구려를 세운 추모왕(주몽)은 하늘의 일월이 내린 천자이니 이 나라야말로 천하 사방의 중심이요, 가장 성스러운 곳이라는 인식이 처음으로 등장한 것이다'라고 하였으므로 옳은 내용이다.

② 제시문에서는 신화화 작업의 여러 측면 중 시대에 따라 새로운 요소가 추가되거나 전승 주체에 따라 다른 방식으로 재해석되는 측면을 강조하고 있다. 따라서 옳은 내용이다.

③ '하늘의 존재를 일월로 구체화하였다는 점에서 관점이 조금 이동되어 있다. 5세기 전후에는 이미 고분 벽화 속에 일월성수도를 그리는 문화가 유행하고 있었는데, 이는 성스러움의 근원을 구체적인 천체에서 구하고자 하는 천문관의 반영이라 할 수 있다'고 하였으므로 옳은 내용이다.

④ 김부식의 『삼국사기』에서는 주몽이 천제의 아들이라 일컬어지던 해모수와 하백의 딸 유화사이에서 태어난 아들이라 하여 천손 관점을 나타냈고, 이규보의 「동명왕편」에서 완전히 재해석된 후 이승휴의 『제왕운기』에서 천손 관점이 정착되었다고 하였으므로 옳은 내용이다.

02
정답 ③

정답해설

제시문의 내용을 벤다이어그램으로 표시하면 다음과 같다.

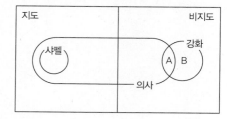

※ A는 공집합이 아님

ㄱ. A부분은 의사결정트리 방식을 적용하면서 비지도학습의 사례에 속하는 것인데, 제시문에서 A부분이 존재한다고 하였으므로 거짓임을 알 수 있다.

ㄴ. A부분은 샤펠식 과정의 적용사례가 아니면서 의사결정트리 방식을 적용한 경우에 해당하는데, 제시문에서 A부분이 존재한다고 하였으므로 참임을 알 수 있다.

오답해설

ㄷ. 강화학습을 활용하는 머신러닝 사례들 중 의사결정트리 방식이 적용되지 않은 경우는 그림에서 B부분에 해당하는데 제시문에서 B부분에 대한 언급이 없으므로 참 거짓을 확정할 수 없다.

03
정답 ②

정답해설

② ⓒ의 실천적인 요구는 객관적 사실을 밝히려는 욕구가 아니라, 현재의 입장에서 객관적 사실의 가치를 밝히려는 역사가의 이상을 의미하므로 옳지 않은 내용이다.

오답해설

① ㉠은 역사가의 창조, 즉 재평가된 사실을 의미하므로 옳은 내용이다.

③ ⓒ은 역사가의 이상과 대비되는, 단순한 과거의 객관적 사실이므로 옳은 내용이다.

④ ⓔ은 역사가에 의해 이미 가치를 부여받은 것이므로 옳은 내용이다.

⑤ ⑩은 사실(事實)은 과거의 객관적 사실이고, 사실(史實)은 역사가에 의해 창조된 가치이며, 역사가에 의해 전자가 후자로 되어가는 과정을 의미하므로 옳은 내용이다.

04
정답 ②

정답해설

ㄱ. 주변 아랍국가들의 지원에 의지하던 팔레스타인 사람들이 자기 힘으로 영토를 되찾기 위해 총을 들었다는 부분을 통해 알 수 있는 내용이다.

ㄷ. 게릴라 조직들은 이스라엘은 물론이고 제국주의에 봉사하는 아랍국가들의 집권층까지 공격 목표로 삼았다는 부분을 통해 알 수 있는 내용이다.

오답해설

ㄴ. 제3차 중동전쟁으로 인해 이집트는 시나이반도를 빼앗겼고 몇 년 뒤 대통령 나세르가 사망한 이후 친미 사다트 대통령이 취임했다는 내용을 알 수 있다. 즉 나세르 정권이 전쟁으로 인해 무너진 것은 아니었다.

ㄹ. 아랍국가 중 군주제 국가들은 이스라엘과 정면충돌할까 두려워 팔레스타인 해방기구를 자기 영토 안에 받아들이지 않으려 했다고 하였으므로 옳지 않은 내용이다.

05
정답 ④

[정답해설]

④ 신경교 세포가 전체 뉴런을 조정하면서 기억력과 사고력을 향상시킨다는 가설 하에, 인간의 신경교 세포를 갓 태어난 생쥐의 두뇌에 주입하는 실험을 하였다. 그리고 그 실험결과는 이 같은 가설을 뒷받침해주는 결과를 가져왔으므로 옳은 내용이라고 할 수 있다.

[오답해설]

① 인간의 신경교 세포를 생쥐의 두뇌에 주입하면 쥐가 자라면서 주입된 인간의 신경교 세포가 성장했고, 이 세포들이 주위의 뉴런들과 완벽하게 결합되어 쥐의 두뇌 전체에 걸쳐 퍼지게 되었다고 하였다. 그러나 이 과정에서 쥐의 뉴런에 어떠한 영향을 주는지에 대해서는 언급하고 있지 않다.

②, ③ 제시문의 실험은 인간의 신경교 세포를 쥐의 두뇌에 주입했을 때의 변화를 살펴본 것이지 인간의 뉴런 세포를 주입한 것이 아니므로 추론할 수 없는 내용이다.

⑤ 쥐에 주입된 인간의 신경교 세포는 그 기능을 그대로 간직한다고 하였으므로 옳지 않은 내용이다.

06
정답 ②

[정답해설]

제시문 마지막 부분에서 '그런 사건이 일어날 확률'은 '매우 신뢰할 만한 사람이 거짓 증언을 할 확률'보다 작으므로 신뢰할 수 없다고 언급하고 있다. 즉, 이를 뒤집어서 생각하면 사건이 일어날 확률이 거짓 증언을 할 확률보다 크다면 신뢰해야 한다는 것이므로 빈칸에 들어갈 원칙은 ②가 가장 적절하다.

07
정답 ④

[정답해설]

④ 정약용은 청렴을 지키는 것은 두 가지 효과가 있다고 보았는데, 그중 첫 번째는 목민관이 청렴할 경우 백성을 비롯한 공동체 구성원에게 좋은 혜택이 돌아가는 것이고, 두 번째는 청렴한 행위를 하는 것은 목민관 자신에게도 좋은 결과를 가져다주는 것이라고 하였다. 따라서 옳은 내용이다.

[오답해설]

① 정약용은 청렴을 당위의 차원에서 주장하는 기존의 학자들과 달리 행위자 자신에게 실질적 이익이 된다는 점을 들어 설득하고자 했다고 하였으므로 옳지 않은 내용이다.

② 정약용은 '지자(知者)는 인(仁)을 이롭게 여긴다'라는 공자의 말을 빌려 '지혜로운 자는 청렴함을 이롭게 여긴다'라고 하였다. 따라서 탐욕보다 청렴을 택하는 것이 더 이롭다는 것은 공자의 뜻이 아니라 정약용의 재해석이다.

③ 지혜롭고 욕심이 큰 사람은 청렴을 택하지만 지혜가 짧고 욕심이 작은 사람은 탐욕을 택한다고 하였으므로 옳지 않은 내용이다.

⑤ 조선의 대표적 유학자였던 이황과 이이는 청렴을 사회 규율이자 개인 처세의 지침으로 강조하였다고 하였으므로 옳지 않은 내용이다.

08
정답 ②

[정답해설]

② 제시문은 당분 과다로 뇌의 화학적 균형이 무너져 정신에 장애가 왔다고 주장하는 것과 설탕처럼 정제한 당의 섭취를 원천적으로 차단한 사례를 뒷받침하는 것이므로 선택지 ②와 같이 과다한 정제당 섭취가 반사회적 행동을 유발할 수 있다는 내용이 빈칸에 들어가는 것이 적절하다.

09
정답 ③

[정답해설]

③ A는 타인의 권리를 침해하는 모든 행동은 규제의 대상이 된다는 주장이므로 타인의 권리를 침해하더라도 규제의 대상이 되지 않는 행위가 있다면 이는 A의 반례가 된다. 따라서 옳은 내용이다.

[오답해설]

① C는 인간의 모든 행동을 규제해야 한다고 보기 때문에 A가 규제의 대상이라고 보는 행위 모두 규제 대상이라고 판단할 것이다. 따라서 옳지 않은 내용이다.

② A의 주장은 타인의 권리 침해가 행동 규제의 부분이며, B의 주장은 행동 규제가 타인의 권리 침해의 부분이므로 A의 규제범위가 B보다 넓다. 따라서 옳지 않은 내용이다.

④ 마땅히 규제의 대상이 되어야 하는데 타인의 권리를 침해하지 않는 행위가 있다면 B의 행위는 약화된다. 따라서 옳지 않은 내용이다.

⑤ C는 인간의 모든 행동이 규제 대상이 된다는 주장을 하고 있기 때문에 타인의 권리를 침해해서 규제의 대상이 되고 있는 행위가 있다면 이는 C의 입장을 지지하는 사례가 되므로 옳지 않은 내용이다.

10
정답 ④

[정답해설]

④ '살쾡이'가 표준어가 된 것은 주로 서울 지역에서 그렇게 발음하기 때문이며 가장 광범위하게 사용되기 때문은 아니다.

[오답해설]

① '호랑이'라는 단어를 설명하면서 '호'와 '호랑이'의 예를 들었는데 이의 생성 과정을 설명하면서 '삵'이라는 단어에 비해 '살쾡이'가 후대에 생겨난 단어라고 하였다. 그런데 '호랑이'라는 단어도 이와 같은 식으로 생겨났다고 하였으므로 '호'라는 단어가 먼저 생겨나고 '호랑이'가 후대에 생겨난 단어였음을 알 수 있다.

② '삵'과 '괭이'라는 두 개의 단어가 합쳐서 '살쾡이'를 지시하고 있으며 '호'와 '랑'이 합쳐져 '호랑이'라는 하나의 대상을 지시하고 있다는 점에서 알 수 있는 내용이다.

③ 남한에서는 '살쾡이'를 표준어로 삼고 '살쾡이'를 방언으로 처리한 반면, 북한에서는 '살쾡이'만을 사전에 등재하고 '살쾡이'는 그렇지 않고 있다는 점에서 알 수 있는 내용이다.

⑤ '살쾡이'는 지역에 따라 삵괭이, 삭괭이, 삭쾡이, 살쾡이 등의 방언으로 불리는데 이는 그 지역의 발음이 다르기 때문이며 이 중 서울 지역에서 '살쾡이'로 발음하기 때문에 '살쾡이'가 표준어가 되었다는 점에서 알 수 있는 내용이다.

11 정답 ③

정답해설

③ 향도계는 서울 시내 백성들에게 널리 퍼져 있었다고 하였으나, 검계는 향도를 관리하는 도가 내부의 비밀조직이라고 하였으므로 옳은 내용이다.

오답해설

① 향도계를 관리하는 조직을 도가라 하였는데 이 도가의 장에 대한 언급은 없으므로 옳지 않다.

② 검계가 향도계에서 비롯한 것이라는 점, 향도계를 관리하는 조직을 도가라 하고 그 도가 내부의 비밀조직이 검계라는 점을 통해 향도의 구성원 중 검계 출신이 있을 것이라는 것은 추론할 수 있지만 그 수가 많다고는 단정지을 수 없다.

④ 검계 일당이 모두 몸에 칼자국을 내어 자신들과 남을 구별하는 징표로 삼았다고 하였으므로 몸에 칼자국이 없는 검계의 구성원은 없다는 것을 추론할 수 있으므로 옳지 않은 내용이다.

⑤ 김홍연은 지방 출신이라는 점이 출세하는 데 장애가 될 것을 염려하여 무과를 포기하고 왈짜가 되었다는 내용은 언급되어 있지만 그로 인해 검계의 일원이 되지 못했다는 것은 언급되어 있지 않으므로 옳지 않다.

12 정답 ②

정답해설

ㄷ. 은행이 채무자가 원하는 실물자산을 매입하였더라도 소유권이 이전되지 않고 여전히 은행에 있는 것은 이자라이다. 따라서 옳은 내용이다.

오답해설

ㄱ. 사업 시 발생하는 손실에 대한 책임이 투자자에게만 있으면 무다라바이고, 투자자와 사업자가 공동으로 사업에 대한 책임과 이익을 나누어 가지면 무샤라카이므로 옳지 않은 내용이다.

ㄴ. 투자자와 사업자가 공동으로 사업에 대한 책임과 이익을 나누어 가지는 것은 무샤라카이다. 이스티스나는 투자는 투자자가 하고 건설은 사업자가 담당하는 구조를 가지는 방식이다.

13 정답 ②

정답해설

ㄱ. 특수 스트레칭을 받는 아동 중에는 약시가 없다고 하였으므로 반드시 참이 된다.

ㄷ. 석이가 특수 영상장치 설치 학급에서 교육을 받는다면, 특수 스트레칭을 받는 아동 중에는 약시가 없다는 조건으로부터 석이는 110cm 미만이 아니라는 것을 알 수 있으므로 반드시 참이 된다.

오답해설

ㄴ. 숙이가 약시가 아니더라도 키가 110cm 미만인 학생들이 교육을 받는 교실에 들어가는 것은 아니다. 다른 장애도 있을 수 있으므로 반드시 참이라고 할 수 없다.

ㄹ. 키가 110cm 이상인 학생이 특수 스트레칭 교육을 받을 수도 있으므로 반드시 참이라고 할 수 없다.

14 정답 ⑤

정답해설

먼저 갑의 진술을 기준으로 경우의 수를 나누어 보자.

ⅰ) A의 근무지는 광주이다(ㅇ), D의 근무지는 서울이다(×).

진술의 대상이 중복되는 병의 진술을 먼저 살펴보면, A의 근무지가 광주라는 것이 이미 고정되어 있으므로 앞 문장인 'C의 근무지는 광주이다'는 거짓이 된다. 따라서 뒤 문장인 'D의 근무지는 부산이다'가 참이 되어야 한다. 다음으로 을의 진술을 살펴보면, 앞 문장인 'B의 근무지는 광주이다'는 거짓이며 뒤 문장인 'C의 근무지는 세종이다'가 참이 되어야 한다.

이를 정리하면 다음과 같다.

A	B	C	D
광주	서울	세종	부산

ⅱ) A의 근무지는 광주이다(×), D의 근무지는 서울이다(ㅇ).

역시 진술의 대상이 중복되는 병의 진술을 먼저 살펴보면, 뒤 문장인 'D의 근무지는 부산이다'는 거짓이 되며, 앞 문장인 'C의 근무지는 광주이다'는 참이 된다. 다음으로 을의 진술을 살펴보면 앞 문장인 'B의 근무지는 광주이다'는 거짓이 되며, 뒤 문장인 'C의 근무지는 세종이다'는 참이 되어야 한다. 그런데 이미 C의 근무지는 광주로 확정되어 있기 때문에 모순이 발생한다. 따라서 ⅱ)의 경우는 성립하지 않는다.

A	B	C	D
		광주 세종(모순)	서울

따라서 가능한 경우는 ⅰ)뿐이며 선택지 ㄱ, ㄴ, ㄷ이 반드시 참임을 알 수 있다.

15 정답 ⑤

정답해설

⑤ 급변하는 사회를 혼란스러워 하던 대중들이 전통적 왕실 의례에서 위안을 찾았다는 부분에서 알 수 있는 내용이다.

오답해설

① 1937년 조지 6세의 대관식에는 마차가 세 대만 동원되었고 귀족들은 대부분 자동차를 탔다고 하였으나, 1953년 엘리자베스 2세의 대관식에는 모든 외국 왕족과 국가 원수를 마차에 태우는 등 전통적인 방식으로 치러졌다고 하였으므로 두 행사의 방식은 달랐다.

② 영국의 지역 간 통합에 대한 내용은 제시문에서는 언급되어 있지 않다.

③ 제시문에서 엘리자베스 2세의 대관식에 필요한 마차를 영화사에서 추가로 임대하였다는 부분 이외에 영화에 대해서는 언급된 부분이 없다.

④ 왕실의 고풍스러운 의례가 전파로 송출되기 시작하였다는 부분을 통해 옳지 않은 내용임을 알 수 있다.

16 정답 ⑤

정답해설

⑤ '인공적 도구를 써서 자연에 조작을 가할 경우 자연의 참모습을 왜곡시킨다고 보았다'는 것과 '인공적 도구를 써서 자연에 조작을 가하지 않는데도 자연의 참 모습을 왜곡시키는 경우가 있다'는 것은 동시에 참일 수 있으므로 일관적이다.

오답해설

① '도구는 어느 과학자에게나 매우 중요한 역할을 하고 있다'는 주장과 '현대의 과학자들에게 실험 도구는 아무런 역할도 하지 않는다'는 것은 동시에 참일 수 없으므로 비일관적이다.

② '고대 그리스의 자연철학자들은 모두 실험을 자연 탐구의 정당한 수단으로 여기지 않았다'와 '고대 그리스의 자연철학자인 탈레스는 실험을 자연 탐구의 정당한 수단으로 여겼다'는 것은 동시에 참일 수 없으므로 비일관적이다.

③ '예외적으로 실험을 강조한 이도 있었다'와 '실험을 자연탐구의 정당한 수단으로 여긴 사람도 있다'는 동시에 참일 수 있으므로 일관적이다.

④ '고중세 시대의 자연철학은 언제나 사변에 의지한 것이었다'와 '현대의 과학철학은 사변에 의지하고 있는 것이 아니다'는 것은 둘이 대상으로 삼는 시대가 다른 만큼 동시에 참일 수 있다. 따라서 일관적이다.

17

정답 ④

정답해설

주어진 정보를 기호화하여 정리하면 다음과 같다.

> ⅰ) 혈당↓ → L↓
> ⅱ) 혈당↑ → L↑
> ⅲ) L↑ → 알파 A o
> ⅳ) L↓ → 알파 B o
> ⅴ) 알파 A o → (베타 C o ∧ 감마 D×)
> ⅵ) 알파 B o → (감마 D o ∧ 베타 C×)
> ⅶ) 베타 C o → 물질대사↑
> ⅷ) 베타 C× → 물질대사↓
> ⅸ) 감마 D o → 식욕↑
> ⅹ) 감마 D× → 식욕↓

이를 공통된 내용을 연결고리로 하여 다시 정리하면 다음과 같이 나타낼 수 있다.

> ⅺ) 혈당↓ → L↓ → 알파 B o → (감마 D o ∧ 베타 C×) → (식욕↑ ∧ 물질대사↓)
> ⅻ) 혈당↑ → L↑ → 알파 A o → (베타 C o ∧ 감마 D×) → (식욕↓ ∧ 물질대사↑)

이제 이를 토대로 선택지를 분석하면 다음과 같다.
④ ⅺ)에 의하면 혈당↓ → (감마 D o ∧ 베타 C×)을 도출할 수 있으므로 추론할 수 없는 내용이다.

오답해설

① ⅺ)에 의하면 혈당↓ → (식욕↑ ∧ 물질대사↓)을 도출할 수 있으므로 추론할 수 있는 내용이다.

②, ③ ⅻ)에 의하면 혈당↑ → (식욕↓ ∧ 물질대사↑)을 도출할 수 있으므로 추론할 수 있는 내용이다.

⑤ ⅻ)에 의하면 혈당↑ → L↑ → 알파 A o → (베타 C o ∧ 감마 D×)을 도출할 수 있다. 이에 따르면 알파 부분에서 호르몬 A가, 베타 부분에서 호르몬 C가 분비되므로 추론할 수 있는 내용이다.

18

정답 ③

정답해설

제시문의 내용을 토대로 빈칸을 추론해본다면, 남을 속이는 사기꾼과는 반대의 뉘앙스를 지닌 어구가 들어가야 함을 알 수 있다. 이는 빈칸의 뒤 문장에서 '기생 식물이 양분을 빨아먹기 위해서는 건강한 나무가 있어야 하는 것과 같다'라는 비유로도 나타나고 있는데, 이를 종합하면, 빈칸에는 '건강한 나무'의 이미지를 지니는 어구가 들어가야 한다. 따라서 선택지에서 이와 가장 유사한 의미를 지니는 것은 ③이라고 할 수 있다.

19

정답 ③

정답해설

제시된 물음에 따르면 어떤 행위가 착한 행위인지를 판단하는 기준은 "신이 명령했기 때문에"와 "원래부터 착한 행위이므로"로 나누어 볼 수 있다. 그리고 답변은 전자를 지지하는 입장을 취하고 있다. 따라서, 이를 반박한다면 후자인 "원래부터 착한 행위이므로"의 입장에서 진술하게 될 가능성이 매우 높을 것이다.

ㄴ. 신이 그렇게 명령한 적이 없더라도 그 행위는 착한 행위라고 하는 것은 결국 후자의 입장인 "원래부터 착한 행위이므로"를 지지하는 입장이라고 볼 수 있다. 따라서 제시된 답변을 반박하는 것으로 판단할 수 있다.

ㄷ. 장기 기증을 하라는 신의 명령이 없었음에도 그것이 착한 행위라는 것은 후자의 입장을 지지하는 것이라고 볼 수 있으므로 제시된 답변을 반박하는 것으로 판단할 수 있다.

오답해설

ㄱ. 정직함을 착한 행위로 만드는 것은 바로 신의 명령이라고 하였으므로 결국 이는 전자인 "신이 명령했기 때문에"의 연장선상에서 이루어졌다고 볼 수 있다. 따라서 반박이 아니라 지지하는 입장이다.

ㄹ. 제시된 물음과 답변에서 다루는 것은 착한 행위로 판단하기 위한 기준을 어떻게 볼 것이냐에 대한 것이지 신의 명령이 무엇이냐에 대한 것이 아니다. 선택지의 문장은 전체 논지와는 무관한 진술이다.

> **합격자의 SKILL**
>
> 문제에서 조건문의 형식을 가진 문장이 나오면 일단 조건식을 이용한 문제가 아닐까라는 의문을 가져야 함은 당연하다. 하지만 그것이 지나쳐서 그러한 문제들을 모조리 조건식으로만 풀이하려는 수험생들이 있는데 이는 매우 바람직하지 못하다. 제시된 물음과 답변을 조건식으로 변환하여 선택지를 분석했을 때 딱딱 맞아떨어지는 것이 몇 개나 있었는가? 형식논리학이 모든 논리구조를 포섭하려는 시도를 하고는 있지만 수험생의 입장에서 그 시도들에 합류할 필요는 없다. 형식논리학은 논증분석의 한 부분일 뿐이다.

20
정답 ③

정답해설

③ 측천무후 즉위 이후 중국의 문서에 쓸 수 없었던 글자가 다라니경에서 쓰인 것이 발견되었다면 이는 다라니경이 신라에서 인쇄된 것임을 나타내는 것이다. 따라서 ㉠의 논증을 약화한다.

오답해설

① 제시문의 논증은 석가탑에서 발견된 '다라니경'이 원전을 처음으로 한역한 것이라는 것과는 무관하다. 따라서 선택지의 진술은 ㉠의 논증을 강화하지도 약화하지도 않는다.

② 측천무후 사후에 나온 신라의 문서들에 측천무후가 발명한 한자가 쓰이지 않았다면, 다라니경은 측천무후 재위시절에 만들어진 것임을 알 수 있다. 그러나 이것만으로는 다라니경이 어디에서 인쇄된 것인지를 알 수 없으므로 논증을 강화하지도 약화하지도 않는다.

④ 다라니경이 인쇄되었다고 추정되는 705년경에 중국에서 제작된 문서들이 다라니경과 같은 종이를 사용한 것이 발견되었다면 다라니경도 중국에서 인쇄된 것이라고 추정할 수 있으므로 ㉠의 논증을 강화한다.

⑤ ④와 마찬가지로 다라니경의 서체가 중국에서 유행하였던 것이라면 다라니경은 중국에서 인쇄된 것이라고 추정할 수 있으므로 ㉠의 논증을 강화한다.

합격자의 SKILL

일반적인 강화·약화 문제들이 제시문의 주제(이 문제에서는 '다라니경은 신라에서 인쇄된 것이다')를 중심으로 풀어나가는데 반해, 이 문제의 경우는 제시문에서 반박하는 주제('다라니경은 중국에서 인쇄된 것이다')를 중심으로 출제되었다. 혼자 문제를 풀 때는 이런 것이 뭐가 중요한가 싶겠으나, 막상 실전에서는 의외로 이런 것들이 헷갈리기 마련이다. 굳이 일반적인 방식으로 출제하지 않고 반박하는 주제로 강화·약화를 물었던 이유는 바로 실수를 유도하기 위함이라고 해도 과언이 아닐 것이다.

21
정답 ④

정답해설

④ 수에 어떤 수를 더하거나 빼면 다른 수가 되어버리지만 이것이 상에 적용되는 이치는 아니라고 하였으므로 소크라테스의 견해가 아니라는 점을 알 수 있다.

오답해설

① 크라틸로스와 모든 것이 동일한 복제를 곁에 놓는다고 하였을 때 그것은 크라틸로스와 크라틸로스의 상이 아니라 두 크라틸로스가 있는 것이라고 하였다(이 부분은 소크라테스가 직접 말한 것이 아니라 크라틸로스의 대답에 소크라테스가 암묵적으로 동의하는 형식으로 표현되었다는 점에 주의해야 한다). 즉, 완전히 일치하는 복제물은 상이 아닌 그 대상 자체인 것이다.

②, ③ 상과 이름에 대해서 무엇이 빠지거나 더해졌다고 해도 더 이상 상과 이름이 아니라고 해서는 안 된다고 하였으므로 옳은 내용이다. 단, 훌륭한 것에서 조금이라도 빼거나 덧붙인다면 훌륭하지는 않을 것이라는 부분을 통해 변형이 이루어진 상과 이름은 훌륭한 것은 아닐 것이라는 것을 추론할 수 있다.

⑤ 상이나 이름에 대해서는 다른 종류의 이치를 찾아야 하며, 무엇이 빠지거나 더해지면 더 이상 상이 아니라고 해서는 안 된다고 하였으므로 둘은 같은 이치를 따른다고 판단할 수 있다.

합격자의 SKILL

소크라테스의 대화는 언어논리에서 종종 출제되는 지문이다. 이 문제에서 볼 수 있듯이 소크라테스 지문은 다른 제시문과 달리 표현이 명쾌하지 않고 약간의 선문답으로 구성되어 있다. 따라서 문장과 단어 하나하나를 논리적으로 명확하게 분석하기보다 전체적인 흐름을 잡는 것이 중요하다. 오고가는 대화 중에서 어느 부분이 소크라테스의 생각이고 또 어느 부분이 다른 화자의 생각인지를 구분하는 것이 핵심 출제포인트이다.

22
정답 ①

정답해설

① 제시된 논증은 '높은 수준의 합리적 사람'을 통해 쾌락의 서열을 정할 수 있으며 그를 통해 최고의 가치가 무엇인지도 알 수 있다는 것이다. 그런데 선택지의 진술은 '높은 수준의 합리적 사람'이 아닌 일반적인 사람의 선호를 얘기하고 있어 제시된 논증과는 무관한 내용을 언급하고 있다. 따라서 반박으로 적절하지 못하다.

오답해설

② '높은 수준의 합리적 사람'의 선호를 이용하여 쾌락의 선호를 정하기 위해서는 그들 사이의 선호가 동일해야 한다. 만약 그렇지 않다면 어떤 사람을 선택하느냐에 따라 선호의 순서가 달라지기 때문이다. 따라서 '높은 수준의 합리적 개인들'의 쾌락의 선호가 동일하지 않다면 제시된 논증을 반박할 수 있게 된다.

③ 제시된 논증은 '높은 수준의 합리적 사람'이 선호하는 것이 더 가치있는 것이라는 논리를 절대적으로 받아들이고 있지만 그것이 반드시 옳다는 근거는 어디에도 없다. 그가 행복을 가장 선호하고 있지만 실제로는 다른 것이 더 가치있는 것일 수도 있기 때문이다.

④ 제시된 논증은 '높은 수준의 합리적 사람'의 존재에서 시작해 최고의 가치를 찾는 과정까지로 전개되고 있다. 하지만 '높은 수준의 합리적 사람'이 아예 존재하지 않는다면 이 논증은 성립할 수 없다. 따라서 올바른 반박이다.

⑤ 논증은 '충분한 정보를 갖고 오랜 시간 숙고하여 자신의 선호를 합리적으로 판별할 수 있는 사람은 서로 다른 두 종류의 쾌락에 대해 충분히 판단할 수 있다'는 것을 중심으로 전개되고 있다. 따라서 이 전제를 부정하게 되면 전체 논증이 취약해지므로 적절한 반박이라고 할 수 있다.

23
정답 ②

정답해설

ㄷ. (나)에 의하면 단풍색은 일종의 경계 신호로서 진하고 뚜렷한 색깔을 보일수록 경계가 철저한 것이고 그렇지 않은 것일수록 경계가 허술한 것이다. 따라서 진딧물은 가장 형편없이 단풍이 든 나무에 알을 낳게 된다. 그러므로 선택지의 진술과 같은 연구 결과가 나왔다면 이는 (나)의 주장을 강화하게 되므로 옳은 내용이라고 할 수 있다.

오답해설

ㄱ. (가)에 의하면 가을이 되었을 때 잎을 떨어뜨리기 위해 잎자루 끝에 떨켜가 생기면서 가지와 잎 사이의 물질 이동이 중단된다고 하였다. 즉, 떨켜의 발생으로 인해 단풍이 생기게 되는 것이라고 볼 수 있다. 하지만 떨켜를 만들지 않았음에도 단풍이 드는 나무가 있다면 이것은 (가)의 주장을 약화하게 되므로 옳지 않은 내용이다.

ㄴ. (가)에 의하면 주홍빛의 색소는 새롭게 생기는 것이 아니라 엽록소로 인해 감춰졌던 것이다. 그러나 선택지의 내용과 같이 주홍빛을 내는 색소가 새롭게 생긴다는 연구 결과가 나왔다면 이는 (가)의 주장을 약화하게 되므로 옳지 않은 내용이다.

24 정답 ④

정답해설

④ 만다라 체제에서 왕은 신과 인간의 중개자이므로 왕이 백성들에게 신과 동일한 존재로 인식되기를 원했다고 볼 수 없다. 따라서 옳지 않은 내용이다.

오답해설

① 만다라는 왕의 힘이 유동적으로 움직이는 공간을 뜻하기 때문에 만다라적 통치 체제에서는 국경 개념이 희미해진다고 하였으므로 옳은 내용이다.
② 앙코르의 왕은 중앙 집중화된 왕권의 기초를 다졌고, 왕국의 막강한 정치력을 앙코르와트 사원을 통해 드러내고 있다고 분석했으므로 옳은 내용이다.
③ 액커는 바레이의 용량이 관개시설로 사용될 만큼의 규모가 아니며, 바레이가 정 4방으로 둘러싼 위치를 보건대 앙코르와트 사원은 종교적인 목적과 관련이 있다는 소견을 내었다. 따라서 옳은 내용이다.
⑤ 토인비는 앙코르와트 사원은 왕국의 막강한 정치력을 드러내고 있는 것이라고 보았고, 액커는 종교적인 목적과 관련이 있다고 하였으므로 옳은 내용이다.

25 정답 ①

정답해설

① 시간이 넉넉했을 경우, 기분이 좋았던 학생도 그렇지 않은 상태의 학생과 마찬가지로, 약한 논증을 설득력 없는 것으로 받아들였다고 하였으므로 옳지 않은 내용이다.

오답해설

② 기분은 좋지만 시간은 빠듯한 상황에 있었던 학생은 다른 집단의 학생에 비해 논증을 제시한 화자의 명성에 큰 비중을 두고 논증을 읽는다는 사실이 밝혀졌다고 하였으므로 옳은 내용이다.
③ 기분이 좋았던 학생이 그렇지 않은 학생에 비해 많은 시간을 소비했다는 사실을 밝혀냈다고 하였으므로 옳은 내용이다.
④ 약한 논증에 대해서는 다른 모든 집단의 학생이 훨씬 설득력이 떨어진다고 대답하였으므로 옳은 내용이다.
⑤ 기분은 좋지만 시간은 빠듯한 상황에 있었던 학생은 약한 논증 역시 강한 논증 못지않게 설득력이 있다고 대답했다고 하였으므로 옳은 내용이다.

MEMO

좋은 책을 만드는 길
독자님과 함께하겠습니다.

도서나 동영상에 궁금한 점, 아쉬운 점, 만족스러운 점이
있으시다면 어떤 의견이라도 말씀해 주세요.
SD에듀는 독자님의 의견을 모아 더 좋은 책으로 보답하겠습니다.

www.sdedu.co.kr

2023 7급 PSAT 언어논리 필수기출 500제+최신기출

개정2판1쇄 발행	2023년 01월 05일 (인쇄 2022년 09월 22일)
초 판 발 행	2020년 06월 05일 (인쇄 2020년 04월 29일)
발 행 인	박영일
책 임 편 집	이해욱
편 저	SD PSAT연구소
편 집 진 행	강승혜 · 한성윤
표지디자인	박종우
편집디자인	김예슬 · 곽은슬
발 행 처	(주)시대고시기획
출 판 등 록	제 10-1521호
주 소	서울시 마포구 큰우물로 75 [도화동 538 성지 B/D] 9F
전 화	1600-3600
팩 스	02-701-8823
홈 페 이 지	www.sdedu.co.kr
I S B N	979-11-383-3364-1 (13350)
정 가	26,000원

7급 PSAT

언어논리

필수기출 500제
+ 최신기출

[해설편]

7급 PSAT

언어논리

필수기출 **500제**
+ 최신기출